中华人民共和国
西 藏 自 治 区 地方志丛书

札达县志

རྩ་མདའ་རྫོང་གི་དཀར་ཆག

（上册）

西藏自治区地方志编纂委员会 总编
西藏自治区札达县地方志编纂委员会 编撰

中国藏学出版社

图书在版编目（CIP）数据

札达县志 / 西藏自治区地方志编纂委员会总编；
西藏自治区札达县地方志编纂委员会编撰. --
北京：中国藏学出版社，2023.7
（中华人民共和国西藏自治区地方志丛书）
ISBN 978-7-5211-0444-8

Ⅰ. ①札… Ⅱ. ①西… ②西… Ⅲ. ①札达县－地方志 Ⅳ. ①K297.54

中国国家版本馆CIP数据核字(2023)第104672号

札达县志

西藏自治区地方志编纂委员会　总编
西藏自治区札达县地方志编纂委员会　编撰

出　版：中国藏学出版社
(北京朝阳区北四环东路131号)
发　行：中国藏学出版社
印　刷：安徽新华印刷股份有限公司
开　本：787×1092毫米　1/16
印　张：89.25
字　数：1461千字
版　次：2023年8月第1版第1次印刷
印　数：0001-2000册
书　号：ISBN 978-7-5211-0444-8

定价：350.00元

总 顾 问 王君正

总 编 纂 严金海

副总编纂 庄 严 陈永奇 达娃次仁 朱 强

西藏自治区地方志编纂委员会

（2001年12月21日—2003年7月8日）

主　　任	热　地
常务副主任	列确巴桑
副 主 任	胡春华　赵　廉　普　穷　群　培　陈汉昌 多　嘉　佘吉成　乔忠元
委　　员	罗广武　马国超　巴桑顿珠　张崇银　王殿元 梁殿臣　吴英杰　塔尔青　马泽碧　张子剑 王保生　王承杰　土　登　卓　嘎　旺堆次仁 阿　布　达　娃　车明怀　次旺俊美　仁增多吉 洛桑江村　宫蒲光　白玛赤林　才旺班典　孟德利 多　托　董明俊

（2003年7月9日—2004年1月14日）

主　任	杨传堂
副主任	胡春华　白玛赤林
委　员	张跃平　罗广武　王文佩　王瑞连　格桑朗杰 阿　塔　李国勇　丁业现　达　娃　次旺俊美 车明怀

（2004年1月15日—2005年4月）

主　任	徐明阳
副主任	白玛赤林　金书波
委　员	张跃平　罗广武　陈双全　王瑞连　格桑朗杰 阿　塔　李国勇　丁业现　达　娃　次旺俊美 车明怀

（2005年5月—2007年1月23日）

主　任　胡春华

副主任　白玛赤林　金书波

委　员　张跃平　罗广武　陈双全　王瑞连　格桑朗杰　阿塔　格桑次仁　丁业现　达娃　次旺俊美　车明怀

（2007年1月24日—2008年7月16日）

主　任　张裔炯

副主任　白玛赤林　公保扎西　杨双举

委　员　罗广武　任万海　车明怀　庞伯永　沈开运　索朗仁增　拉巴　普穷　喻廷才　孙勇

（2008年7月17日—2010年1月29日）

主　任　张裔炯

副主任　公保扎西　宫蒲光　宋景原

委　员　舒启明　任万海　车明怀　邹立　沈开运　索朗仁增　石俊华　普穷　艾俊涛　孙勇

（2010年1月30日—2011年1月27日）

主　任　张裔炯

副主任　公保扎西　宫蒲光　宋景原

委　员　舒启明　车明怀　任万海　索朗仁增　石俊华　泽西　普穷　孙勇　邹立　李春华

（2015年1月—2015年11月）

主　任　吴英杰

副主任　邓小刚　王瑞连　李文平　艾俊涛

委　员　孙　勇　朱　强　叶银川　李小宁　熊刚毅　石俊华　普布次仁　洛桑佳措　索　林　汪德军

（2015年11月—2017年1月）

主　任　洛桑江村

副主任　邓小刚　王瑞连　李文平　艾俊涛

委　员　朱　强　次仁平措　叶银川　李小宁　韩向阳　熊刚毅　普布次仁　郎福宽　朱　赟　桑　布　车明怀　汪德军

（2017年6月—2018年6月）

主　任　齐扎拉

副主任　丁业现　庄　严　房灵敏　朱　强

委　员　次仁平措　叶银川　李小宁　韩向阳　熊刚毅　普布次仁　郎福宽　朱　赟　桑　布　车明怀　汪德军

札达县地方志编纂委员会

第一届编纂委员会

编辑部

第二届编纂委员会

第八届编纂委员会

编辑部

《札达县志》初审领导小组

组　长	扎西次仁				
副组长	拉巴次仁				
成　员	周　鹏	陈　壮	旦增群培	巴　桑	达瓦卓玛
	多吉次仁	次　央	大次德吉	罗　丹	桑　珠
	伦珠次旺	殷　力	旦增索朗	索南项加	欧　珠
	拉巴次仁				

《札达县志》复审领导小组

组　长	张会明				
副组长	赵　军	扎西次仁			
成　员	马占军	谢建民	李　平	白玛多吉	刘　炯
	廉雅茜	董小勇	陈建新	多吉江村	巴桑德吉
	拉巴次仁				

《札达县志》终审领导小组

顾　问	马庆林				
组　长	扎西次仁				
副组长	王　永	拉巴次仁			
成　员	陈　壮	巴　桑	强兴博	刘伟斌	旦增群培
	张　红	郭志良	达瓦顿珠	柳发军	次仁潘多
	次　桑	边巴卓玛	拉巴片多	普布索南	高秀秀
	旦增罗布	大次德吉	次　仁	童树强	多吉次仁
	刘军阳	张雪刚	桑　珠	次仁拉巴	扎西顿珠
	切尼仁增	次仁扎西	陈　佼	普　赤	多吉坚才
	张妮娜	次仁旺久	扎西次仁	洛桑次培	邓高祥
	扎西顿珠	洛桑拉姆	陈建新	李亚辉	多吉江村
	巴桑德吉	其美多吉			

《札达县志》验收领导小组

组　长　汪德军

副组长　王会世　边巴卓玛

成　员　陈祖军　韩　勉　次旦扎西　其美多吉　赵首辰　周　平　陈　鹏　拉巴次仁　陈建新

《札达县志》总编领导小组

总　编　汪德军

副总编　王会世

编　辑　范晓燕　代晓宁　郭振林　邹廷波　陈建新　桑　布

《札达县志》出版编辑部

主　编　汪德军

副主编　王会世　王维强

编　辑　范晓燕　代晓宁　郭振林　周　平　邹廷波　陈建新　桑　布　永　红

札达县行政区划图

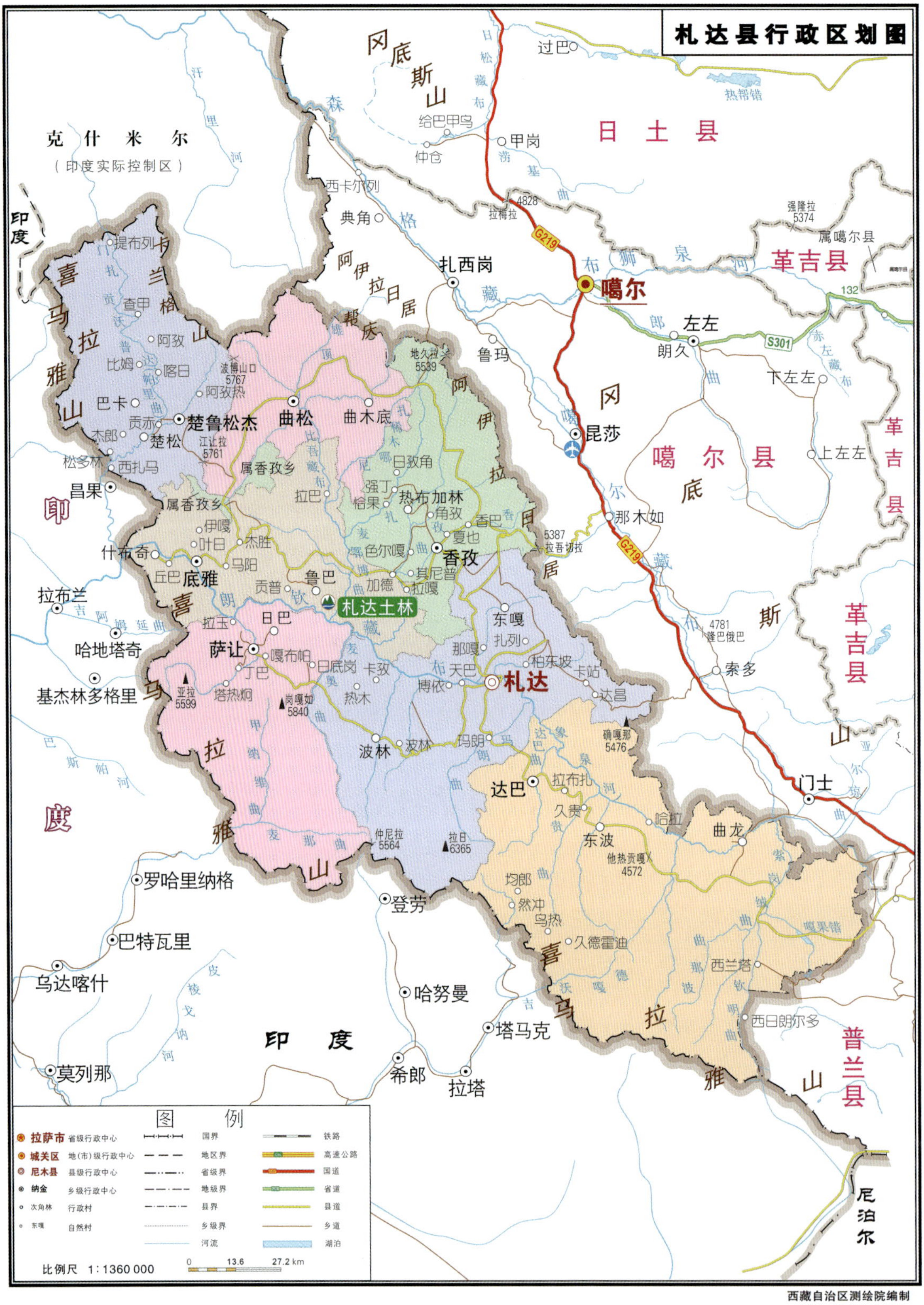

西藏自治区测绘院编制

审图号：藏S（2018）022号

阿里地区古象雄文化旅游精品内环线建设项目示意图
县级
村级
乡级
机场
219国道
景点
主环线
支线
综合服务营区
旅游服务营地
旅游服务站
N
ZNZ
狮泉河镇
阿里暗夜公园
48Km
昆莎乡
26Km
那木如温泉
57Km
巴尔兵站
五彩山
50Km
门士乡
卡尔东遗址
古入江寺
芝达布日寺
象泉河流域景观
曲龙温泉
曲龙寺
穹隆银城遗址
让沃达坂
圣地岗西康珠
185Km
东波寺
炯宸卡尔遗址
高寒草原景观
达巴乡
达巴遗址
达巴寺
66Km
玛朗麦龙沟遗址
玛朗寺
卡美特峰
玛朗峡谷
千佛土林
扎布让村
古格王国都城遗址
托林寺
札达县城
桑达沟土林观景台
卡站
56Km
土林大峡谷
扎布拉土林观景台
皮央·东嘎洞窟遗址
东嘎扎西曲林寺
拉丁平台野生动物观赏园
香孜乡
香孜古堡遗址
霞义沟精品五彩土林
五藏
130Km
老子达坂

自然地理

横穿札达县境的朗钦藏布（象泉河）

阿比岗门峰，札达县最高点，位于县境南部的喜马拉雅山，海拔7731米。

札达土林，2005年9月20日被国务院正式批准为国家地质公园，总面积约2464平方千米，是世界上分布面积最大、最典型的新近系地层风化形成的土林。以象泉河两岸最为经典，核心区面积888平方千米。

藏原羚

藏野驴

黑颈鹤

野玫瑰

野苜蓿

沙棘

领导关怀

2006年8月，西藏自治区党委书记张庆黎（左一）在札达县托林居委会札布让组看望农牧民群众。

2003年，西藏自治区党委常务副书记、自治区人大常委会主任列确（中）在札达县和农牧民交谈。

2004年，西藏自治区党委副书记、自治区主席向巴平措（前排右一）在札达县检查指导工作。

2010年6月26日，西藏自治区党委副书记、自治区主席白玛赤林（右一）在札达县亲切看望慰问当地干部群众，督促检查当地贯彻落实中央第五次西藏工作座谈会和区党委工作会议精神情况，社会主义新农村建设，教育、卫生事业及特色优势产业发展等情况。

西藏自治区党委常委、纪委书记金书波（前排右二）在札达县检查指导工作。

1993年冬至1994年春，札达县遭受严重雪灾。图为1994年春，阿里地委书记孔繁森（右）到香孜乡看望受灾农牧民，了解救灾物资发放情况及灾后农牧民生产生活情况。

2005年7月，自治区人大常委会副主任、阿里地委书记董明俊（右二）在札达县调研，札达县委书记郭文良（左一）陪同。图为董明俊在达巴乡了解农牧民住房情况。

党务党政

1996年6月，札达县在县委二楼会议室召开党政军联席会议。图为河北省第一批援藏干部、札达县委书记杨永山讲话。

2004年8月，河北省第四批援藏干部、札达县委书记郭文良（右一）在部队农场蔬菜基地查看蔬菜种植情况。

2004年，县委副书记、县长索巴多吉（右二）在工地检查项目建设情况。

2006年8月10日，县委副书记、县长尼玛次仁慰问部队官兵。

河北省第五批援藏干部、札达县委书记路遇（右一）调研乡村道路。

2009年藏历新年期间，在县委、县政府大楼前举行文艺汇演。图为文艺汇演结束后，县四大班子领导合影。

2009年3月，札达县在县委、县政府大院举行西藏民主改革50周年实物展。

1995年10月31日，札达县工会第一次代表大会召开。

1960年建县之初的札达县城

札达县城街道（1997年）

札达县城（2004年）

札达县城全景（2009年）

实施安居工程建设前，札达县农牧民住房。（1985年拍摄）

1983年札达县贸易公司房屋（土木结构）

20世纪末的札达县农贸市场

札达县标准化农贸市场，2008年建成并投入使用，农贸市场内部除销售蔬菜和肉类外，还销售当地农畜产品牛羊肉、黄菇、野葱等。图为县农贸市场出售的蔬菜、水果。

札达县人行旧址，位于河北路。1973年成立中国人民银行札达县支行，1981年更名为中国人民银行西藏自治区阿里地区中心支行札达县支行，1995年3月底撤销。

中国农业银行札达县支行

2005年3月，托林镇波林村农牧民安居房。

2006～2009年，札达县采取国家投资、群众自筹与群众投劳相结合的方式，实施安居工程建设，改善了居住环境。图为安居房内景。

援藏技术人员向农牧民教授西瓜种植技术。

2010年2月，托林镇农业综合开发项目——温室大棚。

札达县温室大棚种植出的瓜果、蔬菜

札达县不断推广苹果、杏、核桃等经济林木种植。图为底雅乡种植的苹果和杏。

札达县农牧民在采摘西红柿

托林水库，札达县第一座水库，1986年9月建成，投资28万元。

托林水电站，2000年开工建设，2003年5月26日竣工后正式投入运行，总投资3292.1万元。装机容量800千瓦，年均发电量566万千瓦时。

札达县寺庙供水工程，造价86208.1元。

1985年，新疆军区筑路部队在朗钦藏布上为底雅村群众修建的爱民桥竣工。

1965年建成的钢架桥，下为札达古铁索桥。

象泉河大桥，2004年建设，总投资1287万元。

工人在铺设路面

2010年2月10日，底雅乡冬季路段抢修保通。

札萨公路，1996年建设，起于札达县城，止于萨让乡政府驻地，全长174千米。道路状况非常差，弯道急，俗称“天路”。

2010年8月20日，札达县通县油路全面贯通。

札达县邮政分公司

中国电信集团札达县分公司

1982年7月，乌鲁木齐军区副司令员王扶之到札达县人武部视察工作。图为王扶之察看县人武部官兵种植的青稞长势。

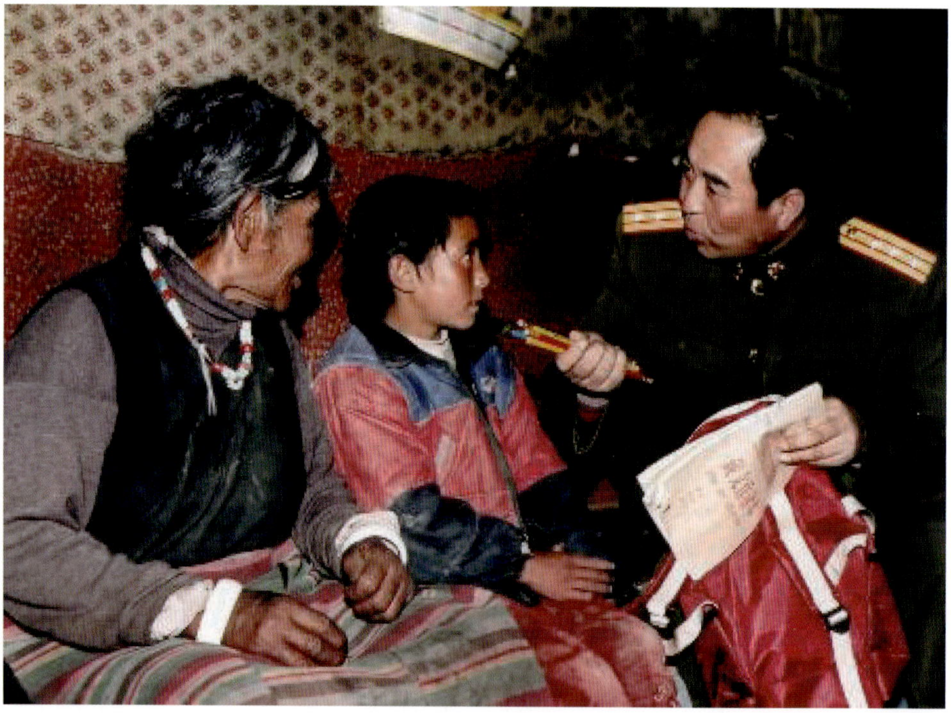

2003年7月23日，札达县人武部政委杨明春（右一）到达巴乡达巴村看望贫困学生。

札达县人民医院

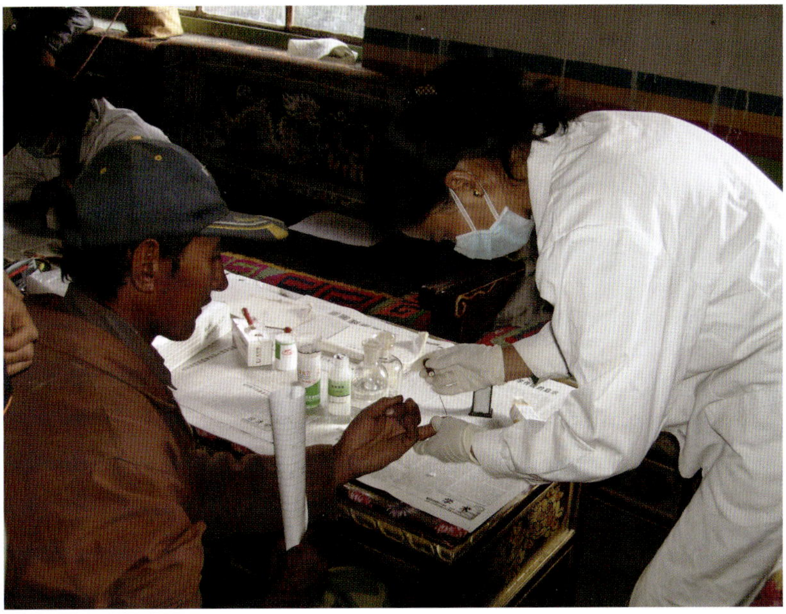

2009年2月5日，县卫生服务中心工作人员为农牧民测血糖。

藏医班旦益西在加工藏药

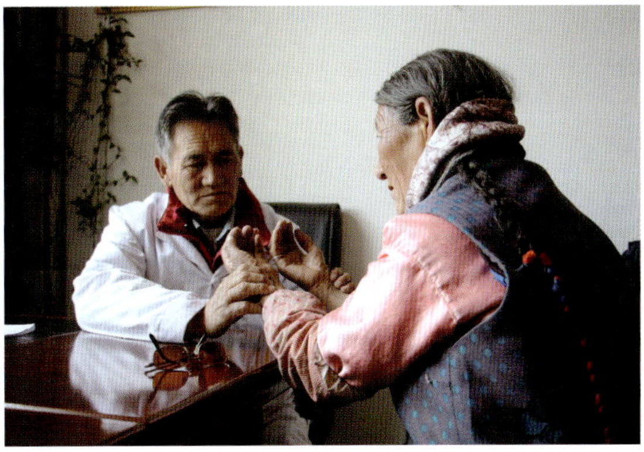

藏医阿旺群培为农牧民看病

20世纪90年代，札达县城简易足球场，位于托林寺北面，是当时县完小学生体育锻炼的主要场所。

2003年札达县九年一贯制学校札达县完小和县中学合并成立，位于县城西郊，占地面积29674平方米，建筑面积9980平方米。

札达县邀请河北省技术人员开办农业技术培训班，为当地农牧民教授农业种植技术。

河北省第四批援藏干部、札达县委书记郭文良（左三）、县委副书记郝德华（右一）、县委常委、常务副县长吴国光（右四）、副县长胡忠义（左一），及县长尼玛次仁（右三）检查广电中心建设项目进展情况。

2008年8月，河北省第五批援藏干部、札达县委书记路遇（左一）、副县长任万阁（左三）在蔬菜大棚基地了解河北援藏技术人员培育的西瓜生长情况。

河北省第五批援藏干部、札达县委副书记李景云（前排左）与当地藏族干部群众共度藏历新年。

托林广场，河北省援建投资500万元，2002年10月建成，占地面积7000余平方米。图为托林广场雕塑。

札达县委、县政府大楼，属河北省第二批援藏项目，总投资500多万元，位于河北路。

札达县电视台，1988年建成，面积50平方米。（2006年8月摄）

札达县2005年春节藏历木鸡年团拜会暨文艺汇演于2月举行

由河北省援建的札达县广播电视中心，2006年建成，援藏投资500余万元，有线电视节目由15套增至48套。

2007年9月22日，札达土林国家地质公园揭碑开园仪式举行。

2009年5月2日，札达县群众纪念民主改革50年，图为群众向毛主席像进献哈达。

阿玲传承人演绎宣舞曲目

阿玲，一种乐器，类似双面鼓。

底雅乡传统服饰

札达服饰

札达妇女服饰

札达妇女服饰

札达婚俗

札达县民间艺术团演员在表演宣舞

在古格遗址下表演宣舞

文物古迹

札达加尼玛人类早期文化遗迹列石群

古格都城遗址，位于朗钦藏布南岸札布让一座高300米的山上，距县城18千米。1961年被国务院公布为全国重点文物保护单位，占地面积约72万平方米。

皮央·东嘎遗址，位于托林镇，遗存建筑以洞窟和窑洞为主，建筑遗址主要分布在山脚、山腰及山顶的南、北两侧，总面积逾万平方米。

曲龙遗址，位于达巴乡曲龙村，依山而建，遗存有建筑、洞窟、玛尼墙、佛塔等遗迹。

托林寺古塔

香孜遗址，古格王的夏宫，每逢夏季，古格王臣均在此理政。主要分布在山腰及山顶，呈东西一线展开，总面积约1万平方米。距今700余年，现存残缺建筑、洞穴遗址及部分壁画。

托林寺，位于象泉河南岸，是藏传佛教后弘期上路弘法的发源地，现存集会殿、迦萨殿、白殿、色康殿。

托林寺大门

天降塔，位于托林广场东北角。

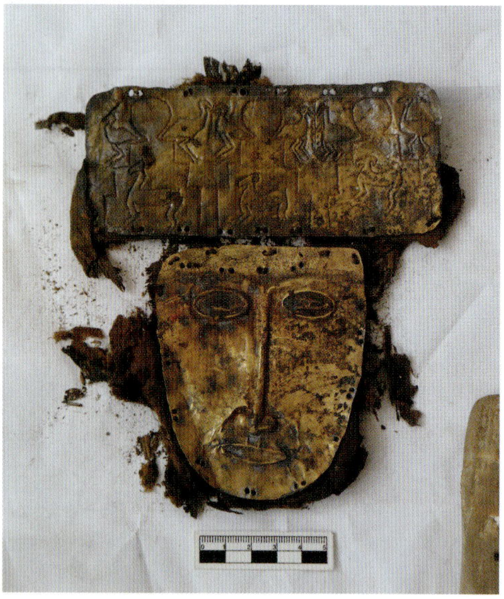

2009年，札达县曲踏墓地出土的黄金面具，距今有2000年的历史。

皮央·东嘎遗址萨果普松壁画

古格都城遗址壁画中描绘的庆典图

古格坛城殿壁画

“古格银眼”铜佛像，1997年夏出土于皮央·东嘎遗址杜康大殿。

古格大威德殿壁画

古格大威德殿壁画

古格度母殿壁画

古格度母殿壁画

古格大威德殿壁画

托林寺白殿壁画

托林寺壁画

托林寺壁画

托林寺壁画

托林寺壁画

古格时期的藤盾

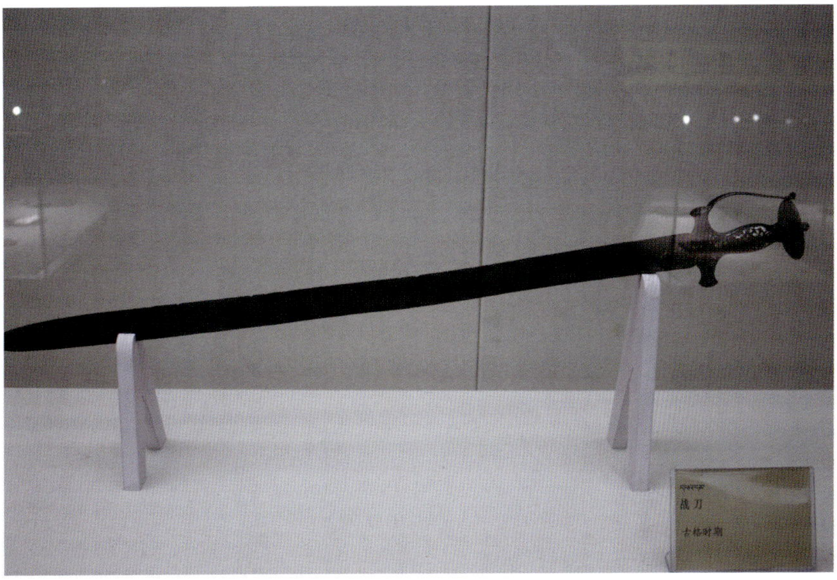

古格时期的战刀

闻即解脱经

地方特产

酥油花是用酥油塑制而成，每年藏历正月十五，托林寺都会举行酥油花灯会。2008年，酥油花会被纳入第一批县级非物质文化遗产名录。

底雅杏子酒，是一种以杏为原料酿制的酒。2009年，底雅杏子酒被纳入第二批县级非物质文化遗产名录。

地方志工作

2019年12月22日，《札达县志》复审会在阿里地委会议室召开。图为会议现场。

2020年5月10日，《札达县志》终审会议在县委会议室召开。图为会议现场。

2020年8月7日，《札达县志》验收会议在拉萨市召开。图为会议现场。

总 序

编修地方志是中华民族的优良传统。历史上，历朝历代无不高度重视治内的编史修志工作。追溯历史，“方志”一词最早语出《周礼·春官》“外史……掌四方之志”。汉唐盛世，疆域扩大，国力倍增，史志学家辈出。司马迁、班固、常璩拔其萃，《禹贡》《汉书·地理志》《华阳国志》括四方；宋元继其后，州县编修方志蔚然成风；及至明清，编纂地方志不仅成为文化传承的一部分，而且纳入了国家正常运行机制之中。清朝初年，雍正帝曾晓谕各省督抚，重视治内志书修纂，并将治内志书修纂之优劣作为考绩诠叙之内容。民国虽军阀混战，国无宁日，且遇强敌入侵，然仍督促各地设立通志馆，颁布《修志事例概要》，开展修志工作。

中华人民共和国成立后，党和政府继承了中华民族这一优良传统，并将编修社会主义新方志提上议事日程，至20世纪50年代末期，全国已有530多个县（市）成立了地方志编纂机构。80年代之后，各省市相继成立省市县三级地方志工作机构，形成了“盛世修志”局面。2006年，国务院颁布《地方志工作条例》，将全国地方志事业发展纳入法治化轨道。党的十八大以来，在习近平新时代中国特色社会主义思想指引下，全国地方志事业发展进入了新时代。西藏在20世纪80年代虽曾酝酿编修社会主义新方志，但其实际工作未能跟上全国修志步伐，然而这一千秋大业又深为社会各界所关注。到90年代，中央领导明确指出：“西藏也要修志。”1996年，全区地方志编修工作正式启动。

一

西藏地处祖国西南边疆，自古以来就是中国不可分割的一部分，南面、西面与缅甸、印度、不丹、尼泊尔和克什米尔等国家和地区接壤，边境线长4000多公里；北面、东面分别与青海、新疆、四川、云南等省（区）相邻。全区土地面积120多万平方公里，辖有拉萨市、日喀则市、山南市、林芝市、昌都市、那曲市和阿里地区共7个地市、74个县（区）、697个乡（镇、办），是一个藏、汉、蒙古、回、门巴、珞巴等民族与僜人、夏尔巴人等共同生活和居住的民族自治区。

西藏地属青藏高原的一部分，平均海拔4000米以上，素有“世界屋脊”和“地球第三极”之称，是世界上海拔最高的地方。全区地形分为藏北高原、藏南谷地、藏东峡谷地带三大区域。区域内山脉连绵，雪峰重叠，江河纵横，湖泊众多；东南边沿森林茂密，西部、北部地区草原相接，中部河谷地带良田广布。由于地处高原，西藏的气候多样，山川奇险，风景雄浑秀丽，多样气候和多重风景，构成了祖国西南边疆的秀美图画。

西藏文化灿烂，名胜古迹遍布。文化典籍、历史文物和文学作品丰富厚重，天文、历算、医学等领域成就显著，绘画、建筑、雕刻、音乐、舞蹈、戏剧等艺术别具一格，布达拉宫、大昭寺、古格遗址等名胜古迹闻名中外，丰富了中华民族文化宝库，是中华文化的重要组成部分。

二

早在西汉时期，西藏地方就出现了众多部落政权，其中聂赤赞普在雅砻河谷建立悉补野部落政权。经过数百年发展，至隋唐时期，悉补野部落首领松赞干布率部统一青藏高原各部落，建立了吐蕃地方政权。吐蕃赞普数次向唐朝请婚，于公元641年、710年分别迎娶唐朝文成公主、金城公主，双方在政治、经济、文化等方面建立了密切联系。公元822年，唐蕃举行会盟，重申了历史上“和同为一家”的甥舅亲谊，并刻文立碑于拉萨大昭寺等处，成为中国历史上各民族交往交流交融的缩影与典范。公元9世纪中后期，吐蕃地方政权崩溃并逐渐分立成拉萨支系、阿里支系及河湟地区的唃厮啰政权。其中，唃厮啰政权西南部与西藏诸部相连，东部和北部与宋、西夏、契丹相通，成为青藏高原诸部与内地各民族保持密切联系的桥梁。及至元代，西藏地方正式归于中央政府治下。其后，历代中央政府对西藏地方进行有效管理，从未中断。如：元朝在中央设立宣政院专门管理西藏地方事务，在西藏地方置驿站，清查户口，征收赋税，考核官员，驻扎军队；明朝时期，西藏地方各级官员和上层僧侣，都须经中央政府正式册封方有合法地位，特别是敕封西藏地方主要宗教和世俗首领为“三大法王”和“五大政教王”，有力地维护了西藏地方生产生活秩序；清朝中央在西藏地方建立驻藏大臣制度，设置驻藏大臣衙门，任命驻藏大臣管理西藏地方军政事务和财政开支，主持实施“金瓶掣签”制度，维护正常宗教秩序，并颁行《钦定藏内善后章程二十九条》等典制，进一步强化对西藏地方的治理；民国时期，民国政府根据临时大总统孙中山的宣言精神和

《中华民国临时约法》，明确向中外宣告西藏为中华民国领土，南京国民政府也颁布《中华民国宪法》，规定“西藏自治制度，应予以保障”，在强敌入侵、国难当头的情况下，先后派大员黄慕松、吴忠信入藏，代表中央政府存问藏事，验视备选灵童，主持达赖喇嘛转世、坐床事宜，承继了历代中央政府对西藏地方的主权。

西藏地方在历代中央政府直接管理下，其行政区划、沿革、名称时有变化。元代中央政府设“乌思、藏、纳里速古鲁孙等三路宣慰使司都元帅府”，隶属于宣政院，管理卫、藏、阿里地区。明代中央政府将管理其他少数民族地区的军政制度施行于西藏地方，设置乌思藏卫指挥使司、朵甘卫指挥使司和俄力思军民元帅府，分别管理卫、藏、阿里和昌都地区，后又提升乌思藏、朵甘两卫指挥使司为行都指挥使司，其下设卫、所等机构，管理军政事务。清代中央政府为强化对西藏地方的管理，派员勘定西藏与四川、云南、青海的界线，将康定、理塘、巴塘等地划归四川管理，将中甸、阿墩子、维西等地划归云南管理。至此，西藏区划已基本固定，除民国年间将太昭、林芝、波密、察隅以东地区划归西康省管理外，其行政区域一直沿革至今，未有较大调整。

三

千百年来，西藏地方在历代封建王朝管理下，社会历史虽有缓慢演进，但其赖以存在的封建农奴制度比其他地区更为落后、腐朽。旧时西藏占总人口不足5%的三大领主（官家、贵族、上层僧侣）占据了西藏的绝大部分耕地、草原、山林及大部分牲畜；而占总人口95%以上的农奴、奴隶几乎没有属于自己的生产资料，不得不终身依附于三大领主。而三大领主结成一体，构成政教合一的地方统治政权。农奴主通过封建特权私设公堂、监狱，随意对农奴施行鞭打、挖眼、抽筋、断指等酷刑，并随便买卖和任意处置。在这一制度统治下，西藏地方经济文化长期停滞不前，生产日益萎缩，生产力长期处于落后状态。

1949 年 10 月 1 日，中华人民共和国成立。1951 年 5 月 23 日，《中央人民政府和西藏地方政府关于和平解放西藏办法的协议》（以下简称《十七条协议》）的签订，标志着西藏和平解放及社会历史的伟大跨越。从此，西藏地方在中国共产党的正确领导下开始了社会变革和经济高质量发展的伟大实践。70 年来，中国共产党人始终把马克思主义基本原理同民族地区具体实际相结合，开创了西藏在祖国大家庭中从黑暗走向光明、从落后走向进步、从贫穷走向富裕、从专制走向民主、从封闭走向开放的光辉历程。

20 世纪 50 年代，中国共产党领导西藏各族人民群众执行《十七条协议》，在保留旧政治制度不变的不利环境下发展生产、抗灾扶贫、为民谋利，赢得了西藏各族人民群众的衷心拥护和爱戴。1959 年，西藏上层反动集团在帝国主义支持下，公然撕毁《十七条协议》，发动了阴谋分裂祖国、维护封建农奴制度的全面武装叛乱。为了维护国家统一，中央人民政府解散了西藏地方政府，平息叛乱，顺应历史潮流，在西藏进行了民主改革。1965 年，根据国家宪法中关于民族区域自治条文精神，经国务院全体会议同意，并提交全国人大常委会批准，成立了西藏自治区，西藏实现了社会制度的彻底变革，走上了社会主义的康庄大道。20 世纪 80 年代以后，在党中央坚强领导下，在全国人民大力支持下，西藏各族干部群众团结一心、艰苦奋斗，坚持以经济建设为中心，不断深化改革、扩大开放、加快发展，至 2019 年，全区经济继续保持优质高效发展，实现国内生产总值 1697.8 亿元。全区社会治理不断创新，社会稳定走向长治久安；生态环境保持完好，生态文明建设全面加强；人民生活不断改善，全面建成了小康社会；基础设施明显改善，交通运输、邮电通信网络发展迅速、覆盖全区；现代教育事业得到高质量发展，城乡义务教育一体化改革发展深入推进，形成了具有地方特色的幼儿教育、中小学教育、中高等教育及成人教育体系，人民群众科学文化素质明显提高。

70年来，西藏的发展进步始终得到党中央的特殊关怀和全国人民的大力支持。党中央历来高度重视西藏工作、深切关怀西藏人民。和平解放初期，党领导进藏人民解放军和大批专业技术人员、干部积极投身于西藏革命和建设事业。民主改革时期，大批各民族的干部、科技人员、教师、医生和技术工人响应党的号召，不怕艰苦，奔赴西藏，为西藏各项事业发展作出了巨大贡献。改革开放以来，党中央更加重视西藏工作，已先后召开了七次西藏工作座谈会，不断为促进西藏长治久安和高质量发展制定特殊政策，在人才、项目、资金等方面开展了大量援助工作。特别是党的十八大以来，以习近平同志为核心的党中央不断加大对西藏工作领导和支持力度，习近平总书记亲自为西藏工作把舵定向、谋篇布局，开启了西藏经济社会长治久安和高质量发展的新时代。在党中央特殊关怀、全国人民的大力支援下，西藏全面建成小康社会，在政治、经济、文化、社会、生态等领域取得了全方位进步、历史性成就，呈现出政治进步、经济发展、文化繁荣、社会和谐、生态良好、民生改善的大好局面。

四

近代以来，中国边疆各民族地区几乎都遭受过帝国主义的入侵，西藏地方也未能幸免。19世纪中叶，帝国主义在疯狂侵犯我沿海的同时，也将其魔爪伸进了中国西藏地方，在一百多年的时间里，帝国主义借传教、考察、探险之名，派出一批批所谓“传教士”“探险家”“学者”先后进入西藏地方，调查社会、经济状况，刺探情报。至19世纪末20世纪初，英国殖民主义者撕下伪装，于1888年、1904年两次派兵入侵西藏，西藏军民在武器十分落后的情况下，坚决抗击外敌入侵。帝国主义发现武力入侵不能实现其侵占西藏、分裂中国的目的，便利用各种手段在西藏地方统治阶级内部培植亲信，挑拨民族关系，并策划臭名昭著的“西姆拉会议”“泛亚洲会议”，制造所谓的“西藏独立”，企图将中国西藏分裂出去。而西藏地方部分反动上层为了一己私利，竟然迎合帝国主义需要，不惜出卖国家利益和民族利益，干起了分裂祖国、破坏国家统一的勾当。可以说，所谓“西藏独立”的出现，是与近代一百多年来帝国主义以图谋中国边疆地区而分裂中国的侵略活动相孪生的。与此相伴随，分裂与反对分裂、坚决捍卫国家统一和主权的斗争一直未曾中断。西藏和平解放后，西藏地方政府中的上层分裂势力以及其后叛逃流亡在外的达赖集团从未停止过分裂祖国的活动，而国际反华势力根据地缘政治和国际战略需要，变本加厉地以各种方式支持和怂恿境内外分裂势力从事分裂活动。在各种形式的分裂活动中，向精神领域里渗透成为分裂势力从事分裂活动的重要手段。特别是民主改革后，逃亡在外的达赖集团及别有用心的国际反华势力常常聚拢一些所谓的“学者”“藏学家”，捡拾道听途说的材料，东拼西凑，貌似考据和研究，实则为分裂势力服务。更有一些所谓的“藏学家”，编纂了大量经过篡改和巧饰了的虚假历史，极力抹杀历代中央政府对西藏地方行使主权的历史，否定西藏各族群众与内地各民族的经济文化联系，并企图从历史领域打开缺口，使分裂活动披上一层纯学术外衣，以此迷惑欺骗世人。当他们的所谓“研究成果”被揭穿后，便一改“学者”之面孔，别有用心地散布“西藏文化毁灭论”，企图诋毁西藏文化的发展与繁荣，以此达到混淆视听的目的。可以说，意识形态领域里的斗争与近代反对分裂、维护国家统一的斗争相伴随，而西藏地方志工作则成为坚定文化自信、反对历史虚无主义、进行意识形态领域斗争的重要组成部分。

西藏地方修志可追溯到清朝乾嘉年间，时任驻藏大臣和琳、松筠等，有感于藏治任重，国事危艰，疆门遥远，地理奇险，信息通达阻隔于山川，乃编撰、刊刻《西藏志》《卫藏通志》《西招图略》等记述西藏的疆域、山川、寺庙、天时、物产、边防、粮台、程站等数十目，以供皇帝决断藏事参阅，使朝中大臣及国人了解藏地。其后两百多年间特别是近代一百多年来，一些驻藏大臣、边关将领、民国要员目睹帝国主义入侵日甚、分裂主义势力日见坐大，为了向内地介绍西藏情况，以引起国人对西藏地方的关注，在极为复杂的情况下，凭个人热情和毅力上下察访、广征博览，记事编撰，形成了传于后世的史志著述。较为著名的有李梦皋《拉萨厅志》，黄沛翘的《西藏图考》，刘赞廷的太昭、察隅、波密、科麦、冬九、硕督等县志略，陈渠珍的《艽野尘梦》，刘曼卿的《康藏轺征》，这些使一人之力而成一地之说的著述与大量的藏文史籍一道，客观地记述了西藏地方的历史沿革、风物人情、地理山川、文化宗教、典章制度等，力所能及地记录了体现中央政府对西藏地方行使主权的宸章、奏牍、遗迹、碑文、石刻等，侧面反映了当时西藏复杂的局势特别是面临着帝国主义入侵和分裂势力企图脱离祖国的危局。但由于当时的客观条件，特别是限于撰修人的阶级局限性和历史局限性，不可能系统地反映劳动人民的生活，也难以反映出西藏的地情、人情、物情和政治、经济、历史、文化、宗教的全貌，这些缺憾不仅留下了许多历史领域的空白，也给分裂主义势力编造谎言提供了可乘之机。正因如此，系统地编修西藏社会主义新方志，全面持续深入地推进西藏地方志事业发展，不仅仅是文化建设的重要任务，也是我国领土主权和行政管辖权的文化宣誓和历史承载，更是一项拨开迷雾、正清视听、凝聚人心、团结奋进的政治工程、战略工程、文化工程和固边工程，功在当代，利在千秋！

五

西藏开展地方志编修工作后，自治区党委、政府坚决贯彻落实中央关于地方志工作的决策部署，高度重视地方志编修工作，全面安排部署推动全区地方志工作，逐步形成了“党委领导、政府主持、地方志机构组织实施、社会各界广泛参与”的体制机制，启动实施了140多部、总计数亿字的社会主义新方志的巨大工程。志书内容涉及政治、经济、文化、社会、生态和强边等，领域遍及党务政务、人大政协、政法军事、群团民宗、教体文卫、农牧林业、交通能源、邮电通信、经贸旅游、财税金融、城乡建设、水利气象、工商劳动等各行各业，地域涉及全区各地市、县（区），按照图照、凡例、概述、志、人物、记、图表、附录、索引等志体结构，全面真实客观地反映西藏地方的历史与现状，特别是中国共产党团结带领西藏各族干部群众“加强民族团结 建设美丽西藏”的伟大历程和光辉足迹，为当代提供资政辅治之参考，为后世留下堪存堪鉴之记述。

西藏社会主义新方志始终以马克思列宁主义、毛泽东思想、邓小平理论、“三个代表”重要思想、科学发展观、习近平新时代中国特色社会主义思想为指导，坚持辩证唯物主义和历史唯物主义，积极客观地记述和反映党的路线、方针、政策在西藏的光辉实践；记述党把马克思主义民族理论同西藏自治区实际相结合的成功经验；记述和反映自西藏和平解放以来中国共产党领导西藏各族人民进行革命、建设和改革的伟大功绩，特别是客观地反映中国共产党人以西藏各族人民的利益高于一切，以推动西藏社会发展进步为最高境界的高尚风范和带领西藏各族人民实现和平解放、进行民主改革、砸碎封建农奴制枷锁、推动社会变革、实行改革开放、促进西藏社会繁荣进步、为西藏各族人民谋幸福的光辉历史，使后人了解前人的奋斗业绩，从而继承前辈未竟的事业。

西藏社会主义新方志始终将维护祖国统一、加强民族团结作为修志的历史使命和历史责任。志书客观公正地记载西藏地方的主权归属；记载自古以来西藏各民族与内地各民族的关系和西藏地方与中央政府的政治、经济、文化联系；记载自近代帝国主义入侵以来西藏地方所面临的分裂与反分裂斗争的史实，以及帝国主义、殖民主义为分裂中国边疆地区所从事的煽动、支持分裂主义分子搞“西藏独立”的活动；客观记述达赖与班禅历史地位及关系，揭露十四世达赖叛逃之后从事分裂祖国、甘当帝国主义马前卒的真实面目。各专业志和县志将充分收录反映中央政府对西藏地方行使主权的历史文物、遗迹、碑文、石刻等。

西藏社会主义新方志积极为西藏经济建设和社会发展、繁荣进步提供智力支持，为社会主义精神文明建设贡献力量。各类志书充分记述西藏经济建设和社会发展的历史轨迹，以丰富的资料、翔实的数据反映经济战线和社会战线所取得的辉煌成就；详细记载西藏的人文、地理、山川、河流、自然气候、经济资源，以及能够为西藏社会主义现代化建设提供可持续发展支撑的人力资源、自然资源、社会资源等，充分反映社会事业发展的历史轨迹、人民物质文化生活的变迁和人民生活水平提高、精神面貌变化的程度。充分反映中央关心西藏、全国人民支援西藏对西藏经济发展和社会进步的巨大促进作用。各专业志以文字、图片、图表的形式，实录西藏和平解放70年来每一行业的建设数据、发展进程、重大项目建设始末、发展中的经验与失误等，为分析经济发展脉络、预测经济发展前景、判断经济社会发展中的不确定因素、制定科学发展规划，提供翔实的资料。

西藏社会主义新方志以大历史观的视角记述西藏恢宏的历史和丰富的文化，客观地记录西藏自古以来各民族交往交流交融的历史事实、反映西藏历史文化的演变过程及其与中华民族史密不可分的联系，昭示西藏历史是中华文明史的一部分，各民族的共同发展构成了中华民族发展的整体，形成了中华民族统一的历史格局，在创造悠久、灿烂、光辉的历史进程中结成了中华民族命运共同体。西藏社会主义新方志站在历史唯物主义的立场上，对西藏各族人民群众的历史活动给予充分的反映。本着明古详今、鉴古知今的原则，记录当地的行政区划、历史沿革、城垣、民俗、民生、教育、艺文、交通、吏治、典章、寺庙等。本着西藏自古以来就是中国不可分割的一部分的根本原则，各类志书客观而翔实地记述历代中央政府在西藏地方派驻军队、委任官员，以及主持寻访、认定、批准、册封等活佛转世等事项的历史。

修志问道，以启未来。经过二十余年的努力，西藏地方志工作取得了良好成绩，事业发展呈现出制度健全、措施有力、队伍壮大、质量提升、进度加快和成果涌现的良好态势，正向全面深入持续发展的方向不断迈进，其间也凝聚了各级领导的关爱和广大编撰人员的心血。在各类志书陆续付梓之际，我们向读者奉上此序，以明修志宗旨，以示修志原则，以彰各界对修志工作的支持和贡献，并通过提挈志书之纲领，向社会和读者推介社会主义新方志的重大成果，充分发挥地方志“存史资政、教化育人”之功用。

“潮平岸阔催人进，风起扬帆正当时。”盛世修志、志载盛世，让我们在习近平新时代中国特色社会主义思想的指引下，不忘初心、牢记使命，不断增强“四个意识”、坚定“四个自信”、做到“两个维护”，认真贯彻落实党的十九大和十九届历次全会精神，贯彻落实中央第七次西藏工作座谈会精神，深入贯彻习近平总书记关于西藏工作的重要指示精神和新时代党的治藏方略，按照自治区第十次党代会部署，在自治区党委、政府的坚强领导下，发扬“老西藏精神”，缺氧不缺精神、艰苦不怕吃苦、海拔高境界更高，锚定“四件大事”“四个确保”，围绕实现“四个创建”“四个走在前列”目标，彰善引风气、直笔著信史，努力编纂出精品佳志，为推进西藏长治久安和高质量发展、建设团结富裕文明和谐美丽的社会主义现代化新西藏贡献力量。

西藏自治区地方志办公室

2022 年 5 月

序

阿里地区行署副专员、札达县委书记　陈代均
札 达 县 委 副 书 记 、县 长　达娃平措

《札达县志》编纂付梓，即将出版，这是札达县历史上第一部综合性志书，同时也是记述札达历史的“百科全书”。《札达县志》的诞生，不仅是关系全县人民政治、经济、文化、社会生活的一件大事，也是全县物质文明、精神文明、政治文明和生态文明建设的一项重要成果。它的出版问世，具有重大的现实意义和深远的历史意义。

“治天下者以史为鉴，治郡国者以志为鉴”，编史修志，历为古今所重，是中华民族特有的优良文化传统。

札达县位于西藏阿里地区西南部。地处喜马拉雅山与其支脉阿伊拉日居山之间的湖盆中，四周环山，起伏不平，地形复杂。地貌属藏北“雅丹地貌”，是阿里地区乃至全国颇为特殊的一个自然区域。土林地貌广泛发育，总面积约 2464 平方千米。

札达县历史悠久，源远流长，这里曾是古象雄文明的核心区，藏传佛教的腹心地。公元 966 年，普兰王扎西衮之次子松额在札布让创立古格地方政权并称王，随后，颁布实施了一系列施政方针。古格时期，社会经济得到较快发展，佛教兴盛，涌现出许多著名的佛教传播者、大译师。

在漫长的历史长河中，札达人民经历了原始社会、奴隶社会、“政教合一”的封建农奴制社会。民主改革60余年来，札达各族人民在中国共产党的领导下，辛勤劳作建设家园，一面加强农牧业生产，一面积极创办各类经济实体。改革开放后札达人民更加意气风发，各行各业取得了显著成效，城乡面貌焕然一新。未来，札达必将以更快的步伐前进，为全面建成小康社会作出新的更大的贡献。

盛世修志。在札达的发展道路上，当前正处于承前启后、继往开来的历史新阶段，《札达县志》以大量文献、档案为依据，客观记述了札达县几千年来的政治、经济、文化及社会各个方面的历史，翔实记载了札达县民主改革后的巨大变化和各项社会事业的发展状况，重点记录了党、政、军、警、民及各族干部群众团结奋斗、共同繁荣发展的历史。《札达县志》是人们了解和研究札达县情的案头书，志书的编纂出版是一项“利今世而惠后人”的千秋伟业。广大干部群众能够以史为镜，把握札达县历史发展的脉络，从札达县的实际情况出发规划建设和发展蓝图，为札达县的发展进步提供有益借鉴。

过去，我们的祖先在这块土地上辛勤劳作、繁衍生息，创造了璀璨的文化和悠久的文明；21世纪的今天，札达各族人民在中国共产党的领导下，深入学习贯彻习近平新时代中国特色社会主义思想和党的十九大、十九届二中、三中、四中、五中全会精神，中央第七次西藏工作座谈会和习近平总书记关于治边稳藏重要论述及系列重要指示批示精神，自治区第九次党代会精神，区党委九届三次、四次、五次、六次和七次全会精神，贯彻落实阿里地委经济工作会议精神，坚持创新协调绿色开放共享的新发展理念，坚持稳中求进、进中求好、补齐短板工作总基调，大力实施“旅游兴县、开放富民”发展战略，为实现社会主义现代化而努力奋斗。

凡　例

一、本志坚持以马克思列宁主义、毛泽东思想、邓小平理论、“三个代表”重要思想、科学发展观和习近平新时代中国特色社会主义思想为指导，用辩证唯物论和历史唯物论的方法，全面、客观、系统地记述札达县的自然与社会、历史与现状的全貌，力求思想性、科学性和资料性的统一。

二、本志上限为事物发端，下限至2010年12月31日，部分内容为了体现所记述事物的完整性有适当延伸。按照“详今明古、详近略远”的原则，重点记述本县的历史及现状。

三、本志以文字记述为主，辅以志、记、图、表、传、录等体裁，以志为主，一般设篇、章、节、目四个层次。篇目采用并列结构，目下层次用一、二、三，（一）（二）（三）子目编序；章、节下视内容需要设有无题小序。

四、本志所述内容，在中华人民共和国成立之前者，采用朝代纪年，其后括号内注公元纪年和藏历纪年；中华人民共和国成立之后，采用公元纪年，并全部采用阿拉伯数字纪年。

五、本志称“和平解放”即以1951年5月23日签订的《中央人民政府和西藏地方政府关于和平解放西藏办法的协议》为准。

六、本志依修志通例，不为生人立传。立传人物以本籍人物为主，对札达发展有一定推动作用的人物立传，按卒年先后顺序，直陈其事；列表人物不以生卒为限，主要收录县级以上的劳动模范、先进工作者及在各项工作中有一定贡献和声誉的人物。

七、本志按编年体记述，采用语体文、记述体。概述中带述带议，述议结合；大事记以编年体为主，兼用纪事本末体。语言文字遵循《中华人民共和国国家通用语言文字法》，行文使用第三人称。

八、本志记述地域，以2010年12月底札达县的行政区划为限，凡涉及县域外事件，视情况予以简述或说明。

九、本志所用数据，一般以县计委提供的统计数字为准，县计委欠缺的，则引用有关单位或部门提供的数据。数字书写遵循2011年11月1日实施的《出版物上数字用法》。

十、本志所用计量单位，主要采用2014年国务院颁布的《中华人民共和国计量法》，一些历史计量单位不便折算者，仍采用原单位。

十一、本志所用的地名、人名、机构名和官职名的称谓，均采用当地当时的称呼。

十二、本志对凡需说明或解释的事项与引文出处，均采用括注或脚注的方式，予以注释。

十三、本志所用资料，主要取自札达县档案馆和县直各部门编写的资料，部分来自西藏自治区档案馆、阿里地区档案馆及有关部门馆藏资料，极少部分来自本县退休老干部、老职工和农牧区老人的回忆口述。

目　录

第一篇　自然地理

第二篇　政区建置

第三篇　古格地方政权

第四篇　中共札达县地方组织

第五篇　政权　政务

第六篇 政协 群团

第七篇 人事 劳动 民政

第八篇　法　治

第九篇 经济综合管理

第十篇　农牧林水

第十一篇　工商粮贸

第十二篇　交通　邮电　城建　环保

第十三篇 财税金融

第十四篇　教育　体育　卫生

第十五篇　文化　广播　影视

第十六篇　文物　旅游

第十七篇　人口　民族　宗教　民俗

第十八篇　军　事

དཀར་ཆག

ལེ་ཚན་གཉིས་པ། འཛུགས་སྐྲུན་དང་སྲིད་ཁྲལ།

ལེ་ཚན་གསུམ་པ། གུ་གེ་རྒྱལ་རབས།

ལེ་ཚན་བཞི་པ། ཀྲུང་གུང་རྩྭ་མདའ་ས་གནས་སྒྲིག་འཛུགས།

ལེ་ཚན་ལྔ་པ། སྲིད་དབང་དང་སྲིད་དོན།

ལེ་ཚན་དྲུག་པ། སྲིག་གྲོས་དང་མང་ཚོགས་ཚོགས་པ།

ལེ་ཚན་བདུན་པ། མི་རྡོན། ངལ་རྩོལ། དམངས་སྲིད།

ལེ་ཚན་བརྒྱད་པ། ཁྲིམས་སྐྱོང་།

ལེ་ཚན་དགུ་པ། དཔལ་འབྱོར་ཕྱོགས་བསྡུས་དོ་དམ།

ལེ་ཚན་བཅུ་པ། ཞིང་འབྲོག་ནགས་ལས་དང་ཆུ་བེད།

ལེ་ཚན་བཅུ་གཅིག་པ། བཟོ་ཚོང་དང་འབྲུ་རིགས་ཉོ་ཚོང་།

ལེ་ཚན་བཅུ་གཉིས་པ། འཕྲིན་འགྲུལ། སྦྲག་སྤྲོད་གློག་འཕྲིན། གྲོང་ཁྱེར་འཛུགས་སྐྲུན། ཁོར་སྲུང་།

ལེ་ཚན་བཅུ་བཞི་པ། སློབ་གསོ། ལུས་རྩལ། འཕྲོད་བསྟེན།

ལེ་ཚན་བཅུ་དྲུག་པ། རིག་དངོས་དང་ཡུལ་སྐོར།

ལེ་ཚན་བཅོ་བདུན་པ། མི་འབོར། མི་རིགས། ཆོས་ལུགས། དམངས་སྲོལ།

ལེ་ཚན་བཅོ་བརྒྱད་པ། དམག་དོན།

概　　述

札达县位于西藏自治区西部，阿里地区西南部。地处喜马拉雅山与其支脉阿伊拉日居山之间的湖盆中，东经78°23′—80°58′，北纬30°29′—32°43′。东接噶尔县，东南与普兰县为邻，北部与印控克什米尔地区毗邻，西、南与印度接壤。札达县是西藏自治区最边远、边境线最长、通外山口最多的县之一。札达县东西长295千米，南北宽125千米，总面积2.75万平方千米。札达县政府驻地托林镇海拔3700米，距阿里地区行署所在地狮泉河镇247千米，是札达县政治、经济、文化中心。截至2010年底，札达县总人口7179人，以藏族为主，有6219人，占全县总人口的86.63%；城镇人口1554人，乡村人口5625人。西藏和平解放以后，札达县社会制度发生了根本变化，生产关系逐步调整，社会生产力和人民生活水平不断提高。特别是党的十一届三中全会以来，在西藏自治区党委、政府的坚强领导和内地省、市的大力支持和无私援助下，札达县委、县政府率领全县各族人民艰苦创业，励精图治，锐意进取，奋力拼搏，以经济建设为中心，全面实施改革开放，推进经济、政治体制改革，将一个在封建农奴制枷锁下禁锢了数千年、一穷二白的旧札达，初步建设成为物产丰富、信息畅通、社会和谐、民族团结、经济发展的高原明珠。

一

札达县地处喜马拉雅山脉西北段及其支脉阿伊拉日居山之间的一个古湖盆中，四周环山，起伏不平，地形复杂。地势从东西两面向中间倾斜，两边高、中间低，呈“两山夹两谷（盆地）”形状。盆地地区长150千米，宽20—60千米。其西北缘是发育于侏罗纪砂极岩及灰岩中的曲松山间盆地，也是札达湖盆的一部分。札达盆地呈北西南东走向，全县最高点为县境南部喜马拉雅山脉阿比岗门峰，海拔7731米，最低点为朗钦藏布流入印度的出境河水面，海拔2900米。全县平均海拔4500米左右。

札达县主要为上新世河湖相沉积地层，地貌属藏北“雅丹地貌”，是西藏阿里地区乃至我国颇为特殊的一个自然区域。地貌类型分为断谷河谷地貌、高山地貌、土林地貌、冲洪积地貌等。以高山峡谷为主，切割较深，平坝较少。札达土林总面积约2464平方千米，主要分布于达巴乡、托林镇、香孜乡、曲松乡；土林的分布总体与朗钦藏布谷平行，在札布让以西明显北移。土林地貌发育最好的地区是以托林镇为中心的大片地区，其面积约888平方千米。发育厚度最大的土林主要集中在峡谷谷壁和札布让以东地区，最大厚度在托林至葱巴拉之间，单个土林最大厚度200—300米。

札达县属于高原温带季风干旱气候。干燥少雨，年平均降雨量在120毫米左右，其特点为南多北少、东多西少，降雨多集中在7—8月。年平均气温约5.6℃，温差较大，最热月（7月）平均气温18.5℃，最冷月（1月）气温在-9.2℃左右。无霜期130天左右，日照时数约3000小时。札达县土壤主要有高山寒漠土、高山草甸土、高山草原土、亚高山草原土、亚高山草甸土、新积土等类型，平均厚度50—80厘米。2006年，全县耕地面积1.04万亩，草场面积2158万亩，属半农半牧县。适宜种植青稞、豌豆、油菜等农作物。

札达县境内有冰川、河流与泉水等丰富的水资源，朗钦藏布是阿里地区最主要的河流之一，也是阿里地区三大外流河之一。县境内植物资源较为稀少，植被主要以耐寒的禾本科和莎草科为主。野生动物种类繁多，有国家级重点保护动物16种。其中，国家Ⅰ级重点保护动物6种，分别是野牦牛、藏羚羊、西藏野驴、雪豹、黑颈鹤、胡兀鹫；国家Ⅱ级重点保护动物10种，分别是荒漠猫、喜马拉雅麝、藏原羚、岩羊、盘羊、草原雕、秃鹫、猎隼、红隼、藏雪鸡。矿产资源主要有铬、蓝晶石、红宝石、大理石、白云母、石英砂、水晶矿、沙金、煤矿、铜、铁矿等11种。札达境内不仅盛产生物药材（共有植物藏药材320余种），而且是藏医学的起源地之一。札达县旅游资源丰富，境内有著名的古格王国遗址、西藏托林寺、土林地貌和皮央·东嘎遗址等。札达土林为国家地质公园，是西藏自治区著名风景名胜，以其面积广、造型奇、气势大而被誉为“中国的唯一、世界的典型”。境内还有全国重点文物保护单位古格王国遗址、托林寺，以及藏族先民遗留的400多座洞窟。

二

据文物和史料考证，在札达县境内发现的最早人类活动有3500年左右。后来，逐步形成象雄部落，在此基础上又逐渐形成部落联盟。据《阿里早期史》和《阿里历史宝典》记载，上部象雄由18个部落小邦组成，每个部落首领称王，史称甲茹坚十八王。他们在常住地建有堡寨，至今在文字记载中能查到的有8堡、5寨，其中今札达县境内有古格札生喀尔（即今札布让古格城堡）和喀尤达巴喀尔（即今达巴乡所在地的古堡）。此外，今札达县香孜乡香巴村东侧的卡东古堡遗址，也是象雄时期的堡寨之一。

唐贞观十八年（644年），吐蕃第32代赞普松赞干布征服象雄，在象雄全面推行吐蕃政体，设立象雄“赤岱”（即象雄万户），或称象雄“茹”，成为吐蕃六大政区之一。今札达县域属象雄赤岱中的下象雄之古格东岱（千户）领地。10世纪初，吐蕃赞普后裔吉德尼玛衮逃亡至布让（今普兰），称阿里王，分封三子于布让、玛尔域、桑噶三地，分别建立普兰、拉达克、桑噶3个地方割据政权。札达属普兰王辖域。北宋乾德四年（966），普兰王扎西衮之次子松额在札布让（今札达县托林镇境内）创立古格地方政权，境域包括朗钦藏布和森格藏布的上、中游。至11世纪80年代，古格王辖域仍限于朗钦藏布流域。11世纪末，古格第四代王泽德时期，用武力控制了北方（指今噶尔县中西部、日土、革吉、改则等地）广大地区。14世纪中叶，古格第15代王拉钦·扎巴德在位时，先后兼并普兰、亚泽两王领地，并占领古格南部的佳南、尼底、主尼（均在今印度北部与札达县接壤地区）等藏族聚居区。明崇祯三年（1630年，藏历第十一饶迥铁马年），拉达克出兵占领古格全境，古格地方政权灭亡。清康熙二十二年（1683年，藏历第十一饶迥水猪年），西藏地方政府派军队收复被拉达克占领的古格全部辖地。康熙二十五年（1686 年，藏历第十一饶迥火虎年），西藏地方政府根据清朝中央政府治藏方略和卫藏地区政区管理体制，在今札达县先后设立札布让、达巴两宗，曲木底、萨让如两本，历时近 300 年。1951 年 9 月，中国人民解放军进入香孜，札达和平解放。1956 年 11 月，札布让宗和达巴宗合并成立札达宗，在香孜成立札达宗办事处，属过渡时期带有政权性质的商议机构。原札布让宗和达巴宗以及其他地方政权组织与札达宗办事处并存，仍履行其原有职能。1960 年 5 月，成立中国共产党札达县委员会、札达县人民政府。

1999 年，根据自治区民政厅《关于阿里地区乡镇行政区域调整的批复》，进行撤区并乡工作。札达县各区更名为乡镇，乡改为村，村改为村民小组。其中，札布让区迁至县城所在地，因托林寺而更名为托林镇。全县行政区划调整为 1 镇、5 乡，分别辖 1 个居民委员会、14 个村民委员会、58 个村民小组。至 2010 年，札达县行政区划未变。

三

民主改革前，札达实施的是“政教合一”的封建农奴制度。西藏地方政府官员、上层僧侣、农奴主组成的“三大领主”不仅占有全部土地、草场和绝大部分牲畜，而且还限制和占有农奴的人身自由。札达农牧民担负着沉重的差役和租税，过着极其艰难悲惨的生活，札达社会经济长期处于贫穷落后的状态。

1959 年，札达县实行民主改革后，广大农牧民摆脱了三大领主的压迫和剥削，实现了由封建农奴制向社会主义制度的历史性跨越。通过民主改革，札达人民同西藏各地人民一样，获得真正的翻身解放。1960 年，中共札达县委员会和札达县人民政府成立，相继组建各类工作机构和社会事业机构，逐步建立健全司法体系。札达县在西藏自治区党委、政府和阿里地委、地区行署的正确领导下，坚持党的基本路线，坚持社会主义道路，认真贯彻中共中央关于西藏工作的一系列指示精神及西藏自治区和阿里地区的战略部署，团结带领全县各族人民群众发扬艰苦创业的“老西藏精神”，在党中央和河北省等地党委、政府的无私支援下，齐心协力，艰苦奋斗，以改革为动力，以发展为目标，札达的经济建设实现了跨越式发展，社会面貌发生了翻天覆地的变化。

札达县为半农半牧地区，同时又是边境贸易比较活跃的地区。民主改革时期，札达境内主要有姜叶马加尔果、那木拉、楚鲁松杰、萨让市场和什布奇等5个传统贸易场所，其中姜叶马加尔果市场是阿里地区最大的边贸市场。和平解放初期，解放军驻扎部队和阿里分工委一面组织札达农牧民群众开展生产，一面向农牧区群众发放贷款和农贷粮，以抵制“三大领主”和外商对农牧民的高利贷盘剥。其后，国家逐步开放部分通商口岸，使传统的贸易市场基本得到恢复。这一时期的财政开支基本全由中央包揽，实行供给制。札达县财政支出项目主要为经济建设、社会文教科学、行政管理和其他支出四大类。

1959年，札达实行民主改革，彻底废除封建农奴制度，生产力得到解放和发展。农牧业在民主改革中经过划分农村阶级、土地改革等运动，实行了赎买政策，废除封建农（牧）奴主对生产资料的占有制度，确定农牧民个体所有制。1960年，札达县开始成立互助组，促进了全县农牧业发展。1961年，粮食种植面积2100亩，总产量达到306吨，牲畜存栏7.18万头（只、匹）。随着札达县第一家国营商业企业——县贸易公司的成立，各乡陆续建立供销社，开启了札达社会主义新商业的模式。此后，国营商业和供销社开始发挥商品流通主渠道作用。20世纪70年代初期，全县实现“人民公社”化，农牧业体制开始转向集体化。1971年8月，札达县第一次党员代表大会召开，选举产生中共札达县首届委员会领导机构。在县委领导下，开展“农牧业学大寨”运动，广大共产党员和各级干部深入基层，做群众思想工作，抓农牧业生产，大搞农田水利和草场基本建设，全县生产得到了恢复和发展，人民群众生活全面改善。全县粮食种植面积达到8400亩，总产量670吨，牲畜存栏8万余头。

党的十一届三中全会以后，札达县委、县政府工作重心转移到社会主义现代化建设上，带领全县各族干部群众踏上改革开放的新征程。20世纪80年代后，在中共中央关于西藏工作一系列重要指示、精神指导下，西藏自治区党委、阿里地委主要领导多次亲临札达县调研指导工作，全县各项工作焕发出新的活力和生机。在农业生产上采取以包干到户的责任制形式，实行减税增收，极大解放了生产力。到1981年，全县粮食播种面积7900亩，总产量达833吨。随着改革开放的不断深化和计划经济逐渐向市场经济过渡转型，原来各行业的指令性计划开始转化为指导性计划。1980年6月，中、印关系缓和以后，札达境内边疆居民通过通往印度的4个山口恢复边贸往来。札达对外贸易由单纯的边民互市贸易发展为以边境小额贸易为主、传统互市贸易为补充的经济贸易。

1990年，西藏自治区党委在第四次党代会上提出“一个中心（坚持以经济建设为中心）、两件大事（抓好稳定和发展两件大事）、三个确保（确保西藏经济的发展、确保社会的全面进步和长治久安、确保人民生活水平的不断提高）”的新时期西藏工作指导思想。札达县在这一思想指导下，制定札达县国民经济和社会发展第八个五年计划，确立全县社会经济发展总目标，各项工作有序推进并不断取得新的进展。到年底，全县生产总值达306万元。粮食种植面积虽然减少至7000亩，总产量却达到900余吨，牲畜存栏达到10.18万头（只、匹），农牧业总产值达262.3万元。农牧民人均纯收入679.69元。境内部分农牧民群众通过自筹或贷款的方式兴办个体小卖店，饮食业、服务业、修理业等，以私营个体商业为主的民营经济随之兴起发展。

1995—2010年，河北省先后派出6批援藏干部，带着资金、项目到札达工作，为札达县社会经济的发展提供了大力支持。1996年，札达县农村经济总收入477.62万元，农牧民人均纯收入806.04元。2000年，札达县生产总值3049.58万元。其中，第一产业1376.16万元，第二产业133.5万元，第三产业1539.92万元。全县粮食种植面积8900亩，总产量达1220吨。牲畜存栏达到134219头（只、匹）。县本级财政收入达到93万元。农村经济总收入875.2万元，农牧民人均纯收入达1153.84元。截至2010年底，全县生产总值完成10317.62万元，比2000年增长238.33%。其中，第一产业1108.24万元，第二产业3943.38万元，第三产业5266万元。全县农作物播种面积7524.45亩（不含人工种草12824亩），其中粮食作物播种面积达5946亩。

四

随着经济的发展，札达县的各项社会事业从无到有，从小到大，得到逐步发展。

札达县山高沟深，自古以来交通运输极不方便。民主改革前，境内没有一条成型的现代公路，主要以人力和畜力运输为主。1963年，修通全程279千米的札达到狮泉河镇公路——那托（那木如至托林）公路。1963—1965年，札达至狮泉河的第一条公路通车，全长279千米。1981年，修通札达县至阿里地区行署所在地狮泉河镇的第二条公路，公路全长380千米。至2000年，全县共修建县道2条、乡村公路10条，全县公路通车里程达到1813.5千米。全县建有石拱、钢筋混凝结构中小桥梁21座，铁桥（驿道桥）1座，总长416.65米；建有拱涵、厢涵共98道。截至2010年，县域内有公路（县、乡、村道）20条。其中，县道5条，乡村公路15条。公路通车总里程达2685.21千米，基本形成以巴札、那什、札山公路为主，各乡、村公路为辅的公路网。1965年始，随着那木如至托林公路的建成，汽车运输逐渐兴起。到2000年底，全县内经营货运业务的车辆达25辆。

札达县现代邮政始于1961年，先为畜力运送邮件，后由汽车运送。1980年前，每月两班邮车，单程219千米。自1993年起，邮运每周一班，往返时间大约3天。1993年，札达开通市内电话。1994年初，实现长市（话）合一，全县有电话用户14户。到2000年底，札达县至狮泉河的长途电话电路增至14条，全县电话用户达到170余户。此后，电信营业大楼建成投入使用，线路改造和扩容工程完成，光缆于2003年8月铺设完成并投入使用，县城移动电话于2004年6月底开通。到2006年，全县固定电话装机达455部，好易通移动通信放号1081部，全县6个乡镇政府所在行政村全部开通卫星电话（托林镇与县城相同，为光缆通信）。截至2010年底，全县邮政业务量达30.23万元，电信业务量达190万元，移动业务量达350万元。

五

1961年，札达县创办第一所民办小学——托林小学，有教师1人，学生15人。1962年，全县第一所公办小学——香孜乡戴帽小学建成投入使用，有学生18人。1988年，全县公办小学增加到8所，民办小学增加到4所，共有教师45人、在校生377人，学生入学率达47%。1995年，建立阿里地区第一个县级中学——札达县中学，有教师3人、学生30人。到2000年，札达县中学教师增加到11人，学生增加到106人；全县有小学12所（其中完小2所，教学点5个，乡办小学5所），有正式教师38人、在校生641人，全县适龄儿童入学率提高到96%。2006年，有学校7所，有教职工59人，在校生达1027人，适龄儿童入学率达98.53%。截至2010年底，全县有小学5所，在校生732人，中学在校生232人。

象雄时期，辛饶米沃且的长子介普赤西在札达一带广泛传播《医疗四部论》，救治广大百姓，并编著藏医学理论论著《治毒坚固聚》。随着佛教传入阿里，包括医学、历算在内的"大小五明学"也随之传入。北宋大中祥符元年（1008年，藏历土猴年），大译师仁青桑布从印度带回并翻译了《医法八支·注释词意月光论》、马鸣论师所著《八支集要》及迦湿弥罗（今克什米尔）学者所著《集要广注·司义月光》等医学典籍，盛传于整个西藏，并在札达当地培养了许多医生，被称为札达的藏医先师。噶本时期，分散在札达县一带的民间藏医采用望、闻、触、诊、尿检等传统手段，用自己配制的草药或火灸，配合放血、药浴、火罐等方法治疗疾病和预防常见传染病。札达县和平解放后，中国人民解放军进驻札达一带开展社会调查工作时，免费为当地群众看病，现代医学开始进入札达，解放军医生成为札达最早的西医。1960年，札达县建立了有史以来第一家医疗卫生机构——县卫生院。随后，在全县宣传推广新式接生法，并开展卫生防疫工作。1969年，札达县人民医院在县城驻地托林为20多名白内障患者进行白内障手术，开创白内障在札达县诊治的历史。1980—1990年，札达县逐年增加培训经费，组织各乡、村、组的医务工作者到县人民医院培训，由医院业务能力强的临床医生为其授课，并进行临床实验，从而提高了基层医疗队伍的整体素质，逐步形成县、乡、村三级医疗卫生网络。到2000年底，全县共有医疗机构7个、专业医务人员23名，其中具有中级以上技术职称的2名。县人民医院设内科、外科、妇产科、藏医科、放射科、儿科、五官科、计生办、注射室、药房等科室，共有病床15张。2006年，全县有医院1所（床位20个、技术人员44名）、乡卫生所5所。农村合作医疗工作全面展开，覆盖率达到100%。截至2010年底，全县医疗机构共诊治病人达29648人次，下派巡回医疗工作组10次、36人次，诊治群众13140人次，发放免费药品价值52800元。

札达县社会保障工作虽然起步较晚，但是社会救济和扶贫救灾工作随着解放军进驻札达之始即开展起来。20世纪50年代初，进驻札达的中国人民解放军在农牧区发放无息农业贷款。1962年，阿里地区为札达县发放社会救济款8000元、救济粮1万千克，救济贫困群众371户、896人次。到2010年，全县有城镇低保17户、32人，发放低保金12.06万元；有农村低保对象270户、539人，发放低保金34.29万元；有农村五保对象30名，发放供养金6万元。

札达县地处边境地区，贫困人口众多。1985年10月，中共阿里地委、地区行署联席会议决定，将札达县萨让区、底雅乡、什布奇乡、楚鲁松杰乡（简称一区三乡）作为扶贫的重点，采取缺什么补什么的原则，在农牧民群众的吃、穿、住、用上给予大力支持，年内为札达县下拨扶贫资金5万元，全部用于“一区三乡”农牧民的生产生活。1996年，实施扶贫攻坚计划，到2000年，全县共投入扶贫资金950.7万元，圆满完成《国家八七扶贫攻坚计划》所提出的目标和任务，全县脱贫94户、448人。2001—2010年，札达县通过实施整乡推进扶贫开发、边境村扶贫开发、面上扶贫开发等扶贫项目以及“一河两沟”农业综合开发、草场围栏、水利灌溉、农田开发、人畜饮水等方面的农牧业综合开发项目建设，贫困人口的农牧业生产条件及生活条件得到全面改善。札达县属于多灾易灾县，特别是20世纪90年代以来，几乎每年都要发生雪、旱、涝、虫、雹等各类自然灾害。每次灾情发生后，札达县委、县政府及时为灾民发放粮食、衣物，茶叶、饲草、燃料、药品等救灾物资，帮助受灾群众渡过难关，恢复生活生产。

札达的传统艺术主要包括音乐、舞蹈和工艺美术，尤其以藏族乐舞和工艺美术最为耀眼夺目。“苯教羌姆”据传是辛饶米沃且时期流行的一种宗教歌舞，后又与佛教进行了融合，广泛流行于朗钦藏布一带的寺院和民间。“宣舞”是最古老的舞蹈种类之一，在古格都城遗址红庙残缺的壁画中依稀可见，距今已有1000余年的历史，至今仍在札达一带民间流传，一般在新婚礼仪、迎送客人和寺院表演“羌姆”时穿插表演，表示喜庆和圆满。2008年，札达“宣舞”被列入“全国非物质文化遗产”名录。札达的雕塑、岩画、壁画在整个西藏艺术画廊中占有重要地位。古格时期的佛像雕塑不惜重金，雍容大气；古格的壁画融高原质朴、简约和南亚及波斯开放、夸张风格于一体，独具特色并开一代画风。札达和平解放后，电影、电视等现代文化艺术形式进入札达，20世纪90年代以后，随着全县文化市场开放，陆续出现茶馆、朗玛厅等娱乐场所，札达文化呈现多元发展趋势。

11世纪中叶，应绛曲沃邀请，阿底峡到古格与仁青桑布一起传经弘法，是藏传佛教“后弘期”上路弘法传播之始。北宋熙宁九年（1076年，藏历第一饶迥火龙年），在托林寺首创大法会，史称“火龙年大法会”，与会者多达数万人。12世纪初，东印度佛教大师班智达塔玛巴拉（法神），前往古格传教，此后逐渐形成宁玛派。12世纪末，竹巴噶举派传入。13世纪中叶，直贡噶举派传入。15世纪，古格阿旺扎巴拜宗喀巴大师为师，学成后返回古格，传播格鲁派，托林寺为该教派传播中心。西藏和平解放后，札达县认真贯彻执行党的民族宗教政策，建立广泛的反帝爱国统一战线，实行宗教信仰自由和民族平等政策。平叛改革时期，对托林寺等重点寺庙采取保护措施。西藏自治区成立后，札达坚持落实宪法规定的民族区域自治条例，维护宗教人士和少数民族群众的合法权益。改革开放时期，党和政府拨专款对寺庙及建筑进行保护维修，同时依法对寺庙进行管理，使藏传佛教与社会主义社会相适应。

札达县是西藏西部重要的历史、文化发祥地，城堡、遗址众多，古建筑风格独特，壁画艺术源远流长，除古格王朝遗址、千年古寺托林寺、宏大壮观的土林地质地貌等自然景观、人文景观外，还有其独特的高山峡谷地貌、一望无际的戈壁草原、九曲回肠的朗钦藏布（象泉河）等景观，是阿里地区主要的旅游景点集中地。

六

札达县坚持以党建工作统领全局，切实加强党的建设，发挥党组织战斗堡垒作用和党员先锋模范作用，积极开展“不忘初心、牢记使命”主题教育，将在新时代、新征程中，把“初心”和“使命”融入发展的全过程，贯穿到各个环节，覆盖到各个方面，艰苦奋斗，攻坚克难，为实现中华民族伟大复兴的中国梦注入不竭动力。

围绕“旅游兴县、开放富民”发展战略，不断发展培育新的旅游特色资源，抓住旅游亮点，着力开发农牧区旅游。依托唱“古格”戏、打“土林”牌、念“象雄”经的旅游发展理念，着力以旅游业促进基础设施建设、特色产业发展、民生工程推进为引擎，着力抓投资、扩消费、壮产业、促改革、惠民生，在建设边境民族特色旅游城市征程中迈出坚实的步伐。

坚持生态立县，建设美丽家园。强抓城乡环境整治，做到人人参与，生活垃圾及时入箱，大街小巷天天清扫，主街道两边不准乱停车，机关企事业单位院落、居民小区不留卫生死角，确保城乡环境卫生。加强生态环境保护，加强草原生态保护和水资源保护，大力开展植树造林和人工种草活动，落实草原生态补助和林业补助奖励机制，严禁非法采矿，落实责任追究，确保全县天蓝、水清、地绿。

保障基本民生，促进社会和谐稳定。坚持政府保基本、兜底线，不做过多过高的承诺，不提不切实际的口号，只“雪中送炭”，少“锦上添花”。积极扩大就业创业，把稳定就业作为改善民生的优先目标，进一步落实就业扶持政策，扶助城乡困难群众就业，动态消除零就业家庭；健全社保体系，完善五保户、低保户认定制度，规范程序，杜绝不符合条件的关系户吃低保的现象发生。稳步推进城镇基本公共服务常住人口全覆盖，把进城落户的农牧民纳入城镇住房和社会保障体系，建立城乡统一的基本养老保险制度。坚决打好扶贫攻坚战，积极探索精准扶贫方式，将产业扶贫、搬迁扶贫和政策扶贫相结合，争取政策支持，增加扶贫投入。始终坚持把维护稳定作为硬任务和第一责任，坚持稳定压倒一切，下好先手棋、打好主动仗，抓早抓小抓快抓好，敢于担当、主动作为，多措并举，综合施策，严格维稳责任、严明维稳纪律，努力实现札达持续稳定、长期稳定、全面稳定。

七

札达解放以来60年的伟大实践，充分证明长期以来形成的我们党的关于治藏的一系列方略是完全正确并与札达县的发展是息息相关的，中国特色社会主义道路是实现札达社会主义现代化、创造人民美好生活的必由之路；充分证明改革开放是全面推动札达县经济发展、社会进步，赶上和紧跟时代步伐的重要法宝；充分证明全国各族人民是札达县经济和政治发展主力军，是整体推进札达县改革开放的主体和力量源泉。

在新时代伟大征程上，让我们更加紧密地团结在以习近平同志为核心的党中央周围，在西藏自治区党委和阿里地委的坚强领导下，深入学习贯彻习近平新时代中国特色社会主义思想和党的十九大、十九届二中、三中、四中、五中全会精神，中央第七次西藏工作座谈会和总书记关于治边稳藏重要论述及系列重要指示批示精神，自治区第九次党代会精神，九届区党委历次全会精神，贯彻落实阿里地委经济工作会议精神，坚持创新协调绿色开放共享的新发展理念，坚持稳中求进、进中求好、补齐短板工作总基调，大力实施“旅游兴县、开放富民”发展战略，为实现社会主义现代化而努力奋斗。

第一篇
自然地理

第一章　地质　地貌

第一节　地质

札达盆地位于青藏高原西南隅，是发育于喜马拉雅山脉的南喜马拉雅山与其北支阿伊拉日居山之间的晚新生代地堑式断陷盆地，空间上呈 NW－SE 向展布，南北宽约 33—55 千米，最宽处（札达）约 70 千米，东西长约 240 千米，平均海拔 4000—4500 米。盆地内上新世—早更新世河湖相地层分布面积约 5600 平方千米，沉积厚度大于 500 米。盆地基底主要为中生代砂—板岩，北部出露少量花岗岩、超基性岩等，在盆地南部喜马拉雅山一带主要为中生代砂板岩、灰岩及一些深变质的片麻岩等。盆地中河湖相碎屑沉积地层（N_2-Q_2）不整合于中生代及以前的地层之上。

札达盆地地处喜马拉雅褶冲带，其形成和发育受控于青藏高原“两体三带”构造格局的发展演化，即喜马拉雅造山带的北坡、喀喇昆仑造山带的东南端（阿伊拉日居山）和雅鲁藏布江缝合带西北端的结合地带，也是冈底斯地体和喜马拉雅地体结合部。札达盆地的控盆断裂为西南侧藏南拆离系和东北侧的阿伊拉日居山断裂（喀喇昆仑断裂的东南段的分支断裂），札达县地域广阔，主要为上新世河湖相沉积地层。

一、地层

札达县地域广阔，太古界至下古生界地层主要分布在札达县的北部、南部及南部深断裂带附近及东部边缘，上古生界、中生界及新生界发育齐全，分布广泛。

出露地层属古元古代和奥陶纪—第四纪，总体呈北西向条块状展布。其中在西南部喜马拉雅山脉主脊一带为古元古代变质地体；喜马拉雅山脉北坡的底雅—岗子一带和中东部的阿伊拉日居山脉—德尼塘嘎一带，分别发育了一套连续或基本连续的奥陶纪—白垩纪海相地层；东北部冈底斯区以白垩纪—古近纪陆相火山岩地层、湖沼相沉积地层发育为特点；古近纪残留海相和陆相地层呈规模不等的岩块分布于中部混杂岩带内。上新世—早更新世河湖相沉积见于中北部的札达盆地和噶尔雅萨盆地内；中更新世以来的各类松散堆积物主要分布于札达盆地边缘和朗钦藏布两岸。

（一）古元古代地层

古元古代变质岩分布于高喜马拉雅分区。位于喜马拉雅主脊附近的什布奇—仲尼拉—拉萨尔一线。呈北西向带状展部，出露面积约1050平方千米。境内主要出露聂拉木岩群岩石地层单位的友谊桥岩组和曲乡岩组。

1. 友谊桥岩组

主要出露于什布奇一带，为一套经历了多期变形变质作用改造的层状地层体，受边境等因素限制，未见到岩组下部岩性。在什布奇一带，各种岩层呈间互状产出，规律性较差，岩层间多以规模不等的片理化带为界，各岩性层片理发育，其他小型构造少见，岩组整体呈北东向倾斜的假单斜状。岩石整体混合岩化较弱，仅部分地段见有少量的浅色变质分异脉体，脉体与基体间界线清楚。脉体延伸方向与岩层产状相近，延伸长度一般为0.5米至几米，局部条带较密集，形成深、浅色相间的条带（条纹）状构造。岩组主体岩性为黑云斜长变粒岩、二云片岩和二云石英片岩等片岩类。

2. 曲乡岩组

主要出露于什布奇以东的古浪一带，受断层破坏，未见岩组上部岩性，岩层产状、变形变质等特征与下伏友谊桥岩组一致，区别在于黑云斜长变粒岩岩层大量减少，十字石、蓝晶石等特征变质矿物极为少见。

（二）古生代地层

古生代地层分布于喜马拉雅地层区的北喜马拉雅地层分区和雅鲁藏布江

地层区的仲巴—札达地层小区，发育奥陶纪—二叠纪地层，为一套浅变质的碎屑岩—碳酸盐岩沉积地层，形成于滨浅海环境，出露面积分别为 3720 平方千米和 2460 平方千米。

1. 喜马拉雅地层区

喜马拉雅地层区的古生代地层分布于北喜马拉雅地层分区内，地层时代隶属于奥陶纪—二叠纪，出露于喜马拉雅山脉主脊及北坡，多邻近国界线，受特殊的自然地理条件限制。北喜马拉雅地层分区古生代地层共划分为 1 个群级、9 个组级的岩石地层。主要有达巴劳组、下拉孜组、石器坡组、普鲁组、凉泉组、波曲组、亚里组、纳兴组、基龙组、色龙组。

2. 雅鲁藏布江地层区

雅鲁藏布江地层区包括札达—仲巴地层小区、构造混杂岩北带地层小区及构造混杂岩南带地层小区，其中札达—仲巴地层小区古生代地层出露较齐全，构造混杂岩南带地层小区内地层呈局部有限出露。札达—仲巴地层小区和构造混杂岩南带内的古生代划分为 6 个组级（包括 3 个段）和两个群级岩石地层，有幕霞群、德尼塘嘎群、先钦组、曲门夏拉组、哲弄组、滚江浦组、普次丁组、曲噶组。

（三）中生代地层

中生代地层在喜马拉雅地层区分布面积最大，达 5250 平方千米，属浅海碳酸盐岩夹碎屑岩沉积，地层连续完整，时代为三叠纪—晚白垩世；次为雅鲁藏布江地层区，面积约 1270 平方千米，下部地层为浅海碎屑岩夹碳酸盐岩，上部为碎屑岩—碳酸盐岩沉积，地层极不连续，且不完整，时代为三叠纪—早白垩世；冈底斯地层区的隆格尔—南木林地层分区出露面积最小，仅约 180 平方千米，地层主体为火山岩，局部夹灰岩（或透镜体）。

1. 喜马拉雅地层区

中生代地层均分布于北喜马拉雅地层分区内，呈北西向展布于喜马拉雅山北坡，地层时代为三叠纪—白垩纪。北喜马拉雅地层分区共划分为两个群级、7 个组级岩石地层，有土隆群、曲龙共巴组、奇玛拉组、普普嘎组、聂聂雄拉组、拉弄拉组、门卡墩组、岗巴群、宗山组。其中，上侏罗统门卡墩组（710 米）包括聂拉木剖面的层（11）—层（12），即 1974 年所划分的门卡墩组和古错灰岩，下部以砂质页岩、含结核页岩为主，夹有砂岩层，含有丰富的菊石，上部深灰色石灰岩，未见化石。该组在喜马拉雅地区有较广泛分布，在阿里地区札达县，日喀则市仲巴县、吉隆县、定日县、岗巴县，至少已发现十几个产地，在札达县波林村、吉隆县强拉、仲巴县拉赛拉、岗巴县察切拉等地与白垩系呈连续沉积。门卡墩组，除含有丰富的菊石群外，仍有箭石腕足类、瓣鳃类，时代均为晚侏罗世。从所含化石看，门卡墩组未见晚侏罗世早期牛津阶和启莫里阶的菊石，但在产第堂阶菊石层之下，产卡洛夫阶菊石层之上尚有一阶地层，可能相当于牛津阶和启莫里阶。

下侏罗统普普嘎组（421 米）包括聂拉木剖面的层（1）、层（2），相当于 1974 年该剖面的聂聂雄拉群下组层（1）—层（2），及层（3）的中下部，层（3）上部 74 米厚的黄绿色页岩，含有欧洲巴柔阶常见的瓣鳃类和原种产于晚侏罗世的菊石和丰富的腕足类、瓣鳃类、箭石、腹足类，但尚未详细鉴定，大致应与该段地层相当，并可能包括有巴通阶。

2. 雅鲁藏布江地层区

雅鲁藏布江地层区中生代地层分布在札达—仲巴地层小区、构造混杂岩北带地层小区。其中以札达—仲巴地层小区内地层出露较齐全，在该小区北西段新近纪札达盆地沉积物和第四纪松散堆积物覆盖严重，仅有晚三叠世地层零星出露于札达盆地深切沟谷底部和盆地局部边缘；小区中段靠南一侧为晚三叠世—早白垩世，地层连续出露，但露头较差。在构造混杂岩北带地层小区，主要出露较连续的三叠纪地层、侏罗纪地层呈规模不等的岩块产出。雅鲁藏布江地层区中生代地层共划分出 1 个群及 6 个组级岩石地层，有穷果群、沙赛组、拉吾且拉组、宁日组、扎嘎组、底贡组、亚如那嘎组。

3. 冈底斯地层区

冈底斯地层区中生代地层以火山地层为主，隶属于隆格尔—南木林地层分区，分布于札达东北部边缘。岩性为一套安山质、粗安质火山熔岩、火山碎屑夹流纹岩、凝灰质砂岩、砂质砾岩，局部夹生物碎屑灰岩层或透镜体。

4. 底雅乡马阳村附近的三叠系

底雅乡马阳村附近是所知该区三叠系分布最西的一个地方，马阳村南出露一个很好的三叠剖面。灰绿色、灰黑色页岩与黄绿色砂岩互层，其中亦夹几层石英岩（未见底）。可见厚度大于500米。上述剖面中，层5下部产的层位无疑应属安尼锡阶上部，转石中所见化石为拉丁期至卡尼期的分子，故层5的上部可能代表拉丁阶至上三叠统卡尼阶的层位，层5可大致与库蒙地区的 *Kalapani ls* 及土隆剖面的赖布西组（T2）及扎木热组（T）对比。层4据所含化石应属下三叠统，就其岩性及层序皆可与库蒙地区的 *Chocolate series* 相当。层3及以下层位，分别与库蒙地区的 *Kuling*（*or Productus*）*shale*（P），*Muth* 石英岩（D）相当。灰白色、褐灰色厚层石英岩，下部夹少许灰色页岩。厚约150米。黑色页岩、风化呈破碎状。灰黑色页岩夹砂石，上部页岩中菊石及瓣鳃类化石，厚约30米，菊石厚度大于100米；瓣鳃类厚约30米。浅灰色中层状石灰岩，下部夹黑色页岩，下部灰岩中产菊石，转石中尚见有菊石、瓣鳃类，厚度大于100米。

（四）新生代地层

系新生代地层出露广泛，总面积918平方千米，其中古近纪地层分布零散，面积较小，且受古构造控制明显；新近纪—全新世地层分布较广，主要集中于札达盆地及朗钦藏布河谷附近。

札达盆地新近系札达群可自下向上分为托林组和香孜组，主体为一套河湖相沉积。托林组主要见于札达、普兰等地。托林组厚610.2米，岩性下部为砾岩、砂岩、粉砂岩、泥岩的正粒序旋回，沉积构造发育，可见叠瓦状构造、大型板状斜层理、槽状交错层理、楔状交错层理；向上变细，为砂岩、粉砂泥岩互层，沉积构造发育爬升层理、槽状交错层理、楔状交错层理，并出现发育在湖泊三角洲前缘斜坡地带的滑塌构造。含树枝、哺乳动物、腹足和双壳动物、介形类和孢粉等化石。托林组顶部砾岩和砂岩层增多。香孜组主要分布于喜马拉雅地区。在剖面处香孜组厚94.4米，岩性主要为灰白、褐色厚层—巨厚层复成分砾岩，灰褐、灰绿色砂岩，夹灰色粉砂岩和蓝灰、土黄色泥岩。砾岩发育叠瓦状构造和底冲刷面构造，砂岩层发育波状层理，粉砂岩夹层发育爬升层理、水平层理、小型砂枕构造；砂质泥岩具水平层理。该组以冲积扇相为主。

（五）第四纪

县境内第四纪分布广泛，更新统及全新统均有出露。其中，全新统成因类型复杂多样，主要有洪积、冲洪积、冲积、生物堆积；更新统主要为半固结—未固结或固结—半固结的砾石、砂、黏土。

二、岩浆岩

札达县境内岩浆岩发育，从古元古代至新近纪均有不同程度的出露，岩石类型以中酸性侵入岩和火山岩为主。其中晚白垩世前的侵入岩出露极为局限，仅见范围局限的蛇绿岩和零星产出的脉岩（含古元古代基性岩墙）；晚白垩世至新近纪侵入岩和火山岩出露广泛，主要呈北西向分布在冈底斯南缘岩浆弧带和高喜马拉雅结晶岩带上，雅鲁藏布江结合带北段东北部边缘地带有小面积出露。

（一）中酸性侵入岩

札达县境内酸性侵入岩较发育，出露面积2868平方千米。从古元古代至新近纪均有不同程度的出露，其中晚白垩世前的侵入岩，仅见蛇绿岩和零星产出的脉岩（含古元古代基性岩墙）；晚白垩世至新近纪侵入岩出露广泛，主要呈北西向分布在冈底斯南缘岩浆弧带和高喜马拉雅结晶岩带上，雅鲁藏布江结合带北段东北部边缘地带有小面积出露。晚白垩世侵入岩主要呈星散状分布于达机翁—门士断裂北侧，出露面积约772平方千米；古近纪侵入岩出露于那不如—剥各青一带，面积约为1760平方千米，为冈底斯南缘岩浆弧带中期岩浆活动产物；新近纪侵入岩主要分布在札达西部、南部边境地区的高喜马拉雅结晶岩带上，在雅鲁藏布江结合带北段的东北部边缘的波库—那木如一带有小面积出露。

（二）火山岩

区域性火山岩分布于冈底斯—腾冲地层区的隆格尔—南木林地层分区，在雅鲁藏布江地层区，呈岩块或夹层状零星散布。可划分为火山熔岩、火山碎屑岩、火山—沉积碎屑岩及潜火山岩四大类。同时，火山—岩浆活动主要分为中晚二叠世、白垩世、古新世末—始新世中期3个时期。

（三）变质岩

变质岩分布范围较广，主要出露于高喜马拉雅地层分区、北喜马拉雅地层分区南部及雅鲁藏布江地层区，不同构造—地层区（分区）内的岩石所遭受的变质作用类型和变质程度差别较大，最高变质程度达角闪岩相。因此，测区变质作用具多期次、多级别、多类型的特征；并且不同类型、期次和级别的变质作用所生成（或改造）的变质岩石类型也各不相同。主要包括区域变质作用、动力变质作用和接触变质作用3种类型。

三、地质构造及构造演化

青藏高原是特提斯构造域中段的组成部分，被国际地学界公认为地球动力学研究的信息宝库，札达县位于青藏高原的西南隅，横跨“两块一带”（喜马拉雅陆块、冈底斯陆块及雅鲁藏布江结合带），在漫长的地质历史时期，形成了不同阶段各具特色的地质建造序列与多旋回多期次的构造形迹。

（一）大地构造位置

札达位于青藏高原西南部，阿尔卑斯—喜马拉雅巨型构造带东段，横跨冈底斯陆块、喜马拉雅陆块及二者间的雅鲁藏布江结合带。古元古代、古生代—新生代各时期地质记录齐全，是研究青藏高原隆升、地壳结构、超大陆汇聚与裂解等重大地质问题的极有利地段之一。

（二）构造单元划分

1. 冈底斯陆块

呈北西—南东向展布于札达北东部，其南西侧以深大断裂为界与雅鲁藏布江结合带相邻，面积约为5400平方千米。

2. 雅鲁藏布江结合带

雅鲁藏布江结合带为结合带整体的西段，呈北西—南东向展布于札达中部，向北西和南东均延出，北东侧和南西侧分别与冈底斯陆块、喜马拉雅陆块相邻，其内部进一步划分为构造混杂岩业带和构造混杂岩南带、札达—巴微陆块。

3. 喜马拉雅陆块

该陆块呈北西向展布于札达西南部，其北东侧与雅鲁藏布江结合带相接触，包括北喜马拉雅特提斯沉积褶冲带和高喜马拉雅结晶岩带。

（三）构造期次与构造层次划分

在漫长的地质发展中，札达地区经历了多次性质不同、强弱不等的构造运动，主要有吕梁运动与晋宁运动、加里东运动、华力西运动、印支运动、燕山运动、喜马拉雅运动。札达地区可划分为古元古代构造层、古生代—中生代构造层、新生代构造层。

（四）新构造运动

札达县境内新构造运动主要表现为断层活动；除此夷平面、河流阶地及温泉活动亦是新构造运动的不同表现形式。

1. 断层

札达区内第四纪断层比较发育，其形迹既有继承性，又可表现出新生特征。前者主要沿早期形成的断层发生继承性活动，其活动迹象不明显，但温泉的喷涌是其活动的有力证明；后者主要见于札达盆地内的沉积地层中，但由于盆地内的沉积地层固结程度低，容易造成构造应力的分散；所以，在札达盆地内的沉积地层中，原本较小的构造应力，难以形成较大规模的断层（裂）体系；同时，札达盆地内弱固结地层的垮塌和第四纪松散堆积物的覆盖及现代流水的冲蚀等多种因素，造成了野外观察的困难。

2. 夷平面

夷平面是地壳抬升、剥蚀与沉积共同作用的结果。其剥蚀夷平面的作用主要来自流水作用、冰川作用及风化作用。综合资料，共发育 3 级夷平面，各级均由一系列被破坏的山顶面及相同或相近高程的山脊顶面组成。

3. 河流阶地

地区内河流阶地主要发育于朗钦藏布及所属主要支流水系的两岸，不同地段发育程度不同。其中以札达县城北朗钦藏布北岸发育最为完善，可划分出 6 级阶地。类型以基座式为主，堆积物厚度的变化，反映了地壳上升、河流下切的运动过程。

4. 温泉

天然温泉是地壳深部热水沿活动断裂向上涌出地表而成，多数受活动断裂控制，是新构造运动的表现形式之一。县境内温泉较多，主要分布于曲松、萨让等地，多成群分布于区内主要断层附近，以中—高温温泉为主，水温一般 30℃—60℃。

四、札达盆地地质演化

（一）地质构造

札达地区地壳的发展过程，乃是一部自古元古代—古生代—中生代及新生代地壳活动、建造与改造的极其复杂的多阶段演化历史。纵观札达地区地质构造发展演化历史，可划分为基底形成阶段、古特提斯边缘海发展阶段、特提斯洋形成发展与消亡阶段、陆内碰撞造山阶段、陆壳改造—高原隆升阶段这 5 个不同的阶段。

札达县地质构造属印度次大陆板块与属欧亚大陆的西藏板块相碰撞，印度次大陆板块沿雅鲁藏布江断裂带向欧亚大陆板块俯冲，前者楔入后者，地壳产生大幅度的隆升。海水退却，陆地露出海面，形成西南方向突出的弧形山地。构造架为喜马拉雅山脉运动期产物。主要构造为朗钦藏布断裂带。西喜马拉雅地区主体构造线为北西向，形成于印度—欧亚板块晚白垩世以来的俯冲碰撞两陆内汇聚过程。北西向构造形迹可分出早、晚两个阶段构造组合，彼此交接复合，形成颇为复杂的构造格局。

（二）札达盆地构造位置

从札达盆地所处构造部位看，它叠置于早阶段的雅鲁藏布江缝合带与喜马拉雅褶冲带交接部位，压盖在札达断裂带之上，而位于晚阶段的北喜马拉雅断块之中，处于西瓦利克陆内 A 型俯冲带后缘。沉积记录显示，伴随陆内俯冲形成的西瓦利克群上亚群（N_2-Q_2）与札达盆地原札达群（N_2-Q_1）大体等时，反映盆地形成与陆内汇聚有成因联系，是一喜马拉雅断块造山带后陆盆地。

（三）札达盆地地质构造特征

札达盆地构造包括基底构造、盆缘构造和盆内构造三个方面。其中，札达盆地基底两套不同世代的构造带叠置组成。盆地压盖在早世代陆两陆碰撞系统中的特提斯喜马拉雅褶冲带与雅鲁藏布江缝合带接合部位上。而这两个构造单元在晚世代陆内碰撞时期已拼合组成统一的北喜马拉雅断块。因此札达盆地基底构造应是晚新生代以来形成的北喜马拉雅断块构造。此阶段界于早新生代褶冲带和缝合带间的札达断裂活动性不大，对盆地沉积的控制作用不甚明显，也没有穿切上新世地层。盆缘断裂构造呈北西向展布的札达盆地明显夹峙于两个同向的盆缘断裂之中，其一为北东侧的南倾达机翁逆断层组，其二为南西侧的北倾北喜马拉雅正断层组。前者为区域上大反向逆冲断裂系的西延。该断裂系在藏南19百万年至10百万年期间和在冈仁波齐峰地区13百万年至10百万年期间是活动的，后者区域上系藏南拆离系的西延，对其形成时间有多种认识。盆内构造以往研究均认为札达盆地上新世—早更新世地层整合接触，两者均未发生褶皱，以近水平状产出。上新统（N_2）与早更新统（Qp_1）为角度不整合接触，札达组（N_{12}）内部存在一明显的平行不整合。

（四）盆地成因

从构造方面看，札达盆地具有两个明显特点，其一是盆地长轴与区域构造线相一致，均呈北西走向，盆地夹限于藏南拆离系（STDS）与大反向逆冲断裂系之间；其二是札达盆地沉积物南厚北薄，剖面形态呈“箕”状或“楔”状。关于盆地成因存在不同认识，先后有“断陷盆地”“背滑正断盆地”“后陆盆地”“拉分盆地”“压陷盆地”“翘板式”箕状断陷盆地等看法。其中，“翘板式”箕状断陷盆地依据是盆地沉积南厚北薄，中心偏南侧，反映沉积基底的升降是在垂直盆地方向变化的；两条控盆断裂的运动方式为一正一逆，而不是双正（断陷）、双逆（压陷）、单正（单断陷）或走滑（拉分），反映盆地起源于基底断块的翘板式运动。从区域构造演化看，上新世喜马拉雅以及整个青藏高原进入一个整体快速隆升阶段，处于构造挤压环境。作为晚世代的喜马拉雅断块系统可能通过两种方式适应来自印度地块的陆内挤压缩短，其一是地壳逆冲叠复，如主边界断层（MBT）的推覆；其二是断块掀斜翘起，如札达盆地基底的北喜马拉雅断块的翘板式变动。据此，将札达盆地的形成分为以下两个阶段：盆地奠基阶段，白垩世晚期（约70百万年），印度板块－欧亚板块发生陆陆碰撞，冈底斯褶皱隆起成陆，50百万年至32百万年特提斯喜马拉雅结束海侵，并发生逆冲褶皱，西喜马拉雅地区形成北高南低的阶梯状地貌景观，喜马拉雅山尚未形成。盆地形成阶段中新世，印度板块继续向北推挤，高原发生陆内碰撞，首先形成分隔高低喜马拉雅的主中央逆冲断层（MCT），主要活动期22百万年至11百万年，高喜马拉雅结晶岩带开始抬升。11 百万年后，分隔低喜马拉雅与前陆盆地的主边界逆冲断层（MBT）开始活动，高、低喜马拉雅进一步抬升；5.4 百万年前，主边界逆冲断层（MBT）、藏南拆离系（STDS）和大反向逆冲断层（GCT）同时强烈活动，喜马拉雅山崛起，夹于藏南拆离系（STDS）与大反向逆冲断层（GCT）之间的北喜马拉雅断块发生南降北升翘板式掀斜，札达盆地开始发育。盆地经过 5.4 百万年至 1.3 百万年断陷演化，于 1.3 百万年后，随着青藏高原构造整体抬升而封闭，从此转为侵蚀、河谷阶地形成，以及新构造、活动构造发育阶段。

（五）沉积盆地演化

札达盆地基底主要为侏罗—白垩纪灰岩、砂岩及页岩，其上不整合堆积了一套上新世到早更新世的河湖相地层。该地层出露完整，沉积连续，构造变动轻微，沉积韵律清晰，化石较丰富。札达盆地为受东北侧的北西—南东向喀喇昆仑断裂主控的半地堑盆地，其控盆断裂还包括西南侧近东西向的藏南拆离系。其中，喀喇昆仑断裂初始活动时间在 27 百万年以前，且活动时间可持续到 12 万年左右，之后在 8.75 百万年至 6.88 百万年之间再次发生强烈走滑变形，断裂的活动一直延续到晚更新世以来。而藏南拆离系（STDS）西起喜马拉雅西部的扎斯卡地区活动时间上限为 8 百万年至 9 百万年。

根据赛罗（Saylor）等的最新古地磁年代学的研究成果，结合三趾马动物群的出现和 C_3-C_4 植物型演化的时限，札达盆地的沉积时限为 9.2 百万年至 1.7 百万年。结合古流向数据和物源的统计分析，可将盆地的沉积演化分为三个阶段，即盆地快速裂陷充填阶段、盆地稳定发展充填阶段和盆地萎缩消亡阶段。

1. 盆地快速裂陷充填阶段

托林组下段沉积时期（9.2 百万年至 7.8 百万年），受伸展构造的影响，主要发育辫状河相（包括河漫滩、河床和河心滩），古流向主体呈南向和西向，物源主要来自北部的阿伊拉日居山地区。大量粗碎屑沉积物在该时期随着辫状河快速向南流入盆地；而该阶段盆地南部深，西北部较浅，沉积中心位于盆地南部。

2. 盆地稳定发展充填阶段

托林组上段沉积时期（7.8 百万年至 2.8 百万年），盆地进入稳定发展阶段，主要发育湖泊三角洲相和淡水湖泊相，且以滨浅湖相和半深湖相沉积为主。古流向较杂乱，表明该时期古流向由盆地四周指向盆地中心，物源依然主要来自北部的阿伊拉日居山地区。该阶段湖盆面积达到最大化，随着盆缘地带的差异隆升，四周的高山地带所提供的物源随着河流可以从四周进入盆地，沉积中心位于盆地中部。

3. 盆地萎缩消亡阶段

托林组顶部（2.8 百万年至 2.6 百万年）和香孜组（2.6 百万年至 1.7 百万年）沉积时期，湖盆演化进入萎缩消亡期，主要发育扇三角洲相和冲积扇相，夹滨浅湖相。古流向早期指向东，晚期转向南，物源来自西侧和北侧山脉地区。该时期湖盆受到青藏高原背景环境的强烈持续隆升，湖泊迅速萎缩消亡，并且由于区域差异抬升，沉积物源由北偏东侧转变为北偏西侧，古地势由北东高南西低转变为北西高南东低。约 1.7 百万年之后的贡巴砾岩的出现表示札达盆地结束沉积。札达盆地的沉积伴随着青藏高原加速岩石抬升剥露期。强烈地表抬升和高原快速扩展的背景，并且其沉积序列可与高原周缘压陷盆地的记录相互响应。这表明藏南裂陷盆地均经历了拉张形成、湖盆最大化而最后快速消亡的过程，揭示了藏南在获得最大高度后进一步构造伸展垮塌的演变历程。

第二节　矿产资源

札达县已知矿产地和矿产线索有 18 处，计有铜、金、玉石类、水晶、白云母、石灰岩、沸石、烟煤、油页岩、地下热水等 10 种。其中，水晶矿独具特色，是阿里地区唯一经找矿评价提交储量的中型矿床。

一、水晶

经成都地矿所阿里矿产勘查研究队 1990 年的找矿探索和初步检查评价，

在曲龙村 SE140°10 千米许的沙地普处，得水晶矿 E 级资源量，工艺水晶 310.11 千克，具中型矿床规模；压电水晶 77.59 千克，具小型矿床规模；熔炼水晶 4.01 吨，具小型矿床规模。鉴于水晶矿产值高、运输成本低、市场状况又好，故应列为近期重点开发对象。

二、地下热水

札达县地下热水资源配置状况良好。若以发电潜力而论，只有金珠、曲龙两处具小型规模，用于发电的开发前景不够理想。但金珠、曲龙、加朗三处地下热水均地处集镇附近，为人口相对密集地带。曲龙为碳酸泉热水，兼有医疗矿泉的功能，而札达盆地又是国内外宗教、科考旅游的热点，若将札达县地下热水资源列为医疗、取暖、温室技术、生活服务等非发电用地热资源的开发项目，则具有天时地利的优势。札达县境内已开发的主要地热有两处，即金珠温泉和曲多瓦温泉。其中金珠温泉位于达巴乡东波村，水温 32.5℃，pH 值 5，天然热流量 4061.2 千瓦，发电潜力 1218 千瓦；曲多瓦温泉位于达巴乡曲龙村，水温 55℃，pH 值 6，天然热流量 3809.9 千瓦，发电潜力 1145 千瓦。

根据科考队 1976 年的考察，发现札达境内地热资源丰富，含有大量的矿物质，至 2010 年有地热泉 20 个。札达县地热资源详见表 1－1－1。

2010 年札达县地热资源统计表

表 1－1－1

地热名称	位置	经纬度	海拔(米)	水温(℃)	流量(L/s)
曲擦热泉	底雅乡什布奇	E78°45′ N31°50′	3200	70	—
萨让温泉 杂绒温泉	曲松乡	E79°03′ N31°34′	3796	—	—
鄂博曲热泉	曲松乡	E79°14′03″ N32°09′49″	—	—	—

续表

地热名称	位置	经纬度	海拔(米)	水温(℃)	流量(L/s)
拉嘎微温泉	香孜乡	E79°32′ N31°44′	4100	7	2
加朗热泉	托林镇	E79°55′ N31°30′30″	4100	>50	—
金珠低温温泉	达巴乡东波村	E80°08′24″ N31°08′48″	4000	32.5	2—3
哈拉温泉	达巴乡	E80°16′40″ N31°07′30″	4240	—	—
则尔君那哈低温温泉		E80°31′ N31°02′48″	4200	20—30	5—10
曲多瓦热泉	达巴乡曲龙村	E80°32′45″ N31°03′43	4240	55	—
曲龙东低温温泉		E80°34′05″ N31°03′30″	4317	18	1
楚鲁曲擦	曲松乡	E78°36′ N32°02′	—	—	—

三、烟煤

位于曲松乡 NE35°35 千米处的蝶波齐煤矿点，有烟煤三层，各层煤厚分别为0.1—0.48米、0.1—0.28米、0.1—0.3米。虽均未达到缺煤地区煤层最低可采厚度的工业指标，但在燃料奇缺的边陲地区，组织地方性小规模开采，也是挖掘资源潜力、稍许解决边区能源危机的途径。

四、铜矿

位于中印边境仲尼拉山口北侧不远处、下拉孜端真龙日曲上游山区的端真龙日曲铜矿点，为热液成因的含铜石英脉型铜矿，据6件拣块样分析，其中的2件含铜品位分别为0.74%和0.89%，达到工业指标要求，而其伴生的银含量分别为1.18升/吨和4.86升/吨，也已达到铜矿床伴生有益组分的综合利用指标。

五、砂金和玉石类矿产

位于曲松乡距乡治所14千米处的曲木底一带，有上百年的民间采砂金历史。什布奇村5千米处一带，前震旦系片岩中的蓝晶石、喜山期花岗岩及伟晶岩中的绿柱石、石榴石，香孜乡香巴组SE109°14千米处的叶蜡石等矿产线索，都因地质工作程度差，难以做出资源远景评估。

六、石灰岩

位于曲松乡19千米处的曲松石灰岩矿，各项化验指标均已达到熔剂灰岩、化工灰岩、陶瓷用灰岩、制糖用灰岩、玻璃原料用灰岩、水泥原料用灰岩等多用途优质石灰岩的工业品位要求，且其估算地质储量在5000万吨以上，具中型规模。

第三节　地貌

一、地貌特征

札达盆地位于西藏自治区西南部阿里地区象泉河流域，其新近纪地层近水平产出，呈典型的土林地貌景观；基底为侏罗纪—白垩纪砂岩，地层出露厚度在盆地南缘达到最大。盆地周围山体主体呈北西—北西西方向延伸，地势南西（西喜马拉雅山脉）和北东（阿伊拉日居）两侧高，平均海拔在4000米以上，呈向西北开口的喇叭状。盆地东西长约140千米，南北最大宽度为50千米，面积约为40000平方千米，属侵蚀剥蚀极高山地貌。属喜马拉雅山区，即喜马拉雅极高山亚区和喜马拉雅中低山亚区。境域海拔极高，相对高差悬殊，成为西藏颇为特殊的一个自然区域。地貌成因主要有流水地貌、冰川地貌和冰缘地貌，其类型有极大起伏高山、大起伏极高山、中起伏高山、小起伏高山、高海拔台地、高海拔平原、高海拔丘陵、峡谷、冰川冰缘地貌等。朗钦藏布流域包括如许藏布和索木多河等支流，除下游段为高山峡谷外，中、上游多为宽谷或盆地，谷地海拔 2900 米以上，札达盆地中还分布有丘台地。

（一）山地

札达县境内主要山地为阿伊拉日居（山脉），位于札达盆地西北，是喜马拉雅山脉西段的北支，西起 E78°向东南至 E82°的马攸木拉一带与喜马拉雅山脉主脉汇合，其长度大于 350 千米。

阿伊拉日居总体呈北西西走向，基岩山地海拔在 5000—6000 米，属于侵蚀剥蚀高山地貌。山岭海拔 5600—5700 米。主峰阿陵山海拔为 7315 米，其基带为 4200 米，均属深切高山。主要由白系灰岩组成。由于山体海拔高，相对高差大，植被与土壤呈垂直分布。雪线以下，生长着高山稀疏硫垫状植被，发育的土壤为高山寒漠土，为不宜土地类。下部生长着高山草原植被，发育的土壤为高山草原土，是当地的主要牧场。基带植被为温性荒漠草原，生长稀疏，发育的土壤为亚高山荒漠草原土，是主要的放牧地。有灌溉水源保证的低山缓坡地，可适当开成耕地。

喜马拉雅山脉山岭海拔 5800—6000 米，谷底高程从东到西，由 4400 米降低到 2900 米，从北到南由 4500 米降到 3600 米。山地被强烈切割，山坡陡峻，切割程度在 1000 米以上。按山地绝对高度和切割程度（相对高度）属深切高山和极高山地貌单元。山高坡，山体雄伟，坡度在 35°以上。个别地段坡度在 60°以上，为悬崖峭壁。

据初步统计，札达县境内海拔超过 5000 米的山峰有 217 座，其中超过 6000 米以上的高峰 34 座，最高峰为阿比冈门峰，详见表 1－1－2。

札达县海拔 5000 米以上山峰统计表

表 1－1－2

乡镇名	村名	山名	རི་མིང་།	海拔(米)
托林镇	波林村	无名峰	མིང་མེད།	6077
		布多峰	སྦུ་ཏོག	6003
		凯琼峰	གད་ཆུང་།	6125

续表1

乡镇名	村名	山名	རི་མིང་།	海拔(米)
托林镇	波林村	索朗日峰	བསོད་ནམས་རི།	6050
		替斯卡尔峰	ཐེ་སི་ཁར་རི།	6928
		扎隆巩咔	བྲག་ལུང་གོང་ཁ།	5652
		丁通	གཏིང་ཐུང་།	5526
		吉拉岗	སྐྱེས་ལྷ་སྣང་།	5463
		加贡咔	ལྕགས་གོང་ཁ།	5710
		新拉岗果	ཤེ་ལ་སྣང་མགོ	5206
		新东巩咔	ཤིང་སྟོང་གོང་ཁ།	5661
		仲尼拉	གྲོང་གཉིས་ལ།	5612
		加拿拉	སྐྱུང་སྣ་ལ།	5048
		莫岭拉	མུར་ལིང་ལ།	5276
		布琼	སྤུ་ཆུང་།	5809
	托林居委会	希邦罗唐日峰	ཤི་སྤང་ལྷོ་ཐང་རི།	6045
		阿比岗门峰	ཨ་པི་གངས་སྨན།	7731
		帮郎孜	སྤང་གླངས་རྩེ།	5039
		春孜	ཁྲོན་རྩེ།	5535
		格如	སྐ་རུ།	5244
		公公孜	ཀོང་ཀོང་རྩེ།	5488
		库日	ཁུག་རི།	5807
		密壤马布	མི་རང་དམར་པོ།	5047
		门家	མོན་བྱ།	5439
		普勒岗日	ཕུ་ལྷས་གངས་རི།	5795
		桑日	ཟངས་རི།	5545
		莎嘎麦孜	ས་དཀར་སྨད་ཚད།	5879

续表 2

乡镇名	村名	山名	རི་མིང་།	海拔（米）
托林镇	托林居委会	无名雪峰	མིང་མེད།	6579
		无名雪峰	མིང་མེད།	6938
		拉日峰	ལྷ་རི།	6354
		夏拉孜峰	ཤ་ལ་རྩེ།	6004
	东嘎村	扎波其	བྲག་པོ་ཆེ།	5474
		东达沃	གདོང་རིང་པོ།	5266
		嘎尔多	དཀར་རྡོ།	5805
		贡岁拉果	གོང་སྲུལ་ལ་མགོ	5663
		门琼	སྨུན་ཆུང་།	5525
		门布	སྨོན་བུ།	5785
		觉日	ཇོ་རི།	5554
		堆赞	དུད་བཙན།	5430
		阿伊拉	ཨ་ཡི་ལ།	5482
达巴乡	东波村	伊翁布	ཡིད་འོང་རི།	6023
		查仓东那	ཁྲ་ཚང་གདོང་ནག	5154
		东果	མདུང་མགོ	5576
		觉日	ཀྱུག་རི།	5603
		贡盘勒	གོམས་པན་ལྷས།	5120
		拉载仁波	ལ་བཙས་རིང་པོ།	5153
		拉隆	ལ་ལུང་།	5508
		巴日	པ་རི།	5862
		穷贡日	ཆུང་གུང་རི།	5873
		沙普孜	སག་ཕུ་རྩེ།	5345
		学耳穷吓	ཞོར་བྱུང་ཤ།	5715

续表3

乡镇名	村名	山名	རི་མིང་།	海拔(米)
达巴乡	东波村	宗隆	འཛོམས་ལུང་།	5523
		擦堵拉	ཚ་འདུ་ལ།	5353
		觉那木拉	སྐྱོ་ནམ་ལ།	5365
		觉拉	ཀྱོག་ལ།	5481
		岗子拉	གངས་རྩེ་ལེ།	5258
		郎必拉	ལངས་ཕི་ལ།	5074
		巴孜拉	བར་རྩེ་ལ།	5376
	达巴村	勒模勒日峰	ལ་མོ་ལ་རི།	7255
		鲁日	སླུ་རི།	5351
		马尔乔咔拉	མར་ཕྱུགས་ཁ་ལ།	5750
		尼提拉	ཉི་ཐིག་ལ།	5069
	曲龙村	阿嘎拿	ཨ་དཀར་སྣ།	5023
		查仓葱热	ཁྲ་ཚང་ཚོང་ར།	5128
		扎嘎达索	བྲག་དཀར་རྟ་སོ།	5014
		查果	ཁྲ་མགོ	5600
		久曲那	རྒྱུགས་ཆུ་སྣ།	5009
		古孜日	ཀུག་རྩེ་རི།	5059
		拉沙尔	ལ་གསར།	5917
		曼札吉	མཆད་སྒྲི།	5240
		宁日	སྙིང་རི།	5146
		颇娘旺	ཕོ་ཉ་དབང་།	5116
		觉日章	ཇོ་རི་གྲམ།	5558
		切玛拉穷拉	བྱེ་མ་ལ་ཆུང་ལ།	5146
		沙地	བསག་གཏིགས།	5005

续表 4

乡镇名	村名	山名	རི་མིང་།	海拔（米）
达巴乡	曲龙村	塘嘎帕尤	ཐང་དཀར་འབབ་ཡུལ།	5732
		藏玛果	གཙང་མ་མགོ	5816
		杂底拉	ཛ་དེའུ་ལ།	5642
香孜乡	热布加林村	错登峰	མཚོ་སྡིངས།	6053
		堆吉勒喀	སྟོད་ཀྱི་ལྷས་ཁ།	5097
		觉敦	བཅར་རྟུམ།	5031
	香孜村	琼钦	ཁྱུང་ཆེན།	5718
		那木备章	གནམ་ཕི་གྲང་།	5748
		那波拉日	གནའ་པོ་ལྷ་རི།	5870
		升日	ཉིང་རི།	5137
		逮德布	དལ་ལྡེབས།	5497
		叶德布	གཡས་ལྡེབས།	5708
		贡拉	དགུན་ལ།	5474
		拉吾切	ལ་བོ་ཆེ།	5387
		麦达拉	མིག་ལྟ་ལ།	5655
萨让乡	日巴村	无名峰	མིང་མེད།	6695
		岗嘎林	གངས་དཀར་གླིང་།	5379
		白丁	སྤལ་རྟེན།	5199
		岗嘎如	གངས་དཀར་རུ།	5830
		罗嘎勒牙	ལོག་ཁ་ལྷས་གཡའ།	5203
		芒牙尔	མང་གཡར།	5033
		沃康	འོག་ཁང་།	5081
		岗嘎波拉	གངས་དཀར་པོ་ལ།	5406

续表 5

乡镇名	村名	山名	རི་མིང་།	海拔(米)
萨让乡	萨让村	献喀尔峰	གཉེན་མཁར།	6095
		巴日果	པ་རི་མགོ	5199
		巴丘喀萨	ཐ་ཚོད་ཁད་ས།	5357
		多吉拉牙	རྡོ་རྗེ་ལའི་གཡའ།	5111
		甲塘日	རྒྱ་ཐང་རི།	5290
		加让拉	ལྷགས་རང་ལ།	5007
		拉玛休萨	བླ་མ་བཞུགས་ས།	5037
		普沃	ཕ་ངོ་།	5070
		日贡	རི་གོང་།	5067
		松格珠	གསུམ་མགར་ཕྲུག	5603
		松木朗拉	ཟུམ་ལང་ལ།	5627
		松多贡玛	གསུམ་མདོ་གོང་མ།	5591
		玉吾拉	གཡུའུ་ལ།	5676
		亚尔拉	དབྱར་ལ།	5671
		赞松日	བཙན་གསུམ་རི།	5561
		扎让拉	རྩྭ་རང་ལ།	5391
		久让拉	སྐྱུང་རང་ལ།	5391
		拉达	ལ་སྟག	5887
		雅拉	དབྱར་ལ།	5450
底雅乡	底雅村	乃庆支拉峰	གནས་ཆེན་གྲི་ལ།	6250
		日布琼	རི་བུར་ཁྱུང་།	
		波恰尔拉	འབབ་ཆར་ལ།	5388
		底札	ཏྲེ་རྩྭ།	5260
		帝让拉	སྡེབས་རིང་ལ།	5562

续表 6

乡镇名	村名	山名	རི་མིང་།	海拔(米)
底雅乡	底雅村	日朋拉	རི་བོང་ལ།	5317
		沙隆	ཟླ་ལུང་།	5128
		莎果	སག་མགོ	5250
		波恰郭	འབབ་ཆར་འགོ	5101
		措措隆	ཚོ་ཚོ་ལུང་།	5173
		嘎拉	དཀར་ལྷ།	5090
		共局拉	གུང་རྒྱུད་ལ།	5302
		岗捏热	གངས་གཉན་ར།	5651
		觉让	ཇོ་རང་།	5042
		确让拉	མཆོད་རང་ལ།	5224
		群扎普	ཆུན་རྩའི་ཕུ།	5494
		扎绒	སྒྲ་རུམ།	5360
		孜尔多	རྩེར་རྡོ།	5106
		擦咔	ཚྭ་ཁ།	5330
		扭通拉	ཉུང་ཐུང་ལ།	5134
	什布奇村	西多峰	རྡོར་ཤི།	6039
		帮拉	སྤང་ལ།	5330
		果拉日	མགོ་ལ་རི།	5973
		强达拉	བྱང་བལྟ་ལ།	5989
曲松乡	楚鲁松杰村	无名峰	མིང་མེད།	6064
		喀拉峰	ཁ་ལ།	6017
		门姆峰	མོན་མོ།	6245
		玛岗峰	མ་གངས།	6013
		斯诺乌日峰	སི་རུབ་རི།	6401

续表 7

乡镇名	村名	山名	རི་མིང་།	海拔(米)
曲松乡	楚鲁松杰村	迪孔峰	སྡེ་ཁུང་།	6353
		岗麦隆峰	གངས་མེད་ལུང་།	6177
		喀赛喀尔日峰	ཁ་སའི་མཁར།	6655
		咔达嘎布峰	ཁ་བཏགས་དཀར་པོ།	6112
		咔拉普峰	ཁ་ལ་ཕུ།	6006
		波拉	སྤོས་ལ།	5796
		查达嘎	ཁ་ཏག་དཀར།	5284
		扎嘎波	བྲག་དཀར་པོ།	5750
		丁拉木	སྡིང་ལམ།	5886
		江木喜	སྒྲུང་མོ་ཤི།	5824
		咔朗嘎日	ཁ་ལངས་དཀར་རི།	5952
		卡日克日	ཁ་རེག་ཁའི་རི།	5952
		括穷果	འཁོར་ཆུང་སྒོ།	5927
		甲热瓦	གྲུང་རིང་བ།	5408
		甲不隆	རྒྱབ་ལུང་།	5408
		芒嘎	མ་ཀ།	5667
		门朵	མོན་རྡོ།	5878
		巴朗比林	བ་གླང་པི་གླིང་།	5026
		曲苦果	ཆུ་ཁུ་མགོ	5887
		苏色沃玛	ཟུར་སའི་འོག་མ།	5135
		兴生	ཤིང་རྫིང་།	5288
		亚坝	གཡའ་སྤག	5300
		孜郎	རྩེ་ལངས།	5124
		丁拉木拉	སྡིང་ལམ་ལ།	5471

续表 8

乡镇名	村名	山名	རི་མིང་།	海拔(米)
曲松乡	楚鲁松杰村	江让拉	སྤྱང་རང་ལ།	5761
		咔勇星拉	ཁ་ཡོམ་ཤིང་ལ།	5714
		门多拉	མོན་རྡོ་ལ།	5525
		那布多拉	ནག་པོ་རྡོ་ལ།	5204
		塔历拉	ཐ་ལི་ལ།	5722
		下隆拉	ཤར་ལུང་ལ།	5739
		希拉	ཤི་ལ།	5134
	曲木底村	弄脱峰	ལུང་ཐོད་རི།	6065
		邦吉贡嘎峰	སྤང་དཀྱིལ་གོང་ཁ།	6068
		隆仁日峰	ལུང་རིང་རི།	6127
		拉麦尼峰	ལ་སྨད་ཉི།	6001
		普拉峰	ཕུ་ལ།	6282
		扭堆峰	སྙུང་སྟོད།	6066
		邦庆	སྤང་ཆེན།	5422
		邦琼	སྤང་ཆུང་།	5924
		帮喀	སྤང་ཁ།	5696
		邦查嘎	སྤང་ཁྲ་དཀར།	5962
		查仓	ཁྲ་ཚང་།	5549
		扎玛	བྲག་དམར།	5360
		贡贡勒	ཀོང་ཀོང་ལྷས།	5266
		贡亚门	གོང་གཡའ་མེ།	5384
		古尔姆切	གུར་མོ་ཆེ།	5642
		敏生拉隆	མི་ཕྲིང་ལ་ལུང་།	5122
		芒冬拉	མང་འདུམ་ལ།	5990

续表 9

乡镇名	村名	山名	རི་མིང་།	海拔(米)
曲松乡	曲木底村	马噶	སྣམ་དཀར་དེའུ།	5134
		玛孜拿宗	དམར་རྩེ་ནག་རྫོང་།	5140
		拉果尼	ལ་མགོ་གཉིས།	5065
		乃拉姆	གནས་ལྷ་མོ།	5314
		邦玛芝切尔	བག་མ་འདྲེ་འཁྱེར།	5128
		切冬松拉	ཁྱེ་གདོང་གསུམ་ལ།	5608
		角陈	ཇོ་གྲེང་།	5370
		索琼	སོག་ཆུང་།	5280
		索辛	སོ་ཤེན།	5898
		索庆	སོག་ཆེན།	5427
		底吾其	དེའུ་ཆེ།	5194
		邦如拉	སྤང་རུ་ལ།	5578
		当乔拉	འདམ་ཚོག་ལ།	5539
		隆温拉	ལུང་སྟོན་ལ།	5149
		美多顶拉	མེ་ཏོག་སྡིངས་ལ།	5286
		培培拉	ཕུད་ཕུད་ལ།	5767
		东拉	དུང་ལ།	5718
		伊明拉	ཡིན་མིན་ལ།	5293

（二）峡谷

阿伊拉山脉以南，西喜马拉雅山脉以北，为朗钦藏布河谷。为外流区，切割较深，呈现高山峡谷形态。次一级地分河谷和山地两种类型。其中，朗钦藏布河源地带以河谷形态出现，河床纵比降大，河床深切，河漫滩、阶地、洪冲积扇分异不太明显。朗钦藏布深切河谷，河漫滩不太发育。物质粗，多砂砾质，一般无植被；河流上下游段，河床十分狭窄，河床深切，阶地不发育。在宽谷中有阶地发育，如札达县城附近河谷两侧发育有三级阶地，相对高度分别为 20 米、50 米和 90 米。以第二第三级阶地最为发育，阶面平坦，宽达 500—1000 米，阶地堆积物以粗粒和砾为主，生长着高寒草原植被。河阶地上零星分布耕地。朗钦藏布诸支流、支沟的出口处，自山麓至河谷中心形成洪冲积扇，土层深厚物质组成较粗，植被为高寒草原。在洪冲积扇缘多为耕地，土地质量一般较好。

朗钦藏布从源头至曲松多①为上游段，长 74 千米，落差 1023 米，其东支和西支形成三级阶地，其中一级阶地为堆积阶地，二、三级为基座阶地或堆积阶地，西支形成河无阶地发育。由曲松多至札布让为中游段，长 130 千米，落差 1377 米，平均坡降 5.5‰。其中，札达以上为窄谷和峡谷，以下为宽谷，水流较缓，河道分汊，多江心洲，支流较多，阶地发育。曲龙一带有三级阶地，其堆积阶地（二级）由灰色和灰黄色沙砾组成；第三级为基座阶地，高 100 米，堆积物为钙质胶结的灰黄色砾石层，上覆棕红色粉砂黏土层。从札达峡口至札布让长约 30 千米的地带，河床高度从 3700 米逐渐降至 3650 米，平均纵比降 1.7‰，河谷宽 6000 米，谷底宽 2000 米左右，河流多形成汊流，至札布让开始归漕成曲流，其间河漫滩和阶地发育有三级阶地，相对高度分别为 20 米、50 米、90 米。第一阶地为基座阶地，二、三级为堆积或基座阶地，其基座由上新统粉细砂岩或侏罗纪灰岩构成，阶地平坦，宽达 1000 米，阶地堆积物以粗砂砾为主。

札布让至什布奇为下游段，长 105 千米，河床从 3650 米降至 2900 米，平均坡降 7.2‰，以峡谷为主，峡谷段河床仅 20—50 米，其余宽 100—200 米，无阶地发育，有相应的 2—3 级规模不大的洪积扇，其前缘构成的平台由砂砾组成。“V”形窄谷由前碳系之板岩、砂岩以及第三纪喜马拉雅期之花岗闪长岩等岩类组成。

（三）土林

札达盆地的河湖相沉积物在朗钦藏布强烈切割和水蚀、风蚀的差别侵蚀

① 在札达盆地东缘的朗钦藏布北岸卡尔东遗址处，曲那河、曲嘎河、朗钦河在遗址南侧交汇，故小地名为“曲松多”。

作用下，形成如古城堡的地貌形态。为札达县内特有地貌类型，全县均有分布，形成于新生界札达群河湖相地层中，岩石为半固结砂岩、泥岩，在水流冲刷、风化及溶蚀作用下，形成峰林、峰丛、孤峰等特殊地貌，远观山脊陡峭、层峦叠嶂，各种景观奇特万千、独具一格，形成县内一大地貌景观。

（四）平原

此类地貌系原湖相地面，未经河流侵蚀冲刷或冲刷微弱地带，地面平坦，起伏不大，如拉林唐嘎、次乌唐嘎、俄多唐嘎等，尤其是次乌唐嘎，地势平坦，四周略高，夏季雨季时形成小型湖泊。

（五）冰川冰缘地貌

阿伊拉日居和喜马拉雅山由于山脉主脊线的海拔高度远大于现代雪线，其上终年被积雪覆盖，现代冰川与古冰川遗迹都相当发育。第四纪时期，发生过多次冰川作用，堆积了多期冰川沉积物。

1. 倒数第四次冰期

该次冰期（$Q-Q_1$）的冰破物是阿伊拉日居山脉山麓分布最广、规模最大的一套冰碛物，是该地区确切的最老的冰川堆积物。该冰期的冰川堆积发现和保存较多、较好的，见于札达盆地中及其周缘地带，以阿伊拉日居山南麓的香巴境内最为发育。主要有冰水冰湖相沉积、冰川泥砾雄积冰水砂砾堆积、冰及冰川漂砾等。其中，冰水冰湖相沉积主要分布于札达沉积盆地的边缘地带，出露面积不大，但层位较稳定（Q_1）。下部为冰水砂砾层，上部为冰湖相淤泥沉积夹少量砂及粉砂沉积，形成明显的二元结构特征。二元结构沉积连续，发育最少有十多层，地层总厚度在200米左右下部为砂砾层，砾石大小一般为2厘米，磨圆度较好，分选较差，上部的冰湖淤泥及粉砂沉积厚度变化较大，以形成典型的冻融皱为特征；冰川泥砾堆积出露于阿伊拉日居之南的玛切、西加净至波库、阿伊拉日居之东南端主线附近的拉之北坡、札达县城之西南约31千米的札布填等地的沟谷中及其两侧，泥砾层呈浅黄褐色，由巨大的冰川漂砾、砂、泥和砾石组成。漂砾大小多在0.5—1米，一般砾石的大小多在0.1—0.2米，出露厚约20—50米，主要为冰破相沉积夹冰水沉积。泥砾层的底部，产状凌乱，颜色较深，呈灰褐色。常见冰川泥不整合在上新世河湖相层上，泥砾层上部以砂、细砂砾为主，层状构造较清晰，似属冰水砂砾层。砾石圆度较好，分选较差，可见较多变形砾石出现，岩石胶结较紧，但层理不清，较凌乱。冰川泥砾常直接覆于三叠纪的砂板岩及灰岩之上，其上或为早更新世晚期冲洪积物所切割覆盖，或为早更新世晚期的冰水砂砾堆积覆盖，而冰水砂砾堆积又为中更新世冰所覆盖；冰水砂砾堆积分布十分广泛，在冰水平台上均可见其踪迹。主要为一套砂砾石层，含少量冰碛透镜体或一些较大的冰川漂砾。砾石大小一般在数厘米至十多厘米，漂砾大小可达30余厘米，个别可达0.5米以上。磨圆度一般较差，砾石成分复杂，以板岩、砂岩、变质岩、花岗岩等为主，见少量脉石英、超基性岩等。分布在喜马拉雅山北坡的冰水平台上的冰水堆积，砾石多见变质岩、片麻岩、大理岩、灰岩等。在阿伊拉日居南坡的冰水平台上多见板岩、砂岩砾石分布。厚度变化较大，从数十厘米至数十米不等。在香孜一带属于香孜组之上的冰水砂砾堆积的厚度仅见数十厘米，但在其东约12千米的拉吾切—巴淌一带的冰水堆积厚度达30—40米，并且在地貌上形成砂砾林地貌。在札达县之南东约16千米的札纳一带，冰水砂砾层厚度在十余米。同时，也形成了砂砾林的地貌特征。总的看来，冰水砂层的厚度，有自北东向西南方向变老，胶结较紧，以钙质、泥沙为主，分选较差。均见其下于冰川泥砾层之上，或直接于札达盆上新统河湖相地层或早更新统香组冰水冰湖相地层之上。由于冰川泥砾层及冰水砂砾层均为中晚更新世冰碛层所覆盖，而其本身又覆盖于早更新早期的香孜组之上，故可将冰水砂砾层的形成时代确定为早更新世晚期。

冰川泥砾层主要见于一些深切的冲沟之底部，直接覆于基岩面上。而冰破主要见于盆地中心附近的冰碛平台上，冰直接覆于上新统河湖相地层之上，并直接露于地表。从砾石成分看，冰碛主要以砂岩为主，其次是板岩、超基性岩、花岗岩等，而冰川泥砾则主要为花岗岩。从砾石的圆度看，冰碛砾石圆度远较冰川泥砾差。从颜色看，冰碛颜色呈暗褐色，而冰川泥砾呈浅黄褐色，风化作用较烈，显然，冰碛较冰川泥砾层形成时代要晚一些，可能为冰川退缩过程的中晚期产生的冰川漂砾除了在冰川泥砾及冰川砂砾层中见到一些较大的外，主要见于札达县附近河谷及支沟谷中，这些巨大冰川漂砾，在所在的沟谷中的源头及两侧河湖相地层之中是不存在的，因此推断这些巨大的漂砾可能漂自覆盖于札达组河湖相层表层的冰破或冰水砂砾堆积物中所含的冰川漂砾，后因河流的切割，使这些漂砾落入沟谷之中，而成为现今见到的冲洪积中所含的巨大砾石。漂砾岩石成分复杂，主要为砂岩、石英岩，少量的花岗岩。

2. 倒数第三次冰期

此次冰期属区域山岳冰川及山冰川堆积类型。主要分布于阿伊拉日居主线附近及山麓地带，构成高侧碛垄和残破终或者叠加在高冰碛台上，地貌上呈凸起冰碛小丘或长条形冰碛垄。以灰色为主，冰川堆积物的主要类型为终碛、冰川漂砾及冰水砂砾堆积，但一般规模都不大。终碛及冰川漂砾的岩石成分主要为花岗岩、变质岩，少量为板岩，厚约 100 米，漂大小一般在 1—2 米，最大者超过 10 米以上，砾石大小多在 0. 1—0. 3 米，终中所见的漂砾多呈棱角状，少数为次棱角状，而砾石大多呈次棱角状、棱角状，较少见及圆状冰水秒砾堆积，厚约 50 米，主要分布于终的前沿地带，砾石成分与终基本相同，但砾径要小得多，一般多在 5—10 米，并见由终向外逐渐变小，最后多在数厘米左右，砾石磨圆度较终好，多为次棱角状或次圆状。冰水砂砾堆积物中常见砾径较大的砾石出现（砾径最大可达 0. 5 米以上），它们可能为冰筏运载堆积的“堕石”。有的则呈“鸡状”冰碛出现，它们也应是冰筏运载和堆积的产物，多见于基岩山 U 形中，卫星影像上显示十分清晰。

3. 倒数第二次冰期

此次冰期主要分布于山谷出口处的山地带、冰川槽谷之中，常构成拔河 10—15 米低侧和残坡终碛，地上冰特征，冰物的及山麓冰川堆积。冰碛物成分全由花岗岩组成，厚约 80 米，见少量砂岩。砾石大小悬殊，混杂堆积，分选极差，无层理，磨圆差，呈次棱角状和棱角状为主，砾石大小一般在 0. 1—0. 3 米居多，少量达 0. 4—0. 5 米的巨砾。该期的冰水堆积，厚约 40 米，分布于冰碛之前缘地带，部分覆于冰碛之上，砾石成分与冰碛基本一致，花岗岩为主，但砾石较小，多在 0. 1—0. 2 米左右，磨圆度较好，呈次圆状及次棱角状为主，略具分选特征。区域内的冰缘堆积，主要有寒冻风化岩屑的坡堆积，分布于山脉南北山地的一些陡岩坡面上，为基岩经长时期的寒冻作用发生解的岩石沿坡面堆积的产物，分布较局限，规模不大，大都由棱角状巨大花岗岩漂砾及砂砾石组成，大小混杂，无分选，无层理。

4. 末次冰期

此次冰期主要分布于U形谷中，规模大，延长较远。从遥感影像上判断，冰碛自U形谷源头附近开始沿冰谷断续分布，可分出多期间冰阶段冰碛及冰水堆积分布区，以U形谷下游段冰碛物分布最多、最集中。地貌上冰碛物呈正地形的冰碛小丘或冰碛垄分布，而冰水堆积多分布于冰蚀洼地或冰川湖及前缘地带，冰碛及冰水堆积受后期流水切割明显。

5. 现代冰川

全新世小冰期冰以阿伊拉日居山南觉各弄U形谷源头最为发育，现代冰川冰舌之前沿不远处或分布于冰川退缩不久的冰斗之中，全由大小棱角状岩块组成，分布范围有限，且可形成终碛堤或终碛垄地貌特征。冰碛前缘有少量冰水砂砾堆积物分布。

第二章　札达土林

札达土林分布在海拔3750—4450米，地处北纬31°20′—31°40′，东经79°25′—80°02′，总面积约2464平方千米，地势南高北低，是世界上分布面积最大、最典型的新近系地层风化形成的土林。以朗钦藏布两岸最为经典，核心区888平方千米；札达沟、桑达沟、夏伊沟三处排列的土林群最为壮观。土林地貌是随着青藏高原的隆起而形成的，特殊的地理位置和气候条件及独有的地质背景与地形分割条件，在西藏是独一无二的，其规模之大、形态之完美，世界少有。

整座土林沟壑纵横交错，被剥离的土体形成孤立的土柱、土塔，柱、塔丛生，千姿百态，拟人、拟物或拟兽。远远望去，整个土林像是一座壁垒森严的古堡，因此又称古堡式残丘。

第一节　土林成因

札达土林地貌的形成主要取决于札达盆地特定的内外动力地质作用。强烈的内动力地质作用决定了札达盆地的整体抬升，而外动力地质作用决定了盆地内的切割及其土林的形成和发展。概括来说就是干旱气候条件下，呈半固结状态、沉积厚度大，且具有水平层理的地层，在地质构造作用下持续抬升，之后受强烈物理风化和暴雨冲刷及其水系的剧烈切割而形成的一种特殊地貌形式。具体成因主要为地质构造与地形条件、气候条件、物质条件及其他条件。

一、地质构造与地形条件

由于印度板块的持续向北运动，使得如今的札达盆地依然处于持续抬升的地质构造背景中，但从区域构造应力场分析，盆地的断陷可能尚未结束，只是这种断陷的速率与北喜马拉雅包括整个札达盆地的上升速率相比要弱一些。这种差异加剧了朗钦藏布对札达盆地的剥蚀，增强了沿朗钦藏布两岸支流、支沟的发育，进而促进了土林的形成和发育。

土林地貌的形成与地形条件也有着十分密切的关系。地形越陡，比高越大，土林出露的形态越完整，观赏价值越高。沿着朗钦藏布谷，地形高差达到800米以上，对于裂隙并不发育的半成岩之水平地层而言，这种高差越大，在陡壁、陡坎和高角度斜坡前缘，由于卸荷引起临空面附近土体回弹变形、应力重分布所造成的破裂面数量就越多、延伸长度就越大。靠近盆地上部的坡面面状洗涮作用和逐渐向下而增强的线状切割作用能通过地形的高差使垂向侵蚀加大，击溅侵蚀和沿垂直节理的冲刷淋滤作用也得到了充分的表现，进而加快了土林地貌的形成。

不同的地形条件所形成的土林在形态上是有差别的。通常在盆地沉积表面的坡前，仅靠雨水的溅击侵蚀和小范围的坡面洗刷，形成的土林很像植物的根茎。向下逐步进入托林组地层的切割深度后，部分细沟汇聚，切沟深入垂直节理，所形成的土林形态组合最丰富。而到了下部，一方面沉积的时代更久一些，固结程度就更大一些，切沟与垂向裂隙相互联通，切沟汇聚又形成冲沟，在沟与沟之间可以形成孤立的土林，但多数是形成稳定坚固的陡壁并布满直立的竖沟。在有一定高差的地段，土林会出现顶部和底部较缓，中间较陡的总趋势。当处于远离朗钦藏布谷而地形高差小于100米的边缘地区，这种立体结构就发育不完全。

二、气候条件

札达盆地年降水量仅为160毫米，降水主要集中在雨季，雨季的降水又多集中于仅有的几次大雨或暴雨，降水强度大，对地面产生较强的击打作用，从而产生击溅侵蚀。在平地的溅击侵蚀常使表土结构发生破坏，使土体分散，同时又使底土压实，从而减少渗流，增大地表径流，这种缺乏水头高差的地表径流对土林的形成作用显然不大。而对于斜坡所产生的击溅侵蚀，尤其是表面风化强烈且土体结构已经发生破坏的坡面击溅侵蚀，会引起坡面物质的不断迁移，并产生紊流形成细沟。对于具有半固结特征的札达群地层来说，雨滴击打砂砾石使其松动并溅起形成凹坑，进而沿坡面演化成细沟，侵蚀加大成为切沟，有水动力作用较强的可发展成直立的竖沟，使土林分布区的面状洗刷作用和下部的线状切割作用变得异常强烈。据研究，雨滴的大小决定了雨滴击打力量的大小，而雨滴的大小又与降雨强度有关，也就是说，降雨强度越大，对坡面的溅击侵蚀能力和对土林的形成作用也就越大。

札达盆地日照时数长，降水量少，蒸发量大，地表入渗条件差，地下含水层富水程度很低，地下水埋藏很深，毛细上升高度到达不了地表。因此，土林分布区域内不仅地表特别干燥，即使是在一定深度内的土层湿度也非常小，这就减少了土体的容重，增大了土林的固结程度，提高了土林的强度，使得直立的土林不易发生重力坍塌。因此，札达盆地干热的气候环境，也是使高达上百米的土林得到完好保持和整体稳定的一个关键因素。

三、其他条件

札达盆地内托林组和香孜组粗细相间的砂、土、砾均具有半固结特征，它们之间的互层沉积，使上层半成岩特征在遭受风化时表现出较弱的一面，风化形成松散而更接近于土体的表层，非常利于细沟和切沟的形成；而在土体的下部，半固结状的土体在保持土林的直立和稳定上更接近岩石的特征，增加了所形成土林的稳定性，有利于土林地貌的形成。

札达盆地干热少雨，土壤中利于植物生长发育的有机质十分缺乏。因此，札达盆地及其周边植被不发育，从而增大了盆地表面受阳光辐射的强度，加剧了盆地内的蒸发，使得干燥的坡面上植被覆盖度仅为5%—10%，这一条件既有利于土林的形成，又使形成的土林不会遭受植物根劈作用的破坏而得到完整的保持。

札达盆地内部的湖相沉积物和河流相堆积物的总厚度大于800米，其中湖相沉积物厚度达575.2米，河流相堆积物厚度为225.1米，为土林的形成提供了丰富的物质条件，具备了土林形成的立体空间，是土林地貌形成的一个必不可少的重要条件。

雨水的溅击侵蚀和冲刷对形成土林的作用是不够的，发育的高度也会很有限。朗钦藏布及其支流的发育对土林的形成也是一个很重要的条件。有了札达盆地的持续抬升，就促使地表水系，以下切侵蚀为主，对水平地层产生强烈而持续的切割，随后便沿着大的水系、支流、大沟、冲沟形成了陡壁、陡坡、陡坎等陡峭的地形，这些水系切割产生的陡峭地形才更有利于土林的形成和发育。

第二节　土林风貌

一、土林形态

土林地貌气势恢宏，形态多样，主要类型有宝瓶式土林、“秦俑”式土林、房顶式土林、残留式土林、峰丛与城堡分列式土林、双色台阶式土林、台阶与峰丛分列式土林、鼻状土林、古钟式土林、哥特式土林、尖峰状土林、塔式土林等许多微地貌形态，代表性土林有峰丛连绵式土林、含砾卵石土林、崩落式土林、差异风化式土林、台阶式土林、直立竖沟式土林、叠瓦状土林、根茎式土林等。

札达土林的地貌形态无论是雄浑与豪放，还是灵秀与精细都是大自然鬼斧神工的杰作，是札达盆地沧桑巨变的客观反映。札达土林作为喀斯特典型地貌，被誉为“中国的唯一、世界的典型”。

二、土林特点

札达土林的分布特征、形态变化和结构特点与其他沉积盆地有一些区别。干旱气候条件下，呈半固结状态的沉积厚度很大，具有水平层理的地层在地质构造作用下，持续抬升并经受强烈物理风化、暴雨冲刷及水系的剧烈切割形成的一种特殊地貌形式。札达土林形成的内、外部条件是该类土林形成和发育的一个典型代表。如不采取相应的保护措施，不可再生的土林资源，将在自然加速侵蚀与后退的人类活动中加速消亡。

气候条件、地质构造条件、地形条件、物质条件等决定札达土林的形成。土林地貌的发育受地形高差、半固结土体堆积厚度、空间分布、水系密度与切割深度的影响。土林的形成和发育完全取决于大自然的力量，具有很强的自然性。

札达土林作为一种特殊的地貌组合，形态多样。宏观上沿朗钦藏布两岸展布着波状起伏、层林叠翠、陡缓相间、气势浩大的土林群。平面分布上，盆地中心的札达群地层厚度大，逐渐向两侧变薄；盆地中心向两侧所形成的土林高度大不相同，边缘区的土林较低，厚度薄至几米，靠近朗钦藏布两岸的土林高度可达100—300米。札达群地层的物质组成分托林组和香孜组两个大的单元，托林组、香孜组均有粗细粒物质互层的特点，互层无规律。托林组的压实程度和固结程度高于香孜组，土林地貌的造型难以尽数，令人目不暇接。

札达土林所赋存的札达群总面积5600平方千米，土林分布面积为2464平方千米，核心区面积888平方千米。

札达土林地质遗迹集典型性、自然性、稀有性、系统性、优美性与科学研究价值于一体，是中国乃至世界范围内发现的类似地质景观中的稀少者和佼佼者。札达土林国家地质公园内更兼具两处国家级重点文物保护单位——古格王朝遗址和托林寺。大自然的神奇力量铸就札达土林的奇观和美景，勤劳善良的西藏人民创造了辉煌灿烂的文化及人文景观，神奇的土林与古老的象雄文化、丰富多彩的古格文化、宗教文化等交相辉映、相得益彰。

第三节　土林保护

一、地质调查

1973—1976年，中国科学院青藏高原综合科学考察队对札达一带进行了气候、自然地理、地貌及河流、植被、土壤、地层、第四纪地质等综合考察，这是西藏迄今为止最大的一次综合科学考察，也是自治区最为全面系统的一次综合科学考察。

1981—1982 年，高原地质调查大队四分队开展了涉及本区的路线地质调查工作；1980—1983 年，西藏地矿局第二地质大队和武汉地质学院联合进行了阿里综合地质考察；1983—1986 年，西藏地矿局区域地质调查大队开展了 1：100 万噶大克幅的区域地质调查。

通过调查和考察工作，填补了在地层、古生物、气候、植被、河流、区域地质构造、地貌与第四纪地质等诸多方面的空白并获得了丰富的考察和调查资料，在众多领域取得了丰硕的研究成果。

二、旅游开发

用“横看成岭侧成峰，远近高低各不同”形容札达土林十分贴切。不论是札达土林各个地段的形态变化，还是切割深度最大的托林一带，不同高度的各种造型，在蓝天白云下呈现着绵绵不绝的浩荡气势，有着亘古久远的庄严与凝重。身处土林中，感叹造物的神奇，沧海桑田的变迁。

地质公园主体建于札达土林西藏自治区规划的原自然保护区的核心区内。虽然西藏自治区政府已批准建立自治区级地质遗迹保护区，但旅游服务还不具备接待较大数量游客的能力。

三、遗迹保护

1999 年前，札达土林基本上处于自生自灭状态，没有进行有效管理。为使土林地貌资源能够更好地为当地社会经济发展服务，合理开发、利用和保护好这一珍贵的地质遗迹资源，自治区制定了一系列保护措施。

1999 年，“地质公园”称谓在联合国教科文组织提出的地质公园计划中第一次出现，中国政府积极响应联合国教科文组织提出的计划。《西藏自治区自然保护区发展规划（1996—2010 年）》将札达土林列为“九五”期间拟建的自治区级自然保护区。6 月 9 日，自治区人民政府对自然保护区的勘查立项问题进行了专题研究，会议原则上同意立项。8 月 2 日，由自治区计委组织有关专家对《札达土林自治区级自然保护区综合考察设计》进行评审，在评审意见中明确表示：“札达土林等三个自然保护区作为地质遗迹类自然保护区具有很高的保护价值，并在详细调查的基础上编制保护区规划十分必要。”之后，地矿厅地质环境管理处及时组织了第二地质大队到实地进行野外工作，编写了《札达土林自治区级自然保护区综合考察报告和总体规划》，并于12月25日通过自治区评审。2000年8月，西藏自治区政府批准成立自治区级地质遗迹类自然保护区。

2000年，为有效保护地质遗产，合理开发利用地质景观资源，联合国教科文组织与我国政府开始推进地质公园计划的实施。

2005年，西藏自治区国土资源厅和札达县政府正式启动了札达国家地质公园的申报与建设工作，在实地考察的基础上，搜集了大量资料，编写了西藏札达土林国家地质公园申报书、可行性研究报告、总体规划等地质公园申报材料。

2005年9月20日，札达土林被正式批准为国家地质公园。2006年7月，通过地质遗迹保护（一期）施工图设计，2007年9月22日揭碑开园。

2007年，札达土林国家地质公园地质遗迹保护（二期）工程，修建了主碑广场、区域说明牌、景观说明牌、交通引导牌、宣传牌及公园大门。

札达土林国家地质公园东接普兰县，西抵克什米尔，南隔喜马拉雅山脉与印度交界，北靠阿伊拉日居与噶尔县相接，以托林镇为中心，沿朗钦藏布两岸展布，是一座以土林地貌为主要地质遗迹特征的地质地貌类国家级地质公园。

四、札达土林自治区级自然保护区

札达土林自治区级自然保护区位于西藏自治区阿里地区札达县境内，是札达县最著名的地貌风光区，2000年7月获西藏自治区环境保护厅批准建立西藏札达土林自治区级自然保护区。保护区范围西至札达县达巴乡境内，东到丁香，北到曲松乡境内，南到东波，是一个以托林镇为中心，沿象泉河两岸展布，以土林地貌为主要地质遗迹特征的自然保护区。2012年被评为国家级风景名胜区。札达土林地跨札达县的托林镇、底雅乡和香孜乡等，地貌发育最好的地区是以托林镇为中心的大片地区，分布海拔3750—4450米，面积约560000公顷，为远古大湖湖盆及大河河床历千万年地质变迁而成，是世界上最典型、分布面积最大的第三系地层风化形成的土林。

按照自治区环保督察组反馈问题整改要求，对《西藏札达土林自治区级自然保护区总体规划（2018—2025 年）》进行修编，现已批准实施。保护区规划范围总面积 560000 公顷，核心区总面积为 45712 公顷，缓冲区总面积为 38686 公顷，实验区总面积为 162092 公顷，保护地带总面积为 313500 公顷。主要保护对象是土林地质遗迹，其次为札达特殊自然生态系统，包括野生动植物、古生物化石、古文化遗迹等。

第三章　气候　水文

第一节　气候

一、气候特征

札达县地处西部，远离海洋，周围大山环绕，且海拔较高，地形和海拔高度对气温的影响大于纬度对温度的作用，札达盆地属高原温带半干旱气候类型。空气稀薄，日照时间长，太阳总辐射强。境内各地区的气温分布差异不大，但垂直变化较明显，具有春季升温迟缓，夏季短促，秋季降温快，冬季漫长，形成寒冷期长，温凉期短，没有明显的四季之分。气温日较差较大，降水多集中在6—9月，且多雷暴、冰雹、大风。

札达县境内高山环山，山地垂直带气候分异较明显，极高的寒带冷温、高山严寒带半湿润半干旱，以及中山至谷底的温带半干旱气候。东北向的阿伊拉日居将从喜马拉雅进入的暖湿气候阻截在札达盆地，使该山的南坡水热条件较北坡好，其土壤发育跟噶尔有明显的差异。喜马拉雅与阿伊拉日居在曲松以北形成“n”字地形，从喜马拉雅进入的暖湿气流在这里产生回旋，相对多雨湿润，形成札达最暖湿的区域，并出现高山草甸草原土的狭长带，镶嵌在寒漠土与高山草原土之间。

二、气候要素

（一）气温

札达县境内气温偏低，气温年较差小，冬长夏短，春秋相连，四季不明。气温变化的另一个特点是受太阳辐射强、日照充裕的影响，白天地面受热剧烈增温，气温升高；夜间空气保温效应弱，辐射散热快，气温迅速下降，形成日较差大，年较差相对稳定。全年平均气温在5.6℃左右。其中，7月份为最高，为18.5℃；最冷月均出现在1月，气温为-9.2℃。气温年内变化规律是：1月最冷，4月气温开始回升，五六月气温升温快，幅度达6℃—7℃，七八月气温最高，9月开始下降，10月以后降温较快，11月降温幅度达6℃—9℃。气温年较差由南向北减少。≥0℃天数约230天，≥10℃天数约110天。≥10℃的初日6月初，终日9月底。初霜最早出现在9月初，终霜最晚出现在6月初，无霜期约130天。

札达年降水量在120毫米左右，其分布南多北少，东多西少。多集中在7—8月，成为土壤侵蚀的重要因素。海拔3700米以下的河谷是林业存在的区段，海拔3000米左右的底雅、什布奇是阿里唯一有果树、蔬菜等经济作物的谷地。

（二）降水

年降水量为126毫米左右，多年平均降水不足100毫米，是阿里乃至整个西藏年降水量最少的县之一。降水量年内分配不均匀，月际变化十分明显，降水主要集中在7—9月份。由于受季风势力的强弱和进退以及暖湿气流的影响，夏季气温升高，降雨增多。7月上旬进入雨季，9月下旬雨季基本结束。冬春降水稀少，空气干燥多大风，雨季和干季比较分明。

（三）蒸发

札达县干旱少雨，降水季节分布不均，常年多风日风大；日照强烈，太阳辐射强，年平均蒸发量为2257毫米，相当于年降水量的13.6倍。在一年中春夏两季蒸发最多，秋季次之，冬季最少。

（四）日照及太阳总辐射

札达县地处高原内陆，全年晴多雨少，空气干燥洁净，日照强烈。日照数受地理位置的制约，县境内有南向北递增，随季节变化，由冬至夏增加。5—9月平均日照时在14小时以上。全县年平均日照时数在3170小时左右，年总辐射量78.06×108兆焦耳/平方米，年日照百分率71%—78%，是西藏太阳辐射高值区，开发利用前景广阔。

（五）风

札达县位于高空西风带和东南季风影响范围内，四季多风，夏秋以东南风为主，冬春多为西风。西风风力强劲,常引起沙暴。年均风速 2.6 米/秒。全年最多风向为东南风（ESE），频率为 14%，主要出现在 3—5 月，平均风速 2.8—3.6 米/秒；年均大风天数 32 天，最大风速 33.8 米/秒，主要为北风。札达县月平均风速和平均大风日数见表 1－3－1。

札达县风速情况统计表

表 1－3－1　　　　单位:米/秒

月份	1	2	3	4	5	6	7	8	9	10	11	12	年均
风速	2	2.5	2.8	3.6	3.4	3.1	3.3	2.8	3	2.3	1.3	1.3	2.6

三、物候

札达县境内随海拔高度、冷季长短差异，物候现象从南部河谷向北部高原推迟。县境内 1—3 月，冰雪封罩，风沙肆虐，牧草枯萎，河流封冻。县境南部冬季下雪量大，封山至 5 月初。4 月地表开始解冻。5 月下旬，牧草开始返青，青稞、小麦出苗，候鸟从南飞至湖盆，开始产卵、孵化。6 月上旬，树枝抽芽泛绿，油菜现蕾，牧草到饱青期；下旬青稞拔节，牛羊上掌，雏鸟出壳。7 月，青稞抽穗，草原上蘑菇等菌类出土，候鸟成鸟换羽，牛羊换毛。8 月，油菜终花，青稞乳熟，幼鸟羽长成飞。9 月，青稞、油菜成熟，牧草停止生长变枯黄，牛羊下掌，候鸟开始集结南飞。10 月，开始进入风雪交织的漫长寒冬。无霜期短，有时没有绝对的无霜期。

第二节　水文

札达县可利用水域主要为外流河，保障境内农牧渔业及生活用水；其次是冰川，成为重要的水源地。

一、河流

札达县水系纵横，全年总径流量97.5亿立方米。流量充沛，水质好，流域耕地面积大，为全县农业生产提供了充足的水源保障，是全县农业生产优势之所在。

（一）水文特点

札达县境内的朗钦藏布干支流主要由雨水、冰雪融水和地下水补给。水温偏低，每年10月至翌年4月河流出现不同程度的封冻现象。径流年内分配不均，丰枯变化显著，泥沙含量大，水质较好。

（二）主要河流

1. 朗钦藏布

朗钦藏布亦称朗钦卡巴，汉译为象泉河，是阿里地区三大外流河之一，是印度河最大支流萨特累季河的上游。朗钦藏布发源于喜马拉雅山脉西段兰塔附近的现代冰川，河源海拔约5300米。从源头西流至噶尔县门士乡横切阿伊拉山进入札达县境，经什布奇穿越喜马拉雅山出境流入印度，改称萨特累季河，在巴基斯坦境内汇入印度河。

流域位于东经78°39′—81°12′和北纬30°26′—32°36′，北与森格藏布流域相邻，南邻甲扎岗噶河、乌热渠、乌扎拉渠流域，并与印度接壤，东接拉昂错和马甲藏布流域，西邻印度。流域呈矩形，最大长度约260千米，最大宽度约140千米，流域面积23070平方千米，其中冰川面积为636平方千米，河长341千米。流域内地势东南高、西北低。朗钦藏布发源于普兰县冈底斯山土青拉山峰，河源海拔约5420米。河流自源头向西南流，源头分布有湖泊和冰川，水系发育，河谷狭窄，山势稍高。至热杰淌嘎，河流进入开阔地带，左岸以低山分布为主，右岸地势平坦，有灌丛草地及荒漠地分布，主要支流亚尔钦曲、亚尔穷曲、作布曲等均发源于右岸，作布曲是上游段最大支流，其河长55千米，落差1260米，流域面积562平方千米。自热杰淌嘎河流折向西北流，经札达棍巴又逐渐转向西流，直至上游段出口。索岗绒曲汇入口至札布让为中游段，河长118千米。该段河流大致呈东西向，沿途接纳左岸支流那错浦、东波曲、龚贵曲、达巴曲、玛朗曲及右岸支流罗曲后，经札达县城，抵中段出口札布让。玛朗曲是中游段最大支流，河长64千米，流域面积1085平方千米，落差1990米。中游段的主要特点是阶地发育，在札达公路桥以东2千米处，干流河谷两侧有八级阶地，河谷较宽，以宽谷段为主，间有峡谷段。在札达附近是一个宽谷盆地，谷底宽在3千米以上。河流流经宽谷河段时，水流缓慢，河道多岔流和江心洲，支流多发源于喜马拉雅山北麓，流经湖相地层，在水流作用下，切蚀而成的土林美丽壮观，其景观酷似黄土高原。建于2004年的札达水文站，位于札达县城下游，是国家重要的水情报汛站。

札布让至什布奇附近为下游段，河长130千米。该段河流大致呈东西向，支流众多，沿途接纳几亚弄、香孜曲、马玉曲、俄布河（鄂博曲）、萨让曲、荣堆曲等支流后，于什布奇附近流出国境。下游段以峡谷为主，山势陡峭，河谷深切，水流湍急。

流域多年平均年径流量为17.5亿立方米，径流年内分配不均，以地下水补给为主。流域多年平均年降水量为246毫米，降水量年际变化大，降水主要集中在6—9月，雨季来得迟、结束早。洪水发生在7—8月，峰高量小，峰型尖瘦，洪水过程一般为2—3天。最枯流量出现在12月至翌年2月。域内植被稀少，土壤松软，水土流失严重，沿程河床多有淤积。河水含沙量大，据2005年水环境评价资料显示，水质为地表水质量Ⅱ类标准。在札达县城托林镇附近，河流初冰期在10月中下旬，终冰期在翌年5月初，11月至翌（次）年4月河流为封冻期。

在中国境内的流程309千米，流域面积22760平方千米，落差2400米，平均坡降7.8‰，多年平均径流量9.1亿立方米，年平均流量28.9立方米/秒。阿伊拉山南坡由东向西有9条较大河流，如香孜河、热布加林曲、鄂博河等；喜马拉雅山北坡由东向西有15条较大河流，如达巴河、马玉河、萨让河等，均由四周高山向盆地中部呈放射状注入朗钦藏布。其中流域面积大于1000平方千米的有4条，即门士河、香孜河、曲松河（鄂博河）、索木多河。流域内水力资源理论蕴藏量23.76万千瓦，技术可开发量1.08万千瓦，经济可开发量1.08万千瓦。已建水电站6座，总装机容量0.116万千瓦，其中位于托林镇的托林水电站，2003年建成，是域内最大的一座水电站，装机容量0.08万千瓦。位于托林镇附近的托林水库，建于1986年，经过多次维修，总库容从10万立方米增加到30万立方米，承担着下游112公顷林、草、耕地的灌溉任务。托林镇附近的朗钦藏布干流左岸有防洪堤一处，建于2003年，堤长0.42千米，防洪标准10年一遇。

河流大致呈东西流向，经曲龙、东波、札达、札布让、努巴，于什布奇以西穿过喜马拉雅山脉流入印度，改称萨特累季河，在巴基斯坦境内汇入印度河。朗钦藏布在我国境内落差2860米，平均坡降9.3‰。

2000年朗钦藏布主要支流的河长和流域面积统计表

表1－3－2

支流	河长(千米)	流域面积(平方千米)	占全流域(%)
俄布河	125	4580	20.1
门士曲	61	2150	9.4
香孜河	86	1860	8.2
索木多河	51	1140	5.0
玛那藏布	64	710	3.1
曲松河	42	650	2.9
达巴曲	60	590	2.6
马玉河	55	570	2.5
舵布曲	54	580	2.5
朗钦藏布	309	22760	100

注：表格内容引自《西藏阿里地区统计年鉴（1996－2001）》。

2. 曲松河

曲松河亦称鄂博河，发源于尼隆林马戈山，源头地区多现代冰川。曲松河大体由北向南流，在布让则附近汇入朗钦藏布。河长125千米，流域面积4580平方千米，占朗钦藏布流域面积的20%。

3. 索岗绒曲

朗钦藏布左岸一级支流，又称兰成曲。发源于喜马拉雅山脉西段兰塔附近的各则拉冰川。流域呈南北向扇形，面积2680平方千米，其中冰川面积91平方千米，河长89千米，天然落差940米。流域多年平均年径流量约2.06亿立方米。大洪水发生在7—8月，峰高量小，峰型尖瘦，洪水过程一般为1—2天。冬季河流有冰情发生，部分河段冰情严重。河道呈宽浅游荡型，河床由沙石组成。水土流失严重，含沙量大，沿程河道冲淤变化明显，水质为地表水质量Ⅲ类标准。

上游段有明钦、明穷、曲那坡三条支沟汇流，明中为干流，河源地区山高坡陡，植被稀疏，现代冰川发育。中游段地势开阔、平坦，灌木林分布广泛。下游段以低山构造为主，山峰相对低矮，河口一带地形开阔。河流自源头始向北流，在勒恩波下游约5千米处纳左岸明真、曲那坡两支流后，折向东北流，至8千米处，流自右岸卡裂错和嘎果错的支流汇入干流，河流继续流向东北，十余千米后，右岸一支流汇入，河流折向西北流，于曲松多附近注入朗钦藏布。河口位于东经80°39′、北纬31°07′。

4. 玛那曲

朗钦藏布左岸一级支流，又名玛朗曲，发源于喜马拉雅西段拉热山峰。流域呈南北向扇形，面积1085平方千米，其中冰川面积263平方千米，河长64千米，天然落差1990米。流域多年平均年径流量约1.09亿立方米。洪水发生在7—8月。冬季河流有结冰现象，11月至翌年4月冰情严重。河床由沙卵石组成。域内植被稀疏，在中上游地带有小面积的灌木林，河水含沙量大，水质无人为污染。河源处有三条支沟（瑞真龙日曲、门巴日曲、查嘎日曲），门巴日曲为干流，河源地区现代冰川发育。河流自源头始向北流，在免久曲纳左岸支流查嘎日曲后折向东北流，过玛朗村，河流迂回曲折，十余千米后，注入朗钦藏布。流域内上游段地势险峻，山高谷深，水流湍急。中、下游段地势开阔、平坦。河口位于东经79°55′、北纬31°26′。

5. 香孜河

朗钦藏布右岸一级支流，发源于冈底斯山脉南侧的错登山峰。流域呈南北向扇形，面积2012平方千米，其中冰川面积29平方千米，河长99千米，天然落差2662米。河流在冬季有结冰现象，部分河段冰情严重。河道由沙卵石组成，水土流失严重，河水含沙量大，沿程河床多有淤积，水质未受污染。流域多年平均年径流量约1.15亿立方米，水力资源理论蕴藏量1.75万千瓦。河流自错登山峰向东南流，至浪备章转向南流，沿程水系发育，有多条发源于左岸冰川的支流汇入，河谷地带灌丛草地分布广泛，河流于扎嘎布折向西南流，抵热嘎夏纳左岸支流索尔岗曲后折向南流，经县农机站纳左岸流自香孜村的支流后转向东南流，于拉嘎以下又渐渐弯向西南流，最后在札达县西北约50千米处注入朗钦藏布。河口位于东经79°25′、北纬31°35′。

6. 俄布河

亦称比吾藏布，是朗钦藏布右岸一级支流，发源于阿伊拉日居北段西麓的台丁拉山峰。流域呈南北向扇形，面积4572平方千米，其中冰川面积31平方千米，河长129千米，天然落差1880米。洪水发生在7—8月，流域多年平均年蒸发量在1300毫米左右。10月至翌年5月河流有结冰现象，部分河段会出现封冻。河床多以沙石组成，植被稀少，上游地带有少量的灌丛草地分布，水土流失严重，含沙量大，沿程河床多有淤积，水质良好。流域多年平均年径流量约2.97亿立方米，水力资源理论蕴藏量2.73万千瓦。

河流自源头向东南流，约8千米，先后纳入左岸两条支流后折向西南流，右岸支流苏明朗巴、少松、大腊、北尔冬松多、杜司其汇入后又转向南流；山岗以下，格沙、色尔底曲、尼哪木稀扎、荣浦、下扎等支流相继汇入干流，河流于札达县西北约55千米处注入朗钦藏布。俄布河水系发育，支流众多。格沙是俄布河最大支流，面积824平方千米，河长49千米，落差1550米。俄布河源头有冰川和湖泊分布，水系发育。流域上段地势开阔，河谷较宽，中、下段河道坡度较陡、河谷狭窄。河口位于东经79°17′、北纬31°35′。

7. 如许藏布

印度河支流萨特累季河的上游支流。在西藏自治区西南部，札达县西北部，又名帕里河。发源于印度境内，在塔克季布列附近流入札达县，又于西扎马附近流出札达县。流域呈南北向扇形，在我国境内河长104千米，面积2630平方千米，其中冰川面积136平方千米，天然落差1150米。径流补给以地下水和冰雪融水为主。河流在冬季有结冰现象，部分河段冰情严重。河道狭窄，河谷深切，山体陡峭而且极不稳定，坡体岩性为石炭系生物碎屑灰岩。植被较差，水土流失严重，河床多以沙卵石组成，含沙量大，沿程河床多有淤积，水质良好。流域多年平均年径流量 2.89 亿立方米，水力资源理论蕴藏量 1 万千瓦。

河流从塔克季布列附近入境，进入中国札达县。由北向南流，河道狭窄，蜿蜒曲折，两岸山高坡陡，经过支普齐、查甲、卡拉等地后，在牙布附近急转西南流，于西扎马附近流出国境并汇入萨特累季河。沿途支流众多，水系发育，支流切布斯浦、喊始、昆沙浦、角热卓浦、鼓弄、下列、巴尔觉曲、曲杰松、上穷、巨哇曲先后汇入干流。曲杰松是最大支流，发源于左岸的波博山附近，于强巴村附近注入帕里河，流域面积 398 平方千米，河长 35 米，落差 1780 米。

8. 乌热曲—乌扎拉曲

流域位于西藏西南部，介于普兰和札达之间。流域北部、西部、东部都与朗饮藏布流域相接，南部与印度相邻。流域面积约 650 平方千米，呈近东南—西北向的狭长形。乌热曲—乌扎拉曲由三支组成，即源于马佐拉附近的西支乌热；源于昆里宾里山口附近东支乌扎拉曲，还有源于昆里宾里山口附近的中支。上述三支在札达县境内相汇，然后流入印度称香扎果、道里河，右岸支流维什奴干加河汇入后改称克拉河、南达河。乌热曲—乌扎拉曲在札达县境内河长约 26 千米。

9. 甲扎岗河

流域位于西藏西南部，阿里地区札达南偏西。该流域北部、西部、东部和朗钦藏布流域相接，流域的南部与印度相邻，面积为 1330 平方千米，比乌热渠—乌扎拉渠流域约大一倍，流域矩形。甲扎岗嘎河发源于札达县的塔加拉山麓，河流大体向南流，至葱莎以上约 5 千米处有源于仲尼拉附近的支流汇入，两河汇合后拐向西流，至流出国境。甲扎岗河在札达县境内河长约 35 千米。流入印度称巴吉拉提河。甲扎岗河的主要支流有源于种尼拉附近的一条河，大体由东向西流，河长约 30 千米。

（三）冰川

境内西喜马拉雅山和阿伊拉山山脊常年覆盖着冰雪，冰川总面积

456.23 平方千米，夏季冰川消融是境内各河流的主要补给水源。

阿比冈门峰亦称卡美特峰、依比康麦峰，喜马拉雅山脉西段的山峰，位于阿里札达县之南的中印边界上。海拔 7731 米，为世界第 29 高峰。该峰有两个峰顶，看上去像一座平顶的巨大金字塔。这里有十余座海拔超过 6500 米的高峰，因此冰川规模比较大。当地人称它有 360 座属民，即 360 座雪山。其北坡主要在我国境内共有冰川 22 条，面积 257.4 平方千米，较大冰川有 3 条，还有一条平顶冰川。主要冰川有门巴日冰川，位于阿比冈门峰北坡，长约 15 千米，冰川末端海拔 5100 米，面积约 130 千米。阿比冈门平顶冰川，从海拔 6657 米的高峰向北倾斜，长约 6 千米，宽约 2.5 千米，末端海拔 5720 米，面积约 12 平方千米。

（四）湖泊

札达县仅有 2 个湖泊，总面积 14539 亩，占全县水域面积的 0.007%。湖内均无鱼类生长，但可供人畜饮水，也是重要的水源地。

1. 嘎果措

位于达巴乡曲龙村，面积 14329 亩，形成于规模宏大的喜马拉雅造山运动。

2. 弄穷措

位于香孜乡苏康村，面积 210 亩，形成于喜马拉雅造山运动。

二、地下水

主要分布在高山山麓冲积扇下部边缘，是冬春季人畜饮水的主要水源之一。札达西南部有喜马拉雅山脉的伸延部分，北部冈底斯山脉支脉阿伊拉山脉，地形相对高差大，高原面切割破碎，山间有朗钦藏布干支流，为深切河谷区，是区内较大河流集中地带。河流走向多呈北西—南东向，与区域构造线及山脉走向一致，为沿大断裂发育的河谷，支流多呈北东向，与该组切断裂有关。各水系均以冰雪融水和大气降水补给，水量充沛，具强烈的下蚀及侧蚀能力。阿伊拉山、喜马拉雅山脉山前冲—洪积倾斜平原区分布有较厚的第四系松散物质，孔隙率高，又有出山地表水的大量渗漏补给，沿山前形成了一系列富水地段，为地下水提供了良好的赋存条件。札达盆地地下水补给量每年0.7650亿立方米,① 萨让乡各村及底雅乡许多村生活用水主要靠泉水。

三、水能资源

札达县境内朗钦藏布干支流水能资源较丰富，具备水能资源可开发的河流7条，这些河流落差大，峡谷众多，水能资源理论蕴藏量达61.33万千瓦（见表1-3-3）。其中，朗钦藏布干流可开发水能资源近1万千瓦。

2010年札达县具备水能资源开发条件的河流统计表

表1-3-3

河流名称	干流全长（千米）	落差（米）	年均流量（立方米/秒）	水能理论蕴藏量（万千瓦）
朗钦藏布	309	2400	28.9	28.1
桑皮河	19	340	7.5	2.5
萨让藏布	30	336	15.0	4.9
鄂博河	75	180	5.80	1.0
热布加林曲	75	595	1.29	0.75
香孜河	36	332	0.84	0.27
达巴曲	40	880	2.0	1.7

① 康小兵、许模：《西藏阿里地区第四系地下水资源调查研究》，《人民长江》2008年第6期。

第四章　土壤与土地资源

第一节　土壤

札达县地形地貌复杂，受气温、降水垂直变化及纬度的双重影响，土壤类型较多，土壤类型可分为高山寒漠土、普通冷钙土、钙积褐钙土、暗寒钙土、普通寒钙土、普通冷漠土、冰川冰缘土等。高山草原土、亚高山草原土、亚高山荒漠土、草甸土等。札达县土地面积2.47万平方千米。

一、土壤分布

（一）土壤水平分布

札达县境内土壤的水平分布不明显，自南向北略有差异，南部土壤类型较多，北部较简单。南部土壤以亚高山草原土为主，而北部以高寒荒漠草原、高山荒漠草原土为主。

（二）土壤垂直分布

札达县海拔3650—4500米侵蚀山地，土壤为亚高山荒漠土。札达县南部喜马拉雅山北坡，其基带为海拔3795米（札达县城），海拔3795—4500米为亚高山荒漠土，海拔4500—5000米为高山草原土，海拔5000—5500米为高山寒漠土，海拔5500米以上为永久积雪或冰川。

二、土壤类型

根据 1979—1991 年西藏土壤普查的资料结果，札达县境内土壤共划分出 13 个土类、32 个亚类，见表 1－4－1。

札达县土壤分类系统一览表

表 1－4－1

土纲	亚纲	土类	亚类	土属
高山土	冻高山土	高山寒漠土	高山寒漠土	冰碛高山寒漠土
	半湿寒高山土	高山草原土	高山草原土	洪积高山草原土、冲积高山草原土、湖积高山草原土
			高山草甸草原土	洪积高山草甸草原土、冲积高山草甸草原土、湖积高山草甸草原土
			高山灌丛草原土	洪积高山灌丛草原土
			高山荒漠草原土	洪积高山荒漠草原土
			高山盐渍草原土	洪积高山盐渍草原土、湖积高山盐渍草原土
		亚高山草原土	亚高山草原土	洪积亚高山草原土、冲积亚高山草原土、冰碛亚高山草原土、湖积亚高山草原土
			亚高山草甸草原土	洪积亚高山草甸草原土
			亚高山草原土	洪积亚高山草原土、冲积亚高山草原土、冰碛亚高山草原土、湖积亚高山草原土
			亚高山荒漠草原土	洪积亚高山荒漠草原土、冲积亚高山荒漠草原土、湖积亚高山荒漠草原土
			亚高山盐渍草原土	湖积亚高山盐渍草原土
			亚高山灌丛草原土	洪积亚高山灌丛草原土、冲积亚高山灌丛草原土
	干寒高山土	高山漠土	高山漠土	洪积高山漠土、冲积高山漠土
		亚高山漠土	亚高山漠土	洪积亚高山漠土、湖积亚高山漠土

续表

<table>
<tr><th>土纲</th><th>亚纲</th><th>土类</th><th>亚类</th><th>土属</th></tr>
<tr><td rowspan="6">半水成土</td><td rowspan="4">暗半水成土</td><td rowspan="4">草甸土</td><td>草甸土</td><td>冲积草甸土、洪积草甸土、湖积草甸土</td></tr>
<tr><td>潜育草甸土</td><td>冲积潜育草甸土、洪积潜育草甸土、湖积潜育草甸土</td></tr>
<tr><td>盐华草甸土</td><td>冲积盐化草甸土、洪积盐化草甸土、湖积盐化草甸土</td></tr>
<tr><td>碛化草甸土</td><td>湖积碛化草甸土</td></tr>
<tr><td rowspan="2">淡半水成土</td><td rowspan="2">潮土</td><td>潮土</td><td>冲积潮土、洪积潮土</td></tr>
<tr><td>盐化潮土</td><td>冲积盐化潮土</td></tr>
<tr><td rowspan="4">水成土</td><td rowspan="4">矿质水成土</td><td rowspan="4">沼泽土</td><td>沼泽土</td><td>冲积沼泽土、洪积沼泽土</td></tr>
<tr><td>草甸沼泽土</td><td>冲积草甸沼泽土、洪积草甸沼泽土、湖积草甸沼泽土</td></tr>
<tr><td>泥炭沼泽土</td><td>冲积泥炭沼泽土、洪积泥炭沼泽土、湖积泥炭沼泽土</td></tr>
<tr><td>盐化沼泽土</td><td>冲积盐化沼泽土、洪积盐化沼泽土、湖积盐化沼泽土</td></tr>
<tr><td rowspan="3">盐碛土</td><td rowspan="3">盐土</td><td rowspan="3">寒原盐土</td><td>寒原盐土</td><td>氯化物寒原盐土</td></tr>
<tr><td>寒原草甸盐土</td><td>寒原草甸盐土</td></tr>
<tr><td>寒原碛化盐土</td><td>寒原碛化盐土</td></tr>
<tr><td rowspan="5">初育土</td><td rowspan="3">土质初育土</td><td>新积土</td><td>新积土</td><td>冲积新积土、洪积新积土、冲积耕型新积土</td></tr>
<tr><td rowspan="2">风沙土</td><td>草甸风沙土</td><td>固定草甸风沙土、半固定草甸风沙土、流动草甸风沙土</td></tr>
<tr><td>草原风沙土</td><td>固定草原风沙土、半固定草原风沙土、流动草原风沙土</td></tr>
<tr><td rowspan="2">石质初育土</td><td>石质土</td><td>石质土</td><td>硅质石质土、泥质石质土</td></tr>
<tr><td>粗骨土</td><td>粗骨土</td><td>砂质粗骨土、泥质粗骨土</td></tr>
</table>

三、主要土类

（一）高山寒漠土

境内主要分布在海拔5000—5800米的西喜马拉雅山脉北坡高山上部，呈垂直带分布，上接永久积雪带，下接高山草原土，主要成土条件是由于气候严寒，全年均温在-5.5℃以下，土壤以寒冻物理风化为主，成土母质为岩屑、碎石的冰积和残坡积物。地表多为裸岩，土壤分布不连续，只在岩隙中有少量细土。高山寒漠土是脱离冰川最晚、成土年龄较短的一类土壤，以寒冻物理风化为主，腐殖质积累极微弱，多为砾质砂壤土，有机质含量很低，仅有0.23%左右，土壤反应呈碛性，pH值为7.30，土壤中全氮、全磷、全钾含量分别为0.012%、0.1130%、3.868%左右。高山寒漠土面积为5290425.1亩，占阿里地区该土类的8.95%。

（二）高山草原土

高山草原土是阿里地区分布最广、面积最大、最具代表性的土类。分布在宽谷高亢地段、高原湖盆阶地，呈高原水平地带性及山地垂直分布。上接高山寒漠土，下接亚高山草原土。成土母质以砂页岩、板岩石、灰岩、花岗岩等组成的残坡积、洪冲积、湖积物为主，有粗砾、碎屑或沙砾质物质，含溶性盐类或碳酸钙。成土过程腐殖质积累作用和钙积作用。该土壤有机质含量3.05%，氮含量0.11%，磷含量0.058%，钾含量1.89%，碳酸钙11.73%。高山荒漠土水平地带上东与高山草原土相连，西与高原荒漠土呈组合分布，垂直带上北部基带上接高山荒漠土，南部下连高山荒漠草原土，上接高山寒漠土。全县高山草原土面积910.92万亩，占阿里地区该土类面积的6.324%。其中高山草原土亚类面积469.63万亩，占阿里地区该土类面积的2.7%。高山草甸草原土面积150.85万亩，占阿里地区该土类面积的65.32%，为阿里地区最大；高山灌丛草原土面积1256.85万亩，占阿里地区该土类面积的55.86%。

（三）亚高山草原土

境内主要分布在海拔4500—4800米，即玛嘎藏布流域及班公湖西南部中低山地和丘陵。下限接亚高山荒漠土，上限接高山草原土，呈荒漠化特征。札达县境内亚高山草原土占地面积达544.28万亩，占阿里地区该土类面积的47.75%，是阿里地区最大的土类。以亚高山荒漠草原土为主，其次为亚高山灌丛草原土。其中，亚高山荒漠草原上接高山草原土，下接河谷中的隐域性土壤，札达县境内面积227.20万亩，占阿里地区该土类面积的64.97%；亚高山灌丛草原土面积316.70万亩，占阿里地区该土类面积的40.71%。成土条件为气候干旱少雨，年降水量100—170毫米，气温较高，年均气温0.1℃—3.1℃。成土母质为花岗岩、石灰岩、板岩片麻岩等形成的沉积物、残坡积物、洪积物、冲积物及湖积物等。母质中除湖积物质比较细外，其余母质多为粗疏的粗砾、碎屑或沙砾物质，成土过程中有机质积累过程和钙积作用，但与高山草原相比，有机质积累作用弱，而碳酸钙的累积作用较强，土壤有机质含量一般为0.5%—1.0%，有较明显的碳酸钙累积，以白色假菌丝斑点状分布。砾石背面有石灰薄膜，底土未见石膏沉积，通体石灰反应。该土层有机质平均含量为2.35%，全氮0.140%，全钾1.86%，速效氮110PPM，速效磷13.6PPM，阳离子交换量4.8毫克当量/100克土，属土壤肥力较差土壤。

（四）亚高山荒漠土

境内主要分布在札达盆地周围及朗钦藏布流域两侧高山带中、下层，海拔3650—4500米，地形多为古湖抬升侵蚀形成的丘陵和坡地。上连高山草原土，向下与隐域性土壤或亚高山荒漠草原土交错分布组成复区。成土母质为石灰岩、灰岩、板岩、千枚岩、石英岩和花岗岩等组成的残坡积物、洪冲积物和湖积物。成土过程生物作用微弱，表层形成脆薄的结皮层，表面光滑，石膏和碳酸盐明显聚积。土壤呈碛性反应，pH值8.5左右。全县高山草原土面积3326549亩，占阿里地区该土类面积的82.7%，为阿里地区面积最大，多为札达县农业分布区，但开垦历史较短，多保持原始土壤性状。

（五）草甸土

主要分布在班公湖流域的低洼地带及泉水溢出带。草甸土面是一种半水成土壤类型。其形成条件包括有机质的积累作用和季节性的氧化还原作用，成土母质多为河流和湖积物。草甸土由冲积性母质发育而成，土壤质地均一，以沙粒为主，黏粒含量在10%左右，呈石灰反应，pH值在8.5左右，碳酸钙含量10%以下，表层有机质及养分含量较高，有机质平均含量4.71%。沼泽草甸土，土壤有机质含量较高，平均含量在7%以上，全磷、全氮、全钾含量均较高，速效养分高，唯速效磷缺乏，土壤中性，弱酸性反应，pH值在6.30—7.5。全县草甸土面积26.01万亩，占阿里地区该土类面积的3.1%。县境内有两个主要亚类，即沼泽草甸土和林灌草甸土，以沼泽草甸土为主，面积24.22万亩，占阿里地区该土类面积的5.73%，占札达县草甸土面积的93.12%；阿里地区林灌草甸土面积1.79万亩，主要分布在札达县境内，海拔3900米以下。

（六）沼泽土

札达县境内沼泽土以草甸沼泽土为主，零星分布在山间溪谷的积水洼地和局部湖滩地带。成土条件是地形低洼、母质黏重、地表水多、地下水位高，地表常处于季节或长期积水状况，生长着湿生植物。它的形成过程，主要有上部土层的腐殖质化和下部土层的潜育化两个过程，母质成因分洪冲积和湖积。沼泽土的形态特征是地表呈丘状草墩，上部为草根密集层，植物残体有一定分解，呈海绵状，潜育层呈淡青色或蓝灰色。理化特征：草甸沼泽土不含石砾，机械组成以砂粒和细砂粒为主，黏粒含量略有增加。土壤碳酸盐含量很高，在20%以上，土壤呈弱碱性反应，pH值在7.5左右，速效磷缺乏，其他肥力因素较高。有机质含量5.91%，全氮含量为0.24%，全磷0.049%，全钾1.84%，碳酸钙13.50%。全县沼泽土面积900公顷。全县高山草原土面积7.09万亩，占阿里地区该土类面积的6.95%。其中草甸沼泽土面积420公顷，盐化沼泽土面积480万公顷。

（七）潮土

潮土为札达县境内主要耕作土壤之一，是草甸土经耕种熟化发育而成。主要分布朗钦藏布下游河谷阶地上，多沿河谷呈片状或块状分布于草甸土土壤中，是在草甸土的基础上发展起来的。耕作层疏松，一般厚15—20厘米，土色较暗，为灰色，粒状结构。心土层有明显的铁锈纹斑，多块状结构，潮土层深厚、质地均一，耕作层小于20厘米，机械组成中心砂粒含量70%以上，黏粒含量小于10%，表层有机质含量较高，速效氮磷钾养分丰富。该土类层有机质含量平均为2.67%，全氮0.132%，全磷0.074%，全钾

1.84%，速效氮193PPM，阳离子交换量11.9毫克当量/100克。全县潮土面积1062.60万亩，占阿里地区该土类面积的59.76%。

（八）灌淤土

灌淤土是人们生产劳动的产物，它包括灌淤过程和耕作熟化过程。分布在朗钦藏布河谷及支流谷地低阶地上。全县灌淤土面积3032.06亩，占阿里地区该土类面积的20.86%。

（九）新积土

新积土是指在外力作用下经过新近搬运堆积而成的一类土壤，表现为地表无植被，剖面无发生层次，只显示粗细颗粒物质的自然堆积层次，土壤质地粗，富含石砾，有机含量0.25%，全氮0.022%，全磷0.025%，全钾2.08%。主要分布在朗钦藏布干支流两侧及洪积扇地区，母质为冲积、洪积物。全县新积土面积13.53万亩，占阿里地区该土类面积的6.75%。

（十）石质土

石质土分布较广，主要分布在喜马拉雅山脉和阿伊拉山脉等各大山系及低山丘陵。其分布特点为山体陡峭，水土流失严重，几乎没有植被，只在岩石缝隙或大石块间有稀疏的草本植物。全县石质土面积265.22万亩，占阿里地区该土类面积的9.11%。

四、土壤成分

（一）土壤的机械组成

札达县土壤的成土母质主要为山区花岗岩、石灰岩、基性岩类等风化的残积物和坡积物、山麓洪冲物、河流冲积等母质类型。土壤风化和成土作用弱，物理风化占主导地位。土壤粗骨性强，石砾含量高，土壤物理性能极差。

（二）土层厚度及土体构型

札达县土壤的平均厚度为50—80厘米。其中，薄层占54%，中层占26%，厚层占20%。土体构成分为均质型、底型、体型、心型和三段型5种。札达县耕地分为中薄层型、漏砾型、松散型3个主要土体结构。

（三）养分状况

札达县耕作土壤表层的全氮平均含量0.1183%，有机质含量2.53%；土壤表层平均含钾1.84%；土壤养分中，有机质、全氮属中下水平，速效磷缺乏，速效钾为中等偏上水平。各土类土壤养分含量详见表1－4－2。

札达县各土类土壤养分含量统计表

表1－4－2　　单位:%

项目 土类	有机质	氮	磷	钾	碳酸钙
高山寒漠土	–	–	0.052	2.28	17.93
高山草原土	3.05	0.110	0.058	1.89	11.73
亚高山草原土	0.61	0.043	0.07	2.22	7.35
亚高山荒漠土	0.45	0.026	0.041	2.06	10.04
草甸土	0.76	0.058	0.248	1.88	15.85
沼泽土	3.53	0.191	0.049	1.84	13.5
新积土	1.36	0.061	0.044	2.11	4.5
石质土	0.24	0.028	0.064	1.2	7.94
潮土	2.49	0.132	0.080	1.85	14.15
灌淤土	3.02	0.145	0.132	2.0	10.07

（四）酸碛度及肥力状况

札达县土壤中全碛性土（pH 7.6—8.5）占57.7%，强碛性土（pH＞8.5）占32.5%，中性土（pH 6.5—7.5）占9%，酸性土（pH 5.0—6.5）仅占0.8%。

土壤的肥力特点是土壤质地粗，土层浅薄，砾石含量高，土壤养分含量低，有机质多为四级偏下水平，磷素缺乏。

第二节　土地资源

远古人在朗钦藏布流域的土山挖穴，建立栖息所和简陋的定居点，进行原始游牧，且开垦耕种，开创了人类土地利用史，确立以牧草地、耕地、居民用地为主的土地利用方向和类型。民主改革和改革开放时期，土地利用方式和格局有了新发展。

一、土地面积

2000 年，札达县土地总面积 2.47 万平方千米。各乡镇中达巴乡土地面积最大，底雅乡最小，人均占有 4.27 平方千米，详见表 1－4－3。

2000 年札达县土地资源统计表

表 1－4－3

乡(镇)	土地总面积（平方千米）	总人口	人均土地面积（平方千米）	人口密度（人/平方千米）
托林镇	3600	1558	2.31	0.43
达巴乡	6900	1043	6.62	0.15
香孜乡	3000	1102	2.72	0.37
曲松乡	5400	917	5.89	0.17
萨让乡	3300	759	4.44	0.23
底雅乡	2500	734	3.41	0.29
合计	24700	6113	4.27	0.23

二、土地类型

县境内土地利用现状类型可分为 3 级。一级 7 类，即耕地、林地、牧草地、居民点及工矿用地、交通用地、水域及未利用土地。二级22类，即水浇地、用林地、苗圃、天然草地、人工草地、城镇、农村居民地、独立工矿用地、特殊用地、公路、河流水面、湖泊水面、滩涂、冰川及永久积雪、荒草地、盐碛地、沼泽地、沙地、裸土地、裸岩石砾地、田坎、其他未利用土地。三级7类，即保灌水浇地、可灌水浇地、冬春放牧草场、夏秋放牧草场、非季节放牧草场、临时性放牧草场、沙化石质化低质草场。

（一）土地利用现状类型

1. 耕地

1979年耕地面积12800亩。1987年，第一次全国土地调查，札达县有耕地面积8020.2亩，占阿里地区该类土地总面积的23.32%。其中水浇地8011.0亩。耕地分布海拔最高为4160米（香孜），最低2840米（什布奇）。土壤母质为古湖相沉积物，质地较细，种植青稞、小麦、豌豆、油菜等。

2. 园地

仅分布于札达县什布奇乡，在朗钦藏布下游峡谷谷肩台地，零星条状衍生着年代较长的粗大杏树，每年果实累累，为高寒地区点缀着独具特色的保护果园，生长在海拔高度2860—3000米。1987年，调查面积34亩。

3. 林地

1987年，全县林业资源总面积12130.8亩，占阿里地区该类土地总面积的99.96%。主要分布在朗钦藏布中下游峡谷谷坡与河谷两侧，水热条件相对好的地段，乔木极少，以灌木为主，亦有零星人工造林地。

4. 牧草地

1987年，札达县牧草地面积2157.95万亩，占阿里地区该类土地总面积的7.84%。主要以低平地草甸类草地、高寒草原类草地、高寒草原亚类草地，其面积详见1－4－4。冷季草地海拔最高达5000米，最低2800米；暖季草地海拔最高达5400米，最低3800米。

札达县土地资源统计表

表 1-4-4

草地类	草地面积		草地生产力			
	毛面积（万亩）	可利用面积（万亩）	饲草储量（吨）	理论载畜量（羊单位）	载畜能力（亩/羊）	可食鲜草量（公斤/亩）
高寒草原类草地	1941.64	1221.85	1111462.15	346108.1	63.3	56.0
高寒草甸草原亚类草地	117.42	41.09	9904.32	4409.9	93.2	24.1
高寒草原亚类草地	1268.76	838.89	764262.43	231868.2	37.6	91.1
高寒荒漠草原亚类草地	554.87	314.36	336999.79	103438.8	35.5	98.7
高寒草甸类草地	31.59	28.43	50078.41	26466.4	10.8	176.1
低平地草甸类草地	30236.5	15118.3	12348.63	5154.5	2.9	816.8

5. 居民点及工矿用地

1987 年，札达县城乡居民点及工矿用地 1934.8 亩，占阿里地区该类土地总面积的 14.09%。其中居民用地 684.8 亩。主要分布于朗钦藏布干支流阶地、缓坡地带。托林、札布让等河谷阶地居民点，海拔 3780—3660 米，香孜、热布加林、泊林河谷台地居民点，海拔 4220—3650 米；朗钦藏布下游的底雅、什布奇深谷谷肩洪积扇台地居民点，海拔 4080—1300 米。

6. 交通用地

1987 年，札达县交通用地面积 5094.5 亩，占阿里地区该类土地总面积的 11.14%。其中，公路总长 487.12 千米，公路密度 19.73 米/平方千米。

7. 水域

1987 年，札达县水域面积 109.62 万亩，占阿里地区该类土地总面积的 5.88%。河流总长达 1773080 米，平均分布密度较高，达 71.83—62.92 米/平方千米。其中，河流水面面积 26583.1 亩，湖泊水面面积 14539 亩，冰川永久积雪面积 1055045.4 亩。

8. 未利用土地

1987 年，札达县未利用土地面积 1432.24 万亩，占阿里地区该类土地总面积的 9.51%。县境内主要有裸土地和荒漠化缺水草地。其中，荒草地面积 4068636.8 亩，裸土地面积 2852029.5 亩，裸岩石砾地面积 7401314.3 亩，田坎面积 456.2 亩。

（二）土地适宜性类型

按土地评价所采用的适宜性划分，札达县土地可分为宜农、宜林、宜牧、暂不宜农林牧 4 种。

1. 宜农地

主要分布在海拔 4300 米以下的河谷阶地与洪积扇上，地势相对较为平坦，土层厚，土质质量高，具有良好的灌溉条件和耕种优势。

全县五乡一镇皆有宜农地分布，托林镇、香孜乡、萨让乡、底雅乡分布较多，达巴乡、曲松乡分布较少。

一等宜农耕地集中分布在海拔 4300 米以下的河谷阶地与洪积扇上，主要是亚高山草原土，此外还有潮土和灌溉土。

二等宜农地的土壤为灌溉土，分布在札达县城所在朗钦藏布二级地上，因长期的灌溉、耕种和熟化，土层深厚，耕作层一般 16—18 厘米，有机质含量 >4%，碛解氮含量 150ppm，但缺磷（速效磷含量 <10ppm）。

三等宜农地的土壤为中壤，含一定数量石砾，影响了它的保水肥能力；一般青稞产量每亩 150—200 千克，生产水平不高，尚有增产潜力。

四等宜农地的土壤为潮土，耕层多在 15—18 厘米，有机质含量 2%—3%，碛解氮 100ppm，速效磷含量较低，一般 5—7ppm，青稞产量每亩约 100 千克。

五等宜农地的土壤为耕种亚高山草原土，耕层较薄，厚 10—15 厘米，质地多为砾石含量较多的砂土壤，保水保肥能力差，有机质含量 1% 左右，氧磷含量低，作物产量低，亩产仅 50 千克左右。

宜农土地均有灌溉保证，可通过精耕细作和改土培肥（主要是增施有机肥和磷肥、掺拣砾石以及深翻以增厚热土等措施）提高宜农土地质量和生产能力。

2. 宜林地

主要分布在海拔4000米以下的朗钦藏布两岸，其中以托林镇、香孜乡、底雅乡、萨让乡分布较多，达巴乡、曲松乡由于气候条件原因，宜林地较少。

3. 宜牧地

主要分布在海拔5000米以下的山地，但质量优良的一、二等宜牧地不多（占宜牧地的1.6%），四、五等地占比较大（88%）。

全县五乡一镇中均有宜牧地分布，其中达巴乡、曲松乡均在海拔4700米以下，草场面积占全县草场总面积的45%；其他4个乡均在海拔4200米以下，草场面积占全县草场总面积的55%。

由于沙化、侵蚀或干旱缺水等（沙化占31%，受侵蚀的占40%，干旱缺水占13%）原因，产草量和载畜能力都较低。从整体看，札达县宜牧地的生物产量低，平均亩产鲜草15千克，需110亩草地才能养活1只绵羊单位。除少数宜牧地有过牧现象外，一般还未得到充分利用，有较大载畜潜力，但须合理放牧和保护现有天然草地，防止沙化和过牧。在农区可适当发展人工饲料生产，以农促牧。

4. 暂不宜农林牧地

主要分布在海拔5000—5200米以上的高寒地区和山地陡坡地区以及河流谷地中。主要有高山寒漠土、裸岩石砾、河流心滩、水域等，仅有一些耐寒的植物生长，植被覆盖率低于6%。其中，高山寒漠土面积较大，其他如风沙地、高寒稀疏草地及缺乏淡水水源的草地等面积较大，反映了境内自然生态环境较为干旱严酷的特点。

曲松乡分布面积最大，占全县不宜农林牧土地面积的35%以上。

三、土地资源分区

（一）西喜马拉雅阿伊拉日居寒漠土难利用区

该区地处海拔5400米以上的刃峰、谷坡，气候严寒，冰雪覆盖期长，裸坡有高山寒漠土发育，植被稀少，人迹罕至，无利用价值。

依据西喜马拉雅和阿伊拉日居两条寒漠土分支，可将该区划分为 3 个亚区，即阿伊拉日居南麓寒漠土难利用亚区、西喜马拉雅北麓寒漠土难利用亚区、楚鲁松杰高山寒漠土难利用亚区。

（二）盆地外缘山地高山草原土牧业利用区

分布于海拔 4600—5400 米的高山草原土带，是札达县重要的夏季牧场。只在曲松盆地河谷低处和什布奇的深切谷地有农业的存在，这些地区十分狭窄，面积小，但对于人口不多的边境高原地区，仍具有重要意义。根据该区不同的地貌单元、土壤类型和农牧业实况，可分为 4 个亚区。

阿伊拉日居南侧高山草原土牧用亚区　分布于阿伊拉日居山前，曲松盆地以东至门士一带，是札达县良好的向阳高原坡面，土壤类型有高山草原土、高山草甸草原土和深谷沼泽草甸土等。草原类型多为针茅草原，香巴以西有小面积的蒿草草原，在坡麓及沟坡则有灌丛草原，牧草质量较好，牧用价值较高。但该区冬季积雪时间长，放牧利用时间短，土壤多砾质，水分蒸发快，易发生春旱而致使草本植物返青迟，产草量低。

高山草原土多分布在坡麓至寒漠土的高山斜坡面上，只有小部分发育在原面，为古老洪积物，原面有一定倾斜，所以土壤改良比较困难，很难实现人工灌溉。种畜场所在地有一些人工草地，面积不大。

沟谷草甸土的牧草以蒿草为主，品质好，一般牧民都选择在这里放牧。

喜马拉雅北侧高山草原土牧用亚区阶地坡面的高山带　喜马拉雅北侧大部分高山草原土在高山的中、下部坡面，所以利用时间上较南坡为晚，尽管水分条件较南坡好，但因气温较低，草类返青迟，密度稀，不宜放牧。

土壤类型为高山灌丛草原土、高山草原土、草甸土等。植被类型多为灌丛和针茅。

曲松盆地、什布奇深谷高山草原土、灌淤土牧、农园艺利用亚区　该亚区是喜马拉雅及其支脉阿伊拉日居两山体交会成 U 形的谷底部分，有曲松盆地、什布奇深谷等中、小地貌单元，可分为曲松盆地片、什布奇深谷片、萨让高山片。

曲松盆地的土壤有高山灌丛草原土、高山草原土、灌耕草原土和草甸土等；萨让乡以高山灌丛草原土为主；什布奇谷地土壤有高山灌丛草原土、石质土、灌淤土。在该区的西北部海拔5000—5400米一线还分布有高山草甸草原土。

该亚区的草原土较其他地区的比较肥沃，草情好，有高山小蒿草出现。小蒿草是最佳的牧草类，营养好，适口性强，该区是札达县最佳的夏季牧场。

楚鲁松杰高山草原土、纯牧业利用亚区 该亚区包括底雅、什布奇、楚鲁松杰等村，也比较适合放牧。

（三）札达盆地亚高山草原土以牧草为主农牧结合利用区

朗钦藏布札布让宽谷亚高山荒漠草原土、灌淤土、农林牧重点建设亚区 札达县城和古格王朝遗址坐落此间，也是当代札达政治、文化和经济中心。该亚区的重点发展方向是林业和农业。

朗钦藏布上中段亚高山草原土以牧为主农牧业利用亚区 该亚区主要土壤类型有亚高山草原土、亚高山荒漠草原土、林灌草甸土、灌耕草原土等。除牧场面积较广、牧业利用为主外，还有一定的农业，但耕地多贫瘠，土壤质地偏砂，实行轮作。近年来，采取农业改良措施，实行增施肥料和精耕细作，并在海拔4000米以下河谷试行牧草轮作制，农业产量有所提高。

香孜热布加林亚高山草原土农牧利用亚区 该亚区主要土壤类型有亚高山草原土、亚高山荒漠化草原土、草甸土和灌淤土、潮土等，属半农半牧区。札达县拖拉机站和农场都设在这里。20世纪70年代前，热布加林村曾制定了发展农业的全面规划，并按规划实施，形成较大面积的潮土。香孜乡灌淤土面积大，是稳产高产的土壤类型。

（四）札达侵蚀型亚高山荒漠土难利用区

该亚区主要土壤类型为亚高山荒漠土，几乎寸草不生，黄土山丘坡面陡峭，大部分不能用于放牧，其沟谷草甸土域是人畜集聚地。

第五章 生物

第一节 植被分布与生态功能区划分

一、植被分布

札达县位于西南阿里山原峡谷亚高山荒漠草原区的西北部，界于阿伊拉日居山脉与西喜马拉雅山脉之间，发育有高山峡谷和广阔的山间冰水洪积平原。札达县的代表性植被为沙生针茅占优势的亚高山荒漠草原，广泛分布在海拔4500（4600）米以下的冰水洪积平原和洪积扇上，混生有驼绒藜、木亚菊和羽柱针茅，间亦见有藏沙蒿群落和茂密的固沙草群落。

（一）水平分布

朗钦藏布下游河谷谷地和山坡上分布藏北锦鸡儿（*Caragana versicolor*）灌丛和小面积的藏边蔷薇（*Rosa webbiana*）灌丛。朗钦藏布下游海拔3000米左右的干旱谷地还有蒿属种类为建群种的荒漠，面积极小。在海拔较低的地牙、什普奇一带的朗钦藏布河谷，由于气候温暖干燥，坡地石质化较强，分布有由蒿、驼绒藜、西藏中麻黄、分枝鸦葱、刺山柑、线叶蓼、东方针茅、猪毛菜、蝎尾菊、中亚阿魏等植物组成的群落。

山原峡谷亚高山荒漠草原区东南端主要是宽谷、湖盆地貌。植被以荒漠化草原为主，由沙生针茅和驼绒藜组成，分布在海拔4600（4700）米以下的河谷、坡地和冰水洪积平台。在水分条件较好的山坡洼地分布面积不大的变色锦鸡儿（*Caragana versicolor*）灌丛。海拔4600—5000米，主要分布紫花针茅草原和变色锦鸡儿灌丛。主要高山植物有弱小火绒草（*Leontopodium pusillum*）、苔草和垫状雪灵芝等。海拔 5000—5500 米的山地湿润阴坡，自南至北高山草甸分布越来越少。海拔 5400 米以上是高山岩屑坡稀疏植被带，生长着三指雪兔子（*Saussurea tridactyla*）、鼠麴雪兔子（*Saussurea gnaphalodes*）、红景天（*Rhodiola rosea*）等高山草本植物。

（二）垂直分布

札达县四周山脉环绕，地形起伏极大，植被垂直分布较明显。阿伊拉日居植被垂直分异表现为在海拔 3700—4500 米为以沙生针茅为主的荒漠化草原，混生有驼绒藜、灌木亚菊等半小灌木。在海拔 4500—4900 米的山坡之上是以变色锦鸡儿和紫花针茅为主的山地灌丛草原。海拔 4900—5200 米为高山稀植被带，在地形和缓处是青藏苔草群落，坡度较大的地方则分布有多种垫状植物，如藓状雪灵芝、垫状点地梅等，而在石缝中则有高山嵩草生长。在 5200 米以上一般没有植物生长。

什布奇地区是阿里海拔最低的谷地，因它地处朗钦藏布河谷，直接受到南亚干热气流的影响，因此在山地基带海拔 2900—3900 米处发育有非常稀的亚热带荒漠植被，建群种为驼绒藜，在谷地中有鹰嘴豆、刺山柑分布。在海拔 3900—4600 米为草原化荒漠，优势植物为驼绒藜、沙生针茅。海拔 4600—5100 米处，分布着由变色锦鸡儿、紫花针茅为优势的山地灌丛草原。海拔 5100—5700 米则为高山冰缘植被，主要有囊肿草、葶苈、垫状点地梅、藓状雪灵芝等。再往上为高山岩屑坡稀疏植物群，雪线高度约在 5900—6000 米。此外，沿朗钦藏布及其支流，还分布有斑片状的秀丽水柏枝灌丛、沙棘灌丛和藏北嵩草、藏西嵩草等组成的沼泽草甸群落。

在河谷地带，海拔 4200 米以下的河谷农业较发达。托林、香孜、马阳、底雅、什布奇等地主要农作物有青稞、小麦、豌豆、油菜。

二、生态功能区划分

札达县属阿里山地温带干旱荒漠生态区之朗钦藏布谷地山原半荒漠生态亚区。生态功能定位为牧业适度发展，控制荒漠化。发展与保护方向及对策：适度开发，加强预防荒漠化的生态建设与环境保护，发展以土林景观和古格王朝藏族文化为核心的旅游业。朗钦藏布谷地山原半荒漠生态亚区包括

3 个三级生态功能区。

（一）朗钦藏布下游牧业和山原水源涵养生态功能区

朗钦藏布下游牧业和山原水源涵养生态功能区西南、西北部以喜马拉雅山脉为界，东部与札达盆地相邻，位于朗钦藏布的下游及喜马拉雅山缘地带，行政上属于札达县，总面积 11299.59 平方千米。生态环境脆弱，沙化敏感性高，土地沙化严重。由于冬春积雪时间长，放牧利用季节短，加上土壤多砾质，水分蒸发快，易发生春旱而使植物返青迟，产草量低，密度稀，限制了牧业生产；同时农牧民为保证基本生活，提高收入，不得不增加牲畜头数，造成草场载畜量大，草地退化趋势明显。生态功能定位为谷地牧业适度发展和山原水源涵养。

（二）朗钦藏布中游谷地牧业适度发展与土林保护生态功能区

朗钦藏布中游谷地牧业适度发展与土林保护生态功能区位于西藏西部，西喜马拉雅山和阿依拉山—阿伊拉山之间的札达盆地—朗钦藏布河谷地，即朗钦藏布中游地区，行政上隶属札达县，面积为 10081.34 平方千米。水土流失严重，抗干扰能力差，生态环境敏感性高。朗钦藏布是此地农牧民生产生活的主要水源，但也是水土流失的重要影响因素。地形切割严重，由于河流的下切作用强烈，对两岸的冲刷作用大，老冲积阶地正在受着朗钦藏布冲刷的威胁。例如札达县政府所在地托林镇就位于朗钦藏布岸边，河流对两岸的侵蚀作用越来越大，河岸崩塌，严重威胁着岸边居民的生命和财产安全，急需治理。同时，区内牧草地没有得到合理利用，表现为冬春草场不足，夏秋草地有余的矛盾。另外，区内规模庞大的土林及众多的古建筑群缺乏保护，面临着自然或人为破坏。生态功能定位为谷地山原台地牧业适度发展和土林景观保护。

（三）朗钦藏布上游水源涵养与荒漠化控制生态功能区

朗钦藏布上游水源涵养与荒漠化控制生态功能区位于西喜马拉雅山东北部、冈底斯山西南部、朗钦藏布上游地区，是朗钦藏布的发源地，行政区划上包括札达县东波乡以上的朗钦藏布上游流域区，涉及噶尔县的门士乡，总面积 6094.90 平方千米。草地退化严重，生态环境敏感性高。是朗钦藏布水系的主要发源地，但由于自然条件的限制，植物种群少、植被稀疏，存在大面积的裸岩和裸土。同时在人口集中的河谷地区，过度放牧现象严重，导致草地退化，草地生态系统遭到破坏，水土保持功能弱。生态功能定位为水源涵养和荒漠化控制。

第二节 植物

受地理位置及自然条件制约，札达县植被主要以耐寒的禾本科和莎草科为主。2010 年，札达县有种子植物 34 科、130 属、208 种。县境内野生动物种类繁多，2000 年，有国家级重点保护动物 16 种。其中，国家Ⅰ级重点保护动物 6 种，国家Ⅱ级重点保护动物 10 种。

一、草地主要植物

（一）饲用植物种类、分布及特性

饲用植物主要有驼绒藜、燥原荠、高原芥、二裂委陵菜、小叶金露梅、变色锦鸡儿、黄花苜蓿、札达沙棘、穗披碱草、穗状寒生羊茅、短芒大麦草、赖草、固沙草、白草、芦苇、波伐早熟禾、沙生针茅、紫花针茅、羽柱针茅、青藏苔草、扁穗草 21 种。

驼绒藜（*Ceratoides latens*）境内分布较广，数量也大。植株高 0. 1—1 米，全体被星状毛。叶较小，线形、线状披针形、披针形或长圆形，长 1—2—（5）厘米，宽 0. 2—0. 5—（1）厘米，先端急尖或钝，基部渐狭、楔形或圆形，1 脉，有时近基处有 2 条侧脉。雄花序长可达 4 厘米，紧密。雌花管椭圆形，长 3—4 毫米，宽约 2 毫米；花管裂片角状，较长，为管长的 1/3—1，先端锐尖；果期管外具四束长毛，其长约与管长相等。花果期 6—9 月。

燥原荠（*Ptilotrichum canescens*）境内分布广，多年生草本或灌木，耐寒性强，适于在砂砾质土壤生长。茎丛生，近直立，高 4—7 厘米，从基部分枝，全株具星状毛及贴生分叉毛。叶无柄，线形，长 5—15 毫米，宽 1—1. 5 毫米，灰色。花白色或粉红色，直径约 3 毫米；萼片直立，卵形，长 1 毫米，外面有灰色星状毛；花瓣倒卵形，长 2 毫米。短角果椭圆状卵形，长

4—5 毫米，宽 3—4 毫米，密生灰色星状毛；花柱长 2—2.5 毫米；果梗长 5—10 毫米。花期 6—7 月，果期 7—8 月。

高原芥（*Christolea crassifolia*）境内分布广，为多年生草本，耐寒性强。高 12—30 厘米，密生长柔毛至近无毛，为单毛，少数分叉毛。茎近直立，多分枝。叶倒卵形或倒卵状长圆形，长 1—3 厘米，宽 5—20 毫米，纸质，顶端 3（5）裂，下部全缘，基部楔形，两面具单毛，具 3 脉；叶柄长 5—20 毫米。总状花序在果期延长达 9.5 厘米；花白色或浅紫色，直径 5 毫米；萼片卵形或长圆形，长 3 毫米；花瓣倒卵形，长 6 毫米。长角果宽线形至长圆状卵形，长 8—20 毫米，宽 3—4 毫米，侧扁，无毛或疏生柔毛，有 1 显明中脉及网脉，柱头稍 2 裂；种子卵形，长约 1.5 毫米。花期 6—7 月，果期 7—8 月。

二裂委陵菜（*Potentilla bifurca*）境内分布广，是一种旱生杂草，从温性荒漠草原到高寒草原均有分布，为草地型中常见伴生种，但覆盖率不高。根圆柱形，纤细，木质。茎直立或上升，高 5—14 厘米，密被长柔毛或微硬毛。羽状复叶，有小叶 5—8 对，最上面 2—3 对小叶基部下延与叶轴合生，连叶柄长 3—8 厘米；叶柄密被长柔毛；小叶片无柄，椭圆形或倒卵椭圆形，长 5—15 毫米，宽 4—8 毫米，顶端常 2 裂，稀 3 裂，基部楔形或宽楔形，两面绿色，被较密或稀疏长柔毛；基生叶托叶膜质，褐色，有毛或无毛；茎生叶托叶草质，绿色，卵状椭圆形，常全缘稀有齿。近伞房状聚伞花序，顶生；花梗长 6—15 毫米，被柔毛；花直径 7—13 毫米；萼片卵形，顶端急尖，副萼片椭圆形，顶端急尖或钝，比萼片短或近等长，外面被疏柔毛；花瓣黄色，倒卵形，顶端圆钝，比萼片稍长；心皮沿腹部有稀疏柔毛，花柱侧生，棒形，基部较细，顶端缢缩，柱头扩大瘦果表面光滑。花期 7 月。

小叶金露梅（*Potentilla parvifolia*）境内分布广，是一种中生性的矮小阔叶灌木，喜冷湿气候。高 0.3—1.5 米，分枝较密；小枝灰色或灰褐色，幼时被灰白色柔毛或绢毛。羽状复叶有小叶 3—5 对，基部 2 对，小叶呈掌状或轮状排列；小叶片披针形、带状披针形或倒卵披针形，长 7—10 毫米，宽 2—4 毫米，顶端渐尖，稀圆钝，基部楔形，边缘全缘向下明显反卷，两面绿色，被绢毛或下面粉白色，有时被疏柔毛；托叶膜质，褐色或淡褐色，外面被疏柔毛。花单生或数朵顶生，花梗长 4—8 毫米，被灰白色柔毛或绢毛；花直径 12—22 毫米，萼片卵形，先端急尖、副萼片披针形、卵状披针形或倒卵披针形，短于萼片或近等长，外面被绢状柔毛或疏被柔毛；花瓣黄色，宽倒卵形，比萼片长1—2倍；花柱近基生，棒状，基部稍细，在柱头下缢缩，柱头扩大。瘦果外面被毛。

变色锦鸡儿（*Caragana versicolor*）境内分布较广，是一种矮灌木，耐寒抗旱，适应于砂质土壤，为高寒草原和山地荒漠草原的建群种。高50—100厘米。枝条密，多针刺。树皮黄褐色，幼时带灰色。叶长6—10毫米，长枝上的叶轴宿存并硬化成针刺，斜上或横展，短枝上的叶无叶轴；小叶4个，假掌状排列，倒卵状披针形，长5—8毫米，宽1—1.5毫米，顶端具短针尖，两面无毛；托叶在短枝上者膜质，脱落，在长枝上者宿存并硬化成针刺。花单生，花梗长7—10毫米，中部以下具关节，无毛；花萼钟状，基部偏斜，长6—8毫米，无毛，萼齿三角形，顶端具针尖；花冠黄色；旗瓣带紫红色，顶端凹，长15—18毫米；翼瓣长椭圆形，耳小，呈牙齿状；龙骨瓣稍宽，弯曲，耳短而圆；子房条形，无毛。荚果圆柱状，长2—2.5厘米，顶端具长尖，无毛。花期6—7月，果期7—8月。

黄花苜蓿（*Medicago falcata*）境内仅生长于底雅乡马阳村、底雅村和萨让乡的低海拔地区。多年生直立草本。茎多分枝，高40—50厘米，被疏毛。小叶矩圆形至倒披针形，长1—2厘米，宽3—5毫米，顶端微凹，中肋突出，上部叶缘具锯齿，上面无毛，下面被白色长柔毛，侧生小叶较小；叶柄长6—10毫米，被毛；托叶宽披针形，基部无锯齿或有锯齿。总状花序短，腋生；花萼钟形，被白色柔毛，萼齿披针形；花冠黄色，比萼长。荚果扁，矩圆形，弯曲，被柔毛。花期6月。

札达沙棘（*Hippophae rhamnoides*）境内仅产于托林、札布让、玛朗、波林等地，多年生落叶小乔木或灌木，为旱中生速生树种，生长于海拔3200—3700米的干旱滩地。落叶灌木，稀小乔木；分枝多数，先端具棘，老时表皮剥落，新的枝条具银白色表皮，不剥落；节间较西藏沙棘长。叶小，长1.5—2.5（4.5）厘米，宽2—5毫米，互生，两面银白色，有时上表面绿色，稀具锈色鳞片。果实橘黄色，干燥的果实呈椭圆形或宽椭圆形，具果梗。种子长卵形，黑栗色或黑褐色，有光泽，长2.5—3.5毫米，果皮易与种子分离。生长于海拔3200—3700米的干旱滩地。

扁穗披碱草（*Elymus nutans*）境内分布较广，是中生疏丛型上繁禾草，河滩常大面积生长。秆直立，基部稍呈膝曲状，高50—70厘米。基部和根出的叶鞘具柔毛；叶片扁平，上面有时疏生柔毛，下面粗糙或平滑，长6—8厘米，宽3—5毫米。穗状花序较紧密，通常曲折而先端下垂，长5—12厘米，穗轴边缘粗糙或具小纤毛，基部的1、2节均不具发育小穗；小穗绿色，成熟后带有紫色，通常在每节生有2枚而接近顶端及下部节上仅生有1枚，多少偏生于穗轴1侧，近于无柄或具极短的柄，长12—15毫米，含3—4小花；颖长圆形，长4—5毫米，2颖几相等，先端渐尖或具长1—4毫米的短芒，具3—4脉，脉明显而粗糙；外稃长披针形，具5脉，脉在基部不明显，全部被微小短毛，第一外稃长约10毫米，顶端延伸成芒，芒粗糙，向外反曲或稍展开，长12—20毫米；内稃与外稃等长，先端钝圆或截平，脊上具纤毛，其毛向基部渐次不显，脊间被稀少微小短毛。

寒生羊茅（*Festuca kryloviana*）境内分布较广，是一种寒旱中生密丛型下繁禾草，为高寒草原的亚建群种。多年生，密丛。秆直立，高20—40厘米。叶鞘平滑；叶舌长约0.5毫米，具纤毛；叶片纵卷或对折，微粗糙，秆生者长约4厘米，基生者长达15厘米；叶横切面具维管束7，厚壁组织束3，在中肋下表皮内及边缘有，上表皮具毛。圆锥花序紧密呈穗状或簇团状，长3—5厘米，分枝长0.5—1.5厘米，自基部生小穗；小穗黄绿色或黄褐色，长6—8毫米，含4—6小花；小穗轴节间长约1毫米，粗糙；颖片披针形，平滑，顶端渐尖，边缘膜质，第一颖具1脉，长3.5—4毫米，第二颖具3脉，长4—5毫米，下部具纤毛；外稃背部圆形，上部粗糙，中下部平滑，具5脉，顶端芒长（1.5）2—3（4）毫米，第一外稃长4.5—5.5（6）毫米；内稃近等长于外稃，顶端微2裂，具2脊，脊具纤毛；花药长2—2.5毫米，子房顶端无毛。花果期6—8月。

短芒大麦草（*Hordeum brevisubulatum*）境内分布较广，是一种中生疏丛型上繁禾草。多年生，常具根茎，秆丛生，直立，基部节常弯曲，高40—80厘米，径约1.5毫米，光滑，具3—4节。叶鞘无毛，通常短于节间，常具淡黄色尖形的叶耳，叶舌膜质，截平，长约1毫米；叶片长5—15厘米，宽2—6毫米，上面粗糙，下面较平滑。穗状花序长3—9厘米，宽3—5毫米，灰绿色，成熟时带紫色；穗轴节间长约2毫米，基部者可达6毫米，边缘具纤毛；三联小穗两侧者通常较小或发育不全，具长约1毫米的柄，其颖为针状，长4—5毫米；其外稃无芒，长约5毫米；中间无柄小穗的颖形似有柄者，长4—6毫米；外稃长6—7毫米，较平滑或具刺毛，顶具1—2毫米长的尖头；内稃与外稃等长；花药长约 3 毫米。颖果长约 3 毫米，顶端具毛。花期 6—8 月。

赖草（*Leymus secalinus*）境内分布较广，大面积生长。是一种耐寒、耐盐和耐瘠薄的中生疏丛型下繁禾草。多年生，具下伸和横走的根茎。秆单生或丛生，直立，高 40—100 厘米，具 3—5 节，光滑无毛或在花序下密被柔毛。叶鞘光滑无毛，或在幼嫩时边缘具纤毛；叶舌膜质，截平，长 1—1.5 毫米；叶片长 8—30 厘米，宽 4—7 毫米，扁平或内卷，上面及边缘粗糙或具短柔毛，下面平滑或微粗糙。穗状花序直立，长 10—15（24）厘米，宽 10—17 毫米，灰绿色；穗轴被短柔毛，节与边缘被长柔毛，节间长 3—7 毫米，基部者长达 20 毫米；小穗通常 2—3 稀 1 或 4 枚生于每节，长 10—20 毫米，含 4—7（10）个小花；小穗轴节间长 1—1.5 毫米，贴生短毛；颖短于小穗，线状披针形，先端狭窄如芒，不覆盖第一外稃的基部，具不明显的 3 脉，上半部粗糙，边缘具纤毛，第一颖短于第二颖，长 8—15 毫米；外稃披针形，边缘膜质，先端渐尖或具长 1—3 毫米的芒，背具 5 脉，被短柔毛或上半部无毛，基盘具长约 1 毫米的柔毛，第一外稃长 8—10（14）毫米；内稃与外稃等长，先端常微 2 裂，脊的上半部具纤毛；花药长 3.5—4 毫米。花、果期 6—10 月。

固沙草（*Orinus thoroldii*）境内分布广，常在沙生针茅草原中呈斑块状分布，为山地荒漠草原的亚建群种。多年生。具长根茎，径 1—3 毫米，其上密被有光泽的鳞片，鳞片老后易脱落。秆直立，细硬，平滑无毛或偶有极稀疏的长柔毛，高 12—20（25）厘米（亦有可高达 50 厘米者）。叶鞘被长柔毛，近鞘口处毛通常较密；叶舌膜质，钝圆，先端常呈撕裂状，长 1—1.5 毫米；叶片扁平或内卷呈刺毛状，先端尖锐，长 2—6（9）厘米，宽 2—5 毫米，两面均稀疏被有少许柔毛，有时在叶片基部边缘两侧被有疣毛。圆锥花序长 4.5—7.5（15）厘米，分枝单生，长（1）3—5（7）厘米；小穗含 2—3—5 小花，长 5—6.5 毫米（少有长至 11 毫米者）；小穗轴无毛，长（1）1.5—2.5 毫米；颖宽披针形，质薄，常背部带紫色而边缘膜质透明，无毛或亦可被少量长柔毛，第一颖具 1 脉，长 3—4 毫米，第二颖具 3 脉，长 4—5 毫米；外稃遍生长柔毛，具 3 脉，无芒，有时具小尖头，背部具浅褐色至黑褐色斑点，或有时黑褐色斑连成一片几达基部，第一外稃长 4.5—5（7）毫米，基盘无毛；内稃与外稃等长或稍长（有时稍短乃至显著短于外稃，长仅及其3/4），先端有裂，脊及脊的两侧均被长柔毛，脊间上半部具黑褐色斑，亦具柔毛；花药淡黄色，长（1）3—3.5毫米。颖果狭长圆形，具稜。花期8月。

白草（*Pennisetum flaccidum*）境内分布广，是一种旱中生根茎疏丛型下繁禾草，农区杂草。具有一定的抗旱性，侵占性极强，种子成活率高，无性繁殖快，抗风沙能力强，常生于干旱土地上，为山地干旱草原的建群种。多年生草本，有粗壮的根茎。秆基部向外倾斜，常分枝，呈丛生状，分枝直立，高30—100厘米，无毛。叶鞘近圆形，光滑无毛，稀在鞘口附近被毛，无脊，近基部的鞘节常疏被柔毛；叶舌膜质，长1—2毫米，上缘有纤毛；叶片线形，长5—35厘米，宽2—7毫米，扁平或常折叠，叶面及边缘粗糙，叶背近平滑，两面无毛或幼时常被脱落性的瘤基柔毛，中肋白绿色，在叶面上较宽阔。圆锥花序线状圆柱形，长4—18厘米，小枝排列紧密，有时较稀疏，偶然有间断；主轴无毛或有微毛，有棱角，棱上粗糙；总梗甚短，长不过0.5毫米，无毛，微粗糙；刚毛纤细，无毛，微粗糙，其中有1或2—3条刚毛比小穗长，其余与小穗近等长或稍短，灰白色或带紫褐色，最长者达10—15毫米；小穗通常单生，披针形，近无柄，长5—6.5毫米，宽约1毫米，无毛；第一颖长卵形，长约1毫米，膜质透明，先端急尖，圆形或截形，无脉，有时甚微小或阙如；第二颖长为小穗的1/3—2/3，具3脉，膜质；第一小花通常雄性，第一外稃纸质，披针形，与小穗等长，具7—9脉；内稃膜质，略短，具2脊；雄蕊3枚，花药长约3毫米；第二小花两性，第二外稃比小穗略短，先端长渐尖而呈芒状，成熟时软骨质，淡白色。

芦苇（*Phragmites australis*）境内分布较广，是一种耐盐的湿生、根茎型上繁禾草。多年生，根状茎十分发达。秆直立，高1—3（8）米，直径1—4厘米，具20多节，基部和上部的节间较短，最长节间位于下部第4—6节，长20—25（40）厘米，节下被腊粉。叶鞘下部者短于上部者，长于其节间；叶舌边缘密生一圈长约1毫米的短纤毛，两侧缘毛长3—5毫米，易脱落；叶片披针状线形，长30厘米，宽2厘米，无毛，顶端长渐尖成丝形。圆锥花序大型，长20—40厘米，宽约10厘米，分枝多数，长5—20厘米，着生稠密下垂的小穗；小穗柄长2—4毫米，无毛；小穗长约12毫米，含4花；颖具3脉，第一颖长4毫米；第二颖长约7毫米；第一不孕外稃雄性，长约12毫米，第二外稃长11毫米，具3脉，顶端长渐尖，基盘延长，两侧密生等长于外稃的丝状柔毛，与无毛的小穗轴相连接处具明显关节，成熟后易自关节上脱落；内稃长约 3 毫米，两脊粗糙；雄蕊 3，花药长 1.5—2 毫米，黄色；颖果长约 1.5 毫米。

波伐早熟禾（*Poa poophagorum*）境内分布广，是寒旱生密丛型下繁小丛生禾草，为湿性荒漠的亚建群种。多年生，密丛。秆矮小，高 15—18 厘米。叶鞘疏松；叶舌长 2—3.5 毫米；叶片扁平，对折或内卷，长达 6 厘米，宽 1.5 毫米，直伸，两面粗糙，多少灰黄色。圆锥花序狭窄，长 2—5 厘米，宽 0.5—1.5 厘米；分枝短，粗糙；小穗含 2—4 小花，长 3—4（—5）毫米；小穗轴无毛或微粗糙，有时被微毛；两颖近相等，第一颖长约 2.5 毫米，第二颖长约 3 毫米，均具 3 脉，带紫色，脊微粗糙；外稃纸质，先端与边缘窄膜质，黄色，其下为紫色，具 5 脉，全部无毛，稀在脊与边脉下部稍有微毛，基盘无绵毛，第一外稃长 2.6—3.2 毫米；内稃两脊粗糙，花药长 1.5—2 毫米。花期 6—8 月。

沙生针茅（*Stipa glareosa*）境内分布最广，是旱生密丛型下繁禾草，为温性荒漠草原的主要建群种或共建种。须根粗韧，外具砂套。秆粗糙，高 15—25 厘米，具 1—2 节，基部宿存枯死叶鞘。叶鞘具密毛；基生与秆生叶舌短而钝圆，长约 1 毫米，边缘具长 1—2 毫米之纤毛；叶片纵卷如针，下面粗糙或具细微的柔毛，基生叶长为秆高 2/3。圆锥花序常包藏于顶生叶鞘内，长约 10 厘米，分枝简短，仅具 1 小穗；颖尖披针形，先端细丝状，基部具 3—5 脉，长 2—3.5 厘米；外稃长 7—9 毫米，背部的毛呈条状，顶端关节处生 1 圈短毛，基盘尖锐，密被柔毛，芒一回膝曲扭转，芒柱长 1.5 厘米，具长约 2 毫米之柔毛，芒针长 3 厘米，具长约 4 毫米之柔毛；内稃与外稃近等长，具 1 脉，背部稀具短柔毛。花果期 5—10 月。

紫花针茅（*Stipa purpurea*）境内分布广泛，仅次于沙生针茅，是寒旱生密丛型下繁禾草，为高寒草原的建群种或共建种。须根较细而坚韧。秆细瘦，高 20—45 厘米，具 1—2 节，基部宿存枯叶鞘。叶鞘平滑无毛，长于节间；基生叶舌端钝，长约 1 毫米，秆生叶舌披针形，长 3—6 毫米，两侧下延与叶鞘边缘结合，均具有极短缘毛；叶片纵卷如针状，下面微粗糙，基生叶长为秆高 1/2。圆锥花序较简单，基部常包藏于叶鞘内，长可达 15 厘米，分枝单生或孪生；小穗呈紫色；颖披针形，先端长渐尖，长 1.3—1.8 厘米，具 3 脉（基部或有短小脉纹）；外稃长约 1 厘米，背部遍生细毛，顶端与芒相接处具关节，基盘尖锐，长约2毫米，密毛柔毛，芒两回膝曲扭转，第一芒柱长1.5—1.8厘米，遍生长约3毫米的柔毛；内稃背面亦具短毛。颖果长约6毫米。花果期7—10月。

羽柱针茅（*Stipa basiplumosa*）境内分布较广，是旱中生密丛型下繁禾草，为高寒草原的建群种。多生于海拔4300—4800米的湖边砂砾地或河谷阶地上。与座花针茅的区别为：颖较长，长8—9毫米，顶端芒尖长达2—3毫米；外稃的芒较短，长为1.5—1.8厘米。

青藏苔草（*Carex moocroftii*）境内分布较广，为高寒草原的建群种或共建种。生于高山灌丛草甸至高山草甸、湖边草地和低洼地，海拔3400—4400米。多年生草本。匍匐根状茎粗壮，秆高10—30厘米，坚硬，三棱柱形，基部具褐色纤维状分裂的叶鞘。叶基生，短于秆，宽2—4毫米，革质，边缘粗糙。小穗4—5，密生，仅基部小穗多少离生；顶生的雄性，矩圆形至圆柱形，长1—1.8厘米，侧生的雌性，卵形或矩圆形，长7—17毫米；基部小穗具短梗，苞片刚毛状，无苞鞘；雌花鳞片卵状披针形，紫红色，具宽的白色膜质边缘。果囊椭圆形或椭圆状倒卵形，有三棱，革质，黄绿色，上部带紫色，脉不明显，顶端骤缩成短喙。小坚果倒卵形，长约2.3毫米，有三棱，三柱头。

扁穗草（*Brylkinia caudata*）境内分布较广，是湿生根茎疏丛型下繁牧草，为低地高寒沼泽化草甸的建群种或共建种。多年生草本，有短的匍匐状根茎，根状茎长1—1.5厘米，直径1.5—2毫米，在各节上生根。秆近散生，三棱形，中部以下生叶，基部有黑色老叶鞘，高9—30厘米。叶平张，渐向顶端渐狭，近顶端三棱形且有细齿，一般短于秆，宽1—3.5毫米，鞘褐色或锈色，叶舌很短，截形，膜质，锈色。苞片叶状，稍短或稍长于花序；穗状花序一个，生，长圆形或倒卵形，长10—22毫米，宽4—9毫米；小穗3—12个，呈二列，密，最下一个小穗常远离，长椭圆形，长5—7毫米；鳞片近二行排列，长圆状卵形，顶端钝，膜质，长5毫米，背面有7条脉，中部为龙骨状突起；下位刚毛6条，基部微卷曲，长于小坚果（不连花柱和柱头）1倍弱，有倒刺；花药长圆形，长2毫米；柱头2，与花柱等长。小坚果倒卵形，平凸状，褐色，长2毫米。花果期7—8月间。

（二）草地经济植物

草地经济植物主要有西藏中麻黄、野葱、窄竹叶柴胡、小垂头菊、白花蒲公英、全缘兔耳草、广布马先蒿等。

西藏中麻黄（*Ephedra intermedia*）生于海拔3000—4300米之干旱山坡、河滩、江边等处。本变种与中麻黄（原变种）的区别在于茎枝较粗壮，小枝径约1.5毫米，纵槽纹较明显，鞘状叶通常2裂，雌球花苞片常有较宽的膜质边缘。

野葱（*Allium chrysanthum*）鳞茎圆柱状至狭卵状圆柱形，粗0.5—1（—1.5）厘米；鳞茎外皮红褐色至褐色，薄革质，常条裂。叶圆柱状，中空，比花葶短，粗1.5—4毫米。花葶圆柱状，中空，高20—50厘米，中部粗1.5—3.5毫米，下部被叶鞘；总苞2裂，近与伞形花序等长；伞形花序球状，具多而密集的花；小花梗近等长，略短于花被片至为其长的1.5倍，基部无小苞片；花黄色至淡黄色；花被片卵状矩圆形，钝头，长5—6.5毫米，宽2—3毫米，外轮的稍短；花丝比花被片长1/4至1倍，锥形，无齿，等长，在基部合生并与花被片贴生；子房倒卵球状，腹缝线基部无凹陷的蜜穴1；花柱伸出花被外。花果期7—9月。

窄竹叶柴胡（*Bupleurum marginatum*）生于山坡松林下，河边草地，山坡灌丛及平坝荒地，海拔2300—4000米。本变种主要特征为植株较矮，高25—60厘米，叶狭长，长3—10厘米，宽3—6毫米，骨质边缘较狭窄，基生叶紧密排列呈二列，花序少，花柄短，小总苞片长过花柄。

小垂头菊（*Cremanthodium nanum*）生于高山流石滩。海拔5200—5300米。茎高3—7厘米，被白色柔毛。基部叶卵形、倒卵形或近圆形，长1—1.5厘米，宽0.5—1.4厘米，先端钝或圆形，全缘，基部常楔形，两面光滑或下面密被白色柔毛，叶柄长2—4厘米；茎生叶密集于上部，卵形或长圆形，无柄，半抱茎。头状花序辐射状，单生；总苞宽1.5—3厘米，基部不具小外苞片，总苞片1层，狭长圆形，长1—1.5厘米，宽2—3毫米，先端钝圆，背部密被白色和黑色柔毛，在花期中部以上略平展，基部合生；舌状花黄色，舌片椭圆形，长6—8毫米，绝不超出总苞片；管状花黄色，有时略带红色，花冠楔形，无管部，长6—8毫米，冠毛白色与花冠等长。瘦果圆柱形，长3—6毫米。

白花蒲公英（*Taraxacum leucanthum*）多生山坡湿润草地、沟谷、河滩草地以及沼泽草甸，海拔4000—5200米。矮小草本，是西藏蒲公英种类中最为矮小者之一。叶片条状倒披针形，近全缘至具浅裂，少有为半裂，长

（2）3—5（8）厘米，宽2—5毫米，无毛。花葶长2—6厘米，疏生蛛丝状毛，在花序下的毛较密，或可无毛；头状花序较小，直径24—30毫米，花通常白色，稀淡黄色；总苞长9—10毫米，干后变淡墨绿色或墨绿色，外层总苞片卵状披针形，稍宽于至约等宽于内层总苞片，具宽膜质边缘。瘦果的果体倒卵状长圆形，枯麦秆黄色至淡褐色，长（2.5）3.5—4毫米，上部1/4具小刺，顶端突然收缩，锥体小而不显著或至长0.3（0.7）毫米，喙较粗壮，长2.5—3毫米；冠毛长5—6毫米，污黄色或略带淡红色。

全缘兔耳草（*Lagotis integra*）根药用作藏黄连。生于海拔4200—5200米的高山草地、山顶石缝中、流石坡、针叶林下。多年生草本，高7—25（—50）厘米。根状茎伸长或短缩，肥厚，根多数簇生，线形，长达16厘米，有少数须根。茎1至数条，直立或外倾，较粗壮，长超于叶。基生叶4—5（—8）枚，具长柄及较宽翅，基部扩大成鞘状，叶片卵形至卵状披针形，长4—11厘米，顶端渐尖或钝，基部楔形，边全缘或有疏而细、不规则的锯齿；茎生叶3—4（—10）枚，较基生叶小得多，全缘或有不明显的齿状缺刻。穗状花序长5—15厘米；苞片卵形至卵状披针形，全缘，向上渐小，较萼短；花萼大，佛焰苞状，超过花管，膜质，后方顶端短的开裂，裂片钝三角形，被细缘毛；花冠浅黄、绿白、少紫色，长5—6（—8）毫米，花管明显向前弓曲，比唇部长，上唇椭圆形，全缘或顶端微缺，下唇2裂，裂片披针形；雄蕊花丝极短，花柱内藏。果圆锥状，黑色，长约5—6毫米，黑色，含种子2颗。花、果期6—8月。

广布马先蒿（*Pedicularis oedri*）生于海拔4500—5350米的高山沼泽草甸和森林湖边、谷地。多年生低矮草本，高3—10厘米，干时变为黑色。根多数，多少纺锤形肉质；根茎粗，常有卵形膜质鳞片。茎草质多汁，其大部为花序，有棉毛或几变光滑，叶多基生，宿存成丛，柄长1—5厘米，被毛，叶片长1.5—7厘米，线状披针形至线形，羽状全裂，在芽中为拳卷，羽片垂直相迭而作鱼鳃状排列，裂片15—30对，紧密排列，缘有具胼胝而多反卷的锯齿；茎叶仅1—2枚，与基叶同形而较小。花序显为离心，苞片叶状；萼狭圆筒形，长9—12毫米，齿5，宽披针形，几相等；花冠盔端紫黑色，其余黄白色，下唇及盔的下部有时有紫斑，管长12—16毫米，在近端处多少向前膝屈使花前俯，盔几伸直，长约9毫米，额圆形，端稍三角形凸出，下唇宽过于长，中裂圆形较小，不凸出，花丝前方1对被毛。蒴果长卵形至卵状披针形，长达 18 毫米，两室强烈不等，端锐头而有细凸尖。花、果期6—9 月。

二、主要树种

札达县的主要树种有杨树、柳树、杏树、苹果树、梨树、核桃树、桃树、白皮松和沙棘(天然种类)等。札达县主要树种及分布状况详见表 1 –5 –1。

2010 年札达县主要树种及分布一览表

表 1 –5 –1

科名	种类	分布	科名	种类	分布
松科	西藏白皮松	底雅乡	蔷薇科	野玫瑰	境内均有分布
柏科	侧柏	境内均有分布		荀子	境内均有分布
	高山柏	境内均有分布		巴达木	境内均有分布
	圆柏	境内均有分布		金露梅	境内均有分布
杨柳科	青杨	境内均有分布	豆科	变色锦鸡儿	境内均有分布
	新疆杨	境内均有分布		狼牙刺	境内均有分布
	白杨	境内均有分布	葡萄科	葡萄	底雅乡
	银白杨	境内均有分布	胡颓子科	沙棘	境内河谷地带均有分布
	垂柳	境内均有分布	核桃科	核桃	底雅乡
	札达柳	境内均有分布	麻黄科	西藏中麻黄	境内均有分布
蔷薇科	苹果	底雅乡、萨让乡	毛茛科	铁线莲	境内均有分布
	杏	底雅乡	柽柳科	秀丽水柏枝	境内均有分布
	桃	底雅乡		匍匐水柏枝	境内均有分布

三、种子植物

由于受地理位置及自然条件的制约，札达县的植物资源较为稀少，植被主要以耐寒的禾本科和莎草科为主。乔木有杨、柳、杏、苹果、梨、核桃、桃、白皮松等；灌木有藏北蒿草、燥原荠、沙棘、膜果龙胆、棘豆等；主要农作物有青稞、豌豆、蚕豆等21种；药材主要有红景天、雪莲等百余种。根据中科院青藏高原综合考察队对札达境内植物标本的鉴定，到2010年，札达县有种子植物33科、129属、207种（见表1－5－2、表1－5－3）。

2010年札达县种子植物科、属、种统计表

表1－5－2

序号	科	属数(个)	种数(个)
1	苋科	1	1
2	紫草科	—	3
3	石竹科	—	3
4	藜科	—	3
5	菊科	16	28
6	旋花科	1	1
7	景天科	2	2
8	十字花科	10	13
9	莎草科	4	13
10	胡颓子科	1	1
11	大戟科	1	1
12	龙胆科	—	3
13	禾本科	2	9
14	灯芯草科	1	1
15	唇形科	—	5
16	豆科	9	20
17	柳叶菜科	1	1
18	罂粟科	1	1
19	蓼科	—	2

续表

序号	科	属数(个)	种数(个)
20	毛茛科	—	3
21	蔷薇科	4	9
22	杨柳科	1	2
23	虎耳草科	—	3
24	玄参科	—	5
25	柽柳科	1	2
26	伞形科	—	2
27	堇菜科	1	2
28	松科	1	1
29	柏科	—	3
30	葡萄科	1	1
31	胡颓子科	1	1
32	核桃科	1	1
33	麻黄科	1	1

2010 年札达县主要高等植物名录

表 1－5－3

序号	中文名称	种名	拉丁名称
1	**裸子植物**		
	1. 麻黄科		**Ephedraceae**
	麻黄属	西藏中麻黄	*Ephedra intermedia*
	被子植物		
	1. 蓼科		**Polygonaceae**
2	大黄属	穗序大黄	*R. spiciforme*

续表 1

序号	中文名称	种名	拉丁名称
3	酸模属	紫茎酸模	*Rumex angulatus*
4	蓼属	西伯利亚蓼	*Polygonum sibiricum*
5		细叶西伯利亚蓼	*P. sibiricum var thomsonii*
6		叉枝蓼	*P. tortuosum*
7		珠芽蓼	*P. uiuiparum*
	2. 藜科		**Chenopodiaceae**
8	小果滨藜属	小果滨藜	*Microgynoecium tibeticum*
9	驼绒藜属	驼绒藜	*C. latens*
10	滨藜属	中亚滨藜	*Atriplex centralasiatica*
11	虫实属	帕米尔虫实	*Corispermum pamiricum*
12		藏虫实	*C. tibeticum*
13	藜属	菊叶香藜	*Chenopodium foetidum*
14		平卧藜	*C. prostratum*
15	碛蓬属	角果碛蓬	*Suaeda corniculata*
16		盐生草	*Halogeton glomeratus*
	3. 石竹科		**Caryophyllaceae**
17	无心菜属	藓状雪灵芝	*Arenaria bryophylla*
18	繁缕属	沙生繁缕	*Stellaria arenaria*
19	柔子菜属	簇生柔子草	*Thylacospermum apetalum*
20	女娄菜属	大根女娄菜	*Melandrium macrorhizum*
	4. 毛茛科		**Ranumculaceae**
21	翠雀属	蓝翠雀花	*Delphinium caeruleum*
22	拟耧斗菜属	疣种拟耧斗菜	*Paraquilegia anemonoides*
23	唐松草属	柄果高山唐松草	*T. alpinum L. var. microphyllum*

续表2

序号	中文名称	种名	拉丁名称
24	毛茛属	苞毛茛	*Ranunculus inuoluratus*
25	碱毛茛属	三裂碱毛茛	*Halerpestes tricuspis*
	5. 罂粟科		**Papayeraceae**
26	绿绒蒿属	多刺绿绒蒿	*Meconopsis horridula*
27	紫堇属	革吉黄堇	*C. moorcroftiana*
	6. 十字花科		**Crueiferae**
28	独行菜属	宽叶独行菜	*Lepidium latifolium*
29	藏荠属	藏荠	*Hedinia tibetica*
30	双脊荠属	盐泽双脊荠	*D. salsa*
31	燥原芥属	燥原芥	*Ptilotrichum canescens*
32	葶苈属	柱形葶苈	*Draba dasyostra*
33		喜山葶苈	*D. oreades*
34		阿尔泰葶苈	*D. Altaica*
35		球状葶苈	*D. Glomerata*
36		毛叶葶苈	*D. oreades*
37	异蕊芥属	腺毛异蕊芥	*Dimorphostemon glandulosus*
38	高原芥属	高原芥	*Christolea crassifolia*
39	高原芥属	小高原芥	*C. pumila*
40		喜马拉雅高原芥	*C. himalayensis*
41		绒毛高原芥	*C. lanuginosa*
42		光果高原芥	*Christolea stewartii*
43	糖芥属	紫花糖芥	*Erysimum chamaephyton*
44		矮糖芥	*E. schlagintweitiarnum*
45	簇芥属	簇芥	*Pycnoplinthus uniflorus*

续表 3

序号	中文名称	种名	拉丁名称
46	念珠芥属	小念珠芥	*Torularia parva*
47		西藏念珠芥	*T. tibetica*
	7. **景天科**		**Crassulaceae**
48	红景天属	四裂红景天	*R. quadrifida*
49		西藏红景天	*R. tibetica*
	8. **虎耳草科**		**Saxifragaceae**
50	虎耳草属	零余虎耳草	*Saxifraga granulifera*
51		燃灯虎耳草	*Saxifraga lychnitis*
52		唐古拉虎耳草	*Saxifraga tanggulaensis*
	9. **蔷薇科**		**Rosaceae**
53		多头委陵菜	*P. mnlticeps*
54	委陵菜属	二裂委陵菜	*Potentilla bifurca L.*
55		掌叶多裂委陵菜	*P. multifida L. var. ornithopoda*
56		小叶金露梅	*P. parviolia*
57		白毛小叶金露梅	*Potentilla parvifolia Fisch. ap Lehm. var. hypoleuca*
58		高山委陵菜	*P. polyschista*
59		钉柱委陵菜	*P. saundersiana*
60	地蔷薇属	砂生地蔷薇	*Chamaerhodos sululosa*
	10. **豆科**		**Leguminosae**
61	黄花属	胀果黄华	*Thermopsis inflata*
62	锦鸡儿属	变色锦鸡儿	*Caragana versicolor*
63		藏北锦鸡儿	*Caragana gerardiana*
64	黄芪属	长爪黄芪	*A. hendersonii*
65		短爪黄芪	*A. neydei*

续表 4

序号	中文名称	种名	拉丁名称
66	黄芪属	圆叶黄芪	*A. orbicularirolius*
67		拟蒺藜黄芪	*A. tribulifolius*
68	棘豆属	轮叶棘豆	*Oxytropis chiliophylla*
69		冰川棘豆	*O. glacialis*
70		小叶棘豆	*O. microphylla*
71		少花棘豆	*O. pauciflora*
72	藏豆属	藏豆	*Stracheya tibetica*
73	**11. 大戟科**		**Euphorbiaceae**
	大戟属	西藏大戟	*Euphorbia tibetica*
	12. 柽柳科		**Tamaricaceae**
74	水柏枝属	秀丽水柏枝	*Myricaria elegans*
75		匍匐水柏枝	*M. prostrata*
	13. 胡颓子科		**Elaeagnaceae**
76	沙棘属	札达沙棘	*Hippophae rhamnoides L. subsp. turkestanica*
77	**14. 柳叶菜科**		**Onagraceae**
	柳叶菜属	水湿柳叶菜	*Epilobium palustre L.*
	15. 龙胆科		**Gentanaceae**
78	龙胆属	圆齿龙胆	*Gentiana crenulatotruncata*
79		蓝白龙胆	*G. leucomelaena*
80	假龙胆属	矮假龙胆	*Gentianella pygmaea*
81	喉毛花属	长梗喉毛花	*Comastoma pedunculatum*
82	肋柱花属	铺散肋柱花	*Lomatogonium thomsonii*
	16. 紫草科		**Boraginaceae**
83	软紫草属	黄花软紫草	*Arnebia buttata*

续表 5

序号	中文名称	种名	拉丁名称
84	微孔草属	西藏微孔草	*Microula tibetica*
	17. **唇形科**		**Labiatae**
85	荆芥属	蓝花荆芥	*Nepeta coerulescens*
86		长苞荆芥	*N. longibracteata*
87	青兰属	白花枝子花	*Dracocephalum heterophyllum*
	18. **玄参科**		**Scrophulariaceae**
88	马先蒿属	藏蕨叶马先蒿	*Pedicularis svenhedinii*
89		斑唇马先蒿	*p. longiflora*
90		广布马先蒿	*Pedicularis oedri*
	19. **菊科**		**Compositae**
91	狗娃花属	半卧狗娃花	*Aster asteroides*
92	紫菀属	密毛紫菀	*A. vestitus*
93	短星菊属	腺毛短星菊	*Brachyactis pubecens*
94	火绒草属	弱小火绒草	*Leontopodium pusillum*
95	扁芒菊属	西藏扁芒菊	*Waldheimia glabra*
96	亚菊属	灌木亚菊	*Ajania fruticulosa*
97		单头亚菊	*A. scharnhorstii*
98	蒿属	纤杆蒿	*Artemisia demissa*
99		垫型蒿	*A. minor jacquem*
100		细裂叶莲蒿	*A. antolinifolia*
101		冻原白蒿	*A. stracheyi*
102		藏沙蒿	*A. wellbyi*
103	垂头菊属	小垂头菊	*Cremanthodium nanum*
104		车前状垂头菊	*C. plantagineum*

续表 6

序号	中文名称	种名	拉丁名称
105	刺儿菜属	野刺儿菜	*Cephalanoplos arvense*
106	雪兔子亚属	鼠麴雪兔子	*S. gnaphalodes*
107	蒲公英叶组	腺毛风毛菊	*S. glanduligera*
108	蒲公英属	白花蒲公英	*Taraxacum leucanthum*
109		西藏蒲公英	*T. tibetanum*
110	绢毛菊属	团花绢毛菊	*Soroseris glomerata*
111		绢毛菊	*S. gillii*
112	莴苣属	蒙山莴苣	*Lactuca tatarica*
113	还羊参属	弯茎还羊参	*Crepis flexuosa*
	20. 禾本科		**Gramineae**
114	固沙草属	固沙草	*Orinus thoroldii*
115	早熟禾属	中华早熟禾	*Poa attenata*
116		中亚早熟禾	*P. litwinowiana*
117	碱茅属	喜马拉雅碱茅	*Puccinellia himalaica*
118		帕米尔碱茅	*P. pairica*
119	赖草属	赖草	*Leymus secalinus*
120	野青茅属	高原野青茅	*Deyeuxia compacta*
121	三角草属	三角草	*Trikeraia hcokeri*
122	针茅属	短花针茅	*Stipa breviflora*
123		丝颖针茅	*S. capillacea*
124		沙生针茅	*S. glareasa*
125		戈壁针茅	*S. goica*
126		紫花针茅	*S. purpurea*
127		昆仑针茅	*S. roborowskyi*

续表 7

序号	中文名称	种名	拉丁名称
128	针茅属	羽柱针茅	*S. basiplumosa*
	21. **莎草科**		**Cyperaceae**
129	扁穗草属	扁穗草	*Blysmus compressus*
130	嵩草属	线叶嵩草	*Kobresia capillifolia*
131		藏北嵩草	*K. littledalei*
132		藏西嵩草	*K. deasyi*
133		粗壮嵩草	*K. robusta*
134		喜马拉雅嵩草	*K. royleana*
135	苔草属	内弯苔草	Carex incurve
136		青藏苔草	C. moorcroftii
137		圆囊苔草	C. orbiculari
	22. **灯心草科**		**Juncaceae**
138	灯芯草属	展苞灯心草	*Juncus thmsonii*

第三节　野生动物

一、野生动物区系

在西藏地理动物区划中札达县属于古北界—青藏区—羌塘高区亚区—羌塘高原小区。县境内野生动物栖息条件为高原荒漠地带，野生哺乳类、爬行类动物种类贫乏，特别是两栖类更少。野生动物的密度相对较高。广阔的荒原的有利于高寒气候条件下各种野生动物生活，不受人类惊扰。

二、野生动物种类

札达县野生动物种类繁多，野生哺乳动物共有4类、6目、11科、23种（见表1－5－4）；野生鸟类共有5类、11目、18科、37种（见表1－5－5）；爬行纲野生动物共有1目、2科、2属、2种（见表1－5－6）；鱼类共有1目、1科、2属、3种（见表1－5－7）。有国家级重点保护动物16种。其中，国家Ⅰ级重点保护动物6种，分别是野牦牛、藏羚羊、西藏野驴、雪豹、黑颈鹤、胡兀鹫；国家Ⅱ级重点保护动物10种，分别是荒漠猫、喜马拉雅麝、藏原羚、岩羊、盘羊、草原雕、秃鹫、猎隼、红隼、藏雪鸡。

札达县野生哺乳动物一览表

表1－5－4

序号	动物类型	目、科名	种名	拉丁文名	保护级
1	食虫类	**食虫目**			
		一、鼩鼱科	小鼩鼱	*Sorex minutus*	
	食肉类	**食肉目**			
2		二、犬科	狼	*Canis lupus*	自治区级
3			赤狐	*Vulpes vulpes*	自治区级
4			藏狐	*Vulpes ferrilata*	自治区级
5			沙狐	*Vulpes corsac*	自治区级
6		三、鼬科	香鼬	*Mustela altaica*	
7		四、猫科	荒漠猫	*Fells bieti*	国家Ⅱ级
8			雪豹	*Uncia uncia*	国家Ⅰ级
	有蹄类	**奇蹄目**			
9		五、马科	藏野驴	*Equus Kiang*	国家Ⅰ级
		偶蹄目			
10		六、麝科	喜马拉雅麝	*Moschus leucogaster*	国家Ⅱ级

续表

序号	动物类型	目、科名	种名	拉丁文名	保护级
11	有蹄类	七、洞角科	野牦牛	*Bos grunniens*	国家Ⅰ级
12			藏原羚	*Procapra picticaudata*	国家Ⅱ级
13			藏羚羊	*Pantholops hodgsoni*	国家Ⅰ级
14			岩羊	*Pseudois nayaur*	国家Ⅱ级
15			盘羊	*Ovis ammon*	国家Ⅱ级
	啮齿类	**兔形目**			
16		八、鼠兔科	藏鼠兔	*Ochotona thibetana*	
17			黑唇鼠兔	*Ochotona curzoniae*	
18			拉达克鼠兔	*Ochotona ladacensis*	
19		九、兔科	高原兔	*Lepus oiostolus*	
		啮齿目			
20		十、松鼠科	喜马拉雅旱獭	*Marmota himalayana*	
21		十一、仓鼠科	藏仓鼠	*Cricetulus kamensis*	
22			斯氏高山鼠	*Altacola stoliczkanus*	
23			松田鼠	*Pitymys ierne*	

札达县野生鸟类一览表

表 1－5－5

序号	动物类型	目、科名	种名	拉丁文名	保护级
	水鸟类	**䴙䴘目**			
1		一、䴙䴘科	凤头䴙䴘	*Podiceps cristatus*	
		鹳形目			
2		二、鹭科	池鹭	*Ardeola bacchus*	
		雁形目			

续表 1

序号	动物类型	目、科名	种名	拉丁文名	保护级
	水鸟类	**鸥形目**			
10		七、鸥科	鱼鸥	*Larus ichthyaetus*	
11			棕头鸥	*Larus brunnicephalus*	
	猛禽类	**隼形目**			
12		八、鹰科	鸢	*Milvus migrans*	
13			大鵟	*Buteo hemilasius*	
14			草原雕	*Aquila nipalensis*	国家Ⅱ级
15			秃鹫	*Aegypius monachus*	国家Ⅱ级
16			胡兀鹫	*Gypaetus barbatus*	国家Ⅰ级
17		九、隼科	猎隼	*Falco cherrug*	国家Ⅱ级
18			红隼	*Falco tinnunculus*	国家Ⅱ级
		鸮形目			
19		十、鸮科	普通雕鸮	*Bubo bubo*	
20			纵纹腹小鸮	*Athene noctua*	
	路鸟类	**鸡形目**			
21		十一、雉科	藏雪鸡	*Tetraogallus tibetanus*	国家Ⅱ级
22			暗腹雪鸡	*Tetraogallus himalayensis*	
23			高原山鹑	*Perdix hodgsoniae*	
24			石鸡	*Alectoris chukar*	
	林鸟类	**佛法僧目**			
25		十二、戴胜科	戴胜	*Upupa epops*	
	鸣鸟类	**雀形目**			
26		十三、百灵科	长嘴百灵	*Melanocorypha maxima*	
27			云雀	*Alauda arvensis*	
28			角百灵	*Eremophila alpestris*	

续表 2

序号	动物类型	目、科名	种名	拉丁文名	保护级
29	鸣鸟类	十四、燕鸻科	灰燕鸻	*Glareola lactea*	
30		十五、鹡鸰科	白鹡鸰	*Motacilla alba*	
31		十六、鸦科	喜鹊	*Pica pica*	
32			渡鸦	*Corvus corax*	
33		十七、鹟科	赭红尾鸲	*Phoenicurus ochruros*	
34			白顶溪鸲	*Chaimarrornis leucocephalus*	
35		十八、雀科	家麻雀	*Passer domesticus*	
36			白斑翅雪雀	*Montifringilla nivalis*	
37			高山岭雀	*Leucosticte brandti*	

札达县爬行纲野生动物一览表

表 1－5－6

序号	目、科名	属名	种名	拉丁文名	保护级
	有鳞目				
1	一、鬣蜥科	沙蜥属	红尾沙蜥	*Phrynocephalus erythrurus*	
2	二、石龙子科	滑蜥属	拉达克滑蜥	*Scincella ladacensis*	

札达县野生鱼类一览表

表 1－5－7

序号	目、科名	属名	种名	拉丁文名	保护级
	鲤形目				
1	一、鲤科	裸鲤尻鱼属	高原裸裂尻鱼	*Schizopygopsis stoliczkae stolizkae*	
2		高原鳅属	阿里高原鳅	*Triplophysa aliensis*	
3			小眼高原鳅	*Triplophysa microps*	

三、国家级重点保护动物

（一）藏野驴（*Equus Kiang*）

中国特有物种。体长180—220厘米，体重280千克；头短，吻端圆钝；耳壳长超过17厘米；颈鬃毛短而直立；体背深棕褐色，冬毛较深；肩部至尾根具较窄的黑褐色迹纹；尾下半段具暗棕色长毛。藏野驴在札达县分布较广，栖息在海拔3800—5100米处，常活动于高原草原、荒漠草原的河谷漫滩、湖滨退缩地和开阔草地，常集群，也有的单独活动。

（二）野牦牛（*Bos grunniens*）

青藏高原特有动物，家牦牛的祖先。体长160—220厘米，体重约1000千克，体型粗大，腿短，被毛呈褐色，少数个体呈金黄色。头下垂，肩峰高，颈部、躯干下半部及四肢均被长毛，尾毛更长，尾端蓬松。雌雄均具角。耐寒，怕热。

野牦牛栖息在海拔4000—6100米处，常活动于高原寒漠地带，是高山草原及寒漠地带的典型动物。喜集群，通常由雌成体和多个雌雄亚成体组成，大群有百头。性情凶悍，嗅觉敏锐，发怒时尾巴上翘，食物以高山寒漠或荒漠植物为主。

（三）藏羚羊（*Pantholops hodgsoni*）

青藏高原特有物种。体长达130厘米，体重约50千克，雄性吻鼻部肿胀而粗大，角细而长，长达60—70厘米，直向上伸，侧面观望，颇似仅一角，角形基部稍侧偏，近基部2/3段，前面有明显横棱，雌性无角。毛质密融软，上体黄褐色，下体白色，面淡褐黑色，尾侧、尾尖白色，尾腹裸露。

藏羚栖息在海拔4000—5500米处，常活动于荒漠草原、草甸等环境中，在地势平坦开阔、水草丰富的高原地区密度较高。善奔跑，时速可达80千米。冬春季交配，夏季繁殖，妊娠期约6个月，每胎产1仔。多集成十余只小群活动，亦有单独活动的，秋季至春季，常有数十只甚至上千只以上的大群出现。一般无固定栖息地，随季节和食物条件的变化而迁移。多以禾本科、莎草科植物为食。习惯在早晨和黄昏觅食，中午和晚上躺卧在低凹处休息，性胆小，常隐于岩洞中。

（四）雪豹（*Uncia　uncia*）

分布于喜马拉雅山以北，体长 100—130 厘米，雄性个体略大于雌性，尾较粗大，尾长大于体长 2/3，尾毛长而蓬松。全身呈灰白色，通体满布黑色斑点和黑环，尾背部有数个黑环，尾端黑色，四肢粗短，掌垫与趾间均生有较密的长毛。

雪豹栖息在海拔 3000—5000 米处，常活动于高山裸岩、草甸、灌丛和山地。活动路线比较固定。性凶猛而机警，行动隐蔽而灵巧，善于跳跃。有固定的巢穴，通常筑在岩边灌丛或岩洞中。以捕食岩羊、盘羊为主，也寻猎高原兔、喜马拉雅旱獭和鼠兔，亦喜食藏雪鸡等鸟类。

（五）黑颈鹤（*Grus　nigricollis*）

藏名译音宗宗、充充颈纳，别名藏鹤、仙鹤，大型涉禽。体长约 130 厘米，体重 6—8 千克。头部裸露部分为暗红色，头、前颈及飞羽为黑色，尾羽褐黑色，身体余部均为灰白色。栖息地海拔 5200 米以下，为过路或夏季繁殖候鸟，每年 4 月底来到 10 月份离开县境。栖息、生活在湖滨、沼泽地带。是国家和西藏自治区Ⅰ级重点保护野生动物。

（六）胡兀鹫（*Gypaetus　barbatus*）

广泛分布于札达县境。藏语译音恰贵、屠尔恰，别名大胡子雕、髭兀鹫。鹰科中的大型种类。体长 1.3 米，体重可达 8 千克。展翅宽可达 1.5 米。头顶周围有一圈黑羽，颏下有一簇粗硬的刚毛；整个上体色调晦暗；下体以棕黄色为主。栖息于海拔 5500 米以下的高山草原和灌丛地带。胡兀鹫以各种动物的尸体为主要食物，还猎捕旱獭、野兔、鼠、鼠兔等。具有很强的消化力，可消化较粗大骨头。有大自然"清道夫"的美称。是国家和自治区Ⅰ级重点保护野生动物。

（七）荒漠猫（*Felis　bieti*）

猫科猫属的一种哺乳动物。体形较家猫大，尾长，四肢略长，耳端生有一撮短毛。体背部棕灰或沙黄色，背中线不明显。身上毛长而密，绒毛丰厚。头部与体背颜色一致，上唇黄白色，胡须白色。鼻孔周围和鼻梁棕红色。栖息在海拔 2800—4000 米的黄土丘陵干草原、荒漠、半荒漠、草原草甸、山地针叶林缘、高山灌丛和高山草甸地带，也在雪地上活动。荒漠猫主要捕食一些小型的动物。

（八）喜马拉雅麝（*Moschus leucogaster*）

鹿科、麝属动物。头体长860—1000毫米，肩高510—530毫米，尾长40—60毫米，颅全长150—180毫米，体重11—16千克。与马麝相似，颈背部的毛有旋窝，深灰褐色，臀部色浅，颈前上部到下颌仅有一条不明显的黄带，喉深色，耳长而圆，耳内有成行的白色，耳背面具黄色的尖端和边缘，眼圈不明显。喜马拉雅麝栖息于海拔2500—3900米之间的混交林和高山草甸地带。主要以松萝、苔草、杜鹃等植物为食，有时也吃苔藓。

（九）藏原羚（*Procapra picticaudata*）

藏名译音果瓦，别名西藏黄羊、白屁股。体长80—100厘米，体重10—15千克。雄羊具长30厘米左右的角，角下2/3段略向后弯，且具多数环棱；尖端1/3段光滑无棱，角末端向后弯曲。毛色灰棕，夏季较深，冬季较淡。臀部和腹为白色。栖息地在海拔4000米以上。常活动于高原、高山草甸地带，在水源充足的山谷地带活动较多。以高山草甸的草本植物为食。是国家和西藏自治区Ⅱ级重点保护野生动物。

（十）岩羊（*Pseudois nayaur*）

藏名译音耐亚，别名石羊、崖羊、蓝羊。体长100—140厘米，肩高70—90厘米，体重40—80千克。头部狭长，颌下无须。两性具角，雄性角粗大，角尖间距宽达70厘米，而角基部靠近，仅距一狭缝隙。上体毛色褐黄或青灰色；下体及四肢侧白色；四肢前面及腹侧具有黑褐纹。冬毛色较深。栖息地在海拔4000米以上。常活动于多裸岩与山谷草地。以食青草和各种高山灌木枝叶为主。是国家和西藏自治区Ⅱ级重点保护野生动物。

（十一）盘羊（*Ovis ammon*）

藏名译音年，别名大头羊、大角羊。体长达1.8米，体重达150千克。雌雄均有角，雄性两角为明显旋状角形，角基粗大约呈浑圆状；雌性角简单而短细。通体被毛粗硬而短。唯颈部毛较长。上体褐灰色或污灰色；喉浅黄色；胸、腹、四肢内侧和下部及臀部均呈灰白色。尾短而不明显。栖息地海拔高度达 6000米。常活动于地形开阔及山势起伏的高原，集小群活动，是国家和西藏自治区Ⅱ级重点保护野生动物。

（十二）草原雕（*Aquila nipalensis*）

体形比金雕小。体长75厘米左右，全重2—2.5千克。上体浓褐色，头背羽色暗浓，最长的尾上覆羽棕白色，尾下覆羽淡棕色并缀有褐色小斑。下体暗土褐色。雌、雄体色相似，但雌体色泽更深且体形比雄鸟大。虹膜暗褐色，趾均为纯黄色，爪黑色。栖息于海拔5000米以下的低山及开阔的草原地带。常翱翔于草原上空，搜索地面猎物。以各种鼠类、啮齿类以及小鸟为食，还兼食动物尸体。对于保护草原，减少疫源动物有十分重要的作用。是国家和西藏自治区Ⅱ级重点保护野生动物。

（十三）秃鹫（*Aegypius monachus*）

体长108—120厘米，通体黑褐色，头裸出，仅被有短的黑褐色绒羽，后颈完全裸出无羽，颈基部被有长的黑色或淡褐白色羽簇形成的皱翎。幼鸟比成鸟体色淡，头更裸露，易识别。主要栖息于低山丘陵和高山荒原与森林中的荒岩草地、山谷溪流和林缘地带，常单独活动，偶尔也成小群，特别在食物丰富的地方。要以大型动物的尸体为食，常在开阔而较裸露的山地和平原上空翱翔，窥视动物尸体。偶尔也沿山地低空飞行，主动攻击中小型兽类、两栖类、爬行类和鸟类，有时也袭击家畜。

（十四）猎隼（*Falco cherrug*）

别名猎鹰、兔鹰，为体形较大的一种隼。体长80厘米，体重可达1千克。头顶暗褐色，具有众多棕褐色纵纹；背、肩、腰暗褐色，具深棕红色横斑和短条形斑；翅黑褐色，喉部白色。下体余羽白色而沾有棕色，并具暗褐色纵纹；尾暗褐色。嘴褐色，爪黑色。栖息于海拔4800米以下的山地、河谷及草原地带。常单只活动。多以各种小鸟、小型兽类为食。猎隼是维持草原生态平衡的重要益鸟。属国家和西藏自治区Ⅱ级重点保护野生动物。

（十五）红隼（*Falco tinnunculus*）

别名红鹰、茶隼、红鹞子。体形较小而稍显修长。体长不足40厘米，成体体重200克左右。上体多为砖红色，且具暗褐色横斑，爪黄色。栖息于海拔5000米以下的山地、旷野及村落附近。以捕食啮齿类、昆虫和小型鸟类为主要食物。是国家和西藏自治区Ⅱ级重点保护野生动物。

（十六）藏雪鸡（*Tetraogallus tibetanus*）

藏名译音孔姆、拉卜恰果木，别名雪鸡、淡腹雪鸡。体长60厘米左右，体重1.5—2千克，通体以灰褐色为主。栖息于海拔6000米以下裸露岩石、稀疏灌丛及高山草甸地带，是国家和自治区二级重点保护野生动物。

第六章　自然灾害

札达县气象灾害常见的有雪灾、冰雹、洪涝、霜冻、旱灾等。其中，雪灾是札达县最主要的灾害。地质灾害包括地震、崩塌、滑坡、泥石流等。

第一节　气象灾害

一、雪灾

雪灾是札达县最主要的气象灾害，亦是冬春季破坏力最大气象灾害。雪灾造成草场被积雪掩埋，牲畜无法采食，由于缺乏充足草料而掉膘，抵抗力也下降。冬春频繁降雪集中在每年 11 月至次年 3 月，尤其是每年 1 月后降雪较大，雪后无风，积雪覆盖时间长，往往造成重大灾害。

1965 年入春后，札达县发生特大雪灾，降雪 20 余次，持续 3 个月，致使牲畜死亡 30001 头（只、匹），死亡率达 40%。

1975 年，发生特大雪灾，致使牲畜死亡 39730 头（只、匹），死亡率 36%。

1978 年，发生特大雪灾，致使牲畜死亡 56735 头（只、匹），死亡率 45%。

1997 年底至 1998 年初，发生特大雪灾，全县平均积雪厚度达 40 厘米以上，重灾区如曲松区降雪厚度达 62 厘米，达巴区曲龙乡 55 厘米，底雅区鲁巴乡达50厘米。牲畜死亡34357头（只、匹），死亡率25.4%。母畜流产16054头（只、匹），占繁殖母畜的27.1%。濒临死亡的牲畜达21415头（只、匹），缺粮87户425人，严重影响人民群众的生产生活。全县因雪灾死亡牲畜，造成经济损失782.9万元。

2002年春，全县遇罕见雪灾，成畜死亡1511头（只、匹），母畜流产率17%，疫病造成牲畜死亡1258头（只、匹）。

2008年春，雪灾造成全县398户1529人受灾。牲畜死亡3687头（只、匹），其中冻死1843头（只、匹），饿死619头（只、匹），病死737头（只、匹），流产488头（只、匹）。

二、冰雹

冰雹对草场影响极大，严重时给草场带来毁灭性灾害。札达境内冰雹灾害多发生于每年7月底至10月上、中旬，多集中在8—9月。

1978年，札达县萨让乡（原萨让区）、托林镇（原札布让区）受到冰雹袭击，造成近300亩青稞、小麦等农作物减产。

1995年，札达县遭遇罕见冰雹袭击，受灾面积1200亩，其中绝收526亩。

2004年，冰雹造成21户房屋漏水，危房43间，损毁草场1000亩，牲畜棚圈22间，农田15亩，苗木6亩，倒塌民房2间，淤积水渠2300米，淋湿粮食10500斤。

除此之外，几乎每年都发生冰雹灾害，但危害不是很大，农作物损失不大。

三、洪涝

1978年7月，札达连降暴雨，冲垮不少水渠，草场被淹，393棵成材杨树、柳树被冲毁，民房、羊圈、牛棚被冲倒，札布让吊桥被冲毁。

1983年6—8月，札达县洪水泛滥，托林水渠及2座桥梁被冲毁，40余亩农田被淹。

1999年，暴雨冲毁和冲垮水渠33条，总长4.22万米，农田被淹483亩、冲毁10亩，冲垮蓄水池11座，防洪坝16座、1200米，减产粮食

21.30 万千克；造成房屋倒塌 38 间，危房 231 间，冲断通往各乡、镇的公路 90.1 千米，冲毁大小桥梁 15 座。七八月份暴雨形成的泥石流淹没草场 4565 亩、林木 127 亩，冲垮羊圈牛棚 488 座。

2000 年 8 月，洪水暴发，冲毁农田 474.2 亩，淹没草场 852.3 亩，粮食减产 9777 千克，冲毁水渠 10961 米、水坝 1915 米，冲毁简易桥 6 座、钢架桥 1 座，倒塌民房 93 间。

2002 年 7—8 月，连续降雨冲毁林木 2050 株。

2004 年 7 月，受地震影响山体崩塌，帕里河在楚鲁松杰村形成堰塞湖，2005 年夏季，堰塞湖发生局部溃坝，平均洪峰达 900 多立方米，水流量达 60 立方米/秒，使楚鲁松杰村遭受严重的经济损失，53 户 218 人受灾，冲毁农田 197.6 亩、草场 214.9 亩、林木 49299 株、民房 20 套、粮食 6822 千克、牛圈 1748.2 平方米。

2005 年 9 月 13—17 日，札达县普降大雨，并夹杂着冰雹，托林镇、达巴乡、曲松乡、香孜乡均受到不同程度的灾害袭击，316 户 1393 人受灾，粮食严重减产；托林镇 43 亩草场、达巴乡 80 亩草场被淹没，托林镇 688 头（只、匹）牲畜死亡；303 间房屋漏雨，51 间房屋成为危房，损坏帐篷 1 顶，27 间羊圈倒塌，35 间羊圈损坏不能使用，40 间饲料房和 8 间温室损坏；23 处 11.3 千米公路被冲毁，7.4 千米水渠损坏。

2007 年，因暴雨、冰雹造成农田受灾面积 1500 亩，绝收农田 86 亩，损坏农田 1417 亩，需恢复农田 281.5 亩；房屋损坏 61 间，房屋倒塌 10 间。直接经济损失 33.6 万元。

2009 年 9 月 8—12 日，曲松乡楚鲁松杰村受强降雨及降温影响，受灾 24 户 73 间房屋，其中房屋倒塌 14 户 42 间 1260 平方米；严重危房 4 户 12 间 775 平方米；轻度危房 6 户 19 间 665 平方米。

2010 年 7 月 25 日至 8 月 23 日，札达县境内强降雨，造成农田受灾面积 1609 亩，直接经济损失 48270 元；房屋受损 127 间 4910 平方米，房屋倒塌 6 间 70 平方米；达巴乡曲龙村雷击致死 1 人。

四、霜冻

札达县秋冬和春季频繁出现强冷空气，多发寒潮，会造成牲畜冻死伤亡。寒潮出现在转场时，对牲畜危害更严重。

1965年8月14—15日，札达县遭遇霜冻灾害。农作物受灾面积在65%以上的有萨让区的日巴、波林，底雅区的鲁巴，达巴区的达巴。农作物受灾面积663亩，部分村颗粒无收，严重影响农牧民群众的生产、生活。

1981年5月下旬，在托林等地出现3次霜冻，导致青稞出苗期延迟，出苗后被冻伤，草场返青期延迟。

五、旱灾

札达县降水较少，年均50—70毫米，海拔高、空气稀薄，冷、热气流无法到达，而蒸发量大，易形成干旱气候，主要为春旱和夏旱。

1993年7—9月，札达县降水偏少，农牧业生产和群众生活受到较大影响，牧区受灾面积达90%以上，其中3个区8个乡受灾最为严重，受灾群众4000余人，占全县总人口的80%。

1996—1998年，札达县连续3年干旱，粮食减产严重。

2001年，旱灾致使萨让、白嘎、曲色组600亩庄稼干枯，其中350亩颗粒无收。1560亩农田受灾，粮食减产31.2万斤。

六、风灾

札达县受西风急流和地面冷高压控制，气候干燥，多大风天气。大风天气对于牧草的破坏性强，尤其是矮小的牧草品种，会被风沙所掩埋。大风破坏草原生态系统，加速草原沙化进程，降低土壤墒情，使草场返青受影响。

第二节　地质灾害

一、地震

由于受新构造运动影响，札达县历史上地震活动较强，历年发生的地震详见表1－6－1。

清乾隆十七年（1752年，藏历第十三饶迥水猴年），达巴乡发生7.25级强烈地震，七世达赖喇嘛致驻藏大臣班第·多尔济咨文：“在达巴卡尔地震4次。宗府面积为八柱之房倒塌；附近扎什伦布寺和许多民房也倒塌；地震后，阿里大部分地区大雪空前，两个村庄被雪崩所毁。”

1949年2月5日16时55分20秒，札达县发生5.5级地震。

1965年3月11日，札达县发生地震（震级不详），部分房屋倒塌、破裂，出现山裂。

1975年1月21日12时50分，楚鲁松杰巴角村一带发生地震，波及整个曲松区和底雅区，倒塌房屋821间，仅巴角村就有24人死亡，占全村总人口的33%，36人受伤。地震造成从争议地段的措拉经巴角延伸到噶拉地区的长40余千米、宽约0.5—2米的大裂缝。

1981年7月2日，曲松乡发生地震，震中在白尔村一线，波及香孜、山岗一带，巴角村受灾严重，有40余间住房倒塌。

2010年7月5日上午10时4分，达巴乡曲龙村附近发生4.6级地震，受灾38户，其中较为严重的8户，轻微受灾30户，主要是房屋出现裂痕，在曲龙村附近的寺庙、曲龙遗址、佛塔、土林也出现不同程度的裂缝和坍塌，村卫生所主体支柱出现倾斜。

1947—1977年之前札达县震级4.7级以上地震统计表

表1－6－1

序号	日期	时刻	震中位置	经纬度	精度	震级
1	1947.8.20	04－07－06	札达附近	N31.2　E79.9	4	5.5
2	1953.5.28	06－41－20	札达西南边境	N31.0　E79.5		（4.7）
3	1955.6.6	09－33－19	札达县曲松	N32.0　E79.0	5	4.7
4	1955.6.27	18－14－09	札达县查甲	N32.5　E78.6	3	6.0
5	1959.5.12	08－35－47	札达县卡拉	N32.3　E78.6	2	4.9
6	1962.7.13	13－01－06	札达西南边境	N30.64　E79.48		（4.7）
7	1962.7.13	23－58－54	札达西南边境	N30.64　E79.32		（5）
8	1963.4.12	08－41－29	札达县东玛拉	N32.00　E78.79	2	5.4
9	1964.10.19	10－04－42	札达西北边境	N32.7　E77.9	3	4.8

续表

序号	日期	时刻	震中位置	经纬度	精度	震级
10	1965. 5. 31	10 – 04 – 42	札达西北边境	N32. 65　E77. 99		5. 3
11	1966. 10. 13	20 – 42 – 42	札达县达姆	N31. 41　E80. 19	3	4. 8
12	1969. 6. 22	09 – 33 – 23	札达西南边境	N30. 57　E79. 40		5. 3
13	1972. 9. 6	10 – 51 – 28	札达县什布奇	N32. 49　E78. 51		5
14	1974. 7. 8	04 – 56 – 55	札达西北边境	N30. 55　E78. 48		4. 7
15	1975. 1. 19	16 – 00 – 18	札达西北巴尔觉	N32. 30　E78. 66		5. 3
16	1975. 1. 19	16 – 02 – 02	札达克勇场	N32. 56　E78. 60		6. 9
17	1975. 1. 19	16 – 12 – 10	札达西北	N31. 94　E78. 52		(6. 6)
18	1975. 1. 19	16 – 18 – 23	札达西北	N31. 98　E78. 51		(4. 7)
19	1975. 1. 19	21 – 04 – 36	札达西北	N32. 11　E78. 67		4. 9
20	1975. 1. 20	19 – 06 – 53	札达西北边境	N32. 6　E78. 3		4. 7
21	1975. 1. 27	16 – 10 – 14	札达西北巴尔觉	N32. 28　E78. 69		4. 9
22	1975. 1. 27	17 – 23 – 36	札达西北松多	N32. 04　E78. 69		4. 7
23	1975. 1. 27	21 – 41 – 35	札达县克勇场	N32. 51　E78. 60		5. 3
24	1975. 1. 29	23 – 49 – 25	札达西北	N31. 95　E78. 64		4. 7
25	1975. 2. 3	03 – 14 – 09	札达县克勇场	N32. 55　E78. 50		5. 3
26	1975. 3. 10	11 – 07 – 01	札达西北巴尔觉	N32. 21　E78. 77		4. 9

二、滑坡、崩塌

岩土体滑坡主要分布于朗钦藏布高山峡谷地段两岸以及公路两侧，坍塌体主要为弱固结的砾岩、含砾砂岩、泥岩，构造发育的灰岩、砂板岩及阶地松散堆积物形成的陡坎等。其规模从几十到几千立方米。县境内危害较大的地域一般发生在公路的两侧，比较典型的地段有巴尔兵站—札达公路的隆嘎拉、那木如—札达公路段、札达至底雅乡公路段、札达至萨让等公路段。

（一）巴尔—札达公路的陇嘎拉两侧

在约2千米的路段内有7处存在危害程度不等的滑坡隐患。最为严重地段在海拔5020米，山体坡脚50处。岩性为强变形砂板岩，风化厚度0.5—2米。滑体位于公路北侧路基，切入路基长20米，宽6米（路基宽8米），深0.5—1.5米。诱发滑坡、崩塌的主要原因为雪融作用，已有1辆汽车因此翻落沟底造成人员伤亡。

（二）那木如—札达公路段

海拔5100—5400米，长约4千米的距离内有8处滑坡危害和危害隐患点。路基建于公路北侧在风化较强的花岗岩之上堆积有厚约10米的第四系松散砂砾岩层，雨季风化砂砾石岩坡沟滑下，堆积在公路之上，其规模200立方米1500立方米，常造成交通中断。

札达县泥石流类重点地质灾害（点）段分布及特征见表1－6－2。

札达县典型崩塌多发地段特征调查表

表1－6－2

序号	位置及地貌	地质特征	崩塌体特征
1	门士—曲龙公路 N31°05.80′、E80°35.75′ 峡谷阶地	植被覆盖率15%—25%，岩性为弱固结砂砾岩及第四纪松散堆积物，稳定差，沟床发育，跌水转弯多，落差320米，坡角30°—85°，水源为季节性降水。坡角30°—85°，水源为季节性降水。	扇状。前缘宽约500米，面积600平方米，占路面宽20米，砂含量<25%，砾石含量>70%，砾径2—15厘米，黏土>5%，杂乱堆积，平均堆积速率0.5米/年。
2	门士—曲龙公路 N31°05.61′、E80°35.46′ 峡谷二级阶地	植被覆盖率15%—20%，岩性为弱固结砂砾岩及第四纪松散堆积物，稳定差，沟床发育，落差400米，坡角30°—85°，水源为季节性降水。	复合扇状。有大小3个扇体构成，前缘宽约250米，占路面宽150米，面积5000平方米。砂含量<30%，砾石含量>60%，砾径2—25厘米，黏土<10%，分选性差，堆积速率0.6米/年，沟道有明显的迁移。

续表

序号	位置及地貌	地质特征	崩塌体特征
3	门士—曲龙公路 N31°04.62′、E80°34.02′ 峡谷二级阶地	植被覆盖率10%—20%，岩性为弱固结砂砾岩及第四纪松散堆积物，稳定差，沟床发育，跌水转弯较多，落差400余米，水源为季节性降水。	复合扇状。有大小3个扇体构成，前缘宽约300米，面积3万平方米。坡角5°—8°。砂含量 < 30%，砾石含量 > 70%，砾径2—10厘米，砂含量 < 20%，黏土 < 10%，分选性差，沟道迁移明显，新老体叠置关系清楚，堆积速率0.6米/年。

三、泥石流

泥石流是札达县常见的一种地质灾害，主要原因是土质疏松、植被覆盖率低、降水集中所致。每年夏季札达县境内发生规模各类的泥石流，高浓度的水、沙、砾、泥堵塞公路、桥梁、涵洞等淤积成灾。造成草场退化，交通中断，甚至威胁到人畜安全。

第二篇
政区建置

第一章　建置区划

札达县总面积2.75万平方千米。截至2010年，全县行政区划为一镇五乡，1个居民委员会，14个村民委员会，58个村民小组。

第一节　位置　境域

札达县位于西藏自治区西部、阿里地区西南部，地理坐标为东经78°23′—80°58′，北纬30°29′—32°43′。东接噶尔县，东南邻普兰县，西、南与印度接壤，西北端与印控克什米尔地区毗邻。

札达县人民政府驻托林镇。

第二节　建置沿革

一、象雄时期

象雄部落形成后，在此基础上逐渐形成象雄部落联盟（汉文史籍称“羊同”），联盟之主称象雄王，统治范围为以今札达县域为中心的西部藏族地区[①]。《册府元龟》载："大羊同国，东接吐蕃，西接小羊同，北直于阗，东西千余里，胜兵八九万。"

据《阿里早期史》《阿里历史宝典》记载，上部象雄由18个部落小邦组成，每个部落首领称王，史称羽冠十八王。每王常住地建有堡寨，在文字记载中能查到的有八堡五寨（简称13个卡尔宗[②]）。其中，札达县境内有古格札生卡（即今札布让古格城堡）和喀尤达巴卡尔（即今达巴乡所在地的古堡）。此外，札达县香孜乡香孜村香巴组东侧的卡东古堡遗址也是象雄时期的堡寨。

二、吐蕃时期

隋唐时期，地处雅隆河谷的悉补野部落崛起。唐贞观十八年（644年），悉补野部落赞普松赞干布征服象雄。吐蕃制定以军事为重心的社会管理机制（"吐蕃基础三十六制"），将全境划分为五茹，即卫茹（乌茹）、约茹、叶茹、茹拉和苏毗茹（孙波茹）。

在象雄全面推行吐蕃政体，设立象雄"赤岱"（万户），或称象雄"茹"，成为吐蕃六大政区之一，分上、下两部，下设10个东岱。其疆域包括今阿里地区全部，日喀则地区仲巴、萨嘎，那曲地区西部，巴控克什米尔的巴尔蒂斯坦，印度查谟—克什米尔邦的拉达克（时称玛域、麻域、玛尔玉），印度喜马偕尔邦北部，尼泊尔北部。今札达县域属古格东岱领地。

唐高宗仪凤二年（677年）以后，象雄诸部实现短期复国，叛服无常。8世纪中叶，赤松德赞时期才完全消灭象雄。

唐会昌二年（842年），吐蕃末代赞普达玛乌东赞因灭佛被佛教徒刺杀，吐蕃分裂成两派，即永丹派（占据拉萨）和维松派（占据山南），累年相争。吐蕃各地将领拥兵称雄，之前归属吐蕃的部落相继脱离吐蕃的管辖。象

---

① 此处指今昂仁县桑桑镇以西的日喀则市西部、阿里全境、尼泊尔西部、印度喜马偕尔邦东北边境、印控拉达克等曾为藏族人聚居的广大地区。

② 卡尔宗：藏语音译，指城堡或堡寨。

雄赤岱各部自立山头称王称雄，征战不断。阿里各地险要之处所见“门卡尔”① 多数为当时各部首领修建的简易堡寨。

后梁龙德三年（后唐同光元年，923 年），维松之孙吉德尼玛衮逃至布让（今阿里地区普兰县），在玛旁雍错北边扎营。受到布让土王扎西赞的礼遇，娶其女卓萨阔琼为妻，迁至噶尔东（今普兰县噶尔东），称“阿里王”，在朗钦山（今噶尔东所在的独立山包）上修筑辜卡尼松宫作为其治所。之后，吉德尼玛衮扩充军队，逐渐征服周围地区。

北宋建隆元年（960 年），阿里王吉德尼玛衮将其三子（长子日巴衮、次子扎西衮、幼子德祖衮）分封至玛域（拉达克）、布让（今普兰县境内）、桑噶（克什米尔）三地为王，形成玛域、布让（普兰）和桑噶三支王系，史称“上部三衮占三围”。玛域（拉达克）王系管辖玛域（今拉达克）、今日土和噶尔两县西部（称上拉达克）、巴尔蒂域（又称下拉达克），下辖噶吉、巴尔蒂、巴郭等 6 个地方小王。布让王系治所在今普兰噶尔东，管辖今阿里地区大部，东至雅鲁藏布江上游，西至朗钦藏布上中游，南至今印度喜马偕尔邦北部以及尼泊尔西北部的久姆拉地区，下辖噶尔东、堆玉、赤德、细德、科迦、吉让等“本”（地方头人）。桑噶王系管辖毕底、毕曲等桑噶三谷（今印控克什米尔地区），下辖巴当等 4 个地方头人。札达属布让王辖地。

三、古格地方政权时期

北宋乾德四年（966 年），布让王扎西衮之次子松额（947—1024）在札布让（今札达县托林镇境内）建立古格地方政权。北宋端拱二年（989 年），松额出家为僧，取法名拉喇嘛·益西沃，将古格王权交给其兄阔日②，阔日统管普兰、古格。之后，松额二子及公主拉益梅朵相继出家。

阔日、其子拉德（全称擦拉德拿波总梅，又称拉德扎西赞，出家后法名达尔玛巴热拔瓦）、其孙沃德时期，古格属布让王管辖。至 11 世纪中叶，古格辖域仍限于朗钦藏布流域，东至今噶尔县门士乡夏拉杂贡，西至今札达

① 门卡尔：藏语音译，阿里当地人用来称象雄时期的堡寨遗址。

② 也叫阔热。

县的巨哇、曲惹地区，南至葱莎以南原公共地方。

北宋嘉祐二年（1057 年，藏历第一饶迥火鸡年），沃德（维德）次子泽德（本名切擦孜德，又称拉钦孜德）继任古格王，古格脱离普兰王管辖，成为独立的地方政权，其后历代古格王均系泽德后裔。泽德在位期间，向东北扩张，其辖境东至今措勤县，北至羌塘牧区。下辖雄巴（革吉）、森果（改则）、却九（措勤）3 个部落头人。

北宋宣和二年（1120 年，藏历第二饶迥铁鼠年），古格第六代王索朗泽派其次子觉卧杰布在库奴（今印度喜马偕尔邦北部）建立库奴政权，传承四代后脱离古格；同时封其幼子卧巴泽为绒琼王，建立绒琼小王系，一直未脱离古格。

古格第八代王泽巴尔赞死后，“两妃受古格南北一些人的挑唆，阿里分成两派”①。毕底②公主莲杰所生吉德赞和孜丹俄控制了今阿里北部广大地区和札达县的甲让③及其以西的朗钦藏布南北地区，建立古格北部政权，吉德赞称古格王，夏住札布让，冬住东嘎；大妃洛丹所生贝维赞和顿司顿赞控制了今札达县玛朗村及其东南地区，包括今达巴乡所辖之达巴、东波、曲龙三个村和噶尔县门士乡南部地区，贝维赞也称古格王，建立古格南部政权，成为后来的达瓦法王，达巴城堡为其统治的治所。古格经历较短时间的分裂局面后，至杰德赞时期，南北古格合二为一。

南宋淳祐八年（1248 年，藏历第四饶迥土猴年），“阿里三围”诸自管王国归附蒙古汗国。

元至元二十九年（1292 年，藏历第五饶迥水龙年），设纳里速古鲁孙元帅府，设在下阿里宗嘎（今日喀则吉隆县宗嘎镇），设元帅二人，管辖军政事务。古格等地方政权仍保持原有势力。

元惠宗至元三年（1337 年，藏历第六饶迥火牛年），印度穆斯林首领穆罕默德·土格鲁克从德里率兵十万入侵喜马拉雅西段以北地区，企图征服古

---

① 引自古格阿旺扎巴所著《阿里王统记》。

② 毕底：位于印度喜马偕尔邦东部，靠近我国札达县西部，曾属桑噶王领地。

③ 甲让：位于托林居委会东约 12 千米的象泉河北岸，今属托林居委会冬季放牧点，有村落、农田、水渠等遗址。

格，被古格击败。

明朝建立之初，实行“多封众建、尚用僧徒”制度，在西藏地区封授僧官爵位。洪武八年（1375 年，藏历第六饶迴木兔年），明朝中央政府设立俄力思（阿里的谐音）军民元帅府，治所在宗嘎，代表中央政府统一管理今萨嘎、吉隆及其以西，拉达克及其以东西藏西部广大地区的军政边务。

第 15 代王拉钦·扎巴德在位时，古格重新崛起，于明建文元年（1399 年，藏历第七饶迴土兔年）平定拉达克内乱，先后兼并布让、亚泽两王领地，并占领古格以南的佳南（觉南）、尼底、主尼等地区，派员征收赋税。境域东至日喀则昂仁县西部，北至羌塘草原，南至尼泊尔西部。

大约在此时期古格分为内域和外域，内域（又称南域）即冈底斯山脉以南地区，属古格王直接管理，派亲族成员管理，其中的一些头目也称王，如绒琼王，是管理底雅、什布奇地区 21 个自然村的头目；卡孜王，管理今托林镇所辖卡孜、拨尔（即巴尔）、布噶尔、噶乃亚、多香、波林、达噶等自然村和印控桑、葱莎、波林三多等地区；达瓦法王，管理今达巴乡所辖达巴、东波、曲龙 3 个村和今噶尔县门士乡南部、普兰县巴噶乡西南地区，贝维赞为首任达巴法王。外域（又称北域，指冈底斯山脉以北广大地区）大部分地方由日土王代表古格王管理。

明嘉靖十一年（1532 年，藏历第九饶迴水龙年），喀什噶尔赛因特派遣格萨达进军拉达克及古格地区，很快被驱逐出境。

四、拉达克地方政权时期

明崇祯元年（1628 年，藏历第十一饶迴土龙年），古格因葡萄牙人传播天主教问题，引发宗教之争和僧俗之争，明崇祯三年（1630 年，藏历第十一饶迴铁虎年），喇嘛、平民暴动，拉达克王森格朗杰趁明中央政府无力顾及边疆事宜，趁机攻占古格全境，将古格末代王扎巴扎西德押至拉达克首府列城囚禁，古格地方政权灭亡。古格地方政权传 27 代，历 664 年。

拉达克王森格朗杰、德丹朗杰和德列朗杰祖孙三代统治阿里全境 50 余年。据《拉达克王统记》记载，森格朗杰曾派次子补扎朗杰直接管理阿里。

清康熙二十年（1681 年，藏历第十一饶迴铁鸡年），达赖汗派遣甘丹才旺进军阿里。康熙二十二年（1683 年，藏历第十一饶迥水猪年），收复被拉达克统治的阿里全境。在不丹法王调解下，拉达克王德列朗杰接受西藏地方政府的和解意见，双方达成协议，协议确立原古格王自管的阿里地区收归西藏地方政府管理，拉达克为中国西藏地方政府的藩属，仍由拉达克王管理。

五、宗本时期

清康熙二十五年（1686 年，藏历第十一饶迥火虎年），西藏地方政府根据清朝中央政府治藏方略和卫藏地区政区管理体制，在阿里地区建立噶本政权，设立阿里噶本（当地人称“吴古尔”），首府设在噶尔昆萨（冬季驻地，今噶尔县昆莎乡索麦村）和雅萨（夏季驻地，今噶尔县昆莎乡那木如村）。

阿里噶本在今札达县境域先后设立札布让宗、达巴宗、曲木底本、萨让如本。札布让宗下辖曲木底、卡堆强欧、林、洛麦、绒琼 5 个部落；达巴宗下辖曲龙、董布（东波）、达雪、达卡、玛朗官府、差民、苏康 6 个部落。宗政府一般设宗本 1 人、秘书 1 人、管家 1 人。宗本或代宗本均由噶厦直接委派，实行 4 年轮任。

两宗西至活布桑沟和曲惹、巨哇[①]两村以西山梁为界，同印度喜马偕尔邦东北部相接；南至曲龙村的乌扎拉（即古真山口）至萨让乡当巴村的祝巴拉，大体以喜马拉雅山主脉山脊为界，北麓为札布让、达巴两宗的辖域；东至今噶尔县门士乡的夏拉杂贡和今达巴乡曲龙村的岗隆、扎噶那隆、仁钦曲得；北以阿伊拉山脊为界，同噶尔县的昆莎乡和扎西岗乡相邻。

据群英多吉编著的《阿里三围早期史》和 1729 年颇罗鼐文告[②]，达巴地区（包括玛朗村）属达巴法王洛桑边玛扎西[③]的领地。文告中说“从前噶尔丹才旺巴桑来阿里时册立了芒域[④]法王的真正后裔洛桑边玛扎西王爷，

① 曲惹、巨哇：位于中印边界西段传统习惯线北侧，西藏地方政府时期归札布让宗曲木底本管辖。

② 此文告民主改革后译成汉文（手写），现存阿里档案馆。

③ 根据文告所称“芒域法王的真正后裔”的提法，该法王应属芒域贡塘王系创立者，吉德尼玛衮之兄赤扎西孜巴贝的后裔。

④ 芒域：指今日喀则吉隆、萨嘎等地。玛尔玉指今印控拉达克地区。

奖励褒扬备至，……并以特殊恩惠使王爷原有基业上将乌育郎苏家所有地界划分为文契中的全部土地分给王爷……，同时授以执照和特别文书。因此，该家据有噶尔丹才旺巴桑至本辈达赖喇嘛①历代施主所册执照……而王爷的后裔景况相当困难，为此我们要求大家遵守原有的地界划分文契和一切执照”。文告中重申了洛桑边玛扎西的地界，东起曲龙（即琼隆）、西至达巴，及供养的差税。达巴法王系传承停止后（年代不详）设立达巴宗。

18 世纪以后，历届札布让宗政府冬驻原札布让村所在地②，夏驻奖孜③。札布让宗辖 5 个措 2 个本。5 个措即奖温④措，包括今香孜乡的 13 个自然村；卡尔堆措（又称林措），包括今托林、札布让、多香、东嘎、皮央、柏、董波（20 世纪 70 年代两村合并称柏董波）、卡孜、波林；洛麦措，包括今萨让乡的 7 个自然村；绒琼措，包括今底雅乡的底雅、什布齐 2 个行政村所辖的 8 个自然村；曲底措，包括今曲松乡曲木底和楚鲁松杰 2 个行政村所辖的 13 个自然村。两个本即萨让如本和曲木底本，均于 17 世纪对拉达克作战中立过战功，西藏地方政府分别赐封萨让如本和曲木底本官职，并颁发百姓和土地所有权的铁券文书。

约 19 世纪初，为解决门士驿站的税源不足问题，经西藏地方政府批准，达巴宗曲龙禹季（即曲龙村）所辖夏拉杂贡及西南 80 座羊圈的地方和百姓拨给噶尔本直辖税区的门士驿站。1959 年 7 月，门士驿站在民主改革时划归噶尔县。

18 世纪 60 年代，印度旁遮普邦（克什米尔西南部）锡克人摆脱衰弱的莫卧儿帝国的统治。嘉庆六年（1801 年，藏历第十三饶迥铁鸡年），在兰吉特·辛格的领导下实现统一，建立锡克王国，以拉合尔为首都。随后开始扩张，嘉庆二十四年（1819 年，藏历第十四饶迥土兔年）占领克什米尔等地。在征服克什米尔的战争中，克什米尔西南部查谟地区道格拉族（藏语称为

① 指七世达赖喇嘛格桑嘉措。

② 20 世纪 70 年代初之前，札布让村在古格城堡遗址东北山根处，后迁至象泉河边。

③ 奖孜：在藏文旧档案中香孜地区和香孜村称奖孜，北部之意。

④ 奖温：藏语音译，北方之意。

森巴）统治者古拉伯·辛格助锡克有功，兰吉特·辛格任命其为查谟土邦的总督，附属于锡克王国。

古拉伯·辛格野心勃勃，企图占领拉达克乃至整个西藏，以及中国新疆的叶尔羌等地，以控制整个喜马拉雅山西北地区的贸易。道光十四年（1834 年，藏历第十四饶迥木马年），古拉伯·辛格派遣克什瓦尔（在今查谟东北）地方长官瓦齐尔·佐拉瓦·辛格率领约 5000 名士兵入侵附属于西藏的藩属政权拉达克，道光十五年（1835 年，藏历第十四饶迥木羊年）占领拉达克首府列城，拉达克成为查谟的附属国。

道光十九年（1839 年，藏历第十四饶迥土猪年），锡克国王兰吉特·辛格去世，锡克各封建主割地自据，古拉伯·辛格野心膨胀，企图吞并中国西藏及新疆的叶尔羌，在中亚建立一个独立王国，以此维护其对中国的鸦片贸易，并垄断西藏西部的羊毛贸易。道光二十年（1840 年，藏历第十四饶迥铁鼠年），古拉伯·辛格侵占拉达克西北的巴尔蒂斯坦（又称小西藏）。

道光二十一年（1841 年，藏历第十四饶迥铁牛年），古拉伯·辛格兵分三路侵入西藏西部，北路由佐拉瓦·辛格率 3000 人，沿班公湖南岸推进，以防备新疆援军南下，攻占日土宗（今阿里日土县）后，向噶大克（雅萨，今噶尔县昆莎乡那木如村）进攻；中路由罗诺·桑鲁率领，由甘里沿森格藏布而上，攻占扎西岗，直趋噶大克；南路由古兰·坎率领，从甘里南下，攻占札布让宗、达巴宗（均在今札达县），击败了当地居民的抵抗，向东至噶大克。三路军队在噶大克会合后，沿古老商道向东南进攻，途中击溃当地军民的抵抗，从今拉昂错和玛旁雍错两湖之间南下，向阿里南部重镇普兰进攻，洗劫普兰。

清朝驻藏大臣孟保派噶伦策垫多杰、究美策旺班觉二人率江孜、日喀则官兵 2900 人进兵阿里，收复普兰等地。10 月，在多玉（玛旁雍错南）与查谟决战，查谟军队溃败，其主帅佐拉瓦·辛格右肩中弹落马，被藏兵用长矛刺死，查谟军队全面崩溃，藏军收复普兰等地。策垫多杰、究美策旺班觉噶伦二人乘胜追击，进军噶尔，并派代本比喜等分头进攻达巴。12 月底，藏军收复全部失地。

道光二十二年（1842 年，藏历第十四饶迥水虎年），藏军进至拉达克首都列城，拉达克、巴尔蒂斯坦人民发动起义，配合藏军围攻列城。古拉伯·辛格派兵进军拉达克，镇压拉达克、巴尔蒂斯坦各地起义，与藏军交战，藏军孤军深入，战败退至班公湖南的咙沃，查谟、锡克联军引水灌入藏军营地，藏军溃败，噶伦索康、代本比喜等被俘。西藏收回拉达克的努力失败。

道光二十五年（1845 年，藏历第十四饶迥木蛇年），在英国与锡克的战争中，作为锡克王国首相的古拉伯·辛格配合英国取得决定性胜利。战后，锡克王国割让比阿斯河与印度河之间的领土。1846 年 3 月（藏历第十四饶迥火马年），英国政府与古拉伯·辛格签署《阿姆利则条约》，将英锡战争中获得的克什米尔地区以 750 万卢比的价格卖给古拉伯·辛格，并册封其为“查谟和克什米尔大君”，成为英印帝国中的一个土邦。

民国时期，札布让宗、达巴宗、曲木底本、萨让如本，仍由阿里噶本管辖，归西藏地方政府（噶厦）管理。

民国八年（1919 年，藏历第十五饶迥土羊年），英印政府入侵札布让宗（今札达县）的桑、葱莎地区，砸毁设在公共桥头的长石界碑，西藏地方政府多次向英印方面交涉无果。

民国三十六年（1947 年，藏历第十六饶迥火猪年），印度独立后接管拉达克、汗里、毕底①、主尼、觉南等沿边藏族聚居区，且不顾历史上形成的传统习惯线，大肆向中国边境扩张，侵占中国巨哇、曲惹地区，什布奇山口以西地区，桑、葱莎、波林三多地区，然冲、乌热、拉不底（即香扎、拉不底）地区，共 2650 平方千米领土。

六、和平解放与民主改革时期

1950 年 8 月，新疆军区奉中央军委命令，派独立骑兵师一团一连进军阿里。1951 年 8 月 3 日，中国人民解放军新疆独立骑兵师第二团副团长安志明率领后续部队（4 个连）进驻噶大克，阿里和平解放。根据《中央人民政府和西藏地方政府关于和平解放西藏办法的协议》（简称《十七条协议》）规定，阿里行政制度仍维持原状。新疆独立骑兵师派小分队到札布让

① 汗里、毕底：与札达县曲松乡相邻的印控地区。

宗一带驻防和巡逻。9 月，解放军驻阿里部队派工作队进入香孜、托林等地区进行社会调查。

1952 年 3 月，进藏先遣连和后续部队 4 个连整编为阿里骑兵支队，隶属南疆军区领导，由安志明任支队长。9 月，中共阿里分工委成立。

1954 年，西藏地方政府设阿里基巧，将噶本改为总管。由西藏地方政府委派四品僧俗官员各 1 名，分管札布让宗、达巴宗。

1956 年 9 月 28 日，西藏自治区筹备委员会在噶尔昆萨成立阿里基巧办事处，作为临时性过渡政权管理阿里境内事务。11 月 6 日，札布让宗和达巴宗合并成立札达宗，在香孜成立札达宗办事处，属过渡时期带有政权性质的商议机构，宗办事处以两宗在职的官员、上层人士为主，阿里分工委选派几名干部参加，归西藏自治区筹备委员会阿里基巧办事处领导。原札布让宗和达巴宗以及其他地方政权组织与札达宗办事处并存，照旧履行其原有职能。

1957 年，按照同年 5 月中共中央对西藏工委《关于今后西藏工作的决定》的批复“决定从当年起至少六年以内，甚至更长时间以内，在西藏不进行民主改革”的精神，阿里基巧办事处领导机构、工作机构及宗办事处相继精简、撤销。8 月 15 日，中共阿里分工委决定撤销札达宗办事处。

1959 年 3 月，西藏地方上层反动集团发动全面武装叛乱。3 月 22 日，中共阿里分工委和阿里支队接西藏工委和西藏军区急电，命令快速收缴阿里噶本和所有宗本的枪支弹药，23 日完成对达巴、札布让、曲木底所有宗、本枪支弹药的收缴工作。4 月 5 日，阿里军事管制委员会成立，宣布解散噶本政府和各宗政府，对全地区实行军事管制。由军事管制委员会派出的军事管制小组接管政权。5 月，中共阿里分工委、阿里军事管制委员会派土化瑛（时任分工委统战部部长）率领工作组进入札达，宣布解散札布让宗和达巴宗政府，接管两宗政权。10 月，西藏自治区筹备委员会决定撤销阿里基巧办事处。

七、人民政府时期

1960 年 1 月 8 日，经国务院批准，设立阿里专区。3 月 1 日，成立阿里专区专员公署，驻噶尔昆萨，正式建立阿里人民政权。4月底，中共阿里分工委派王俊率领30余名干部到托林筹备建立札达县事宜。5月5日，以委派形式在托林成立札达县人民政府。

1961年4月，建立香孜、底雅、萨让、达巴4个区公所及区委，1—10月，民主改革运动中，建立香孜、热布加林、鲁巴、萨让、日巴、波林、达巴、东波、曲龙、托林10个乡人民政府。

1965年6月，札达县人民政府更名为札达县人民委员会。

1967年2月，中国人民解放军奉令介入地方"文化大革命"运动，3月25日，成立札达县军事管制小组，对全县实行军事管制，行使县委和县人民委员会职权。

1969年8月，札达县革命委员会成立，取代县人民委员会职权。

1970年1月，阿里专区由新疆维吾尔自治区代管，行政区划仍属西藏自治区，札达县也随之由新疆维吾尔自治区代管。阿里专区更名为阿里地区。1979年3月，札达县随阿里地区复归西藏自治区领导。

1981年12月27日，札达县第三次人民代表大会召开，撤销札达县革命委员会，恢复县人民政府。1985年8月，地、县联合工作组赴札达县未实行民主改革的底雅、什布奇、楚鲁松杰3个乡进行建政工作，建立了3个乡人民政府。

至2010年底，札达县隶属关系未发生变化。

第三节　行政区划

7世纪，吐蕃在今札达境内设古格东岱，成为吐蕃在象雄设立的10个东岱之一。

北宋乾德四年（966年，藏历火虎年），松额创立古格地方政权后，札达成为古格地方政权统治的中心区域。

13世纪，古格王室分裂为南北两支，王子吉德赞继承原古格王位，在朗钦藏布北面的东嘎·皮央建立冬宫，称北支，其行政区划沿袭旧制。王子贝维赞则以今札达县达巴乡为治所，占据朗钦藏布南面达巴等地区，称南支，另创立达瓦法王王系，相对独立。

明崇祯三年（1630 年，藏历第十一饶迥铁虎年），拉达克地方政权攻占古格，原古格行政区域归入拉达克地方政权管辖。

清康熙年间，札达县下辖 2 个宗 2 个本，即札布让宗、达巴宗，萨让如本（今萨让乡）、曲木底本（今曲松乡）。札布让宗下辖曲木底、卡堆强欧、林、洛麦、绒琼 5 个部落；达巴宗下辖曲龙、董布（东波）、达雪、达卡、玛朗官府、差民、苏康 6 个部落。

1959 年，西藏自治区进行民主改革，废除宗本管理体制。7 月，门士驿站划归噶尔县。1960 年 5 月，札达县人民政府成立。

1961 年 4 月 10 日，成立底雅区（辖底雅、什布奇、鲁巴 3 个乡）、香孜区（辖香孜、热布加林、曲木底 3 个乡）。4 月 15 日，成立萨让区（辖萨让、日巴、波林 3 个乡）、达巴区（辖达巴、东波、曲龙 3 个乡）。成立曲松区，辖楚鲁松杰乡。1962 年，达巴区增设托林乡。1967 年，香孜区增设东嘎乡。至此，札达县辖 5 个区、15 个乡。

1968 年，札达县开始兴办人民公社，至 1969 年，各区所辖乡均建立人民公社，共建立 15 个人民公社。

1970 年 2 月 14 日，曲松区革命委员会成立，香孜区管辖的曲木底公社划归曲松区管辖。

1975 年 8 月，从萨让区划出波林公社、香孜区划出东嘎公社、达巴区划出托林公社筹建札布让区。10 月，在札布让正式成立札布让区革命委员会，辖波林、东嘎、托林 3 个公社。至此，札达县辖 6 个区、15 个公社。

1984 年，开展撤社建乡工作，撤销乡级人民公社，恢复乡人民政府。1985 年，对未实行民主改革的底雅、什布奇、楚鲁松杰 3 个乡进行建政工作。

1999 年，西藏自治区在全区实施撤区并乡工作。6 月 25 日，根据自治区民政厅《关于阿里地区乡镇行政区域调整的批复》，进行撤区并乡工作。札达县各区更名为乡镇，乡改为村，村改为村民小组。其中，札布让区迁至县城所在地，因托林寺更名为托林镇。全县行政区划调整为一镇五乡，1 个居民委员会，14个村民委员会，58个村民小组。

1999年札达县撤区并乡后行政区划一览表

表2－1－1

乡镇名称	所辖行政村	所辖村民小组
托林镇	3个(其中居委会一个)：托林居委会、波林村、东嘎村	9个：托林、玛朗、札布让、波林、卡孜、多香、东嘎、皮央、白东
底雅乡	3个：鲁巴村、底雅村、什布奇村	11个：鲁巴、益日、努巴、马阳、荣堆、底雅、古让、久巴、色尔贡、热尼、什布奇
萨让乡	2个：萨让村、日巴村	7个：萨让、当巴、白嘎、日巴、日地岗、嘎热布、曲色
曲松乡	2个：曲木底村、楚鲁松杰村	8个：丁布、嘎尔贡间、那错、江布色如、卡热、巴角、楚鲁、松杰
香孜乡	2个：香孜村、热布加林村	13个：夏益、其里普、苏康、香孜、乡巴、角孜、江塘、日孜角、热嘎夏、色嘎、西谢、夏朗、热布加林
达巴乡	3个：达巴村、东波村、曲龙村	10个：达巴、嘎林、东萨、托洛、乌优、乌丁、曲龙一作业组、曲龙二作业组、曲龙三作业组、曲龙四作业组

至2010年底，札达县行政区划未发生变化。

第二章　乡镇概况

至2010年底，札达县辖一镇五乡，分别是托林镇、达巴乡、香孜乡、曲松乡、萨让乡、底雅乡。境内高山林立，河流纵横，资源丰富。民主改革后，各乡镇社会经济取得了长足发展。

第一节　托林镇

托林（མཐོ་ལྡིང་།）镇位于喜马拉雅山西段阿比岗门北坡，西邻萨让乡，北邻香孜乡，东邻噶尔县，南邻达巴乡，西南与印度交界，边境线长78千米，有3个通外山口（卓尼拉山口、莫林山口、桑觉拉山口）。卓尼拉山口位于托林镇西南方向，也是托林镇最重要的防控山口。总面积0.33万平方千米，为县政府驻地，是札达县的政治、经济、文化中心。

一、自然地理

托林镇四周环山，南北高、中间低，以山地为主，平坝为辅。最高点为南部的中国与印度界山依比岗门，海拔7730.8米；最低点为札布让村北朗钦藏布河岸，海拔3604米，平均海拔4200米左右。

托林镇属高原干旱季风气候。年平均气温－1.5℃，夏季最高气温31℃，冬季最低气温在－24℃左右。气温≥0℃天数约230天，≥10℃天数约 110 天。干燥少雨，年降雨量约 200 毫米，集中在 7—8 月，分布南多北少、东多西少。温差较大，冬季寒冷，夏季凉爽。无霜期约 130 天，年日照时数约 3000 小时。

境内主要河流有朗钦藏布（象泉河）、玛朗河。朗钦藏布是阿里的四大外流河之一，全长 309 千米，中国境内流域面积 22760 平方千米，年平均流量 28.9 立方米/秒，年径流量 9.1 亿立方米，主要分布在高山下的山麓冲积扇边缘，是人畜饮水的主要水源之一。玛朗河发源于喜马拉雅山，在托林镇东南汇入朗钦藏布，总长 64 千米，流域面积 710 平方千米。

野生动物资源主要有藏野驴、岩羊、盘羊、猞猁、雪鸡、狼等。野生药用植物有雪莲花等。矿产资源丰富，主要有铬、铜、铁、水晶石等。

托林镇旅游景点主要有札达土林、古格王朝都城遗址、多香遗址、托林寺、玛朗寺、皮央·东嘎石窟遗址等。国家级文物保护单位有古格王国遗址、托林寺、皮央·东嘎壁画 3 处。托林镇是札达县乃至阿里地区文化旅游景点最多的乡镇之一，占全地区文化旅游景点的 47% 以上。

二、建置区划

1686 年，西藏地方政府在札布让设立札布让宗，托林为札布让宗属地。

托林镇西南部的桑、波林三多、葱莎地区位于甲扎岗噶河及其支流所经之地。1952 年 5 月，印军侵驻葱莎地区，并至桑巡逻。札布让宗本曾亲往葱莎与印军交涉，但无果。1954 年，印度地图将桑、波林三多、葱莎地区划入印度，形成争议区。1955 年，印军侵占波林三多。

1956 年 11 月，札布让宗和达巴宗合并成立札达宗，在香孜成立札达宗办事处及宗党委，属过渡时期带有政权性质的商议机构。1959 年，实行民主改革，废除宗本管理体制。1960 年 5 月，以委派形式成立札达县人民政府。

1975 年 8 月，从萨让区划出波林公社，香孜区划出东嘎公社，达巴区划出托林公社筹建札布让区。10 月，在札布让正式成立札布让区革命委员会，辖波林、东嘎、托林 3 个公社。

1984 年，撤销人民公社，恢复乡人民政府，札布让区辖托林乡、东嘎乡、波林乡。

1999 年，撤区并乡，札布让区迁至县城所在地，因托林寺更名为托林镇。

2005 年，托林居委会札布让组成为全国小康示范村。

2009 年，托林镇有农牧民 202 户 916 人。机构设置包括镇党委、人民政府、人大主席团、团委、妇联、兽医所、派出所、基层武装部。

至 2010 年底，辖托林居委会、波林村、东嘎村，托林、玛朗、札布让、波林、卡孜、多香、东嘎、皮央、白东 9 个村民小组。全镇总人口 2487 人，其中农牧民 235 户 933 人。

三、经济发展

托林镇经济为半农半牧，以牧为主，主要农作物有青稞、油菜、豌豆、玉米、大麦、小麦、马铃薯等，是札达县主要产粮区。牧业主要饲养犏牛、黄牛、马、绵羊、山羊等。1999 年，全镇有农牧民 149 户 396 人，农村经济总收入 158. 91 万元，农牧民人均纯收入 1441. 23 元。2000 年，全镇农村经济总收入完成 210. 27 万元。2006 年，收购羊毛 9 吨、羊绒 2 吨。组织动员农牧民劳务投入 1. 3 万人次，创收 65 万元。2007 年，组织农牧民 1. 2 万人次种植苗圃，为群众创收 48 万元。2010 年，全镇农村总收入达到 460. 22 万元，农牧民人均收入达到 4932. 69 元。各项经济指标呈持续健康发展态势。

1999—2010 年托林镇农牧民人均收入统计表

表 2－2－1

年份	农村经济总收入(万元)	农牧民人均纯收入(元)
1999	158. 91	1441. 23
2001	210. 27	2251. 56
2002	257. 56	2206. 67
2003	258. 1	2365. 4
2004	276. 6	2707. 4

续表

年份	农村经济总收入(万元)	农牧民人均纯收入(元)
2005	302.41	2205.34
2006	276.14	2284.91
2007	286.82	3220.5
2008	334.07	3071.93
2009	448.50	3958.55
2010	460.22	4932.69

注：缺2000年数据。

（一）农业

1986年，札布让区农作物播种面积1237.2亩，其中青稞1045.7亩，小麦25.2亩，饲料17.6亩，豌豆107.5亩，蔬菜39.2亩。1987年，札布让区农作物播种面积1336.6亩，其中青稞1197.6亩，小麦9亩，大麦0.7亩，饲料1亩，豌豆114.9亩，蔬菜13.4亩。

1990年，札布让区农作物播种面积达1447.9亩（青稞1285.3亩，大麦19.6亩，豌豆143亩），农作物产量165.04吨。1994年，札布让区计划播种1699.5亩，实际播种1549.65亩，粮食总产量150776.75千克，农业总收入9.24万元。1999年，托林镇有耕地面积1890.3亩，农作物播种面积1807.5亩，其中粮食播种面积1771亩，粮食总产量220.1吨。2000年，粮食播种面积1899.7亩，粮食产量220吨。

2001—2010年，托林镇大力引进优良青稞种子，调整种植结构，扩大经济作物种植面积。2001年，新开垦土地35亩，农作物播种面积1827亩。

2002年，农作物播种面积1858.2亩，其中小麦39.35亩，玉米1.5亩，青稞1441.05亩，杂豆181.95亩，油菜121.35亩。粮食作物主要种植品种为藏青320、喜马拉雅19号，同时新引进良种“148”180亩。

2003年，农作物播种面积1463.072亩，其中小麦2.07亩，玉米30亩，青稞997.5亩，杂豆250.5亩，油菜183亩。

2005 年，托林镇共推广优良新品种 842 亩。在种植结构调整上，扩大经济作物种植比例，达 262. 5 亩。其中油菜种植面积 143. 5 亩，蔬菜 59 亩，玉米 5 亩，西瓜、哈密瓜 60 亩。粮食总产量达 219. 49 吨。

2006 年，农作物播种 1606 亩，其中青稞播种 1215 亩，饲草料播种 150 亩。经济作物种植 282. 08 亩，其中油菜种植 37. 56 亩，蔬菜 34. 72 亩,玉米 5 亩,豌豆 204. 8 亩。推广优良新品种种植 300 亩。粮食总产量达 157. 27 吨。

2007 年，农作物播种面积 1248. 5 亩，其中青稞播种 881. 3 亩；经济作物播种 368. 51 亩，其中油菜 35. 4 亩，蔬菜 53. 8 亩，豌豆 167. 51 亩，西瓜 35 亩。

2009 年，粮食播种面积 1226. 85 亩，其中马铃薯 5. 4 亩。

2010 年，全镇农作物播种面积 1246. 47 亩。

（二）牧业

托林镇坚持“草业先行、以草定畜、增草增畜、草畜平衡”的发展原则，加快畜种改良、疫病防治、防灾抗灾，确保牧业稳定发展。

1986 年，札布让区牲畜存栏 27573 头（只、匹），其中牦牛 1733 头，黄牛 815 头，犏牛 46 头，马 412 匹，绵羊 10483 只，山羊 14085 只。1987 年，札布让区牲畜存栏 30149 头（只、匹），其中牦牛 1908 头，黄牛 73 头，犏牛 49 头，马 257 匹，绵羊 11935 只，山羊 15127 只。

1994 年，札布让区牲畜存栏 18778 头（只、匹），其中牦牛 1238 头，黄牛 758 头，犏牛 89 头，马 342 匹，山羊 13021 只，绵羊 7537 只。有适龄母畜 10422 头（只、匹）。1999 年，托林镇各类牲畜存栏 21646 头（只、匹），其中牛 2019 头，羊 19306 只。奶类产量 114. 68 吨，绵羊毛产量 5. 63 吨，山羊绒产量 1. 38 吨，各类皮张产量 2585 张。2000 年，全镇牲畜存栏 30080 头（只、匹）。

2001 年，草场围栏 1600 米，年末牲畜存栏 28994 头（只、匹）。

2002 年上半年，由于降雪频繁，牲畜总增率较低，受灾死亡 4760 头（只、匹），牲畜总存栏 3. 14 万头（只、匹）。在札布让、托林、卡孜、波林作业组配种 23 头。2003 年上半年，因灾成畜死亡率 2%，牲畜存栏 34180 头（只、匹）。2005 年，牲畜存栏达 28963 头（只、匹）。

2006 年，由于托林镇所处地理位置受限，草场的使用范围有限，为保证牲畜安全过冬，镇政府采取“控马、稳牛、减羊、上禽”的工作方针。在畜群结构调整上，采取控制马匹，稳定牛、羊的数量，优化畜群比例，共出售牛 74 头、马 26 匹、羊 136 只。牲畜存栏达 28298 头（只、匹），其中：牦牛 1561 头，黄牛 1048 头，犏牛 269 头，马 481 匹，山羊 17393 只，绵羊 7546 只。波林村和托林居委会 6 个作业组，除托林组外，其余 5 个工作组全部完成草场承包工作。

2007 年，牲畜存栏 29462 头（只、匹）。2008 年，全镇牲畜总数达到 31454 头，其中牦牛 2024 头，黄牛 2665 头，犏牛 293 头，马 569 匹，驴 24 头，山羊 18042 只，绵羊 7837 只。2009 年，全镇牲畜总数达到 22217 头（只、匹），其中大牲畜 2936 头（匹），羊 19281 只。

1998—2002 年托林镇牧业生产情况表

表 2－2－2　　单位：(头、只、匹)、%、吨

	1998	1999	2000	2001	2002
年末牲畜存栏(头、只、匹)	23594	28976	30080	31067	26323
适龄母畜(头、只、匹)	12394	11660	11859	15804	14479
大牲畜(头、匹)	2349	2849	3003	3254	3065
牛(头)	1998	2433	2517	2716	2504
羊(只)	21245	26127	27077	27813	23258
绵羊(只)	7598	9033	9278	9820	8412
当年成活仔畜(头、只、匹)	2737	8208	9028	9204	6250
牲畜出栏率(%)	13.6	16.5	24.67	26.75	28.2
成畜死亡率(%)	27.7	4.2	3.55	4.11	8.4
肉类产量(吨)	76.5	57.63	105.37	113.67	109.99
奶类产量(吨)	54.8	114.68	85.44	115	124.2
绵羊毛产量(吨)	4.6	5.63	6.5	7.99	7.77
山羊绒产量(吨)	1.1	1.38	1.36	2.06	1.75

2001—2010 年，托林镇有关部门严格按照年初目标，发放各类注射疫苗，做到“六不漏”（乡不漏村、村不漏组、组不漏户、户不漏畜、畜不漏针、针不漏量），全面落实牲畜防疫工作。小反刍、口蹄疫 A、O 型疫苗注射率达 100%。畜牧工作人员经常深入各村组、牧场，手把手向农牧民群众传授牲畜防疫知识，进行技术指导，确保全镇牲畜及畜产品健康安全。

四、基础设施建设

1965 年，札达至噶尔的第一条公路修通，全长 279 千米。1984 年，札达至噶尔的第二条公路修通，全长 380 千米。

2000—2001 年，投资近 200 万元，建设完成通天水渠工程，解决了札布让、波林 1000 多亩土地的灌溉问题。建设完成东久吊桥工程。

2002 年上半年，“千名干部进牧区、理思路、促发展”工作组共为群众修建温室 3 座，打井 1 眼，修建饲草基地 42 亩，修建茶馆 1 座，修建水池 17180 平方米，开办商店 1 个，修建房屋 14 间。

2003 年上半年，根据托林镇基础设施落后的情况，镇政府决定申报可行性强、投资小、见效快的项目，主要申报项目有农产品粗加工厂、蔬菜种植基地、防抗灾基地建设、公路建设、民俗村建设等。

2005 年，镇政府组织动员干部、农牧民群众修渠清淤，上半年共新修 2 条水渠长 3 千米，维修水渠 17 条长 6 千米，水库清淤 3 座。投资 45 万元，完成多香公路改建工程；投资 360 万元，完成札布让小康示范村建设，解决了札布让 34 户 148 人的住宿问题；投资 20 万元，建设波林村会议室；投资 30 万元，建设卡孜组提灌站项目；投资 1 万元，修建东嘎村水渠及水库；投资 20 万元改建玛朗村会议室和办公桌椅设备。

2006 年，安居工程覆盖托林居委会玛朗组，波林村波林组、卡孜组、多香组，东嘎村白东组，当年完成 80 户。国家补助资金实际到位 135. 42 万元，农牧民群众贷款总额 106 万元，建房户自筹资金 103. 75 万元。投资 5 万元进行皮央组土地平整；投资 40 万元，在托林组修建温室大棚；投资 38 万元，在卡孜波林进行黄牛改良；投资 19 万元，购置洗砂机，新修水渠 4

条。整修各村组损坏公路40千米，多香组防洪坝2000米，萨泥至格龙、萨泥至东嘎、萨泥至那嘎水渠源头，投资3万元对老卡孜水渠进行维修。

2006—2008年，安居工程建设完成114户9875平方米。2009年，安居工程建设范围扩大到托林居委会托林组，东嘎村东嘎组、皮央组。

截至2008年底，托林镇所辖3个村（居）委会11个作业组中，除多香、玛朗、白东组用太阳能供电外，镇政府和其他组均拥有生活照明用电。除卡孜、白东组牧业点不通公路外，其他村组均交通便利。

四、社会事业

（一）教育

民主改革后，札布让区教育事业迅速发展，尤其是实施包吃、包住、包学习费用的教育“三包”政策后，入学率迅速提高。

1994年，札布让区适龄儿童入学率达57.3%。

2001—2010年，托林镇实行“三包”政策后，农牧民群众思想观念得到转变，送子女上学积极性空前高涨，九年义务制教育阶段适龄儿童入学率达100%，教育事业实现长足发展。

2001年，初步建成札布让港心希望小学教学楼，有在校生40名。东嘎村学生原就读于种畜场，由于没有专业老师，教学质量差，应家长要求，全部转入札达县完小。全镇适龄儿童入学率达98%。

2005年8月1日至10月20日，在全镇范围内开展扫盲教育工作，每个村（组）设置2个年级，共扫盲234人。9月20日组织测试，有213人参加，全部通过，优秀率达85%。

2006—2007学年初，全镇有8—13周岁小学适龄儿童151人，小学在校生149人，小学适龄儿童入学率98.67%；有14—16周岁适龄少年78人，适龄少年在校生75人，初中入学率96.15%；15周岁人口数为23人，小学毕业21人，完成率91.3%，文盲0人；17周岁人口数为26人，初中毕业6人，完成率23%；15—50周岁人口925人，残疾4人，非文盲883人，现有文盲38人，文盲率4.12%。有小学专任教师16人，其中大专7人，中专7人，无合格学历但从事教学工作满20年以上2人，合格学历教师16人，小学专任教师合格率100%；全镇有中学专任教师14人，其中本科7人，大专6人，无合格学历但从事教学工作满20年以上1人，合格学历教师14人，中学专任教师合格率100%；2001—2006年，补充中学教师6人，其中本科4人，大专2人，学历合格率100%；全镇有中、小学正副校长3人，参加培训3人，持证上岗率100%。适龄儿童入学率、初中生入学率、在校生辍学率、15周岁人口小学教育完成率、15—50周岁文盲率等硬性指标均达标，并通过自治区“普九”工作督导组验收。吸收16名青壮年进入县职业技术学校学习木工、护理、绘画、制作卡垫技能。

（二）医疗卫生

1994年，札布让区坚持医疗卫生事业为基层服务的方向，重视预防保健和计划免疫工作，全区收治病人1754人次，并积极开展下乡巡诊工作，平均治愈率达40%。2006年，人口自然增长率控制在1.5%以内，农牧民群众计划生育和优生优育意识普遍增强。

（三）文化

1994年，札布让区各乡村共放映电影63场（次），电视地面转播单收站机械完好率达100%，收视8000人次，全年收视率达70%以上。

2006年，托林镇9个作业组广播电视覆盖率达100%，拥有家庭电视的群众有118户。

（四）生态环保

1994年，札布让区动员全区3个乡干部群众植树2545株。

2002年，托林镇零星植树2551株，成片造林16.1亩8493株，育苗2亩，并配合自治区退耕还林办测量退耕还林地1052亩，宜林地275亩，苗圃273亩。

2003年，在札布让、托林、卡孜、波林4个作业组共计兑现252.8亩退耕还林补助资金5056元。其中札布让作业组127.8亩2556元、托林作业组34.5亩690元、卡孜作业组44.6亩918元、波林作业组45.9亩918元。补助青稞37920斤、面粉26544斤。

2005年，经济林建设380亩5800株。在确保粮食产量的前提下，在单产低、水资源缺乏、产业效益低的宜农宜牧村（组）进行退耕还草120亩。

2006 年，退耕还草 150 亩。截至 2008 年底，全镇有林业面积 12 万亩。

2009—2010 年，托林镇认真开展环境保护工作，不断改善村居人居环境。

第二节　达巴乡

达巴（མདའ་འབབ།），藏语意为“落箭之地”，另有解释为射箭者、溪口居民等，曾名达卡、达噶尔谷、达喀尔、达巴喀尔、达巴卡等，1989 年定现名。达巴乡位于札达县东南部，地处东经 79°55′、北纬 31°13′，距札达县城 75 千米，北与县人民政府驻地托林镇接壤，东与噶尔县门士乡相连，东南与普兰县毗邻，南与印度以喜马拉雅山脉雪峰线为界。

一、自然地理

达巴乡地势南高北低，多高山、峡谷、湖泊，最高点为乡境南部喜马拉雅山西段依比岗门（中印边界），海拔 7730. 8 米，最低点为乡境东北部仲炸觉河与朗钦藏布交汇口，海拔 3790 米。乡政府驻地达巴村海拔 4188 米。

平均气温 2℃，年降水量 189. 6 毫米，无霜期 71 天。

全乡土地总面积 1456. 92 平方千米，其中草场面积 1003. 82 万亩，占土地总面积的 68. 9%，可利用草场面积 847. 35 万亩，占草场面积的 84. 4%。水资源丰富，主要有达巴河流入朗钦藏布，其余有 8 条分布在东波村境内，东波、曲龙两村有温泉 5 处。野生植物有赖草、沙棘等；野生动物有藏羚羊、长角羊、胡兀鹫等。矿产资源已探明的有金矿、水晶矿、铜矿等。

达巴遗址坐落于乡政府北坡的土林山顶之上，位于北纬 31°13′，东经 79°55′，海拔 4500 米，呈北高南低走向，城堡布局形如倒“Y”字型，山脚距乡政府驻地 200 余米。据李永宪、霍巍和更堆编写的《阿里地区文物志》介绍，“达巴”在藏语中也译为“达布”，意为箭头落地之处。传说当年在选择修建地点时，达巴王引弓搭箭，一箭飞出，落地之处即生出莲花，有吉祥瑞相，达巴王大喜过望，于是便选定该处作为王宫地址。

二、建置区划

古格王泽巴尔赞之子贝维赞控制札达县玛朗村及其东南地区，包括现达巴乡所辖达巴、东波、曲龙3个村和噶尔县门士乡南部地区，建立达巴王国，后成为达瓦法王，拥有世袭地方特权。1686年，西藏地方政府在此设立达巴宗，由阿里噶本政府管理。

达巴乡南部与印度以喜马拉雅山雪峰线为界，该条界线在历史上长期得到两国人民的尊重和承认。两国边民世代和睦相处，在贸易、宗教、探亲、访友等方面有着友好往来，但印度独立后仍延续英帝国主义的政策，逐步蚕食达巴领土。1954年6月，印度派遣武装人员越过马拉山口侵占然冲、乌热地区。1956年7月，印军侵入香扎、朱毕钟、拉不底等地区，并不顾中国的反对和抗议，侵占后实际控制，在达巴乡形成一个长达65千米、面积885平方千米的争议地区。把实控线向北推进至尼提山口、东径拉山口一线以及乌热曲、香扎曲上游地区。

1956年11月，札布让宗和达巴宗合并成立札达宗，在香孜成立札达宗办事处，属过渡时期带有政权性质的商议机构。1959年，解散达巴宗政府。1960年，成立札达县人民政府。

1961年4月15日，设立达巴区。1962年，设托林乡，达巴区辖达巴、东波、曲龙、托林4个乡。1969年，达巴区成立人民公社，所属4个乡均改为公社。12月19日，成立达巴区革命委员会。

1975年8月，从萨让区划出波林乡公社，香孜区划出东嘎乡公社，达巴区划出托林公社，筹建札布让区。至此，达巴区辖达巴公社、东波公社、曲龙公社。

1984年，撤销人民公社，恢复乡人民政府。达巴区所辖3个公社改为3个乡，即达巴乡、东波乡、曲龙乡。

1999年7月，开展“撤区并乡”工作，达巴区改为达巴乡，所辖3个乡改为达巴村、曲龙村、东波村3个行政村，辖达巴、嘎林、东萨、托洛、乌优、乌丁、曲龙一作业组、曲龙二作业组、曲龙三作业组、曲龙四作业组10个村民小组。

2006年，全乡有人口1123人。2008年年底，达巴乡有265户1143人。2010年，达巴乡有291户1187人。

三、经济发展

达巴乡气候温和，属以牧业为主的半农半牧乡，农牧民收入主要来源于农牧业，主要农作物有青稞、小麦、油菜、豌豆等。随着经济的快速发展，劳务输出和商贸流通成为新的经济增长点，辖区内有著名的姜叶马加尔果和那木拉边贸市场。达巴乡坚持“以牧为主，农牧互补，劳务增收，旅游富民，边贸活乡”的长期发展思路。2000年，达巴乡农村经济总收入179.94万元（农业收入19.67万元，牧业收入153.54万元，副业收入6.73万元）。2006年，全乡农村经济总收入301万元，农村居民人均纯收入2283元。

（一）农业

1961年，托林乡共有51户251人，有土地680藏克①。

1964年，托林乡有3个自然村49户234人，劳动力955人，耕地面积620藏克，实际播种360.75藏克，其中青稞189.35藏克，大麦41.4藏克，小麦69.15藏克，豌豆60.85藏克，粮食总产量36075千克。

1965年，达巴区3个乡共有172户，其中有农户113户，共有耕地面积465藏克，实际播种面积336.2藏克，共整修水渠29条。达巴乡有耕地面积304.3藏克，实际播种238藏克，总产量8756.5千克。曲龙乡有25户132人种地，实际播种面积33.7藏克，共施肥650袋。

1966—1987年，达巴区以种植青稞为主。

1990年，达巴区播种粮食570亩，均为青稞，产量57吨。1999年，达巴乡耕地面积1112.6亩，粮食播种面积753.37亩，粮食产量83.98吨。农村经济总收入168.39万元。

2001—2010年，全乡引进优良青稞种子，调整种植结构，扩大经济作物的种植面积，提高农作物产量，增加农牧民收入。

2008年上半年，共调运化肥1.5吨（其中尿素1吨，二氨0.5吨），调

---

① 藏克、藏斗为土地计量单位，1藏克约0.715亩，3.5藏斗约1亩。

运种子5吨。至2010年，经济作物种植比重有所增加。

1966—1987年达巴区青稞播种情况统计表

表2－2－3　　单位:亩

年份	青稞播种面积	年份	青稞播种面积
1966	170	1977	266
1967	175	1978	278
1968	181	1979	279
1969	188	1980	300
1970	189	1981	310
1971	201	1982	320
1972	220	1983	330
1973	235	1984	411
1974	240	1985	420
1975	245	1986	433
1976	264	1987	468

2001—2010年达巴乡各村农作物播种情况统计表

表2－2－4

年份	达巴村		东波村		曲龙村	
	播种面积（亩）	产量（吨）	播种面积（亩）	产量（吨）	播种面积（亩）	产量（吨）
2001	400	20	100	0.5	70	21
2002	450	22.5	97	4.85	75	22.5
2003	460	23	97	4.85	60	18
2004	490	24.5	94	4.7	65	19.5
2005	500	25	91	4.55	68	24

续表

年份	达巴村		东波村		曲龙村	
	播种面积（亩）	产量（吨）	播种面积（亩）	产量（吨）	播种面积（亩）	产量（吨）
2006	500	25	91	4.55	88	16.5
2007	520	26	88	0.5	75	22.5
2008	550	27.5	85	4.25	78	23.4
2009	580	29	82	4.1	74	22.2
2010	600	30	82	4.1	77	23.1

（二）牧业

1961 年，托林乡有牦牛 198 头，黄牛 78 头，山羊 1383 只，绵羊 1065 只，马 65 匹，毛驴 25 头，全年农牧业产值 14439.71 元。1964 年，托林乡有牲畜 3983 头（只、匹），其中绵羊 901 只，山羊 2195 只，牦牛 547 头，黄牛 260 头，犏牛 1 头，马 58 匹，驴 21 头。出生幼畜 1020 头（只、匹）。

1965 年，达巴区有各类牲畜 39373 头（只、匹），其中绵羊 22205 只，山羊 14148 只，黄牛 66 头，牦牛 2598 头。曲龙乡有马 140 匹，牛 1000 头，羊 18495 只。

1986 年，达巴区牲畜存栏 44361 头（只、匹），其中牦牛 3819 头，黄牛 101 头，犏牛 5 头，马 851 匹，绵羊 23849 只，山羊 15736 只。1987 年，达巴区牲畜存栏 47699 头（只、匹），其中牦牛 4507 头，黄牛 121 头，犏牛 5 头，马 948 匹，绵羊 25447 只，山羊 16671 只。

1999 年，达巴乡牲畜存栏 34602 头（只、匹），其中大牲畜 2486 头（匹）（牛 2127 头）、羊 32116 只（绵羊 13827 只），牲畜出栏 5180 头（只、匹）。奶类产量 151.71 吨，绵羊毛产量 15.4 吨，山羊绒产量 2.04 吨，各类皮张产量 3419 张。2000 年，全乡各类牲畜存栏 51971 头（只、匹）。

2001—2010 年，达巴乡采取常月补针的免疫形式，全面落实牲畜防疫工作，全乡牲畜接受小反刍、口蹄疫 A、O 型疫苗注射，疫苗注射率达 100%。

2004 年，达巴乡调整畜群结构，加大绒山羊比例，减少马匹比例，优化产业结构，全乡有牲畜 53855 头（只、匹），其中山羊 27688 只，绵羊 20978 只，牛 4255 头，马 934 匹。出栏 19332 头（只、匹）。

2006 年，全乡牲畜存栏 55188 头（只、匹），其中黄牛 123 头，牦牛 4035 头，犏牛 2 头，马 901 匹，山羊 30585 只，绵羊 19542 只。羊绒产量 9380 斤，羊毛产量 51900 斤。牲畜出栏率 24.4%。

2007 年，全乡草场面积 760941.3 亩，共有牲畜 59815 头（只、匹），其中山羊 34278 只，绵羊 20254 只，牛 4372 头，马 911 匹。冬季因灾因病成畜死亡 3334 头（只、匹），幼畜死亡 1751 头（只、匹），幼畜成活率 90.1%。

2008 年上半年，牲畜存栏 69829 头（只、匹），其中牦牛 4392 头，马 827 匹，山羊 39661 只，绵羊 24828 只。雪灾造成牲畜死亡 3586 头（只、匹）。

2009 年，全乡按照“因地制宜、突出重点、农牧结合、协调发展”的方针，进一步加强农牧业基础设施建设，调整优化畜群结构，大力发展特色优势产业，加快优良品种的引进、培育和推广，在达巴村一组培育 8 户毛肉兼用型半细毛羊示范户，调运改良绵羊 500 只。上半年共出售牛 434 头，山羊 3769 只，绵羊 2664 只。10 个作业组牲畜存栏达 58356 头（只、匹）。

至 2010 年，全乡草畜平衡，牲畜及畜产品健康安全。

1998—2002 年达巴乡牧业生产情况统计表

表 2 - 2 - 5

年份	1998	1999	2000	2001	2002
年末牲畜存栏(头、只、匹)	37299	46489	51971	58853	57746
适龄母畜(头、只、匹)	16071	17755	16997	19189	20031
大牲畜(头、匹)	2691	3026	3289	3738	4026
牛(头)	2278	2564	2772	3160	3381
羊(只)	34608	43463	48682	55115	53720

续表

年份	1998	1999	2000	2001	2002
绵羊(只)	15156	18063	19366	21517	21308
当年成活仔畜(头、只、匹)	4160	17351	13670	16260	11279
牲畜出栏率(%)	13	14	15.73	17.02	18.76
成畜死亡率(%)	19.5	2.1	3.22	2.13	3.6
肉类产量(吨)	68.5	70.69	99.21	122.68	130.41
奶类产量(吨)	62.9	151.7	122.81	114.39	123.54
绵羊毛产量(吨)	16	15.4	20.83	20.3	21.29
山羊绒产量(吨)	1.8	2.04	2.89	2.75	3.98

2003—2010 年达巴乡牲畜存栏情况表

表 2-2-6

<table>
<tr><th>年份</th><th>牦牛(头)</th><th>黄牛(头)</th><th>山羊(只)</th><th>绵羊(只)</th><th>马(匹)</th></tr>
<tr><td>2003</td><td>5400</td><td>266</td><td>39000</td><td>40006</td><td>450</td></tr>
<tr><td>2004</td><td colspan="2">4255</td><td>27688</td><td>20978</td><td>934</td></tr>
<tr><td>2005</td><td>5306</td><td>263</td><td>38000</td><td>36000</td><td>446</td></tr>
<tr><td>2006</td><td>5300</td><td>290</td><td>37890</td><td>35400</td><td>410</td></tr>
<tr><td>2007</td><td colspan="2">4372</td><td>34278</td><td>20254</td><td>911</td></tr>
<tr><td>2008</td><td colspan="2">4392</td><td>39661</td><td>24828</td><td></td></tr>
<tr><td>2009</td><td>3080</td><td>60</td><td>30000</td><td>49200</td><td>550</td></tr>
<tr><td>2010</td><td>5264</td><td>288</td><td>36888</td><td>34600</td><td>420</td></tr>
</table>

(三）劳务输出

达巴乡成立农牧民劳务输出领导小组，具体负责协调管理工作，根据农牧民群众需求，有针对性地开展劳动技能和文化知识培训。2001—2010 年，累计组织劳动技能培训 95 次，外出务工人员不断增多，就业率有所提高，采取就地转移生态岗位、稳边固边岗位，鼓励成立民间施工队，组织参与项目建设，承接小型、技术含量较低的项目等措施，以增加农牧民劳务收入。

2001—2003年，达巴乡农牧民群众劳务增收分别为2万元、1.9万元、2.9万元。

2004年，乡有关部门组织农牧民剩余劳动力在乡小学工地、曲龙村小学工地及曲龙村自来水工地、羊圈新修工程务工，共创收32.8万元。

2007年，全乡劳务创收51.3万元。2008年上半年，劳务输出达1300人次，创收27万元。2009年，成立达巴乡劳务创收队，进一步加大劳务创收工作力度，上半年，完成达巴至门士公路曲龙至门士段。全年劳务增收12万元。2010年，全乡劳务创收17.75万元。

四、基础设施建设

达巴乡不断加快基础设施建设步伐，使全乡农牧民群众都能享受到国家的各项惠民政策，基础设施建设快速发展，为当地居民的生产生活提供了便利。

2001年，东波村三组实施易地搬迁工程。2002年，乡有关部门帮助达巴村20余户低保户修建房屋。2003年，乡有关部门帮助东波村三组建设草场围栏。

2004年，达巴乡共完成草场围栏3250亩，人工种草1400亩，新修羊圈230套，总投资34万元。当年，投资150万元，改扩建达巴乡苹果希望小学。投资26.2万元，建设乡卫生所业务用房。普兰至札达南线旅游公路全面贯通。

2006年，政府帮助东波村三组修建公路，帮助曲龙村建设安居房36户。2007年，东波村一组实施兴边富民项目建设，在红十字会帮助下，曲龙村建设卫生房5间。自来水项目投资32万元；干部职工周转房建设投资45万元；农闲时间组织农牧民对各个水渠进行维护，共维修水渠5000米；修建防洪坝130米，并对全乡冬季牧场300多个羊圈进行加固维修，新修暖洞260个。

2008年，在东波村二组实施兴边富民项目建设，在曲龙村建设安居房

72 户，为曲龙村 4 个作业组修建土砖结构会议室 4 间。维修水渠 13 条 7.3 千米，水库清淤 3 座。投资 36 万元，修建公安边防派出所。乡政府出资 2 万元，组织达巴村农牧民利用农闲时间对安居工程房前屋后路面实施绿化工程。安全饮水工程建设完成并投入使用。电信小灵通、移动手机、广播电视 4 +3 等公益性设施建设基本到位。

2009 年上半年，落实项目有达巴至门士公路曲龙至门士段，曲龙村 18 户搬迁项目，曲龙村旅游开发项目等。

2010 年，东波村修建牧场转场道路，达巴村建设安居房 98 户。

五、社会事业

（一）教育

1951 年前，达巴乡 99% 以上的农牧民群众是文盲。1959 年后，达巴乡教育事业得到快速发展，大部分农牧民子女都能进入学校，接受正规教育。师资队伍得到充实，教师业务水平提高，办学条件逐步改善，在校生巩固率、合格率和办学社会效益不断提高。

“三包”政策实施后，农牧民群众的思想观念得到转变，送子女上学的积极性提高，九年义务教育阶段适龄儿童入学率不断提高。

至 2000 年底，全乡有学校 2 所，分别为达巴小学和曲龙教学点。实现“普六”目标。

2004 年，达巴乡有 4 名教师，适龄儿童 120 名，在校生 113 名，入学率达 94%。

2006—2007 学年初，全乡 8—13 周岁适龄儿童有 176 人，小学适龄儿童入学人数为 172 人，其中残疾人 1 人，适龄儿童入学率 98.29%；14—16 周岁总人口 61 人，入学少年 50 人，残疾人 3 人，入学率 86.88%；全乡有 15 周岁人口 25 人，其中残疾 2 人，完成小学教育 23 人，小学教育完成率 100%，文盲 0 人；全乡有 17 周岁人口 22 人，其中完成初中教育 3 人，完成率 13.63%；15—50 周岁人口 655 人，其中残疾 13 人，文盲 28 人，文盲率为 4.36%。有小学专任教师 3 人，其中中专及其以上学历 3 人，小学专任教师学历合格率 100%。督促 14—18 周岁少年参加职业教育培训，让学生在接受书本知识的同时，掌握一技之长，进一步加大学生职业技能培训力度，努力拓宽其知识面，让学生能够掌握一至两门致富技术。

2007年，全乡顺利完成扫盲工作和“两基”攻坚工作巩固验收，入学率、巩固率分别达98.2%、98%。达巴小学、曲龙小学共有4名教师，其中专职教师2名，适龄儿童176人，在校生172名，入学率达98.2%。

2008年，乡有关部门加大扶贫助学工作力度，建立并用好小学生“两免一补”基金，同时抓好控辍保学工作。

2009年，达巴乡积极开展控辍保学工作，确保适龄儿童入学率达100%。结合达巴乡小学与达巴边防连开展的“大手牵小手，一对一”结对子活动，深入开展青少年爱国主义教育活动3次。

（二）卫生

20世纪90年代，达巴乡建立乡卫生所，配备医生、兽医及部分药品，能为人、畜疾病提供基础治疗，满足了农牧民的基本需求。

2000年5月，达巴乡开始实行农村合作医疗制度，并成立专门的管理委员会，下设乡卫生所、村医务室、组医疗点。全年乡卫生所接诊386人，儿童免疫率达100%。

2001年，有乡卫生院1所，医生2名，各村未建立卫生室，但均有2名村医。2005年，乡卫生院有3名医生，各村有2名村医。2006—2009年，乡卫生院有4名医生。2010年有3名医生。

2008年上半年，共为农牧民群众义务接诊913人次，参加合作医疗农牧民报销3.68万元。共有村医务人员15名。2009年，乡卫生院积极开展巡回义诊和送医捐药活动。

（三）文化

1996年，全乡文化事业实现重大突破，修建调频广播站，有5W发射机1台，能够转播西藏一套节目；有放映设备1套，配备电影放映员1名，经常下村为农牧民群众放映电影；为每个村配备电视单收站和太阳能供电设备1套，可收看西藏电视台一套、二套节目。为丰富群众的文化生活，增强法律意识，乡文化部门多次开展文艺演出、法治宣传、科技培训等活动。

1997—2000年，乡文化部门利用庆祝“三大节日”活动等契机，组织乡、村干部与群众共庆节日，组织各种文艺活动11次。

2001—2010年，达巴乡累计开展各种文艺活动达356场（次）。

2004年，利用国家投资为达巴乡配备9个地面卫星单收站，开通达巴乡、曲龙村卫星电话。2006年，在达巴村修建调频广播站，配备功率为5W的发射机1台，可转播西藏一台、二台节目。2007年，每个村都配备太阳能供电电视单收设备1套，可以收看西藏一台、二台节目。

2008年，达巴乡三个村均建有乡村文化站，站内设图书资料阅览室、农家书屋、会议室等，建立相关档案，派专人进行场所管理，对广大农牧民群众全面开放，增强百姓农用技术和增产、增收知识。寺庙设立寺庙书屋，有专门的农家、寺庙书籍，供群众、僧尼、寺管人员阅读，全乡未出现黄、赌、毒现象。全年共计组织相关文化活动7次。

2009年，有关部门深入开展“三下乡”活动，积极争取项目改善通信、广播电视等设施建设，统筹协调发展文化事业。组织开展相关文化活动5次。2010年，组织开展文化活动6次。

六、生态保护

2002年，根据《国务院关于加强草原保护与建设的若干意见》，为加强基本草原权属划定的协调工作，乡政府成立达巴乡基本草原划定工作领导小组，并先后4次（2003年、2005年、2007年、2010年）对组成人员进行充实调整。指派专人负责整理和统计工作，落实国家草原法律法规，保护草原生态环境，有效推进全乡草原建设和草地畜牧业持续协调发展。

2004年，全乡植树造林357.14亩，种草1400亩。2007年，共实施退耕还林398亩，主要分布在达巴村、东波村，共植树1.2万株。2008年上半年，在达巴村、东波村退耕还林种植1.6万株，人工种草230亩。

2009年，达巴乡着眼治理乡村“脏、乱、差”现象，大力开展农村环境、公路沿线环境、河道沿线环境综合整治行动，全年组织乡干部、群众开展环境清理33次。2010年，组织乡干部、群众开展环境清理31次。

第三节　香孜乡

香孜（བྱང་རྩེ།）曾名相孜，藏语意为北顶、北方高地。香孜乡西靠底雅乡和曲松乡，南邻托林镇，北与噶尔县扎西岗乡、昆莎乡毗邻。面积约0.3万平方千米。乡政府驻地距县城70千米，距地区所在地狮泉河镇172千米。2010年，全乡有297户1206人。

一、自然地理

香孜乡地势东北高，西南低，最高点位于札达、噶尔两县交界的阿伊拉山口山脊线，海拔6477米；最低点在乡境西南部，海拔3862米，高差2615米，平均海拔4280米。

香孜乡属高原凉温干旱气候区，受西风环流和西南季风的影响，随着季节的变化，发生有规律的同期性交替。冬半年在西风环流控制下，干燥少雨，温差大。6月至10月上中旬，受西南环流影响，气候温暖，雨量集中。主要特点是干旱、风大、日照长、太阳辐射强，冬季寒冷、夏季温暖。香孜乡年平均气温2℃，最热在7—8月（约1℃—23℃），最冷在1—2月（-12℃—-24℃）。年降雨量100—200毫米。年日照数3000小时左右，光能资源丰富。主要河流有香孜河和热布加林河。

旅游资源主要有香孜古堡遗址、热布加林寺、霞义沟景区。香孜古堡是托林寺住持的夏宫，每逢夏季，古格王臣均在此理政。该遗址海拔4400米，主要分布在山腰及山顶，呈东西一线展开，总面积约1万平方米，大体上有东、西两大群落。香孜古堡遗址距今700余年，现存残缺建筑、洞穴遗址及部分精美壁画。热布加林寺是沃尔庆贡嘎桑布的第一座宫殿，后由本地高僧益卓多杰及拉达巴旦森格创建为寺院，距今500余年。霞义沟景区面积22176.73亩，在自然风化及河水侵蚀切割之下形成，发育很好，形态极佳。陡峭险峻的山岩看上去似巍峨挺拔的城堡、碉楼、佛塔等，颇能激发人们的想象力。

二、建置区划

1686 年，西藏地方政府设曲木底本，管辖范围包括今香孜乡地域。

1956 年 11 月，札布让宗和达巴宗合并成立札达宗，在香孜成立札达宗办事处，属过渡时期带有政权性质的商议机构。

1961 年 4 月 10 日，设香孜区，辖香孜、热布加林、曲木底 3 个乡。1967 年 5 月，增设东嘎乡。

1969 年，香孜区成立香孜公社、热布加林（绕杰林）公社、曲木底公社、东嘎公社。12 月 25 日，成立香孜区革命委员会。

1970 年 2 月，将香孜区管辖的曲木底公社划归曲松区管辖。1975 年 8 月，从香孜区划出东嘎公社并入新筹建的札布让区。至此，香孜区辖香孜、热布加林 2 个公社。1984 年，撤销人民公社，恢复设立乡人民政府，香孜区辖香孜乡、热布加林乡。

1999 年，实行“撤区并乡”，香孜区更名为香孜乡，辖香孜、热布加林 2 个村，香孜、夏益、其里普（奇里普）、苏康、香巴、角孜、江塘、日孜角、热嘎夏、色嘎、西谢、夏朗、热布加林 13 个村民小组。有农牧民 241 户 1041 人。

2000 年，香孜乡常住人口 1089 人。2006 年，有农牧民 283 户 1169 人。

2010 年，香孜乡下辖 2 个行政村 13 个村民小组，设 4 个行政内设机构：党政综合办公室、政法党建办公室（社会治安综合治理办公室）、经济发展办公室、社会事务办公室，核定机关人员 19 名（其中行政编制 9 名，副科级以上 7 名，村官 3 名），全乡有 297 户 1206 人。

三、经济发展

香孜乡属半农半牧乡，以农业为主、牧业为辅，是札达县商品粮基地之一，主要农作物有青稞、豌豆等。

1993 年，香孜区贯彻落实县委、县政府在农牧区经济体制改革中提出的“突出牧业，稳定恢复农业，积极发展其他事业，鼓励和引导农牧民大力发展商品经济”指导思想，大力发展经济。1999 年，农村经济总收入

161.49 万元，农牧民人均收入 1133.92 元。2000 年，香孜乡农村经济总收入完成 180.25 万元（农业收入 64.12 万元，牧业收入 108.68 万元，副业收入 7.45 万元）。

2010 年，香孜乡农村经济总收入 756.96 万元，其中农业收入 43.13 万元，牧业收入 654.87 万元，务工收入 58.78 万元，人均纯收入 3607.29 元。

（一）农业

20 世纪 60 年代，香孜区开始推行农业机械化。

1963 年，全区新开荒地 32.55 藏克，耕地面积 1008 藏克，播种面积 602.45 藏克。粮食产量 102.67 吨，其中大麦 63.7 吨，青稞 37.62 吨，豌豆 1.26 吨。

1964 年，互助组发展到 25 个（常年组 17 个，季节组 8 个），入组农户 99 户 482 人。播种面积 813.23 藏克，粮食产量 104.19 吨。

1965 年，互助组合并为 14 个（常年组 9 个，季节组 5 个），入组农户 105 户 492 人。播种面积 816.65 藏克，因受灾粮食减产，粮食产量仅为 69.33 吨。

1986 年，香孜区农作物播种面积 2128.08 亩，其中青稞 2088.88 亩，饲料 1.2 亩，豌豆 16.5 亩，蔬菜 17.5 亩。1987 年，香孜区农作物播种面积 2254.6 亩，其中青稞 2169.7 亩，小麦 15 亩，大麦 18.4 亩，饲料 26.4 亩，豌豆 12.8 亩，蔬菜 12.3 亩。

1990 年，香孜区农作物播种面积 2201.9 亩，其中粮食作物 2189 亩（青稞 2168.6 亩，豌豆 20.4 亩），蔬菜 12.9 亩。农作物产量 278.27 吨。

1991 年，农作物播种面积 2388 亩，其中机播面积 1161 亩。

1993 年，全区有耕地面积 4004 亩，播种面积 2425.24 亩，轮休地 1578.76 亩。农作物产量 283.95 吨，其中青稞 270.29 吨，向国家出售粮食 55.35 吨。按照“一河两沟”，系统安排全区农田基本建设项目和其他建设项目，维修水渠 42 条。

1999 年，全乡有耕地面积 5095 亩，农作物播种面积 2718.6 亩，粮食播种面积 2609.5 亩，粮食产量 316.39 吨。

2001—2010 年，香孜乡引进优良青稞种子，调整种植结构，扩大油菜、蔬菜等经济作物种植面积。

2002 年，粮食播种面积 2424 亩，油菜 59. 25 亩，蔬菜 1. 05 亩。粮食产量 258. 74 吨。

2004 年，全乡有耕地面积 2503. 62 亩，农作物播种面积 2205. 18 亩（其中机播面积 1826. 768 亩），其中粮食作物播种面积 2012. 67 亩（青稞 1826. 77 亩，豌豆 185. 9 亩），油菜播种面积 147. 01 亩，蔬菜播种面积 45. 50 亩。粮食产量 199. 20 吨（青稞 189. 91 吨，豌豆 9. 30 吨），油菜产量 7. 35 吨，蔬菜产量 2. 27 吨。

2005 年，乡政府落实“以传统农业为基础，精耕细作增产；以先进技术为先导，实施栽培示范；以新品种推广为依托，调多品种增效”的工作思路，积极维修、维护农田水利设施，结合实际，加强田间科学管理。春种期间，组织维修清淤大小水渠 764 条，总长 38712 米，维修水头水闸 9 个。全乡农作物播种面积 1824 亩，其中青稞 1480 亩，豌豆 200 亩，油菜 80 亩，蔬菜 64 亩。

2006 年春种期间，全乡维修清淤大小水渠 199 条，总长 30807 米，维修水头水闸 15 个。新修水渠 3 条 400 米。农作物播种面积 1498. 42 亩，其中青稞 1296. 2 亩，油菜 4 亩，蔬菜 30. 09 亩，青饲料 168. 13 亩。农作物总产量 193. 4 吨，其中青稞产量 172. 33 吨，土豆 1. 84 吨，油菜 0. 72 吨，青饲料 13 吨。

2007 年春种期间，全乡维修清淤水渠 9 条，总长 26 千米；新修水渠 2 条，总长 4 千米。播种青稞 1506. 8 亩，油菜 109. 85 亩，青饲料 187. 38 亩，其他农作物 63 亩。

2008 年，全乡维修水渠 41 条，总长 52. 7 千米；新修水渠 4 条，总长 3. 06 千米。农作物播种面积 1978 亩，其中青稞 1612 亩，油菜 156 亩，蔬菜 41 亩，青饲料 169 亩。青稞产量 241. 8 吨，油菜籽 6. 42 吨，蔬菜 11. 28 吨，青饲料 35. 07 吨。

2009 年，全乡维修水渠 11 条，总长 12. 28 千米；新修水渠 1 条，长 300 米。农作物播种面积 2024. 76 亩，其中青稞 1602. 7 亩，油菜 124. 6 亩，蔬菜 115. 9 亩，青饲料 178. 2 亩。发放种粮直补款 54801 元。

2010 年，香孜乡建立最严格的农田保护制度，全乡有农田面积 2194.03 亩。共维修水渠 41 条、总长 52.7 千米；农家肥使用 1772 吨，调拨化肥 13 吨（尿素 8 吨、复合肥 5 吨）。粮食总产量 241.8 吨，油菜籽 6.42 吨，蔬菜 11.28 吨，青饲料 35.07 吨。

2002—2009 年香孜乡农作物播种情况统计表

表 2－2－7　　单位:亩

年份＼播种面积	农作物	青稞	油菜	蔬菜	青饲料
2002	2484.3	2424	59.25	1.05	
2004	2205.18	2012.67	147.01	45.50	
2005	1824	1480	80	64	
2006	1498.42	1296.2	4	30.09	168.13
2007	1836.03	1506.8	109.85	32	187.38
2008	1978	1612	156	41	169
2009	2024.76	1602.7	124.6	115.9	178.2

（二）牧业

1963 年，香孜区有牲畜 28364 头（只、匹），其中牦牛 3693 头，黄牛 253 头，犏牛 25 头，绵羊 16415 只，山羊 7355 只，马 623 匹。

1964 年，有牲畜 21932 头（只、匹），其中牦牛 2162 头，黄牛 359 头，犏牛 10 头，绵羊 12169 只，山羊 6903 只，马 329 匹。1965 年，有牲畜 25666 头（只、匹），其中绵羊 14121 只，山羊 8260 只，马 382 匹。

1986 年，香孜区牲畜存栏 28690 头（只、匹），其中牦牛 2537 头，黄牛 1164 头，犏牛 6 头，马 490 匹，驴 1 头，绵羊 13818 只，山羊 10673 只。

1987 年，香孜区牲畜存栏 30768 头（只、匹），其中牦牛 2664 头，黄牛 1304 头，犏牛 6 头，马 539 匹，绵羊 14250 只，山羊 12004 只。

1993 年，鉴于天然草场大部分严重退化，草场载畜量过大，香孜区实行以草定畜。进一步调整畜群结构，改良品种，狠抓畜产品质量。1999 年，香孜乡牲畜存栏 16836 头（只、匹），其中大牲畜 2008 头（匹），羊 13828 只，牲畜出栏 3940 头（只、匹），肉类产量 62.73 吨，奶类产量 67.33 吨，绵羊毛产量 14.89 吨，山羊绒 1.22 吨，各类皮张 2510 张。

2000 年，香孜乡草场面积 5 万亩，牲畜存栏 31780 头（只、匹），人均占有牲畜 31.5 头（只、匹）。

1998—2002 年香孜乡牧业生产情况统计表

表 2－2－8

	1998	1999	2000	2001	2002
年末牲畜存栏(头、只、匹)	19202	22376	24890	28090	30061
适龄母畜(头、只、匹)	11127	11736	10822	11540	12052
大牲畜(头、匹)	3074	3662	4102	4373	4358
牛(头)	2606	3132	3517	3741	3703
羊(只)	16128	18714	20788	23717	25703
绵羊(只)	7376	8504	9243	10435	11405
当年成活仔畜(头、只、匹)	2520	7683	8411	8857	6517
牲畜出栏率(%)	13.6	22.1	24.02	21.98	12.6
成畜死亡率(%)	27.7	1.7	2.53	1.51	3.7
肉类产量(吨)	78	66.2	92.89	102.71	57.46
奶类产量(吨)	59.7	67.33	126.14	114.49	123.65
绵羊毛产量(吨)	6.1	14.89	10.93	14.61	10.58
山羊绒产量(吨)	1	1.22	1.19	0.97	1.1

2004 年，年末牲畜存栏 27367 头（只、匹），其中牦牛 2238 头，黄牛 1234 头，犏牛 64 头，山羊 13067 只，绵羊 10061 只，马 703 匹。绵羊毛产量 1.02 万千克，山羊绒产量 1276.45 千克。

2005 年，香孜乡继续落实札达县“控马、稳牛、减羊、上禽”的工作方针，积极引进优良畜种，县委、县政府和地区科技局为香孜乡解决种牛

13 头；继续实施黄改工程，配种黄牛 28 头；加大人工种草力度，种草 1004 亩，促进了畜牧业的持续稳定发展。

2006 年，完成 12 个村民小组 589 户村民草场承包到户工作。收购羊绒 258.85 千克，羊毛 2784.25 千克，牛绒 1193.3596.65 千克。改良黄牛 13 头，人工种草 1243 亩，品种为紫花苜蓿、荷兰黑麦草、燕麦草、箭舌豌豆、披碱草等。

2008 年，草场面积 182434.6 公顷，可利用草场面积 124056 公顷。在香孜村奇里普作业组实施短期育肥基地建设项目。年末牲畜存栏 2.86 万头（只、匹），其中牦牛 1793 头，黄牛 1648 头，犏牛 80 头，山羊 15087 只，绵羊 9455 只，马 537 匹。

2009 年，种草 243 亩，品种为荷兰黑麦草等。对欧多草场、工觉草场实行草场承包到户工作，完成草场承包 22 万亩，人均分配草地 1300 亩。10 月底，牲畜存栏 30766 头（只、匹），其中牦牛 2329 头，黄牛 1542 头，犏牛 200 头，山羊 15693 只，绵羊 10605 只，马 397 匹。投资 18 万元，在除奇里普外其余 12 个组，全面推广短期育肥项目，全年育肥 1695 只绵羊，年收入达 11 万元。

2010 年，在 13 个组建设 130 套棚圈和 13 个井，总投资 72.8 万元。全乡因蝗灾造成 1700 多亩草场受灾，其中奇里普村民小组 960 亩，西谢村民小组 600 亩、色嘎村民小组 140 亩、热嘎夏村民小组 100 亩。乡政府派出蹲点指导工作人员 4 人，深入一线指导工作，出动车辆巡回、运送药品 20 余次，分发药品 142 箱，配备大型喷雾器 4 台、小型喷雾器 2 台，认真组织农牧民群众开展监测、灭蝗工作。

2001—2010 年，香孜乡牲畜接受小反刍、口蹄疫 A、O 型疫苗注射，疫苗注射率达 100%。畜牧工作人员经常深入各村组、牧场，手把手向农牧民群众传授牲畜防疫知识，进行技术指导，确保全乡牲畜及畜产品健康安全。开展春防工作，采取常月补针的免疫形式。2009 年，发放乡村兽医补贴 3070 元。

（三）收入

1993 年，香孜乡农业收入 14.43 万元，牧业收入 28.94 万元，副业收入 1. 86 万元，经商收入 5646 元，运输收入 133 元，财政补贴收入 2. 76 万元，其他收入 9061. 5 元。按 930 人计算，人均收入 912. 48 元，人均净收入 852. 18 元。1999 年，农村经济总收入 161. 49 万元。

2002 年，全乡劳务输出 180 人，创收 27 万元。农牧民人均收入 1658. 94 元。脱贫 56 户、252 人。2004 年，总收入 294. 39 万元，其中农业收入 34. 42 万元，牧业收入 247. 59 万元，副业收入 11. 29 万元，其他收入 1. 09 万元。人均纯收入 2742. 3 元。

2005 年，香孜乡积极组织开展劳务输出工作，先后派出 284 人次，60 天左右，参与奇里普大桥、乡卫生院、乡派出所建设，维修养护札达至狮泉河老公路 20 余千米。2006 年，农牧民人均纯收入 2239. 26 元。组织农牧民参与安居工程、抢修维修水毁公路等，共投劳 8809 人次，创收 53 万元。

2008 年，出动劳力 4933 人次，抢修苏康村民小组防洪坝，维修农场至桑东 68 千米公路、吾藏至兴嘎索朗 88 千米公路，新修、维修苏康至江塘公路 39. 8 千米，创收 56 万元。农牧民人均纯收入 2676. 87 元。2009 年，出动劳力 2376 人次，创收 52. 96 万元。农牧民人均纯收入 3109. 3 元。

2010 年，农业收入 431102 元，牧业收入 298. 2 万元，农牧民人均纯收入 2676. 87 元。为提高劳务输出人员素质，将劳动力资源转化为劳动力资本和有效保护外出务工人员合法权益，乡政府大力开展外出务工人员技能培训和有组织的劳务输出，共培训 13 人，输出劳力 3000 多人次和 2000 车（次），共创收 56 万元。

四、基础设施建设

1964 年 12 月 30 日，修通香孜至托林公路，全长 85 千米。

1980 年以后，香孜乡交通业发展迅速，先后改建和建成香孜乡政府驻地至县城、至各村的公路。1982 年，建成夏朗组至日孜角的公路，长 15 千米。1983 年，改建香孜至县城公路 70 千米。1985 年，建成江塘至日孜角公路，长 5 千米。1989 年，建成香孜至东嘎公路，长 14 千米。至 2000 年，全乡基本实现村村通公路，但是公路等级低，路况差。

2004 年，实施香孜、热嘎夏、热布加林大桥建设项目。2005 年，县发改委争取到78万元以工代赈投资，实施奇里普大桥建设项目。2009年，新建公路150千米，其中札达至山岗边防公路B标段87千米，主体路基成型，那木如至什布奇边防公路A标段63千米。

1994年，修建香孜水电站，有两台机组，每台装机容量20千瓦。2002年，实施热嘎夏水电站维修工程、人畜饮水工程。2008年，实施完成札达县至香孜乡光缆建设（231万元），香孜乡热布加林村村级活动场所建设（50.01万元），热布加林村角孜村民小组自来水管道工程（14.5万元），结束了角孜组人畜背水的历史。

2006—2010年，全乡共建设完成安居工程274户。2006—2007年，完成安居工程203户（2006年105户，2007年98户）。2009—2010年，实施安居工程71户，奇里普组1户，香孜组1户，香巴组1户，角孜组4户，江塘组18户，日孜角组19户，热嘎夏组26户，其中10户以现金兑现。

2008—2010年，在角孜组和江塘组投资修建自来水工程。

2010年，组织专人编写、申报项目52项，投资50.01万元，在香孜组、奇里普组、西谢组、热布加林组建沼气池80个。

五、社会事业

（一）教育

1965年，香孜小学建成，有学生30名。1993年，有在校生36名。至2000年，有教师11名，在校学生221名。

1972年，香孜乡中学建成，1984年，学校迁入札达县城，改为札达县中学。

2002年，实施香孜完小扩建工程。有一至五年级5个教学班，有专职教师10名，学生159名。2005年，充分发挥“校管会”作用，进一步完善学校管理制度和措施。香孜完小在校生246名（其中香孜乡100余名），适龄儿童入学率、巩固率均达到98%。毕业生28名全部升入中学，其中7名考入内地中学。

2005—2006学年初，全乡8—13周岁小学适龄儿童有158人，其中残疾1人，生病1人，小学在校生156人，小学适龄儿童入学率99.37%；

14—16 周岁适龄少年有 66 人，初中在校生 53 人，入学率 80. 3%；全乡 15 周岁人口为 21 人，小学毕业 20 人，小学教育完成率 95. 24%，文盲率 4. 76%；17 周岁人口 35 人，初中毕业 1 人，修完规定年限 3 人，初中教育完成率 12. 9%；15—50 周岁人口 683 人，非文盲人口 653 人，文盲率 4. 76%。

2006 年，香孜乡大力推进教育综合改革，提高整体教学水平。香孜完小有专任教师 18 名，学生 265 名。小学适龄儿童入学率 99. 31%，初中入学率 89. 06%。毕业生 37 名全部升入中学，其中 8 名考入内地中学。全乡“普九”各项工作基本通过自治区验收。

2008 年，香孜完小有教师 17 名，学生 283 名（含底雅乡和曲松乡）。小学适龄儿童入学率达 100%，初中入学率达 98% 以上。毕业生 34 名全部考入中学，其中 8 名考入内地中学。

2010 年，香孜乡完小有授课教师 17 名，在校学生 285 名（含底雅乡和曲松乡借读生），全乡适龄儿童入学率达 100%。

1993 年，乡政府要求农牧民中 30 周岁以下文盲和半文盲接受扫盲教育，45 岁以下通过夜校等途径识字。脱盲率达到 35% 以上。2004 年，开展青壮年扫盲攻坚验收活动。2005 年，进一步调整充实各村组扫盲领导小组，继续加大扫盲攻坚力度，香孜乡 13 个村民小组都有扫盲班和提高班，大多数青壮年都参加了扫盲学习，扫盲率达 95% 以上。

（二）卫生

医疗卫生条件逐年改善。2002 年，乡卫生院接诊病人 1169 人次。

2005 年，争取到卫生院综合医疗用房建设项目，投资 30 余万元。1239 名农牧民群众（含底雅乡鲁巴村）参加合作医疗，覆盖率达 100%。2006 年，上级部门投资 20 余万元，为乡卫生院配备 B 超、心电图、X 光机、手术台等设备，改善了设施条件，提高了医疗水平。

2007 年，有 1134 名农牧民群众参加新型农村合作医疗。基本做到“小病不出乡、大病不出县”。2008 年，乡卫生院和村、组医务室收治就诊人员 4210 人次，其中急诊病人 40 人次，接生 16 人次，治愈率达 88%，儿童接种密度和免疫率均达 100%。

2010年上半年，参加新型农村合作医疗农牧民群众达1239人（含底雅乡鲁巴村），乡村、组医务室和乡卫生院共收治就诊人员2056人次，治愈率达88%，儿童免疫率达100%，农村合作医疗共8.73万元。

（三）文化

1981年，香孜乡成立电影放映队，电影开始走进农牧民生活中。1993年，设立乡广播站，部分村组可收看电视，农牧民群众文化生活日趋丰富。

2005年，上级投资30余万元，为香孜乡安装“3+4村村通”广播电视插转设备，香孜乡机关、学校及香孜村民小组的干部和村民可在家中收看中央一套和西藏一、二套电视节目，清晰地收听到中央和西藏一、二套广播节目，结束了只能到电视房收看电视的历史。乡有关部门认真实施“2131”工程，为学校及农牧民群众放映电影8场次。

2008年，对12座电视卫星单收站更换接收设备，完成转星工作，农牧民群众能及时、清晰地收听收看40余个频道及新闻。2009年，发放户户通卫星接收器200套。香孜乡文化站竣工，并通过验收。各村建立农家书屋。

2010年，乡有关部门加大实施“2131”工程，为学校和农村放映30多场电影。

（四）惠民政策

2008—2010年，全乡种粮直接补贴分别为：34707.3元、54801元、35880.3元。2010年，农机购置补助110户118台农机，共239898元。2008—2010年，五保户供养补贴分别为6人7500元、4人7600元、6人12000元。

2010年，全乡有贫困户和低保户37户82人（残疾6人）、五保户5户，上半年共发放最低生活保障金（82人）、低保户一次性生活补助（82人）、一般户一次性生活补助（45人）、种粮补助等各项补助8.37万元，在春耕备耕中为农牧民解决4000斤种子，基本保障农牧民的生产生活。

（五）生态保护

2003年，全乡实施退耕还林项目823亩，13个组137户共造林98760株，其中奇里普15户造林70亩8400株；香孜33户造林113亩13560株；夏益19户造林3亩360株；香巴组24户造林3亩360株；苏康30户造林

55 亩 6600 株；西谢 13 户造林 25 亩 3000 株；色嘎 228 亩 27360 株，角孜组 13 户造林 50 亩 6000 株；热嘎夏组 23 户造林 156 亩 18720 株；热布加林组 7 户造林 5 亩 600 株；夏朗 13 户造林 38 亩 4560 株；日孜角 15 户造林 30 亩 3600 株；江塘 16 户造林 47 亩 5640 株。青稞补助 12.34 万斤，面粉补助 8.64 万斤，现金补助 16460 元。

2004 年，共补植补栽 10.8 亩 1010 株，其中奇里普组 1.5 亩 180 株，香孜组 2.5 亩 260 株，夏益组 1.7 亩 170 株，香巴组 0.5 亩 47 株，西谢组 2.3 亩 160 株，热嘎夏组 0.8 亩 70 株，角孜组 1 亩 73 株，热布加林组 0.5 亩 50 株。

2005 年，补植补栽 7.3 亩 357 株。粮补折现标准 210 元/亩，兑付 172830 元；现金补助 20 元/亩，兑付补助 16460 元。

2006 年，补植补栽 6.5 亩 355 株，兑付粮补（折现）172830 元，现金补助 16460 元。2007 年，补植补栽 21 亩 2300 株。2008 年，补植补栽 4.5 亩 250 株。2009 年，补植补栽 2.8 亩 150 株。

2010 年，贯彻落实“全国动员、全民动手、全社会办林业”方针，在香孜村香孜作业组种植 500 亩共 28300 株。全乡造林 70.68 亩、退耕还林 125.22 亩，补植补造 21 亩 2300 株。

六、社会治安综合治理

1993 年，香孜区与曲松区曲木底乡、札布让区之间的草场纠纷得到解决。

2001 年，香孜乡成立以乡党委书记为第一责任人的维稳工作领导小组，各村根据乡党委《维护稳定工作方案》，组织、安排村民巡逻小组不定期对重点区域进行巡逻。协调有关部门开展治安巡逻和安全隐患排查，对排查出的安全隐患进行治理。

2010 年，加强社会治安综合治理，严厉打击各类犯罪行为，进一步健全社会治安综合治理协防体系，加强信访接待工作，建立领导接待月制度，建立矛盾纠纷排查调处机制，化解各类矛盾纠纷 19 起。截至 6 月，乡政府、乡派出所共出动警民联防人员 378 人次，为 800 多名外地农民工办理暂住证，公安民警、干部进行24小时巡逻、值班，确保全乡范围内社会局势稳定。

2001—2010年香孜乡社会治安管理情况统计表

表2-2-9

年份	治安巡逻（人次）	安全隐患排查（次）	发现隐患（起）	消除隐患（起）
2001	300	20	15	15
2002	300	15	10	10
2003	300	17	5	5
2004	350	14	3	3
2005	350	20	2	2
2006	300	25	3	3
2007	400	50	20	20
2008	420	51	5	5
2009	500	30	6	6
2010	500	60	20	20

第四节　曲松乡

曲松（ཆུ་གསུམ།），曾名曲木地、楚木尔地、曲木底，位于札达县北部，北部、西部与印度接壤，东邻噶尔县，南靠底雅乡、香孜乡。总面积0.35万平方千米。曲松乡政府驻地海拔4300米，距县城209千米。2009年，建设札山公路（曲松乡到札达县城），改变了曲松乡没有黑色路面的状况。2010年，全乡有202户966人。

一、自然地理

曲松乡地处喜马拉雅山西段东坡，阿伊拉日居山脉西坡，地势西北、东北高，南低。多高山、峡谷、湖泊，山高谷深。最高点为西北部的无名雪峰，海拔6104.3米，最低点为南部巴吾藏布河岸，海拔4006米，相对高差2000米，平均海拔4500米。

曲松乡属高原亚寒带干旱季风气候，气温较低，昼夜温差大，年平均气温2℃，最冷月平均气温－29℃。年降雨量189.6毫米，集中于6—9月，多夜雨，蒸发量大于降雨量。干湿季节分明，冬春干燥，多大风。太阳辐射强烈，日照时间长，年日照时数2983小时。无霜期71天。

曲松乡西北部有丁雄、杜司其曲等河流，东北部有那早曲（河）、色尔地曲（河）向西流经山岗汇入巴吾藏布。野生动物有豹子、野牦牛、藏马鸡、鹿、水獭、獐子、黑熊、黄羊、野兔、狐狸、旱獭、鹰、野鸡等十几种。植物资源有虫草、三七、灵芝、贝母、大黄、雪莲花、黄牡丹、胡黄连、仙鹤草、鬼臼、黄花、远志等十几种。境内主要矿产资源有砂金、铅、硫磺、铁、水晶石等。常见自然灾害有干旱、大雪、冰雹、大风、霜冻、地震等。

二、建置区划

1960年5月，札布让宗、达巴宗合并成立札达县人民政府。随之成立曲松区，辖楚鲁松杰乡。1969年，楚鲁松杰乡建立人民公社。1970年2月14日，曲松区革命委员会成立，并将香孜区管辖的曲木底公社划归曲松区管辖，至此，曲松区辖曲木底公社、楚鲁松杰公社。1974年，建立中共曲木底公社党支部。

1985年，经自治区党委、自治区人民政府批准，由阿里地区、札达县、曲松区组成联合工作组，在楚鲁松杰乡进行建政工作，建立乡人民政府，但未建立党组织。

1999年，实行撤区并乡，曲松区改建为曲松乡，下辖曲木底、楚鲁松杰2个村，丁布、嘎尔公间、那错、江布色如、楚鲁、松杰、卡热、巴角8个村民小组。曲松乡有农牧民183户880人。

2000年，全乡有194户918人，其中男性447人，女性471人。2006年，常住人口960人，其中男性490人，女性470人。2008年底，有农牧民

202户946人。2010年，有202户966人。

三、经济发展

曲松乡经济以牧业为主，兼有农业。牧业主要饲养山羊、绵羊、牦牛、犏牛、黄牛、马等。农业主要种植青稞、小麦、油菜籽、土豆等，经济作物主要有苹果、杏等，分布在楚鲁松杰村一带。工业以民族手工业为主，主要生产氆氇、地毯、卡垫、藏被、铜器、银器、酥油桶、竹器、藏刀、木碗、藏式鞋帽等。

1999年，农村经济总收入78.62万元，农牧民人均收入694.2元。2000年，农村经济总收入90.13万元（农业收入16.13万元，牧业收入66.68万元，副业收入7.32万元）。

2004年，曲松乡生产总值128.71万元，人均收入1015元。2006年，劳务输出5300余人次。农村经济总收入129.2万元，农牧民人均纯收入1020.3元。农牧民群众的生活水平有了较大提高，不少贫困户实现脱贫，人均收入逐年提高。

（一）农业生产

1986年，曲松区播种青稞872.02亩。1987年，曲松区农作物播种面积846.5亩，其中青稞831.6亩，饲料12.5亩，蔬菜2.4亩。

1990年，曲松区农作物播种面积792亩，农作物产量106.9吨。1999年，耕地面积1407.3亩，粮食播种面积1395.61亩，粮食总产量125.31吨。2000年，耕地面积1462.72亩。

2004年，粮食总产量129.96吨。2006年，全乡有耕地面积1244亩，农作物播种面积1087.7亩，其中青稞824.3亩，小麦32.6亩，油菜5.7亩，蔬菜13.95亩。农作物产量83.68吨，粮食产量45.61吨。农业产值19.56万元。

（二）牧业生产

1986年，曲松区牲畜存栏10225头（只、匹），其中牦牛2046头，黄牛180头，犏牛254头，马630匹，绵羊3990只，山羊3125只。

1987年，曲松区牲畜存栏11103头（只、匹），其中牦牛2237头，黄牛 233 头，犏牛 272 头，马 664 匹，绵羊 4687 只，山羊 3010 只。

1998—2002 年曲松乡牧业生产情况统计表

表 2－2－10

年份	1998	1999	2000	2001	2002
年末牲畜存栏(头、只、匹)	11564	11392	12281	12972	14183
适龄母畜(头、只、匹)	3270	4024	4166	5136	4971
大牲畜(头、匹)	6605	6656	6938	7326	7697
牛(头)	6060	6066	6297	6602	6931
羊(只)	4959	4736	5343	5646	6486
绵羊(只)	3131	3195	3451	3886	4532
当年成活仔畜(头、只、匹)	822	925	3419	3599	3121
牲畜出栏率(%)	13.6	19.3	22.67	22.55	12.55
成畜死亡率(%)	35.5	3.8	1.44	2.59	5
肉类产量(吨)	74.4	32.41	36.83	28.05	27.69
奶类产量(吨)	23.1	35.3	85.64	71.42	77.14
绵羊毛产量(吨)	1.6	2.81	2.95	3.58	2.95
山羊绒产量(吨)	1.22	2.24	2.3	2.94	0.23

2004 年，曲松乡贯彻县委、县政府“控马、稳牛、增羊”的方针，调整畜群结构，马、牛、羊比例为 6：20：74。仔畜成活 4793 头（只、匹），成活率 89%。牲畜出栏 4721 头（只、匹），出栏率 32%。至 10 月 10 日，牲畜存栏 11817 头（只、匹）。

2006 年，牲畜存栏 13732 头（只、匹），其中牦牛 2150 头，黄牛 368 头，犏牛 273 头，山羊 4675 只，绵羊 5567 只，马 699 匹。牧业产值 74.61 万元。羊绒产量 1540 公斤，羊毛产量 7370 公斤。

2000 年，全乡草场面积 169 万亩，可利用面积 139 万亩。牲畜存栏 12947 头（只、匹）。2002 年，根据《国务院关于加强草原保护与建设的若干意见》，为加强基本草原权属划定工作的协调和领导，成立曲松乡基本草原划定工作领导小组，督促指导草原划定工作。之后4次调整充实组成人员（2003年、2006年、2007年、2010年）。同时引进先进技术，推进牲畜短期育肥，扩大规模，提升产能，逐步形成产业特色。

2004年，人工种草1100亩，完成草场围栏1450亩，新修羊圈112个。2006年，开展草场承包到户工作。2010年，开展草原奖励工作，实现以草定畜。实现牧业总收入70.13万元。

四、基础设施建设

曲松乡群山环绕，山高谷深，通行困难。2000年之前，交通运输主要靠人背畜驮，还处于原始状态。境内有一条通往印度的道路山口，但山势较高，一到秋末大雪封山就难以通过，交通不便一直制约着曲松乡的发展。

2000年，修通曲木底村—乡政府所在地—楚鲁松杰公路，但每年大雪封山长达7—8个月，其间不能通车。全乡仍有卡热、巴角2个村民小组不能通车，群众出行困难。

此后不断加强基础设施建设，让农牧民群众享受到国家各项惠民政策，生产、生活状况不断改观。2004年，楚鲁—巴角边境公路修通。2009年，建设札山公路（曲松乡到札达县城），改变了曲松乡没有黑色路面的情况。

2005年，曲松乡招待所建成。2006—2008年，相继建设农牧民安居房和周转房，农牧民居住条件得到改善。同时建设乡卫生院、兽医站等，公共设施也有所改观。

2001年，曲松乡重视水利工作，与村组签订安全管理责任书，并贯彻执行。2002年，完善各村小组的《人畜饮水管理办法》。2003年，签订防洪抗旱责任书。2004—2010年，严格执行防洪抗旱及环境卫生各项制度，协助各村及时清理排渠沟垃圾，确保排水畅通，实现人畜饮水干净清洁。

2005年，曲松乡开始建设移动信号塔，2006年5月，开通移动手机信号，方便了与外界的沟通和联系。

五、社会事业

（一）教育

1963 年，曲松区创办区公所小学。到 2000 年，适龄儿童入学率达 94%。

2001—2010 年，教育事业不断发展。教育“三包”制度使农牧民群众思想观念逐渐转变，送子女上学的积极性空前提高。

2004 年，适龄儿童入学率 99%，巩固率达 100%，升学成绩在全县名列前茅。2006 年，小学适龄儿童入学率达 100%。14—16 周岁人口小学教育完成率 95.2%，17 周岁人口初中教育完成率 30%。

2010 年，乡有关部门整修曲松乡小学教室、寝室，把学校周围的土墙改造硬化，建立学校图书馆。在校学生 50 人，适龄儿童入学率达 100%。

（二）卫生

曲松乡原有 1 所乡卫生所，因医务人员少，设备简陋，乡村群众多数前往边防连队驻地看病。由于冬季封山时间长、医疗设备差、药品供应困难，农牧民群众看病就医十分困难。乡卫生所医务人员每年下村组流动会诊 3—4 次。

2004 年，儿童免疫率达 97%。

2006—2008 年，曲松乡建设乡卫生院、兽医站，医疗卫生条件有所改善。2006 年，有 2 个卫生所，有正式医务人员 3 名，其中护士 1 名。各村组均配备了赤脚医生。

（三）文化

曲松乡党委、政府联合阿里边防支队曲松边防连、边防派出所（2009 年设立），采取多下组、多交流、多活动等方式扎实推进军、地党建联合体建设。开展“三大节日”联谊文艺活动，开展党日活动，开展“3·28”百万农奴解放纪念日庆祝活动，开展党政军警民美化环境、整治卫生活动，开展庆“六一”为曲松中心小学送温暖、献爱心活动，开展“八一”篮球比赛、植树造林活动和“十一”国庆升旗仪式，进一步融合军民鱼水情。10 年间，联合开展活动 91 次。

2001—2010 年，曲松乡共组织文艺演出、文艺活动、法治宣传、科技培训等343场次，农牧民文化精神生活不断充实。2006年，放映电影40场（次）。2010年，组织文艺演出、文艺活动、法治宣传、科技培训等活动37场（次），参加人员1050余人次。

六、社会治安综合治理

2001年，曲松乡成立以乡党委书记为第一责任人的维稳工作领导小组，以乡党委书记为组长，乡长、派出所所长、边防营营长为副组长，班子各成员和相关人员为成员。各村根据乡党委《维护稳定工作方案》，组织、安排村民巡逻小组不定期对重点区域及通外山口进行巡逻。加强对重点人员、流动人口的管理工作。

2002—2010年，乡有关部门在重要时段和敏感节点，严格按照要求落实各卡点和值班室的工作，加大巡逻排查力度，实行24小时值班制，做好各项维稳工作，确保社会平安稳定。2010年，调整充实维稳工作领导小组，确保维稳工作有序开展。

2001—2010年曲松乡社会治安管理情况

表2-2-11

年份	治安巡逻(人次)	安全隐患排查(次)	发现隐患(起)	消除隐患(起)
2001	120	15	5	5
2002	96	10	4	4
2003	135	19	10	10
2004	121	7	1	1
2005	152	21	3	3
2006	210	21	3	3
2007	211	40	15	15
2008	136	11	6	6
2009	118	9	1	1
2010	120	6	6	6

第五节　萨让乡

萨让（རྫ་རོང་།），曾名杂绒，藏语意为乱石山峪谷。地处札达县西部，北邻底雅乡，东邻托林镇波林村卡孜组，西、南与印度接壤，边境线长157千米，通外山口有4条。总面积3228.6平方千米。乡政府驻萨让村，距县城175千米。2010年底，全乡有89户580人。

一、自然地理

萨让乡处于萨让大峡谷之中，在谷底能找到酷似海螺的远古海洋生物化石，有藻类化石、腔肠动物化石、珊瑚化石等，为古喜马拉雅海时代的遗物。境内最高点为南部中国与印度边界无名雪山，海拔6720.8米，最低点是西北部萨让藏布与朗钦藏布交汇口，海拔3287.2米，平均海拔3700米以上。境内主要河流有朗钦藏布及其支流萨让藏布。

二、建置区划

1686年，西藏地方政府设萨让如本，属西藏地方政府册封的世袭官员，归属札布让宗。该本建立初期驻札布让宗，后为便于管理差役、农田、税收等内务搬迁到萨让。萨让如本有在札布让宗范围内动用兵力的权力。

1956年11月，阿里基巧办事处札达宗办事处成立后，萨让如本归札达宗办事处管理。

1961年4月15日，建立萨让区，辖萨让、日巴、波林3个乡，及萨让、当巴、柏嘎、日巴、曲色、嘎布热、日底岗、波林、卡孜、多香10个村。

1969年，萨让区成立萨让公社、日巴公社、波林公社。12月28日，成立萨让区革命委员会。

1975年8月，从萨让区划出波林公社，香孜区划出东嘎公社，达巴区划出托林公社，筹建札布让区。至此，萨让区辖萨让、日巴2个公社。

1984年，撤销乡人民公社，恢复乡人民政府。

1999年，撤区并乡工作中，萨让区更名为萨让乡，辖萨让、日巴2个村，萨让、当巴、白嘎、日巴、曲色、嘎布热、日底岗7个村民小组。

2006年，全乡有637人。至2010年底，萨让乡辖2个村、7个村民小组，有89户580人。

三、经济发展

萨让乡属半农半牧乡，农作物有青稞、小麦、油菜、豌豆等，经济作物主要有苹果、杏等；牧业主要饲养牦牛、黄牛、马、驴、绵羊、山羊。2000年，农村经济总收入104.87万元（农业收入30.18万元，牧业收入48.48万元，副业收入26.21万元）。

2003年，萨让乡按照“稳农、强牧、扩销、控马、稳牛、增羊”的方针，实施农牧业结构调整。2004年，萨让乡制定实施“农牧稳乡、科教兴乡、边贸活乡、水利为本”的经济发展思路。2006年，全乡农村经济总收入193.9万元，农牧民人均纯收入1696元。

（一）农业

1964年，萨让区农作物播种面积1076.18藏克，其中大麦634.1藏克，青稞333.08藏克，小麦91.09藏克，蔬菜12.04藏克。粮食产量125.69吨。

1965年，全乡组成互助组24个，其中常年组12个82户369人，季节组12个41户178人。农作物播种面积1225藏克，粮食产量102.73吨。

1966年，全乡修水渠113条、64.3千米，其中新修11条、5.8千米；新修水池24个。农作物播种面积1633藏克，其中大麦1023藏克，青稞470藏克，小麦123藏克，蔬菜17藏克。粮食产量190.4吨。

1986年，萨让区农作物播种面积1080亩，其中青稞677亩，小麦33亩，蔬菜21亩。1987年，萨让区农作物播种面积1159亩，其中青稞538.7亩，小麦170.2亩，大麦399.2亩，油菜7.7亩，蔬菜43.2亩。

1990年，萨让区农作物播种面积1145.5亩，其中粮食作物1120.1亩（青稞564.2亩，小麦154.7亩，大麦403亩），蔬菜25.4亩。农作物产量

257.49 吨。1999 年，萨让乡耕地面积 1176.4 亩，粮食播种面积 1164.14 亩，粮食产量 295.58 吨。农村经济总收入 98.61 万元，农牧民人均收入 1015.58 元。

2003 年，全乡有耕地面积 1163 亩，农作物播种面积 969 亩，粮食总产量 235 吨。从底雅乡、印度商人处引进苹果苗 400 余株。

2004 年，萨让乡落实札达县“以传统农业为基础，精耕细作增产；以先进技术为先导，实施栽培示范；以新品种推广为依托，调多品种增效”的工作思路，加大科技投入，狠抓结构调整。农作物播种面积 1097 亩，粮食产量 162.26 吨（青稞 109.72 吨，小麦 21.54 吨），蔬菜产量 26.32 吨，饲料 7.43 吨。从底雅乡引进苹果优良品种 600 余株，在萨让村民小组和白嘎村民小组试种。

2006 年，全乡农作物播种 1065.2 亩，其中青稞 749 亩，小麦 54 亩，土豆 107 亩，油菜 10 亩，蔬菜 145.2 亩。农作物总产量 192.5 吨，粮食产量 120 吨。

2010 年，萨让乡有耕地面积 813.4 亩，农作物播种面积 450.6 亩，粮食总产量 51.16 吨。

（二）牧业

1964 年，萨让区有牲畜 11022 头（只、匹），比上年增加 1500 头（只、匹）。1965 年，有各类牲畜 12945 头（只、匹），其中牦牛 682 头，黄牛 395 头，犏牛 21 头，绵羊 4957 只，山羊 6612 只，马 206 匹，驴 72 匹。1966 年，有各类牲畜 14817 头（只、匹），其中牦牛 740 头，黄牛 439 头，犏牛 17 头，绵羊 5807 只，山羊 7475 只，马 232 匹，驴 107 匹。

1986 年，萨让区牲畜存栏 7821 头（只、匹），其中牦牛 431 头，黄牛 389 头，犏牛 278 头，马 260 匹，驴 154 头，绵羊 2021 只，山羊 4315 只。1987 年牲畜存栏 8842 头（只、匹），其中牦牛 494 头，黄牛 642 头，犏牛 306 头，马 279 匹，驴 179 头，绵羊 2044 只，山羊 4898 只。

1999 年，萨让乡牲畜存栏 8113 头（只、匹），其中大牲畜 1170 头（匹）（牛 767 头），羊 6943 只（绵羊 905 只），牲畜出栏 815 头（只、匹），肉类产量 11.84 吨，奶类产量 61.93 吨，绵羊毛产量 1.04 吨，山羊绒 0.51

吨，各类皮张847张。

2000年，萨让乡草场面积175.23万亩，其中可利用面积142.39万亩。牲畜存栏12454头（只、匹）。

2001—2010年，加大禁牧区、人工种草范围划定工作力度，组织专人对辖区内禁牧区、人工种草等范围进行实地认证，切实把草原生态保护工作落到实处。对牲畜注射小反刍、口蹄疫A、O型疫苗，注射率达100%，确保全乡牲畜及畜产品健康安全。2003年，牲畜存栏9215头（只、匹），农牧业产值99万元。2004年，牲畜存栏9260头（只、匹），其中牦牛290头，黄牛288头，犏牛289头，山羊6778只，绵羊1272只，马261匹。山羊绒产量541.3千克，酥油产量4780.5千克，奶渣产量2799.5千克。牧业收入37.03万元。

2006年，全乡牲畜存栏9164头（只、匹），其中黄牛279头，牦牛271头，犏牛304头，马202匹，驴183头，山羊5497只，绵羊2418只。羊绒产量840斤，羊毛产量3600斤。牲畜出栏率13.9%。

2010年，全乡牧业收入10930元。

1998—2002年萨让乡牧业生产情况统计表

表2-2-12

年份	1998	1999	2000	2001	2002
年末牲畜存栏(头、只、匹)	8937	10820	12454	11948	9648
适龄母畜(头、只、匹)	4020	4292	4975	4810	3853
大牲畜(头、匹)	1203	1424	1537	1534	1485
牛(头)	752	924	989	986	948
羊(只)	7734	9396	10917	10414	8163
绵羊(只)	927	1182	1840	1666	1503
当年成活仔畜(头、只、匹)	571	2700	3454	2195	468
牲畜出栏率(%)	22	9.1	11.29	16.37	22.72
成畜死亡率(%)	4.7	1.5	5.82	1.16	2.5

续表

年份	1998	1999	2000	2001	2002
肉类产量(吨)	46.9	12.5	21.97	34.89	31.17
奶类产量(吨)	38	61.93	71.69	46.6	50.33
绵羊毛产量(吨)	1.1	1.04	1.18	1.39	1.46
山羊绒产量(吨)	0.6	0.51	1.1	0.83	0.75

（三）劳务增收

2003 年，萨让乡立足实际、多措并举，切实抓好农牧民群众创收。针对工程项目较多的情况，成立劳务输出者协会。农牧民人均收入 1187 元。2004 年，劳务输出 1020 人次，增加收入 21 万元。2010 年，萨让乡劳务输出创收 54094 元。

四、基础设施建设

萨让乡地处高海拔边境地区，气候恶劣，冬季常常大雪封山，每年只有夏季能与外界联系，其余时间与外界隔绝。外出只有一条连通县城的土石路，经常被泥石流冲毁。每年 11 月至次年 5 月大雪封山，人员、物资均无法进出。境内有 4 条通往印度的季节性山口。

1989 年，修通日巴乡至底雅区的真桑沟便道。1995 年，修通县城至区政府驻地萨让村公路，属季节性公路，每年通车时间约 5 个月。其余村不通公路，交通运输全靠人背畜驮，处于原始状态，极不方便。2003 年，新修白嘎公路和曲色公路，维修底加木至萨让公路、当巴至萨让公路。

2004 年，实施人畜饮水工程，解决了乡机关、学校、萨让村民小组的村民和 400 多头（只、匹）牲畜的吃水问题。

2006—2008 年，萨让乡安居工程建设完成 140 户，总建筑面积 8400 平方米，国家总投资 350 万元。

2010 年，萨让乡向长期居住的农牧民发放户用光伏电源系统，每组都有户用光伏电源，解决了群众的照明问题。

五、社会事业

（一）教育

由于交通不便、资金短缺等原因，萨让乡无法集中办学，也聘请不到外地教师。1965 年，在萨让村兴办一所民办小学，有学生 10 人；兴办夜校识字班，参加识字班的青年有 13 人。1966 年，萨让区有 2 所民办小学。1998 年，萨让区文盲达 450 人，其中青壮年文盲占 77%。萨让乡坚持“科教兴乡”战略，实施“素质教育”工程，狠抓扫盲工作。针对青壮年文盲多、扫盲任务重等情况，推出文化“富”帮“贫”措施，取得良好效果，文盲人数逐年下降。

2000 年，萨让乡有小学 1 所（萨让小学），在校学生 10 名，教师 1 名，适龄儿童入学率达 95%。2001 年，由于教学点设置改革，萨让乡小学仅设置幼儿班，有学生 5 人。

2003 年，适龄儿童入学率达 99%，巩固率 96%。2004 年，适龄儿童入学率 98%，巩固率 99%。至 2010 年，萨让乡小学、初中入学率达 100%，基本完成青壮年农牧民文化扫盲任务。

（二）卫生

萨让乡有 1 个乡卫生所，为群众提供免费医疗。并为每村配备医生 2 名、兽医 1 名，各组配备医生 1 名、兽医 1 名，共 20 人（其中萨让村 9 人、日巴村 11 人）。

2003 年，全乡农牧民参加合作医疗人数 730 人，合作医疗费用 3 万元，每年购药 2—3 次，保证封山期间不缺药。儿童免疫率 98%。

2004 年，全乡农牧民参加合作医疗人数 678 人，占全乡总人口的 97%。免疫接种 680 人次，接种率达 95% 以上，儿童免疫率 95%。农牧民群众基本上得到了初级医疗保障。2006 年，全乡农牧民就医 850 人次，治愈率达 99%。参加医保 619 人。

（三）文化

2000 年前，萨让乡文化娱乐设施相对薄弱。通信设备基础较差，以无线电单边带为主，在遇到灾情和重大情况时，能与县民政局联系，汇报情况。

2003 年，县文广局多次下乡，新装、维修电视，基本实现村村都能看到电视，电视覆盖率达 99%。电信部门投资并安装卫星电话，萨让乡改变了信息闭塞的局面。2004 年，萨让乡两村 7 个村民小组均安装了“村村通”广播电视接收装置。

截至 2008 年底，萨让乡有“村村通”广播设备一套，可转播 1 套节目，全县 2 个村有卫星电话 2 部，乡政府有卫星电话 3 部。至 2010 年，建有乡调频广播站 1 个，配备电影放映员 1 名，有放映设备 1 台。

第六节　底雅乡

底雅（བདེ་ཡག），又名地牙，源于象雄语，意为水质好、村庄美。底雅乡位于札达县西北部，喜马拉雅山脉西段东坡，朗钦藏布河谷。西与印度接壤，北邻曲松乡，东邻香孜乡，南与萨让乡相连。总面积 0.25 万平方千米，占全县总面积的 9.26%，边境线长 68 千米。乡政府驻底雅村，距县城 260 千米，是札达县最偏远的一个边境乡，底雅村和什布奇村与印度只有一山之隔，从什布奇组可直达印度。每年 7—11 月，中印边民在什布奇边贸市场可进行商品交换，是反蚕食、反分裂斗争的最前沿阵地。

底雅乡有 11 座寺庙（拉康）、1 座珠康（马阳珠康），分别为底雅拉康、荣堆寺、普日寺、什布奇拉康、久巴拉康、色尔贡拉康、热尼拉康、努巴寺、贡布寺、益日寺、拉巴寺。

一、自然地理

底雅乡整体地势西北、西南略高，东南部四周环山，起伏不平，地形复杂。境内最高海拔 4500 米，最低海拔 2700 米，全乡平均海拔 3800 米。由于独特的地理位置，底雅乡被马阳大阪、普次大阪分成两部分。冬季 11 月中旬左右大雪封山，长达半年。底雅村和什布奇村位于大山之间的狭谷之中，年平均气温 23.5℃，年平均降水量 160 毫米，无霜期 138—150 天，日照时数3500小时。

境内主要河流为朗钦藏布，该河横贯乡境中部西流出境，支流有马阳河、荣堆河、色尔贡沟、热尼沟等。底雅村、什布奇村的作业组多分布在朗钦藏布两岸。土壤肥沃，气候温和，适合多种农作物和经济作物生长。底雅村和什布奇村地理位置独特，自然资源丰富。盛产药材，其草场上生长着70余种名贵中草药。有仙人掌、藏茜草、藏木香、佛掌参、雪莲花等。野生珍稀植物多，有白皮松等珍稀物种。野生动物种类繁多，主要有豹子、白皮狼、雪豹、雪鸡、狐狸、狼、猴子、黄羊、盘羊等。矿产资源储量丰富，主要有砂金、铝矿、镁矿、水晶石等。由于受交通、能源、技术、地质等条件的限制，资源利用还处于封闭状态，尚未产生经济效益。

二、建置区划

1959年，西藏实行民主改革，因底雅地处边境一线，根据中共西藏工委关于边境乡以安定边民为主的指示精神，未进行以“三反两利”（反叛乱、反封建特权、反奴役，牧工、牧主两利）、“三反三算”（反叛乱、反封建特权、反奴役，算政治迫害账、算阶级压迫账、算经济剥削账）等为主要内容的民主改革，也未建立乡人民政府，当时称作“未改乡”。

1961年4月10日，成立底雅区，辖底雅乡、什布奇乡、鲁巴乡。

1968年，札达县开始兴办人民公社。至1969年，底雅区所辖乡均建立人民公社。同年12月28日，成立底雅区革命委员会。

1984年，撤销人民公社，恢复乡人民政府，底雅区辖鲁巴乡、底雅乡、什布奇乡。1985年，对未进行民主改革的底雅乡、什布奇乡建立乡人民政府。

1999年之前，底雅村、什布奇村封山时间达半年之久，为便于管理，底雅区干部分两部分过冬，一部分住底雅村，一部分住鲁巴村。

1999年，实施撤区并乡，底雅区更名为底雅乡，辖鲁巴村、底雅村、什布奇村，鲁巴、益巴、努巴、马阳、荣堆、底雅、古让、久巴、色尔贡、热尼、什布奇11个村民小组。全乡有农牧民169户694人。

2008年，底雅乡有3个村11个作业组，185户756人。2010年，全乡有185户753人。

三、经济发展

底雅乡经济条件比较落后，半农半牧、以农为主，乡村集体经济薄弱。主要农作物有大麦、青稞、玉米、荞麦，经济作物主要有苹果、杏子、土豆、萝卜、西瓜、黄瓜等。底雅组和热尼组作物一年两季，其他村组作物一年一季。牧业主要饲养牦牛、犏牛、黄牛、马、绵羊、山羊等。底雅乡坚持把农牧业工作放在经济工作的首要位置来抓，加强领导，强化措施，大力贯彻落实党的富民政策，农牧业经济得到全面发展。1999年，农村经济总收入83.47万元，农牧民人均收入90.94元。2000年，农村经济总收入109.74万元（农业收入39.27万元，牧业收入64.56万元，副业收入5.91万元）。2004年，生产总值136.57万元，农牧业产值21.43万元。牧业收入90.71万元，副业收入16.02万元。

（一）农业

1964年，底雅区耕地面积2645.7藏克，播种面积1577.1藏克，粮食产量136.72吨。平均单产86.65千克，高者240千克，低者45千克。1965年，平均单产88.4千克。

1986年，底雅区农作物播种面积1027.79亩，其中青稞802.4亩，小麦104.4亩，豌豆31.5亩，油菜1.6亩，蔬菜13.99亩。

1990年，底雅区农作物播种面积863.9亩，其中青稞777.4亩，小麦10亩，大麦76.5亩，农作物产量134吨。1999年，底雅乡耕地面积1688.2亩，粮食播种面积1015.92亩，粮食总产量135.4吨，豆类产量7.49吨，其他经济作物产量21.64吨。2000年，全乡耕地面积2645.5亩，播种面积1577.1亩，平均单产173.3斤。

2001—2010年，底雅乡引进优良青稞种子，青稞的经济效益明显提升，不断调整种植结构，扩大了经济作物的种植面积。

2001年，农作物总播种面积1073.55亩，其中粮食作物993.3亩（小麦201.6亩、玉米8.7亩、青稞549.45亩、大麦184.65亩、豌豆48.9亩），油菜籽9.15亩，蔬菜14.1亩，其他作物57亩。农作物总产量160.57

吨，其中粮食作物 111.38 吨（小麦 22.78 吨、青稞 62.24 吨、大麦 18.67 吨、豌豆 7.69 吨），蔬菜 29.19 吨，柴草 20 吨。

2002 年，农作物总播种面积 1124.55 亩，其中粮食作物 1041.6 亩（小麦 191.85 亩、玉米 8.1 亩、青稞 716.7 亩、大麦 41.7 亩、豌豆 83.25 亩），蔬菜 57.9 亩，其他作物 25.05 亩。农作物总产量 164.21 吨，其中小麦 24.73 吨、玉米 1.36 吨、青稞 102.74 吨、大麦 6.24 吨、豌豆 7.5 吨、蔬菜 19.15 吨，其他作物 2.49 吨，柴草 43.75 吨。

2003 年，农作物总播种面积 969 亩，其中粮食作物 934.5 亩（小麦 34.5 亩、青稞 615 亩、大麦 153 亩、豌豆 87 亩、薯类 45 亩），油菜籽 15 亩，蔬菜 15 亩，青饲料 4.5 亩。农作物总产量 188 吨，其中小麦 2.1 吨、青稞 92.6 吨、大麦 42.8 吨、豌豆 9.7 吨、马铃薯 30 吨、油菜籽 3.4 吨，蔬菜 5.1 吨，青饲料 2.3 吨，柴草 35 吨。

2004 年，底雅乡加大农田水利建设，改良农田，改造中低产田。耕地面积 1158.9 亩，农作物播种面积 899.59 亩，粮食播种面积 773.14 亩，农作物总产量 107.16 吨，粮食总产量 77.27 吨。发展经济林，有果树 2306 株，主要品种为杏子、苹果。

2005 年，农作物总播种面积 1012.35 亩。其中粮食作物 839.55 亩（小麦 189 亩、青稞 517.95 亩、豌豆 102.6 亩、马铃薯 30 亩），蔬菜 7.5 亩，青饲料 165.3 亩。农作物总产量 185.5 吨，其中小麦 33 吨、青稞 65 吨、豌豆 9 吨、马铃薯 16 吨、蔬菜 1.5 吨、青饲料 61 吨，野生植物采集 50 公斤，柴草 50 吨。

2006 年，底雅乡加大科技推广力度，狠抓农业结构调整。农作物播种面积 868.73 亩，粮食播种面积 820.53 亩，粮食总产量 137.39 吨。年末实有果树 3069 株，其中苹果树 1907 株，杏树 1161 株。苹果产量约 20 吨，收入约 12 万元。

2007 年，底雅乡粮食播种面积 807.9 亩，粮食总产量 141.38 吨。苹果产量约 20 吨，苹果、杏子收入约 12 万元。

2010 年，底雅乡粮食播种 817.68 亩，粮食产量 133.2 吨。有苹果树等经济林约 8100 株，年均鲜果产量约 20 吨。

（二）牧业

1961 年，底雅区牲畜存栏 180 头（只、匹）。

1965 年，底雅区规范村与村、组与组、户与户的草场界限，统一规划和合理使用草场，提高草场利用率，促进了牧业生产的发展。牲畜存栏 7551 头（只、匹），其中牦牛 558 头，黄牛 254 头，犏牛 151 头，绵羊 3059 只，山羊 3270 只，马 239 匹，驴 20 匹。

1986 年，底雅区牲畜存栏 11334 头（只、匹），其中牦牛 767 头，黄牛 440 头，犏牛 530 头，马 371 匹，驴 20 匹，绵羊 4726 只，山羊 4480 只。

1987 年，底雅区牲畜存栏 12521 头（只、匹），其中牦牛 826 头，黄牛 519 头，犏牛 518 头，马 396 匹，驴 23 匹，绵羊 5314 只，山羊 4925 只。

1997 年，底雅区牲畜总头数 14568 头（只、匹），其中黄牛 442 头、牦牛 748 头、犏牛 671 头、马 567 匹、驴 29 匹、羊 12111 只。当年生仔畜 361 头（只、匹），成畜死亡 47 头（只、匹）。当年出售和自宰的牛 114 头、羊 937 只，牛肉产量 9.07 吨，羊肉 32.01 吨，牛奶产量 49.4 吨，羊奶产量 115.3 吨，羊毛产量 5.64 吨，羊绒产量 0.44 吨，牛毛产量 0.35 吨，牛绒产量 0.24 吨，牛皮 99 张，羊皮 805 张，羔皮 71 张。

2001—2010 年，底雅乡积极调整大小牲畜比例，调整绵羊与山羊的比例，使畜群结构更加合理。

2003 年，底雅乡牲畜总头数 15709 头（只、匹），其中黄牛 628 头、牦牛 628 头、犏牛 711 头、马 703 匹、驴 25 匹、羊 13014 只。当年生仔畜 325 头（只、匹），成畜死亡 58 头（只、匹）。当年出售和自宰的牛 334 头、羊 2775 只，牛肉产量 16.7 吨，羊肉 27.8 吨，牛奶产量 50.3 吨，羊奶产量 10 吨，羊毛产量 5.8 吨，羊绒产量 1.1 吨，牛毛产量 0.2 吨，牛绒产量 0.3 吨，牛皮 87 张，羊皮 1045 张，羔皮 20 张。

2004 年末，牲畜存栏 13516 头（只、匹），幼畜成活率 71%，牲畜出栏率 22.34%。牧业收入 90.71 万元。

2005 年，牲畜总头数 11118 头（只、匹），其中黄牛 537 头、牦牛 504 头、犏牛 685 头、马 497 匹、驴 20 匹、羊 8875 只。当年生仔畜 168 头，当年成畜死亡 157 头。当年出售和自宰的牛 110 头，当年出售和自宰的羊 1946

只，当年牛肉产量11吨，羊肉32.8吨，牛奶产量50吨，羊奶产量10吨，羊毛产量5吨，羊绒产量1.2吨，牛毛产量0.5吨，牛绒产量0.3吨，牛皮210张，羊皮1946张，牛犊皮54张，羔皮1906张，马尾68公斤，牛尾210公斤。

2006年，底雅乡实施草场承包到户的改革措施，同时落实札达县“控马、稳牛、减羊、上禽”的工作方针，组织农牧区群众大力发展养殖业。年末牲畜存栏13725头（只、匹），牧业收入110.96万元。

2007年末，牲畜存栏15337头（只、匹）。2008年，底雅乡牲畜存栏16300头（只、匹）。

2010年，牲畜总头数11634头（只、匹），其中黄牛61头、牦牛104头、犏牛583头、马503匹、驴1匹、羊10382只。当年出售和自宰的牛110头，当年出售和自宰的羊1946只，当年牛肉产量8吨，羊肉12.39吨，绵羊毛2.6吨，山羊毛1.5吨，山羊绒1.4吨，牛皮75张，牛犊皮2张，绵羊皮308张，山羊皮312张，酥油11280斤，奶渣5.25吨。

1997—2010年部分年份底雅乡牧业生产情况统计表

表2-2-13　　单位:头(只、匹)、%、吨

年份	1997	1998	1999	2000	2001	2002	2003	2005	2010
年末牲畜存栏(头、只、匹)	14568	12735	15110	15925	16520	15054	15709	11118	11634
适龄母畜(头、只、匹)		5554	6508	6840	5555	5862			
大牲畜(头、匹)	2457	2375	2548	2770	2728	2777	2695	2243	1252
牛(头)	1861	1806	1910	2087	2011	2050	1967	1726	748
羊(只)	12111	10360	12562	13155	13792	12277	13014	8875	10382
绵羊(只)		3525	4243	4273	4596	4132			
当年成活仔畜(头、只、匹)	361	1264	4182	4273	4596	4132	325	168	

续表

年份	1997	1998	1999	2000	2001	2002	2003	2005	2010
牲畜出栏率(%)		16.9	14.4	16.2	19.65	15.29			
成畜死亡率(%)		6.9	2.7	5.61	3.54	5.8			
肉类产量(吨)	41.08	40.3	29.77	37.6	45.09	33.11	44.5	43.8	20.39
奶类产量(吨)	164.7	52.6	60.12	67.23	59.17	63.91	60.3	60	
绵羊毛产量(吨)	5.64	2.6	2.58	2.8	3.96	2.87	5.8	5	2.6
山羊绒产量(吨)	0.44	0.3	0.1	0.56	0.53	1.27	1.1	1.2	1.4

2001—2010年，畜牧工作人员经常深入各村组、牧场，向农牧民群众传授牲畜防疫知识，进行技术指导，确保牲畜健康、畜产品安全。全乡牲畜均接受小反刍、口蹄疫A、O型疫苗注射，疫苗注射率达100%。2007年7月，札达县及周边地区发生了严重的小反刍疫情，乡政府紧急部署设卡防控，配合县兽医站，对疫区进行调查了解，及时注射疫苗、喷洒消毒药、注射抗菌药，对疫畜进行隔离、对死畜进行掩埋处理。及时通报、配合边防部队在什布奇设卡布控，以防疫情传播。疫情得到控制，牧民损失降到最低程度。

（三）副业

2004年，全乡农牧民副业收入16.02万元。2006年，副业收入27.67万元。

（四）劳务增收

底雅乡成立农牧民劳务输出领导小组，具体负责劳务输出的管理。有针对性地对农牧民群众开展劳动技能和文化知识培训，提高他们的技能和整体素质。通过就地转移生态岗位、稳边固边岗位，项目建设劳务参与，成立民间施工队，承接小型、技术含量较低的项目等措施，切实增加农牧民劳务收入。

2001—2002年，底雅乡每年开展培训5次，2003—2010年，每年开展培训10次，农牧民收入大幅提高。

2005年，底雅乡劳务输出470人次，农牧民总收入91万元。农牧民人均纯收入1747.66元。2006年，农牧民人均纯收入2405元。2007年，在安居工程、周转房、修桥修路等建设中，农牧民群众创收5万余元。当年农牧民人均纯收入2619元。

四、基础设施建设

（一）交通

底雅乡境内群山环绕，山高谷深，起伏不平，交通运输十分困难。古代传统交通工具是马和牛，而穷苦百姓靠人力。

1970年，底雅至古让公路修通。1981年，由新疆部队负责，在当地群众参与下，历时40余天，修通什布奇至久巴公路。1982年，修通努巴至拉嘎公路、底雅乡至县城公路，均属季节性公路，每年冬季大雪封山，有长达7个月时间不能通车。至2000年底，有2个行政村尚未通车。

2001年，修通边防连至底雅道路。2003年，修通边防连至久巴组道路。2005年，修通香孜乡至底雅乡公路。2008年，扩建香孜乡至底雅乡原有道路。

至2010年底，随着交通状况的不断改善，马、牛等牲畜逐步退出运输行业，现代交通工具（车、拖拉机）代替牛马。由于受气候因素和公路等级低等因素的影响，底雅至县城的道路每年有半年处于封山状态，给农牧民群众的生产生活带来诸多不便。

（二）安居工程

2002年，底雅乡在鲁巴村努巴组实施易地搬迁，改善农牧民居住条件。坚持就地改建为主，立足当时基础进行新建和扩建，根据建房户自身实际情况，因地制宜，确保每户农牧民都有房住。

2006年，底雅乡完成安居工程44户、130间，建筑面积3439平方米，国家投入资金204.3万元。2007年，完成安居工程62户，建筑面积7238平方米，国家投入资金155万元。2006—2009年，底雅村建设安居工程70户，鲁巴村建设安居工程101户。2006—2010年，什布奇村建设安居工程52户。

五、社会事业

随着各项生产建设的发展，底雅乡文化、教育、卫生、体育、邮电等各行各业也逐步发展并日趋完善。

（一）教育

1964 年，在鲁巴乡成立底雅小学（1985 年迁至底雅乡），有学生 7 人，教师 1 人。2000 年底，该校有学生 37 人，教师 3 人。

2001 年，该校有 1 年级学生 9 人、2 年级学生 7 人、三年级学生 6 人。2003 年，该校有 1 年级学生 10 名、2 年级学生 5 名、三年级学生 9 名。2004 年，小学入学率达 98%，巩固率达 100%。

2006—2007 年，适龄儿童入学率达 100%，巩固率达 100%。底雅乡中心小学在校生 39 人。2008—2010 年，适龄儿童入学率达 100%，巩固率达 100%。

全乡有扫盲教学点 11 个，2005 年冬至 2006 年春有 400 余人参加扫盲学习，学员成绩合格，2006 年上半年通过阿里地区扫盲工作验收。

（二）卫生

全乡有乡卫生所 1 所，能治疗简单的常见病，极大地方便了广大农牧民。

2001—2004 年，乡卫生所有 1 名医生、11 个作业组各 1 名医生。每年平均接诊 580 余人次。

2005 年，卫生所在原有 1 名医生的基础上，由政府增加 1 名护士，各村增加 1 名村医，并开始实施农牧民医疗合作政策。接诊 520 余人次。

2007 年，乡卫生所有医务人员 3 人，病床 4 张。农牧民群众基本做到了小病不出乡、大病不出县。农牧民医保参合率达 95% 以上。计划生育、妇幼保健、人口自然增长率保持在健康发展水平。

2010 年，乡卫生所有正式医生 3 名（2 名医师、1 名药技），公益性岗位 3 人，接诊 880 余人次。

（三）文化

底雅每月都有节日，其中藏历新年是一年中最为隆重的节日，与西藏其他地区的藏历新年不是同一天，一般为公历11月中下旬，比较独特。藏历六月中旬是底雅农区“望果节”，人们穿着节日盛装，身背佛经，演奏洛钦仁青桑布古鲁、什布奇三姐妹传、阿玲、果乌琴，表演苹果酒、孔雀饮酒舞等。2001—2010年，随着生活条件的不断改善，全乡文化娱乐设施逐步完善。乡所在地及各村建有农家书屋、老年文化活动中心，实施广播电视户户通。

2000年，底雅乡各村通邮，6—10月每月通1次邮车，方便了农牧民同外界的联系。

2001—2005年，在原有村村通广播电视、村村放电影的基础上，进一步积极投入力量实现全覆盖的同时，前往各村（作业组）巡回播放电影。年均播放150余场次。

2006年，底雅乡为各村组更换电视节目接收机、电瓶十余套，在乡政府所在地建电视发射塔1座，转播4套电视节目，3套广播节目。

2007年9月初，底雅乡顺利开通移动电话，加强了与外界的联系。2008年，底雅乡有“村村通”广播设备一套，可转播4套电视节目，3套广播节目。全乡3个村有卫星电话各3部，乡政府有卫星电话3部。

2009—2010年，在全部实现“村村通”的同时，挖掘一系列古老民俗文化（宣舞），选出扎西顿珠、仁增卓玛等一批批传承人。

（四）生态环保

2003年，底雅乡鲁巴村实施退耕还林720多亩。

2005—2008年，对什布奇村开始实施森林生态保护管理补助机制。

2008年，对底雅乡3个行政村（底雅村、什布奇村、鲁巴村）实施森林生态保护管理补助机制。

第三篇
古格地方政权

第一章　政权沿革

古格[1]（གུ་གེ）亦写作谷格，为象雄方言，意为“除暗”，亦有解释为“文字”。在敦煌文献中多次出现，这是象雄时期势力较大的部落。据《说法经》（སྐྱབས་སྟོན）中记载：“吉勒古格王温钦戴海螺帽。”《贤者喜宴》记载，“藏地和松巴交界有古格、觉拉两个千户”。至今，以香孜乡和托林镇中心的崇拜梅巴乌山神的区域称作古格。自北宋乾德四年（966 年）普兰王扎西衮次子松额（出家后取法名为拉喇嘛益西沃）建立古格地方政权，治所在札布让，其后形成的古格文明，曾享誉雪域高原。

第一节　政权建立

据《西藏通史·松石宝串》[2]（以下简称《西藏通史》）记载：吐蕃末代赞普达玛乌东赞（以下简称达玛赞）藏历水狗年（843 年）遇刺驾崩的前一年，其侧妃在雍布拉康宫生下维松，达玛赞亡后的次年长妃生下永

① 地名，有的写谷格。《阿里政教史》（藏文版第 36 页）中说“象雄时期就有的地名，象雄语中‘日月’之意”。位于阿里地区札达县城西 20 公里处的古格遗址，是历代古格王的主要王宫。

② 恰白·次旦平措、诺章·吴坚等著，陈庆英、格桑益西等译，西藏藏文古籍出版社，1996 年。

丹①。为争夺赞普位王室形成两大派，相互争战不断，后吐蕃境内又发生了平民大暴动，导致统一的吐蕃奴隶制政权分崩离析，取而代之的是众多地方割据政权。

藏历水牛年（893 年），维松在雅隆旁唐②地方得子贝阔赞。维松谢世时，13 岁的贝阔赞承袭父王的赞普位，后因永丹派打击，丧失了其固有的约茹③领地，被迫西迁仲巴拉孜④地区。贝阔赞于藏历水羊年（923 年）被其属下杀害。其有 2 子，即侧妃所生的长子赤扎西孜巴贝，正妃所生的吉德尼玛衮。赤扎西孜巴贝之子白德、维德、赤德在今日喀则地区西南部建立了地方割据政权，史称“下部三德”，芒域贡塘王系始于此。而吉德尼玛衮在卫藏⑤地区无立足之地，约于公元 10 世纪 20 年代来到象雄万户地界，落脚于热拉地方。藏历木马年（934 年）修建了热拉卡玛尔⑥堡寨，并向普兰、古格、玛尔玉⑦派使臣了解周边环境，联络当地部落，受普兰地方首领扎西赞之邀，行营迁至普兰，定居噶尔东⑧，修建了古喀尔尼松宫，娶三妃生子贝吉日巴衮、扎西衮和德祖衮。三子长大成人后，吉德尼玛衮把归附于他的玛尔玉、象雄本部⑨和桑噶果松⑩派三子治理，史称“上部三衮”。从此吐蕃赞普后裔在西藏西部广大地区建立了地方割据政权，后形成了普兰，拉达

① 许多藏文史书认为永丹并非达玛赞的亲子。

② 在今西藏山南市境内。

③ 左翼之意，其地域范围见《西藏通史》第 56 页。

④ 指今西藏日喀则市拉孜县域。

⑤ 今西藏拉萨和山南等地区称“卫”，日喀则地区称“藏”。

⑥ 位于西藏阿里地区狮泉河镇西约 16 公里处的朗钦藏布北岸。其遗址至今清晰可见。

⑦ 今印度控制的拉达克（藏语“拉达”）地区的早期地名。“芒域”则是今西藏日喀则市吉隆一带的早期地名。

⑧ 在今阿里地区普兰县普兰镇的噶尔东村，固卡尔尼松宫遗址在该村的朗钦山上。

⑨ 指古代象雄王直接统治的今札达和普兰等阿里南部地区。

⑩ “三谷”或“三门”之意。位于印度喜马偕尔邦东南部，萨特累季河（即流入印境的朗钦藏布）和司布底河交汇的三谷地区。其东南端的库奴地区同我国阿里地区札达县西部相接。

克、桑噶、古格、亚孜5个较有影响的王系。

吐蕃赞普后裔在阿里建立的这些王系的王位传承，实行传男不传女的世袭制度，各王系的历代王都虔诚信奉藏传佛教。由于王位传承的需要，在位者都是俗家。有的王晚年把王位传与子孙或兄弟，自己出家为僧。在位王断嗣时，选血缘最近的人为王位的继承者。历代王及其子孙都有全名、简称，有的还有别名。俗家在其名字前后冠以“赤、德、衮、赞”之类尊号，削发为僧者另取法名，致使一人多名，且名字相近者甚多，容易造成张冠李戴，排序颠倒，古格王系排序尤为复杂。扎西衮立普兰王时，古格部众臣服于普兰王。北宋乾德四年（966年）普兰王扎西衮次子松额到古格建立地方政权并称王。松额出任古格王，脱离了普兰王的直接管辖，而他出家后复归普兰王阔日管辖，到第五代普兰王维德赞之子孜德出任古格王后，古格再次脱离了普兰王的管辖，形成了古格王系。从扎西衮至维德赞止，这五代普兰王是否为古格王，存在不同见解。以下记载的古格王系约从公元10世纪90年代松额创立古格王地方政权，到1630年被拉达克毁灭，历经26代王，其中前19代是按照15世纪古格·阿旺扎巴所著《阿里王统记》和2006年12月古格·次仁加布所著《阿里政教史·雪域美饰》（以下简称《阿里政教史》）（藏文版）编写，后7代按照17世纪第司·桑杰嘉措所著《格鲁派教法史·黄琉璃宝鉴》（以下简称《格鲁教法史》）和《阿里政教史》（藏文版）编写，同时参阅了《西藏通史》《阿里三围早期史》等藏汉文史书。

第二节　王系传承

松额，又名赤德松祖赞，是吉德尼玛衮之孙，普兰第一代王扎西衮的次子，宋乾德三年（965年）生于普兰，自小聪慧，学习各种文化，精通艺术。松额首次来到古格地方，认为此地曾为象雄重要属地，但盛行苯教。于是他派诸弟子翻译佛经，迎请佛教高僧传法，召集当地长者，阻止苯教，焚烧或将苯教经文抛入江河，倡导佛教，允许女子出家。同时，励精图治，不断征服周边部落，扩大疆域范围；兴修水利，发展农业，兴盛边贸，扩大交换，使古格政权呈现出政通人和的局面，王城——札布让卡城堡也逐渐发展成为其执政中心。北宋至道二年（996 年），松额出家为僧，取法名“拉喇嘛·益西沃”。将古格地方政权事务委托其兄普兰王阔日管理，王位由阔日子孙传承。同年，为弘扬佛法，在朗钦藏布南岸始建迦萨殿（托林寺最早建筑），拉喇嘛·益西沃致力于佛教在阿里的传承，来往于古格、普兰等地讲经传教。其间，从印度等地邀请藏传佛教史上的“三巴拉”等班智达（通晓五明者）到普兰、古格传教。北宋大中祥符元年（1008 年）大译师仁钦桑布将印度《医法八支·注释诗意月光论》译成藏文。随后普兰出现了朗德僧革扎、夏噶赤益西、翁曼阿尼、芒每曼楚四大名医。北宋天圣八年（1030 年，藏历第一饶迥铁马年），拉喇嘛·益西沃在托林寺修建色康大殿供仁钦桑布驻锡，并赐与庄园，作为供养，形成西藏历史上最早的“谿卡”庄园制度。北宋景祐三年（1036 年，藏历火鼠年）圆寂于托林寺。

其子赤德衮赞和拉阔尔赞出家，取法名德瓦然杂和拿噶然杂。次妃生的公主拉益美朵在齐旺（即今皮央）出家建寺。一些史书、文学和影视作品中提到拉喇嘛·益西沃在同“噶尔罗①”作战时被俘，死于狱中。但《阿里王统》和《阿里政教史》中明确记载了死于噶尔罗狱中的是第四代普兰王维德赞（拉喇嘛·益西沃的侄孙）。

① 指公元 10—12 世纪今巴基斯坦控制的克什米尔西北地区的统治者。在《阿里王统记》中提到的“噶尔罗”指这时期的突厥军队。

古格王系

阔日（阔热、柯热）1. 松额（赤德松祖赞，拉喇嘛·益西沃，947—1024）

↓

2. 拉德（966—？在位）

↓

3. 沃德（维德，？—1037）　绛曲沃（984—1078）　悉瓦沃（1016—1111）

↓

4. 孜德（1057—？）　扎赞德（亚泽王系从他传出）

↓

森扎　拉尊旺维　杂麦德扎　5. 赤扎西巴尔德赞（旺德）

↓

6. 索南孜

↓

7. 扎西孜　觉卧杰布（库奴王系从他传出）　卧巴泽（绒琼王系从他传出）

↓

曲杂　8. 泽巴赞　阿噶日杂　赞扎波底　阿弥索扎

↓

列罗弥　9. 莫米钦　维色堆赞　泽丹艾　拜维赞（达瓦法王）

↓

尼德赞　10. 扎西朗杰德赞

↓

贡德赞　11. 尼玛德　拉尊赞

↓

12. 格崩　强巴　森巴

杰多　13.喇噶　推巴

14.曲杰扎巴

15.拉钦扎巴德（兼并普兰、亚泽两王领地）

拜巴德　16.赤南杰德（1372—1439）

17.赤南喀德（1409—1480）

18.桑杰德

19.洛桑饶旦（1485）

20.帕巴拉

释迦维　21.释迦仁钦

22.吉丹旺秋　江央巴　恰多

23.阿格旺久　喜绕维色

24.赤南喀旺秋　洛桑旦巴尼玛

↓

25. 尼玛旺秋

↓

26. 赤扎巴旺秋德　　罗桑益西

↓

27. 朗杰扎巴（赤扎巴扎西德）（？—1630）

第三代王沃德时期，绛曲沃扩建托林寺，增设内外供品，在古格西南部修建芒囊江久林寺（芒囊寺），建立寺院税收制度。北宋宝元元年（1038年，藏历第一饶迥土虎年），绛曲沃依叔祖父拉喇嘛·益西沃嘱托，派仁钦桑布弟子嘉尊追森格携带重金去印度邀请阿底峡到古格讲经传法，未果。后又派译师那措到印度迎请阿底峡。庆历二年（1042 年，藏历阳水马年），阿底峡经普兰抵达古格，一路讲经传法，广收僧徒。同年，阿底峡尊者途经尼泊尔、普兰到达古格芒囊寺和托林寺，与仁钦桑布一起讲经弘法。摄显密两宗关要，合为修行次第，编撰《菩提道炬论》等著作。在阿里传法期间，广收僧徒，从者甚众，有著名译师绛曲沃、那错等。仁钦桑布主持翻译《八支集要》等藏医学名著，开创阿里藏医学历史之先河。由此，形成上路弘法的开端。史书虽未明确记载颇章绛曲沃是古格王，却在其法名前特加“颇章”① 二字，以示有别于历代主持普兰和古格地区教务的其他高僧。

第四代王孜德是维德赞的次子，公元 11 世纪出任古格王后，古格脱离普兰王的管辖，成立政权组织体系，征服边地，扩大疆域，古格地方富足昌盛。因他的政绩突出，称作藏地之拉赞布孜德。同时正式成为古格王系而立足，此后的历代古格王均系孜德的子孙。北宋熙宁九年（1076 年，藏历第一饶迥火龙年）为纪念阿底峡逝世 22 周年，古格王改德在托林寺召开法会，卫藏、康等地的高僧大德前往参加。此为藏传佛教史上的首次盛会，史称“火龙年大法会”，因此年是农历丙辰年，又称“丙辰法会”。藏传佛教后弘期“上路弘法”由此在西藏传播，并进入繁荣期。此王被反佛的苯教

① “绛曲沃”直译为菩提光，“颇章”为宫殿或王宫之意。

派暗害。他有4子，长子森扎接任普兰第六代王位；二子拉尊旺堆被定为王位继承人，叔侄内讧时，被其叔（孜德弟）索南泽杀于托林唐嘎沃；三子杂麦德扎幼年夭折；幼子赤扎西巴尔德赞继承王位。

第五代王赤扎西巴尔德赞，全名桑喀·赤扎西巴尔德赞，又称"旺德"，简称"巴尔德赞"。在他执政期间古格地方相对繁荣，修建敦喀城堡，收复曾为象雄王中心地带的琼隆等地，资助罗丹西绕译师翻译因明著作。他在其父之前去世，生有独子，名为索南孜，继承了古格王位。

第六代王索南孜，全名切谦擦·索南孜。因父王驾崩之难，厌弃世俗，本想出家为僧，但不敢违民众之托，继承了王位。他继承王位后，在有权势大臣扶持下，清除了杀害其爷孜德的仇人及其叔拉尊旺维的势力，统治古格全域，掌管托林寺，修建拉喇嘛悉瓦德陵塔。他有扎西孜、觉卧杰布、卧巴赞三子。其长子继任古格王，次子出任库奴①王，幼子出任绒琼②王。古格王泽德时期，在大臣桑卡·杰伦达色、香绒·杰丹仁莫、觉儒·德瓦扎西、拜巴的辅佐下，用武力逐渐征服周边部族，统领属地不断扩大。

第七代王扎西孜在反抗噶尔罗入侵的战斗中战死于战场。卧巴赞葬身于蒙古。扎西孜王有阿嘎日杂、赞扎波底、阿弥索扎、曲杂、泽巴赞五子。泽巴赞继承王位。

第八代王泽巴赞，生有1子，名列罗弥，住在托林寺金顶，遵守教规。古格王系出现断代之际，从巴尔斯坦娶拉坚和确钦洛丹杰姆为妻，各生儿子。四子在托林寺举行父亲亡灵超度。此后两位王妃间出现内讧，最后古格政权分成两个政权。由白卫赞统治古格，其后裔仅统治古格上南部，后形成达巴却杰，与古格王并列。古格南部由拉坚的长子吉德赞统治。他生独子，名为莫米钦。

第九代王莫米钦，自幼聪慧，精通书法，但是哑巴。凡遇大事写在纸上与大臣商讨。后经医治，能言善辩，胸襟宽大。《古格王统》称神变之王。除了古格上南部外，均被他统治。他生有儿子，即尼德赞和扎西朗杰德赞。

① 今属印度喜马偕尔邦东部边陲，与我国西藏阿里札达县萨让乡相邻。

② 阿里地区札达县底雅乡所辖的朗钦藏布流域各乡村的统称。

长子从事教法，在他的努力下使古格地方昌盛佛教。扎西朗杰德赞继承王位。

第十代王扎西朗杰德赞当王期间，古格地方无战争，也无自然灾害，经济文化得到长足发展，在普兰修建觉沃加查，以及刻印金质佛经。

第十一代王尼玛德有三子，即格崩、强巴和森巴。长子继承王位。

第十二代王格崩善于经营，建佛寺，铸造佛像，用赤金汁液书写和印制详部、中部般若佛典，在弘扬佛法方面成就突出，被后人称为法王。享年70，他生有三子，即杰多、喇噶、推巴。次子继承了王位。

第十三代王喇噶秉承父业，修建很多佛堂，其中较为著名的事迹是在古格上南部和下南部交界处修建四座芒朗祖拉康殿堂。不仅对外进行扩张，巩固古格固有的领地，还善于治理内政，被誉为贤王。

第十四代王曲杰扎巴生有独子，名拉钦扎巴德。

第十五代王拉钦扎巴德是古格历史上最著名的王。自他在位时起普兰和亚泽归古格王管辖，派王族管理。同时征服了觉南、尼底、仲尼、商南、桑汪①诸部。娶两妃各生一子。长子释巴德13岁夭折，次子赤南杰德继承了王位。拉钦扎巴德遵从佛学大师，与不同教派的名师和睦相处，兴建佛寺，钻研佛法，颇有成就，被世人称为拉钦（法王）扎巴德。在政治方面，在大臣雅噶功朵大力协助下，不断扩张领地，并首次把东边的普兰和南边的亚泽等地纳于治下。其后又征服西南边的甲诺木、尼帝、仲尼、尚朗、俄如等部族，使古格地方政权的势力达到顶峰。他在位期间大兴佛法，并向领土内的各大小寺庙大量布施。扎巴德首次与直贡噶举派六世活佛达玛热扎建立了供施关系，派100名亲信携带黄金、黄铜和药品等送给直贡噶举派在冈仁波齐的传法基地，以示对该教派的支持。同王妃桑珠杰莫亲自到普兰迦帝卡城堡拜直贡派喇嘛玛贡巴为师，并把普兰的上下塘雅等地作为福田献给直贡噶举派。至此，直贡噶举派在古格奠定了深厚的基础。

第十六代王赤南杰德在位时古格王的统治势力达到了鼎盛，古格王管辖

---

① 当时的这些部落地区均在喜马拉雅山南麓，曾属亚泽王的领地，今属印度北方邦和尼泊尔的西部疆域。

的领地超过了今阿里全境。他的王宫设在齐旺。有诗云："宫名战无不胜之宫，王名战无不胜之王。黑色坐骑后蹄一白点，黑色猛犬胸心一白点①，田里长出黄金和翡翠②，城堡内外各有一千户③，盲人瞎马各有一百个。"④ 其智慧过人，文武双全，为人宽宏大量。他经常巡游普兰等各周边部属，扩大军事势力，建立健全军事组织，制定各种治国方略和法律法规等，为古格政权的繁荣富强起了重大作用。在其执政期间，农牧业兴旺，城区商市发达，百姓过着和平安宁的日子。明正统三年（1438 年，藏历第七饶迥土马年），赤南杰德派兵平息普兰地区叛乱，巩固了阿里和后藏拉堆之间的边界，并派代理把守。明天顺三年（1459 年，藏历第八饶迥土兔年），赤南杰德应拉达克王赤赞德的求援，派兵进攻萨波拉地方，收复失地，平息拉叶法王拉尊和维德兄弟反抗。同时，他先后三次派兵，将桑噶境内的匪帮剿除，维护了境内外的安定。在其执政期间，古格势力几乎覆盖了整个阿里三围地区。晚年，赤南杰德居住在芒囊城堡。他共娶 4 位王妃，王妃拉宗生一子，名赤南喀旺波·平措德白桑布。

第十七代王赤南喀德或平措德，全名赤南喀旺波·平措德，17 岁被迎到朗钦藏布北岸的齐旺（皮央），并娶拉达克玛域公主赤江，生一子，名为赤朗日桑杰德白桑波。《阿里王统》作者古格·阿旺扎巴亲眼看见了此王的登基典礼。他晚年出家于普兰科迦寺，取法名拉尊释迦沃。

第十八代王桑杰德，全名赤朗日桑杰德白桑波，统治古格、普兰等地，并与拉达克王友好相处，并对冈仁波齐周围的直贡噶举派献丰厚资粮。他的前妃南喀杰莫未生子，后娶普兰官人之女索南桑莫，虎年生了洛桑饶旦，继

---

① 指赤纳莫杰德王的坐骑，按藏族传统观点，全身漆黑后蹄有一撮白毛的马为吉祥良马的标志。

② 喻指金黄色的庄稼丰收在望，颗粒饱满的青稞像翡翠宝石。喻义风调雨顺，政运昌盛。

③ 齐旺（现叫皮央）城堡建在南北走向的土山上，其前后两面各住有千户，喻义人丁兴旺。至今能清晰看到此土山两面像蜂窝似的窑洞遗址，故历史上有"蜂窝城"之名。

④ 喻指人畜两旺。

承了王位。

第十九代王洛桑饶旦继任古格王后，业绩卓著，尤其在普兰一带很有影响。罗桑饶旦执政时期与普兰头人贡桑一起，出大量物资，保证在冈仁波齐、玛旁雍错及古格境内众多直贡派僧人的生活。此时，直贡噶举派势力在前后藏受到各教派势力的挑战，但在阿里，由于有古格王为靠山，其势力愈加强盛。他先后娶三妃未生子，后娶一妃生了帕巴拉，继承了王位。

第二十代王帕巴拉继任古格王，支持格鲁派，为格鲁派在古格的兴盛打下了基础，朗钦藏布谷地一带很多名寺开始由格鲁派控制。他有释迦维和释迦仁钦两子，次子继承了王位。

第二十一代王释迦仁钦①掌政期间，巩固疆域，与境外部族和睦相处，在古格政权发展历史上有一定影响。他有三子，即吉丹旺秋白嘎德、江央巴和恰多尔。长子继承了王位。

第二十二代王吉丹旺秋，全名吉丹旺秋·白嘎德。他在位时在札布让王宫所在土丘上修建了白殿和坛城殿，并支持格鲁派在其境域内的发展繁盛。除修复托林寺外，还在札布让卡城堡下修建大威德殿和红殿，同时派人带着礼物前往哲蚌寺，拜见第二世达赖喇嘛根敦嘉措，并在哲蚌寺建立了阿里扎仓（阿里籍僧舍）。与此同时，他也积极保持与直贡噶举派之间的关系，与普兰头人索朗绕丹一起，支持在冈仁波齐、玛旁雍错的直贡噶举派大师朵增贡噶扎巴，并拜其为师，与其建立较为密切的供施关系，归还被竹巴噶举派占去的部分寺庙庄园和草场。他有阿格旺久和拉尊西绕维色两子，长子继承了王位。

第二十三代王阿格旺久继任古格王，在札布让卡城堡执政。其继续修复托林等格鲁派寺庙，供奉朗钦藏布流域的格鲁派僧众。他有两子，即赤南喀旺秋和拉尊洛桑旦巴尼玛。长子继承王位。

第二十四代王赤南喀旺秋继任古格王，继续支持格鲁派在朗钦藏布流域的发展，也注重继承密宗的传统。他有尼玛旺秋一子，继承了王位。

---

①　在《格鲁教法史》中没有明确交代夏佳仁谦继任古格王，但在《阿里政教史》中记载此人继任过古格王。

第二十五代王尼玛旺秋继任古格王，继承父亲热衷于佛法的传统，供奉在佛学上造诣很高的大师，尤其是对绘画师非常尊重。他有赤扎巴旺秋德和拉尊洛桑益西二子，长子继承了王位。

第二十六代王赤扎巴旺秋德①约于 17 世纪初继位，大力支持格鲁派，朗钦藏布河谷的僧尼数量剧增，格鲁派的势力愈来愈大，甚至王室成员也出家为僧。格鲁派势力渗透到古格的各个阶层中。

第三节 政权灭亡

大约在 17 世纪初，拉达克王开始向东扩展势力，蚕食古格的领土。这一时古格地方的政治和宗教正在发生剧烈变化。拉达克和古格地区在藏传佛教后弘期开始时，噶当派和噶举派在这一地区传播，元代萨迦派传入，明代中期格鲁派势力也进入古格地区，特别是根敦珠巴在日喀则兴建扎什伦布寺时，曾经派遣其弟子到古格化缘，与古格王室建立了关系，在古格建立了格鲁派的寺院和僧团。

1616 年，四世达赖喇嘛圆寂时格鲁派在拉萨地区受到第悉藏巴的打压，正当此时应古格的邀请，四世班禅额尔德尼·罗桑曲坚分别于 1616 年和 1617 年两次到古格托林寺，受到古格王扎巴扎西德的父亲和弟弟等人的欢迎②。在这两次时间都长达半年多的传法活动中，四世班禅委任古格王的叔祖父拉尊·罗桑益西为古格格鲁派僧人的首领，使得格鲁派在古格地区占据了主要地位，古格的五六千僧人中格鲁派占了大多数③。格鲁派影响的扩大，造成当时的古格王扎巴扎西德和古格的格鲁派宗教领袖（古格王的弟

---

① 根据《格鲁教法史》和冈日瓦·群英多吉编著的《阿里三围早期史》记载，赤扎巴旺秋德是古格末代王。但一些史书中记载的末代王叫赤扎巴扎西德，但没有交代他同古格王系的血缘关系。

② 丹珠昂奔主编：《历代达赖喇嘛与班禅额尔德尼年谱》，中央民族大学出版社，1998 年，第 433—434 页。

③ 伍昆明：《早期传教士进藏活动史》，中国藏学出版社，1992 年，第 134—135 页。

弟）之间的矛盾加深。

为了巩固自身势力，古格王夫妇转而接近新到古格活动的西方传教士，打算借助其势力来平衡藏传佛教在社会上的影响。

1624 年 5 月，葡萄牙传教士安东尼奥·德·安夺德一行从克什米尔的斯利那加城出发，经过三个月艰难跋涉，潜入古格的首邑札布让。经过一段时间的活动，安夺德逐渐取得古格王的信任，1626 年，安夺德在得到印度果阿耶稣会的支持后，又得到古格王的批准，由古格王扎巴扎西德提供土地和资助，在札布让兴建了西藏第一座天主教教堂。教堂建成后，古格王为安夺德等人提供生活所需，并奉献了可观的资金，安夺德等人向古格王夫妇等人宣传天主教教义，在古格的百姓中发展了少数的天主教信徒。古格王还支持安夺德等传教士利用各种机会抨击古格的藏传佛教僧人，企图削弱藏传佛教在民众中的影响，以巩固古格王权。这些做法受到了藏传佛教僧人的强烈反对。

但是，古格王不仅不听从藏传佛教僧人要他放弃信仰和不支持天主教，反而对藏传佛教僧人采取限制和打击的措施，强迫僧人还俗，没收僧团的部分土地和财产。1630 年春，安夺德返回印度果阿，因古格王扎巴扎西德身患重病，古格的佛教僧侣们乘机发动了反对古格王的武装暴动，将古格王围困于札布让王宫城堡之中。

古格王的弟弟联合与古格王室同宗的拉达克，利用拉达克王的军队一起攻打古格都城。拉达克王森格朗杰趁机出兵古格攻打古格王，经过一个多月的包围，古格王接受了拉达克王提出的只要他向拉达克投降并缴纳贡品便保留他的王位的条件，结果古格王扎巴扎西德及全家被拉达克人带回拉达克首邑列城，关进了监狱。古格王的军队在城堡中坚守一段时间后，从城堡中撤出，逃到日喀则第悉藏巴那里，统治日土地区的小王也逃往日喀则，请求第悉藏巴保护。札布让的古格城堡因此被废弃，成为今天闻名于世的古格都城遗址。

第二章　古格都城遗址

古格都城遗址于1961年被列为全国重点文物保护单位。其遗址古建筑主要有红殿、白殿和集会议事大厅等。王宫位于遗址顶部，仅存残垣断壁。古格壁画主要分布在古格故城宫殿和佛殿。

第一节　古建筑

红殿是藏语“拉康玛波”的意译，因殿墙涂有红色而得名。位于遗址中部，是一座平面略呈方形的单层平顶藏式大殿，坐西朝东，占地面积350平方米。屋顶用“阿嘎土”夯打技术处理，形成宽敞的大平台，墙体上开设4个方窗孔和13个竖条形或三角形瞭望射击孔，瞭望射击孔与城堡中的防卫墙和碉堡上的射击孔完全一样，在城堡的防御战中，居高临下的红殿屋顶可能发挥过碉堡的作用。现存有木雕大门，门上雕刻卷云纹，中间有6个梵文大字，其意待考。殿内有36根方形红色立柱，每根立柱直径22厘米，柱间宽2.7米。天花板上有各种花纹彩绘。殿内残存几尊泥塑佛像，门内两尊保存较好。殿内靠北墙有1座高出地面约1米的平台，台宽8米，台上空无一物。台的右边残存佛塔1座。

白殿是藏语“拉康嘎波”的意译，因殿墙涂有白色而得名。白殿的形状呈“凸”字，后突部分是主供像设计，位于遗址下层，坐北朝南，总面积377平方米，为古格建筑面积之最大。木柱、梁、椽、天花板的构造和工艺与红殿大体相同，高5米、宽3.3米，现存门洞，残墙厚1米，土筑。殿内有36根方形立柱，每根立柱直径22厘米，柱和柱之间宽为2.55米，柱上和天花板上有彩绘花纹和佛像。

金科拉康为藏语音译，意为坛城殿，位于遗址顶部，殿堂内面积约25平方米，墙厚55厘米，门道宽1.35米。殿内菱形藻井和伸出墙外的飞檐上雕刻有花草及各种动物图案。殿四周墙体绘有色彩鲜艳的壁画，主要反映天堂、人间、地狱形象。

杰吉拉康位于东北部的坡地上，西距拉康玛波约15米，整个殿堂为土木结构的单层平顶藏式建筑。杰吉拉康又名大威德殿，系密宗殿堂，殿壁主像绘护法。

卓玛拉康译为度母殿，是古格王国遗址现存殿堂中建造时间最晚的一座。殿堂由方形殿和门厅组合而成，殿内立有4根木柱，柱头正反面浮雕图案相同，正中一个长方形柜内雕刻有梵文字母组合的“十大自在相”（命自在、心自在、资具自在、业自在、解自在、受生自在、愿自在、神力自在、智自在、法自在）图案。殿内后壁主体壁画有释迦牟尼和两弟子、宗喀巴和二弟子、阿底峡和二弟子，两侧分别绘一佛二菩萨，北壁上分别绘有三世佛及大译师仁钦桑布、吉尊西绕伟色；南壁上绘有五尊大佛，前壁的门两侧分别绘马头明王及阎魔护法。

第二节　古格壁画

古格壁画主要分布在古格故城宫殿和佛殿。始于11世纪，繁荣于12世纪。这一时期的绘画艺术受克什米尔和印度喜马偕尔邦艺术的影响，佛像肩宽腰细，突出体积感的肌肉表现，充满了内在的生命力，服饰简约紧凑，面部短圆，眉弯眼大，嘴角的微笑与硬挺的肌肉表现构成一种力量感。女性神祇的表现尤其丰采动人，身躯S型的扭动具有舞蹈的律动，丰腰溜肩，短袖紧身式的着装袒露着双乳和腹部，下身着长裙，并饰以精美的图案，面部表现亦娇美可爱。在继承吐蕃传统壁画风格的基础上，通过对外来不同的艺术、式样有选择地吸收与借鉴，形成了美术史学家称为“古格式样”的有别于其他地区的全新艺术风格。古格风格的殿堂壁画整体布局严谨，通常以大像和塑像背光为主体，四周及两侧排列相关的众多小像；佛教故事画多呈分幅长卷式或分幅组合式配置于殿墙下部；反映世俗生活的礼佛、庆典乐舞、商旅运输等画面在殿堂壁画中亦占有重要位置。古格壁画中的人物形象神采生动、身姿优美，尤其是佛母、度母、天女等女尊类造型身材修长、婀娜多姿，多用晕染法突出女性特征，被认为是“西藏佛教壁画中最优美的人体像”。

15 世纪下半叶至 17 世纪初，古格壁画在艺术上进入了灿烂辉煌的复兴时代，各遗址中存留的大部分作品均为此时期作品。壁画和唐卡在风格样式上显示多样化特点，与雕塑风格一致，各种外来风格图案被有机地融合成一种新的古格样式。古格绘画在造型空间观念上严格遵循二维平面的造型方法，表现出较强的装饰性；画面设色厚重沉着，浓丽不俗，手涂与晕染相结合，以红色为主调，兼用青、绿形成强烈的色彩对比；线条生动流畅，纤细不弱，布局变化有致；构图通常以中尊大像为体，四周排列众小像，格式井然有序；绘画题材极为丰富，礼佛、辩经、庆典、鼓乐、舞蹈、杂技等画面以及众天神、地魔、动物、植物等题材皆有其生动的表现。古格王宫遗址尚保存有大量的天井彩绘，风格繁缛华丽，饱满充实，其数量之大，图案之精美，内容之丰富均为西藏其他地区所罕见，是西藏珍贵的装饰艺术遗产。

古格壁画题材远比西藏其他地区的壁画丰富多彩，除了各地常见的壁画，如如来佛、菩萨、佛母、度母、空行母、天王、护法金刚、高僧大德及佛传故事、地狱之外，还有大象供养人像，吐蕃、古格王世系等。古格壁画最大的一个特点是在显要位置大面积反映古格王国世俗生活的若干场景，画面主要有王室成员、王国的一些重大庆典活动和古格王国与周边地区的交往等，为古格世俗生活的真实画卷。从壁画内容可以看出，当时的古格除了同西藏其他地区有密切联系外，与克什米尔、中亚、孟加拉、尼泊尔等国也有来往。壁画中尤具艺术价值的是，巧妙地利用人或动物的结构组成一种特殊的壁画。坛城壁画中供养天子组壁画中描绘的女性，隆乳丰臀，腰肢婀娜，姿态各异和容貌甚佳，身上配有各种极小装饰，堪称绝妙的人体画像，并有着有意刻画生殖器的迹象，很可能表现的是女性崇拜。这一奇异的特点，在现已发现的西藏其他地方的壁画中是没有的。说明札达在700多年前，就已把人体上升为艺术欣赏，把女性作为天女描绘，打破了当时世俗对女子的偏见。古格壁画内容非常丰富，天花板上的花卉、动物（如怒吼的雄狮、展翅飞翔的鸟）构图自由，想象丰富，具有无穷的艺术魅力。

一、红殿壁画

红殿东墙正中的大门保存着完整的木雕门框和门扇。门框整体分内外三层，每层上框中间是一尊弓腿站立的护法金刚高浮雕，里面两层分别雕饰摩羯鱼和迦陵频伽鸟尾变化出来的忍冬卷草纹，比较单调。外层内容复杂，有高僧、王子、苦修者，也有双象嬉戏、人骑象、人驯象。上框两侧雕有三个较大的画，南侧的画面中间是一位头上缠巾、身着长袍的王子，两旁摆放着供品的桌子，空中飘飞着两个演奏乐器的飞天，两下角各有一击鼓、击夯的伎乐；北侧有两幅画，一幅雕有一佛、两飞天、两弟子，另一幅雕有端坐在殿内的王子和两个侍从。门框侧角由里向外分别雕有菩萨、力士和狮子。门扇刻有梵文的“六字真言”。经历几百年风雨的木雕大门木纹显露，裂缝密布，像一幅巨大的陈旧画幅镶嵌在殿堂土红色的墙壁上。350平方米的红殿原来主供释迦牟尼和八弟子。红殿虽已毁坏，但从残存的像座浮雕上仍可看出当时的雕塑水平。红殿壁画基本完好，南北两壁有12尊大佛（十二如来）；东壁的8尊菩萨、佛母、度母、金刚高达3.5米。大像之上绘有佛、菩萨、金刚、佛母、度母、吐蕃赞王、古格王、印度的瑜伽行者、大德和西藏各教派祖师、高僧等；北壁的下层绘有释迦牟尼“佛传故事”，东壁下层绘有古格王率领王室家眷、大臣、僧俗人等礼拜无量寿佛的情景，古格人举行庆典乐舞的场面以及“如来八塔”“七政宝”“八吉祥”等图案。殿堂为土木结构的单层平顶藏式建筑，木柱分布呈网格状，下端转角90°作企榫，榫卯相套，并以方木钉横贯加固，榫长卯深0.36米，略呈梯形，柱头雕成束腰台状，束腰部位为联珠纹条带，束腰以上为重莲瓣，以下为忍冬纹，柱头上为一大体轮廓略呈梯形的替木，正反两面均加雕刻，正面正中为一长方框，框内雕一尊坐佛，佛着袒右袈裟结跏趺坐，坐莲花座上，有背光头光。

框两侧下部雕忍冬纹，上部雕莲瓣条带，北面正中央刻有较大的梵文，各个柱子上的浮雕佛像大小相同，神态相近，只是佛的坐姿手印稍有变化，释迦座佛上均贴有金箔。替木高0.5米，通长1.9米，替木上承横梁，横梁架于墙柱间或柱与柱之间。每根通梁两端架于墙上，接头均在每根柱替木上的正中，每一节梁长等于柱间距，梁宽0.24米、高0.34米。外涂红土，两边的椽一端搭在梁上，一端架入八墙体，墙端的椽下出伸替木。替木有两种，一为圆雕伏狮形，一为双面浮雕忍冬纹的梯形，两种替木相间置于椽下，外施彩绘，多为蓝、绿等冷色调。椽上横铺天花板，板长等于椽间距，板宽不等，大多在0.12—0.3米之间，板厚1.5—2厘米，板下面（殿内可仰视的一面）均为彩绘图案。彩绘的题材分为佛教神祇、人物、珍禽瑞兽、吉祥宝物、法日和由几何图形组成的图案，花草组成或填充的装饰图案，梵文、藏文的“六字真言”组成的图案等。板上铺一层树枝或草枝，然后夯打阿嘎土（房顶）。

二、白殿壁画

白殿殿内四周布满塑像，主供的一铺像即一个组合，如一佛三菩萨或一佛二弟子等，从残存的像座遗迹和原佛头后壁的影塑迹象分析，原塑像可能是释迦牟尼和其弟子迦叶、阿难，还有22尊比真人略大的塑像环绕内殿一周，依次排列，但只存塑像11尊，或缺头断臂，或胸膛被掏开一洞露出木架草束。排列于两侧壁前的佛母像和四臂观音像面目慈祥，头束高髻，额勒饰带，上身裸露，肩披彩帛，胸饰华丽的璎珞，身体修长，下着长裙，盘腿而坐。

白殿每尊塑像都有一组壁画背景相互衬托，而且每组壁画的内容尤其是小像与壁画前的塑像都有关联，两相结合浑然一体。如度母塑像的背景壁画中有智度母、勇度母、坚度母、吉祥度母、灌顶度母等21尊度母小像。金刚塑像背后则为金刚手、武金刚手、如鹏金刚手、大轮释迦牟尼等小像。时轮金刚塑像的背景壁画中绘有各种人物和动物组成的“十二天宫、二十八星宿”。最有价值的是北壁的一尊残佛像背后的内容，整个壁画由释迦王统世系、吐蕃王统世系和古格王统世系组成，建于古格中期的殿堂壁画对古格第二代、第三代和第五代以后的诸王只绘其像而不书其名。白殿后突部分的壁画是另一种格局，上部是万尊小如鸡卵的结坐僧侣像，中部绘连环画式的佛传故事，下部绘古格王国寺院宗教仪式、庆典乐舞、民众运输等情景。

北墙有1个大佛龛，内墙上绘有小佛像。殿内墙体绘有神像、天王和其他宗教故事等各种不同题材的壁画，其中最为珍贵的是北墙上一幅吐蕃历年赞普和古格王国国王世系画像，画像旁有藏文署名。

三、杰吉拉康（大威德殿）壁画

杰吉拉康坐落在与红殿同一个台地的东南15米处。建殿时间大约在14世纪末15世纪初，使用面积77.5平方米。大威德是藏传佛教中最重要的护法神之一，他的形象如同名号一样威武。身有9个头，每个头上都有3只眼，中间是令人感到恐怖的牛头，头戴骷髅冠，张着血盆大口，34只手，16条腿，身佩50人头链。9头代表9种经典，34臂和心、身、语一起代表37菩提分法，即菩萨到成佛的过程，16腿代表16空，右侧压八天，左侧压八天，50人头链代表梵文34辅音字母，16元音字母。大威德殿原来主供四大威德护法神，塑像已全部被毁，成为一座空殿。大威德殿由“凸”字形的正殿和长方形的前厅组成，门向东，前厅面积很小，只有12平方米，四壁都有壁画。角侧绘有圆形的“八吉祥物”图案，北侧绘一组长卷式建筑群落图，从建筑布局的特征和建筑形式分析，可能是对当时古格都城景色的写生。正殿内立有八柱，柱头雕饰的图案比白殿、红殿还要繁缛。殿内顶的梁架天花板结构与红、白殿相同。殿内壁画保存尚好，门两侧绘有北天王和阎王，以及下属诸神，北壁上绘有白度母，持颅心喜金刚、胜乐金刚、叶轮金刚、药师佛，南壁上绘有尊胜佛母、密集金刚、密集柔金刚、密集不动金刚、益西沃及二弟子，西壁两侧绘有宗喀巴及二弟子大像、释迦牟尼及二弟子像。

四、度母殿壁画

度母殿内后壁主体壁画有释迦牟尼和二弟子、宗喀巴和二弟子、阿底峡和二弟子，两侧分别绘一佛二菩萨，北壁上分别绘有三世佛及大译师仁钦桑布、吉尊西绕伟色，南壁上绘有5尊大佛，前壁的门两侧分别绘马头明王及阎魔护法。

第三节　遗址保护

民国十七年（1928年，藏历第十五饶迥火蛇年）至民国三十七年（1948年，藏历第十六饶迥土鼠年），意大利藏学家G·图齐先后8次在古格都城遗址进行考察，并对建筑遗址、壁画、门框木雕等拍摄照片。1952年，中央新闻电影制片厂摄影师在古格都城遗址拍摄纪录片，并形成部分影像资料。

1979年，由西藏自治区文物管理委员会和新疆维吾尔自治区文物管理委员会同组成考察组对古格都城遗址和托林寺进行文物调查研究，对遗址的地理环境、建筑遗存、壁画、雕塑、遗物等做了初步的观察和记录，绘制了部分建筑简图，形成《阿里地区古格王国调查记》。

1981年9月，西藏工业建筑勘测设计院组织专业人员对古格都城遗址进行测绘、考察，并对札达县、普兰县境内的古建筑进行调查，编纂出版《古格王国建筑遗址》。

1985年5月，根据西藏自治区文物普查领导小组的安排，西藏自治区文物管理委员会组成考察队，赴札达开展文物普查工作，考察队由自治区文管会蔡显敏、更堆、大多吉、旺堆次仁、仵君魁，陕西省考古研究所张建林，国家文物出版社董明康，故宫博物院宗同昌，四川大学梁宝成、李白桥、张跃平11人组成，蔡显敏任行政队长，张建林任业务队长，董明康任顾问。考察队前后历时4个月，重点对古格都城遗址进行考察，测量面积达72万平方米；调查登记房屋遗迹445座、洞窟879孔、碉堡58座、暗道4条、各类佛塔28座、洞葬1处；新发现武器库1座、石锅库1座、大小粮仓11座、壁葬1处、木棺土葬1处。采集、清理、出土大批生活用具、生产用具、兵器和佛教艺术品。拍摄、录制遗址的所有壁画、天花彩绘、重要建筑、道路、外景。

1987年，根据西藏自治区文物管理委员会安排，由西藏自治区文物管理委员会阿旺洛珠率队赴札达，对古格都城遗址的夏宫和部分墙体进行维修，设置排水设施。同年底，西藏自治区文物管理委员会同阿里地区文教局对维修工程进行验收。

1996 年，西藏自治区人民政府和国家文物局决定将抢救、保护阿里地区文物作为自治区文物保护的重点工作，也作为国家文物局的一项重点工作和援藏项目，并派出由国家文物局、中国文物研究所、西藏自治区人民政府和西藏自治区文物局领导、专家组成的考察组对阿里文物古迹进行考察。11 月 15 日，国家文物局在北京召开西藏阿里地区文物保护工作座谈会，提出《关于西藏阿里古格都城遗址、托林寺、东嘎·皮央遗址保护方案》论证意见，决定成立阿里地区文物抢救维修领导小组及其办公室，领导小组组长由西藏自治区人民政府副主席次仁卓嘎担任，明确次年工作重点。

1997 年 12 月 20 日，西藏自治区文物局、阿里文物抢救办公室向国家文物局提交《西藏阿里地区文物抢救保护总体规划》《古格王国都城遗址抢险加固与排水整治方案》等勘察设计文件。1998 年 3 月，抢救保护工作队伍陆续开赴阿里工作。1999 年 6 月 15 日，阿里文物抢救保护工程各抢救保护点完工，并由国家文物局组织的国家文物局西藏阿里文物抢救保护工程验收组对所有完工项目进行检查验收。

阿里文物抢救保护工程历时 3 年。主要对古格都城遗址、托林寺、东嘎·皮央遗址 3 处文物保护单位进行了维修加固，其中：古格都城遗址抢救加固 16 处，遗址加顶保护 3 处，整治遗址排水 2540 平方米，维修白殿、红殿等殿堂面积 696 平方米，新修保管用房 85 平方米；托林寺维修殿堂 2611 平方米，考古清理角塔 55 平方米，维修大天降塔 220 平方米，加固维修土塔及塔墙 30 余处；东嘎壁画洞维修保护 598 平方米；皮央杜康殿清理、加固、维修 155 平方米，新修保管用房 70 平方米。在完成上述工程项目的同时，对上述 3 处文物点内存壁画进行化学加固与管理防护措施并举的综合保护维修。总投资 1046 万元，其中国家文物局直接投资 900 万元，参与保护工程的有西藏自治区文物局、中国文物研究所、陕西考古所、河北省古建筑研究所、故宫博物院、四川联合大学、西藏自治区文联等。

第四篇

中共札达县
地方组织

第一章　组织机构与会议

1956 年，札达宗办事处党委成立。1960 年，中共札达县委成立。札达县委在民主改革、社会主义建设和改革开放各个历史时期，充分发挥统揽全局、协调各方的领导核心作用，团结带领全县各族干部群众勠力同心、奋发图强，锐意改革、开拓进取。札达县委通过召开党员代表大会，讨论、决定全县国计民生和涉及全局的、根本的、长远的重大问题和选举县委领导机构。

第一节　札达宗办事处党委

1956 年 11 月 6 日，经中共西藏工委、自治区筹备委员会批准，中共阿里分工委同噶本政府多方协商达成一致，将原噶本所辖的札布让宗、达巴宗合并成立札达宗，并在香孜成立札达宗办事处，同时成立札达宗办事处党委。宗办事处党委未配备书记，任命高德捷为副书记，全面负责宗办事处党委工作。宗办事处党委未设工作机构。

1957 年 8 月 15 日，根据中共阿里分工委决定，撤销札达宗办事处和宗办事处党委，其工作采取派进工作组的办法进行。

第二节　中共札达县委

1960年5月5日，经中共阿里分工委批准，成立中共札达县委。5月26日，组建中共札达县委工作机构，有办公室、组宣部、统战部、监察委员会、农牧工作部、财政经济工作部。1964年之前，统战部未配备领导，工作由县委办公室负责。

1962年10月，县委农牧工作部、财政经济工作部划属县人民政府领导，县委工作机构有办公室、组宣部、统战部、监察委员会，统战部配备专职领导。

1965年1月后，县委办公室未配备领导，其工作并入组宣部。

1967年3月25日，札达县军事管制小组成立，对全县实行军事管制，行使县委和县人民委员会职权。1968年2月，成立札达县党的核心领导小组。

1969年8月，成立由军队代表、地方干部代表、群众组织代表组成的“三结合”的札达县革命委员会，成立札达县革命委员会党的核心领导小组。县革委会工作机构为“四大组”，即办事组、政治工作组、生产指挥组、人民保卫组。“四大组”同时也是县革委会党的核心领导小组的工作机构。

1971年8月21日，中国共产党札达县第一次代表大会召开，选举产生中共札达县第一届委员会委员18人。一届一次全委会议选举产生县委常委7人，其中书记1人、副书记3人，中共札达县委恢复。

1975年10月，撤销“四大组”，恢复县委各工作机构和职能。县委工作机构有县委办公室、县委组宣部。1979年6月，县委组宣部分设为组织部、宣传部。7月21日，成立中共札达县委纪律检查委员会。1980年9月，县委组织部、宣传部合并为县委组宣部。1982年8月，恢复设立县委统战部。

1987年，中共札达县委纪律检查委员会更名为中共札达县纪律检查委员会，同时升格为副县级单位。7月，县委组宣部又分设为县委组织部、宣传部。同月，撤销县委统战部，其工作并入县委办公室。至1987年底，县委工作部门有办公室、组织部、宣传部、纪律检查委员会。

1990 年 7 月，恢复设立县委统战部。

1996 年机构改革后，县委直属机构有 6 个：纪律检查委员会（与县监察局合署办公，一个机构两块牌子）、县委办公室、组织部、宣传部、统战部、政法委员会。县委工作部门 5 个：县委办公室、组织部（与县人事局一个机构两块牌子）、宣传部、统战部（与县民宗局、县政协办公室合署办公，一个机构三块牌子）、政法委（与县社会治安综合治理委员会办公室合署办公）。部、委、办管理的副科级机构有：由县委组织部管理的老干部局，由县委办公室管理的县委机要室，由县纪委管理的县直机关党总支。同年 11 月，成立县委政法委。

2002 年机构改革后，县委工作机构有 6 个：纪律检查委员会、县委办公室、组织部、宣传部、统战部、政法委员会。县机构编制委员会办公室、县直属机关委员会、县老干部局不占机构数，与县委组织部合署办公。县机要科与县委办公室合署办公，一个机构两块牌子，不占机构数。

2010 年，将县委办公室管理的机要科职责划入县机要局（县密码管理局）。县委办公室无内设机构，机关编制 9 人（行政编制 7 人，事业编制 2 人），其中县级领导职数 3—4 人，科级领导职数 4 人（含机关工作委员会书记），县委机要局（县密码管理局）科级领导职数 1 人。设立中共札达县委党的建设工作办公室，为县委工作部门，机关编制 3 人（行政编制 2 人，事业编制 1 人），其中科级领导职数 3 人。截至年底，县委工作部门有县委办公室、县委党的建设工作办公室、组织部、宣传部、统战部、政法委。

1960—2010 年中共札达县委领导任职一览表

表 4－1－1

<table>
<tr><th>机构名称</th><th>职务</th><th>姓名</th><th>性别</th><th>民族</th><th>任职时间</th><th>备注</th></tr>
<tr><td rowspan="3">中共札达县委员会（1960.05—1967.02）</td><td rowspan="3">书记</td><td colspan="5">1960.05—1961.07　未配备书记</td></tr>
<tr><td rowspan="2">王俊</td><td rowspan="2">男</td><td rowspan="2">汉</td><td>1961.07—1964.03</td><td>兼监委书记</td></tr>
<tr><td>1964.03—1965.10</td><td></td></tr>
</table>

续表 1

机构名称	职务	姓名	性别	民族	任职时间	备注
中共札达县委员会（1960.05—1967.02）	书记	贾振英	男	汉	1965.10—1966.05	
	副书记	王俊	男	汉	1960.05—1961.07	兼监察委员会书记
		张振兴	男	汉	1961.06—1964.03	
					1964.03—1964.05	兼监委书记
					1964.05—1966.05	兼监委书记、公安局局长
		张新法	男	汉	1962.10—1965.10	
		张勉	男	汉	1964.12—1966.05	
		杨炳南	男	藏	1965.06—1966.05	县长
札达县党的核心领导小组（1968.02—1969.08）	组长	徐正兴	男	汉	1968.02—1969.08	兼军事管制小组组长
	副组长	杨炳南	男	藏	1968.03—1969.08	
札达县革委会党的核心领导小组（1969.08—1971.08）	组长	沙保林	男	汉	1969.08—1970.01	兼革委会主任
		沈秉忠	男	汉	1970.01—1970.08	兼革委会主任
		陈亚伯	男	汉	1970.08—1971.08	兼革委会主任
	副组长	杨炳南	男	藏	1969.08—1971.08	
		雒居彦	男	汉	1970.08—1971.08	兼人武部副政委
中共札达县委员会（1971.08—）	书记	陈亚伯	男	汉	1971.08—1972.09	兼革委会主任
		郭珉	男	汉	1972.09—1975.08	兼革委会主任
		李德普	男	汉	1976.10—1977.12	兼革委会主任
		尼丁莫	男	藏	1977.12—1979.06	
					1980.10—1981.12	县委第一书记
					1981.12—1983.08	县委第一书记人大常委会主任

续表 2

机构名称	职务	姓名	性别	民族	任职时间	备注
中共札达县委员会（1971.08—）	书记	宫寅	男	汉	1979.06—1980.10	
		刘继华	男	汉	1983.08—1984.09	
					1984.09—1987.04	兼政协主席
		朗杰平措	男	藏	1987.05—1990.08	
		洛桑群培	男	藏	1990.08—1995.05	
		杨永山	男	汉	1995.05—1998.05	河北援藏干部
		曹金华	男	汉	2001.06—2004.06	河北援藏干部
		郭文良	男	汉	2004.07—2007.07	河北援藏干部
		路遇	男	汉	2007.07—2010.07	河北援藏干部
		李建华	男	汉	2010.07—	河北援藏干部
	副书记	郭珉	男	汉	1971.08—1972.09	革委会副主任
		洛桑	男	藏	1971.08—1973.12	
		张崭	男	汉	1971.10—1976.10	革委会副主任
		王茂立	男	汉	1973.07—1978.07	革委会副主任 人武部部长
		尼丁莫	男	藏	1975.08—1976.10	
		刘继华	男	汉	1978.12—1983.08	
		次仁旺堆	男	藏	1978.12—1983.08	
		李玉	男	汉	1979.06—1980.09	
		褚明海	男	汉	1979.06—1980.09	
		牛尚科	男	汉	1979.06—1980.09	
		多吉顿珠	男	藏	1980.08—1987.04	
		阿旺仁增	男	藏	1981.12—1983.07	县长
		白玛欧珠	男	藏	1983.07—1987.05	县长

续表3

机构名称	职务	姓名	性别	民族	任职时间	备注
中共札达县委员会（1971.08—）	副书记	洛桑群培	男	藏	1990.08—1993.10	县长
					1993.10—1997.11	政协主席
		邵传银	男	汉	1990.08—1993.10	
		刘敏	男	汉	1993.05—1995.05	
		蒲国满	男	汉	1993.05—1995.05	
		格桑朗杰	男	藏	1987.04—1995.05	
		其美	男	藏	1993.10—1996.11	县长
		王秀成	男	汉	1995.05—1998.05	河北援藏干部，1996.11—1998.05兼政法委书记
		达尔布	男	藏	1996.10—2000.10	县长
		次仁扎西	男	藏	1996.10—2000.10	纪委书记
		冯满	男	汉	1998.05—2001.05	河北援藏干部兼政法委书记
		索巴多吉	男	藏	2000.10—2006.06	县长
		扎西多吉	男	藏	2000.10—2003.07	人大常委会主任
		蒲新	男	汉	2000.10—2006.06	
		王殿忠	男	汉	2001.06—2004.06	河北援藏干部兼政法委书记
		郝德华	男	汉	2004.07—2007.06	河北援藏干部2004.07—2006.07兼政法委书记
		尼玛次仁	男	藏	2006.08—2010.06	县长
		曲加	男	藏	2006.10—	人大常委会主任
		闫万里	男	汉	2006.10—2010.06	纪委书记
		白玛莎珍	女	藏	2006.10—2007.07	
		李景云	男	汉	2007.07—2010.07	河北援藏干部

续表 4

机构名称	职务	姓名	性别	民族	任职时间	备注
中共札达县委员会（1971. 08—）	副书记	次仁扎西	男	藏	2010. 06—	县长
		曹向东	男	满	2010. 07—	河北援藏干部
	常委	雷遵生	男	汉	1973. 07—1975. 09	人武部政委
		次仁旺堆	男	藏	1976. 10—1978. 12	
		小次仁	男	藏	1976. 10—1977. 05	
		李厚群	男	汉	1976. 10—1980. 04	
		巴桑昌决	女	藏	1976. 10—1977. 04	
		金秀华	女	藏	1976. 10—1983. 01	
		焦曾刚	男	藏	1978. 08—1980. 09	
		多吉顿珠	男	藏	1978. 12—1980. 08	
		王巨财	男	汉	1979. 06—1980. 08	
		王永才	男	藏	1979. 06—1980. 09	
		洛桑群培	男	藏	1980. 08—1987. 10	
		扎巴	男	藏	1980. 08—1981. 12	
		陶林	男	汉	1981. 11—1983. 06	
		边巴	男	藏	1984. 08—1986. 11	
		扎西	男	藏	1984. 10—1985. 03	
		才旺罗布	男	藏	1985. 11—1987. 04	
		赵秀臣	男	汉	1987. 05—1987. 10	
		次仁多吉	男	藏	1987. 05—1987. 10	
		杨明春	男	汉	1995. 04—2003. 05	人武部政委
		于景欣	男	汉	1995. 05—1998. 05	河北援藏干部 常务副县长
		次仁扎西	男	藏	1995. 05—1996. 10	宣传部部长
		格桑朗杰	男	藏	1995. 08—1997. 10	副县长

续表 5

机构名称	职务	姓名	性别	民族	任职时间	备注
中共札达县委员会（1971. 08—）	常委	格桑旺久	男	藏	1990. 06—1997. 11	纪委书记
		王辉云	男	汉	1998. 06—2001. 06	河北援藏干部 常务副县长
		洛桑	男	藏	2000. 10—2005. 08	政协主席
		扎西旺堆	男	藏	2000. 10—2006. 10	常务副县长
		巴桑顿珠	男	藏	1999. 12—2000. 09	宣传部部长
					2000. 10—2006. 10	纪委书记
		段群法	男	汉	2000. 10—2006. 07	组织部部长
		戴贵明	男	汉	2001. 06—2004. 06	河北援藏干部 常务副县长
		谢秀山	男	汉	2003. 05—2007. 05	县人武部政委
		吴国光	男	汉	2004. 06—2007. 06	河北援藏干部 常务副县长
		马文彦	男	汉	2004. 07—2006. 07	县人武部部长
		边巴罗布	男	藏	2005. 10—2009. 07	宣传部部长
		索南	男	藏	2006. 05—	统战部长，宣传部部长
		石确旺扎	男	藏	2007. 07—	政协主席
		冀瑞西	男	汉	2006. 08—	常务副县长
		李永贵	男	汉	2006. 08—2010. 04	组织部部长
		明琼多吉	男	藏	2006. 07—	政法委书记
		张志国	男	汉	2007. 07—2010. 07	河北援藏干部 常务副县长
		才旺卓玛	女	藏	2007. 09—	纪委书记
		庄存国	男	汉	2009. 08—2010. 06	宣传部部长
		周增亮	男	汉	2010. 04—	组织部部长
		刘铁成	男	汉	2010. 07—	河北援藏干部， 副县长

1960—2010年中共札达县委办公室领导任职一览表

表4－1－2

机构名称	职务	姓名	性别	民族	任职时间	备注
中共札达县委办公室	主任	唐振华	男	汉	1960.09—1962.10	
		牛瑞骅	男	汉	1964.02—1965.01	
		扎西	男	藏	1984.01—1984.10	
		王建国	男	汉	1987.07—1992.12	
		南嘎多吉	男	藏	1993.10—1995.11	
		杨步蟾	男	汉	1995.11—1996.10	代理主任
					1996.10—1997.10	
		李百灵	男	汉	1999.07—2001.03	去世
		杜于华	男	汉	2002.09—2006.09	
		王国刚	男	汉	2009.03—	
	副主任	牛瑞骅	男	汉	1962.10—1964.02	
		洛桑群佩	男	藏	1975.10—1980.08	
		郭明珍	男	汉	1976.10—1979.09	
		彭琼	男	藏	1980.09—1984.01	
		宁满仓	男	汉	1979.06—1980.09	
		王建国	男	汉	1984.09—1987.07	
		扎西顿珠	男	藏	1987.07—1990.10	
		尼玛	女	藏	1997.11—1999.08	
		杨海中	男	汉	1999.07—2002.05	
		杜于华	男	汉	2002.05—2002.09	
		郭志良	男	汉	2002.04—2002.06	
		蒲东	男	汉	2002.09—2004.05	
		舒雄	男	汉	2002.11—2004.06	

续表

机构名称	职务	姓名	性别	民族	任职时间	备注
中共札达县委办公室	副主任	陈国强	男	汉	2004.06—2007.09	
		徐路平	男	汉	2006.11—	
		段永党	男	汉	2007.10—	

第三节 区、乡镇党委

1964年4月，成立中共香孜区委、中共底雅区委、中共萨让区委、中共达巴区委。

1970年2月14日，组建曲松区，并成立中共曲松区委。

1975年8月20日，组建札布让区。10月，成立中共札布让区委。至此，中共札达县委下属6个区委，分别为中共札布让区委、中共曲松区委、中共香孜区委、中共达巴区委、中共萨让区委、中共底雅区委，各区委均为县委派出机构。

1995年，全县开展机构改革，15个乡成立乡党委。

1999年7月撤区并乡后，县委所辖6个区委改设为6个乡镇党委，分别为中共托林镇委员会、中共香孜乡委员会、中共达巴乡委员会、中共萨让乡委员会、中共曲松乡委员会、中共底雅乡委员会。

1961—1999年中共札达县各区党委领导任职一览表

表4-1-3

区委名称	职务	姓名	性别	民族	任职时间	备注
香孜区委	书记	苏绍东	男	汉	1961.04—1963.02	
		周承银	男	汉	1963.06—1964.10	
		绕布旦	男	藏	1964.10—1965.06	
		刘勋安	男	汉	1966.04—1968.03	

续表1

区委名称	职务	姓名	性别	民族	任职时间	备注
香孜区委	书记	次仁旺堆	男	藏	1972.06—1974.06	
		刘继华	男	汉	1974.06—1976.07	
		次仁多吉	男	藏	1976.10—1984.05	
		杨建民	男	汉	1984.05—1986.06	
		宾穷	男	藏	1986.06—1987.07	
		格桑	男	藏	1987.07—1992.11	
		旦增群旦	男	藏	1993.10—1996.10	
		索朗多吉	男	藏	1996.10—1999.07	
	副书记	衣振才	男	汉	1961.04—1963.02	
		洛桑西绕	男	藏	1964.08—1966.05	
		王桂香	女	藏	1966.05—1972.11	
		次仁多吉	男	藏	1972.11—1976.10	
		赵铁柱	男	汉	1979.06—1980.09	
		曲加	男	藏	1979.08—1984.12	
		其美多吉	男	藏	1980.09—1982.06	
		次仁平措	男	藏	1982.06—1984.12	
		索朗多吉	男	藏	1993.11—1996.11	区长
底雅区委	书记	林荣	男	汉	1961.04—1963.06	
		王永富	男	汉	1963.06—1964.02	
		刘勋安	男	汉	1964.02—1966.04	
		黑光生	男	汉	1966.04—1974.07	
		洛桑西绕	男	藏	1974.07—1979.08	
		扎巴	男	藏	1979.08—1980.08	
		曲色	男	藏	1980.08—1987.07	

续表2

区委名称	职务	姓名	性别	民族	任职时间	备注
底雅区委	书记	格桑旺久	男	藏	1989.08—1990.06	
		珠吉	男	藏	1993.10—1996.07	
		其美多吉	男	藏	1996.10—1999.07	
	副书记	刘勋安	男	汉	1961.04—1964.02	
		洛桑西绕	男	藏	1968.03—1974.07	
		侯封东	男	汉	1972.06—1973.07	
		央金拉姆	女	藏	1973.08—1976.10	
		次仁多吉	男	藏	1975.10—1976.10	
		朱贵朝	男	汉	1979.06—1980.08	
		多准	男	藏	1984.01—1987.07	
		索南欧珠	男	藏	1987.07—1987.10	
		珠吉	男	藏	1987.11—1992.12	
		班旦	男	藏	1996.10—1999.07	
萨让区委	书记	周承银	男	汉	1961.04—1963.06	
		李维国	男	汉	1963.06—1964.02	
		黑光生	男	汉	1964.03—1966.04	
		李健	男	藏	1966.04—1972.02	
		宾穷	男	藏	1976.10—1984.12	
		巴桑顿珠	男	藏	1984.12—1987.07	
		强巴	男	藏	1987.07—1992.12	
		索南	男	藏	1993.10—1999.07	
	副书记	黑光生	男	汉	1961.04—1964.03	
		绕布旦	男	藏	1963.12—1964.10	
		王燮理	男	汉	1968.03—1970.02	

续表3

区委名称	职务	姓名	性别	民族	任职时间	备注
萨让区委	副书记	乌汝田	男	汉	1970. 11—1974. 07	
		曲加	男	藏	1976. 08—1979. 08	
达巴区委	书记	姜和清	男	汉	1961. 04—1964. 02	
		李维国	男	汉	1964. 02—1964. 10	
		周承银	男	汉	1966. 04—1969. 08	
		侯封东	男	汉	1969. 08—1972. 06	
		王永仁	男	汉	1972. 06—1973. 08	
		次仁旺堆	男	藏	1973. 08—1974. 09	
		小次仁	男	藏	1975. 01—1977. 05	
		戎俊小	男	汉	1979. 06—1980. 09	
		扎西	男	藏	1984. 10—1985. 04	
		次仁多吉	男	藏	1987. 07—1992. 12	
		欧珠	男	藏	1996. 10—1999. 07	
	副书记	王燮理	男	汉	1961. 04—1968. 03	
		衣振才	男	汉	1963. 02—1969. 12	
		王桂香	女	藏	1964. 02—1966. 04	
		才旦旺堆	男	藏	1973. 08—1976. 10	
		巴桑顿珠	男	藏	1975. 12—1984. 12	
		格桑	男	藏	1984. 12—1987. 04	
		班旦	男	藏	1993. 10—1996. 10	
曲松区委	书记	王燮理	男	汉	1970. 02—1973. 03	
		赤列平措	男	藏	1973. 08—1975. 10	
		扎西	男	藏	1976. 09—1979. 04	
		巴桑次仁	男	藏	1979. 04—1983. 08	

续表4

区委名称	职务	姓名	性别	民族	任职时间	备注
曲松区委	书记	其美多吉	男	藏	1983. 08—1987. 07	
		欧珠次仁	男	藏	1987. 07—1992. 12	
		帕巴坚参	男	藏	1993. 10—1999. 07	
	副书记	卢宝山	男	汉	1970. 10—1973. 08	
		焦从亮	男	汉	1972. 06—1973. 08	
		黄国志	男	汉	1979. 06—1980. 09	
札布让区委	书记	赤列平措	男	藏	1975. 10—1981. 07	
		1981. 07—1987. 07　未配书记				
		刚主	男	藏	1987. 07—1987. 10	
		央金拉姆	女	藏	1987. 10—1988. 09	
		桑杰平措	男	藏	1988. 09—1989. 07	
		巴桑顿珠	男	藏	1989. 07—1996. 10	
		旦增群旦	男	藏	1996. 10—1999. 07	
	副书记	曲色	男	藏	1976. 09—1980. 08	
		央金拉姆	女	藏	1976. 10—1977. 12	
		桑杰平措	男	藏	1980. 09—1984. 04	
		曲加	男	藏	1984. 12—1987. 07	
		帕巴坚参	男	藏	1989. 08—1993. 10	

1999—2010 年札达县各乡镇党委领导任职一览表

表 4－1－4

机构名称	职务	姓名	性别	民族	任职时间	备注
中共托林镇委员会	书记	李平	男	汉	1999. 07—2002. 06	兼人大主席
					2002. 06—2005. 06	
		米玛次仁	男	藏	2005. 06—2006. 05	
		陈建新	男	汉	2006. 05—2007. 09	
		拉巴旦增	男	藏	2007. 09—	
	副书记	王伟	男	汉	1999. 07—2002. 06	
		多吉	男	藏	1999. 07—2002. 06	镇长
		米玛次仁	男	藏	2002. 06—2005. 06	镇长
		陈建新	男	汉	2005. 06—2006. 05	镇长
		拉巴旦增	男	藏	2006. 04—2007. 11	镇长
		苏学文	男	汉	2006. 04—2009. 03	
		韩俊宝	男	汉	2009. 06—	
		吴权	男	汉	2009. 03—2009. 10	
		才旺益西	男	藏	2009. 06—	镇长
		罗布扎西	男	藏	2009. 12—	
中共香孜乡委员会	书记	索朗多吉	男	藏	1999. 07—2005. 06	兼人大主席
		杨建民	男	汉	2005. 06—2009. 03	
		许文娜	女	汉	2009. 03—	
	副书记	次仁扎西	男	藏	1999. 07—2002. 06	乡长
		班旦多吉	男	藏	1999. 07—2002. 06	
		杨建民	男	汉	2002. 06—2005. 06	乡长
		苏学文	男	汉	2002. 06—2004. 06	
		张高升	男	汉	2004. 06—2004. 10	

续表1

机构名称	职务	姓名	性别	民族	任职时间	备注
中共香孜乡委员会	副书记	米玛次仁	男	藏	2005.06—2007.11	乡长
		达瓦多吉	男	藏	2006.04—	
		多吉平措	男	藏	2007.11—	乡长
		晋美旺久	男	藏	2009.06—	
中共达巴乡委员会	书记	欧珠多吉	男	藏	1999.07—2002.06	兼人大主席
		米玛次仁	男	藏	2002.06—2006.05	兼人大主席
		王伟	男	汉	2006.05—2010.04	兼人大主席
		普布次仁	男	藏	2010.04—	
	副书记	米玛次仁	男	藏	1999.07—2002.06	乡长
		王伟	男	汉	2004.06—2006.04	乡长
		王飞	男	汉	2003.11—2004.06	
		苏学文	男	汉	2004.06—2006.04	
		罗觉	男	藏	2006.04—2007.01	乡长
		多吉平措	男	藏	2007.05—2007.09	
		普布次仁	男	藏	2007.01—2010.04	乡长
		马联波	男	汉	2010.05—	
中共萨让乡委员会	书记	索南	男	藏	1999.07—2002.06	兼人大主席
		塔巴多吉	男	藏	2002.06—2006.05	兼人大主席
		王新雄	男	汉	2006.05—	兼人大主席
	副书记	塔巴多吉	男	藏	1999.07—2002.06	乡长
		巴桑次仁	男	藏	1999.08—2006.04	
		叶超建	男	汉	2002.06—2010.06	
		米玛次仁	男	藏	2002.06—2005.04	乡长
		多布杰	男	藏	2006.04—2009.03	乡长

续表 2

机构名称	职务	姓名	性别	民族	任职时间	备注
中共萨让乡委员会	副书记	巴桑	男	藏	2006. 04—2009. 03	
		程前元	男	汉	2008. 08—	
		扎西次仁	男	藏	2009. 03—	乡长
中共曲松乡委员会	书记	帕巴坚参	男	藏	1999. 07—2002. 06	兼人大主席
		索南	男	藏	2002. 07—2006. 05	
		谢占生	男	汉	2006. 06—	
	副书记	索南	男	藏	1999. 07—2002. 06	乡长
		舒雄	男	汉	1999. 07—2000. 10	
		拉巴	男	藏	2002. 06—2005. 06	乡长
		谢占生	男	汉	2004. 06—2006. 04	
		钱志斌	男	汉	2005. 06—2006. 04	乡长
		拉巴次仁	男	藏	2006. 04—2009. 03	乡长
		强兴博	男	汉	2008. 07—	
		白玛桑珠	男	藏	2006. 04—2009. 03	
					2009. 04—	乡长
		徐路平	男	汉	2009. 08—	
中共底雅乡委员会	书记	次仁多吉	男	藏	1999. 07—2000. 07	兼人大主席
		欧珠多吉	男	藏	2000. 07—2006. 05	兼人大主席
		塔巴多吉	男	藏	2006. 05—2010. 07	兼人大主席
	副书记	米玛次仁	男	藏	1999. 07—2002. 06	乡长
		班旦	男	藏	1999. 07—2002. 06	
		桑布	男	藏	2002. 06—2006. 04	乡长
					2006. 05—	乡人大主席
		张正军	男	汉	2006. 04—2009. 03	乡长

续表 3

机构名称	职务	姓名	性别	民族	任职时间	备注
中共底雅乡委员会	副书记	罗绍勇	男	汉	2006.04—	
		苏学文	男	汉	2009.03—	乡长

第四节　重要会议

一、党代会

（一）中共札达县第一次代表大会

1971 年 8 月 21—24 日，中国共产党札达县第一次代表大会在托林召开。出席会议代表 77 人，其中农牧民代表 25 人、军队代表 16 人、干部代表 36 人。大会审议通过陈亚伯代表县革委会党的核心领导小组所作的工作报告，讨论通过《关于贯彻执行阿里地委〈进一步加强学习的决定〉的决定》；选举产生中共札达县第一届委员会委员 18 人。一届一次全委会议选举产生县委常委 7 人，书记 1 人、副书记 3 人。

（二）中共札达县第二次代表大会

1978 年 12 月 11—17 日，中国共产党札达县第二次代表大会在托林召开。出席会议代表 68 人。会议传达学习了中共十一大政治报告及党章，审议通过县委书记尼丁莫代表县委所作的县委工作报告；选举产生中共札达县委员会委员 17 人。二届一次全委会议选举产生县委常委 8 人，书记 1 人、副书记 2 人。

（三）中共札达县第三次代表大会

1987 年 5 月 31 日至 6 月 3 日，中国共产党札达县第三次代表大会在托林召开。出席会议代表 43 人。大会审议通过县委书记白玛欧珠代表第二届县委所作的工作报告，审议通过中共札达县纪律检查委员会工作报告；选举产生中共札达县第三届委员会委员 15 人，中共札达县纪律检查委员会委员 5 人。三届一次全委会议选举产生县委常委 5 人，书记 1 人、副书记 1 人；

纪律检查委员会书记1人。

（四）中共札达县第四次代表大会

1990年7月3—5日，中国共产党札达县第四次代表大会在托林召开。出席会议代表55人。大会审议通过县委书记朗杰平措代表县委所作的工作报告，次珠多吉代表县纪律检查委员会所作的工作报告；选举产生中共札达县第四届委员会委员16人，中共札达县纪律检查委员会委员5人。四届一次全委会议选举产生县委书记1人，副书记2人；纪律检查委员会书记1人，副书记1人。

（五）中共札达县第五次代表大会

1995年5月26—30日，中国共产党札达县第五次代表大会在托林召开。出席会议代表61人。会议审议通过县委书记洛桑群培代表县委所作的工作报告，审议通过格桑旺久代表县纪律检查委员会所作的工作报告；大会选举产生中共札达县第五届委员会委员17人，候补委员4人；中共札达县纪律检查委员会委员5人。五届一次全委会议选举产生县委常委9人，书记1人、副书记2人。该届县委领导班子中有援藏干部3人。选举产生县纪律检查委员会书记1人。

（六）中共札达县第六次代表大会

2000年10月17—20日，中国共产党札达县第六次代表大会在托林召开。出席会议代表65人。大会审议通过县委书记代表县委所作的工作报告，次仁扎西代表县纪律检查委员会所作的工作报告；大会选举产生中共札达县第六届委员会委员21人，中共札达县纪律检查委员会委员3人。六届一次全委会议选举产生县委常委5人，书记1人、副书记4人。该届县委领导班子中有援藏干部3人。选举产生县纪律检查委员会书记1人。

（七）中共札达县第七次代表大会

2006年8月17—19日，中国共产党札达县第七次代表大会召开。会议应到代表94名，因病因事请假10人，实到代表84名。大会选举产生中国共产党札达县第七届委员会委员29名，候补委员3名，选举产生中国共产党札达县纪律检查委员会委员11名，选举产生札达县出席自治区第七次党代会代表3名。其中，县委常委12名，县政府副县长8名，人大常委会主任1名，县政协主席1名，公检法负责人3名，乡镇党委书记6名，县直部门正职1名，副职1名，县政府副职领导（党员）和乡镇党委书记全部当选为县委委员。会议审议通过了县委书记郭文良所作的《承前启后、再接再厉，继续为札达建设全面小康社会而努力奋斗》和闫万里所作的《认真履行职责，注重狠抓落实，全面推进党风廉政建设和反腐败工作》的工作报告，并形成决议。同时分别召开中国共产党札达县第七届委员会第一次全体会议和中国共产党札达县纪律检查委员会第一次全体会议，选举产生了新一届县委班子和纪委班子。

二、全委会议

1960年5月5日，经中共阿里分工委批准，成立中共札达县委。1960年12月22—25日，中共札达县第一届县委扩大会议在香孜召开。

1961年10月17—27日，中共札达县委召开扩大会议，参会26人，传达第二次牧区工作会议和阿里分工委第四次县委书记会议精神。

1976年7月15—26日，中共札达县委召开扩大会议，参会29人，会议传达了毛泽东主席的一系列重要指示。

1982年4月5—7日，中共札达县委召开扩大会议，参会22人，会议由县委第一书记尼丁莫主持。会上主要传达贯彻3月地委扩大会议和地区计划会议精神，同各区之间沟通工作，交流看法，研究制定本年度计划的具体措施和计划。

2001年5月20—21日，中共札达县六届二次全委（扩大）会议召开，会议由县委副书记冯满主持，县委书记作题为《坚定信念，立足创新，加快发展实现札达经济新的腾飞》的报告，回顾了前五年的工作并全面部署今后五年全县工作任务；副县长税国芳作题为《札达县国民经济和社会发展"十五"计划纲要》的报告，明确了今后五年札达县经济全面发展的具体任务、目标；常务副县长扎西旺堆作题为《抢抓机遇，求真务实，开拓创新，为实现札达新的五年计划开好局、起好步而努力奋斗》的讲话，对今后五年各项工作进行具体部署。

2004年10月20日，县委六届六次全委（扩大）会议召开，县委书记郭文良向大会作题为《努力加强党的执政能力建设　不断开创札达各项事业新局面》的报告，总结一年来的工作，全面分析面临的形势和任务，查找发展中存在的问题，要求切实把全县党员干部的思想统一到党的十六届四中全会精神上，着力解决今后札达怎么发展的问题。会议要求进一步统一思想、增进团结，全面贯彻中共十六届四中全会精神。进一步加强党的执政能力建设，树立科学发展观，激发全县干部群众奋发进取、积极参与各项建设事业的斗志，为实现“一加强、两促进”的历史任务和全面建设小康社会的宏伟目标而努力奋斗。

2005 年 10 月 12 日，县委六届七次全委（扩大）会议召开，县委书记郭文良作《全面加强党的先进性建设　努力构建札达社会主义和谐社会》的工作报告，全面分析札达县面临的形势和任务，查找了发展中存在的问题，对全县下一步深入学习贯彻十六届四中、五中全会精神，加强党的先进性建设，提高党的执政能力，进一步树立科学发展观，以人为本，推进全县实现“一加强、两促进”① 历史任务，全面建设小康社会宏伟目标和构建社会主义和谐社会等工作进行全面部署。

2008 年 5 月 19 日，札达县委七届三次全委（扩大）会议召开，会议总结了 2007 年全县经济工作，部署 2008 年工作任务。会上，县委与各单位签订《2008 年度目标管理责任书》。

2009 年 4 月 18 日，县委七届五次全体（扩大）会议召开，会议主要任务是：贯彻落实科学发展观，紧紧围绕突破发展旅游业这一目标，大力实施“旅游兴县”战略，抢抓机遇，迎接新挑战，争创新优势，促进新发展，在改革开放中把旅游做大做强。会上，隆重表彰 2008 年度实绩突出单位、党风廉政建设先进单位、维护社会稳定工作先进单位及先进个人、安全生产先进单位、畜产品采购先进单位。县委书记路遇作题为《深入贯彻落实科学发展观　努力做好札达旅游大文章》的讲话，从推动札达科学发展的战略高度，全面阐述了突破发展旅游业的重大意义，深刻分析面临的有利条件和

① 即切实加强党的建设，促进西藏经济从加快发展到跨越式发展，促进西藏社会局势从基本稳定到长治久安。

制约因素，科学部署了突破发展旅游业的各项任务。县长尼玛次仁作题为《坚定信心 克难奋进 努力实现札达经济又好又快发展》的讲话。

10月13日，县委七届六次全体（扩大）会议在县广电中心召开。会议主题是深入贯彻党的十七届四中全会精神，动员各级党组织和广大干部群众，坚持以科学发展观为指导，以加强和改进党的建设为保证，抢抓机遇，落实责任，奋力实现经济社会发展的新突破。全面总结2009年工作，认真分析当前形势，进一步明确2010年乃至今后一个时期全县工作的思路和重点。会上，由县委副书记闫万里传达《中共中央关于加强和改进新形势下党的建设若干重大问题的决定》，县委书记路遇在会上作题为《抢抓机遇、落实责任、奋力实现经济社会发展的新突破》讲话。

2010年4月13日，县委七届七次全体（扩大）会议召开，会议表彰了2009年度实绩突出单位和维护社会稳定工作先进单位，并签订了《2010年度乡科级班子综合目标管理责任书》《社会治安综合治理目标管理责任书》。

三、重要工作会议

2002年5月8日，中共札达县委召开“千名干部进牧区、理思路、促发展”活动动员大会。

2003年4月23日，中共札达县委副书记王殿忠召集宣传、卫生、边防大队、武警中队负责人召开防“非典”紧急调度会。要求各单位要上升到政治高度，高度重视疫情，克服一切困难，想尽一切办法预防“非典”。4月30日，县委书记曹金华召集四大班子领导、县委办、政府办、卫生、防疫、公检法、宣传、文化、教育、边防大队、武警中队等单位，召开防“非典”汇报会。

2003年6月4日，县委书记、县保密委员会主任曹金华主持召开关于在全县范围内开展保密大检查的专题会议。会议决定，6月7日在全县范围内开展保密大检查工作；检查内容有文秘人员保密制度、打字员保密制度、收发员保密制度、后勤人员保密制度、涉密网络管理制度和本单位的重要涉密知识是否清楚，保密设备的使用管理是否严格、科学；成立保密大检查领导小组负责保密大检查的具体工作；保密办在6月5日前制定下发保密大检查通知。参加会议的有索巴多吉、洛桑、王殿忠、石确旺扎、杜于华、其美多吉、明琼多吉、南木杰。

8月25日，中共札达县委召开党务工作分析会，听取县委组织部、宣传部工作汇报，提出下半年的党务工作重点。要求做到“七抓七强”① 中心任务，以此加强党的建设，做好党务工作，巩固党的地位，提高党员素质。会议对宣传工作提出四点要求：一是要做到“三个代表”重要思想的上传下达，县委工作的上传下达，做好马列主义、毛泽东思想、邓小平理论的培训和辅导。二是要深入调研经济发展中的困难，突破旧观念、树立发展新思路、大力宣传发展经济中的先进人物和事迹，加强基层组织建设、带动经济发展、促进社会进步，要瞄准小康目标，宣传典型，促进精神文明建设上台阶。三是突出代表群众利益，权为民所用、情为民所系、利为民所谋。四是用好的措施调动人，好的制度管住人，好的办法提高人，好的典型带动人，强化责任心，共同谋发展。

2003年11月26日，县委书记曹金华主持召开由县委政法委、县公检法等部门负责人参加的会议，会议听取了相关单位关于政法工作情况的汇报，分析确定了冬季全县维护社会政治局势稳定工作的重点，研究制定了切实可行的工作措施，对下一步的工作有重点、有针对性地进行安排部署。

2004年3月5日，县委副书记、县长索巴多吉主持召开有四大班子领导、有关单位负责人参加的会议，对近期县委、县政府的一些工作进行研究与安排。一是对主要县领导外出培训考察期间的工作作出了安排。在县委书记曹金华、县长索巴多吉外出联系工作、培训考察期间，由县委常委、政协主席洛桑主持县委、县政府全面工作，由县委常委、纪委书记巴桑顿珠协助主持县委工作，由副县长罗布协助主持县政府工作，其他在家县级领导协助以上三位同志开展工作。二是对地委扩大会议、地区经济工作会议精神的学习贯彻进行部署。要求把地委扩大会议、地区经济工作会议的学习贯彻作为近期的主要工作之一，由县委宣传部尽快拿出切实可行的学习贯彻意见，请

① 抓重点，强化核心；抓思路，强化目标；抓基层，强化基础；抓制度，强化规范；抓工作，强化责任；抓队伍，强活力；抓典型，强示范。

示上级同意后认真落实。三是安排自治区大型调研工作组调研材料的准备工作。要求高度重视此次调研活动，由巴桑顿珠、罗布、庄存伟三位同志主抓，各有关单位协助、配合，按照有关要求，确保高质量地完成调研材料的准备工作。四是部署2004年目标管理的有关工作。由县委办、计委、政法委负责，根据上级的有关要求和下达的任务，在确保科学性、可行性的基础上，制定《札达县2004年乡科级目标管理责任书》《札达县2004年综合治理目标管理责任书》《札达县2004年保密工作目标管理责任书》，对有关指标、任务进行分解、确定。五是对春季农牧区的有关工作作出了安排。县农牧局按照会议要求，对抗灾保畜、春耕备耕、接羔育幼、退耕还林等工作作出具体部署和安排，形成文件下发各乡镇，并督促各乡镇抓好落实。六是做好卫生防疫工作。会议认为，虽然国内禽流感疫情已得到有效控制，但随着春季的来临，疫病防治的难度将有所增大，要求县农牧局、卫生防疫部门要提高警惕，杜绝麻痹大意思想，继续按照有关部署，加大工作力度，做好卫生防疫工作。七是做好文物保护工作。

2004年7月19日上午，札达县各部门工作汇报会召开。会上，县委书记郭文良代表第四批对口援藏干部发言。他说：一是要发扬前三批援藏干部的好传统和老西藏的五种精神，虚心向札达干部群众学习。二是要进一步发扬札达历届班子精诚团结、和衷共济的优良传统，与札达全体干部群众同心同德，真正视团结如生命，和大家共同努力，把札达的班子建设成一个能带领全县干部群众实现全面建设小康社会的特别能团结、特别能奉献、特别能战斗的坚强集体。三是要充分发挥每一位援藏干部自身的作用，在援藏干部中开展“树形象，讲团结，谋发展”活动，工作上高标准，生活上严要求，和大家一道勤奋努力工作。

2005年2月28日，中共札达县委召开常委（扩大）会议，听取2月25日以来札达县保持共产党员先进性教育活动各项工作筹备情况的汇报，审批《札达县保持共产党员先进性教育活动的实施方案》《中共札达县委关于开展第一批先进性教育活动的实施办法》等一系列会议材料，确定了保持共产党员先进性教育活动的各项工作预案。

2008年1月6日，中共札达县委召开小反刍兽疫疫情联合审验会议。

中央、自治区、地区联合工作组听取札达县小反刍兽疫防控工作开展情况汇报，并进行审验。1 月 17 日，札达县召开边境管控军地联防会议。会议传达学习阿里地区《边境管控军地联防会议纪要》，研究总结札达县边境管控军地联防工作具体操作办法。1 月 27 日，召开县城至地区道路保通会议，就县城至狮泉河镇道路保通问题进行安排部署。会议认为，及时开通县城至阿里地区的道路，对于切实开展好防灾抗灾、救灾工作、保障干部群众正常生产生活具有重要意义。会议决定，成立 2 个工作小组（挖雪组、后勤组），明确各级职责，具体开展工作。3 月 11 日，县委召开维稳、受教育人口统计、防灾抗灾会议。会议内容有：针对目前维稳工作的严峻形势，分派工作组，对各乡镇特定地点、特定人员进行调查，并督促各乡镇务必始终保持高度警惕，高度重视当前维稳各项工作，如有可疑情况，立即上报县委、县政府。会议同时督促检查指导各乡镇传达学习区、地两级工作会议精神的情况，统计各乡镇的贫困户、各年龄段群众受教育情况，并建档、立卡。会议还对各乡镇人大代表提出的议案和建议进行及时答复，能解决的问题尽快解决，一时不能解决的问题将原因解释清楚，争取人大代表的理解与支持。会议要求对近期可能出现的雪灾做充分准备，农牧、民政部门尽快调查各乡镇粮食、衣物等防、抗灾物资储备是否充足，并尽快向缺乏物资且道路畅通的乡镇调运物资，不通路的乡要先从富余群众家中转借粮食和物资，确保防抗灾工作万无一失。会议决定向目前道路畅通的达巴、香孜、托林 3 个乡镇派驻工作组，开展上述工作的调查统计和督促检查工作。要求其余不通路的 3 个乡，自己组织人员进行统计，并将数字尽快上报到县农牧局和教育局，要确保数字准确，保证群众生活不受影响。

7 月 25 日，县委召开常委会研究县直机关干部人事调整事宜，拟提任 18 名副科级干部人选，平职调整 4 名副科级干部，调整 3 名副科级干部职务。

10 月 24 日，中共札达县委召开县级领导班子民主生活会、乡科级目标考核会议。会议按照有关规定，确定县级优秀干部为全体县级援藏干部，以及尼玛次仁、边巴罗布、唐永平、明琼多吉、桑珠等。关于乡科级目标验收工作，首先由县委办起草方案，参照地区相关文件进行部署。同日，召开

“普九”复查报告会。会议听取“普九”复查报告，指出札达县“普九”工作在经费等方面存在的主要问题。

2009年3月7日，中共札达县委召开传达学习阿里地区农牧区党建工作精神会议。会议传达学习3月4日召开的阿里地区2009年农牧区党的建设工作会议精神，并对下一步全县农牧区党的建设工作进行安排部署。3月15日，札达县委召开党建工作会议。会议确定全县2009年农牧区党的建设工作思路，并对全县2009年农牧区党的建设工作作出全面部署。5月18日，中共札达县委召开常委（扩大）会议，研究讨论札达县“十二五”期间规划项目。会议决定：“十一五”规划实施的后两年，要针对札达县经济社会发展的薄弱环节，采取措施抓好各项工作，确保“十一五”规划各项目标任务全面实现；《札达县“十二五”期间规划项目》要在与国家考核标准相吻合的前提下，对相关指标进行调整，为“十二五”发展打下坚实的基础；指标的表述及计算方法要进一步规范；由县发改委根据会议提出的修改意见进行修改完善后，及时上报上级业务主管部门。6月16日，召开县委常委（扩大）会议，学习《党政领导干部选拔任用工作条例》，并对2008年县内干部选任工作开展情况进行通报和测评，会议由县委书记路遇主持。从2008年7月至2009年6月，共变动干部60人次；参加干部选任工作测评40人（县级干部14人，科级干部26人），整体评价满意度为95%，基本满意度为5%。

四、联席会议

1989年11月24日，县委书记朗杰平措主持召开县委、县政府联席会议，主要决定以下事项：一是关于给札布让、曲松、底雅3个区配通讯员的，由该3区负责从农牧民中挑选有一定文化、思想品质好、身体健康的青年，吸收为临时合同工。二是关于各区机关配备马匹，依据工作需要和干部编制，区委书记、副书记，区长、副区长以及生产干事、医生、兽医、文书、通讯员、公安特派员、财粮干事干部等。三是关于底雅区盖一间医务室，同意盖一间16平方米医务室，土木结构，总造价900元。四是关于地区藏医院培训结业6名卫生员的工作分配。五是关于曲木底乡平整农田的机械费用5000元先由县农牧局垫付。六是关于达巴、曲松二区为支持供销社，要求毛绒税金留本区问题，决定税金必须上交县财政，利润分成部分可留各区，并全部用于供销社流动资金；区公所同供销社经营者签订协议，供销社方面必须承担取得经济效益和社会效益的责任，不能把流动资金用光。七是关于县拖拉机站的扩建经费问题，决定在适当的时候向行署提交专题报告。

1996年9月25日，札达县常务副县长于景欣（援藏干部）主持召开党政军联席会议，就贯彻《中共阿里地委、行署关于彻底粉碎达赖集团再次实施“和平挺进”活动图谋的通知》作专门研究部署。会议决定成立札达县反“和平挺进”领导小组，县委副书记王秀成任组长，县委常委、县人武部政委杨明春、县人大常委会副主任洛桑、副县长曲尼贡布任副组长，办公室设在县公安局。

1997年6月11日，县委副书记、县委政法委第一书记王秀成主持召开县党政军警紧急联席会议，县公安局、人武部和武警中队领导分别通报了各自掌握的边情动态，认真分析了当前对敌斗争的严峻形势，确定6月11日至7月10日为“全县特别安全保卫阶段”，并决定采取相应的安全保卫措施。

1998年4月21日，县委书记杨永山主持召开县委、县政府联席会议，研究并确认了札达县政府与札达县建筑建材公司之间的债权债务问题。11月12日，县委、人大、政府、政协四大班子在县委会议室召开党政联席会议，会议主要就急需解决的干部职工用电难问题进行讨论，研究成立用电清查领导小组，禁止使用不符合用电标准的电器，发现使用电炉者，给予500—1000元的罚款并没收电炉；使用电热器给予300—500元罚款并没收；不得使用洗衣机、电冰箱。

1999年1月15日，县委、县政府召开联席会议，成立了春节、藏历年期间送温暖慰问领导小组，下设安全保卫、后勤、文体3个组。通过了节日期间召开离退休干部座谈会，军烈属、退伍军人座谈会，政协委员座谈会和军政座谈会的有关事宜。5月24日，召开联席会议，主要议定：一是关于达巴水电站的修复使用问题，土建、水渠方面，由县、区两级负责组织施工；输电、线路由地区水利局负责供应；配电技术由地区水利局及县政府共同协调解决；6万元资金全部由地区水利局负责。二是关于香孜区热嘎夏村新建水电站问题，会议拟定新建水电站装机容量50千瓦，总投资60万元。

2000年4月24日，县长达尔布主持召开党政联席会议，会议通过了札达县2000年基础设施建设有关事宜，成立了基建领导小组，确定了各项目具体负责人。会议指出，县城建设要有长远规划和合理布局，各单位、个人必须服从县上的整体规划，不准在县城规划范围内乱批、乱建房屋。

7月18日，县委书记主持召开党政联席（扩大）会议，经研究讨论，确定了札达县参与西部大开发的长、中、短期工程建设项目和河北援建政法大楼议标承建等事宜，共确定了9个方面55个项目：一是能源类。曲龙等5个水电站建设；苏康等11座光伏电站建设。二是交通类，巴尔至萨让公路建设；巴尔至什布奇公路建设；札达县城至狮泉河公路建设；城镇道路建设；乡村道路建设。三是通信类。县城光缆建设；乡镇农话建设。四是农牧林类，农业科技服务体系建设；中低产田改造项目建设；农田水利基本建设；黄牛改良项目建设；草场围栏、人工种草、牲畜饮水工程建设；游牧民定居点建设；用材林建设；农田防护林建设；底雅乡、托林镇、萨让乡经济林建设。五是文化、教育、卫生类。多功能影剧院建设；人民广场建设；县城有线电视网建设；文物展厅建设；新华书店建设；村文化站建设；职业技术培训中心建设；母婴网络中心及网络站建设；县幼儿园建设；乡镇计划生育服务站建设；县城改水、改厕建设；一镇五乡卫生所设备配套建设。六是生态环境保护类，象泉河流域综合治理建设、草原生态体系建设、国家自然保护区建设。七是财源建设类。札达县副食品加工厂；札达县矿产资源勘探、开发建设；农业机械用具加工厂建设；轻纺民族手工业项目建设；沙棘饮料深加工建设；粮油加工厂建设；饲料、饲草加工厂建设；县藏药加工厂建设。八是市政建设类。札达县商品房建设；县藏药加工厂建设；人民公园建设；县城排水工程建设；小城镇建设；县看守所改建项目建设；档案馆及配套设备建设；政府上网工程建设。九是其他类，什布奇国际口岸贸易点建设；甲尼玛边贸市场建设；古格都城遗址旅游景点建设；拉嘎—鲁巴吊桥建设；旅游硬件建设；菜篮子工程建设。

8月9日，县委、县政府召开党政联席（扩大）会议，会上，副县长郭玉普通报了地方志编纂工作进展情况及下一步工作安排；副县长税国芳传达了人口普查工作会议精神及下一步工作安排；听取了县人大常委会副主任扎西桑珠关于职工食堂清账结算的情况汇报；听取了县统战部关于阿里地区2000年寺教工作会议精神的汇报；研究讨论了副县长郭玉普关于成立札达县旅游公司的建议；讨论通过了县委组织部提交的《关于干部、工人休探亲、事、病、产假的规定》。

2001年4月23日，县长索巴多吉主持召开党政联席会议，就以前县开发公司移交给县工会的部分商品处理问题进行研究讨论，会议决定：过期的食品、酒等商品全销毁，没有过期且不危害消费者身心健康的商品进行减价处理；县工会会同县计委、县财政对库存商品账目及移交、销售账目进行审核，酌定处理标价。

10月12日，县委、县政府召开党政军警联席会议，会议研究决定成立札达县安全防范工作领导小组，县委副书记、县长索巴多吉和县人武部部长张秀福任组长，县委常委、政协主席洛桑，县人武部政委杨明春，县委常委、常务副县长扎旺任副组长。安全防范工作领导小组办公室设在县人武部军事科。

2003年1月9日，札达县召开县四大班子联席会议，听取托林水电站围堰失事经过，分析事故原因，形成报告上报上级主管部门。3月6日，札达县召开党政联席会议，安排部署救援组前往札狮公路救援被大雪围困的7名个体工商人员。

5月6日，札达县召开党政联席会议。会议讨论决定了县委常委分工、政府领导班子分工事宜，对各乡镇配备政法队伍以及县级干部包乡镇事宜等。会议提出了全年工作思路：以党的十六大精神为指针，全面贯彻“三个代表”重要思想，唱响札达精神（团结、稳定、正气、创新），突出发展主体，实施两大战略（打造优势、旅游兴县，培育特色、农牧富民），把握三项重点（转变作风深化年、重点项目建设年、教育质量管理年），实现四大目标（经济增长、农牧增收、社会稳定、边防巩固），力促经济社会同步发展。5月16日，县委书记曹金华主持召开托林电站管理协调会，会议决定：电站运行人员要全部到位，尽快分工；按计划对运行人员进行培训；由电管站负责发电前的安全用电宣传教育，争取做到每一个用电户都有一份安全用电宣传资料；要在县城进行一次发电前安全大检查，做到全面清查（清查外线、内线、电话线、闭路线），重点突出（重点检查学校等人口密集的地方和文物点）；各单位要确定1名电管人员，托林村要确定1名电工，并对其进行培训，掌握一定知识，负责本区域的安全用电管理；托林镇要明确1名副职负责镇里电费的收取、安全用电管理等方面的工作；电站各项管理制度要规范、完善；有关部门要按照政府决定，组织发电前的收费（初装费）。

2004年1月14日，县委常委、政协主席洛桑主持召开党政联席会议，就今冬明春期间托林电站、电视台的管理和运行部分事宜进行研究和安排，克服今冬明春因特殊的气候条件造成的水资源、电力的影响和限制，保证电站、电视台的正常运转，满足县城干部群众的工作生活需要。

3月12日，县委常委、政协主席洛桑主持召开党政联席会议，在有关县领导参加地区纪检、公安、宣传工作会议期间，对县委、县政府工作进行研究与安排，并对全县近期进行绿化植树、建设“好易通”村的有关事宜进行研究部署。会议要求，各有关部门要高度重视，各司其职，按照有关部署和安排，重点防止文物盗窃犯罪，做好防抗灾、防疫、维护社会局势稳定等工作。

11月1日，县委书记郭文良在县委小会议室主持召开党政联席会议，会议确定了冬季援藏干部休假期间，县委、县政府工作分工问题，进一步安排部署全县今冬明春的有关工作。主要从七个方面对今冬明春工作进行了部署。一是有关会议精神的落实。进一步加大对党的十六届四中全会、区党委六届六次会议、县委六届六次全委（扩大）会议、县九届人大三次会议等会议精神的学习力度，并要在充分理解、掌握会议精神的基础上，立足于开展好“三农”经济工作，谋划好下一步工作。同时，重点做好明年的春播工作。二是今冬明春的防抗灾工作。要将牲畜出栏工作作为有效减少灾害损失的重要措施之一，加大工作力度，按照既定的目标保证牲畜出栏率。三是年终考核工作。要尽快安排部署，开展好年终考核工作。四是做好项目工作。要做好已批项目的实施准备工作，并充分利用好“兴边富民”行动重点县和自治区成立40周年的契机，提早准备，调整项目，多争取项目。五是干部队伍作风建设工作。要加强干部队伍的管理。廉洁方面，纪检单位要加强督导，教育干部自律，落实好制度。六是确保社会政治局势稳定工作。七是有关部门工作。教育方面即将开展“普九”工作，扫盲巩固提高的工作任务也十分繁重，要尽全力把工作做扎实；民政方面要以保障今冬明春农牧民群众的生产生活为前提，谋划、做好各方面工作；卫生工作要加强，保障好全县人民群众的生命健康。

2008年8月8日上午，在县委小会议室召开县委书记路遇主持由县四大班子领导、县直单位、托林镇主要负责人参加的会议。会议就奥运会期间安全保卫工作进行再强调、再部署。会议要求，强化领导干部带班制度；强化值班制度；强化县城巡逻与部门巡查制度；加强乡镇部门内部管理。

10月14日，县委书记路遇主持召开由四大班子及其成员参加的会议。会议主要安排了今冬明春援藏干部休假期间县委、县政府工作安排。路遇强调要加强几个会议精神的落实情况的检查；要做好防抗灾工作，保证好牲畜存栏率；尽早安排好年终考核工作；做好已批项目工作；加强干部队伍廉政建设；做好教育、卫生、民政等各部门工作。

2009年6月17日上午，县委书记路遇主持召开四大班子领导学习实践科学发展观专题民主生活会。会上，每位县级领导都紧密联系自身思想和工作实际，深入查找了在贯彻落实科学发展观与科学稳定观方面、在党性党风党纪方面、在解决民生问题方面群众反映强烈的突出问题，并深刻剖析了原因，提出了改进措施。

第二章　党务工作

截至2010年底，中共札达县委设纪律检查委员会、组织部、宣传部、统战部、政法委等工作部门。

第一节　纪检监察

一、机构

1960年5月，中共札达县委监察委员会成立，属县委机构。1969年8月，县委监察委员会被县革委会政治工作组取代。

1979年7月21日，成立中共札达县委纪律检查委员会，设书记1名（兼职）、副书记1名。1986年，县委纪律检查委员会定编3人。

1987年，中共札达县委纪律检查委员会更名为中共札达县纪律检查委员会，同时升格为副县级单位。同年6月，中共札达县第三次党代会选举产生县纪律检查委员会委员5人，书记1人。1990年7月，中共札达县第四次党代会选举产生县纪律检查委员会委员5人，书记1人、副书记1人。

1994年12月，成立县监察局，行使行政监察职能。1995年5月，中共札达县第五次党代会选举产生县纪律检查委员会委员5人，书记1人。

2000年10月，中共札达县第六次党代会选举产生县纪律检查委员会委员3人，书记1人。2003年10月9日，札达县委成立党风廉政建设和反腐败工作领导小组。领导小组下设办公室，办公室设在县纪委，办公室主任由县监察局副局长陈建新担任，负责处理日常事务。

2010年，中共札达县纪律检查委员会与札达县监察局合署办公。札达县监察局列入县政府工作部门序列，不计入政府机构个数。县纪检委（县监察局）无内设机构，机关编制4名（行政编制3名、事业编制1名），其中县级领导职数1名，科级领导职数3名。4月，札达县设立效能建设年活动办公室，设在县纪委。

1960—2010年札达县纪检监察部门负责人任职一览表

表4－2－1

机构名称	职务	姓名	性别	民族	任职时间	备注
中共札达县委监察委员会（1960.05—1967.02）	书记	王俊	男	汉	1960.05—1964.03	县委书记兼
		张新法	男	汉	1964.03—1965.10	县委副书记兼
		张振兴	男	汉	1965.10—1967.02	县委副书记兼
中共札达县委纪律检查委员会（1979.07—1987）	书记	褚明海	男	汉	1979.07—1980.09	县委副书记兼
		多吉顿珠	男	藏	1982.03—1983.11	县委副书记兼
		才旺罗布	男	藏	1983.11—1987.04	1986.01为县委常委
	副书记	郭明珍	男	汉	1979.07—1980.09	
		白玛欧珠	男	藏	1982.03—1983.04	
		巴桑次仁	男	藏	1983.04—1985.11	
中共札达县纪律检查委员会（监察局）（1987—）	书记	次珠多吉	男	藏	1987.05—1990.07	县委常委
		格桑旺久	男	藏	1990.07—1997.11	县委常委
		次仁扎西	男	藏	1997.11—2000.10	县委副书记
		巴桑顿珠	男	藏	2000.10—2006.10	县委常委
		闫万里	男	汉	2006.10—2007.09	县委副书记
		才旺卓玛	女	藏	2007.09—	县委常委

续表

机构名称	职务	姓名	性别	民族	任职时间	备注
中共札达县纪律检查委员会（监察局）（1987—）	副书记	李平	男	汉	2005.04—2006.09	监察局局长
		杜于华	男	汉	2006.09—2007.01	
					2007.01—	监察局局长
	监察局副局长	扎西央宗	女	藏	1997.11—1999.07	
		郭志良	男	汉	1999.07—2002.04	
		陈建新	男	汉	2002.05—2005.04	
		周灿华	男	汉	2007.05—	

二、党风廉政建设

1961年春，札达县委进行为期36天的以反官僚主义、反贪污、反浪费为中心的“三反”整风运动。在县级干部中开展以学习《党的生活几个问题》为主的学习教育活动。

1963年底，按照中共西藏工委和中共阿里分工委的指示，在全县范围内开展反官僚主义、反铺张浪费、反贪污盗窃、反投机倒把、反分裂主义的“五反”整风运动。

1985年，中共札达县委在全县范围内开展县、区机关整党工作，全县广大党员受到一次比较全面、系统的党性、党风和实事求是思想路线教育。

1987年，中共札达县纪律检查委员会成立后，将查处党员违纪案件与抓好经常性的党风教育结合起来，在全县范围内开展党员党纪、党风教育，以正面教育为主，纠正和防止各种新的不正之风，提高党员的思想水平。

1989年，在全县范围内开展坚持四项基本原则、反对资产阶级自由化教育。

1993年6—12月，根据中纪委《党的纪律　机关党风教育纲要（试行）意见》和自治区纪委《关于在全区党员中开展党纪党规宣传教育的实施意见》的安排部署，在全县范围内开展党纪党规宣传教育工作。此次宣传教育工作涉及全县全体党员，重点是对党政领导干部进行党纪、党规和社会主义政治教育。

1996 年，加强党风廉政建设，执行中央在加强党风廉政建设方面作出的各项规定，坚决同腐败现象作斗争，采取坚决有力的措施惩治腐败。对党员干部进行素质教育、思想教育，发现党内违反党纪倾向和一些不良现象、苗头，由党委或纪委发布通告、通报，提出具体的防范措施和制止方法，做到防微杜渐，防患于未然，真正做到从源头上加强和预防腐败现象的滋生蔓延。根据阿党纪（1996）07 号文件精神，县纪委、组织部联合下发《关于召开党员民主生活会的通知》，认真组织召开民主生活会，广泛征求群众意见，充分发扬民主，以民主集中制为主要内容，以《领导干部廉洁自律手册》为主要依据，高标准、严要求，按照中央的两个“五条规定”和地区纪委“十不准”进行对照检查，参加自查的县级党员干部 13 人，县直区（科）级干部 26 人，一般党员（县直机关）68 人。

1997 年，县纪委组织学习《关于阿里地区 1997 年反腐败和党风廉政建设工作的安排意见》。5 月，创办纪检监察学习简讯专栏，从《中国监察》《党风与党纪》《西藏纪检监察》及党纪政纪条规中选收党风党纪、反腐倡廉内容，面向全县干部职工印发。6 月 3 日，与县委组织部联合下发《关于召开党员民主生活会的通知》，认真组织召开民主生活会，广大党员领导干部对照《廉政准则》认真开展批评与自我批评。应参加自查的县（处）级党员领导干部 17 人，一般县直机关党员［包括副区（科）级至正区（科）级党员领导干部］85 人，实际参加人数分别为 13 人、75 人。切实加强领导干部廉洁自律工作，督促县直领导干部认真执行《关于领导干部报告个人重大事项的规定》，落实领导干部收入申报制度和《廉政准则》《关于严禁领导干部违反规定干预建设工程项目招投标的暂行规定》《中共中央、国务院关于党政机关厉行节约、制止奢侈浪费的若干规定》。

1998 年，重点加强对干部职工党纪政纪条规方面的教育，利用每周党团活动和每周五的学习时间，广泛宣传《中华人民共和国行政监察法》《中国共产党纪律处分条例》《制止奢侈浪费八项规定》《双“五条”规定》等法律法规。

1999 年，在县机关干部职工和党员领导干部中深入开展党的宗旨、民主集中制和廉洁自律教育，定期召开民主生活会，增强了广大党员、干部反腐倡廉的自觉性。

2000年，结合“三讲”（讲学习、讲政治、讲正气）教育，利用正反典型事例进行党性党风教育。组织全县党员观看《孔繁森》《焦裕禄》《生死抉择》《胡长清案件警示录》等教育片，教育党员抵制邪气，弘扬正气，达到端正党风的目的。同时对党员进行“四观”“两论”教育，使广大党员认清达赖集团搞“西藏独立”的险恶用心，树立正确的马克思主义“祖国观、宗教观、文化观、民族观”。为进一步提高广大干部职工特别是领导干部遵纪守法自觉性和廉洁自律、反腐倡廉意识，狠抓党风、党性、党纪和政纪教育，利用每周党团活动和学习时间，将上级纪委重要会议和文件精神传达到全县干部职工中，并深入开展学习党纪和政纪教育活动。认真学习《中国共产党党员领导干部廉洁从政若干准则》《党章》《中华人民共和国行政监察法》《中国共产党纪律处分条例》《双“五条”规定》等重要党纪政纪条规，使广大党员领导干部和职工加深了对党纪、政纪的认识。

2003年，札达县开始建立县级领导和正科级干部廉政档案，对领导干部的配偶、子女及家庭主要成员收入情况进行详细了解。通过建立廉政档案，加强对干部的管理，有利于从源头上预防腐败的产生。制定出台《关于党风廉政建设责任制的考评办法》。10月9日，札达县成立党风廉政建设和反腐败工作领导小组，以县委书记曹金华为组长，县委副书记、纪委书记、组织部部长为副组长，县委办、政府办、组织部、宣传部、监察局的人员为成员。7月，按照新《党章》规定，与组织部门配合，召开县级领导民主生活会，并将其范围扩大到县直各单位、各乡镇。会上，采取“敞开门听意见，关上门找原因，走出门求改进”的方式，与会人员能够实事求是、畅所欲言，对取得的成绩和存在的问题做客观的评价。会后，所有县级领导和正科级干部都向县纪委上交了剖析材料。

2004年，县委下发《中共札达县委员会党风廉政建设和反腐败工作协调领导小组关于2004年党风廉政建设和反腐败工作重点任务分解的实施意见的通知》，将反腐败的重点任务分解到各主管部门。为切实抓好宣传贯彻工作，出台《中共札达县委员会关于党风廉政建设和贯彻“两个条例”的实施意见》，成立相应的领导机构，做到组织到位、人员到位。在全县干部职工大会上，县纪委和县委宣传部对“两个条例”的原文进行传达，要求各单位党员以支部为单位，对“两个条例”的学习进行讨论，并将讨论的原始记录上报县纪委。为了使干部、职工对条例有更深层次的认识和理解，县纪委会同县委宣传部出黑板报5期，出《纪检简报》2期。通过对“两个条例”的大力宣传和学习，增强了广大党员干部的党性修养、纪律监督意识和法治观念。

2005年初，中央颁发《建立健全教育、制度、监督并重的惩治和预防腐败体系实施纲要》，县纪委借保持共产党员先进性教育的有利时机，将《实施纲要》复印后分发到县直各支部，并要求将其作为先进性教育的学习内容。《中国共产党党内监督条例（试行）》《中国共产党纪律处分条例》颁布后，县委出台《中共札达县委员会关于党风廉政建设和贯彻“两个条例”的实施意见》。会同县委宣传部出黑板报5期，出《纪检简报》2期。先后出台《中共札达县纪委党风廉政建设规章制度》《札达县财务集中支付的决定》《札达县项目管理规定》《中共札达县委组织部、中共札达县纪委关于全县干部的管理制度》。县委、县政府与各乡镇签订《党风廉政建设责任书》，明确乡镇领导班子的责任。

2006年3月，县纪委下发《中共札达县纪委关于落实〈建立健全教育、制度、监督并重的惩治与预防腐败体系实施纲要〉的通知》，加强对各项工作牵头单位的监督，并按照要求落实各项工作。

2007年，《中共札达县委员会党风廉政建设和反腐败工作协调领导小组关于党风廉政建设和反腐败工作重点任务分解的实施意见的通知》出台，将反腐败的重点任务分解到各相关部门。按照县委、县政府的统一部署，对全县的反腐工作进行周密的安排。县监察局起草下发《札达县监察局关于2007年纠风工作任务分解》，将纠风任务分解到各相关单位，充分发挥各部门职能作用。改变以往的考核办法，年底对各乡镇的党风廉政建设和反腐败工作进行专项考核，加强对各乡镇工作的指导和监督。5月24日，召开以加强领导干部作风建设为主题的县（处）级领导干部民主生活会，采取“敞开门听意见、关上门找原因、走出门求改正”的方法，对取得的成绩和存在的问题作客观评价。改变上班签到的做法，贯彻执行上班时间抽查制度，切实加强县机关工作作风建设。起草《中共札达县纪律检查委员会关于加强廉政文化建设的贯彻意见》，以县委的名义印发给各乡镇及县直各单位，按要求逐步开展各项工作，成立廉政文化建设领导小组，开展廉政文化宣传月活动。

2008 年，札达县出台《建立健全惩治和预防腐败体系 2008—2012 年工作规划》。县纪委转发《中共西藏自治区纪委、西藏自治区监察厅关于 2008 年元旦、春节、藏历年期间严格执行廉洁自律各项规定的通知》《中共阿里地区纪律检查委员会、阿里地区监察局关于严禁党员干部参与赌博的通知》。对机关党员干部特别是领导干部参与赌博、借婚丧喜庆事宜大操大办聚敛钱财之风进行全面整治。

2009 年，自治区党委确定本年为领导干部作风建设年。根据县委的部署和要求，县纪委牵头成立领导干部作风建设年联席会议及办公室，制定实施方案，加强组织协调和督促检查，圆满完成各项工作任务。

2010 年，县纪委认真组织全县干部职工学习国务院 2010 年廉政工作会议、中央第五次西藏工作座谈会、中央纪委十七届五次全会、自治区纪委七届六次全会精神，在阿里地区召开纪检监察工作会议后，迅速将会议精神传达到全县干部职工中。根据《阿里地区效能建设年活动实施方案》要求，札达县于 4 月 10 日制定下发《札达县效能建设年活动实施方案》，活动办公室设在县纪委。充分利用县电视台，在电视上采取滚动字幕与专题报道的形式，对效能建设年活动的开展情况进行宣传，利用电视宣传 120 余次；悬挂横幅 20 余条，撰写效能简报 43 期。11 月，札达县效能建设工作通过自治区考核验收组的验收。

三、纠正部门和行业不正之风

20 世纪 90 年代，县纪委进一步强化监督约束机制，加强党内民主监督和群众监督力度，在纠正部门和行业不正之风方面成效显著。在县直机关通过坚持纠建并举，实行“收支两条线”管理，严肃财经纪律和制度等举措，堵塞了挥霍浪费、贪污贿赂漏洞。

1997 年，县委、县政府重视减轻农牧民负担工作，贯彻执行《中共中央、国务院关于切实做好减轻农牧民负担工作的决定》，没有出现向农牧民乱收费、乱摊派的问题。

2001 年，县纪委成立纠正医药购销不正之风协调组，负责清理整顿医药市场执业场所、人员资格，严管药品进货渠道、药品质量，确保人民用药安全。

2006 年，根据县内建设项目较多的情况，县纪委调整充实基本建设工作领导小组，下设 3 个工作小组（质量监督组、质量检查组、安全生产监督组）和交通、水利建设专门工作组（水利建设工作小组、水利建设质检组、交通建设工作小组、交通建设质检组），负责对项目工作建设进行管理与监督，随时检查，及时解决出现的各类问题。

2007 年，全面开展行政效能监察及纠风工作。

四、执法监察

1996 年，县纪委对建设项目资金使用情况、1995 年以来竣工项目和 1996 年在建及新开工的建设工程项目进行执法监察。发现个别工程队有行贿行为，副县长贡布拒收。县委、县政府召集有关人员召开会议，决定对行贿者实行拘留，并没收行贿财物。

1998 年，县纪委对抗救灾物资使用情况进行执法监察，确保农牧民生活困难顺利解决和灾后恢复家园工作正常开展。

1999 年，县纪委对扶贫专项资金进行专项检查；对粮食流通领域、“收支两条线”进行检查。对招生、招工工作人员向公务员过渡考试，教师资格审查考试等工作进行专项检查，在全县各类考试中，纪委、监察局先后派出 5 人次参加 5 场考试的监考工作。加大对基建项目的执法监察力度。根据上级要求，对县直机关单位科级以下干部的住宅公务电话费用进行全面清理，清理出不符合规定的住宅公务电话 14 部，收回资金 4200 元。

2000 年，县人大、县纪委、县财政局和县机关财务室抽调人员组成联合查核小组，调查职工食堂账目，建立了一套科目明确、分类详细的明细账本，并将查核结果汇报给县委、县政府，为正确处理职工食堂问题提供了决策依据。对国有企业下岗职工基本生活保障资金、失业保险金、基本养老保障基金和城市居民最低生活保障资金的管理使用情况进行执法检查，未发现问题。

2001 年，县纪委对 1997 年 10 月至 2000 年 12 月，给予党纪处分、行政处分对象的执行情况进行一次彻底检查。根据《关于党和国家机关各级领导干部不准收受可能影响公正执行公务的有关单位和个人的现金、物品、有价证券规定》精神，成立清查工作领导小组，印制札达县县（处）级以上领导干部收受现金、物品、有价证券情况自查统计表。

2002 年，县教育局组织教师职称和小学升初中统一考试，县纪委积极主动配合，组织人员参加监考，严格考场纪律，保证考试工作的顺利进行。

2004 年，县纪委认真落实《领导干部廉洁从政若干准则》，对领导干部是否严格执行“四大纪律”“八项要求”，是否参与赌博，利用婚丧喜庆大操大办、聚敛钱财，借各种名义用公款相互宴请、公款旅游等违纪行为进行检查。11 月，根据自治区纪委、区党委组织部《关于严肃查处党员和干部参与赌博的通知》，县纪委与组织部共同起草下发《中共札达县纪委、中共札达县委组织部关于严肃查处党员和干部参与赌博的通知》，并抽调人员按通知内容进行抽查。

2005 年，县纪委对领导干部是否认真执行“四大纪律”“八项要求”，是否参与赌博，是否利用婚丧喜庆大操大办、聚敛钱财，是否借各种名义用公款相互宴请、公款旅游等违纪行为进行监督检查。

2006—2007 年，县纪委与县委组织部共同起草《关于严肃查处党员和干部参与赌博的通知》，在重大节日，对全县茶馆进行全面清查，检查是否有干部职工在茶馆参与赌博。加强对教育“三包经费”和合作医疗工作开展及资金使用情况的监管。

2008 年，县纪委、监察局转发《中共阿里地区纪律检查委员会、阿里地区监察局关于严禁党员干部参与赌博的通知》，并按照规定对党员干部参与赌博的情况进行排查。在节假日期间，抽调工作人员对茶馆及娱乐场所进行检查，防止干部职工参与赌博，全力遏制赌博歪风的蔓延，净化了社会风气。加强对各乡镇、各单位资金使用情况和政策落实情况的监督检查；对全县住房公积金管理情况、住房补贴兑现情况进行检查；对乡镇合作医疗资金使用、乡财务管理情况及政策落实情况进行抽查，对管理不规范、落实不到位情况进行纠正。通过检查指导，堵塞漏洞，预防各类案件的发生。

2010年，按照2009年12月县委、县政府下发的《中共札达县委员会关于开展打击赌博专项整治工作的通知》，节假日期间，县纪委联合相关部门，对茶馆及一些娱乐场所进行检查。效能建设年办公室工作人员在全县职工大会上传达了自治区下发的《进一步严肃纪律　禁止党员和干部职工参与赌博》、阿里地区下发的《禁止党政机关工作人员参与赌博》、札达县《关于禁止党员和干部职工参与赌博专项治理工作实施方案》《札达县关于禁止党员和干部参与赌博的暂行规定》等文件精神，由纪委牵头，联合县组织部、政法委、检察院、公安局、文广局、工商局等组成专项检查组，对全县茶园（馆）、水吧、活动中心等易滋生赌博现象的场所进行突击检查。

当年，县纪委加强对各专项资金的监督检查力度，加大对支农惠农政策落实情况的督察力度。对合作医疗资金、教育“三包经费”、国家相关支农惠农资金等管理和使用情况进行检查，对管理不规范、落实不到位情况进行纠正。组织开展工程建设领域突出问题专项治理工作，并加强对中央扩大内需、促进经济增长政策措施落实情况的监督检查。按照2009年下发的《札达县工程建设领域突出问题专项治理工作实施方案》和2010年1月下发的《关于防止和遏制领导干部违反规定插手干预工程项目建设暂行规定的通知》精神，要求各乡镇、县直各相关单位对2008年以来立项、在建、竣工的50万元以上的政府投资和使用国有资金的工程建设项目进行自查，组织国土、发改委、环保等相关职能部门对技能培训中心、垃圾填埋场、廉租房、干部职工周转房、沼气池建设、中学实验楼、中学学生宿舍等7个项目的安置房工程建设进行重点排查，针对项目决策、招投标、工程建设实施、工程安全生产监督、城乡规划管理等方面存在的问题，向相关部门提出了改进意见和建议。

按照《国务院批转发展改革委等部门关于抑制部分行业产能过剩和重复建设、引导产业健康发展若干意见的通知》要求，有关部门严格执行项目投资审批、管理有关规定，坚决抑制部分行业产能过剩和重复建设势头。

督促各乡镇、各机关单位把扩大内需作为调整经济结构的首要任务，做好对中央扩大内需促进经济增长政策措施落实情况的监督检查工作，配合有关部门对札达县淘汰落后产能任务完成情况进行检查考核。

五、乡镇政务监督

1999 年，阿里地区全面推行行政区划调整和乡级换届选举，为了保证此次换届选举和区划调整工作顺利进行，县纪委、监察局对此次干部调整、配备、任用等各方面进行严格的监督。

2001 年，托林镇为乡镇政务公开试点单位，并制定《札达县乡镇政务公开试点工作实施方案》，具体规划了试点工作的步骤。按照《方案》要求，札达县政务公开试点工作从 5 月 20 日开始，到 10 月 20 日结束，历时 5 个月，分调查摸底阶段、组织实施阶段、总结验收阶段 3 个阶段进行。同时成立了县政务公开领导小组，以政府常务副县长为组长，县纪委书记、县委组织部长为副组长，由县委办、政府办、县监察局、县民政局、县计委有关负责人为成员，具体领导该项工作，保证此项工作有组织、有领导、有序进行。托林镇也成立了相应的领导小组，并由一名副书记为联络员，定期不定期地向县政务公开领导小组汇报工作。在调查摸底全面掌握托林镇的政务和财政收支情况的基础上，于 6 月和 9 月以宣传栏的形式公布了托林镇的政务及财政收支情况，便于接受农牧民群众的监督。在本次政务公开试点工作中，发现该乡镇存在财务管理混乱、松散，乡镇党委、政府领导分工不明确，政务透明度低等诸多问题，为下一步在全县六乡镇及县直机关单位全面推行政务公开制度提供了决策依据和宝贵经验。

2003 年，在达巴乡、曲松乡、底雅乡、香孜乡相继开展政务公开工作。

2005 年，在萨让乡开展政务公开工作，强化了党政部门财务工作的制度化，提高了办事效率，进一步密切了党群、干群关系。

2006 年，开始对乡镇政务公开和村务公开工作开展情况进行监督检查，督促各牵头单位全面深入乡镇政务和财务两项公开工作，巩固政务公开成果。积极做好在县直单位开展政务公开的试点准备工作。2007 年，在巩固政务公开的基础上，全面开展行政效能监察及纠风工作。

2010年，加强对政务公开和村务公开工作开展情况的监督，县纪委先后两次深入到各乡镇、村（组），对党的支农惠农政策的落实情况进行检查，对下一步在各村（组）是否设立村监会进行调研。在调研基础上，做了在各村（组）设立村监会的前期工作。

六、案件办理

札达县纪委在对违纪案件的检查和处理中，始终坚持“惩前毖后、治病救人”的方针，按照受理、初核、立案、调查、审理、处理、材料归档等程序，坚持实事求是、严肃慎重、区别对待的原则，遵循事实清楚、证据确凿、定性准确、处理恰当、手续完备的要求，同时充分尊重和保护受处分党员的申诉权利。

1978—1987年，发生违纪案件（行为）10起，其中贪污案1起，一般生活作风上的违纪行为9起，给予党内纪律处分9人。

1988年，受理各类作风案件3起，查处2起。

1996年，受理案件3起，其中不正当生活作风案1起，侵犯人权案1起，破坏公物案1起，给予行政处分5人（股级干部1人，一般干部4人），其中行政警告1人，行政记过1人，行政记大过1人，行政撤职降一级1人，行政降一级1人。6月3日，县委召开会议，成立以常务副县长于景欣为组长、纪委书记格桑旺久和副县长贡布为副组长的清查领导小组。7月10日至8月22日，对札达县民族经济实业总公司进行全面检查。

1997年，受理并查处一起不正当男女关系案件，涉及2人，分别给予行政降级和行政记大过处分。1998年，根据群众和基层组织要求，延长1人记大过处分半年。1999年，查处一起党员利用工作之便窃取救灾物资案件，给予其开除党籍处分。

2000年，根据群众反映，在认真调查取证的基础上，严肃查处托林镇港心希望小学教师贪污挪用公款案和县民政局干事故意伤人案件，按照《中华人民共和国行政监察法》《国家公务员暂行条例》等政纪条规，给予两人行政记大过处分，并建议有关部门将两人调离工作岗位。

2001年，县纪委、监察局根据地区纪委、监察局案件审理室要求，参照有关文件，制定《札达县纪委、监察局案件审理室2001年工作要点》，加强案件审理业务知识学习，尽量将案件查审分开，保证案件归档材料齐全和案件办理手续完备，并对案件审理室1997年以来审理的案件进行全面清查。全年仅受理1起由县检察院移交的挪用公款案。该案件牵涉并反映了许多严重问题，如部门用人不当、乡镇财政管理混乱等。该案件审理完毕后，在全县进行通报。

2002—2003年，县纪委把查处违纪案件作为严肃党纪、政纪和反腐败工作的重要内容，把群众反映强烈的难点、热点作为工作的重点，不断加大案件查处力度。通过预防教育和查办案件，保证了党的路线、方针、政策在札达的贯彻落实，严肃了党纪、政纪。维护了党员干部的形象，确保了社会稳定。

2004年5月，底雅乡严肃处理一起领导干部私自驾车发生事故、造成2人死亡的案件。接到报案后，公安交通部门快速到达事故现场，进行认真的调查、取证。在弄清了相关责任后，对责任人做出了具体处理意见，并经县委常委会研究通过后上报地区纪委。

2005年，协助地区查办案件1起，即底雅乡领导干部私自驾车事件。

2007年，认真清理近年来修建办公楼、培训中心、宾馆、招待所等项目，将清理情况上报地区纪委。认真清理了2002—2007年案件查办情况，并认真进行总结，上报地区纪委。全年未接到群众来信，接到地区转来的举报1起，做了认真调查，并向地区回复调查情况。处理遗留案件1起。

2008年，县纪委查办香孜乡尼某挪用公款案1起，处理2007年党员干部王某参与赌博事件1起，调查处理2007年地区转来的信访案件1起。

2009—2010年，县纪委创新工作方法，通过积极预防，将案件消灭在萌芽状态。并认真查办每一起案件，起到了警示作用，使案件发生率降到最低。

第二节　组织工作

一、机构

1960年5月26日，中共札达县委组宣部成立，负责全县的组织和宣传思想工作。

1965年1月，县委办公室未配备领导，其工作并入组宣部。

1969年8月，札达县成立革命委员会，县委组宣部被县革命委员会政治工作组取代。1975年10月，县委组宣部恢复成立。1979年6月，县委组宣部分设为组织部和宣传部。1980年9月，县委组织部与宣传部合并。1987年7月，阿里地区机构改革，县委组宣部又分设为组织部和宣传部。

2003年6月，札达县机构编制委员会成立，下设办公室，办公室负责人由组织部副部长桑姆次仁兼任。

2010年，机构改革，中共札达县委组织部与札达县机构编制委员会办公室（正科级）合署办公，无内设机构。机关编制5名（行政编制4名，事业编制1名），其中县级领导职数1名，科级领导职数3名，县委老干部局科级领导职数1名。中共札达县委老干部局（副科级），由县委组织部（县机构编制委员会办公室）管理，科级领导职数1名。

札达县机构编制委员办公室列党委工作部门，负责全县行政体制改革、机构改革和机构编制管理工作。

1960—2010年中共札达县委组织部领导任职一览表

表4-2-2

机构名称	职务	姓名	性别	民族	任职时间	备注
中共札达县委组宣部（1960.05—1967.02）	部长	张新法	男	汉	1961.04—1963.05	
		李锦	男	汉	1963.06—1964.07	
		王永富	男	汉	1964.07—1967.02	

续表 1

机构名称	职务	姓名	性别	民族	任职时间	备注
札达县革委会政治工作组（1969.08—1975.10）	组长	谢勤科	男	汉	1969.08—1970.11	县革委会副主任
		李作风	男	汉	1970.11—1974.05	
	副组长	任志洪	男	汉	1971.02—1973.06	
中共札达县委组宣部（1975.10—1979.06）	部长	未配正职				
	副部长	魏文清	男	汉	1975.10—1979.06	
中共札达县委组织部（1979.06—1980.09）	部长	未配正职				
	副部长	魏文清	男	汉	1979.06—1980.08	未配备正职
		余德修	男	汉	1979.06—1980.09	
		郭明珍	男	汉	1979.08—1980.09	
		群宗	女	藏	1980.07—1980.09	
中共札达县委组宣部（1980.09—1987.07）	部长	昌菊卓玛	女	藏	1980.09—1982.08	
		白玛欧珠	男	藏	1982.08—1984.01	
		洛桑久美	男	藏	1984.09—1987.07	
	副部长	孙贵全	男	汉	1980.09—1981.07	
		1981.08—1983.10 未配备副部长				
		洛桑久美	男	藏	1983.11—1984.09	
中共札达县委组织部（1987.07—）	部长	1987.07—1995.08 未配备正职				
		南木色	男	藏	1995.08—2000.10	县委常委
		段群法	男	汉	2000.10—2006.07	县委常委
		李永贵	男	汉	2006.07—2010.06	县委常委
		周增亮	男	汉	2010.06—	县委常委
	副部长	群宗	女	藏	1987.11—1994.09	
		石确旺扎	男	藏	1989.11—1993.10	
		张文涛	男	汉	1993.10—1995.04	

续表 2

机构名称	职务	姓名	性别	民族	任职时间	备注
中共札达县委组织部（1987. 07—）	副部长	加央次仁	男	藏	1997. 11—2002. 09	老干局局长
		桑姆次仁	女	藏	2002. 09—2006. 05	编办主任
		米玛次仁	男	藏	2006. 05—	编办主任
		马占军	男	汉	2009. 03—	人事局局长
中共札达县委老干部局	局长	谢建民	男	汉	1999. 09—2005. 05	
		马占军	男	汉	2005. 06—2009. 03	

二、党建工作

1995 年，根据中央、自治区及地委有关文件精神，按照“围绕经济抓党建，抓好党建促经济”的思路，结合实际，研究制定整顿区乡党支部和加强党员教育的意见。

1996 年，札达县委制定出台《1996—2000 年党建工作规划》，加强党的思想、作风、组织建设。

1997 年，县委制定《1997 年党建工作要点》，落实到全县 6 个区、15 个乡。围绕加强农村基层党组织建设，推行“四配套”（组织建设配套、制度建设配套、后备干部队伍建设配套、外部环境建设配套）建设。评选先进基层党组织 7 个，优秀党员 29 名，农牧区基层组织建设先进单位 3 个，农牧区基层组织建设先进工作者 8 名，并进行表彰。

1998 年，为进一步加强党的建设，加强和改进机关工作作风，县委制定《中共札达县委工作条例》《县直机关党建目标管理办法》《各级党委党建工作职责》《乡党支部书记工作守则》，并组织实施，有效加强了党务工作的规范化建设。

（一）组织建设

20 世纪 60 年代初期，札达县开始在农牧民中发展和建立基层党组织。1963 年 6 月，成立札达县第一个农牧区党支部——托林乡党支部委员会，由县委指派区机关干部衣振才兼任党支部书记，隶属于中共达巴区委领导。

在农村发展3名党员。

至1976年底，农牧区党的支部委员会由1966年的1个增加到12个，分别为底雅区鲁巴公社党支部，萨让区萨让公社党支部、日巴公社党支部，曲松区曲木底公社党支部，香孜区香孜公社党支部、热布加林公社党支部，札布让区托林公社党支部、波林公社党支部、东嘎公社党支部，达巴区达巴公社党支部、东波公社党支部、曲龙公社党支部。

1984年，在全区“撤社建乡”工作中，原公社党支部改设为乡党支部。1985年底，对未改的3个乡（底雅乡、什布奇乡、楚鲁松杰乡）进行建政工作，但未建立党的组织。

至1987年底，札达县各级党的组织发展到32个。

1995年，组织部门整顿和加强党的基层组织建设，按照“五个好”的标准，提出了具体措施。对各党支部进行摸底排队，针对一些支部软弱涣散、纪律松弛，生活制度不健全，作用发挥不够等，狠抓学习教育。在底雅、什布奇、楚鲁松杰3个乡建立党支部。1997年，全县有1个党总支，29个党支部，其中农牧区党支部15个。

1999年，针对基层组织存在的问题，县委进一步对后进乡、村党支部（小组）进行整顿，整顿过的进行巩固建设，完善了党建工作责任制，形成了党委统一抓、书记带头抓、各部门齐抓共管的格局。

至2000年，全县各乡镇党委发展到6个，村（居）委会党支部发展到15个，有58个作业组党小组。

2002年，根据县委部署，在村级组织中开展“三个代表”重要思想学习教育活动，分理论学习、对照检查、整改提高3个阶段进行。

2003年，结合2002年“千名干部进牧区，理思路、促发展”活动成果和“321”① 工程，继续开展以创建“五个好”村党支部、“六个好”乡镇党委和农牧区基层党组织建设先进县为主要内容的“三级联创活动”。通过制度、职责、目标上墙等措施，加强对各乡镇、村组党建和党员队伍建设的

① 即地级干部帮扶3户，县、乡镇领导帮扶2户，县、乡科级干部帮扶1户的结对扶贫活动，形成一级抓一级，层层抓扶贫的工作格局。

宏观指导，建立健全农牧区基层党组织建设工作机制，增强了党组织的战斗力和凝聚力，从而保证了农牧区基层党组织建设向纵深发展，发挥农牧区基层党组织的战斗堡垒作用和党员的先锋模范作用。

2004 年，按照《中共札达县委员会关于进一步加强农牧区党组织建设的意见》，突出党委核心建设，实施三级联创工程，强化基层组织作用。将基层组织建设与“四个到位”① 相结合，切实把农牧区党建工作落到实处，积极探索干部经常受教育、农牧民长期得实惠的长效机制，进一步巩固农牧区“三个代表”重要思想学习教育成果、“千名干部进牧区，理思路、促发展”活动和“321”工程活动成效。

2005—2006 年，组织部门坚持把“三级联创”活动与先进性教育活动有机结合起来，不断丰富“三级联创”的内涵。通过进一步完善党建联系点制度，调动各级党组织、党员领导干部的积极性，促进基层组织建设工作。

2008 年，通过开展“反对分裂、维护稳定、加强团结、促进发展”主题教育、党政干部纪律教育、法律进机关、“三级联创”等活动的开展，各级党组织建设得到了明显加强，党员的先锋模范作用进一步发挥，为札达县经济的跨越式发展和社会长治久安提供了坚强有力的组织保障。把强化乡村（居）干部素质作为加强基层党组织建设的重点，通过提高干部素质带动、提升工作水平和整体素质。制定总体培训计划，加强乡（镇）、村（居）党员干部培训力度。抓重点，以乡（镇）党委和村党支部为核心，加强乡村两级组织建设，真正形成集体领导，分工合作，形成合力；突出加强村党支部建设这个重点，以好班子、好队伍、好路子、好体制、好制度五个好为目标，加强村党支部的全面建设，全面提升农村党支部的工作水平和领导水平，增强战斗堡垒作用。

截至 2010 年，全县有 6 个乡镇党委、15 个村（居）党支部、58 个村（居）党小组。

（二）党员发展

1960 年，札达县共有党员 20 人，全部为调进干部和驻军部队工作人

① 即乡镇建设到位、乡镇干部充实到位、思想建设到位、作风建设到位。

员，是上级党组织派入札达县最早的党员。

1962 年 3 月，札达县札布让村发展第一批农牧民党员（含预备期），分别为旺堆、央加、桑姆（女），由张光明、王幕如介绍入党。以上 3 名党员组成托林乡党小组，由旺堆担任党小组组长，受达巴区委机关党支部领导。1963 年 3 月，旺堆、央加、桑姆 3 名预备党员按期转为中共正式党员。

20 世纪 60 年代末 70 年代初，在农牧区吸收大批党员，建立 12 个乡（公社）党支部委员会。1972 年，全县党员人数发展到 103 人，其中男 72 人、女 31 人；藏族 59 人、汉族 44 人。至 1976 年底，全县党员人数发展到 196 人。

1977 年，全县党员人数发展到 200 人，含预备党员 3 人，其中男 154 人、女 46 人；藏族 167 人、汉族 33 人。

1979 年，全县党员发展到 248 人（藏族 192 人，汉族 54 人），其中预备党员 18 人。到 1987 年，全县党员人数增至 239 人，含预备党员 3 人，其中男 179 人、女 60 人；藏族 132 人、汉族 7 人。党员人数比 1960 年县委成立时的 20 人增长 10.95 倍，其中少数民族党员由 1960 年的 5 人增加到 132 人，增长 25.4 倍。

1972—1987 年札达县党员基本情况统计表

表 4－2－3　　单位:人

年度	总数	其中预备党员	性别		民族	
			男	女	少数民族	汉族
1972	103	—	82	21	59	44
1973	153	27	121	32	104	49
1974	190	9	151	39	137	53
1975	183	17	143	40	152	31
1976	196	13	151	45	163	33
1977	200	3	154	46	167	33
1978	210	2	155	55	180	30

续表

年度	总数	其中预备党员	性别		民族	
			男	女	少数民族	汉族
1979	248	18	190	58	192	54
1982	220	14	163	57	217	3
1983	217	10	157	60	211	6
1984	226	3	168	58	219	7
1985	223	1	166	57	216	7
1986	235	1	175	60	228	7
1987	239	3	179	60	132	7

1992 年，通过民主评议，发展新党员 75 人。

1993 年，全县共有党员 349 人，其中女 86 人、男 263 人；大专以上文化水平 3 人，中专 8 人，高中 1 人，初中 31 人，小学 241 人，文盲 65 人。

1994 年，全县有党员 388 名，其中农牧区党员 266 名，妇女党员 93 名。当年，被自治区、地区、县评为优秀党员的有 70 人。

1995 年，在底雅、什布奇、楚鲁松杰 3 个乡建立党支部，并发展第一批农牧民党员，在底雅、什布奇发展预备党员 15 名。全县共发展预备党员 31 名（妇女党员 9 名），其中机关 10 名，农牧区 21 名。截至年底，全县有党员 419 名，其中农牧民党员 213 名。11 名预备党员按期转正。

1996 年，吸收 29 名优秀分子入党。1997 年，发展党员 19 名，其中妇女党员 5 名，农牧区党员 11 名，培养入党积极分子 65 名。截至年底，农牧区党员达 213 名，占党员总数的 65%。

1999 年，纠正了党员发展过程中“重数量、轻质量”的倾向，发展党员 23 名，其中农牧区党员 11 名，妇女党员 4 名，少数民族党员 15 名，35 岁以下 9 名；培养入党积极分子 48 名；预备党员按期转正 10 名。截至年底，全县有党员 468 名，其中农牧民党员 299 名，妇女党员 118 名。

截至 2000 年，全县有党员 349 人，其中农牧民党员 299 人，占全县党员总数的85.67%；其他党员50名，占全县党员总数的14.33%。

2000年后，党员发展工作有序进行。在有计划地做好在工人、农牧民、知识分子、退役军人和干部中发展党员的同时，加强在企事业单位、妇女和有文化的农牧民青年中发展党员的工作，根据不同单位和各乡镇党员队伍的现状，提出发展党员的目标要求，改变了个别乡镇、村多年不发展党员的状况。

2001年，培养积极分子33名，新发展党员24名。全县有党员375人，其中农牧民党员310人，占党员总数的82.67%。

2002年，按照“成熟一个，发展一个”“个别吸收”的原则，吸收年轻党员29名，培养考察预备党员20名。全县有党员406人，其中农牧民党员352人，占党员总数的86.7%。

2003年，全县有党员439人，其中农牧民党员367人，占党员总数的83.6%。2004年，按照“坚持标准、保证质量、改善结构、慎重发展”的方针，培养发展新党员37名，预备党员48名，入党积极分子56名。

2006年，全县有党员593名，其中农牧民党员398名，占党员总数的67%。2007年，全县有党员482人，其中农牧民党员385人，占党员总数的79.9%。2009年，全县有党员582人，其中农牧民党员430人，占党员总数的73.9%。按照“十六字”方针，注重在农牧区生产一线和优秀青年中发展党员，共发展党员78名，其中农牧民党员49名，妇女党员23名。

截至2010年底，全县党员数量发展到685人，比2000年增加了336人，其中农牧民党员517人，比2000年增加了218人，占党员总数的75.47%。

（三）党员教育活动

20世纪60年代，全县党员教育主要面向农牧区，各乡村党员不定期到阿里地区分工委接受培训、学习，提高基层党组织的整体素质。组织党员学习《论共产党员的修养》《党章教育文件汇编》等材料，在全县党员中进行“怎样做一个共产党人”和党的基本知识教育，增强党员战胜困难夺取胜利的信心和决心，提高党组织的凝聚力和战斗力，扩大党在人民群众中的影响。

20 世纪 70 年代，进一步加大全县党员教育工作力度。1975 年初，札达县举办首期党员培训班，参加培训的有各公社党支部书记、副书记，革委会主任、副主任和部分县、区一般干部共计 83 人。

1980 年 10 月，札达县举办党员培训班，有 120 余人参加培训，其中农牧区党员 20 余人。学习内容主要是新党章以及如何做合格党员、怎样建设社会主义现代化领导班子等。

20 世纪 80 年代，札达县在城镇、农牧区党员中开展学习《关于建国以来党的若干历史问题的决议》《中国共产党章程》《党内政治生活若干准则》和党的十二大会议精神等教育活动。建立完善基层党组织学习制度，用马列主义、毛泽东思想和邓小平理论及新时期形势任务与党的路线、方针、政策教育党员，要求全体党员始终坚持四项基本原则，坚持改革开放，反对资产阶级自由化，坚持党的最高理想和全心全意为人民服务的宗旨，坚持全国各族人民大团结，牢固树立少数民族离不开汉族、汉族离不开少数民族的思想，开展“争优创优”教育活动。1983 年 12 月，举办党员培训班 1 期，机关党员 60 人参加培训，重点学习《关于建国以来党的若干历史问题的决议》和两个文明建设方面文件精神。1985 年，中共札达县委在全县范围内开展县、区机关整党工作，全县广大党员受到一次比较全面、系统的党性、党风和实事求是思想路线教育。

1990 年后，札达县委在党员教育方面侧重于作风建设和党风廉政建设，其内容扩展到党纪、党规教育和普法教育。

1990—1994 年，选派 18 名党员干部到自治区党校、地区党校学习。

1995 年，在党员中开展爱国主义教育、民族团结教育、马克思主义民族观和宗教观教育。

1996 年 6 月初，开展县、区机关整党工作，参加人数 158 人。采取学习文件、对照检查和整改、党员登记和组织建设等形式，提高了党员干部遵纪守法和拒腐防变的自觉性，改善和加强了党的领导。县委批转《县直机关党总支关于在县直机关各党支部中开展党务工作目标化管理的实施意见》，加强机关党的建设，增强党组织的凝聚力，不断提高党员的政治素质，充分发挥党员的先锋模范作用，把机关党建工作提高到一个新的水平。

县委、县政府成立以县委副书记王秀成为组长、县有关部门主要领导为副组长及成员的札达县理论与业务培训协调委员会，主要培训内容为党章和党的知识。根据阿党纪（1996）07号文件精神，县纪委、组织部联合下发《关于召开党员民主生活会的通知》，认真组织召开民主生活会，广泛征求群众意见，充分发扬民主，以民主集中制为主要内容，以《领导干部廉洁自律手册》为主要依据，高标准、严要求，按照中央的两个“五条规定”和地区纪委“十不准”进行对照检查，应参加自查的县级党员干部16人，县直区（科）级干部32人，一般党员（县直机关）77人，实际参加人数分别为13人、26人、68人。

1997年，县委组织部与县纪委联合下发《关于在全县党员干部中开展以“三讲”为主要内容的党性党风党纪教育的通知》。

1999年11月，札达县委组织广大党员干部，特别是领导干部学习“三个代表”重要思想。同时由县纪委牵头，组织全县党员干部在县会议室集中收看教育片《警钟》。

2000年6月，札达县根据中共中央和上级党委安排，在县（处）级以上领导机关和领导干部中开展以讲学习、讲政治、讲正气为主要内容的“三讲”教育，针对县领导班子和领导干部中存在的问题，进行深刻剖析和整改。

2002年，按照阿里地委部署，在村、组中开展“三个代表”重要思想学习教育活动。召集乡村两级领导到县集中培训学习6次，重点学习《中国共产党章程》、毛泽东的《为人民服务》、邓小平的《保持艰苦奋斗的传统》、江泽民的“七一”讲话、党的十五届六中全会和中央第四次西藏工作座谈会精神，使村级班子干部明确“为什么要讲三个代表”“怎样实践三个代表”。派驻工作组在村召开民主生活会，开展批评与自我批评，检查十五届三中全会以来干部在思想和工作等方面存在的问题，总结经验教训，村级组织的凝聚力和战斗力得到进一步加强。

2005年3月1日，保持共产党员先进性教育活动正式启动，至11月底，第一批、第二批先进性教育活动顺利完成3个阶段13个环节的工作，取得明显成效。11月25日，第三批先进性教育活动正式开展，基层党组织

14 个村、58 个作业组和承担先进性教育工作的县委组织部、宣传部、纪检委 3 个县直部门共 382 名党员参加。

2007 年 9 月 8 日至 10 月 28 日，底雅乡、曲松乡、萨让乡在农牧民党员中开展马克思主义“四观”“两论”和反分裂斗争集中学习教育活动。

2008 年，在全县 28 个基层党组织、644 名党员（含农牧民党员）、444 名干部（含退休干部）中开展“反对分裂、维护稳定、加强团结、促进发展”主题教育活动，不断提高党员干部队伍素质，健全和落实基层党建工作责任制，提高基层党组织工作水平，充分发挥全县基层党组织和广大党员干部在反对分裂、维护稳定、加强团结、促进发展中的战斗堡垒作用和先锋模范作用，夯实党的基层组织基础和党员干部与达赖集团作长期斗争的思想基础。广泛开展“双带”活动，精心指导各乡（镇）、村（居）认真开展“三培养”工作，促进党员队伍的建设。

（四）党费收缴、使用与管理

2005 年 8 月 20 日，中共札达县委下发《关于调整党费收缴标准的通知》，调整党员党费收缴标准：一是干部职工党员党费收缴标准：行政干部党员每月交纳的党费 =（基础工资 + 级别工资 + 职务工资 + 工龄工资）×规定比例；事业干部党员每月交纳的党费 =（职务岗位工资 + 事业津贴 + 在藏工龄津贴）×规定比例；工人党员每月交纳的党费 =（职务岗位工资 + 事业津贴 + 在藏工龄津贴））×规定比例。具体是（基础工资 + 级别工资 + 职务工资 + 工龄工资）或（职务岗位工资 + 事业津贴 + 在藏工龄津贴）每月在 400 元以下（含 400 元）者，党费交纳比例为 0.5%；400 元以上至 600 元（含 600 元）者，比例为 1%；600 元以上至 800 元（含 800 元）者，比例为 1.5%；800 元以上至 1500 元（含 1500 元）者，比例为 2%；1500 元以上者，比例为 3%。二是农村党员交纳党费的标准：在乡镇机关或外出务工的农村党员，村干部和民办教师（代课教师）中的党员，凡有固定收入的，按照固定收入的 0.2% 交纳党费；其他农村党员每月交纳党费 2 角。三是离退休干部、职工党员交纳党费的标准：离退休干部职工党员是属于有固定收入的党员，按照在职干部职工党员党费交纳标准执行。四是没有经济收入或生活困难的党员交纳党费的标准：下岗待业的党员、依靠抚恤和救济的党员、领取当地最低生活保障金的党员，每月交纳党费2角；没有经济收入或交纳党费有困难的党员，由本人提出申请，经党支部委员会同意，可以少交或免交。五是流动党员交纳党费的标准：流动党员按照外出流动后实际收入的0.2%每月主动到县委组织部交纳党费。

2008年，四川汶川发生8.0级大地震，250名党员缴纳“特殊党费”56095元。干部职工、农牧民群众、寺庙僧侣和个体工商户向灾区捐款共计120196.7元，其中退休老干部为灾区捐款7800元。

札达县党费由县委组织部代县委统一管理。党费的具体财务工作由县委组织部内设的财务机构或者县委的财务机构代办。指定专人负责，会计、出纳分设。党费会计核算和会计档案管理，参照财政部指定的《行政单位会计制度》执行。根据札达县的实际情况，县委规定：党费以县委或县委组织部的名义单独设立银行账户，不得存入其他银行账户或者非银行金融机构。党费利息是党费收入的一部分，不得挪作他用。依法保障党费安全，不得利用党费账户从事经济活动，不得将党费用于购买国债以外投资。

三、干部管理

1966年，札达县有干部103名，其中汉族干部47名，藏族干部56名。县直机关61名，区级机关42名；党群系统28名，政权系统34名，企事业单位41名。副区（科）级以上干部31名，一般干部72名。半脱产干部31名，其中正副乡长23名，乡文书8名。

1987年，札达县切实做到精兵简政，把指挥型机关逐步转向服务型机关。1997年，有干部职工291名，其中少数民族干部165名。

2008年，为切实加强对干部职工的日常监督和管理，教育和引导干部职工树立科学的发展观和政绩观，严格按照县委制定的《札达县委党政领导干部日常监督管理积分办法》的内容、标准，监督管理干部职工，明确了对干部职工的管理、考核等方面的规定，促使干部职工更好地发挥作用，提高工作能力。全县有干部职工444名，其中少数民族315名（藏族302名）。

截至2010年8月，札达县五乡一镇共有行政编制140名（托林镇29

名，曲松乡 20 名，萨让乡 21 名，达巴乡 22 名，香孜乡 25 名，底雅乡 23 名），实有工作人员 98 名（托林镇 22 名，曲松乡 14 名，萨让乡 13 名，达巴乡 13 名，香孜乡 19 名，底雅乡 17 名）。年底，全县有干部职工 613 名，其中少数民族 409 名（藏族 389 名）。

（一）干部教育培训

20 世纪 50 年代末至 60 年代中期，札达县在全县干部中主要开展学习马列主义著作和毛泽东著作，向董存瑞、黄继光、邱少云等英雄人物学习，进行国内外形势、时事政策和民族政策教育。1960 年 10 月 25 日，札达县组织第一批干部到阿里专区接受培训。1965 年，遵照中共西藏工委指示和阿里地区分工委有关精神，札达县从县直机关抽调干部组成工作组，分赴各乡开展以阶级教育、社会主义前途教育和爱国主义教育为主要内容的“三大教育”运动。

从 1966 年开始，札达县遵照阿里地区分工委有关工作安排，在全县范围内开展以“清政治、清思想、清组织、清经济”为内容的“四清”运动。1966—1969 年，开展“天天读”（《毛泽东选集》或报纸）、学习“老三篇”（《为人民服务》《纪念白求恩》《愚公移山》）及重要文章和社论等活动。

从 1970 年开始，用“以阶级斗争为纲”“路线斗争”、毛泽东“关于无产阶级专政下继续革命的理论”等教育全县干部。1971 年 8 月，札达县第一届党代会讨论通过《关于贯彻执行阿里地委〈进一步加强学习的决定〉的决定》。1975 年 12 月，在农牧区开展党的基本路线教育活动。

1971—1978 年，札达县先后送往内地、拉萨和地区党校学习深造的藏族学员有 123 名。1976—1978 年，全县广大党员、干部和群众开展揭批“四人帮”的斗争，进行对真理标准问题的讨论。

1978—1982 年，主要学习中共十一届三中全会《公报》《决议》、中共十二大精神、《关于建国以来党的若干历史问题的决议》，开展“实践是检验真理的唯一标准”大讨论活动。1981 年 2 月，举办基层干部训练班 1 期，15 人参加培训，重点学习中央（1980）31 号文件及党员的十二条准则、党章（修改草案），清除“左”的影响，认清新形势下党的政治路线和思想路线。

1984年底至1985年6月，根据中共十二届二中全会《关于整党的决定》和阿里地委指示，札达县开始在全县范围内开展县、区机关的整党工作。组织党员干部学习中共十一届三中全会以来的有关文件，通过整党，使广大党员受到一次全面、系统的党性、党风和实事求是思想路线教育。

1978年和1987年，先后召开中共札达县第二次、第三次党员代表大会，党的思想建设、组织建设、作风建设逐步走向正轨，干部队伍的思想文化素质得到进一步提高。

1987年12月，县委组织部组织全县干部学习县委下发的《关于学习、传达贯彻十三大精神的安排意见》，全年选派17人到区内外进行进修、培训。1990年12月，根据地委要求，在全县范围内开展《关于社会主义若干问题学习纲要》的学习活动。

1987—1989年，送往外地学习的各类干部职工36人。

1992年9月，开展社会主义教育活动，主要学习邓小平南方谈话精神。

1991年，组织干部职工认真学习四届二次全会、区人大会、地区畜牧会等会议精神，学习形式采取集中学习和分散学习、个人自学和组织宣传相结合的灵活办法。利用1个月时间，集中精力组织干部职工学习江泽民“七一”讲话，并组织考试，及格率达94%。

1993年6—11月，中共札达县纪委在全县党员中开展党纪党规宣传教育活动。

1995—1999年，按照党中央和西藏自治区党委、阿里地委、行署的部署，从农牧区改革、发展稳定大局出发，围绕县委中心工作，以“抓好党建促经济、整顿领导班子促发展”为指导思想，做出“共产党员不信仰宗教、不准修炼法轮功”的规定。

1995年，按照“四化”标准，认真贯彻中央第三次西藏工作座谈会精神，充分发挥对口省及其他各方面的积极性，采取分期分批轮训方式，从具有一定培养前途的优秀中青年中选派19人到对口省和各类党校进行深造和继续教育，其中县级干部3名，乡级干部6名，一般干部10名。

1996年5月，县委、县政府开展为期近1年的理论与业务培训。聘请培训教师，落实培训计划，以业余党校、夜校为阵地，组织开展党的知识与建设中国特色的社会主义理论、经济与行政管理、公关与文秘、师资进修、农牧技术推广等8个培训班。县直机关干部和农牧民参学率分别达85%和60%以上。

1997年，以《国家公务员暂行条例》为主要课程，结合机构改革和区内外国家公务员制度的执行情况，业务培训与以会代训相结合，讲解16课时。选派27名干部职工分别到地区、自治区、内地学习，其中地区党校14名，河北省企业干部管理班1名，陕西省国家公务员理论培训班2名，自治区党校及内地进修9人次。在县直干部职工中，县委宣传部和县直机关党总支利用秋收工作组下乡前的有利时机，联合举办公务员制度、法律知识、寺庙清理整顿和僧尼爱国主义教育等4个培训班。参训率达到干部职工人数的95%以上。

1999年4月，制定《中共札达县委关于在县（处）级以上党政领导干部中开展“三讲”教育实施方案》，安排部署“三讲”教育的时间、方法。按照地委组织部、地委党校的干部培训规划，中专班选送7人，文化补习班选送3人。

2000年，在干部中集中开展以“讲学习、讲政治、讲正气”为主要内容的“三讲”教育活动。

2002年，召集乡、村两级领导集中培训学习6次，重点学习《中国共产党章程》、党的十五届六中全会和中央第四次西藏工作座谈会精神，激励干部职工参加在职自学，参加成人高考及专业技术人员职称考试。

2003年，以提高干部素质为目标，开展“素质培训年”活动，共办班14次，培训1200人次。培训重点放在基层，组织对乡镇工作的培训，对乡科技副乡长、农牧干事和村科技明白人的培训；培训采取超前性与农牧区实际相结合；授课方法采取主要县级领导讲课与专业技术人员讲课相结合；培训层面上突出广泛性，涉及乡镇、农牧、文化、公安、卫生等多个方面。

2004年，主要抓提高党员领导干部的执政能力、领导水平，专业技术人员业务技能和国家公务员知识培训三大任务。积极向上级部门争取到区外挂职锻炼、党员理论专题培训的名额，让干部走出去，把内地先进的管理方法和经验带回来，全面推进札达县各项工作的开展。重点加大各乡镇党委书记、乡镇长，村委会主任、村党支部书记等人员的培训工作，形成多层次、多渠道、多方位的干部、党员教育培训工作新格局。以参加挂职锻炼、党员理论专题培训班、自考进修等多种方式，共派出 8 名干部外出学习，形成了多层次、多渠道、多方位的干部、党员教育培训新格局。

2005 年，按照中央、区党委、地委的总体部署和要求，立足札达实际，开展先进性教育活动。在总结上年培训工作经验的基础上，主要抓好提高党员干部的执政能力、领导水平和专业技术人员业务技能，国家公务员知识培训三大任务。积极向上级部门争取到区外挂职锻炼、党员理论专题培训的名额，让当地干部走出去，把内地先进的管理方法和经验带回来。经过协调与争取，全县到地区、自治区、内地学习培训的干部达 48 人次。

2006 年，继续深入学习邓小平理论、“三个代表”重要思想和科学发展观。按照加强党的执政能力建设和先进性建设的要求，采取集中学习、专题辅导、理论宣讲、举办报告会、座谈会等方式，组织广大党员干部深入学习邓小平理论、“三个代表”重要思想和科学发展观，深入学习党的十六届五中全会、中央政治局会议、区党委六届七次会议、地委（扩大）会议精神，不断把理论武装工作引向深入。坚持党政干部、专业技术人员、企业经营管理人员“三支队伍”一起抓，以理论培训、实践锻炼、挂职培训等多种方式，进一步加大干部教育培训力度。在认真做好各级培训工作的同时，积极争取干部到援阿省份的大专院校学习深造。抓好县委党校的建设，努力扩大培训数量，提高培训质量。全年干部培训 70 人次。抓好组工干部能力建设，采取送校学习、挂职锻炼、岗位锻炼等方式，切实加强组工干部的培养锻炼，不断提高组工干部政治鉴别、政策运用、知人善用等方面的能力和水平。组织 40 名干部职工参加中央党校举办的 06 级大专函授班法学专业在职学历学习。

2007 年，组织 40 名干部职工参加中央党校举办的 07 级大专函授班行政专业在职学历学习。

2008 年，组织县级干部、科级干部、村干部参加地委党校举办的学习“十七大”培训班，12 名县级干部、8 名科级干部参加培训。

（二）干部选拔任用

1956年底，成立札达宗办事处及宗办事处党委，领导均由中共西藏自治区筹备委员会统一任命。

1961年9月，根据“管严管好”的干部管理原则，对干部实行由中共西藏工委、中共阿里分工委、中共札达县委三级管理体制，开始实行填报《干部呈请任命报告表》制度。县长、副县长等的任免、调动，均由县委常委会提出意见，报经中共札达县委批准后，转交中共阿里分工委，后由专署报请自治区筹委会批准任免、调动。

1963年起，实行党委领导下的各级组织部门统一管理的办法，对干部实行中共西藏工委、中共阿里分工委、中共札达县委三级管理体制。县委组宣部主要管理县委各部、委、室正副职，县政府各科、室、局、院正副职，区委正副书记、委员，正副区长或相当职务的干部。1966年，在统一认识、统一思想的前提下，制定培养提拔新生力量的规划。适当调整领导班子，充实加强了区级机关和薄弱单位。提拔县委副书记1名、公安局政治指导员1名、区委正副书记各1名、区长1名，其中藏族干部3名。

1970年1月至1979年，阿里地区划归新疆维吾尔自治区代管，札达县党政干部任免、调配由新疆维吾尔自治区负责。其间，县、区分别召开党代会两次，选举产生中共札达县委常委、书记、副书记，以上领导职务的任免由新疆维吾尔自治区党委征求西藏自治区党委意见后审批。

1980年后，县委书记、县长的任免由县委报地委审批后，由自治区党委统一任免。干部管理工作具体由县委组织部统一管理。1984年7月，西藏自治区党委下发《关于修改干部管理制度的通知》，提出根据“党管干部”原则，在自治区党委统一领导下，实行分级分部门管理干部制度。县委组织部主要管理各部副部长、县政府各局（科）副局（科）长，各委副主任、区委副书记、副区长，该类干部的任免、提拔、调动由县委研究决定，报地委组织部备案。

从1986年开始，科级干部由地委和县委统一管理，正区（科）级干部由地委管理，副区（科）级干部由县委管理，具体工作由县委组织部（县人事局）负责。

1987年，坚持“德才兼备”和干部“四化”标准，坚持以民族干部、中青年干部为主体和“两个离不开”的方针政策，加强基层政权建设，特别是对区（科）级领导班子做了较大调整，大胆起用一批政治素质好、文化水平高、有事业心和实际工作能力的中青年干部。调整区级干部33人[含副县级干部1人，正区（科）级干部16人，副区（科）级干部16人]，其中藏族31人，汉族2人，妇女干部2人，平均年龄下降到35.1岁。原班子留任正区（科）级6人，由副区（科）级提拔为正区（科）级7人；副区（科）级干部中留任7人；由一般干部（含1名副股级干部）提拔为正区级4人，一般干部（含2名副股级干部）提拔为副区级9人。

1988年，开始对乡镇和企事业单位干部实行聘任制。

1994年，根据阿里地区干部任免权限的有关规定，县委组织部只负责副区级干部和区级事业单位的正、副职，由县委统一管理，其考核、任免、提拔等由县委研究决定，后报地委组织部或人事局备案。

1995年，认真做好后备干部考察工作，初步建立了一定数量的后备干部队伍。坚持“成熟一个，提拔一个”，顺利实现干部的新老交替。从一般干部中提任2名副区级干部，从副区级提任正职3名。

1996年，对3个区（局）级领导班子进行调整充实，确定26名区（局）级后备干部。1997年，调整和提拔正（副）科级干部36名。

1999年，对乡（科）级干部任用采取民主推荐，引入竞争机制，根据任职条件，规定了适当的试用期限，试用期满经考核能胜任者才正式任命。调整提拔乡（科）级干部45名，其中调整提拔乡镇领导26名。对乡镇党委领导干部实行委任制和选任制，委任乡党委书记6名。

2000年，共选派8名大中专毕业生到乡镇任职，选派11名县直机关干部到乡镇任职，到乡镇挂职锻炼的有3名。

2002年，从干部人事工作实际出发，打破陈旧观念，与时俱进，在考察任用干部上发展和完善“德、勤、能、绩”的外延，建立干部考核的“点、线、面、块”制，推出干部任前公示制；完善干部学习、休（事、病、产、探）假的有关规定，使干部管理工作逐渐规范化、制度化，使干部职工考核工作更加公平、公正、透明化。提任副科级干部26名，提任正科级干部10名，对县直机构的科（局）级单位的20名干部进行了调整，充实各单位的人员编制。5月10日，开展乡镇换届选举工作，乡镇领导班子成员由原来的26名增加到37名，党政一把手年龄结构得到优化，班子成员知识结构得到改善。

2004年，调整科级干部40名、一般干部8名，使一镇五乡领导班子结构得到进一步优化。在民主推荐的基础上，确定上报副县级后备干部18名。加大科级后备干部及村、组干部的选拔和培养工作力度；高度重视民族干部、妇女干部、优秀年轻干部、党外干部的培养选拔工作。

2005年，认真贯彻中央、自治区党委、阿里地委关于领导班子配备的有关文件精神，按照地委的安排和部署，深入开展调查研究，制定工作方案，精心组织，周密安排，扎实做好县、乡镇党委集中换届工作。以换届为契机，进一步优化领导班子结构。把那些政治上靠得住、德才兼备、政绩突出、群众公认，综合素质高、富有开拓精神的干部选拔到领导岗位上，大胆选拔一批优秀年轻干部、少数民族干部、妇女干部和党外干部充实到各级领导班子中，不断改善各级领导班子结构，提高领导班子的凝聚力和战斗力，使新班子有新面貌新气象，工作呈现新起色。调整和充实科级干部13名，完成科级非领导职务人选的推荐、考核和上报工作。

2008年，按照有关政策，对全县23名副处级干部、45名正科级干部的年度考核材料进行审核，科学、客观地评价干部，把能够坚持科学发展、勇于创新、政绩突出、群众公认的领导干部列为处级干部候选人；按照评优比例要求，通过反复对比、好中选优、干部职工民主推荐等程序，4名副处级干部被列为处级后备干部人选，10名正科级干部被列为副处级后备干部人选，干部管理工作健康有序推进。

2009年9月，根据《干部任用条例》规定，在会议推荐、面上谈话推荐的基础上，经县委常委会研究决定，确定16名同志作为副县级后备干部考察对象人选。11月，经县委常委会议研究，确定55名正科级后备干部名单，其中县直党政机关33名，乡镇党政机关22名；71名副科级后备干部，其中县直党政机关57名，乡镇党政机关14名。

（三）干部调配

1997年，向县外调动干部9人，县外调入3人。

2002 年，协调地委组织部、人事部门跨地、县调动人员 28 名。

2005 年，调整和充实科级干部 13 名，完成科级非领导职务人选的推荐、考核和上报工作。

四、机构编制管理

札达县机构编制委员办公室是札达县机构编制委员会的办事机构，列党委工作部门，负责全县行政体制改革、机构改革和机构编制管理工作。及时进行机构、人员、编制、职能、经费、档案及基础设施的划转和接收，对机构改革工作进行检查评估，认真分析改革取得的成果和存在的不足。

1986 年 6 月 6 日，根据地区机改办批示，札达县设立机构改革办公室，由朗杰平措任主任，赵秀成任副主任。将组宣部扎西多吉、群宗调整到机改办工作。机改办对干部的考察采取民意测验、召开座谈会、个别谈话、走访政协统战人士、体格检查等方式全面了解干部情况；以党性为原则，忠实地调查、汇总、呈报有关干部的考察报告。

1987 年，根据阿里地委精神，进行机构改革。原有编制 130 名，实有 83 名，新定编制 98 名。新定编制人数不含公检法、税务、工商、银行、邮电、气象、海关及各辖区编制。

1996 年县直各行政部门及各区行政编制核定数额表

表 4－2－4

单位	编制数额(名)	单位	编制数额(名)
县委系统	22	卫生局	2
县委办公室	8	贸易局	5
组织部	4	人大机关	5
宣传部	3	政协机关	4
纪检委	3	工青妇群团组织	3
统战部	4	县直机关编制合计	85
县政府系统	51	区级单位	

续表

单位	编制数额(名)	单位	编制数额(名)
政府办公室	14	札布让区	11
计经委	2	香孜区	11
财政局	5	曲松区	11
教育局	5	萨让区	11
文化广播电视局	2	达巴区	12
农牧局	10	底雅区	12
民政局	6	各区行政编制合计	68

1996 年县直事业单位及各区事业编制核定数额表

表 4－2－5

单位	编制数额(名)	单位	编制数额(名)
县政府办公室(工勤等)	12	县人民医院	26
县直机关综合财会室	5	县编译室	2
县招待所	4	县农牧局	4
县中学	7	县直事业单位编制合计	120
县农牧技术推广站	4	区级单位	
县兽医站	5	札布让区	10
县第一完全小学	27	香孜区	10
县电视台	6	达巴区	10
县电影队	2	底雅区	9
县拖拉机站	11	萨让区	9
县外事旅游局	3	曲松区	9
县边境贸易管理局	2	各区事业编制合计	57

1999 年，根据地委组织部机构编制委员会的填表要求，完成对县委直

属5个行政单位、政府直属16个行政单位、县人大常委会、政协札达县、群团组织各1个行政单位和政法系统4个行政单位，一镇五乡共计53个行政事业单位（包括14个股级单位）及县直13个事业单位（包括8个股级单位）的统计工作，并核定了各单位编制情况。

2002年，按照阿里地委要求和部署，机构改革工作基本完成。按《方案》“精简机构，充实基层”的要求，县机关由原来的28个减为22个，县机关人员由原来的149名减为100名，乡镇人员由原来的53名增加到87名，清退各类临时人员19名。在人员分流、清退工作中，充分做好分流、清退人员的思想工作，从而使机构改革工作积极、稳妥、健康进行。

2003年，成立札达县机构编制委员会，县长索巴多吉任主任，县委副书记王殿忠、组织部部长段群法任副主任，组织部副部长兼人事局局长桑姆次仁、监察局副局长陈建新、计委主任唐永平、财政局局长卓玛次仁、计委副主任兼劳动局长周鹏为成员。机构编制委员会认真落实阿里地区县乡机构改革、组织人事工作会议精神，坚持权责一致，精简、统一、效能和积极稳妥的原则，对全县机构设置、人员编制、职能配置情况进行详细的调查研究，形成科学合理的调配机制，严格控制人员配置，基本理顺了各方面的关系。成立札达县会计核算中心，为县财政局管理的全额拨款事业单位，拟定人员编制9名。

2004年，成立以县委书记郭文良为组长，县长索巴多吉为副组长，其他常委和机构改革涉及部门、单位领导为成员的札达县机构编制委员会，为机构改革提供组织保障。按照《札达县政府机构改革方案》《中共札达县委组织部关于札达县政府机构改革的实施意见》的要求，全面推进政府机构改革。一是增加县财政局、县卫生局、县农牧局的职能配置。县财政局在原工作职能的基础上承担国有资产监督管理职能；县卫生局除承担现有的计划生育职能外，增加推动人口和计划生育的综合协调与管理等职能；县农牧局增加承担科技推广、林业管理、野生动物保护等职能。二是将县发展计划委员会改组为发展和改革委员会，正科级建制，为县政府工作部门。划入的职能有：行业规划、产业政策、经济运行调解，技术改造、投资管理、各种所有制企业的宏观指导，促进企业发展和重要工业原料进出口计划编制，对口援藏项目协调管理、经济体制改革等职能。三是组建札达县商务局，正科级建制，为县政府工作部门。划入职能有：县内贸管理，县发展计划委员会的农产品进出口计划组织实施职能。四是调整县劳动局归属管理部门，县劳动局归属县人事局管理。五是札达县文化广播电视局更名为文化广播电影电视局。六是设立札达县国土资源局，副科级建制，为县政府工作部门，人员编制3名。设立札达县安全生产监督管理局，副科级建制，为县政府工作部门，承担安全生产监督管理职责，负责本县安全生产工作，人员编制2名。两个单位5名编制（从县农牧局调剂1名，从县总编制调剂2名）。七是筹建县财务支付中心，尽快完成相关资料的上报。八是成立札达县人民检察院职务犯罪预防科，由检察院具体组织实施，并上报，但不得超出核定编制人员。

2005年，与机构改革结合，严格实行按照编制配人，杜绝了超编现象。按照精简机构、发挥效能的原则，成立县财务支付中心，并完成有关资料的上报。

2006年，严把机关事业单位人员“入口”关，建立和完善机构编制和人员的考核和清理机制，对新增人员加强编制审查，超编单位不得再调进和补充人员，满编单位原则上坚持先出后进，以确保机构编制和人员总量控制在规定范围内。加强对机构编制执行情况的监督检查。10月，对县直行政机构进行调整和完善，与2002年县政府机构改革相衔接，对人民团体、环境保护、林业生态、科技、商务、建设、国防、审计、财务核算等机构进行调整和完善：将原来合署设置的工青妇分别对外挂牌，3个部门只占1个机构限额；在县国土资源局加挂县环境保护局牌子，对外使用札达县环境保护局印章；组建县审计局，为县财政局管理的副科级机构；在县人民政府办公室加挂县信访办公室牌子；在县农牧局加挂县科学技术局牌子，对外可使用札达县科学技术局印章；在县发改委加挂县商务局牌子，对外可使用县商务局印章；组建县旅游局，为文化广播电影电视局管理的副科级机构；在县卫生局加挂县人口和计划生育办公室牌子，对外使用札达县人口和计划生育委员会印章；组建县建设局，为县发展和改革委员会管理的副科级机构；在县委宣传部加挂县国防动员委员会教育办公室牌子，县交通局加挂县交通战备办公室牌子，县政府办公室加挂县人民防空办公室牌子，县发展和改革委员会加挂国防经济动员办公室牌子；组建由县财政局管理的副科级事业单位县会计核算中心。全县有编制476名。其中，行政编制208名，政法编制46名，事业编制222名。

2008年，制定札达县旅游局“三定方案”；调整配置共青团札达县委员会、总工会、妇女联合会机构职能和人员编制，并上报阿里地区编制委员会审核批准。调整分配3个乡(镇)周转编制3名;增加4个乡(镇)行政编制6名；形成公安、检察院、法院等部门增设内设机构的意见。全面细致调查统计了全县行政、事业单位编制情况和各单位实有领导职数和实有编制情况。

2010年，调整完善县人事局职能：将原县人事局承担的全县县级领导干部工资审核上报工作职责，划入县委组织部；将原县人事局承担的工资福利及其他职责，划入县人力资源和社会保障局；将原县人事局承担的县党委、县人大、县政协、县法院、县检察院和县工商联、人民团体、群众团体、公务员及参照公务员法管理和科级以下干部调配工作职责，划入县委组织部；将原县人事局承担的全县政府机关公务员、参照公务员法管理单位和政府部门及所属事业单位科级以下干部的调配、全县高校毕业生就业工作职责，划入县人力资源和社会保障局；将原县人事局承担的人力资源交流中心工作职责整合，划入县人力资源和社会保障局；将原县人事局承担的专业技术人员管理、军队转业干部管理工作职责整合，划入县人力资源和社会保障局；增加党员干部现代远程教育和党员电教化职责。

五、老干部工作

1995年，札达县积极热情地接受老干部来信来访，妥善处理一些遗留问题，依规落实各项待遇。鼓励老干部积极参加政治学习，关心和支持札达县工作，出谋划策，发挥余热。

1997年，成立老干部党支部，有党员10名。札达县有老干部46名，其中农村安置19名，县城安置15名，地区外安置12名。

1999年，审批退休干部6名，工人6名，待批干部8名。为妥善安置退休人员，专门划出退休基地，在政策允许的情况下适当放宽，鼓励他们自建住房。针对部分没有经济实力建房的，根据当时实施的房改制度，在全县范围内出售部分闲置房，优先照顾老干部，价格上给予优惠。

每年元旦、春节、藏历年期间，县委、人大、政府、政协四大班子领导与县老干部局的工作人员，分头走访慰问安置在县境、阿里地区、拉萨的离、退休干部，及时了解老干部生活中存在的现实困难和问题，尽最大努力给予妥善解决，并给安置在内地的老干部寄去纪念品等。节日期间，各部门、区、乡领导，对各自部门的离、退休人员开展慰问活动。

2002 年，认真贯彻落实老干部政策，进一步加强老干部“两项待遇”（政治待遇、生活待遇）的落实工作。除加大节日慰问外，对贫困老干部、有病老干部给予更多的关心和温暖。组织老干部学习党的十六大精神，并广泛征求意见，听取意见。提高他们的生活待遇和政治待遇。10—11 月，组织填报机关事业离退休人员基本情况统计表。

2003 年，认真做好老干部的管理和服务工作，优先落实其“两项待遇”，使老同志虽退居二线仍能参与札达县各项事业建设，充分感受到党的关怀和温暖。通过重大节假日慰问走访看望制度，及时探望生活上有困难和患病的老干部，有力地保障了老干部老有所养、老有所用、老有所乐、安度晚年的社会体制的落实。

2004 年，加强老干部局正规化、科学化建设，配齐配强老干部管理干部队伍，千方百计地创造条件，做好老干部的双节慰问工作，认真抓好老干部政治待遇和生活待遇的落实。按照“政治待遇不变，生活待遇适度从优”的原则，搞好老干部党支部建设，深入老干部家中，了解老干部生活情况和存在问题，积极主动地为老干部排忧解难，切实把党对老干部的关怀和温暖送到老干部家中。

2005 年，建立老干部名册档案，确立和推行三处（拉萨、狮泉河、县城）退休点联系人制度。县委、县政府拨出 10 万元专款，购进活动室配套物品，解决了多年来老干部开展活动没有固定场所的难题。组织 18 名老同志到地区和拉萨考察学习。走访慰问老干部、老党员 35 人次，经费支出 9390 元（上级部门拨款 3000 元）。

2006 年，加强各老干部、老工人服务站和支部建设，认真抓好老干部再学习和培训工作。积极组织老干部开展丰富多彩的文体活动，有计划地组织老干部开展参观考察活动。进一步落实老干部座谈慰问制度、联络员制度和联系困难老干部等制度，受到老党员老干部的称赞。

2008年，认真落实老干部生活待遇。离退休费由财政负担，在预算中足额安排，发放由人事、劳动部门进行监督，做到了按时、足额发放；医疗费按规定报销。把全县老干部纳入医疗保险范围，享受应有的医保待遇，对发生的医疗费用，相关部门都能够按照规定及时予以报销。按照退休人员每年每人40元特需活动经费，以及退休后工资关系仍留在原单位的退休干部按每年每人150元，退休职工每年每人120元管理费（公杂费）的标准，财政纳入预算予以保障。

坚持和完善离退休干部政治待遇的各项制度，认真落实离退休干部阅读文件、听报告、参加重要会议和重大活动、向离退休干部通报情况、走访慰问离退休干部等制度；定期为老干部传送党报、党刊，县老干局定期向离退休干部通报国际国内重大事件，使离退休干部能及时了解党的路线方针政策和本县本部门的重要情况，自觉与党中央保持一致。

第三节　宣传工作

一、机构

1960年5月26日，中共札达县委组宣部成立，负责全县的组织和宣传思想工作。1965年1月，县委办公室未配备领导，其工作并入组宣部。

1969年8月，札达县成立革命委员会，县委组宣部被县革命委员会政治工作组取代。1975年10月，县委组宣部恢复成立。1979年6月，县委组宣部分设为组织部和宣传部。

1980年9月，县委组织部与宣传部合并为县委组宣部。1987年7月，阿里地区机构改革，县委组宣部又分设为组织部和宣传部。

2010年，县委宣传部机关编制4名（行政编制3名、事业编制1名），其中县级领导职数1名，科级领导职数3名。

1960—2010年中共札达县委宣传部领导任职一览表

表4－2－6

机构名称	职务	姓名	性别	民族	任职时间	备注
中共札达县委组宣部（1960.05—1967.02）	部长	张新法	男	汉	1961.04—1963.05	
		李锦	男	汉	1963.06—1964.07	
		王永富	男	汉	1964.07—1967.02	
札达县革命委员会政治工作组（1969.08—1975.10）	组长	谢勤科	男	汉	1969.08—1970.11	县革委会副主任
		李作风	男	汉	1970.11—1974.05	
	副组长	任志洪	男	汉	1971.02—1973.06	
中共札达县委组宣部（1975.10—1979.06）	部长	1975.10—1982.08　未配正职				
	副部长	魏文清	男	汉	1975.10—1979.06	
中共札达县委宣传部（1979.06—1980.09）	副部长	刘海祥	男	汉	1979.06—1980.09	未配备正职
		孙贵全	男	汉	1979.06—1980.09	
中共札达县委组宣部（1980.09—1987.07）	部长	昌菊卓玛	女	藏	1980.09—1982.08	
		白玛欧珠	男	藏	1982.08—1984.01	
		洛桑久美	男	藏	1984.10—1987.05	
	副部长	孙贵全	男	汉	1980.09—1981.07	
		1981.08—1983.10　未配备副部长				
		洛桑久美	男	藏	1983.10—1984.10	
中共札达县委宣传部（1987.07—）	部长	1987.07—1995.04　未配备正职				
		刘京府	男	汉	1993.10—1995.04	
		次仁扎西	男	藏	1995.05—1996.10	县委常委
		曾春红	女	汉	1996.10—1999.10	县委常委
		巴桑顿珠	男	藏	1999.10—2000.10	县委常委
		2000.10—2005.10　未配正职				
		边巴罗布	男	藏	2005.10—2009.07	县委常委

续表

<table>
<tr><th>机构名称</th><th>职务</th><th>姓名</th><th>性别</th><th>民族</th><th>任职时间</th><th>备注</th></tr>
<tr><td rowspan="12">中共札达县委宣传部
（1987.07—）</td><td rowspan="2">部长</td><td>庄存国</td><td>男</td><td>汉</td><td>2009.08—2010.06</td><td>县委常委</td></tr>
<tr><td>索南</td><td>男</td><td>藏</td><td>2010.07—</td><td>县委常委</td></tr>
<tr><td rowspan="10">副部长</td><td>刘京府</td><td>男</td><td>汉</td><td>1990.08—1992.11</td><td></td></tr>
<tr><td colspan="5">1993.01—1998.12 未配副职</td></tr>
<tr><td>米玛次仁</td><td>男</td><td>藏</td><td>1999.07—2002.06</td><td></td></tr>
<tr><td>舒雄</td><td>男</td><td>汉</td><td>2000.11—2002.11</td><td></td></tr>
<tr><td>杨海中</td><td>男</td><td>汉</td><td>2002.05—2002.10</td><td></td></tr>
<tr><td>加央次仁</td><td>男</td><td>藏</td><td>2002.09—2007.01</td><td></td></tr>
<tr><td>韩俊宝</td><td>男</td><td>汉</td><td>2004.06—2007.01</td><td></td></tr>
<tr><td>晋美旺久</td><td>男</td><td>藏</td><td>2007.10—2009.03</td><td></td></tr>
<tr><td>陈建新</td><td>男</td><td>汉</td><td>2009.03—</td><td></td></tr>
</table>

二、理论学习

20 世纪 60 年代，札达县党员干部的理论学习主要以学习马列主义著作和毛泽东著作为主。

1976 年，县委根据地委文件精神，制定关于认真学习毛泽东著作的计划，县直各单位、各区委均制定严格的学习计划，全县掀起学习毛泽东著作的热情。

1978 年 12 月 18 日，中共十一届三中全会后，县委召开各种会议，学习、宣传、贯彻三中全会精神，要求党员干部要以十一届三中全会精神武装头脑，在改革开放的大潮中建功立业。

1987 年 1 月，县委对县直机关干部、职工集中进行“法学基础理论”“刑法”“民法通则”“治安管理处罚条例”等法律的辅导学习，为督促学习和检查学习情况，对县直机关干部进行两次抽查测验。

20 世纪 90 年代，中共札达县委理论学习中心组成立，组长由县委书记兼任，中心组成员由副县级以上领导组成。县委理论学习中心组主要任务是带头学习马列主义、毛泽东思想、邓小平理论以及中央、自治区、阿里地区重大方针政策，讨论研究札达县社会发展等重大问题，并明确学习时间，制定严密的学习计划。县委理论学习中心组的具体工作由县委宣传部负责。先后在全县党员和干部群众中开展学习《邓小平文选》《邓小平南方讲话》、邓小平建设中国特色社会主义理论、江泽民在中华人民共和国成立50周年庆祝大会上的讲话等，牢固树立建设中国特色社会主义的信心。

1994年，县委理论学习中心组在县机关着重抓《邓小平文选》三卷及中国特色社会主义理论的学习。传达学习全国、自治区两级宣传工作会议，阿里地区党建工作会议，中央第三次西藏工作座谈会，区党委四届六次全委扩大会议，中央十四届四中全会等重要会议精神。

1996年，围绕札达县中心工作，学习十四届六中全会决议和自治区党委五届二次会议精神，正确引导和教育广大干部群众，把思想行动统一到党的基本路线上来。

1997年，下发《县委宣传部，县理论与业务培训协调委员会关于近期举办理论与业务培训班的安排意见的通知》，7月18日，理论与业务培训班正式开学，培训内容包括公务员培训、寺庙爱国主义教育整顿培训、“三五”普法培训、人大、政协换届有关常识培训，培训对象为县直机关全体干部职工，培训时间为7月18日至8月18日，采用上午处理机关业务，下午参加集中培训的方式进行。考试结果张榜公布，并与年终单位考评和年度个人考核挂钩，使本次培训工作不走形式，达到预期目的。

1998年，县委宣传部协同组织部、县直机关党总支在县直机关干部职工中举办公务员知识和邓小平理论讲座，参学人员达200人次。为配合十五大的学习，向县级干部和县直各支部、各区发放《十五大报告辅导读本》《中国共产党十五次全国代表大会文件汇编》和藏文《半月读》等资料共200余册。11月中旬，制定《中共札达县委宣传部关于开展全县解放思想大讨论活动的安排意见》，县委下发批转此安排意见的通知，该《通知》就今冬明春开展的解放思想大讨论活动作出具体安排部署，以思想的大解放促进改革的大突破，推动经济和社会事业的大发展。

2001年，中央决定在全国农村开展“三个代表”重要思想学习教育活动，中央召开第四次西藏工作座谈会及十五届六中全会，自治区召开第六次党代会后，札达县委组织广大干部自觉学习“三个代表”重要思想，深刻理解“三个代表”重要思想的科学内涵，深入学习江泽民“七一”重要讲话，并交流学习体会，提高自身的理论水平，为全面宣传好“三个代表”和“七一”重要讲话打下了良好的理论基础。

2002年，县委宣传部传达贯彻全国、全区宣传部长会议精神，在全县干部职工中传达和学习江泽民总书记“七一”讲话和“5·31”讲话，学习“三个代表”重要思想，学习中共十五届六中全会、区党委六届三次全委（扩大）会议、地委（扩大）会议、地区经济工作会议精神，在全县干部中树立良好的政治思想基础。

2003年，开展兴起学习贯彻“三个代表”重要思想新高潮的活动，进一步把学习宣传贯彻十六大精神引向深入，巩固学习成果。狠抓干部转变作风深化年活动，开展“解放思想、更新观念”学习讨论活动，制定工作措施，明确工作责任，安排动员大会，总结阶段工作，提高广大干部、群众的思想素质。实行登记考核制，保证每周二、周四学习时间取得实效。开展“四观”“两论”教育活动，增强干部职工的政治鉴别能力。放映科普教育片，积极引导广大农牧民群众与达赖集团划清界限，破除封建迷信，依靠科学生产、生活。

2004年，根据自治区、地委宣传部的要求，县委宣传部制定出台《中共札达县委宣传部关于2004年县委理论中心学习组学习活动的安排意见》，组织县级干部认真学习党的各项方针、政策，学习中共十六大、十六届三中、四中全会精神，自治区六届五次、六次全委扩大会议精神，县级干部学习参与率达90%以上。要求每位县级干部认真做笔记、写出心得体会，每半年进行一次检查。在每周二、五下午各支部学习时间，县级干部都能深入到所在支部，带头进行学习讨论，促进了广大党员干部学习理论的积极性。

2005年，县委宣传部组织干部职工学习贯彻三级宣传工作会议和县委、政府有关文件精神，利用每周四、五下午学习时间，组织全县干部职工认真学习“三个代表”重要思想、科学发展观等有关内容，认真落实区党委及地委进一步加强宣传思想工作的各项要求。上半年全体干部职工集中学习

24 次，学习人数 2400 人次。狠抓县委理论中心学习组的学习工作，起到模范带头作用。按照《札达县委理论中心学习组学习制度》要求，组织县级干部认真学习党的各项路线、方针、政策，学习十六大、十六届四中全会和区党委六届六次全委（扩大）会议精神等，县级干部学习参与率达 90% 以上。每周五下午各支部学习时间，县级干部深入到各支部带头进行认真学习讨论，引导每位党员认真学习，县委理论中心学习组成员做到学在前、用在前、持久学、深入学。至 11 月 20 日，县委理论中心组成员撰写理论文章 34 篇（其中学习心得体会文章 23 篇）、学习笔记达 30 万字。

2006 年，县委理论学习中心组不断创新理论学习形式，强化学习实效。以中共十六届五中全会、全国两会、区党委六届七次全委会议、中央政治局专题研究新世纪新阶段西藏工作会议等为重点内容，制定《县委理论学习中心组 2006 年度理论学习计划》，合理安排学习内容，进一步完善县委理论学习中心组学习制度，改进学习的组织形式和学习方法，采取集中学习、个人自学、撰写研讨文章、举办专题讲座、交流理论学习心得、集中收看专题片等形式，提高理论学习效果。在确保学习时间、人员、内容三落实的基础上，县委理论学习组成员理论水平有了进一步提高。

2007 年，县委理论学习中心组制定《县委理论学习中心组理论学习计划》。采取集体学习与自学相结合，重点学习胡锦涛总书记在参加十届全国人大五次会议西藏代表团审议时的讲话、社会主义核心价值体系，《中共西藏自治区委员会关于建设和谐西藏若干问题的决定》，中共西藏自治区委员会书记张庆黎在区党委七届二次全委会议上的讲话精神。县委理论学习中心组成员集中学习 12 次，根据札达县实际情况专题探讨研究经济、社会、三农等问题，撰写理论学习体会 14 篇。狠抓了干部职工理论教育和学习、青年学生的理论武装工作。

2008 年，县委理论学习中心组将思想集中统一到全国“两会”精神上，围绕十一届全国人大一次会议、全国政协十一届一次会议等内容，制定《县委理论中心组 2008 年度理论学习计划》，合理安排学习内容，完善县委理论中心组学习制度，采取多种学习方式，创新学习方法，使县委理论学习组成员将思想集中统一到中央、区党委的决策部署上来。

2009年，围绕十一届全国人大二次会议、全国政协十一届二次会议、西藏自治区九届人大二次会议等内容，县委理论学习中心组制定《县委理论学习中心组学习计划》，合理安排内容，创新学习方式，在集中学习时采取交流研讨、集中观看影片等方式，使学习效果进一步提高。

2010年3月9日，县委理论中心组召开学习会，深入学习中央第五次西藏工作座谈会精神，并结合札达实际进行贯彻落实意见交流。进一步完善县委理论学习中心组学习制度，形成以县级领导干部学习为龙头，以县委理论学习中心组为示范，带动全县党员干部学习理论的积极性。重点学习党的十七届四中全会、中央第五次西藏工作座谈会和区党委工作会议精神。采取集体学习与自学相结合，把学习理论与学习中央、自治区、地委、县委精神和贯彻重大决策结合起来，与学习各种新知识结合起来，进一步提高札达县各级党员干部的整体素质。

三、宣传教育

20世纪50年代初、中期，县委宣传内容以反帝爱国为主，重点宣传《中央人民政府和西藏地方政府关于和平解放西藏办法的协议》（即《十七条协议》）、党的民族宗教政策、科学卫生知识等。1957年，中共阿里分工委和札达宗办事处党委在广大人民群众、上层人士和寺庙僧人中开展爱国主义教育。1960年5月，县委派工作队到各区进行社会调查，召开会议，积极组织学习党和国家的有关方针、政策。11月，县委开展以党的建设、社会主义建设及民族政策等为主要内容的宣传教育工作。

1960年底至1962年底，县委在全县范围内着重宣传中共西藏工委制定的《关于农村中若干具体政策的规定》（简称农村二十六条）、《关于当前牧区若干具体政策的规定》（简称三十条）、《关于目前边境工作的指示》（简称边境十条）以及有关寺庙工作政策等内容，收到良好效果。

1976年，县委在全县范围内开展揭批林彪、“四人帮”运动，全县宣传工作逐步得到恢复。1978年12月18日，中共十一届三中全会后，县委召开各种会议，学习、宣传、贯彻三中全会精神，组织宣讲组、文艺宣传队、读报组，举办政治夜校、开设专栏，开展“实践是检验真理的唯一标准”

的学习、讨论。组织干部群众学习《关于建国以来党的若干历史问题的决议》《关于党内政治生活若干准则》，学习中央对西藏工作的指示精神，西藏自治区人民政府的布告、落实生产责任制，法制教育等内容，使全县宣传工作逐步走向正规化。

1980 年，中央第一次西藏工作座谈会召开后，札达县委在全县范围内广泛开展“两个长期不变”（土地归户使用，自主经营，长期不变；牲畜归户饲养，私有私养，自主经营，长期不变）政策宣传工作，提高了广大农牧民生产的积极性。

1982 年，全县开展“文明礼貌月”活动，广泛宣传“五讲四美三热爱”（讲文明、讲礼貌、讲卫生、讲秩序、讲道德，心灵美、语言美、行为美、环境美，热爱祖国、热爱社会主义、热爱中国共产党）。开展以优良秩序、优美环境、优质服务、学先进为主要内容的“三优一学”活动。同年 9 月，中共十二大召开之后，在全县主要宣传社会主义初级阶段理论和党在社会主义初级阶段的基本路线，宣传新时期总任务和新宪法，宣传治理整顿、深化改革、反对资产阶级自由化等，使社会主义初级阶段理论深入人心。

1984 年，中央第二次西藏工作座谈会召开后，宣传部门组织广大爱国上层人士到农牧区宣传党和国家的政策法令，调查了解政策落实情况和农牧区群众生产生活情况，请他们向县委献计献策，提出意见和建议，为札达县社会局势稳定和经济建设贡献力量。

1987 年，全县各级党组织重视提高广大人民的思想道德和科学文化素质，把“爱祖国、爱劳动、爱科学、爱社会主义”作为行动准则，重点培养有理想、有道德、有文化、有纪律的“四有”新人。加强思想道德教育，突出弘扬爱国主义精神，坚定社会主义信念、马列主义信仰，广泛开展学先进、比奉献、实践雷锋精神等精神文明建设活动。

1989 年，县委开展以治理整顿、深化改革为内容的形势政策教育，引导人们正确认识十年改革取得的成绩和存在的困难。同时，广泛开展党的基本路线教育，宣传中共十三届四中、五中全会精神，并结合国际、国内形势进行形势教育和反对“和平演变”、反对达赖集团分裂破坏活动的教育，从而达到稳定大局、稳定人心的效果。

1989 年后，县委大力宣传“坚持四项基本原则、反对资产阶级自由化”，把反对动乱、维护安定团结作为头等大事来抓，教育干部群众时刻与党中央保持一致，坚守岗位，做好工作，为维护社会安定作贡献。

1992 年底，县委制定《关于在全县农牧区开展社会主义思想教育的安排意见》，明确社会主义教育的指导思想、工作任务和目的，确定社会主义思想教育的方针、政策和对象。

1993 年，县委宣传部在全县农牧区、广大党员干部中开展“四大”教育，即维护祖国统一、增强民族团结、反对分裂的爱国主义教育，党的基本路线和党对西藏各项方针政策的教育，党的基本知识和远大理想教育，党的民族宗教政策和社会主义法制教育。及时完整地向广大干部群众传达党的十四大和区党委四届四次会议精神。抽出 1 名干部下乡两个月，配合县人大完成普法宣传、县乡换届选举任务，同时调查了解农牧民思想动态，并针对性地开展宣传工作。开展毛泽东同志 100 周年诞辰纪念活动。

1994 年，按照县委、县政府统一部署，县委宣传部深入农牧区、开放口岸第一线开展工作，宣传党的路线、方针、政策，倾听群众呼声，了解边境情况。利用中宣部配发的“五机”和百部爱国主义教育影视片，在机关、学校、农牧区开展爱国主义教育。7 月，中央第三次西藏工作座谈会召开后，根据座谈会精神和阿里地委的要求，札达县委在全县机关干部、广大农牧民群众中掀起学习中央第三次西藏工作座谈会精神的热潮。11 月 24 日，中共阿里地委书记孔繁森在新疆考察途中不幸殉职。中共中央、国务院授予孔繁森“领导干部的楷模”荣誉称号，发出“向孔繁森同志学习”的号召。随后，札达县掀起学习、宣传孔繁森精神的热潮。

1996 年，县委宣传部着眼于基层，到生产第一线宣传邓小平同志建设中国特色社会主义理论，学习社会主义市场经济知识和党的方针政策，鼓舞农牧民群众脱贫奔小康。

1997 年 10 月，根据阿里地委宣传部印发的《关于学习、宣传、贯彻中共十五大和自治区党委五届三次全委扩大会议精神的通知》精神，札达县委宣传部制定措施，强化举措，深入宣传十五大精神，把全县干部群众的思想统一到十五大和自治区党委五届三次全委扩大会议的精神上来，把全县的力量和智慧凝聚到各项工作任务上来。根据自治区、地区《关于开展法治宣传教育的第三个五年规划》，结合札达实际，制定《札达县三五普法规划》，并重新调整充实县普法领导小组成员，定期举办以《民法》《刑法》《刑事诉讼法》《行政诉讼法》为重点的普法培训班。同时，将培训重点打印成藏汉文，在秋收期间下发各区、乡、村进行宣传学习，使全县干部职工、农牧民群众做到学法、知法、守法、依法维护自身的合法权益。另外，在“七一”和党的十五大召开期间，组织县直机关干部职工收看香港回归、党的十五大实况转播，并以《香港回归宣传提纲》为重点进行广泛爱国主义教育。

1998 年至 1999 年底，在全县范围内深入开展揭批达赖集团分裂行径、坚决抵制“法轮功”宣传活动，教育干部群众认清达赖集团政治上的反动性、宗教上的虚伪性和“法轮功”邪教的本质，并下发文件要求广大共产党员和各级干部不准信仰宗教、不准修炼“法轮功”邪教，提高对虚伪科学的认识，坚定立场信念、政治观念和政治方向，提高政治敏锐性和政治鉴别力。

1999 年 1 月，根据中共阿里地委宣传部发出的《关于认真组织学习〈江泽民同志在纪念党的十一届三中全会召开 20 周年大会上的讲话〉的通知》精神，札达县委要求各级干部认真学习，并组织召开四大班子领导和离退休老干部座谈会，正确认识党的十一届三中全会在改革开放时期重要的里程碑作用。6 月 15 日，阿里文物抢修工程竣工大会在札达县举行。大会还邀请了两个正在札达旅游的国外团队参加大会，通过介绍情况、安排观看札达传统舞蹈“宣”舞、参观文物抢修工程等形式，向国外游客宣传和展示中国政府在重视、保护民族历史文化遗产方面所做的努力和取得的成效。

2000 年 6 月，根据自治区党委提出的在全区党员干部中开展马克思主义“四观”教育和阿里地委的要求，县委宣传部制定下发《关于在全县干部职工中开展“四观”教育活动安排意见》，在全县范围内开展马克思主义祖国观、民族观、宗教观、文化观教育，明确学习教育的目的、意义，对方法步骤及时间做出具体安排部署。

2001 年，县委宣传部“三个代表”的宣传，出黑板报 10 期，进行“三个代表”专题学习十余场次，使“三个代表”重要思想的宣传面达到100%。在农牧民群众中广泛开展“四观”“两论”教育，用马克思辩证唯物主义观点，教育农牧民群众认清宗教的本质，认清达赖分裂集团利用宗教进行破坏活动是祸藏乱教的行为，同时宣传党的宗教政策，使广大群众自觉与达赖分裂集团划清界限，投入到反分裂斗争中，为农牧区社会政治稳定打下了良好的基础。

2002年，根据自治区党委和阿里地委要求，县人大、政协“两会”期间，在全县干部职工、人大代表、政协委员中，在驻军各部队和中小学，积极开展“崇尚科学，反对邪教”图片展览活动，并将重要内容翻译成藏语，抽调文化素质较高的人员作讲解员，揭露“法轮功”的真实面目。观看人数达2000余人，取得了一定效果。

2003年“非典”疫情发生后，县委宣传部组成宣传组，收集防治“非典”宣传资料，及时翻译成藏文，分发到各乡镇、村和个体工商户手中，协助相关部门检查餐饮、娱乐场所的卫生防疫工作，对检查不合格的单位及时予以公布，并组织观看“非典型肺炎”防治工作的新闻报道转播、转载和图片展览，做到了早宣传、早预防，打赢预防“非典”的人民战争。

2004年，县委宣传部和政法委联合制定出台《2004年札达县法治宣传实施意见》，并成立相应的法治宣传队，利用3月法治宣传月活动和藏历元月十五灯会期间，在县城内开展法治宣传活动，共发放宣传单500余份，社区法律丛书100余本，张贴全国法治宣传画120余张，受教育群众达1000余人次。县委宣传部牵头，政法委、人大等部门配合，在全县干部职工、驻军部队、中小学生以及个体工商户中开展《中华人民共和国宪法修正案》学习讲座4次，参加人数达600余人次，取得了良好效果。11月，县委宣传部和政法委、法院、检察院、公安局在县城联合开展“四法”（《道路安全法》《安全生产法》《野生动物保护法》《消防法》）宣传活动，张贴宣传标语90余份，发放宣传材料1200余份，受教育群众达600余人次。

2005年，县委宣传部利用“四五”普法工作总结验收年之际，加大法治宣传力度，认真总结“四五”普法宣传工作的经验和不足。为了进一步把党对农牧区的好政策及时传达到广大农牧民群众中，结合先进性教育活动，在农牧民群众中开展“谋跨越、奔小康”主题教育活动和“解放思想、更新观念、与时俱进、加快发展”学习讨论活动，学习宣传贯彻“三个代表”重要思想，宣传党的“兴边富民”政策，宣传札达县委六届六次全委（扩大）会议精神，真正使农牧民群众对党的农牧区政策了解、吃透。积极配合县委先进性教育活动办公室，做好先进性教育活动的宣传工作，宣传党的十六届四中全会《决定》和胡锦涛等中央领导关于党的先进性教育活动重要讲话精神，通过电视新闻、简报、黑板报、学习园地等多种宣传形式，反映各级、各部门在先进性教育活动中的好经验和做法，充分反映活动中涌现出的先进典型。至11月20日，报道先进性教育活动电视新闻42次，办简报302期、学习园地5期。

2006年，县委宣传部组织建党85周年、西藏和平解放55周年、青藏铁路通车等庆祝活动。组织各单位、驻军部队悬挂横幅137条，张贴各种宣传标语。利用各种宣传手段，宣传札达县“十五”期间取得的巨大成就。报道各单位、各部门实施“十一五”规划的新思路、新举措、新成效，宣传广大干部群众积极投身农牧民安居工程建设、支持农牧区发展、帮助农牧民增收、促进农牧业增产的各种先进典型经验，发挥示范带动作用，努力在全县营造“聚精会神搞建设、一心一意谋发展”的浓厚氛围。

2007年，狠抓理论进基层，采取农牧民群众喜闻乐见的形式，以“三下乡”活动为契机，深入到农牧民群众中，送理论、送政策、送法律。3月底至5月初，组织相关单位人员深入到五乡一镇，结合党的执政能力建设、构建和谐札达、建设社会主义新农村、农牧民安居工程、巩固共产党员先进性教育活动成果、形势政策教育、科学发展观、社会主义荣辱观、马克思主义“四观”“两论”等内容的宣传教育，深入基层，分专题、有重点地进行宣讲，把党的方针政策、惠民政策及时宣传到当地农牧民群众中，为农牧民发放各类宣传资料2500余份，发放磁带、VCD光盘2400碟，确保基层群众和干部真学、真信、真懂、真用。9月16日，配合县综治委开展平安西藏建设宣传活动，以平安西藏建设为主体，重点宣传中央及区党委、政府关于平安西藏建设的一系列重大决策部署，宣传建设平安西藏的重大意义、指导思想、目标任务和工作措施。10月31日至11月11日，札达县委按照自治区党委关于在全区开展“万名干部下基层”宣讲党的十七大精神和加强基层基础建设活动的安排部署及阿里地委的有关要求，县委派副县级以上领导干部8名，组成6个乡镇宣讲组，县委书记、县长分别负责一个乡镇的宣讲及调研任务；下派科级干部27名，组成15个驻村工作组，乡镇党委书记、乡镇长分别负责辖区内的一个村；下派一般干部86名，进村入户宣讲党的十七大精神和加强基层基础工作，受教育群众达5600余人次，使党的十七大精神深入人心。调研活动中，在促进发展上理思路，提出符合当地的发展思路6条；在谋划落实上定措施，制定措施17条。调解基层矛盾4件，化解农牧民利益纠纷3起。

2010年，札达县委借助阿里电视台、《阿里报》《西藏日报》等各级各类媒体，大力宣传札达县各级党组织紧密联系工作实际、党的建设实际、干部群众思想实际和贯彻落实党的十七大精神、中央第五次西藏工作座谈会精神和区党委工作会议精神的新思路、新举措，以及取得的新进展、新成效。

四、内外宣传

1997年，县委宣传部从县直机关先后抽调185名干部，深入农牧区宣讲党的方针政策，农牧区宣传教育面达95%。

1998年，县委宣传部出版《古格风》4期，内容包括诗歌、散文、札达新闻等。1999年，出《札达通讯》12期。每月为各乡村下发藏文《致富之友》《半月谈》60册。接待《东方时空》特别节目、西藏电视台《七色风》栏目摄制组等7名记者。

2001年，县委宣传部出版《札达通讯》7期，出黑板报22期，利用下乡时间，召集农牧民群众进行各种宣传12场（次），受教育群众达3000余人次。

2002年，县委宣传部出版《札达通讯》12期，出黑板报24期，利用下乡时间召集农牧民群众进行各种宣传18场（次）、受教群众3500余人次。

2003年，利用“五下乡”活动之机，县委宣传部向边境乡、村外来人员宣传党的方针政策和札达县建设成就，扩大宣传面，提高札达县的知名度。接待区内外采访团2批，向其提供2001年之后札达经济发展和社会稳定方面的素材及第三批援藏干部（2001年6月入藏）所取得的工作成绩素材50份。

2004年，札达县参加阿里地区举办的首届象雄文化艺术节活动，举办札达图片展、制作《象雄遗韵》光盘、发放札达画册、表演具有札达特色的文艺节目等形式，宣传札达县自然风貌、人文景观、民风民俗和经济社会发展。加大对外宣传力度，在西藏百乡行记者到札达县采访时，大力推荐先进典型人物，全面介绍典型人物的先进事迹，进一步提高札达的知名度。

2005年，县委宣传部与县文化局联合举办反映札达经济发展、农牧民增收、援藏工作的大型图片展和西藏自治区成立40年来札达各项事业发展成就图片展。

2007年，县委宣传部坚持“请进来、走出去”的外宣战略思想，利用夏天来札务工人员、旅游人员、探亲藏胞较多的时机，在他们中间积极有效地开展对外宣传，并在县政府院内举办“札达县社会主义新农村建设实现开门红”“喜迎十七大展示新成绩”大型图片展，张贴图片62张，每张图片附解说词。

2008年，县委宣传部结合实际，大力宣传改革开放以来取得的成就，揭露十四世达赖集团企图分裂祖国的险恶用心，用史料等内容进行对比，引导群众坚定政治信念，有针对性地开展宣讲，确保全县社会政治稳定和人民群众生产生活正常。

2009年，县委宣传部围绕反分裂、反渗透、维护稳定等主要内容，开展宣传，使党员干部群众更加深刻领会党中央关于十四世达赖分裂集团斗争的方针政策，准确把握区党委关于维护社会稳定工作的部署要求。同时在反分裂斗争这一重大原则问题上，与党中央和区党委保持高度一致，旗帜鲜明、立场坚定、认识统一、态度坚决、步调一致，坚决与十四世达赖分裂集团斗争到底，努力实现全县社会局势持续稳定、长期稳定、全面稳定。出版《土林赋》5期，内容包括经济、社会发展、散文、诗歌等。

2010年，结合札达县的形势和特点，用经济、社会发展取得的成就，揭批达赖集团及西方反华势力的阴谋，彻底揭露达赖集团妄图分裂祖国的丑恶本质和伪善面目。积极在寺庙开展法治宣传教育活动。有针对性地开展对外宣传活动，确保全县社会政治稳定和人民群众安居乐业。

五、新闻报道

20 世纪，由于客观条件所限，札达县新闻报道工作是宣传工作薄弱环节。

1994 年，县委宣传部有 20 余篇稿件被西藏人民广播电台采用，采用率在 90% 以上；10 篇被《西藏日报》采用，采用率在 50%；为《阿里报》提供稿件 25 篇。

1996 年，县委宣传部向自治区广电厅、《西藏日报》报送稿件 30 余篇，向《阿里报》报送稿件 17 篇。

1997 年 4 月初，成立县委通讯报道组。4 月、10 月分别召开通讯员工作会议，听取汇报，安排部署工作任务。向西藏广播电台、西藏日报社和《阿里报》投稿 44 篇。围绕 11 月初召开的札达县八届人大一次会议，政协四届一次会议，县委五届四次全委（扩大）会议，“双先”表彰大会开展通讯报道工作，出简报 12 期，专人采访 4 人次。新开办《宣传信息》栏目，并利用此栏目和黑板报，宣传在两个文明建设中涌现出的好人好事、香港回归、党的十五大会议精神。出《宣传信息》10 期，黑板报 12 期。

1998 年，全体通讯员向西藏广播电视台、《西藏日报》和《阿里报》投稿 10 篇。根据形势需要，县委宣传部于 12 月初召开通讯工作会议，总结 1998 年通讯工作，安排部署 1999 年通讯报道工作，并对县委通讯报道组进行调整充实。通讯报道组围绕精神文明建设“讲文明、树新风”活动宣传涌现出的好人好事，以增强广大干部职工的精神文明建设意识和爱国主义热情，编发《宣传信息》12 期。

1999 年，县委通讯报道组成员向西藏广播电视台、西藏日报社和《阿里报》投稿 40 篇。

进入新世纪，札达县委采取有效措施，使新闻报道工作有了长足发展。

2001 年，共向《西藏日报》《阿里报》投稿 20 余篇，其中《西藏日报》刊登 1 篇，《阿里报》刊登 10 篇。

2002 年，札达县开展“千名干部进牧区、理思路、促发展”活动，县委宣传部牵头下发《关于做好〈千名干部进牧区、理思路、促发展〉活动宣传报道的通知》，对活动开展情况进行连续报道，共编发有关《宣传信息》36 册。向《西藏日报》《阿里报》投稿 24 篇，其中《西藏日报》刊登 3 篇，《阿里报》刊登 8 篇。

2003 年，县委宣传部先后两次调整通讯报道员，进一步充实通讯员队伍，召开 4 次通讯报道员会议，制定出台《札达县通讯报道工作的实施细则》，明确了工作任务，确立了奖惩制度，调动了通讯报道员的工作积极性，提高了工作效率。收到通讯报道 147 篇，编发《札达通讯》59 期，《阿里报》采用 16 篇，《西藏日报》采用 6 篇，出“解放思想、更新观念”学习讨论简报 45 期，办黑板报 30 期、图片展 5 次。

2004 年，根据工作需要，为各乡镇配备宣传干事，壮大通讯员队伍。在札达县委六届六次全委（扩大）会议期间，专门成立会议宣传报道组，编发会议简报 24 期。4 月，制定出台《中共札达县委宣传部关于在全县新闻战线深入开展“三项教育活动”的意见》。6 月，组织县直各单位通讯报道员及各乡镇宣传干事，召开调度动员大会，明确了工作任务。至 11 月 10 日，收到通讯报道 199 篇，编发《札达通讯》101 期、《札达信息》61 期，《阿里报》采用 29 篇，《西藏日报》采用 11 篇，办黑板报 40 期。

2005 年，在札达县委六届七次全委（扩大）会议期间，专门成立会议宣传报道组，编发会议简报 20 期。至 11 月 20 日，收到通讯报道 130 篇，出《札达通讯》122 期，《阿里报》采用 34 篇，《西藏日报》采用 7 篇，《人民日报》采用 1 篇，办黑板报 32 期。

2006 年，新闻报道数量质量进一步提高。县委宣传部组织开展建党 85 周年、西藏和平解放 55 周年、青藏铁路通车等重大庆祝活动的宣传报道。收到通讯报道 197 篇，编发《札达通讯》79 期、《札达信息》131 期，办黑板报 17 期，图片展 4 次。

2007 年，新闻报道形式多样，新媒体作用开始显现。在第四批、第五批援藏干部轮换之际，县委宣传部制作一部反映援藏工作成绩的电视专题片，片长 40 多分钟，宣传效果明显。在党的十七大召开之际，札达县电视台制作反映札达各行业发展的系列报道节目5集，计40多分钟，较好地宣传了札达的新气象、新变化、新发展。札达县电视台通过《札达新闻》，拍摄播放一般事件性电视新闻126条，计4.5万字，总片长达380分钟；制作4部专题片，总片长达98分钟，全县上下反映强烈，受到广大群众的广泛好评。积极将反映札达县生产生活新风采、新风尚的电视新闻报道上报地区电视台，播出率达95%，扩大了札达县的知名度和影响力。

2008年，县委宣传部共报道各类新闻144条，向阿里电视台报送新闻130余条，采纳120多条，采纳率达90%以上，西藏电视台采纳3条。为纪念改革开放30周年，县委宣传部围绕主旋律，共制作完成反映札达县改革开放30年来，在经济、社会、民生、教育、通信、卫生、文化、民族团结等方面取得辉煌成就，完成改革开放30年系列报道7集，每集时长15分左右。

2009年，县委宣传部共报道各类新闻141条，向阿里电视台报送新闻130余条，采纳110多条，采纳率达90%以上，西藏电视台采纳4条。各单位共向阿里地委办公室、行署办公室、地委宣传部、地区各类主题活动办公室报送动态类信息750条、综合调研类信息20余篇。

2010年，县委宣传部共报道各类新闻81条，向阿里电视台报送新闻81条，采纳60多条，采纳率达70%以上。

六、精神文明建设

1999年，县委调整充实札达县精神文明建设委员会及其办事机构。县委书记任主任，县委副书记、县长达尔布任第一副主任，县委副书记冯满任常务副主任，县委副书记、纪委书记次仁扎西，县委常委、组织部部长南木色，县委常委、宣传部部长曾春红，县委常委、人武部政委杨明春，副县长次仁巴任副主任。办公室设在县委宣传部。

（一）思想道德建设

2002年，札达县在全县干部中宣传学习《公民道德建设实施纲要》，贯彻落实自治区党委和阿里地委《关于贯彻落实〈公民道德建设实施纲要〉的意见》精神，加强社会公德、职业道德、家庭美德教育。5月，在全县干部职工中举办《公民道德建设实施纲要》知识竞赛活动，参赛人员达 150 人次，对优胜者进行表彰奖励。6 月，专门下乡组织乡村干部职工和农牧民认真学习《公民道德建设实施纲要》。

2003—2004 年，县委宣传部开展“民族团结月”“公民道德建设宣传日”活动，以张贴宣传标语、分发宣传单、举办座谈会等多种形式宣传民族团结和公民道德建设的重大意义。

2005 年，落实自治区党委《关于加强未成年人思想道德建设工作的实施意见》，把未成年人思想道德建设工作提高到一个新水平。

2006—2007 年，在广大干部群众、青少年学生中广泛开展“社会主义荣辱观”教育和青少年思想道德教育、公民道德教育。2007 年，完成全国道德模范申报工作。

2008 年，围绕中央文明办秘书组组织中国文明网开展的“我推荐，我评议身边好人”专题活动，县委宣传部发动广大干部群众，推举好人，在日常生活中发现好事，并对好人好事进行广泛宣传，推动全社会形成学习、关爱、崇尚、争当道德模范的良好风尚。

2009 年，县委宣传部根据自治区文明办《关于评选推荐第二届全国道德模范的通知》，对评选推荐活动进行安排部署。

2010 年，全县开展未成年人思想道德建设工作，引导广大未成年人从小树立良好的道德品质和良好的行为习惯，真正把社会主义核心价值观融入未成年人思想道德建设的各个方面。

（二）精神文明创建

县委宣传部坚持破立结合，以和谐文化建设为重点，以文明创建活动为载体，深入开展群众性精神文明创建活动，对群众进行思想教育，提高公民素质。

1996 年，县委宣传部在全县干部职工中进行《贯彻六中全会决议 推进精神文明建设》辅导讲座，播放录像。制定出台《1996—2000 年札达县社会主义精神文明建设规划》。

1997 年，县委宣传部根据《1996—2000 年札达县社会主义精神文明建设规划》总体要求，制定《1997 年精神文明建设工作要点》。利用“植树节”“双拥模范月”等时节，开展植树、栽花、种草等以绿化、美化、净化为内容的“三化”文明大院竞赛活动，并在7月中旬组织军地“绿化、美化、净化”文明大院联查评比活动，军地文明大院第一名由县精神文明建设委员会授予“竞赛流动红旗”。确定文明乡村、文明行业试点单位，制定《文明札达人行为规范》①。

2001年，县委宣传部深入开展以“讲文明、树新风”为主题，以创建文明城镇、文明乡村、文明行业为重点的多种形式的群众性精神文明创建活动。经过调查研究，制定创建文明城镇、文明乡村、文明行业评选细则，充分发挥城镇在两个文明建设中的综合功能，以评选文明村、星级文明户、五好家庭为基础，以提高农牧民群众的爱国意识、文化意识、移风易俗、普及科学为主要内容，大力推进农牧区两个文明创建，突出抓好“窗口”行业和执法部门，广泛开展“三优一满意”活动，推广行业规范化建设经验。

2003年，根据自治区文明办和阿里地委宣传部的要求，县委宣传部结合实际，积极开展“三大创建”（创建文明城镇、创建文明乡村、创建文明行业）、“四进社区”（科学进社区、文化进社区、法律进社区、卫生进社区）活动，并同“改陋习，树新风，讲文明、讲卫生、讲科学”活动相结合，制定出台《深入开展创建文明行业的若干意见》《一改、一树、三讲、三创、四进活动的实施意见》，使群众性精神文明创建活动走进村、组，走进社区，走进家庭。在具体工作中，提出“五好家庭”“星级文明户”“科技明白人”“文明行业”等评比条件和标准。札达县和托林镇札布让组被自治区文明办授予“精神文明创建文明乡、村示范点”。

2004年，县委宣传部检查指导“一改一树，三讲三创，四进社区”的贯彻落实情况，派出2名工作人员先后两次进驻托林居委会进行宣传、检

---

① 1. 热爱祖国，建设札达，反对分裂，维护统一；2. 精通业务，崇尚科学，科教兴县，发展经济；3. 学好文化，提高素质，尊师重教，振兴教育；4. 遵纪守法，见义勇为，禁赌酗酒，清除陋习；5. 拥军爱民，助残济困，团结协作，弘扬正气；6. 爱护公物，保护文物，热爱劳动，关心集体；7. 绿化家乡，美化县容，讲究卫生，热心公益；8. 尊老爱幼，男女平等，夫妻和睦，团结邻里；9. 移风易俗，文明向上，优生优育，强身健体；10. 爱岗敬业，礼貌待人，热心服务，自强不息。

查。“三大节日”期间，联合文化局，组织“三大节日”文艺演出，丰富了县城干部职工、农牧民群众、驻军官兵的文化生活。积极评选文明户、文明单位、文明乡村活动，把那些致富带头、邻里和睦、团结友善、维护祖国统一、民族团结的典型单位、乡村、户，向上级单位推荐。

2005 年，县委宣传部认真贯彻中央关于“三农”工作的总体部署和自治区、地区农牧区工作会议精神，按照“三贴近”（贴近生活、贴近实际、贴近群众）的要求，切实加强和改进了农牧区精神文明建设，更好地服务农牧业、服务农牧区、服务农牧民，深入开展群众文明创建活动，积极创新活动方式、方法和载体，扩大覆盖面，提高质量。2006 年，评选文明户 18 户、文明单位 2 个。

2007 年，县委宣传部围绕“生产发展、生活宽裕、乡风文明、村容整洁、管理民主”的总体目标，结合自治区、地区宣传思想工作会议精神，以治理县城“脏、乱、差”为重点，在街道两旁垃圾点放置垃圾箱 10 个。5 月 31 日晚，以札达县广电中心和图书馆剪彩仪式和“六一”儿童节为契机，在县广电中心大厅，与县妇联、教体局等部门联合举办“共享成长快乐，共建和谐札达”文艺演出，并邀请托林居委会农牧民群众表演当地民间舞蹈“果谐”，丰富了广大干部群众的精神文化生活。活动期间，为 25 名特困家庭儿童发放生活用品。

2008 年，开展“迎奥运、讲文明、树新风”活动，集中收看奥运会开幕式，提高对奥运精神的认识，进一步推动全县精神文明创建。

2009 年，开展“群众性爱国主义教育”宣传，将爱国主义思想深入党员干部、农牧民群众的思想深处，教育和引导札达人民树立中国特色社会主义的共同理想，增强民族自尊心、自信心和自豪感。

2010 年 10 月，按照胡锦涛总书记就学习宣传郭明义先进事迹作出的重要指示，指出郭明义是新时期学习实践雷锋精神的优秀代表。大力宣传文明礼仪，提高公民文明素质和社会文明程度，营造文明和谐的浓厚氛围。

（三）“三下乡”

由于受自然条件的制约，农牧区群众生产、生活条件很艰苦，组织开展“三下乡”活动显得尤为重要。

2001年，县委宣传部联合文化、农牧、卫生三家单位开展“三下乡”活动，为农牧区群众送去科学技术、药品，改善群众的生产、生活条件。并为农牧区群众举办科技培训，参与群众达到1500人次；维修5个乡镇28个村（组）卫星电视接收设备，为农牧民群众播放电影40多场（次），维修香孜乡、达巴乡调频广播1座；治疗农牧区群众12250人次，送药品268种，价值77535元。

2002年，播放电影50场（次），维修广播电视接收器12座。送药品84件，价值6851元。

2003年，县委宣传部以贴近生活、贴近实际、贴近社会为目标，开展以文化、卫生、科教、政策、法律为内容的“五下乡”活动，为基层群众送去科技、法律、文化书籍和药品、宣传品等，下乡路程达1000余千米，现场学习20场（次），参与学习的群众3000余人次；发放政策、科教、法律、文化等宣传品15种6000余册，各种磁带600盘，义务诊病2000余人次。

2004年，开展“三下乡”活动，路程达1000余千米，文艺表演6场（次），观看节目的群众3000余人次，受到农牧民群众的热烈欢迎。

2006年，“三下乡”期间，向农牧民群众发放法律、科技、政策等书籍（藏、汉文）1378册。

2007年，“三下乡”受益群众达到2500人次，下乡路程达1000余千米，播放电影50余场（次），丰富了广大农牧民群众的精神生活。

2008年，“三下乡”期间，向农牧民群众发放法律、政策、科技等内容的书籍、手册2000余册，对农牧民群众进行政策、法规内容现场宣讲，受教育群众3000余人次，使农牧民群众思想稳定，社会局势稳定。

2009年，“三下乡”期间，向农牧民群众发放政策、法律、科技、文化宣传手册1500余册，举办学习30余场（次），丰富农牧民生活的同时，进一步牢筑了广大农牧民群众维稳思想。

2010年，发放政策、法律等书籍1000余册，下乡里程达1000多千米，播放电影40余场（次）。

第四节　统一战线

一、机构

1960 年 5 月 26 日，中共札达县委统战部成立。1964 年 2 月之前，统战部未配备领导，其工作由县委办公室负责。

1982 年 8 月，恢复设立县委统战部。1987 年 7 月，撤销县委统战部，其工作并入县委办公室。

1990 年 7 月，恢复成立中共札达县委统战部。2006 年，统战部、民宗局有 3 名工作人员（1 名部长、1 名局长、1 名干事）。2007 年，实有工作人员 5 名（1 名部长、1 名副部长，1 名局长，2 名干事）。

2008 年，县委调整充实寺庙爱国主义教育工作领导小组成员。领导小组下设办公室，设在县委统战部，办公室主任由县委副书记闫万里兼任，副主任由统战部部长索南兼任。

2010 年，县委统战部无内设机构，机关编制 5 名（行政编制 4 名、事业编制 1 名），其中县级领导职数 1 名，科级领导职数 3 名。

1964—2010 年中共札达县委统战部领导任职一览表

表 4 - 2 - 7

机构名称	职务	姓名	性别	民族	任职时间	备注
中共札达县委统战部 (1960. 05—1967. 02)	部长	1960. 05—1964. 01 未配正职				
		唐述文	男	汉	1964. 02—1967. 02	
札达县革委会 政治工作组 (1969. 08—1975. 10)	组长	谢勤科	男	汉	1969. 08—1970. 11	县革委会 副主任
		李作风	男	汉	1970. 11—1974. 05	
	副组长	任志洪	男	汉	1971. 02—1973. 06	

续表

机构名称	职务	姓名	性别	民族	任职时间	备注
中共札达县委统战部（1982.08—1987.07）	部长	1982.08—1986.12　未配正职				
		扎西桑珠	男	藏	1986.12—1987.12	代部长
	副部长	格桑江赞	男	藏	1982.08—1986.12	
中共札达县委统战部（1990.07—）	部长	1990.07—1993.10 未配正职				
		曲色	男	藏	1993.10—1997.10	政协副主席
		索南多布杰	男	藏	1997.11—2006.05	
		索南	男	藏	2006.05—	县委常委、政协副主席
	副部长	达瓦次仁	男	藏	1991.11—1996.11	
		1997.01—2006.05 未配备副部长				
		索南多布杰	男	藏	2006.05—	

二、统战工作

1954年6月，中共阿里分工委、阿里骑兵支队联合派出工作队进驻香孜，在调查了解边境情况和社会情况的同时，还帮助群众放牧、打柴、背水、治病，工作队节衣缩食，将省出的日用品救济贫困农牧民，受到当地群众的欢迎。

1956年，按照上级“最大限度地结成反帝爱国统一战线，防止发生武装叛乱和减少改革的阻力，为早日实行民主改革做准备”的方针，县委统战部积极开展对札布让、达巴2个宗和曲木底本、萨让如本、寺院喇嘛等中上层人士的统战工作。为激发群众的政治觉悟，进入香孜、托林地区的地方干部和人民解放军官兵克服困难，帮助当地群众翻身做主人，得到广大农奴和僧俗群众的拥护。

20世纪50年代后期，札达统战工作由反帝爱国统一战线发展为人民民主统一战线，即团结教育中上层人士站在人民立场，赞成改革、拥护改革，逐步接受改革。

1960 年 5 月，中共札达县委、县人民政府成立，设立县人民政府参事室，吸收安排中上层爱国人士 18 人，建立了爱国统一战线。按照上级有关精神指示，县委组织中上层人士进行爱国主义、社会主义教育；开展批评与自我批评，加强思想改造。

1965 年，札达县在上层人士中认真传达贯彻自治区筹备委员会第七次（扩大）会议精神；进行形势政策教育，学习毛泽东著作，加强思想改造；坚决打击少数破坏分子的违法破坏活动和分裂势力的“和平演变”活动。

1978 年，中共十一届三中全会召开后，对政协工作、知识分子工作、民族政策工作以及归国藏胞工作进行认真讨论，贯彻落实党的“长期共存、互相监督、肝胆相照、荣辱与共”的方针。

1979 年 11 月 16 日，根据《关于妥善解决冤假错案问题的意见》精神，阿里地区为札达县拨付政策款 3 万元，用于解决实际问题。

1980 年 1 月，县委统战部组织曲松区未改乡边民 6 人前往阿里地区、拉萨等地参观学习，使其看到在党的领导下西藏和阿里经济、社会发生的变化，激发他们的爱国热情。

1983 年，底雅、楚鲁松杰两个未改乡的头人分别担任自治区佛协常务理事、区政协委员。1984 年，恢复成立县人民政府参事室，将部分政协委员安排为参事。

1987 年，县委统战部围绕反分裂斗争、争取回归、继续抓好政策落实等中心工作，全面贯彻落实中央及自治区各级统战工作会议精神。

1993 年，进一步充实统战工作队伍，加强对统战工作的领导，督促统战人士积极宣传党的统一战线政策，认真贯彻落实《民族区域自治法》，妥善解决归国藏胞的住房生活等困难，尊重和保护信教和不信教群众的合法权益，努力团结爱国宗教人士，调动和发挥他们在改革开放和经济建设中的作用。

1994 年，中央第三次西藏工作座谈会召开后，县委统战部将工作重点转移到与无党派人士、佛协理事、寺庙僧尼联系与交流上，建立定期走访、“三大节日”（元旦、藏历新年、春节）慰问、重大会议邀请列席参加等制度。

2000 年，县委统战部结合实际，制定出台一系列关于加强民族团结教育活动、民族团结进步创建活动、寺庙爱国主义教育活动、法治宣传等活动的实施方案。

2001 年，召集县政协委员，党外人士、各界代表人物、回归藏胞、工商联主要会员，认真学习贯彻“三级”统战工作会议精神。

2006 年，随着社会主义市场经济体制的建立和完善，统战工作涉及的领域越来越多，范围不断扩大。县委统战部依靠党的各级组织和广大党员，依靠人民团体和社会组织，与有关经济职能部门一起，采取开放的工作方式，开展统战工作。面对新形势、新情况，有针对性地认真开展宗教工作与国外藏胞工作。加强私营企业主等新社会阶层的统战工作，鼓励他们为建设新札达做出更大的贡献。

至 2010 年底，县委统战工作再上新台阶。县委统战部坚持定期、不定期走访慰问统战成员，及时了解其思想、工作和生活状况，积极为其排忧解难，并广泛征求他们的意见和建议。及时召集统战成员传达学习党的路线、方针、政策，激发其爱国热情，巩固与中国共产党合作共事的思想政治基础。利用下乡等各种时机，到家里走访政协委员、党外爱国人士，了解其思想动态，积极征求意见，把社会各界的意见和建议反馈给县委、县政府。

三、统战成员联系和党外人士队伍建设

1984 年，在县人民政治协商组织和机构中安排一些党外人士，让他们充分发挥在人民政协中的参政议政作用。

1994 年，县委统战部大力宣传贯彻党的方针政策和民族宗教政策，加强对各界爱国人士的爱国主义、社会主义、遵纪守法教育。坚持党的基本路线，认真学习邓小平同志建设中国特色社会主义理论。先后召开以邓小平建设中国特色社会主义理论和中央第三次西藏工作座谈会精神为主要内容的座谈会 2 次，参加人数 18 人次。

1996 年，根据阿里地委统战部关于党外人士担任各级政府、人大等部门实职的建议书，推荐 3 名党外人士担任人大常委会副主任、政府副县长和县政协副主席，选派县政协副主席班旦益西到拉萨等地参观学习，开阔视

野，增长才干。

1997—2010 年，县委树立正确的人才观，重视和团结党外干部，加大培养选拔党外干部的力度，进一步发挥他们的积极作用。在加大反分裂宣传力度、维护国家统一方面，积极开展党外人士团结和举荐工作。县委统战部利用各种机会，到县直各机关，乡、村干部群众家中，深入了解党外知识分子、民族界人士、宗教界人士、非公有制经济人士等代表性人士的基本情况，对他们的生产生活给予关心与关怀。

1997 年，从党外各界人士中推荐 15 名人员担任政协委员。

2000 年，县委统战部组织统战人士学习《李瑞环同志在邓小平新时期统一战线理论研究班座谈会上的讲话》，开创统战工作新局面。

2001 年春节、藏历新年期间，县委统战部召开以党外人士为主，县委、县政府领导参加的各界人士座谈会，进一步交换思想、交流意见，总结工作，通报情况。2002 年，增补 4 名政协委员，代替第四届政协会议后病故的 4 名政协委员。推荐党外人士 5 名。

2003 年，县委统战部进一步做好党外人士的物色、考察、推荐工作。按照“统筹兼顾，全面安排”的方针政策和上级有关规定，以政治素质为主，德才兼备和干部“四化”的要求出发，向县委组织部、县政协推荐党外人士 5 名。

2006—2010 年，县委统战部加强同宗教界代表人士和非公经济代表人士的联系，帮助解决实际问题。

四、工商联建设和非公经济发展

1997 年，札达县工商业联合会成立，有 3 名会员。2010 年，工商联主席由统战部部长兼任。

截至 1998 年 4 月，札达县共有非公有制经济企业 24 家，其中个体经济 17 家，集体经济 7 家。非公有制经济主要集中在服务行业和饮食业，其中饭馆、茶馆、小卖部占绝大多数。

1999 年，组织经济界人士学习工商联章程，统一思想，认清形势。发展了 5 名诚实劳动、合法经营、遵纪守法、讲究职业道德并积极参加工商联活动的会员。2001 年，加强工商联的各项工作，主要领导担任会长，分管人员抓具体工作。

2003—2005 年，县委统战部把听党的话，紧跟党中央走，旗帜鲜明地反对分裂，加强民族团结、维护祖国统一作为对非公有制经济代表人士思想政治工作和进行宣传教育的一项中心内容，在广大非公有制经济代表人士中广泛宣传党对发展非公有制经济的各项方针政策。同时开展依法经营、照章纳税、文明服务、树立职业道德为主要内容的思想政治工作，要求非公有制经济人士要依法经营，文明经商，以“爱国、敬业、守法”来规范自己的行为。

2006 年始，县委统战部带领全县非公经济代表人士认真学习贯彻党的路线、方针、政策，引导非公经济企业法人积极参与政治协商、民主监督、参政议政，开展“光彩事业”。推荐非公经济代表人士担任县、乡镇两级人大代表和政协委员，充分发挥非公经济代表人士的参政议政作用，促进非公有制经济的健康发展。充分发挥职能作用，畅通工商联组织下情上达和上情下传渠道，广泛联系非公经济代表人士，积极听取他们的要求、建议和呼声。积极发展会员，帮助会员开拓市场，解决实际困难和问题，维护企业与经营者的合法权益；积极配合政府维护市场经济秩序。进一步壮大会员队伍，注重发展龙头企业会员、大企业会员、骨干企业会员，建立一支规模大、层次高的非公经济代表人士队伍，更好地发挥工商联在促进非公经济发展中的积极作用。

2010 年，县委统战部学习贯彻中央第五次西藏工作座谈会、十七届五中全会、自治区党委七届七次全委会、地委扩大会议、中共中央国务院《关于加强和改进新形势下工商联工作的意见》精神，引导教育非公经济人士开展感恩行动及回报社会活动，组织召开非公经济人士座谈会、征求意见会、评议会，征求他们好的意见和建议，积极组织参与抗震救灾、扶贫济困、捐资助学等各种慈善活动，先后向青海玉树、甘肃舟曲等灾区捐款捐物。

五、民族宗教管理

1960 年 8 月中旬，札达县召开为期 4 天的喇嘛工作会议，组织喇嘛学习中央对寺庙改革的基本政策，解除思想顾虑。这次会议共有 53 名喇嘛参加。

1965 年，在全县贯彻执行西藏自治区《寺庙民主管理章程（试行）》，规范寺庙管理程序。

1984 年，中共阿里地委统战部为札达县拨付第一批寺庙维修资金 4.5 万元，札达县组织人员对损坏的部分寺庙进行维修。

1993 年，县委统战部大力宣传贯彻党的民族宗教政策，加强对寺庙僧尼的爱国主义、社会主义、遵纪守法教育。鼓励以寺养寺，积极引导寺庙僧尼参加生产劳动，给予一定的优惠政策，支持他们从事一些生产、服务和社会公益事业，逐步增强以寺养寺的能力。托林寺开设商品销售门市部。7—8 月，对札达县 17 座寺庙进行普查，对寺庙文物、经书等进行登记造册，对各寺庙僧尼定编情况进行检查。

1996 年，根据阿里地委统战部的部署，县委统战部结合实际，制定实施方案，在全县僧尼中开展爱国主义教育活动，并形成长效机制。根据地区寺庙爱国主义教育和整顿领导小组的安排，组织工作组对全县寺庙进行调查摸底，活动有序开展，效果明显。

1997 年，县委统战部开展寺庙清理整顿和僧尼爱国主义教育，在托林寺进行试点。8 月初，在县直机关干部职工中举办寺教工作理论培训班，参训率达到在岗人员的 95% 以上。完成第一批 17 座寺庙清理整顿和 12 名僧尼爱国主义教育工作，调整充实寺庙民管会组织 17 个，健全完善寺庙管理制度 59 个。从地区民宗局争取到边境少数民族地区补助资金 5 万元。

1998 年，县委统战部利用边境少数民族地区补助资金，对曲松区楚鲁松杰乡学校进行全面改造，解决了该乡办学难的问题。

1999 年，县委统战部贯彻江泽民总书记关于民族问题的重要讲话精神，大力宣传边境少数民族地区经济和社会进步，加强基础设施建设，加快边境少数民族地区发展。对全县 39 座寺庙（拉康）进行全面复查，对达巴、曲龙、强久林3座寺庙进行重点整治。

2000年，县委统战部从地区民宗局争取到边境少数民族地区补助资金100万元，实施县城水坝和自来水工程。对全县39座寺庙（拉康）进行全面复查，对21座寺庙（拉康）［达巴乡3座寺庙，底雅乡12座寺庙（拉康），曲松乡6座寺庙（拉康）］进行重点整治，收到预期效果。

2001年，配合相关部门先后下乡100余次，分别赴各乡镇寺庙，坚持在寺庙僧尼中宣传党的方针政策，引导和教育寺庙以寺养寺，提高僧尼的思想素质。加强对重点寺庙的联系制度。在39座寺庙（拉康）进行“西藏是祖国不可分割的一部分”的教育，并进行一系列民族团结教育和民族宗教政策教育，使僧尼自觉维护民族团结。5月，根据曲松乡楚鲁松杰村信教群众的要求和该村寺庙及文物实际，派2名僧人到拉萨色拉寺学经。

2002—2006年，县委统战部为了进一步践行“三个代表”重要思想，深入到农牧区和各寺庙，开展寺庙爱国主义教育，同时宣传党的十六届四中、五中、六中全会精神。

2003年5月25日至8月11日，在全县39座寺庙（拉康）中进行寺庙爱国主义教育。

2005年，传达学习国务院颁布的《宗教事务条例》，同时调查研究，了解群众在生产、生活中存在的问题，汇总后形成文字材料向县委、县政府和有关部门进行汇报。8月，对全县39座寺庙（拉康）和38名僧尼进行建档。

2006年，在寺庙爱国主义教育的基础上，进一步巩固和完善各寺庙规章制度，制定《寺管会规章制度》《民管会规章制度》，层层签订责任书，加强对寺庙的领导和管理。

2007年，县委副书记、县寺教领导小组副组长白玛莎珍带领县政协副主席、统战部部长索南，政协副主席索南多吉，民宗局局长普琼，文化局局长达珍等到香孜乡香孜村香孜寺，开展寺庙爱国主义教育活动，参加活动45人。县委统战部和县民宗局还多次组织有关人员传达学习国务院新颁布的《宗教事务条例》《西藏自治区寺庙管理暂行办法》，调整充实寺庙民管会组成人员，使寺庙管理新老人员有序交接。完成县寺庙文物普查保护工作。开展创建稳定和谐寺庙教育活动，成立民管会组织和寺管小组 39 个，寺管会成员由原来的 74 人增加到 130 人，有 16 人享受国家生活补贴。全县寺庙僧人核定编制 104 名，有僧人及信教人员共 38 名（僧人 15 名，信教人员 23 名），其中 2 名为县政协委员、1 名为阿里地区佛教协会理事。

2009 年，县委调整充实寺教工作领导小组成员，并制定出台《札达县寺庙法治宣传教育工作方案》，开展寺庙法治宣传教育活动。完善各寺庙规章制度，先后制定寺庙民管会规章制度、加强领导、依法管理、确保寺庙长治久安、健全完善各乡镇干部分管寺庙（拉康）各项工作等制度。开展“反对分裂、维护稳定、加强团结、促进发展”主题教育活动。按照阿里地区寺教领导小组下发的《关于在全地区寺庙中开展创建和谐寺庙活动实施方案》和地区寺教领导小组办公室制定的《关于全地区开展创建和谐寺庙争做爱国守法僧尼活动实施方案》的要求，开展创建和谐寺庙各项工作。

2010 年，县委统战部开展民族团结进步宣传月活动，与县委宣传部、党校联合组建“民族团结月”宣讲团，在各乡镇、企事业单位中开展集中宣传 17 场，参与人数达 2500 多人次。以“新旧西藏对比宣传教育”为载体开展各项工作，召开座谈会 2 场。并在托林寺开展历时两周的新旧西藏对比画展，参观人次达到 1200 余人。深入各寺庙开展民族团结进步活动的宣讲，并将土丹才旺在哲蚌寺做的讲话和《团结一致、维护稳定》《党的民族宣传政策提纲》等藏文材料，发放到各乡镇、寺庙、每个行政村，共发放材料 153 份，宣传、学习面达到 100%。4 月 23 日，按照地委统一安排部署，召开全县民族团结进步创建活动动员大会。会议根据《西藏自治区关于实行创建平安和谐寺庙目标管理责任制的办法》《阿里地委、阿里地区行署 2010 年创建“和谐寺庙”目标管理责任书》《札达县 2010 年创建“和谐寺庙”目标管理责任书》等相关文件精神，要求在全县 39 座寺庙（拉康）认真开展社会治安、法制学习活动，开创全县民族团结新局面。

六、藏胞管理

札达县地处中印边界，由于历史上种种原因，致使许多藏族同胞流落境外。改革开放以来，不断有在外藏族同胞归国探亲、旅游。对回国停留藏胞，在重大节日期间进行慰问，使他们感受到党和政府的关怀、社会主义的温暖。对已回国定居的藏胞，在生产生活方面予以支持与关怀，提高他们爱国、爱党、爱社会主义的觉悟。

1979 年 4 月 1 日，札达县成立接待藏胞归国探亲参事委员会。

1982 年 8 月，县委统战部恢复成立后，认真开展归国探亲、旅游藏胞接待工作。对归国探亲、旅游藏胞，积极介绍改革开放后札达县发生的变化，使其切身感受到社会主义新西藏在中国共产党的领导下，经济发展、社会进步、局势稳定、边防巩固、人民群众安居乐业的大好局面。县委统战部开始建立掌握札达县在境外藏胞情况、完善国外藏胞数据库，加强与国外藏胞的联络。在完善做好境外藏胞工作方案的基础上，做好实际工作。在进行细致的调查摸底后，结合实际，从指导思想、目的意义、时间安排、工作步骤、工作机制等方面细化工作方案，使方案在实际工作中操作性强，效果良好。

1986 年，有 7 名外流在印度的藏胞回国探亲访友，其中 2 户 2 人定居。

1994 年，接待回国探亲和定居经商的藏胞 130 人次，回国定居安置 1 户、1 人。1997 年 7 月，组成工作组，在曲松区、底雅区，深入区、乡、村调查研究，并向探亲经商藏胞宣传我国基本政策。全年接待回国探亲和经商的藏胞 30 人次，其中探亲 9 人次。1998 年，接待归国藏胞 26 人次，其中探亲 8 人次，经商 18 人次。召开座谈会 5 次，走访慰问 10 人次。1999 年，接待归国藏胞 32 人次，其中探亲 2 人次，经商 30 人次，召开 35 次座谈会，走访慰问 20 次。

2001 年，实行属地管理原则。进一步加强回国定居藏胞的调研工作，健全个人档案资料。接待经商、探亲藏胞 26 人次，其中探亲藏胞 4 人。

2002 年，接待经商藏胞 187 人次，探亲藏胞 1 人。在札达县定居的归国藏胞 3 户 3 人。

2003 年，以联络和调研为重点，进行国外藏胞的接待、登记、审核、考察等工作，向定居札达县藏胞 2 户 2 人进行走访慰问，积极了解他们的生产、生活情况，发现 1 户 1 人年老体弱，无力购买酥油和茶叶，为其解决现金 300 元。在非典型肺炎发生前国外藏胞到县探亲 2 人，在“非典”发生后，探亲经商藏胞1人。

2007年，接待回国藏胞1名。

2008年5—6月，藏胞次仁顿珠回国，到达巴乡达巴村达巴三组探亲，受到当地统战部门的热情接待。

第五节　政法协调

1996年，中共札达县委政法委员会成立后，不断加强对公、检、法等部门的统筹协调。狠抓社会治安综合治理工作，开展“严打”和各项专项治理工作，严厉打击和惩处了一批刑事犯罪分子和犯罪活动。实行“群防群治、打防结合、齐抓共管”的方针和“谁主管、谁负责”的原则，全县社会治安状况保持良好。

一、机构

1996年之前，札达县无政法协调机构，由县委、县政府统一协调各政法部门工作。1996年11月，成立中共札达县委政法委员会，书记由县委副书记王秀成（援藏）兼任，与县综治委合署办公。

2010年，县委政法委（县综治办）无内设机构，机关编制5名（行政编制4名、事业编制1名），其中县级领导职数1名，科级领导职数3名。县委政法委主要负责监督检查政法各部门对中央的路线、方针政策执行情况；开展调研，保障札达县经济建设的顺利进行；负责社会治安综合治理协调工作；开展普法宣传教育工作；负责政法委员会日常工作。

1991年5月28日，札达县成立社会治安综合治理委员会，下设办公室，办公室主任由县委领导兼任。县综治委主要负责研究社会治安综合治理的方针政策和需要采取的重大措施，提出建议；负责掌握全县社会治安综合治理工作进展情况，并及时向委员会反映；负责开展调查研究，推动综合治理的各项措施；办理上级综合治理委员会交办的其他事项。

1996—2010 年中共札达县委政法委员会领导任职一览表

表 4－2－8

机构名称	职务	姓名	性别	民族	任职时间	备注
中共札达县委政法委员会（县社会治安综合治理委员会办公室）	书记	王秀成	男	汉	1996. 11—1998. 05	援藏干部、县委副书记
		冯满	男	汉	1998. 06—2001. 06	援藏干部、县委副书记
		王殿忠	男	汉	2001. 06—2004. 06	援藏干部、县委副书记
		郝德华	男	汉	2004. 06—2006. 07	援藏干部、县委副书记
		明琼多吉	男	藏	2006. 07—2008. 06	县委常委兼公安局局长
					2008. 06—	县委常委兼公安局政委
	副书记	玉珍	女	藏	2000. 10—2005. 06	综治办副主任
		郭志良	男	汉	2002. 09—	

二、“严打”整治行动

1991 年，札达县社会治安综合治理委员会成立后，与县公、检、法、普法办等部门一同狠抓社会治安综合治理工作，开展“严打”和各项专项治理工作，严厉打击和惩处了一批刑事犯罪分子和犯罪活动。

1996 年，按照全国统一部署和上级指示，札达县成立“严打”领导小组，明确指导思想，确定严打范围，制定严打方案，有组织地开展严打斗争。为加快大案要案的办案进度，提高办案质量，建立并实施提前介入制度。县公安机关侦破刑事案件 1 起 1 人。在达巴营业所“9·26”特大盗窃案查处过程中，县公安局、检察院、法院密切配合，检察院、法院提前介入，从侦破、批捕、起诉、审判到召开公判大会，仅用一个月时间，真正做到从重从快严厉打击严重刑事犯罪分子，有力震慑了犯罪分子。查处治安案件 32 起 58 人，查处率 100%，对 8 起违反《治安管理处罚条例》的行为人进行公开处理。

1997 年，札达县开展“冬季”“春夏季”严打斗争，将“春夏季”严打整治时间延长至 8 月底。在严打斗争中，政法各部门积极配合，协同作战。加强了对枪支弹药、易燃易爆危险物品的检查管理工作。县公安机关侦破刑事案件 4 起 5 人。通过预审深挖破获 2 起一般隐漏案件。检察机关受理刑事案件 2 起，全部结案。

1998 年，县公安机关立刑事案件 2 起，破案 2 起，其中重特大案件 2 起。查处治安案件 20 起 38 人，查处率 100%。

1999 年，县公安机关立刑事案件 7 起，破案 5 起，其中重特大案件 2 起 7 人。查处治安案件 15 起 22 人，查处率 100%。县法院受理民事案件 23 起，全部结案。

2000 年，全县刑事案件发案率比上年下降 63%，县公安机关立刑事案件 5 起，破案 4 起。查处治安案件 20 起 32 人，查处率达 100%。

2001—2007 年，县委政法委各部门根据全国、全区及阿里地区三级社会治安工作会议精神，针对札达县地处边境，边境线长、通外山口多，敌、社、边情复杂等实际情况，坚持以反分裂斗争、严厉打击各类刑事犯罪活动为重点，巩固对寺庙的清理整顿，基本建立了“发案少、秩序好、社会稳定、群众满意”的社会治安环境。

2001 年，县公安机关查处治安案件 45 起 64 人，查处率 100%；在“治爆缉枪”专项活动中，收缴各类枪支 52 支；对工程队内炸药、雷管施工单位进行突击检查，消除安全隐患。县法院业务工作呈现好态势，受理民事、行政、执行案件 10 件，审结 10 件。

2002 年，政法各部门根据自治区、地区政法委的统一安排部署，广泛深入地开展严打整治斗争。县公安局按照什么问题突出就解决什么问题、什么犯罪严重就打击什么犯罪的原则，始终保持高压态势，重点打击盗窃犯罪分子，落实破案责任制，快侦快破。发生刑事案件 7 起（重大刑事案件 6 起，一般刑事案件 1 起），破获 7 起。其中，香孜乡重大文物盗窃案 1 起，抓捕犯罪嫌疑人 2 人；底雅乡文物盗窃案 1 起，抓捕犯罪嫌疑人 4 人；入室盗窃 2 万元重大盗窃案 1 起，抓捕犯罪嫌疑人 2 人；故意伤人致人死亡案 1 起，抓捕犯罪嫌疑人 1 人；非法侵占他人财物案 1 起，抓捕犯罪嫌疑人 1

人。追获被盗文物13件，共挽回经济损失452.72万元。县检察院受理公安机关提请批捕2件3人，批捕2件3人，起诉2件3人，均有罪判决。

2003年，全县发生刑事案件9起，破案6起，抓获犯罪嫌疑人12人。查处治安案件55起，查处率达100%。县检察院受理公安机关提请批捕2件4人，批捕2件4人。依法严惩入室盗窃、文物盗窃分子10人。

2004年，针对札达县盗窃案件突出，特别是涉及盗窃文物案件增多现象，县政法部门采取“谁主管谁负责”的原则，加强要害部门值班巡逻制度，并协同有关部门在农牧民群众中积极开展文物保护宣传。至11月8日，发生刑事案件9起，破获6起。查处治安案件35起，查处率100%。县检察院受理公安机关提请批捕2件3人，批捕2件3人。

2005年，政法部门认真贯彻执行地委政法委关于“严打”整治斗争的指示精神，坚持什么问题突出就治理什么问题的原则，坚决打击多发性文物盗窃、酗酒闹事等违法活动，发现一起，处理一起，收效明显。发生刑事案件6起，破获5起。查处治安案件10起，查处率达100%。县检察院受理公安提请批捕4件10人。

2006年，政法部门认真贯彻执行地委政法委关于“严打”整治的指示精神，坚持“什么问题突出就治理什么问题”的原则，坚决打击多发性文物盗窃、扰乱社会正常秩序的黑恶势力等违法犯罪活动。发生刑事案件5起，破4起；查处治安案件9起，查处率达100%。县检察院受理公安机关提请批捕3件6人。县法院受理各类案件21件，审结21件。加强重点单位要害部门的安全管理检查、督促，对涉枪、使用民爆物品、管制刀具等重点单位、个人进行严格检查，逐一统计，严格制定管理、使用制度。联合综治委、安监局、教育局、卫生局、工商局、消防大队等相关单位，对县城重点要害部门及人员聚集场所进行安全检查4次，现场整改3家、限期整改1家。

2007年，政法各部门充分发挥各自的职能作用，积极配合，通力合作，形成了强大的“严打”斗争合力，依法快侦、快破、快起诉、快审判、快执行，极大地震慑了犯罪分子，有力打击了各类刑事犯罪活动。发生刑事案件7起，侦破6起，没有发生危害国家安全案件、重大安全生产事故、重大灾害事故。查处治安案件 10 件，查处率达 100%。县检察院受理公安机关提请逮捕 1 件 1 人，批捕 1 件 1 人，起诉 1 件 1 人。

2008—2010 年，全县政法系统各部门，从札达县实际出发，充分发挥各自的职能作用，相互配合，形成强大的“严打”斗争合力，采取依法快侦、快破、快起诉、快审判、快执行，有力打击了各类刑事犯罪活动。2008 年，全县发生刑事案件 4 起，侦破 4 起。县检察院受理公安机关提请逮捕 3 件 5 人，批捕 3 件 5 人；自侦案件 1 件，作不起诉处理。2009 年，全县发生刑事案件 7 起，侦破 6 起。县检察院受理公安机关提请逮捕 1 件 1 人，批捕 1 件 1 人。

2010 年，全县发生刑事案件 7 起，破案 6 起，起诉 11 人，4 人取保候审。县检察院受理公安机关提请逮捕 4 件 12 人，经审查批捕 3 件 11 人，不予批准逮捕 1 件 1 人；经审查起诉 2 件 8 人。县法院加大办案力度，受理刑事案件 2 件。通过全县政法系统各部门的共同努力，札达县连续数年社会治安形势持续稳定。

三、社会治安综合治理

1991 年 5 月 28 日，札达县成立社会治安综合治理委员会（以下简称县综治委）。随后在全县 6 个区成立社会治安综合治理领导小组，建立健全治保委员会、调解委员会、创建平安领导小组，落实人员、制度、责任、报酬，使基层社会治安综合治理工作有专人负责。在各机关单位、寺庙建立健全综合治理领导小组、内保组织、创建平安领导小组和调解组织。县综治委设立后，与县公、检、法、普法办等部门一起狠抓社会治安综合治理工作，扫除“六害”①，净化文化市场和社会环境。充分发挥广大人民群众的积极性和主动性，实行“群防群治、打防结合、齐抓共管”的方针和“谁主管、谁负责”的原则，使全县社会治安状况保持良好，促进全县改革开放和各项建设的顺利进行。

---

① 即扫除卖淫嫖娼、制作贩卖传播淫秽物品、拐卖妇女儿童、种植吸食贩运毒品、聚众赌博和利用封建迷信骗财害人。

1994年，按照“看好自己的门、管好自己的人”的方法，县综治委认真做好社会治安综合治理工作，确保社会稳定。

1995年起，县综治委在全县实行社会治安综合治理目标管理责任制。年初与县直、中直各单位和各乡、镇签订《社会治安综合治理目标管理责任书》，年底统一组织考评和验收，表扬和奖励先进，鞭策后进，使社会治安综合治理有序开展。同时把社会治安工作作为年终考核的一项重要内容，实行社会治安综合治理“一票否决”制，调动了各单位的工作积极性，促进全县社会局势的长治久安。对全县寺庙僧尼和寺管人员进行检查整顿。

1996年，县委政法委员会成立后，政法系统各部门经常研究部署工作，做到主要领导亲自抓，主管领导专门抓，业务部门具体抓，形成全社会齐抓共管的良好局面。结合乡级人大换届选举和以党支部为核心的基层组织整顿工作，在各乡、村建立健全乡治保委员会、调解委员会和村治保小组、调解小组，开展基层业务工作，促进社会治安状况的好转，发案率得到有效控制，群众安全感明显增强。对全县4个综合治理先进区（局）、2个先进乡、15个先进村及12个良好区（局）进行表彰。

1997年，针对外来人员增多的情况，加强特种行业、暂住流动人口、重点人口的管理力度，实行专人负责，领导亲自过问，做到制度化、规范化、经常化，适时开展检查、清查和整顿。对外来人员及内部重点单位进行安全检查4次，提出整改意见17条。

1998年，县委、县政府根据地委、行署《关于加强社会治安综合治理的决定》精神，结合札达实际，研究制定了1998年度社会治安综合治理工作要点，明确了各区和县直单位的工作任务。对外来人员及内部重点单位进行安全检查3次，提出整改意见15条。

1999年，县综治委设有正副主任11人，委员25人，办公室设正副主任2人。各村、组做到了村村有治保、调解委员会，组组有治保、调解小组。对外来人员及重点单位进行安全检查4次，提出整改意见18条。

2000年，县政法委和综治委结合札达县实际情况，研究制定年度社会治安综合治理工作要点，进一步明确各乡镇和县直各单位的工作任务，健全政法委、综治委例会制度，对重大紧急问题及时研究处理。根据《社会治安综合治理目标管理责任制》执行情况和验收结果，县委、县政府召开总结表彰大会，对荣获先进单位的4个乡（科）级单位进行表彰，并颁发锦旗。对外来人员、公共娱乐场所进行清查8次，对县直重点单位进行安全检查5次，集中对寺庙僧尼进行为期3天的法制宣传教育，僧人知法、守法能力明显提高。牵头组织相关部门整顿市场秩序，对在县城内违章搭建的帐篷进行拆除。

2001年，县综治委制定修改《2001—2005年的社会治安综合治理目标管理责任书》，并与县直各单位、各乡镇负责人签订目标责任书。县公安局不断加强对外来人口的管理，实现管理的制度化。

2002年，县综治委重点加强五乡一镇综治组织建设和村（居）委会建设。积极抓好社区依法治理工作，建立与社会主义市场经济体制相适应的社区管理体制和运行体制，坚持党的领导、政府指导和社会参与相结合，充分发挥社区居民的作用，合理配置社区资源，发展社区事业。开展“安全文明小区”“文明户”“讲文明先进个人”评选活动，提高居民的素质和社区的文明程度。大力整治社区环境，亮化、绿化、美化社区，提高社区居民的环境意识。建立社区治安综治网络，根据社区规模，按照“一区二警”的模式调整民警责任区，设立社区警务室，组建治安防范队伍，健全社区治安防范体系，充分调动人民群众参与治安管理的积极性，实行群防群治，消除各种不安定因素，确保社区安全。

2003年，针对上半年酗酒闹事较突出的情况，县综治委加大对治安案件的整治力度，发现一起，处理一起，取得了良好的成效。充分发挥政法、综治基层组织的作用，成立治安联防大队，编制150人，以基干民兵为主体，形成县、乡、村3级防控网络体系。

2004年，县委政法委进一步完善充实县综合治理委员会及乡镇、村、组综治组织，充分发挥各乡镇公安特派员、政法干事、联防大队的骨干作用，密切联系群众，形成强大的综治合力。开展3月综治宣传月活动。积极做好对外来人口和公共娱乐场所的管理，健全管理制度，办理暂住证554人，办理安全合格证4本。进行社会治安综合治理目标管理责任制考评，评出先进单位4个，达标单位18个，基本达标单位11个，没有不合格单位。

2006年，札达县开展“三月综治宣传月”“六月综治宣传周”和“9·16”平安建设活动。利用藏历十五“灯会节”农牧民群众比较集中的时机，联合县人大、宣传部、文化局、卫生局、消防大队及公、检、法等部门，在托林广场开展法治宣传活动，宣讲《文物保护法》《草原法》《婚姻法》《未成年人保护法》《预防未成年人犯罪法》《治安管理处罚法》等法律法规，发放法律宣传单5000余份，法律、综治书籍300余本。出台《关于平安札达建设工作实施方案》，在原有的基础上，把平安工作延伸到乡镇、小区，以创建“平安札达”为载体，不断提高基层“创安”水平。

2007年，县委政法委坚持“标本兼治、重在治本，打防结合、预防为主”的工作方针，充分发挥好综治基层组织的作用，切实加强领导，强化责任，勤于检查落实。县委、县政府与各乡镇、县直各单位签订社会治安综合治理责任书，签订率达100%，将综治任务层层分解，使各乡镇基层综治工作有专人负责。为加强预防青少年犯罪，在清理学校周围环境的同时，县委、县政府从政法委工作人员中抽调1名能力强的同志，为县中学配备兼职法制副校长，定期为中小学生宣讲法律知识，进行爱国主义教育。县公安局加强对县重点部位、娱乐场所的管理和对外来人员的管控，减少治安事件的发生。积极开展“平安”创建活动，出台《关于“平安札达”创建标准》，并把平安建设活动延伸到乡村、小区。在农牧区结合安居工程，积极开展创安活动，在各乡镇、县直各单位中检查有关综治工作落实情况8次，并在机关单位及外来务工、经商人员中进行社会治安民意测评，发放测评表116份，全部收回，总体上群众对社会治安比较满意。

2008年，县委、县政府调整、充实县综治委及其办事机构，设正副主任4人，委员21人，办公室正副主任各1人，各乡镇根据人员变动情况，成立以副书记兼职政法委书记为组长，公安特派员、政法干事、村（居）委会副主任为成员的综治领导小组，并做到了组织、人员、工作、报酬四落实。调整充实县预防青少年违法犯罪工作领导小组、札达县学校及周边地区社会治安综合治理领导小组，县（乡）中小学均配备法制副校长。出台《关于“平安札达”创建标准》，把平安建设活动延伸到乡村。年初，县委、县政府与各乡镇、县直各单位签订了《社会治安综合治理责任书》，并把责任、职责分解到基层，层层落实。县综治委在各乡镇、县直单位中检查有关综治工作落实情况 7 次。

2009 年，县综治委根据《关于“平安札达”创建标准》，评出平安村 3 个，安全文明居委会 1 个，安全文明村 2 个，安全文明村民小组 4 个，零犯罪村民小组 2 个。“三月综治宣传月”活动中发放《文物保护法》《消防法》《婚姻法》《全面科学素质行动计划纲要》《牲畜疫病防治基本知识问答》《陆生野生动物保护实施条例》《林木林地权属争议处理办法》《环境保护法》《植树造林、防沙治沙概况》《医药配用条例》等藏汉双语宣传资料 25 种 1000 余份。“9·16 平安西藏宣传日”活动中悬挂横幅 3 幅，张贴标语 10 条，发放《反分裂法》《社会治安综合治理管理条例》《札达县边境管理规定》《110 接警须知》《合同法摘要》《劳动法摘要》《交通管理条例》等 20 余种 600 余份。

2010 年，县综治委在“三月综治宣传月”“六月综治宣传周”“9·16 平安西藏宣传日”等活动中，累计发放宣传资料 2000 余份，出动宣传车 16 辆（次），悬挂宣传横幅 17 条，张贴标语 100 余条，受教育群众达 2000 人次。加强平安宣传力度，着力推进平安小区、平安乡村、平安单位、平安校园、平安寺庙创建，2010 年全县评出平安创建先进单位 2 个，分别是达巴乡和县公安局；全国法治示范村 1 个——托林镇托林村。根据全县乡镇村组自然分布情况，共划分 6 个社会治安防控责任区，分别为五乡一镇。各责任区由所在乡镇党委、政府组织领导，实行领导责任制，乡镇党委书记为本责任区的第一责任人。共调处矛盾纠纷 70 起。

四、维护社会稳定

札达县地处边境，各种敌情、社情、边情十分复杂，保持社会和谐稳定至关重要。县政法委与综治委始终坚持以反分裂斗争、严厉打击各类刑事犯罪活动为重点，向广大农牧民群众开展爱国主义、反分裂斗争教育，积极开展法治宣传教育，维护社会稳定。

1996—2001 年，根据反分裂斗争的形势，县委、县政府召开党政军警民联席会议，组织学习，提高认识，分析形势，制定措施，形成军警民联防联管网络。

2000年，公检法部门深入边境一线乡、村、组开展调研4次，采取有效措施，抓实、抓细反分裂斗争工作。

2001年，县委、县政府深入贯彻中央第四次西藏工作座谈会精神，严密防范和严厉打击敌对势力和达赖集团分裂祖国的阴谋，确保了春节、藏历年、敏感日及庆典活动的绝对安全。“9·11”事件发生后，县委、县政府根据上级指示精神，及时成立由党、政、军、警组成的安全防范领导小组，增强处置突发事件的能力。随着形势的发展，县委、县政府针对反分裂斗争的新变化采取有效措施应对。

2002年，县政法部门在党的十六大召开和塔尔钦佛事活动、象雄文化节期间，加强安全防范力度，确保了三大活动的绝对安全。

2003年，针对复杂的国际形势，政法各部门相互配合，制定切实可行的维稳工作预案，确保全县社会政治局势的稳定。

2004年4月28日，县委、县政府召开首次全县维稳工作会议。制定印发《关于进一步加强政法队伍建设的实施意见》，不断加强政法队伍建设和基础设施建设。认真贯彻落实地委政法委《关于认真防范“法轮功”邪教组织在“4·25”“5·1”长假和全区“两会”期间破坏活动的通知》精神，加强防范措施，坚持执行每天24小时值班制度，确保札达县的稳定。在敏感日、两会期间，县公安局抓住人民群众比较集中的时机，开展法治宣传教育，深入揭批达赖集团及法轮功组织的反动行为，大力支持各乡镇治保委员会的工作，严防各类破坏活动。

2005年，为确保“四十”大庆期间的绝对安全，出台《关于集中开展“严打”整治专项斗争确保全县社会局势稳定和自治区“四十”大庆顺利开展的工作方案》，建立《札达县处置紧急事件指挥机制》，启动了《札达县处置恐怖袭击事件工作预案》《札达县安全防范和维护稳定工作的方案》等应急方案和措施，建立24小时值班制度和“零”报告制度。

2006年，在建党85周年、青藏铁路通车等重大庆祝活动期间，政法各部门通力协作，建立领导带班制度、24小时值班制度，责任到人，措施到位，确保了活动期间社会局势的稳定。

2007 年，县政法各部门严格落实自治区、地区有关边控、反偷渡工作方案部署，启动边境管控预案。按照县维稳领导小组制定的边境管控工作方案，发挥军警民联防机制和基层治保联防组织的作用，坚持 24 小时值班制度，加强领导带班、汇报制度，互通情况。

2008 年，根据地区维稳办关于做好敏感日、节庆日、奥运会和残奥会期间社会稳定工作的各项通知精神，及时召开维稳工作会议，精心安排部署维稳工作，确保全县社会政治局势稳定。成立以县委书记和县长为正副组长的全县维稳工作领导小组，具体领导指挥全县维稳工作，组织保障工作得到了切实加强。拉萨“3·14”事件发生后，按照“旗帜鲜明、针锋相对、主动出击、强基固本”的方针，在“反对分裂、维护稳定，加强团结、促进发展”主题教育活动中，结合反分裂斗争实际，制定反分裂斗争工作预案，严密防范、严厉打击敌对势力的渗透、颠覆和破坏活动。县统战、民宗部门选派专人深入各个寺庙，对僧尼进行爱国主义教育，深刻揭露达赖集团的反动本质，充分依靠群众做好各项管理工作，确保全县各寺庙稳定。

2009—2010 年，认真贯彻落实中央对达赖集团斗争的政策，按照自治区党委关于维护稳定工作“三个不变”要求，做到“三个坚持”，实施“两手对两手”的策略，坚持“旗帜鲜明，针锋相对，主动治理，强基固本”的方针。加大对僧尼的教育力度，防止分裂分子对寺庙的渗透。全县社会政治局势稳定，人民生产生活正常有序。

第六节　档案管理

一、机构

1960 年，札达县成立后，根据中共阿里分工委指示，开始收集、整理一批珍贵的历史档案资料。但由于当时未设立专门的档案保管机构，档案资料由各单位、部门分散保管。

1972 年，札达县设立档案室，设兼职档案管理员 1 名。

1991 年 2 月，札达县档案馆成立，归属县委办管理，配有 1 名专职档案管理员。

2007 年，札达县档案室更名为札达县档案局（馆），副科级事业单位。2008 年 6 月，从原札达县拖拉机站 6 名编制中调剂解决 2 名编制。有专职档案管理人员 1 名。

2000—2010 年札达县档案馆领导任职一览表

表 4－2－9

机构名称	职务	姓名	性别	民族	任职时间
札达县档案馆（档案室）	馆长	葛同荣	男	汉	2000.10—2004.06
		德吉	女	藏	2004.06—2008.07
		才让	男	藏	2009.03—

二、档案收集整理

1961 年，全县各单位、部门开始档案的收集、整理和归档工作，各乡镇档案一般由乡镇文书兼职管理。

1985 年 2 月 1—9 日，札达县召开首届文书档案工作会议，传达学习《全区档案工作条例》《西藏自治区县档案管理工作暂行办法》等文件，着重讲解学习文书档案工作的基本知识；回顾全县文书档案工作情况，对文书档案工作的基本任务提出新要求；采取以干促学，对县人大常委会 1984 年文件进行现场分类、组卷、归档；讨论制定文书档案干部岗位责任制，使全县档案工作步入规范。各区文书和县直各单位文书档案工作人员共 19 人参加会议。

1991 年，札达县档案馆成立后，档案馆收藏以文书档案为主，主要来源于县直各单位，以及县委办、政府办的文件、资料。

在档案保管中，克服损毁档案的各种因素，维护档案的完整与安全，延长档案的寿命。不断加强档案的保密工作，杜绝档案失窃、泄密事件。1997 年，添置文件柜、档案柜，改善设施条件。

1998 年，在地区档案业务部门指导下，县档案馆建立健全保密工作责任制、岗位目标责任制、借阅登记制度等各项工作制度。档案资料按年份或年代分别存放于各档案柜，严格按照程序立卷归档。10 月，对档案进行清理登记，存有档案 1745 卷，其中历史档案（1959—1980 年）176 卷，文书档案（1959—1997 年）1136 卷，工程图纸档案（1986—1996 年）58 张，其他资料（1959—1997 年）375 份。至 2000 年底，县档案馆有档案 30914 卷，包括科技档案 5 卷，图书档案 200 余册，以及组织史、大事记等。

2001—2010 年，札达县按照国家档案局制定的《机关档案工作业务建设规范》等文件，在全宗划分、分类、案卷质量和格式以及编目等方面积极推行入室档案的标准化，设置总目录和子目录，保证归档和进馆档案的齐全完整。对进馆档案严格按照《国家档案局关于机关保管期限的规定》《文书档案保管期限》《机关文件材料归档和不归档的范围》等相关标准，科学划分档案的保管期限，做好登记、保管工作。定期不定期开展清点核对工作。十年间，共保管文书档案 607 卷。

三、档案利用

档案人员始终从大局出发，增强服务意识，切实改进工作作风，提高服务质量，为各级、各部门查阅所需资料提供优质服务，为领导决策提供可靠依据。

2000 年，建立档案借阅登记制度。

2001—2010 年。共查、借阅档案 220 卷，复印档案 1266 页。

四、业务学习培训

1998 年 3 月，派专职人员到内地进行为期 3 个月的档案管理培训。

1999 年，派遣 1 名人员到内地参加档案管理专业学习。

2000 年，派出档案员到阿里地区接受业务培训，进一步提高县档案干部队伍的政治素质、业务素质。2005 年，按照全区档案工作安排部署，9 月 15 日至 11 月 15 日，派遣专人到四川省档案学校参加一期档案人员业务培训班。

第七节 保密 机要

一、保密

（一）机构

1985 年 2 月 13 日，札达县成立保密工作委员会，由县长白玛欧珠兼任主任。

1992 年 12 月，成立札达县保密领导小组。

1993 年 2 月，县保密领导小组更名为札达县保密委员会，下设办公室，归县委办公室管理。

1992—2010 年札达县保密委员会(县保密领导小组)领导任职一览表

表 4 - 2 - 10

机构名称	职务	姓名	性别	民族	任职时间	备注
札达县保密领导小组（1992. 12—1993. 02）	组长	刘明	男	汉	1992. 12—1993. 02	兼职
	副组长	格桑旺久	男	藏	1992. 12—1993. 02	县纪委书记
		旺扎	男	藏	1992. 12—1993. 02	组织部长
		石昆山	男	汉	1992. 12—1993. 02	公安局副局长
		久美	男	藏	1992. 12—1993. 02	县人行行长
札达县保密委员会（1993. 02—）	主任	南木嘎	男	藏	1993. 02—1995. 08	兼职
		王秀成	男	汉	1995. 08—1998. 05	援藏 县委副书记兼
		冯满	男	汉	1998. 06—2001. 06	县委副书记兼
		曹金华	男	汉	2001. 06—2004. 06	县委书记兼
		杜于华	男	汉	2004. 12—2006. 09	县委办主任兼

（二）保密工作

1985年，札达县保密工作委员会在全县干部职工中开展保密教育，处理有关丢失文件，保证党和政府机密的安全。

1994年1月，由县保密委员会牵头，在全县范围内开展保密大检查。

1996年，在县委倡议下，加强对保密工作的宣传，相继制定印发《保密守则》《保密制度》《保密范围》等文件，有效促进了札达县保密工作的顺利开展。

2003年4月20日，县保密委员会召开专题会议，传达中央保密委员会第六次会议和全国保密局长、保密办主任会议精神，要求各单位、各部门加强保密法规、制度建设，6月底前保密制度张贴上墙。4月21日，出台《关于加强和改进保密工作的实施意见》。县保密办根据《国家秘密及其密级具体范围的规定汇编》标准，初步确定全县的要害部门和要害部位，并上报地区保密局审查。加强保密工作的硬件建设，提高反窃密的技术手段，为产生国家秘密事项较多的单位购买保密设备（碎纸机和微机视频保护机）。在县直各单位开展3次保密工作安全大检查，规范文件收发登记、归档管理的保密程序。

2004年，与县直各单位签订《涉密人员目标管理责任书》。

2005年，加强保密服务工作，对各相关单位配发的保密设施进行检修，为各单位的办公电脑统一设置了密码，及时解答各单位保密工作开展过程中的疑难问题。在全县范围内组织开展保密大检查，督促各单位建立健全各项保密工作制度，有效防止了失泄密事件的发生。

2007年，认真拟定保密法制教育年度计划，积极开展形式多样的保密宣传教育活动。按照国家和自治区有关法规，完善《札达县计算机信息系统保密管理暂行规定》《关于加快信息化建设，做好信息化安全保密工作的通知》，用制度来规范管理。

2008年，加强保密宣传教育，在3月召开的全县综合工作会议上，组织各乡镇签订《2008年度保密工作目标管理责任书》。并与县直、中直各单位签订目标责任书，进一步落实责任，明确工作措施，提高各乡镇、各单位对保密工作重要性的认识。根据各乡镇、各单位工作人员变动情况，重新确定涉密人员，并逐个与涉密人员签订责任书，加强对涉密人员的培训、教育和管理，建立一支适应保密工作需要的涉密人员队伍。

2009 年，文件收、发、存、销严格按照程序和制度落实；档案、机要、打字室等要害部位铁门钢窗稳固，积极开展教育和法规学习，重点学习保密形势、保密工作在全县整体工作中的地位。

2010 年，与各乡镇签订《2010 年度保密工作目标管理责任书》。并根据各乡镇、各单位工作人员变动情况，重新确定涉密人员，并逐个与涉密人员签订责任书，加强对涉密人员的培训、教育和管理，逐步健全全县保密工作网络体系。加强保密服务工作，对各相关单位配发的保密设施进行检修，为各单位办公电脑统一设置密码。在全县范围内组织开展保密大检查活动。县保密工作委员会获得地区“保密工作先进单位”荣誉称号。举办由县级领导和各乡镇、各单位信息员参加的培训课 1 次，进行 2 次保密宣传教育。

二、机要工作

（一）机构

1986 年 1 月，札达县机要组成立，为县委办公室下设副科级单位，负责全县密码工作。1996 年，工作人员由 2 人增至 3 人。

1997 年 7 月，机要组更名为机要科。1998 年，增加 1 名工作人员。2000 年，增加 1 名工作人员。

2010 年，设立札达县委机要局（县密码管理局），副科级建制，由县委办公室管理，无内设机构，科级领导职数 1 名。

1986—2010 年札达县机要科（县机要组）领导任职一览表

表 4－2－11

机构名称	职务	姓名	性别	民族	任职时间	备注
机要组 （1986. 01—1997. 07）	组长	王建国	男	汉	1986. 01—1987. 07	县委办副主任
					1987. 07—1992. 12	县委办主任

续表

机构名称	职务	姓名	性别	民族	任职时间	备注
县委办公室机要科（1997.07—2010）	科长	米玛次仁	男	藏	1997.08—1999.08	
		曹平	男	汉	1999.08—2000.10	
		王飞	男	汉	2000.10—2002.06	
		陈国强	男	汉	2004.06—2006.11	县委办副主任
		徐路平	男	汉	2006.11—	县委办副主任

（二）工作

札达县机要人员坚持“保密、准确、迅速”的基本原则，扎实有效地开展工作。

1996年，机要组认真组织学习理论与业务知识；制定工作管理制度；强化值班制度，做到了24小时都有人值班。1997年，两次派机要人员到区内外学习专业知识。

2001年，机要科完成收发报675份。2002年，完成党委、政府渠道收发密报891份（收628份，发263份），计5000余页。

2003年1—3月，札达县遭遇特大雪灾，机要人员以高度负责的精神，准确及时向上级传送雪灾情况，并将上级党委、政府的决策部署传送到县。全年完成密码电报收发1004份（其中收668份，发336份），收发各种非党务政务传真500余份。

2004年，截至6月24日，接收各类电报120余份，传送各类上报电报300余份。2005年，认真开展“岗位大练兵”活动，学习新出版的《全区党政系统密码工作岗位练兵复习大纲》，基本掌握了相关知识和技能。至11月16日，完成密码电报收发565份（其中收430份，发135份），收发各种非党务政务传真1582份。

2007年，狠抓“六意识”① “五作风”② 总体要求的落实工作。至5月22日，收密报170份，收明电25份，发密报49份，发明电2份，收发各类非党务政务传真1760余份。

2008年，按照上级主管部门的部署和要求，认真开展“岗位大练兵”活动，全体机要人员积极参与，认真学习，熟练工作技能。针对安居工程建设、草场承包、“普九”攻坚及抗救灾工作，县机要工作人员本着“三服务”的原则，确保札达县同上级党委、政府和业务主管部门的联系畅通。

至2010年，机要工作平稳运行，确保全县各项工作顺利开展。

第八节　地方志工作

一、机构

2001年，县委、县政府对地方志编纂委员会人员进行适当的调整，充实编委和修志人员，加强组织领导。明确县长为编委第一责任人，安排一名副县长主抓。

2009年，为认真贯彻落实阿里地区2009年地方志工作会议精神，进一步明确阿里地区地方志工作的指导思想、目标任务和具体要求，加强县地方志编纂任务，根据全县人事调整的实际情况，经研究决定，对县地方志编纂委员会成员进行调整。县长尼玛次仁任主任，县委常委、政协主席石确旺扎，县委常委、宣传部部长边巴罗布，县委常委、纪委书记才旺卓玛，县人大常委会副主任班旦益西、桑珠，副县长江措、唐永平、次仁杰阿，县人民检察院检察长崔来春，县人民法院院长达瓦任副主任，各县直单位及各乡镇负责人任成员。

① 即政治意识、服务意识、形象意识、创新意识、学习意识、保密意识。

② 即求真务实的作风、密切联系群众的作风、勤奋敬业的作风、民主团结的作风、廉洁自律的作风。

二、地方志编修

札达县地方志办公室成立后，根据西藏自治区、阿里地区地方志工作会议和有关文件精神，结合札达实际，创新工作发展思路，积极推进志书编辑、修改等各项工作。在开展政治理论学习的同时，结合全县地方志工作现状，组织全体工作人员学习业务知识，深入研究志书编纂的方式方法，总结经验、吸取教训，努力提高工作人员的综合素质与业务能力，以推动札达县地方志工作顺利开展。

1999 年，派人参加自治区举办的编辑人员培训班。

2000 年 1 月，阿里地区召开首届地方志工作会议，传达自治区第二次地方志工作会议精神，动员部署地、县两级修志工作，确定了指导原则和任务目标，阿里地区地方志工作由此全面展开。县政府调整充实札达县地方志编纂委员会，明确县长为编委第一责任人，一名副县长主抓。3 月，派人参加在西藏民族学院（咸阳）举办的修志编纂及管理人员培训班。6—7 月，连续两次召开地方志专题会议，全面安排县志编纂工作，制定详细的编写计划，确保“三纳入、五到位”（各级政府和部门要把修志工作纳入日常工作议程，纳入经济社会发展计划，纳入各级政府的职能和目标管理责任制；必须做到领导、机构、人员、办公条件、经费到位）。投资 2 万元配备计算机、照相机等办公设备。草拟《札达县志》（1960—2000 年）篇目框架。

2001 年，根据实际情况，县委组织部门为方志办分配 1 名大专毕业生，札达县地方志编纂工作开始起步。县政府与各单位签订修志工作目标责任书，进一步落实修志任务，将编写任务责任到人。县方志办印发篇目框架征求意见稿，县直各单位根据本单位情况，提出修改意见和建议。县方志办采纳多方面修改意见，经过多次修改、核对，形成篇目框架。5 月，将《札达县志》（1960—2000 年）篇目框架正式印发到县直各有关部门。6 月 15 日，通过发函的形式，全面启动资料搜集和大事记的初编工作。组织专人按篇目要求进行资料收集，本着先内后外，先近后远，先历史后现状，先查阅档案后采访口述的原则，采取座谈、走访、通信等方式，多层次、多渠道、多形式进行资料收集。大事记主要收集从 1956 年至 2000 年底札达县所发生的重大历史事件，之前的重要历史事件因材料欠缺一时无法编写。7 月 31 日，札达县召开地方志专题会议，将县志编写任务下达到全县 37 个单位，要求承担修志任务的单位和人员务必高度重视，积极行动起来，全力配合县志人员搞好资料搜集和大事记编纂工作。

2002 年，顺利完成《札达县志》大事记部分初稿。11 月 20 日，顺利完成《札达县志》（1960—2000 年）人物部分，包括传、表、录三部分。

2003 年 8 月 21—23 日，阿里地区地方志办公室举办修志人员培训班，邀请陕西省咸阳市地方志办公室副编审张世民、编辑侯望东分别就修志的一般知识、政治部类的编纂、社会部类的编纂、文化部类及经济部类的主要内容和志书编纂中应注意的相关问题进行了有针对性地讲解和辅导，县方志办选派 2 名人员参加培训。同年 10 月，县直各单位将修改稿报送方志办，编纂工作进入一个新的阶段。

2010 年，完成《札达县志》初审工作。并对《札达县志》初稿中的 11 篇 42 章 173 节及人物、大事记等 30 余万字内容进行了修改、校对及完善。

第五篇

政权　政务

第一章　部落割据政权

象雄时期，札达属象雄部落的核心区域。松赞干布统一吐蕃后，札达随象雄收归吐蕃治下，吐蕃在此设立古格东岱。北宋乾德四年（966 年，藏历火虎年），普兰地方政权首领扎西衮之次子松额在札布让（今札达县托林镇境内）创立古格地方政权。清康熙二十年（1681 年，藏历铁鸡年），甘丹才旺收复古格。清康熙二十五年（1686 年，藏历阳火虎年），西藏地方政府在阿里地区建立噶本政府。阿里噶本在札达地区设有两个宗政府和两个本，即札布让宗、达巴宗、曲木底本、萨让如本。1959 年 4 月撤销。

第一节　部落

一、古格东岱

象雄时期，札达属象雄部落的核心区域，相传象雄部落都城——琼隆银城就坐落在札达县达巴乡境内。

唐贞观十八年（644 年，藏历阳木龙年），松赞干布统一吐蕃后，札达随象雄收归吐蕃治下，吐蕃在此设立古格东岱，派官建制，札达境域成为吐蕃在阿里设立的 10 个东岱中的一个。

二、古格地方割据政权

唐会昌二年（842年，藏历水狗年），吐蕃末代赞普赤达玛乌东赞因灭佛被佛教徒刺杀，吐蕃分裂成两派，即永丹派（占据拉萨）、维松派（占据山南），累年相争，吐蕃各地将领拥兵称雄，之前归属吐蕃的部落相继脱离吐蕃的管辖。象雄赤德各部自立山头称王称雄，征战不断。维松之子贝阔赞被永丹派赶至年堆（今日喀则江孜县），被其属下所杀，其子吉德尼玛衮和赤扎西孜巴贝率忠臣亲兵向西行。赤扎西孜巴贝到芒域贡塘（今吉隆、萨嘎一带），在宗喀（今日喀则吉隆县宗嘎镇）创立了贡塘王系。

后梁龙德三年（后唐同光元年，923年，藏历水羊年），吉德尼玛衮逃往布让（今普兰），在玛旁雍错的北边扎营。受到布让地方首领扎西赞的拥戴，便迁至噶尔东（今普兰县噶尔东），称"阿里王"。在朗钦山（今噶尔东村所在的独立山包）上修筑辜卡尼松宫作为其治所。之后，吉德尼玛衮扩充军队，逐渐征服周围地区。后唐清泰元年（934年，藏历木马年）修建热拉卡玛（即热拉红堡，位于今噶尔县扎西岗乡）。后唐清泰二年（935年，藏历木羊年）建立孜托甲日卡（在噶尔县境内）。

北宋建隆元年（960年，藏历铁猴年），阿里王将其三子（长子日巴衮、次子扎西衮、幼子德祖衮）分封至玛域（拉达克）、布让（今普兰县境内）、桑噶（克什米尔）三地为王，形成玛域、布让（普兰）和桑噶三支王系，史称"上部三衮占三围"。玛域（拉达克）王系管辖玛域（今拉达克）、巴尔蒂域（又称下拉达克）、今日土和噶尔两县西部（称上拉达克），下辖噶吉、巴尔蒂、巴郭等6个地方小王。布让（普兰）王系治所在今普兰噶尔东，管辖今阿里地区大部，东至雅鲁藏布江上游，西至朗钦藏布上中游，南至今印度喜马偕尔邦北部以及尼泊尔西北部的久姆拉地区，下辖噶尔东、堆玉、赤德、细德、科迦、吉让等"本"（地方头人）。桑噶王系管辖毕底、毕曲等桑噶三谷（今印控克什米尔地区），下辖巴当等4个地方头人。札达属布让王辖地。

北宋乾德四年（966年，藏历火虎年），普兰王扎西衮之次子松额在札布让（今札达县托林镇境内）创立古格地方政权，境域包括朗钦藏布和森格藏布的上中游。至 11 世纪 80 年代止，古格地方政权辖域限于朗钦藏布流域，东至今噶尔县门士乡夏拉杂贡，西至今札达县的巨哇、曲惹地区，南至葱莎以南原公共地方。

北宋宣和二年（1120 年，藏历第二饶迥铁鼠年），古格第 6 代王索朗泽派其次子觉卧杰布在库奴（今印度喜马偕尔邦北部）建立库奴小王系（传承四代后脱离古格王系）；同时封其幼子卧巴泽为绒琼王，建立绒琼小王系。

古格第 8 代王泽巴尔赞死后，古格经历较短时间的分裂后，至杰德赞时期，南北古格合二为一。

元世祖至元二十九年（1292 年，藏历第五饶迥水龙年），元朝设纳里速古鲁孙元帅府，札达为其辖地。元惠宗至元三年（1337 年，藏历第六饶迥火牛年），印度穆斯林首领穆罕默德·土格鲁克从德里率兵十万入侵喜马拉雅西段，企图征服古格，被古格击败。

14 世纪中叶，古格第 15 代王拉钦·扎巴德在位时，先后兼并普兰、亚泽两王领地，统一阿里，并占领了古格以南的佳南（即觉南、尼底、竹尼，均在今印度北方邦西北端）等藏族聚居区，派员征收赋税。境域东至日喀则昂仁县西部，北至羌塘草原，南至尼泊尔西部。

大约在这个时期古格分为内域和外域，内域（又称南域），即冈底斯山脉以南地区，属古格王直接管理，派亲族成员管理，其中的一些头目也称王。如绒琼王，是管理底雅、什布齐地区 21 个自然村的头目，古格第 6 代王索朗泽的三子维巴泽曾任绒琼王；卡孜王，管理今托林镇所辖卡孜、拨尔（即巴尔）、布噶尔、噶乃亚、多香、波林、达噶等自然村和印控桑、葱萨、波林三多等地区；达巴法王，管理今达巴乡所辖达巴、东波、曲龙 3 个村和今门士乡南部、普兰县巴噶乡西南地区，贝维赞为首任达巴法王。外域（又称北域，指冈底斯山脉以北广大地区）大部分地方由日土王代表古格王管理。

明洪武八年（1375 年，藏历第六饶迥木兔年），明朝中央政府设立俄力思（阿里的谐音）军民元帅府，治所在宗嘎（今日喀则吉隆县宗嘎镇），代表中央政府统一管理今萨嘎、吉隆及其以西，拉达克及其以东西藏西部广大地区的军政边务。

明嘉靖十一年（1532 年，藏历第九饶迥水龙年），喀什噶尔赛因特派遣格萨达进军拉达克及古格地区。

明崇祯三年（1630 年，藏历第十一饶迥铁马年），拉达克组织大军进攻古格，拉达克占领札布让城堡后，派兵占领整个古格地方，古格末代王被拉达克军逮捕，其随从 17 人一同被押至列城，后死于狱中。

第二节　宗本

清康熙二十年（1681 年，藏历铁鸡年），达赖喇嘛派遣蒙古将领甘丹才旺进军阿里，经过 3 年战争，击败了拉达克军队，收复古格。

清康熙二十五年（1686 年，藏历火虎年），西藏地方政府在阿里地区建立噶本政府，直属西藏甘丹颇章政权管辖。阿里噶本在札达地区设有两个宗政府和两个本，即札布让宗、达巴宗、曲木底本、萨让如本。两宗政府和两个本在阿里噶本直接领导下，分别管理地方一切事务。两宗政府一般设宗本 1 人、秘书 1 人、管家 1 人。宗本或代宗本均由拉萨噶厦直接委派，实行 4 年轮任。秘书和管家由宗本或代宗本任命。两宗政府均未设立办事机构，其日常事务分别由秘书和管家处理，两个本属世袭本，直接由噶厦管理。

1959 年 3 月 10 日，西藏地方政府和上层反动集团在拉萨发动武装叛乱。4 月 6 日，札布让宗、达巴宗、萨让如本、曲木底本被阿里地区军事管制委员会撤销。宗本机构的具体设置，参见下图示。

1. 札布让宗（杂仁宗）

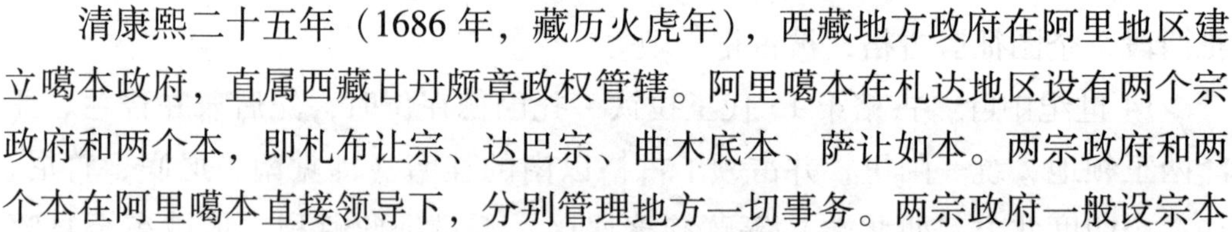

2.达巴宗

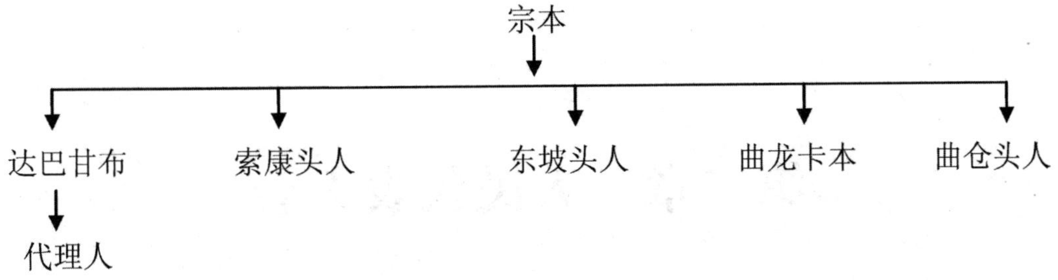

3.萨让如本（以下归噶本直属）

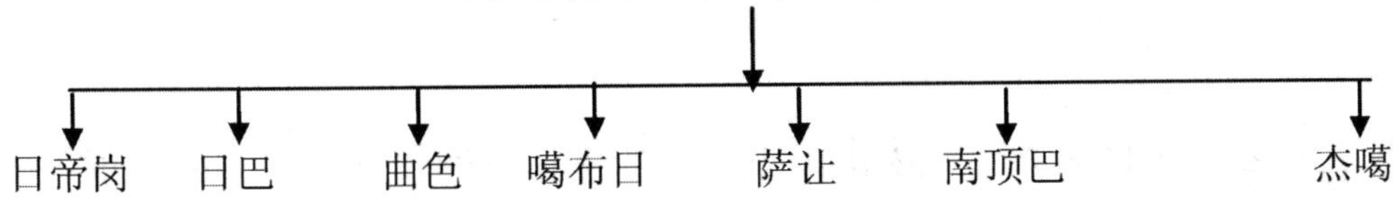

4.曲木底本　噶伦　甘布　代理人

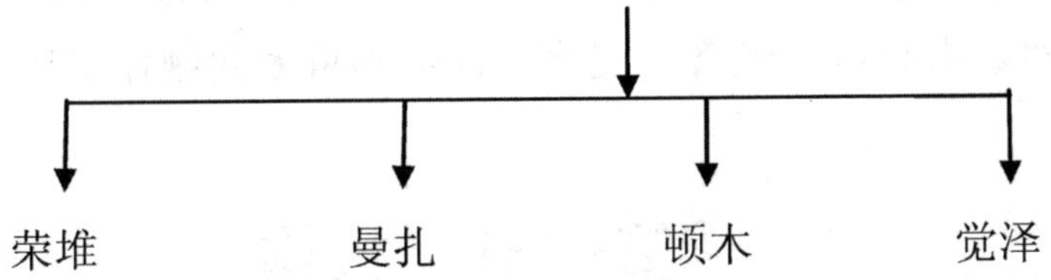

5.朗如本　头人　甘布　代理人

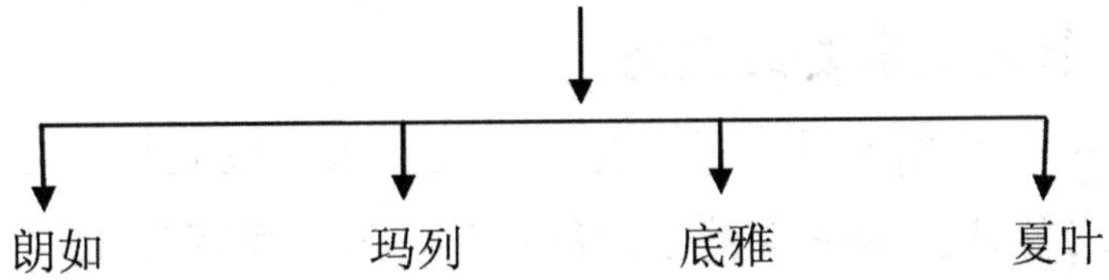

第二章　人民代表大会

札达县人民代表大会代表由民主选举产生，定期召开代表大会，审议决定全县重大事项，选举县人大常委会主任、副主任，县长、副县长及县法院院长、县检察院检察长等。截至2010年底，札达县共召开十届人民代表大会，依法对县内政治、经济、文化、社会等重大问题作出决议、决定。

第一节　机构

一、县人大常委会机构

1965年，根据阿里专区普选办事处要求，成立札达县选举委员会，各区、乡也分别成立选举委员会，负责县、区、乡普选工作。“文化大革命”期间，县选举委员会职能由县革命委员会暂代。

1981年12月27—31日，札达县第三次人民代表大会在托林召开。根据第五届全国人大第二次会议通过的《中华人民共和国地方各级人民代表大会和地方各级人民政府组织法》规定，设立札达县人民代表大会常务委员会。

1995年，《中华人民共和国地方各级人民代表大会和地方各级人民政府组织法》修改、实施后，县人大常委会每届任期5年，在县人民代表大会闭会期间行使大会职权。

1996 年，县人大常委会设办公室，科级建制。

2000 年，县人大常委会下设办公室、财经小组、法律监督小组、文教卫生监督小组和代表联络小组。

截至 2010 年底，县人大常委会及其办公室有行政编制 9 名（县级领导职数 5 名，科级领导职数 2 名）。办公室主要负责县人大常委会的日常工作；收集交流人大工作信息和社会经济法律工作信息，为人大常委会决策提供依据；办理人民来信来访；起草人大文件；搞好县乡人大换届选举工作和指导工作；负责人大常委会组织人民代表视察，督促有关部门落实对代表议案的办理情况；负责代表联络；受理公民和单位对人民代表的指控申诉；负责常委会交办的其他事项。

1981—2010 年札达县人大常委会领导任职一览表

表 5 -2 -1

机构名称	职务	姓名	性别	民族	任职时间	备注
札达县人大常委会	主任	尼丁莫	男	藏	1981. 12—1983. 11	1980. 10— 1983. 08 任县委第一书记
		1983. 12—1987. 03 无正职				
		朗杰平措	男	藏	1987. 04—1990. 11	
		索南坚赞	男	藏	1990. 11—1993. 10	
		扎西旺久	男	藏	1993. 10—1997. 10	县委常委
		洛桑	男	藏	1997. 10—2000. 10	县委常委
		扎西多吉	男	藏	2000. 10—2006. 10	县委副书记
		曲加	男	藏	2006. 10—2010. 08	县委副书记
		噶玛次珠	男	藏	2010. 08—	县委副书记
	副主任	索南坚赞	男	藏	1981. 12—1987. 04	
		洛桑群培	男	藏	1987. 04—1990. 11	
		洛桑	男	藏	1995. 08—1996. 01	

续表

机构名称	职务	姓名	性别	民族	任职时间	备注
札达县人大常委会	副主任	扎西桑珠	男	藏	1996.10—2000.10	
		班旦益西	男	藏	1997.10—2010.08	
		丹增益西	男	藏	2000.10—2003.11	
		石确旺扎	男	藏	2002.11—2006.05	
		其美多吉	男	藏	2004.08—	
		桑珠	男	藏	2006.11—2008.05	

1993—2010 年札达县人大常委会办公室领导任职一览表

表 5－2－2

机构名称	职务	姓名	性别	民族	任职时间	备注
札达县人大常委会办公室	主任	强巴	男	藏	1993.10—1998.09	
		仁钦朗杰	男	藏	1998.09—	
	副主任	陈兵	男	汉	2006.11—2008.04	

二、乡镇人大机构

1999 年，札达县撤区并乡，将原来的 6 区 15 乡调整为 1 镇 5 乡，并进行换届选举，先后召开各乡镇人民代表大会，选举乡镇长 6 名，副乡镇长 12 名，各乡镇党委书记兼任各乡镇人大主席团主席。

1999—2010 年札达县乡镇人大主席任职一览表

表 5－2－3

机构名称	职务	姓名	性别	民族	任职时间	备注
托林镇人大	主席	李平	男	汉	1999.07—2002.06	镇党委书记兼
		多吉	男	藏	2007.11—	

续表

机构名称	职务	姓名	性别	民族	任职时间	备注
香孜乡人大	主席	索朗多吉	男	藏	1999.01—2003.11	乡党委书记兼
		群培	男	藏	2007.11—	
	副主席	班旦多吉	男	藏	2002.06—2006.06	
达巴乡人大	主席	欧珠多吉	男	藏	1999.07—2002.06	乡党委书记兼
		米玛次仁	男	藏	2002.06—2006.05	乡党委书记兼
		王伟	男	汉	2007.11—2010.06	乡党委书记兼
		巴桑次仁	男	藏	2010.07—	乡党委书记兼
	副主席	土旦	男	藏	2002.06—2006.06	
		巴桑次仁	男	藏	2007.11—	
萨让乡人大	主席	索南	男	藏	1999.07—2002.06	乡党委书记兼
		塔巴多吉	男	藏	2002.06—2006.06	乡党委书记兼
		王新雄	男	汉	2007.11—	乡党委书记兼
	副主席	多布杰	男	藏	2002.06—2005.04	
		强巴央金	女	藏	2007.11—	
底雅乡人大	主席	次仁多吉	男	藏	1999.07—2000.07	乡党委书记兼
		欧珠多吉	男	藏	2000.07—2006.06	乡党委书记兼
		桑布	男	藏	2006.06—	乡党委副书记
曲松乡人大	主席	帕巴坚参	男	藏	1999.07—2002.06	乡党委书记兼
		次仁多吉	男	藏	2002.06—	
	副主席	舒雄	男	汉	1999.07—2000.10	

第二节　会议

一、札达县第一届人民代表大会

1965 年 6 月 10—20 日，札达县第一届人民代表大会在托林召开，出席会议代表 42 名。大会审议通过《县人民政府工作报告》《县财政预决算执行情况报告》；选举产生县人民委员会县长 1 人、副县长 1 人、委员 13 人。

二、札达县第二届人民代表大会

1969 年 8 月 8 日，札达县第二届人民代表大会在托林召开。大会选举产生由军队代表、群众代表、干部代表三结合的札达县革命委员会委员 11 人、常委 9 人，主任 1 人、副主任 4 人。在正、副主任中，有军队代表 3 人、干部代表 2 人。1970 年 1 月至 1976 年 7 月，先后任命县革命委员会主任 4 人，增补副主任 14 人。

三、札达县第三届人民代表大会

1981 年 12 月 27—31 日，札达县第三届人民代表大会在托林召开，应到代表 89 人，实到 69 人。大会审议通过《县革命委员会工作报告》《县财政预决算执行情况报告》。大会根据第五届全国人民代表大会二次会议通过的《中华人民共和国地方各级人民代表大会和地方各级人民政府组织法》规定，撤销札达县革命委员会，恢复札达县人民政府，设立札达县人民代表大会常务委员会和县人民检察院。大会选举产生县人大常委会主任 1 人、副主任 1 人、委员 10 人；会议决定，札达县人民政府由县长 1 人、副县长 2 人组成。1983 年 6 月，札达县第三届人民代表大会第三次会议增补白玛欧珠为县人民政府代理县长。

四、札达县第四届人民代表大会

1985 年 1 月 15—20 日，札达县第四届人民代表大会在托林召开，应到代表 89 人，实到 69 人。大会审议通过《县人大常委会工作报告》《县人民政府工作报告》《县人民法院工作报告》《县人民检察院工作报告》《县财政预决算报告》；选举产生札达县人大常委会副主任 1 人（主任空缺）、委员 9 人，札达县人民政府县长 1 人、副县长 2 人。

五、札达县第五届人民代表大会

1987 年 11 月 26—29 日，札达县第五届人民代表大会在托林召开，应到代表 65 人，实到 53 人。大会审议通过《县人民政府工作报告》《县人民法院工作报告》《县人民检察院工作报告》《县财政预决算报告》；选举产生札达县第五届人民代表大会常务委员会主任 1 人、副主任 1 人、委员 7 人，县人民政府县长 1 人、副县长 2 人，县人民法院院长 1 人。1989 年，在札达县第五届人民代表大会第三次会议上，补选邵传银为县人民政府副县长。

六、札达县第六届人民代表大会

1990 年 11 月 1—5 日，札达县第六届人民代表大会在托林召开，应到代表 65 人，实到 57 人。大会审议通过《县人民政府工作报告》《县人民法院工作报告》《县人民检察院工作报告》《县财政预决算报告》；选举产生札达县第六届人民代表大会常务委员会主任 1 人、副主任 1 人、委员 7 人，县人民政府县长 1 人、副县长 2 人，县人民法院院长 1 人。1992 年 4 月，经县人大常委会批准，增补夏克番为县人民政府副县长。1992 年 8 月，增补班旦益西为县人民政府副县长。

七、札达县第七届人民代表大会

1993 年 10 月 21—27 日，札达县第七届人民代表大会在托林召开，应到代表 65 人，实到 57 人。大会审议通过《县人民政府工作报告》《县人民法院工作报告》《县人民检察院工作报告》《县财政预决算报告》；选举产生札达县第七届人大常委会主任 1 人、委员 7 人，县人民政府县长 1 人、副县长 3 人，县人民法院院长和县人民检察院检察长各 1 人。1993 年 11 月，经区党委批准，增补康志宏为县人民政府副县长（主管科技）。

八、札达县第八届人民代表大会

1997 年 10 月 20—25 日，札达县第八届人民代表大会在托林召开，应到代表 74 人，实到 65 人。大会审议通过《县人民政府工作报告》《县人民法院工作报告》《县人民检察院工作报告》《县财政预决算报告》；选举产生札达县第八届人民代表大会常务委员会主任 1 人、副主任 2 人、委员 9 人，县人民政府县长 1 人、副县长 5 人。

2000 年 10 月 25 日，札达县第八届人民代表大会第四次会议召开，应到代表 75 人，实到代表 50 人。会议通过五大工作报告，总结了一年的主要工作，并安排了 2001 年的主要任务。县人大按照地委、人大阿里地工委指示精神，依照法律程序，选出县人民政府县长 1 名和人大常委会主任 1 名。

九、札达县第九届人民代表大会

2002 年 10 月 30 日至 11 月 1 日，札达县第九届人民代表大会第一次会议在托林召开。会议听取并审议通过《札达县人大常委会工作报告》《县人民政府工作报告》《县 2002 年国民经济和社会发展计划执行情况与 2003 年国民经济和社会发展计划》《县 2002 年财政预算执行情况和 2003 年财政预算编制》《县人民法院工作报告决议》《县人民检察院工作报告决议》；听取议案审查委员会《札达县第九届人民代表大会第一次会议议案审查情况的报告》。

2003 年 10 月 17—19 日，札达县第九届人民代表大会第二次会议在托林召开。会议表决《政府工作报告的决议（草案)》，表决《县 2003 年国民经济和社会发展计划执行情况与 2004 年国民经济和社会发展计划的决议（草案)》。表决《关于县 2003 年财政预算执行情况和年财政预算编制的决议（草案)》。听取并审议通过《县人大常委会工作报告》。表决《县检察院报告决议（草案)》。表决《县人民法院工作报告决议（草案)》，听取议案审查委员会《关于札达县第九届人民代表大会第一次会议议案审查情况的报告》。

2004 年 10 月 20—22 日，札达县第九届人民代表大会第三次会议在托林召开，听取并审议通过《县人民政府工作报告》《县 2004 年国民经济和社会发展计划执行情况与 2005 年国民经济和社会发展计划报告》《县 2004 年财政预算执行情况和 2005 年财政预算的报告》《县人大常委会工作报告》《县人民检察院工作报告》《县人民法院工作报告》。

2005 年 10 月 11—13 日，札达县第九届人民代表大会第四次会议在托林召开，听取并审议通过《县人民政府工作报告》《县 2005 年国民经济和社会发展计划执行情况与 2006 年国民经济和社会发展计划报告》《县 2005 年财政预算执行情况和 2006 年财政预算的报告》《县人大常委会工作报告》《县人民检察院报告》《县人民法院工作报告》。

2006 年 10 月 11 日至 13 日，札达县第九届人民代表大会第五次会议在托林召开，听取并审议通过《县人民政府工作报告》《县 2006 年国民经济和社会发展计划执行情况与 2007 年国民经济和社会发展计划报告》《县 2006 年财政预算执行情况和 2007 年财政预算的报告》《县人大常委会工作报告》《县人民检察院工作报告》《县人民法院工作报告》。

十、札达县第十届人民代表大会

2007 年 10 月 26—28 日，札达县第十届人民代表大会第一次会议在托林召开。会议听取并审议通过《县人大常委会工作报告》《县人民政府工作报告》《县 2007 年国民经济和社会发展计划执行情况与 2008 年国民经济和社会发展计划报告》《县 2007 年财政预算执行情况和 2008 年财政预算的报告》《县人民法院工作报告》。

2008 年 10 月 4—6 日，札达县第十届人民代表大会第二次会议在托林召开，听取并审议通过《县人民政府工作报告》《县 2008 年国民经济和社会发展计划执行情况与 2009 年国民经济和社会发展计划报告》《县 2008 年财政预算执行情况和 2009 年财政预算的报告》《县人大常委会工作报告》《县人民检察院工作报告》《县人民法院工作报告》。

2009 年 10 月 14 日，札达县第十届人民代表大会第三次会议在托林召开。会议由县委副书记、人大常委会主任曲加主持，县委副书记、县长尼玛次仁向大会作政府工作报告。会议审议并通过《县政府工作报告》《县财政执行情况及2010年财政预算（草案）》《县人大常委会工作报告》《县人民检察院工作报告》《县人民法院工作报告》。

2010年10月15—17日，札达县第十届人民代表大会第四次会议在托林召开，会议听取并审议通过《县人民政府工作报告》《县2010年国民经济和社会发展计划执行情况与2011年国民经济和社会发展计划报告》《县2010年财政预算执行情况和2011年财政预算报告》《县人大常委会工作报告》《县检察院工作报告》《县人民法院工作报告》。

第三节　代表选举

一、县级人大代表选举

札达县人民代表大会成立后，都能按规定、按要求做好代表选举工作。

1997年，成立以县委副书记王秀成为主任委员，县委原常委、县人大常委会主任扎西旺久，县委常委、常务副县长于景欣，县委常委、组织部部长南木色，原县人大常委会副主任洛桑，县人武部部长张秀福为副主任委员的县人大代表换届选举委员会，在全县划分31个选区，共选出县人大代表75人，其中男59人，女16人；汉族代表10人，藏族和其他少数民族代表65人；青年代表29人，中年代表43人，老年代表3人；各级领导干部代表26人，科技人员6人，爱国人士2人，驻军代表6人，工人代表2人，农牧民代表33人。

2002年9月1日，进行札达县第九届人大代表的选举工作，共选出农牧民代表27人，干部、工人代表36人，知识分子、科技人员代表3人，解放军代表4人，武警代表2人，妇女代表18人。

2010年，札达县人事调动和援藏干部调整较大，根据《中华人民共和国全国人民代表大会和地方各级人民代表大会选举法》相关规定，召开县人大常委会主任会议，明确要求选举机关按照选举程序做深做细补选工作，对乡镇农牧民代表补选期间，人大常委会工作人员不能到达现场组织选举的，由乡镇人大主席团具体负责；对县直机关代表的补选，由人大常委会工作人员亲临选举现场进行指导。通过严格程序，补选县人大代表 12 名。

二、乡镇人大换届选举

1965 年，3 个普选乡共选出乡人民代表大会代表 43 人，其中贫苦农牧民 36 人；乡人民委员会委员 21 人，其中贫苦农牧民 19 人；7 个召开代表会议乡，共选出代表 99 人，其中贫苦农牧民代表 82 人；乡人民政府委员会委员 47 人，其中贫苦农牧民委员 43 人。

1987 年 9 月，全县除 3 个新改乡因条件不成熟，暂未进行乡级人大换届选举外，其他 12 个乡都召开了人民代表大会，顺利完成了乡级人大换届选举工作。与此同时，全县 15 个乡选举产生了札达县第五届人民代表大会代表。

1990—1993 年，县人大常委会建立札达县、乡两级换届选举工作组织领导机构，成立换届选举委员会，下设办公室，各区成立换届选举指导小组，各乡成立换届选举委员会，各村成立村民选举小组，分级负责，层层管理。积极组织县直机关单位有较高政治素质和文化水平的工作人员下乡宣传《组织法》《选举法》等法律知识和换届选举常识，进一步增强广大干部群众的民主意识和法制观念，调动全县人民当家做主、管理国家和地方事务的积极性，确保换届选举合规合法。

1996 年，全县 15 个乡具有选举权的公民有 2873 人，参加选举的公民有 2729 人。全县 15 个乡共选出乡长 15 名，副乡长 16 名。在 31 名正、副乡长中，具有初中以上文化程度的 10 人，年龄在 35 岁以下的 9 人。

1999 年，札达县进行撤区并乡工作，由原来的 6 个区、15 个乡、58 个行政村，调整为 5 个乡、1 个镇，14 个村、1 个居民委员会，58 个村民小组。随即进行乡镇人大选举工作。全县农牧民总人口 5292 人，其中具有选举权和被选举权的公民 3162 人，参加选举的公民 2883 人。选出乡级人大代表 218 人（女 50 人）。同年 8 月召开撤区并乡后的第一届人民代表大会，选举产生乡镇人大主席、乡镇长等乡镇领导成员 26 名。其中，乡镇人大主席 6 人（兼职），副主席 5 人，乡镇长 6 人，副乡镇长 9 人。

2000 年，县人大常委会认真做好札达县乡镇人大换届选举工作。每次乡镇人大换届选举前，县人大常委会依法成立乡镇换届选举委员会和办事机构，督促乡镇成立换届领导小组。

2002 年，札达县利用开展“千名干部进牧区、理思路、促发展”活动之际，进行换届选举。全县农牧民总人口 5230 人，其中具有选举权和被选举权的公民 3209 人，参加选举 3091 人。选出乡级人大代表 218 人（其中农牧民代表 192 人），其中年龄 40 岁以下的 105 人。并于 8 月 30 日前相继召开新一届人大第一次会议，选举产生人大主席 6 人（专职 2 人），副主席 4 人（专职 3 人），乡镇长 6 人，副乡镇长 17 人。

2008 年，各乡镇召开人民代表大会，选出人大主席 6 名，乡镇长 6 名，副乡镇长 16 名。改变原来由乡镇党委书记兼任人大工作的形式，所有乡镇人大工作由乡镇人大主席负责。

2010 年，县人大常委会听取各乡镇人大换届选举工作汇报，并走访农牧区部分群众和基层农牧民代表，总结换届选举的经验与不足。为 2011 年换届选举做好筹备工作。

第四节　履行职能

根据中华人民共和国相关法律规定，县级人大常委会的职责有：监督、检查宪法、法律、行政法规以及上级人民代表大会及其常委会的决议、决定在本行政区域的贯彻执行；领导或者主持本级人民代表大会代表的选举，召集本级人民代表大会；讨论和决定本行政区域内的政治、经济等领域内的大事；监督“一府两院”的工作；做好人大代表工作；联系乡镇人民代表大会工作；监督“一府两院”办理各级人大代表提出的建议、意见、议案工作和信访案件查结等工作。

一、视察调研

1999 年 4 月，县人大常委会组织人员在农牧区考察调研，针对农牧民的生活、生产设施、社会稳定等进行调查，主要包括农牧业生产情况，抗灾救灾恢复生产，重建家园，义务教育情况，扫黄打非和综合治理情况，群众关心的热点难点情况等。

2002 年，县人大常委会委员和办公室人员深入农牧区，组织基层人大代表对农牧业生产、社会局势及群众最关心的热点问题等进行视察，共收到建议、意见 42 件。组织代表深入札布让组、波林村、托林居委会、曲松乡、香孜乡、萨让乡、底雅乡鲁巴村，对农牧业基础设施建设、抗灾救灾恢复生产重建家园、乡镇企业、义务教育、综合治理、法制教育、基层党组织建设情况、环境保护和文物管理等情况进行视察，提出合理的批评、意见和建议。

2003—2004 年，县人大常委会组织部分县人大代表对札达县基本建设项目进展情况进行视察。针对县城内续建、完成项目、查阅项目的合同执行情况、项目进展情况、工程质量情况、资金使用情况、安全生产情况、完工项目情况等进行视察，并提出建议。

2005 年，县人大常委会组织部分人大代表分别在托林镇、香孜乡、达巴乡对札达县九年义务教育普及情况、适龄儿童入学率等义务教育方面进行视察，代表提出意见建议 22 条。

2006 年，县人大常委会组织部分县级人大代表深入曲松乡、底雅乡、达巴乡 8 个作业组牧场，对畜牧业生产、牲畜疫病防治、疫苗接种等相关问题进行视察，提出意见建议 23 条。2007 年，组织部分人大代表对农牧民增收、残疾人生活保障、妇女儿童权益保障情况等进行视察，提出意见建议 17 条。

2008 年，县人大常委会配合有关部门，对 2007 年小反刍疫情给农牧民造成的经济损失进行调研，并依照自治区有关规定，协助有关单位对受灾群众给予补助，并对其资金落实情况进行督促检查。围绕县域经济发展以及全县经济发展战略，有侧重地开展调查研究，提出意见建议。组织人大代表对基层政权建设、公检法、乡村卫生院（所）等基本建设项目质量、执行情况进行调研。2009 年，组织代表深入基层一线，对农牧业生产、社会局势及群众最关心的热点问题等进行视察，提出意见建议 34 条。

2010 年，县人大常委会组织县人大代表围绕教育、医疗、社会稳定、群众生活、社会保障等民生问题进行调研，并提出意见建议。在全县 73 名人大代表中，组建6个代表活动小组，组织人大代表在调整农业产业结构、发展特色农业产业、保护生态环境建设、社会稳定等方面发挥了代表模范作用。

二、议案、建议

1990年11月，在札达县第六届人民代表大会第一次会议上，共收到代表议案25件，经审查，都作为建议、意见处理。其中，17件建议意见得到落实，其他8件交相关部门办理。

札达县第七届人民代表大会第三次会议上共提出意见建议21条，涉及政治、经济、教育、文化、卫生等方面。

1997年10月，札达县第八届人民代表大会第一次会议共收到代表议案50件，经审查，都作为建议、意见处理。其中立案49件（文教、卫生类11件，经济建设、能源、交通类31件，其他方面7件），不予立案1件。立案的建议、意见中，大部分在县政府会议期间有关部门向代表做了口头答复，其余分送各有关部门，并提出具体办理要求。札达县第八届人民代表大会第二次会议共收到代表议案、建议31件。作为议案处理9件，其中，基本组织方面议案1件，基本建设方面2件，草场纠纷案1件，卫生方面1件，财政方面2件，其他方面2件。作为建议、意见处理22件，其中农牧区基本建设方面8件，交通、能源方面6件，文化、教育、卫生方面2件，法制建设方面2件，扶贫方面2件，基建方面1件，通讯方面1件。札达县第八届人民代表大会第三次会议共收到代表议案、建议27件，札达县第八届人民代表大会第四次会议共收到议案、建议31件。

札达县第九届人民代表大会第一次会议和闭会期间，共收到代表提出的意见建议112件，全部办结。札达县第九届人民代表大会第三次会议共收到代表提出的意见建议等事项共99条。2006年，札达县第九届人民代表大会第四次会议收到代表意见建议87条，均送至各有关部门，并明确答复的具体时限和要求。

2007年，札达县第九届人民代表大会第五次会议共收到代表意见建议56件。2008年，札达县第十届人民代表大会第五次会议共收到代表意见建议 38 件，36 件在会议期间有关部门均作出答复，2 条交相关部门办理。

2009 年，共办理县人大代表建议、意见 117 条。2010 年 10 月，札达县第十届人民代表大会第三次会议期间，共收到代表意见建议 100 条。

三、人事任免

依法任免国家机关工作人员，是宪法和法律赋予人大的一项重要职责。札达县人民代表大会以对党和人民事业高度负责的态度，严格决策程序，充分尊重民意，广泛集中民智，做到科学决策，民主决策。始终坚持党管干部的原则，坚持党管干部和依法任免的有机统一，“用好的作风选人，选作风好的人”。

1993—1997 年，在干部任免工作中，县人大常委会严格按照“四化”标准和德才兼备的原则，认真履行干部任免职责。共依法选举和任免县级以上领导干部 14 人，正局级和专业技术干部 28 名。

1997 年 10 月至 2002 年 10 月，札达县第八届人民代表大会期间，审议任命县人民政府各局、室领导 17 人；任命县人民法院副院长 1 人；任命县人民检察院副检察长 1 人；任命县人大常委会办公室正副主任 2 人。批准《札达县城镇总体规划》。重视选拔和任用少数民族干部。截至 2000 年底，全县 197 名国家行政干部中，少数民族占到 174 人。

2003 年，任命县人民政府部门负责人 23 人。2004 年，免去县人民政府副县长 4 名，免去县人大常委会主任 1 名，免去县人民检察院检察长 1 名，补任县人民政府副县长 5 名，政府部门负责人 23 名，为政府工作提供了组织保障。2005 年，任免县人民政府部门负责人 7 人。

2006 年，任免县人民政府部门负责人 11 人，任命县人大常委会办公室负责人 1 人。2007 年，任免县人民政府部门负责人 16 人，检察院检察长 1 人。2008 年，任免县人民政府负责人 29 人，“一府两院”领导 2 人，任免县人大常委会委员 4 人。2009 年，任免县人民政府负责人 14 人，任免“一府两院”领导 2 人，任免县人大常委会委员 2 人。2010 年，任命“一府两院”领导 8 名，免职 4 名，免去县人大常委会委员 8 名。

四、监督检查

1965年，札达县人民代表大会成立后，结合札达县实际，制定行之有效的监督制度，从制度上保证各项监督依法有效进行。围绕经济建设和社会稳定，坚持讲大事、议大事、抓大事，对“一府两院”工作进行监督。

1981—2000年，在人民代表大会闭会期间，县人大常委会高度重视监督工作，通过听取和审议工作报告、执法检查等多种形式，依法履行监督职责，不断加强监督力度，提高监督实效。

1999年底，围绕全县中心工作和人民群众关心的重大问题，常委会专门听取县公、检、法案子处理情况汇报，特别是对文物盗窃案件的处理情况是否公正等进行检查和监督。

2001—2010年，县人大常委会加强对“一府两院”各项工作的监督，将札达县“十五”“十一五”计划实施、重点项目建设、各项主要经济指标完成情况、执法情况及群众关心的热点、难点问题作为审议、监督检查的重点。坚持把任命权与监督权有机结合起来，加强干部任后的监督工作。在听取汇报、视察、调研、执法检查等活动中，对被任命的干部工作进行综合评价。加大对司法机关和司法案件的监督力度。通过听取“两院”专项工作汇报，采取代表旁听、监督落实错案责任追究制等方法，切实纠正有法不依、执法不严、违法不究的问题。

2002年，县人大常委会进一步加强对“一府两院”工作的监督，及时听取有关工作汇报，特别是加强对人民政府贯彻执行农牧区现行方针政策情况、财政预算执行情况、财政决算完成情况和“两院”执法、办案等情况的监督。加强对大型工程质量和人民群众反映强烈的问题进行监督。县人大常委会将札达县“十五”计划实施、重点项目建设、各项经济指标完成情况、执法情况及群众关心的热点、难点问题作为审议、监督的重点进行监督检查。

2003年，县人大常委会分别就近三年来干部任后情况进行监督检查，对被任命干部工作进行综合评价。2004年，县人大常委会对“一府两院”、公安局、司法局等有关执法单位合法使用公权力、文明执法等相关问题进行监督检查。2005年，县人大常委会通过听取法院、检察院专项工作汇报，采取代表旁听、监督落实等方法，对法院、检察院两院有法不依、违法不究问题进行监督检查。

2006 年，县人大常委会就财政资金使用情况、发改委项目落实情况、住建局房屋改建情况、农牧局草场划定情况进行监督检查，对发现的问题要求及时整改。2007 年，札达县出现大面积的小反刍疫情，造成大量羊死亡。县人大常委会配合有关部门，对小反刍疫情给农牧民造成的经济损失进行调研，并依照自治区有关规定，协助有关单位对受灾群众给予补助，并对资金落实情况进行督促检查。

2008 年，札达县人大常委会对县人民政府关注民生、强农惠农的落实情况进行跟踪检查；对在建项目进行检查；对县政府承诺的大事要事的落实情况进行监督检查。对“整差治乱”、食品安全、安全生产、道路运输、旅游景点、安全饮水、工程建设等进行执法检查和专项工作检查，并要求对检查中发现的问题限期整改。配合自治区人大常委会、人大阿里地工委在札达县的各项执法检查和立法调研任务。5 月，对全县五乡一镇财务运行情况进行审查，并责成工作人员建立明细账目，制定严密的财务管理制度，有效促进了财政的审核管理，使各乡镇的资金运行逐步走向法制化、正规化轨道。

2009 年，县人大常委会组织代表对人民政府工作报告上所承诺的道路修缮、危房改造、教育、卫生、医疗等民生项目落实情况进行督导检查。

2010 年，县人大常委会分别听取和审议了县政府关于国民经济和社会发展、卫生、财政、农业、民政、交通、国土资源、安监、“五五”普法等专项工作报告和县人民法院、县人民检察院工作汇报。听取和审议了安全生产工作报告，在充分肯定政府部门取得成绩的同时，指出工作中存在的问题和不足。组织县、乡人大代表对县政府工作报告中所承诺的大事、要事、实事，如干部职工周转房、巴札通县油路建设、萨让乡电站建设、底雅乡整乡推进等工程建设情况进行检查。针对札达旅游开发、大型工程建设、县城创建文明城市等工作的不足，向县政府提出建议。专题开展对《中华人民共和国森林法》《中华人民共和国畜牧法》2 个法律法规实施情况进行执法检查，札达县人大常委会牵头组织县直各执法部门对县城环境卫生、食品卫生、酒吧、娱乐场所、部分大型建筑工地等进行了不少于 6 次的执法检查。

第三章 政府

1960年，札达县人民政府宣布成立。1965年6月，札达县人民政府更名为县人民委员会。1969年8月，成立札达县革命委员会。1981年，撤销县革命委员会，恢复设立札达县人民政府。从1981年县人民政府恢复设立到2010年，在中共札达县委的领导和县人民代表大会的监督下，县人民政府依照法律赋予的职权，积极开展工作，确保党的方针政策、国家法律法规及县人民代表大会作出的决议、决定得到正确实施。带领札达人民解放思想，抢抓机遇，深化改革，扩大开放，推动了国民经济稳步发展和社会事业全面进步，人民生活水平不断提高。

第一节 札达宗办事处

1951年9月，中国人民解放军进入香孜，札达县实现了和平解放。1954年，西藏地方政府设阿里基巧，将噶本改为总管，由西藏地方政府派4名僧俗官员，分管札布让宗、达巴宗。6月，中共阿里分工委、阿里骑兵支队联合派工作组进驻香孜，工作组一边做社会调查、守卫边防，一边开展统战工作，为宗党委、宗办事处成立做准备。

1956年11月6日，经噶本及达巴宗、札布让宗多次协商，并报经中共西藏工委、自治区筹备委员会、中共阿里分工委批准，札布让宗和达巴宗合并成立札达宗，并在香孜成立阿里基巧办事处札达宗办事处及宗党委。宗办事处为过渡时期带有政权性质的协商机构。原札布让宗和达巴宗与札达宗办事处并存。曲木底本和萨让如本归札达宗办事处和宗党委管理。

1957 年 8 月 15 日，根据中共阿里分工委决定，撤销札达宗办事处。

1956—1957 年札达宗办事处领导任职一览表

表 5－3－1

机构名称	职务	姓名	性别	民族	任职时间	备注
札达宗办事处	主任	阿旺却达	男	藏	1956. 11—1957. 08	
	副主任	丹珍才旺	男	藏	1956. 11—1957. 08	第一副主任
		高德杰	男	汉	1956. 11—1957. 08	宗党委副书记兼

第二节　札达县人民政府

一、县政府

1959 年 3 月 10 日，西藏地方上层反动集团公然撕毁中央人民政府和西藏地方政府签订的《十七条协议》，发动全面武装叛乱。4 月 5 日，阿里军事管制委员会成立，并发布第一号“布告”，宣布解散噶本政府和各宗政府，对全地区实行军事管制。5 月，中共阿里分工委、阿里军事管制委员会联合派工作组进驻托林，分别接管札布让宗、达巴宗政府，收缴两宗政府的印章及文件。

1960 年 5 月，札达县人民政府成立。1961 年 5 月 30 日，设立县人民政府参事室，由县长葛尔劳兼任主任。10 月 28 日，成立札达县人民政府党组，由县长葛尔劳任党组书记。

1965 年 6 月，札达县人民政府更名为县人民委员会。

1967 年 3 月 25 日，中国人民解放军奉命介入地方“文化大革命”运动，札达县军事管制小组成立，对全县实行军事管制，行使县委和县人民委员会职权。

1968 年，成立札达县“抓革命、促生产领导小组”等临时机构。

1969 年 8 月，经阿里地区革命委员会、阿里军事管制委员会批准，成立札达县革命委员会。8 月 8 日，召开札达县第二次人民代表大会，选举产生由军队代表、地方干部代表、群众代表组成的“三结合”的札达县革命委员会。县革委会工作机构为“四大组”，即办事组、政治工作组、生产指挥组、人民保卫组。“四大组”同时也是县革委会党的核心领导小组的工作机构。

1981 年 12 月 27 日，札达县第三次人民代表大会召开，撤销县革命委员会，恢复设立札达县人民政府。

1990 年 12 月，恢复设立札达县人民政府党组，由县长洛桑群培任书记。

1960—2010 年札达县人民政府（县人民委员会、县革命委员会）领导任职一览表

表 5－3－2

<table>
<tr><th>机构名称</th><th>职务</th><th>姓名</th><th>性别</th><th>民族</th><th>任职时间</th><th>备注</th></tr>
<tr><td rowspan="5">札达县
人民政府</td><td>县长</td><td>葛尔劳</td><td>男</td><td>藏</td><td>1960.05—1965.06</td><td>1961 年 10 月之后兼党组书记</td></tr>
<tr><td rowspan="4">副县长</td><td>吴世明</td><td>男</td><td>汉</td><td>1960.05—1961.04</td><td></td></tr>
<tr><td>张光明</td><td>男</td><td>汉</td><td>1961.10—1965.04</td><td></td></tr>
<tr><td>王清泉</td><td>男</td><td>汉</td><td>1962.10—1964.05</td><td>兼公安局局长</td></tr>
<tr><td>杨炳南</td><td>男</td><td>藏</td><td>1964.05—1965.06</td><td></td></tr>
<tr><td rowspan="2">札达县
人民委员会</td><td>县长</td><td>杨炳南</td><td>男</td><td>藏</td><td>1965.06—1967.02</td><td>县委副书记</td></tr>
<tr><td>副县长</td><td>张光明</td><td>男</td><td>汉</td><td>1965.06—1967.04</td><td>牺牲</td></tr>
<tr><td rowspan="2">札达县军事
管制小组</td><td>组长</td><td>徐正兴</td><td>男</td><td>汉</td><td>1967.03—1969.08</td><td></td></tr>
<tr><td>副组长</td><td>杨炳南</td><td>男</td><td>藏</td><td>1968.03—1969.08</td><td></td></tr>
<tr><td rowspan="2">札达县
革命委员会</td><td rowspan="2">主任</td><td>沙保林</td><td>男</td><td>汉</td><td>1969.08—1970.01</td><td>军代表、县革委会党的核心领导小组组长</td></tr>
<tr><td>沈秉忠</td><td>男</td><td>汉</td><td>1970.01—1970.08</td><td>县革委会党的核心领导小组组长</td></tr>
</table>

续表 1

机构名称	职务	姓名	性别	民族	任职时间	备注
札达县革命委员会	主任	陈亚伯	男	汉	1970. 08—1971. 08	县革委会党的核心领导小组组长
					1971. 08—1972. 09	县委书记
		郭珉	男	汉	1972. 09—1975. 08	县委书记
		李德普	男	汉	1975. 08—1977. 12	县委书记
		次仁旺堆	男	藏	1977. 12—1981. 12	
	副主任	杨炳南	男	藏	1969. 08—1980. 08	干部代表
		谢勤科	男	汉	1969. 08—1973. 10	军代表
		王天财	男	汉	1969. 08—1980. 08	干部代表
		罗柏华	男	汉	1969. 08—1970. 11	军代表
		郭珉	男	汉	1970. 10—1972. 09	1971 年 8 月后县委副书记
		陆存国	男	汉	1970. 10—1974. 06	
		尼丁莫	男	藏	1971. 08—1975. 08	
		张崭	男	汉	1971. 10—1976. 10	县委副书记
		贾振英	男	汉	1971. 10—1972. 06	
		大旺杰	男	藏	1971. 11—1973. 01	
		王茂立	男	汉	1973. 07—1978. 07	县委副书记、人武部部长
		次仁旺堆	男	藏	1974. 09—1976. 10	
		小次仁	男	藏	1974. 09—1977. 05	
		阿旺金巴	男	藏	1975. 10—1977. 10	
		巴桑昌决	女	藏	1975. 10—1977. 11	
		刘继华	男	汉	1976. 07—1978. 12	
		金秀华	女	藏	1976. 07—1981. 12	
		多吉顿珠	男	藏	1976. 07—1980. 08	

续表1

机构名称	职务	姓名	性别	民族	任职时间	备注
札达县革命委员会	主任	次仁旺堆	男	藏	1976. 10—1980. 09	
		洛桑西绕	男	藏	1977. 11—1981. 12	
		焦增刚	男	汉	1978. 07—1980. 08	
		王巨财	男	汉	1979. 06—1980. 09	
		王永才	男	汉	1979. 06—1980. 09	
		李秀民	男	汉	1979. 07—1980. 09	
		洛桑群培	男	藏	1980. 09—1981. 12	
		扎巴	男	藏	1980. 09—1981. 12	
札达县人民政府	县长	阿旺仁增	男	藏	1981. 12—1983. 07	县委副书记
		白玛欧珠	男	藏	1983. 07—1987. 05	县委副书记
		洛桑群培	男	藏	1990. 11—1993. 10	县委副书记
		其美	男	藏	1993. 10—1996. 11	县委副书记
		达尔布	男	藏	1996. 11—2000. 10	县委副书记
		索巴多吉	男	藏	2000. 10—2006. 06	县委副书记
		尼玛次仁	男	藏	2006. 08—2009. 12	县委副书记
		次仁扎西	男	藏	2010. 08—	县委副书记
	常务副县长	洛桑群培	男	藏	1981. 12—1985. 01	
		强巴楚成	男	藏	1981. 12—1985. 05	
		次仁多吉	男	藏	1985. 01—1987. 04	
		赵秀臣	男	汉	1987. 04—1990. 11	
		多吉扎巴	男	藏	1987. 04—1987. 10	
		索南坚赞	男	藏	1987. 11—1990. 11	
		于景欣	男	汉	1995. 05—1998. 05	河北援藏干部、县委常委
		王辉云	男	汉	1998. 06—2001. 06	河北援藏干部、县委常委

续表2

机构名称	职务	姓名	性别	民族	任职时间	备注
札达县人民政府	常务副县长	戴贵明	男	汉	2001.06—2004.06	河北援藏干部、县委常委
		吴国光	男	汉	2004.06—2007.06	河北援藏干部、县委常委
		冀瑞西	男	汉	2006.10—	县委常委
		张志国	男	汉	2007.07—2010.07	河北援藏干部、县委常委
		次仁杰阿	男	藏	2010.07—	
	副县长	邵传银	男	汉	1989.06—1990.11	援藏干部
		次珠	男	藏	1990.11—1993.10	
		扎西	男	藏	1990.11—1993.10	
		夏克番	男	汉	1992.04—1995.05	援藏干部
		班旦益西	男	藏	1992.08—1993.10	
		欧珠次仁	男	藏	1993.10—1995.04	
		曲尼贡布	男	藏	1993.10—1996.11	
		康志宏	男	汉	1993.10—1998.12	
		格桑朗杰	男	藏	1995.08—1997.10	县委常委
		仁青桑布	男	藏	1995.08—1997.10	
		次仁巴	男	藏	1995.06—2002.06	
		胥洪武	男	汉	1997.10—2002.06	
		郭玉普	男	满	1998.06—2001.06	河北援藏干部
		土旦次仁	男	藏	1999.12—2002.10	
		班旦	男	藏	2000.10—2002.06	
		扎西旺堆	男	藏	2000.09—2002.10	
		罗布	男	藏	2000.10—2006.05	
		税国芳	女	汉	2000.10—2001.07	

续表3

机构名称	职务	姓名	性别	民族	任职时间	备注
札达县人民政府	副县长	拉巴旺堆	男	藏	2000.10—2002.10	
		程建华	男	汉	2001.06—2004.06	河北援藏干部
		南嘎	男	藏	2002.06—2004.04	
		闫万里	男	汉	2002.10—2006.10	
		白玛莎珍	女	藏	2004.04—2007.06	
		胡忠义	男	汉	2004.07—2007.06	河北援藏干部
		唐永平	男	汉	2006.05—	
		扎西次仁	男	藏	2006.06—2007.10	
		苗玉彬	男	汉	2006.06—2007.10	
		米玛次仁	男	藏	2006.05—2010.01	
		王军旗	男	汉	2007.10—2008.10	
		任万阁	男	满	2007.07—2010.07	河北援藏干部
		江措	男	藏	2007.10—2010.06	兼县妇儿工委主任
		巴桑	男	藏	2009.07—	
		次仁杰阿	女	藏	2007.11—2010.07	兼县妇儿工委副主任
		达瓦巴旦	男	藏	2009.07—2010.06	
		刘铁成	男	汉	2010.07—	河北援藏干部、县委常委
		孙成伟	男	满	2010.07—	河北援藏干部
		央加	男	藏	2010.04—	
		才旺益西	男	藏	2010.06—	
		冯晓华	男	汉	2010.08—	
		拉巴	男	藏	2010.08—	

二、县政府工作机构

1956 年，札达宗办事处成立时，未设工作机构。1960 年 5 月，札达县人民政府成立后，各工作机构陆续设立。

1962 年 10 月，县委所属的财政经济工作部、农牧工作部划归县人民政府领导，并分别更名为财粮科、农牧科。

1965 年 6 月，县人民政府改为县人民委员会后，各工作机构也同时改设为县人民委员会工作机构。至 1966 年底，县人民委员会工作机构有办公室、财粮科、农牧科、文教卫生科、民政人事科、公安局、参事室、贸易公司及邮电组、银行组、海关、札达农场等。

1969 年 8 月，札达县革命委员会成立，以办事组、政治工作组、生产指挥组、人民保卫组（简称“四大组”）为工作机构。1975 年 10 月 1 日，撤销“四大组”，恢复设立各局。至 1976 年 10 月，县革命委员会工作机构有办公室、计划财政局、农牧局、商业局、粮食局、文教卫生局、公安局、中国人民银行札达支行、邮电局。1979 年 6 月，县革命委员会工作机构各局均改为科，商业局与粮食局合并为商粮科。

1981 年 12 月，县人民政府恢复，县革命委员会工作机构改为县人民政府工作机构。

1987 年 7 月，在机构改革中，县人民政府工作机构各科改为局。至 1987 年 10 月，札达县人民政府工作机构有办公室、计划财政局、农牧局、粮食局、文教局、卫生局、商业局、民政局、公安局、参事室、邮电局、中国人民银行札达支行等。

1996 年机构改革后，县人民政府有工作部门 14 个。保留机构 8 个：县政府办公室、农牧局、民政局、公安局、卫生局、监察局、民族宗教事务管理局、人事局。更名机构 1 个：县商业局更名为县贸易局（与县对外贸易经济合作局一个机构两块牌子）。新组建机构 5 个：计划经济委员会、财政局（与审计局一个机构两块牌子）、教育局、工商局、文化广播电视局（与县文物局合署办公，一个机构两块牌子）。委、局管理的副科（局）级机构：外事旅游局（外事办公室与旅游局一个机构两块牌子），由县政府办公室管理。劳动局（与统计局一个机构两块牌子），由县计划经济委员会管理。县计划生育办公室、县公免费医疗管理科，由县卫生局管理。县水电局、县科委、县农牧业综合开发管理科、土地管理科、林业公安科，由县农牧局管理。县粮食局（与县粮食储备局一个机构两块牌子）、县边境贸易管理局，由县贸易局管理。

2002 年机构改革后，县人民政府有工作机构 15 个：保留机构 11 个：民族宗教事务管理局、公安局、民政局、财政局、交通局、水利局、农牧局、卫生局、教育局、文化广播电视局、县政府办公室。更名机构 1 个：县计划经济委员会更名为县发展计划委员会。新设机构 2 个：县经济贸易局、县土林自然保护区管理局。提升规格机构 1 个：县文物局，由副科级单位升为正科级单位。撤销机构 1 个：贸易局。列入政府部门与县委机构合署办公单位 3 个：县监察局，与县纪委合署办公，一个机构两块牌子。保留县人事局，与县委组织部合署办公，一个机构两块牌子。成立县司法局，与政法委合署办公，一个机构两块牌子。与县政府组成部门合署办公副科级单位 9 个：县城乡土地建设环境保护局更名为国土资源管理局，与县发展计划委员会合署办公。保留县劳动局，与县发展计划委员会合署办公。成立县统计局，与县发展计划委员会合署办公。保留县粮食储备局，与县经济贸易局合署办公。成立县矿产管理局，与县经济贸易局合署办公。保留县乡镇企业局，与县农牧局合署办公。保留县公费医疗办公室，与县卫生局合署办公。成立县林业公安派出所，与县公安局合署办公。成立县老龄工作委员会，与县民政局合署办公。

设立条块管理机构 5 个：县工商行政管理局、县国税局、县邮政局、县电信局、农行札达县支行，不占机构数额和编制员额。

2004 年机构改革后，县政府工作部门 12 个，部门管理的副科级机构 7 个：政府办公室（管理法制办公室、外事旅游局）、安全生产监督管理局（独立副科级行政机构，列入县政府工作部门序列，不计入县政府机构个数）、人事局（与县委组织部、编办合署办公，不计机构个数，管理劳动局）、监察局（与县纪律检查委员会机关合署办公，不计机构个数）、民族宗教事务管理局（与县委统战部合署办公，不计机构个数）、发展和改革委员会（管理粮食局、统计局）、国土资源局、教育体育局、民政局、财政局、交通局、水利局、农牧局（管理乡镇企业局）、文化广播电影电视局（管理文物局）、卫生局、公安局。

2010年机构改革后，县政府工作部门21个：政府办公室（挂政府法制办公室、信访局牌子）、发展和改革委员会（挂工业和信息化局、统计局牌子）、教育局（挂体育局牌子）、民族宗教事务局、公安局、监察局（不计机构个数）、民政局、司法局、财政局（挂国有资产监督管理委员会牌子）、人力资源和社会保障局、国土资源局、环境保护局、住房和城乡建设局、交通运输局、水利局、农牧局（挂科学技术局牌子）、商务局、文化广播电影电视局（挂新闻出版局牌子）、卫生局（挂人口和计划生育委员会牌子）、安全生产监督管理局、林业局、旅游局。

部门管理的副科级机构3个：粮食局（由发展和改革委员会管理）、食品药品监督管理局（由卫生局管理）、文物局（由文化广播电影电视局管理）。

1964—2010年札达县人民政府(县人民委员会、县革委会)办公室领导任职一览表

表5-3-3

机构名称	职务	姓名	性别	民族	任职时间	备注
札达县人民政府（人民委员会、革命委员会）办公室	主任	苏绍东	男	汉	1964.02—1967.02	
		扎西	男	藏	1987.07—1987.10	
		扎西顿珠	男	藏	1987.10—1990.11	
		次仁南杰	男	藏	1991.03—1992.12	
		扎西桑珠	男	藏	1993.11—1996.10	
		次仁朗杰	男	藏	1996.10—1999.07	
		其美多吉	男	藏	1999.07—2003.11	
					2003.11—2004.08	政协副主席
					2004.08—2005.04	
		拉巴	男	藏	2005.04—2010.08	

续表

机构名称	职务	姓名	性别	民族	任职时间	备注
札达县人民政府（人民委员会、革命委员会）办公室	副主任	张治文	男	汉	1975.10—1976.10	
		王民子	男	汉	1979.06—1980.09	
		扎西	男	藏	1980.09—1984.01	
		平穷	男	藏	1980.09—1984.01	
		索南卓嘎	女	藏	1980.09—1981.08	
		索南平措	男	藏	1984.12—1987.07	
		达娃次仁	男	藏	1987.07—1990.10	
		扎西顿珠	男	藏	1989.11—1992.12	
		旺久	男	藏	1992.08—1993.10	
		杨步蟾	男	汉	1993.10—1995.11	
		仁增	男	藏	1997.11—1999.07	
		张正军	男	汉	1999.06—2006.05	
		贡嘎	男	藏	1999.07—2002.05	兼招待所所长
		杜于华	男	汉	2000.10—2002.05	
		王飞	男	汉	2002.06—2003.11	
		扎西索朗	男	藏	2006.06—2008.07	
		巴桑	男	藏	2008.07—	

1969—1975 年札达县革命委员会“四大组”领导任职一览表

表 5－3－4

机构名称	职务	姓名	性别	民族	任职时间	备注
县革委会办事组（1969.08—1975.10）	组长	杨炳南	男	藏	1969.08—1970.11	县革委会副主任
		季逵生	男	汉	1970.11—1975.07	
	副组长	薛克敏	男	汉	1969.08—1970.08	
		王燮理	男	汉	1973.03—1974.07	
		张冶文	男	汉	1974.09—1975.10	

续表

机构名称	职务	姓名	性别	民族	任职时间	备注
县革委会政治工作组（1969.08—1975.10）	组长	谢勤科	男	汉	1969.08—1970.11	县革委会副主任
		李作风	男	汉	1970.11—1974.05	
	副组长	任志洪	男	汉	1971.02—1973.06	
县革委会生产指挥组（1969.08—1975.10）	组长	王天财	男	汉	1969.08—1970.11	县革委会副主任
		袁述斌	男	汉	1970.11—1972.10	
		王永仁	男	汉	1973.08—1975.10	
县革委会人民保卫组（1969.08—1975.10）	组长	罗柏华	男	汉	1969.08—1970.11	县革委会副主任
	副组长	王振安	男	汉	1970.11—1975.06	
		扎西旺久	男	藏	1970.11—1975.06	
		陈保荣	男	汉	1971.06—1974.07	
		赤列加措	男	藏	1971.06—1972.12	
		董孝德	男	汉	1971.12—1972.12	
		王德山	男	汉	1973.08—1974.07	
		扎西班久	男	藏	1973.08—1975.10	

第三节　区、乡镇人民政府

1961 年 4 月 10 日，香孜区公所成立，下辖香孜、热布加林、曲木底 3 个乡；底雅区公所成立，下辖底雅、什布奇、鲁巴 3 个乡。1961 年 4 月 15 日，萨让区公所成立，下辖萨让、日巴、波林 3 个乡；达巴区公所成立，下辖达巴、东波、曲龙、托林 4 个乡。

1965 年，全县开展普选工作，各乡建立人民委员会。新增曲木底乡人民委员会。1967 年 5 月，增设东嘎乡。

“文化大革命”初期，各乡更名为人民公社。此后，又取消各区公所，建立革命委员会。1970 年 2 月，成立曲松区革命委员会，并将原香孜区管辖的曲木底公社划归曲松区领导，至此，曲松区下辖曲木底和楚鲁松杰2个公社。1975年8月，经中共阿里地委批准，从香孜区划出东嘎公社、达巴区划出托林公社、萨让区划出波林公社筹建札布让区。10月，正式成立札布让区革命委员会。

1981年12月，札达县第三次人民代表大会在札布让召开，开始恢复各区公所。1984年，札达县开展撤社建乡工作，将原来的人民公社全部撤销，建立乡人民政府，各区革命委员会恢复为区公所。1985年，对未进行民主改革的底雅、什布奇、楚鲁松杰3个乡建立乡人民政府。

1999年6月25日，根据西藏自治区民政厅《关于阿里地区乡镇行政区域调整的批复》精神，进行撤区并乡工作。各区改为乡，其中札布让区改称托林镇，分别建立乡、镇人民政府。

至2010年底，全县共辖6个乡镇人民政府，分别为托林镇人民政府、香孜乡人民政府、底雅乡人民政府、曲松乡人民政府、达巴乡人民政府、萨让乡人民政府。

1961—1999年札达县各区公所领导任职一览表

表5-3-5

机构名称	职务	姓名	性别	民族	任职时间	备注
香孜区公所	区长	次仁旺堆	男	藏	1961.04—1962.10	
		多吉	男	藏	1968.03—1969.12	
		大次仁多吉	男	藏	1981.12—1984.12	
		次仁多吉	男	藏	1984.12—1987.07	
		次仁朗杰	男	藏	1987.07—1993.10	
		索朗多吉	男	藏	1993.11—1996.10	区委副书记
		索南	男	藏	1997.01—1999.08	
	副区长	宋哲加措	男	藏	1961.04—1963.12	
		次仁多吉	男	藏	1981.12—1984.12	
		次仁朗杰	男	藏	1984.12—1987.07	

续表 1

机构名称	职务	姓名	性别	民族	任职时间	备注
香孜区公所	副区长	索南欧珠	男	藏	1987.07—1991.03	
		帕巴坚参	男	藏	1990.11—1992.12	
		扎西次仁	男	藏	1991.03—1992.12	
		欧珠多吉	男	藏	1993.10—1996.10	
		江措	男	藏	1993.10—1999.07	
		仁增	男	藏	1997.11—1999.07	
底雅区公所	区长	绕布旦	男	藏	1961.04—1963.12	
		侯封东	男	汉	1963.12—1964.08	
		次仁朗色	男	藏	1964.08—1968.03	
		罗准	男	汉	1984.01—1987.07	
		扎西多吉	男	藏	1987.07—1991.03	
		珠吉	男	藏	1991.03—1992.12	区委副书记
		扎西次仁	男	藏	1992.12—1996.10	
	副区长	次仁朗色	男	藏	1961.07—1964.08	
		扎西平措	男	藏	1964.08—1969.12	
		彭琼	男	藏	1980.09—1984.01	
		角尔加	男	藏	1980.09—1985.04	
		索南欧珠	男	藏	1984.12—1987.07	
		珠杰	男	藏	1987.07—1987.10	
		旦增群旦	男	藏	1987.11—1992.12	
		塔巴多吉	男	藏	1993.10—1996.10	
		旺堆	男	藏	1997.11—1999.07	
萨让区公所	区长	王万钧	男	汉	1961.04—1963.12	
		李健	男	汉	1965.05—1969.12	

续表2

机构名称	职务	姓名	性别	民族	任职时间	备注
萨让区公所	区长	宾穷	男	藏	1981.12—1984.12	
		索朗	男	藏	1991.03—1992.12	
		塔巴多吉	男	藏	1996.10—1997.11	
	副区长	李健	男	汉	1962.07—1965.05	
		宋哲加措	男	藏	1963.12—1969.12	
		格桑坚赞	男	藏	1963.12—1964.05	
		扎西平措	男	藏	1964.08—1969.12	
		珠杰	男	藏	1981.12—1982.11	
		小索南	男	藏	1981.12—1984.12	
		彭琼	男	藏	1984.01—1987.07	
		达瓦顿珠	男	藏	1984.12—1985.11	
		普琼	男	藏	1987.10—1990.09	
		索南	男	藏	1990.03—1991.03	
		多尔吉	男	藏	1993.10—1996.10	
		次仁扎西	男	藏	1993.10—1998.09	
		拉巴次仁	男	藏	1997.11—1999.11	
达巴区公所	区长	多吉	男	藏	1961.04—1963.12	
					1964.08—1968.03	
		王万钧	男	汉	1963.12—1964.08	
		巴桑顿珠	男	藏	1981.12—1984.12	
		格桑	男	藏	1984.12—1987.07	
		索南彭措	男	藏	1987.07—1992.10	
		普琼	男	藏	1992.10—1996.10	
		扎西顿珠	男	藏	1996.10—1997.11	

续表3

机构名称	职务	姓名	性别	民族	任职时间	备注
达巴区公所	副区长	多吉	男	藏	1961. 07—1964. 08	
		巴桑昌决	女	藏	1964. 02—1964. 08	
		格桑坚赞	男	藏	1964. 08—1966. 05	
		次仁旺堆	男	藏	1968. 03—1969. 12	
		格桑	男	藏	1980. 09—1984. 12	
		旺拉	男	藏	1980. 09—1988. 01	
		小索南	男	藏	1984. 12—1987. 10	
		索南	男	藏	1987. 10—1990. 02	
		普琼	男	藏	1990. 10—1992. 10	
		土旦	男	藏	1992. 01—1999. 07	
		扎西顿珠	男	藏	1995. 10—1997. 11	
		巴桑	男	藏	1997. 11—1999. 07	
曲松区公所	区长	巴桑次仁	男	藏	1981. 12—1983. 08	
		其美多吉	男	藏	1991. 01—1999. 07	
	副区长	彭琼	男	藏	1980. 09—1984. 12	
		达娃次仁	男	藏	1981. 12—1982. 11	
		阿旺龙旦	男	藏	1981. 12—1982. 06	
		珠杰	男	藏	1982. 11—1987. 07	
		欧珠次仁	男	藏	1984. 12—1987. 07	
		扎巴平措	男	藏	1984. 12—1992. 12	
		其美多吉	男	藏	1988. 06—1991. 01	
		索南	男	藏	1993. 07—1997. 01	
		次仁多吉	男	藏	1996. 10—1997. 11	

续表4

机构名称	职务	姓名	性别	民族	任职时间	备注
札布让区公所	区长	1981.12—1987.12 无正职				
		扎西桑珠	男	藏	1992.12—1993.11	
		扎西多尔	男	藏	1995.12—1996.10	
		多吉	男	藏	1996.10—1999.07	
	副区长	曲色	男	藏	1976.10—1980.09	
		扎西平措	男	藏	1981.12—1983.07	
		绕旦	男	藏	1981.12—1983.09	
		达娃次仁	男	藏	1982.11—1987.07	
		班旦仁青	男	藏	1984.09—1987.07	
		扎西桑珠	男	藏	1987.07—1992.12	
		帕巴坚赞	男	藏	1989.11—1991.03	
		班久	男	藏	1991.03—1996.10	
		尼玛次仁	男	藏	1993.10—1996.10	
		多吉	男	藏	1993.10—1996.10	
		仁钦朗杰	男	藏	1995.11—1998.09	

1969—1981年札达县各区革命委员会领导任职一览表

表5-3-6

机构名称	职务	姓名	性别	民族	任职时间	备注
香孜区革命委员会	主任	多吉	男	藏	1969.12—1972.07	
		周承银	男	汉	1972.07—1973.07	
		刘继华	男	汉	1973.07—1976.07	
		次仁多吉	男	藏	1976.10—1981.12	
	副主任	扎西平措	男	藏	1969.12—1973.06	
		尼玛	男	藏	1969.12—1972.11	

续表 1

机构名称	职务	姓名	性别	民族	任职时间	备注
香孜区革命委员会	副主任	王广光	男	汉	1969.12—1970.11	
		田维新	男	汉	1970.11—1971.10	
		绕旦	男	藏	1971.05—1981.12	
		刘勋安	男	汉	1972.01—1972.10	
		彭措顿珠	男	藏	1972.01—1973.12	
		多吉	男	藏	1972.07—1973.08	
		其美多吉	男	藏	1973.08—1980.07	
		益西格桑	男	藏	1973.11—1975.09	
		次仁多吉	男	藏	1980.09—1981.12	
底雅区革命委员会	主任	梦文斌	男	汉	1969.12—1973.08	
		洛桑西绕	男	藏	1973.08—1976.10	
		扎巴	男	藏	1979.09—1980.08	
	副主任	巴桑昌决	女	藏	1969.12—1972.10	
		黑光生	男	汉	1969.12—1970.07	
		洛桑	男	藏	1969.12—1971.08	
		门英忠	男	汉	1970.11—1971.07	
		洛桑西绕	男	藏	1971.08—1973.08	
		朗杰才旺	男	藏	1971.10—1972.01	
		平措	男	藏	1972.02—1973.05	牺牲
		侯封东	男	汉	1972.06—1973.03	
		扎西平措	男	藏	1973.08—1979.08	
		角尔吉	男	藏	1980.09—1981.12	

续表2

机构名称	职务	姓名	性别	民族	任职时间	备注
萨让区革命委员会	主任	李健	男	汉	1969.12—1972.02	
		余珍元	男	汉	1972.02—1973.03	
		宾穷	男	藏	1973.08—1981.12	
	副主任	李克维	男	汉	1969.12—1970.11	
		宋哲加措	男	藏	1969.12—1970.02	
		乌汝田	男	汉	1970.11—1974.07	
		小次仁	男	藏	1971.08—1974.09	
		巴桑顿珠	男	藏	1973.08—1975.12	
		珠杰	男	藏	1976.09—1981.12	
		小索南	男	藏	1976.10—1981.12	
达巴区革命委员会	主任	潘万杰	男	汉	1969.12—1973.08	
		次仁旺堆	男	藏	1973.08—1974.06	
		扎巴	男	藏	1976.09—1979.08	
		巴桑顿珠	男	藏	1980.09—1981.08	
		1981.08—1981.12　未配正职				
	副主任	次仁旺堆	男	藏	1969.12—1973.08	
		衣振才	男	汉	1969.12—1974.06	
		周忠明	男	汉	1969.12—1974.07	
		王永仁	男	汉	1970.11—1971.11	
		格桑坚赞	男	藏	1972.11—1973.08	
		才旦旺堆	男	藏	1973.08—1976.10	
		桑杰平措	男	藏	1974.06—1980.01	
		格桑	男	藏	1980.09—1981.12	
		旺拉	男	藏	1980.09—1981.12	

续表 3

机构名称	职务	姓名	性别	民族	任职时间	备注
曲松区革命委员会	主任	王燮理	男	汉	1970. 02—1973. 03	
		赤列平措	男	藏	1973. 08—1975. 10	
		扎西	男	藏	1976. 09—1979. 04	
		巴桑次仁	男	藏	1979. 08—1981. 12	
	副主任	宋哲加措	男	藏	1970. 02—1975. 10	
		扎西	男	藏	1973. 08—1976. 09	
		达娃次仁	男	藏	1980. 09—1981. 12	
		阿旺龙旦	男	藏	1980. 09—1981. 12	
札布让区革命委员会	主任	赤列平措	男	藏	1975. 10—1976. 10	
		央金拉姆	女	藏	1976. 10—1977. 12	
		1977. 12—1981. 12　未配正职				
	副主任	小普布	男	藏	1975. 10—1979. 01	
		扎西平措	男	藏	1979. 08—1981. 12	

1999—2010 年札达县各乡镇人民政府领导任职一览表

表 5－3－7

机构名称	职务	姓名	性别	民族	任职时间	备注
托林镇人民政府	镇长	多吉	男	藏	1999. 07—2002. 06	党委副书记
		米玛次仁	男	藏	2002. 06—2005. 06	党委副书记
		陈建新	男	汉	2005. 06—2006. 05	党委副书记
		拉巴旦增	男	藏	2006. 05—2007. 09	党委副书记
		韩俊宝	男	汉	2007. 11—2009. 06	党委副书记
		才旺益西	男	藏	2009. 07—	党委副书记
	副镇长	拉巴	男	藏	1999. 07—2002. 11	
		杨建民	男	汉	1999. 07—2002. 06	

续表 1

机构名称	职务	姓名	性别	民族	任职时间	备注
托林镇人民政府	副镇长	尼玛西洛	男	藏	1999.07—2006.04	
		西绕卓嘎	女	藏	2002.06—2003.10	
		武普银	男	汉	2002.06—2006.04	
		罗布扎西	男	藏	2002.06—	
		吴权	男	汉	2006.04—2009.03	
		罗觉	男	藏	2004.11—2006.04	
		格桑卓嘎	女	藏	2006.04—	
		强巴伦珠	男	藏	2009.03—	
		许祥	男	汉	2009.03—	
		段安疆	男	汉	2009.08—	
		顿珠	男	藏	2009.08—	
		罗野	男	汉	2009.08—	
		彭毛	男	汉	2009.08—	
		范彭中	男	汉	2009.08—	
香孜乡人民政府	乡长	次仁扎西	男	藏	1999.08—2002.06	党委副书记
		杨建民	男	汉	2002.06—2005.06	党委副书记
		米玛次仁	男	藏	2005.06—2007.09	党委副书记
		多吉平措	男	藏	2007.09—	党委副书记
	副乡长	陈建新	男	汉	1999.07—2002.06	
		王新成	男	汉	1999.07—2002.06	
		米玛次仁	男	藏	2001.11—2003.06	
		仁增多吉	男	藏	2002.06—2004.06	
		强久次仁	男	藏	2004.06—2006.04	
		郭立龙	男	汉	2006.04—2009.03	

续表2

机构名称	职务	姓名	性别	民族	任职时间	备注
香孜乡人民政府	副乡长	次仁卓嘎	女	藏	2006. 04—	
		达瓦	男	藏	2006. 04—2009. 03	
		彭琼	女	藏	2008. 07—	
		陈思林	男	汉	2008. 07—	
		尼玛次仁	男	藏	2009. 08—	
		确列	男	藏	2009. 08—	
达巴乡人民政府	乡长	米玛次仁	男	藏	1999. 07—2002. 06	党委副书记
		王伟	男	汉	2002. 06—2006. 05	党委副书记
		罗觉	男	藏	2006. 06—2007. 01	党委副书记
		普布次仁	男	藏	2007. 01—	党委副书记
	副乡长	仁增多吉	男	藏	1999. 07—2002. 06	
		多吉平措	男	藏	2001. 07—2006. 04	
		谢占生	男	汉	2002. 07—2005. 06	
		吴权	男	汉	2002. 07—2005. 06	
		达瓦多吉	男	藏	2006. 04—2010. 06	
		常生云	男	汉	2006. 04—2010. 06	
		强久次仁	男	藏	2006. 04—	
		旦增索朗	男	藏	2009. 03—	
		张文霞	女	汉	2008. 07—	
		廖福海	男	汉	2009. 08—	
		南杰多吉	男	藏	2009. 08—	
		蒋权	男	藏	2009. 08—	
萨让乡人民政府	乡长	塔巴多吉	男	藏	1999. 07—2002. 06	党委副书记
		米玛次仁	男	藏	2002. 06—2005. 06	党委副书记

续表3

机构名称	职务	姓名	性别	民族	任职时间	备注
萨让乡人民政府	乡长	多布杰	男	藏	2005. 06—2009. 03	党委副书记
		扎西次仁	男	藏	2009. 03—2010. 06	党委副书记
	副乡长	桑布	男	藏	1999. 07—2002. 06	
		尼平	男	藏	2004. 06—2006. 04	
		白玛桑珠	男	藏	2002. 06—2006. 06	
		王新成	男	汉	2002. 07—2006. 06	
		巴桑	男	藏	2002. 06—2006. 04	
		达顿	男	藏	2006. 04—2009. 03	
		程前元	男	汉	2006. 04—2008. 08	
		南木杰	男	藏	2006. 04—2010. 09	
		达瓦顿珠	男	藏	2006. 04—	
		李峰	男	汉	2008. 07—	
曲松乡人民政府	乡长	索南	男	藏	1999. 08—2002. 07	党委副书记
		拉巴	男	藏	2002. 06—2005. 06	党委副书记
		钱志斌	男	藏	2005. 06—2006. 05	党委副书记
		拉巴次仁	男	藏	2006. 06—2009. 03	党委副书记
		白玛桑珠	男	藏	2009. 04—	党委副书记
	副乡长	土旦	男	藏	1999. 07—2002. 06	
		次仁多吉	男	藏	2002. 07—2006. 06	
		达瓦多吉	男	藏	2005. 12—2006. 04	
		扎西次仁	男	藏	2006. 04—2009. 03	
		旦增欧珠	男	藏	2004. 06—2005. 08	
		西绕顿珠	男	藏	2006. 04—	
		强兴博	男	汉	2006. 04—2008. 07	

续表4

机构名称	职务	姓名	性别	民族	任职时间	备注
曲松乡人民政府	副乡长	唐磊	男	汉	2008.07—2010.06	
		次仁伦珠	男	藏	2008.07—	
		嘎玛	男	藏	2009.08—	
底雅乡人民政府	乡长	米玛次仁	男	藏	1999.08—2002.06	党委副书记
		桑布	男	藏	2002.06—2006.05	党委副书记
		张正军	男	汉	2006.05—2009.03	党委副书记
		苏学文	男	汉	2009.03—	党委副书记
	副乡长	群培	男	藏	1999.07—2002.07	
		尼玛西洛	男	藏	2002.08—2005.08	
		强巴旦增	男	藏	2004.06—	
		达瓦旺堆	男	藏	2004.11—	
		巴桑	男	藏	2006.06—	
		多吉欧珠	男	藏	2009.08—	
		达瓦	男	藏	2009.08—	
		查部曲央	女	藏	2009.08—	
		白钢	男	汉	2009.08—	
		拉宗	女	藏	2009.08—	

第四节　会议

一、县政府全体会议

县级地方人民政府会议分全体会议和常务会议，全体会议由本级人民政府成员组成。

2001年6月7日，札达县政府召开全体会议。决定成立札达县劳务输出管理中心和产品统一收购领导小组，加强对劳务输出的科学管理，更好地扩大劳务输出量。7月17日，县长索巴多吉主持召开全体会议。介绍新到任的援藏干部，县委书记曹金华代表援藏干部发言，并听取全县下半年工作安排意见。

2002年11月13日，县长索巴多吉主持召开全体会议。传达学习党的十六大精神。2003年5月17日，县长索巴多吉主持召开全体会议。安排部署全县下半年各项工作。2004年4月16日，县长索巴多吉主持召开全体会议。传达自治区、地区会议精神，通报县内外经济形势。2005年10月12日，县长索巴多吉主持召开全体会议。就建筑公司拖欠农牧民运输款事件进行通报，要求尽快兑现该运输款。

2006年9月23日，县长尼玛次仁主持召开全体会议。会议听取各相关部门就“321”扶贫工程落实情况的汇报，进行探讨研究，针对存在的问题，制定相关措施。2007年10月20日，县长尼玛次仁主持召开全体会议。学习传达党的十七大报告精神，安排部署各项工作。2008年8月26日，县长尼玛次仁主持召开全体会议。传达学习自治区、地区重要文件精神，安排部署各项工作。2009年9月12日，县长尼玛次仁主持召开全体会议。会议通报了各乡镇农牧民房屋改造情况，要求政府相关部门给予大力支持。2010年7月10日，县长次仁扎西主持召开全体会议，安排部署下半年各项工作。

二、常务会议及县长办公会议

2000年6月26日，县长达尔布主持召开常务会议，会议拟定以下事项：一是同意修建政府办车库9间。二是就畜产品收购工作成立以副县长土旦次仁为组长，各有关单位负责人和各乡镇长为成员的畜产品收购领导小组。三是成立政府督查室，由编译室拉巴旦增任督查室主任。四是会议就政府领导班子成员进行了工作分工。五是决定解决乡村医生生活补助，并责成卫生局提供详细名单，由财政局按标准每半年向各乡拨款。六是决定将河北宾馆一楼对外招租，以增加财政收入。七是原则同意解决县城用水水渠问题，从永久性、安全性出发，逐步实施。八是决定成立普及六年义务教育领导小组，要求小组成员必须做好验收准备工作。九是同意政府办搬迁油库。十是同意托林镇工人拉姆的退休申请。

8 月 2 日，常务副县长王辉云主持召开县长办公会议，会议议定以下事项：一是在边防营对面修建县加油站，以取代政府办油库。二是在托林寺迦萨殿修建文物展室，并责成县文物局做好有代表性文物的征集工作，保证文物的安全。

10 月 22 日，常务副县长王辉云主持召开县长办公会议。会议议定了以下事项：一是在冬季期间由副县长次仁巴主持县政府日常工作，同时负责协调托林水电站工作。二是责成两办制定详细的《驾驶员工作惩罚条例》，并决定从 11 月 1 日起提高驾驶员（含合同工驾驶员）出差补助，阿里地区内为 25 元/天，阿里地区外为 45 元/天，合同工驾驶员工资不足一千的增加到一千元。三是决定政法大楼会议室的布置装修交由县委办负责，住建承包，费用从河北援助资金支出，会议室的布置应达到高标准、高要求，保证数年内不落后。四是同意由县财政支付幼儿园所需 1.78 万元的维修费，并由政府办负责解决幼儿园所需要地毯，要求妇联尽快恢复幼儿园正常工作。五是研究决定财政局、税务局和政府办工作由次仁巴负责，农牧、民政工作由土旦次仁、拉巴旺堆负责，文化工作由罗布负责，地方志工作由土旦次仁负责。六是强调了今冬明春防抗灾工作的重要性，要求各乡镇严格按照政府下发的文件做好防抗灾工作。七是同意将临时工工资由 300 元提高到 500 元，具体名单由两办负责提交下次县长办公会议决定。

2001 年 5 月 6 日，札达县政府召开常务会议。会议决定：对 2000 年建立的县长工作联系点进行调整，以保证县政府与各乡镇工作正常联系。5 月 10 日，县委常委、常务副县长扎西旺堆主持召开会议。会议决定，县变电所东南方向为札达县第二住宅小区，该小区为札达居民住宅用房场地；对尚未纳入第一退休基地而已在县城其他地方取得退休地皮的，一律纳入第二住宅小区；对城市发展规划造成影响的房屋，一律无条件拆除；为唐山市援建楼房建设附属设施，拆迁前后两排旧平房。5 月 24 日，召开常务会议，决定成立县政府基建监管领导小组。

2002 年，县委副书记、县长索巴多吉主持召开县长办公会议。会议传达学习党的十六大精神，确定全县奋斗目标是 2003 年生产总值达 6870 万元，农牧业生产总值 1800 万元，农牧民人均收入 1721 元，县级财政收入 118 万元。

6月12日，县长索巴多吉主持召开县长办公会议。会议拟定了以下事项：一是参会县级领导向县长索巴多吉汇报工作开展情况。二是决定在县基建领导小组宏观领导监管的基础上，按照县级领导的分工和部分职能及项目归口管理，对分年实施的每一项工程均实行领导总体负责，有关部门负责人必须现场负责，明确分工，责任到人。同时明确项目资金必须具有总监管副主任和协管人员签字，然后再由县长签字才能拨付。三是针对项目工程的实施和管理，索巴多吉强调，一定要加强监督、管理和指导工作，尤其是隐蔽工程，更要随时检查监督，具体由县计委派专人负责。上半年实施竣工的项目工程已到保修期，要做好保修工作，具体由县基建办、政府办负责。四是研究讨论了城镇建设等方面的若干事项。

2003年7月18日，县长索巴多吉主持召开县长办公会议，分管副县长就前一段时期的劳务输出工作情况进行了汇报。会议决定：暂定南嘎副县长为县劳务者协会会长，农牧局局长洛桑、交通局局长达次、水利局局长旦罗、札布让村主任努觉任副会长；各乡镇要尽快成立分会，建立健全组织机构；县协会实现会长负责制，负责对乡镇分会工作进行协调和指导。8月26日，县委副书记、县长索巴多吉主持召开县长办公会议。会议确定在确保粮食生产能力的前提下，在单产低、产出率低的宜农宜牧区进行退耕还林还草2200亩，植树3.5万株。

2004年5月28日，由县委副书记、县长索巴多吉主持召开县长办公会。会议议定了以下事项：一是平措罗布从2003年10月份开始因不明原因经常酒后驾车，先后发生过两次撞车事件及擅自离职、让他人随便驾车等违纪行为，作出留用察看半年的决定。二是因县内交通路况差，车辆老化，维修、油料费用较大，经会议研究决定，政府办公室三辆老化车辆，将固定资产登记后处理。三是为保障全县各项工作的顺利开展，会议决定政法委、财政局、工青妇三家的车辆在保证部门用车的前提下由政府办公室统一管理。10月26日，县委副书记、县长索巴多吉主持召开县长办公会议，听取县财政局、发改委等单位的阶段性工作报告。

2005年10月24日，常务副县长冀瑞西主持召开办公会议，会议主要研究札达县商品房出租管理有关事宜，会议决定，一是商品房出租收费方面：产权属于县人民政府的所有商品房出租收费按6∶4（60%移交县财政，

40%单位留用）进行分配。二是合理制定房租收费标准：主街道两边商品房及农贸市场舞厅出租按 20 元/平方米收费，农贸市场底层、二层楼房按 10 元/平方米收费，邮政局左侧商品房按 15 元/平方米收费。三是未交清的房租费（9 月 1 日前）务必于 10 月 30 日前按原规定标准收取欠费总额的 50%、剩余 50%于 11 月 15 日前全部收取完毕。四是新规定收费标准从 9 月 1 日起执行。10 月 28 日，县委副书记、县长索巴多吉主持召开县长办公会议，听取了农牧、水利、交通、法制、旅游等部门的工作汇报，通过数十项涉及民生的项目。

2006 年 7 月 3 日，经县长办公会议研究决定以下事项：一是各乡镇工作组生活补助费为托林镇 5400 元、香孜乡 6000 元、曲松乡 4200 元、达巴乡 6000 元。二是各工作组的差旅费根据现行财政资金渠道，按实际天数计算支付。三是汽车油料费，每个作业组控制在 3500 元以内，由政府办统一安排。四是政府办、财政、农牧协商，为各工作组提供帐篷、发电机、照明设备及炊具。9 月 26 日，县委副书记、县长尼玛次仁主持召开县长办公会议。会议研究讨论追加公务车辆经费、防抗灾物资经费及收缴部分干部职工拖欠住房房租等事宜。

2007 年 1 月 19 日，县委副书记、县长尼玛次仁主持召开县长办公会议，会议议定以下事项：一是同意《札达县人民政府办公室车辆管理制度》，并要求政府各单位照此执行。二是同意《札达县卫生管理办法》，并决定将县城和托林镇卫生全部交给县卫生局管理。三是同意财政局制定的《固定资产管理办法》。四是针对各乡镇财务管理混乱等问题，决定由县财政局提出具体意见，加强财务宣传，并帮助各乡镇建立规范的账目。五是决定将 16 户符合条件的农牧民列入五保户。六是同意县文化局出台的《有线电视管理实施办法》，由发改委负责办理收费许可证，并确定收费标准。七是同意托林寺围墙向职业学校扩展 31 米。八是决定将县城绿化的管理维护交给县农牧局管理。九是要求政府办把需处理的车辆单子交给财政局，按国有资产处理规定进行作价。

6 月 4 日，县委副书记、县长尼玛次仁在县委小会议室主持召开县长办公会议。其他在家县政府领导和政府办公室、水利局、财政局、发改委、公安局等相关单位领导参加此次会议。会议纪要如下：一是同意县人民医院关于杨秀峰担任县人民医院副院长职务的提议。二是同意县水利局关于索朗多吉担任水电站站长的提议。三是同意解决县公安局、边防大队关于温室改造等经费1.5万元。四是同意县消防大队经费列入财政预算，在2007年给予业务经费补助5000元。五是决定卫生局在2007年之前开展的农牧民健康档案经费由医院自己解决（医院收入未交财政），2007年扩大到香孜、底雅的农牧民健康档案经费，由财政审核后由会议讨论得出具体解决办法。六是同意给予县中队维修营房、附属设施的经费一次性补助1.5万元。七是同意将县卫生局临时工阿旺群培月工资上调为800元，由县财政承担。八是同意解决县公安局看守所相关设施经费。九是同意县水电站平措在培训后调入县水利局，在水利局负责有关项目工作。十是同意解决县委组织部“四观”“两论”和反分裂斗争集中学习教育试点活动经费5000元。十一是决定按照地区物价局等相关规定解决拖欠县医院的干部职工体检费，县中学、小学、职校的有关医药费用在合作医疗费中支取。十二是决定继续雇佣卫生局驾驶员石达、兽医站驾驶员班旦。十三是同意按照相关规定解决托林水电站值班费补贴。10月21日，县委副书记、县长尼玛次仁主持召开县长办公会议。传达学习党的十七大精神，研究追加驾驶员差旅费、垃圾车辆运行经费、后勤接待经费等事宜。11月21日，县长尼玛次仁主持召开县长办公会议，研究全县乡村道路养护有关事宜，会上县交通局局长达次向与会人员介绍了县内乡村道路现状和存在的问题。

2008年5月5日，县委副书记、县长尼玛次仁主持召开县长办公会议，研究通过了《关于调整行政机关和事业单位差旅费补助标准的规定》《关于调整乡镇基层干部生活补助标准的规定》《关于2008年重点项目监管及部门分工管理的通知》《关于充实札达县基本建设领导小组成员的通知》《札达县关于调整处理信访突出问题及群体性事件联席会议组成人员的通知》。

7月31日，县委副书记、县长尼玛次仁主持召开县长办公会议，主要议定了以下事项：一是2008年援藏资金100万元的分配问题。二是为参加阿里地区技能培训返回的9名农牧民安置工作。三是县文广局大楼给排水工程及暖廊建设情况。四是县医院住院部附属设施建设资金和具体施工方案。五是消防大队大门及购置消防设备费用问题。六是下乡调查草场分包到户问题。七是林业费用问题。

10月4日，县委副书记、县长尼玛次仁主持召开办公会议，会议对下一阶段县内基本建设项目作出具体要求：一是实施基本建设项目资金由县财政局统一集中管理，并建立项目专项账户。二是今后县内实施基本建设项目资金投入100万元以上的，按照投入资金的3%提取项目前期经费。三是今后县内实施基本建设项目资金投入100万元以下的，按照投入资金的2%提取项目前期费用。四是切实做好项目前期工作的申报、请示工作，严格按照审批程序办事。五是必须按照科学规划、严格预算、保证进度、确保质量的原则实施。10月28日，县委副书记、县长尼玛次仁主持召开县长办公会议。会议研究讨论对全县各单位门面房房租分配、对县冬季抗救灾牵引车辆进行维修以及县财政局提交的有关问题等事宜。

2009年10月26日，县委副书记、县长尼玛次仁主持召开县长办公会议。会议研究提高村组医务人员待遇、村组干部待遇以及加强无水草场的水井建设等事宜。

2009年5月21日，县委副书记、县长尼玛次仁主持召开县长办公会议，决定了以下事项：调整干部差旅费执行标准；提高村干部误工补贴标准；提高各级各类学校代课老师和生活老师工资待遇；对县水电站一、二号机组进行大型检修；调整拖拉机站工作人员；提高县公安局两名驾驶员工资待遇；同意民政局购置换发第二代残疾人证所需设备经费，城镇低保及农村低保工作经费。7月17日，县委副书记、县长尼玛次仁主持召开县长办公会议，主要安排部署2009年边境村扶贫建设项目、底雅乡整乡推进建设项目和2008年面上扶贫项目事宜。

10月20日，县委副书记、县长尼玛次仁主持召开县长办公会议，决定迅速成立以县长尼玛次仁为组长，副县长江措为副组长，农牧局、民政局、政府办等主要职能部门领导为成员的防抗灾领导小组，各乡镇立即成立今冬明春防抗灾领导小组，并严格落实值班制度和灾情报送制度。12月6日，县委副书记、县长尼玛次仁主持召开县长办公会议，会议主要研究了2009年全县公益性岗位安排事宜，共安排人员22名。

2010年7月23日，常务副县长次仁杰阿主持召开县长办公会议，决定成立札达县加德农场农业综合开发土地治理及草籽繁育项目工程总指挥部（常务副县长次仁杰阿任指挥长，县委副书记益西土登任副指挥长）和工程现场指挥部（县委副书记益西土登任指挥长，农牧局局长米玛次仁任副指挥长）；决定县拖拉机站的2台推土机和县机关后勤服务中心1台装载机投入工程使用；由县机关后勤服务中心主任巴桑负责该项目的后勤保障和车辆调配工作。8月29日，县委副书记、县长次仁扎西主持召开县长办公会议。研究讨论新建牧民点牧房，完善波林村、卡孜村冬季草场围栏，提高援藏干部待遇等20项议题。11月10日，县委副书记、县长次仁扎西主持召开县长办公会议，研究7—9月严重洪涝灾害水毁工程急需解决项目的资金安排问题。

三、政府工作会议

1990年6月16日，由洛桑群培主持召开县政府会议，议定以下事项：一是在县政府财力十分短缺的情况下，安排一部分资金采购焦炭150吨（其中乡完小40吨），以解决国家固定干部、职工、长期合同工和学生的冬季取暖问题。二是研究安排了县直机关、驻托部队、学校及地区下达任务的完成办法和计划，由于地区下达了800只肉食羊商品畜交售的任务，县内只能落实400只，因此全县肉食羊数量比往年多，在曲龙等乡牲畜死亡较多的情况下，请各区、乡协助县机关做好群众工作，确保完成计划任务。地直机关在本县收购肉食羊的单位，均需有县政府发的电报或介绍信，否则不予从指标内出售。三是根据地区计划会议下达的粮油收购任务安排当年粮油收购计划，望早做准备，加强添加管理，做好抗洪、防虫、防霜工作，力争农业丰收。具体任务分配如下：香孜区20万斤、底雅区1.5万斤、札布让区5万斤、达巴区1万斤，合计27.5万斤。有关粮食收购工作的具体办法另行通知。根据区、乡牲畜头数，计划由县粮食局拿出一部分细粮和少数清油换取酥油，望各区、乡给予支持和协助，并及早通知各村和承包户。

2001年6月7日，县长索巴多吉主持召开政府工作会议，会议就今年的畜产品收购工作决定成立畜产品统一收购领导小组，并对收购工作中的原则、办法、责任落实上进行明确规定，以保障畜产品统一收购工作顺利完成。会议决定成立札达县劳务输出管理中心，并对该中心提出了具体要求，积极为县财政创收。10月19日，县长索巴多吉主持召开政府工作会议，议定了以下事项：一是援藏领导走后、索巴多吉出国考察期间，由政府常务副县长主持县委、县政府常务工作，洛桑、巴桑顿珠协管县委，罗布协管县政府。二是成立各乡镇目标管理责任制验收工作组，并安排具体工作人员负责各项工作任务。

2002 年 5 月 28 日，县委书记曹金华主持召开会议，会议听取了常务副县长戴贵明关于 2001 年申报并经阿里地区计委审查认可的涉及农林牧、能源、水利、教育、文化、交通、市政建设、卫生、市场、扶贫、生态环境等方面 76 个项目的基本情况介绍；听取了常务副县长扎西旺堆关于 2001 年赴拉萨工作组申报项目的情况及对 2002 年项目工作的意见；听取了有关主管副县长、各部门负责人关于项目申报立项、项目落实及实施情况的汇报。会议就 2002 年全县项目工作的领导、分工、协调和下一步项目工作的方针、思路等事宜进行了讨论、安排。

2004 年 2 月 3 日上午，由副县长罗布主持召开会议，就近期在我国一些地方出现禽流感疫情以及地区对此所采取的措施进行传达。同时，根据要求，对防治禽流感工作作进一步的安排和部署。

2005 年 7 月 19 日，由副县长、札达县庆祝自治区成立 40 周年活动领导小组副组长胡忠义主持召开札达县庆祝自治区成立 40 周年活动领导小组文艺组工作会议，就自治区成立 40 周年庆祝活动的文艺表演筹备工作进行调度和安排。

四、专题会议

1998 年 11 月 1 日，县委书记主持召开教育专题会议，主管教育的副县长次仁巴宣读了札达县关于加快教育改革与发展的两项决定，会议强调县政府、县直各部门每年要为教育办两件实事，把助教工作列入区（局）级目标考核工作重要内容之一；会议决定设立县教育财务室，资金从县文教财务中独立出来，实行资金专项管理。每年从县财政中拿出 15%—20% 用于教育事业，县直干部职工拿出工资的 0.5% 作为教育基金。

2004 年 8 月 27 日，县委书记郭文良主持召开县四大班子领导和相关部门负责人参加的会议，专题就曲松乡楚鲁松杰村灾情涉及的楚鲁、堆母、贡芝、松杰、顿顿等5个居民点38户218人的搬迁安置和下一步防抗灾工作进行了研究和部署。会议决定成立楚鲁松杰村灾民搬迁安置工作领导小组，全面指挥、协调搬迁安置工作，县委书记郭文良任组长，县长索巴多吉，县委副书记郝德华、蒲新，县政协主席洛桑，常务副县长吴国光，副县长胡忠义、罗布、拉巴旺堆等任副组长。会议决定：由县发改委牵头，农牧局、民政局协助，根据会议的具体安排部署，制定出切实可行的搬迁安置方案。根据搬迁安置工作内容的轻重缓急，立足于确保灾民安全过冬，根据灾区的实际情况，由曲松乡负责制定出详尽的入冬前搬迁安置实施方案。会议要求，由于气候因素和灾情发展的不可预见性，搬迁安置工作刻不容缓，要以9月30日为限期，全面完成搬迁安置任务。各相关单位要立即行动起来，妥善解决好群众的衣、食、住、药品、燃料等具体问题，确保越冬、封山期间，不发生群众挨饿受冻的现象；搬迁安置工作中，要确保灾区群众的生命财产安全，要将灾区所有人员撤离出危险地带；要根据目前灾区的生产需要，将老人、孩子先期进行搬迁安置，并力争尽快将灾区的群众陆续迁到预定安置地点。

2006年9月27日，札达县在县委小会议室召开座谈会，与自治区文物局工作组就保护维修古格王国遗址和托林寺等遗址交换了意见和建议。会上，各位专家就维修古格王国遗址的方案编制等前期工作开展情况进行了意见交流。该项目主持人、中国文物研究所工程师袁毓杰就下一步保护维修古格王国遗址和托林寺等文化遗迹进行了科学论证，提出了操作性极强的保护维修措施；总装备部工程设计研究总院某设计室政委杨国兴就维修保护古格王国遗址提出从四个方面着手的建议，即：山体的稳定性状况分析，查清洞窟的稳定性状况，查清遗址下地质的稳定性状况，提出防护对策。

2007年4月10日，札达县就确定2008年农发项目建设点及建设内容召开会议进行讨论，会议由县委副书记、县长尼玛次仁主持。会议决定：2008年农发建设项目安排在达巴乡，项目性质为新建；内容包括：农业方面，主要为恢复弃耕地、中低产田改造等；牧业方面，主要为草场围栏、人工种草、新建牲畜棚圈、草场灌溉及补播、种子繁育基地等；水利方面，主要为农田水利、渠系及配套建设。

2008年10月13日，地区安居工程建设项目验收小组、副县长江措、安居办主任洛桑及各单位负责人在县委会议室召开安居工程建设项目验收工作会议，副县长江措主持，验收小组组长扎旺对札达县安居工程作出了高度评价和充分肯定，也指出了财务、项目本身、村（居）委建设等方面存在的问题。

2009 年 8 月 12 日，县委副书记、县长尼玛次仁组织召开县沼气建设项目协调会。札达县原计划建设沼气 487 座，已开始建设 484 座。托林镇的 284 座沼气已经完成 26 座（托林居委会 13 座、札布让组 3 座、卡孜波林 10 座）。

2010 年 5 月 17 日，札达县委、县政府与地区国土资源局党组书记、副局长日娃带领的工作组，在县委小会议室就土林国家地质公园建设、管理与保护，香孜乡农田整理开发项目、楚鲁松杰村扶贫项目、达巴乡地质灾害治理项目等工作进行沟通协调。会议由县委书记路遇主持，会议决定了以下事项：一是扶贫工作方面，楚鲁松杰村扶贫资金，由县财政局负责资金划拨到县国土局账户或水利牵头组织开发扶贫项目、实施救助活动，做到专款专用。二是项目建设方面，农田整理开发，坚持因地制宜原则，综合考虑县内特殊的地貌地形、水源、农牧民居住条件等制约因素，进行地块组合，为农牧民耕种提供便利；项目建设过程中，建筑用砂采取具体执法措施，规划指定砂石料采挖地点，统一规范开采，县国土局要继续发挥职能作用，加大执法力度。三是土林国家地质公园建设方面，一是继续加强项目申报和建设力度；二是实行归口管理，政府和部门联合出台管理办法，国土局下设管理机构，从专业、数量角度去考虑，协调解决人员编制及管理人员；三是在土林国家地质公园开发和保护上，坚持开发与保护并重，保护重于开发的原则。

第五节　重要政务

一、贯彻《十七条协议》与平叛改革

1951 年 8 月，中国人民解放军新疆独立骑兵师副团长安志明率领后续部队进驻噶大克，阿里和平解放。随即，新疆独立骑兵师派小分队到札布让

宗一带驻防和巡逻。9月，解放军驻阿里部队派工作队进入香孜、托林等地区进行社会调查。

1959年3月10日，西藏地方政府和上层反动集团，公然撕毁1951年中央人民政府和西藏地方政府签署的《十七条协议》，全面发动武装叛乱。3月22日，中共阿里分工委和阿里支队按照西藏工委和西藏军区命令快速收缴阿里噶本和所有宗本枪支弹药的指示，23日完成对达巴、札布让、曲木底所有宗、本枪支弹药的收缴工作。4月6日，阿里分工委派出的以土化瑛和扎西为组长的工作组一行抵达札达，收缴札布让、达巴两宗的印章，宣布解散两宗政府，并宣布取消各本的一切特权。工作组在托林、玛朗等地召开地方头人座谈会，进一步宣传平叛政策，指导群众春播生产。6月7日，封存达巴、札布让宗政府财产，阿旺却达、丹增才旺两宗本集中在噶尔昆莎管训。

在平叛斗争取得初步胜利后，1960年5月5日，经阿里分工委批准，成立中共札达县委、县人民政府。

1960年6月6日，札达县委、县政府对支援平叛民工和畜力动员作出安排（主要以围歼叛乱分子，彻底消灭叛乱分子，基本肃清叛乱分子），动用民工40人、牦牛300头。10月，全县开展民主改革运动，建立人民政权，实行农民土地所有制，广大农牧民翻身做主分得了耕地、牲畜等生产资料。11月底，萨让、日巴、波林、托林、鲁巴、热布加林、香孜等7个乡以及部分寺庙第一批开展了民主改革运动。

1961年，札达县委认真宣传贯彻党的各项方针政策，开展“三反两利”① 和“双减”② 运动。

1962年1月2日，达巴乡第一次牧民代表会议召开，到会代表27人。会议在进一步宣讲政策的基础上，进行以回忆对比为中心的阶级教育，引导农牧民诉旧制度和三大领主的苦，掌握解决敌我矛盾与解决人民内部矛盾的政策区分。通过此次会议，基本上达到提高到会代表阶级觉悟的目的。

1962年5月14日，香孜乡司尔底地区发生7名叛窜扰抢劫事件。7名

① “三反两利”：反叛乱、反特权、反奴役；牧工、牧主两利。

② “双减”：减租、减息。

叛乱分子抢走 4 户群众的 60 头牛、25 匹马和其他钱财。15 日，司尔底群众自发组织 32 名青壮年去追捕叛乱分子，至 16 日中午赶上叛乱分子，并与之展开搏斗。群众用石头打死打伤 2 名叛乱分子，并从叛乱分子手中夺回 60 头牛、2 匹马和部分财物，取得胜利。

1963 年 4 月底，曲木底一带发现叛乱分子十多人结伙回窜抢劫。县委接到报告立即派人赶到现场，发现叛乱分子已抢劫十多户人家，并打伤多人，抢走牛百余头、马百余匹、羊千余只，并掠走群众 3 人后逃遁。工作组查明情况，安排抢救受伤群众，组织人员追击叛乱分子。经过一天多追击，在距中印边境线几千米处，追回叛乱分子所抢群众全部牛羊、大部分马匹和 3 名群众，重伤叛乱分子 2 名。这次事件打击了敌人的气焰，稳定了广大农牧民的情绪。

1965 年 4—6 月，认真开展全县第一次乡级选举工作。首先在托林、热布加林、鲁巴 3 个乡实行普选，召开乡人民代表大会，建立乡人民委员会。随后，其他 7 个乡也通过选举建立乡级人民政权。至此，札达县民主改革基本完成。

二、建立互助组

农业生产互助组是指 20 世纪 50 年代初期，我国农民为了解决农业生产中各自的劳动力、畜力、农具不足的困难，在自愿互利基础上建立的劳动互助组织。互助组分临时互助组和常年互助组两种形式。西藏民主改革后，这种形式的互助组传到西藏。

1960 年，随着民主改革的不断深化，札达县开始在农区建立互助组。至 1965 年 9 月，札达县有常年农业互助组 3 个，入组 1256 人；季节性互助组 25 个，入组 449 人。

1962 年底，开始试办牧业互助组，互助形式有合群轮牧、农牧互工、临时换工、互助交换羊羔、互相接羔、互相剪毛、初冬帮宰羊、互相挤奶、打短杂工、互相搬家、互相搞盐粮交换等小生意、互相缝补等 12 种。到 1965 年底，全县有牧业互助组 28 个，入组 496 户 2369 人，其中劳动力 1257 人。

到1965年底，札达县有农牧业互助组56个。互助组在当时情况下，起到了发展生产力、提高生产效率、提高生活水平的作用。

三、开展“五反”“三教”“四清”运动

1964年初，札达县开始开展“五反”① 运动。

1965年初，全县开展“三清四查”运动，即清财务账目、清物资仓库、清机关生产和生活，查阶级立场、革命意志，查贯彻执行党的方针政策和建藏思想。

1965年，遵照中共西藏工委指示和阿里专区有关精神，札达县从县直机关抽调干部，组成工作组，分赴各乡开展以阶级教育、社会主义前途教育和爱国主义教育为主要内容的“三大教育”（简称“三教”）运动。

1966年，札达县遵照阿里专区有关工作安排，在全县范围内开展以“清政治、清思想、清组织、清经济”为内容的“四清”运动。12月，札达县“三大教育”运动在香孜、底雅、萨让、达巴4个区全面开展，参加干部108人，其中党员73人，团员61人。通过教育，提高了广大干部群众的社会主义觉悟，认识到资本主义和残余封建势力的严重危害性、小农经济产生两极分化的不稳定性，进一步明确社会主义方向，坚定走社会主义道路的信心。1967年1月9日，根据自治区党委指示，阿里地委决定正式撤销札达“三教”工作团。

四、建立人民公社

人民公社是我国社会主义工农商学兵相结合的基层单位。人民公社运动是从1958年夏天开始的，很短时间内，全国农村就实现了公社化。人民公社是党的整风运动、社会主义建设总路线和1958年社会主义建设“大跃进”的产物。1968年，札达县根据阿里专区在办社中提出的“用毛泽东思想统帅一切，依靠毛泽东思想办社，依靠群众办社”的口号，在农牧区开始试办人民公社。

---

① “五反”：反官僚主义、反分散主义、反铺张浪费、反投机倒把、反贪污盗窃。

1969 年 2 月 10 日，在托林成立第一个人民公社——红卫人民公社。至 1970 年，全县共成立 15 个人民公社。

1973 年，萨让公社粮食播种面积 747 亩，粮食总产量达 170 吨，是全县第一个超过农业发展《纲要》的人民公社。

1984 年，开展撤社建乡工作，撤销乡人民公社，恢复乡人民政府。1985 年，对未实行民主改革的底雅、什布奇、楚鲁松杰 3 个乡进行建政工作。

五、农（牧）业学大寨

1964 年 12 月 21 日，三届全国人大一次会议上，周恩来总理在《政府工作报告》中把大寨精神总结为“自力更生、艰苦奋斗”，“农业学大寨”运动在全国迅速铺开。

20 世纪 70 年代，札达县在“农牧业学大寨”运动中，动员全县农牧民开荒 1790 亩，平整土地 1438 亩；新修水渠 30 条，总长 36925 米；维修旧水渠 135 条，总长 125310 米；建立饲草基地 212 亩，草库 17 个；饲料基地 493 亩；新修标准棚圈 46 个，维修 123 个；新建草房 23 间；新建林卡 39 个；育苗 31 亩，植树 91900 株（其中果树 348 株），整修林树 2129 株。县拖拉机站积极支援农业学大寨群众运动，全县机耕面积达 2065 亩。

1980 年，札达县“农牧业学大寨”运动结束。在当时社会环境下，对发展农牧业、增加农牧民收入起到了重要作用。

六、“一区三乡”建设

“一区三乡”建设是札达县民主改革后在政权建设方面的一项重大的任务。1959 年 11 月，中共西藏工委在定日县召开边境工作会议，确定札达县设边境乡 9 个，即楚鲁松杰乡、底雅乡、什布奇乡、白嘎乡（即萨让乡）、日巴乡、卡孜波林乡、达巴乡、东波乡、曲龙乡，占阿里地区边境乡总数的 50%。札达县未进行民主改革的有萨让区、底雅乡、什布奇乡、楚鲁松杰乡（简称“一区三乡”），占阿里地区未改乡的 75%。

1985 年 8 月 9 日，以阿里地区行署专员达瓦更巴为组长的地、县、区三级联合建乡工作组40余人赴底雅、什布奇、楚鲁松杰3个未改乡进行建乡工作。先后进行人口调查、选民登记，成立村民委员会，选出第一届乡人民代表，并成立乡人民政府。9月17日，历时40天的建乡工作圆满结束。将上述3乡作为地区的特区，实行优惠政策，重点扶持，帮助发展生产，治穷脱贫。

10月29日，中共阿里地委、地区行署联席会议决定，将“一区三乡”作为扶贫重点区域，成立“一区三乡”工作领导小组，采取缺什么补什么的原则，重点在农牧民群众吃、穿、住、用上给予大力扶持与帮助。当年，地区给札达县下拨扶贫资金5万元，全部用于“一区三乡”农牧民的生产生活。

1986年，“一区三乡”农牧民群众脱贫取得成效。由阿里地区民政部门牵头、各相关部门参加的工作组赴“一区三乡”调研农牧民群众脱贫问题。8月中旬，地区行署召开专题会议，研究“一区三乡”脱贫问题。会议决定：一是原则同意关于“一区三乡”尽快脱贫、实行特殊优惠政策，供应粮油、日用品的请示，同意自1987年1月1日起执行对“一区三乡”的细粮供应，按特别农牧区群众口粮价格标准供应，在加大牧业人口增长率中加以解决，供应日用品的亏损部分由地区财政解决。二是原则同意选派“一区三乡”农牧民到狮泉河镇参加木工技术培训班，学员的学习期间的一切费用由地区承担，学习结束后，为每人赠送一套木工工具。同年，阿里地区民政局向底雅、什布奇、楚鲁松杰3个乡下拨扶贫资金10万元。

1989年，“一区三乡”农牧民群众脱贫向纵深发展。4月14日，阿里地区行署专员办公会议决定：一是同意给“一区三乡”群众每人每年供应细粮15斤，参照自治区牧民口粮供应价执行，乡干部参照国家正式干部标准每人每月供应细粮30斤，实行成本价。二是地区商业局为“一区三乡”供应的茶叶和食盐等日用品的运输补贴总计每年按19516.76元计算，连续3年由地区财政局从民政扶贫款中支出。三是此后3年内，地区畜牧局每年为“一区三乡”提供7.5万元的农田建设和保畜基地及林业发展资金。四是关于修建楚鲁松杰乡卡拉桥、底雅乡爱民桥的经费问题，由地区经委从1989年乡道资金中安排14万元。五是为发展“一区三乡”教育事业，1989年地区教委拨出教育专款5万元，札达县配套拨出3万元，共计8万元，由

“一区三乡”领导小组具体分配，同时要求札达县将1988年地区民宗局拨给“一区三乡”的教育专款6万元退还，用于发展教育事业。六是给楚鲁松杰乡配备1名西医、底雅乡配备1名藏医，由各乡考察推荐；2名医生的培训费、生活费、生活补贴等由地区卫生局负责。

1991年7月2日，西藏自治区党委、区人民政府召开第17次联席会议，听取阿里地委、行署工作汇报，并同意将“一区三乡”列为自治区民政厅的重点扶贫对象。

1991—1995年，札达县为“一区三乡”解决扶贫资金26.5万元，新修、维修农牧民住房92间1656平方米，解决口粮25吨。

至2000年底，国家、自治区对“一区三乡”扶贫工作予以巨额投资，主要用于帮助群众建立定居、半定居住房，新修、维修水利设施，解决人畜饮水、添置牲畜等，“一区三乡”农牧民的生产生活条件得到很大改善。

七、改革开放与经济发展

1978年12月，中共十一届三中全会决定，要把党的工作重点转移到社会主义现代化建设上来。从此，我国经济建设开始进入持续稳定快速发展的新阶段。

1980年，为贯彻中央第一次西藏工作座谈会精神，札达根据全县各人民公社的经营管理水平和生产特点，采取小段定额包工责任制、责任到组（包工到组、联产计酬大包干）和责任到户（包产到户和包干到户）3种农业生产责任制形式。到1981年年底，札达县45个生产队全部健全完善了生产责任制。

1982年，札达县开始实施“以牧为主、农牧结合、多种经营、全面发展”的政策。

1983年，全县国民生产总值137.53万元，其中农业占39.64%，牧业占44.6%，副业占8.96%，边贸占5.38%，其他占1.42%。

1984年，撤销人民公社，改革农牧区经济体制，落实“土地归户、自主经营、长期不变”和“牲畜归户、私有私养、长期不变”（即“两个长期不变”）的政策，打破了“大锅饭”“平均主义”的分配制度，实行家庭联产承包责任制，促进农牧区和广大农牧民群众的思想观念发生转变。

1986 年，全县农牧副业总产值达 272.2 万元，人均收入 597.5 元。

1989 年，全县国民生产总值 305.8 万元，农牧民人均收入 674.66 元。

1990 年，农村经济总收入 266.52 万元，其中第一产业收入 215.25 万元，第三产业收入 51.27 万元。

1991 年 7 月 27 日至 8 月 18 日，西藏自治区农牧林委员会和自治区计经委组成工作组，会同阿里地区行署、地区畜牧局有关领导，深入基层调查研究，对札达县进行全面细致的实地考察，并针对地区"八五"发展计划的牧、林、水等多个项目进行广泛的实地考察和了解，草拟《关于阿里地区农、牧、林、水等多个项目的考察报告》。形成札达县"一河两沟"① 农业综合开发项目的开发重点放在"两沟"的思路。对于"两沟"开发，原则上按照适度规模，宜农则农、宜林则林的原则进行，先搞一些投资少、见效快的项目，突出重点，取得示范效应后逐步开发建设。

1992 年，国家向札达县投入基础设施建设资金 320 万元。其中，投资 120 万元对达巴、底雅两个区公所进行改建，并于当年交付使用；投资 140 万元修筑县城防洪堤坝 1175 米；投资 46 万元建成邮电通讯大楼；投资 14 万元修通友尼至鲁巴简易公路 64 千米。

1994 年，国民生产总值为 817.14 万元，其中农业产值 146.26 万元，牧业产值 669.11 万元，农村经济总收入 410.67 万元。

1995—1999 年，全县国民生产总值分别为 1098.88 万元、1236.24 万元、1457.53 万元、1687.2 万元、2097.8 万元，平均增速达 14.1%；农牧民人均收入分别为 793 元、930.98 元、1052.01 元、1075.20 元、1094.53 元。1995 年，全县农牧业总产值 724.2 万元，农村经济总收入 513.18 万元。1996 年，全县农牧业总产值 775.1 万元。1997 年，全县农牧业总产值 889.86 万元，县级财政收入 46 万元。1999 年，第一产业产值 1188.5 万元，第二产业产值 53.06 万元，第三产业产值 856.24 万元。

2000 年，全县国内生产总值达 2538.84 万元，农牧业总产值 1690 万元，农牧民人均收入达 1231 元。县级财政收入 73 万元。

① 即象泉河、香孜沟、热布加林沟。

2001 年，全县国内生产总值 2806. 96 万元，农牧业生产总产值 791. 2 万元，农牧民人均收入 1330 元，全社会固定资产投资 1413 万元，本级财政收入 95 万元。

2002 年，全县国内生产总值 3538 万元，比 2001 年增长 26%；农牧业生产总值达 910 万元。加强农田草场基本建设，稳步推进“一河两沟”，农业综合开发和粮食生产基地、绵羊、黄牛改良基地建设，改善生产条件，调动农牧民群众的积极性；全县粮食总产量 884. 06 吨，比 2001 年增长 19. 2%；牲畜存栏数 15. 3 万头（只、匹）；农牧民人均收入 1565 元，比 2001 年增长 10. 3%；县级财政收入 104 万元，比 2001 年增长 10%。

2003 年，全县国内生产总值达 3891 万元。其中第一产业 1690 万元，第二产业 870 万元，第三产业 1330 万元。实现本级财政收入 126 万元，农牧民人均纯收入 1721 元。

2004 年，全县国内生产总值完成 4328. 34 万元，其中，第一、第二、第三产业增加值分别完成 1814. 19 万元、1066. 2 万元、1447. 9 万元；农牧民人均纯收入达到 1893 元；城镇居民人均可支配收入达到 6753 元。

2005 年，全县国内生产总值 3650 万元，本级财政收入 178 万元，农牧民人均纯收入 1750 元。

2006 年，生产总值（可比价）4057. 3 万元。其中，第一产业 1528. 9 万元，第二产业 994 万元，第三产业 1534. 4 万元。社会消费品零售总额 516 万元，财政收入 206 万元，农村经济总收入 1335. 42 万元，边境贸易总额 51. 86 万元，农牧民人均纯收入 1899. 5 元。

2007 年，生产总值 6716 万元，本级财政收入 242 万元，农牧民人均纯收入 2060. 96 万元，固定资产投资 4310 万元，社会消费品零售总额 552 万元。2008 年，生产总值 7930 万元，本级财政收入 281 万元，农牧民人均纯收入 2435 元，其中现金收入 1395 元。

2009 年，全县生产总值 12890 万元，比 2008 年增长 66. 9%。其中第一、第二、第三产业增加值分别完成 1700 万元、6210 万元和 4980 万元。县级财政收入完成 326 万元，比 2008 年增长 16%；农牧民人均纯收入达到 2750 元，比 2008 年增长 23. 2%；各类储蓄存款达 1. 54 亿元，同比增长 131%；发放各类贷款 1569 万元，同比减少 30%，其中安居工程和“三农”

贷款1200万元。

至2010年，札达县国民经济继续保持良好的发展态势。生产总值10315.62万元；县级财政收入完成372万元；农牧民人均纯收入3200.5元，比2009年增长16%；税收收入完成353万元；各类储蓄存款4557万元，比2009年增长17.48%；发放各类贷款1839万元，比2009年增长15.09%。

第六节　信访

一、机构

2005年7月，札达县成立信访办公室，设在政府办公室，具体事务由政府办公室负责，信访办主任由县政府办主任兼任。

2006年，札达县建立集中处理信访突出问题及群体性事件联席会议制度，成立联席会议小组，下设办公室，办公室设在县信访办。2008年、2009年均对联席会议组成人员进行调整

2010年，札达县信访工作由副县长拉巴负责，联络员由政府办科员担任。

二、办理来信来访

札达县信访办公室建立健全来信来访登记、网上投诉、受理、转送（交办）、督办、复查复核等工作机制和制度，全面协调、引导群众依法逐级走访，推进信访问题依法、及时、就地化解。受理来信来访主要内容为：劳资纠纷、医疗保险等社会保障类维权事项；客运市场管理类问题：征地补偿、拆迁补偿等土地管理类问题；草场纠纷、合同纠纷、民事纠纷。

2001—2004年，开展国务院《信访条例》及有关政策法规的宣传活动，切实提高群众依法上访的意识，积极引导群众理性、就地、合法地表达利益诉求，依法寻求求救渠道，不采取越级非正常上访形式，不发生过激行为。

2005年，县信访办先后制定《札达县信访工作实施细则》《札达县矛盾纠纷排查调处工作机制》《办公室接访接待制度》等制度，规范信访工

作。做好来访接待、登记、汇报、交办、催办、督办等工作，密切掌握群众反映最强烈的热点、难点问题，做好矛盾纠纷排查调处工作。配合县政府妥善处理群众上访、拖欠农民工工资、拖欠工程款、劳务纠纷等来信来访事件，减少各类突发事件、群体性事件发生，维护社会局势稳定。

2006 年后，县信访办大力推行信访公开，向社会公布投诉电话、电子邮箱、通信地址和信访接待时间等信息，搭建民意沟通平台，及时掌握民情民意，让群众的不满情绪通过正常渠道反映出来，并从中发现一些带倾向性、苗头性的问题，提前介入，争取主动。主动深入基层，加大摸排力度，深入到每个区域、部门、群体，不留死角，及时搜集整理可能引发纠纷的信访苗头，提高信访工作的预见性、前瞻性，并对排查出来的问题，逐一研究对策，落实责任，化解到位。建立健全滚动排查机制，做到经常分析信访形势，定期开展排查活动，敏感时期要超前排查，突出问题要专项排查，共性问题要联合排查。突出重点，对矿山企业的管理、劳动用工情况等涉及群众切身利益的问题，正确分析、准确判断形势，认真梳理可能诱发矛盾纠纷的问题。

2006 年，县信访办制定严格的信访工作管理制度。县信访办公室做到有信必访、受信必回，来访必接、接访必复。县委、县政府主要领导牵头亲自接访、下访，深入细致地做好农牧民群众思想引导工作，对群众普遍关心的热点、难点问题，进行入情入理的分析解释，帮助群众理顺情绪。每个部门一把手为本部门信访工作第一责任人，亲自过问信访事项，接待群众信访，畅通信访渠道，尽力解决群众的合理诉求。对能及时解决的问题及时解决，对因特殊情况不能及时解决的问题，召开信访联席会议进行解决。及时向地区信访局汇报相关情况，紧紧围绕“大接访活动”的总体目标，做到小事不出乡、大事不出县，真正使信访工作成为党和政府与人民群众联系的纽带和桥梁。

2007 年，全县建立乡镇领导接待日制度、政府部门领导接待日制度。札达县集中处理信访突出问题及群体性事件联席会议，根据群众来信来访中反映比较突出的问题，成立专项工作组，解决复杂信访问题。

2008 年，县信访办在各单位指定一名领导负责矛盾纠纷排查调处工作，健全完善领导责任制，强化领导干部处理矛盾纠纷和重大疑难信访案件的责任，加大排查力度，及时有效地消除各类苗头隐患。制定了严格的信访工作管理制度，做到有信必访，受信必回；来访必接、接访必复，围绕“大接访活动”的总体目标，做到了小事不出乡、大事不出县。先后两次组织农牧、公安、国土、民政等六部门进行大规模的摸底排查，对排查出的8起各类上访隐患，逐一登记，建立台账，实行动态管理，做到心中有数，防患于未然。

2009年，根据形势需要，县信访办制定《札达县“县、乡、村”三级大接访实施方案》，开展大接访活动，加大排查化解矛盾力度，畅通信访渠道。制定《札达县“信访积案化解年”活动实施方案》，开展“信访积案化解年”活动，下大力气集中化解案情复杂、久拖未决的疑难信访问题。各乡镇党委、政府充分发挥主导作用，理顺关系，加强与责任单位的协同配合。各乡镇充分发挥各级人大代表、政协委员，老党员、老干部的作用，形成排查化解矛盾纠纷的强大合力，解决信访热点、难点问题。重点针对以下问题做好相关信访工作：农村土地征用问题；城镇房屋拆迁和建设领域拖欠工程款、拖欠农民工工资问题；农牧民工群体性上访问题；复员军人安置问题；客货运车辆交通引发的信访问题；医疗事故引发的信访问题；安全生产事故引发的信访问题。

2010年，开展县、乡两级党委书记、县（乡镇）长大接访活动。通过大接访活动，落实各村矛盾纠纷排查调处日制度，形成县、乡、村联访机制，真正把信访问题解决在基层。与工程单位签订各项责任书，积极协调解决施工方和群众间的敏感性问题。密切关注和关心退休干部职工的生活，调解和化解单位与退休人员的矛盾，依法维护干部职工的合法权益。按照“谁主管、谁负责”“属地管理、分级负责”“行业管理”原则，从源头上预防和解决拖欠农民工工资问题。积极开展环保专项行动，严查各类环境污染隐患，从根源上杜绝因环境问题引发的重大群体性事件。全年共接待农民工信访30起，受理调解劳动争议案件11起，涉案金额共计14.15万元，全部在县内受理并办结。

第四章　援藏

根据中央第三次西藏工作座谈会确定的“对口支援、分片包干、定期轮换”的援藏工作方针，1995—2010 年，河北省共选派 6 批援藏干部到札达县工作。援藏干部以项目建设为突破口，积极争取项目，增强发展后劲；实施特色富民战略，重点扶持大棚蔬菜种植等特色产业；围绕以打造著名旅游地为目标，培育新的经济增长点，改善全县经济发展环境，促进札达县经济社会跨越式发展。

第一节　援藏政策

党中央、国务院高度重视西藏工作，始终深切关怀西藏各族群众，始终把西藏工作放在党和国家工作全局的重要位置，先后召开 5 次西藏工作座谈会，研究部署西藏改革发展稳定政策。

从 1973 年底开始，根据中央的安排部署，有关省（市）选派医疗队和干部开展援藏工作。

1980 年 3 月 13—15 日，中央召开第一次西藏工作座谈会。会议专题研究西藏在经济、社会发展和改革开放等方面的各项工作，并确定在西藏实行 3 年免征农牧业税和“休养生息”的特殊优惠政策。

1984 年 3 月 28 日，中央召开第二次西藏工作座谈会。会议对西藏的特殊情况和实际进行认真分析，研究和制定进一步放宽经济政策、加快改革开放步伐的灵活措施，继续实行免征农牧业税（至2000年年底）和“休养生息”政策。决定：为庆祝西藏自治区成立20周年和加快西藏经济与各项事业的发展步伐，中央组织全国9个省（市），从项目、资金、设计、技术、施工等方面配套援助西藏建设43项工程。

1994年7月20—23日，中央召开第三次西藏工作座谈会，把全国支援西藏作为一项长期性政策固定下来。江泽民在讲话中指出“西藏的工作在党和国家的工作中居于重要的战略地位。全党特别是各级党委和政府的主要领导干部必须清醒地看到：西藏的稳定涉及国家的稳定，西藏的发展涉及国家的发展，西藏的安全涉及国家的安全。重视西藏的工作实际上就是重视全局的工作，支持西藏工作就是支持全局的工作。中央各部委、各省、自治区、直辖市都要从党的工作全局，从增强中华民族凝聚力的高度，深刻认识中央关于全国支援西藏的决策的深远意义，从人才、资金、技术、物资等方面做好援藏工作”。李鹏在讲话中指出“为了帮助西藏自治区解决政策和发展中遇到的困难和问题，国务院决定在财税、金融、投资、价格和外贸等方面继续对西藏实行特殊政策和灵活措施”。会议在认真总结前两次中央西藏工作座谈会以来援藏工作情况和经验的基础上，确定“对口支援、分片包干、定期轮换”的援藏工作方针。同时，会议还确定由中央各部委和全国各省（市）援助西藏建设62项工程。

2001年6月25—27日，中央召开第四次西藏工作座谈会。会议强调西藏的发展和藏族同胞的命运，历来与祖国和中华民族的命运紧紧联系在一起。全党同志必须站在党和国家工作大局的战略高度，扎扎实实地做好新世纪的西藏工作。要紧紧抓住实施西部大开发战略和西藏社会局势基本稳定的良好机遇，着眼于西藏的繁荣进步和长治久安，集中力量解决事关西藏发展稳定全局的重大问题，促进西藏经济从加快发展到跨越式发展，促进西藏社会局势从基本稳定到长治久安。要站在战略全局高度，看待加快西藏经济发展问题，增强使命感和责任感，共同努力，积极促进西藏经济的振兴和繁荣。基础设施薄弱是西藏经济发展的主要制约因素，必须加快铁路、公路、机场、电力、通信、水利等设施建设。充分发挥资源优势，形成既有优势又有市场的支柱产业和特色经济。巩固和加强农牧业基础地位，以调整农牧区和经济结构为重点，搞好农牧业综合开发，千方百计提高农牧民收入。必须高度重视和切实加快发展旅游业，一定要把旅游业作为西藏的支柱产业。认真实施“科教兴藏”战略，大力培养各类人才，大力推动科技进步和创新，努力采用先进适用的技术，使现代科学技术在经济发展中发挥更大的作用。

2010年1月18—20日，中央召开第五次西藏工作座谈会，会议全面总结西藏发展稳定取得的成绩和经验，深刻分析西藏工作面临的形势和任务，明确之后一个时期做好西藏工作的指导思想、主要任务、工作要求，对推进西藏实现跨越式发展和长治久安作出了战略部署。要求全党同志一定要站在党和国家工作全局的战略高度，进一步认识做好西藏工作的重要性和紧迫性，认真落实中央关于西藏工作的一系列方针政策，不断开创西藏工作新局面。加大对口支援力度，继续坚持“分片负责、对口支援、定期轮换”，进一步完善干部援藏和经济援藏、人才援藏、技术援藏相结合的工作格局。

第二节　干部援藏

从1973年开始，根据中央的安排部署，有关省（市）开始选派医疗队和干部开展援藏工作。

根据中央第三次西藏工作座谈会确定的“对口支援、分片包干、定期轮换”的援藏工作方针，1995—2010年，河北省选派6批援藏干部到札达县工作。援藏干部严格按照全国援藏工作的总体要求和部署，落实包括人、财、物、智在内的全方位、多层次的援藏，不断推动援藏事业向纵深发展。

1995年5月，由河北省派出的第一批3名援藏干部到达札达县，开展为期3年的援藏工作。第一批援藏干部中，有县委书记1名、县委副书记1名、县人民政府常务副县长1名。1998年5月，援藏干部援藏期满后返回河北省。其间，先后选派4批8人次前往河北省对口支援单位考察学习，选派南木色、次仁巴、扎西措姆3名干部分别到抚宁县、武安市等地挂职锻炼。

1998年5月底，河北省派出的第二批4名援藏干部到达札达县，开展为期3年的援藏工作。其中，县委书记1名，县委副书记1名，县委常委、常务副县长1名，县人民政府副县长1名。

2004年7月，河北省选派第四批援藏干部到札达县工作。援藏干部按照《河北省援藏干部守则》要求，全面围绕一个“实”字创造性地开展工作，说实话、办实事、出实招、讲实干、求实效，推动了札达各项事业快速发展。

1995—2007年，四批援藏干部组织各类培训班7期，为札达县培养各类管理人员、专业技术人员、教师、医务人员34人。

2007年7月，河北省第五批援藏干部到达札达县，援藏干部紧紧围绕“谋跨越、促稳定、保民生、强党建”开展工作。推荐和安排干部职工参加区内外培训218人次，到内地挂职锻炼7人次，到高校进行学历提升18人。聘请河北省蔬菜种植大县滦南县3名种植能手、劳动模范到札达县教授农牧民蔬菜种植技术。在全面了解掌握札达气候条件、土壤构成等各种情况后，对现有大棚进行改造，开展土地平整、土壤改良、施肥、育苗等工作，采取理论与实践相结合的办法，采取传帮带的形式，手把手地教当地群众种植大棚蔬菜，培养农牧民15人，带领当地群众大面积种植大棚蔬菜。

2010年7月，河北省第六批援藏干部李建华、曹向东、晏斌、孙成伟、张海丰一行5人到札达县开展为期3年的援藏工作。

河北省第一批援藏干部一览表

表5-4-1

<table>
<tr><th>姓名</th><th>性别</th><th>民族</th><th>在札职务</th><th>进藏前单位及职务</th><th>援藏时间</th></tr>
<tr><td>杨永山</td><td>男</td><td>汉</td><td>县委书记</td><td>唐山市委副秘书长</td><td rowspan="3">1995.05—1998.05</td></tr>
<tr><td>王秀成</td><td>男</td><td>汉</td><td>县委副书记</td><td>秦皇岛市卢龙县委副书记</td></tr>
<tr><td>于景欣</td><td>男</td><td>汉</td><td>县委常委、常务副县长</td><td>廊坊市永清县副县长</td></tr>
</table>

河北省第二批援藏干部一览表

表5－4－2

姓名	性别	民族	在札职务	进藏前单位及职务	援藏时间
冯满	男	汉	县委副书记	秦皇岛市抚宁县委副书记	1998.06—2001.06
王辉云	男	汉	县委常委、常务副县长	廊坊市香河县副县长	
郭玉普	男	满	副县长	承德市围场县副县长	

河北省第三批援藏干部一览表

表5－4－3

姓名	性别	民族	在札职务	进藏前单位及职务	援藏时间
曹金华	男	汉	县委书记	唐山市委副秘书长	2001.06—2004.06
王殿忠	男	汉	县委副书记	秦皇岛市青龙县委常委	
戴贵明	男	汉	县委常委、常务副县长	张家口市宣化县副县长	
程建华	男	汉	副县长	承德市宽城满族自治县副县长	

河北省第四批援藏干部一览表

表5－4－4

姓名	性别	民族	在札职务	进藏前单位及职务	援藏时间
郭文良	男	汉	县委书记	唐山市政府副秘书长	2004.07—2007.06
郝德华	男	汉	县委副书记	廊坊市	
吴国光	男	汉	县委常委、常务副县长	承德市	
胡忠义	男	汉	副县长	秦皇岛市昌黎县副县长	
刘晓峰	男	汉	县卫生服务中心副主任	唐山市滦县人民医院副院长	

河北省第五批援藏干部一览表

表5-4-5

姓名	性别	民族	在札职务	进藏前单位及职务	援藏时间
路遇	男	汉	县委书记	唐山市委副秘书长	2007.07—2010.07
李景云	男	汉	县委副书记	唐山市滦南县委常委	
张志国	男	汉	县委常委、常务副县长	唐山市滦县县委常委	
任万阁	男	满	副县长	唐山市遵化市副市长	
黄俊敏	女	满	县卫生服务中心副主任	唐山市玉田县中医院副院长	

河北省第六批援藏干部一览表

表5-4-6

姓名	性别	民族	在札职务	进藏前单位及职务	援藏时间
李建华	男	汉	县委书记	唐山市委副秘书长	2010.07—2013.06
曹向东	男	满	县委副书记	秦皇岛市青龙满族自治县县委常委	
刘铁成	男	汉	县委常委、副县长	廊坊市固安县委常委	
孙成伟	男	满	副县长	承德市隆化县副县长	
张海丰	男	汉	县卫生服务中心副主任（中级职称）	秦皇岛市昌黎县人民医院副院长	

第三节　经济援藏

基础设施落后是制约札达县经济社会发展的最大瓶颈之一。援藏干部以项目建设为突破口，积极争取项目，增强发展后劲；实施特色富民战略，重点扶持大棚蔬菜种植等特色产业；围绕以打造著名旅游地为目标，培育新的经济增长点，改善全县经济发展环境，促进札达县经济社会跨越式发展，实现社会长治久安，人民安居乐业。

1995—2005 年，河北省援藏干部以孔繁森同志为榜样，从讲政治、讲大局，增强民族团结、维护祖国统一的大局出发，创造性地开展工作，认真分析县情，确定“开放搞活、旅游兴县、结构优化、农牧富民”的发展战略，制定经济发展规划，从资金、技术、人才等方面进行多渠道、多形式的援助。投入援助资金 3262.2 万元，援助建设札达县公检法办公楼、札达县自来水工程、札达县客运站、札达县幼儿园、札达县河北宾馆、札达县完小教研室、札达县职工宿舍、札达县文化馆、札达县农贸市场、札达县小商品市场、札达县蔬菜基地、札达县藏药厂、札达县中学、札达县职工宿舍楼、札达县市政道路、托林广场及札达县政府招待所的扩建等项目 20 余个，使札达县市政建设和各项基础设施有较大改观。其中，2000 年，争取各项援助资金 388 万元，安排建设项目 5 个。2001 年，投入资金 300 余万元。2003 年，在完成 2002 年投资 700 万元的市政道路新建、自来水续建两个项目工程的基础上，共落实客运站、幼儿园、托林广场 3 个援助项目，援助资金达 315 万元。

2004 年 7 月至 2007 年 7 月，实施完成援藏项目 6 个，总投资 1215.4 万元，有效改善了札达基础设施薄弱的现状，改善了全县干部群众的生产生活条件。其中，先后从唐山、廊坊、秦皇岛市争取计划外资金 300 万元，解决县机关办公车辆紧缺、县乡机关单位办公设施陈旧落后、学校教学硬件缺乏以及贫困农牧民子弟缺少上学用具等问题，还在县直机关建立局域网，为四大班子和主要部门配备电脑；投资 810 万元，实施图书馆（210 万元）、广电中心（500 万元）、农技推广站（100 万元）等项目工程。

2007 年 7 月至 2010 年 7 月，争取援藏资金近 5000 万元，实施札达宾馆、安居工程、干部职工周转房、排水工程配套设施等项目建设。其中，投资 33 万元，为 15 个行政村购置书籍及相关设备，顺利完成第一批“农家书屋”工程；投入自治区、地区和援藏专项资金共 800 多万元，扶持发展蔬菜种植户 33 户，瓜果种植专业户 44 户，修建高效温室大棚 17 座，并购置卷帘机 10 台，种植蔬菜 35 种，年产蔬菜 30 余吨，种植专业户户均增收 2 万余元；投资 65 万元，邀请北京清华城市规划设计研究院风景旅游规划所制定《札达县旅游发展总体规划》；投资 625 万元，兴建札达宾馆；投资

711 万元，完成县技能培训中心建设。2008 年，投入援助资金 100 万元，用于农牧民安居房建设，其中底雅乡 31 户（努巴作业组 18 户、鲁巴作业组 13 户），萨让乡萨让村 9 户。2009 年第五批援藏资金到位 965 万元，新建农牧区安居工程建设、干部职工周转房建设、育肥基地、温室蔬菜大棚、城镇“三清三化一提高”工程、超声诊断仪、旅游发展总体规划等 10 个项目。

1995—2006 年札达县受援项目建设情况统计表

表 5－4－7

项目	开工时间	完工时间	总投入（万元）	援藏投入（万元）	备注
札达县中学	1995.06	1996.10		180	面积 450 平方米，包括教室、餐厅等
县完全小学教研室	1995	1996	37.5	37.5	
达巴区小学教室及宿舍	1995	1996	45.6	45.6	
县完全小学教职工宿舍	1996	1997	39.2	39.2	面积 361 平方米
县直机关干部职工住房	1996	1997	39	39	
县政府招待所	1996	1998	107	47	
县藏医药加工厂	1996	1997	16.3	8	面积 99.4 平方米
县文化馆	1997	1998	60	20	
县机关车辆配置	1997		60	38	
县文化长廊	1997	1998	43	14	
县政府大院硬化项目	1997	1997	19	7	
县蔬菜基地	1997	1997	30	20	温室 2 个，400 平方米；塑料大棚 2 个，100 平方米
县完全小学职工宿舍	1997	1998	31	7	
县农贸市场	1998	1999	86	86	面积 950 平方米
县边境村光伏电站	1998	1998	98	98	2 座
县新农贸市场	1999	2000	175	175	

续表

项目	开工时间	完工时间	总投入（万元）	援藏投入（万元）	备注
县河北宾馆	1999.05	1999.11		85	面积380平方米
公检法办公楼	2000.05	2002.11		280	面积1365平方米
市政道路建设	2002.05	2002.11		700	总长1000米，包括广场及附属设施，面积10000平方米
县幼儿园	2003			150	面积601.619平方米及附属配套设施
县客运站	2003			150	面积444.78平方米及附属配套设施
县文化图书馆	2004			210	面积2000平方米及附属配套设施
香孜乡集贸市场	2005	2005		100	面积500平方米及附属配套设施
县加油站	2005			100	面积500平方米及附属配套设施
县科技推广服务站	2005			100	面积500平方米
县城环卫及人行道亮化工程	2006			137	
札布让小康示范村文化活动室	2006			181.6	
县广电中心及有线电视网络技术改造、扩容工程		2006		500	

2004—2007年河北省廊坊市援助办公摄像机明细表

表5-4-8

领取单位（人）	机型	辅助设备	数量
县委办	索尼705	2GB存储卡1张、支架1副、背包1个、电池2个、可重复用存储盘3张	1

续表

领取单位(人)	机型	辅助设备	数量
组织部	索尼 705	2GB 存储卡 1 张、支架 1 副、背包 1 个、电池 2 个、可重复用存储盘 3 张	1
政法委	佳能 100	支架 1 副、包 1 个、电池 2 个、可重复用存储盘 2 张	1
公安局	佳能 100	支架 1 副、包 1 个、电池 2 个、可重复用存储盘 2 张	1
检察院	佳能 100	支架 1 副、包 1 个、电池 2 个、可重复用存储盘 2 张	1
法院	佳能 100	支架 1 副、包 1 个、电池 2 个、可重复用存储盘 2 张	1
县长	索尼 705	2GB 存储卡 1 张、支架 1 副、背包 1 个、电池 2 个、可重复用存储盘 3 张	1
备用	索尼 705	2GB 存储卡 1 张、支架 1 副、背包 1 个、电池 2 个、可重复用存储盘 3 张	1

第四节　教育卫生援藏

在援藏工作中，党中央、国务院不仅为西藏人民送资金和技术，还通过援藏干部开展扶志和扶智工作，取得了显著成效。

为提高札达县农牧民整体素质，切实改善农牧民生产生活条件，改善农牧民医疗条件，援藏干部在加快各项社会事业发展中，将援藏工作重点面向农牧区，面向农牧民群众，始终把教育摆在突出位置，经常深入各学校了解情况，出谋划策，解决困难。在不断巩固和完善农牧区新型合作医疗制度的基础上，加强县医院、乡村卫生院的软硬件建设，有效解决农牧民看病难的问题。

一、教育援助

2004 年 7 月至 2007 年 7 月，为改善全县办学条件，加快信息化教学进程，从内地争取资金20万元，在香孜乡完小新建全地区第一个乡完小电脑微机室。同时为全县800多名中小学生每人发放被褥1套，改善住校学生生活条件。创办全县第一所实用技术培训中心，帮助青少年掌握致富技术，扩大就业渠道。

2007年7月至2010年7月，援藏干部在调研时发现高中阶段学生上学政策优惠存在空档，路遇等5名援藏干部研究制定了对困难家庭高中阶段学生的救助办法，按照就读学校所在区域的不同，分两个标准实施救助，在区内中学就读的（不包括阿里地区中学），按照每生每年1000元的标准实施救助；在区外中学就读的，按照每生每年2000元的标准实施救助。按照这一救助标准，县财政局从援藏资金中及时向各乡镇拨付救助资金，并由各乡镇向被救助的高中阶段学生家庭兑现补助。

二、医疗卫生援助

医疗卫生条件差、群众就医看病难一直是札达县的大问题。为改变这种情况，2004年7月至2007年7月，援藏干部多次下乡免费送医送药，到达巴乡5次、香孜乡3次、底雅乡1次、曲松乡1次、曲龙村1次，解决农牧民看病难的问题。为方便全县干部、群众看病，扩建第二门诊部，增添辅助检查设备、血尿常规、心电图、B超、生命体征监护仪、呼吸机、抢救物品及药品专柜等。抢救急性高原肺水肿3例、急性高原心脏病10例，鼻衄大出血1例，急性高原反应19例，慢性高原反应25例。医务人员积累了丰富的高原病治疗经验，采用规范的治疗方法，系统化地治疗其他常见病、多发病，方便了广大群众就医治病。

2007年7月至2010年7月，医疗援藏干部引进高科技设备、手把手传授技艺，提高当地医疗卫生水平。深入边远村组，广泛开展“送药下乡”“巡回义诊”活动。不断拓宽工作思路，拓展工作领域，增加县人民医院诊治项目，如小器官方面的超声检查技术及超声引导下对妇产科疾病的诊治等，发挥较好作用。累计进行超声诊断4000多人次，确诊疑难病例300多例，为及时救治赢得了时间。为县人民医院配置设备款50万元，从内地购置高分辨率、高清晰度、高穿透力，可以检查腹部、泌尿系统、妇产科、周围血管、小器官等的双探头彩色超声诊断仪 1 台和其他多项设备，为及时诊断疾病提供科学依据。援藏干部变“输血”为“造血”，搞好业务上的传帮带，传授从书本、进修及临床方面获得的业务知识，与当地医务人员一起研究，一起学习，为开展超声诊断奠定基础，并从内地邀请专业技师，采取实例教学、难点讲解、现场问答等形式，对县卫生服务中心的医务骨干进行仪器操作使用和临床诊断的强化学习培训，提高了全县医疗卫生整体水平。

第五章　扶贫开发

从1960年一直到20世纪90年代初，札达县扶贫主要以救济性为主。1997年，札达县被自治区列为给实不挂名的重点贫困县。扶贫工作开始由“救济式”向“开发式”扶贫转变，提高贫困户和贫困人口的自我造血功能。20世纪90年代后至2010年，国家不断加大对贫困地区的扶持力度，通过实施一系列国家、自治区重点项目，加大农牧业综合开发力度以及鼓励劳务增收等多种途径，札达县农牧民的生产、生活状况发生了巨大变化。

第一节　机构

新中国成立后一直致力于发展生产，消除贫困的工作。但严格意义上的扶贫是在1987年改革开放以后提出并大规模实施的。1997年，札达县被自治区列为给实不挂名的重点贫困县。

1998年，县委、县政府对札达县扶贫工作领导小组进行调整充实，县委副书记、县长达尔布任组长；副县长索巴多吉、县农行行长才旦卓玛任副组长；县民政局局长江措、副局长李百灵，县财政局局长央加，县农牧局局长嘎热多吉，县政府办主任普布索南，达巴区区长布琼，香孜区委书记索南多吉，萨让区委书记索南，底雅区区长扎西次仁，曲松区区长其美多吉，札布让区区长多吉为成员。扶贫领导小组办公室设在县民政局。

2010年前，札达县未成立专门的扶贫办。2010年底，县扶贫办成立，属县农牧局下设单位。

第二节　扶贫

20 世纪 60 年代，国家在农牧区通过发放长、短期贷款和无偿投资等形式，支持农牧业生产，缓解贫困户生产、生活困难。通过生产自救、国家扶持，达到在农区平均每人种地 3 藏克，每人占有 5 只羊，每户有耕牛（耕马）1 头（匹）、犁全套 1 部及铁锨、锄头、耙子、镰刀等各 1 把；半农半牧区：每人种地 2 藏克、1 头奶牛、7 只羊，每户扶持耕牛 1 头，犁全套和一些农具；牧区每人 2 头牛、30 只羊，有条件的每人种地半藏克。

札达县自然条件恶劣，群众长期处于贫困之中，扶贫任务十分艰巨。札达县扶贫主要以救济性为主，从 1960 年一直延续到 20 世纪 90 年代初。

1981 年，阿里地区根据札达县实际情况，下拨扶贫资金 1. 5 万元。

1985 年 10 月 29 日，中共阿里地委、地区行署联席会议决定，将“一区三乡”作为扶贫重点，并成立“一区三乡”工作领导小组，采取缺什么补什么的原则，重点在农牧民群众的吃、穿、住、用上给予大力扶持。阿里地区全年给札达县下拨扶贫资金 5 万元，全部用于改善“一区三乡”农牧民的生产生活条件。

1986 年，阿里地区民政部门牵头，组织各相关部门赴“一区三乡”调研农牧民群众脱贫问题。8 月中旬，地区行署召开专题会议，研究札达县“一区三乡”脱贫事宜。会议决定原则同意关于扶贫“一区三乡”尽快脱贫、实行特殊优惠政策，供应粮油日用工业品的请示，自 1987 年 1 月 1 日起执行，对于“一区三乡”的口粮供应，按特困区农牧区群众口粮价格标准供应，在加大牧业人口增长率中加以解决，供应日用工业用品的亏损部分由地区财政解决；原则同意选派“一区三乡”农牧民到狮泉河镇参加木工技术培训班，学员在学习期间，一切费用由地区承担，学习结束后，为每人赠送一套木工工具。同年，阿里地区民政局向底雅、什布奇、楚鲁松杰下拨扶贫资金 10 万元。

“八五”期间，全县投入扶贫资金737万元，兴建农牧业基础设施项目7个，为农牧民群众改造房屋95间1700平方米，购买牲畜600头（只、匹），解决口粮7.5万千克。其中为“一区三乡”解决扶贫资金26.5万元，新修、维修农牧民住房92间1656平方米，解决口粮6万千克。

1994年，札达县被自治区民政厅确定为面上重点扶贫县，“一区三乡”被列为重点。国家、自治区加大对“一区三乡”扶贫工作的投资力度，主要用于帮助群众建立定居、半定居住房，解决人畜饮水问题、添置牲畜，新修、维修水利设施等。“八五”期间，在“一区三乡”加大基础设施建设，投资17.4万元，维修骡马道11条共137千米；投资24.5万元，维修、新建水渠9条共35千米；投资9万元，新建水库6个，容量共计46750立方米；投资15万元，维修简易木桥8座；投资18万元，新建萨让、底雅两区干部职工办公楼、宿舍楼；投资10万元，维修学校；投资2万元，新建楚鲁松杰乡中转仓库4间100平方米；修建小型水电站4个；植树造林补助8万元；开垦复耕土地40亩补助1.7万元；围草库伦4块650亩6.5万元；投资90万元，修建拦水坝长1000米、宽8米、高2米。

1995—1999年，共投入资金677.4万元，兴建扶贫经济实体8个，累计脱贫90户（次），391人次。

1995年，扶贫工作领导小组通过采取定对象、定项目、定资金、定效益等“四定”扶贫措施，有21个县直单位与19个乡、村结为扶贫对子，完成脱贫28户140人，脱贫率达100%。

1996年，扶贫工作领导小组制定全县脱贫方案，变“救济式”扶贫向“开发式”扶贫，提高贫困户和贫困人口的自我造血功能，扶贫工作进入新的历史转折点。札达县被西藏自治区定为给实不挂名的贫困县，国家投入的扶贫开发资金每年都有所增加。札达县采取搬迁式开发扶贫、定点承包扶贫、扶贫捐助等方式，把脱贫与计划生育、扶贫与扫盲、扶贫与科技推广、扶贫与“一河两沟”开发等紧密联系，加大全县扶贫工作力度，加快脱贫步伐，完成消灭绝对贫困的历史任务。全县有22户104人脱贫。截至年底，全县有贫困人口129户556人，占全县总人口的12.6%，“一区三乡”贫困人口占全县贫困人口总数的64.7%。

1997年，自治区民政厅投入100万元，群众投劳折算30万元，实施扶贫开发项目有农牧业基础设施建设、添置牲畜及部分贫困户住房改造等，使27户115人脱贫。落实无偿扶贫资金100万元，扶贫低息贷款292万元，创办扶贫经济实体17个，落实扶贫项目60多个。为萨让区日巴、萨让2乡7个行政村投入扶贫资金29.8万元，其中14.6万元用于农牧业基础设施建设12个项目，4万元为贫困户新盖住房22间（1100平方米），7.2万元为贫困户添置耕牛、耕马25头（匹）、山羊50只。为底雅区什布奇、底雅2乡7个行政村投入扶贫资金31.75万元，其中15.31万元用于农田基础建设12个项目，0.6万元为贫困户新盖住房4间（200平方米），8.6万元为贫困户添置耕马5匹、犏牛13头、山羊250只，5万元用于草场围栏和经济林建设，2.04万元用于底雅区鲁巴乡1个农田水利建设。投资27.95万元，用于曲松区楚鲁松杰乡4个行政村扶贫项目建设，其中7.92万元用于农田、草场及经济林建设共9个项目，4万元为贫困户新盖住房20间（1000平方米），15.83万元为贫困户添置耕牛25头、黄牛32头、山羊211只，0.2万元为贫困户借用、调整外流人员土地复耕补助。另与地区扶贫办协商同意，给“一区三乡”所在地3个区的区公所用于解决运输炸药、水泥、水管等运费和相关费用10.5万元。全县有27户115人脱贫。

1998年，投资5.5万元，在萨让区萨让村、白嘎村、底雅乡热尼村分别修建农田灌溉水渠1000米（2.5万元）、800米（1.7万元）、500米（1.3万元）；投资64.3万元，在萨让区日巴村、底雅乡马阳村新修冬春牧场人畜道路；投资15.2万元，在底雅、什布奇改造中低产田1500亩，分配给无地的贫困户使用；投资27.3万元，在楚鲁松杰乡、巴久村、松杰村开垦农田，给无地的贫困户使用；投资10.7万元，在楚鲁松杰乡贡赤村、底雅乡荣堆村、日巴乡嘎布热村修建牧民半定居房屋及配套羊圈共25间；投资16万元，在萨让乡曲色村、底雅乡什布奇村、楚鲁松杰乡楚鲁村分别围栏草场150亩、130亩、120亩。同年，自治区民航、商业等4个部门联合在札达县开展扶贫工作。

1999年，国家投入扶贫开发资金220万元，其中达巴东波贫困牧民半定居工程投资20万元，萨让乡日巴村曲色村民小组饲草地围栏项目投资38

万元，“一乡三村”困难户住房改造工程投资30万元，萨让乡当巴水塘、水渠建设投资45万元，楚鲁松杰的楚鲁水塘、水渠建设投资19万元，底雅乡什布奇村及楚鲁松杰的1200亩农田改造工程投资25万元，波林村人畜饮水及草地围栏投资31万元，曲松乡人畜饮水工程投资12万元。项目实施后，35户178人实现脱贫。“一区三乡”共有贫困户87户439户，占该区域内农牧业总户数313户和农牧业总人口1516人的27.8%和29%。全年脱贫43户216人，截至年底，仍有132户615名贫困人口。

1999年札达县扶贫项目建设一览表

表5－5－1

项目类别	项目名称	单位	建设规模	投资金额（万元）	效益
农业项目	开垦农田	亩	1400	42	每亩年均可增产100斤，两项年均可增加产量44万斤
	改造中低产田	亩	1600	25.6	
	新修水库	座/万立方米	2/2.6	46.4	
	购置55型拖拉机及配套耕作机械	套	3	60	
牧业项目	饲草料基地建设	亩	770	7.01	成畜死亡率年均降低12%，幼畜成活率年均可提高10%
	饲草地及草场围栏	米	23120	26.2	
	牧民定居点建设	户	79	81.41	
	配套棚圈及饲草库	户	79	48.98	
经济林建设	栽种面积	亩	160	79.2	建成5年后，年可产苹果48万斤
	果苗数量	株	9600		
	围栏	亩	160		
	植保设备	套	5		

2000年，投入扶贫开发资金368.7万元。其中，自治区投入266万元，群众劳务投入102.7万元。札达县蔬菜种植项目投资50万元，鲁巴、曲木底农田及草场围栏投资60万元，萨让贫困家庭照明项目投资14万元，曲龙

牧民半定居点工程和达巴、东波、曲龙3个移民搬迁及半定居点工程共投入244.7万元，实现脱贫24户107人。截至年底，札达县圆满完成《国家八七扶贫攻坚计划》提出的目标和任务，共脱贫94户448人。

2001年上半年，申报嘎尔贡间牧民半定居点建设、日尼吊桥复建、鲁巴村水塘水渠建设、五大牧区草场围栏、楚鲁松杰村贫困户家庭照明、东波二村贫困户住房改造、古让移民搬迁7个扶贫开发项目，总投资331.95万元，其中自治区扶贫专项资金无偿补助233万元，群众投劳98.95万元。年内解决132户615人的温饱问题，实现脱贫130户646人。建设完成底雅、努巴、东波三组3个扶贫点项目，其中底雅扶贫点建设住房1150平方米，扶贫33户180人，总投资63.5万元；努巴扶贫点建设住房1110平方米，牲畜棚圈448平方米，扶贫22户79人，投资44万元；东波三组扶贫点建设住房1250平方米，扶贫25户112人，投资50万元。

2002年，扶贫项目总投资102.3万元，其中国家投资75万元，群众投劳27.3万元。其中，东波村贫困户住房改造项目，投资20.3万元；古让组扶贫搬迁项目，投资22万元；嘎尔贡间牧民半定居点工程项目，投资60万元。

2003年，札达县扶贫项目总投资307万元，其中国家投资297万元，群众投劳10万元。底雅乡住房改造项目建设住房2600平方米，其中什布奇村50户，鲁巴村贡布自然组10户，国家总投资65万元。水利设施建设项目中，托林镇和底雅乡鲁巴村新建水库2座，主干渠2条4500米，两项总投资195万元，其中国家投资185万元，群众投劳10万元。托林镇札布让组整治玉让沟建设项目总长846米，国家投资47万元。在进行扶贫项目的同时，加大对“321”工程的实施力度，其中全县300余名干部职工捐款13万元，下乡150人次，捐助衣物352件（套），茶叶145条。截至11月初，札达县有218户1107人脱贫。

2004年，全县总人口1723户7134人，其中农牧民1141户5299人，贫困户269户1291人，贫困面占农业人口的24.4%。札达县加紧实施“321”扶贫济困工程，完成重新建档登记造册工作，定点扶持237户1069名贫困人员。扶贫项目总投资179.2万元，其中国家投资149.2万元，群众投劳30

万元。扶贫项目主要包括香孜乡热嘎夏组运肥道路建设20千米，标准为乡村四级路面标准，国家投资20万元；曲松乡楚鲁松杰村扶贫搬迁12户，完成居民点的扶贫搬迁安置工作，国家总投资32.2万元；札达县经济林建设项目70亩（底雅乡40亩，萨让乡30亩），修建经济林围墙6000米（底雅乡4000米、萨让乡2000米），平整土地70亩（底雅乡40亩，萨让乡30亩），项目总投资57万元（国家投资47万元，群众投劳10万元）；托林镇札布让组有家庭旅馆20户，每户建房550平方米，共计11000平方米，项目总投资70万元（国家投资50万元，群众投劳20万元）。

2005年，扶贫项目总投资197.34万元，其中国家投资191.34万元，群众投劳6万元。其中，札达县托林镇札布让组扶贫瓜果基地建设300亩，平整土地300亩，新修水渠1500米，种植蔬菜、瓜果250亩，总投资22.6万元（国家投资19.6万元，群众投劳3万元）；托林镇札布让组家庭养殖业建设38户，每户建鸡圈50平方米，共计1900平方米，购鸡种子1300只，项目总投资15.74万元（国家投资12.74万元，群众投劳3万元）；达巴乡东波村人畜吊桥建设跨度68米，宽度2米，该项目全部由国家投资，总投资159万元。上述扶贫项目均于2006年9月竣工。通过面上扶贫和兴办经济实体，使124户355人脱贫。

2003—2005年，所有扶贫项目建设完成后，彻底改变了特困区域群众的生产、生活条件，为其早日走向富裕奠定了坚实的基础。农牧业生产资料得到保证，扶贫点每户均有2.5亩以上的基本口粮田，人均拥有牲畜10头（只、匹），人均收入1300元以上。

2006年，扶贫项目投资86.88万元，在托林镇波林村建设奶牛养殖示范户46户，引进西门达尔种牛19头，添置当地黄牛184头，新建牛棚46套，人工种草690亩。

2007年4月，县扶贫领导小组对全县重点贫困户进行建档立卡工作，共有贫困户361户1467人，其中特困户113户474人；一般贫困户248户993人。全年扶贫项目总投资226.19万元（国家投资127万元，群众投劳99.19万元）。其中，投资49.67万元，实施曲木底短期育肥项目，进行天然草场围栏5000亩，补助育肥羊98只，群众自筹980只；投资34.5万元，在萨让乡日巴村实施草场配套建设项目，人工种草112亩，修建棚圈28套，草场围栏2800亩；投资8.96万元，在什布奇村实施杏干生产与加工建设项目，种植杏树690株，购置包装机1台，修建房屋60平方米；投资94.56万元，在托林镇实施民间建筑队建设项目，购置翻斗车2辆，装载机1台，挖掘机1台及其他小型设备；投资38.5万元，在托林镇托林居委会实施砂石料厂建设项目，拟建年产4.08万立方米采石场1座，购置翻斗车2辆，购置粉筛机3台，装卸机3辆，简易工棚100平方米，培训60人。

2008—2009年，通过中低产田改造、修建水渠等农田水利基本设施建设，基础设施进一步改善，大部分地区实现了人均半亩稳田，基本解决了人畜吃粮、吃水问题。札达县扶贫农发共建项目17个（面上项目6个，整乡推进项目3个，边境村项目4个，产业化项目2个，土地治理项目1个），建设资金1191.48万元。其中2008年面上扶贫项目6个、产业化项目1个；2009年边境村项目4个、面上项目1个、整乡推进项目3个、产业化项目1个、土地治理项目1个。

2008年，面上扶贫项目主要包括札达县中低产田改造项目，修建防洪坝67米、水渠5232米、改造中低产田1300亩，项目实施点为鲁巴村、萨让村、东嘎村、热布加林村；札达县半封闭棚圈建设项目，修建棚圈29套，项目实施地点为曲龙村19套，达巴村10套；札达县托林镇草场建设项目，修建半封闭式羊圈27套，实施地点为波林村卡孜组12套、波林组8套、多香组7套；托林镇温室建设项目，修建温室2座，实施地点在蔬菜合作组织内；达巴乡乡村道路建设项目，修建公路16千米，桥涵2座，实施地点为东波村。产业化项目主要有托林镇产业化温室建设项目，修建温室5座，实施地点为蔬菜合作组织内。投资25万元，在托林镇札布让组实施乡村经济实体项目建设。全年，面上扶贫项目惠及农牧民408户2047人，户均增收1478元，人均增收281元。

2009年，面上扶贫项目主要包括札达县江塘公路建设，修建公路14千米，实施地点为江塘组。边境村建设项目主要有曲松乡曲木底牧业基础设施建设，修建棚圈60套、打井3眼、人工种草200亩；楚鲁松杰村中低产田改造建设，修建土渠1500米、防洪坝1000米、改造中低产田350亩；色尔贡组公路建设，修建公路14.36千米；底雅村防洪坝建设，修建防洪坝260米，实施地点为底雅组。整乡推进项目主要包括札达县经济林建设，种植苹果树2000株、杏树1000株、修建水渠2000米，实施地点为马阳组、什布奇组；底雅乡“借母还仔”、绒山羊开发、草场配套建设，修建棚圈100套，修建草库伦、水渠1000米，添置绵羊1000只、山羊1000只、种畜50只，人工种草1000亩，实施地点为鲁巴村、底雅村、什布奇村；札达县底雅乡农牧业水渠建设，修建溢流坝1座、混凝土水渠1825米，实施地点为底雅村、鲁巴村、什布奇村。产业化项目主要是农发产业化项目，其中修建温室8座，实施地点为蔬菜合作组织内。土地治理项目包括平整完项目区所有土地。

2010年，总投资876.1万元，建设整乡推进扶贫开发、边境村扶贫开发、面上扶贫开发等项目20个（包括2009年续建项目9个），新建项目11个：投资29.1万元，建设底雅乡3个村中低产田改造；投资30.8万元，建设底雅乡鲁巴村“借母还仔”项目；投资11万元，建设底雅乡玛阳组光伏电站；投资57.23万元，建设底雅乡鲁巴组、努巴组、贡布组蓄水池；投资55万元，建设底雅乡拉嘎组水渠；投资21万元，建设香孜乡香孜村牧业基础设施；投资11万元，建设托林镇东嘎村草场；投资40万元，建设达巴乡3个村草场；投资50万元，建设曲松乡楚鲁松杰村户用光伏电；投资60万元，建设托林镇波林采砂场；投资85万元，建设多香组水渠。

2005—2010年札达县扶贫项目建设情况一览表

表5－5－2　　单位:万元

类别	项目名称	建设地点	地区 下拨资金	各项目点 下拨资金	批复 年度
	托林镇家庭养殖		13	13	2005
	托林镇瓜果基地		20	20	2005
	曲松乡曲木底草场		38	38	2005
	楚鲁松杰灾民搬迁		5	5	2005
	底雅中低产田改造		20	20	2005

续表1

类别	项目名称	建设地点	地区下拨资金	各项目点下拨资金	批复年度
	香孜运肥道路		32	32	2005
	波林奶牛		46	46	2006
	曲木底短期育肥		49.67	49.67	2007
	托林民间建筑队		47.75	47.75	2007
	中低产田改造	鲁巴村、楚鲁松杰村、萨让村	34.01	34.01	2008
	半封闭棚圈建设	曲龙村、达巴村	14.505	14.505	2008
	托林镇草场建设	波林村	13.5	13.5	2008
	托林镇温室	托林村	30	30	2008
	达巴乡乡村道路建设	东波村	31	31	2008
面上扶贫	江塘公路建设	江塘组	31.36	31.36	2009
整乡推进	札达县底雅乡经济林建设	马阳组、什布奇组	29.1	26.1	2009
边境村	札达县楚鲁松杰低改建设	楚鲁松杰村	48.5	46.5	2009
边境村	曲木底牧业基础设施建设	曲木底村	48.5	48.5	2009
边境村	底雅乡色尔贡公路建设	色尔贡组	35.75	35.75	2009
整乡推进	底雅乡农牧业水渠建设	底雅、鲁巴、什布奇	44.62	40.62	2009
边境村	底雅村防洪坝建设	底雅村	52.39	52.39	2009
整乡推进	底雅借母还仔、绒山羊开发、草场配套	底雅、鲁巴、什布奇	126.25	120.8	2009
	托林镇购置种牛	札布让组	2	2	2009
	波林采砂场	波林村	60	60	2010
整乡推进	底雅乡低改	三个村	29.1		2010
整乡推进	底雅乡“借母还仔”	拉嘎组	30.8		2010
整乡推进	底雅乡光伏电	玛阳组	11	11	2010

续表2

类别	项目名称	建设地点	地区下拨资金	各项目点下拨资金	批复年度
整乡推进	底雅乡蓄水池	鲁巴组、努巴组、贡布组	28	28	2010
整乡推进	底雅鲁巴水渠建设	拉嘎组	22.64	22.64	2010
面上扶贫	香孜牧业基础设施	香孜村	21	21	2010
面上扶贫	托林镇草场建设	东嘎村	11	9	2010
面上扶贫	达巴乡草场建设	三个村	40	40	2010
边境村	曲松乡户用光伏电	楚鲁松杰村	50	50	2010
面上扶贫	多香水渠建设	多香组	127	90	2010
面上扶贫	札布让桥		100	100	2010

2001—2007年札达县贫困人口变化情况统计表

表5－5－3

年份	贫困人口(户、人)	贫困面(%)	脱贫(户、人)	脱贫率(%)
2001	889户4446人	91	30户138人	2
2002	859户4308人	84	35户180人	4.2
2003	824户4128人	77	243户1213人	29.3
2004	581户2915人	55.4	23户117人	15.8
2005	611户3016人	47.1	273户1516人	15.8
2006	387户1500人	55.1	52户210人	15.8
2007	335户1459人	27		

注：2004年，曲松乡楚鲁松杰村发生地震，山体崩塌形成堰塞湖，后发生溃坝，致使返贫75户329人；2006年7—9月，札达县出现大面积洪涝灾害，致使返贫49户169人。

第三节　农业综合开发

农业综合开发实行“国家引导、配套投入、民办公助、滚动开发”的投入机制。札达县农业综合开发项目创新机制，强化管理，实行与社会主义市场经济、公共财政相适应的管理机制和投资政策。

1991年7月27日至8月18日，自治区农牧林委员会和计经委组成工作组，会同阿里地区行署、地区畜牧局有关领导，对阿里地区进行全面细致地实地考察，草拟《关于阿里地区农、牧、林、水等多个项目的考察报告》。并提出札达县“一河两沟”农业综合开发项目，要求先期开发重点放在“两沟”，按照适度规模、宜农则农、宜林则林的原则，先搞一些投资少、见效快的项目，突出重点，逐步开发建设。投入支农资金18万元，发展农牧业，修建了札布让通天水渠和吊桥，平整土地233.7亩，组织446万元以工代赈款修建萨让公路。

1994年，全县投入支农资金42万元，新修维修水渠、水坝138条，长215千米，水头26个，使156亩旱地得到有效灌溉。平整土地和开垦荒地500亩。

1996年7月13日，札达县“一河两沟”农业综合开发区热布加林沟开发项目开工典礼仪式在香孜区热布加林沟施工现场正式举行。工程总投资150万元，投入劳务2000多个，新修主干渠6856米，修建水坝（水头）、桥涵、渡槽等29处，开垦平整土地200多亩，拦河坝209米，双单向分水闸9座，主坝33米。

1997—1998年，札达县农业和农田水利基本建设的重点放在农牧业综合开发的大型水坝、主干渠及大中型水库的建设上，完成永久性水头6处，主干渠系3条共39500米，单、双向分水闸83处、桥涵78处，开垦荒地3500亩，维修水渠5千米。

1998年，地区农业综合开发办公室同意《关于呈报札达县一河两沟农业综合开发热布加林沟开发区1998年开发项目计划任务书》，项目总投资

269万元，其中中央和自治区财政投资231万元，阿里地区和札达县财政各配套10万元，项目区贷款10万元，群众集资8万元，群众投劳3.7万个工日。建设规模为2.15万亩，其中宜农荒地开垦0.15万亩，围栏草场建设2万亩，开荒中建农作物良种基地500亩。建设主要内容为：衬砌渠系7千米，建桥涵、渡槽、闸6座，802型拖拉机1台，配套农机具11台，植保机械3台，建网围栏8万米。

1999年，经自治区有关部门批准，札达县投资435万元，继续实施“一河两沟”农业综合开发项目，新修水渠3条，长2500米；新修永久性水头3处；完成钢管渡槽29处，混凝土渡槽21处；安装单双向分水闸53处；进水闸与冲砂闸启闭机5套；开垦荒地500亩，改造中低产田1500亩，草场围栏70亩，增加旱涝保收耕地2000亩。

2000年，在农业综合开发区，完成永久性水头1处，1条长7千米的主干渠系建设，完成各类渡槽13处，分水闸15处，平整土地1100亩，改造中低产田900亩。

2001—2010年，札达县农业综合开发坚持土地集中连片治理，大力发展节水农业建设，旱涝保收、高产稳产，加强农业基础设施建设，千方百计增加中低产田改造投入，充分利用农业综合开发建设，做到统筹安排统一规划。

2001年，全县农业综合开发项目总投资679万元。其中，中央和自治区财政投资658万元，地县配套6万元，项目区群众集资10万元，贷款5万元，群众投劳1万个工日。中低产田改造项目在香孜、热布加林、札布让等村组完成土地平整2030亩；农田林网项目植树1.86万株，树苗以新疆杨为主；农田水利项目新维修干渠（含硬化渠）27.3千米；农业机械项目购置70型拖拉机1台；草场建设项目完成网围栏11.7千米，草场围栏5600亩；培训项目完成培训1000人次。

2001—2005年，札达县共争取实施“一河两沟”农业综合开发、草场围栏、水利灌溉、农田开发、人畜饮水等方面的农牧业基础设施建设项目41个，总投资达5305.1万元。农牧业抵御自然灾害风险和发展的能力得到明显提升。

2005年5—10月，建设完成托林瓜果生产示范户建设项目、曲木底村草场建设项目、札布让家庭养殖建设项目、底雅乡底雅村低产田改造项目、卡孜波林村奶牛养殖示范户建设项目。其中，托林瓜果生产示范户建设项目总投资20.62万元（国家投资20万元，群众投劳或自筹0.62万元），平整土地300亩，修建水渠1500米，种植露天蔬菜、水果250亩；曲木底村草场建设项目总投资45万元（国家投资38万元，群众投劳或自筹7万元），人工种草300亩，草场围栏9100米，建棚91套；札布让家庭养殖建设项目总投资17万元（国家投资13万元，群众投劳或自筹4万元），修建鸡舍1900平方米，购置种鸡1500只；底雅乡底雅村低产田改造项目总投资30.9万元（国家投资23.23万元，群众投劳或自筹10.9万元），中低产田改造400亩，修建土渠2.4公里；卡孜波林村奶牛养殖示范户建设项目总投资86.88万元(国家投资46万元,群众投劳或自筹40.88万元),建立示范户60户,引进种牛13头,添置当地黄牛190头,新建牛棚65套,人工种草600亩。

2008年，投资152.5万元，其中中央财政投资55万元，地级财政配套17.5万元，自筹80万元，建设10座高效温室及附属设施项目，采取“协会+农户”的经营方式，成立札达县蔬菜种植协会，由致富能人负责，将10个大棚温室纳入协会集中管理。可种植温室大棚蔬菜品种达40余种，年均新增蔬菜瓜果9.6万千克，增收32.8万元。

2009年，投资450万元，在底雅乡鲁巴村实施土地综合治理项目，新增灌溉面积3000亩、改良土壤2000亩，年新增干草280万千克，农牧民增收110万元。投资234万元，建设15座高效温室、打井1眼及附属设施项目，可新增蔬菜瓜果14.4万千克，增收49.2万元。

2010年，投资400万元，完成香孜乡热嘎夏村4000多亩土地治理及主水渠硬化；投资200万元，建设蔬菜大棚40座。

第四节　劳务增收

2002年，成立以1名副县长为组长的劳务输出管理组织，全年劳务输出800多人次，创收120万元。

2003 年，按照县委、县政府部署要求和《札达县劳务者协会组建方案》建立县协会和乡镇分会，县协会挂靠在县农牧局，推举产生协会会长和理事，并抽调 1 名专职人员，开展协会工作。协会以农牧民增收为目标，充分挖掘农牧区剩余劳动力资源，开拓劳务创收渠道，多途径增加农牧民现金收入。共组建 6 个乡镇分会，有 30 名工作人员，登记 1200 名协会会员。全年组织劳务输出 1000 人，创收 187 万元。截至年底，全县年人均收入在 1300 元以下的农牧民群众有 352 户 1537 人，分别占全县农牧民群众总户数和人数的 20.7% 和 29.2% 。

2004 年，专门成立农牧民增收领导小组，县委副书记、县长索巴多吉任组长，县委副书记蒲新，副县长罗布、拉巴旺堆任副组长，各乡镇及成员单位负责人为成员，并制定有关政策及相关措施，使农牧民参与劳务输出。积极联系交通、水利、农牧、农发、城建等项目工程，组织劳务输出 1020 人，创收达 224.48 万元。其中，新修公路投入劳动力 170 人，创收 40 万元；修建曲松乡围栏草场、羊圈，投入劳动力 85 人，创收 20.5 万元；底雅乡公路小修保养，投入劳动力 90 人，创收 44.88 万元；萨让乡新修公路、铺设自来水管道，投入劳动力 145 人，创收 36.3 万元；达巴乡铺设自来水管道工程，投入劳动力 280 人，创收 32.8 万元；托林镇新修自来水管道工程，投入劳动力 250 人，创收 50 万元。

2005 年，按照外来施工单位使用本地民工不得少于 40%，扶贫搬迁、道路维修小型农水工程等，凡是本地农牧民能干的全部由本地农牧民投劳施工，全年组织劳务输出 2368 人次，创收 121 万元。同时，加大对农牧民群众的劳动技能培训力度，提高群众务工技能，并为劳务人员提供安全知识、施工技能等方面培训，提高他们的安全意识，确保务工安全。全年技能培训 25 人次。

2006 年，全县劳务输出共 1600 人次，创收 260.8 万元。其中安居工程劳务输出 703 人次，创收 109.97 万元；维修公路、水渠及参与其他工程建设 897 人次，创收 150.83 万元。

2007 年，成立札达县农牧民劳务输出工作领导小组，县委书记郭文良任组长，县委副书记、县长尼玛次仁任副组长，各相关单位及各乡镇负责人为成员，领导小组下设办公室，办公室设在县农牧局。通过政策引导，鼓励农牧民群众搞运输、经商及开办宾馆等，劳务输出16082人次，创收361.56万元。

2008年上半年，全县劳务输出总收入达128.29万元。托林镇农牧民劳务输出总收入96.59万元，其中札布让通天水渠收入63.05万元，剩余1.95万元用于后期维修；托林镇藏药材种植收入8.14万元；县城—地区新公路维修收入17万元；古格—县城公路维修收入4万元；广场植树收入2万元；清理垃圾收入2.4万元。萨让乡农牧民劳务输出收入11.9万元，其中维修乡公路，输出200人次，收入7000元；维修学校温室128人次，收入6400元；维修萨让乡—日巴村日巴组公路，投入60人次，收入2100元；维修当巴村公路，收入3500元；农牧民外出打工350人次，收入10万元。曲松乡自来水管道工程建设劳务收入1.8万元。达巴乡维修乡村公路，劳务输出653人次，车辆107台（次），总收入4万元。底雅乡维修乡村公路，劳务输出30人次，创收4万元。香孜乡农牧民外出打工350人次，创收10万元。全年劳务输出80664人次，创收598.14万元。

2009年上半年，实现农牧民增收271.47万元。其中，县城至曲松乡公路建设、乡村公路养护等劳务投入65人，创收177.65万元；水利基本农田建设、玛朗组防洪堤建设，劳务投入24人，创收31万元；与县发改委协调安排农牧民参与市政项目建设、短期育肥配套建设57人，创收3.16万元；县农牧民利用蔬菜基地温室建设，安排6人，创收9.45万元；香孜人工种草项目19人，创收3990元。全年劳务输出29666人次，创收624.47万元。

2010年，县有关部门积极协调各单位，以合同形式把道路建设与维修、水渠建设与维修、房屋建筑、修建棚圈、中低产田改造等项目建设中劳务投入部分承包给县内农牧民，结合经济林建设、绒山羊改良和农业综合开发、托林居委会蔬菜基地改扩建等项目增加农牧民劳务收入，共输出53425人次，创收736.72万元，其中托林镇2.5万人次，创收300万元；底雅乡4742人次，创收73.5万元；达巴乡15086人次，创收121.7万元；香孜乡1000人次，创收105万元；曲松乡2160人次，创收55.36万元；萨让乡5437人次，创收81.16万元。

第六篇
政协　群团

第一章　政协札达县委员会

1984年9月30日，政协札达县委员会成立，并召开札达县第一届政治协商会议。截至2010年底，共召开六届政协委员会议。政协历届委员会针对经济建设和统一战线问题进行协商和监督，以邓小平理论和“三个代表”重要思想为指导，贯彻落实科学发展观，履行民主监督、政治协商、参政议政职能，为全县经济社会发展建言献策。

第一节　机构

1961年5月，札达县人民政府参事室成立，吸收当地上层人士担任参事，履行政协职能。1984年9月30日，政协札达县委员会成立，并召开札达县第一届政治协商会议。1987年4月，在机构改革中撤销政协札达县委员会，其职能并入县人民政府参事室。

1991年，恢复设立政协札达县委员会。1996年，政协札达县委员会设办公室（与县委统战部合署办公），科级建制。

2010年，县政协办公室机关行政编制7名，其中县级领导职数3—5名，科级领导职数2名。

1984—2010 年政协札达县历届委员会领导任职一览表

表 6－1－1

机构名称	职务	姓名	性别	民族	任职时间	备注
政协札达县第一届委员会（1984.09—1987.04）	主席	刘继华	男	汉	1984.09—1987.04	县委书记兼
	副主席	旦增才旺	男	藏	1984.09—1987.04	
		才旺顿珠	男	藏	1984.10—1987.04	
		索南旺堆	男	藏		
		土旦	男	藏		
政协札达县第二届委员会（1991.11—1993.10）	主席	朗杰平措	男	藏	1991.11—1993.10	
	副主席	旦增才旺	男	藏	1991.11—1993.10	
		土旦	男	藏		
政协札达县第三届委员会（1993.10—1997.11）	主席	洛桑群培	男	藏	1993.10—1997.11	县委副书记
	副主席	旦增才旺	男	藏	1993.10—1995.08	
		土旦	男	藏		
		班旦益西	男	藏	1995.09—1997.11	
		旦增才旺	男	藏		
政协札达县第四届委员会（1997.11—2002.10）	主席	格桑旺久	男	藏	1997.11—2000.10	
		洛桑	男	藏	2000.10—2002.10	县委常委
	副主席	旦增才旺	男	藏	1997.11—2002.10	
		土旦	男	藏		
		曲色	男	藏		
		扎西桑珠	男	藏	2000.10—2002.10	
政协札达县第五届委员会（2002.10—2007.10）	主席	洛桑	男	藏	2002.10—2004.08	县委常委
		石确旺扎	男	藏	2006.06—2007.10	
	副主席	土旦	男	藏	2002.10—2007.10	
		扎西桑珠	男	藏	2002.10—2007.10	

续表

机构名称	职务	姓名	性别	民族	任职时间	备注
政协札达县第五届委员会（2002.10—2007.10）	副主席	曲色	男	藏	2002.10—2007.10	
		顿吉	男	藏	2002.10—2007.10	
		索朗多吉	男	藏	2003.11—2007.10	
		其美多吉	男	藏	2003.11—2004.08	县政府办主任
政协札达县第六届委员会（2007.10—）	主席	石确旺扎	男	藏	2007.10—	县委常委
	副主席	顿吉	男	藏	2007.10—2010.04	
		索朗多吉	男	藏	2007.10—	
		卓玛次仁	女	藏	2007.10—	

1999—2010 年政协札达县历届委员会办公室领导任职一览表

表 6-1-2

机构名称	职务	姓名	性别	民族	任职时间
政协札达县委员会办公室	主任	谢建民	男	汉	2005.06—
	副主任	拉巴次仁	男	藏	1999.10—2006.05
		西绕卓嘎	女	藏	2006.11—

第二节　会议

一、政协札达县第一届委员会会议

1984 年 9 月 30 日，政协札达县一届一次会议在托林召开。会议听取县委书记、县政协主席刘继华所作的《关于形势与任务》的报告。选举产生政协札达县第一届委员会主席 1 人、副主席 3 人、常委 9 人、委员 19 人。第一届委员会 9 名常务委员中，党外人士 4 名。

二、政协札达县第二届委员会会议

1991 年 11 月 24 日，政协札达县二届一次会议在托林召开。会议听取县委书记、县政协主席朗杰平措所作的《国际与国内形势》的报告。选举产生政协札达县第二届委员会主席 1 人、副主席 2 人、常委 3 人、委员 12 人。

三、政协札达县第三届委员会会议

1993 年 10 月 25—27 日，政协札达县三届一次会议在托林召开。会议听取县委副书记、政协主席洛桑群培所作的报告。选举产生政协札达县第三届委员会主席 1 人、副主席 2 人、常委 5 人、委员 12 人。

四、政协札达县第四届委员会会议

1997 年 11 月 4—7 日，政协札达县四届一次会议在托林召开。审议通过县政协主席格桑旺久所作的政协工作报告；讨论通过《关于政协札达县常务委员会工作规定》《关于政治协商、民主监督、参政议政的暂行规定》《政协札达县关于提案委员会的提案工作条例》；选举产生政协札达县第四届委员会主席 1 人、副主席 3 人、常委 10 人、委员 15 人。

1998 年 8 月 21 日，召开政协札达县委员会常委会，会议决定增补尼玛（县委办副主任）、洛桑当曲（达巴区寺管会主任）为政协札达县四届二次委员会委员。11 月 2—4 日，政协札达县四届二次会议在托林召开。会议审议通过县政协主席格桑旺久所作的政协工作报告；选举产生政协札达县第四届委员会主席 1 人、副主席 3 人、常委 9 人、委员 31 人。

2000 年 10 月 24—27 日，政协札达县四届三次会议在托林镇召开。会议审议通过县政协主席格桑旺久所作的政协工作报告；选举产生政协札达县第四届委员会主席 1 人、副主席 4 人、常委 7 人、委员 34 人。

五、政协札达县第五届委员会会议

2002 年 10 月 29 日至 11 月 1 日，政协札达县五届一次会议在县委会议室召开。会议听取并审议政协副主席扎西桑珠代表政协札达县第四届常务委员会所作的《政协常务委员会工作报告》《政协四届一次会议以来的提案工作报告》；会议选举产生政协札达县第五届委员会主席 1 人（洛桑）、副主席 4 人（土旦、扎西桑珠、曲色、顿吉）、常务委员 10 人（洛桑、土旦、扎西桑珠、曲色、顿吉、加央次仁、唐永平、普琼、索南多吉、强巴群培），委员 32 人。

2003 年 10 月 15—18 日，政协札达县五届二次会议在县委大会议室召开。会议听取和审议《政协五届二次常务委员会工作报告》《政协札达县委员会五届一次会议以来的提案工作情况报告》；听取札达县委副书记蒲新所作的重要讲话。

2003 年 11 月，政协札达县五届三次会议在县委大会议室召开。会议审议通过《中国人民政治协商会议札达县委员会副主席选举办法（草案）》《中国人民政治协商会议札达县委员会第五届三次会议的总监票、监票、计票人名单》；补选政协札达县第五届委员会副主席 2 名。

2004 年 10 月 19—22 日，政协札达县五届四次会议在县委会议室召开，会议由政协主席洛桑主持。会议审议通过《政协五届四次常务委员会工作报告》《政协札达县委员会五届三次会议以来的提案工作情况报告》；审议通过《政协札达县五届委员会第四次会议政治决议》《常务委员会工作报告决议》《政协札达县委员会五届三次会议以来的提案工作报告决议》。

2006 年 8 月，政协札达县五届六次会议召开，会议审议通过《政协札达县委员会五届六次常务委员会工作报告》《政协札达县委员会五届五次会议以来提案工作情况报告》。

六、政协札达县第六届委员会会议

2007 年 10 月，政协札达县六届一次会议在县委会议室召开。会议审议通过《政协札达县第五届委员会常务委员会工作报告》《政协五届一次会议以来的提案工作报告》；选举产生政协札达县第六届委员会主席 1 人、副主席 4 人。

2008 年 10 月 2 日，政协六届二次会议在县委会议室召开，县四大班子领导、特约代表、列席代表及全体委员参加会议，由县委常委、政协主席石确旺扎向全体与会人员作《政协常务委员会工作报告》，对政协六届一次会议以来政协札达县委员会开展的政协工作进行回顾。县政协副主席索南代表县政协第六届委员会常务委员会向大会报告政协六届一次会议以来的提案工作情况，对代表们重点关注的问题办理情况进行详细阐述，并就今后提案工作的主要任务提出要求。

2009年10月13—15日，政协札达县六届三次会议在县委会议室召开，会议由政协副主席索南主持。会议审议通过《政协六届三次常务委员会工作报告》,《政协札达县委员会六届二次会议以来的提案工作情况报告》。

2010年10月16日，政协札达县委员会第六届四次会议召开，县委书记李建华讲话，主要强调：认清形势，切实增强加快发展的紧迫感和责任感；履职尽责，推动札达经济社会平稳较快发展。县政协主席石确旺扎作报告，指出：一是围绕大局广泛参与，服务发展协商议政。二是畅通渠道加大监督力度，拓宽领域增强监督效果。三是完善制度，提高素质，夯实政协各项事业建设的基础。四是深入开展反分裂斗争，在促进社会稳定方面发挥积极作用。县政协副主席卓玛次仁作《政协札达县委员会关于第六届三次会议以来提案工作的报告》。

第三节　履行职能

政协札达县委员会以邓小平理论和“三个代表”重要思想为指导，贯彻落实科学发展观，履行政治协商、民主监督、参政议政职能，为札达县经济社会发展建言献策。

一、理论学习

政协札达县历届委员会积极组织全体委员学习中国共产党的路线、方针、政策，学习《刑法》《刑事诉讼法》《民族区域自治条例》等国家法律条例，提高全体委员的政治、理论水平和献言献策的能力。

政协札达县第五届委员会根据《中国人民政治协商会议章程》的规定和新形势、新任务的要求，始终把加强学习作为提高政协委员和工作人员思想政治素质的根本，常抓不懈。深入学习贯彻邓小平理论和“三个代表重要思想”，抓住精髓，明确目标，并作为开展工作的指南。

政协札达县第六届委员会认真学习贯彻《反分裂国家法》和人民政协的重大理论、政策、法律法规等方面的知识，不断提高广大政协委员的理论水平和工作水平，认真履行政协职能，为札达县的经济社会实现跨越式发展和社会局势的长治久安，民族团结和社会进步作出新贡献。

二、视察调研

视察调研是政协的一项重要职责。政协札达县历届委员会组织委员进行社会调查、考察，拓宽委员的视野，形成有价值的调研报告。

（一）政协札达县第一届委员会

札达县政协首届委员会围绕县委、县政府的中心工作，积极组织政协委员深入农牧区广泛开展调查研究，反映社情民意，把群众的呼声和困难及时反映给县委、县政府，为县委、县政府科学决策提供依据和参考。通过深入调研，取得第一手资料，使委员对社情、边情、民情有更加充分的认识。1986年，组织委员到各乡镇，以听、问、查的形式，就全县维稳工作开展情况、惠民政策落实情况、群众关心的热点、难点问题等内容开展视察调研活动，形成视察报告2份。

（二）政协札达县第二届委员会

政协札达县第二届委员会就农牧民增收、农牧业结构调整等问题开展调研，形成调研报告。以《关于促进群众持续增收致富》为题开展专题调研，形成调研报告，提出建议10条，部分在后来的政府工作中被采纳。

（三）政协札达县第三届委员会

政协札达县第三届委员会根据实际情况，组织委员对能源交通、环境保护、基础设施建设、产业结构调整、基础教育、扶贫济困、增加群众收入、维护稳定等关系札达县发展及人民群众切身利益的重大问题进行视察调研。形成《加快札达县教育事业发展步伐、提高教育质量》《加强环境保护、合理开发资源》《壮大特色经济、加快札达发展》《关于札达县宗教工作的调查报告》等调研报告，对加快札达各项事业的发展提出意见和建议。

（四）政协札达县第四届委员会

政协札达县第四届委员会继续发扬前三届委员会的好传统，就基础设施建设、交通能源建设、农牧区经济发展、增加群众收入、生态环境保护和建设、发展旅游业等特色产业，培育新的经济增长点等方面开展调研，出谋策划，建言献策，有的建议被采纳，运用在实际工作中。

（五）政协札达县第五届委员会

政协札达县第五届委员会针对农牧民安居工程、草场承包等农牧民群众最关心的问题，确定专题调研题目，组成调研组，由主席、副主席带队，深入基层视察、调研，形成《关于札达县“一乡三村”调查工作基本情况的调研报告》等十余篇专题报告。2004 年，共组织委员视察 7 次，深入 4 个村 17 个作业组，形成视察报告 4 份。2005 年，全年组织委员视察调研 9 次，提出调研报告 4 份。2006 年，成立联合视察组，以政协副主席为组长，4 名政协委员及政协办公室工作人员为成员，到各乡镇对推进社会主义新农村建设情况和群众普遍关心的重大问题进行视察。

（六）政协札达县第六届委员会

政协札达县第六届委员会组织政协委员发挥好各自的特长和优势，按照聚精会神搞建设、一心一意谋发展的要求，选准角度、突出重点、注重质量、讲求实效，抓住发展机遇，创新工作模式，把专题调研做深、做细、做透、做精，切实提出有见解、有分量的意见和建议，为党委、政府决策提供参考依据。2007 年，形成《保护和利用并重、立促旅游业成为札达全面建设小康社会的特色支柱产业的调研报告》等十余篇专题报告。2008 年，政协成立视察组，到各乡镇，对政府工作报告中提出的全县经济社会主要目标的完成情况和群众普遍关心的热点、重点问题进行视察调研。2009—2010 年，针对反分裂斗争的严峻形势，在调研中发挥政协委员联系面广、影响力大的特点，切实做好社会各方面的团结工作，特别是协调好民族关系、宗教关系、阶层关系，不断巩固和壮大最广泛的爱国统一战线，实现在共建中共享、在共享中共建，加强民族团结、推进民族互助。及时掌握社情、民情、政情、敌情，协助党政抓好维护稳定工作。

2010 年 7 月 9—15 日，由政协副主席索南多吉、卓玛次仁带队的县乡村政协委员联合调研组，深入托林、达巴、香孜、底雅各村组和农牧民群众家中，在详细宣传讲解中央第五次西藏工作座谈会的同时，详细了解群众情况，共整理出群众反映的 20 个热点难点问题，包括解决底雅村、什布奇组、古让组活动室建设及配套设备问题；马阳电站维修，达巴村一组、二组电源问题；在马阳新修亚堆水渠，灌溉 100 亩农田问题；解决底雅组、古让组、久巴组、色尔贡组、热尼组扬场机问题；修通荣堆公路，什布奇公路通到组，修建拉巴组公路，维修东波村到牧场的桥，波林组牧场加布色之间需新修 8 千米路及波林组至卡孜寺之间新修 40 千米路段和波林村 2 个组的交通问题等。

三、提案工作

政协札达县历届委员会在会议期间，以提案形式征求委员意见，会后督促各部门落实。每次会议对上次会议提案的督办情况进行答复。随着形势发展，提案工作关注全县经济建设的热点难点问题，由一人一提、一事一提转变为几人联名提案，在提高提案质量和针对性上成效显著。

（一）政协札达县第一届委员会

1984 年，县政协委员向政协阿里地区委员会提出《关于维修寺庙问题的提案》，得到地委统战部等有关部门的高度重视。随后，由西藏自治区和阿里地区等有关部门数次拨款，用于维修托林寺等寺庙。1987 年，县政协委员向阿里地区政协提出《关于加强西藏札达县边防公路建设的提案》《关于札达县维修托林水电站的建议》，两项建议均得到有关部门的重视并及时落实。

（二）政协札达县第三届委员会

1995 年，县政协副主席班旦益西提出《关于藏药生产加工的提案》，由县政府转交地区相关部门后，得到较好落实。

（三）政协札达县第四届委员会

政协札达县第四届委员会收到委员提案 76 件（其中交通类 5 件，能源类5件，教育类10件，文化类5件），立案23件，其余53件作为意见和建议转交有关部门处理。其中：1997年提案4件，建议12件；1998年提案6件，建议10件；1999年提案5件，建议12件；2000年提案3件，建议9件；2001年提案5件，建议10件。经过政协提案委员会的认真调查，在23件提案中有15件已经落实，5件已经列入计划，3件未落实。在47件建议中，已被采纳的有34件，已列入计划的3件，还有10件没有采纳。主要包括交通、能源、教育、社会、经济、文化卫生等各个方面，其中有关交通的建议和提案有5件，能源方面的5件，教育方面的10件，文化方面的5件。

1999年，农牧区基层政协委员提出意见建议16件，5件作为提案处理，包括《关于修建拉嘎至鲁巴村简易公路问题的提案》《关于必须重视创办或开发乡镇企业工作的提案》《关于加大乡村道路建设，实现村村通车的提案》《关于加强教育工作、整顿教师队伍的提案》《关于进一步加大扶贫工作力度，改善贫困乡村住房条件问题的提案》。

（四）政协札达县第五届委员会

政协札达县第五届委员会坚持“围绕中心，服务大局，提高质量，务求实效”的方针，紧密配合国家西部大开发战略，结合札达实际研究农牧民增收、农业结构调整等问题，狠抓服务质量、提案质量及反馈信息取得了显著成绩。收到委员提案88件，经审查立案71件，全部办理完毕。

2002年10月，政协五届一次会议收到委员提案22件（其中交通能源类3件，农牧类11件，教育科技文化卫生类7件，经济类1件），经审查立案22件。截至2003年4月，收到承办单位答复22件。其中，提案所提意见、建议被有关部门采纳，问题得到解决或基本解决的11件；提案所提问题在解决或列入计划逐步解决的8件；提案所提问题因条件所限或其他原因需要以后解决的3件。

2004年，政协五届四次会议期间收到委员提案13件。

2005年，政协五届五次会议收到委员提案14件（经济类3件，教科文卫类4件，政法、统战类5件，其他2件），经审查立案12件，其余2件作为意见转交有关部门处理。截至2006年7月30日，以上提案全部办复完毕。

（五）政协札达县第六届委员会

政协札达县第六届委员会认真贯彻落实“围绕中心、服务大局、提高质量、讲求实效”的提案工作方针和“加强协商、形成合作”的提案工作要求，围绕县委、县政府中心工作，努力提高提案“三个质量”，积极主动地开展提案工作，为札达县社会进步、经济发展和局势稳定作出了积极贡献。2007 年 10 月，政协六届一次会议收到委员提案 22 件。2008 年 10 月，县政协六届二次会议收到委员提案 13 件。2009 年 10 月，政协委员提案 22 件，全部办结。

四、参政议政

1979 年，札达县人民政府参事室协助县委统战部贯彻落实中共阿里地委《关于妥善解决冤假错案的意见》，帮助落实纠正冤假错案政策资金和维修寺庙工作。1983 年，根据相关政策，邀请底雅、楚鲁松杰 2 个未改乡的头人分别担任自治区佛协理事和自治区政协委员。

1984 年，中央第二次西藏工作座谈会召开后，札达县政协贯彻落实“两个长期不变”政策，先后多次组织委员或派出工作组深入农牧区，向广大农牧民群众宣传党在农牧区实行的特殊政策和措施，教育群众克服小农经济思想，树立商品经济观念，搞好生产生活。

1987 年 9 月 27 日，拉萨发生骚乱事件，县政协及时将事件真相向委员进行通报，并结合反分裂斗争实际，在委员中进行以爱国主义为核心的维护祖国统一、反对分裂、加强民族团结的宣传教育活动。

1990—2000 年，为争取流亡在国外的藏胞回归祖国，多名县政协委员不定期向在国外的亲戚写信，宣传党的政策，争取其回国探亲、定居。积极协助县委统战部接待国外藏胞探亲和访问，发挥了人民政协的积极作用。

1997 年 11 月 5 日，县政协制定出台《政协札达县委员会关于政治协商、民主监督的暂行规定》《政协札达县委员会提案工作条例》《政协札达县委员会常务委员会工作规则》，使政协工作走向正规化。11 月 8 日，县委聘请 10 名政协委员为县委督查信息联络员，丰富了政协工作的内容，使其在围绕中心服务大局上发挥作用。

第二章 群团组织

1987 年 7 月，札达县工青妇办公室成立，一个机构三块牌子，对外分别挂县总工会、共青团札达县委员会、县妇女联合会牌子。

1987—2010 年札达县工青妇办公室负责人任职一览表

表 6－2－1

机构名称	职务	姓名	性别	民族	任职时间	备注
札达县工青妇办公室	主任	次仁卓嘎	女	藏	1988. 01—1997. 06	
		扎西措姆	女	藏	1997. 06—1998. 08	
		扎西顿珠	男	藏	1998. 10—1999. 08	
		尼玛	女	藏	1999. 08—2003. 09	
	副主任	扎西措姆	女	藏	1993. 10—1997. 06	
		扎西卓嘎	女	藏	1997. 11—2003. 09	
		拉宗	女	藏	2006. 11—2007. 05	团委副书记兼
		张红	女	汉	2006. 11—	妇联副主席兼
		王飞	男	汉	2007. 05—	团委副书记兼

第一节　工会

一、机构

1987 年 7 月，札达县总工会成立，与团县委、县妇联合署办公，实行三块牌子、一班人员。同年 10 月，先后成立 15 个基层工会小组，分别为教育、公检法、政府、金融、财贸、卫生、党群、邮电、粮食、札布让区、达巴区、香孜区、萨让区、底雅区、曲松区。

1998 年，札达县总工会筹备领导小组成立，由县委副书记王秀成（援藏干部）担任组长。经县委研究决定，成立札达县总工会。

1999 年，札达县机构改革，县总工会、团县委、县妇联合并成立札达县工青妇办公室，并配备专职总工会主席。

至 2000 年底，札达县总工会有主席 1 人，工作人员 2 人。2001—2010 年，行政编制 2 名。其中，主席 1 名，副主席 1 名（实际未配副主席）。

2010 年，县总工会机关行政编制 2 名，其中科级领导职数 2 名。

1987—2010 年札达县总工会领导任职一览表

表 6 - 2 - 2

机构名称	职务	姓名	性别	民族	任职时间
札达县总工会	主席	次仁卓嘎	女	藏	1987. 07—1993. 05
		曾春红	女	汉	1995. 10—1996. 09
		扎西措姆	女	藏	1996. 10—1997. 10
		扎西顿珠	男	藏	1999. 07—2003. 06
		嘎热多吉	男	藏	2005. 06—
	副主席	扎西措姆	女	藏	1993. 10—1995. 08

二、职工代表大会

札达县总工会按照《中华人民共和国工会法》《中国工会章程》规定，按时召开职工代表大会，研究制定各个时期工会工作目标任务，选举产生本届工会领导班子，健全机构，完善组织，工作有序开展。

1995 年 10 月 31 日，札达县第一次职工代表大会在托林召开，出席会议代表 53 名。会议听取和审议札达县工会筹备工作报告、工会经费审查报告，选举产生札达县总工会首届委员会、工会经费审查委员会。会议选举曾春红为主席，扎西措姆、石确卓玛、杨步蟾为委员。

三、组织建设

札达县总工会成立后，加大传统领域工会组织建设力度，突出抓好非公有制企业、改制企业和乡镇等领域的工会组织建设。贯彻落实《劳动法》，维护职工的合法权益，在企业开展集体合同的签订和续签工作，加强企业职工和企业之间的信赖和合作，形成稳定协调的劳动关系。

2001 年，县总工会有会员 80 余名，其中党员 30 余名。2002—2010 年，基层工会组织发展迅速，职工队伍不断发展壮大。2002 年，县总工会有会员 120 余人。2005 年，县总工会有会员 300 余人。

2008 年 4 月，达巴乡成立工会。截至 2010 年，全县基层工会发展到 14 家（党群、政府、宣传、公检法、教育、财贸、卫生、中直、托林镇、达巴乡、香孜乡、底雅乡、萨让乡、曲松乡），县直工会 8 个，乡镇工会 6 个，会员达 670 人。

2008 年，县总工会申报的“职工之家”项目获批。2009 年，县“职工之家”建成，并投入使用。

四、工会会费管理

县总工会积极协调财政部门预算和划拨工会经费，协调企事业工会拨缴工会经费，做到应收尽收。依法管理工会经费，合理使用，本着“量入为出、紧缩开支”的原则，做到“收缴打紧、储存管紧、支出卡紧”，严格遵守财务制度，避免少收、漏缴和截留挪用，严禁挥霍浪费。

从1999年1月开始，收取职工工资的2%为工会会费。2000年，收取工会会费45260元。2002年，根据阿里地区工会办事处《下达2002年度上解工会经费定额》通知，札达县2002年度工资总和为5654064元，按照2%计提工会经费，计提工会经费113081元。按照40%上缴地区工会45232元。2003年，全年会费收入69600元。

2005年，札达县工资总和为10838472元，计提工会经费216769.44元，上缴地区工会86707.76元。

2010年，为进一步贯彻落实好《中华全国总工会关于加强工会经费审查监督工作的意见》精神，加强工会资产和财务管理，根据地区工会办事处要求，成立札达县总工会经费审查委员会领导小组，县委副书记益西土登任组长，县委常委、副县长次仁杰阿，县委常委、纪委书记才旺卓玛任副组长，领导小组办公室设在县总工会，办公室主任由县总工会主席兼任。

五、劳模宣传、管理与服务

札达县总工会不断加强劳模宣传、管理与服务工作，积极开展“全国五一劳动奖章”推荐评选工作。

1992年5月，托林镇托林组阿旺次仁获得西藏自治区劳动模范荣誉称号。2006年5月，托林镇札布让组罗觉获得全国劳动模范荣誉称号。2009年11月，托林镇托林居委会书记扎西多布杰（蔬菜协会法人）获得自治区劳动模范荣誉称号。

六、职工教育培训

1990年后，全县各级工会组织每年在“五一”“七一”“十一”等节日期间，组织开展各种庆祝活动，在干部职工中广泛开展以爱党、爱祖国、爱社会主义为主题的宣传教育活动。1995年，县总工会积极配合有关部门，广泛开展社会主义教育，鼓励工会会员到基层向广大农牧民群众宣传党的改革开放政策，积极引导农牧民群众走勤劳致富道路。1996年8月，县总工会组织广大会员集中学习《劳动法》《工会法》等国家法律法规。1998 年，选派 8 人参加区总、全总举办的各类学习班。

2001 年，根据自治区总工会和地区工会要求，组织广大干部职工认真学习党的各项路线、方针、政策，学习党的十五大精神，江泽民总书记“三个代表”重要思想和“七一”重要讲话，学习中央第四次西藏工作座谈会精神。

2003 年，组织干部职工学习党的十六大报告提出的新思路、新论断、新观点，牢牢把握十六大精神实质，增强贯彻十六大精神的自觉性和坚定性。2005—2007 年，以开展保持共产党员先进性教育活动为契机，组织干部职工学习党的十七大精神。

2010 年，根据自治区希望工程苗圃培训计划要求，召集相关单位负责人召开联席会议，传达文件精神，开展希望工程苗圃职业教育培训。举办专题培训 1 期，培训农民 50 人次。从河北邀请 4 名农业技术专家对项目建设进行全程的技术指导和服务，为项目实施提供技术支撑。札达县希望工程苗圃职业教育培训项目完工，并投入使用。种植辣椒、西红柿、黄瓜、白菜等十余种蔬菜，亩产 2500 千克，收入达 1.5 万元。

七、慰问帮扶

札达县总工会坚持每年元旦、春节、藏历年期间，开展离退休老干部职工、贫困户慰问工作。在“三八”妇女节、“六一”儿童节及“五四”青年节，向困难群体和贫困学生送去慰问金和慰问品。

1995 年以后，全县各级工会组织带领广大职工学习孔繁森同志先进事迹，热心为人民做好事、献爱心。1998 年，“三大”节日来临之际，县总工会拨出资金 1 万元，用于慰问困难职工。1999 年，春节和藏历年期间，拨出 8350 元，用于慰问困难职工。7—9 月，县工会采取销售商品，扩大经营等多种形式，增加工会经费，以解决特困职工的实际困难。2000 年，拨出慰问金 5100 元，慰问困难职工。

2002 年，多次向困难干部职工和贫苦学生进行“送温暖”活动，支出 2 万余元。为缓解冬季干部职工羊肉短缺的困难，广集财源，解决肉食羊

120 余只。

2003 年，为国有企业特困职工建档，及时掌握困难职工基本情况，为顺利开展下一步工作奠定良好的基础。深入开展送温暖活动，工会拿出 3000 元，帮助困难职工解决实际问题。2004 年，解决慰问金 1.3 万元，慰问企业特困职工、离退休特困职工、行政企事业单位个别困难职工和职工遗属。

2005 年，根据《中共札达县委、县人民政府关于 2005 年三大节日活动安排的通知》，县财政局、总工会拿出 21850 元，用于开展座谈会及各类文体活动。县总工会解决慰问金 1.5 万元，慰问企业特困职工、离退休特困职工、行政企事业单位个别困难职工和职工遗属。

2009 年，县总工会在“三大节日”期间，走访慰问职工 131 户 401 人，发放慰问金 7.92 万元。其中，地方财政配套 4.92 万元，区总工会配套 3 万元，慰问全县 35 名贫困、特困、孤残、单亲儿童，发放运动服、鞋袜、书包、钢笔等用品价值 1.33 万元，把党和政府的温暖送到农牧民群众心坎上。

2010 年，按照“贴近实际、贴近基层、贴近职工”的要求，准确把握扶贫点群众的困难程度，深入开展“送温暖”活动，向底雅乡鲁巴村努巴组 6 户 38 人发放大米、面粉、砖茶等价值 2.1 万元的慰问品。资助 1 名困难职工子女上学。

八、职工福利

1998 年，在阿里地区工会和县委、县政府的大力支持下，县总工会多方筹措资金 8 万元，开办札达县“职工乐园”之家。2000 年 5 月，县总工会投资 4 万元，开办工会茶馆 1 所，发放福利 10850 元。2002 年，县总工会多次向困难干部职工和贫困学生进行“送温暖”活动，慰问金达 2 万元。为干部职工解决冬季肉食羊 120 只，发放福利 32245 元。2004 年发放福利 35216 元。2005—2009 年，县总工会先后向会员发放高压锅、被子、毛毯等物品。

第二节 共青团

一、机构

1961年4月，中国共产主义青年团札达县委员会（以下简称团县委）成立。

1973年8月，共青团札达县第一次代表大会召开，团县委机构恢复工作。

1987年7月，札达县机构改革，团县委和县总工会、县妇联合署办公，实行三块牌子、一班人员。1999年，县总工会、团县委、县妇联合并成立札达县工青妇办公室。贯彻执行上级团委的决定、决议指示，领导全县共青团和少先队工作；研究制定全县团的工作计划和具体任务，加强团的组织建设、思想建设和团的干部队伍建设；调查青少年的思想状况，反映青年的意见和要求，参与处理协调各种与青少年活动相关的工作；领导基层团组织工作；负责培训团干部。

2010年，机关行政编制2名，其中科级领导职数2名。根据实际情况需要，成立预防青少年违法犯罪工作领导小组。团县委书记龚辉斌为组长，团县委副书记次仁卓嘎，检察院、公安局负责人为副组长。

1961—2010年共青团札达县委员会领导任职一览表

表6-2-3

机构名称	职务	姓名	性别	民族	任职时间	备注
共青团札达县委员会（1961.04—1967.02）（1973.08—）	书记				1961.04—1964.07	无正职
		王燮理	男	汉	1964.08—1967.02	
					1973.08—1984.09	无正职
		次仁卓嘎	女	藏	1984.10—1999.07	

续表

机构名称	职务	姓名	性别	民族	任职时间	备注
共青团札达县委员会（1961.04—1967.02）（1973.08—）	书记	尼玛	女	藏	1999.07—2003.09	兼妇联主席
		2003.09—2010.12　未配备正职				
	副书记	阎家懿	女	汉	1961.04—1962.10	
		王万钧	男	藏	1964.08—1965.08	
		次仁多吉	男	藏	1973.08—1975.10	
		扎巴	男	藏	1975.10—1979.08	
		曹富信	男	汉	1979.06—1980.09	
		央金拉姆	女	藏	1982.11—1984.07	
		扎西卓嘎	女	藏	1997.11—2003.09	
		拉宗	女	藏	2006.11—2007.05	
		王飞	男	汉	2007.05—	

二、团代会及团务会议

1973年8月10—15日，共青团札达县第一次代表大会在托林召开，出席会议代表63名。会议的主要任务是认真贯彻落实共青团十三大和自治区团委五大会议提出的各项任务及共青团阿里地区第一次代表大会精神，研究部署全县团的各项工作。会议选举产生共青团札达县第一届委员会，次仁多吉当选为共青团札达县委员会副书记。

2004年7月23—29日，共青团札达县第二次代表大会召开，出席会议代表23名。会议的主要任务是以“邓小平理论”和“三个代表”重要思想为指导，深入贯彻落实党的十六大、十六届四中全会和中央经济工作会议精神，大力加强共青团能力建设，进一步做好新形势下的青年工作，在青年中不断巩固和扩大党的执政基础。

2006年5月2日，团县委组织召开以“如何带动青年服务县域经济和社会发展”为主题的座谈会，各乡镇团委书记，县卫生局、教育局等县直单位党支部团委负责人参加座谈，县委常务副书记王海龙主持会议。座谈会上，团县委书记王飞对各乡镇和县直各单位党支部团委工作进行点评，并就如何推进各乡镇团委换届、拓宽基层团建及开展“中国梦·同心缘”青年交友联谊活动进行讨论；与会人员围绕“如何带动青年服务县域经济和社会发展”进行讨论，并达成共识。

2007 年 6 月 25 日，共青团札达县第三次代表大会召开，出席会议代表 26 人。会议的主要任务是按照团中央深化改革发展的总体要求，牢记使命担当，锐意改革创新，团结带领全县广大团员、青年听党话、跟党走，为决胜小康谱写新篇章。

2008 年 3 月 25 日，团县委召开 2008 年共青团工作会议，总结 2007 年工作，安排部署 2008 年共青团工作。县委副书记闫万里出席会议并讲话。团县委书记王飞作题为《全面贯彻落实党的十七大精神，努力推进共青团工作再上新台阶》的工作报告。各乡镇、部分村（居）团委书记，各党支部团委负责人，学校团委书记等 36 人参加会议。

2010 年，全县共青团工作会议在政府会议室召开，各乡镇、县直各党支部、学校等 32 名团干部参加此次会议。会议的主要任务是传达学习上级文件精神，总结 2009 年工作，安排部署 2010 年全县团的工作，引导全县各级团组织紧紧围绕县委、县政府中心工作，认清形势、坚定信心、明确任务、创新思路、与时俱进，推动札达县共青团事业实现新的发展。团县委书记龚辉斌在讲话中强调团干部要“三有”（有为、有位、有味），不忘“三个思考”（思考如何巩固共青团工作基础，思考如何打造共青团工作品牌，思考如何扩大共青团工作的影响）；提出要实践“领导就是服务”的理念，实践三项服务（服务中心、服务团干、服务团员青年）；提出本年主抓两项重点工作，即五个基本建设落实到位、扩大创业、就业服务，积极为青年解难事，办实事，做好事，团结带领全县广大团员青年求真务实、开拓创新、立足岗位、敬业奉献，不断加强团的自身建设，实现团的各项工作的新发展。

三、组织建设

1961 年，札达县团县委发展首批团员 9 人，其中女性 1 人。

1962 年，根据工作需要，在县直机关干部、农牧区青年中发展团员，并组建团支部。

1973 年 8 月，团县委机构恢复，开始正常工作。至年底，全县有共青团员 196 人，团的基层支部委员会 23 个。

1989 年，发展新团员 18 名。在“五四”知识竞赛中获得奖励 6 名，受地区团委表彰的 2 名。2000 年底，全县有 1 个县机关团支部，6 个乡镇团委，15 个村（居）团支部，有团员 274 人。

2001 年，发展团员 7 人，其中女性 3 人。2003 年，团员数量达 325 人。2004 年，通过联系县九年一贯制学校，将品学兼优的初中生作为团员发展对象，共发展 15 名团员，并登记造册。2005 年，札达县团委按照“坚持标准、控制规模、提高质量、发挥作用”的总要求，认真贯彻落实《中国共产主义青年团发展团员工作细则》，全年新发展团员 21 人。2006 年发展团员 16 名。

2008 年，结合村（居）“两委”换届工作，进一步优化村居团组织人员构成，村（居）支部团支书平均年龄 29 岁，有 6 人为两委班子成员。全年举办新团员培训班 3 期，新发展团员 55 名。2009 年，对各乡镇、学校和村级团组织建设及团干部队伍建设情况进行调查统计，全面了解全县基层团组织建设情况。2007 年，共举办团前培训班 2 期，培训 30 人次，发展团员 18 名。

2010 年，进一步贯彻“党建带团建”的基本思路，加强非公经济组织、社区、农村等领域的团建工作。全县有 4 个县机关团支部，6 乡镇团委，15 个村（居）团支部，团组织的作用得以较好的发挥。

四、团务活动

1962 年，在共青团阿里分工委、团县委领导下，札达县青年工作逐步由机关向农牧区拓展，农牧区青年在学习宣传党的政策、组织互助组、发展生产、自卫反击战支前工作、保卫民主改革胜利成果中发挥了主力军作用。

1963 年 3 月，在全国“向雷锋同志学习”热潮中，全县各级团组织大力宣传雷锋的先进思想和英雄事迹，号召广大团员、青年向雷锋同志学习，形成树新风、做好事的良好风气。

1973 年，中国共产主义青年团札达县委员会成立，随即开展“岗位学雷锋、行业树新风”活动。1973—1976 年，组织广大团员、青年学习毛泽东著作，涌现出一批学习毛泽东著作的积极分子。札达县“农业学大寨”运动开始后，积极动员和组织全县团员、青年发扬“愚公移山”和“大寨”精神，大搞农田水利基本建设、开荒改土，为改善全县农牧业生产条件、促进农牧业生产发展发挥了重要作用。在全县团员、青年中开展“艰苦奋斗、勤俭建国”和“比比雷锋、看看自己”为主要内容的多项教育活动，使广大青年树立为人民服务的思想，并在各自不同的岗位上为社会主义建设“添砖加瓦”，涌现出一大批优秀团员和先进青年。

1978 年，中共十一届三中全会召开后，团县委和全县各级团组织认真组织团员、青年学习贯彻中共十一届三中全会精神，开展坚持实事求是的思想路线和四项基本原则、实践是检验真理的唯一标准等一系列教育和讨论活动，把全县广大团员和青年从“左”的思想中解放出来，一心一意投入到以经济建设为中心的各项工作中。

1980 年，团县委组织广大团员、青年开展植树造林、扶贫济困和“送温暖、献爱心”等活动，在县城周边植树 500 余株，美化了环境。开展“文明礼貌月”活动，大力提倡“学政治、学文化、学技术、赶先进”，提高广大团员青年的素质。

1981—1990 年，连续多年开展“三热爱”活动，对团员、青年进行革命传统教育。每年“五四”青年节，组织广大团员、青年举行各种文艺演出活动，并在农牧区帮助农牧民进行秋收。1991 年，团县委组织团员、青年学习《宪法》《刑法》《团章》等法律，学习面达 98% 以上，使广大团员青年政治素质、业务能力不断提高。1995 年，组织开展札达县团员青年书画大赛，近 30 名团员、青年参加。此后，每年 5 月举办一次团员青年书画大赛，营造了浓厚的文化氛围。

从 1997 年开始，在重大节日和庆典活动期间，组织广大团员青年为全县干部职工及农牧民群众演出丰富多彩的文艺节目。在“三大节日”期间，开展为部分群众排忧解难“一助一”送温暖活动。

1998 年，团县委狠抓广大团员、青年思想教育工作，在机关团员、青年中开展爱国主义教育活动，强化“三个离不开”（汉族离不开少数民族、少数民族离不开汉族、少数民族之间也相互离不开）教育，提高团员青年在反对分裂、维护祖国统一和加强民族团结中的自觉性和坚定性。1999 年“五四”期间，组织全县青年为托林镇孤寡老人种地、拉土等。12 月，组织全县团员、青年向札达县完小住校学生捐款 6301.7 元，捐赠各类物品 304 件。2000 年，举办札达县“五四”青年表彰大会，对团县委 5 名“先进共青团员”进行表彰。

2001 年，举办“全县各级团干部学习贯彻江总书记‘七一’讲话读书班”，认真学习贯彻“七一”讲话精神。全县各级团组织以“党在我心中”为主题，认真组织，精心策划，通过开展读书、读报、征文、知识竞赛、演讲、论坛、主题团日、主题队会等多种形式的活动，纪念建党 80 周年。根据中、小学生的不同特点，通过科普讲座、文艺演出等各种有效形式，广泛开展以遵纪守法、崇尚科学、抵制邪教为主要内容的宣传教育活动，发放反法轮功宣传材料 230 份。组建首批青年志愿者服务队，实施“关爱工程——三无老人援助行动”，为部分无劳动能力、无生活来源、无赡养人的孤寡老人免费送去衣物，并提供志愿服务。开展青年志愿者、青年文明号、青年岗位能手、创建优秀青少年维权岗等团的品牌工作，按照“党政所急、群众所需、青年可为”的工作思路，在全县开展环境整治、植绿护绿、“青年文明号”服务助万家等活动，充分发挥团组织在全县精神文明建设中的作用。

2002 年，团县委通过集中学习、读书会、座谈会等多种形式，在广大青年和团干部中深入开展学习教育活动，帮助引导团员、青年加深对“三个代表”重要思想重大意义的认识，使“三个代表”重要思想真正在团员青年中入耳、入脑、入心，进一步坚定理想信念。4 月，团县委精心组织开展纪念建团 80 周年活动，号召全县各级团组织以“永远跟党走”为主题，按照“立足基层，面向团员，主题鲜明，务求实效”的原则，广泛开展丰富多彩的纪念庆祝活动。4 月 19 日，组织开展“我为团旗添光彩”志愿服务活动。在中小学生中，开展“五爱、四有”主题教育活动。召开未成年人保护年度例会，明确成员单位职责，制定并下发《札达县青少年“四五”普法实施方案》，加强青少年法制教育，深入开展青少年权益保护工作。

2003年，团县委根据团区委的部署，认真组织开展“札达文明青少年”评选活动，通过广泛宣传生活中的先进人物和先进事迹，帮助青少年树立学习典型，激发他们奋发进取的决心，达到自我教育、自我提高的目的。与相关部门联合开展青少年普法宣传教育活动，形成保护未成年人合法权益和预防未成年人犯罪是全社会共同责任的氛围。

2004年，团县委始终围绕创建“区级青年文明号”工作目标，拓宽团的阵地，丰富团的活动内容，教育和引导广大团员、青年坚定正确的政治方向，立足岗位、勤奋学习、踏实工作。2005年，团县委积极开展“青年文明号”和“青年岗位能手”评选活动，评选出1个“青年文明号”单位和3名“青年岗位能手”。与学校团支部联合开展爱心捐助活动，收到捐助资金2000余元，帮助4名贫困生。

2006年，团县委组织团员、青年学习社会主义荣辱观（“八荣八耻”），并于4月组织召开“知荣明耻”座谈会。联合九年一贯制学校深入开展“三个一”活动，即组织开展一次“心中有祖国，心中有他人”征文比赛，一次“诚信”演讲活动，一系列学雷锋、树新风青年志愿者活动。根据工作实际，评选“优秀团员”“优秀团干部”“优秀五四团支部”。2007年，组织开展2006年度“优秀团员”“优秀团干部”“先进团支部”的评选表彰工作，经各团支部民主选举、团县委审核，并在征求各方面意见的基础上，评选出“优秀团员”26名，“优秀团干部”3名，“先进团组织”2个，并进行表彰。5月8日，在县九年一贯制学校开展以“我为团旗添光彩”为主题的成人宣誓活动，团县委、学校团干部及新老团员共110人参加宣誓仪式，25名同学光荣加入中国共产主义青年团。10月7日，联合县九年一贯制学校举行以“同一世界、同一希望——预防艾滋病、共筑健康长城”为主题的签名倡议活动，学校老师、少先队辅导员、各班级学生代表在条幅上签名，表达了对活动的支持。

2008年4月，在全县开展庆祝“五四”系列活动。开展纪念建团86周年暨五四运动89周年活动，举办团工作先进单位表彰大会，全县团员青年、社会各界代表150余人参加。5月，联合学校举办以“感受建设成就、感悟时代精神”为主题的教师演讲比赛，12名青年教师参加比赛，讴歌好人好事，描绘札达县改革开放以来的巨大成就，展现札达县的精神风貌。以北京奥运会为契机，举办“讲文明、树新风、迎北京奥运会”大型签名等活动，进行爱国主义教育。8月27日，积极响应自治区青年创业行动，联合人社部门举办创业培训班，25名有意向创业的青年参加培训，并通过有效宣传扩大影响，提升青年的创业意识。进一步完善涵盖老、中、青的全社会志愿体系，在中小学成立青（少）年志愿者队伍，有志愿者15人。11月，举办札达县2008年青年联谊活动，为青年朋友加强交流、联系感情搭建平台，132名团员、青年参加活动。

2009年，以全县学习实践科学发展观、新中国成立60周年等重大节日为契机，广泛开展一系列活动。3月初，组织12名志愿者到敬老院开展“一对一”帮扶活动；5月15日，组织志愿者开展以“关爱残疾孩子，发展特殊教育”为主题的爱心助残宣传活动。其次，对全县各乡镇青年进行调查摸底，全面掌握札达县有创业意愿青年的现状。

2010年，以“服务青年就业，促进青少年健康成长，推动札达文明创建、加强基层团组织的建设”为主线，组织开展青年技能培训1期23人，推动创业就业13人，培养“青年致富带头人”1人。联合各单位开展法治宣传和结对帮教工作，引导青少年以健康的思想和良好的精神状态回归社会、回归学校、回归家庭。开展希望工程“圆梦大学行动”等资助活动，向3名学生发放资助金1.5万元。深入开展党团共建创先争优工作，创建“先进团支部（团委）”3个，评选“优秀共青团员（团干）”7人。

五、少先队工作

1984年10月1日，札达县中学和各区小学成立少年先锋队（简称少先队）。团县委与县文教局联合在全县中、小学生中开展“五讲、四美、三热爱”和“全心全意为人民服务”教育活动。在清明节、“六一”儿童节，开展“缅怀革命先烈，继承先烈遗志，做革命接班人”教育活动。截至年底，全县建立少先队大队部1个、中队部2个、小队部4个，有辅导员1名，有少先队员 50 名。

1990 年，与县文教局联合在全县中、小学生中开展“学赖宁、做模范少年”活动。1994 年，共青团阿里地委下发《实施三年爱国主义教育规划》，在全县中、小学生中广泛开展爱国主义教育活动。1999 年，在县中学举办札达县首届中小学爱国主义歌曲歌咏比赛，参赛学生 20 余人。10 月 13 日，在县委大院举办中国少年先锋队建队 50 周年庆祝活动。

2000 年，九年一贯制学校和香孜乡完全小学共有少先队员 450 名。为充分发挥传统少先队阵地对队员的教育作用，学校组织各中队定期更换中队黑板报；并开展各种主题的手抄报比赛。每学期开学初，少先队均结合传统节日、法制、安全、消防、文明礼仪等内容制定主题班会。

2001 年，根据每学期实际情况和工作要点，开展主题队会、学雷锋护绿、扫墓、爱国诗朗诵、爱心捐助、书画展、读书展示等活动，适时对学生进行教育。开展国旗下的讲话，对学生进行系列教育；在升旗仪式上对各种活动或评比中表现优秀的集体或个人进行表彰，树立典型，起到以点带面的作用。举办书画展、运动会、体操比赛等文体活动，让学生全面发展，个性张扬。

2002 年，九年一贯制学校和香孜乡完全小学共有少先队员 468 名。成立由学校党政主要领导负责的少先队工作领导小组，以校长室、政教处为主要负责人的“创建少先队工作规范化学校”领导小组，实行学校主要领导责任制，并保障少先队活动经费的落实。由少先队大队委组成检查小组，通过轮值检查督促，日常行为规范检查（内容包括学生的红领巾佩戴、穿着仪表、队员的队礼、礼貌用语、行为习惯等），做到每日有记录，每周有评比，每周有表彰。

2003 年，共有 472 名少先队员。通过入队仪式、队活动，开展“革命传统代代传”、爱祖国、爱家乡系列活动；“手拉手献爱心”“唱红歌”“童心向党”等活动，为学生健康成长夯实基础。

2004 年 5 月 2 日，团县委在学生中开展“爱祖国、爱人民、爱劳动、爱科学、爱社会主义”教育活动，引导树立正确的世界观、人生观和价值观，通过演讲比赛、读书报告会等形式，使青少年体会到社会对他们的关爱。利用“学雷锋活动”“志愿者活动”等，激发和增强学生“报答社会、感恩社会、报效祖国”的意识。在每年“植树节”，组织少先队员主动种一棵树、养一盆花、保护一片绿地，爱护环境、保护环境。

2005年，开展“红领巾与文明同行”为主题的教育活动，围绕红领巾与美德同行、红领巾与健康同行、红领巾与快乐同行、红领巾与实践同行几项活动。根据县教体局、学校工作安排，大队部协助组织了校级兴趣小组、观看爱国影片、健康教育片等等活动。

2006年，全县有少先队员487名。各校少先队协助德育处重视抓学生养成良好文明礼仪习惯，有步骤地对学生进行常规训练，保证养成教育的实效性。3月，开展学雷锋树新风主题教育活动；4月，结合清明节扫墓等活动进行爱国主义教育和革命传统教育；6月，以队会形式开展民族精神代代传主题教育活动。

2007年，在少先队工作中，全县各级学校坚持以德育为首，促使队员们在德、智、体、美、劳各方面取得全面发展。推进班级文化创建活动，在操场边、教学楼、校园通道张贴校训、名人名言等标语，时刻提醒学生端正自身言行，学生置身于干净、整洁、优美的环境中陶冶了情操、提升了素质。重点开展“庆元旦读书乐”“感恩妈妈”三八节主题队会、“放飞梦想、体验快乐——我们的六一节”等活动。

2008年，全县有少先队中队16个、小队34个，少先队员478名，中队辅导员10人。新生入学时开展“入学行为习惯养成教育”军训活动，加强学生吃苦耐劳的良好品格。10月5日，举行学生红歌传唱活动，献礼国庆节，弘扬社会主义核心价值观。11月初，开展文明班级评选活动，从思想上提高全体少先队员的认识和积极性，在校园中形成讲文明懂礼貌的氛围。

2009年，团县委以全县学习实践科学发展观、少先队建队60周年和新中国成立60周年等重大节日为契机，组织开展一系列有利于全县广大少先队员身心健康的活动。

2010年，围绕胡锦涛总书记提出的“争当四个好少年”的要求，团县委进一步加强未成年人思想道德教育，不断提高其思想道德素质，使其养成良好习惯，增强道德意识，践行道德规范，培养高尚品质。3月，开展“学雷锋树新风”主题活动。5月，结合“五四”青年节，联合学校组织开展“传唱新童谣、做一个道德的人”横幅签名寄语活动。6月1日，组织少先队开展主题团日活动，并对5名品学兼优、家境困难的学生送上节日祝福及价值1225元的慰问品。10月13日，开展少先队建队日庆祝活动，引导队员继承和弘扬少先队的光荣传统，增强民族自豪感和责任感，时刻准备做社会主义事业接班人。

第三节　妇女联合会

一、机构

1961年4月5日，札达县妇女联合会（以下简称县妇联）成立。

1973年，恢复设立县妇联。1987年7月，在县级机构改革中，县总工会、团县委、县妇联合署办公，实行三块牌子、一班人员。

1999年，县总工会、县团委、县妇联合并成立札达县工青妇办公室。

2006年，札达县成立妇女儿童工作委员会，下设办公室。

2010年，机关行政编制2名，其中科级领导职数2名。县委调整县妇儿工委组成人员，县委副书记闫万里任组长，副县长江措、次仁杰阿任副组长，各相关单位负责人为成员。

1961—2010年札达县妇女联合会领导任职一览表

表6-2-4

<table>
<tr><th>机构名称</th><th>职务</th><th>姓名</th><th>性别</th><th>民族</th><th>任职时间</th><th>备注</th></tr>
<tr><td rowspan="5">札达县妇女联合会</td><td rowspan="5">主席</td><td colspan="5">1961.04—1967.02、1973.08—1975.09　无正职</td></tr>
<tr><td>昌菊卓玛</td><td>女</td><td>藏</td><td>1975.10—1980.09</td><td></td></tr>
<tr><td colspan="5">1980.10—1987.04　无正职</td></tr>
<tr><td>次仁卓嘎</td><td>女</td><td>藏</td><td>1988.07—1993.10</td><td></td></tr>
<tr><td colspan="5">1993.11—1996.09　无正职</td></tr>
</table>

续表

机构名称	职务	姓名	性别	民族	任职时间	备注
札达县妇女联合会	主席	扎西措姆	女	藏	1996.10—1997.10	
		1997.11—1999.07　无正职				
		尼玛	女	藏	1999.08—2003.09	兼团县委书记
	副主席	王桂香	女	藏	1961.04—1964.02	
		娣姬	女	藏	1964.02—1967.02	
		昌菊卓玛	女	藏	1973.08—1975.10	
		次仁卓嘎	女	藏	1980.09—1984.10	
		朗珠桑姆	女	藏	1984.10—1987.04	
		扎西措姆	女	藏	1993.10—1996.05	
		扎西卓嘎	女	藏	1997.08—2003.09	
		西绕卓嘎	女	藏	2003.11—2006.11	
		张红	女	汉	2006.11—	

二、妇女代表大会

1973年8月10—15日，札达县第一次妇女代表大会在托林召开。会议学习中共十大文件；学习马克思、列宁和毛泽东关于阶级斗争、路线斗争、妇女解放的有关论述；学习中共中央关于批林整风的一系列指示；讨论第一次妇女代表大会筹备小组起草的工作报告。会议选举产生札达县首届妇女联合会，昌菊卓玛当选为县妇联副主席。

1988年7月11日，札达县第二次妇女代表大会在托林召开。会议传达中央对西藏工作的重要指示，学习贯彻西藏自治区第四次妇代会精神及部分文件，总结和交流妇女工作经验，确定札达县下一步妇女工作的方向和任务。会议选举产生札达县第二届妇女联合会，次仁卓嘎当选为县妇联主席。

三、组织建设

1966年，札达县建立11个乡（香孜、热布加林、曲木底、鲁巴、萨让、日巴、波林、托林、达巴、东波、曲龙）妇联组织，被选为各级人民代表的妇女有39人。

1967—1998年，全县辖11个乡妇联组织，共配备妇联主任11名，妇代小组成员33名。

1999年8月，积极开展妇联基层组织建设，为各乡镇配备妇联主任6名，对1个居委会、58个村民小组的妇代小组进行调整，调整后全县妇代小组成员有174人。

2001—2010年，札达县妇女干部队伍不断壮大，党、政领导班子中女性数量明显增加，整体素质明显提高，女性参政议政的能力有所提高。共配备妇联主任6名，妇代小组成员14名。2010年，札达县有干部283人，其中女性干部40人，占干部总数的14.1%。县委各部门中女性干部占33.7%，县政府各部门中女性干部占31.4%，县人大代表中女性比例为24%，县政协委员中女性比例为12.1%；乡镇党委、政府领导班子中女性干部配备率分别为8.6%、15.6%，村、居民委员会成员中女性占25%。札达县有共产党员730名，其中女性党员196名，占党员总数的26.8%。

四、妇女儿童权益维护

札达县妇联成立后，联合相关单位共同宣传《札达县妇女儿童发展纲要》《中华人民共和国新婚姻法》《劳动法》《中共中央关于进一步加强未成年人思想道德建设若干意见》等法律法规，并利用电视、广播等媒体宣传“男女平等”基本国策。在全县范围内开展学习活动，学习《中华人民共和国妇女权益保障法》《宪法》《婚姻法》等法律法规，教育广大妇女学法、守法，用法律武器保护自身合法权益。

1994年，原托儿所教师退休，无人接替，3—6岁的幼儿得不到早期教育。2000年，县妇联将此项工作列入《妇女儿童规划》，争取各方资金，在2003年为县城和各乡镇修建7所幼儿园。

1997年，在县直机关妇女中进行《宪法》《婚姻法》《妇女儿童权益保护法》《新刑法》《赔偿法》等法规的宣传，并在农牧区妇女中发放藏文法律书籍，发放《妇女儿童权益保护法》传单，号召妇女运用法律维护自己的合法权益和参政议政的主动性、能动性。

1999 年，成立妇女儿童工作委员会，县委副书记次仁扎西任组长，工会主席扎西顿珠、团县委书记兼妇联主席任副组长，办公室设在县工青妇办公室。宣传《未成年人保护法》《1996—2000 年西藏妇女和儿童发展规划纲要》，使农牧民群众对保护妇女和儿童的权利有了更深刻的认识。

2001 年，根据西藏自治区人民政府颁布的《西藏自治区妇女发展纲要（2001—2010 年）》《西藏自治区儿童发展纲要（2001—2010 年）》的目标任务及要求，制定《札达县妇女发展规划（2001—2010）》《札达县儿童发展规划（2001—2010）》。之后，县委、县政府认真贯彻落实男女平等基本国策和儿童优先原则，坚持“五个纳入”①。妇联和相关单位认真履行职责，密切配合，齐抓共管，全面实施妇女儿童发展纲要，构建全社会共同关注和推动妇儿事业发展的格局。县妇联加大对“两纲”实施的监督检查力度，建立健全监督评估体系，严格按照制度进行定期检查、评审；加强对各级领导干部和行政执法人员的宣传教育，增强贯彻实施“两纲”的自觉性；运用新闻媒体向社会宣传“两纲”在促进妇女儿童发展和社会发展工作中的重要意义，营造全县关心支持妇女儿童事业发展的社会氛围。

2002—2009 年，札达县妇联积极开展《未成年人保护法》《妇女权益保护法》等法律法规宣传教育活动，共向群众发放宣传材料达 500 多份，并组织全县妇女儿童观看《农奴泪》《小兵张嘎》《吉鸿昌》等影片。

至 2010 年，妇女儿童发展纲要中规定的 24 项目标（其中妇女 17 项，儿童 7 项）全部达标，县妇女儿童规划确定的目标基本实现。弱势儿童群体得到更多的社会关怀和救助，妇女儿童发展的生态环境和社会环境逐步优化，妇女儿童事业取得明显进步。妇女在经济、政治、教育、健康、法律、环境 6 个领域，儿童在教育、健康、法律、环境 4 个领域的状况得到改善。3 月 14 日，开通妇女儿童维权热线 12338，使妇女儿童工作更加便捷。

① 即把《两纲》纳入国民经济和社会发展规划；纳入精神文明建设的重要内容；纳入政府工作的主要议程；纳入政府各部门的职责范围；纳入政府的财政预算。

五、妇女培训

县妇联与劳动、农牧等部门密切配合，发挥“巾帼文明岗”“五好文明家庭”“女能人”等荣誉称号的品牌作用，为妇女争取培训和就业机会。农牧民妇女接受技术培训人数不断增加，社会保障体系不断完善，使农村妇女的整体素质得到提高，妇女就业渠道不断拓宽。

1998 年，坚持实效、实用原则，对 15—45 岁妇女进行文化教育和技术培训，以托林村为试点单位开展学文化活动，并办夜校或扫盲班。

2000 年 1 月 19—20 日，县妇联会同有关部门在县城进行为期两天的“母亲安全”项目启动宣传培训，培训 700 人次，广大农牧民群众“母亲安全”意识普遍提高，乡村医疗卫生状况有所改善，育龄妇女住院分娩率由 1% 上升到 10%。

2001 年后，县妇联采取各种有效形式，大力宣传男女平等基本国策和就业政策，切实用足用好再就业扶持政策，努力营造有利于妇女创业和再就业的社会环境，促进妇女广泛平等充分就业。提高失业女性对政策的知晓度和运用政策创业、再就业的能力。加大女性的免费培训力度，强化培训教育，增强培训的针对性、实用性和有效性，有效提高女性劳动技能，使她们主动适应社会发展，提高就业的成功率。进一步建立健全妇女就业服务机构，大力推进就业服务信息网络化建设，为妇女就业提供全面、充分、准确、及时的就业信息和服务。不断创新就业模式，积极组织劳务输出，鼓励扶持女性自主创业。

2002—2009 年，积极开展农村实用技术培训，引导农村妇女科技致富，在“双学双比”活动中，以帮助农村妇女增产增收为主线，着力推进“巾帼科技致富工程”。

2010 年，县妇联以“绿色三八基地”为依托，对全县贫困妇女进行蔬菜瓜果种植培训 100 人次。选派 40 余名有一定基础知识的农牧区妇女，参加地区妇联及扶贫农发办举办的家政服务、美容美发、宾馆服务、氆氇编织等实用技术培训。至年底，全县女性新增就业 235 人，为县域经济发展发挥较大作用。

六、妇女活动

1962—1965年，札达县妇联团结、带领全县广大妇女，开展反对封建思想和封建残余势力、争取自身解放和男女平等、学习先进模范人物等活动。在广大妇女中提倡增产节约、勤俭持家风尚，使其积极参加兴修水利、开荒改土、推广种植技术、发展畜牧业等生产活动。

1966年5月，县妇联在全县妇女中掀起学习大寨精神的热潮；号召全县各界妇女向好工人尉凤英学习；在妇女中开展勤俭持家，教育好子女活动。鼓励妇女参加集体劳动，抓好副业和手工业生产。

1980年，县妇联在全县妇女中开展扫除中、青年文盲的教育活动，使全县妇女脱离文盲，站在新时代女性的行列之中。

1988年，全县各级妇联组织在做好本职工作的同时，积极培养妇女干部，教育广大妇女干部要培养“四自”（自尊、自信、自立、自强）精神风貌。组织广大妇女积极参加植树造林、推广农牧业技术，开展学文化、扫除文盲等多项工作，使广大妇女精神风貌焕然一新。

1991—1992年，县妇联在县、区机关和广大妇女中开展“巾帼建功”“学雷锋、树新风”“三八绿色工程”等活动，大搞植树造林、绿化祖国等活动，使广大妇女走出家庭融入社会，变为创造新生活的半边天。

1994—1995年，县妇联在全县范围内开展宣传学习《中华人民共和国妇女权益保障法》《中华人民共和国未成年人保护法》《西藏自治区实施〈中华人民共和国妇女权益保障法〉办法》等法律法规，营造了在札达县保护妇女儿童权益的良好社会氛围。在广大妇女中广泛宣传《宪法》《婚姻法》《刑法》《民法》《继承法》等法律法规，教育妇女学法、懂法、守法，用法律维护自身的合法权益。在农牧区倡导树立晚婚晚育、少生优生、男女平等观念。对15—40岁的文盲妇女进行扫盲教育，参加人数达296人。1995年，捐款64077元，救助贫困地区失学儿童。

1997年，县妇联及广大妇女为县文化馆捐书460本。3名妇女获“讲政治”演讲比赛奖，6名妇女获“精神文明知识竞赛奖”。1999年12月，为住校生捐款计16301.7元、被子42条、棉絮4件、毛毯18件、衣物20件。

2000年，县妇联配合县委、县政府组织广大干部、职工和妇女群众开展拔河、篮球比赛等活动。“三八”妇女节，县妇联大力表彰先进，宣传计划生育，勤劳致富、社会教育和《妇女权益保法》《未成年人权益保护法》。通过开展各项活动，促进男女平等，妇女间团结、友爱和珍惜集体荣誉。

2001—2003年，每逢春节、藏历新年期间，县妇联均配合县委、县政府组织广大妇女群众开展拔河、篮球比赛及文艺演出等有益身心健康的活动。

2004—2005年，县妇联向自治区、地区两级妇联争取到项目资金18万元（其中自治区妇联投资15万元，地区妇联投资3万元），在托林居委会修建札达县第一座温室大棚，推广温室大棚蔬菜种植技术，解决农牧民群众吃菜难问题。充分调动了广大农牧民群众建设温室大棚、种植蔬菜的积极性。

札达县妇联成立后，每年均组织全县妇女共同庆祝“三八”国际劳动妇女节。表彰“三八红旗手”“三八红旗集体”“巾帼建功标兵”等先进集体和先进个人，营造全县妇女共创佳绩、共展风采、共建文明的浓厚氛围。2006年，托林镇托林居委会札布让组村民仓觉在全国农村妇女“双学双比”活动中获得“女能手”称号。

2007—2010年，每年“三八”妇女节期间，县妇联均召开“三八”表彰大会，对一年中在“双学双比”“巾帼建功”“五好文明家庭”“双合格”等活动中涌现出来的妇女先进个人和先进集体进行表彰，并号召广大妇女向先进学习。按照《札达县妇联2005—2010年普及法律知识规划》，在广大妇女群众中宣传《未成年人保护法》《妇女权益保护法》《新婚姻法》等法律知识，切实提高广大妇女的法律意识。

2010年，建设巾帼和家庭志愿者队伍，组织志愿者为妇女儿童和家庭服务。开展庆“三八”活动，表彰先进、慰问贫困妇女。

七、关心妇女儿童

2000年1月19日，札达县组织开展为期2天的“母亲安全”项目启动宣传培训班，主要学习《国务院妇女儿童工委—联合国儿童基金会“母亲安全”行动计划》《自治区实施“母亲安全”行动计划》《阿里地区孕产妇死亡的直接原因及孕产妇并发症》《札达县实施“母亲安全”行动计划》、札达县妇工委与地区妇工委签订的《实施“母亲安全”行动计划责任书》，共有县级领导、县直各部门负责人、全体干部职工700人参加。

2001—2003年，积极开展关注弱势群体工作。为托林镇东嘎村贫困家庭孕产妇德吉解决部分住院费用，使其得到有效治疗。为贫困母亲和孤儿捐资2000多元。组织干部职工为3名贫困妇女捐款救助。为考入内地中学却无钱支付路费的贫困学生捐款400元。

截至2003年，通过投碘茶、碘盐，消除碘缺乏病，全县基本普及碘盐率达90%以上，5岁以下儿童重度营养不良患病率为四分之一以下，中小学生体育达标率95%以上。认真防治“四病”（即：麻疹、百日咳、贫血、佝偻病），重点做好佝偻病和贫血病的防治。宣传关于儿童工作的方针、政策，使每个干部、每个公民自觉树立爱护儿童、教育儿童，为儿童办实事的公民意识。实施“希望工程”和“春雷计划”等助学工程，保障贫困学生和残疾儿童受教育的权利。充分发挥学校、家庭、社会的力量，促进学校、社会教育的整合化。

2006年，札达县实现“普六”，在进行全面法制教育的同时，不断提高学校的硬件设施建设，针对全县教育器材缺口问题，积极争取资金，拟建青少年活动中心和札达县农牧民体育场项目。同时县妇联采取干部培训、干部交流、学历提升等多种措施，提高妇女受教育水平。大力提倡3—6岁儿童学前教育。提倡公、民办幼儿园，但由于札达县农牧区人口相对分散，仅有县城幼儿园一所，院内有学龄前儿童13名，入园率为16.25%。

2007年，札达县大力实施农牧民安居工程建设，修建农牧民安居房。农牧民居住条件进一步改善，卫生厕所普及率达到12%。妇女就业人数不断增加，就业领域逐步拓展。同年，札达县就业人数达525人，其中女性152人。

2009年，札达县妇联对贫困妇女及儿童教育、生活问题高度关注，并将230名贫困妇女及儿童所在的家庭被纳入城镇低保。4月，县妇联为240位母亲建立贫困档案，并对部分贫困母亲进行走访，了解她们的贫困原因、精神状况和思想动态。

2010 年，政府高度重视特困家庭儿童、残疾儿童的保护工作，实施“关爱行动”，特困儿童得到进一步保护，5 名失学儿童重返校园。

八、慰问帮扶

札达县妇联积极开展节日慰问妇女活动，当好广大妇女的“娘家”。2000 年，针对县贫困住校生出现无棉被、无冬装的情况，县妇联及时向县委、县政府反馈情况，并联合团委、教育局、宣传部一同在县城开展献爱心活动，各部门和干部职工捐款 16301.7 元，解决了县城住校生和各乡村住校生缺衣少被的困难。多方争取资金解决各乡村贫困妇女和单身母亲的困难，并积极为她们排忧解难。向县中学、县完小捐资 600 元。为贫困母亲和孤儿捐资达 2000 多元。

2001—2002 年，县妇联与上级部门沟通协调，为达巴乡达巴村、东波组、达巴小学争取到“大地之爱——母亲水窖”项目，解决村民饮水困难，改善村民的生产生活条件。2002 年，组织干部职工捐款，收到捐助资金 3653.80 元，解决贫困妇女无钱就医的困难。

2010 年“六一”儿童节期间，县妇联对全县 35 名贫困、特困、孤残、单亲儿童进行节日慰问，给每位贫困生发放了运动服、内衣、鞋子、袜子、书包、钢（铅）笔等学习生活用品。

第七篇

人事　劳动　民政

第一章　人事

札达县人事部门严格执行国家公务员过渡考试录用制度；主动向上级争取札达县急需的紧缺人才，扎实做好人才引进和调入工作，全面加强干部人才队伍建设。县内新增国家干部主要来源于社会考试录用、军转干部安置和大中专毕业生分配。坚持“培养、引进、调整、稳定”的人才工作方针，不断推进人事制度改革，优化人才环境。

第一节　机构

1960 年 5 月，札达县设立县委组宣部，兼管人事劳动工作。1964 年，县人民政府设立民政人事科。1969 年，县革命委员会政工组管理人事工作。

1979 年 6 月，札达县人事局成立，与组织部合署办公，两个机构一块牌子一班人员。县人事局成立后，一直未配备正职领导。1997 年后，仅配备 2 名副局长。

1995 年 8 月，因机构改革，县劳动人事局更名为县人事劳动局。

2002 年 4 月，县人事工作从人事劳动局中独立出来，单独设立县人事局，主要职责是按照党管干部原则及分级管理权限，对县内国家机关、事业单位及其他单位以国家干部为主体的工作人员从录用、使用到退休实施综合管理（其中副科级以上干部的选任、考核、奖惩、调配等归县委组织部直接管理）；负责全县人事调研工作及干部的工资福利工作；负责科技干部管理和职称评定工作；负责全县干部人事档案及职称管理工作；负责干部教育工作；负责县直机构编制工作。

2010 年机构改革，将人事与劳动部门合并，成立人力资源和社会保障局，科级建制。将原县人事局承担的全县县级领导干部工资审核上报工作职责，承担县委、人大、政协、法院、检察院和工商联、人民团体、群众团体、公务员及参照公务员法管理和科级以下干部调配工作职责划入县委组织部。将原县人事局承担的工资福利其他职责，将全县政府机关公务员、参照公务员法管理单位和政府部门及所属事业单位科级以下干部的调配、全县高校毕业生就业工作职责，人力资源交流中心工作职责整合，专业技术人员管理、军队转业干部管理工作职责整合，划入县人力资源和社会保障局。无内设机构，机关编制 5 名（行政编制 4 名，事业编制 1 名），其中科级领导职数 4 名。

归口管理的事业机构：县医疗保险管理中心，股级建制，事业编制 2 名，经费为全额拨款。县新型农村养老社会保险管理中心，股级建制，事业编制 2 名，经费为全额拨款。

1997—2010 年札达县人事局领导任职一览表

表 7－1－1

机构名称	职务	姓名	性别	民族	任职时间
札达县人事局	局长	1997. 11—2000. 12　未配正职			
		桑姆次仁	女	藏	2000. 12—2006. 05
		马占军	男	汉	2009. 03—
	副局长	桑姆次仁	女	藏	1997. 11—2000. 12
		杨家林	男	汉	2000. 10—2007. 11

第二节　人事管理

一、人事录用

札达县人事录用严格按照国家和自治区的政策要求进行。县内新增国家干部主要来源于社会考试录用、军转干部安置和大中专毕业生分配。

1987年，调整区级干部33人［含副县级干部1人，正区（科）级干部16人，副区（科）级干部16人］，其中藏族31人，汉族2人，妇女干部2人，平均年龄下降到35.1岁。原班子留任正区级6人，由副区（科）级提拔为正区（科）级7人；副区（科）级干部中留任7人；由一般干部（含1名副股级干部）提拔为正区（科）级4人，一般干部（含2名副股级干部）提拔为副区（科）级9人。

1995年，认真做好后备干部考察工作，初步建立了一定数量的后备干部队伍。坚持“成熟一个，提拔一个”，顺利实现干部的新老交替。从一般干部中提任2名副区（科）级干部，从副区（科）级提任正职3名。

1999年，对乡（科）级干部任用实行民主推荐，引入竞争机制，根据任职条件，规定了适当的试用期限，试用期满经考核能胜任者才正式任命。调整提拔乡（科）级干部45名，其中调整提拔乡镇领导26名。对乡镇党委领导干部实行委任制和选任制，委任乡党委书记6名。

2000年，共接收分配大中专生16人，在严格控制各单位“三定”的基础上，按照面向基层、改善结构、强化乡镇干部队伍的原则，结合用人单位急需人才及本人实际，充实各乡镇6人，县直缺编、急需用人单位10人。

2001—2010年，全县按照公开、平等、竞争、择优的原则，先后从城镇待业的“五大”（职大、业大、函大、夜大、电大）毕业生、农村自费大专毕业生、乡镇聘用合同制干部、民办教师、以工代干人员、优秀工人农民中吸收录用国家干部，充实到乡镇、财政、林业、公安、银行、教育等部门。根据“热情欢迎、妥善安置、认真培训、合理使用”的方针，积极接收安置军队转业干部，并为其排忧解难，落实养老保险金、住房公积金、医疗保险等各项待遇。大中专毕业生分配，按照面向基层、专业对口、优才优分、合理使用的原则，择优录用。

2002 年，提任副科级干部 26 名，提任正科级干部 10 名，对县直机构的科（局）级单位的 20 名干部进行了调整，充实了各单位的人员编制。

2005 年，札达县坚持党管人才的原则，大力实施人才强县战略，抓住培养、吸引、使用人才三大环节，全面加强人才和干部队伍建设，为札达县各项事业的发展提供人才支持。抓住阿里地区毕业生分配重点充实乡镇基层的内部政策机遇，及时上报本县乡镇基层急需的专业人才计划，争取到 54 名毕业生扎根札达。

2008 年，札达县坚持正确的选人、用人准则，做到“五不上会”“三个坚持”，客观评价干部，公平使用干部，不断提高选人、用人公信度，确保选拔任用的领导干部是群众公认的好干部。通过反复对比、好中选优、干部职工民主推荐等程序，4 名副处级干部被列为处级后备干部人选，10 名正科级干部被列为副处级后备干部人选。

二、人事调配

1960 年，札达县委、县政府成立后，中共阿里分工委决定调入 38 名干部职工到札达工作，并于次年组建 6 个工作部门。随着工作需要，从当地群众中选拔优秀青年进行简单培训后，吸收到各部门工作。

1970 年，从本地吸收大量藏族干部，藏族干部逐渐成为干部队伍的主要力量，全县有干部职工 115 人。其中，汉族 53 人，占全县干部总数的 46%；少数民族 62 人，占干部总数的 54%。干部队伍中主要包括部队转业干部、部队下派优秀干部、上级调派干部及选拔吸收民主改革运动中表现优秀的当地进步人士。

20 世纪 70 年代中期，县人事部门从当地招收经过社会锻炼的进步青年、农牧民积极分子进入干部队伍。1979 年，干部人数增加到 239 人。其中，男性 182 人，占干部总数的 76%；女性 57 人，占干部总数的 24%。藏族 169 人，占干部总数的 71%；汉族 68 人，占干部职工总数的 29%。为提高干部素质，对干部队伍进行人员精简、调配。

20 世纪 80 年代，鉴于全县干部职工文化水平较低、干部职工平均年龄较大的实际情况，县人事局将一批大中专院校毕业生分配到各部门工作，干部队伍素质得到提高，结构趋于合理。县人事部门还从应届初中毕业生、部队退伍军人、回乡知青中招聘一批干部到乡镇工作，加强基层干部队伍和基层工作。

1981 年，按照中央和自治区统一安排，札达县实施特殊的内调政策，在当地工作的内地干部职工可以根据自身情况内调，职务和待遇职称一律不变，并适当优先照顾安排工作，全县绝大多数干部调往内地工作和生活。1984 年，县人事部门对干部调动作出明确规定，即夫妻分居或独生子女、父母年迈身边无子女的；确有技术专长，而当地无法调配的，可以适当调整，由进出双方单位联系，直接由县组织部门办理调动手续。

1990 年，共有干部职工 193 人。其中，男性 147 人、女性 46 人；少数民族 176 人、汉族 17 人，还有 5 名临时工。

1996 年，对 3 个区（局）级领导班子进行调整充实，确定 26 名区（局）级后备干部。

1997 年，调整和提拔正（副）科级干部 36 人。向县外调动干部 9 人，县外调入 3 人。

1999 年，在全县“撤区并乡”和机关机构改革工作中，选配一批年富力强、具有一定科学文化知识和开拓创新精神的藏族干部及妇女干部，充实到县直有关部门和各乡镇党政机关担任领导职务。对部分企事业单位领导干部和一般干部实行聘任制。其中，聘任乡镇长 6 人、副乡镇长 12 人，并对调整后的科级干部进行跟踪考察和管理。全年通过地委组织部、人事部门办理跨地区调动 2 人，跨县调动 2 人，县城内部调动 23 人。

2000 年，协调地委组织部、人事部门办理跨地、县调动人员 13 人，县内调动人员 6 人。截至年底，共有国家行政干部 197 人。其中，男性 167 人，少数民族 174 人；大专以上文化程度 38 人，中专文化程度 90 人。2002 年，协调地委组织部、人事部门跨地、县调动人员 28 人。

2004 年，调整科级干部 40 名、一般干部 8 名，使一镇五乡领导班子结构得到进一步优化。2005 年，调整和充实科级干部 13 名，完成科级非领导职务人选的推荐、考核和上报工作。

三、离、退休干部管理

20 世纪 50 年代，对离、退休干部实行退休养老，享受退休金和政治待遇。20 世纪 60 年代，少数干部因身体患病无法坚持正常工作而退休。

1978 年 6 月，国务院颁布《关于安置老、弱、病、残干部的暂行办法》，规定干部享受退休待遇的具体条件为男年满 60 周岁，女年满 55 周岁，工作满 10 年；男年满 50 周岁，女年满 45 周岁，工作满 10 年，且完全丧失工作能力；因公致残经医院证明完全丧失工作能力的，凡符合上述条件之一的人员均可办理退休手续、享受退休待遇。札达干部人事部门严格按照这个规定办理相关事宜。

1980 年，国务院颁布《关于老干部离职休养规定》，明确离休干部的相关政策。从 1981 年开始，国家对 1949 年 10 月前参加革命工作的干部实行离养制度，工资金额按原阿里地区工资金额计发，同时发放每人每年住房补助 3000 元。

1982 年，中共中央制定《关于建立老干部退休制度的决定》。札达县人事部门严格按照《决定》的各项规定办理离、退休手续，干部离、退休工作走向制度化、规范化、合理化。

20 世纪 90 年代后，为妥善安置、处理老干部离、退休事宜，在县城成立老干部党支部，主要负责全县离、退休老干部工作。

1990 年和 1995 年，阿里地区分别在阿里驻乌鲁木齐办事处和阿里驻拉萨办事处按同等建制设立退休服务站，札达县未单独设立退休服务机构，所有离退休人员均由阿里地区老干局管理。

1995—2000 年，退休金按新规定执行，享受退休生活补贴、地区补贴和物价补贴。1998 年，共退休干部职工 58 人。

1999 年，共审批退休干部 6 名，工人 6 名，待批干部 8 名。为妥善安置退休人员，专门划出退休基地，在政策允许的情况下适当放宽，鼓励他们自己建房。

2000 年，根据国务院《退职处理暂行办法》规定，结合札达县实际情况，对确实因病不能坚持工作又不符合退休条件的或者自愿放弃工作的干部职工实施退职处理，对不是自愿退职的干部职工按月发给本人标准工资的 40% 作为生活补助费。

2000 年 6 月前，札达县仍执行西藏自治区男性满 55 周岁、女性满 50 周岁的退休标准。县委书记、县人大常委会主任、县长、县政协主席退休由阿里地区呈报西藏自治区党委审批，其他正副县级干部由阿里地委审批，报西藏自治区党委备案；其他干部管理权限由县委（组织部）审批。干部离、退休后，享受离、退休费，地区津贴，物价生活补贴和其他福利待遇，医疗保险和伤残保险待遇，住房待遇，丧葬和抚恤待遇。

2006 年，执行离退休政策后，札达县根据国家、西藏自治区有关政策和分散与集中安置相结合的原则，积极、妥善安置离退休干部。根据干部离退休政策，退休干部职工分属地（原籍）安置和异地安置两种。干部一般回原籍或夫妻任一方原籍安置，根据个人意愿组织上可出面协调异地安置。异地安置为拉萨和西藏驻内地干休所；属地安置为干部原籍、工作地和子女工作地。全县有退休干部职工 113 人。其中，札达县城安置 42 人，各乡镇安置 38 人，狮泉河镇安置 21 人，拉萨安置 11 人，日喀则安置 1 人。

2009 年，根据退休干部职工安置特点和身体状况，开展形式多样的学习活动，发挥老干部“教育好身边人”的作用。按照“五个好”的标准，加强老干部思想政治建设，增强组织凝聚力。

2010 年，利用退休干部职工活动室组织老干部党支部开展创先争优活动和文化娱乐活动，定期不定期向退休干部通报札达县经济社会发展情况。“三大节日”期间，到退休干部职工家中，了解他们的困难，听取他们的意见，发放慰问金和慰问品。

四、干部培训

为提高机关单位工作人员和企业管理人员业务能力和管理水平，全县采取脱产学习与自学、函授与面授、长班与短班相结合的方式，组织素质培训。1964—1977 年，札达县先后举办藏语文、教师、农机驾驶及维修等培训班，学员主要为各乡党政领导、教师、医生、农牧民群众。

20 世纪 80 年代，职工岗前培训由县委、县政府、县直各单位组织进行。职工就业之前由劳动人事部门或单位教授职业道德、社会公德和业务技能。在实际工作中采取以师带徒、以老带新、聘请专业技术人员授课等形式提高业务技能。

20 世纪 90 年代初开始，札达县将一批干部职工选送到阿里地区党校、西藏自治区党校和内地部分省（区、市）党校及多所大专院校进行培训。同时，按照《国家公务员考核暂行规定》，各级机关逐步建立健全考核制度，每年进行年终考核，各单位考核总结和《年度考核工作审核登记表》报县组织人事部门备案。按照干部“德才兼备”标准和干部“四化”方针，明确干部岗位规范，采用定性、定量考核和自我总结、民意测评、分层结合、个别交谈等方式进行综合考察，干部考察工作更加具体化、科学化。

1999 年，选送 7 人参加中专班培训，3 人参加文化补习班。

2001—2010 年，札达县坚持“动态管理、管用结合，组织部门宏观指导与有关部门定向培养相结合”的原则，建立后备干部数据库，实现管理工作信息化。组织开展“创建学习型机关，争做学习型干部”活动，根据不同层次、不同培训内容，采取“由单位确定参训人员，组织部审查后统筹安排”的方法，选派干部到各级各类学校进行培训，以提升干部队伍素质，收到良好效果。

2005 年，县委组织部派出 3 名骨干人员参加阿里地区举办的《国家公务员法》师资培训班。培训结束后，县委组织部在全县范围内迅速展开《国家公务员法》培训工作，采取专题辅导与看教学录像相结合的方式，组织县直、乡镇机关国家公务员参加培训。

第三节　人事制度改革

札达县在推行人事、工资、保险制度改革中，始终坚持为经济建设和社会发展服务。通过开发利用人才资源，创造公开、公正、平等、竞争择业的用人环境，不断健全完善与市场经济相适应的人事管理体制。其间，人才培训从就业转正培训发展到人才素质全方位开发培训；人才交流利用信息传递拓展空间，与人才市场接轨；全面推行实施德、能、勤、绩量化标准考核制度，考核与奖惩、调配、职务升降有机结合；对各类专业技术人员的管理服务在完善考试考核、职称评聘中得到加强；通过工资改革和调整，建立符合机关事业单位各自特点的工资制度和正常增资机制，实行工资卡、增人计划卡、集中核算报账和财政统发工资等办法，严格工资基金管理。

2003 年 9 月 1 日至 2004 年 7 月 1 日，根据《国家公务员暂行条例》、西藏自治区《关于印发〈西藏自治区乡镇实施国家公务员制度和参照管理工作方案〉的通知》精神，札达县在县直机构改革完成的基础上，为更好地推行五乡一镇机关实施国家公务员制度和参照管理工作，结合各乡镇实际，制定《札达县乡镇机关实施国家公务员制度和参照管理工作方案》，并成立札达县乡镇机关实施国家公务员制度和参照管理工作领导小组，在县人事局下设办公室，办公室主任由组织部副部长、人事局局长兼任。五乡一镇党委、人大主席团、政府、社会团体、县政府部门设置乡镇行政编制和派出机构中除了工勤人员以外的工作人员都属于实施范围；乡镇机关以工代干人员、乡镇聘用干部不参照这次乡镇机关人员过渡；凡实行国家公务员制度的乡镇，不得同时实行事业或企业单位职称、工资及奖金等管理制度。实现县直机关单位到乡镇分期分批平稳过渡，各单项配套法规均落实到位。

2006 年，札达县采取有效措施，促进人才向农牧区和乡镇流动。以实施公务员法为契机，继续从整体上不断推进干部人事制度改革。认真总结推行干部人事制度改革的经验，加强对改革中重点、难点问题的研究。

一、录用

札达县干部录用充分体现公平公正原则，严格把关，真正把优秀人才招录进来。在吸收录用中，实行录用政策、指标、办法、结果“四公开”，将录用指标分解量化，通过笔试、体检、面试、考核等程序，择优录用。整个录用过程由纪检、监察、计划生育等部门严格把关，并接受群众监督。

二、考核

1999 年，县委组织部组织第三批公务员过渡考试，参考人数 42 人，考试合格率 96.4%。札达县应参加过渡考试 99 人，前三批实际参加考试 88 人，参考率 88.9%。10 月，成立推公验收小组，对札达县 1994 年 8 月以来推行实施国家公务员制度工作，严格按照《西藏自治区建立和推行国家公务员制度工作检查验收意见》的各项规定，实事求是、客观公正地进行自查验收。

2001 年起，年终考核采取试行公务员过渡与开展民主评议领导干部及岗位责任制考核相结合的办法，专业技术人员、技术工人参照考核标准同步进行。通过民主评议、测评、生活会等形式，对考核对象的政治素质、专业知识、工作能力、工作态度、工作业绩进行鉴定，得出称职与否的结论，作为工作人员工资晋升、职务升降、奖惩、调动的重要依据。对专业技术人员引进评价激励机制进行考核。各单位把岗位聘任与目标管理相结合，把年度工作任务量化分解到各项具体工作与内设岗位人员，形成纵向到底、横向到边的综合指标考核体系。考核结果与评优评先、晋升晋级、续聘解聘紧密挂钩，增强受聘人员的工作责任感。对实施公务员管理的县级单位开展平时考核大检查，建立健全国家公务员队伍自我约束机制和竞争机制。

2002 年，札达县委组织部、宣传部和普法办在阿里地区率先组织公务员依法开展行政法律知识考试，县直机关 110 名公务员参加考试，合格率 100%。

2003 年 12 月，根据阿里地委组织部《关于认真做好我地区机关事业单位国家公务员（工作人员）年度考核工作有关问题的通知》要求，成立以县长索巴多吉为组长的考核领导小组，对全县公务员进行全面、深入的考核。全县参加国家公务员考核共 255 名，获得优秀等次的 43 人，占考核人数的 16.8%；称职（合格）等次的 189 人，占考核人数的 74%；未定等次的 23 人，占考核人数的 9.2%。在评为优秀等次的 43 人中，县级干部 6 名，科级干部 25 名，一般干部、事业干部 12 名，分别占优秀等次人数的 13.9%、58.2%、27.9%。组织 18 名县级领导分 2 次参加全区县（处）级以上公务员依法行政法律知识考试，合格率100%。

2004年，274名县处级以下公务员（工作人员）分2次参加阿里地区依法行政法律知识考试，占应参考人数的96.5%，考试合格率达100%。

2005年，札达县严格坚持国家公务员（工作人员）年度考核标准，被确定为优秀等次的人数一般掌握在本部门参加考核人数的15%，最多不超过20%。根据考核工作的需要，及时设立非常设性的考核工作领导小组，下派考核工作小组，在党委领导下负责全县公务员年度考核工作。考核工作领导小组由党委、政府、人大、政协领导及纪检、组织人事和监察等部门负责同志组成，考核工作领导小组下设办公室，设在组织部，具体负责考核工作的日常事务。全县应参加考核的国家公务员（工作人员）363人，实际参加考核的人数为363人。其中，优秀等次的45人，占考核人数的12.4%，称职（合格）等次的272人，占考核人数的75%，未定等次的46人，占考核人数的12.6%，没有基本称职和不称职人员。在评为优秀等次的45名中，县级干部2人，科级干部25人，一般干部18人，分别占优秀等次的4.4%、6%、40%。

2006年，进一步规范公务员考核工作，改变公务员考核单次晋升工资的做法，将公务员考核与干部的考察使用有机结合起来，提高公务员考核结果的作用，激励干部干事创业的积极性。

2010年，在全县范围内开展公务员法律知识考试考核活动，把法律知识考核作为公务员年度考核的主要内容之一，提高全县公务员的整体素质。

三、聘任

2002年，制定《札达县事业单位试行聘用（任）制暂行办法》，明确规定县内事业单位推行全员聘用制，在“合理定编、科学设岗、明确定责”的基础上，坚持公开、平等、竞争、择优的原则，经过考试、考核，实行竞聘上岗，签订合同，建立新的人事关系。“双向选择、竞争上岗”成为单位自主用人、个人自主择业的新机制，职务聘任制在全县企事业单位中普遍推行。8月，札达县教育系统内部试行干部聘任制，共设岗位7个。其中，主任1个、中学校长2个、副校长3个、中心完小校长1个。

2007年9月，札达县首次开展县卫生局、司法局、教育局公选副局长工作，从在职人员中公选副局长，公开报名考试，考试合格后择优录用，3名优秀中青年干部脱颖而出。公开选拔和竞争上岗在教育系统逐步得到推广。聘任制的实行，对改善干部结构，增强干部和教师责任感、紧迫感起到积极作用。

第四节　人才管理

一、人才录用

1997年，县委组织部接受计划内毕业生14人。

1999年，县委组织部分配毕业生12人，其中分配到乡镇4人，县直缺编部门5人，教育系统的3人由系统自行分配。

2001年，接收上级分配毕业生16名。根据国家公务员录用考核条例，实行先根据本人专业对口的原则，分配各单位进行录用前试用，然后根据本人表现和单位意见进行正式分配。

2002年，县委组织部接收计划内毕业生23名，计划外毕业生7名。对毕业生实行正式分配前的工作能力考察，根据毕业生的特长及专业特点暂时分派到各有关单位帮忙，在工作中考察他们的工作能力，为正式分配打下基础。

2003年，县委组织部坚持“培养、引进、调整、稳定”的人事人才工作方针，努力用好现有人才，并做到用事业来凝聚人才，坚持用崇高的精神来激励人才，努力用真挚的感情来关心人才，用良好的待遇吸引人才，为人才在札达县工作创造良好的物质条件、政策条件、工作条件，以优化人才的工作、生活环境，支持人才扎根札达县建功立业。积极为干部职工创造学习教育培训机会；主动向上级争取急需紧缺人才的引进和调入，全面加强干部人才队伍建设。

2004—2005年，坚持“培养、引进、调整、稳定、用好”人才的十字方针，以重视人才、留住人才、用好人才的用人观念，坚持党管人才的原则，大力实施人才强县战略，抓住培养、吸引、使用人才三大环节，全面加强人才和干部队伍建设，为札达县各项事业的发展提供人力支持。

2005 年，县委组织部抓住地区毕业生分配重点充实乡镇基层的内部政策机遇，及时上报札达县乡镇基层发展急需的专业人才计划，争取到 54 个毕业生名额。在引进毕业生的同时，坚持人本思想，部领导专门到地区人事局协调解决分配到札达县的毕业生男女比例失调的问题，为稳定和留住人才奠定基础。

2007 年，县委组织部加强高校毕业生“4050”人员的就业和再就业工作，共分配 22 名高校毕业生。

2008 年，县委组织部坚持“用好现有人才，稳住关键人才，吸引急需人才，培养未来人才”的方针，全面做好人才工作。加大人才培养力度，多层次、多渠道培养人才，逐步使人才培养与实际需求相适应。深入了解掌握各类专业技术人员的工资福利待遇、分布、作用发挥和流失情况，做好提高农牧、医疗卫生等专业技术人员待遇和加大对优秀专业技术人员表彰奖励的有关问题的调研，调动他们为札达做贡献的激情和对事业的奉献的积极性，营造各类人才发挥作用的氛围。坚持重实际操作能力、重效益、重业绩、重贡献的取向，突出实用性，体现以人为本、科学的原则，激发专业技术人员的积极性、创造性。做好调整现有人才和稳定现有人才的工作，把那些具有专业技术特长的干部安排到合适的部门和岗位上，为他们提供施展才干的舞台。分配 39 名大中专毕业生到札达就业。

2009 年，接收并分配 36 名高校毕业生到札达县就业。

二、职称评聘

札达县通过严格审查和考评，聘任具有初、中级专业技术资格的技术人员到农牧、教育、卫生等专业岗位上，落实专业技术人员职称待遇。1998 年，札达县根据上级文件精神，全面落实卫生、教育、农牧、文化等部门人员的技术职称。

2001—2010 年，札达县大力加强农牧区科技、教育、文化、卫生、农牧产业化经营等实用人才队伍建设。2002 年，全县有专业技术人员 157 人，卫生系统 39 人，教育系统 65 人，其他系统 53 人。2005 年，全县各类专业技术人员有 161 人，其中农牧技术人员 32 人，卫生技术人员 41 人，文化工作者 19 人，教师 69 人。按技术职称分：高级职称 2 人，中级职称 18 人，初级职称 35 人，初级以下 96 人。

2007 年，阿里地区人事局调整县、乡专业技术人员考试要求及特殊情况专业技术人员职称评审条件，对在县、乡从事农牧技术推广的专业技术人员或在乡镇工作 3 年以上的其他专业技术人员均可免试英语。对思想政治素质好、工作实绩突出、在专业技术岗位连续工作满 25 年以上，学历达不到要求、年龄在 45 岁以上、已聘任初级专业技术职务并能坚持工作一个聘任期的专业技术人员，根据实际情况，可适当照顾其中级职称待遇。全县有县、乡专业技术干部 184 人，其中高级职称 1 人，中级职称 34 人。

1988—2010 年札达县专业技术人员情况一览表

表 7－1－2

工作单位	姓名	性别	民族	出生年月	政治面貌	文化程度	参工时间	技术职称	聘任时间
札达县藏医院	班旦益西	男	藏	1936.08	非党	大专	1964.09	藏医副主任医师	1988.11
札达县农牧局	诺尔桑	男	藏	1968.05	党员	大专	1992.07	助理工程师	1998.04
札达县中学	仁青巴桑	男	藏	1970.06	党员	本科	1995.07	中教二级	1998.12
札达县中学	白玛桑珠	男	藏	1972.10	党员	本科	1995.07	中教二级	1998.12
札达县中学	南朗多吉	男	藏	1973.07	党员	大专	1996.07	中教三级	1998.12
札达县完小	尼玛次仁	男	藏	1969.11	党员	大专	1991.07	小教初级	1998.12
札达县完小	尼玛加参	男	藏	1970.06	党员	大专	1991.07	小教初级	1998.12
札达县完小	达娃桑姆	女	藏	1965.06	党员	大专	1990.07	小教初级	1998.12
札达县完小	尼玛	男	藏	1970.10	党员	大专	1992.07	小教初级	1998.12
札达县完小	旺杰	男	藏	1969.07	党员	大专	1992.07	小教初级	1998.12
札达县完小	阿旺巴旦	男	藏	1956.11	非党		1977.11	小教初级	1998.12
札达县完小	次仁多布杰	男	藏	1957.09	党员	中专	1977.09	小教初级	1998.12
札达县完小	扎西	男	藏	1958.01	非党	初中	1974.07	小教初级	1998.12

续表 1

工作单位	姓名	性别	民族	出生年月	政治面貌	文化程度	参工时间	技术职称	聘任时间
札达县完小	次仁玉珍	女	藏	1949.01	党员	中专	1966.07	小教二级	1998.12
札达县完小	洛桑扎西	男	藏	1972.06	党员	初中	1992.06	小教二级	1998.12
札达县完小	旺扎	男	藏	1972.10	党员	大专	1992.07	小教二级	1998.12
札达县完小	加参普布	男	藏	1970.12	党员	大专	1992.07	小教二级	1998.12
札达县完小	普琼	男	藏	1969.04	非党	大专	1993.07	小教二级	1998.12
札达县完小	多吉南杰	男	藏	1970.06	党员	大专	1994.07	小教二级	1998.12
札达县中学	多吉仁青	男	藏	1970.07	非党	本科	1994.07	中教一级	2000.10
札达县完小	普布曲扎	男	藏	1965.10	非党	大专	1988.07	小教高级	2000.12
札达县政府办	吴金	男	藏	1953.05	非党	小学	1972.05	高级驾驶员	2001.12
札达县政府办	平措多布杰	男	藏	1947.01	党员	初中	1965.05	高级驾驶员	2001.12
札达县政府办	珠穷	男	藏	1947.11	非党	小学	1971.07	高级炊事员	2001.12
札达县政府办	扎西顿珠	男	藏	1963.08	党员	小学	1984.10	中级炊事员	2002.04
札达县政府办	巴桑石达	男	藏	1967.08	非党	小学	1995.01	中级炊事员	2002.04
札达县完小	扎西	男	藏	1958.01	非党	初中	1974.07	小教一级	2002.04
札达县完小	曲杰	男	藏	1959.05	非党	大专	1978.09	小教高级	2003.07
札达县水利局	多吉次仁	男	藏	1973.11	党员	大专	2004.01	中级	2004.11
札达县水利局	索南多吉	男	藏	1980.04	党员	中专	2002.10	中级	2004.11
札达县人民医院	扎西	男	藏	1970.10	党员	大专	1994.07	中级主治医师	2006.01
札达县水利局	杨光旗	男	汉	1964.02	非党	-	1993.04	高级	2006
札达县底雅乡	次仁珠杰	男	藏	1966.03	党员	小学	1984.07	副高	2006.12
札达县政府办	巴桑石达	男	藏	1967.08	非党	小学	1995.01	高级	2006.12
札达县完小	益西旺姆	女	藏	1959	非党	初中	1974.07	小教高级	2007.01
札达县中学	白玛桑珠	男	藏	1972.10	党员	本科	1995	中教一级	2007.01
底雅乡卫生所	欧珠多吉	男	藏	1972.09	非党	中专	1989.07	中级藏医主治医师	2008.08
札达县完小	巴旦次仁	男	藏	1965.04	党员	大专	1987.07	小教高级	2009.05
札达县完小	央金卓嘎	女	藏	1974.05	非党	中专	1997.07	小教高级	2009.05
香孜乡完小	德吉	女	藏	1959.07	非党	中专	1980.07	小教高级	2009.05
香孜乡完小	次仁多布杰	男	藏	1957.09	党员	中专	1977.09	小教高级	2009.05

续表 2

工作单位	姓名	性别	民族	出生年月	政治面貌	文化程度	参工时间	技术职称	聘任时间
底雅乡农林站	巴桑旺堆	男	藏	1982.03	党员	本科	2006.08	助理农艺师	2009.05
札达县农牧局	扎西次仁	男	藏	1981.02	党员	本科	2005.07	助理农艺师	2009.05
札达县文广站	米玛次仁	男	藏	1983.04	党员	大专	2005.07	助理记者	2009.05
札达县文广站	普布占堆	男	藏	1983.07	党员	本科	2005.07	助理记者	2009.05
札达县农牧局	李建波	男	汉	1981.05	党员	大专	2007.07	助理畜牧师	2010.04
札达县电视台	次仁玉珍	女	藏	1969.08	党员	高中	1995.04	助理广电工程师	2010.04
札达县电视台	白玛拉吉	女	藏	1984.07	党员	大专	2005.07	助理广电工程师	2010.04
札达县电视台	占堆	男	藏	1981.03	党员	中专	2002.09	助理广电工程师	2010.04
札达县水利局	多吉次仁	男	藏	1973.11	党员	大专	2004.01	高级	2010.09
札达县水利局	索南多吉	男	藏	1980.04	党员	中专	2002.10	高级	2010.09
札达县底雅乡	普布次仁	男	藏	1970.02	非党	高中	1991.07	高级	2010.09

第五节　工资福利

一、工资

（一）公务员工资

公务员基本工资由职务工资和级别工资两项构成。一个职务对应一个工资标准，领导职务和相当职务层次的非领导职务对应不同的工资标准，公务员按所任职务执行相应的职务工资。级别工资主要体现公务员的工作实绩和资历，每一职务层次对应若干个级别，每一级别设若干个工资档次。公务员的级别和级别工资档次，按现任职务、任职年限和套改年限确定。

20 世纪 60 年代，札达县建县后，县党政机关、人民团体、学校、医院等单位干部职工工资按国家统一规定，实行货币工资制度。干部实行等级工资制度，各级工资额由标准工资、物价补贴、地区津贴三部分组成。

20 世纪 70 年代末，根据国务院《关于调整部分干部职工工资的通知》，自治区革委会对全区工资进行调整，结合部分干部职工工作多年，工资偏低的实际情况，在全县范围内进行大幅度工资调整。

1981 年，全国文教、卫生、体育系统调资升级，札达县按有关规定办理文教、卫生系统干部的调资工作。

1982 年 12 月，根据国务院《关于调整国家机关、科学文教卫生等部门部分工作人员工资的决定》文件精神，以学历、职称、职务、工作成绩和能力为原则，一般人员晋升一级，工龄长、工资偏低者升两级。不搞群众评议，由各单位按规定条件提名升级，经党委审核，主管部门平衡、审查、批准执行。

1984 年，根据国务院及西藏自治区有关文件精神，在藏工作满 5 年以上，可享受“地区性临时补贴”，在藏工作满 15 年以上，可享受固定一级工资；在四类地区满 7 年，可享受固定一级，同时继续享受学历浮动一级。

1985 年，中共中央、国务院决定对国家机关、企事业单位干部职工工资制度进行改革，将现行等级标准工资加各类补贴的工资制度改革为职务工资为主要内容的结构工资制度，工资由职务工资、工龄工资、基础工资、地区工资补贴四部分组成。

1987 年，根据国家劳动总局《关于适当解决国营企业工资问题的通知》，札达县适当调整企业单位职工工资。

1990 年，根据国务院规定，国家机关、事业单位工作人员普调一级工资。札达县干部职工工资主要由基础、职务、在藏 20 年（15 年）固定一级、工龄、地区临时性补贴等构成。

1993 年，根据国家有关规定，札达县对干部职工工资进行改革。改革后的工资主要由职务、大中专学历、在藏 20 年（15 年）、40 年（30 年）固定、工龄、大中专学历固定、学历浮动、五年浮动、艰苦边远地区津贴等构成，取消职工肉价补贴。

1994 年，国务院颁发的《公务员暂行条例》中规定，工资制度贯彻“按劳分配”原则，对国家公务员实行职级工资制度。1998 年上半年，落实 318 名干部职工调资工作，21 名工作人员增资工作，更正 43 名干部职工工资和工龄。

（二）技术工人工资

技术工人实行岗位技术等级工资制，基本工资由岗位工资和技术等级

（职务，下同）工资两项构成。岗位工资根据工作难易程度和工作质量确定初级工、中级工、高级工3个技术等级和技师、高级技师2个技术职务，分别设若干工资档次。技术等级工资根据技术水平高低确定，一个技术等级对应一个工资标准。技术工人的岗位工资档次按现任技术等级、现任技术等级年限和套改年限确定。技术工人的技术等级工资按考评（聘任）的技术等级执行相应的技术等级工资标准。普通工人实行岗位工资制，基本工资为岗位工资。岗位工资的档次按套改年限确定。

（三）事业单位工资

事业单位实行岗位绩效工资制度。岗位绩效工资由岗位工资、薪级工资、绩效工资和津贴补贴4部分构成，其中岗位工资和薪级工资为基本工资。岗位工资主要体现工作人员所聘任岗位的职责和要求。事业单位岗位分别为专业技术岗位、管理岗位和工勤技能岗位。不同等级的岗位对应不同的工资标准，工作人员按所聘任的岗位执行相应的岗位工资标准。工作人员原则上不得同时在两类岗位上任职；因行业特点需要兼任的，须按人事管理权限审批，由批准的部门或单位明确其主要任职岗位，根据主要任职岗位确定工资。薪级工资主要体现工作人员的工作表现和资历，工作人员按照本人套改年限、任职年限和所聘岗位，结合工资表现，套改相应的薪级工资。

1997年，根据《关于机关事业单位工作人员正常晋升工资档次实施办法的通知》（藏人发［1996］85号），县人事部门审查、上报、批准、办理1994年、1995年248名国家公务员考核晋升工资和工人参照晋升工资（其中优秀档次控制在干部职工总数的15%以内，没有不称职或不合格的档次）。

根据《国务院关于机关单位离退休人员增加退休费的通知》，县人事部门落实28名退休干部的待遇。抽查部分县直部门干部职工、离退休人员、农牧区基层干部有关待遇的落实情况，更正5人历史遗留的工资、工龄等错办问题。

1999年，县人事部门落实固定、浮动、整改工资36人。审核下达爱国人士生活补贴12人，审核下达全国普调基础工资354人，审核下达西藏特殊津贴354人，审核下达国家公务员正常晋升工资32人，审核下达部分正常晋升级别工资123人，审核下达新聘专业技术人员工资6人。对83名离退休人员每人增资1500元。

2000年，根据上级有关文件规定，县人事部门落实固定、浮动、整改30人次，审核补发兑现公务员晋升工资。

2001年，县人事部门落实了50名干部的各种固定浮动工资，正常晋升级别30人次的职务工资落实等。

2002年，县人事部门落实、固定、浮动、整改工资671人次，审核补发兑现公务员晋升工资175人。10—11月，组织填报农牧半脱产技术人员生活补助费、增资呈报表。

2005年，县人事部门逐步建立了《级别晋升名册表》《职务晋升名册表》，与县财政局协调实现了工资报领审批制度，完整建立了重要月份（6月、7月）工资档案，做好了2004年公务员职务晋升、2005年级别晋升、2005年工龄类和学历类工资的申报工作，保证了干部职工工资待遇的及时落实，调整落实139人的工资待遇。填写和推算全县第三批住房改革人员1998年至2003年工资变动情况和工资审批表，及时落实202名干部职工的住房补贴。向县财政打报告，申请拨付全县2001年到2005年干部职工的福利款，共95964元，在财政建立了福利款专用账户。

2008年，县人事部门严格执行中央、自治区、地委政策规定，准确把握宣传口径，健全完善工作程序，认真审核人员信息，全面完成行政单位两年晋升、事业单位每年晋升工作，填报全县机关行政、事业单位《工资变动审批表》《工资套改审批表》，67名“三老”人员《生活补贴审批表》。

县人事部门不断加强工资管理，严格监督检查，在办理干部任免工资变动、离退休人员工资套改、日常干部调动、干部职工休、事假、病假手续上，严把政策关，认真审核，杜绝乱开口子、自作主张的现象。

（四）特殊规定

札达县属于高海拔地区和边疆地区，在这里工作的干部职工，按照国家规定，可享受一些特殊待遇。

高海拔地区机关事业单位工作人员工龄折算办法调整为在海拔3500—4499米地区工作满1年，工龄按1年3个月计算；在海拔4500米以上地区工作满1年，工龄按1年6个月计算。根据高海拔地区机关事业单位工作人员累计折算的工龄（不含实际工作年限），按月发放高海拔地区折算工龄补贴。折算的工龄每满3个月，月补贴15元；折算的工龄每满6个月，月补贴30元。

乡镇机关事业单位工作人员折算工龄补贴，在上述办法计发的基础上提高15%。高海拔地区机关事业单位的离退休人员，按照当地与其离退休前累计折算工龄相同的在职人员补贴标准的一定比例增加离退休费。其中，离休人员按在职人员的补贴标准增加离休费，退休人员按在职人员补贴标准的85%增加退休费。

二、福利

福利是指除工资之外，按照国家有关规定，国家干部职工可以享受各类福利待遇。札达县干部福利待遇由公费医疗、探亲假、丧葬抚恤、生活补贴、取暖费、焦炭款等补助组成。

和平解放后，札达县党政机关、事业单位工作人员实行公费医疗。20世纪90年代中期，住院按工龄、职务分比例报销，零星药费改为自理。

在藏工作的干部职工，连续工作每1年半可享受探亲假1次，假期3个月，另给予50天以下路途时间，假期工资照发；区内干部职工，连续工作每1年半可享受探亲假1次，假期2个月，另给予1个月路途时间，假期工资照发；阿里地区籍干部职工，未婚干部职工每工作1年，探亲假为1个月，已婚干部职工每3年休假1次，假期为1个月，另给予6天以下的路途时间，札达县籍干部职工休假给予3天的路途时间，假期工资照发；女职工除享受正常休假外，可休产假1年，工资照发。

（一）休假制度

1. 年假

2003年7月18日，西藏自治区人民政府下发《关于印发机关事业单位职工休假规定的通知》（藏政发〔2003〕47号）。该规定自2004年1月1日起执行。

职工实行年休假制度。职工休假按年度计算，一年一次。适用于自治区各级党委、人大、政府、政协机关，法院、检察院、群团组织机关和事业单位的正式职工。

假期：当地职工（不含夫妻两地分居的职工）假期为30天；进藏职工和夫妻两地分居（不能在公休假日团聚）的当地职工，科级及以下干部、助理级及以下专业技术职务人员和工勤人员假期为40天，县（处）级干部和中级专业技术职务人员假期为50天，地（厅）级以上干部和高级专业技术职务人员假期为60天。在三、四类区工作的职工，在上述假期基础上，再分别增加10天、20天。

对口支援干部（含内地在西藏挂职锻炼干部）休假待遇按上述规定执行。经组织批准，休假期间需要向派出单位汇报对口支援工作或争取项目、资金的，所需时间由各地（市）、各部门视情规定，但最长不得超过30天。对口支援干部援藏期满返回原选派单位，可享受90天假期。

其他人员的休假待遇：新录用到机关、事业单位工作的职工，从次年起享受休假待遇。调动工作的职工和军队转业、退伍人员，当年在原单位未休假的，由调入单位统筹安排；已休假的，从次年起享受休假待遇。原籍在区内与原籍在区外的汉族或其他少数民族结婚的职工及其子女（正式职工），执行进藏职工的休假时间。组织安排赴内地脱产学习一年以上的职工，在学习期间可利用寒、暑假休假一次，往返路费予以报销。女职工生育产假的假期按自治区计划生育部门有关规定执行。产假期满后，其下次休假应在返回单位的次年安排。驻内地各单位职工的休假待遇按所在地规定执行，自治区人民政府驻格尔木办事处职工的休假待遇按区内规定执行。

职工享受休假待遇后，不再另批探亲假。在休假期内，可同时探望父母（岳父母、公婆）。

职工休假期间的工资待遇：职工休假期间享受工资及政策规定的各项福利待遇。职工休假期满，因特殊情况经组织批准续假的，扣发续假当月全部工资的20%。续假时间最长不得超过20天。职工休假期满，未经组织批准超假14天以下的，扣发超假当月全部工资的50%；按照《国家公务员暂行条例》第七十四条第四款的规定，无正当理由逾期不归连续超过15天的，予以辞退。

职工休假的其他规定：假期包括休假期内的公休日和法定假日，不包括往返路途时间。往返路途时间由各单位根据实际情况自行规定。职工休假不得跨年度计假和补假。确因工作需要，组织决定当年不能休假的（不含自愿放弃休假者），经本单位主要领导批准，可发给一定的补助费，具体标准由自治区财政厅和人事厅提出意见，报自治区人民政府审定后实施。对不愿领取补助费的，可报销其家属或一名子女进出藏的交通费。职工当年休假后，因直系亲属病故等特殊原因需要请事假的，按干部职工管理权限审批，时间一般为15天，最长不得超过30天，事假超过30天的，次年不安排休假。职工休假（含事假）往返路费及其他费用报销，要严格按照西藏自治区差旅费开支的有关规定和财务制度执行。

国有企业职工休假制度，由企业根据具体条件和实际情况，参照《西藏自治区机关事业单位职工休假规定》自行确定，报同级劳动和社会保障部门备案。

2006年12月31日，中共西藏自治区委员会办公厅、西藏自治区人民政府办公厅联合下发《关于印发〈西藏自治区机关事业单位干部职工休假补充规定〉的通知》（藏党办发〔2006〕51号），对往返路途时间、往返交通费报销标准等内容进行调整，进一步完善干部职工休假制度。该规定自2007年1月1日起执行。

往返路途时间：机关事业单位干部职工休假的往返路途时间由各单位根据实际情况自行确定，但最长不得超过15天。

往返交通费的报销标准：地厅级干部、高级专业技术职务人员休假，可乘坐飞机普通舱、火车软卧、轮船二等舱或公共汽车。县处级以下干部（含县处级）、中级以下专业技术职务人员（含中级）和工勤人员休假，可乘坐火车硬卧、轮船三等舱或公共汽车。机关事业单位干部职工休假结束后，按照上述标准报销往返交通费用。乘坐超出规定标准的交通工具，超支费用由干部职工自理；乘坐低于规定标准的交通工具和其他交通工具（不含出租小汽车），凭票据按实报销。

区外干部职工与区内少数民族同志结婚的，离退休后无论安置在区内还是区外，夫妻双方每三年均可探视父母或子女一次（如父母去世，则只能去一个子女处)。往返交通费用由原工作单位报销，报销标准与在职干部职工相同。

2007年，阿里地区根据国家有关规定，针对休假、探亲制度执行过程中出现的新情况、新问题，制定《阿里地区关于机关事业单位职工休假的规定》，2007年3月7日以行署名义下发，自2007年1月1日起执行。该规定内容与《西藏自治区机关事业单位职工休假规定》基本相同，对部分内容进行调整：阿里驻格尔木办事处职工的休假待遇按地区内规定执行。确因工作需要，组织决定当年不能休假的（不含自愿放弃休假者)，经本单位主要领导批准，可发给一定的补助费，具体标准由地区人事局提出意见，报地区行署审定后实施。对未领取补助费的，可报销其家属或一名子女进出藏的交通费。职工当年休假后，因直系亲属病故等特殊原因需要请事假的，按干部职工管理权限审批，时间一般为30天，最长不得超过60天，事假超过60天的，次年不安排休假。

同年，阿里地区根据《西藏自治区机关事业单位干部职工休假补充规定》，制定《阿里地区机关事业单位干部职工休假补充规定》，2007年3月7日以中共阿里地委办公室、阿里地区行署办公室名义下发（阿党办发［2007］1号)。对往返路途时间进行调整：机关事业单位干部职工休假的往返路途时间由各单位根据实际情况自行确定，但最长不得超过35天。自2007年1月1日起执行。

同年，札达县根据国家有关规定和阿里地区《关于机关事业单位职工休假的规定》，结合机关事业干部职工休假、事假、病假、产假的实际情况，制定《札达县机关事业干部职工休（探、事、病、产）假有关规定》，2007年5月25日以札达县人事局名义下发（札人字［2007］10号)。对往返路途时间进行调整：区外休假往返时间一律为35天，区内休假往返时间一律为20天。自2007年1月1日起执行。

2. 事假

根据《西藏自治区机关事业单位职工休假规定》，职工当年休假后，因直系亲属病故等特殊原因需要请事假的，按干部职工管理权限审批，时间一般为15天，最长不得超过30天。

根据《阿里地区关于机关事业单位职工休假的规定》，职工当年休假后，因直系亲属病故等特殊原因需要请事假的，按干部职工管理权限审批，时间一般为 30 天，最长不得超过 60 天。

根据《札达县机关事业干部职工休（探、事、病、产）假有关规定》，干部职工享受休、探亲待遇后，原则上不准再请事假。因特殊原因需请事假者，需要经组织批准并办理有关手续。区外（含昌都地区）干部职工，事假假期及路途时间原则上为 45 天，但最多不得超过 60 天；区内干部职工事假假期及路途时间原则上为 30 天，但最多不得超过 40 天。凡请事假累计 60 天者，次年不再安排休、探假。

3. 病假

干部职工患病一般应就地治疗。确需到地区治疗的，应有县级以上医院证明、县医疗保险单位的意见、县组织人事部门的批准，到地区治疗的往返时间一般为 30 天；需到拉萨治疗的，应有地区人民医院证明、县医疗保险单位的意见、县组织部门的批准，到拉萨治疗的往返时间一般为 60 天；需到内地治疗的，严格控制进京治疗，一般在成都治疗，应有自治区或同级别的医院证明、县医疗保险单位意见、县组织人事部门批准，到成都的治疗时间为 90 天；到其他省市治疗的，视路途远近，给予相应的治疗时间。治疗手续不齐全的不予报销。

4. 产假

女干部职工产假时间一般为 10 个月。可利用正常假期内休产假，只领取一次包干经费。生育手续齐全，并在孩子出生 3 个月内自愿申请办理《独生子女证》的，允许享受产假 12 个月；手续齐全，在孩子出生 3 个月内不自愿申请办理的，只允许享受产假 10 个月。生育手续不齐全或私自休产假的，严格按照《中华人民共和国公务员法》相关规定进行处理，严重者予以辞退。

（二）抚恤待遇

1. 一次性抚恤金

革命烈士，一次性抚恤金为本人生前 40 个月基本工资或基本离退休费（基本退职生活费）；因公牺牲，本人生前 20 个月基本工资或基本离退休费

（基本退职生活费）；病故，本人生前 10 个月基本工资或基本离退休费（基本退职生活费）。

2004 年 10 月 1 日，调整一次性抚恤金标准：烈士，本人生前 80 个月基本工资或基本离退休费（基本退职生活费）；因公牺牲，本人生前 40 个月基本工资或基本离退休费（基本退职生活费）；病故，本人生前 20 个月基本工资或基本离退休费（基本退职生活费）。

2. 丧葬补助费

2002 年，自治区民政厅、财政厅、人事厅、劳动和社会保障厅联合下发《关于国家机关工作人员牺牲病故后丧葬补助费标准调整意见的通知》，对丧葬补助费进行调整，标准为本人牺牲病故当月的基本工资额或基本离退休费金额计发 1 个月（基本工资或基本离退休费不足 1200 元的按 1200 元计发）。

2008 年，丧葬补助费标准调整为本人牺牲病故当月的基本工资额或基本离退休费金额计发 1 个月（基本工资额或基本离退休费金额不足西藏统计资料公布的上年度全部职工人均月工资额的按全部职工人均月工资额计发）。

3. 遗属生活困难补助

2002 年，自治区民政厅、人事厅、财政厅、劳动和社会保障厅联合下发《关于国家机关工作人员牺牲病故后遗属生活困难补助费标准调整的意见》，对遗属生活困难补助费进行调整。

2008 年，自治区人民政府与民政厅联合下发《关于调整国家机关工作人员牺牲病故后遗属生活困难补助费标准意见的通知》，对遗属生活困难补助费进行调整。

机关事业单位正式职工死亡后，由死者生前所在单位根据实际情况，按照“困难大的多补助、困难小的少补助、不困难的不补助”的原则，对死者家属进行补助。

补助对象和条件：（依靠死者生前提供主要生活来源的直系亲属）死者的父、夫年满 60 周岁，母、妻年满 50 周岁，或养父母、有抚养关系的继父母，丧失劳动能力的；弟妹、子女（养子女和有抚养关系的继子女）未满 18 周岁或虽满 18 周岁仍在大中专院校学习的（不含攻读硕士、博士学位期间）。

补助标准以当地城镇居民最低生活保障标准计发，即所有收入不足最低生活保障标准的补到最低标准。遗属户籍在城镇的，计发系数为1.3；户籍在农村的，计发系数为1.2。

停止享受遗属生活困难补助：年满18周岁，未完全丧失劳动能力且未在大中专院校学习的；就业或参加工作的；配偶再婚的；被他人或组织收养的；被判刑收监执行期间的；死亡的。

（三）退休政策

公务员退休、机关工勤人员和事业单位工作人员退休，退休费按退休前基本工资一定比例计发：工作年限不满10年的按50%计发；工作年限满10年不满20年的按70%计发；工作年限满20年不满30年的按80%计发；工作年限满30年不满35年的按85%计发；工作年限满35年的按90%计发。

事业单位工作人员、机关工勤人员因病退职后，退职费按基本工资一定比例计发：工作年限不满10年的按50%计发，工作年限满10年不满20年的按60%计发，工作年限满20年的按70%计发。

持《独生子女证》的父母只要本人只生一个子女，退休后作为特殊情况其退休费可提高5%。在藏工作累计满10年不满15年的可提高5%，满15年不满20年的可提高10%，满20年的可提高15%。获自治区科技进步特等、一等奖的其退休费可提高10%，获自治区科技进步二等、三等奖的提高5%；获国家自然科学奖和发明奖特等、一等和二等奖的提高15%，获国家自然科学奖和发明奖三等、四等奖的提高10%。退休时仍保持党中央、国务院授予的劳动英雄、劳动模范、先进工作者、先进生产者和中央军委授予的战斗英雄、民兵英雄荣誉的，其退休费提高15%。自治区党委、政府和中央各部授予的劳动模范、先进工作者、双学标兵和部队军以上单位授予的战斗英雄、一等功、民兵英雄，一次提高5%，二次以上提高10%。

第二章　劳动与社会保障

札达县全面推行以签订劳动合同为基础的劳动用工登记制度，督促用人单位与劳动者签订劳动合同，不断加大劳动监察执法力度，劳动关系总体保持和谐稳定。

第一节　机构

1960 年，札达县建立后，由计划管理部门履行劳动管理职能。

2002 年 4 月，札达县劳动工作从人事劳动局中独立出来，成立札达县劳动和社会保障局。

2007 年，成立札达县医疗保险管理中心，股级事业单位，核定 2 名事业编制。

2009 年 3 月，袁巍任札达县劳动局局长。

2010 年，机构改革，人事局与劳动和社会保障局合并，成立札达县人力资源和社会保障局。

第二节　劳动就业

一、就业培训

札达县劳动和社会保障局坚持把培训作为促进就业再就业工作的重要环节，结合全县实际，有针对性地开展农牧民技能培训。以市场需求为导向，以促进就业再就业为目标，采取订单、委托、联办、自办等形式开展培训工作，动员和依靠全社会有设备、有师资、有场地的机构举办培训班，提高失业人员的专业技能和市场竞争就业能力。培训以突出实用、易用为原则，让农牧民群众在短期内掌握实用技能。

2008 年，为使城镇失业人员拥有一技之长，为之后自谋职业、自主创业奠定基础，县劳动部门结合阿里地区劳动就业局的文件精神，选派 2 名城镇居民参加地区劳动就业局举办的电脑培训班。选派 100 人到地区和县职校参加技能培训，地区培训 63 人，县职校培训 37 人。组织县机关农牧技术人员和农牧民共 450 人次，参加了各种蔬菜、瓜果等种植技术的培训。

2009 年，县劳动部门组织农牧民群众培训 3350 人次，其中，技能培训 960 人次，岗前培训 108 人次，组织新分配毕业生岗前培训 79 人次。

2010 年上半年，县劳动部门共组织导游人员、蔬菜种植人员、瓜果病虫害防治人员、外出务工各项技能培训人员等各类培训班 9 期，培训农牧民 820 人次。

二、就业再就业

20 世纪 60 年代中期，因工作需要，上级下达指令性计划后，由劳动部门从干部、职工子女或农牧民中招收工人，主要从事车辆驾驶、机关后勤服务等工作。其间，根据各单位用工需要，实行临时招用制，对招用 10—15 人以上者，报阿里专署经西藏自治区筹委会批准或由自治区筹委会安排招用计划。

20 世纪 70 年代，随着阿里地区工业、加工业的逐步兴起，地区企业到札达县招收工人。

1980 年后，劳动就业实行“单位推荐、公平考试、择优录取”的办法。1981 年，国家改革“统包统分”就业制度，实行多层次、多渠道就业方针。1984 年，全面实行劳动合同制用工制度，但西藏自治区考虑到阿里的特殊情况，推迟实行劳动合同制。

1985—1988 年，劳动人事部门实行“政策公开、名额公开、录用公开”的招工办法，提高招收工作的透明度，并补充各行业急需的工作人员。1989 年，在县贸易公司等企业实行全员劳动合同制（不含退伍军人），招工权限有所下放，各企业单位根据单位实际情况和劳动部门下达的招工计划，实行公开招工，择优录用。

20 世纪 90 年代，札达县取消“内招”和“子女顶替”就业制度。为加强对工人的招收管理，由地区劳动部门下达劳动指标进行公开招收。

2002—2010 年，根据阿里地区就业局的要求和县委、县政府的指示，县劳动和社会保障局从全县实际出发，落实促进就业再就业的各项优惠政策，利用各类媒体，广泛宣传有关就业再就业的各项方针政策，让群众明白、了解国家促进就业再就业的目的和意义。

2006 年，县劳动部门对城镇失业人员进行登记，安置失业人员，开展就业再就业工作，结合全县实际情况，为失业人员提供临时工作岗位。

2007 年，县劳动部门为 6 人提供公益性岗位。

2008 年，县劳动部门对城镇失业人员和“零就业”家庭采取动态管理，积极向用工单位推荐有就业意愿的城镇失业人员和“零就业”家庭成员。为在阿里地区参加技能培训返回札达的 9 名农牧民安置就业，工资不低于 800 元，由相关负责单位与其签订 6 个月的用工合同。新增城乡就业岗位 66 个，城镇登记失业率控制在 4.3% 以内。

2009 年，全县新增就业岗位 120 个，其中公益性岗位 43 个，大中专院校毕业生就业岗位 77 个。基本扫清“零就业家庭”，实现城镇家庭就业全覆盖。

2010 年，县劳动部门加强同用人单位之间的协调，了解、掌握各单位的用工信息，积极开发就业岗位，促进“零就业”家庭成员实现就业。

第三节　劳动保护

2004 年，县人民法院加大对拖欠农民工工资、拖欠工程款案件的审判，处理了 1 起劳动报酬纠纷案，成功调解 1 起农民工工资纠纷案。2005 年，妥善处理马某、修某劳动报酬纠纷案。

2008 年，采取多种宣传形式，利用广播、电视、图片展览、发放宣传资料等，向农牧民宣传、讲解有关失业、医疗、工伤、生育保险、就业培训、劳动合同的签订、劳动仲裁等方面的政策，向农民工发放《农民工维权手册》《劳动法》《合同法》《工伤保险条例》等法律法规宣传册，受到农民工的欢迎，取得了较好的社会效果。调解 1 起涉诉农民工 76 人、标的高达 60 多万元的劳务工资纠纷案，被告主动履行支付工资的义务，既保护了农民工的合法权益，也维护了全县的稳定。

2009 年，劳资纠纷案件呈明显上升趋势，共受理 29 起，占民事案件总数的 46%，涉及农民工 280 人左右。通过依法审理，为农民工讨回工资 181 万元，维护了农民工的合法利益，避免了群体性上访事件的发生。成功调解劳动纠纷 15 起，涉案金额 260 万元。2010 年，追索劳务报酬纠纷 29 件。

第四节　社会保险

一、养老保险

1991 年，国务院颁布《关于企业职工养老保险制度改革的决定》，在全国范围内实行养老保险社会统筹制度。

1998 年，国有企业改革进入攻坚阶段，为解决好攻坚中不可回避的下岗职工和离退休人员的生活保障问题，党中央、国务院提出“两个确保”

的方针，养老保险工作的目标集中在确保基本养老金按时足额发放上。

2000年，根据《西藏自治区人民政府关于批转自治区劳动和社会保障厅　财政厅经济贸易委员会〈西藏自治区统一基本养老保险制度和养老保险自治区级统筹方案〉的通知》精神，将国有企业、股份制企业、城镇集体企业、城镇私营企业和实行企业化管理事业单位中的所有人员，城镇个体经济组织从业人员纳入基本养老保险范畴，实行统一的基本养老保险制度和养老保险自治区级统筹。基本养老保险基金由国家、集体、个人三方合理负担，自治区统一筹集、统一核算、统一调剂使用、统一支付。

2001年1月，阿里地区劳动局会同地区财政局、经贸体改委，提出《统一基本养老保险制度和养老保险自治区级统筹方案》，基本上与自治区《方案》一致，略有不同：一是自治区《方案》规定的实施范围，从业人员必须具有西藏自治区城镇户口，用人单位使用必须满30天，改为必须具有阿里地区城镇户口，用人单位使用必须满3个月，并按月领取工资的；二是自治区《方案》规定，从2000年7月1日起执行，而阿里地区2000年各统筹单位基数已全部核定，为了便于操作，执行时间定为2001年1月1日。

2006年，根据《西藏自治区人民政府关于印发西藏自治区完善企业职工基本养老保险制度实施方案的通知》，将基本养老保险覆盖范围扩大到城镇各类企业职工、个体工商户和灵活就业人员。城镇各类企业职工、个体工商户和灵活就业人员都要参加企业职工基本养老保险。

2008年，按照提高企业退休人员退休金文件精神，落实了2名企业退休人员养老金、增资调整工作。

2009年，养老保险参保职工20人，征缴基金31.02万元。

2010年，阿里地区按照《西藏自治区人民政府关于开展新型农村社会养老保险试点工作方案的通知》，出台《阿里地区开展新型农村社会养老保险实施方案》。8月下旬，阿里地区召开新型农村社会养老保险工作会议，阿里地区7个县的试点工作全面铺开。年底，新农保实现全覆盖。

西藏自治区下发《关于妥善解决企业职工参加基本养老保险历史遗留问题的通知》，规定：在自治区各类企业工作或曾经工作过，达到退休年龄，缴费不满15年的人员，有档案记载，按程序进行资格认定后的人员，可以补缴以往年度基本养老保险。

二、失业保险

失业保险是指国家通过立法强制实行的，由社会集中建立基金，对因失业而暂时中断生活来源的劳动者提供物质帮助，进而保障失业人员失业期间的基本生活，促进其再就业的制度。

针对新的情况，札达县不断建立职业培训、职业介绍联动机制。严格培训程序，规范培训制度。对本地户籍的城镇失业人员进行免费职业技能培训，及时为他们办理和发放相关的职业资格证书。实施就业再就业优惠政策，鼓励广大失业人员自谋职业、自主创业，鼓励用人单位优先吸纳国有企业失业人员。

对参加失业保险并连续三年按时足额缴纳失业保险费的单位，可从单位缴纳的失业保险费中提取5%—30%用于在职职工、富余人员的培训或内部退养人员的生活补助，连续5年按时缴纳失业保险费的可提取30%。

支持企业改革和经济结构调整，提高企业职工的工作技能，稳定岗位，稳定就业，县劳动部门通过摸底、调查、审核，对失业保险的实施范围进行明确规定，扩大失业保险的覆盖范围，将城镇非股份制的集体企业、私营企业以及其他城镇企业及其从业人员纳入失业保险统筹范围。2009 年，失业保险参保职工 147 人（当年新增 36 人），征缴基金 17. 41 万元。

三、医疗保险

1997 年国有企业改革时，以 1997 年末国有企业职工工资总额为基数，提取 5% 作为国有企业职工医疗基金，统一管理，专户存储，5% 比例分解为职工个人 2%、企业 2%、地方财政 1%。

2001 年 9 月 29 日，劳动和社会保障部、中共中央金融工作委员会、中共中央企业工作委员会联合制定下发《关于中央直属企事业单位按属地管理原则参加统筹地区基本医疗保险有关问题的通知》。10 月 16 日，西藏自治区人民政府下发《西藏自治区人民政府关于建立城镇职工基本医疗保险制度的决定》。

2002 年 7 月 22 日，西藏自治区劳动和社会保障厅下发《关于确定破产企业退休人员缴纳基本医疗保险费的通知》，要求企业依法破产、撤销、解散或其他原因终止的，必须按照上年度本地退休人员人均医疗费实际支出额（2000 年人均医疗费开支为 3159 元），为退休人员一次性缴纳 18 年的基本医疗保险费。

2006 年，阿里地区根据自治区劳动和社会保障厅、财政厅的通知，认真开展城镇职工基本医疗保险制度改革试点工作。7 月 1 日，札达县城镇职工医疗保险制度改革工作正式实施。

个人账户：基本医疗保险经办机构和用人单位按照国家质量技术监督局发布的社会保障号码，为每个参加基本医疗保险的职工和退休（职）人员建立终身不变的基本医疗保险个人账户。个人账户资金由职工个人缴费、单位缴费划入部分和银行利息 3 部分构成，个人账户本金及利息归职工个人所有，可结转使用和依法继承。个人缴费为月工资总额的 2%，在职职工每月缴费不足 40 元的按 40 元划入；退休人员每月不足 50 元的按 50 元划入；1959 年 3 月 28 日以前参加工作的退休人员每月不足 55 元的，按 55 元划入（退休人员个人不缴费，由国家统一补助）。单位缴费划入个人账户比例：45 岁（含 45 岁）以下为本人月缴费工资的 1%，45 岁以上为本人月缴费工资的 1.2%，退休人员为本人月基本养老金的 3.5%，其中 1959 年 3 月 28 日以前参加工作的退休人员为本人月基本养老金的 4%。基本医疗保险个人账户资金只能用于支付门诊医疗费用和在定点零售药店购药费用及其他按规定应由个人自付的医疗费用，个人账户内的资金不得现支、转让。

基金管理：用人单位交纳的基本医疗保险费（为职工月工资总额的 9%）划入个人账户后的余额作为基本医疗保险统筹基金，由基本医疗保险经办机构统一管理，统筹使用。保险基金用于支付参保人员在定点医疗机构住院起付线以上、封顶线以下和门诊特殊病种医疗费用。

缴费办法：医疗保险基金实行按月申报和按月征收原则。因此，县劳动保障局征收 7、8、9 三个月的个人缴费基金，由县财政局从下半年烤火费中代扣代缴，7、8、9 三个月的缴费基金以 9 月份工资为基数进行征收。10、11 两个月个人缴费基金将从 11 月份工资中扣除，缴费基金以 10 月工资为基数扣除。以后的征收方式以上月工资总额为基数进行扣除。如遇特殊情况则进行补交。

参保人员医疗保险待遇的报销程序：经地区劳动保障局研究决定，医保基金从10月1日起执行，公费医疗同时终止。7月1日前发生的医疗费用按公费医疗管理办法执行。7月1日后参保人医疗费用由医保基金按比例支付。由于条件的限制，札达县暂不开展报销工作，各参保人员将看病发票交到县劳动和社会保障局医疗经办机构，由县医疗经办机构统一到地区医保中心报销。

2008年初，制定扩面工作计划，将扩面任务层层分解，落实到人。按照计划，分类做好困难职工，城镇贫困、伤残、低保、无业居民的扩面工作。对医疗违规行为做了明确界定，并相应细化了处罚条款；对协议病种的实际医疗费用做了详细测算，调整了一些不合理的协议病种结算基数；根据基金的承受能力和医疗技术发展的实际，适当增补了一些新的医疗技术纳入医疗保险统筹基金结算范围。西藏自治区劳动和社会保障厅、财政厅联合下发《关于调整那曲、阿里地区城镇职工基本医疗保险缴费比例的通知》，从2008年4月1日起，那曲、阿里地区城镇职工基本医疗保险单位缴费比例由9%调整为8%。

2009年6月25日，西藏自治区劳动和社会保障厅、财政厅联合下发《关于调整城镇居民基本医疗保险待遇的通知》，城镇居民基本医疗保险自治区级财政补助标准从每人每年80元提高到120元，各地（市）、县原补助标准不变。全县参加医疗保险579人，新增参保40人，征收医疗保险基金2970507.29元，征收率100%；住院报销43人次，报销金额273174.2元，报销率100%；门诊药店刷卡2967人次，结算金额317167.67元，结算率100%。城镇居民参保170户247人，新增33户38人，征缴基金9650元，征缴率100%，保险待遇支出2万余元。

四、工伤保险

2003年，国家颁布《工伤保险条例》。

2005年，阿里地区劳动和社会保障局制定《阿里地区实施〈工伤保险条例〉办法》，从2006年1月1日起执行。

2006年9月20日，西藏自治区劳动和社会保障厅、人事厅、民政厅、财政厅联合下发《关于做好事业单位、民间非营利组织工作人员参加工伤保险有关问题的通知》，自2007年1月1日起，除依照或者参照国家公务员制度管理的事业单位、社会团体以外的事业单位、民间非营利组织的工作人员，因工作原因遭受事故伤害或者患职业病的，依法享受工伤保险待遇。

五、城镇职工生育保险

参保对象：各乡镇、县直各单位、各国有企业在职职工。

资金缴纳方式：参加城镇职工生育保险的在职职工个人不缴纳生育保险费，由县财政按照个人工资总额的0.4%缴纳生育保险费。生育保险费实行按月征收。

2009年，全县参加生育保险职工488人，征收生育保险基金108041.41元，生育保险待遇支出3万余元。

第三章 民政

札达县民政部门积极开展村（居）民自治活动，保障村民依法行使民主权利；不断完善全县灾害应急工作机制；初步建立城镇居民最低生活保障制度，不断提高农村“五保”供养标准，切实做到“应保尽保”；全面落实优抚安置政策，开展拥军优属活动。婚姻登记、地名管理、界线管理工作不断规范；优化孤儿、残疾人事业、老龄工作发展的社会环境。

第一节 机构

1960 年，县人民政府下设民政人事科，编制 2 名。主要开展基层政权建设、救灾、救济、扶贫、婚姻登记、安置优抚对象、勘界等工作。

1971 年，县民政人事科恢复，编制 3 名。1987 年 4 月，在机构改革中，成立札达县民政局，为正科级建制，核定行政编制 2 名。

2000 年，县民政局核定行政编制 3 名，主要负责基层政权建设工作，“双拥”征兵，复退军人安置；负责抚恤、社会救济、扶贫等有关社会保障工作；负责行政区划、地名管理、地界勘测、解决地界纠纷；办理结、离婚登记，进行民事调解；收容遣返；社团登记；负责“残联”工作等。

2010 年，设立札达县民政局（县残疾人联合会），无内设机构，机关编制 4 名（行政编制 3 名，事业编制 1 名），其中科级领导职数 4 名（含 1 名残疾人联合会领导职数）。县民政局加强社会救助职责，统筹全县城乡基层群众自治建设和社区建设职责，推动基层民主政治建设；加强残疾人医疗康复和残疾预防工作，保障残疾人基本生活，促进残疾人全面发展，进一步改善对残疾人的服务，优化残疾人事业发展的社会环境。

1964—2010 年札达县民政部门领导任职一览表

表 7－3－1

机构名称	职务	姓名	性别	民族	任职时间
县民政人事科	科长	周承银	男	汉	1964. 08—1966. 04
		1966. 05—1967. 02　未配正职			
		金秀华	女	藏	1983. 01—1987. 07
县民政局	局长	扎西顿珠	男	藏	1992. 05—1994. 06
		江措	男	藏	1998. 10—2002. 07
		米玛次仁	男	藏	2005. 06—2009. 03
		诺尔桑	男	藏	2009. 03—
	副局长	索朗欧珠	男	藏	1987. 07—1990. 12
		达瓦次仁	男	藏	1990. 10—1991. 11
		胥洪武	男	汉	1993. 08—1994. 07
		江措	男	藏	1995. 07—1998. 10
		李百灵	男	汉	1997. 11—1999. 07
		旺堆	男	藏	1999. 07—2004. 06
		王飞	男	汉	2004. 06—2007. 05
		拉宗	女	藏	2007. 05—

第二节　基层政权建设

1960 年 5 月，札达县人民政府成立后，开始在农牧区建立派出机构——区公所。1965 年，在 3 个乡开展普选工作，建立人民委员会，8 个乡召开代表会议。普选对基层干部是一次大教育、大整顿、大提高，进一步加强了基层政权建设。同年，在曲木底地区开展“三反两利”运动，完成民主改革，建立曲木底乡人民政府和其他基层组织。至1966年底，共建立4个区公所、11个乡人民政府。

1969年12月至1970年2月，全县开展“人民公社化”运动。公社下设生产大队，取代乡人民政府。

1970年，组建曲松区革命委员会。1975年8月，组建札布让区革命委员会。到1976年底，札达县下辖6个区革命委员会。

1984年，根据自治区、阿里地区撤社建乡指示，札达县将原有的人民公社全部撤销，同时建立乡人民政府。

1996年底至1997年初，札达县组织实施全县的村级换届选举工作，对整个选举过程作出较为全面和系统的总结。

1999年，札达县根据西藏自治区行政区划调整方案和撤区并乡要求，将原来的6个区15个乡58个村民委员会，调整为5个乡1个镇、1个居委会，14个村民委员会，58个村民小组。具体为，撤销札布让区，新建托林镇；撤销达巴区，建达巴乡；撤销萨让区，建萨让乡；撤销底雅区，建底雅乡；撤销曲松区，建曲松乡；撤销香孜区，建香孜乡。调整后，所有村委会组成人员依法重新进行选举，选举产生村委会主任14人、副主任14人、委员52人。建立健全村民自治八大组织：村民委员会、村民草场委员会、村民纠纷调解委员会、村民治保委员会、村民财务管理委员会、村级妇女委员会、共青团小组、民兵小组。

2000年，在札达县玛朗作业组开展村民自治示范工作，落实各项村务公开，民主选举产生村组干部，帮助村民制定适宜的村规民约和各项规章制度，鼓励村民参与管理村务。并以该示范点为中心，向其他村组逐步推广。

2001—2005年，札达县开展村（居）民自治示范活动。各乡村贯彻落实村委会组织法，村民自治工作向广度和深度发展；县城贯彻落实居委会组织法，加强组织建设，开展社区居民的自我服务、自我管理、自我教育、自我监督工作。2001年，在2000年开展玛朗村民小组自治工作的基础上，几次深入实地进行自治成果的巩固工作，7月接受自治区人大及民政厅工作组的综合评定和验收。

2002 年 5 月 10 日，按照县委“书记配强、班子配齐、制度配套、工作配合”的要求，开始乡镇换届选举工作，对 5 乡 1 镇、14 个行政村、1 个居委会、58 个村民小组进行调整和充实。村级组织共选举产生村（居）支书 15 名，村（居）委会主任 15 名、副主任 15 名，村民小组正、副组长 58 名，适当提高了妇女干部的比例。

2003 年，在香孜村、热布加林村、达巴村、托林居委会、波林村、萨让村、曲木底村、底雅村等 8 个村开展村务公开、民主管理工作。

2004 年，全县辖 1 镇 5 乡、14 个村委会、1 个居委会、58 个村民小组。加大村务公开、民主管理的工作力度，在东波村、曲隆村、鲁巴村、什布奇村、楚鲁松杰村、日巴村、托林居委会、达巴村开展村务公开、民主管理工作并顺利完成。

2005 年 6—9 月，完成札达县第五届村（居）委会换届选举工作，15 个村（居）委会选举产生干部 60 人，其中，主任 15 人，副主任 15 人；党员 45 人，占总数的 75%，党员任村主任的 10 人，党支部书记兼任村主任的 1 人；女性成员 3 人，占 5%。文化程度、年龄结构得到改善，基层政权战斗力不断增强。在 15 个村（居）委会实施村民自治、村务公开、民主管理工作，制定《村组干部岗位责任制》《村民组织工作制度》《村规民约》《村民自治章程》并张贴上墙，确保村务公开、民主管理不走过场。

2006—2007 年，全县村民自治率达 100%。

2008 年，完成札达县第六届村（居）委会换届选举工作，全县 5 乡 1 镇、14 个村委会、1 个居委会全部依法选举。选举中，各乡镇党委、政府大力宣传有关法律法规，增强选民的法制意识，登记选民 3580 人，参加选民 3387 人。村（居）党支部书记、村（居）委会主任“一肩挑”13 人，村（居）“两委”班子成员交叉任职 60 人。村（居）党支部书记、村（居）委会主任年龄在 50 岁以下 11 人，占村（居）党支部书记、村（居）委会主任总数的 69%，小学及以上文化程度 16 人，占村（居）党支部书记、村（居）委会主任总数的 100%。选举工作充分尊重民意，扩大民主范围，让广大选民充分行使民主权利，增强选举工作的透明度和广大人民群众的信任度。同时还有优秀的妇女被选入新一届村、居委会领导班子，增强了新班子的活力。结合村委会的选举，规范村民代表的选举，把村民代表会议与村委会和村民会议有机结合，形成村民会议或村民代表会议民主决策，村委会管理村务，村民积极参与的农村治理格局。推行民主理财制度，组织村民推选责任心强、有理财能力的村民代表3—5人，村村成立民主理财小组。组织力量推选出村（居）民小组设1名组长，组成新一届村（居）民代表会议。制定和执行《村规民约》《会议议事制度》《村务公开》《财务管理制度》《村（居）委会工作制度》等有关制度，推进村务公开。

2009年，全县广泛开展乡镇政务公开、村民自治和村（居）务公开民主管理工作，建立健全村（居）各项长效机制。在15个村（居）委会中全面巩固第六届换届选举工作成果，改善干群关系。通过走访、调查新成立社区居委会1个，居委会有35户120人，居委会办公室设在老年人活动服务中心。首次创建社区居委会，共建立社区居委会6个：退休一区、消防大队、开关站、老电信、医药、职工周转房合并建设为帕拉社区居民委员会；托林镇、营部、边防大队、河北宾馆、检察院、交通局、发改委、教体局、老干部活动中心、水利局及各有关单位职工住房、个体经营户合并建设成为团结一区社区居委会；税务局、防疫站、邮政局、电信局、公安局、老菜市场、菜市场、武警中队以及各有关单位职工住房、个体经营户合并建设成为团结二区社区居委会；退休二区、财政局、农牧局、兽医站、粮食局、农业银行、机线连以及各有关单位职工住房、个体经营户合并成为河北社区居委会；县委、县政府、林业局、民政局、武装部、税务局、后勤中心、法院、托林居委、老完小、托林寺以及职工住房、个体经营户合并建设成为林巴社区居委会；建材公司、老油库、廉租房、司法局、托林镇文化活动中心以及个体经营户合并建设成为象雄社区居委会。

第三节　边境乡管理

1959年11月，中共西藏工委在定日县召开边境工作会议，确定札达县边境乡9个，即楚鲁松杰乡、底雅乡、什布奇乡、东波乡、曲龙乡、达巴乡、白嘎乡（即今萨让乡）、日巴乡、卡孜波林乡，占阿里地区边境乡总数的50%。其中未进行民主改革的乡3个，分别为底雅乡、什布奇乡、楚鲁松杰乡，占全地区未改边境乡镇的75%。

1985年，中共阿里地委、地区行署开展未改乡的建政工作。6月20日，以地区行署专员达瓦更巴为组长的地、县、区3级联合工作组，深入未改乡进行调研。工作组成员经过认真学习培训，分别由中共札达县委书记刘继华、地区民政局局长次仁旺堆和札达县副县长洛桑群培任组长，于8月9日进入底雅乡、什布奇乡、楚鲁松杰乡开展工作。9月17日，3个未改乡的建政工作全部结束。10月17日，经中共阿里地委、地区行署研究决定，将建政后3乡作为地区的特区，实行优惠政策，重点扶持，帮助发展生产，治穷脱贫。

1999年，在全地区机构改革工作中，将底雅乡、什布奇乡、楚鲁松杰乡改设为行政村。2000年，札达县共有5个边境乡镇，分别为萨让乡、托林镇、达巴乡、曲松乡、底雅乡；10个边境村民委员会，分别为什布奇村、底雅村、楚鲁松杰村、曲龙村、东波村、达巴村、托林居委会、卡孜波林村、萨让村、日巴村，占全地区总数的42%，是阿里地区边境线最长、边境乡最多的县之一。

2007年，全县有10个边境村、36个边境村民小组；有1个边境居委会，4个边境居民小组。

截至2010年底，札达县有5个边境乡镇，11个边境村民委员会。

札达县边境乡镇村设置情况表

表7－3－2

边境乡名称	辖边境村名称
萨让乡	萨让村、日巴村
托林镇	托林居委会、波林村
达巴乡	曲龙村、达巴村、东波村
曲松乡	楚鲁松杰村、曲木底
底雅乡	什布奇村、底雅村

第四节　救灾救济

札达县属于高海拔地区，自然灾害主要有旱灾、雪灾、冰雹、山洪、低温等，其中雪灾频发，灾情尤为严重。每次灾害发生后，全县积极采取紧急措施，通过发放救灾物资、捐助的形式安抚灾民，保证受灾群众尽快恢复正常生产生活。

一、抗灾减灾

1965 年 8 月 14—15 日，札达县遭受特大霜冻灾害，阿里地区下拨资金 1 万元、救济粮 2.5 万千克，用于救济受灾的农牧民。

1965 年，日巴、波林、鲁巴、达巴、热布加林等 5 乡、10 个村、109 户 381 人遭受霜冻灾害，成灾面积达播种面积的 65% 以上，部分乡、村颗粒无收。

1975 年 1 月，楚鲁松杰乡一带发生地震灾害。时值大雪封山，交通阻塞，人畜无法通行，消息无法传递。6 月中旬，由地、县组成的联合工作组一行 45 人赴楚鲁松杰开展灾后重建工作，发放价值 1.5 万元的救灾物资，安抚群众情绪，帮助渡过难关。

1975 年 1 月 12 日 12 时 50 分，楚鲁松杰、巴角村中心发生大地震，巴角村死亡 24 人，伤 36 人，分别占该村总人口的 37% 和 49%，死亡牲畜 195 头（只、匹），损失粮食 10950 千克，倒塌民房 657 间。

1979 年 3 月，札达境内发生较为严重的雪灾，受灾群众达 40 余户 300 多人，造成牲畜死亡 1 万余头（只、匹）。县委、县政府组成工作组赶赴灾区慰问灾民并发放慰问物资，带领群众战胜雪灾，恢复正常的生产生活。

1981 年 7 月，曲松乡发生地震，巴角村受灾严重，40 多间住房倒塌，香孜、山岗一带受到轻微影响。7 月 31 日，县委、县政府组成工作组赴地震灾区慰问灾民并发放慰问物资。

1987 年 3 月，阿里地区下拨特大自然灾害救济款 2.5 万元，用于解决雪灾后香孜区、札布让区群众的临时生活问题。

1988 年，全县农业遭受霜、雹、虫等灾害，受灾面积达 283 亩，粮食减产约 25 吨；洪水淹没农田 10 亩，冲垮渡槽 7 座、水坝 13 个、水渠 14 条、桥梁 1 座；雪灾造成大量牲畜死亡，死亡 2500 头（只、匹），遭雷击死亡羊 350 只，遭狼袭击损失马 70 多匹，按市场价值达 21 万元，约 70 户 300 多人的生活受到影响，其中约 31 户 120 人不能解决温饱。面对各种灾害，札达县及时发放救济款 2.5 万元，保障贫困户基本的生产和生活。

1988 年 11 月至次年 3 月，楚鲁松杰乡麻疹暴发性流行，45 人死亡，阿里行署下拨 2.5 万元用于控制疫情，札达县迅速行动，组织医务人员奔赴灾区，采取有效措施，彻底控制疫情。

1989 年，全县灾害频繁，主要有旱灾、洪灾和雪灾。阿里行署下拨救济款 0.6 万元，用于安排困难群众的生产生活。全县储备饲草 90 吨、饲料 106 吨，维修羊圈近百个，并购置胶管、铁丝、炸药、榔头、锹把、油料等价值 3 万元的物资送到各灾区，用于抗灾救灾。

1990 年，札达境内连续遭受雪灾、虫灾、霜灾等自然灾害。县人民政府及时发放社会救济费 1.5 万元，保障困难户的基本生活；采取抗灾保畜及气象预报、多发病预防等措施，将灾害以及造成的损失降到最低程度。

1991 年春，受雪灾和风灾影响，境内不同程度地发生大面积虫害。8 月上旬，气温骤降，出现霜冻灾害，受灾面积达 1344 亩，其中颗粒无收 465 亩，收回种子 485 亩，粮食减产达 20% 以上。牧业方面，在春季对牲畜进行预防“五号病”注射疫苗时，由于牲畜体质差，药物反应死亡率高达 8.8%。8—9 月，绝大部分时间持续高温干旱，致使牲畜产量减少 30%，羊毛、羊绒产量下降 50%。8 月 15—21 日，札达县发生水灾，连降冰雹、大雨，冲毁公路 30 千米，冲倒电杆 4 根，造成交通、通信中断。行署下拨救济款 3 万元，解决农牧民困难户的基本生产、生活问题。

1992 年 6 月，香孜区等地发生洪灾，洪水冲毁水渠 300 米。8 月 25 日，香孜区乌藏牧业点突降罕见冰雹，打死羔羊 7 只。灾情发生后，县委、县政府高度重视，及时组织人员进行救济、抗灾。

1993 年 3 月下旬，札达境内发生较大雪灾，造成 2000 多头（只、匹）

牲畜死亡。5—6月，气温骤降出现结冰天气，同时又受到风灾侵袭，之后底雅区等地又发生虫灾，农牧业产量受到严重影响。9月中、下旬，全县连降大雨和大雪，造成青稞减产103.5吨，700间民房漏雨或被冲毁。洪水冲垮公路100千米以上。受自然灾害影响，导致1994年全县短缺种子、口粮、饲料达320吨。阿里地区民政局及时下拨札达县特大自然灾害救济款和社会救济款10万元，以解决灾民、特困户的生产、生活困难。

1995年春至9月，全县持续发生干旱、霜冻、病虫害等自然灾害。灾情发生后，札达县委、县政府积极组织科技人员对全县农牧业生产进行巡回检查，累计发放各类农药10吨，及时指导和帮助群众抗灾救灾。9月14日，札达县遭受历史罕见的冰雹袭击，为安排好群众的生产生活及灾后恢复生产工作，阿里地区民政部门从自然灾害救济费和专项救济费中拨付札达县救灾款6万元。同年冬，札达县普降大雪，造成一定程度的灾害，阿里地区再次为札达县下拨救灾专款和社会救济款6万元，解决群众生产和生活困难。

1996年，札达境内遭受雪灾、洪灾、旱灾、雹灾等一系列自然灾害，农作物遭受不同程度的损失，给灾区群众的生产、生活造成困难。全县发放救灾款和救济款11.4万元，解决群众口粮32.5吨；为疫区发放药品价值5000元，解决贫困户草场围栏及住房维修经费4.4万元。

1997年，部分乡村因遭受洪灾、风灾侵袭，损失严重。县民政局下拨救灾款19.9万元，解决受灾户口粮、住房维修、灾后生产设施维修、五保户生活安排等问题。为41户165名缺粮贫困人口发放21390元购粮救济款，给各区预发3000元缺粮户困难救济款。全年接收大米1900千克（19麻袋），砖茶5条；向受灾群众和困难户分发大米1000千克（10麻袋），衣物十余件。

1997年11月以后，县境内连降大雪，12月连降大雪3次，全县平均降雪厚度25厘米。截至3月5日，共死亡牲畜34477头（只、匹），占年末存栏牲畜的25.4%。其中，幼小畜死亡30339只，占死亡牲畜的87.9%；大畜死亡4138头（匹），占死亡牲畜的12.1%；能繁母畜死亡6757头（只、匹），占死亡牲畜的19.6%；繁殖母畜流产16054头（只、匹），占能繁母畜的27.1%。因雪灾死亡牲畜经济损失1073.1万元，其中幼小畜死亡30339只，经济损失576.44万元，大畜死亡经济损失496.6万元。至5月底、6月初，全县已死亡牲畜和掉膘弱畜超过存栏牲畜60%—70%的有8个村、70余户。已死亡牲畜和掉膘弱畜66310头（只、匹），占存栏牲畜的48.9%，直接经济损失2712.1万元。雪灾发生后，札达县各级政府采取各种行之有效的补救措施，使灾情在一定范围内得到缓解。县委、县政府充实县抗灾工作领导小组，成立58个村级、15个乡级、6个区级抗灾工作组，投入到抗灾救灾中。截至3月12日，解决223户1064人断粮或缺粮18455千克。

1998年，札达县发生罕见的特大雪灾，畜牧业遭受毁灭性打击，牲畜死亡率达33%以上，部分牧户绝畜。因雪灾死亡牲畜9.9万头（只、匹），造成直接经济损失2000万元；旱灾面积480余亩；病、虫灾面积135.5亩；洪涝灾害造成8处水头、4处水坝被冲毁，损失桥梁1座。灾害发生后札达县使用救济款112.89万元，为灾民发放救灾衣物19472件（套），茶叶1000条，各类药品27箱86种，汽、柴油各16吨，灾后帮助群众储备饲草49186千克，存粮428421千克，燃料140吨，药品125件，分配口粮33710千克，供应低价粮70吨，用于保障灾区群众的生产生活。全年落实特灾款11.9万元。

1999年，札达县遭受春旱、夏涝、秋雹等自然灾害侵袭，使得遭受1998年特大雪灾之后的236户1414人再次陷入困境，造成直接经济损失达133.5万元。有2853亩农田受灾，成灾面积2718亩，占总播种面积的28.8%，其中旱灾345亩，由旱、涝引发的病虫灾害13亩，洪灾2257亩，雹灾116亩，农作物绝收127亩；洪水冲倒民房119间、牲畜棚圈488间，冲毁水渠4.22万米，水池11个，水坝10处，水库决口20米，损害农田2373亩，冲毁林木172亩，冲毁机动车3辆，造成直接经济损失2000余万元。灾情发生后，札达县筹集使用救灾资金23.02万元，向灾区群众发放救灾口粮和优惠粮19.3万千克、农药250千克、化肥5万千克；带领群众维修公路74千米；维修水渠131条，总长15.5千米；新修水渠6条，总长5.4千米；排涝灌溉农田1050亩，顺利完成抗灾救灾、生产自救和恢复生产工作。全年落实特灾款20.02万元。

2000年，札达县局部地区遭受不同程度的灾害，主要有旱、涝、虫、雹灾等。7月，部分地区普降大到暴雨，底雅乡发生特大水灾，经济损失达568.3万元。洪水冲倒民房98间，牲畜棚圈203间，冲毁水渠10961米，水坝1915米，损害农田972.32亩，冲毁林木1377亩，冲断吊桥6座，钢架桥1座，造成直接经济损失530.8万元。县委、县政府使用救灾款25万元，用于解决救灾车辆、灾民困难户的口粮及生活安排。全年发放救灾款21万元，优惠粮10万千克。

2001—2005年，札达县连续遭受雪灾、干旱、洪涝、山体滑坡、虫害等自然灾害。灾情发生后，县民政局工作人员都能及时奔赴灾区组织救灾工作，查灾核灾，安排好灾民生活。

2001年，全县因旱灾造成1560亩农田受灾，600亩农田干枯，其中350亩绝收，粮食减产15.6万千克，造成直接经济损失31.2万元。全年落实特灾款51万元。发放救灾款33万元，救济粮12.5万千克。

2002年冬，全县因雪灾死亡牲畜15805头（只、匹），造成直接经济损失316万元；因干旱造成受灾农田785亩，农田成灾546亩，因病、虫害造成受灾农田961亩，粮食减产12.22万千克；因旱、病、疫造成932头（只、匹）牲畜死亡。洪水冲倒民房25间，造成危房148间，冲毁牲畜棚圈101间，冲毁水渠30020米、水坝1410米、水库16座、桥梁2座，损害农田785亩，冲毁果树20株，冲毁公路68千米，草场损毁3194亩，经济损失969万元。全年组织抗灾工作下乡进行调研活动60人次，向灾区群众发放救灾口粮和优惠粮55万千克、汽油13吨、救灾衣物15吨，筹集发放抗灾资金117万元，运送农药1000千克、化肥1.35万千克，组织带领群众维修公路68千米，新修水渠130条15.5万米，排灌农田784亩，确保农牧民生产、生活不受影响。全年落实特灾款88万元。2001年10月至2002年3月，为133户592名缺粮群众落实口粮款6.48万元。

2003年，全县先后遭受雪灾、旱灾、蝗灾，出现农牧民群众缺粮、断粮、民房倒塌和生产、生活困难等现象。因雪灾死亡牲畜40845头（只、匹），造成直接经济损失297.5万元；农田旱灾面积540亩；病虫害面积

579 亩；草场虫灾面积 940 亩；因洪灾冲毁农田 28.5 亩，水头 1 个，水坝 220 米，经济损失 44.1 万元。县民政局及时调查上报灾情，并组织落实救灾款、救济粮和救灾物资，其中发放棉被 111 床、鞋 826 双、衣（裤）930 件（套）、帽 603 顶、雪镜 35 副、砖茶 55 条、手套 400 双、粮食 4.7 吨、汽油 7.6 吨、饲草饲料 5 吨，发放救灾口粮款 25.7 万元。先后 3 次挖雪派出人员 105 人次，大小车辆 50 余辆（次），汽油 3.03 吨，柴油 7.11 吨，转移人员 195 人次，历时半个月打通公路，确保抗救灾物资的及时运送。全年落实特灾款 35 万元。

2004 年，全县因旱灾造成农作物减少面积 1716.45 亩，受灾群众 464 户 2089 人，牲畜死亡 3910 头（只、匹），受灾草场 1067.5 万亩，新栽种的苗木发芽成活率仅 75%，托林电站无法正常运行；因冰雹造成 21 户房屋漏水，危房 43 间，损毁草场 1000 亩、牲畜棚圈 22 间、农田 15 亩、苗木 6 亩，倒塌民房 2 间，淤积水渠 2300 米，淋湿粮食 5250 千克；因山体滑坡造成房屋漏雨 285 间，冲毁农田 7.5 亩，淹没农田 26 亩，冲毁草场 80 亩、林木 1.2 万株、公路 8.5 千米、木桥 3 座、水渠 2.5 万米、堤坝 800 米，造成经济损失 64.7 万元。全年因各种灾害死亡牲畜 4500 头（只、匹），造成经济损失 182.5 万元。上半年，县民政局对各乡镇发放救灾物资，其中帐篷 5 顶、太阳能 54 台、棉被 65 床、鞋类 2400 双、衣服 3877 件、帽子 432 顶、茶叶 1980 条、粮食 102.49 吨、汽油 9.5 吨，发放救灾口粮款 20.5 万元。发放口粮救济证 104 户 673 人，发放口粮 97.47 吨。新修水渠 2 条 2300 米，维修水渠 135 条 161543 米。同时开设救灾专用账户，对专项资金实行严格管理。全年落实特灾款 48 万元。

2005 年，全县雪灾、洪灾、泥石流、风灾、虫灾、山体滑坡等灾害造成 1987 人受灾，冲毁农田 197.6 亩、草场 214.9 亩、林木 49299 株（包括经济林 702 株）、木料 988 根、粮食 6821.5 千克、民房 20 间、旧小学 1 所、活动室 1 间；冲毁公路 8 千米、桥梁 4 座；冲毁牛圈 1748.2 平方米、草库 67 间。直接经济损失 57.6 万元。年初，县民政局制定了自然灾害应急预案，并由县人民政府审定出台，全年安排灾民救济资金 45.79 万元、救济口粮 154 吨，发放救灾物资价值 4 万元，发放救助卡 313 户，维修民房 28 间，累计救济灾民1987人，救灾资金支出63.08万元。全年落实特灾款79万元。在上级党委、政府和上级民政部门的支持下，县民政局配备了救灾专用车、电脑、打印机、复印机、传真机、卫星电话等救灾装备。

2006年，洪水冲毁、淹没水渠共5744米，管道工程水管24根（大、小水管各12根）；淹没农田510亩、草场942亩；冰雹导致60亩农田绝收；冲毁公路400千米、桥梁14处，堤坝1300米；果树90株、其他树木100株；毁坏羊圈8座；造成危房28间、牧房倒塌10间；冲毁主坝60米，决口12米，冲毁左闸门下游水渠60米，右闸门下游水渠20米。直接经济损失109.97万元。灾害发生后，县民政局为283户1278名受灾群众先后发放口粮73吨，价值27.6万元；发放鞋子110双、衣服271件（套）、帽子36顶、砖茶61条、被子45床，价值2.3万元。为打通道路挖雪3次，出动车辆23辆次、人员160人次，确保通县公路畅通。全年落实特灾款4.5万元。

2007年，全县受灾187户798人，直接经济损失42.9万元。其中，农作物受灾面积1500亩，绝收面积60亩，损坏耕地面积442.5亩，粮食减产51185千克，价值102370元；因灾倒房7户10间，损房24户61间，需恢复重建房屋71间，因灾帐篷损坏11顶；小反刍疫情受灾群众161户698人。为使贫困户安全过冬，县民政局下拨各乡镇口粮款20.4万元，安排救济口粮4.87万千克，救济口粮406户1237人。衣被救济款6万元，救济衣被180户540人，救济数量1080件。救济伤员66人，安排治病救济款4.7万元。发放救助卡127张，临时救济585人次，落实救灾资金38.2万元。

2008年1—2月，全县因雪灾牲畜死亡3344头（只、匹）；洪灾倒塌房屋10间，民房损坏65间。4—5月，突然降雪，气温持续下降，加之处于牲畜转场时期，致使牲畜死亡1410头（只、匹），直接经济损失105万元；截至7月，县民政局落实特灾款15万元。9月，全县普遍遭受强降雨（雪）灾害，人民群众的生产生活受到严重影响。面对灾情，县委、县政府及时安排工作人员奔赴灾区，积极开展抗灾救灾工作。县民政局向上级民政局反映情况，争取救灾资金，以保障受灾群众的基本生活。全年受灾群众有277户1307人，直接经济损失28万元。政府救济灾民181户733人，临时救助318人，发放救助卡153户。安排灾民、缺粮断粮户今冬明春粮食30吨，发放鞋子850双、棉被620件、帽子500顶、棉手套250双、帐篷20顶、各种衣服750套、雪镜550副，下拨给各乡镇救灾救济款29万元，帮助受灾群众渡过难关。

2009年，全县先后遭受雨雪、冰冻、干旱等灾害。据统计全县受灾人口3310人，占全县农业人口（5518人）的60%。倒塌房屋73间，农作物受灾面积1538.5亩，绝收面积64.1亩，直接经济损失117.3万元。县民政局发放救助卡3310张。旱灾致使农田干旱6504亩，草场干旱96.06万亩，牲畜死亡5865头（只、匹），牲畜缺水42051头（只、匹），农牧业生产损失约374.47万元；成立抗旱工作小组，由专门人员负责旱情监测、旱情统计、上报等工作，并下派人员到受灾区进行生产自救。全县投入资金42.1万元用于解决雨雪冰冻灾害和冬春期间灾民生活安排，安排灾民口粮50吨，其中发放大米25吨、面粉25吨，发放棉被120床、衣服230套（件），救助灾民和困难群众750人。

2010年，全县先后遭受雨雪、地震、洪涝等灾害，县民政局及时下拨救灾物资，解决受灾群众的生产生活问题。解决冬令和春荒口粮款25万元（购买4万千克口粮），救济农民230户920人，临时救助10人，救助资金0.85万元，衣物价值3.5万元。储备抗灾口粮2.5万千克、大衣80件、棉衣棉裤120套、大头鞋250双、绒衣裤140套、帽子100顶、棉鞋250双、手套340双、帐篷15顶。封山之前，为3个易灾乡和部分路程遥远的村组提前发放救灾口粮1.9万千克和各种救灾物资。七八月间，县境内普降大到暴雨，造成144间民房受损，其中倒塌22间，危房122间，下拨各乡镇保险赔款金32.64万元。为曲松乡楚鲁松杰村农牧民发放雪灾后恢复重建资金16万元。

2010年7月25日以后，札达县境内出现强降雨，导致香孜乡河水上涨。截至8月23日，洪涝灾害冲毁草场2083亩，淹没草场540亩；农作物受灾面积279.5亩。香孜乡范围内民房不同程度受损71间，其中倒塌10间、严重危房32间，轻度危房53间。灾害造成97只羊死亡，其中被洪水冲走63只羊，冰雹致死34只羊。水渠被填埋28.7千米，冲断水渠730米，冲毁水头5个。洪涝灾害造成直接经济损失54.14万元。县民政局下拨各乡镇保险赔款32.64万元。

二、灾害救助

1960年6月27日，中共阿里分工委下发《关于掌握使用社会救济费的通知》，给札达县发放救济款2000元。

1962年6月5日，阿里地区行署下发《关于1962年社会救济工作的安排意见》，按照救济款指标分配，为札达县发放社会救济款3500元。阿里地区全年为札达县发放社会救济款8000元，救济371户896人；发放救济粮1万千克。

1965年，楚鲁松杰武工队救济78户356人，发放青稞1230千克、砖茶141块、圆茶70块、布20米、羊皮14张，解决部分群众的生活困难。全年发放救灾款9237.8元。发放社会救济粮10.74千克，茶叶、方茶179块，圆茶200块，锅3口，衣服154件，鞋17双，布匹22米，羊皮367张，现金71.6元，共折合人民币8718.07元。受救户393户（次），占全县户数的33.45%；人数1155人次，占全县总人口的29.86%。

1975年，阿里地委分配给札达县公路救济资金2万元，用于整修狮泉河至札达公路。1995年，札达县遭受暴风雪袭击，县广大干部、职工向灾区捐款、捐物价值5万余元。

1996年，中共中央办公厅、国务院办公厅发出《关于转发〈民政部、国家扶贫开发领导小组关于在大中城市开展经常性捐助活动支援灾区贫困地区的意见〉的通知》。民政部规定每年4月和10月为“扶贫济困送温暖捐助月”，按照资源和量力而行的原则，动员城市居民自愿捐助闲置不用的衣被、物品等。札达县委、县政府向全县发出《关于开展“扶贫济困送温暖”捐助活动的紧急通知》，明确将每年的4月和10月作为全县捐助活动月，县民政局为便于接收、管理、分配捐助款，专门成立管理机构。每年4月和10月县民政局在县城设置捐助点，开展社会捐助活动。

1997年，开展“扶贫济困送温暖”活动，共募得资金9.49万元。为缺粮户41户165人发放2.14万元购粮救济款。向受灾群众和困难户发放大米1000千克，衣物10件。

1997 年 11 月至 1998 年 2 月，县境内发生雪灾，灾情严重。西藏自治区红十字会为札达县捐赠大量救灾物资，包括面粉 265 袋、6625 千克、糌粑 137.5 袋 6875 千克，青稞 27 袋 1350 千克，饲料（玉米）32 袋 1600 千克，大米 10 袋 1000 千克，罐头 5 箱，衣物鞋类 1573 件（双）。

1998 年 3 月 10 日，札达县收到由中国人民解放军南疆军区捐赠的大批援助物资，包括被子 17 床、褥子 17 床、皮大衣 3 件、棉大衣 3 件、皮背心 7 件、毛毯 2 件、绒衣 7 套、毛巾被 4 床、鸭绒被 2 床、羊毛被 1 床、棉衣 100 套、毛裤 130 条、毛衣 20 件、皮帽 14 顶、面粉 140 袋。

2000 年，札达县受灾严重，受到社会各界的广泛关注，收到社会各界救灾捐赠和经常性捐助捐款 10 万余元，粮食 5000 余千克，衣物 2000 余件，茶叶 70 余条，药品价值 2 万元。11 月，县民政局为 5 乡 1 镇 102 户 416 人，发放今冬明春口粮款 7.49 万元，购油料 2 万元，购药品 8000 元，备用款 17120 元。

2001—2005 年，为应对突发灾情，札达县民政局每年组织开展抗救灾、献爱心社会捐助活动。5 年间，上级下拨自然灾害救济资金 302.18 万元，县民政局下拨各乡镇救济金 270 万元，救济灾民 2002 户 8101 人；解决灾民口粮 6000 吨；紧急转移安置灾民 1 万余人次；调运帐篷 11 顶，搭建临时棚 109 间；落实重建家园资金 130 万元，为 87 户 155 人重建及维修房屋 261 间，面积 16440 平方米；同时还修建了面积达 180 平方米的救灾仓库 1 栋，投入资金 26 万元，全部由国家投资。仓库储存物资主要有大米 5000 千克，面粉 5000 千克，衣物 500 件（套），可以应对突发灾情。其中，2002 年发放救灾款 117 万元，救济粮 110 吨。

2004 年上半年，发放救灾物资，衣服 3457 件、鞋类 2400 双、帽子 432 顶、茶叶 1980 条、棉衣裤 700 套、帐篷 2 个。发放灾民口粮救济证 104 户 673 人。

2005 年，举行捐助活动 2 次，捐助 400 余人次，累计捐赠现金 1.3 万元，物资折合现金 1 万元。县级财政落实“217”科目资金 3.5 万元，慰问特困户 23 户 117 人、孤儿 4 人、五保户 17 人。地区民政局下拨 2 万元中央专项爱心捐款资金，全部用于购置棉被、棉衣、大头鞋、砖茶等御寒用品。

其中棉被单价180元，40床，计7200元；棉衣单价100元，47件，计4700元；大头鞋单价90元，50双,计4500元;砖茶单价60元,60条,计3600元。

2006年，县民政局在全县范围内开展抗灾、献爱心社会捐助活动2次，募捐到资金19614.7元、衣物106件。同时县民政局下拨给各乡镇救灾资金30.5万元，解决灾民和贫困户口粮73吨，发放衣物1510件（套），价值64600元，救济灾民305户1294人。全年为487名特困农牧民落实生活救助18.9万元。

2007年，札达县普遍遭受洪涝、干旱、虫害等自然灾害，受灾范围广，程度重。灾情发生后，县民政局及时组织人员奔赴灾区组织救灾，安排灾民生活。灾后县民政局下拨给各乡镇救灾资金32万元，解决1—4月冬令粮款8.5万元，口粮1.5万千克，救济灾民200户838人；解决4—7月春荒粮款18万元，粮食3.5万千克，临时救助157人，救助金3万元。同时，为应对灾害，县民政局组织农牧民储备抗灾油8吨、粮食5000千克、衣被980件（套）、帐篷30顶。全部衣物折合人民币达2.5万元。全年为1948名特困农牧民落实生活救助22.1万元。12月5日，县民政局为全县406户1237名断粮缺粮户分配2007年11月至2008年6月口粮4.87万千克，其中大米24450千克、面粉24250千克、运费1.61万元，总金额23.37万元。

2008年5月12日，汶川地震发生后，县民政局接受“抗震救灾”捐款13.3万元。10月6日，拉萨当雄县发生6.6级地震，接收捐赠款1.7万元。从札达县爱心救助基金中支出5万元对14名家庭受灾的驻札部队官兵实施救助，经多方努力筹措2.9万元对11名家庭受灾的干部职工实施救助。全年为1945名特困农牧民落实生活救助26.2万元。全年受灾群众227户1307人，下拨给各乡镇救灾救济款29万元。

2009年，县民政局组织全县干部职工、武警官兵向乌鲁木齐“7·5”事件无辜受害者及亲属献爱心，共接收社会捐款30250元。

2010年，县民政局组织全县干部职工、武警官兵以及社会各界人士开展向南方旱情受灾地区及青海玉树地震受灾地区献爱心活动。其中，向南方旱情地区捐赠13271元，向青海玉树地震灾区捐赠40304.5元，共接收社会捐款53575.5元。

第五节　社会救助

一、五保户供养

札达建县后，对孤寡老人、孤儿实行“五保”① 供养政策。五保户生活供养从每年社会救济款中按农牧民一年的基本生活标准安排，所需粮油等食品由所在社、队（村）按标准供给。五保户日常担（背）水、打柴及浆洗等工作，由所在村共青团团员、妇女、青年和群众负责。

人民公社时期，国家定期发给五保户衣、裤、鞋、帽等物，集体（生产队）负责修建住房和安排住所。五保户留有自留畜和自留地，口粮由生产队供给，牧区供给肉食和酥油。对五保户实施免费就医和免费取药，死亡后由集体（生产队）负责安葬。孤儿除生活上享受“五保”待遇外，享受免费医疗和上学，按月发给一定的零用钱，直到成年。

20 世纪 80 年代实行生产责任制后，五保户不承包牲畜、土地，一切生活由国家负责供养。日常生活料理由所在村（组）负责，平时的打柴、用水、拆洗衣被等，由村（组）妇联、团员、青年义务承担。札达县非常重视五保供养工作，每年春节、藏历年期间，县、乡人民政府和县民政局都要送去过节物品，对五保户进行慰问。关心、帮助五保户被列为村规民约和精神文明建设的一项重要内容，坚持国家、集体、群众“三尽力”的办法，保障五保户的生活。

1989—1991 年，全县供养五保户 5 人（户），供养标准为每人每年 280 元。1990 年，支出五保户救济费 3970 元。1994 年，供养五保户 6 人（户），生活补助提高到每人每年 407. 2 元。

从 1995 年开始，县人民政府要求村委会给五保户筹集生活用品，标准

---

① 保吃：保证供给口粮、肉食、酥油（食用油）、茶叶、盐巴等主副食及燃料、生活用品和零用钱。保穿：保证供给衣、帽、鞋、被褥及更新换旧。保住：保证住房（帐篷）的维修和更新。保医：患疾病保证医治。保葬：五保对象去世后，按照当地风俗习惯及时妥善处理予以安葬。

为年口粮180千克以上、酥油25千克、奶渣7.5千克、燃料250千克。根据上级有关政策，五保户供养标准增加为牧区年标准494.4元，农区年标准474.4元。牧区为曲木底、达巴、鲁巴（含5村），农区为香孜、托林、萨让、底雅、楚鲁松杰（含10村）。

1995—2000年，全县新建五保户住房7间，补助性投资5.1万元。1997年，全县有五保户16户16人。

1999年，对全县的五保户（16户16人）、优抚对象（14人），县政府落实五保户供养费及优抚金4052元。

2000年，全县有五保户16人（户），落实五保供养费及优抚金26431元。

2002年，新确定五保户17户17人，发放抚恤金48131.3元。

2004年7月1日起，五保供养标准由年人均900元提高到年人均1200元。2005年，为17户17人落实供养金2.04万元。同时动员青年团员和富裕户开展帮扶活动，仅群众义务帮扶五保户每年投入资金约3000元。2006年，全县有五保户29人，落实供养金1.08万元。

2007年，按照国务院颁布的《农村五保供养工作条例》精神，全县有五保户26人，应保26人，已保24人。全部实现分散供养，其中老年人20人，残疾人4人，五保供养标准为每人每年1500元。上级补助资金2.4万元，地方财政预算安排1.2万元，全部落实到位。

2008年，县民政局按照《农村五保供养工作条例》，把无法定抚养义务人、无劳动能力、无生活来源的人纳入供养范围。全县有五保户24人，已保24人，全部实行分散供养。共落实供养金3.6万元。

2009年1月1日起，五保供养标准调整为人均每年1800元。2月1日起，按照《西藏自治区实施〈农村五保供养工作条例〉办法》，札达县将符合五保标准的6人列入保障范围，全县有五保供养对象30人，落实供养金5.4万元。

2010年1月起，农村五保供养金标准由1800元调整为2000元。全年为30名五保对象发放供养金6万元。一次性生活补助每人100元，共3000元。在“三大节日”期间，慰问五保户和残疾人，发放慰问金2700元。

二、城乡最低社会保障

（一）城镇低保

20 世纪 60 年代至 2000 年，札达县城镇社会保障对象为机关、企事业单位生活困难的干部职工和家属。经费从本级干部福利费中列支，由县民政局、县总工会确定救济对象和数额。企业职工由县人民政府发给一定数额的救济金。2000 年，为色尔贡组贫困户曲尼玛在县城修建两间藏式土木结构房，投资 1 万元。

2001—2005 年，札达县不断规范完善低保制度，按照“应保尽保”的原则，实施动态管理。全县城镇低保人口 5 户 16 人，平均补差 164 元。5 年间，全县 90 余人享受城镇低保，落实低保金 19. 8 万元。2002 年，确定 7 户 29 名城镇低保对象，并上报自治区民政厅救灾救济处，落实保障金 5544 元（自治区补助 3880. 8 元，县承担 1663. 2 元）。2003 年上半年，为 7 户 29 名城镇低保对象落实保障金 6300 元（自治区补助 4410 元，县承担 1890 元）。2004 年，7 户 29 名城镇低保对象，每月享受 210 元的保障金和一定的物资。

2005 年，县民政局对低保家庭实行月动态管理，对低保家庭中的特殊人群（大病、重病、残疾、年老等丧失劳动能力的人）进行分类救助，使全县城镇低保月人均补差达到 113 元，全年兑现低保金 20720 元，确保 11 户 38 名低保对象及时足额领到保障金。

2006 年 1—4 月，全县有城镇低保人口 5 户 15 人。5—12 月，全县有城镇低保人口 6 户 16 人，落实低保金 30320 元。2007 年，城镇低保对象新增 2 户 4 人，共 8 户 20 人，落实低保金 53280 元。

2008 年，根据自治区和地区有关文件精神，从 2008 年 1 月 1 日起，城市低保对象的补助标准由每人每月 240 元调整为每人每月 270 元。7 月，又提高到每人每月 310 元。低保资金发放实行按月及时下拨、发放，并进行张榜公布。全县有城镇低保对象 13 户 25 人，落实低保资金 7. 2 万元，切实保障城镇困难群众的基本生活。

2009 年，根据《阿里地区城镇居民最低生活保障实施意见（试行）》，从1月1日起，阿里地区城市居民最低生活保障标准为每人每月360元。实行差额补助，差多少，补多少的原则。札达县更加重视低保工作，下拨2.5万元用于低保经费，保证低保工作顺利开展。全县有城市低保对象17户33人，比上年增加4户8人，发放城市低保金9.91万元，县财政配套城市低保金1.52万元。发放一次性生活补贴2万元（其中发放购物券1.25万元，现金发放0.75万元）；发放庆祝西藏“百万农奴解放纪念日”一次性生活补贴金1.3万元。

2010年，《札达县城镇低保操作流程实施意见（试行）》出台。从1月1日起，城镇低保补助标准由每人每月360元调整为380元，共为城镇低保17户32人发放城镇低保资金12.06万元（其中县级配套资金1.81万元）。发放购物券补助每人600元，共1.98万元。

（二）农村低保

2005年，县民政局完成农村社会救助调查统计工作，全县有特困户191户568人，申请、审核、批准农牧区特困群众生活救助对象为110户475人，发证并兑现救助金5.7万元。

2006年，依照2005年《札达县农牧区特困群众最低生活保障实施方案》，年初，县民政局对农牧区特困群众救助对象经过重新调研统计并登记造册，建立档案，申请、审核、批准农牧区特困群众生活救助对象为110户475人，发证并兑现救助金5.7万元，后新增33户138人。

2007年，根据西藏自治区民政厅、阿里地区民政局关于《全区开展农牧区最低生活保障制度》的通知精神，建立健全农村最低生活保障制度。县民政局对农村低保对象进行调查摸底并登记造册。全县有符合农村低保保障标准的对象281户1269人，落实救助金15.22万元。

2008年，县民政局及时调整农村低保政策，享受农村低保对象控制在全县农业人口的10%左右，共223户539人。其中，重点保障对象58户120人，由上年度的年人均420元调整为470元；特殊保障对象70户73人，由上年度的240元调整为290元；一般保障对象95户346人，由上年度的144元调整为240元。全年累计落实低保金15.2万元，使困难群众的基本生活得到保障。

2009 年，全县农村居民最低生活保障标准为家庭年人均收入低于 850 元，具体由县民政局对低保家庭中的不同成员实施分类保障。其中重点保障对象补助标准由 470 元调整为每年 720 元，特殊保障对象补助标准由 290 元调整为每年 500 元，一般保障对象补助标准由 240 元调整为每年 368 元（又从地县财政每人每年补助 46 元，共每人每年 414 元）。全县农村低保对象有 233 户 539 人，年初为低保对象兑现一次性生活补贴资金 80850 元，其中每人 150 元。为庆祝西藏“百万农牧解放纪念日”，为农村低保 223 户 223 人发放一次性生活补助资金 22.3 万元，其中每人 1000 元。全年落实农村低保金 26.61 万元。

2010 年，县民政局制定符合全县实际的《札达县农村低保实施意见》。年初对农村低保对象进行审查，实行动态管理，确定全县享受农村低保对象 270 户 539 人，控制在全县农业人口的 10%。其中重点保障对象 63 户 120 人，补助标准由年人均 720 元调整为 920 元；特殊保障对象 56 户 73 人，补助标准由 500 元调整为 658 元；一般保障对象 151 户 346 人，补助标准由 368 元调整为 487 元，地县财政每人每年补助 46 元，共 533 元。从 1 月 1 日起，农村低保资金发放以季度为主。全年发放农村低保金 34.29 万元（其中，上级配套 30.22 万元，县级配套 4.07 万元）。农村低保对象一次性生活补助每人 100 元，共发放 5.39 万元。加强低保档案的规范管理，规范低保档案表格，完善一户一档。

三、医疗救助

2001—2005 年，县民政局根据《中共西藏自治区委员会、西藏自治区人民政府关于进一步加强农牧区卫生工作的决定》《西藏自治区农牧区特困群众医疗救助暂行办法》《关于实施农村医疗救助的意见》精神，结合札达实际，制定《札达县农牧区特困群众医疗救助实施办法》，对特困群众医疗救助对象进行调研统计，并登记造册，建立档案。2005 年，完成农村社会救助调查统计工作，全县特困户共 191 户 568 人，享受医疗保障的有 32 户 68 人。

2006 年初，县民政局对农牧区特困群众医疗救助对象进行调查统计，其中48户84人符合条件，农牧区医疗基金提取的5%总资金21280元，并为特困户105人（包括五保户29人）代交合作医疗自筹金1575元。

2007年，县民政局共筹集城镇医疗救助资金7.4万元，其中自治区安排5万元，县级安排2.4万元。将城镇特困居民中符合条件的20人列入医疗救助对象，全年城镇医疗救助支出资金2.1万元，救助8人，其中住院8人，均为低保户；城镇医疗救助资金结余5.3万元。筹集农牧区医疗救助资金10.7万元，其中自治区安排4万元，地区安排2万元，县级安排2.4万元，农牧区医疗救助基金5%资金2.3万元。代交农牧区医疗基金个人统筹金0.12万元。将农牧区特困群众五保户、残疾人、长期病人、患大病者等符合救助条件的1944人列入医疗救助对象。全年农牧区医疗救助支出资金6.7万元，救助78人，其中住院78人，均为低保户；农牧区医疗救助资金结余4万元。

2008年，县民政局对城镇及农牧区特困群众医疗救助对象再次进行彻底调查后，在此基础上，制定《札达县城乡医疗救助实施办法》，分发至各乡镇，并利用下乡机会对农牧民群众进行医疗救助政策宣传。筹集农牧区医疗救助资金11万元，其中自治区安排5万元，县财政安排1.2万元，农牧区救助基金5%资金2.3万元，上年结转2.5万元。全年代缴农村合作医疗个人自筹金（每人每年10元）143人1430元，累计救助农村医疗对象68人，落实救助金2.7万元。城镇医疗救助资金总额5万元，自治区安排5万元，县级安排1.4万元，上年结转4.8万元。全年救助城镇医疗对象1人，落实救助金1200元。

2009年，根据《关于建立城镇医疗救助制度试点工作的实施意见》的规定，城镇居民医疗救助的标准为自费总额减去500元后，剩余部分的50%。年度最高限额为8000元，对患大病或长期支付高额医药费，在享受最高额度医疗救助后，基本生活仍无法维持的，经县级以上人民政府批准，最高救助限额可提高到3万元。根据《西藏自治区农牧区特困群众医疗救助暂行办法》的规定，农牧民医疗支出，在按农牧区医疗制度报销后，对基本生活仍然无法维持的家庭或个人给予救助。其救助标准为：自费总额减去300元后剩余部分的50%。年度最高救助限额为8000元，经县级以上人民政府批准可提高到 3 万元。全县享受医疗救助的有 67 人（城镇特困户救助 2 人、农牧区特困户救助 65 人），落实医疗救助金 102181. 14 元。其中城镇医疗救助金 1938. 7 元，农村特困群众医疗救助金 98812. 44 元（借支 5 万元）。按每人 10 元标准，将 143 名农村五保、农村低保、农村特困户和农村重点优抚对象纳入农村新型合作医疗范围，资助参合资金 1430 元。

2010 年，县民政局对各乡镇农村医疗救助实施办法进行修改，结合全县实际，制定《札达县农村特困群众医疗救助制度实施办法》，全年为特困农牧民 6 人实施医疗救助，总救助金额 2. 63 万元（其中，城镇 1 人 720 元，农村 5 人 2. 56 万元）。12 月，医疗救助资金到位 60 万元，其中，城镇医疗救助资金 28 万元，农村医疗救助资金 42 万元。

四、教育救助

札达县大力实施“科教兴县”战略后，每年均有一大批学生升入不同类级的学校，但部分家庭支付不起学费。县民政局根据实际情况，为部分学生实施救助，确保学生不辍学。2001—2005 年，累计为 48 名贫困学生捐助学杂费 4. 3 万元，为 60 多名贫困学生出具贫困学生扶助证明和“四证一书”及减免和补助学杂费的申请工作。

2006 年，县民政局申报符合条件的 4 名特困家庭子女救助对象。2007 年，县民政局对 229 名特困贫困生进行统计并上报，其中资助特困、贫困家庭子女 8000 元。

2008 年，县民政局上报 6 名特困学生，为区外高校录取学生中 4 名符合资助条件的特困生兑现补助资金 1. 8 万元。

2009 年，根据《西藏自治区高校特困生资助金管理办法》，高校特困生资助标准为：区外重点高校本科生，一次性补助 5000 元；区外一般高校本、专科生，一次性资助 4000 元；区内高校本、专科生，一次性资助 1000 元。县民政局资助 2 名考上大学的城乡低保家庭子女 9000 元。

2010 年，县民政局为 1 名 2009 年高校特困生兑现补助资金 5000 元，并为 2010 年考入区外高校录取学生中符合资助条件的 8 名特困生及时上报救助。

第六节　拥军优属与优抚安置

札达县民政部门积极落实上级下发的优抚安置政策，探索、创新军民融合式发展新路，筑牢军政、军民团结基石。按时发放优抚对象的优抚经费，完善重点优抚对象的医疗保险，加强对烈士纪念设施的管理，对抚恤补助资金实行规范化管理，并按时完成退役士兵的登记审核工作。

一、拥军优属

20 世纪 70 年代前，札达县实行“国家补助和群众优待相结合”的方法，对革命残废军人、烈士家属、现役军人家属等给予优待和照顾。

20 世纪 70 年代后，札达县主要采取优待劳动工分的办法，由所在生产队按适当标准进行优待，并在口粮分配时给予适当照顾。

1984 年，实行“两个长期不变”（坚持社会主义集体化道路和土地等基本生产资料公有制长期不变，坚持农业集体经济实行生产责任制长期不变）政策后，改优待劳动工分为优待金，扩大优抚对象优待面。除烈属外，对在农村的复员军人，在生活上有困难或缺少劳动力的也同样发放优待金，资金全部由国家承担。

从 1990 年起，每年“八一”建军节，县人武部和武警县中队均邀请县领导及有关部门负责人到驻地召开“双拥”座谈会。县人民政府每年都帮助部队解决一些生产、生活及平时民兵训练等方面的问题。

1995 年，为解决驻地官兵吃菜难的问题，县政府无偿为驻地部队划拨土地 300 余亩。同年，给边防营划拨建房用地 15 亩，给部队解决办公用品购置款 1 万元。1997 年，组织、参与争创“双拥”模范县、区、乡活动，对 1995、1996 两年度获得自治区级“双拥”模范县工作作总结，并上报专题汇报材料。年内协同有关部门完成 4 名征兵任务，新兵合格率 100%，并超额完成 1 名征兵任务。

1995—2000 年，县委、县政府在重大节日期间慰问驻地官兵，共发放慰问品和慰问金403万余元，提供巡逻马匹500余次，解决军畜用草25吨，安排驻地官兵食肉牛、羊450只。至2000年底，每逢元旦、藏历新年、春节之际，县委、县政府均成立以县委副书记、县长为组长的慰问小组，携带慰问金和慰问品到各乡镇优抚对象家中进行慰问，对存在的困难酌情予以解决。每年“八一”建军节和重大节日期间，均成立慰问组，到驻军、各驻地进行慰问。

2000年，协同有关部门完成5名征兵任务，新兵合格率100%。确定“三属”人员7人，在年底全部兑现优待金。

2001—2005年，根据民政部等有关部门的要求，县民政局对全县重点优抚对象进行普查，确保登记的准确性。同时根据民政部、财政部下发的文件精神，按新标准发放抚恤金，并为优抚对象新修住房，改善居住环境。

2001年，县民政局对全县军队转业、离退休干部、复员退伍军人和伤残、病故军人家属进行全面核查，制定出台《札达县义务兵优待金统筹制度实施意见》。协同有关部门完成1名征兵任务。

2002年，在重大节假日期间，县委、县政府主要领导多次赴各驻军部队走访慰问，筹集发放慰问金8600元。

2003年，县委、县政府向驻札部队发放慰问经费1.05万元。

2004年，县委、县政府在节假日坚持深入基层部队，看望、慰问基层部队官兵。全年共慰问部队800余人次，慰问金2.03万元（包括礼品）。春节举行退伍军人座谈会，参会人员74人。筹集资金解决了驻札部队一直存在的用电难、吃水难、看电视难、通信难等问题。另为部队无偿提供1000余棵树苗（价值6000余元），为军营增添绿色、改善环境。为解决部队冬季吃菜难、牲畜饲料难的问题，县委、县政府为部队划拨菜地、草场100余亩。为部队边境巡逻提供马和牦牛200余匹（头）。为美化县城环境，驻札部队派出兵力、警力1500余人次，出动车辆70余辆（次），共植树1000余株；资助贫困学生11名，支助资金1.5万元；并为群众义务就诊1000人次以上。地方与部队还开展一系列共建活动，有共建单位10个。

2005年，札达县被评为全国“军民共建社会主义精神文明先进单位”。有双拥共建点10个，全年支出慰问经费2.9万元，慰问烈军属1人、复退军人39人、驻军部队11个。

2004—2006年，全县驻军部队为支援驻地环境建设，共投劳近3000人次，出动车辆150余辆（次），为全县移植树木5000余棵，完成造林300余亩；因出现险情出动人员1700余人次，出动车辆78辆（次）；驻军部队官兵共资助贫困学生30余名，资助资金1.5万元，另为札达县中小学捐款4万元，用以购置教学用品，改善办学条件，为通过自治区组织的“普九”达标验收作出了贡献；各边防连队为农牧区群众义诊1400余人次，送药品30余种，价值近2万元，涌现出军医周成勇、郑明华等先进人物；曲松乡驻军主动帮助乡政府搭建温室，无偿提供木料，并指导蔬菜种植技术，缓解乡政府干部职工吃菜难的问题。2007年，按照民政部等有关部门要求，对全县重点优抚对象进行普查，同时在“三大节日”前夕和“八一”建军节期间落实驻札部队慰问金2.55万元。

2008年“八一”期间，县委、县政府开展走访慰问活动，县主要领导对驻札11个部队全体官兵和边境设卡管控点的部队官兵和民兵进行慰问。从援藏资金中支取10万元作为救助基金，用于解决部分驻地官兵的医疗救助、生活困难等，并制定《爱心救助基金管理办法》。从该年开始实施优抚对象生活和医疗救助工作，对全县重点优抚对象进行重新普查，有优抚对象27人，为其补助生活医疗费4万元。从援藏爱心救助金中支出5万元对家庭受灾的14名驻地部队官兵实施救助。

2009年“八一”“十一”节日期间，县委、县政府开展拥军优属走访慰问活动，密切军政、军民关系。其中，为驻军部队送去慰问金3.8万元，向优抚对象发放慰问品27份。并按照生活困难多的多补、少的少补的原则，先后落实27名优抚对象的生活补助6.9万元。为患病的2名优抚对象凭有效证件和县、乡两级医院诊病的费用，落实医疗救助32061.4元。

2010年，县双拥办在“三大节日”期间，在全县范围内开展慰问驻县部队、公安执勤点等17个单位，慰问军队离退休干部，军烈属、复转军人等45人，发放慰问金及物资折合现金4500元。在“八一”期间慰问全县11个驻札部队，发放慰问金1.15万元。

二、优抚

（一）优待

1996—2001 年，全县共兑现优待金 12 人 5.4 万元。2002 年，兑现优待金 6 人 1800 元。2003 年，确定“三属”① 人员 1 人，兑现优待金 2600 元。2004 年，兑现优待金 7 人 4200 元。2005 年，发放优待金 2800 元。2006 年，统筹优待金 1795 元，为义务兵家属 3 人兑现优待金 1650 元。2008 年，兑现优待金 27 人 3.66 万元。2009 年，兑现优待金 27 人 6.9 万元。

（二）抚恤

1990—1996 年，札达县全面实行现役军人和军烈属伤残军人优先的有关规定，县直有关部门还制定、实施了现役军人和军烈属、伤残军人优先的规定。县邮电局开办了优先订阅报纸杂志，优先打电话、发电报和优先邮寄包裹信函等业务。县医院、银行实行了优先就诊、优先办理储蓄业务，为驻地官兵和军烈属、伤残军人尽可能提供更多方便。县委、县政府认真落实《军人抚恤优待条例》《西藏自治区军人抚恤优待实施细则》，积极做好征兵和优抚安置工作。

1990 年 12 月 20 日，札达县干部白玛多吉病故，按其生前 10 个月工资向其家属发放一次性抚恤金。1992 年 11 月 20 日，札达县干部多尔吉病故，按其病故时 10 个月工资计发（最高数额未超过 3000 元）一次性抚恤金。

1997 年，向日巴石确家属一次性计发其生前 10 个月工资的抚恤金。

2000 年，向桑旦多杰家属发放一次性抚恤金 15020 元；向白玛拉姆家属发放一次性抚恤金 12710 元；向珠杰家属发放一次性抚恤金 14570 元；向次仁多杰家属发放一次性抚恤金 17520 元，共发放各类抚恤金 9 万余元。

2001—2005 年，共兑现优抚安置抚恤资金 44 万元，安葬费 1 万元。2004 年，全县有烈士家属 1 户 4 人（底雅乡鲁巴村），定期抚恤标准 500 元。2005 年，兑现抚恤人员 4 人，发放一次性抚恤金 8.95 万元；安葬人员 5 人（1 人为补发），兑现安葬费 9960 元。

---

① 即烈士遗属、因公牺牲军人家属和病故军人家属。

2006年上半年，兑现一次性抚恤资金3人7.6万元，安葬费3人7591元。2007年上半年，共兑现一次性抚恤金16.73万元，安葬费12493元。2008年，共兑现一次性抚恤金12.9万元，安葬费1.29万元。2009年，共兑现一次性抚恤金12.99万元，安葬费0.65万元。2010年，向4人发放一次性抚恤金及丧葬费56.94万元。

三、复退军人安置

札达县人民政府按照“从哪里来，回哪里去”的原则，安置复员、退伍军人。截至1996年，全县共安置退伍军人36名。1996—2001年，共为18名退伍军人安置工作，27人回乡。2005年，安置退役士兵5人，安置率达100%。2006年，安置工作继续坚持“按系统分配任务、包干安置”“全社会均衡负担安置”的办法，安置退伍军人2名。

2007—2008年，县委、县政府认真贯彻落实《西藏自治区军人优抚优待实施细则》《中华人民共和国兵役法》，积极做好优抚安置工作，重视新兵、老兵接送工作。2008年，为退役士兵开创“双向”选择的安置渠道，为他们创造一个干事创业的良好环境和发展空间。2009年，为27名返乡复员军人发放生活补助金6.9万元，发放优抚医疗款30.2万元。截至2009年7月，县机关有退伍军人54人。

2010年，为返乡复员军人20人发放生活补助金7万元。为2名退伍军人解决医疗费3278.6元。

四、陵园建设

1983年，札达县烈士陵园建成投入使用，位于托林镇境内，总占地面积约1500平方米，安葬烈士6人。烈士陵园纪念碑矗立在陵园中央，上刻“永垂不朽”。县民政部门严格按照有关规定，每年清明节组织人民群众、干部职工和学校师生到烈士陵园祭扫，缅怀先烈。1998年，投资3万元，对烈士陵园进行修缮。

2008—2009年，争取札达县烈士陵园维修扩建项目建设，项目总投资45.15万元。

第七节　婚姻登记

20 世纪 60 年代开始，札达县首先在国家机关、企事业单位广大干部职工中贯彻执行《婚姻法》，实行婚姻登记制度。对农牧民侧重进行《婚姻法》的宣传教育工作，积极倡导一夫一妻、健康文明的婚姻家庭原则和婚庆习俗，实行婚姻登记自愿制度。

1981 年，新修订的《中华人民共和国婚姻法》颁布。4 月 18 日，由自治区人大常委会第五次会议审议通过《西藏自治区实行〈婚姻法〉的变通条例》，在对结婚年龄提出具体规定的同时，废除一夫多妻、一妻多夫，利用宗教干涉婚姻家庭等婚姻陋习。札达县不仅在干部职工中执行《婚姻法》，而且在广大农牧民群众中全面贯彻《婚姻法》。婚姻自由、一夫一妻、男女平等的新的婚姻家庭制度开始确立，自由、平等、自主的合法婚姻开始占主导地位，札达的婚姻形态发生重大变革。

1982 年，组织全县干部职工深入学习《婚姻法》，在农牧区大力宣传《婚姻法》，让群众懂得婚姻自由是公民最基本的权益，增强农牧民群众的法治观念。在婚姻登记工作中，按照《婚姻法》规定，严格把关，加强对离婚的审查、调解工作，防止草率离异。实行申请离婚登记 3—17 天后调处的办法，给当事人留下冷静考虑的时间。登记机关也有充足的时间进行调查了解。在疏导、调解的基础上，以双方感情是否真正破裂为基准，决定是否办理离婚登记手续。

从 1990 年开始，全县婚姻登记工作严格按照法定的登记程序办理。结婚登记必须提出结婚申请，出具单位证明，男女双方必须亲自到场，规定结婚年龄男性 22 周岁、女性 20 周岁，同时提倡晚婚，年龄界定为男性 25 岁、女性 23 岁。

1992 年，县民政局在农牧区开展社会主义教育工作，对不登记就以夫妻关系同居和早婚、重婚等违法婚姻进行清理，并根据不同情况作出妥善处理。

1996—2000年，札达县申请结婚登记的64对，办理离婚登记2对。其中，1996年申请结婚16对，1997年申请结婚14对（办理结婚登记13对），1998年申请结婚9对，1999年申请结婚10对，2000年申请结婚15对（办理结婚登记12对）；1997年办理离婚1对，2000年办理离婚1对。

2001—2005年，县民政局按照《婚姻法》规定，坚持婚姻登记与服务分开。五年间，结婚登记98对，申请离婚15对，准予离婚登记10对，补办结婚证3对，有效保护婚姻当事人和妇女儿童的合法权益。

2001年，县民政局对符合条件的13对26人发放结婚证明，对因夫妻感情确实破裂，经多次调解无效的一对夫妻办理离婚证书，并建立档案。2002年，对符合条件的16对32人发放结婚证书，办理离婚1对，并建立档案。2003年，对符合条件的15对30人发放结婚证书，办理离婚1对，并建立档案。2004年，对符合条件的8对16人办理结婚证书，为3对6人办理离婚证书，并建立档案。2005年，对符合条件的27对54人登记结婚，感情彻底破裂的3对6人登记离婚。

2006年，准予登记结婚31对62人，其中初婚数56人，再婚数6人；申请离婚登记10人，准予登记离婚10人。

2007年，按照《婚姻法》规定，婚姻登记工作更加规范化、信息化，服务质量得到提高。准予登记结婚35对，其中初婚数64人，再婚数6人；初办结婚中，城镇19对，农村13对；办理离婚登记1对。

2001—2007年，藏族与汉族结婚登记5对。

2008年，在婚姻登记管理工作中，县民政局大力宣传《婚姻法》《婚姻登记管理条例》，以增强公民的法律意识和依法办事的自觉性，坚持依法行政，严格婚姻登记手续。全年办理结婚登记33对，离婚登记3对，初婚登记54人，各乡镇婚姻登记室办理结婚登记94对（补办结婚登记52对），离婚登记9对，登记合格率达100%。

2009年，办理结婚登记37对，离婚登记3对，登记合格率达100%，并在全国法治宣传日期间积极宣传《婚姻法》，发放宣传单100余份，以维护当事人的合法权益。

2010年，县民政局严格婚姻登记手续，加强婚姻证件管理，并把办证条件、程序、收费标准等项目面向社会公开。全年办理结婚登记25对，离婚6对，补办结婚证17人，登记合格率100%。

第八节 勘界与地名管理

札达县民政局于2001年完成札达与噶尔、札达与普兰边界线的勘定工作，为全县乡镇边界地区稳定和经济发展作出贡献。2006年，成立札达县地名管理领导小组，完成地名取名、更名、门牌设置等工作，提升县城城市管理水平。

一、勘界工作

1985年，香孜区热布加林乡、香孜乡与噶尔县扎西岗区朗玛乡达成协议，按3万和1.5万的牲畜比例划分界线，按双方群众习惯性使用草场界线，作为划分草场依据。

1993年10月，根据国务院、西藏自治区有关勘界工作指示精神，札达、噶尔两县以民主改革时期的界线与现状为依据，达成两县之间的界线协议，简称“九三”协议。由于缺乏测绘资料及技术力量，部分地段界线难以确认，时有纠纷发生，影响争议区群众的团结和经济发展。1996年，两县对争议地段再次协商确定，札达县和噶尔县共涉及双方12个乡，界线由西向东，从我国西藏噶尔和札达两县与印度的交会点到噶尔、普兰、札达3县交会点为止，全长416.6千米，共设计4个号，实际埋设界桩1个，明确两县地理界限。同时，普兰、札达、噶尔3县代表在阿里地区勘界办和3县领导协调组织下，在噶尔县门士乡达成3县边界线交会点协议，即东经80°55′18″，北纬30°55′42″，X：3423400米，Y：14492490米，海拔高程5050米，该点位界桩编号为1号界桩。

1996年6月，在阿里地区勘界办组织下，札达县和普兰县勘界办就边界线进行实地调查。两县界线共涉及双方3个乡，界线由西向东从中国西藏札达、普兰两县与印度交会点起，到札达、普兰、噶尔3县界线交会点上，全长91.4千米，共设计4个号，3个界桩，实际埋设界桩2个，进一步明确两县地理界限。

札达与噶尔、普兰边界界桩情况表

表7－3－3

札达与噶尔界线				札达与普兰界线			
界桩编号	X(m)	Y(m)	高程(m)	界桩编号	X(m)	Y(m)	高程(m)
1	3598100	14327800	5591	1	3372300	14461430	5564
2	3479020	14432450	4940	2	3396600	14459210	4784
3	3448000	14451840	5168	3	3400500	14469490	4620
1	3423400	14492490	5050	1	3423400	14492490	5050

1997年，完成札达县与相邻县的县级边界划定和实地划界工作，并于年内完成埋桩工作。7月18日，由地区行署副专员白玛欧珠，噶尔县委书记贡布、县长欧珠次仁，札达县委副书记次仁扎西，县长达尔布，地区民政局副局长益西多吉，噶尔县民政局局长达扎、农牧局局长南杰等组成勘界协调领导小组对噶尔县和札达县在命仁、美朵丁一带260平方千米的混牧草场界线进行划分。明确札达县曲松区曲木底乡与噶尔县扎西岗区扎西岗乡之间的草场界线划分，以1985年双方达成的协议为依据，所有权属噶尔县扎西岗区扎西岗乡。

1998年8月26日，札达县县长办公会议研究决定对县勘界工作领导小组进行调整充实，常务副县长王辉云任组长，政协主席格桑旺久，县民政局局长江措、副局长李百灵任副组长，农牧局、政府办、各区区长任成员。勘界领导小组办公室设在县民政局，李百灵任办公室主任。

2000年上半年，勘界小组深入农牧区进行勘界工作。由主管副县长带队分别赴琼花4个作业组之间进行草场划分工作；香孜乡西谢组与底雅乡鲁巴组之间进行混牧草场界定；东嘎组与地区种畜场协调草场纠纷。解决“乡与乡”“村与村”“组与组”的草场纠纷。

2001 年，勘界小组完成札达与噶尔、札达与普兰界线勘定，2 条县级行政区域界线及全县所有乡级行政区域界线的勘定和成果资料的整理、验收、上报工作。

2005 年，勘界小组完成札达县与普兰县、札达县与噶尔县的界线联检工作；组织对边境争议地区和控制薄弱地区乡、村群众的生产生活情况进行调查了解，并形成报告，为加大边境地区的管理和建设提供决策依据。组织座谈会讨论《阿里地区行政区划调整第二套方案》，将提出的合理建议上报地区民政局，并完善《札达县行政区划调整规划》。

2008 年，噶尔县与札达县进行行政区域界线联检，边界线涉及 2 县 6 乡 1 镇 11 个村 1 个居委会，边界线自西向东全长 416.6 千米，西起噶尔县和札达县与印度交汇点，东至噶尔县、札达县、普兰县 3 县交汇点，共设 4 个界桩编号。

二、地名管理

2005 年，县民政局上报新的地名规划方案。2006 年，成立札达县地名管理领导小组，负责地名取名、更名、门牌设置等工作。

2008 年，县地名管理小组按照《西藏自治区城镇地名标志设置规范》要求和阿里地区民政局有关要求，完成札达县 8 条主街道的命名工作以及县城主街道两边大小门牌设置工作。其中，大门牌 45 个，小门牌 154 个，路牌 25 个。

2009 年，县地名管理小组对县城河北路、林巴路、团结路、象雄路、帕拉路、托林寺路等 6 条主街道的路牌设置进行实地调查，并设立标识点。在河北路等 6 条主街道设立路牌 16 个，结束札达县没有路牌的历史。为各单位发放门牌。其中大门牌 42 个，小门牌 155 个。

2010 年，县地名管理小组加强地名命名的管理工作，保证邮政通信、户籍管理、房产登记、交通运输、旅游开发及对外交往等各项工作的正常开展。对县城主要路段路牌进行检查。

第九节　社会福利

一、孤儿收养

2000 年，札达县有孤儿 7 名（4 女 3 男）。

2001—2010 年，札达县尚未修建孤儿院，根据国家的相关政策对孤儿采取由亲戚代为监护的供养方式。2001—2005 年，全县有孤儿 2 人。2001 年，县民政局为全县孤残儿童的生活进行安排，发放抚养费 3760 元。2002 年上半年，为孤残儿童发放抚养金 12110 元。2003 年，为孤残儿童发放抚养金 2685 元。2005 年，全县有孤儿 4 人（3 女 1 男），均由亲属抚养，每人每年享受补助 2520 元。

2006 年，全县有孤儿 4 人，其中 2 人通过申请纳入五保供养范围。2007 年，全县有孤儿 5 人，每年为他们提供学费及生活补助 7000 元。2008 年，全县有孤儿 6 人，全部列入农村低保对象，每人每月平均救助 205 元，落实临时性救助金 2400 元。

2009 年，加强对孤儿的调查摸底，建立孤儿个人档案，对 6 名孤儿进行救助，落实救助经费 3000 元。

二、福利彩票

2001—2005 年，札达县销售福利彩票 8000 多张，资金 1.6 万元，兑现奖金 5920 元，除去开支和损失，获得利润 9574 元（全部捐助给贫困学生）。

三、老龄工作

2001—2005 年，县民政局加大《老年法》政策的宣传力度，做好老年维权工作。利用各种宣传渠道，向上级部门定期报告老龄工作动态和信息，并利用宣讲、传单、电视等手段，宣传老年政策、法律、典型及老龄工作和老龄事业，强化全社会的老龄意识、敬老道德意识和依法治老意识。每年元旦、春节期间，由县政府领导带队分组对全县高龄老人进行慰问。投入社会福利资金1.5万元。对全县高龄老人实行生活补贴，对经费的按时足额到位情况保持经常性检查，做好贴补对象增减的动态统计工作。做好老年人信访工作，维护老年人合法权益。健全和完善老龄机构和工作关系，加强老龄队伍建设和人员培训。搞好老龄调研工作，掌握农村老年人的生活状况，形成专题调查报告，分别报送到地区老龄办及有关部门。促进城乡老年群众文体活动环境的改善，丰富老年朋友的精神生活。通过一系列文体活动，宣传党的老龄工作方针政策和老年人法律法规，宣传老龄化形势、老龄工作动态和老龄事业发展状况以及敬老、老年维权典型，唤起全社会“重视老龄化、关爱老年人”的意识。

2005年，县民政局加大项目建设和管理力度，敬老院项目、老年活动中心，总投资320万元，完成立项批复，进行前期准备工作。

2006年，札达县成立老龄委及老龄办，并对全县高龄老人进行统计审核、登记造册，全县有老人472人，其中60—64岁的有143人，65—79岁的有281人，80岁以上的有48人。

2007年，按照阿里地委办公室、行署办公室关于转发《阿里地区老龄委员会通知》精神，坚持“党政主导、社会参与、全民关怀”的工作方针，围绕“老有所养、老有所医、老有所教、老有所乐”的总体要求，做好老年人的养老工作。据上半年统计，全县有老年人592人。其中，60—64岁老年人214人，65—79岁老年人289人，80—89岁老年人86人，90—99岁老年人3人。对不同年龄段的老人按政策给予关怀，并给80岁以上寿星老人发放健康补贴1.53万元。全年为60岁以上老年人发放健康补助金额2.67万元。

2008年，县民政局坚持“一切为了老年人，为了一切老年人”的宗旨，加大宣传、执法检查和监督力度，切实保障老年人的合法权益，在全县范围内对年度60岁以上老年人进行重新统计。全县60岁以上老年人642人。其中，60—64岁老年人250人，65—79岁老年人151人，80—89岁老年人98人，90岁以上老年人5人；新增60岁老人36人，80岁老人14人，90岁以上老人2人。为87名老人发放寿星健康补贴2.8万元。为60岁以上老年人发放健康补助金3.1万元。

2009年，自治区人民政府民政部门对60周岁以上的老年人发放《西藏自治区老年人优待证》，凭该证可享受诸多优惠待遇。对80周岁以上的老年人，自治区人民政府发放《老年人寿星证》。同时发放寿星老人健康补助，补助标准为：对100周岁以上的老年人，每人每年发放800元的健康补贴；对90至99周岁的老年人，每人每年发放500元的健康补贴；对80至89周岁的老年人，每人每年发放300元的健康补贴。札达县加强对《西藏自治区实施中华人民共和国老年人权益保障法》的宣传工作，建立60岁以上老年人档案。其中，60—69岁老年人258人，70—79岁老年人155人，80—89岁老年人62人，90—99岁老年人2人。全年发放寿星老人健康补贴金1.96万元，办理老年优待证150本。县民政局为改善民生，推动全县养老服务业又快又好发展，新建札达县敬老院和福利院。其中，敬老院建筑总面积640平方米，福利院建筑总面积120平方米（总投资170万元，其中申请国家投资150万元，县政府配套资金20万元）。

2010年，县民政局提高寿星老人健康补贴的发放标准，在全县范围内重新对60岁以上老年人进行统计，其中，60—69岁老年人299人，70—79岁老年人177人，80—89岁老年人66人，90岁以上老年人3人。对80岁以上寿星老人发放健康补贴2.13万元，切实保障老年人的合法权益。

四、残疾人工作

1992年，全县有残疾人70人。

2001—2005年，县民政局实施“孤残儿童康复手术明天计划”项目，完成对全县2名孤儿和18名残疾儿童的调查上报工作，并为3名孤残儿童进行手术治疗。发放临时救助资金3500余元。2001年，达巴乡有14名残疾人；底雅乡有15名残疾人；县城有2名残疾人。

2007年，为解决残疾人的特殊困难，维护社会公正、促进社会和谐，县民政局认真落实《残疾人权益保障法》，加强法治宣传教育，认真落实残疾人基本生活保障，在全县范围内形成理解、尊重、关心帮助残疾人的良好氛围。全县有残疾人121人（38名重残），全部列入农村低保对象，解决残疾人的实际困难。

2008年，札达县开展“残疾人助残日”活动，发放《残疾人权益保障法》（藏、汉两种版本）宣传单，并到困难残疾人家中进行慰问，发放轮椅5辆、拐杖2个。至年底，全县有残疾人133人，丧失劳动能力的残疾人被列入农村低保和医疗救助对象。

2009年5月17日，全县开展“残疾人助残日”活动，用藏、汉两种语言结合的《残疾人权益保障法》《残疾人保障条例》等各种宣传单进行发放，并到困难残疾人家中进行慰问，发放轮椅2辆。全县有133名残疾人，将丧失劳动能力的残疾人列入农村低保和医疗救助对象，切实解决残疾人的实际困难。对符合“阳光家园计划”资助条件的9人进行审核审批，并进行上报。

2010年，全县开展第20次“助残日”活动，发放用藏、汉两种语言结合的《残疾人权益保障法》《残疾人保障条例》等各种宣传单，并到困难残疾人家中进行慰问，发放轮椅5辆。把丧失劳动能力的残疾人列入农村低保和医疗救助对象，解决残疾人的实际困难。全年为158名城乡残疾人员建立一人一档和一乡一档的健康档案，从6月起，为115名残疾人换取第二代残疾人证。

第八篇
法　治

第一章　公安

札达县公安局成立以来，侦破刑事案件一直是其主要工作。20世纪70年代，主要侦办特务渗透案件。20世纪90年代以来，主要侦办文物盗窃案和一般盗窃案。随着社会的发展，治安案件逐年增加，县公安局进一步加大工作力度，同时积极开展治安管理、户籍管理、交通管理等工作，较好地维护了正常的社会秩序。

第一节　机构

一、机构设置

1960年5月5日，经中共阿里分工委批准，成立札达县公安局，主要负责全县敌情调查工作以及全县范围内的各类刑事案件的预防和侦破；对全县常住人口、户籍及外来人员进行管理；对全县道路、交通、车辆、驾驶员进行管理，负责查办和协办县内交通肇事案件；主管看守所、县中队，并对各乡镇治保会、公安特派员、驻县各机关、企事业单位的内保组织进行管理和指导工作。

1964年3月，县公安局更名为公安中队，隶属县人民政府和部队双重领导。1969年8月10日，县革命委员会成立，并设立工作机构“四大组”，公安机关职能由“四大组”中的人民保卫组代替，由部队代管。1975年3

月，撤销“四大组”，恢复设立县公安局。

2000 年，县公安局内设治安室、刑侦室、户籍室、身份证室等业务科室。

至2000 年底，县公安局共有民警17 人，其中本科学历1 人、大专学历4 人、中专文化10 人、高中文化1 人、小学文化1 人。另外，五乡一镇特派员各有1 人。

2006 年，县公安局有人员编制21 人，其中副县级民警1 人，正科级民警1 人，副科级民警8 人。实有民警20 人（包括香孜乡派出所的3 名民警和其他四乡一镇的8 名公安特派员）。

2010 年，成立县公安局交警大队、香孜乡派出所、托林镇派出所。县公安局共有办公室、国内安全保卫大队、治安管理大队、刑事侦查大队、交警大队、看守所6 个股级内设机构。核定机关政法专项编制23 名，其中科级领导职数4 名。

1960—2010 年札达县公安局领导任职一览表

表8－1－1

<table>
<tr><th>机构名称</th><th>职务</th><th>姓名</th><th>性别</th><th>民族</th><th>任职时间</th><th>备注</th></tr>
<tr><td rowspan="5">札达县
公安局</td><td rowspan="2">局长</td><td>王清泉</td><td>男</td><td>汉</td><td>1960. 05—1964. 05</td><td>1962. 10—1964. 05
为副县长</td></tr>
<tr><td>张振兴</td><td>男</td><td>汉</td><td>1964. 05—1967. 02</td><td>1961. 06—1966. 05
为县委副书记</td></tr>
<tr><td rowspan="3">副局长</td><td>王德山</td><td>男</td><td>汉</td><td>1963. 12—1967. 02</td><td></td></tr>
<tr><td>朱晔</td><td>男</td><td>汉</td><td>1964. 08—1965. 01</td><td></td></tr>
<tr><td>王德山</td><td>男</td><td>汉</td><td>1966. 05—1967. 02</td><td></td></tr>
<tr><td rowspan="4">札达县革委会
人民保卫组</td><td>组长</td><td>罗柏华</td><td>男</td><td>汉</td><td>1969. 08—1970. 11</td><td>县革委会副主任</td></tr>
<tr><td rowspan="3">副组长</td><td>王振安</td><td>男</td><td>汉</td><td>1970. 11—1975. 06</td><td></td></tr>
<tr><td>扎西旺久</td><td>男</td><td>藏</td><td>1971. 06—1975. 06</td><td></td></tr>
<tr><td>陈保荣</td><td>男</td><td>汉</td><td>1971. 06—1974. 07</td><td></td></tr>
</table>

续表 1

机构名称	职务	姓名	性别	民族	任职时间	备注
札达县革委会人民保卫组	副组长	赤列加措	男	藏	1971. 06—1972. 12	
		董孝德	男	汉	1971. 12—1972. 12	
		王德山	男	汉	1973. 08—1974. 07	
		扎西班久	男	藏	1973. 08—1975. 10	
札达县公安局	教导员	王振安	男	汉	1975. 06—1990. 10	
		洛桑	男	藏	1993. 10—1995. 08	
	政委	玉珍	女	藏	2005. 06—2008. 09	
		明琼多吉	男	藏	2008. 09—	
	局长	王振安	男	汉	1975. 10—1976. 05	
		扎西旺久	男	藏	1976. 10—1987. 10	
		乔多吉	男	藏	1989. 11—1991. 03	
		洛桑	男	藏	1991. 03—1993. 10	
		石昆山	男	汉	1993. 10—1999. 03	
		明琼多吉	男	藏	1999. 03—2006. 07	
					2006. 07—2008. 09	政法委书记
		李自胜	男	汉	2008. 09—	
	副教导员	洛桑	男	藏	1987. 07—1991. 03	
		平措	男	藏	1995. 11—1999. 06	
	副政委	扎西旺久	男	藏	2006. 04—	
	副局长	钟久荣	男	汉	1975. 06—1978. 05	
		刘力	男	汉	1978. 05—1980. 06	
		周进华	男	汉	1979. 08—1980. 09	
		次培多吉	男	藏	1980. 09—1987. 10	
		乔多吉	男	藏	1987. 07—1989. 11	

续表

机构名称	职务	姓名	性别	民族	任职时间	备注
札达县公安局	副局长	石昆山	男	汉	1992. 08—1993. 10	
		田云志	男	汉	2000. 07—2002. 06	
		扎西旺久	男	藏	1997. 11—2006. 04	
		毛时青	男	汉	2004. 03—2006. 06	
		才旺多吉	男	藏	2006. 10—	
		陈诚	男	汉	2006. 06—	
		黄科建	男	汉	2010. 05—	

第二节　治安管理

札达县公安局加大对各行业的安全监管力度，尤其是对特种行业和易燃易爆物品的监管。1959 年始，在全县范围内对爆炸物品、枪支弹药、管制刀具进行专项整治，减少和遏制重大事故的发生。至 2010 年底，全县未发生危安事件、群体性事件等。

一、禁赌与特种行业管理

（一）禁赌

历史上，札达境内有赌博陋习。一般群众喜以掷骰子赌少量生活用品，农奴主之间常以牲畜、奴隶、田地为赌资进行赌博。

西藏民主改革以来，在县政府的宣传和努力下，赌博之风逐渐被禁。

20 世纪 80 年代后，部分个体商户偶有赌事，但不具规模，赌资甚小。

20 世纪 90 年代，随着生活水平不断提高，赌博之风有所抬头。干部职工中亦偶有参与赌博的行为。县政府、县监察局多次颁布禁赌令，广泛开展禁赌工作。

1997—1999 年，县公安局联合县政府抽调 8 名干警和监察人员组成工作组，在全县范围内开展禁赌工作。

2001—2005 年，县政府牵头，联合县委政法委、监察局等职能部门多次颁布禁赌令，加大对参赌涉赌行为的彻查和打击力度。

2006 年，县公安局成立禁赌工作专项整治领导小组，定期对辖区易滋生赌博的场所进行重点排查，先后摧毁赌博窝点 2 个，没收赌具 4 副，赌资 8000 多元。教育处理参赌人员 12 人，其中罚款 8 人。严查干部职工参赌行为，发现有党员、干部职工在茶馆参与赌博，特别是诈金花、推豹子、打索的，属县纪委、监察局管理范围内的正科级以下党员、干部职工按党纪政纪进行从重处理，并对单位领导进行诫勉谈话，视情节轻重做出相关处理；对在茶馆参与赌博的正科级以上的领导干部，县纪委提出处理建议上报地区纪委审定；对在茶馆参与赌博的群众，公安部门按照《治安管理处罚法》有关规定进行处罚；对赌博组织者，公安部门按《治安管理处罚法》进行处罚并提出停业整顿意见，责令限期改正，参与者当场没收赌资。

2007 年，坚持“打防结合、以防为主、标本兼治、重在治本”方针，认真组织落实各项措施开展扫黄禁赌工作，共查处涉赌案件 3 起，行政处罚 12 人。

（二）特种行业管理

1978 年，党的十一届三中全会召开后，根据公安部关于特种行业管理的规定，县公安局对旅店、修理厂、歌舞厅、餐馆等行业进行正规化管理。

20 世纪 90 年代后期，县公安局推行谁主管、谁负责的安全责任制，经常深入经营网点检查有无违纪违法情况。

1995 年 7 月，县公安局对县境内所有餐饮、娱乐等公共场所，邮电局、机房、仓库等重点单位、部门及外来人员住地，共 30 多处 200 多人开展突击性重点检查。对 12 名轻微违法违纪人员进行当面批评教育，完善各重点要害单位的值班制度，有效杜绝治安隐患，堵塞发生重大案件的漏洞。

1997 年，县公安局适时召集公共娱乐服务场所、经营人员及外来暂住人员学习宣传有关法律条款，进行内部教育。对 8 个重点、要害部门进行安全检查，及时发现漏洞、消除隐患。

1998 年，札达县经公安部门登记管理的特种行业有 9 家，其中旅店 1

家、修理厂1家、其他行业7家。全年办理安全合格证53本。

1999年8月，为贯彻国务院《娱乐场所管理条例》，县公安局联合工商、文化、宣传等有关部门对全县各种娱乐场所进行整顿，主要打击卖淫嫖娼，扫除社会公害。全年办理安全合格证19张。开展安全大检查，重点检查邮电、银行等12家单位、部门，整改安全隐患。

2000年，纳入县公安部门管理的特种行业有11家，其中旅店2家、修理厂2家、娱乐场所4家、其他行业3家。2001年，对全县特种行业下发整改通知书23份，关停、取缔无证非法经营场所2家。2003年，对茶馆、饭馆、舞厅等公共娱乐场所统一制定内部安全保卫规定。

2004—2005年，全县有特种行业12家，其中1家为政府投资建设的宾馆，2家汽修厂，3家娱乐性歌舞厅和其他行业6家。2006年上半年，全县特种行业办理安全合格证26本，特种行业许可证3本。

2007—2009年，辖区内新增7家特种行业，其中1家旅店，2家汽修厂，2家娱乐性歌舞厅，1家打字复印店，1家装饰部。

至2010年底，全县建档备案的旅馆有49家、娱乐场所15家、网吧2家、特种行业21家、商店店铺126家、出租房屋57家、加油站2家、加气站1家。

二、枪支弹药与易燃易爆品管理

札达县各基层派出所、科所队严格按照武器弹药管理规定，保管、领取、使用武器弹药；做好枪支的出入库、移交接审批、登记手续，确保民警依法依规保管、领取和使用枪支；做到枪、弹、账、证相符。

1959年3月22日，根据中共阿里分工委指示，阿里基巧办事处对达巴宗、札布让宗、曲木底本的枪支弹药进行收缴。

1984年4月6日，根据阿里地区行署、军分区《关于对民兵武器弹药进行技术普查的联合通知》精神，县公安局对民兵武器（56式半自动步枪102支、56式冲锋枪6支、56式机枪1支）进行收缴封存。

1987年后，阿里地区公安处针对枪支弹药管理上存在的问题，组织各级公安机关对全地区的枪支弹药进行全面检查清理。札达县公安局组织民警深入各区、乡，开展枪支弹药专项检查清理工作，依法收缴部分枪支弹药。

1995 年，对农牧民群众持有的猎枪实行持枪证制度，定人定枪，并定期不定期地进行检查。1994 年 9 月至 1995 年 6 月，为五区一场颁发持枪证 47 份，剩余一区 5 支土枪损坏已上交。

1998 年，根据阿里地区公安处《关于枪支弹药管理中几个问题的通知》要求，县公安局集中收缴城乡散藏的枪支弹药。不论机关、团体、企事业单位、学校集体或私人收藏的，均须上缴当地公安局备案；除批准执勤干警因工作需要佩带武器弹药外，其余须如数上缴县公安局，确因工作需要，不足部分可申领。县公安局干警所配枪支，非属工作需要，干警不得随意开枪以炫耀；配带武器外出，须保持高度警惕，做到武器不离身，并绝对禁止武器外借。对所配给的武器弹药必须勤加爱护和保养，不准随意拆卸；凡出省配带武器，须经局领导批准，并报请县委研究后，发给持枪许可证。机关、团体、学校、企事业单位持用的各种枪支，统一由县公安局负责发给持枪证。对生产、储存、销售、使用易燃易爆物品的单位和部门，由县公安局负责监督检查。

2000 年后，县公安局加强对烟花爆竹运输、销售等环节的安全管理，以减少和遏制重大伤亡事故的发生。2001 年，在辖区内开展枪支收缴行动，在五乡一镇（含种畜场）收缴各类枪支 52 支，并对工程队内有雷管、炸药的施工单位存在乱堆乱放、没有建立严格的申领制度等情况进行整改。

2002 年，县公安局结合缉枪治爆行动，对公安机关公务用枪、民用爆炸物品、集贸市场、加油站、烟花爆竹市场及危险化学品安全管理等开展专项整治行动。加强对枪支、爆炸物品和危险化学品的管理，有效消除治安隐患。1 月 25 日，对县内百货店以及超市内销售烟花爆竹的个体工商户进行全面清查，对私自购进烟花爆竹、不符合安全条件的商户进行处理，对符合安全条件的 2 家个体户，在允许其在存放安全的条件下继续营业。

2003 年，县公安局对辖区内所有民爆物品进行登记，及时上报，并指定县城内烟花爆竹零售专卖店，加大对民爆物品的管理力度。

2003—2006 年，县公安局加强与各乡镇的沟通，充分利用特派民警，持续开展集中收缴民间私藏的枪支弹药。

2007 年，县公安局严格制定各项管理制度，加强管理。规范枪支弹药、民爆物品、管制刀具的管理使用制度，并对涉枪、民爆物品、管制刀具等个人及重点单位进行严格检查，逐一统计。

2008 年，县公安局收缴自制土枪 15 支，军用手榴弹 1 枚。

2009 年，县公安局根据地区公安处统一部署，进一步加强涉爆物品、枪支弹药和管制刀具的管理工作，严厉打击涉爆、涉枪、涉刀违法犯罪活动，维护治安稳定，共收缴管制刀具 12 把、各类子弹 125 发。

三、维护稳定

1982 年，县公安局在全县推行社会治安综合治理工作，强化枪支弹药的管理。在社会治安综合治理工作中，利用“以会代训”的方式整顿乡级基层治保组织，向农牧民群众宣传法制。

1985 年，县公安局整顿充实 25 个治保小组，向其宣讲治保委员会工作细则及相关法律法规，使治保人员明确治保组织的性质、任务等。

1986 年，全县有基层治保组织 46 个。在各区特派员的帮助下，治保组织协同村民委员会宣传有关法律常识，建立健全本地乡规民约。

1989 年，县公安局在各乡村检查治保组织，了解当地边情。

1993 年，为维护社会稳定，采取“送出去、请进来、鼓励自学”的方法提高干警素质，县公安局向区公安厅和地区公安处派遣 5 人次接受培训，聘请公安处刑警大队副队长为教员，对全局干部进行培训。

1995 年，为确保西藏自治区成立 30 周年大庆各项活动的顺利开展，县公安局认真执行阿里地区公安处制定的“一清二打三控制”和“3010”方案，加大对公共场所及特种行业的管理力度，按照“预防为主，管理从严，及时打击和保障安全”的方针，采取“谁主管，谁负责，双管齐下，齐抓共管”的原则，派专人到基层进行业务建设，宣传法律法规及宗教政策，加大对寺庙的管理和治保组织的建设及三级业务建档。至 2000 年底，札达县公安局对全县治安重点区域进行专项整治；在重大节日、庆祝活动期间开展安保工作，加强札达县维稳工作。

2001—2006 年，在节假日、庆祝活动以及大型工作组接待期间，县公安局加强对重点单位、要害部门的安全检查，圆满完成各项安全保卫任务。

2002 年，“塔钡”“象雄”文化节时期，加派执勤人员，在古象雄文化节抽出 6 名干警执勤，出动警车 3 次，维护社会稳定。

2007 年，县公安局联合县综治委、安监局、教育局、卫生局、工商局、消防大队等相关单位，多次对县城重点、要害部门及人员聚集场所进行安全检查，及时消除安全隐患。

2008 年上半年，县局出动警力 370 余人次、车辆 100 余次，保证每天 110 接警值班室 24 小时有人值班，联合县边防大队和县武警中队采取徒步和车辆巡逻两种方式进行 24 小时值勤。制订《札达县公安局“平安奥运”行动工作方案》，成立专门工作组，根据奥运会安全保卫工作总体要求和公安部治安管理局统一部署，排查整治突出治安问题，强化治安管理和防范控制，维护北京奥运会举办、西藏火炬登顶、火炬传递、奥运火炬庆典仪式期间全县社会治安和谐稳定。

2009—2010 年，根据反分裂形势需要，县公安机关实施 110 接警值班室 24 小时值班制度，对县城周边重点部门，采取徒步和车辆巡逻 2 种方式进行 24 小时值勤。全县未发生危安事件、群体性事件，保证了人民群众生产生活正常有序。

四、治安案件办理

1985 年，发生治安案件 13 起，处理 12 起，行政拘留 2 人，罚款 425.54 元。

1993 年，发生治安案件 20 起，违反治安管理 29 人，全部查处。其中外来人员违反治安管理 6 起 11 人、县区机关干部职工 3 起 4 人、农牧民群众 10 起 13 人。侵犯公私财产行为 3 起 3 人、侵犯他人人身权利 11 起 21 人、违反户口管理规定的 4 起 4 人。

1994 年，县公安局查处治安案件 36 起 80 人，罚款 5900 元。

1995 年，受理并查处治安案件 40 起，处罚违反治安管理 69 人。农牧民群众违反治安管理 21 起 27 人，外来暂住人员 12 起 31 人，县区机关干部职工 7 起 11 人。

1996 年，全县公安机关查处治安案件 32 起 58 人，查处率达 100%。

1997 年，受理治安案件 20 起，治安违法人员 40 人。其中殴打他人行为 12 起 19 人、偷窃行为 3 起 5 人、赌博行为 3 起 12 人、结伙斗殴行为 2 起 4 人。其中县区机关干部 4 起 8 人、农牧民群众 11 起 20 人、外来暂住人员 5 起 12 人。

1998 年，随着改革开放的不断深入，外来务工人员大量涌入。县公安局在派出所内实行民警分片包干制度，负责管理辖区的各类治安案件；片区民警对外来人员的管理采取主动登门办证方式，并颁发《关于流动人口返乡期间安全防范工作的紧急通知》，利用广播、电视等进行宣传，增强广大居民的安全防范意识。1997 年 11 月至 1998 年 11 月，受理治安案件 20 起，查处 20 起，查处违法人员 38 人，其中殴打他人 7 起 13 人、偷窃 4 起 4 人、扰乱公共秩序 4 起 13 人、赌博 1 起 4 人。

1999 年，县公安局查处治安案件 15 起 22 人。

2000 年，依据“打防结合，标本兼治”的治安管理工作方针，发挥公安机关的职能作用，继续加大对公共场所的管理。在各种经营场所，向负责人及员工宣传《西藏自治区城镇公共场所治安管理暂行办法》，加强监督、检查、审核工作。发生治安案件 20 起 32 人，其中殴打他人 13 起 20 人、扰乱公共秩序行为 2 起 6 人、违反暂住管理 5 起 7 人。

2001 年，札达县发生治安案件 45 起，有治安违法人员 64 人，查处 45 起，其中 6 起违反暂住管理、2 起侮辱妇女、2 起扰乱公共秩序、8 起盗窃、28 起酗酒滋事、殴打他人，其他 4 起。查处中，有 56 人被治安罚款，8 人被治安拘留（并处罚款 6 人），警告 2 人，罚款总额 6175 元。

2002 年上半年，县公安局受理治安案件 11 起，处理违犯治安管理人员 18 人，其中打架斗殴 3 起，私自闯入他人住宅闹事 1 起，私自购买文物 1 起，违反暂住管理条例 3 起，损坏他人财物 2 起，其他案件 1 起。治安拘留 2 人，警告 4 人，罚款处理 6 人，罚款金额 720 元，管制刀具 1 件。

2003 年上半年，县公安局受理并查处治安案件 35 起，打击处理人员 42 人，查处率 100%。2005 年，查处治安案件 10 起；2006 年，查处治安案件 9 起；2007 年，查处治安案件 10 起。

2008年上半年，县公安局受理治安案件2起，查处调解2起，处理2人。与上年同期相比，发案率下降33%。2009年，截至9月底，县公安局共受理治安案件8起，查处8起，处理11人。

2010年，县公安局共办理治安案件4起，行政处罚6人，治安拘留4人。

第三节 户政管理

一、常住人口管理

1964年，楚鲁松杰乡回归群众11户28人，其中男10人、女18人。

1965年之前，札达县党政机关和企事业单位的户口管理工作由札达县民政科负责。至20世纪80年代前，户口管理工作仅在全县党政机关和企事业单位人员中开展，农牧区并没有纳入管理范围。

1980年，县公安局组织人力对全县6个区15个乡进行人口普查及建户工作，并发放由公安部门统一印制的户口本，对农村户口分常住和流动两类。城镇、农村人口出生、死亡、迁入、迁出均需及时办理申请和登记手续。户籍管理逐渐形成制度化并与粮油供给挂勾。

1982年，县公安局配合人口普查，进行户口整顿，调查登记和核实常住人口。1985年，1名藏胞回国定居。

1990年，县公安局首次对全县外来人员办理临时居住证。至年底，共办理临时居住证17人。

1992年，县公安局内设治安股，专门负责管理农牧区户口。

1997年底，根据公安部《关于启用新的常住人口登记表和换发新的居民户口簿有关事项的通知》精神和西藏自治区户政工作会议的安排部署，按照阿里地区公安处《关于启用、换发新的常住人口登记表、户口簿的工作方案》，组织民警以以会代训的方式，宣传换证知识。农牧区有980户5552人（男2683人、女2869人），其中农牧民4675人、非农业877人。填发居民身份证底卡7张28人。

1999—2000 年，为贯彻落实公安部《关于启用新的常住人口登记表和居民户口簿有关事宜的通知》，札达县城镇、农村人口（仅限于 16 周岁以上人口）全部纳入登记，并颁发新的居民户口簿。

1999 年，撤区并乡后，全县有 5 乡 1 镇 15 个村 58 个组，换发新户口本 311 户 763 人，填发居民身份证底卡 18 张 72 人；2000 年，填发居民身份证底卡 106 张 424 人。全县有常住人口 5855 人。

2001 年，新发户口本 8 本，填发居民身份证底卡 31 张，实办理身份证 124 人次。2003 年，办理户口 140 人，其中迁入 49 人、迁出 37 人，出生 35 人、死亡 19 人。2007 年，共换发二代身份证 2229 人。

2010 年，补充落户 6 户，注销死亡 27 人，出生登记 76 人，查处重户 2 户，办理身份证 655 人。

二、流动人口管理

随着改革开放政策的实施，外地到札达承包工程、做生意和从事手工业的人员逐年增加。县公安局在“管而不死、放而不乱”的原则下，对各工程队和其他来往人员实行严格管理，预防犯罪，确保不出现大的问题。

1985 年，到札达县承包基建工程的有 8 个工程队 837 人（包括部队基建民工），外地做生意的和其他流动人员 88 人。印商 62 人次。

1986 年，对外地经商人员 66 人次进行登记，对 83 名承包基建人员办理有关许可承建人员管理手续。经商的印度商人 57 人次，外国游客到古格王国遗址、托林寺旅游参观 66 人次。另外，为 12 名干部职工亲属办理临时居住证。

1989 年，到札达县承包工程的有 1 个工程队 80 人，做生意和从事手工业者有 95 人次，印度商人和印度边民 102 人次，外国旅游者 38 人次。

1993 年，到札达县承包工程的有 5 个工程队，加上其他务工人员合计 286 人。做生意和从事服务业的 62 人次，进行边贸活动的印度商人有 94 人次。到县内旅游的有 11 个国家 36 个团队的 237 人次。县局采取预防管理的措施，抽出部分警力检查外来人员的证件并及时登记发证、走时注销制度，定期不定期地进行治安巡逻。

1995 年，到札达县承包工程的有 11 个工程队 328 人次。做生意、手工业和从事服务的 165 人次，共计 493 人次。到县内旅游的有 15 个国家 65 个团队 513 人次，暂住人口比上年有大幅增加。针对印商、外国旅游人员的管理，7 月 15 日下发《关于允许印商入境经商并严加管理的通知》，对入境的印商，分 3 个贸易点实行定点贸易，全年贸易点有印商 84 人次；旅游人员不得随意允许搭帐篷、露营。入境 1 人（回国定居）。

1997 年，适时召集公共娱乐服务场所、经营人员及外来暂住人员学习有关法律条款，进行内部教育。到札达县打工、经商、服务等外来暂住人员 390 人。有 15 个国家和地区的 702 名游客到札达旅游，县公安局采取“指定食宿、统一行动”的管理方法，全年发生涉外案 1 起 14 人，涉及国家 3 个，属非法旅游行为。1998 年，办理暂住证 306 人。1999 年，办理暂住证 466 人次。

2000 年，县公安局对外来打工人员实行“照相，一人一表”的建档管理方法。外来人口 1060 人，其中，外国旅游 31 团 610 人（含散客 15 人）。除外国游人外，所有外来人员均办理暂住证，实行登记造册。

2001 年，全县有外来人口 1853 人，其中外国及港澳台游客 39 个团队 446 人（含散客 13 人和港澳台 42 人），国内游客 125 人，探亲、访友、出差的 336 人。公安部门发放暂住证 928 本。

2002 年 1—5 月，全县有外来人员 1250 人（包括打工、经商人员 810 人，旅游探亲人员 340 人）。县公安局根据相关管理条例，实发暂住证 810 本，并定期不定时突击检查。

2003 年，县公安局对外来暂住人员采取上门登记和突击检查的办法，对承包的工程及单位出租房屋采取“谁用工、谁负责；谁出租、谁负责”的办法。对茶馆、饭馆、舞厅等公共娱乐场所统一制定内部安全保卫规定。上半年，办理暂住证人数 651 人，办理安全合格证 15 本。

2004—2008 年，县公安局办理暂住证 2184 人。其中 2004 年，办理暂住证 353 人；2005 年办理暂住证 502 人；2006 年办理暂住证 268 人；2007 年办理暂住证 429 人；2008 年办理暂住证 632 人；2009 年办理暂住证 6210 人。

2010年，县委、县政府高度重视全县流动人口管理工作，把流动人口管理纳入日常工作，建立健全流动人口管理工作机制，并成立流动人口管控领导小组，领导小组下设办公室，办公室设立在县公安局。全年登记办理暂住证6210人。

第四节　刑事侦查

刑事侦查是县公安局的重要工作，县公安局适时开展社会治安整治等专项行动，依法严厉打击各类刑事犯罪活动，不断提高侦查破案能力和执法办案水平。1967—2010年间，县公安局侦查破案力度不断提高，各类刑事案件犯罪率逐年减少。

20世纪70年代，札达县刑事侦查工作主要是破获特务渗透案件。1972年7月，印度特务机关派遣2人携相机偷越边境，被达巴一带群众发现并抓获。1974年6月，印度人桑某等3人以经商为名进入我国，到札达县达巴牧场进行特务活动。8月初返回印度时，在达巴牧场一石缝中藏匿印文、特务证件、卢比等，企图在札达境内发展特务组织，被县公安机关抓获。

1985年，全县发生刑事案件7起，破1起，未破6起。

20世纪90年代，县公安局刑事侦查主要任务是破获凶杀案和文物盗窃案件。1991年，县公安局成功侦破皮央·东嘎文物盗窃案和卡孜寺特大文物盗窃案，为国家挽回经济损失3600万元。受到阿里地委、行署的表彰，被评为“文物保护先进集体”，并荣立三等功。底雅乡益日寺文物被盗47件，经札达县公安局侦破，将印度商人阿某等犯罪嫌疑人抓获。10月30日，底雅乡底雅村一村民因家庭不和，用炸药引爆其岳父房屋，造成一死一伤的特大爆炸杀人案，县公安机关迅速组织警力将该案侦破。1992年9月3日，达巴乡两村民因放马发生争吵，一村民用锄头将另一村民打死，并将尸体推入象泉河中，企图毁尸灭迹。县公安机关很快侦破，并将犯罪嫌疑人抓获。12月28日，香孜乡香孜村两位村民因小事发生争吵，一村民用随身携带的藏刀将另一村民杀死，公安机关迅速将此案侦破。

1993年，发生刑事案件2起，1起为上年12月份香孜区香孜村杀人案，1起为达巴区达巴二村强奸案，逮捕2人，通过预审结案2起，均移请县检察院审查起诉。1994年，查处刑事案件3起5人。

1995年，发生刑事案件3起，破2起，逮捕1人。4月13日，皮央·东嘎寺庙被盗走价值650万元的文物，县公安局在接到报案后，迅速组织警力，在日喀则地区拉孜县将贡某等4名案犯抓获。1996年11月30日，札布让区波林乡卡孜江塘古洞被盗，大量文物失窃，其中唐卡34件、木板菩萨像2个。县公安局根据线索，迅速将此案侦破，并将犯罪嫌疑人阿某抓获。追回1尊“土瓦”佛像，2个经书版，主要犯罪嫌疑人扎某外逃。

1996年，县公安局侦破刑事案件1起，破案率100%。1997年，受理各类刑事案件5起，破4起，经预审深挖破2起一般隐漏案件。5起案件中，重特大案件4起破3起，盗窃案4起、杀人案1起，抓捕犯罪嫌疑人5人，其中未成年犯罪嫌疑人2人。截至10月底，看守所关押各类违法犯罪人员5人，其中治安拘留2人、刑事拘留3人，转捕3人。

1998年，县公安局受理各类刑事案件2起、破2起，其中破重特大案件2起，抓获犯罪嫌疑人7人。1999年，刑事案件立案7起，破5起，抓捕犯罪嫌疑人7人。2000年，札达县发生的5件刑事案件均为一般盗窃案，破获4件。抓获犯罪嫌疑人4人。

2001年，县公安局发生刑事案件7起，其中盗窃案、挖掘文物案已破，案发率与2000年相比上升29%，破案率57%，下降23%。

2002年，县公安局受理群众报案7起。其中重大刑事案件6起，一般刑事案件1起，破6起，一般刑事案件中抓捕犯罪嫌疑人1人。已破6起中，一起为香孜乡重大文物盗窃案，抓捕犯罪嫌疑人2人；入室盗窃2万元案件中，抓捕犯罪嫌疑人2人；故意伤人致人死亡案，抓捕犯罪嫌疑人1人；底雅乡文物盗窃案抓捕犯罪嫌疑人4人；非法侵占他人财物案，抓捕犯罪嫌疑人1人，追回被盗文物13件。共挽回经济损失452.72万元，重大案件破案率83%。另外，接到5份区内外协查通报。

2003年，县公安局坚持“旗帜鲜明，针锋相对，主动治理，强基固本”的方针，本着“什么问题突出就解决什么问题”的原则，结合刑事犯罪的特点，加大打击力度，在打击质量上下功夫。全年发生刑事案件9起，破案6起，抓获犯罪嫌疑人12人。

2004年，至11月8日，发生刑事案件9起，破获6起。2005年，发生刑事案件6起，破获5起。其中，文物盗窃案5起，破获5起，抓获犯罪嫌疑人员11人，破案率100%，县公安局从什布奇口岸抓获非法入境人员2人并送到公安处。

2006年，发生刑事案件5起，破4起。侦破入室盗窃案2起，抓获犯罪嫌疑人1名。

2007年，发生刑事案件7起，侦破6起。2008年，全县发生刑事案件4起，侦破4起。2009年，全县发生刑事案件7起，侦破6起。2010年，全县发生刑事案件7起，破案6起，其中，文物犯罪案6起，起诉11人，4人取保候审。

第五节　交通管理

1959—2000年，因札达境内车辆较少，且距地区较近，未设立专门的车辆和交通管理机构，交通管理工作由地区交管站（或交警支队）统一管理。2000年后，道路交通安全管理步入正轨。县公安局在重大节日、敏感日深入札达公路辖区进行道路安全检查工作。检查内容主要是车况完好程度，货物超高、超宽、超载、乘客超员、客货混载、车辆牌证和驾驶证以及易燃、易爆、剧毒物品运输等问题，发现问题及时处理和纠正，确保道路交通和人民群众生命财产安全。

一、车辆管理

1965年前，札达县出行主要依靠步行或马、牛驮行的方式。1965年，札达县开始有汽车行驶。1979年，全县有各种汽车12辆，其中货车客车各6辆。1990年，全县有各种汽车19辆。

20世纪80年代，随着经济的发展，个人开始购置汽车。

至2000年底，全县有各种汽车27辆，均由地区交警队实行牌照管理。札达县在车辆管理工作中，实行凡新购进汽车，均要到地区交管站（或交警支队）办理车辆上户、行驶证、汽车牌照或旧车转户等手续。无牌照、无行驶证或手续不全的汽车一律不得上路行驶。农牧民自购的各种机动拖拉机，不用办理牌照等各种手续，均可上路行驶。

2001—2010年，每年年底前，札达境内的汽车均要到地区交警队进行车辆年度检验，对超过规定使用年限的车辆强行报废；对车况不好的旧车和手续不全的车辆，在恢复车况和办全手续之前，禁止上路行驶。

二、驾驶管理

札达县各种汽车驾驶员，在经过专门汽车驾驶培训后，经本人申报，地区交警队考试、考核后，合格的发给实习证和驾驶证。领取正式驾驶证的驾驶员，每年必须到地区交警队，连同自己驾驶的汽车参加年度检验，否则不准上路。驾驶员个人学习和领取驾证、每年年检情况、交通事故发生情况等都要进入个人的技术档案。交管部门每年向驾驶员和广大群众宣传交通规则、法规，对驾驶员每年进行年度考试、考核等，尽量杜绝或减少交通事故的发生。对违反交通规则而造成交通事故的驾驶员，予以严厉惩处，情节严重的移交司法机关追究刑事责任，交通管理工作逐步纳入法制化的管理轨道。

2003年5月25日，札达县公安局下发《关于开展道路交通安全整治工作的通知》，要求县直各部门、各乡镇、个体车主，在6月1日前，将驾驶员驾驶手续、车辆行驶手续一应办齐，并将各自车牌号、驾驶证、行驶证等相关资料报公安局备查，严禁客货混装，违者按每人次50元以下20元以上罚款。

2007年，县公安局在象泉河大桥设立检查点，对过往车辆进行检查，通过采取教育和处罚相结合的方法，加强对无证驾驶、酒后驾驶、疲劳驾驶、客货混装等交通违法行为的严打整治。

三、交通事故

1985 年，发生交通事故 2 起，其中重大交通事故 1 起（属意外事件，死 1 人，伤 1 人）。

20 世纪 90 年代后，随着各种机动车辆的增多，道路交通事故时有发生。1991 年，札达境内发生交通事故 2 起，伤亡 8 人（其中死亡 1 人、重伤 2 人、轻伤 5 人）。1992 年，发生交通事故 2 起，伤亡 3 人（其中重伤 1 人、轻伤 2 人）。1993 年，发生特大交通事故 1 起，造成 2 人死亡、2 人重伤、1 人轻伤。2000 年，发生交通事故 3 起，死亡 1 人、重伤 2 人、轻伤 5 人。

2001 年，发生 2 起一般交通事故。2003 年上半年，发生交通事故 1 起，死亡 6 人，重伤 3 人，由地区交警支队派专人处理。

2005 年，县公安局查处交通违章、客货混装等事件 6 起，处理 6 人。2006 年 8 月 10 日，调解处理交通事故 1 起。2007 年，县公安局组织警力，先后两次在长达 8 个月时间内，在象泉河大桥处设立交通安全检查点、检查卡，对过往车辆进行严格安全检查。对无证驾驶、酒后驾驶、疲劳驾驶、客货混装等交通违章行为，根据情节轻重，采取教育和处罚相结合的处理办法。2008 年，开展严密查处客货混装行为专项治理。全年未发生因交通事故造成的人员伤亡现象。2010 年，妥善处理当地发生的交通事故 6 起。

第二章　检察

县人民检察院成立后，严厉打击严重暴力犯罪、黑恶势力犯罪以及抢劫、抢夺、盗窃等严重影响群众安全的多发性犯罪，保障人民群众生命财产安全。加强查办和预防生态保护、扶贫救灾款物、重大工程建设项目领域的违法犯罪活动。加强控告申诉检察，努力解决群众告状难、申诉难的问题。

第一节　机构

札达县人民检察院成立于1982年2月。成立初期，未配备领导，具体工作由县人民法院代管。1987年，采取先委派后选举的办法配备副检察长2名。至2000年底，县检察院共有工作人员4人，其中检察长1人、副检察长1人、干警2人。无内设机构，集中办公。

2004年，成立职务犯罪预防科。

2008年4月，成立检察委员会。9月，成立检察院党组（党组书记1名、副书记1名、委员1名），并设立办公室、侦查监督科、公诉科、反贪污贿赂局（反渎职侵权局）。有专项编制10人。领导职数9人（检察长1人、副检察长2人，专职检察委员会委员1人，内设机构领导职数5人）。

2010年，县人民检察院设办公室、侦查监督科、公诉科、反贪污贿赂局（反渎职侵权局）。政法专项编制13人，其中县级领导职数1名，科级领导职数10名（含1名检察委员会专职委员，副科级）。12月，县人民检察院实有 12 人。其中，检察长 1 人，副检察长 2 人，检察员 2 人，专职委员 1 人，副主任科员 1 人，书记员 5 人。

1992—2010 年札达县人民检察院领导任职一览表

表 8－2－1

机构名称	职务	姓名	性别	民族	任职时间
札达县人民检察院	检察长	1982. 02—1991. 12 未配备正职			
		李新	男	汉	1992. 12—1993. 10
		石确旺扎	男	藏	1993. 11—2002. 10
		庄存伟	男	汉	2002. 02—2004. 10
	党组书记检察长	崔来春	男	汉	2006. 08—2010. 06
		巴桑	男	藏	2010. 06—
	副检察长	巴桑石暖	女	藏	1987. 07—1990. 10
		阿旺贡噶	男	藏	1987. 07—1990. 11
		阿旺群英	男	藏	1990. 10—1998. 12
		卫东	男	藏	1998. 12—2002. 02
		次仁尼玛	男	藏	2004. 06—
		王波	男	汉	2006. 11—

第二节　刑事检察

县人民检察院成立后，坚持“严打”方针，打击严重暴力犯罪、黑恶势力犯罪以及抢劫、抢夺、盗窃等严重影响群众安全的多发性犯罪，保持对严重刑事犯罪打击的高压态势，保障人民群众生命财产安全。对公安机关、国家安全机关等侦查机关提请批准逮捕的案件进行审查后，依法作出是否逮捕犯罪嫌疑人的决定；对公安机关、国家安全机关或者检察机关自行侦查终结移送审查起诉的案件，经过全面审查后决定是否向法院提起公诉或不起诉

（免于起诉）决定，维护法律公正。1982—1996年，全县办理刑事检察案件22起，多为文物盗窃案件。其中，1993年受理公安机关提请逮捕刑事犯罪分子3名，审查逮捕3人，移交上级院审查起诉1起1人，受理公安移送起诉2件。

1994年，县人民检察院受理公安机关提请逮捕刑事犯罪案件1件3人，受理公安机关移送起诉重大交通肇事案件1件1人，特大文物盗窃案1件3人，依法审查起诉2件4人。法院均作出有罪判决。

1997年，县人民检察院受理公安机关提请逮捕刑事犯罪案件2件2人，经审查，批准逮捕2人。对“9·3”盗窃枪支弹药一案向法院提起诉讼，法院以罪判决。

1998年，县人民检察院受理公安机关提请逮捕刑事犯罪案件2件5人，经审查未批准逮捕。受理公安机关移送起诉2件2人，不起诉1件1人，移送上级检察机关1件1人。

1999年，县人民检察院受理公安机关提请批捕3件5人，经审查，批准逮捕2件3人。其中，文物盗窃案1件，倒卖文物1件。经审查向法院提起公诉1件2人，不起诉1件1人，待诉1件2人。

2000年，县人民检察院受理公安机关提请批捕3件3人，经审查，批准逮捕3件3人，向法院提起公诉3件4人（均做出有罪判决），待诉2件2人。

2002年，县人民检察院受理公安机关提请批准逮捕2件3人，批准逮捕2件3人，提起公诉2件3人，法院均做有罪判决。移送上级院提起公诉1件2人。2003年，受理公安机关提请批准逮捕2件4人，批准逮捕2件4人，提起公诉2件4人，法院均做有罪判决。2004年，受理公安机关提请批准逮捕2件3人，批准逮捕2件3人，提起公诉2件3人。其中，不起诉1件2人，移交上级检察院1件1人。

2005年上半年，县人民检察院受理公安机关提请批准逮捕4件10人，批捕4件10人。其中起诉1件2人，法院做有罪判决；移交上级检察部门1件5人，1件2人变更强制措施取保候审。

2006年，县人民检察院受理公安机关提请批准逮捕3件6人，批准逮捕3件6人，提起公诉3件3人。2007年，受理公安机关提请批准逮捕1件1人，批准逮捕1件1人，提起公诉1件1人。均做有罪判决。2008年，受理公安机关提请批准逮捕各类刑事案件3件5人。经审查批捕3件5人，起诉2件3人；1件2人移送上级院。所起诉的案件，法院均作有罪判决。批捕准确率100%，起诉准确率100%。

2010年，县人民检察院受理公安机关提请批准逮捕各类刑事案件4件12人。经审查批捕3件11人；不予批准逮捕1件1人，经审查提起公诉2件8人。文物盗窃和盗掘古文化遗址仍是刑事犯罪的高发点。

第三节　经济与法纪检察

2001—2010年，经常在检察院内部开展自身执法检查，自觉接受人大常委会监督。主动向人大常委会汇报工作，认真听取人大代表、政协委员对检察工作的意见和建议，并积极妥善地加以处理。通过认真自查，札达县人民检察院干警都能严格依法工作，在执法工作中未出现任何违法违纪现象。

第四节　预防职务犯罪

1985年，达巴区发现该区会计在1978—1984年间监守自盗现金共计2949.06元。案发后由检察机关依法处理。

1995年，县人民检察院直接受理挪用公款1件1人，依法审查起诉1件1人，挽回经济损失1万元以上。

1996年，县人民检察院受理经济案件2件2人。其中，挪用公款1件1人，挽回经济损失1万元以上。

2001—2010年，为促进党风廉政建设和反腐败工作的开展，县人民检察院扎实查办贪污贿赂渎职犯罪。

2001年，县人民检察院坚持打防并举的方针，加强查办和预防生态保护、扶贫救灾款物、重大工程建设项目领域的违法犯罪活动，督促和帮助有关部门堵漏建制，清除滋生犯罪的不良土壤。7 月，按照检察机关自侦案件的程序受理了 1 起挪用公款案，初查后，因达不到立案标准，移交有关部门处理。另外，结合检察机关自侦案件的范围，先后在全县范围内进行了 2 次执法宣传，并向一镇五乡送发《人民检察院直接受理立案侦查案件立案标准的规定》宣传册，努力维护司法公正和法制统一。

2002 年，根据高检院、区检院、阿里分院《关于开展预防职务犯罪工作》的指示精神，专门派出人员，到阿里分院以案代训。同时，积极筹备“预防职务犯罪”的图片展览。

2003 年 7 月 13—17 日，县人民检察院在县城内进行一次“严格执法，热情服务”的法治宣传教育活动，向社会各界群众宣传《人民检察院直接受理刑事案件立案标准》《西藏自治区人民检察院阿里分院预防职务犯罪工作细则》等法律法规，并以此为契机公布札达县人民检察院举报电话，为拓宽案件线索来源奠定群众基础，收到良好效果。

2004 年，县人民检察院成立职务犯罪预防科，把打防的重点放在“三机关一部门”①，同时发挥职能优势，结合职务犯罪的发案特点和规律，向五乡一镇和县（中）直各单位发放《职务犯罪预防警示教育》宣传台历。在全县干部职工、驻军部队举办法制讲座，由检察长讲解检察机关业务职能，重点对预防职务犯罪作详细的阐述，提高全县干部职工对法律的认知度。有针对性地发放职务犯罪预防和群众举报的宣传挂图，为预防职务犯罪和促进党风廉政建设顺利开展奠定了基础。

2005 年，县人民检察院利用“政法支部保持共产党员先进性教育法治宣传”为主题的活动向广大干部职工和农牧民群众宣传预防职务犯罪的相关内容，并设立举报箱，对外公布举报电话。

2006 年，按照最高人民检察院关于《进一步加强预防职务犯罪工作的决定》，结合札达实际，向广大干部职工、县城居民和广大农牧民群众宣传有关职务犯罪的情节以及如何预防职务犯罪，并设立举报箱，对外公布举报

① 即党政机关、司法机关、行政机关和经济管理部门。

电话。

2007年，县人民检察院向县城居民以及部分农牧民群众发放《人民检察院职能部门主要职责》《渎职犯罪案件立案标准》《贪污贿赂犯罪案件立案标准》等相关法律宣传材料共300份（其中汉语材料200份，藏语材料100份），宣传人数达300余人次，咨询人数达50余人次。

2008年，县人民检察院在奥运会期间成立信访工作领导小组，由1名副检察长负责信访接待工作。上半年，接到县公安局移送的香孜乡会计尼某挪用公款案件，县人民检察院成立专案组奔赴香孜乡进行调查取证。查清事实后，根据宽严相济的刑事政策，再结合犯罪嫌疑人尼某平时的工作表现，对犯罪嫌疑人尼某做出不起诉决定，起到了教育挽救的作用。

2009年，县人民检察院成立预防职务犯罪宣传小组，深入各施工单位和部门，发放关于预防职务犯罪相关内容的宣传材料，公布职务犯罪举报电话，欢迎广大群众为案件的办理提供线索。5月24日至7月8日，县人民检察院深入五乡一镇，面向各乡镇的党员干部进行职务犯罪预防警示教育宣传，并对各乡镇的财物管理等方面进行检查，口头提出预防建议。县人民检察院还抽调专门人员组成调查组，深入札达县各施工单位，对所有工程的资金拨付、工程进度、质量情况、是否拖欠农牧民工工资等一系列问题进行全面调查和检查，把预防职务犯罪工作做细做实。

2010年，县人民检察院加大职务犯罪预防工作的宣传力度，利用“三月综治宣传月”“六月法治宣传活动”“9·16创建平安西藏宣传日”等活动进行法治宣传。采用藏汉双语资料的形式向群众发放有关检察机关的职能、渎职立案标准、贪污贿赂犯罪案件的立案标准以及盗掘古文化遗址、古墓葬案件的构成及刑罚等宣传资料1000余份。开展以“依靠群众、反腐倡廉、服务大局”为主题的“举报宣传周”法治宣传活动，专门宣传检察举报的有关内容，为干部职工和农牧民群众检察举报提供良好的平台。

第五节　控申与监所检察

一、控申检察

县人民检察院注重畅通信访举报渠道，通过设置意见箱、举报箱，将举报须知、举报电话、举报信箱在县电视台播放，推进检务公开改革，及时解决群众合理诉求。1999 年，接到乡村控告检举 2 件 3 人，均达不到立案标准，转交区、乡两级协调处理 1 起，转交法院处理 1 起。

2001—2003 年，县人民检察院不断加大宣传力度，向各乡镇下发《人民检察院直接受理刑事案件立案标准规定》宣传册。

2004 年，县人民检察院加强控告申诉检察，切实解决群众告状难、申诉难的问题。在处理控告申诉检察工作的重要环节，安排专人负责，直接了解和督促解决反映的问题。实行首办责任制，对第一次上访的群众，责任人必须耐心接待、负责到底。采取回访和下访的办法，有效解决问题并化解矛盾。健全完善检察长接待日制度，做好接待工作。

2005—2006 年，县人民检察院加强举报线索管理，使案件线索按有关程序及时分流、及时催办、及时回复。做到事事有交代，件件有着落。通过举报，线索管理进一步制度化、规范化，起到取信于民的效果。安排广大干部职工利用休息日开展法律宣传讲座，提高人民群众的法律意识，增加案件线索。利用通信设备向广大人民群众开展法律宣传，并开设廉政举报专线。2005 年上半年，县人民检察院接到一起民事申诉案件，及时向人民法院协调和督促，使原告在最短的时间内得到了应有的赔偿。

2009 年，县人民检察院采用藏汉双语资料的形式向群众发放有关检察机关的职能、渎职立案标准、贪污贿赂犯罪案件的立案标准、盗掘古文化遗址、古墓葬罪案件的构成及刑罚等宣传资料 1000 余份。

2009—2010 年，县人民检察院开展“举报宣传周”法治宣传活动，专门宣传检察举报的有关内容。

二、监所检察

札达县人民检察院与县公安局、县法院配合，对看守所在押犯人进行检察。检察机关就看守所对犯人的收押、监管、教育、释放以及生活管理、防疫及判决、裁定的执行情况等方面进行多次安全大检查，及时发现和清除安全隐患，制止逃脱、行凶自杀等事故的发生，纠正少数管教干部体罚犯人现象。

1990年后，县检察院监所检察工作采取有效措施，逐步完善制度。检查次数从一年一检到一月一检；检查形式也多样化，有深入监舍的检查，有利用办案之际询问监押人，有利用重大节庆日请县委、县政府、人大、政协主要领导带队检查。对看守所收押、释放、关押人犯的期限，执行刑事案件判决、裁决及看守所管理教育等实行有效的监督检察。针对检查中发现的问题，及时提出改正建议，消除隐患，保障看守所的安全和在押人员的合法权益。

1998年，看守所关押各类违法犯罪人员9人，其中治安拘留1人、刑事拘留8人。1999年，看守所关押各类违法犯罪人员9人，其中治安拘留2人、刑事拘留7人。

为了能够更好地发挥监所检察职能，2008年11月4日，县人民检察院副检察长次仁尼玛率领干警对县公安局看守所进行了全面的检查。重点检查县看守所的房舍、食堂、监管人员值班室、活动室等基础设施，通过检查发现基本符合法律规定的要求和标准，监区监管、监控等方面也未发现遗漏问题，并对县公安看守所关押情况进行检查。

2010年，县人民检察院加强对看守所的监督力度，安排专人每周对公安看守所进行检查，确保在押人员的合法权益不被侵犯。

第六节　检察监督

札达县人民检察院依法开展刑事立案监督和侦查监督，对发现应当立案而没有立案的刑事案件，要求公安机关说明不立案理由，理由不能成立的通知公安机关立案。明确专人负责制，严格按照诉讼程序办理案件。1996 年，县人民检察院依法监督提前介入 1 件 1 人。

1997 年，县人民检察院对“9・3”枪支弹药被盗案件提前介入，基本掌握案情，并依法作出批捕决定。1998 年，向有关单位提出检察建议 2 件 2 人。1999 年底，依法监督立案“11・28”盗窃一案，经县法院确认证据确凿、定性准确并数额较大作出有罪判决，此为札达县首次立案监督案件。

2000 年，依法监督盗窃立案 1 件 1 人。

2001—2010 年，县人民检察院依法对县人民法院已经发生法律效力但确有错误或违反法定程序的民事、行政判决和裁定，依法提出抗诉。在审查法律文书的基础上，从事后监督改为事前、事中监督，完成“监督前移”，寻找“执行难”的突破口，维护当事人合法权益，化解社会矛盾纠纷，依法维护法律权威。在具体工作中，县人民检察院加大宣传力度，让群众了解到对法院民事、行政判决、裁定不服的可到检察机关申诉的相关规定；与县人民法院召开协调会，解决调卷难的问题；走访相关民事案件当事人，解决案源缺乏的问题。

2001—2002 年，县人民检察院加大对侦查、审判、执行等诉讼环节的监督力度，从监督违反诉讼程序问题入手，以惩治司法领域中的腐败现象为重点，以促进司法文明、实现社会公平和正义为目标，保障法律的严格实施，维护法制的统一和尊严。

2003 年，县人民检察院认真贯彻县委、县政府和区检院以及阿里分院转发区检院《关于认真做好非典型肺炎防治工作和维护社会稳定工作的通知》精神，对在非典型肺炎防治工作中，有关国家工作人员严重失职、渎职造成疫情扩散等严重后果，构成犯罪的及时立案查办。

2004 年，县人民检察院接到民事申诉案件 1 起，同时向人民法院协调和督促，使原告在最短的时间内得到应有的赔偿，发挥人民检察院的监督职能。

2006 年，县人民检察院进一步加大对公安、法院部门的监督力度，尤其是针对刑讯逼供、徇私枉法等现象进行突击检查。

2007—2008 年，县人民检察院主要从立案监督、侦查活动监督以及民事审判、行政诉讼监督等方面开展监督工作。

2009 年，按照《西藏自治区检察机关人民监督员选任工作实施方案》的要求及公平、公正原则，县人民检察院成立选任工作领导小组，并特请县人大常委会主任担任组长。经县人大常委委员会同意任命 3 名人民监督员。

2010 年 5 月，县人民检察院在办理案件过程中，发现县公安局在侦查阶段存在超期羁押犯罪嫌疑人的情况，立即向县公安局提出检察建议，要求其说明超期羁押原因，并建议及时更改强制措施，保障被羁押人的合法权益。8 月，在起诉案件过程中，针对法院不予采纳起诉书中的罪名，更改罪名后进行判决，县检察院认为法院判决定性不准，适用法律不当，量刑畸轻，依照审判监督程序，依法向县人民法院提出抗诉，经法院二审审理后，依法作出改判。

第三章　审判

札达县人民法院成立后，1984—2000 年间，共受理刑事案件 33 起，受理行政案件 5 件，经济纠纷案件 4 起，全部审结；受理民事案件 122 起，其中未结 3 件。其余全部审结；调解各类纠纷 300 多起。

第一节　机构

一、机构设置

1965 年 6 月 10 日，札达县召开第一届人民代表大会，成立札达县人民法院，但未配备班子，其工作由札达县公安局负责。

1975 年，重新成立县人民法院，3 月，县人民法院配备院长 1 名，但未到职。1981 年 12 月 27 日，恢复县人民法院工作。至 2000 年底，县人民法院有院长 1 名、副院长 2 名、干警 2 名。

2001 年，县人民法院核定编制 8 人，实有 4 人。2006 年，县人民法院核定编制 9 人，实有 7 人。其中具备审判资格的人员 2 人，在岗干警 5 人。2007 年，县法院核定编制 14 人（县人民法院 9 人、曲松乡派出法庭 5 人），实有 11 人。其中编外工人 1 人，具备审判资格的人员 3 人。

2009 年，根据中共西藏自治区委员会组织部《关于在县（市、区）人民法院、人民检察院设立党组有关问题的通知》精神，县人民法院设立党组。其中，党组书记1人，副书记1人，成员1人。

2010年，县人民法院设办公室、立案庭、民事审判庭、刑事审判庭、执行局、审判监督庭，核定编制14人。

1976—2010年札达县人民法院领导任职一览表

表8-3-1

机构名称	职务	姓名	性别	民族	任职时间
札达县人民法院	院长	扎西旺久	男	藏	1975.06—1976.10
		才旦旺堆	男	藏	1976.10—1977.09
		扎西旺久	男	藏	1987.07—1994.03
		才旺罗杰	男	藏	1994.03—1997.11
		顿吉	男	藏	1997.11—2002.08
		次仁杰阿	女	藏	2002.08—2007.11
		达瓦	男	藏	2007.11—
	副院长	扎西	男	藏	1979.10—1983.10
		顿吉	男	藏	1993.10—1997.11
		加参	男	藏	1995.07—
		白玛仁青	男	藏	1998.03—2000.11
		次仁杰阿	女	藏	2000.11—2002.08
		江村罗布	男	藏	2006.11—
		彭毛	男	藏	2007.05—

二、队伍建设

札达县人民法院成立后，陆续开展“回望过去、展望未来”“司法公正树形象”“反对分裂、维护稳定、加强团结、促进发展”等一系列主题教育活动。县人民法院十分重视提高干警的文化业务素质，鼓励干警主动学习，通过组织人员参加业务培训，到上级法院、法官学院学习，参加司法考试，到内地挂职锻炼等方式，增长干警专业知识，拓宽视野，提高综合审判业务素质。

2008 年，派出人员参加业务培训 7 人次。其中，到国家法官学院学习 3 人次，参加全国司法考试培训 1 人次，到地区中级人民法院学习 3 人次。

2009 年，派出人员参加业务培训 16 人次。其中，到国家法官学院学习 3 人次，到内地法院挂职锻炼 1 人次，到拉萨法官学院学习 9 人次，参加全国司法考试培训 3 人次。

第二节　刑事审判

西藏和平解放初期，县公安局代行审判职能，包括依法处理分工委干部、职工中发生的各类刑事案件。

1984 年，根据国家有关规定，恢复公开审判、陪审、合议、辩护、回避、上诉等审判制度。按照“以事实为根据、以法律为准绳”的原则，由县人民法院独立行使审判权，保障公民在法律面前人人平等的权利。依法开展刑事审判工作，打击各种犯罪活动，维护和保障社会安定，保障经济建设顺利进行。1984—1989 年，共判处各类刑事案件 8 件，其中盗窃案件 3 件，交通肇事案件 1 件。

1990 年起，县人民法院贯彻中央关于对严重刑事犯罪活动“从重从快、一网打尽”的方针和全国人大常委会《关于严惩严重危害社会治安的犯罪分子的决定》的要求，集中力量与公安、检察机关密切配合，对杀人、抢劫、强奸等严重破坏社会秩序、危害人民生命财产安全的犯罪行为依法进行判处。1990 年，审结刑事案件 4 件，判处各类犯罪分子 6 人（强奸案 1 件 1 人、盗窃案 1 件 3 人、诈骗案 1 件 1 人、玩忽职守 1 件 1 人、脱逃 1 件 4 人），为国家、集体、个人挽回损失 2918.6 元。1992 年，审理刑事案件 2 起，判处犯罪分子 2 人。其中，故意杀人 1 件 1 人，交通肇事 1 件 1 人。挽回经济损失 8215.2 元。

1993—1997 年，县人民法院受理刑事案件 8 件 8 人，宣告有罪 7 人，判拘役 1 件 1 人，判处 3 年以上有期徒刑 1 件 1 人，当庭决定监时执行 1 件 1 人，挽回经济损失 19382.6 元。其中，1994 年，审结刑事案件 3 起，其中 2 起属于交通肇事案件。

1997 年，贯彻中共中央关于“严厉打击刑事犯罪分子和拐卖妇女儿童犯罪活动”的方针，县人民法院狠抓大案、要案，依法审理、判处各类犯罪活动。依法审理、公开审理各类犯罪活动 7 件 10 人，有力地打击了各类刑事犯罪。

1984—2000 年，县人民法院挽回经济损失 47854.20 元。2000 年，受理各类刑事案件 8 件，挽回国家二级珍贵文物 1 件、三级文物 6 件、一般文物 13 件。

2001—2010 年，县人民法院继续深入贯彻实施新的刑法和刑事诉讼法，严厉打击危害国家安全及其他严重刑事犯罪活动。在刑事审判工作中，坚持“罪刑法定”原则和“宽严相济”的刑事司法政策，把打击破坏社会治安和文物盗窃犯罪活动作为工作重点，通过公开审理相关案件，有效遏制文物盗窃案件的发生。

2003 年，县人民法院严厉打击破坏社会治安和文物盗窃犯罪活动，审结刑事案件 4 件。

2005 年，县人民法院公开审理洛某、次某文物盗窃案和西某文物盗窃案，维护了法律的尊严，打击了犯罪分子的嚣张气焰。

2009 年，由于县内工程项目增多，外来务工人员较多，给全县社会治安、交通管理带来诸多问题。县人民法院受理首例交通肇事刑事案件，此案被告人是 1 名工程车驾驶员，酒后驾驶，翻车造成 1 死 3 伤的严重后果，依法对被告人进行判决。

2010 年，在刑事审判工作中，坚持“罪刑法定”原则和“宽严相济”的刑事司法政策，把严惩严重危害国家安全的犯罪活动作为刑事审判工作的首要任务，坚决打击文物犯罪，严厉惩处文物犯罪分子，对 8 名文物盗窃的被告人依法作出有罪判决。受理 2 件文物盗窃案。

1984—2010年札达县人民法院刑事案件受理情况统计表

表8－3－2　　单位:件、元

年份	受理	审结	审结率	挽回经济损失	备注
1990—1996	13	13	100%		经济犯罪案件9件 交通肇事案件2件
1999	1	1	100%		
2000	8	8	100%	1765	
2001	0	0			
2002	4	4	100%	24000	
2003	4	4	100%		
2004	0	0			
2005	6	6	100%		均为文物盗窃案件
2006	4	4	100%		
2007	2	2	100%		
2008	6	6	100%		均为盗窃案
2009	2	2	100%		均为交通肇事案件
2010	10	10	100%		文物盗窃案2件

第三节　经济审判与民事审判

一、经济审判

20世纪60年代至80年代中期，札达县发生的经济案件由县公安局和县人民检察院办理审结。

在1994年以前，经济纠纷案件按民事案件进行处理。自20世纪90年代中期以来，县人民法院工作逐步走向正规化，开始办理经济案件。从1994—2000年，札达县人民法院按《中华人民共和国经济合同法》并结合相关法律规定，对涉及经济纠纷的4起案件进行依法处理，案件全部审结。

1993—1997 年，县人民法院受理经济纠纷案 5 件，其中贷款担保纠纷 1 件、承包合同纠纷 1 件、草场纠纷 2 件，诉讼标的 8 万元。

1997 年，移送经济案件 1 件。1999 年，审结 2 起赔偿纠纷案件。

2000 年 8 月，最高人民法院作出决定，取消原来的经济审判庭，改经济审判庭为民事审判庭。

二、民商事审判

札达县公安机关代行法院工作职责期间，由于办案人员少，民事案件主要靠人民调解委员会处理，负责审理复杂重大案件。审理前采取先行调解的办法，由审判员或合议庭主持，根据当事人意愿，在事实清楚的基础上依法进行调解，部分案件的调解还通过邀请相关单位和个人协助解决。

1981 年，札达县人民法院恢复设立后，贯彻执行民事审判工作的指导方针，依法办案，依法保护当事人的合法权益，依法严惩民事违法行为。针对民事案件量大面广，处理不当矛盾容易激化的特点，注重做好教育疏导工作，防止矛盾激化，将稳定局势寓于具体民事案件的处理中，民事案件审理逐步走向法制化、程序化。

1981—1990 年，民事纠纷案中抚养纠纷和婚姻纠纷案件较突出。

1986 年，县人民法院受理民事案件 5 件，其中离婚案 1 件、私生子女抚养案 1 件、口头调解 2 件、文字调解 1 件。民事案件由上年的 3 件 6 人增加到 5 件 10 人。

1990 年，县人民法院受理并审结民事案件 3 件，离婚和非婚生子女的抚养案件较为突出，还受理了侵犯公民名誉权等新型案件。

1992 年，县人民法院受理民事案件 10 件。其中，婚姻纠纷 4 起、抚养纠纷 3 起、经济 2 起、申诉 1 起，处罚当事人 14 人，罚金 1800 元，处理无主财产价值 550 元，上交国库 2350 元。

1993 年，县人民法院受理并审结民事案件 13 起。其中，草场纠纷 2 起，抚养纠纷 2 起，经济纠纷 4 起，婚姻纠纷 2 起，监护纠纷 1 起。处罚当事人 3 人，罚金 700 元，处理无主财产 650 元，上交国库 1350 元。

1994 年，县人民法院受理民事案件 12 件，审结 11 件，撤诉 1 件。其中判决 5 件、调解 6 件。

1995 年，发生民事纠纷案件 22 起，审结 22 件。1996—1998 年，县人民法院共审结各类民事案件 14 件。1997 年，县人民法院受理民事案件 12 件，其中婚姻案件居于首位，侵权案件较为突出。

1998—2002 年，县人民法院在民事审判工作中以化解矛盾，维护社会稳定，弘扬社会主义道德风尚，促进社会全面进步为目的，依法平等保护当事人的合法权益，贯彻民事审判方针、政策，执行民事法律、法规，拓宽案源，缩短办案期限，注重举证责任，严格案件办理程序，进一步提高民事审判工作的服务意识，依法严格设立来信来访制度，根据信访内容和涉及面及影响，及时组织人力、物力、财力，到案发地审理，深入调查，注重疏导，力行教育，就地审结。

1998 年，县人民法院受理审结民事案件 3 件，其中婚姻家庭纠纷 2 起、抚养纠纷 1 起。

1999 年，针对全县各种赔偿案件逐渐增多，县人民法院遵循“有损害须有赔偿”和“赔偿损益相当”的原则，加大执法保护力度，使权利人的损失得到补偿，改变过去司法保护不力的状况。全年受理审结各类民事案件 23 起，其中赔偿案件 6 起。

2001 年，县人民法院受理抚养纠纷 2 件、近亲通婚案 1 件（罚款 1300 元）、无主财产案 1 件（价值 4400 元）。

2002 年，县人民法院依法受理审结民事案件 5 件。审理杨某诉周某的民事损坏赔偿纠纷案时，对双方当事人进行调解。在双方当事人未能达成一致的情况下，对案件进行判决。被告周某不服，上诉到阿里中级人民法院，中院在通过认真调查取证后，维持原判，双方当事人服从判决。

2003 年，民事案件以婚姻家庭纠纷为主。7 月 29 日至 8 月 8 日，派出一名干警随县“五下乡”宣传组到达巴乡、萨让乡进行为期一周的法律宣传活动，发放《婚姻法》《草原法》《妇女权益保障法》等有关法律资料 600 份，接待群众来访咨询 20 余人次。

2004 年，县人民法院加大对拖欠农民工工资、拖欠工程款、借款合同和婚姻家庭纠纷案件的审判，处理了彭才华诉札达县边防大队劳动报酬纠纷案，成功调解1起农民工工资纠纷案，依法处理格桑曲珍与白玛多吉非法同居等影响面广、矛盾易激化的案件。

2005年，县人民法院积极开展司法为民、便民、利民活动。由于当事人经济条件差，无力支付诉讼费用，依法减免民事纠纷案件的诉讼费。妥善处理马某、修某劳动报酬纠纷案，米某、旺某抚养纠纷案等案件。

2008年，受理民商事案件32件。成功在诉前调解1起涉诉民工76人、标的高达60多万元的劳务工资纠纷案，被告主动履行支付工资的义务，既保护了农民工的合法权益，也维护了社会稳定。

2009年，劳资纠纷案件呈明显上升趋势，共受理29起，占民事案件总数的46%，涉及农民工280人左右。通过依法审理，为农民工讨回工资181万元，维护农民工的合法利益。

2010年，坚持将化解矛盾与维护社会稳定相结合，加大调解力度，有效化解各种矛盾纠纷。全年受理各类民商事案件71件，其中合同纠纷29件，追索劳务报酬纠纷29件，婚姻家庭纠纷9件，损害赔偿纠纷4件；结案73件，审结率100%，调解51件，调解率70%。

1977—2000年札达县人民法院民事案件受理情况统计表

表8-3-3　　单位:件

年份	受理案件	审结	年份	受理案件	审结
1977	2	2	1991	18	18
1982	0	0	1992	7	7
1983	0	0	1993	13	13
1984	1	1	1994	12	12
1985	3	3	1995	23	23
1986	1	1	1996	7	7
1987	2	2	1997	5	5
1988	14	14	1998	3	3
1989	12	12	1999	23	23
1990	3	3	2000	2	2

2001—2010 年札达县人民法院民事案件受理情况统计表

表 8－3－4　　单位:件

年份	来信来访	受理案件	审结	撤诉	调解	结案率
2001	30	14	14	2	12	100%
2002	30	8	8		8	100%
2003	30	10	10	1	9	100%
2004	24	23	23		20	100%
2005	27	15	15		15	100%
2006	17	12	12		12	100%
2007	23	23	23		23	100%
2008	13	32	32	3	29	100%
2009	18	64	64	4	60	100%
2010	15	71	71	4	67	100%

第四节　行政审判与人民调解

一、行政审判

2001—2010 年，为贯彻最高人民法院和自治区高级人民法院的有关精神，县人民法院依法办理行政案件。在受理行政案件时，大力宣传行政诉讼知识和行政诉讼法律，促进国家机关依法行使职权，并做好非诉行政案件的审查工作，积极配合政府有关部门做好土地使用权争议纠纷、牧区草场纠纷等执法工作。2001 年，受理审结行政案件 2 件；2007 年，受理审结行政案件 2 件。2008 年，受理审结行政案件 2 件，均为不服行政处罚案件，审结率 100%。

二、人民调解

札达县境内民间调解由来已久，在噶本时期，各措发生的纠纷由其头人调解，不能调解的上报本及噶本调解。

民主改革及建县后，随着各级人民政权的建立和不断完善，在各乡村选派威信高、有法律意识的人员担任乡村人民调解员，依据村规民约，负责对本区域内发生的民事纠纷进行调解。

1983年，在上级业务部门的指导下，全县建立区调解委员会6个，调解纠纷20余起。1984—2000年，调解各类纠纷300多起。1990—1999年，培训调解人员326人次。

1993—1997年，基层调解组织调解民事纠纷195件。1995年，在自治区首届基层调解工作总结表彰大会上，札达县被评为“指导人民调解工作先进集体”。

1998—2002年，基层调解民事纠纷146起，调解成功率100%。1998年，基层调解组织调解民事、经济纠纷等案件73起，结案率96%。1999年，在乡镇行政区划调整时，累计向基层调委发放法律学习材料4000份，下乡指导调解业务100余次，调解员队伍由100余人增至160余人。各基层调解组织调解处理民事纠纷123起，调解成功117起，成功率95%。2000年，全县有乡调解委员会6个，村调解委员会15个，调解人员150余人。调处民间纠纷39件，调处成功率97.28%。

2001—2010年，县人民法院加强对基层调解工作的业务指导和人员培训。通过下乡办案、以案讲法、以案带训来指导调解委员会工作，真正实现把矛盾化解在基层，把纠纷消除在萌芽状态，维护基层稳定。

2001—2004年，累计调处民间纠纷121起，调处成功率达94%以上。2001年，调处民间纠纷34件，调处成功率达95%以上。2002年，调处民间纠纷32件，调处成功率为95%。其中对杨某诉周某的民事损害赔偿纠纷，在调解无果的情况下，被告周某不服上诉到阿里地区中院，中院在调查取证后，维持原判。2003年，通过下乡办案、以案讲法、以案代训来指导调解工作。年内调处民间纠纷20余件，调处成功率达90%以上。

2004年，调处民间纠纷35件。调处成功率95%。2005年，调解纠纷7起；2006年调解纠纷9起；2007年调解纠纷11起；2008年调解纠纷16起；2009年调解纠纷41起。

2010 年，县人民法院利用“车载流动法庭”下乡巡回办案 11 件，往返 2000 余千米，法治宣传 19 场次，发放宣传资料 3000 余份。

第五节　案件执行

1998—2002 年，县人民法院进一步调整充实执行力量，加大对执行工作所需物资装备的投入，在积极运用自身执行力量开展执行工作的同时，大力开展协助执行工作。5 年间，受理申请执行案件 8 件，执行标的 5 万元。

1999 年，执行案件 6 起，执行率 100%，执行标的 64220 元。2000 年，执行案件 3 起，执行率 100%。

2001—2007 年，县人民法院案件执行成效显著。在贯彻中央 11 号文件和区党委 7 号文件中，用好、用足、用活政策，依靠社会各界的支持，大力开展委托执行和协助执行工作，建立执行工作统一管理、统一协调、统一指挥的机制。在案件执行上，采取措施化解矛盾，促进生产发展，维护农牧区社会稳定。累计受理执行案件 2 起，执行标的 1220 元，执结率 100%。其中，2001 年受理 1 起执行案件，执行标的 720 元。2002 年协助执行案件 1 起，执行标的 500 元。2003 年，依靠社会各界的支持，改善执法环境，开展委托执行和协助执行工作，探索解决“执行难”的有效途径。2005 年执行案件 1 件。

2008—2010 年，建立查处非法干预人民法院执行联动机制和执行威慑机制，采取案件信息统一管理、执行风险告知、“先执行、后收费”等措施，优化执行环境，做到执行的法律效果和社会效果相统一。3 年中，累计受理执行案件 13 起，执行标的 21.3 万元，执结率 100%。

2008 年，依据新修改的《民事诉讼法》对被执行人未履行法律义务的处罚增加的条款，被执行人不履行法律文书确定的义务的，人民法院可以采取或通知有关单位采取限制出境，在征信系统记录、通过媒体公布不履行义务信息以及法律规定的其他措施加大执行力度，保障申请人权益。

2009 年，执行案件 9 件。2010 年，新收执行案件 4 件，执结 4 件，标的 5 万余元。

第四章　司法行政

札达县各级民调、治保组织积极调处疑难复杂、易激化纠纷，宣传相关法律法规，针对群众关心的热点、难点问题，有计划、有步骤地开展专项治理和依法治理。经常向干部、群众宣传各种涉及切身利益的法律法规，增强干部群众的法律意识。

第一节　机构

2010 年之前，札达县未设立单独的司法行政机构。司法工作由县委政法委主要负责开展，公安、检察院、法院协助。

同年，设立札达县司法局，科级建制，为县政府工作部门，配备政法专项编制 10 名（含 5 名乡镇司法助理员编制），其中科级领导职数 3 名。设法律援助中心（股级）；增加指导管理社区矫正工作职责，加强监督管理法律援助工作职责。内设股级机构法律援助中心，负责法律资源的吸收和调配，组织协调法律援助实施工作；为弱势群体和城镇低保、农牧民群众提供法律援助；负责法律援助制度的宣传工作；组织社会组织和志愿者开展法律援助工作；实施法律援助和为政府提供法律服务，承办法律援助人员的监督管理工作。

第二节　人民调解

在札达县司法局成立之前，人民调解工作归口于县委政法委综治办。各级民调、治保组织积极调处疑难复杂、易激化纠纷，宣传相关法律法规，加强各级调解组织建设，大部分乡镇调解组织能够做到文书、制度、程序三统一，充分发挥人民调解“第一道防线”作用，为维护基层社会稳定发挥重要作用。

1995年，各级民调、治保组织依法调处民事纠纷35起，调处率达100%，调处成功率达98%。1997年，基层调解组织调处民间纠纷64起，成功率达96%。1998年，基层调解组织调处民间纠纷73起，成功率达100%。1999年，调解民事纠纷123起，调解成功率达95%以上。2000年，全县有乡调解委员会6个，村调解委员会15个，调解人员150余人。调处民间纠纷39件，调处成功率97.28%。

2001—2004年，累计调处民间纠纷121起，调处成功率达94%以上。

随着2003年“大调解”概念（人民调解、司法调解、行政调解，均是通过第三方介入当事人之间的矛盾纠纷，通过疏导、说理来调解纠纷达成协议）的提出，2004年起，县维稳办和综治办均与各乡镇、县（中）直各单位签订《矛盾纠纷排查调处目标管理责任书》，将矛盾纠纷排查调处纳入年度综治目标考核范围内。

2004年之后，基于“大调解大服务”的理念，为加强人民调解工作，札达县制定印发《关于建立我县处理信访突出问题及群体性事件联席会议制度的通知》，成立由县委、县政府主要领导任组长，政法、公安、检察、法院、司法、信访、劳动、农牧、国土、发改等部门为成员的札达县矛盾纠纷排查化解与信访领导小组；设立县委书记、县长信访接待室，畅通干部群众联系渠道，公布县级领导接访职责以及联系方式，在干群间搭建“连心桥”；实行公、检、法三长集体接待来信来访制度，随时收集和解决群众问题，为群众反映和解决问题提供方便快捷的通道。

2004年，阿里地区中级人民法院、阿里地区司法处联合下发《阿里地区调委会主任、司法助理员、司法局局长五年培训实施方案》，县人民调解委员会在各调解组织中选派中青年干部分两批次进行培训，提高人民调解委员会的法律知识、工作能力和业务水平。

2005年，县综治委印发《调解委员会的工作职责》，规范全县各级调解组织职责。以第三批保持共产党员先进性教育活动契机，政法部门工作人员到达巴乡曲龙村、东波村，对当地农牧民之间存在的纠纷进行调解，依法调解了原告次某诉被告德某抚养纠纷案、原告桑某诉被告次某家庭纠纷案、原告班某诉被告贡某监护权纠纷案。

2006年，县综治办制作《调委会受理民事纠纷调解表》下发各乡镇，规范调委会的调解活动。依法调解一起家庭纠纷案、一起抚养纠纷案、一起债权债务纠纷案、一起房屋租赁纠纷案、一起离婚纠纷案。

2007年，县综治办印发《关于人民调解创新工作活动的实施方案》，规范人民调解的工作方式、工作程序、工作纪律，强调人民调解的三项基本原则；同时下发藏文版《人民调解委员会组织条例》《人民调解委员会矛盾纠纷排查调处机制》，将人民调解三项基本原则改为五项，并且规定调委会矛盾纠纷排查内容以及快速反应调解机制。依法调解一起债权债务纠纷案、一起民事侵权赔偿纠纷、一起抚养纠纷案、一起家庭纠纷案。

2008年，札达县成立以县委常委、政法委书记明琼多吉为组长，县公检法主要负责人及各乡镇副书记兼职政法委书记为成员的矛盾纠纷排查调处领导小组，建立健全矛盾纠纷排查调处工作机制。

2009年12月16—20日，政法部门工作人员在达巴乡曲龙、东波、东萨3个村进行巡回办案，共调解贡某诉次某人身损害赔偿纠纷案、曲龙村四组诉索某履行处罚决定案等5起民事案件。

2010年底，县司法局设立县级人民调解工作协调小组，由分管政法工作的县级领导任组长，政法、综治、司法、信访、公安、法院、民政、妇联、发改委、国土、农牧、电信、教育、国土、林业、水利等部门的领导为成员。主要职责是协调全县矛盾纠纷排查调处工作。各乡镇设置调解委员会，配备专职调解员。村（居）委会均成立有人民调解委员会，成员有2—

3 名。同时,各自然村也成立了调解小组,确定村小组的调解成员或信息员。

2005—2010 年，共受理民间纠纷 276 件，成功调处 235 件，调处率逐年增加，5 年间未发生大规模集体上访和群体性事件。

第三节 法律援助

在札达县法律援助中心成立之前，农牧民群众遇到涉法事宜主要是通过乡镇政府、公安特派员、司法助理员及基层治保、调解组织来进行调解和处理。

2010 年之前，县域无专门从事法律援助的律师。2010 年，经县政府研究决定，成立札达县法律援助工作协调领导小组，县委常委、常务副书记王海龙任组长，县人民法院院长达瓦任副组长，县委政法委、组织部、发改委、教育局、财政局、民政局、国土局、公安局、县人民法院、政府办、工会、共青团、妇联、工商局相关负责人为成员。领导小组下设办公室，办公室设在县人民法院，办公室主任由彭毛担任。

2007—2008 年，县法律援助工作协调领导小组下发《关于开展“法律服务和法律援助工作作为构建社会主义和谐社会服务”主题实践活动实施方案》，在各乡镇组织能力较强的人员形成“马背普法小组”“徒步普法小组”，开展“送法到家、普法到脑”活动，为农牧民送去新颁布或修改的法律法规，及时解决遇到的新问题、新情况；深入各施工工地，尽可能地采取调处方式化解建筑领域拖欠农民工工资问题，维护农民工的合法权益，为在札达县务工的农民工提供方便、快捷的法律服务。

2007 年 8 月 15—17 日，县人民法院调解审结一起诉讼标的额达 20 万元的劳务合同纠纷案，30 多名农民工因劳务报酬与包工老板发生纠纷，农民工要求及时解决在札达县消防大队综合办公楼建设工程项目务工 2 个月期间的全部工资款，因未能达成一致，发生冲突。县人民法院告知双方当事人的权利和义务后，要求上访农民工按照法定途径提起诉讼。县人民法院从最大限度保护农民工权益的角度出发，成功调解双方纠纷，由被告向原告支付农民工工资 11.66 万元。

第四节　安置帮教

2010 年之前，札达县安置帮教工作由公安机关和人民调解组织负责。2007 年，召开全县刑释解教安置帮教工作专题会议，由县委政法委书记主持，会议将刑释解教人员的安置帮教工作列为“平安札达”建设工作的一项重要内容。之后，开展人员摸底和信息补录工作，重点对上级反馈的札达县 2004—2006 年度刑释解教人员进行信息补录和衔接。

札达县建立健全了联动安置帮教工作机制，抓好安置帮教工作的层级落实。由综治办牵头，保持对刑释解教人员的信息沟通、反馈，并在工作、生活各方面建立相应的照顾、保障制度。公安部门及时办理户籍管理登记；民政部门为生活困难的刑释解教人员提供最低生活保障；劳动部门积极提供各种就业信息，尽力推介刑释解教人员就业；工商、税务部门为刑释解教人员创业提供宽松政策，形成多种渠道、多种方式、多方支持的工作格局。2004—2010 年，共有刑释解教人员 5 名，均得到了安置。

2008—2010 年，在全县范围内持续开展调查摸底和建档工作。每年 3—4 月，组织工作人员对全县刑释解教人员进行一次回访，了解其困难所在并讲解相关法律法规。采取排查、异地协助等方式，配合公安部门加强对流动人口中的刑释解教人员的管理，维护社会稳定。

至 2010 年底，建档的刑释解教人员无重新犯罪。

第五节　普法宣传

2001 年初，札达县普法办从县委宣传部移至县委政法委办公室，主要负责贯彻落实上级下发的各项法律法规。针对群众关心的热点、难点问题，有计划、有步骤地开展专项治理和依法治理。至 2010 年底，法治宣传教育工作卓有成效。利用每周全县干部职工固定的学习时间，开展一系列有关综治文件的学习宣传活动，县直各部门也采取不同的形式进行法治宣传，取得了一定的社会效果。县普法办在县城和各乡镇开展普法工作，组织群众学习《宪法》《刑法》《诉讼法》《国家安全法》《民族区域自治法》《民法》《土地法》《婚姻法》《村民委员会组织法》《未成年人保护法》《老年人权益保障法》《义务教育法》《消费者权益保护法》《野生动物保护法》《文物法》《草场法》《治安管理处罚条例》等十几部法律法规，提高了广大群众的法律意识。县法院多次在干部职工和农牧民群众中开展有针对性的法治宣传工作，增强广大干部职工和农牧民群众的法律意识和依法办事的自觉性。

一、“一五”普法教育

1986—1990 年，札达县以企业、农牧区为重点进行群众普法教育，并为领导干部和中学生开设法制课程，着重宣传《中华人民共和国宪法》《刑事诉讼法》《民族区域自治法》《治安管理处罚条例》等法律、法规。全县培训法治宣传员近 60 人，法治宣传教育达 3500 多人，占全县总人数的 63%。

二、“二五”普法教育

1991 年 5 月，札达县社会治安综合治理委员会成立后，开始在全县机关和农牧区进行普法教育，不断增强人民群众的法律意识和法治观念。

1991—1995 年，札达县围绕改革、发展、稳定方针，开展《中华人民共和宪法》《经济合同法》《刑事诉讼法》《婚姻法》《继承法》《民族区域自治法》《反不正当竞争法》《产品质量法》《公司法》《税法》《社会主义法制建设若干问题讲话》等十几部法律、法规的普及教育工作。进行法治宣传十余次，发放藏文宣传资料 18 种 200 余份，接受法律咨询近 100 人次，法治宣传教育达 1000 多人。组织县直机关领导干部开展法律知识讲座 3 次，参加人数 200 多人次；组织法律知识竞赛 3 次，参与人数 80 多人次。

1995 年，普法教育以《宪法》《婚姻法》《草原法》《土地管理法》《治安管理处罚条例》为重点内容，农牧民群众参学率达 75%。

三、“三五”普法教育

1996—2000 年，札达县根据阿里地区司法处制定的《关于阿里地区开展全民普法第三个五年规划》总体要求，县人民法院与县公安局、人民检察院等单位联合开展《中华人民共和国宪法》《民法通则》《消费者权益保障法》《义务教育法》《民族区域自治法》《刑事诉讼法》《保密法》《国家赔偿法》《兵役法》《行政诉讼法》等法律法规的宣传教育。根据阿里地区寺庙法治宣传教育工作安排，派出工作组到各寺庙组织僧尼学习相关法律，开展法治宣传 5 次，参加学习僧尼 40 人次。上街直接向群众进行法治宣传 10 次，发放普法藏、汉教材 200 余套，制作黑板报 50 多期，向五乡一镇发放普法资料 120 册，接受法律咨询 3 次。对普法过程中好的做法及时加以推广，采取以案讲法、多讲案例、回答式等灵活多样的方式，开展法治宣传教育。

1996 年 11 月，札达县政法委员会成立后，在全县开展法治宣传教育。举办机关、企事业单位和各乡镇普法骨干培训班，开展普法知识竞赛；利用召开公捕、公判大会之机，以案讲法，教育干部群众遵纪守法。

1997 年，政法各部门将法治宣传教育、爱国主义教育、民族团结教育纳入“三五”普法工作计划，加大宣传教育力度。8 月，对县直机关干部职工进行为期 10 天，以新《刑法》、新《刑诉法》《民法》《行政法》《赔偿法》为内容的普法宣传，参学率达到在岗干部职工的 95% 以上。

1998—1999 年，政法各部门结合各自业务特点，在农牧民群众中开展法治宣传及反分裂斗争、爱国主义教育，并在宣传教育中将青少年作为重点对象。

2000 年初，县普法办结合往年普法工作进展的实际，对本年度普法工作进行安排部署，研究制定“三五”普法考核验收实施意见，并调整充实考核验收领导小组。开展“三五”普法考试验收 1 次，约 400 人参加。举办县处级干部法律知识讲座 3 次，举办乡镇、部门普法骨干培训班 5 次，参加人数 50 余人次。

四、“四五”普法教育

2001—2005 年，根据“四五”普法的总体要求，县政法委协同法院、公安、检察院等部门，做好法治宣传工作。深入基层开展就地办案、以案讲法工作，发放《行政法》《民法通则》《婚姻法》等有关法律、法规宣传资料，接受法律咨询，提高农牧民群众的法治意识。全县司法机关和行政执法单位组织专门人员走进基层，开展丰富多彩的送法进基层活动，促进群众法律素质的提高。在全县各学校建立和完善《札达县关于加强青少年法治宣传教育工作的意见》，并在县中学、中心小学和各乡镇完小建立法制副校长制度；县委、县政府先后组织 50 多个工作组深入全县 24 座寺庙开展爱国主义教育和法治宣传教育，调整充实寺庙民管会组成人员，协助各寺庙制定和完善《寺庙民管会职责》《僧尼管理制度》《文物管理制度》《财务管理制度》等各项管理制度，为寺庙各项管理活动步入法制化轨道奠定基础。

2001 年，为加强对“四五”普法工作的领导，札达县成立以县委、人大、政府主要领导任正、副组长的“四五”普法工作领导小组，并设立“四五”普法办公室具体负责日常工作，普法期间，先后两次对领导小组成员进行调整充实。10 月，县普法办公室起草札达县普法领导小组《关于在全县公民中开展法治宣传教育的第四个五年规划》。

2002 年，县人民法院工作人员到香孜乡、曲松乡宣传《宪法》《民法通则》《婚姻法》《草原法》《妇女权益保障法》《文物保护法》等相关法律。同宣传部、县公安局、县检察院、县政法委一起开展法治宣传活动，为 200 余人次进行了义务法律咨询，发放各种资料 350 余（份），宣传面达 800 人次。10 月 5 日，县中学法制副校长玉珍召集中小学师生在县中学校园内进行了一次有关法律学习宣传，主要内容有《义务教育法》《未成年人保护法》《预防未成年人犯罪法》《婚姻法》，提高了在校师生学法、懂法、守法、用法意识。

2003 年，县普法办在达巴、底雅、曲松、萨让乡巡回宣传《婚姻法》《草原法》《妇女权益保障法》《未成年人保护法》等有关法律法规，发放宣传册 600 份，接待群众来访咨询 20 人次，宣传面达 3000 多人次。

2004年，县普法办利用每周五下午全县集体学习的时机，向全县干部职工宣传《宪法》《刑法》《行政诉讼法》《行政处罚法》《道路交通管理条例》《治安处罚条例》《中华人民共和国居民身份证法》《教育法》《文物保护法》等相关的法律法规。在公开退赃大会上向在场的广大人民群众现场宣传《文物保护法》等有关法律常识，并把一些法律法规复印成册分发给现场群众，下发到札达县各乡镇人民政府，委托代为宣传，扩大宣传范围。

2005年，县普法办重点对中小学生进行一次集中系统的“远离毒品”的法治宣传教育活动，通过宣传栏、党员干部讲解等方式，让广大学生认识毒品的罪恶根源性和给社会带来的危害性。以保持共产党员先进性教育活动为契机，在寺庙、学校、街道开展法治宣传活动，宣讲《文物保护法》《草原法》《婚姻法》《未成年人保护法》《预防未成年人犯罪法》《治安管理处罚法》等法规，发放法律宣传单500余份，受教育群众近1000人次。

五、“五五”普法教育

2006—2010年，县普法办利用综治宣传月、“9·16”平安月、法治宣传日和下乡办案之机，采取现场宣讲、播放录音资料、印发宣传材料等方式进行宣传，进一步增强农牧民群众的法律意识；对寺庙僧侣进行专题爱国主义教育；为在校学生举办专题法制讲座，提高青少年守法、护法意识，累计发放藏汉双语宣传材料1520份。开展法律“七进活动”，分别深入各乡镇、各单位、机关、部门、企业、学校、寺庙等开展法治宣传教育活动620次。其中法制讲座290次，设立宣传点、发放宣传单等活动330次，发放宣传单36万余张，宣传小册子3.8万本，悬挂横幅600余张，出动宣传人员2540人次，出动车辆1000余辆，接受咨询2385人次，受教育人数达30余万人次。

县普法办每年组织县、乡领导干部进行两次以上法制教育培训，主要学习《宪法》《行政许可法》《行政处罚法》《国家赔偿法》《国家公务员暂行条例》《刑法》《社会主义市场经济法律知识读本》《文物保护法》《社会主义法制建设基本知识》《地方组织法》《选举法》《村民委员会组织法》《计划生育条例》等法律法规，使县、乡领导干部在学法、用法和守法中发挥表率作用。

为在青少年学生中做好普法宣传工作，县普法办把法制教育纳入中小学教学大纲，开设法制教育课，并在全县中小学建立法制副校长或法律辅导员制度，每年开展以《宪法》《国旗法》《义务教育法》《未成年人保护法》《刑法》《治安管理处罚法》《文物保护法》《道路交通安全法》等为重点内容的课内、课外法制教育。

为在寺庙僧尼中做好普法工作，各寺庙由寺庙民主管理委员会负责组织僧尼多渠道、多层次地学习《宪法》《国旗法》《国徽法》《未成年人保护法》《刑法》《治安管理处罚法》《文物保护法》《社会主义市场经济法律知识读本》《社会主义法制建设基本知识》等内容。

为在农牧民群众中做好普法工作，县普法办通过“法律进牧区”和文化、科技、卫生、法律“四下乡”活动，深入农牧区，以群众喜闻乐见的形式，广泛宣传《宪法》《民族区域自治法》《西藏的人权状况白皮书》《选举法》《治安管理处罚法》《刑法》《道路交通安全法》《义务教育法》《婚姻法》《草原法》《文物保护法》《消防法》等党的政策和与群众生产生活密切相关的法律法规。

2006 年 10 月，札达县人大常委会通过《关于进一步加强法治宣传教育的决议》。12 月，县委、县政府批准《中共札达县委宣传部关于在全县公民中开展法治宣传教育的第五个五年规划》。藏历正月十六，县综治办联合各相关单位，在托林镇广场开展一次规模较大的法治宣传活动，主要宣传《中华人民共和国治安管理处罚法》《文物保护法》《消防法》《道路交通安全法》《野生动物保护法》《婚姻法》《草原法》《环保法》《防疫法》《食品卫生法》等法律法规，共发放法律宣传单 5000 余份。县法院还利用“三八”妇女节，在托林镇托林居委会向妇女发放《妇女权益保护法》《婚姻法》等有关法律宣传册，增强广大妇女维护自身合法权益的意识。为加强青少年学生的法制教育工作，县政法委与教体局实施《关于进一步加强青少年学生法制教育工作的实施方案》，先后 3 次到学校，向在校中小学生宣讲《治安管理处罚法》《未成年人保护法》《预防未成年人犯罪法》等有关法律知识，并组织举办由公、检、法主讲的法律专题讲座 2 次，参加人数 200 余人。

2007 年，县普法办与各乡镇签订“五五”普法目标责任书。全县各乡镇、各普法成员单位根据会议精神和决议，相继制定“五五”普法规划，成立领导小组。制定并出台《札达县普法依法治理工作制度》《札达县法治宣传工作制度》《札达县“法律七进”工作职责》《札达县理论中心组学法制度》《普法依法治理成员单位工作制度》《普法依法治理工作联络员制度》等规章制度。明确各成员单位工作职责，分解各项工作任务，落实责任，推进全县法治宣传教育的制度化和规范化。发放《中华人民共和国治安管理处罚法》《文物保护法》《消防法》《草原法》《婚姻法》《交通安全法》《劳动法》《合同法》《妇女权益保护法》《未成年人权益保护法》《环境保护法》《安全生产法》《产品质量法》等藏汉双语宣传资料 18 种，1010 份。

2008 年，全县共发放《草原法》《继承法》《婚姻法》《老年人权益保障法》《物权法》《文物保护法》等藏汉法律宣传资料 600 余份。

2009 年，在“三月综治宣传月”“3·15 消费者权益保护日”“六月综治宣传周”“9·16 平安西藏宣传日”等宣传活动中，累计发放宣传资料 4000 余份，出动宣传车 15 辆，悬挂宣传横幅 18 条，张贴标语 600 条，受教育群众达 7000 人次。“12·4 法治宣传日”活动悬挂横幅 1 幅，张贴标语 20 条，发放《反分裂法》《社会治安综合治理管理条例》《札达县边境管理规定》《合同法摘要》《劳动法摘要》《交通管理条例》等宣传资料共 400 余份。

2010 年，县普法办在农闲时节组织各乡镇干部、村两委成员、村团支部书记、村妇联主任、村治保调解主任等进行培训，由县政法系统有关人员讲授《中华人民共和国宪法》《行政处罚法》《婚姻法》《社会治安管理处罚法》《草原法》《道路交通安全法》《文物保护法》等法律法规知识。

第九篇
经济综合管理

第一章　计划管理

札达县计划管理部门通过编制年度计划、五年规划、中长期规划，研究全县社会发展总体战略，宏观协调全县经济发展。

第一节　机构

1960 年，札达县计划工作由县委财政经济工作部负责。1962 年 10 月，县委财政经济工作部划归县政府领导，并更名为县财粮科。

1975 年 10 月，成立县计划财政科，后更名为计划财政局。

1997 年，计划与财政分设，札达县计划经济委员会成立。

2001 年，县计划经济委员会改组为县发展计划委员会。

2004 年 11 月，县发展计划委员会改组为发展和改革委员会，正科级建制，内设统计局和粮食局 2 个职能部门，编制 5 名，其中主任 1 名，副主任 2 名，粮食局局长 1 名。挂靠单位有矿业管理、经贸委、物价局、城建局、房改办、基建办、环保等。

2010 年机构改革，重新设立札达县发展和改革委员会（札达县工业和信息化局、札达县统计局），编制 5 名（行政编制 4 名，事业编制 1 名），其中科级领导职数 4 名（含县粮食局科级领导职数 1 名）。

县发展和改革委员会主要负责编制全年中长期经济和社会发展计划，研究社会发展总体战略，宏观协调管理全县经济，开展经济监测、预测工作；

负责全县农牧业、国民经济、社会发展等统计月报和年终综合统计工作，并对全县统计人员进行业务指导和培训；开展农牧区社会抽样调查和全县各产业产品、产量、成本调查，引导和培育市场；负责劳资、社会保障和社会统筹工作，对企业劳资工作进行宏观管理和指导，做好退休工人管理、服务工作；负责农牧区车辆管理及道路规划建设；负责全县的油料供应；负责国土矿产资源开发、管理和使用，以及基本建设和市政规划建设管理。

1962—2010年札达县计划部门领导任职一览表

表9－1－1

机构名称	职务	姓名	性别	民族	任职时间	备注
札达县财粮科（1962.10—1967.02）	科长	徐怀诚	男	汉	1962.10—1967.02	
札达县计划财政局（科）（1975.10—1997.06）	局长	仁青桑布	男	藏	1989.11—1997.06	
	副局长	黄银道	男	汉	1975.10—1979.05	
		杨一明	男	汉	1979.06—1980.09	
		胥树清	男	汉	1980.09—1987.07	
		罗书喜	男	汉	1984.01—1987.06	
		仁青桑布	男	藏	1987.07—1989.11	
		尼玛次仁	男	藏	1987.07—1990.04	
		胥洪武	男	汉	1994.07—1995.07	
		税国芳	女	汉	1993.10—1997.06	
札达县计划经济委员会（1997.06—2002.09）	主任	税国芳	女	汉	1997.06—2000.10	
		唐永平	男	汉	2000.11—2002.09	
	副主任	唐永平	男	汉	1997.11—2000.11	
		周鹏	男	汉	2002.06—2004.11	
札达县发展计划委员会（2002.09—2004.11）	主任	唐永平	男	汉	2002.09—2004.11	
	副主任	周军	男	汉	2002.06—2007.01	粮食管理局局长

续表

机构名称	职务	姓名	性别	民族	任职时间	备注
札达县发展和改革委员会（2004. 11—）	主任	唐永平	男	汉	2004. 11—2009. 03	2007 年后兼副县长
		周鹏	男	汉	2009. 03—	
	副主任	周鹏	男	汉	2004. 11—2009. 03	安监局局长
		许文娜	女	汉	2006. 04—2009. 03	
		张雪刚	男	汉	2008. 07—	

第二节　计划编制与执行

一、计划编制

编制计划分为年度计划、短期计划、中长期计划，计划体系包括农业、工业、商业、文教卫生、交通运输、邮电、劳动工资、人口等。

（一）年度计划

1961 年 3 月 15 日，县委、县政府首次制定《札达县 1961 年农牧业生产计划（草案）》。此后，县计划部门每年受县政府委托，编制全县社会、经济发展年度计划，经地区计划管理部门审核批准后，以指令性计划下达各部门执行。

1962 年，编制农牧业生产、财贸、劳动就业、文化、卫生等各专项计划。

1964 年，在全县年度计划中增加林业计划、运输计划和基本建设计划。

1966—1967 年，按照农、牧、交通、轻工业、重工业的顺序，制定国民经济年度计划。

1969 年，由于是札达县人民公社成立第一年，全县年度计划指标普遍偏高。

1973 年，为进一步发展集体经济，巩固人民公社，年度计划的编制以

“人民公社六十条”为依据。

1976 年，农业生产开展以治水改土为中心的农田基本建设；进一步落实牧业“四大建设”（畜圈、草场、定居游牧、民间兽防网）和“四定责任”；商业继续坚持面向农牧区、面向群众、为农业学大寨运动服务。

1979 年札达县农牧业生产计划表

表 9－1－2

<table>
<tr><th rowspan="2" colspan="2">区名称</th><th colspan="3">农业</th><th colspan="2">牧业</th></tr>
<tr><th>实播（亩）</th><th>单产（斤）</th><th>总产（万斤）</th><th>上半年实有头（只、匹）</th><th>年底数头（只、匹）</th></tr>
<tr><td colspan="2">香孜区</td><td>2400</td><td>314</td><td>75</td><td>31601</td><td>27000</td></tr>
<tr><td colspan="2">达巴区</td><td>1200</td><td>233</td><td>28</td><td>46989</td><td>38000</td></tr>
<tr><td colspan="2">札布让区</td><td>1300</td><td>308</td><td>40</td><td>27036</td><td>23000</td></tr>
<tr><td colspan="2">萨让区</td><td>1200</td><td>375</td><td>45</td><td>6777</td><td>6000</td></tr>
<tr><td rowspan="2">底雅区</td><td>合计</td><td>800</td><td>375</td><td>30</td><td>10459</td><td>9000</td></tr>
<tr><td>其中未改乡</td><td>350</td><td>300</td><td>10</td><td>3500</td><td>3500</td></tr>
<tr><td rowspan="2">曲松区</td><td>合计</td><td>900</td><td>355</td><td>32</td><td>9091</td><td>8000</td></tr>
<tr><td>其中未改乡</td><td>350</td><td>570</td><td>20</td><td>1100</td><td>1100</td></tr>
<tr><td colspan="2">合计</td><td>7800</td><td>320</td><td>250</td><td>131953</td><td>111000</td></tr>
</table>

1980 年札达县农牧业生产计划表

表 9－1－3

区名称	农业			牧业	
	实播（亩）	单产（斤）	总产（万斤）	上半年实有头（只、匹）	年底数头（只、匹）
香孜区	2400	342	82	27000	2400
达巴区	1200	267	32	39000	1200
札布让区	1300	323	42	24000	1300

续表

<table>
<tr><th colspan="2" rowspan="2">区名称</th><th colspan="3">农业</th><th colspan="2">牧业</th></tr>
<tr><th>实播（亩）</th><th>单产（斤）</th><th>总产（万斤）</th><th>上半年实有头（只、匹）</th><th>年底数头（只、匹）</th></tr>
<tr><td colspan="2">萨让区</td><td>1200</td><td>417</td><td>50</td><td>7000</td><td>1200</td></tr>
<tr><td rowspan="2">底雅区</td><td>合计</td><td>800</td><td>400</td><td>32</td><td>9000</td><td>800</td></tr>
<tr><td>其中未改乡</td><td>350</td><td>300</td><td>10</td><td>3500</td><td>350</td></tr>
<tr><td rowspan="2">曲松区</td><td>合计</td><td>900</td><td>355</td><td>32</td><td>9000</td><td>900</td></tr>
<tr><td>其中未改乡</td><td>350</td><td>570</td><td>20</td><td>1100</td><td>350</td></tr>
<tr><td colspan="2">合计</td><td>7800</td><td>346</td><td>270</td><td>115000</td><td>7800</td></tr>
</table>

1981 年札达县农牧业生产计划表

表 9－1－4

<table>
<tr><th colspan="2" rowspan="2">区名称</th><th colspan="3">农业</th><th colspan="2">牧业</th></tr>
<tr><th>实播（亩）</th><th>单产（斤）</th><th>总产（万斤）</th><th>上半年实有头（只、匹）</th><th>年底数头（只、匹）</th></tr>
<tr><td colspan="2">香孜区</td><td>2400</td><td>375</td><td>88</td><td>28000</td><td>2400</td></tr>
<tr><td colspan="2">达巴区</td><td>1200</td><td>300</td><td>35</td><td>40000</td><td>1200</td></tr>
<tr><td colspan="2">札布让区</td><td>1300</td><td>354</td><td>48</td><td>25000</td><td>1300</td></tr>
<tr><td colspan="2">萨让区</td><td>1200</td><td>425</td><td>51</td><td>8000</td><td>1200</td></tr>
<tr><td rowspan="2">底雅区</td><td>合计</td><td>800</td><td>408</td><td>33</td><td>9000</td><td>800</td></tr>
<tr><td>其中未改乡</td><td>350</td><td>300</td><td>10</td><td>3500</td><td>350</td></tr>
<tr><td rowspan="2">曲松区</td><td>合计</td><td>900</td><td>390</td><td>35</td><td>10000</td><td>900</td></tr>
<tr><td>其中未改乡</td><td>350</td><td>570</td><td>20</td><td>1100</td><td>350</td></tr>
<tr><td colspan="2">合计</td><td>7800</td><td>372</td><td>290</td><td>120000</td><td>7800</td></tr>
</table>

20 世纪 80 年代后，随着改革开放的逐步深化，计划经济逐渐向市场经济转型，县计划部门仍然定期制定全县经济和各项事业发展计划，原来的指

令性计划逐步转化为指导性计划。

1982—1983年，札达县开始以粮食产量、畜产品产量、工业产量、交通运输量、能源建设投入、商业购销、文教卫生投入、基本建设投入等指标制定年度计划。

1985—1987年，札达县国民经济计划主要以调整农牧业经济结构、落实农牧区生产责任制和城市经济改革为目标。同时，将发展旅游业纳入经济发展指标，制定年度计划。

1988—1992年，按照“经济要进一步稳定，改革要进一步深入”的总方针，年度计划继续以农牧业为基础，以外贸和旅游为支柱，以教育、能源、交通为重点，以提高经济效益为中心，推进改革，发展商品经济。

1995年，县计划部门以全面完成“八五”计划所提出的各项任务为目标来确定年度计划。

1996—1997年，县计划部门以坚持邓小平建设中国特色的社会主义理论和党的基本路线，坚持“三个有利于”的生产标准，坚持一切从札达实际出发为思想指导，加快社会主义市场经济体制建设。国民经济发展计划以农牧业为基础，以能源、交通、通讯为重点，以外贸、开发、旅游为先导，以科技教育为依托，以深化改革为动力，以提高人民生活水平为目的，全面发展，整体推进，重点突破，确保札达经济快速发展。

2009年，县计划部门拟定2010年经济社会发展主要指标：生产总值增长11%以上，全社会固定资产投资增长20%以上，社会消费品零售总额增长12%以上，一般公共预算收入增长12%以上，城镇居民人均可支配收入增长10%以上，农村居民人均可支配收入增长13%以上，居民消费价格涨幅控制在4%以内，城镇登记失业率控制在3%以内。

（二）五年计划

全国“一五”“二五”计划期间，由于札达县尚处于政权过渡和民主改革时期，未正式编制国民经济发展计划。

1965年，根据阿里专区指示，县计划部门开始编制《札达县第三个五年国民经济计划发展纲要》，即“三五”计划，主要任务是大力发展牧业生产，积极发展粮食生产，做到粮食自给，建立巩固的后方基地，基本完成社会主义改造。之后，每5年制定一次国民经济发展计划。

1970年，县计划部门编制札达县国民经济第四个五年计划，以发展农业为主要内容，确立独立自主、自力更生、艰苦奋斗、勤俭建县的总方针。根据“农业和牧业相互依存，互相促进，同时并举”的方针，确定“农业应将提高单产和扩大耕地面积相结合，牧业以增加数量和提高质量相结合”的工作思路。

20世纪80年代后，随着改革开放的逐步深化，计划经济逐渐向市场经济转型，县计划部门定期制定全县经济和各项事业发展的五年计划。由原来的指令性计划转化为指导性计划。

1985年，县计划部门提出札达县国民经济第七个五年计划，战略重点是以农牧业为基础，加强交通能源建设，培育畜产品加工、采矿业、旅游业为主的新产业，推动教育和科技进步。

1991年，札达县编制第八个五年计划，从札达实际出发，实事求是，努力提高各项经济建设的效益，牢固树立“农牧业为基础，能源、交通、教育和科技进步为重点”的战略思想，发展生产力和商品经济，使人民群众的物质、文化生活水平有显著提高。

“八五”期间的主要奋斗目标是：到1995年，全县生产总值达到372万元，比1990年增长21.6%，平均每年递增4%。其中农牧业总产值达到304万元以上，比1990增长15.9%，平均每年递增3%。按农村人口4575人计算，人均收入达到800元，比1990年增长17.7%，平均每年递增3.3%。

1995年11月，札达县编制第九个五年计划，健全完善“统分结合”的双层经营体制，推广科技种田，科技养牧知识，以什布奇口岸为依托，发展对外贸易。经济发展目标是到2000年，国民经济要比1993年翻一番，生产总值达到1426.1万元，比1993年增长94.9%，平均增速达到10%，基本实现粮、油、肉食自给，完成“一区五乡”为重点的脱贫任务，提高工业产值的比重，第三产业初具规模，自给能力达到30%—40%。

（三）中长期规划

札达县经济发展目标：到2015年，全县地方生产总值（可比价）力争达到12249万元，年均增长10%；农牧业总产值力争达到（可比价）2088万元，年均增长6%；农牧民人均纯收入力争达到3814.67元；本级财政收入、旅游收入分别达到793.38万元、112万元，乡镇企业6个。托林镇人均收入要求达到6000元以上，其中现金收入不得低于60%；香孜乡人均收入要求达到6000元以上，其中现金收入不得低于50%；达巴乡人均收入要求达到6000元以上，其中现金收入不得低于60%；曲松乡人均收入要求达到5000元以上，其中现金收入不得低于40%；底雅乡人均收入要求达到5500元以上，其中现金收入不得低于45%；萨让乡人均收入要求达到4500元以上，其中现金收入不得低于45%；在第三产业方面，加快改善基础设施条件，扩大开放，促进旅游、服务、商贸等行业快速发展。

札达县社会事业发展目标：到2015年，在交通方面将以通村公路为主、建设部分通组公路为辅，改建、整治四级公路264千米，新建乡村公路117千米。医疗卫生方面坚持“以农村为着重点”，优化农牧区卫生资源配置，加大基础设施建设。加强医疗卫生部门工作，不断完善农村医疗保障制度。优化科技教育，努力提高服务质量，继续加大教育投资力度，提升教学质量，力争2015年，全县适龄儿童入学率达到99.6%，巩固率达到98%。

札达县基础建设奋斗目标：继续保持较快的固定资产投资规模，拉动县乡小城镇建设。着力于农牧民生产生活设施建设，加强乡村公路、照明等设施建设，改善农牧区农田、牧场水利灌溉环境，提高城镇、农牧民居住点、草场等地方的防洪能力。

札达县其他事业要稳步发展，着重于能源开发建设和旅游开发建设，充分利用能源优势、地质条件、民俗风情、遗址等，优化配置，建设一批环保、可持续发展的水电、光伏、沼气等能源项目，解决札达县燃料、照明等一系列实际问题；建设一批体现札达风情的旅游项目，吸引更多的中外游客到县观光旅游。在符合政策的前提下加大招商引资力度，吸引更多的从业人员和经商人员到县经商。到2015年，争取社会消费品零售总额达到948.4万元，旅游收入达到112万元，水电装机容量达到5万千瓦，光伏电站装机容量达到400千瓦。

二、计划执行

20 世纪 60 年代至 70 年代，札达县对各项国民经济计划的执行，主要通过县政府在每年冬季或春季召开三级（县、乡、村）干部会议进行布置。会议对过去一年经济发展计划执行取得的成绩、存在的问题、需要改进的工作等进行总结，安排和部署新一年的经济计划，确定各项事业发展指标及工作任务，并将各项指标和任务层层分解到区、乡。同时，采取下派各类工作组，深入农牧区调查，以会议或听取汇报形式了解计划的实施情况。建立各种季报、年报进行检查统计，统计数据以报表形式上报阿里地区。

20 世纪 90 年代初，中共阿里地委、行署在全地区推行县级任期目标责任制办法，将地区制定的各项计划指标分解到各县和地区相关部门，并与其签订目标责任书，实行年初签订、年终集中考评的办法。

“九五”期间（1995—2000 年），札达县年度计划制定从实际出发，计划较为科学，经过努力，都能较好地完成任务。5 年间，全县新修水渠 14 条 13 千米、防洪坝 13 座、水头 16 座，改造中低产田 2000 亩，新建牲畜棚圈 420 个、暖洞 767 眼、网围栏 1139 亩。对“一河两沟”农业综合项目投资 1088 万元，开发高产田 4200 亩，使粮食单产提高到 364. 4 斤。投入资金 1300 万元，新修公路 500 千米；投资 1260 余万元，进行基础设施建设。投入 677. 4 万元，兴办扶贫经济实体 8 个，累计脱贫 90 户 391 人。

2001 年，农牧民人均可支配收入连续 7 年保持两位数增长，收入增速连续 5 年超过城镇居民。

2004 年，札达县全面推进旅游服务标准化，旅游产业提质增效，全年接待游客 3315 人次，总收入 43682 元，2000 多名农牧民吃上旅游饭、走上致富路。

至 2010 年，札达县国民经济继续保持良好的发展态势。地方生产总值 10315. 62 万元，比 2009 年增长 31. 5%；县级财政收入完成 368 万元，比 2009 年增长 13%；农牧民人均纯收入 3200. 5 元，比 2009 年增长 16%；税收收入完成 331 万元，比 2009 年增长 10%；各类储蓄存款 4557 万元，比 2009 年增长 17. 48%；发放各类贷款 1839 万元，比 2009 年增长 15. 09%。

第三节 基本建设管理

一、项目编制与报批

札达县基本建设项目一般由阿里地区经济计划委员会或主管部门审批，在项目审批时，按照全地区基本建设投资的多少和“轻、重、缓、急”的原则，确定当年开工的项目。凡经上级批复给县政府或县计经委的项目，由县政府或县计经委具体负责并组织施工。地区计经委则委托地区质量监督站配合和协助札达县搞好工程质量监督和工程建设。

20 世纪 70 年代末，基本建设纳入计划经济体制管理。全县各种新建、改建、扩建等基本建设项目，由县政府根据国家在不同时期的基建政策和境内社会、经济发展实际需要提出，并由县计划部门根据不同时期有关项目编制的程序和要求，编制基本建设项目，具体负责项目的上报和待批衔接工作。

20 世纪 90 年代中期，随着市场经济体制的不断完善，基本建设纳入国家宏观调控的规范化管理。根据有关规定，在建设项目编制时，对项目的可行性研究、经济社会效益分析、投资预算、资金来源等逐一予以说明。

2001 年，县计划部门编写项目 138 项，立项 55 项。

2002 年 6 月，县计划部门利用自治区工作组到札达县检查指导工作的机会，重点向工作组申报 8 个项目，即：象泉河护堤建设、县城排水工程、县城到巴尔兵站的油路建设、县城除主路以外的路面硬化、农贸市场建设和小商品市场的扩建、托林广场建设、牧草种植基地建设、托林小学搬迁工程。

2004 年，县计划部门申报 2005 年项目 53 个。全县项目库基本形成，已入库的大、中、小型项目达 200 多个。

2005 年，县计划部门向地区申报 2006 年项目 78 个，其中农牧业项目 26 个，民房改造项目 1 个，交通项目 6 个，教育项目 1 个，文化项目 2 个，卫生项目 4 个，科技项目 1 个，能源项目 9 个，水利项目 5 个，其他基础设施建设项目 13 个，以工代赈项目 10 个。

2006 年，县计划部门从农牧业生产基础设施和生活设施、能源水利、交通通信、科技教育、文化卫生、城市市政建设、自然生态、环境保护建设等方面编写项目 208 个，总投资 4.7 亿元。上半年申报以工代赈项目 16 个，总投资 1429.28 万元。

二、质量监督

在阿里地区质量监督站的协助下，札达县基建工程质量监督工作由县计划部门负责开展。在工程质量监督过程中，县计划部门派监督员深入建筑工地跟踪质量监督，发现问题及时向施工队提出，并进行纠正。如遇大的质量问题而又无法与施工队协商解决时，则向地区质量监督站报告，并请求质监站的专家到场检查监督，以便及时纠正，确保工程质量。同时，地区质监站的技术人员也经常不定期到施工现场，对工程质量进行检查、指导和监督。

三、固定资产投资

自 1995 年起，中央实行内地省份援建西藏政策。札达县由河北省援建，基本建设投资开始增长。当年，全县共投入基本建设资金 809 万元，新修、维修公路 85 千米；完成达巴、香孜 2 座 60 千瓦水电站建设，托林水电站完成勘测、设计任务；新建县委办公楼、职工宿舍、职工食堂、中学教学楼等。

1996—1998 年，河北援建项目总投资 336.9 万元，主要用于公共设施、干部职工宿舍建设、农业基础设施建设等重大项目。

1998—2000 年，全县项目总投资 2750 万元，其中河北援建项目投资 325 万元，占总投资的 12%，主要用于市政建设、能源、交通、农田水利和牧业建设等方面。

2001—2002 年，全县有工程 39 个，涉及城市建设、农田水利、电力通信等各个行业。

2002 年，全县固定资产投资完成 3700 万元，涉及农、林、水、交通、邮政、电信、电力、教育等基础产业，其中重点建设项目6个（托林镇电站、公安大楼、人畜饮水、香孜用房、达巴用房、底雅用房）。

2003年，全县固定资产投资完成4971万元，其中基本建设完成3900万元。

2004年上半年，新开工项目6个，其中：公安建设项目1个，投资130万元；市政建设项目4个，投资174万元；交通项目1个，投资1250万元。上半年全县固定资产投资完成865万元，涉及城建、交通、邮政、教育等基础产业，其中重点建设项目1个。

2005年，共争取国家投资2707.5万元，其中乡镇基础设施建设项目7个，总投资375.5万元；卫生建设项目3个，总投资435万元；水利建设项目农村饮水工程1个，投资800万元；交通建设项目2个，投资203万元；文化教育项目2个，投资506万元；农牧建设项目8个，投资388万元。

2006—2010年，札达县坚持把项目建设作为改善基础条件、增强发展后劲、增加群众收入的重要措施和基础性工作。围绕改善农牧民生产生活条件，重点突出交通、水利、教育、文化、卫生、边境地区建设。

2008年，全县社会固定资产投资4949万元。落实援藏项目资金383万元，建设项目33个。

2009年，完成固定资产投资6.46亿元，新建项目48个、续建项目3个。

2010年，争取国家投资7774.8万元，其中援藏资金100万元，开工建设项目37个，其中新建29个、续建8个。进一步加强了农村饮水安全工程、县城排水工程、巴尔至古格通县油路、县城至山岗公路、那木如至什布奇公路、萨让电站等重点工程的建设。

札达县“十五”期间重点项目建设情况一览表

表 9－1－5

项目名称	建设规模和内容	建设年限	总投资（万元）
一、农林牧			
高效农业示范点建设	示范田 100 亩及配套设施	2002	500
牧区定居点建设	达巴、曲松、香孜共 500 套房屋	2002—2004	3426
农牧业生态建设	水渠、打井、防护林、绿化林、种草	2002—2005	4008
菜篮子工程建设		2002—2005	392
防抗灾基地建设	人、畜、草配套建设	2003	1500
农区畜牧业发展项目	黄改、绵改	2003	200
县乡两级农牧业综合技术推广服务站	房屋建设及配套设施	2003	500
经济林建设	整地围栏、引进果苗、配套设备	2003	1500
防护林体系建设	绿地、绿化带	2005	2500
二、能源、水利			
香孜河防洪工程	治理 6 千米	2002	960
热布加林沟防洪工程	治理 5 千米	2002	800
姜塘库维修工程	库容 0. 5 万立方米	2002	8. 25
什布奇水渠灌溉工程	渠长 14 千米	2002	700
奇里普饲草基地建设	引水渠长 3. 2 千米		
色贡水电站建设	装机 2 ×50 千瓦	2002	550
乡镇供水工程	一镇五乡	2002—2005	900
色嘎水电站建设	装机 1 ×20 千瓦	2003	110
达巴乡达巴河防洪工程	治理 5 千米	2003	800
热嘎水渠扩建工程	渠长 12. 7 千米	2003	635
萨让水渠扩建工程	渠长 15 千米	2003	750

续表 1

项目名称	建设规模和内容	建设年限	总投资(万元)
曲龙水电站建设	装机 2×25 千瓦	2003	275
什布奇水电站建设	装机 2×25 千瓦	2003	275
三沟水流域水土保持工程建设	堤防 3 千米,渠道 5 千米,种树 3000 亩,围栏 3000 亩	2003	1382. 2
当巴水电站建设	装机 2×15 千瓦	2004	165
热布加林电站建设	装机 2×20 千瓦	2004	110
托林南渠灌溉工程	渠长 5 千米	2004	250
底雅水渠建设	渠长 6 千米	2005	3000
曲木底水电站建设	装机 2×25 千瓦	2005	275
象泉河流域治理工程	引水 50 千米,治河 40 千米	中长期	9000
三、教育、文化			
县幼儿园建设	建筑面积 225 平方米及设施	2002	52
县文化馆建设	建筑面积 1000 平方米及设施	2002	300
广播电视村村通	30 个作业组	2002—2004	300
初级中学改建项目	建筑面积 2056 平方米及设施	2002—2005	1557. 45
县完小扩建项目	建筑面积 720 平方米及设施	2002—2005	962. 45
香孜乡完小扩建项目	建筑面积 1020 平方米及设施	2002—2005	222
楚鲁松杰小学扩建	建筑面积 480 平方米及设施	2002—2005	125. 5
达巴乡小学扩建项目	建筑面积 480 平方米及设施	2002—2005	178
底雅乡小学扩建项目	建筑面积 200 平方米及设施	2002—2005	49. 5
曲松乡朵松小学扩建	建筑面积 270 平方米及设施	2002—2005	74
萨让乡小学扩建项目	建筑面积 610 平方米及设施	2002—2005	112. 5
东浪、鲁巴、东嘎教学点扩建	建筑面积 1170 平方米及设施	2002—2005	134. 4
达巴曲龙教学点扩建	建筑面积 300 平方米及设施	2002—2005	12. 5

续表2

项目名称	建设规模和内容	建设年限	总投资（万元）
札布让波林小学扩建	建筑面积700平方米及设施	2002—2005	
县体育馆建设	400米环形跑道	2002—2005	
县影剧院建设	建筑面积400平方米及设施	2003	320
中波站建设	建筑面积400平方米及设施	2003	140
县广播电视中心建设	建筑面积500平方米及设施	2003	190
文物保护、收藏馆建设	建筑面积500平方米及设施	2003	300
四、交通			
穹隆至巴嘎至札达公路	维修公路	2002	36
萨让乡至曲资公路	新修公路30千米	2002	45
萨让乡至柏嘎公路	维修公路	2002	68
底雅至鲁巴公路	新修20千米	2002	120
乡村公路建设	改扩建260千米	2002—2005	780
底雅色贡桥建设	钢架桥30米	2003	520
五、市政建设			
县人民公园建设	80亩围园及景点建设	2002—2003	84.84
旅游点建设	景点建设，建民俗村	2002—2003	1500
县会堂建设	面积300平方米及设施	2002—2003	500
托林广场建设	广场及附属建筑	2002—2003	984
东桥建设	水泥桥250米		
计委办公楼			
财政办公楼建设	建筑面积600平方米及设施	2003	150
小商品市场建设	建筑面积1500平方米及设施	2003	170

续表 3

项目名称	建设规模和内容	建设年限	总投资（万元）
六、卫生			
乡卫生院建设	香孜、底雅、曲松，建筑面积 600 平方米及设备	2003	180
楚鲁松杰卫生室建设	建筑面积 1200 平方米及设备	2003	40
七、市场			
甲尼玛市场建设	经营地 800 平方米，围墙 2000 米	2003	300
什布奇农贸市场建设	经营地 600 平方米，围墙 1500 米	2003	200
楚鲁松杰农贸市场建设	经营地 500 平方米，围墙 1000 米	2003	150
八、扶贫开发项目			
县老龄活动及社区服务中心建设		2002	500
努巴组水塘建设	5 万立方米	2002	40
玛朗组防洪坝建设	2000 米	2002	369
扶贫点建设	建筑面积 25401 平方米	2002	1103.05
拉嘎组水电站建设	装机容量 30 千瓦	2002	103.2
九、生态环境			
县垃圾处理场建设	建筑面积 821.51 平方米	2009	1344.52
十、其他			
县粮油加工厂	建筑面积 330 平方米及机器设备	2002	65
沙棘饮料加工厂	建筑面积 200 平方米及机器设备	2002	102
民族手工业加工厂	建筑面积 800 平方米及机器设备	2002	160

第二章　统计与物价管理

札达县统计部门负责全县农牧业、国民经济、社会发展进行统计，汇集每年的国民经济发展情况，包括综合、人口、农业、牧业、工业、商业、物价、财政金融、基本建设、物资、交通运输、劳动工资等。

第一节　机构

1975—1997 年，札达县国民经济和社会发展综合统计工作由县计划财政局负责，县商业局、农牧局等主要经济和社会管理部门设有 1 名专职或兼职统计人员。

1997 年，计划与财政分设，成立札达县计划经济委员会。由县计委设专职工作人员负责全县的统计工作。

2010 年，机构改革时，札达县发展和改革委员会（札达县工业和信息化局、札达县统计局）增加能源统计、服务统计、社会发展统计方面的有关职责；承担县、乡镇、县（中）县直单位和企业的统计工作；强化对县、乡镇、县（中）直单位和企业统计工作指导和综合协调，加强对统计数据调查项目、统计标准和统计数据的管理职责。

第二节 统计管理

1956—1960 年，札达县统计工作由宗政府负责。

1960 年始，统计工作由县各主管部门负责，有关农、牧、商等各行业的统计报表分别由各部门负责直接上报给上级主管部门。

20 世纪 60 年代，统计系统汇集每年的国民经济发展情况，包括综合、人口、农业、牧业、工业、商业、物价、财政金融、基本建设、物资、交通运输、劳动工资等。

1972 年，县革委会生产指挥组对全县基本经济数字进行综合统计，统计工作由各单位、各区、乡的文书、财粮员、会计兼职。每年都编有一套统计资料，印制 2 份。1973 年 8 月，县革委会生产指挥组制定《关于加强统计工作的意见》，明确要求县属各单位配备兼职统计员 1 名，各区由财粮干部负责统计工作，各公社、生产队由会计负责统计。

1975—1997 年，札达县统计工作由县计划财政局（科）专门负责。

1980 年起，为适应改革开放新形势，札达县开始进行统计体制改革，由单一生产性统计改为生产、经营、效益等综合性统计。统计报表由各部门按垂直系统上报主管部门外，由县计财局综合全县农业、牧业、交通、物资、商业、外贸、劳动工资、基建等报表，上报阿里地区统计局和县领导。

1983—1984 年，国家颁布实施《统计法》《加强统计工作的决定》，札达县统计工作得到进一步加强、完善和规范。1984 年起，增加全县国民生产总值、国民收入、社会总产值等统计指标。县统计部门搜集整理统计资料，有历年国民经济统计资料，历年的月、季、半年、全年专题分析资料；第四、五次人口普查资料；1996 年全国第一次农业普查资料；乡镇各项经济指标完成情况资料等，为各级领导和有关部门指导生产、编制计划、检查评比和考察政绩提供依据。

1997 年，县计委成立后，统计工作由县计委负责。逐步建立区、乡统计台账。

至2000年，各类统计指标趋于完善。

2001—2006年，县统计部门较好地完成了餐饮业、劳动工资、农牧业、工业统计报表、固定资产投资统计表等月报、季报、半年报、年终报表统计报送工作，并对近几年的主要经济指标作了纵向比较分析。2004年10月，进行第一次全国经济普查工作，并完成对个体经营户、建筑业的登记和上报工作。2005年，完成全国1%人口抽样调查工作。2006年，开展全国第二次农业普查工作，并成立农业普查领导小组，各乡镇按照文件精神也设立农业普查小组。在各乡镇普查领导小组的协助下，对各乡镇的村、组进行彻底的普查，做到“有户就查，有户就问”，完成全国第二次农业普查工作。

2008年，县统计部门制定“统一口径、建立三级台账”措施，建立组、村、乡三级统计台账，发放报表时对各乡镇填制报表人员进行学习培训，以便最大限度地减少统计误差。对第二次全国经济普查工作进行分工，并成立第二次经济普查领导小组，制定普查方案，针对个别乡镇冬季大雪封山、交通严重受阻等实际情况，对个别乡镇申请提前进点。

2009—2010年，县统计部门贯彻落实国家、自治区统计制度，进一步推动统计“四大工程”建设和基层基础建设，积极探索、大胆改进，提高统计管理效果。加强乡镇统计力量建设，加强对乡镇统计人员的业务指导，对统计制度、标准贯彻情况进行检查。

2000—2006年札达县主要经济指标情况统计表

表9－2－1

年份	2000	2001	2002	2003	2004	2005	2006
总人口(人)	6113	6290	6470	7096	7134	7195	7030
总户数(户)	1344	1374	1488	1765	1723	1773	1751
耕地面积(亩)	12434.1	11213.85	11826	10587.15	10356.9	10356.9	10369.5
农作物播种面积(亩)	9035.57	8404.95	8391	7660.35	6481.5	6912.15	6351.75
其中:粮食播种面积	8540	7994.7	7953.9	6935.85	6066.6	5725.65	5553.9
农作物总产量(吨)	1278.45	1052.34	1171.25	1132.1	915.79	1233.2	982.46

续表1

年份	2000	2001	2002	2003	2004	2005	2006
其中:粮食总产量(吨)	1178	884.06	1053.8	1055.6	814.05	838	743.02
牲畜总头数(头、只、匹)	147601	159450	153015	154126	148158	133959	144272
其中:大牲畜	21639	22953	23408	24040	21641	20777	19482
牛	18179	19216	19517	19896	17648	16894	15874
山羊	78511	84577	78315	79405	77301	68560	79418
绵羊	47451	51920	51292	50681	49216	44622	45372
适龄母畜头(只、匹)	55659	62034	61248	67428	66125	59780	62124
当年成活仔畜头(只、匹)	41708	44260	29423	39969	35242	22671	36970
幼畜成活率(%)	89.72	91.52	71.38	81.1	86.8	57.5	83.72
成畜死亡数头(只、匹)	4731	3785	7654	5826	3235	19535	5397
牲畜出栏率(%)	19.3	20.5	19	22.97	27.1	15.8	25.75
成畜死亡率(%)	3.5	2.56	4.8	3.81	2.3	13.85	3.88
牲畜总增率(%)	32	31.12	15	23.7	23	6.2	33.45
肉类产量(吨)	393.87	447.09	389.83	449.9	460	441.5	486.12
奶类产量(吨)	558.95	521.07	562.77	472.9	451.7	469	475.53
绵羊毛产量(吨)	45.19	51.83	46.92	50.3	51.9	45	48.17
山羊绒产量(吨)	7.45	7.47	9.16	9.3	9	10.4	12.63
各类皮张量(张)	18477	11904	12882	22257	28703	37544	13984
农村经济总收入(万元)	875.2	1023	1265.8	1268.5	1387.4	1302.04	1335.42
农牧民人均收入(元)	993.65	1138.31	1222.86	1361.52	1442.56	1638.91	1899.5
国内生产总值(万元)	3319.58	3585.15	4663.99	5238.25	5762.6	5120.2	5692
第一产业(万元)	1446.16	1655.29	1749.89	1832.7	1624.6	1022.46	1277.83
第二产业(万元)	233.5	252.64	1100.84	1558.2	1935.4	1473.31	1266.6
工业(万元)	8.5	10	1.16	18.2	22.4	46.01	192.9
建筑业(万元)	225	242.64	1099.68	1540	1913	1427.3	1073.7
第三产业(万元)	1639.92	1677.62	1813.26	1847.35	2202.6	2624.43	3147.57
脱贫户数人口(人)	24/107	130/646	185/910	74/349	118/616	74/345	379/101
各项储蓄存款(万元)	1069	2500	2626.8	3475	2732	2884	1034

续表 2

年份	2000	2001	2002	2003	2004	2005	2006
发放扶贫贷款(万元)	10.5	500	860.1	140	112	43	862
农产品综合商品率(%)	26.5	27.34	37.45	42.37	45	51.2	54.23
边境贸易(万元)	69	40.16	82.8	32.2	90	62.08	51.86
旅游收入(万元)	13.9	23.9	22.8	11.55	18	19	24.7
电信业务总量(万元)	33.4	50	86	85	138	120	108
邮政业务总量(万元)	6.3	42	42	45	13	14.89	17
社会消费品零售总额(万元)	120.5	222.9	322.42	353	380	482	516
在校学生总数(人)	763	824	914	831	857	896	1027
其中:中学	122	147	124	75	101	121	254
小学	641	677	790	756	756	775	773
学龄儿童入学率(%)	96.16	96.4	97	97	96.2	97.7	98.53
学校数及教学点(所)	16	10	16	9	9	9	9
其中:中学	1	1	1	1	1	1	1
小学	9	7	11	6	6	6	6
教学点	6	2	4	2	2	2	2

第三节　物价管理

历史上，札达境内交通闭塞，贸易落后，商品交换主要是以物换物，无统一交换价格，其比价随各种商品的供求情况而涨落。

1960 年建县后，政府采取各种措施，加强对商品价格的管理，逐步扭转了市场混乱的局面。为扩大国营合作化零售商店业务，国营商业对供销社的批发业务在价格上给予一定优惠，供销社对社员也执行此优惠。

1978 年，自治区颁布《关于整顿和加强工业产品价格管理的意见》《关于整顿和加强集市贸易、饮食业价格管理的意见》，阿里地区计委发布《关于整顿和加强我区物价工作的意见》，针对工业产品的生产、销售混乱局面，统一各环节价格。同时，对集市价格高于国家计划价格做出规定。札达严格遵照执行，并对境内饮食业价格不统一的状况进行规范。针对擅自定价、抬高物价等不良现象进行整顿清理。

1979 年，国家颁布《关于提高主要副食品销售价格和发放职工副食品价格补贴的几项具体规定》，札达县依此调整了国家、集体、个人三方面的利益。西藏自治区颁布《关于调整部分畜产品收购价格的通知》，规定：白绵羊毛由 1.2 元/斤调为 1.35 元/斤，紫山羊绒由 3.4 元/斤调为 4.1 元/斤，山羊皮由 2.5 元/张调为 3 元/张。同年，西藏自治区颁布《关于调整粮油价格的通知》，调整后每百斤收购价格：青稞 19 元、冬小麦 20 元、春小麦 18 元、蚕豆 18 元、大豆 24 元、绿豆 26 元、红豆 26 元、油菜籽 36 元，酥油每百斤提高 10 元，白酥油提高 5 元。札达县严格执行上述政策。

20 世纪 80 年代后，札达县认真执行国家和西藏自治区制定的一系列物价政策，至 2010 年，札达县物价基本稳定。

1989 年札达县部分建材价格统计表

表 9－2－2　　单位:元/吨

名称	单价	备注
方木	1141.65	含狮泉河到札达运费
门窗	356.18	含狮泉河到札达运费
油毡	33.54	含狮泉河到札达运费
水泥	761.68	含狮泉河到札达运费
沥青	820.96	含狮泉河到札达运费
玻璃	133.45	含狮泉河到札达运费
Q25 元钢	1183.62	含狮泉河到札达运费
Q12 元钢	1349.77	含狮泉河到札达运费
Q65 元钢	1363.36	含狮泉河到札达运费

2001—2010 年，根据上级有关部门的要求和工作需要，县物价部门定期或不定期地对市场进行监督、检查，采取各种有力措施，吸引更多的从业

人员进入市场，打破独家经营的格局；利用宏观调控的手段调节市场，对发现的问题进行综合分析，制定符合全县实际情况的收费标准，严禁商贩哄抬物价，有效地保护消费者和经营者的合法权益。

2001 年，按照西藏自治区物价局《关于下放城市居住小区物业管理费审批权限的通知》的要求，承接城市居住小区物业管理费的审批工作。按照自治区物价局要求，调整汽油、柴油价格，与国际油价格接轨。落实国家计委《游览参观点门票价格管理办法》《价格行政处罚程序规定》《价格违法行为举报规定》《禁止价格欺诈行为的规定》《政府价格决策听证暂行办法》《价格违法多收价款计算办法》的相关精神，规范价格管理工作。

2005 年，根据札达县实际情况，县物价部门制定《札达县公用商品房租赁管理办法》。

2006 年，根据阿里地区文件精神，对全县商店进行检查，并下发商品标价签，稳定商品价格。

2007 年 1—6 月，札达县猪肉每千克 20 元；7 月前后猪肉价格波动 4 次，每千克价格在 22 元至 28 元不等。7—10 月，每千克 28 元。

2001—2002 年札达县部分畜产品价格表

表 9 - 2 - 3　　单位:元/斤

畜产品	2001 年	2002 年
一级白山羊绒	80	68.7
二级白山羊绒	70	60
一级青、紫山羊绒	70	60
二级青、紫山羊绒	60	40
毛带绒	6	6
牛绒	6	5
白羊毛	2.2	2.2
黑花羊毛	1.5	1
山羊毛	0.7	0.2

1994—2000年札达县物价指数情况统计表

表9－2－4

年份	1994	1995	1996	1997	1998	1999	2000
物价指数	0.822	0.831	0.807	0.830	0.837	0.887	0.818

第三章　国土资源管理

札达县国土资源管理部门加强对土地资源、矿产资源开发的管理。加强基本农田的保护和管理，严格农用地的征用和审批管理。积极推进农牧业结构调整，全面提高耕地的产出率和草场的产草量。

第一节　机构

2004年6月，札达县国土资源局正式成立，正科级建制，编制3名，设局长1名、副局长1名。

2010年，县国土资源局无内设机构，机关编制3名（行政编制2名，事业编制1名），其中科级领导职数3名。

2004—2007年札达县国土资源局领导任职一览表

表9-3-1

机构名称	职务	姓名	性别	民族	任职时间
札达县国土资源局	局长	欧珠多吉	男	藏	2004.06—
	副局长	张琳	男	汉	2004.09—2007.01

第二节　土地开发利用

札达县用地格局类型简单，属于以牧业为主的半农半牧用地格局类型。受山高坡陡、气温偏低、降水不足、灾害性天气频繁、土壤侵蚀、水土流失、土层浅薄、砂性重砾石多、土壤养分不足等因素制约，总体土地质量低，生产力水平低，土地利用整体效益不高，且呈明显区域差异。水面、滩涂资源丰富，但受自然环境、当地居民习俗和宗教因素制约，利用程度不高，效益差。

札达县未利用土地面积大，平均每 3.5 平方千米仅有 1 个人，地广人稀，大部分地区不适宜人类生存居住。受自然环境制约，全县土地可分为 4 个区，即宜牧区、宜农区、旅游区、可开发建设区。4 个功能分区之间并没有严格的分区界线，宜牧区、宜农区分布在 6 个乡镇海拔较低和水资源较丰富的区域内；旅游区主要分布在托林镇和底雅乡；可开发建设区主要分布在托林镇和香孜乡及萨让乡。

一、土地利用现状

（一）农用地

札达县部分地区平均海拔相对较低，自然环境比阿里地区其他县稍好，适宜农作物和蔬菜类作物的生长，所以札达县是阿里地区主要的粮食和蔬菜生产基地。

2010 年，全县有农用地面积 1470170.97 公顷，占土地总面积的 59.73%；耕地毛面积 1439.84 公顷，占全县土地总面积的 0.058%，绝大部分为水浇地。

札达县部分地区受地形地貌的影响，气候相对较好，适宜树木生长。林地面积调整主要靠空闲地和未利用土地来调整。据全国第二次土地调查资料数据显示，全县林地大部分为灌木林地，成片林地较多，主要分布在沿河流域和湖泊沼泽地周围以及城镇郊区周围。全县林地覆盖率与其他相邻县相比较高，但整体覆盖率较低。2010 年，林地毛面积 164122.52 公顷，占全县土地总面积的 6.67%。全县果园面积 97.19 公顷，是阿里地区唯一一个有果园的县。

全县牧草地分布面积大、范围广，但草场质量相对较低，由于自然灾害频繁，水土流失加剧，草场退化和沙化严重。为防止牧草地退化，采取政策性措施，积极改良天然草场，提高草场的载畜能力；大力发展人工草场，进一步推行轮牧休牧制度。2010 年，牧草地毛面积 1304511.43 公顷，占全县土地总面积的 53%。其中，天然牧草地 1175950.76 公顷，占牧草地总面积的 90.14%；改良草地 78.84 公顷，占牧草地总面积的 0.02%；其他草地 128481.83 公顷，占牧草地总面积的 9.84%。

（二）建设用地

2010 年，全县建设用地面积 1615.93 公顷，占全县土地面积的 0.065%，居民点及工矿企业用地 360.36 公顷，占全县土地总面积的 0.015%。其中，城镇用地 51.38 公顷，农村居民点用地 230.11 公顷，特殊用地 78.87 公顷。城镇用地主要分布在地理位置较适中的托林镇；工矿企业用地主要分布在矿产资源丰富的河谷湖泊盆地和高原中低山区，开发相对困难；农村居民点分布较为分散，大多分布在靠近水源的地方；特殊用地主要是军事用地、宗教用地和文化遗址等名胜古迹用地，一般分布在村镇的外围及城镇的郊区。

交通建设用地 1229.89 公顷，占土地总面积的 0.05%。其中，国家等级公路用地 919.55 公顷，占交通建设用地的 74.77%；其他农村道路用地 310.34 公顷，占交通建设用地的 25.23%。公路用地数据显示，札达县的交通建设与阿里地区东三县相比，相对发达，公路等级较高。水利水电设施用地面积 25.68 公顷。

（三）水域

由于特殊的自然条件及全球气候变暖，使得少量永久性冰川融化，全县水域面积基本保持不变，但有轻微减少的趋势。2010 年，水域面积 68888.11 公顷，占全县土地总面积的 2.80%。其中，河流水面 6325 公顷，占水域面积的 9.18%；湖泊水面 2030.36 公顷，占水域面积的 2.95%；坑塘水面 3. 18 公顷，内陆滩涂 7279. 3 公顷，占水域面积的 10. 57%；冰川及永久性积雪 53250. 27 公顷，占水域面积的 77. 30%。

（四）其他土地

其他土地也叫未利用土地，面积为 920816. 41 公顷，占全县土地总面积的 37. 41%。其中，沼泽地面积 2080. 96 公顷，占其他土地面积的 0. 23%；裸地面积 918735. 46 公顷，占其他土地面积的 99. 77%。

二、土地利用特点

札达县土地利用总体结构及其相应构成的土地类型极其不平衡。主要表现为牧草地与其他土地构成比例极高，占全县土地面积的 90. 41%，而耕地、林地、居民点、工矿企业、交通建设用地构成比例极低，共占全县土地面积的 6. 79%，水域地类占全县土地面积的 2. 8%。土地利用总体结构特点突出反映高寒缺氧的自然环境及原始滞后的土地利用方式。

受自然环境的限制，随着海拔的升高，耕地和草场的面积趋于减少。由于土地利用方式简单滞后，耕地种植率低下，农作物种类单一。札达县常年干旱缺水，荒漠环境使得全县大部分天然草场质量差、产草量低，同时低质退化草场面积大，分布普遍，成为牧业用地的重要灾害性问题。草场质量差，草场的承载能力差，草场多以粗放经营为主，生产效率不高，以及过度放牧，造成天然草场退化和沙化面积不断扩大。天然草场结构不平衡，冬春放牧草场相对紧张，部分乡镇冬春放牧草场超载较严重。畜牧业经营原始，养畜管理粗放，自然放牧、逐水草而居而牧，是最基本的经营方式，抵御自然灾害能力弱。缺水草地面积大，争牧滥牧时有发生，人工改良草地少，牧业基础设施建设差。

札达林地及园地资源贫乏，大部分地区自然环境和气候条件恶劣，适宜种植的树种极少，树木成活率较低，城镇周围计划造林和防沙造林工程未形成规模。非农业建设用地集约化水平较低，城镇等级低下、规模小，基础设施落后，用地生产效益差。

三、土地利用潜力

与阿里地区其他县相比，札达县的耕地潜力较大，耕地面积较大，有待开发利用。利用开挖深渠治碱或在靠近水源的平坦地域兴修水利来扩充耕地面积，调整土地资源的利用类型。

大力发展农牧业综合开发利用项目，加快人口城市化进程。发展城郊畜产业，野生动物驯养繁殖基地建设、养殖基地建设和肉食品生产加工基地建设项目，有效提高土地的使用率。札达县周围有大面积的荒碱地，可充分利用荒碱地发展城镇建设和工业园区的建设。

牧业用地是札达县最主要的土地利用类型，是全县重要的自然资源。草地资源丰富，天然草地理论载畜量为 330213 个绵羊单位，可供利用的农副产品载畜能力为 4256.5 个绵羊单位，载畜量潜力为 30156.4 个绵羊单位。为促进全县畜牧业的稳定发展，结合实际情况，采用以草定畜、分区轮牧、建设人工改良草地等措施；“开辟水源、兴修水利”发展草场灌溉，重点发展冬春季牧场的灌溉；积极稳妥地推行草场承包责任制，完善草场承包关系，把草场的责、权、利明确到一家一户；加大牧业投资力度，改善牧业基础设施，调整产业结构，大力提高白山羊等经济畜种的饲养比例，有效提高宜牧地的生产潜力。

保护优良草场、开垦牧草地，避免造成水土流失、荒沙化以及盐泽化等生态环境问题，提高牧草地抵御自然灾害的能力，防止草地退化。大力推动改良草地、人工草地建设，积极探索草地集约化经营的有效途径。摸索治理退化草地的办法，促进原有植被的恢复。秋收后把部分产奶母羊赶回农业点，在茬地上放牧一个月左右，再到附近山坡上放牧，既可以在茬地上踏粪积肥，还可以使部分牲畜推迟进入冬季草场，缓和冬季草场紧张的状况。

建立札达县自然保护区，主要保护湖泊湿地、藏羚羊栖息地和候鸟繁殖地，使全县范围内珍稀的野生动物资源和其他自然资源得到有效保护。对已划定的保护区土地利用从严控制，防止新污染产生，对已划定的禁垦的林地、草场、湿地、湖泊等重要生态功能区，严格执行禁垦规定。逐步建成和完善托林镇周边区域的绿化美化体系，改善居住环境。

第三节 基本农田保护

耕地资源是农业生产和国民经济持续发展不可取代的生产资料。札达县的耕地资源主要分布在岭谷相间的高原峡谷地带、宽谷盆地区、深谷盆地区以及高原湖盆地区域。耕地多数在亚高山草原土、亚高山荒漠草原土以及草甸土等自然土壤基础上初级发育而成，土壤存在原始性、粗骨质、薄土层等制约生产的问题。另由于大部分耕地分布不规则、散碎杂乱、坡度较大、田块较小等，限制机耕作业发展。畜力犁地依旧普遍，部分乡还保留牲畜夏踏的松土作业方式。在石砾含量高的耕地，犁地质量更差。因耕作制度落后，耕地技术粗放，耕作措施不力，多数耕地耕作熟化层薄、熟化程度低，生产力不高。

灌溉畦埂纵横交错，引水渠道分散，布置繁乱，水资源浪费严重，灌溉保证率低。要解决札达县农业发展问题，首先要解决耕作技术落后问题，要培养大批农业技术人员，将先进的耕作技术和适合当地的耕作方法传授给农牧民，改进耕作技术；其次要兴修水利，加大对低产田的改造工作，建立高产稳产的基本农田，改良作物品种；另外要进一步扩大耕地面积，在背风向阳，水条件较好的局部河谷、湖盆内开垦土地，提高单位面积产量。

札达县认真贯彻落实“十分珍惜、合理利用每寸土地和切实保护耕地”的基本国策，积极推进农牧业结构调整，全面提高耕地的产出率和草场的产草量。严格执行关于“一切使用土地的组织和个人必须合理利用土地”“禁止任何组织或个人用任何手段侵占或者破坏自然资源”的规定，切实保护土地资源。严格控制非农牧建设用地。根据新修订的《土地管理法》第24条规定“各级人民政府应当加强土地利用计划管理，实行建设用地总量控制”，县国土资源部门对全县范围内的农、牧、林地及非农地实行严格的用途管制，加强土地利用的规划管理和计划管理；占用耕地和牧草地与开发复垦和人工种植相挂钩。“占多少，垦多少，种多少”，合理调整土地利用结构与布局，促进土地资源集约化利用和优化配置，提高土地利用率，保证国民经济可持续发展。

按照国家、自治区、阿里地区统一的经营性土地招、拍、挂政策，县国土资源部门对城乡非农业建设用地实行有偿使用和土地使用权的有偿转让。采取发展集约农业、提高农用土地生产率，加大科技投入、应用已有科技成果、制定优惠扶持政策、鼓励一切社会力量以各种形式大力开发未利用土地，狠抓林牧重点工程建设项目的论证、落实和实施，尽快改变农用土地基础脆弱状况，以便高效、合理开发利用土地资源。

2004 年 4 月 27 日，根据阿里地区国土资源局统一安排部署，县国土资源局在全县开展基本农田保护调整划定工作，划定保护耕地面积 10905. 2 亩，基本农田面积 8020. 2 亩，并与各乡镇签订基本农田保护目标责任书。

2005 年 8 月，国土资源部批准建立札达土林国家地质公园（国家级）。2007 年 9 月 21—22 日，经中央及自治区主管部门同意，在札达县举行土林国家地质公园揭牌开园仪式及地质遗迹保护（第一期）工程现场验收会。

2007 年，县国土资源局制定基本农田保护牌 3 块，严格农用地的征用和审批。根据土地利用年度计划、土地供应政策、建设用地的定额标准等多方面对建设用地项目严格审查，严格实行土地用途管制，严格计划管理，控制供应总量，凡涉及新建、改建、扩建单位和个人用地，必须申报预审后申请用地，处理好安居工程建设与保护耕地草场的关系，实现两者的有机统一。

2008 年，县国土资源局等就加强基本农田的保护和管理，和各乡镇签订基本农田保护责任书，严格农用地的征用和审批管理，并对 2008 年拟新开发耕地的香孜乡 730 亩和曲松乡 160 亩进行实地考察。上半年预审用地 8 宗，新办证 3 本。为清查全县土地利用状况，掌握真实的土地基础数据，按照自治区、地区国土部门的要求，进行第二次全面土地调查，抽调 30 名各单位骨干举办为期 5 天的第二次土地调查培训班。年底完成调查，全县土地面积 2. 46 万平方千米。

2009 年，札达县开展了农村土地权属及基本农田的调查工作，签订《土地权属界限协议书》64 份，农村土地权属方面，提交了农村土地权属调查工作报告、工作底图及工作成果等；基本农田调查方面，提交了技术工作报告、基本农田图斑登记表、统计表、工作底图等。

2010 年，札达县基本农田毛面积为 478.45 公顷。其中，曲松乡楚鲁松杰村 9.13 公顷，香孜乡热布加林村 34.6 公顷，香孜乡香孜村 40.81 公顷，底雅乡鲁巴村 84.44 公顷，托林镇托林村 22.37 公顷，达巴乡达巴村 16.09 公顷，达巴乡东波村 12.31 公顷，萨让乡萨让村 100.03 公顷，萨让乡日巴村 37.54 公顷。按照土地法有关规定任何建设项目均不能占用基本农田。强化农田基本保护，严保耕地面积，加大占地补偿工作力度，全年落实各类占地补偿款 523.68 万元。

第四节　地籍管理

2004—2010 年，县国土资源局累计办理国有土地使用证 57 本。其中，2004 年 4 本、2005 年 5 本、2006 年 17 本、2007 年 4 本、2008 年 3 本、2009 年 4 本、2010 年 20 本。

2007 年，经地区国土资源局、札达县人民政府和县国土资源局研究决定，批准在札达县 2005 年用地指标中占用香孜乡 20 亩新堆撂荒地，用于香孜作业组安居工程建设，并督促该组在占用的同时按照占多少补偿多少的原则，及时做好占地补偿工作。上半年预审用地 9 宗，新办证 9 本。

2008 年，县国土资源局为项目建设供地 19110 平方米。

2009 年，县国土资源局为县卫生服务中心、县敬老院、县中学教职工周转房及学生宿舍等项目供地 6560.72 平方米。

2010 年，札达县投资 400 万元建设占地面积 800 平方米的土林地质公园展馆；为县司法局、县民政救灾储备库、萨让乡水电站、各乡镇卫生院、县检察院等建设项目供地 44053.165 平方米。

第四章　工商行政管理

截至2010年底，全县个体工商户发展到229户，从业人员397人，注册资金521.6万元。全县有私营企业1户，雇工3人，注册资金52万元，年检率100%；内资企业发展到11户。个体私营经济创产值70万元，营业收入3022万元。

第一节　机构

1961年4月，札达县在县贸易公司下设市场管理委员会。1984年，在县商业局设立工商管理股，业务指导由阿里地区工商局负责。1988年，撤销县工商管理股，工商业务由地区工商局派员监管。

2000年，根据札达县经济发展的需要，西藏自治区人民政府决定成立札达县工商行政管理局（以下简称县工商局），正科级建制，编制6名，直接由地区工商局领导。

2001—2006年，由于人员短缺，县工商局只有1名工作人员，影响正常工作的开展。2007年11月分配新招录公务员1人，2009年1月分配新招录公务员1人，工商管理工作步入正轨。

县工商局主要负责办理辖区内个体工商户的登记、年检、换照；管理辖区内的集贸市场，监督集市贸易经济活动；监督检查辖区内经济合同的订立及履行，调解经济合同纠纷；受理辖区内个体工商户的开业、变更、歇业的申请事项，对个体工商户的生产经营活动进行监督管理；指导辖区内企业事业单位、个体工商户正确申请注册商标，并对使用商标进行监督管理；对辖区内设置、张贴的广告进行监督管理；按规定收取、上缴各项工商收费及罚没款物；宣传工商行政管理法律、法规和有关政策；法律、法规规定的其他工商行政管理职责。

1997—2010 年札达县工商局领导任职一览表

表 9 - 4 - 1

机构名称	职务	姓名	性别	民族	任职时间
札达县工商局	负责人	多吉次仁	男	藏	1997. 06—2008. 12
		高强民	男	汉	2009. 01—2010. 05
	副局长	索朗多吉	男	藏	2010. 05—

第二节　注册登记管理

一、个体工商户登记管理

2000 年，县工商局成立后，积极开展对全县个体工商户的登记管理，共 13 家个体商户在工商管理部门进行登记。2001 年，札达县实有个体工商户 69 户，从业人员 126 人，注册资金 148 万元，年检率为 40%。

2004 年，全县有个体工商户 120 户，其中商业 30 户，饮食业 50 户，娱乐服务业 3 户，理发服务 11 户，制造业 4 户，修理业 4 户，运输业 14 户，其他行业 4 户。

2006 年，全县实有个体户 129 户，从业人员 236 人，注册资金 264 万元。其中，外地个体户 82 户，从业人员 161 人，注册资金 211 万元；本地个体户 47 户，从业人员 75 人，注册资金 53 万元。应年检的个体工商户 129 户，实际参加年检的个体户 93 户，从业人员 158 人，注册资金 243 万元，个体工商户年检率分别为 93%、88. 6%、99%。部分个体户由于路途遥远、交通不便，且县内流动经营者较多，季节性比较强，无法参加年检。通过验照，未发现违法经营行为的个体户以及隐瞒真实情况和提供虚假材料等现象。

2007 年，全年个体工商户营业收入额为 646 万元，年产值 18 万元。

2008 年，县工商局根据《关于严格执行扶持“3·14”事件后受影响行业有关优惠政策的通知》文件，免去 85 户外地个体工商户工商管理费等各类费用 16553 元，免去当地农牧民个体工商户工商管理费等各类费用 2.4 万元，免去困难个体工商户工商管理费用 1920 元。全年上门办照 15 户，上门验照 36 户。截至年底，全县实有个体工商户 185 户，从业人员 314 人，注册资金 398 万元。其中，外地个体户 104 户，从业人员 202 人，注册资金 301 万元；本地个体户 81 户，从业人员 112 人，注册资金 97 万元。当年新增个体工商户 27 户，从业人员 32 人，注册资金 78 万元，比 2006 年分别增长 17%、11%、24%。

2009 年，新增农牧民专业合作社 1 家，即无公害蔬菜种植基地专业合作社，成员 30 人，投资金额 140 万元。全县有个体工商户 200 户，从业人员 351 人，注册资金 419 万元，比 2008 年分别增长 10%、14%、7%。个体私营经济创产值 16 万元，营业收入 850 万元，社会商品零售额 480 万元。

2010 年，新发展农牧民专业合作社 1 家，成员 30 人，总投资 34.4 万元，农牧民人均年收入 4858 元。发展农牧民家庭旅社 16 家，带动农牧民年均增收 6000 余元。截至年底，全县个体工商户发展到 229 户，从业人员 397 人，注册资金 521.6 万元，同比分别增长 12.8%、11.8%、22.4%。其中，农牧民个体工商户发展到 98 家，从业人员 136 人，注册资金 132.5 万元，同比分别增长 10.1%、8%、24.1%，个体工商户年检率 91.6%。

2001—2010 年札达县个体工商户注册情况统计表

表 9－4－2

年份	个体工商户(户)	从业人员(人)	注册资金(万元)	年检率(%)
2001	69	126	148	40
2002	110	202	192	52

续表

年份	个体工商户(户)	从业人员(人)	注册资金(万元)	年检率(%)
2003	86	162	184	63
2004	120	215	228	78
2005	124	222	243	86
2006	129	236	264	93
2007	158	282	320	99
2008	185	314	323	
2009	200	351	419	
2010	229	397	521.6	91.6

二、企业登记管理

1984 年，县商业局设立工商管理股以后，对县贸易公司、供销社等国营和集体商业进行简单登记和清理整顿。

2000 年，县工商局成立后，开始对县域各类企业进行登记管理和行政管理。严格市场主体准入资格的审查，对虚假验资、抽逃注册资金的行为依法进行查处。同时，积极支持国有企业的改制、改组、改造，制定有效措施，引导其打破行业界限，实行跨行业联营，扩大企业规模。

2001 年，全县有企业 20 户，注册资金 307 万元。其中，国有企业 6 户，注册资金 295 万元；集体企业 14 户，注册资金 12 万元。

随着县域经济的不断发展，企业注册资金也不断增加。2006 年，全县实有企业 10 户，从业人员 33 人，注册资金 4483 万元。其中，6 家企业盈利，共盈利 43.2 万元；4 家企业亏损，共亏损 15 万元。

2007 年，全县有企业 10 户，从业人员 33 人，注册资金 4483 万元。其中，国有企业 6 家（金融服务业 5 家，住宿服务业 1 家），从业人员 14 人，注册资金 306 万元；集体企业 4 家（零售业 1 户，电力供应服务业 1 户，住宿服务业 2 户），从业人员 19 人，注册资金 4177 万元。

2009 年，全县有国有企业 10 户，私营企业 1 户。国有企业年产值 20

万元，企业营业额18万元；私营企业营业额3.5万元，社会商品零售额2.5万元。

2010年，全县有私营企业1户，雇工3人，注册资金52万元，年检率100%；内资企业发展到11户，其中国有企业6户（住宿业1户、金融业5户），集体企业5户，集体电力燃气及水的生产和供应业1户，集体批发和零售业1户，集体住宿业3户），年检率80%。个体私营经济创产值70万元，营业收入3022万元。

2001—2010年札达县企业注册情况统计表

表9-4-3

年份	实有企业(户)	注册资金(万元)	年检率(%)	合格率(%)
2001	20	307	100	100
2002	16	341	100	100
2003	16	341	100	100
2004	11	456	100	100
2005	10	4483	100	100
2006	10	4483	100	100
2007	10	4483	100	100
2008	11	4585	100	100
2009	11	4585	100	100
2010	12	4637	100	100

第三节　经济合同管理

经济合同旧称契约、契据，在古象雄时期札达边民互市贸易就有传统的“对口”交易凭证信用，但立约较少，该做法一直在商品交换中盛行。

20世纪50年代，开始民主改革，阿里地区包括札达境域曾一度采用手工书写合同文本，合同文本样式、内容因人而异，参差不齐。

20世纪六七十年代，手工书写合同文本基本废止。因无专门管理机构，管理工作亦被削弱甚至取消。

1982年，《经济合同法》颁布实施后，经济合同制重新恢复并广泛推行。

1985年，札达县经济合同有工程承包合同、劳动用工合同等，合同约定双方的义务和责任。文本采用手写复印的形式，由当事双方及第三方保管。在札达县贸易公司与新疆泽普农场施工队签订的工程承包合同上，县计委代表监督机构签字盖章。

1999年3月，新的《中华人民共和国合同法》颁布实施后，札达县在认真学习和执行的同时，适当制定一些符合当地实际的规定和方法，保障合同当事人的合法权益，维护正常的生产、经营秩序。合同类型主要包括各类承包合同、劳动合同等。合同文本趋于规范，在明确双方义务和责任的同时，追加了违约赔偿责任。

第四节　市场管理

古象雄时期，阿里大小羊同（包括今札达）设有物物交换场所，藏语称“嘎巴”，在象雄都城周围形成较为庞大的以物易物交换场所，象雄王还委派四大臣之一专管边民互市贸易，交易相对稳定，客商们以洞穴为市，露天经营，沿路摆卖为主。

古格时期，边贸市场如果发生交易纠纷，商人内部事情就找印商“白玛”处理解决，外部就找客商代理处理，大商人之间发生什么事就找卡东（税官头目）解决，如还解决不了，就提请噶本（专员）处理。如藏商与印商发生纠纷，印商由其内部解决，藏商则由西藏地方政府各级官员处理解决，各不相关。

民主改革时期，市场管理主要围绕民主改革工作开展“三反两减”①，全地区农牧业经济恢复发展较快，农牧区出现生产发展、生活改善、人民安居乐业的新景象。虽在1958年受到“左”的思想影响，大砍家庭副业，关闭自由市场，致使经济受阻，但对札达的边民贸易市场影响不大。

1965—1978年，全县边贸市场几乎全部关闭，仅有几个山口边境通道存在零星交易。政府对市场管理普遍存在宁“左”勿“右”，管得过严、打击过大的现象。“文化大革命”中割“资本主义尾巴”，严格限制城乡自由市场，限制个人自由交易，对农畜产品统购统销，致使农畜产品市场萎缩和萧条。印度、尼泊尔客商也因边境局势的紧张和国内政策限制，不敢来札达传统市场进行边民互市贸易。直到1978年重新开放部分传统交易市场，边民互市贸易才出现活跃景象。

1979—1983年，国家实行“改革、开放、搞活”的方针，札达部分边民贸易市场相继恢复。1983年后，札达县配合阿里地区工商局（地区工商局工商科）在县域培育市场，增添设施，开展代理业务。1998年，在县城建成札达县最大的集贸市场，方便了群众，繁荣了经济。

一、专项整治

20世纪90年代，县政法委牵头，组织公安、税务等部门，对哄抬物价、欺行霸市、缺斤短两、无证经营、“脏、乱、差”等市场违法违章行为进行专项整治。活动期间，对县城内商人违章搭建的帐篷进行拆除。经过多年的市场培育和服务管理，到2000年，札达县各类市场初步实现了货物充足、交易公平的繁荣景象。

2004年，县工商局检查市场25次，其中，突击检查9次，不定期检查16次，巡查市场26次。查处过期变质食品93种，价值4924元。

2006年，县工商局开展专项整治和市场巡查20次，出动执法人员50人次，累计检查经营主体433户，对全县农资、电器、边销茶、网吧、烟酒、出版物、成品油市场进行集中整治。查获过期食品65种，各类副食品

---

① 即反对叛乱、反对乌拉差役、反对人身奴役和减租减息。

及饮料2468千克，总价值1.3万元。通过检查，辖区内未发现假冒伪劣产品，发现的过期食品由卫生等部门配合，在指定地点进行销毁。燃料市场和成品油市场实现规范化经营，2家经营主体手续齐全，运行良好。

2007年，县工商局深入开展整顿和规范农牧区市场经济秩序活动，促进全县经济稳步发展。全年开展各类市场检查70次，出动执法人员140人次，执法车辆18台（次），检查个体工商户1493户（次），没收过期变质食品27个品种329千克，价值8162元。开展专项检查13次，检查个体工商户259户次，没收过期变质食品25种85千克，价值3096元，在指定地点集中销毁。县工商部门与39户个体工商户签订《流通领域不合格食品退市管理责任书》。为规范藏文书写，联合县编译局对全县个体工商户招牌进行整顿，检查个体户135户。受理投诉1起，为消费者挽回经济损失1600元，调解率100%。

2008年，县工商局继续开展专项整治工作，繁荣市场经济。全年累计开展专项整治31次，市场巡查75次，检查经营主体1174户，出动执法人员82人次，出动执法车辆18台次。在专项整治中，查扣过期变质食品12种252千克，总价值7609元，全部统一销毁；查扣仿真手枪7把，价值160元。开展食品安全下乡检查11次，出动执法人员14人次，执法车辆11台（次），检查个体工商户112户。督促58户个体工商户悬挂食品安全承诺书，督促19家个体工商户建立进销货台账，并与53家个体工商户签订食品安全责任书。

2009年，县工商局开展流通领域食品安全专项整治，让群众吃上放心食品。全年累计开展流通领域食品安全专项整治35次，市场巡查60次，检查经营主体750户（次），出动执法人员50人次，出动执法车辆10台（次），查获过期变质食品15种60千克，价值1995元，均在指定地点销毁。为防范H1N1型禽流感，对进入县域的禽类、肉类，从来源、屠宰、入市、销售环节全方位监控，坚持一日一巡查，确保人民群众消费安全，吃上放心肉。

2010年，县工商局开展查处取缔无照经营专项执法行动。至10月底，在查处取缔无照经营专项执法行动中出动执法人员10人次，出动执法车辆

4台（次），检查个体工商户487户（次），查处无照经营户1户，该无照户态度端正，主动要求办照，县工商局对其进行严厉地批评教育后，未做出处罚，另引导办照15户。县城主干道商户持照率100%，亮照率99%，乡镇所在地持照率100%，亮照率98%。全年检查食品经营户514户（次），出动执法人员36人次，查扣假冒伪劣、过期变质食品224千克，价值3403元。为确保全县乳制品市场消费安全，维护全县群众的合法权益，在全县和部分乡镇深入开展问题乳粉清查工作，共出动执法人员11人次，检查个体工商户112户（次），并与18户食品经营户签订承诺书，明确要求食品经营户严格自律，诚信守法，恪守职业道德，严格执行乳品进货查验制和进销货台账制度，确保不存有、不经营问题乳粉。结合全县实际，对县内广告语言文字市场开展专项检查，出动执法人员2人，检查个体工商户1户，未发现有发布广告的行为。重点对全县个体户门面招牌上所使用的文字进行检查，共检查门面广告牌120个，检查中未发现招牌上有单独使用汉语拼音、单独使用外国语言文字以及有错别字、违规繁体字、异体字、简化字和误导公众的不规范成语等现象。开展土特产品市场整治工作，主要对奶茶、糌粑、风干肉、豌豆等土特产品及民族手工艺品进行专项检查，检查经营主体200户。根据县内化妆品市场的实际情况，对全县化妆品市场开展专项整治工作，出动执法人员2人次，检查销售化妆品的个体工商户11户。其中，化妆品专卖店1户，美容店1户，其他9户，通过检查未发现全县化妆品市场销售假冒伪劣及不合格化妆品的行为。为规范汽车销售行为，严厉打击生产、销售、使用假冒伪劣汽车配件，欺诈消费者行为，对县内汽车配件市场进行专项整治工作。重点对汽车灯具、刹车片、制动软管等重点品种进行检查，同时检查经营者进货检查验收制度的落实情况，严格查验汽车配件商品包装、标识，严厉打击销售“三无”及不合格汽车配件的行为，检查过程中未发现县内汽车维修市场销售有假冒伪劣、不合格汽车配件的现象。开展“家电、农机、汽车、摩托车下乡”专项整顿，累计出动执法人员13人次，检查个体工商户42户（次），有效规范市场秩序，维护农牧民群众的合法权益。结合实际对县内建材市场进行专项检查行动，重点检查产品的进货凭证、合格证和涂料、胶水等建材必需品，出动执法人员2人，检查个体工商户 12 户，经查县内暂无大型建材市场和建材销售商，只有少量销售涂料的商户，检查中未发现销售假冒伪劣及过期变质建材等问题。

二、扫黄打非

为维护全县社会和谐稳定，防止政治性非法出版物特别是达赖集团反动出版物流入县域市场，县工商局积极开展“扫黄打非”专项行动，严厉打击盗版出版物及非法整治出版物。

2006 年上半年，县工商局联合公安、文化等部门，以查缴政治性非法出版物、淫秽色情出版物、侵权盗版出版物和查处利用互联网及通过手机传播有害信息为重点，对全县进行拉网式检查，特别对音像出租店、网吧、宾馆、朗玛厅及歌舞厅进行检查，未发现此类物品。

2007 年，县工商局开展检查 14 次，严格检查各娱乐场所和出版物经营主体。8 月，开展查堵境外反动宣传“纪录片”检查工作，出动执法人员 2 人次，检查个体工商户 4 户，未发现此类出版物。9 月，会同文化部门对县内文化市场进行专项整治，以有害卡通画册及淫秽“口袋本”图书、黑网吧为重点检查对象，出动执法人员 2 人次，检查 5 户。

2008 年，县工商局根据《关于进一步强化责任深入治理整顿网上非法“性药品”广告、性病治疗广告和涉藏违禁书籍广告的通知》精神，开展专项检查整治行动，共出动执法人员 2 人，检查 3 户，其中图书馆 1 家，音像制品销售店 1 家，网吧 1 家，未发现此类非法出版物。7—10 月，对全县范围进行 3 次检查，出动执法人员 4 人次，共检查图书馆 3 家，个体工商户 6 家，宾馆招待所 15 家，网吧 3 家，音像制品销售店 3 家，检查发现销售有违禁光盘 2 碟，县工商局予以没收，并给以口头警告。

2010 年，县工商局出动执法人员 35 人次，出动执法车辆 4 台（次），检查书刊店 24 户（次），检查音像制品店 26 户（次），检查其他个体户 69 户（次），通过检查整治，有效遏制垃圾、有害文化在县内传播。为维护广大青少年的合法权益，规范市场经营行为，开展规范校园周边经营秩序整治行动和查处取缔黑网吧工作，出动执法人员 6 人次，检查校园周边个体工商户 3 户（次），检查网吧 3 户（次）。

三、商标品牌管理

札达县境内有古格王国遗址和国家地质公园札达土林以及有特色农产品、玛阳酥油、底雅苹果和民族手工艺品。为引导广大农牧民广开致富路，提高产品品牌效益，引导农牧业生产经营者运用农产品商标和地理标识增产增收，县工商局采取提前介入、提供政策咨询等方式，全力推进县域特色产业发展。2007 年，札达土林商标注册工作顺利完成。根据《西藏自治区工商局关于 2007 年开展保护注册商标专用权行动的通知》精神，加大打击商标侵权行为力度，对全县范围内批发零售市场进行专项检查。

2008 年，为进一步加强户外广告监管，严格规范户外广告用字，县工商局对全县范围内个体工商户门面招牌进行清理整顿，出动执法人员 2 人，检查个体工商户 38 户，对 6 幅已无人使用或以前所遗留的个体工商户门面招牌进行拆除。

2009 年，按照“一乡一业、一村一品或数村一品”的工作思路，重点扶持发展托林居委会蔬菜大棚、马阳酥油、曲龙牧业、底雅果品四大品牌。

县工商局把打击“傍名牌”工作切实落实到日常巡查中，重点整治突出、放大使用企业名称中的字号，构成假冒他人注册商标，侵犯他人注册商标专用权；简化使用企业名称，构成对商品的产地、生产者等引人误解的虚假标识或虚假宣传；企业名称中使用他人具有一定的市场知名度、为相关公众所知悉的企业名称中的字号，引人误会的商品。2010 年，出动执法人员 6 人次，检查个体工商户 52 户，通过检查，未发现县内市场销售有“傍名牌”的商品。

四、消费者权益保护

2007 年 3 月 15 日，札达县开展以“消费和谐”为主题的国际消费者权益日活动，设立咨询点 1 个，发放各类法律法规材料 200 余份，张贴宣传标语 20 张，悬挂横幅 1 条。7 月，县工商局正式开通 12315 投诉举报电话，设立 12315 投诉举报箱 2 个，在两乡一镇一村配备 12315 投诉举报联络员 4 名。发放阿里地区工商行政管理局 12315 投诉热线服务卡 100 张。受理消费者投诉1起，经县工商部门协调后，退还投诉者1600元。

2008年，“3·15”期间，县工商局会同县防疫站及文化部门在人员集中的地方设立宣传咨询点，发放《消费者权益保护法》《广告法》《反不正当竞争法》《医疗广告管理办法》《中华人民共和国商标法》等宣传资料180余份，张贴标语20张。并在全县范围内通过好易通群发短信，积极推动“消费与责任”年主题活动，增强广大消费者依法自我维权的意识和能力。

2010年，进一步加强12315制度化、规范化建设。深入开展“六进”活动，不断扩大12315消费维权网络的覆盖面和影响力，全面提升消费维权水平和综合执法效能。围绕家电维修、建筑建材、美容美发、餐饮、旅游等重点领域，加大消费维权专项执法检查力度，严厉查处损害消费者权益案件，努力维护消费安全。紧紧围绕中央扩大居民消费需求、改善民生和经济平稳较快发展为目标，引导全县消费者科学消费、合理消费。围绕“消费与服务”主题开展系列纪念国际消费者权益日活动，集中销毁过期变质商品。为动员全县广大群众关心、支持和参与食品安全工作，开展《食品安全法》宣传活动，悬挂横幅1条，参与活动的食品经营户26户，受理群众咨询45起，发放宣传资料200余份，并通过县电视台进行宣传。宣传的主要内容有选购食品时应注意的事项，腐败变质食品、油脂酸败食品、霉变食品的鉴别方法等，受教育群众达2000余人。通过宣传，进一步增强了全县广大群众安全消费、科学消费观念。

五、服务“三农”

2006年，为支持社会主义新农牧区建设，支持“三农”工作，县工商局对34户经营户执行农牧民经营者优惠政策，免去农牧民工商管理费16320元，年检费340元；并提供上门服务，为1名残疾人上门办照，并免收1名退伍军人、1名残疾人和3名大专生的工商管理费。认真落实索证索票制度和悬挂承诺书，有58家个体户悬挂承诺书，健全了销售台账、进货台账及销售发票的管理。“红盾护农”行动，出动执法人员2人次，检查个体工商户6户，整顿农资市场1次，查获假冒伪劣、过期变质菜种子，特大甜椒、大叶香菜、大速生种苗、精品长豆角等 11 个品种 15 千克，价值 1583 元。

2007 年，开展促进新农村建设活动，免收农牧民个体工商户各类费用 27397 万元。“红盾护农”行动共出动执法人员 18 人次，检查个体工商户 196 户，没收假冒伪劣及过期变质食品 7 种，价值 219 元。

2010 年，为维护好农牧区市场秩序及所属乡镇广大农牧民的合法权益及生命安全，加强对农牧区食品市场的监管力度，开展“红盾下乡食品安全”专项整治行动，出动执法人员 6 人，出动执法车辆 2 台，检查食品经营户 17 户，查获假冒伪劣、过期变质食品 16 个品种 45 千克，价值 980 元。

第五节　标准计量

一、长度计量

计量是利用技术和法制手段实现单位统一和量值准确可靠的测量。历史上，札达境域计算长度以人的四肢作为度量单位。以指为单位，藏语称“索”，如 4 指宽称“索细”；食指尖至第二关节距离称“祖果”；拇指尖至中指尖展开距离称“妥”；24 指为 1 肘，1 肘称“出”；4 肘为 1 庹（96 指）；两臂伸直称“董巴”，即一度，共分 5 种。其中，1 指、4 指、祖果、妥 4 种单独使用，是日常生活中最常用的度量单位。

24 指为一肘，4 肘为 1 庹或 96 指为 1 庹。藏式布料、毛料、绸缎等计量单位以方为单位，藏语称“卡”，即布匹或绸缎的口面宽度折回丈量，卡又分为长卡和短卡两种，一般 12 指为 1 卡。氆氇、绳子等则以庹计量。

二、重量计量

重量单位按传统习惯，一般分贵重物和不宜用容量计量的一般实物。金、银、珊瑚等类以“乃”（青稞粒）、“豆”（豌豆）、“雪”（钱）、“桑”（两）以及“多拉”（外来语，1 多拉等于 1 英制银圆，即 12.5 克）5 种为重量计量单位；计算酥油、木料等物用“甲玛”（斤）、“尼嘎”（藏斤）、“勃热”3 种。

由于札达特殊的地理位置，边贸较发达，19 世纪以后，在民间边贸中也经常使用英制和印度、尼泊尔的重量单位。

1957 年，新藏公路开通后，札达的粮食和其他物资由国内供应，旧度量衡器也随之废弃。1959 年 6 月 25 日，国务院发布《关于统一计量制度的命令》。1960 年开始，札达县在农牧区推行市制计量，对旧计量单位未采取强行改制措施，部分旧制计量使用至 20 世纪 60 年代。1969 年，人民公社建立后完全废除。

1984 年 2 月 27 日，国务院发布《关于在我国统一实行法定计量单位的命令》，阿里地区行政公署制定贯彻执行国务院命令的实施意见，札达县遵照执行。1985 年底，完成杆秤改制工作，全县商贸活动中使用的杆秤基本上改为千克制杆秤（千克）。

到 2000 年底，札达县各级政府机关、人民团体、驻军以及企业、事业单位的公文、统计报表等都使用法定计量单位，完成向法定计量的过渡。

2001—2010 年，札达县贯彻《中华人民共和国计量法》，对县内工商企业使用的计量器具进行登记。每年对全县市场上使用的计量器具进行周期性检查或抽查，凡不合格或已淘汰的计量器具均予以没收。

三、容量计量

古格时期容量计量使用“普尔”（掬）、“卡”（半藏升①的四分之一）、“折”（藏升）、“博”（藏斗）、藏克 5 种，其进位制是 2 个掬为 1 个卡，4 个卡为半藏升，4 个藏升为 1 个博，5 个博为 1 藏克。另外，还有古格升和古格克等容量单位，略小于西藏通用的升和藏克。

噶厦时期，藏升和藏斗又分专用和通用两种。专用藏升和藏斗大于通用藏升和藏斗，且只准官府和寺院用于征收差税和放贷。

① 藏升：西藏容量单位名，约可盛青稞市制一斤又二三两。

四、面积计量

计算土地面积，一般用藏克计算，1 藏克等于一对牛耕地 1 天的面积，约为 3 亩。除按种子用量计算外，也有用庹来丈量。

第五章　安全生产监督管理

县安监局成立后，，建立健全安全生产责任制，每年均与各乡镇、县直各部门签订《安全生产目标责任书》，落实主体责任，以减少生产安全事故。不断加强对危险化学品、易燃易爆物品的存放和经营和对道路交通、建筑施工、非煤矿山开采的管理，确保安全生产。

第一节　机构

2004 年，札达县安全生产监督管理局（以下简称县安监局）成立，副科级建制。编制 2 名，其中领导职数 1 名（副科级）。

2006 年，县安监局升为正科级建制。编制 3 名，其中科级领导职数 1 名。

2010 年，无内设机构，编制 3 名（行政 2 名，事业 1 名）。

2004—2010 年札达县安全生产监督管理局领导任职一览表

表 9－5－1

机构名称	职务	姓名	性别	民族	任职时间
札达县安全生产监督管理局	局长	周鹏	男	汉	2004. 10—2009. 03
		张正军	男	汉	2009. 03—

第二节　安全生产体系建设

县安监局成立后，通过贯彻落实安全生产责任制，宣传安全生产知识，监督各单位在生产过程中强化安全意识，使劳动者的安全受到保障。

2007年，为做好社会安全生产综合治理，落实目标管理责任制，县安监局制定下发《关于加强社会安全生产综合治理的意见》，与县直、中直各单位、各乡（镇）签订责任状，将安全生产任务进行分解，使社会安全生产综合治理工作基本实现规范化、制度化。会同县统战部、民宗局、文化局及消防等部门与札达境内39座寺庙签订安全生产责任书，加强对寺庙的安全管理，发挥寺教管理领导小组的作用。全年召开安全生产部署会议8次。

2008年，县安监局对职责进行调整，即落实政府及部门之间的安全生产职责；完善安全生产责任制考核办法和安全生产控制指标体系，通过安全生产责任主体明晰化、责任内容具体化、考评指标定量化，建立有效的责任机制；层层签订安全生产目标管理责任书，明确安全生产责任；制定《札达县2008年度安全生产目标责任书》，按照“谁主管、谁负责”和“属地管理”的原则，县政府与各乡镇、各单位签订安全生产目标责任书36份，与建筑施工企业、危险化学品销售经营单位签订了安全生产目标责任书7份，进一步落实安全生产“一岗双责”制度和“一票否决”制度。

2009年，县安委会协助县政府按照“一岗双责”制定安全生产责任书，与7个乡镇和18个县安委会成员单位的管理人员签订安全生产目标管理责任书，明确第一责任人和主要负责人，从行业主管部门到生产岗位，逐级签订责任状，在全县形成以安全生产第一责任人为核心的安全生产监督管理体系。10月，县安委会按照自治区、地区要求，在重点企事业单位中开展“法人代表安全生产承诺”行动，与涉及危险化学品、烟花爆竹、公共聚集场所、电力、建筑等行业的12家单位签订承诺书，明确企业法人及管理人员的主体责任，增强广大职工的安全意识。调整和充实县安委会领导小组成员，县长任安委会主任，两位副县长任副主任，县安监局等十多个单位为安委会成员。年初，县政府与各单位签订《2009 年安全生产目标管理责任书》36 份，安监局与各施工单位签订《建设工程安全生产目标管理责任书》23 份，与经营危险易燃易爆物品单位签订责任书 4 份，促进安全生产各项制度的进一步落实。

2010 年初，县政府召开札达安全生产工作会议。会上，县安监局与各乡镇、县直各部门签订《2010 年安全生产目标责任书》，以落实主体责任，健全安全生产责任，并要求企业主要负责人定期或不定期检查企业安全生产责任制落实情况，以减少生产安全事故。与各乡镇、县直各单位、中直单位、所有施工单位签订了《札达县 2010 年度安全生产目标责任书》，按照“谁主管、谁负责”和“属地管理”的原则，分别与各乡镇、各单位签安全生产目标责任书 36 份，与建筑施工企业，危险化学品销售经营单位签订安全生产目标责任书 20 份。

第三节　安全生产检查

札达境内存在的安全隐患主要来自危险化学品、易燃易爆物品的存放和经营，道路交通，建筑施工，企业对非矿山的开采。

2005 年，为保障人民群众生命财产安全，本着“安全第一，预防为主”原则，县安监局分别在“五一”黄金周、自治区成立 40 周年大庆前夕对全县的安全情况进行检查，重点对人员密集场所、各施工地、采石场、加油站、加汽站和托林电站及各安全生产单位进行检查。责令其限期整改检查中发现的问题，并定期检查整改情况。

2006 年，在元旦、春节、藏历年、“五一”等节日前夕，县安监局联合公安、消防、政法委等部门开展安全生产大检查活动，重点对人员密集、危化品经营、销售企业、工地等场所进行检查，共排查整改安全隐患 100 余处，确保重大节日期间的生产安全。重点对邮政、电信、菜市场、舞厅及各宾馆、饭店等人员密集场所、各商家超市以及托林居委会、退休基地、加油站、液化气站等场所进行检查。检查过程中，向群众宣传安全生产的重要性及一些基本常识，并发放《札达县冬季安全生产注意事项》《冬季行车注意事项》等宣传材料；对在检查中发现的安全隐患，要求有关部门限期整改，逾期未整改的，责令其停产、停业。通过检查，消除了冬季安全生产隐患。

2007 年，县安监局以边境口岸、重点寺庙、重点地区（部位）及敏感时期安全生产管理为重点进行大检查，未发现违规生产现象。

2008 年，县安监局开展“隐患治理年”“百日督查专项行动”，排查整治各类隐患，使全县安全生产隐患排查治理工作走上制度化、规范化轨道。根据重大节假日、重要活动期间及不同季节安全生产工作的规律和特点，在全县范围内开展“地毯式”安全生产大检查活动，检查各类单位 36 家，查出安全隐患 186 条，下发整改意见书 91 份，经复查，全部完成整改。在元旦、春节、藏历年、“五一”等节日期间，县安委会组织成员单位组成联合检查组开展了节前安全生产大检查活动，重点对县人员密集场所、危化品经营销售企业、建筑工地等进行检查，并针对检查中存在的问题要求有关单位进行整改。除重大节日外，由安委会负责组织一月一次综合性安全生产大检查，各成员单位负责半月组织一次行业内的安全生产大检查。

2009 年，县安监局根据道路交通、建筑施工、消防安全、特种设备等行业和领域实际情况，开展专项检查整治，通过开展日常检查和专项整治，彻底查找和整改一批安全隐患。在高危行业和重点领域开展隐患排查治理专项行动。按照自治区、地区安委办《关于在重点行业和领域开展安全生产隐患排查治理专项行动的通知》要求，在烟花爆竹、危险化学品、建筑施工、电力、道路交通、人员密集场所等行业和领域开展隐患排查治理专项行动，共检查各乡镇、各部门企业 40 余家，消除安全隐患 200 处。在每个重大节日期间，县安监局牵头协调县安委会成员单位公安局、发改委、交通局、工会、劳动局、环保局、水利局、卫生局、防疫站、工商局、税务局等组成检查组，对人员密集场所、危化品经营、建筑工地等进行多次检查，发现问题及时或限期改正，确保重大节日期间的生产安全。重点检查违法违规经营和使用易燃易爆物品、有毒有害物品、危险化学品、民用爆炸物品、建筑施工安全制度与措施等有关安全生产的不稳定因素；加油站、加气站的安全制度应急预案、管理制度；文化娱乐场所、文物保护单位、汽车修理厂、餐厅宾馆的安全设施及消防设施；特种作业人员持证上岗情况，各中小学校的校舍安全、管理制度、安全教育情况等。对建筑施工、娱乐场所电线裸露、消防设施不齐全、灭火器过期、特种作业人员无证上岗、施工工地工作人员不戴安全帽等情况，进行记录备案，责令督促其进行整改，并对整改情况进行再检查，排除安全隐患。加大道路交通安全检查力度，在狮—札公路的老、新两条路分别设立检查站对客货混装、酒后驾车、无证驾驶、超速超载等现象进行严肃查处，遏止重特大事故和一般事故的发生。

2010年，县安监局开展安全生产执法检查，督促整改安全生产事故隐患，确保生产安全和社会稳定。县安监局组织各乡镇、各相关单位在全国“两会”前夕、重大活动和节日期间，开展安全生产大检查2次，以非煤矿山、危险化学品、消防、建筑施工、公共聚集场所、商贸和旅游为重点，进行全面检查，对排查出的安全隐患，提出整改意见。同时要求各乡镇、各职能部门实行零报告制度，实行24小时值班和领导带班制度，节后对各乡镇值班情况进行通报，从而保证重要时期的安全稳定和社会和谐稳定。4月10—20日，开展春季安全生产大检查，县安委会成员单位对道路交通、危险化学品、旅游、烟花爆竹、人员密集场所、消防等行业和领域进行检查，检查危险化学品经营单位2家（加油站1家、加气站1家）、民用爆炸物品使用单位4家（标段）、烟花爆竹经营单位2家、歌舞厅3家，旅馆8家、网吧1家、旅游运输车辆20余辆，下达安全生产整改指令书3份，要求当场整改20处。8月10日到9月26日，县安委会成员单位对建筑施工、道路交通、消防安全、危险化学品（烟花爆竹）、农业机械、特种设备、砂石料场、民爆物品、旅游、水利水电、重点生产经营单位、中小学校等行业和领域进行检查督导，检查危险化学品经营单位2家（加油站1家、加气站1家）、民爆物品使用单位4家（标段）、烟花爆竹经营单位2家、歌舞厅3家、旅馆8家、网吧1家、旅游运输车辆20余辆，下达安全生产整改指令书15份，要求当场整改46处。

第四节　安全生产专项整治

一、危化品及易燃易爆物品管理

危险化学品各个环节的管理事关重大。2004 年，经统计调查，发现全县有危险物品经营单位 1 家。县安监局对其下发执法文书 2 份，要求该单位按照相关规定进行整治整改。

2005 年，根据《阿里地区加油站行业整顿实施方案的通知》精神，县安监局于 6 月 13 号对全县加油站、液化气站开展整顿。整顿内容主要有加油站、液化气站的工程设计，包括防雷设施的设计与安装，要求手续齐全，建设规范，严格按照设计要求施工；贮罐区、油罐、汽罐必须做填埋处理，以达到隔离效果；站内所有灯具、开关使用防爆型装置，站内所有电线线路皆要从管内穿过，贮罐区要设立静电接地设施；严禁站内一切明火和动火，操作人员必须穿戴防静电服，并加强培训与学习，增强安全防范知识，建立各项规章制度和操作规程；危险区设立明显的安全警示标志，配备足够数量的干粉灭火器，并保证灭火器内的压力，不足时应及时充装。

2009 年，县安监局对全县 3 个危化品企业的易燃易爆危险化学品的经营、储存、运输、使用环节进行专项整治，下达整改指令书 3 份，整改安全隐患 23 处。加强对县境内烟花爆竹的经营管理工作，发放烟花爆竹经营许可证 6 份，其中有季节性网点 4 个，常设网点 2 个。同时联合公安、工商等部门对烟花爆竹经营管理开展专项治理活动，对无证销售、储存等违法行为进行重点打击，对销售网点逐一排查隐患，检查中共取缔非法销售点 1 个，查扣烟花爆竹 20 捆，下达整改指令书 2 份，消除安全隐患 12 处。在藏历新年、春节、“五一”“十一”和党的十七届三中全会召开期间开展专项安全生产大检查。

2010 年，县安监局在加强对危险化学品生产经营单位的储存、经营、使用、运输、登记日常安全监管的同时，与公安、消防、工商、商务、质监等部门对危险化学品的经营和储存进行检查指导，保证不出任何纰漏。按照烟花爆竹行业管理的有关规定，由一家烟花爆竹批发企业统一进货、运输、储存，零售企业统一到批发企业进货，以规范烟花爆竹经营销售市场。

二、交通安全管理

交通安全管理主要靠制度管理，靠严格遵守《中华人民共和国道路交通安全法》进行管理。

2004 年，为预防道路交通事故的发生，县安监局与公安、交通及其他部门联合在主干道上增设固定执勤岗；加强对超速超载的治理；对农牧区无证驾驶、人货混装、农用车载人等违法行为进行查处；对全县的驾驶证进行初步清理。

2005 年，札达县加大对交通安全的监管和执法力度，严肃查处各种违纪违法行为。县安委会要求各施工单位安全运输，加强对司乘人员的安全教育，严禁不具备从业资格的人员违章驾驶，严防疲劳驾驶、酒后驾驶、无证、假证驾驶；要求驾驶单位对所驾驶车辆的性能状态进行全面检查，防止车辆带病运行，特别严禁货运机动车辆载客，严禁车辆超载、超速、超限。加强对司乘人员携带物品的安全检查，坚决防止将易燃易爆剧毒等危险物品带上车。对货车载人的首要分子及单位第一责任人依法追究责任。由于措施得力，全年境内未发生交通事故。

2010 年，汲取山南“3・6”、日土班公湖“6・10”较大事故教训，在开展安全生产百日整治行动的基础上，县安监局结合札达安全生产工作实际，制订《札达县生产旺季保平安百日整治行动实施方案》，对重点行业和领域进行安全隐患排查治理，以遏制重特大事故的发生。昌都“10・2”较大事故发生后，10 月 3 日，县安委会办公室下发《关于切实做好近期道路交通安全工作的紧急通知》，以避免发生重大交通事故。

三、建筑行业安全监管

2006 年，县安监局协助地区安监局、建设局等单位对全县的施工项目（不包括农牧民安居工程）进行安全生产条件审查。在审查中发现大部分施工项目的安全措施不到位，个别项目的施工单位未办理安全生产许可证等；对没有通过审查的施工项目，协助上级有关部门督促其停工整改，并完善相关手续。通过审查，引起施工单位的高度重视，加强对施工项目的安全管理，消除安全隐患。

2008 年，县安监局联合县发改委对全县的施工项目进行安全生产条件审查，检查建设项目安全设施与主体工程必须实行“三同时”，必须按规定进行安全条件论证和安全影响评价，在审查中对发现的个别施工项目的安全措施不到位、相关手续不全等现象，督促其停工整改，并补办完善相关手续。通过对建设工地的审查，进一步加强对施工项目的安全管理，及时消除建筑安全隐患。

2010 年，县安监局加大对建筑施工行业的安全整治工作。多次组织相关部门对建筑施工安全进行全面检查，重点对施工现场、违章建筑、违规建设、无证施工、未进行施工项目安全生产条件审查等进行专项整治。

四、非煤矿山企业整治

2010 年，县安监局加大对矿山企业的专项整治。全县有非煤矿山企业 4 家，督促企业办理安全生产许可证，收取安全生产风险抵押金 4 家，为安全事故善后处理提供资金保障。

第五节　安全生产宣传教育

一、宣传活动

2004 年，根据国务院安委会办公室的统一部署，在全国开展“2004 年《安全生产法》普法行动”，并确定每年 6 月为“全国安全生产宣传月”，札达县成立相应的领导小组；由县安监局负责组织力量对主要生产经营单位进行督查。县安监局制订《安全生产月活动方案》，并组织公安、消防、食药监局、发改委等单位实施活动方案。

2005年，针对农牧民群众安全意识淡薄的现状，县安监局组织群众收看电视，收听广播，了解关于安全生产方面的知识；在各中小学开设安全课程或讲座，普及安全生产知识，提高广大青少年的安全知识和自我保护能力；向全县农牧民宣传安全生产的重要性，共张贴标语100余条，重点贴在饭馆、舞厅、县中小学、农贸市场、各施工单位等人员较为集中的地方。同时联合工青妇、宣传部、统战部等单位，通过干部下乡等形式，用通俗易懂的语言宣传安全法规、交通安全知识等。

2006年6月，县安监局给各乡（镇）下发藏、汉两种版本的《安全生产法》100余份，组织相关人员学习安全生产法律、法规。在县城内醒目的位置悬挂横幅、张贴安全生产宣传标语500余条，向社会公布安全生产咨询电话，解答群众有关安全生产方面的问题15条；设立宣传专栏，给行人发放题为《安全生产法告诉了我们什么》宣传单1000余份；向县城主要行业发放《安全生产法》《国务院关于特大生产安全事故行政责任追究的规定》《西藏自治区关于进一步加强安全生产工作的决定》等有关安全生产方面的宣传材料100余份。

2007年6月，县安监局在县城内开展“全国安全生产月”活动。共展出板报25块，悬挂横幅35条，发放安全生产工作宣传材料1100余份；与妇联、教育局共同举办中小学生安全知识作文比赛；配合县总工会开展“安康杯”知识竞赛活动；联合新闻媒体、电信、移动、联通等单位宣传安全生产知识。

2008年，县安委会根据县委、县政府的统一安排和部署，开展“反对分裂、维护稳定”主题教育月活动，成立主题教育领导小组，并制定详细的实施方案和每阶段学习计划，进行动员和学习。6月上旬，组织开展“安全生产月”活动，以“综合治理、保障平安”为活动主题，多层次、全方位广泛开展宣传教育活动。在县城醒目位置悬挂宣传横幅6幅，张贴标语（藏汉）75条，发放《中华人民共和国安全生产法》《安全生产知识问答》《雨季行车注意事项》《夜间行车七大注意事项》《雨季用电安全知识》等宣传手册250份，宣传安全生产宣传教育片《法佑平安》8集，并由电视台通过札达频道将教育片《法佑平安》滚动播放宣传。消防、公安、交通也进行相应宣传，在人员密集场所、重点部位张贴消防安全预防、自救画报，在道路危险地段设立标志牌、温馨提醒等。通过安全宣传活动的开展，营造了“安全第一，预防为主”的安全氛围，受教育群众达1500余人次。

2009年，县安委会组织公安、交警、电力、工商、建设等安委会成员单位在县城中心大街悬挂关于安全生产方面的宣传横幅十余条。在“安全生产月”开展大检查，共下达整改指令书30余份，消除隐患100余处；发放安全生产宣传手册1400余本；自6月1日起，在电视台播放安全生产等方面的宣传口号；加强舆论宣传和职工安全培训工作，利用多种方式宣传安全生产知识，推广报道典型经验，曝光违法违纪典型案例。组织开展“安全生产月”宣传活动。由县安监局牵头，联合县公检法机关及县安委会成员单位，以“关爱生命安全发展”为主题，开展宣传教育活动，在县城主要街道悬挂横幅、张贴标语、发放宣传册等形式，营造“安全第一预防为主”的安全氛围。悬挂横幅13幅，发放宣传资料200余份，提高干部职工及外来务工人员的安全意识。

2010年6月13日上午，由县安委会办公室牵头，组织县建设局、劳动和社会保障局、国土资源局、交通运输局、安监局、质监局、气象局、交警支队、消防支队、电力公司、电信公司等单位在县农行门口集中开展安全生产咨询、安全生产事故图片展、安全生产法律法规等宣传活动，发放资料12种1200余份，悬挂安全生产横幅十余幅；组织移动公司、电信公司围绕“安全发展、预防为主”主题发送安全短信息。以“关爱生命，安全发展”为活动主题，广泛开展宣传教育活动。在县城醒目位置悬挂宣传横幅40余幅，发放了《中华人民共和国安全生产法》《西藏自治区安全生产条例》《安全生产知识问答》《雨季行车注意事项》《夜间行车七大注意事项》《雨季用电安全知识》《防震小知识》《消防小知识》等宣传手册200份，宣传安全生产教育片《共铸雪域安全屏障》。

二、安全生产知识培训

2004年，县安监局配合地区进行安全生产资质培训、考核，并核发安全生产资质证。

2005年，为贯彻落实《安全生产法》《国务院关于进一步加强安全生产工作的决定》等法律法规，提高安监人员的素质和行政执法水平，县安监局组织人员学习相关法律法规并制定学习计划。通过自学、集体学习、互相讨论等多种方式，相继学习《安全生产法》《安全生产违法行为行政处罚办法》《危险化学品管理条例》《行政复议法》《国家赔偿法》等。7月，县安监局派人参加国家安监总局在拉萨举办的安全生产监察员执法培训，经培训考核，县安监局人员成绩优良，并获得《安全生产监察员证》，作为安全生产监察执法的依据。

2006年，县安监局采取多种形式宣传掌握《安全生产法》。根据地区“平安中国——《安全生产法》知识竞赛”要求，县安监局组织开展县级《安全生产法》知识竞赛活动，并抽调3名优秀选手参加地级知识竞赛，经过预、决赛，县代表队荣获集体一等奖。其中一名选手代表阿里地区参加“平安中国——《安全生产法》知识竞赛”西藏赛区总决赛，并获得组织奖及个人优秀奖。该活动的开展，在全县范围内普及了《安全生产法》等相关法律法规，提高了群众的法治意识。8月25日，联合消防部门对县城各娱乐场所、宾馆、饭店、建筑施工单位、危化品生产经营场所等的安全生产第一责任人进行安全生产知识培训，重点讲述《安全生产法》有关条款，如《安全生产法》赋予公民的举报权、赔偿权、拒绝违章指挥和强令冒险作业权及发现直接危及人身安全的紧急情况下的停止作业权和撤离作业场所权；外出打工，在与老板签订劳动合同时，应当注意合同事项；同时强调从业人员在作业过程中应服从管理，正确佩戴和使用劳动防护用品，严格遵守有关安全生产规章制度、操作规程等；并重点讲述质监工作的重要性。通过培训，提高了县城生产经营单位的安全素质，普及QS标志和3C认证有关知识。

2007年，县安监局对企业主要负责人、安全员进行安全生产资格培训。对出现过伤亡事故的单位全员进行安全知识培训。

2008年5月，县安监局联合县发改委组织对各乡镇负责安全生产工作人员（20人）进行安全生产培训，主要学习《中华人民共和国安全生产法》《安全生产事故报告和调查处理条例》及建筑施工工程安全管理等相关知识，要求参加培训人员回去后除组织乡镇群众进行学习外，同时要将培训材料发放到区域内建筑施工单位，并负责组织工地从业人员进行学习，对工地作业人员进行《中华人民共和国安全生产法》及相关安全生产知识考试。通过这些措施，切实加强基层安全生产工作。

2009 年，按照自治区、地区要求，县安监局对札达重点行业领域制定安全生产方针和目标，对全员进行安全标准化培训，健全安全生产责任制、安全操作规程和各项安全管理制度，增加安全投入。7 月初，县安监局联合县卫生局、工会等单位，组织职业安全健康知识竞赛，参加人员包括县直、中直及各施工单位代表 45 人。通过知识竞赛使干部职工、务工人员了解掌握生产安全知识。

2010 年，县安监局组织开展农牧区农用拖拉机、摩托车驾驶的培训工作，由县安监、公安、农牧、交通等部门深入到乡、村，按照就近组织的原则，全方位开展农用拖拉机、摩托车驾驶的宣传培训工作，主要是严查酒后驾驶、无照驾驶、客货混装等。截至 10 月，宣传培训 6 场次，受培训教育人数达 456 人次，宣传覆盖面达 85% 以上。先后参加地区组织的危化品、非煤矿山特种作业等不同类型的从业人员安全生产岗前培训，共培训 30 余人。

第六节　安全事故统计

札达县安全事故主要包括交通事故和建筑施工事故两种。其中 2004 年发生交通事故 1 起，造成 2 人死亡；2006 年发生交通事故和建筑施工事故各 1 起，造成 2 人死亡；2009 年发生交通事故 2 起，造成 2 人死亡，1 人受伤。

一、交通事故

2004 年 5 月 19 日，驾驶员欧某驾驶车辆行至底雅乡村公路 203 千米处，由于判断错误，致使车辆右前轮外滑，无法驶回路面，车辆翻转 180 度后掉入深沟，造成当场死亡1人、重伤1人（送至医院后不幸死亡）。

2006年5月6日11点，曲龙村二组村民罗某（无驾驶证）驾驶无车牌号货车与车主石某一起前往牧场，行至距曲龙桥头30余千米处，因车辆坏损，无法行驶，恰巧遇到同村村民旦某，旦某帮助罗某修好车后一起乘车前往牧场。在车行至距曲龙桥头3千米处，旦某旧病复发，神志不清，突然拉开驾驶室右门，滚到车下，罗某来不及停车，使后轮胎从旦某的身上轧过，旦某当场死亡。

2009年5月27日，萨让乡政府客货两用皮卡小客车，由司机次某驾驶，车上坐有5人，分别是3名乡政府人员、乡政府电站工地施工人员及当地农牧民各1名。当车辆行驶在底加木盘山路公路上一个陡坡时，由于路陡、车况差，倒车时刹车突然失灵，小客车发生侧翻。导致车辆报废，所幸车上人员安然无恙。2月25日，边某驾驶小型三菱越野车，车载3人，由普兰县往狮泉河行驶至国道219线1230千米－70M处黑色路面，因超速行驶，再加上驾驶员操作不当，导致该车侧翻144度，造成驾驶员及1名乘客死亡，1人受伤。

二、建筑施工事故

2006年6月1日，托林镇波林村卡孜组村民尼某在拆旧房屋的墙体时，由于安全意识淡薄，缺乏必要的拆墙常识，为省时省力，采取先对墙体掏底，然后推倒的方法。在对西山墙体进行掏底后并未立即推倒，接着对同一座房子的南墙进行掏底，导致南墙先倒塌，因振动及空气压力减小等原因，西山墙也轰然倒塌，尼某被砸，当场死亡。

第六章　食品药品监督管理

札达县食品药品监督管理部门每年均出动执法人员对学校、工地等集体食堂进行重点检查，对有问题的责令限期整改，取缔无证单位，收缴变质过期食品及原料。重点对个体诊所、村卫生室、乡镇卫生院、药品零售单位等药品经营、使用单位进行整治，确保全县药品流通和使用安全。

第一节　机构

札达县食品药品监督管理局（以下简称县食药监局）成立之前，其主要工作由县卫生局、疾控中心负责。

2010 年，根据《中共阿里地委办公室、阿里地区行署办公室关于印发〈阿里地区关于七县政府机构改革方案的指导意见〉的通知》《关于印发各县政府机构改革方案的通知》《中共札达县委办公室、札达县人民政府办公室关于印发〈札达县政府机构改革方案的实施意见〉的通知》精神，设立札达县食品药品监督管理局（副科级），由县卫生局（札达县人口与计划生育委员会）管理，无内设机构，行政编制 3 名，其中科级领导职数 1 名。

县食药监局负责餐饮服务许可和食品安全监督管理工作；开展餐饮服务环节食品安全状况调查和检测工作；配合有关部门发布与餐饮服务环节食品安全监管有关信息；负责依法查处制售假劣药品、医疗器械；查处非法药品集贸市场；监督管理药品、医疗器械质量安全，监督管理放射性药品、麻醉药品、毒性药品及精神药品，发布药品、医疗器械质量公告。组织查处餐饮服务环节食品安全和药品、医疗器械、化妆品、保健食品等的研制、生产、流通、使用方面的违法行为。

第二节　食品安全管理

食品安全关系到人民群众生命安全和身体健康，关系到社会经济发展和稳定，是社会关注的热点。随着社会物质财富的日益丰富，科学技术的不断进步，生活水平的逐步提高，消费者对食品的生产、加工、贮运、销售整个过程十分关注，并要求政府和食品制造商在食品质量、食品安全、消费者保护方面承担更多责任。

2001 年 3 月初，县食品监督机构和相关部门组成联合执法大队开展清理无照经营行动，重点对商店、超市、小卖部、餐馆、小作坊等进行专项清理活动 2 次。对清查出的无照经营户按店名、地址、未办照原因、处理结果等内容逐项登记造册，其中取缔无照经营 33 家。同时在重点节假日及重点部位进行监督检查 14 次、出动执法人员 55 人次、检查个体户 42 户（次），没收过期变质食品 18 种，折合人民币 548 元。

2002 年，县食品监督机构以学校、工地等集体食堂为重点监管对象，制定专项检查实施方案。春季开学后，对学校食堂许可证情况、食品原料采购、食品加工、食品贮存、食品留样、餐用具清洗消毒及从业人员卫生等方面进行全面检查，对学校食堂使用的食用油、食盐及食品添加剂等进行重点检查。累计出动执法人员 38 人次，检查学校、工地集体食堂 22 户（次），均未发现食品安全隐患，全年没有发生重大食品安全事件。同时采取拉网式检查与重点监督相结合的形式，出动执法人员 86 人次，监督检查餐饮服务单位 105 户（次）、超市小卖部 144 户（次），监督整改 12 家、监督覆盖率 95%，没收过期变质食品 15 种。

2003 年，在元旦、春节、藏历新年等重点节日期间，县委、县政府组织食品安全人员，在县城主干街道、学校周边、农牧区等重点区域，以集市、小作坊、食杂店、小餐饮为重点场所，宣传食品安全知识，以群众日常消费食品、儿童食品以及民俗特色食品为重点品种，查处农村食品市场假冒仿冒知名品牌和制售无生产厂家、无生产日期、无保质期、无食品生产许可、无食品标签的食品违法行为，保障节日期间全县的食品安全。出动执法人员 104 人次，检查食品流通、餐饮单位 170 户（次），取缔无证经营单位 3 家，没收过期变质食品 12 种。

2004 年，县食品监督机构加大对旅游景区等区域的食品安全巡查力度，对旅游景区周围、机关食堂、学校食堂、工地食堂区域的食品安全，采取定期不定期巡查。共出动执法人员 56 人次，检查个体户 198 户（次），查处食品安全隐患 10 处，跟踪落实整改 9 处。取缔非法食品加工户 2 户。

2005 年，针对全国曝光的相关事件，县食品监督机构在全县境内对含“苏丹红”食品及原料和不合格 PVC 食品保鲜膜开展清查活动。其中依法查封、销毁不合格原料及其产品 2 种。出动执法人员 19 人次，深入餐饮业、各类食堂检查婴幼儿配方食品、食品添加剂和卫生许可 8 次。联合教育部门对学校内及周边小型餐饮单位开展大检查，出动执法人员 9 人次，开展专项整治 3 场/次，保证校园及周边小型餐饮单位的饮食安全。

2006 年，在元旦、春节、藏历新年、“五一”节期间，县食品监督机构组织县农牧局、工商局、公安局等部门联合开展食品安全专项检查和整治，重点检查农牧区儿童食品。出动检查人员 123 人，检查个体户 184 家，取缔无证经营餐饮单位 6 家，小卖部 5 家，没收过期食品 18 种，对所没收的食品进行焚烧处理。

2007 年，在春节、藏历新年、“两会”“五一”节特别是中高考期间，县食品监督机构对食品安全开展专项检查，对校园及周边食品安全、农村食品市场等开展重点检查。联合各相关职能部门对婴幼儿配方食品、食品添加剂、民俗食品和肉类食品加大打假力度，出动执法人员 128 人，检查食品经营单位 309 家，没收过期食品 18 种，查封餐饮单位 3 家，停业整顿小卖部 6 家。

2008 年，在元旦、藏历新年、春节、“五一”“六一”、奥运会、残运会期间，县食品监督机构开展食品安全专项检查 11 次。重点对粮、肉、蔬菜、酒类、水果、豆制品、奶制品、水产品、饮料、散装食品和儿童食品等进行专项检查。在餐饮业和集体食堂推行原料进货溯源制度，重点查处非法采购、使用劣质食用油和违法使用添加剂、不合格调味品等违规违法行为。共出动执法人员159人、车辆16辆，检查食品经营单位225家，处罚11家，其中警告4家，责令限期整改7家，取缔无证单位4家，收缴变质过期食品及原料19种。

2009年3月1日，札达县开展打击违法添加非食用物质和滥用食品添加剂专项整治工作，出动执法人员133人次，检查餐饮经营单位、超市小卖部、学校食堂116户（次），印发宣传材料850余份，没收过期变质方便面60袋（桶）、豆豉及火锅底料等调味品21袋（瓶），变质瓜子203袋、糖果21袋、饼干2盒以及各种过期变质小食品122袋（包），责令整改16家，取缔无证经营单位3家，未办理健康证上岗人员5人。3月15日，在县城内进行宣传活动，宣传《食品卫生法》、食品安全科普常识、辨别假冒伪劣食品及有毒有害食品的基本常识和《消费者权益保护法》等进行了宣传，发放宣传材料400份，张贴标语10张。6月初，以“食品卫生法”“夏季传染病预防”“夏季食品的保存方法”以及“夏季常见肠道传染病的预防”为内容进行宣传，发放1000份宣传材料，提醒广大群众夏季如何选择安全食品及怎样防止食物中毒。县卫生局食品科开展食品卫生监督检查27次，对800户进行不定期的检查以及突击检查（其中突击检查12次），动用12辆车72人次，检查出54种277千克过期变质食品，折合人民币5998.5元。6月中旬，对县城内的个体工商户进行体检办证，在此次办证过程中对6家个体工商户进行换证办证，其中商店5家、餐饮业及茶馆8家、娱乐厅2家，办理从业人员健康证32人。

2010年，县食药监局实行食品安全日常工作与专项整顿相结合，在做好日常工作的同时，联合有关部门开展食品安全专项整顿，出动执法人员239人次，检查小作坊6家，食品超市、商场等经营户126家，餐饮单位108家，学校食堂22家，建筑工地食堂5家。此外，县食安委办公室组织开展地沟油和餐厨废弃物的管理工作，对一次性筷子、一次性塑料餐盒等开展专项整治。

第三节 药品质量监督

药品质量监督是对药品的研制、生产、流通和使用环节进行监督管理的过程。第九届全国人大常委会于2001年2月28日审议通过新修订的《中华人民共和国药品管理法》，首次明确药品监督管理部门的执法主体地位。

2001年，县卫生部门按照上级部门通知要求，对札达境内3批次假药和5批次不合格药品进行监督检查，共出动执法人员24人次，检查县医院及乡镇卫生院40户（次），均未发现假药、不合格药品进入札达。

2002年，实施新修订的《药品管理法》，使药品生产企业及经营企业的药品质量意识有所提高。县卫生局全年接到举报电话1件，结案1件；开展日常检查和专项检查58人次，检查药品经营单位62家，没收过期药品12种。加强对药品的监管力度，严格把关药品经营销售单位特别是乡卫生院药品购进准入关，严禁从无资质的单位购进药品，并建立索证索票制度，形成假劣药品追溯体系。

2003年，为深入贯彻落实《关于2003年度药品专项监督检查有关问题的通知》精神，县卫生局在札达境内开展医疗机构用药及制剂、过期失效及未标注有效期药品、更改生产批号和篡改药品使用说明书、打击制售邮寄假药等8项专项监督检查，规范全县药品市场秩序，用药情况得到改善。出动检查人员108人次，检查药品经营使用单位133家，实际检查的单位数占应检查单位的98%，清查过期失效药品25种，折合人民币1655元。同时联合有关部门对医疗机构的防护服、口罩和消毒剂进行综合检查，组织县人民医院做好防治“非典”药品的应急储备工作，保障药械供应。

2004年，县卫生局对基层药品经营单位、农村卫生医疗机构检查13场（次），出动执法人员42人次，重点检查药品购销渠道、储存条件和药品质量。将日常监管与专项监管相结合，加大检查频次和力度，严厉打击制售假劣药品、过期失效药品以及兽药人用等违法行为。

2005年，县卫生局在元旦、春节、藏历新年、“五一”“十一”、中考期间开展执法检查。重点对个体诊所、村卫生室、乡镇卫生院、药品零售单位等药品经营、使用单位进行整治，共出动执法人员90人次，检查药品经营、使用单位123户（次），受理举报2次，查处上级通告假药2批次，整顿规范了全县药品市场秩序。

2006年，震动全国的“齐二药”假药案件和“欣弗”劣药事件相继发生后，县委、县政府高度重视，出动执法人员48人次，检查药品经营使用单位55户（次），查封“齐二药”药品11支，查控“欣弗”药品3瓶。另外，根据《药品管理法》，规范药品购进、验收、储存、养护、销售等重点环节。

2007年，县卫生局严厉打击制售使用假劣药品违法行为，先后开展违法广告药品、假劣中药材、名贵藏药及饮片等十余个专项检查，打击虚假广告药品、无证经营特殊药品等违法行为。出动执法人员58人次，查处各类违法案件2起，涉案金额3000元，没收假劣及非法经营药品标值1200元。

2008年，县卫生局对全县20家药品经营使用单位开展专项整治，要求药品经营单位必须凭处方销售；在购进药品时要保证票货同行；规范药品经营单位药师在岗执业行为，要求药师不在岗时不得销售处方药和甲类非处方药；查处假冒西安杨森制药有限公司生产的相关产品、黑龙江省完达山药业股份有限公司生产的刺五加注射液和第二类精神药品、含可待因止咳口服溶液等专项检查十余次。

2009年，县卫生局集中开展药品零售单位和医疗机构违规储存药品、计划生育药械市场专项整治、零售药店坐堂行医专项整治、药品安全专项整治、性保健用品店专项整治等6项专项整治行动，规范和整顿全县药品市场秩序。同时按照“督查结合、监管并举”的原则，集中人员、集中时间、集中精力，由分管领导带队分两个执法组对全县所有涉药涉械单位进行拉网式、全覆盖的日常监督检查。共出动执法人员116人次，出动执法车辆50余台（次），完成涉药单位125家的监督检查，覆盖面100%。根据国家总局、自治区局、地区局文件精神，县卫生局完成广西平南制药厂生产的假药“糖脂宁胶囊”，黑龙江乌苏里江制药有限公司佳木斯分厂生产的“双黄连注射液”等16项药品的清理清查，重点排查问题药品，确保全县药品流通和使用市场安全。

2010 年，县食药监局加大打击生产、销售假药行为的力度，重点开展非药品冒充药品、疫苗、医用氧等专项监督检查 11 次，共检查辖区内药品经营和使用单位 112 家。同时联合工商、公安等相关部门发布专项整治公告，检查相关产品 89 批次，下架可疑产品 12 批次，并要求各药品经营单位加强行业自律，严把购进关、销售关和知识关。

第四节　医疗器械质量监督

札达县医疗器械经营单位仅有 23 家，其中药品零售企业 1 家、诊所 1 家、县级卫生服务中心 1 家、乡卫生院 5 家、村卫生室 15 家。全县的医疗器械监管工作主要由县卫生局管理。医疗器械多为一次性使用输液器、注射器等。按照医疗器械风险程度，札达县医疗器械经营实施分类管理。经营第一类医疗器械不需许可和备案，经营第二类医疗器械实行备案管理，经营第三类医疗器械实行许可管理。

2001 年，为加强对医疗器械的监督管理，规范市场秩序，由卫生局、防疫站及人民医院工作人员组成医疗器械和药品质量监督检查组，重点对一次性使用无菌注射器（带针）、一次性使用输液器（带针）产品进行日常监管。出动执法人员 30 人，检查经营使用单位 50 家，对 3 家经营使用单位提出整改意见 11 条，年底对整改情况进行验收。但由于札达冬季下雪路况极差，有的乡镇长时间大雪封山，致使一些乡卫生院质量难以保证、整改措施不到位。

2002 年，医疗器械主要使用单位是县乡级医疗机构，主要使用的是一次性注射器、一次性输液管等常用器械。3 月，县乡级医疗机构实施自查整改，县卫生局组织工作人员对整改落实情况进行验收检查，发现个别医疗机构仍存在使用过的医疗器械未做到及时销毁；在购进医疗器械时不注意查验对方的资质证明，只索要供货方许可证、产品注册证和合格证明，未对资质进行详细审核，导致部分资质证明文件过期或收集不全等问题，对这些问题，都严格按规定及时处理。全年出动执法人员 58 人次，检查医疗器械经营企业69户（次）。

2003年，县卫生局坚持日常监督与专项监督检查相结合，对辖区内橡胶避孕套经营单位进行专项监督检查。出动执法人员25人次，发现过期产品4种，部分包装名称与注册名称不一致，商品名称繁多，一些避孕套包装上印有法律法规所禁止的带有淫秽色彩的文字及画面等问题，要求及时改正。根据国家安监局《关于注射用降纤酶专项监督检查的通知》要求，出动执法人员15人次，对全县范围内6家注射用降纤酶的经营、使用情况进行专项监督检查。

2004年，县卫生局对县级医疗机构检查2次，对乡镇医疗机构和药品零售单位检查1次。截至12月22日，累计出动执法人员85人次，检查医疗机构和药品零售单位45户（次）。

2005年3月，县卫生局组织执法人员对辖区内的医疗器械经营使用单位进行专项监督检查，出动执法人员30人次，检查单位58户（次），重点检查是否建立并执行进货查验记录制度、销售记录制度，进货查验记录和销售记录信息是否真实、准确、完整，企业购进、贮存、销售等记录是否符合可追溯要求，是否采取有效措施保证医疗器械运输，贮存过程是否符合医疗器械说明书或者标签标示规定。

2006年，主要对医疗器械的经营使用及医疗机构的建立健全进行日常监督检查。出动执法人员22人次，共检查医疗器械经营使用单位38户（次），日常检查26户（次），专项检查12户（次）。开展避孕套、广告药品专项治理，体验类、部分隐形眼镜及护理液经营单位的专项检查，出具检查情况表并提出相应的整改意见。同时加强农村“两网”建设，把医疗机构的医疗器械管理纳入农村“两网”建设内容，发挥村级协管员在医疗器械监管中的作用，制定协管员工作管理制度，组织协管员对农牧区医疗器械和药品监督检查6场（次）。

2007年，根据阿里地区食品药品监督管理局要求，按照《医疗器械监督管理条例》规定，县卫生局对辖区内医疗器械经营和使用情况开展摸底调查，规范和整顿医疗器械市场。出动检查人员28人次，检查经营使用单位54户（次），重点对经营使用单位的制度建设、产品进货渠道、购进验收、票账物一致性、产品可追溯性、许可事项变动、人员履职等情况进行检查。检查中发现，部分单位存在未完整收集供货方合法资质证照、制度建立不完善、购进验收记录不全等情况，要求企业整改，并依法查处涉及医疗器械案件1件。

2008年，县卫生局继续开展对医疗器械经营使用单位进行日常检查和专项检查工作。对20家医疗器械经营使用单位进行日常检查和专项检查56户（次），检查覆盖率达100%，其中常规检查25户（次），专项检查16户（次），制作现场记录8份，指出问题28条并提出整改要求。开展浮标式氧气吸入器使用情况专项检查，累计检查28户（次），其中县级医院1家，乡镇卫生院6家，诊所2家，对个别医疗机构存在改变浮标式氧气吸入器用途，擅自加接高容量氧气进行雾化吸入治疗的问题责成当场予以改正。

2009年，在医疗器械监管法规体系不健全的情况下，县卫生局针对日常监管中遇到的共性问题，建立医疗器械经营使用单位日常工作联系单制度，组织专项检查。共检查医疗器械经营使用单位103户（次），出动执法人员90人次，对各种不良反应监测点的监测员进行重新登记，加强对医疗器械不良事件的监测。同时开展对防控甲型H1N1流感有关医疗器械的监督检查，统计汇总县内防控甲型H1N1流感相关医疗器械产品及许可情况。

2010年，县食药监局加强医疗器械使用管理监督，纠正违规或不作为行为。共检查医疗器械经营单位52户（次），限期整改1家，没收医疗器械4批次，价值800余元。对列入国家重点监管医疗器械目录的一次性使用无菌医疗器械、植入性医疗器械、填充材料等高风险类产品增加检查频次，加大监督力度，消除安全隐患，保障广大人民群众用械安全有效。

第五节　保健食品、化妆品管理

札达县无保健食品、化妆品生产企业，只有经营销售保健品、化妆品的单位。县卫生局对经营保健食品、化妆品的单位定期进行检查，发现问题，责令立即整改。2010年，全县有保健食品经营户5户、化妆品经营户8户。

十年间共出动执法人员627人次,检查保健食品化妆品经营户412户(次)。

2001年，县卫生部门指导并督促化妆品保健食品经营单位严把进货关，严格查验相关手续，严禁夸大和虚假宣传保健品具有特定保健功能、预防治疗疾病作用，不得销售名称、标签和产品说明书不符合规定的保健品，严格防止擅自添加未经批准的原料、药物等非食品原料的保健食品进入销售渠道。全年出动执法人员12人次，开展特殊用途化妆品整治活动，美容美发单位化妆品使用专项检查，检查保健食品化妆品经营单位11户（次），没收各类不合格化妆品3种。

2002年，全县有保健食品经营单位2家、化妆品经营单位8家。为加强对保健食品、化妆品市场监督和管理，规范保健食品、化妆品经营秩序。县食品药品监督管理机构重点检查保健食品、化妆品的进货渠道、产品资质、标签说明书、索证制度落实情况、销售台账等。出动监督执法人员13人次，检查保健食品、化妆品经营户30户（次），没收不合格保健食品、化妆品2种。通过专项整治，完善保健食品、化妆品监督执法管理机制，规范保健食品、化妆品经营户在产品进购、销售环节中存在的不办证、不索证、虚假宣传产品功效的现象，增强经营者的法制观念和消费者自我保护意识，规范市场经济秩序。

2003年，为更好地开展保健食品、化妆品日常监督管理，快速掌握新的法律法规，县食品药品监督管理机构组织人员参加上级举办的培训班2期，参加人员4人次，对涉及保健食品、化妆品安全监管的相关法律法规进行学习培训，使监管人员业务水平得到提升。加强重点节日期间的监督管理力度，共检查保健食品化妆品经营户12家，出动执法人员52人。

2004年，县食品药品监督管理机构对全县1家保健食品、4家化妆品经营单位进行清查，出动执法人员12人次，检查经营使用单位18户（次），对可疑的保健食品1批次和化妆品3种进行扣押，规范进货渠道。

2005年5月至6月，县食品药品监督管理机构对保健食品、化妆品开展为期两个月的专项检查，重点对保健食品、化妆品的进货渠道、产品资质、标签说明书、索证制度落实情况、销售台账等进行检查。出动执法人员50人次，检查保健食品、化妆品经营户85户（次），没收不合格保健食品、化妆品 6 件（盒）。

2006 年，全县有保健食品经营单位 2 家，药品经营单位兼营保健食品 1 家，超市兼营保健食品 1 家，化妆品经营单位 9 家，药品经营单位兼营化妆品 1 家，超市小卖部兼化妆品 8 家。组织执法人员对各监管对象进行 3 次集中检查，出动执法人员 20 人次，没收假劣过期化妆品 12 种、保健品 3 种。

2007 年，针对保健食品、化妆品市场出现的无证生产、套号冒号、夸大宣传、违法添加违禁成分、以次充好、假冒伪劣等问题，县食品药品监督管理机构以缓解体力疲劳类、辅助降糖降脂类、减肥类、改善睡眠类、补肾类保健食品为重点品种，以产品合法性、进货渠道、标签说明书、索证制度、各种记录、进销台账及出厂检验报告为重点检查内容，对照文件所列问题产品在全县范围内开展拉网式监督检查，出动执法人员 106 人次，检查保健食品、化妆品经营户 145 户（次），没收不合格保健食品、化妆品 12 种。

2008 年，县食品药品监督管理机构出动保健食品化妆品监管执法人员 113 人次，检查保健食品经营户 11 次、化妆品经营户 23 次，自查整改隐患 12 处，现场监督检查发现并消除隐患 5 处。通过检查，发现了“生物液体钙软胶囊”等假冒保健食品，按照相关规定，予以处理。

2009 年，县食品药品监督管理机构加强日常监管，落实产品追溯制度，督促经营户执行索证索票、进货验收及台账管理制度，对保健食品、化妆品的进货渠道、标签标识、有效期及产品合格证明等情况进行日常检查。重点整治未经许可生产食品和保健食品、经营食品和保健食品、进口食品和保健食品行为。检查整顿保健食品市场时，出动执法人员 36 人次，出动车辆 11 车（次），检查保健食品经营户 31 户（次），查处保健食品违法案件 1 例；检查整顿化妆品市场时，出动执法人员 86 人次，出动车辆 15 车（次），检查化妆品经营户 62 户（次），查处化妆品违法案件 2 例。

2010 年，国家规定，对保健食品的管理实行许可登记制度后，以县城区、乡镇以及城乡接合部为重点检查区域，重点检查非法添加禁用物质、套号冒号、假冒伪劣产品。县食药监局出动执法人员 127 人次，出动车辆 16 车（次），检查保健食品化妆品经营户 98 户（次），查处保健食品违法案件 1 例，涉及保健食品货值金额 100 元。

中华人民共和国
西 藏 自 治 区　地方志丛书

札达县志

རྩ་མདའ་རྫོང་གི་དཀར་ཆག

（下册）

西藏自治区地方志编纂委员会　总编
西藏自治区札达县地方志编纂委员会　编撰

中国藏学出版社

第十篇

农牧林水

第一章　农业

札达县坚持“以落实农业为基础，精耕细作增产；以先进技术为先导，设施栽培示范；以新品种推广为依托，调多品种增效”的思路，努力发展现代农业。2010 年，全县农作物播种面积 7524. 45 亩，其中粮食作物种植面积 5946 亩，油菜种植面积 441. 45 亩，蔬菜种植 375 亩，饲草料种植面积 762 亩，粮经饲比例 79：11：10。

第一节　机构

一、行政管理机构

1960 年 5 月 26 日，札达县委下设农牧工作部。1962 年 10 月，县委农牧工作部划归县人民政府领导，更名为县农牧科。

1969 年 8 月，县革委会“四大组”成立，农牧业工作由县革委会生产指挥组代管。1975 年 10 月，撤销县革委会生产指挥组，成立县农牧局。

1987 年 4 月，县农牧局更名为县畜牧局。1992 年 4 月，县畜牧局再次更名为县农牧局，下设水利局、兽医站。

2004 年，增加科技推广、林业管理、野生动物管理等职能，乡镇企业局为农牧局管理的副科级机构。行政编制 5 名，其中设局长 1 名、副局长 2 名、乡镇企业局局长 1 名。

2010年，县农牧局（县科学技术局），无内设机构，机关编制5名（行政4名，事业1名），其中科级领导职数4名。

截至2010年底，县农牧局下设农技推广站、兽医站、扶贫办3个单位。

1961—2010年札达县农牧管理机构负责人任职一览表

表10－1－1

<table>
<tr><th>机构名称</th><th>职务</th><th>姓名</th><th>性别</th><th>民族</th><th>任职时间</th><th>备注</th></tr>
<tr><td>县委农牧工作部</td><td>副部长</td><td>牛瑞骅</td><td>男</td><td>汉</td><td>1961. 04—1962. 10</td><td>无正职</td></tr>
<tr><td rowspan="3">县农牧科</td><td rowspan="2">科长</td><td rowspan="2">次仁旺堆</td><td rowspan="2">男</td><td rowspan="2">藏</td><td>1962. 10—1966. 03</td><td></td></tr>
<tr><td>1966. 05—1967. 02</td><td></td></tr>
<tr><td>副科长</td><td>杨英弟</td><td>男</td><td>藏</td><td>1964. 05—1966. 05</td><td></td></tr>
<tr><td rowspan="3">县革委会生产指挥组</td><td rowspan="3">组长</td><td>王天财</td><td>男</td><td>汉</td><td>1969. 08—1970. 11</td><td>县革委会副主任</td></tr>
<tr><td>袁述斌</td><td>男</td><td>汉</td><td>1970. 11—1972. 10</td><td></td></tr>
<tr><td>王永仁</td><td>男</td><td>汉</td><td>1973. 08—1975. 10</td><td></td></tr>
<tr><td rowspan="3">县农牧局</td><td>局长</td><td>侯封东</td><td>男</td><td>汉</td><td>1975. 10—1976. 10</td><td></td></tr>
<tr><td rowspan="2">副局长</td><td>次仁朗色</td><td>男</td><td>藏</td><td>1975. 10—1976. 10</td><td></td></tr>
<tr><td>成健康</td><td>男</td><td>汉</td><td>1975. 10—1976. 10</td><td></td></tr>
<tr><td rowspan="9">县农牧局（科）</td><td rowspan="3">局(科)长</td><td>侯封东</td><td>男</td><td>汉</td><td>1976. 10—1978. 08</td><td></td></tr>
<tr><td>王鹏洲</td><td>男</td><td>汉</td><td>1979. 06—1980. 09</td><td></td></tr>
<tr><td>宾穷</td><td>男</td><td>藏</td><td>1981. 12—1987. 10</td><td></td></tr>
<tr><td rowspan="6">副局(科)长</td><td>次仁朗色</td><td>男</td><td>藏</td><td>1976. 10—1981. 03</td><td></td></tr>
<tr><td>成健康</td><td>男</td><td>汉</td><td>1976. 10—1979. 04</td><td></td></tr>
<tr><td>王春天</td><td>男</td><td>汉</td><td>1979. 06—1980. 09</td><td></td></tr>
<tr><td>格桑江赞</td><td>男</td><td>藏</td><td>1979. 08—1984. 01</td><td></td></tr>
<tr><td>阿旺元旦</td><td>男</td><td>藏</td><td>1980. 09—1985. 11</td><td></td></tr>
<tr><td>强巴</td><td>男</td><td>藏</td><td>1984. 01—1984. 12</td><td></td></tr>
</table>

续表1

机构名称	职务	姓名	性别	民族	任职时间	备注
县农牧局（科）	副局（科）长	刚祖	男	藏	1984. 12—1987. 07	
		索南多布杰	男	藏	1985. 09—1992. 07	
县农牧局	局长	曲色	男	藏	1987. 11—1993. 10	
		次仁多吉	男	藏	1993. 10—1995. 07	
		胥洪武	男	汉	1995. 07—1997. 10	
		嘎热多吉	男	藏	1997. 10—2005. 06	
		诺尔桑	男	藏	2005. 06—2009. 03	
		米玛次仁	男	藏	2009. 03—	
	副局长	杜新年	男	汉	1989. 06—1992. 08	
		土旦	男	藏	1991. 08—1993. 10	
		拉巴平措	男	藏	1993. 10—1995. 07	
		嘎热多吉	男	藏	1993. 10—1997. 10	
		李平	男	汉	1997. 10—1999. 07	
		诺尔桑	男	藏	1997. 11—2002. 09	
		旺堆	男	藏	1997. 08—2002. 06	
		加措	男	藏	1997. 08—2002. 06	
		王国刚	男	汉	2002. 06—2006. 11	
		尼玛平措	男	藏	2006. 10—2010. 08	

二、事业机构

（一）国营札达县农场

始建于1965年。设生产队4个、牧业组1个，负责管理农场。有耕地面积1400亩、牲畜1300头（只、匹）、房屋仓库1200平方米，配有小学、卫生所、代销店等基础设施。

1975—1979年，年均粮食总产量6万千克，最高产量7.25万千克

(1977 年)，最低产量 4.9 万千克（1979 年）。

1979 年，受自然灾害等因素影响，农场收入仅 4.16 万元，支出 12 万元。为维持农场的运营，国家补贴 7.88 万元。

1982 年，撤销国营札达县农场。1983 年 1 月 1 日，县委、县政府决定将撤销后的国营札达县农场所有土地划归曲松区管辖。

（二）札达县拖拉机站

始建于 1974 年，为副科级事业建制单位。配备 75 型拖拉机 3 台、55 型拖拉机 2 台、60 型推土机 1 台、24 行播种机 2 台、5 号拖犁 3 部、拖车 2 辆，有农机人员 7 人、房屋 8 间。2000 年，全站有技术人员 5 人（站长 1 人）。

（三）札达县农机站

始建于 1976 年，为副科级事业建制单位，有干部职工 14 人（站长 1 人）。主要负责生产、维修农业机械。能加工扬场机、手推架子车、藏式铁皮炉子、马鞍子、脚镫子等；外带加工车床、部分拖拉机、汽车小零件维修等。

1982 年，由于农机站经营不善，县委、县政府决定将其撤销，所有干部职工安排到其他单位工作。

第二节 农业生产关系

1959 年民主改革前，札达实行“政教合一”的封建农奴制度，地方政府官员、上层僧侣、农奴主组成的“三大领主”不仅占有全部土地，还剥夺农奴和奴隶的人身自由。农奴依附在农奴主的土地上，被迫为农奴主阶级劳动，负担着沉重的差役和赋税，世世代代当牛做马，过着极其悲惨的生活。

1959 年民主改革后，札达县农牧民从封建农奴制度中解脱出来，开始为自己劳动。1978 年后，实行家庭联产承包责任制，农牧民拥有了自己的土地，生产积极性不断提高，札达县农业生产快速发展。

一、封建农奴制度下的所有制

在札布让宗时期，土地和农奴由托林寺占有，有耕地500藏克（14千克青稞的平均播种面积），分为坡地和洼地两部分，寺院领主还占有耕畜以及大量农具。历史上，寺院的土地被称作“差薪”（交租税的地），租给9家差巴（支差者、农民）耕种。到20世纪，差巴不复存在，土地被分租给称作“婆玛”的佃户。凡15—60岁的农奴都允许每人承租3—20藏克耕地，还可租用农具和耕畜，超过60岁的农奴，土地即被收回。

在札达其他地区，“三大领主”占有土地和部分农奴，官家和寺院没有自营地，对土地采取租佃的方式经营。在绒琼一带，农奴属西藏地方政府，被称作“雄居巴”，直接受制于达巴宗。宗下设措，官员称作“措本”，措本占有政府差地，向政府交纳租税。

1959年，西藏民主改革时废除农奴制度。

二、社会主义制度下的所有制

（一）个体所有制

1. 农（牧）民个体所有制

1960年，根据中共西藏工委《关于废除封建农奴主所有制实行农民土地所有制的决议》《关于西藏地区土地制度改革的实施办法》《关于农村阶级划分的决定》等政策规定，在札达县委领导下，县、区机关派出工作队（组）在农牧区开展社会主义、爱国主义教育和民主改革运动，进行划分阶级成分、分配土地和牛羊等工作。按农区、牧区和寺庙三大块有针对性地开展民主改革运动。

在农牧区开展“三反两利”（反叛乱、反特权、反奴役，牧工牧主两利）、土地分配和牲畜草场分配运动，逐步废除三大领主霸占土地草场的特权，没收和赎买牧主的牲畜。

在寺庙进行“三反三算”运动（反叛乱、反特权、反剥削，算政治迫害账、算阶级压迫账、算经济剥削账）。1960年底，完成以托林寺为主的寺庙改革，实行民主管理，土地分给群众，大多数僧尼还俗；部分没有住持僧尼的小寺庙，则没有派工作组专门进行改革，与社会改革同时进行。

民主改革运动废除封建特权和剥削制度，使广大农牧民获得耕地、牲畜等生产资料。至1964年初，完成除底雅、什布奇、楚鲁松杰3个村（原乡）的民主改革任务。札达县的民主改革运动基本完成。

2. 互助组

1960年，随着民主改革的不断深化，札达县开展互助合作运动。采取因地制宜的办法建立三类互助组。

第一类是完全贯彻执行自愿互利原则，群众生产积极性高；劳动互助范围广，不仅有农业互助，而且有副业互助；有比较健全的评工、记分、清账、会议等制度；领导纯洁，指导生产能力较强，有国家贷给的供公共使用的农具，类似常年互助组。但存在生产计划性不够，缺乏具体安排；采取工换工、工顶工的形式，限制劳动积极性的发挥；虽然有一些副业，但农业和副业结合不够，没有固定的副业，分工、分业不够具体，公共财产极少等问题。

第二类是基本贯彻自愿互利原则，劳动互助范围较第一类项目少，只有农业互助，群众生产积极性高，为季节性互助组。但存在计划性差，劳力、畜力调配不当，有浪费现象；在人工换人工、人工换畜工方面有偏高偏低、不等价现象；评工、记分、清账、会议制度不够健全；领导基本纯洁，缺少指导生产的办法等问题。

第三类是劳动互助范围小，仅在春耕春播时组织换工。没有评工、记分、清账、会议等制度；对互助合作的认识很模糊，组织工作有盲目性，甚至存在编组现象；互助组多系形式，互助内容很少。存在贫苦农奴与中等农奴之间相互侵占利益，因换工不等价和账目不清引发组员意见，个别组领导存在不纯洁行为，生产积极性调动不够等问题。

1961年，在达巴区托林乡托林村成立3个互助组，均为季节性农业互助组，共有土地143藏克，农户17户73人，全劳力33人；有耕牛13头、马1匹。1960年，实播面积57藏克，产量232藏克；1961年，实播面积118藏克，产量637藏克；1962年，实播面积127藏克，产量707藏克。

1962年，香孜区热布加林乡有8个临时农业互助组，入组30户189人，全劳力69人。达巴区达巴乡有9个临时农业互助组，入组40户44人，全劳力44人；东波乡有4个临时农业互助组，入组13户，全劳力24人；穹隆乡有14个临时牧业互助组，入组44户，全劳力123人；托林乡有8个临时农业互助组，入组40户157人，全劳力77人。底雅区鲁巴乡有8个临时农业互助组，入组33户138人，全劳力63人；有2个临时牧业互助组，入组8户46人，全劳力19人。

1963年，在底雅区鲁巴乡成立农牧结合的常年互助组，共有5户26人，全劳力12人，半劳力2人，土地64.5藏克，马2匹，牦牛16头，黄牛5头，绵羊268只。1962年，实播面积56.3藏克，产量165.5藏克；1963年，实播面积64藏克，产量266.05藏克。

1963年上半年，全县共组织56个互助组，入组户数由224户增加到475户935人，全半劳力520人，共有土地600藏克。

截至1964年，全县有常年互助组17个，季节互助组63个，入组339户1461人。

1965年上半年发展农业互助组2个，牧业互助组7个。1965年8月，底雅区将相距百华里以上的鲁巴、依底和果巴3个村的31户合并成1个大互助组。截至9月，全县有常年农业互助组3个，人数1256人；季节性互助组25个，人数449人。截至年底，全县建立互助组的工作全部结束。

1966年，全县有互助组67个，其中农业组20个，半农半牧组30个，农业组17个。

（二）集体所有制

1969年12月，札达县开展人民公社化运动，农牧民生产资料全部属于集体所有，农牧民群众通过记工分的形式获得生活必需品，以解决温饱问题。

人民公社下设的各生产队是基本核算单位，各生产队在年初或年终制定生产、财务、劳动、分配等工作计划，并按计划进行管理。劳动一般由生产队统一组织、调配，对农业生产进行长计划、短安排；在劳动计酬上实行工分制，一般按出工天数和出工迟早、干活的质量来评分，当天评记或农活后评记定额工分，先评每人标准工分，再按出工天数记工。各社队规定每个社员年出工天数为基本劳动日，未完成基本劳动日的扣减口粮；在物资管理上各生产大队制定各种制度，粮食等物资设保管员管理，实行专粮专用，种子、口粮、饲粮、储备粮分储，出入库由会计填写三联单，队长盖章，保管验收。

人民公社在收益分配上强调国家、集体、个人三者兼顾，贯彻“按劳分配”的原则，适当照顾五保户与烈军属。分配上除劳力有差别外，其余按人口分配。1983 年，全国取消人民公社制，札达县人民公社随之取消。

1978 年札达县人民公社基本情况一览表

表 10－1－2

公社名称	生产队数（个）	公社户数（户）	公社人口（人）	公社劳动力（人）	年末耕地面积（亩）	粮食		油料		年末牲畜头数（头）	其中大畜头数（头）
						正复播面积（亩）	产量（斤）	正复播面积（亩）	产量（斤）		
全县合计	45 个队，3 个乡	790	3515	2014	10978	8124	2236529	60	3250	108430	13297
香孜公社	5	73	329	151	1306	1023	294825	7	500	13610	1652
热布加林公社	8	85	370	229	2200	1531	390595	9	500	12843	2233
托林公社	3	50	196	108	600	519	126519	4	280	10348	875
东噶公社	3	28	140	71	510	337	92970	5	200	7082	775
波林公社	3	41	177	97	525	402	100340	3	150	5308	472
莎壤公社	3	80	361	100	814	760	277120	11	675	3407	720
日巴公社	3	48	210	114	571	487	134647	4	250	3109	458
鲁巴公社	3	59	238	160	714	579	170080	2	40	5910	592
达巴公社	3	39	194	98	1327	613	136841	15	655	9129	825
东波公社	3	33	168	81	325	220	38420			10838	970
曲龙公社	4	43	213	130	577	371	85000			16832	1361
曲木底公社	4	74	320	185	645	645	107122			7362	1081
未改革乡（楚鲁松杰乡、底雅乡、什布奇乡）	3	137	599	400	870	637	282050			2652	1283

（三）生产责任制

1980 年，中央第一次西藏工作座谈会召开后，札达县在农业生产上采取责任制形式。根据全县各人民公社经营管理水平和生产特点，农业生产责任制主要采取小段定额包工责任制、责任到组（包工到组、联产计酬大包干）和责任到户（包产到户和包干到户）3 种形式。

小段定额包工责任制是在生产队统一指挥下，按时段安排农活，组织临时作业组，搞定额小包工的办法，有活成组，活完组散，人数多少不定。

责任到组是一种包工到组、联产计酬的形式。在定劳力、定土地、定牲畜、定农具、划分常年作业组的基础上，生产队对作业组实行定工、定产、定成本，超产奖励、减产惩罚的责任制，是全县推行较多的一种生产责任制。除部分生产队采取“以产定工、联产计酬”的形式外，其余均采用“几定一奖”的形式，体现按劳分配原则，适合在经营管理搞得较好的生产队推行。另一种是“大包干”，即生产队只核定作业组交多少公积金、公益金、管理费、储备粮等公用部分，其余产品收入全归作业组支配，集体生产与个人利益更直接，适合居住分散、生产水平不高、经营管理较差的社队推行。

责任到户是一种包产到户，即生产队将土地按劳力情况，合理分配到户的形式。生产队直接对各个生产户定工、定产、定成本，超产全部归户、减产从分配中扣除；另一种是包干到户，即生产队将土地分配到户耕种，只核定上交部分，用于解决五保户、干部、副业等人员的补助，其余产品全部归户所有，不再统一核算分配。在穷社、穷队和居住分散、生产条件差的生产队实行。

至 1981 年底，全县有 45 个生产队，全部健全完善生产责任制。

1981 年札达县健全完善生产责任制情况统计表

表 10－1－3

项目	生产队数量	生产责任制		
		包干到户	包产到组	专业承包联产计酬
香孜区	13			13

续表

项目	生产队数量	生产责任制		
		包干到户	包产到组	专业承包联产计酬
底雅区	3			3
曲松区	4			4
萨让区	6			6
札布让区	9			9
达巴区	10	4		6
合计	45	4		41

（四）家庭联产承包责任制

家庭联产承包责任制是农民以家庭为单位，向集体经济组织（村、组）承包土地等生产资料和生产任务的农业生产责任制，是我国农村的一项基本生产形式。家庭联产承包责任制提高了农业生产力，调动了农民生产生活的积极性。

1984年，札达县撤销人民公社，改革农牧区经济体制，落实“两个长期不变”（土地归户、自主经营长期不变，牲畜归户、私有私养长期不变）政策，打破“大锅饭”“平均主义”的分配制度，实行家庭联产承包责任制。

2000年，为推动农牧区经济发展，实现农区所有权和经营权分置，调整个人与集体、国家之间的关系，形成公有、私有等多种经济成分并存的格局，农民群众的生产积极性得到进一步提高。

至2010年底，札达县家庭联产承包责任制一直在全县内执行，效益显著，农牧业生产总值、农畜产品的商品产值和农牧区经济总收入不断增长，农牧民群众的生活条件和生活质量得到明显改善。

第三节　农业资源与区划

1985—1989 年，新疆维吾尔自治区土地管理局组织中国科学院新疆生物土壤沙漠研究所、新疆维吾尔自治区土地管理局、新疆伽师县人民政府部分科技人员组成新疆援藏土地资源调查队，对阿里地区土地资源进行调查。调查结果显示，札达县宜农地面积 12434.62 亩。

至 2010 年底，全县实际播种面积 7524.45 亩，占宜农地面积的 60.51%。

一、农业资源

（一）耕地

札达县有宜农地面积 12434.62 亩，2000 年实际播种面积 9035.57 亩，主要分布在达巴乡、香孜乡、底雅乡、托林镇 4 个乡镇。根据土地条件和质量高低，划分为三、四、五、六 4 个等级。

三等宜农地主要分布于香孜、什布奇、热布加林等乡。沿朗钦藏布河谷分布，多为冲积阶地，坡度小于 5°。主要土壤类型为灌淤土，多为厚层砂壤土，养分含量较高。所在区域属温带干旱气候，无霜期 119 天，除底雅乡外其他乡镇均为一年一熟，以春播作物青稞为主。有灌溉水源保证，青稞生长期间可灌 6—7 次水，一般单产 200—300 千克/亩，是全县较好的宜农耕地。

四等宜农地主要分布于热布加林、鲁巴村、托林乡、香孜乡，呈片状和块状分布。主要土壤类型为潮土类，所在区域属温带干旱气候，无霜期 95—119 天，降水量 68.9—168.6 毫米，以一年一熟或一年两熟春播作物为主，多种青稞、豌豆和油菜。有灌溉水源保证，青稞一般单产 100—200 千克/亩。四等耕地虽耕种历史较久，但因管理粗放，田间杂草丛生，青稞产量较低。

五等宜农地在札达一带分布极少。主要土壤类型为耕种草甸土（耕种草甸土是草甸土在人为开垦和耕种管理下，逐渐熟化的一类耕种土壤），土壤质地多为砂土或壤质砂土，以砂粒为主，粉粒及黏粒含量较少，属土壤肥力较差的土壤类型，一年一熟，以春播青稞为主，受有机质含量和土壤质地的限制，青稞单产较低，一般50—100千克/亩。

六等宜农地主要分布于朗钦藏布河谷高阶地及洪冲积扇中下部灌溉水源方便的地方。地势较平坦，坡度小于25°，最高种植高度在海拔4650米的达巴乡。主要土壤类型为亚高山耕种草原土，多属砂土、砾石底砂石、砾石底壤质砾土、砾泥底壤土、砾石底砂砂土、砾石体砂砾土、砂砾体砾泥土、砂体砾泥土等土种，土壤肥力较差。

1960年，全县农村共有耕地面积4773藏克。1962年，全县有耕地面积4960.3藏克，当年新开荒地53.92藏克。其中，香孜区1426.8藏克，达巴区1022.49藏克，萨让区1118藏克，底雅区1393.01藏克。1963年，全县有耕地面积6189.52藏克，其中萨让区1136.15藏克，底雅区2645.07藏克，达巴区1367.75藏克，香孜区1040.55藏克。1964年，实有耕地面积5590.85藏克。

（二）光能、热量

札达一年四季阳光充足、辐射强度大、日照时数长，光能资源丰富，全县年平均日照时数3100—3370小时，为农作物的生长发育提供了优越的条件。但海拔高（平均海拔3900米），气温早晚低、中午热，热量条件差，年均气温12℃，霜期长，大风日数在40天以上，农作物生长季节性短，不利于农作物生长。

每年最热月（7月）平均气温的高低，是影响农作物生长的一个重要条件。一般最热月均温≥12℃，喜温凉耐寒作物可以成熟，低于该值就不保熟。

（三）水

札达县境内降水稀少，且降水时间和空间分布极不均匀，给农业灌溉带来一定影响，不利于农作物生长。全县宜农区主要水系有象泉河、萨让河、达巴河以及其他小河流，河流多由冰雪融水和泉水补给，水量季节和月变化较大，水热同季可满足农业灌溉用水需要；水资源丰富，开发利用潜力大；

河水水质优良，阴阳离子含量低，矿化度 <100 克/升，pH 值在 7—8 之间，呈微碱性，属淡水，可供灌溉和饮用。

二、农业区划

札达县农业区划根据土地条件和质量高低分为 3 个农业区。

（一）第一区

多为冲积阶地，农作物产量较高，分布于香孜村、什布奇村、热布加林村等地，沿象泉河谷分布，多为冲积阶地，坡度 25°。该区主要土壤类型为灌淤土，多为厚层沙壤土，土壤剖面特性为耕作层厚 20 厘米左右，疏松、色灰、粒状结构，壤质心土层浅灰色，块状结构，沙壤质、母质层为灌溉淤积物。通体有炭渣、瓦片等侵入体，质地均匀。该土类表层有机质含量平均 3.24%，全氮 0.142%、全磷 0.13%、全钾 1.71%、速效磷 40ppm、速效钾 230ppm，阳离子交换量 15.2 毫克当量/100 克土，养分含量较高。

该区属温带干旱气候，无霜期仅 119 天，为一年一熟制，以春播作物青稞为主，有灌溉水源保证，青稞生长期间可灌水 6—7 次，一般单产 200—300 千克/亩。

（二）第二区

农作物产量较低，分布于热布加林、鲁巴、托林、香孜等村。主要土壤类型为潮土类。潮土是草甸土经耕种熟化发育形成的，其形态特征为耕作层疏松，一般厚 15—20 厘米，土色较暗，为灰色、粒状结构。心土层有明显的铁锈纹斑，多块状结构，较紧实，底土层为河流冲积物。理化性状：潮土土层深厚，质地均匀，耕作层 20 厘米左右，机械组成中以砂砾为主，表层砂砾含量 70% 以上，黏粒含量小于 10%，表层有机质含量平均 2.67%，全氮 0.132%、全磷 0.074%、全钾 1.84%、速效氮 193ppm、速效磷 16.4ppm、速效钾 244ppm，阳离子交换量 11.9 毫克当量/100 克土。

该区属温带干旱气候，无霜期 95—119 天，降水量 68.9—168.6 毫米，以一年一熟春播作物为主，多种青稞、豌豆和油菜，作物生长期有灌溉水源保证，青稞一般单产 100—200 千克/亩。该区虽耕种历史较久，但因管理粗放，田间杂草丛生，青稞产量较低。

（三）第三区

河谷带阶地及洪冲积扇中下部灌溉水源方便地方，不适宜种植农作物。主要分布于象泉河河谷带阶地及洪冲积扇中下部灌溉水源方便的地方，地势较平坦，坡度小于25°，最高种植高度在4650米。土壤主要为亚高山耕种草原土。多属砂石、砾石底砂石、砾石底壤质砾石、砾石底砂砂土，砾泥底壤土、砾石体砂砾土、砂砾体砾泥土，砂体砾泥土等土种，剖面形态特征为耕作层较浅薄，一般10—15厘米，棕色，块状结构，砂土或砂壤土。心土层厚20厘米左右，棕色，块状结构，多粉末状碳酸钙新生体；底土层洪冲积物，通体富含石砾。该土类表层有机质平均含量为2.35%，全氮0.140%、全钾1.86%、速效氮110ppm、速效磷13.6ppm、速效钾68ppm，阳离子交换量为4.8毫克当量/100克土。是土壤较贫瘠、肥力较差的区域。

第四节　农作物

象雄时期，门人就在象泉河流域从事农业生产活动。1959年民主改革以后，札达县先后经历互助组、人民公社化等改革。20世纪80年代，实行家庭联产承包责任制。20世纪90年代，种植结构有较大调整，农作物品种由原来的青稞、小麦、荞麦、豆类、油菜发展到玉米、蔬菜、水果等多元结构。粮食播种面积、总产量从1959年的0.16万亩、17.4万千克提高到2000年的0.89万亩、122万千克。

一、农作物播种

1960年，实播面积2779藏克，粮食总产237.72吨，平均单位面积产量169斤；1961年，实播面积3161藏克，粮食总产305.68吨，平均单位产量193.4斤。

1962年，实播面积3261.4藏克，粮食总产量277.03吨。1963年，全县农作物实播面积3758.68藏克，其中萨让区1040.08藏克，底雅区1463.15藏克，香孜区602.45藏克，达巴区653.2藏克。1964年，实种面积4142藏克，粮食总产量423.68吨。1965年，全县农作物播种面积4225.82藏克，粮食总产量427.5吨。

1966年，全县实播面积6655藏克，粮食总产量达737.15吨，每藏克单产达218斤。1967年，实际播种面积8655藏克，粮食总产量1010.46吨。1968年，计划播种8500.65藏克，实际播种7872.15藏克，粮食总产量达587.81吨。1969年，全县实播面积8211.15藏克，粮食总产量达730.32吨。

1973年，实播面积7714亩，粮食总产量1046吨；1974年，实播面积7440亩，粮食总产量达1040.57吨；1975年，实播面积10000亩，粮食总产量达1400吨。1976年，粮食总产量达1006.28吨。

1983年，实播面积8458亩，单产251.7斤。1991年，农作物播种面积7540亩，其中粮食播种7340亩。1993年，农作物播种面积8075亩，其中粮食播种面积7129亩，蔬菜播种面积80亩。

1996年，全县农作物播种面积7831.5亩，其中粮食播种面积7620亩，春播中机耕面积2741亩，机播面积3132亩。1997年，全县农作物播种面积达8262.5亩，其中粮食作物播种面积达8072.6亩，粮食作物总产量795.1吨。油菜产量400斤。

1999年，全县农作物播种面积8905.53亩，粮食作物播种面积8709.74亩，油菜播种面积3亩，粮食总产量1162.26吨，油菜籽产量0.1吨。2000年，全县农作物播种面积9035.75亩，其中粮食作物8540亩，油菜127.3亩，其他经济作物362.3亩，粮食总产量达1178吨，平均亩产137.9千克。

札达县坚持“以落实农业为基础，精耕细作增产；以先进技术为先导，设施栽培示范；以新品种推广为依托，调多品种增效”的思路，努力发展现代农业。

2001年，全县农作物播种面积8404.95亩，其中粮食作物播种面积7994.7亩。农作物总产量1052.34吨，粮食产量884.06吨。

2003年，全县农作物播种面积7660.39亩，其中粮食播种面积6935.85亩（青稞5613亩，大麦251.85亩，小麦355.05亩，豌豆574.95亩，杂粮141亩），油菜525亩，蔬菜130.9亩，饲料84亩。农作物总产量1132.1

吨，其中粮食作物产量1055.6吨，平均亩产157.9千克，油菜产量41.9吨。

2004年，受旱灾影响，全县农作物实际播种面积仅为6838.59亩，其中粮食播种面积6071.66亩，油菜337.21亩，蔬菜198.32亩，玉米9亩，饲料222.4亩。农作物总产量915吨。

2005年，全县农作物实际播种面积6912亩，其中粮食作物播种5726亩，油菜籽313.8亩，蔬菜202亩，其他7.9亩，饲草料播种面积671.17亩，粮经饲比例为83：7：10。

2006年，全县农作物播种面积6351.75亩，其中粮食作物播种面积5553.9亩，经济作物播种面积382.35亩（油菜202.95亩、蔬菜179.4亩），饲草料415.5亩。全年农作物产量982.46吨，其中粮食总产量743.02吨。

2007年，全县农作物播种面积7502.14亩，其中粮食作物播种面积5886.45亩，经济作物播种面积693.75亩，饲草料播种面积921.9亩，粮经饲比例进一步调整为78：10：12。

2008年，全县农作物播种面积为7501.35亩，其中粮食作物6040.2亩，经济作物播种面积686.7亩（油菜445.5亩、蔬菜241.2亩），饲草料774.45亩。粮经饲比例调整为81：9：10。

2010年，全县农作物播种面积7524.45亩，其中粮食作物种植面积5946亩，油菜种植面积441.45亩，蔬菜种植375亩，饲草料种植面积762亩，粮经饲比例79：11：10。大力实施提高粮食单产行动，推广藏青320号、喜马拉雅19号等良种种植2603亩，普及率达43.7%。

1959—2010年札达县粮食播种面积与总产量情况统计表

表10－1－4　　　　单位:亩、吨

年份	农作物播种面积	粮食播种面积	粮食产量	经济作物播种面积
1959	1643	1600	174	
1960	1490		161	

续表 1

年份	农作物播种面积	粮食播种面积	粮食产量	经济作物播种面积
1961	2495	2100	306	
1962	3261	2400	277	
1963	3759	2800	373	
1964	4122	2900	403	
1965	4505	3300	431	
1966	6655	5100	763	
1967	8852	6900	709	
1968	7872	4000	360	
1969	8211	4400	407	
1970	8725	6000	446	
1971	7655	8400	670	
1972	8150	8300	600	
1973	7714	8000	603	
1974	7639	8900	874	
1975	8072	11100	910	
1976	8143	10200	810	
1977	10098	9100	1010	
1978	8990	9300	1030	
1979	8214	10500	601	
1980	9405			
1981	8154	7900	833	
1982	8418		642	
1983	8458. 1	7500	691	
1984	8551	7200	455	
1985	7045		1010	

续表 2

年份	农作物播种面积	粮食播种面积	粮食产量	经济作物播种面积
1986	4530		865	
1987	7007	6900	839	
1988	7018	6700	955	
1989	6844	6700	920	
1990	7021. 2	6982. 9	964. 76	38. 3
1991	7568. 24	7340	973	200
1992	7834. 29	7700	1200	
1993	7436. 6	7129	887. 5	866
1994	7546	7546	1120	
1995	7575. 4	7506	1006. 2	
1996	7860	7620. 4	1119. 8	211. 1
1997	8262. 5	8072. 6	795. 1	189. 9
1998	8591. 1	8262. 22	1116. 5	337. 78
1999	8905. 53	8709. 74	1162. 26	195. 79
2000	9035. 75	8540	1178	495. 75
2001	8091	7994. 7	884. 06	342
2002	8391	7953. 9	1053. 8	597. 4
2003	7660. 35	6935. 85	1055. 6	767. 39
2004	6481. 5	60766. 6	814. 05	766. 93
2005	6912. 15	5725. 65	838	515. 8
2006	6351. 75	5553. 9	743. 02	382. 35
2007	7502. 1	5886. 45	880. 02	693. 75
2008	7501. 35	6040. 2	906	686. 7
2009	7510. 95	5946. 75	915. 01	783. 6
2010	7524. 45	5946		816. 45

二、粮食作物

（一）青稞

青稞又称“裸大麦”，是札达主要的农作物。远古时期的先民们就已开始种植。札达青稞主要有白青稞、紫青稞、蓝青稞、黄青稞、冬青稞和六棱青稞等。其中白青稞、柴青稞、蓝青稞在各乡镇均有种植，冬青稞和六棱青稞主要在底雅乡种植。一般生长在海拔3700—5500米地带。

除底雅乡、萨让乡可以进行复种外，其余地方均为一年一熟，普遍在4月播种，8月底到9月初成熟，全生育期120—140天。札达西南部地区春季气温回升快，4月上旬可以开始播种，大面积播种于4月中旬结束，播种期较早。

青稞播种面积在全县农作物播种总面积中所占比例较大。1962年，青稞播种面积1365.25藏克，产量238.334斤。1963年，青稞播种面积1525.65藏克。1990年，全县播种面积青稞6155.7亩，青稞产量达733.9吨。

2000年，全县青稞播种面积7400亩，总产量102万千克，平均单产200千克。2003年全县青稞播种面积5613亩，2008年全县青稞播种面积3450亩。

（二）小麦

札达县小麦种植历史悠久，在古格遗址中发现有小麦种子，主要种植春小麦，一年一熟。由于境内多数地区海拔较高，年平均气温低，不适宜生长，仅在底雅乡、萨让乡等少部分气候相对较好区域有小面积种植，产量不高。1962年，小麦播种面积144.35藏克，产量10.25千克。1963年，小麦播种183.03藏克。1990年，全县播种小麦164.7亩，小麦产量96.26吨。2000年，全县小麦播种面积仅861亩，年产小麦23.25万千克，平均单产270千克。2003年，全县小麦播种面积355.05亩。

（三）玉米

玉米在札达县属于新引进农作物。20世纪70年代末，开始在底雅乡、香孜乡、萨让乡气候较好的地方小面积试种。由于自然条件恶劣，玉米生长期长，部分玉米不能成熟。2000 年，全县玉米种植面积 32.3 亩，由于种植面积小，未等玉米完全成熟即被当地群众煮食。2005 年，全县玉米播种面积仅 5 亩。

（四）荞麦

札达县荞麦种植经验比较成熟。荞麦生育期短，对热量要求不高，一年一熟，在底雅乡、萨让乡有少量种植。2000 年，全县荞麦总播种面积 217 亩，总产量 47740 千克，单产 220 千克。

（五）豆类

主要种植豌豆，还有小部分蚕豆，一年一熟，在各乡镇均有少量种植。一般 4 月底或 5 月初播种，8 月底收获。一般与青稞等禾本作物轮作，也有与青稞和油菜等作物混作。由于豌豆抗寒能力比较强，种植面积较大。豌豆是做糌粑的重要原料，也可做蔬菜和饲料，是札达县主要的抗灾饲料，具有涵养土地作用。1962 年，豌豆播种面积 67.5 藏克，产量 65.26 千克。1963 年，豌豆播种 69.44 藏克。20 世纪 80 年代后，主要种植粮食型豌豆，并从区内外引进高产、优质、早熟的品种。2000 年，全县豆类播种总面积 917.3 亩，总产 195484.9 千克，单产 213 千克。2003 年，全县豌豆播种面积 274.95 亩。

（六）马铃薯

马铃薯又称土豆、洋芋，是全球仅次于小麦、稻谷、玉米的第四大重要粮食作物。1953 年，中国人民解放军驻阿里部队在札达试种马铃薯成功。1954 年，扩大马铃薯在农业区的种植面积。2000 年，全县马铃薯种植面积 171 亩，总产量 196650 千克，平均单产 1150 千克。

三、经济作物

经济作物也称工业原料作物、技术作物。一般指为工业，特别是指为轻工业提供原料的作物。

（一）油菜

油菜是札达县唯一的油料作物，可作药用和饲料。主要分布在托林镇、达巴乡、萨让乡、香孜乡、底雅乡 5 个乡镇，为一年一熟作物，一般和青稞等作物轮作。除有成片分布的油菜原始品种自发生长外，从西藏其他地区和甘肃、青海等地引进大量油菜栽培品种，由于盲目引种，造成生育期不一致，部分品种不能成熟，只能作为饲料。油菜主要是白菜型，100—120 天成熟，具有抗寒、抗旱、耐瘠薄等特点。2000 年，全县油菜播种面积 360 亩，总产量 43200 千克，单产达 120 千克。2003 年，全县油菜播种面积 525 亩，总产量 41.9 吨。2005 年，全县油菜播种面积 313.8 亩。2008 年，全县油菜播种面积达 444.6 亩。2009 年上半年，全县油菜播种面积 466.98 亩。2010 年，全县油菜播种面积 441.45 亩。

（二）蔬菜

1961 年，札达县驻军部队在县城驻地进行蔬菜种植，种子来自太原、兰州、乌鲁木齐和拉萨等地，有白菜、菠菜、萝卜、葱、蒜等，共种植 2.7 亩。在“农业学大寨”期间，用拖拉机开垦大面积荒地，种植油菜、萝卜、豌豆等作物。

20 世纪 80 年代到 2000 年，全县蔬菜种植以露天种植为主。主要种植白菜、萝卜、菠菜、黄瓜、土豆等，种植面积约 80 亩。1997 年，引进大棚温室蔬菜种植技术。2000 年，全县建有大棚温室 2 座，蔬菜产量 1500 千克。2003 年，全县蔬菜播种面积 130.9 亩。2005 年，全县蔬菜播种面积 202 亩。2007 年，主要种植蔬菜品种有黄瓜、豆角、西红柿、茄子、辣椒、西瓜、甜瓜等。2008 年，全县蔬菜播种面积 241.3 亩。2009 年上半年，全县蔬菜播种面积 316.6 亩。2010 年，全县蔬菜播种面积 375 亩。

2008—2010 年，共争取到 60 座温室，其中 26 座高效温室，36 座土块温室。农牧民基本学会了 40 余种蔬菜瓜果品种的种植技术，主要有樱桃西红柿、薄皮甜瓜、黄瓜、西瓜、青帮油菜、长城速生生菜、樱桃萝卜、空心菜、小白菜、菠菜、甘蓝、韭菜、青椒等。

四、其他作物

札达县其他作物有野生大麦、皮大麦、野燕麦、稷、芜菁、苜蓿、草木栖、黄华、鹰嘴豆等。其中，皮大麦是普通大麦中的带壳类型，藏语称为“索瓦”，在底雅乡、萨让乡有少量种植。皮大麦可制造啤酒及麦芽糖，同时可作优质饲料。1962 年，大麦播种 1684.3 藏克，产量 138.05 千克；1963 年，大麦播种 1875.05 藏克。

第五节　农机具

札达县农业生产历史悠久，在长期的生产实践中，不仅积累了宝贵的生产经验，而且发明出多种农业生产工具。札达县传统的耕翻土地工具有藏犁铧、铁犁、铁锹、小藏铁铧、山地犁等，平整土地工具有铁锹、铁齿耙、木齿耙等，播种工具有简易马拉五行播种机等，除草工具有多铁钩、铁锹等，收割工具有镰刀等（传统收割方式为手拔），运输工具主要有马车、筐、驴驮等，脱粒工具有木齿杈、石磙等，筛选工具有风车、木锹、筛子等。随着社会经济的发展，开始使用农业机械，一些繁重的人力劳动逐渐被机械代替，解放了生产力，提高了生产效率。

1963 年，全县修补各种农机具 1596 件，其中犁 124 件、铁锨 360 把、坎土曼 55 把、镰刀 163 把、少铣 413 把、耙子 125 把。在底雅区组织铁匠加工犁头 100 部。1965 年，全县新添置农具 216 件，其中犁 94 个、锄 115 把、耙 7 把；整修工具 463 件，其中犁 48 个、耙 57 把、锄 34 把，镰、铣共 324 把。

1974 年，札达县成立拖拉机站。国家配备 75 型链式拖拉机 3 台、55 型拖拉机 2 台、60 型推土机 1 台、24 行播种机 2 台、5 号拖犁 3 部、拖车 2 辆、悬挂三铧梨 2 台，主要用于国营农场的机械耕作。国家还发放柴油机、汽油发电机、扬场机、马拉播种机、手推胶轮车、胶轮大马车等工具。当年机械播种面积达 1374 亩，占播种总面积 7838.7 亩的 18%。

1977 年，县拖拉机站积极支援“农业学大寨”群众运动，全县机耕面积达 2065 亩，创历史最高。1979 年，全县拥有大中型拖拉机 10 台、手扶拖拉机 14 台，农业生产发生巨大变化。1980 年，县拖拉机站支援“农业学大寨”群众运动结束。

1985 年，县拖拉机站开办为期 1 年的拖拉机驾驶培训班，共 10 人参加培训。截至1988年底，全县拥有耕地机械21台，农用载重汽车7辆。

1990年，全县有耕作机械21台（大中型农用拖拉机17台，小型拖拉机4台，大中型拖拉机引农具12部，其中机引犁7部，机引耙5部），机动脱粒机3台，种子精选机1台。机耕面积4126亩，机播面积3007亩。

1993年，机播面积3231亩，占总播种面积的42%。

随着家庭联产承包责任制和退耕还草政策的实施，耕地面积缩小并呈小块化。农业机械专业化发展，部分半机械化农具被淘汰。1996年，县农牧局为农牧民提供马步犁200把，销售镰刀300把。1997年，机耕机播面积3725.8亩。1998年，机耕机播面积5848.7亩。2000年，机耕机播面积3138亩。

截至2000年底，全县有大中型拖拉机7台、小型四轮拖拉机11台、大型拖拉机配套犁7台、小型拖拉机配套犁11套、各类农用小汽车29辆。

2002年，机耕面积2535亩，机播面积1986亩。2004年，机耕面积5900亩，机播面积2700亩，恢复弃耕地370亩。

2008年，积极争取发放农业机械20台（脱粒机5台、收割机11台、扬场机4台），进一步提高全县农业机械现代化进程。2009年上半年，维修大型拖拉机5台、播种机2台、犁3套，购买播种机2台。

2010年，购置斜挂式收割机51台、8－15马力手扶拖拉机6台、FT25OD轮式拖拉机22台、5ZT－90脱粒机6台、2BJX－7条播机3台、9ND－5牛奶分离机10台、东风250型轮式拖拉机1台，共购置新的农机具99台。截至年底，全县有大中型拖拉机7台，小型四轮拖拉机11台，大型拖拉机配套犁7套，小型拖拉机配套犁11套，各类农用小汽车29辆，匹配75型拖拉机4台，55型拖拉机3台，60型推土机1台，24行播种机4台，5号拖犁6部，拖车2辆。农业机械化程度越来越高。

第六节　农业技术

一、耕作

（一）播种时间

除底雅乡一年两季播种外，其余乡镇均为一季，一般在每年的4月中旬开始播种，先播种春小麦，接着播种豌豆、油菜、青稞等，整个播种时间持续大概1个月。

历史上，札达县确定播种时间一般根据太阳出落的位置和影子或“明珠”星（北斗星）位置确定播种时间，如果“明珠”星在天黑以后很快落山，则是最佳播种时间，特别是播种青稞、豌豆最为适宜；根据头年天气的好坏确定播种时间，如果头年藏历十一月、十二月风大云多，则来年的雨季一般来得要早一些，应提前播种。播种时，选用籽粒饱满、不含杂质的优质品种作种子，一般先播种上等地，最后播种沙质地。

（二）施肥

传统的施肥方式是用农家肥（发酵后的羊、马、驴粪等）作底肥用，有时也在拌种时使用。若作物发黄或受轻度冰雹袭击后，常施追肥。20世纪末开始使用少量有机复合肥，用量不大，具体数量无法统计。

1963年，全县每藏克土地平均施肥1200斤，最多的是达巴乡每藏克施肥191袋，约13370斤。1964年，春播前，施底肥7065575斤。1965年，共施基肥129216袋，每袋按60斤计算，共施肥7752960斤。1966年，共施基肥169673袋。

1990年，全县施用磷肥5吨。1995年，施用各类化肥25吨，农药7.25吨。

1996年，县农牧局为农牧民提供化肥50吨，其中尿素15吨。1997年，共组织调运化肥78吨，平均每亩施肥17.8斤；调进各类农药14.7吨，调运各类农用物资112.7吨。1998年上半年，施用化肥74吨，农药4吨。

1999 年，共施用化肥 40 吨，农药 2 吨，平均亩施化肥 20 千克。2000 年，共施化肥 63.5 吨，农药 2.3 吨。

2001 年，共施用化肥 20 吨，农药 2.5 吨，平均亩施化肥 10 斤。2002 年，施用化肥 25 吨，农药 5 吨，平均每亩施化肥 20 千克。2003 年，在春播过程中，施用农家肥 745 吨，化肥 3.9 吨（二铵 3.0 吨、尿素 0.9 吨），平均亩施化肥 4 千克，最高亩施化肥 20 斤。2004 年，施用农肥 10377.31 吨，化肥 13.85 吨（二胺 8.37 吨、尿素 5.48 吨），平均亩施化肥 2.7 千克，最高亩施化肥 10 千克。2005 年，调运化肥 15 吨（尿素 10 吨、二氨 5 吨），农药 1 吨。

2006 年，调运化肥 15 吨（尿素 10 吨、二氨 5 吨），农药 2 吨。2007 年，调运化肥 20 吨，其中尿素 10 吨、二氨 10 吨。调运农家肥 3750 吨、农药 3 吨。2008 年，调运化肥 25 吨（尿素 10 吨、二氨 15 吨），调运农家肥 7050.8 吨、农药 1.5 吨。2009 年上半年，调运农家肥 588.5 吨、化肥 30 吨、农药 6 吨。2010 年，调运农家肥 588.5 吨、化肥 35 吨，农药 3 吨。

（三）灌溉

农作物整个生长阶段，一般需要灌水 6—7 次，因作物品种、抗耐旱能力、土壤、土质、保墒程度、不同年份降雨量不同而存在差异。

小麦在整个生长阶段需水量较大，特别是从分蘖到灌浆成熟前都需要灌溉大量而充足的水，灌水量占整个生长期的 70% 以上，灌浆期为需水量的临界期，此后需水量逐渐减少。在干旱季节和小麦返青、分蘖、拔节、孕穗、灌浆时都需浇水，以保证小麦的正常生长。

青稞生长期的需水量远低于小麦，土质较好、保墒能力较强的耕地，在降水较为充足的年份少量灌水即可保证正常发育和生长。在干旱、半干旱的河谷地带仍需按时浇水，才能满足生长发育的用水需求。

其他农作物在生长期则按生长时间的长短和土地的保墒程度进行灌溉。

（四）耕作方式

距今 3000 年前，札达境域内先民就有农耕稼穑行为，耕作方式为原始的刀耕火种。县域内传统耕作制度分 3 种类型：撂荒耕作制，主要出现在原始社会，即荒地开垦种植几年后，土地肥力下降，将其闲置，待肥力恢复后再种；休闲耕作制，又称轮休耕作制，即耕地在可种植作物的季节里只耕不种或不耕不种，以恢复地力。一般轮休耕地占耕地面积的30%—50%；轮作制又称连作制，即耕地每年轮换种植农作物，不重复种植一种农作物。因地制宜采用轮作制，将青稞等作物与绿肥轮作。

9世纪末至10世纪初，已经用马、牛耕种。噶本时期，主要用一马或者二牛抬杠、二马耕犁的耕作方式。

20世纪60年代开始，全县逐步改变耕作方式，由原来的粗放耕作改为精耕细作，改浅耕为深耕，改不施肥为适时施肥，改单项农业生长技术为成套栽培技术，改迟播为适时播种。20世纪70年代，开始使用农业机械。截至2010年底，随着时代的发展和科技的进步，农业机械在境内有条件的宽谷平坦地带开始实行大面积机耕作业。

二、育种与引进推广

（一）良种引进与推广

种子是农作物丰收的基础。为改变全县品种单一、退化、老化，种植结构单一等问题，1964年，兑换良种1250斤。1996年底，从日喀则引进“藏青320”①“喜马拉雅19号”2个青稞品种。1997年，开始进行推广试种，在托林、香孜的部分村组推广2000亩，但由于技术力量薄弱，后期管理跟不上，加之气候反常（春旱持续至7月中旬、河流干涸，8月中旬出现早霜），当年试种失败。1998年，调整配备科技力量，加强田间管理，推广1000亩，试种成功，平均单产289.5千克，最高单产达379.1千克。

1998—2000年，从拉萨和青海购买粮食作物良种9000千克，牧草籽900千克。1999年，良种推广面积1500亩，油菜100亩，人工种草650亩，1110亩良种青稞产量达68.83吨，平均单产152.1千克。2000年，良种推广面积1700亩，总产量341.7吨，平均亩产201千克，油菜200亩，逐步改变种植结构。

---

① 西藏自治区农牧科学院农业研究所于1982年选育而成的中晚熟丰产型品种，1985年通过审定后开始逐步推广。

2001 年，良种推广 1800 亩。

2002 年，全县良种推广面积达 1685 亩，品种为“藏青 148”① “藏青 320”“喜马拉雅 19 号”，其中在托林镇推广 1200 亩；达巴乡推广“喜马拉雅 19 号”85 亩；萨让乡推广“藏青 320”“喜马拉雅 19 号”各 75 亩；底雅乡推广“藏青 320”106 亩。

2003 年，良种推广 2000 亩，其中良种青稞 1964 亩。

2004 年，全县推广良种青稞 1400 亩，种植西瓜 5 亩。为加快全县农业结构调整步伐，增加农牧民收入，县农牧局与托林镇共同协商签订合同，种植玉米 9 亩。

2008 年，全县推广良种 5370. 9 亩。其中，西瓜 35 亩、优质牧草 1200 亩、油菜 444. 6 亩、蔬菜 241. 3 亩、青稞 3450 亩。扶持蔬菜种植专业户 20 户、瓜果生产专业户 44 户，主要种植黄瓜、豆角、西红柿、茄子、辣椒、西瓜、甜瓜等。

2009 年，推广良种 5370. 9 亩，青稞品种主要为“藏青 320”“喜马拉雅 19 号”、白青稞等；油菜品种为“藏油 3 号”“青油 17 号”。扶持蔬菜种植专业户 20 户，瓜果生产专业户 44 户，主要种植黄瓜、豆角、西红柿、茄子、辣椒、西瓜、甜瓜等。

2010 年，引进“喜马拉雅 19 号”20 吨，推广良种青稞 2603. 49 亩。其中，“藏青 320”36 亩、“喜马拉雅 19 号”2567. 49 亩，亩产提高到近 500 斤。

（二）种子选育

培育优良种子是当代农业科研机构的重要职责，札达县一直未建立农业试验场，仅在部分地区对当地所用种子进行提纯、复壮，改变种子单一、混杂、退化情况。种子选育有 4 种方法，通过块选、穗选、粒选、风选以提高种子纯度；建立种子田培育良种；地区与地区间良种串换，防止种子退化；有计划地从其他地方引入良种，进行种子更新。

① 西藏自治区农牧科学院农业研究所选育的中晚熟高产型春青稞杂交品种，1994 年 4 月 19 日，自治区第八次农作物品种审定委员会通过审定。

截至2010年底，全县主要使用本地选育或从外地引进种子的方式选育种子。

（三）调运种子

札达县本地种子颗粒不饱满，不适宜二次种植，县农牧局决定从外地调运良种。2005年，调剂调运种子108741千克。其中，草种11500千克（陇东紫花苜蓿4000千克，荷兰黑麦草2000千克，燕麦草2000千克，箭舌豌豆3000千克，披碱草500千克），粮种95000千克，油菜、蔬菜种子4116千克，玉米、西瓜种子125千克。2006年，调剂调运种子85023千克。2007年，调运种子9万千克，其中油菜籽850千克。2008年，调剂调运种子14万千克，其中调运油菜种子900千克。2009年，调运种子8.5万千克。2010年，调运种子20吨。

三、病虫害防治

历史上，札达境域内因农业生产条件差、科技落后和管理水平低等因素，农作物得不到有效保护，生长发育受到严重影响，农作物产量和效益低下，且质量较差。20世纪60年代开始，随着科技的不断进步和生产力水平的提高，农民群众在长期的生产实践中不断总结经验，并在政府和农技人员的帮助指导下，逐步通过使用农药、农业机械和推广植保知识加强对农作物的保护和管理。对农民群众进行各项植保技术的培训，有效保护和促进农作物正常生长。同时投入大量资金，动员和组织群众兴修农田水利设施，改善全县农业生产的条件和环境，增强抗御各种自然灾害的能力。

（一）病、虫、草、兽害

全县主要农作物病虫害有50余种。其中，病害十余种、虫害40余种。

1. 病害

主要病害有大麦坚黑穗病、大麦散黑穗病、大麦条纹病、大麦条锈病、白粉病、青稞赤枯病（褐斑病）、青枯病、麦类病毒病（黄条花叶病毒病、黄矮病）、小麦条锈病、小麦散黑穗病、小麦杆锈、叶锈。其中，大麦坚黑穗病、散黑穗病和条纹病危害比较普遍，局部地区危害较严重，均由种子进行传播。1961年，东波乡青稞中出现黑穗病达20%左右。

2. 虫害

主要害虫有西藏飞蝗、白边痂蝗、长管蚜、稻绿蝽、白星长蝽、大缘育蝽、砚王、李斑瓢虫、白边地老鼠（白边切根虫）、白眉天蛾、瘦姬蜂、横纹蓟马、环角蓝尾蝗、札达束颈蝗、蚍蝗、断线缺耳蝗、半翅雏蝗、红足皱背蝗、西藏盲蝗、日土缝隔蝗、异距五刺蝗、丽色小屏蝗、饰鲁夜蛾、黑麦切夜蛾、间色异夜蛾、旋幽夜蛾、窄眼夜蛾、寒妃夜蛾、甘蓝夜蛾、枣白眉天蛾、麦秆蝇、高山浑蝽、班须蝽、西藏皱盾蝽、中华琵琶甲、亚姬缘蝽、大绿盲蝽、草地螟、蛴螬、麦蜘蛛，除白边痂蝗、西藏飞蝗为广布品种外，其余大都为特有虫害。

3. 草害

据 1977 年中国科学院青藏高原综合科学考察队阿里分队调查统计，札达境内农区生长的杂草主要有芦苇草、西伯利亚蓼、苦菜、蓟、田施花、黄华、藜、蓝石草、扁蓄、莎草、车前草、泡囊草、鹅绒萎陵菜、二裂萎陵菜、赖草、雀麦、青藏苔草、大麦草、藜、蓟、狗娃草、雀麦、问荆、赖草、野燕麦等。2001 年，使用除草剂除草 1200 多亩。2003 年，使用除草剂除草 2100 多亩。

4. 鼠害

札达境内主要有老鼠和旱獭两种鼠害，在全县五乡一镇均有分布。札达一带老鼠尾巴短小，主要在田间地头啃食庄稼果实，在农作物根部挖洞，且洞与洞相连，造成农作物大片死亡。

5. 兽害

札达境内兽害主要有野兔、野马、野驴、鸽子、红嘴鸦等。野兔主要啃食庄稼，一般采用驱赶、捕捉等方法进行防治。野马、野驴除啃食庄稼外，还践踏农作物，一般派人轮流值守驱赶，有的地方修建草库仑（用石头和泥土垒砌的围墙）和用红柳枝修建围栏防止野马、野驴进入。鸽子、红嘴鸦主要啄食农作物种子，一般派人轮流值守，有的地方在田间地头立草人进行惊吓驱赶。

（二）防治

1. 病虫防治

历史上采取传统的捕捉法灭虫，拔除部分遭受病虫害的作物。20 世纪 60 年代开始，对全县病虫害发生情况进行普查，基本掌握病虫害发生规律，对主要害虫与次要害虫分别进行防治。20 世纪 70 年代，种子包衣处理在札达县农区普遍推行，大范围使用药剂拌种或石灰水浸种的方法防治病虫害。20 世纪 80 年代，通过对主要病虫害的调查，研究其发生、消长规律，适时进行预测预报，及时施用化学农药、腐熟肥，注意轮作换茬、及时冬耕深翻，以压低越冬基数，采用灌溉、施肥、除草等措施，有效保护害虫天敌等生物措施，选用抗病虫品种减少病虫害。

1999 年，开始大范围对农田生态系统实施病虫害综合治理，在对有害生物普查及消长动态研究的基础上，确定乡（镇）、各片区、各生态系统的主要病虫害及主要病虫害的优势种群。贯彻“预防为主、综合防治”的方针，全面加强预测预报，防治对象是有害生物中主要种类的优势种群，采取农业、生物、遗传、化学防治等有机结合，以农业防治为主的防治方式。截至 2000 年，全县境内对农业威胁较大的病害得到有效控制。

2003 年，受自然灾害的影响，全县发生大面积虫灾，县农牧局及时组织技术人员深入农田，指导群众灭虫、除草，减少害虫影响。

2. 除草

除草的方法主要有中耕除草、拔草和利用轮休地除草等方法。20 世纪 70 年代中期，在部分有条件的地区利用化学除草和人工拔草相结合的办法，除草效果明显。1994 年，使用“燕麦灵”“滴丁质”等药物消灭农田“燕面草”“面花草”“灰灰草”等顽固性杂草。2002 年，使用除草剂除草 1500 多亩。

3. 灭鼠、灭旱獭

捕灭老鼠主要采用灌水法，一般在早上天未亮和天黑以后进行 2 次灌水。灭旱獭的办法比较落后，20 世纪 80 年代以前，主要采用往旱獭洞里打“敌百虫”、灌水、薰烟等办法，部分地方用炸药炸，效果不理想，且损坏庄稼。20 世纪 80 年代初期，用木板、钢丝做成各式各样的捕捉夹子进行捕捉。20 世纪 80 年代中期，用破麻袋、旧布袋、旧衣服做成能进不能出的活套子进行捕捉，效果甚佳，在各乡推广。

四、防抗灾

受气候影响，札达灾害频发，常见的有风灾、雪灾、雹灾、霜冻等，以5—9 月为最多。其中，风灾主要发生在 6—9 月，能使农作物倒伏，造成减产。主要的防治办法采用抢农作物收割时间，成熟一块收割一块。雪灾一般发生在 1—3 月，部分地区四五月仍未完全融化，主要影响春播。在春播前撒草木灰和泥土化雪，进行农作物播种。雹灾主要发生在 6—9 月，能够砸坏、砸倒农作物，造成农作物减产，大的雹灾甚至造成农作物颗粒无收。霜灾主要发生 11 月至次年 5 月，影响农作物生长和成熟。20 世纪 80 年代，晚上派人轮流观察天气，预防霜害，采用在地边增修防霜炉，在田地周围烧火堆、熏烟等办法防止霜冻。

2001—2010 年，县农牧局协助县人民政府多渠道、多方面争取资金，加强农业基础设施建设，改善农牧业生产条件，增强抵御自然灾害的能力，保证农作物及牧草正常生长。

2002 年，重点抓好生态环境建设、中小水利建设，加强水坝、水渠维修工作，维修水渠 110 条，长 160 千米。

2004 年，因 2003 冬今春没有降雨（雪），发生旱灾，农作物播种面积减少 1716.45 亩，草场受灾面积 1067.5 万亩，牲畜因灾死亡 3910 头（只、匹）。灾情发生后，札达县迅速成立抗旱领导小组，落实救灾工作，新修水渠 2 条 2300 米，维修水渠 135 条 161543 米。

2006 年，维修太阳能采暖井 5 眼，光伏井 1 眼，自来水管道工程 4 处，总长 4100 米，供水点 12 处、蓄水池 4 座；维修水渠 125 条 15 千米，进水口 3 处；维修冲沙闸 2 座，溢流坝 2 座，总长 27 米，护岸坝 4 座，总长52 米。

第二章　畜牧业

札达县坚持“牲畜归户，私有私养，长期不变”的政策，“以草定畜、草畜并重”的原则，重视抗灾保畜、接羔育幼、防病治病，引进优良品种等工作，努力提高畜产品质量。2010 年，全县牲畜存栏 131331 头（只、匹），其中牛 14175 头（黄牛 3378 头、牦牛 8902 头、犏牛 1895 头）、羊 112903 只（山羊 78243 只、绵羊 34660 只），马 3454 匹、驴 839 匹。

第一节　机构

一、阿里地区札达种畜场

1960 年，阿里地区在札达县香孜区建立阿里地区牧场。1967 年，从地区牧场牧业点分设地区种畜场，为科级事业编制，有牲畜 3112 头。其中，绵羊 2645 只、山羊 177 只、牦牛 270 头、马 20 匹。1971 年 7 月 16 日，中共阿里地委批复决定原国营札达牧场下放札达县管理。1974 年 8 月，阿里地委决定札达县种畜场正式归地区管理，并改名为阿里地区札达种畜场。2000 年，全场有工作人员 5 人。其中，助理畜牧兽医师 3 人、技术员 2 人。2003 年，阿里地区札达县种畜场有人员编制 18 人，为全额拨款事业单位。

1997—2010 年阿里地区札达县种畜场领导任职一览表

表 10－2－1

机构名称	职务	姓名	性别	民族	任职时间
阿里地区札达县种畜场	场长	边巴	男	藏	1997—2002
		扎西平措	男	藏	2004—2010
	副场长	琼扎西	男	藏	2001—2004
		扎西平措	男	藏	2001—2004
		尼玛次仁	男	藏	2004—2010

二、札达兽医站

1992 年 4 月，札达县农牧局内设兽医站，为县农牧局下设的副科级事业单位，有工作人员 2 人（兽医站站长 1 人、辅助人员 1 人）。负责牲畜疫病防治工作，同时逐步开展牲畜改良工作。

2000 年，县兽医站有工作人员 4 人（站长 1 人、技术人员 3 人）。

2010 年，县兽医站更名为札达县农牧局畜牧兽医总站，核定事业编制 4—6 名，包括站长 1 名，兽医技术人员 2 名，配备工作业务车 1 辆。实行一套人马，两块牌子，即札达县农牧局畜牧兽医总站和札达县动物卫生监管所。县农牧局本着“精简、统一、效能”的原则，在各乡（镇）成立畜牧兽医站，配备村级动物防疫员 1 名（兼疫情观察员），核定事业编制 2—4 名（包括工勤编制 1 名）。其中，管理人员 1 名（站长 1 名）。负责动物防疫、检疫、动物产品安全监管和畜产品加工检疫等行政执法工作，负责兽医医政和兽药药政管理，负责全县基层畜牧兽医站的管理和指导。

第二节　畜牧业生产关系

札达县最原始的畜牧业生产方式为自然放养，随着社会制度的转变，逐渐转变为牲畜作价归户，私有私养，草场归国家所有，以户或联户经营承包的牧业生产责任制。

一、封建农奴制度下的所有制

象雄时期，札达境域出现较为原始的自然放养业。

约从11世纪开始，一种新经济形式“谿卡”（供养庄园）在札达境域产生。古格地方的封建势力首领把辖区内札布让一带的地方作为“却谿”封赐给翻译佛教经典有功的仁青桑布译师。封建农奴制社会领主庄园经济的雏型开始出现。

明清时期，封建农奴制走向成熟阶段。至民主改革前，以官家、寺院、部落谿卡首领为核心的三大封建领主政权掌握草场的实际控制权。

官家和僧俗领主通过部落对草场实施控制和管理。分布在象雄一带各地的各个部落，是牧区社会的基层组织，居住在比较固定的地域内，以地缘关系为主，组成牧民群体。而部落内，部落头人的职位又常常被血统高贵的家族长期垄断。领主占有部落，同时拥有相应地域的土地占有权。部落牧民为领主的属民，领主通过部落给予全体牧民草场使用权。作为取得草场使用权的条件，部落相应地要集体承担三大领主的乌拉差役，其中首先是完成地方政权逐级分派的劳役和实物差，此外还要向直接领有者支应乌拉差役，负担其他义务。在部落内部，牧民使用草场一般也没有固定的划分，形式上是所有部落成员都可以任意在部落草场上放牧，即所谓“集体公用制”，但实际上草场公用制成为操纵在封建头人手中的有利于少数富裕大户的工具。

在“三大领主”统治下，牧区部落早已形成贫富悬殊、等级分明的封建制度，占有上千只牛羊的头人和富户可以占有几十平方千米的草坡、草滩；贫穷人家只能使用极少的草场，甚至还有许多完全没有条件享受这种使用权的赤贫户。

部落头人在封建化过程中逐渐蜕变为牧户中的特权者，其在接受“三大领主”委任的部落统治职务后，便成为领主在部落内的代理人，特权也就更加巩固和扩张。部落头人除利用特权主持分配草场使用和调解草场纠纷外，还拥有优先选用专用草场的权力，选定的草场其他牧户不得进入，甚至以各种名义扩大、霸占他人草场。大部落或地区性的头人被某一家族垄断若干代，形同世袭，占有的草场遍及各个部落，甚至借与政府掌权者密切的关系，将所有草场加上封赐的批文，获得永久占有权。

二、社会主义制度下的所有制

（一）个体所有制

1960 年 7 月，札达县组织工作组在农牧区试划阶级成分的基础上，在牧区开展“三反两利”。政府对参与叛乱的寺院的土地、牲畜等予以没收，对未参与叛乱的寺院则予以赎买，并将这些没收和赎买来的生产资料分配给贫苦农牧民，使部分少畜和无畜牧民拥有更多的牲畜，牲畜占有比例在“三大领主”和牧民间有较大改变。

1962 年底，札达开始试办牧业互助组，互助形式有合群轮牧、农牧互工、临时换工、互助交换衣羊羔、互相接羔、互相剪毛、初冬帮宰羊、互相挤奶、打短杂工、互相搬家、互相搞盐粮交换等小生意、互相缝补 12 种。

至 1965 年，札达县共有牧业互助组 28 个，入组 496 户 2369 人。其中，劳动力 1257 人。当时有政策规定，富牧、牧主、代理人、领主、游民、寺庙等阶层不能加入互助组。互助组对劳动力普遍缺乏、耕畜农具较少的贫牧、下中牧发展生产起到较大的促进作用，但由于居住分散，制约了生产的发展。此阶段生产资料仍实行个人所有制形式。

（二）集体所有制

1969 年 12 月，开展“人民公社化”运动。1976 年 10 月，按照中央和西藏自治区指示精神，札达县完成组建人民公社工作。人民公社组建后，社员个人除经营少量自留畜外，牲畜、草场等生产资料归公社、生产队两级所有。集体所有制分配以生产队为基本核算单位，按照兼顾国有、集体、个人三者利益的要素，按劳分配，多劳多得，分配按个人或家庭劳动工分的多少计算。劳动工分按个人的劳动能力、劳动态度、一贯工作表现等综合因素，由队长或会计评工计分。一般 1 个整劳力（或强劳动力）干 1 天活记 10 分。劳动分配根据牧区生产、收获季节特点及社员生产生活需要，实行定期半年、年终决算或预先分配方式进行。社员分配分有实物分配和现金分配两种方式。

（三）承包责任制

1978 年，党的十一届三中全会召开后，在国家和西藏自治区一系列政策指导下，札达县于 1984 年按照中共阿里地委发出的《关于农村牧区若干政策问题》文件精神，实行“土地归户、自主经营、长期不变”“牲畜归户、私有私养、长期不变”方针，实行牲畜作价归户，私有私养，草场归国家所有，以户或联户经营承包的牧业生产责任制，调动了广大农牧民的积极性。

第三节　草场

草场也称草地，是指具有饲养价值的植物群落着生的地段，是草原中的一部分。它可以用来直接放牧，也可以作为饲草的割草地，是发展畜牧业的重要生产基地。草场分天然草场和人工草场。草场是札达县发展畜牧业不可缺少、不可代替的生产资料，故保护、利用、改造、建设草场，提高其生产能力，是发展畜牧业，实现稳产高产的根本措施。

一、草场资源

札达县草场资源丰富，1990 年，札达县草场面积共有 2157. 47 万亩。其中，冬春草场 290. 69 万亩、夏秋草场 1499. 04 万亩、外季节性草场 80. 87 万亩、临时性放牧草场 158. 50 万亩、退化草场 128. 37 万亩，均为天然草场，分布在札达县各村庄。

2000 年，由于受财力、人力不足等因素影响，札达县未进行大面积的人工种草，草场面积无明显变化，共 2158. 56 万亩。

2006 年，札达县草场可利用面积 1750. 24 万亩。2010 年，札达县草场面积 2562. 66 万亩。

二、草场建设

札达县草场面积大，牧草资源丰富，但是退化现象较严重。干旱缺水和荒漠环境的生物气候带草场资源自然退化，水草条件优越地段由于草场超载过牧，加之近水源草地受严重的鼠害和草原毛虫的危害，也加速了草场的退化。对此，县委、县政府十分重视，采取有效措施，加强对草场的管理。进行草场围栏和灭鼠，提高牧草质量，减缓草场退化，缓解接羔、育羔草畜场所紧张的问题，以提高抵御自然灾害的能力。

（一）天然草场建设

1. 草场围栏

草场围栏也叫草圈子。20 世纪 70 年代，札达境内的围栏建设多采用土、石围栏。80 年代中期，开始采用刺铁丝、钢丝围栏。1990 年，草场围栏 3267 亩。1994 年，网围栏 500 亩。1995 年，新建网围栏 4610 亩。1999 年，草场围栏 70 亩。2000 年，草场围栏 20 千米。2001 年，草场网围栏 1800 多亩。2002 年，草场围栏面积达 4000 亩。2003 年，为加强畜牧业基础设施建设，增强牲畜抗御自然灾害的能力，完成草场围栏 3000 亩（其中达巴乡完成 1700 亩，底雅乡完成 1300 亩）。2004 年，完成 5500 亩草场围栏建设（分别在香孜、曲松、达巴 3 个乡 9 个点）。

2. 毒草防除

札达境内的草地毒草防除方法主要有人工或机械清除、化学防除等。影响境内草场质量的毒草品种主要是冰川棘豆草，当地农牧民称之为“醉马草”“通扎”。此法沿用至 2010 年。

3. 草场灌溉

20 世纪 60 年代，采取草场灌溉的方式来保护和改良天然草场，分自然灌溉和人工灌溉。自然灌溉分布在河漫滩、湖盆洼地和山前平地的草场，牧民因地制宜，稍加以人工措施整修简单的水沟，即可形成灌溉网，达到灌溉目的，灌溉时间一般在 5—6 月。人工灌溉在有些地方结合施肥进行，牧民开渠筑坎，把河湖水或融化的雪水引到施过羊粪肥的草场，达到灌溉和熟化肥料之目的。

（二）人工种草

1994 年，札达县开始发展人工草场和半人工草场（改良草场）。人工草场建设，在技术上推行一年生与多年生，禾本科与豆科、油菜与禾本科混播，因地制宜推广箭舌豌豆、苜蓿、披碱草、燕麦草等优质牧草饲料。在人工草场建设管理上，安装钢质网围栏，向周边乡村推广修建青贮饲料发窖池，起到示范推广作用，带动农牧区人工草场建设。1995年，人工种草160亩。1999年，组织农牧民人工种草58亩。2000年，人工种草1500亩。2001年，组织群众人工种草60亩。2002年，组织群众人工种草2000亩。2003年，全县境内人工种草面积仅有750亩（其中达巴乡人工种草250亩，底雅乡人工种草500亩）。2004年，完成人工种草3000亩。2005年，完成人工种草5000亩，品种为陇东紫花苜蓿、荷兰黑麦草、燕麦草、箭舌豌豆、披碱草。2010年，建设集中连片种草繁育基地12824亩（其中农户分散种植4824亩、连片种植8000亩）。

三、草场管理

历史上，札达境域内草场按照部落放牧习惯和牧主势力划分草场管理范围。1960年以后，沿历史习惯，札达县划分县、区、乡草场界线，并把草场划分为冬、夏草场，实行以社为单位的“游牧”制度。

党的十一届三中全会召开后，在草原经营管理体制上进行探索和实践。20世纪80年代实行承包责任制后，开始采用刺铁丝、钢丝对草场进行围栏，同时发展人工草地建设；进行草地保护，大力实施灭鼠治虫、防除毒草、沙化治理等工作；合理配置畜种，发挥草地优势。根据草地类型，选择牲畜放牧地点。一般情况下，牦牛在地势高亢、气候寒冷的草地上放牧，马在地势平坦、气候较暖、水草条件较好的草地上放牧，山羊在具有灌木的草地上放牧，开发利用无水草地，在无水草地修建住房、牲畜棚圈和打井等，利用每年6月中旬至9月下旬放牧。

1985年，《草原法》颁布实施后，札达县大力开展学习宣传《草原法》活动，将《草原法》用藏、汉2种文字印刷，编写宣传手册，使《草原法》家喻户晓。

截至2005年底，全县草场承包到户1864112亩，留有防抗灾等草场973409亩。其中，托林镇东嘎村完成划分草场454713亩，承包到户271768亩，留有防抗灾草场182945亩；达巴乡达巴村（包括夏季草场）完成划分草场 2282808 亩，承包到户 1592344 亩，留有防抗灾草场 690464 亩。为确保草场承包责任制工作顺利开展，成立县、乡（镇）、村、组四级草场承包工作领导小组，每个工作组由副县级领导亲自带队，负责草场承包的政策宣传、草场纠纷的解决及技术、计算、图件、表册、操作规模等工作。成立县、乡（镇）两级草场承包领导小组 2 个，培训人员 21 人。

2006 年，在全县范围内试点推行草场承包经营责任制工作，成立以副县长为组长，农牧局局长、民政局局长为副组长，各有关单位负责人为成员的草场承包落实到户技术（督导）组，制定《札达县 2006 年落实和完善草场承包经营责任制推行工作实施方案》，坚持“草场共有、承包到户自主经营、长期经营”的指导方针，加强组织领导，完善工作机构，抓措施落实，为全县草场承包经营责任制工作奠定了基础。按 2002 年行政区划调整后的村为单位进行草场承包，从 2006 年 4 月 1 日起至 12 月 31 日结束，承包草场范围为所有可利用的四季草场，国家投资建设的围栏草场，国家投资建设的人工种草基地。参加草场承包的对象为全县牧业人口，户口外迁就学的牧民子女、属牧业户口正在服役的现役军人、属农村户口正在接受劳改劳教和羁押人员、宗教职业者可以参加原籍的草场承包。

截至 2007 年，已落实冬春草场承包到户面积 595.9 万亩，已承包落实草场的牧户共 655 户 3149 人，划分抗灾保畜草场 73.7 万亩，落实到户率 88%，发放草场承包使用权证 14 本，经营权证 655 本，另外造花名册 16 本，画牧户图 1084 张、乡村图 14 幅、县级图 1 幅。2007 年 8 月，札达县草场承包到户工作经自治区工作组验收通过。

四、草场保护

封建农奴制时期，札达县实行传统的冬夏轮牧制。

1960 年，札达建县后，为合理利用天然草场，在加大草场水利设施、网围栏建设的同时，加强对各类天然草场的使用、管理与保护。

20 世纪 70 年代起，根据各类草场气候、地形、水源等自然环境的差异，将草场按季节划分使用，即天然草场分为夏季草场和冬季草场。一般将邻近居住地、向阳、背风、水源条件好、海拔低、宽谷、缓坡草场作为冬季草场。反之为夏季草场。冬季草场放牧时间为11月底至次年5月中旬。夏季草场放牧时间为5月底至11月中旬。对草场实行轮牧制度，禁止不分季节和草场的泛牧行为。

1984年，实行“两个归户”的生产责任制后，草场随牲畜一道承包到户，固定冬夏草场，使用权承包到户，优化调整畜群结构，天然草场得到一定保护。

第四节 畜牧业生产

象雄部落时期，在广阔的象泉河流域，出现了较为原始的自然放养业，游牧民即开始饲养牦牛、绵羊、山羊和马匹等家畜。古格时期，开始饲养鸡、鸭等家禽。饲养的牲畜主要有牦牛、黄牛、驴、绵羊、山羊、马匹等。

一、传统畜牧业生产

象雄时期，札达境域内已有游牧业。人民群众以氏族部落为单位，过着部落制的游牧生活，饲养牦牛、绵羊、山羊和马匹等。

吐蕃及9世纪后的各王系割据时期，牧业是朗钦藏布流域重要的传统经济和主要生产活动之一，也是人们重要的生活来源。古格时期，牧业经济具有举足轻重的地位，牲畜饲养量大幅度增长。

噶本时期，畜牧生产相对衰退，牧民们被动地逐水草而迁移各处，基本是靠天养畜。在牧场上只有简陋的牛羊棚圈，遇上雪灾等各种自然灾害时，疫病流行，牲畜死亡惨重。很多牧民以狩猎为生，生活没有保障。

二、现代畜牧业生产

（一）畜种

1. 牦牛

札达牦牛为乳、肉、役兼用，属于藏西北部草原牦牛类群。公牦牛颈厚短粗，耆甲高而丰满，前胸发达，背腰短平，蹄质坚实；母牦牛颈薄，耆甲相对较低，前胸发达，肋骨开张，背腰稍凹，腹大下垂。牦牛肉、奶是农牧民群众的主要食品，皮可加工制作各种皮革制品，毛是群众制作帐篷的主要材料，绒是纺织品的重要原料，可谓全身是宝，具有很高的经济价值。其役用性能较好，具有耐高寒、耐饥渴的特点，俗称“高原之舟”，是农牧区常用的交通运输工具。至 2003 年，牦牛存栏数为 14326 头。2004 年，牦牛存栏数为 12598 头。2009 年上半年，牦牛存栏数为 9723 头。2010 年，牦牛存栏数为 9220 头。

札达县牦牛体尺体重情况表

表 10－2－2

性别	体高(厘米)	体斜长(厘米)	胸围(厘米)	体重(千克)
成年公牛	117.96	140.48	168.05	280.71
成年母牛	103.53	125.17	145.86	187.28

2. 黄牛

黄牛以产乳为主，是乳、肉、役兼用的小型地方品种。主要分布在札布让、达巴、曲松乡一带，以种植业为主的底雅乡也有少量分布。是上述地区群众的主要肉食品之一，其产奶量高，公牛可做短途驮运。公牛头平直而显狭长，大小适中，颈长短适中，背腰平直。公牛有略高的肩峰，腰部圆形，不下垂；母牛乳房较小，乳头整齐。公牛四肢显粗短，而母牛则显细长。蹄坚实有力，呈黑青色。至 2003 年，黄牛存栏数为 4007 头。2004 年，黄牛存栏数为 3497 头。2009 年上半年，黄牛存栏数为 3876 头。2010 年，黄牛存栏数为 3242 头。

札达县黄牛体尺体重情况表

表 10－2－3

性别	体高(厘米)	体长(厘米)	胸围(厘米)	管围(厘米)	体重(千克)
成年公牛	104.00	118.44	140.69	14.84	215.30
成年母牛	99.93	115.26	136.31	13.28	197.65

3. 马

马类家畜主要是以高原型品种为主，全县均有分布。体型中等，体质结实，头大小适中，鼻梁平直，头颈结合良好，颈部长短及厚度适中，背腰平直，胸深稍欠宽，四肢坚实有力，蹄质坚硬，是札达县农牧区主要的交通运输工具。2000 年，全县马存栏 2699 匹。截至 2010 年底，马存栏 3473 匹。

札达县高原型马体尺情况表

表 10－2－4

性别	体高(厘米)	体长(厘米)	胸围(厘米)	管围(厘米)
成年公马	128.2	129.7	146.9	16.1
成年母马	124.9	128.1	142.6	15.3

4. 绵羊

札达绵羊属高原型，体质结实，前胸发育开阔，背腰平直，体形呈长方形，头粗糙，鼻梁隆起，公母羊大都有角；四肢高而健壮，蹄致密坚实，尾呈小锲型。肉质鲜美，膻味小，为主要肉食品。其毛、绒经济价值较高，是主要的畜产品。成年羊皮厚实耐磨，绒多毛长，保温性能好，是牧区群众藏袍的主要原料。2000 年，札达县绵羊存栏 43269 只。2003 年，绵羊存栏 50681 只。至 2010 年底，绵羊存栏 35458 只。

札达县高原型绵羊体尺体重情况表

表 10－2－5

性别	体高(厘米)	体长(厘米)	胸围(厘米)	体重(千克)
成年公羊	66.69	77.51	87.37	40.00
成年母羊	62.85	70.25	79.47	32.23

5. 山羊

广泛分布在全县各乡镇，其中以达巴、曲松乡居多，数量较绵羊略少。

札达县山羊体小结实，体躯紧凑均匀，额较宽，鼻梁平直；公母羊均有角，胸部发育良好；耆甲略低，背腰平直，四肢结实，筋腱发达，蹄质坚实。山羊毛分两层，外层为粗长毛，内层为细绒毛。成年公羊平均剪毛量 0.7 千克，绒毛比例 1∶1.97；成年母羊平均剪毛量 0.52 千克，绒毛比例 1∶2.48。札达山羊绒细长而柔软，富有光泽，生产性能高。2000 年，山羊存栏 71591 只。截至 2010 年底，山羊存栏 78172 只。

札达县山羊体尺体重情况表

表 10－2－6

性别	体高（厘米）	体长（厘米）	胸围（厘米）	体重（千克）
成年公羊	54.43	61.15	68.68	23.95
成年母羊	52.29	59.21	65.54	21.56

6. 驴

主要分布在萨让乡一带。其结构紧凑，体质结实；头大小适中，部分偏重，鼻梁平直；头颈部结合良好，颈厚薄长短适中，但欠深度，耆甲平而厚实，背腰平直；中躯短粗；四肢端正，蹄质坚实细密。役用性能强，具有驮、乘多种性能，每头驮 50 千克，日行 30 千米，可连续驮行 5 天。适于生存在海拔相对较低的地区，海拔 4300 米是适应高度的上限。抗寒、抗病能力强。2000 年，全县驴存栏 264 头。2003 年，驴存栏 276 头。2004 年，驴存栏 229 头。2009 年上半年，驴存栏 688 头。截至 2010 年底，驴存栏 750 头。

札达县毛驴体尺体重情况表

表 10－2－7

性别	体高（厘米）	体长（厘米）	胸围（厘米）	管围（厘米）
成年公驴	98.7	103.1	111.3	13.2
成年母驴	98.8	102.6	111.9	12.9

(二) 生产

20 世纪 80 年代前，牲畜配种主要靠自然交配。90 年代后，地区畜牧兽医总站采取人工辅助受精和冷冻受精方式在札达县开展黄牛改良，但由于牲畜发情时间不集中、发情表现特征不明显等原因，受孕率不高。

以自然产仔为主，人工助产为辅。在牲畜产仔期间，牧户单独给待产母畜饲喂草料，补充母畜体能，同时给待产母畜铺垫秸秆、干燥羊粪或废弃衣物，人工辅助待产母畜产仔。

仔畜喂养以母乳为主，适当的辅助加以饲料，仔畜产下 2—3 个月后，适当进行补饲，补饲以青草、煮熟的青稞、糌粑团等为主。1962 年，全县有适龄母畜 36627 头（只、匹），生产幼畜 25870 头（只、匹），繁殖率为 70.36%；成活 16850 头（只、匹），成活率为 62.18%。

1963 年，全县有适龄母畜 34929 头（只、匹），生产幼畜 29557 头（只、匹），仔畜成活 13516 头（只、匹）。

1965 年，共产幼畜 28759 头（只、匹），其中羊 28348 只，大牲畜 411 头（匹），幼畜成活 23182 头（只、匹），成活率达 80.61%。1966 年，共产羊羔 24099 只，成活 17760 只，成活率 73.69%。其中绵羊产羔 14237 只，成活 10850 只，成活率 76.29%；山羊产羔 9862 只，成活 6910 只，成活率 70%。1969 年，共生产幼畜 34326 头（只、匹），成活 21096 头（只、匹），成活率 61.45%。

1974 年，全县有适龄母畜 42221 头（只、匹），怀胎 35559 头（只、匹），成活幼畜 30302 头（只、匹）。

1983 年，幼畜 31420 头（只、匹），母畜 51961 头（只、匹），繁殖成活率 57.85%，幼畜成活率 71%。

1991 年，各类幼畜成活 37150 头（只、匹），成活率达 43.9%。1993 年，各类幼畜成活 34163 头（只、匹），成活率达 76%。1994 年，幼畜成活率为 79.4%。1995 年，幼畜成活率达 89.8%。

1999 年，全县有适龄母畜 55865 头（只、匹），仔畜成活数 26219 头（只、匹），幼畜成活率 46.39%。2000 年，幼畜成活率 89.7%。

2002 年，全县有适龄母畜 61260 头（只、匹），幼畜成活率 71.4%。

2003 年，全县有适龄母畜 67530 头（只、匹），幼畜成活率达 85.4%。2005 年，幼畜成活率 57.5%。2007 年，全县有适龄母畜 66469 头（只、匹）。2008 年，有适龄母畜 89561 头（只、匹），幼畜成活率 87%。2009 年，有适龄母畜 62366 头（只、匹），生仔畜 48060 头（只、匹），成活仔畜 43375 头（只、匹），幼畜成活率 90.25%。

（三）畜产品

主要畜产品有羊毛、牛毛、羊绒、牛羊肉、羊奶、羊皮、酥油等，其中以底雅乡的马阳酥油最为出名，但由于产量少，未形成规模。畜产品生产基本由当地农牧民采用传统手工制作方法进行加工生产，没有规模化的畜产品生产加工。

历史上，农牧民生产的畜产品除少部分用于交换家庭所必需的生活物资外，大部分自用。20 世纪 60 年代开始，随着群众饮食、穿着习俗的改变，呈多样化方向发展，政府也加大对畜产品的统购。20 世纪 80 年代，政府放开畜产品统购政策，农牧民按计划完成上交的畜产品（羊毛、羊绒等）后，可以将多余的畜产品进入市场流通，使畜产品综合商品率不断提高，自用率降低。

1999 年，收购羊绒 5.81 吨，绵羊毛 42.35 吨，牛绒 3.46 吨，农畜产品综合商品率为 24.1%。2002 年，全年肉类产量达 389.83 吨，奶类产量达 562.77 吨，羊毛 55.53 吨，羊绒 9.16 吨。

2003 年，肉类产量 450 吨，奶类产量 472.9 吨，羊毛 60.6 吨，山羊绒 9.3 吨，牛毛产量 3.3 吨，牛绒产量 4.9 吨。2004 年，肉类产量 460 吨，奶类产量 451.7 吨，羊毛 51.9 吨，羊绒 9 吨，各类皮张 19599 张。2005 年，羊毛产量 53 吨（绵羊毛 45 吨，山羊毛 8 吨）。

1996—2010 年札达县畜产品年产量情况统计表

表 10－2－8　　单位：吨、张

年份	奶类	肉类	绵羊毛	山羊毛	羊绒	各类皮张
1990	1335.41	370.98	74		6.51	

续表

年份	奶类	肉类	绵羊毛	山羊毛	羊绒	各类皮张
1996	1195.60	441.20	21.90	7.30	5.80	
1997	1278.60	438.20	55.40	7.95	7.20	
1998	291.15	263.15	32.00	5.80	5.00	
1999	491.07	255.06	42.35	6.80	5.81	10988
2000	558.95	345.35	45.19	5.97	7.45	
2001	521.07	447.09	51.83		7.47	
2002	562.77	389.83	46.92		9.16	
2003	472.9	450			9.3	
2004	451.7	460			9	19599
2007	499.08	489.07				
2009	505.78	401.08				

（四）牧业机具

历史上，朗钦藏布一带传统牧业生产工具主要有畜圈、羊羔暖洞（底大口小的地洞）、牛鼻圈与牛项圈、马具（三角形马绊）、档绳、狼枷、镰刀、剪毛剪、酥油桶、鞍具、刀具、绳具、笼具、畜铃、掌具、桶具、驮具、“阿汝”（即野牦牛角做的盛奶桶）等。

至20世纪60年代，牧业机具无大的改进。1969年，全县实行“人民公社化”后，开始大搞工具革新，改用新式牧具，在全地区推广使用手推胶轮车、胶轮大马车等，受到农牧区社员群众的普遍欢迎。

第五节　畜群结构与饲养

札达县牲畜主要有牦牛、黄牛、驴、绵羊、山羊、马匹、驴、藏猪等，其中牦牛、绵羊、山羊等主要牲畜多为合群放养或分群放羊，随季节的不同而游牧于各季草场。

一、畜群结构

历史上，札达境域内农牧民畜群养殖以役用和肉用畜为主，马匹和绵羊养殖量较多。20 世纪 60 年代，札达县牲畜养殖按照“以草定畜，控制总增”的原则，进行畜群结构调整。1963 年，全县有各类牲畜 79935 头（只、匹），其中萨让区 9511 头（只、匹），底雅区 3562 头（只、匹），香孜区 28365 头（只、区），达巴区 38497 头（只、匹）。1968 年 5 月底，全县有各类牲畜 108244 头（只、匹），其中，山羊 45313 只，绵羊 52815 只，牦牛（犏牛）7135 头，黄牛 1349 头，马 1420 匹，驴 210 头。

1973 年，牲畜总存栏 95278 头（只、匹）；1975 年，全县有各类牲畜 106600 头（只、匹）；1976 年，全县牲畜总存栏 82425 头（只、匹）。

1978 年后，牲畜养殖按照市场需求，积极稳妥地调整畜群结构，按照“大力发展绒山羊，适度养殖绵羊，控制马匹数量”的方针，坚持“以草定畜，控制总增”的原则，不断加大牲畜出栏率，提高商品转化率。

1983 年，年初牲畜总存栏 108249 头（只、匹），年末牲畜存栏 114886 头（只、匹），成畜死亡率 5%。畜群结构中绵羊占 45.98%，山羊占 39.9%，牦牛占 8.76%，黄牛占 2.63%，犏牛占 0.41%，马占 2.18%。

20 世纪 90 年代后，札达县逐步建立达巴乡、曲松乡白绒山羊扩繁场，提高生产性能，大力向周边农牧民群众推广，同时积极出台优惠政策，鼓励群众养殖绒山羊，提高商品率。1990 年，全县牲畜总存栏 157250 头（只、匹），其中大牲畜 24404 头（匹）（牦牛 14665 头，黄牛 4517 头，犏牛 1471 头，马 3484 匹，驴 267 匹），羊 132846 只（山羊 62902 只，绵羊 3085 只），家禽 3970 只。1991 年，各类牲畜存栏 145358 头（只、匹），成畜死亡 16149 头（只、匹）。出栏 21819 头（只、匹），其中商品畜 12637 头（只、匹）。

1994 年，全县牲畜存栏 108204 头（只、匹），出栏率 20%，成畜死亡率为 27%。1995 年，全县牲畜存栏 122428 头（只、匹），出栏 19878 头（只、匹）。1996 年，全县牲畜存栏 12.9 万头（只、匹），幼畜成活率

83.72%，成畜死亡率3.5%。1997年，由于雨雪较少，牧草返青较晚，长势较差，牲畜抵御自然灾害的能力较低，膘情下降，全县各类牲畜存栏13.55万头（只、匹），出栏率达23.7%，成畜死亡率达4.3%，幼畜成活率达83.2%，牲畜总增率达30.8%。

1998年，全县各类牲畜存栏113331头（只、匹），其中，香孜区19202头（只、匹），札布让区23594头（只、匹），萨让区8937头（只、匹），底雅区12735头（只、匹），达巴区37299头（只、匹），曲松区11564头（只、匹）。出栏16999头（只、匹）。1999年，全县有各类牲畜101540头（只、匹），出栏18318头（只、匹）。

2000年，根据“以草定畜，草畜平衡”原则和“控制存栏，加大出栏”的思路，积极做好牲畜的出栏工作。截至年末，全县有各类牲畜134219头（只、匹），出栏率达19.3%，牲畜死亡率控制在3.5%，牲畜总增率达32%。有山羊71591只，绵羊43269只、牛16396头、马2699匹、驴264匹。

2004年，转变农牧民“牲畜越多越富有”的思想观念，提高牲畜出栏率，及时调整畜群结构，缩短出栏周期，由一年一季出栏转变为四季出栏。上半年，全县牲畜存栏191616头（只、匹）。其中，绵羊6514只、山羊100720只、牦牛15037头、犏牛1694头、马4044匹、驴279头。成畜死亡3910头，死亡率为2.54%；成活幼畜43697头，成活率达85%以上。

2006年，牲畜存栏144272头（只、匹），牲畜出栏率达25%，幼畜成活率达79.7%，成畜死亡率控制在5.5%以内。

2007年，全县牲畜存栏134253头（只、匹），牲畜出栏率31.16%。2008年，在水源较好的草场，加大人工种草力度，以增加饲草储备，减少因雪灾、旱灾、洪灾造成的损失，加大牲畜出栏力度，实现由传统一季出栏向四季出栏、直接出栏向育肥出栏的转变，增加群众收入。截至12月，全县各类牲畜存栏134256头（只、匹），农畜产品综合商品率达52%，成畜死亡率为2.6%。

2010年，全县牲畜存栏131331头（只、匹），其中牛14175头（黄牛3378头、牦牛8902头、犏牛1895头）、羊112903只（山羊78243只、绵羊34660只)，马3454匹、驴839匹。

1960—2010年部分年份全县各类牲畜存栏情况统计表

表10－2－9　　单位:头(只、匹)

年份	牲畜存栏	绵羊	山羊	牛	马	驴	牲畜出栏
1962	90593	50653	29538	9085	1208	109	
1963	79935	43232	26971	8378	1243	111	
1964	96692	51148	34648	9288	1492	116	
1965	110068	57112	40996	10033	1620	118	
1967	97607	48675	38196	9114	1462	160	
1968	108244	52815	45313	8484	1420	210	
1969	104536	50500	43202	9125	1513	196	
1974	104907	49259	45557	8238	1655	198	
1990	157250	69944	62902	20653	3484	267	
1996	129104	47242	64244	14319	2984	315	
1997	135511	50222	67710	14244	3022	313	
1998	94897	31636	47779	13207	2069	206	
1999	101540	33851	51124	14131	2214	220	18318
2000	134219	43269	71591	16369	2699	264	25904
2001	159450	51920	84577	19216			32687
2002	153015	51292	78315	19517	3616	275	29073
2003	154126	50681	79405	19896	3871	276	35449
2004	148158	49216	77301	17648	3764	229	
2005	133959	113182	20777	21179			
2008	134200	115902	18298				
2009	134256	39278	76680	14088	3514	696	
2010	131331	34660	78243	14175	3454	839	41369

二、饲养

牦牛、绵羊、山羊等主要牲畜多为合群放养或分群放养，随季节不同游牧于各季草场。根据一年四季气候变化情况及自然环境特点，采用“平、山、斜、沟”“头、鹰、天、字”8 字放牧方法，即“春放平原，当头挡；夏放山头，老鹰膀；秋放斜坡，满天星；冬放阳沟，人字形”。春季放牧迟出早归，每天放牧 8—9 小时，好天远放，坏天近放，顺风出牧，顶风归；夏季放牧早出晚归，每天放牧 11 小时左右；秋季放牧主要采取“满天星”的放牧形式，每天放牧 9 小时左右；冬季放牧一般是晚出早归，在成“人”字形的山沟里放牧。其中，马一般终年粗放饲养、露宿，仅在役使后或下雪天圈养，常补喂少量青干草、糌粑，在牧区喂肉食；绵羊终年合群或分群放牧，饲养管理粗放，合群一般 800 只以内一群，分群一般 400—500 只一群。冬春季节每天放牧后对瘦弱羊只常补喂少量青干草、肉汤或秸秆及少量熟青稞，白天放牧，晚上收关圈内；山羊饲养实行公、母、阉羊混合组群，终年群放，冬春枯草季节，常补饲料为部分青干草、熟青稞或酒糟。为便于放牧管理，羊群驯有头羊。牧区羊群一般规模在 300—400 只，半农半牧区为 150—300 只，每群按 1∶20—1∶30 的公母比例留足公羊，多余的公羊于每年 4—6 月阉割、宰杀或出售。

第六节　畜种改良

札达县牲畜主要是通过不同品种之间的杂交以及从外地引进的方式达到畜种改良的效果。根据“控马、稳牛、增羊、上禽”方针，适当增加山羊、黄牛比例，进一步降低绵羊、马属动物比例。

一、牛品种改良

黄公牛与母牦牛杂交第一代称犏牛。犏牛性耐劳、耐饥，善走山路，负重在崎岖山路之中如履平地。其杂交形式有公黄牛 + 母牦牛→真犏牛，公牛驮用负重60—70千克，日行40多里，也可用于耕地。公牦牛＋母黄牛→变犏牛，改良后公牛能役使，母牛能产乳，略逊于真犏牛。真犏牛和变犏牛一般不生产，如生产，所产牛犊几日即死。即使生存下来，也是体弱怕光，不能驮负。

20世纪80年代中期，从外地引进西门塔尔牛等优良种畜，进行本地畜种改良。所产杂种牛日产奶12千克，比当地牛高3—4倍。但由于人工授精技术不过关，受孕率低，未进行大规模推广。

为改变黄牛体型小、上膘慢、产奶量低的现状，在往年黄牛改良的基础上，2001年完成黄牛改良156头（其中香孜乡50头，托林镇106头），但由于技术方面原因，2002年检查时，均为空胎。

2002年，总结上年黄牛改良的经验、教训，从种畜场引进种牛，邀请技术人员，使良种公牛与当地黄牛进行现交、冻精，完成现交和冻精101头，其中托林镇改良黄牛72头（本交50头、冻精22头），香孜乡改良29头，经检查黄牛怀胎率达78%以上。

2003年，完成黄牛本交和冻精230头（托林镇完成100头，本交45头，冻精5头；香孜乡完成180头，本交89头，冻精41头），并从日喀则购进良种黄牛4头。分配在香孜乡和托林镇各2头。改良仔畜成活21头（公牛6头）。

2004年，牦牛品种改良繁育技术已经具备丰富的技术经验和成熟的技术条件，先后完成黄牛改良250头，完成合同任务（200头）的125%。其中，托林镇改良152头（本交122头，冻精30头）；香孜乡改良98头（现交50头、冻精48头）。

2005年，完成黄牛改良350头（托林镇220头，香孜乡130头），培育奶牛专业户20户。2006年，改良黄牛450头。

2008年，从日喀则引进种公牛11头，从地区种畜场引进种公牛19头、良种母牛11头，为札达县牦牛品种改良奠定了基础。

二、绵羊品种改良

1966—1968年，阿里专署拨出10万元畜牧业事业经费从新疆巩乃斯和内蒙古引进新疆细毛羊、阿尔泰羊和茨盖羊，总数100多只，开始对藏绵羊进行杂交改良。1967年底，种畜场已有新疆细毛羊110只，其中成年母羊80只，成年公羊12只，同年育成公羊7只，育成母羊11只；阿尔泰公羊10只；新疆细毛羊+藏绵羊的杂交一代羊716只，其中育成成年公羊9只，成年母羊102只，成年羯羊140只。

截至1976年，札达种畜场共有纯种羊（毛肉兼用新疆细毛羊和毛肉兼用茨盖细毛羊）298只，新藏杂种一代适龄母羊1864只，次新藏杂种二代母羊373只，横交试验生羔42只。

20世纪90年代末期，在种畜场绵羊改良成功的基础上，札达从各地引进藏系绵羊，以此来提高县内畜群结构比例，增加农牧民群众收入。1996年后，札达县每年均从日土县等地引进白绒山羊，在达巴、曲松等乡进行养殖。2000年，札达县共有绒山羊71591只。

2002年，在托林镇东嘎村有42户示范户，共改良羊2100只；在香孜乡香孜村有58户示范户，改良羊290只。2003年，在托林镇东嘎村、玛朗组（53户）和香孜乡香孜村（43户）建立2个绵改示范基地，示范户96户，完成绵羊改良200只，成活改良羊羔200只。

2004年，改良羊羔成活250只。2005年，改良绵羊500只。

2008年，在达巴乡柏拉组培育8户毛肉兼用型半细毛羊示范户，调运改良绵羊500只。

2010年，投资164.9万元，实施绵羊短期育肥项目扶持专业户211户，户均年育肥羊100只，新建育肥点12个，年育肥羊达21100只。

第七节　疫病防治

札达境内牲畜疫病种类繁多，可分为传染性疫病和常见性疫病。传染性疫病中有人畜共患传染病和牲畜传染病。人畜共患病主要有2种：牲畜“W”，牛巴氏杆菌。牲畜传染病种类较多，常见的主要有2种：疑似羊“X”病，小反刍兽疫病。

一、人畜共患传染病

（一）炭疽

该病是炭疽杆菌引起的急性、热性、出血性传染病，人畜共患，一年四季皆可发生，尤以夏秋多雨季节最易发生。札达县五乡一镇均有流行。1950—1990年，累计发病牲畜1671头（只、匹），死亡452头（只、匹），死亡率27.05%。20世纪80年代末至90年代，通过注射疫苗，疫区逐渐缩小。至2000年，除有零星发病外，基本得到控制。

（二）口蹄疫

该病是由口蹄疫病毒引起的口蹄兽类急性、热性、高度接触性传染病，人畜共患，是札达县危害较大的疫病之一。从该病流行史来看，札达县与印度相接壤，特别是达巴乡、萨让乡、曲松乡、底雅乡因过境放牧导致该病发生极为广泛，多发于冬春两季，呈流行性或大流行性。1950—1990年，全县累计发病牲畜7568头（只、匹），死亡1025头（只、匹）。2000年，该病基本得到控制。2002年6—8月，达巴乡和香孜乡部分村组相继出现“W”病病例，2002—2004年，兽医人员累计下乡开展工作240人（次），发放疫苗240箱，牲畜疫苗注射率达98%以上。为严格控制“W”病的传播，札达县切实加大动物及其产品的产地、运输、屠宰、市场等的检疫力度，严防“四证”不全的活畜及畜产品进入县内，特别是底雅、曲松、达巴、萨让等边境乡村，严防带病活畜及畜产品流入市场。疫病发生后，及时对疫情进行核实，划定疫点和疫区，并对疫点和疫区病畜进行隔离、扑杀、销毁、消毒、紧急免疫接种等强制性控制、扑灭措施。

（三）布氏杆菌病（简称布病）

该病是一种人畜共患的慢性传染病，主要危害牛、羊，人也易感染。潜伏期一般较短，一般为1—2周，多数患畜不呈现临床症状。该病长期流行于札达县，对牧业生产和人类的身体健康危害极大。1988年，香孜区香孜乡发病200多头（只、匹）；1989年，曲松区曲木底乡发病400余头（只、匹）。2000年，该病基本得到控制。

（四）大肠杆菌病

该病广泛流行于县境，是由乳酸大肠杆菌引起的急性传染病，多发于冬春，主要危害羔羊，当地牧民称之为“久玛杆布”病。该病对牧业生产危害较为严重，特别是在牲畜度“春乏”“冬死”两大关期间危害更大。受气候影响，此病情在县内传染率较低。该病多发于每年的12月至次年的3月。经用大肠杆菌苗免疫和抗生素治疗，得到有效控制。

二、牲畜传染病

（一）气肿疽

该病是由气肿疽杆菌引起的急性、热性传染病，俗称“黑腿病”，常发于炎热、干旱季节，低洼潮湿地区。3个月至4岁的牛最易感染。该病在札达县发病率较高，各乡村均有发病史。1986年，香孜区香孜乡发病67头，死亡67头；1987年，香孜区香孜村黄牛发病17头，死亡10头。每年春季，通过注射气肿疽疫苗防御该病。到2000年，该病基本得到控制。

（二）牛瘟

该病为急性、热性、败血性传染病，俗称“烂肠瘟”，牦牛最易感染，犏牛、黄牛次之。本病采用抗原血清治疗，继而试制成功兔化绵羊化弱毒疫苗，进行大面积预防注射后，效果显著。

（三）羊传染性口膜炎

该病为口疮病毒引起的接触性传染病，对羔羊危害严重，多发于春季，又称“羊口疮”。札达县每年都有发生，且流行范围很广。1987年，曲松区曲木底乡发病400多只，死亡120多只；1989年，香孜区夏益村发病50多只，死亡20多只。该病是20世纪八九十年代对牧业生产危害较为严重的疫病之一。到2000年，无有效防治手段，疫情时有发生。

（四）羊快疫类疫病（羊快疫、羊猝疽、羊肠毒血症）

羊快疫是由腐败梭菌引起，羊猝疽是由魏氏梭菌C型引起，羊肠毒血症是由魏氏梭菌B、C、D型引起。该病发病急，发病率高，死亡率可达40%左右，主要发病动物为羔羊、青年羊，一年四季流行，以春季发病最高。

（五）羔羊痢疾

该病是由魏氏梭菌、大肠杆菌等多种病原引起的急性传染病。在札达县普遍流行，发病率高，对牧业生产危害较大。1988 年，曲松区曲木底乡发病 600 多只，死亡 480 多只；1989 年，香孜区夏益村发病 30 多只，死亡 29 只。该病多发于 1—3 月，预防主要给怀孕母羊注射三联疫苗或大肠杆菌疫苗，治疗一般使用抗生素及助消化药。到 2000 年，该病基本得到控制。

（六）羊链球菌病

该病是由链球菌引起的羊急性、热性、败血性传染病，多发于冬春两季，呈流行性或散发性流行。札达县流行较为广泛。1986 年，曲松区曲底乡发病 300 多只，死亡 60 多只。该病治疗用抗生素。到 2000 年，该病未得到控制。

（七）羊痘

该病是由痘病毒引起的羊急性、热性、接触性传染病，四季均会发生，多见于春季。1976—1979 年，香孜区苏康村共发病 600 多只，死亡 60 只。1980 年后，该病经过各级兽防部门的努力，在疫区注射羊痘弱毒氢氧化铝疫苗和羊痘弱毒冻干菌苗，效果明显。到 2000 年该病基本得到控制。

三、其他传染病

除上述疫病外，札达县还有马鼻疽、马腺疫、马流感等马属动物传染病。牲畜寄生虫对牲畜的健康也造成较大危害，牲畜寄生虫主要有程式鸟毕吸虫、彭氏鸟毕吸虫、土耳其斯坦鸟毕吸虫、鹿前后盘吸虫、肝片吸虫等体内寄生虫病和羊狂蝇、羊蜱蝇、绵羊毛虱、蚧螨、牛皮蝇等体外寄生虫病。

四、疫病防治

历史上，札达境域内畜牧业疫病防治较为落后，牧民结伴“逐水草而居”，靠天养畜，畜群混牧，野交乱配，质量低劣，疫病流行，牲畜死亡率高。

1960 年，县委农牧工作部开展牲畜疫病监测、巡查等工作。1962 年，在托林乡进行炭疽菌苗预防注射试点工作，共注射 372 头（只、匹），其中黄牛 73 头，马 4 匹，绵羊 15 只，山羊 280 只。治疗病畜 1298 头（只、匹），其中马 190 匹，牛 207 头，羊 875 只，猪 25 头，骆驼 1 头。

1963 年，全县有 6 个民间兽医能用火针、血针治疗眼病、疝痛、风湿而引起的跛行。本着“预防为主，治疗为辅”和“以土为主，土洋结合”的原则，共治疗病畜 1259 头（只、匹），其中，羔痢 298 只，口膜炎 134 只，外寄生虫 171 头（只、匹），马腺疫 13 匹，肠胃炎 37 头（只、匹），羊肺炎 200 只，胸膜炎 57 只，其他包括去势、外伤和乳腺炎共 385 头（只、匹）。

1966 年 3 月，根据地区专署农牧局有关疫病控制指示办法，札达县开始使用大蒜酊治疗羔羊痢疾，效果明显，此后在全县逐步使用。注射羊痘苗和炭疽苗的牲畜共 11304 头（只、匹），其中注射羊痘苗的羊 5588 只，其中山羊 908 只；注射炭疽苗的牲畜共 5716 头（只、匹）。

1967 年，全县注射炭疽苗的牲畜有 17500 头（只、匹）、羊痘苗 15000 只，羔痢 15000 只。

20 世纪 70 年代开始，札达县先后分别从阿里地区和拉萨调入炭疽疫苗、牛瘟疫苗、布氏杆菌疫苗、狂犬病疫苗、口蹄疫弱毒疫苗、牛肺疫苗、羊三联苗、干燥羊痘弱素疫苗、第Ⅱ号炭疽芽胞苗、干燥布氏杆菌牛型 19 号活菌苗、口蹄疫弱素疫苗、羊肠毒血症菌苗、三联菌苗、四联苗、大肠杆菌苗、牛出败苗等疫苗，对牲畜进行免疫注射。

2000 年，全县年免疫注射五号苗 32 万头（只、匹），注射密度达 87%；羊三联苗 29 万只，注射密度达 86%；炭疽苗 2.3 万只，注射密度达 70%；羊链球菌苗 22 万只，注射密度为 65%；大肠杆菌 4.1 万只，注射密度 12%。牛瘟、羊痘等烈性传染病被扑灭，五号病、炭疽、马鼻疽、羊快疫类疫病、羊链球菌病得到不同程度的控制，减少了马腺疫、钩端螺旋体病、羔羊痢疾、马流感、羊口疮等病的发生。

2002 年，由于札达地理位置特殊，属牲畜疫病易发区，尤其是 5—8 月牲畜“W”病流行，造成成畜大批死亡，影响畜产品及时上市，县农牧局专门成立防控牲畜“W”病领导小组。

2003 年，县兽防人员深入牧业生产一线，积极开展疫病防治工作，调运疫苗90箱，疫苗注射率达100%以上，使一系列传染病、多发病、寄生虫病得到有效控制。

2004年，为尽快控制、扑灭牲畜疫病，保证畜牧业持续稳定发展，增加农牧民收入，确保社会稳定，在全县范围内开展禽流感、狗流感疑似病的防治工作，并制定出台《札达县牲畜“W”病防治预案》。

2007年，根据《札达县扑杀疑似羊“X”病病羊计划》，组织由财政局、发改委、兽医站骨干人员组成的工作组深入各乡镇，逐乡、逐村、逐户、逐只调查、核实病羊及同群羊数量，发现一只捕杀一只，以确保在短期内控制疫情。在五藏、种畜场、县城城郊、萨让乡、波林村设卡阻断疫情，每个卡（站）点均由1名副县级领导带领3名责任心强的兽医人员及1名武警战士进驻，对过往车辆、人员进行检疫消毒，严防疫情扩散蔓延。加强对乡村兽医技术人员和农牧民群众的科技培训，由县兽医站负责对各乡村和农牧民群众进行兽医技术培训，使农牧民群众增加对疑似羊“X”病的辨识能力，为扑灭疑似羊“X”病打下坚实的技术基础。同时积极向上级相关部门联系调运应急设备、治疗药品、消毒药品、监测试剂等。7月28日至8月7日，全县有发病牲畜（成年山羊及羊羔）835只，死亡山羊及羊羔703只（其中，萨让乡发病山羊及羊羔360只，死亡山羊及羊羔316只；托林镇发病山羊及羊羔445只，死亡山羊及羊羔366只；香孜乡发病山羊及羊羔30只，死亡山羊及羊羔21只），不含牛及马属动物。共使用兽药60箱，出动车辆12台（次），技术人员35人（次）。全年小反刍疫情，共计捕杀同群山、绵羊1769只（绵羊8只），涉及牧民47户256人。

2008年，县农牧局与各乡镇层层签订责任书，并在全县范围内开展牲畜“W”病、小反刍和禽流感的防控工作，其中牲畜“W病和小反刍疫苗注射率100%。香孜乡注射“W”病疫苗黄牛1443头、牦牛1529头、犏牛74头、山羊16452只、绵羊11805只；注射小反刍疫苗山羊12000只，绵羊10000只；注射气肿疽疫苗的黄牛1443头。

2009年上半年，在全县范围内开展牲畜“W”病、小反刍和禽流感的防控工作，其中牲畜“W”病疫苗注射44盒，注射牲畜151314头（只、匹）；小反刍疫苗注射120盒，注射牲畜54840头（只、匹）；注射其他药品 873 瓶（盒）；采集牲畜血样 100 份；全县牲畜免疫率达 100%。

2010 年，牲畜“W”0 型病注射疫苗 44 盒，注射牲畜 138676 头（只、匹）；小反刍疫苗注射 120 盒，注射牲畜 52151 头（只、匹）；A 型口蹄疫苗注射 12768 头（只、匹），注射药品 28 箱；采集牲畜血样 100 份；炭疽疫苗 9 箱，注射牲畜 7524 头（只、匹）；三、四联苗 94 箱，注射牲畜 84321 头（只、匹）；气冲疽疫苗 400 瓶，注射牲畜 521 头；布病疫苗 40 盒，注射牲畜 98450 头（只、匹）；羊败血 9 箱，注射牲畜 76235 只；牛巴氏杆菌 24 箱，注射牲畜 13560 头；左咪 250 瓶，注射牲畜 23564 头（只、匹）；阿维菌素 379 瓶，注射牲畜 15640 头（只、匹），全县牲畜免疫率达 100%。

五、动物检疫

札达县为半农半牧业县，全县五乡一镇家家户户均有牲畜，但各乡（镇）未设立专门的动物产地检疫点，因此县兽医站存在检疫范围大、工作量多、检疫困难等问题。

1995 年 10 月 4 日，札达县成立动植物检疫工作站，自此札达县动植物检疫工作正式开始。

2000 年，检疫动物 100 余头（只、匹），检疫畜产品 2 吨；产地检疫共检疫牲畜 1204 头（只、匹），检疫畜产品 7 吨；市场检疫发放《兽医卫生许可证》17 本，检疫牛 12 头、猪 229 头、羊 182 只、鸡 421 只、鸡蛋 365 千克。

2007 年，切实加大动物及其产品的产地、运输、屠宰、市场等的检疫力度，严防“四证”不全的活畜及其畜产品进入札达，特别是托林镇、底雅乡、曲松乡、达巴乡、萨让乡等边境乡村，严把检疫关，严防带病活畜及其畜产品流入市场交易。

至 2010 年，根据《中华人民共和国动物防疫法》等有关法律法规的规定，县兽医站根据实际制定《札达县动物产地检疫工作实施方案》，成立产地检疫领导小组，县农牧局局长为组长，具体负责培训、宣传、组织、协调、指导、检查、实施全县的产地检疫工作。坚持每天对定点屠宰厂屠宰加工进行登记，加强生猪进入札达县的监督检查和肉品销售的检疫。

第八节　基础设施建设

历史上，札达境域内畜牧业基础设施建设极为落后，除少数贵族、头人有部分简陋畜圈外，牧民无畜圈，仅在山洞或背风处简单加以改造用于放置牲畜。

20 世纪 60 年代开始，采取国家补助资金，县、乡组织领导，农牧部门技术指导，群众投工投劳的办法，开始进行畜牧业基础设施建设，主要是草场引水灌溉、修筑土坯羊圈、建设土石围栏草场。1962 年，在达巴乡、东波乡维修旧棚圈 65 个，新修棚圈 25 个。1963 年，修建棚圈 264 个，其中新圈 6 个，整修棚圈 174 个，新建暖室 84 个。

20 世纪 80 年代后期，畜牧业基础设施建设力度逐渐加大，重点进行饲草饲料基地建设、修建灌溉水渠、实施人工种草和草场围栏、进行无水草场开发打井、新修维修羊圈或羔洞、建设牧民半定居住房等。

20 世纪 90 年代，重点实施“藏西北百万只白绒山羊基地建设”“牧区开发示范工程建设”。1997 年，共新修、维修标准羊圈 862 座、羔羊暖洞 752 个。1998 年，新修维修标准羊圈 874 个，新修、维修暖洞 788 个。1999 年，共维修羊圈 1402 座，新修羊圈 53 座，维修暖洞 1208 个，新修暖洞 197 个。

2000 年，全县畜牧业基础设施建设共新修维修饲草饲料地灌溉水渠 50 多千米；新修、维修羊圈 882 个，羔羊保暖洞 1029 个；新建牧民半定居点 80 户。

2001 年，维修羊圈 1500 个，新修羊圈 10 个；维修暖洞 1300 眼，新修暖洞 50 眼。2002 年，维修羊圈 793 个、新修羊圈 79 个，维修暖洞 235 眼，新修暖洞 40 眼。2003 年，为改善畜牧业基础设施，进一步提高抗御自然灾害的能力和科学养畜水平，全县修建牲畜暖棚圈 2000 平方米（达巴乡、底雅乡各完成 1000 平方米）；畜圈 2000 平方米（达巴乡完成 1200 平方米，底雅乡 800 平方米）。

2004 年，修建牲畜标准配套棚圈 150 户，3.3 万平方米，维修羊圈 1402 个，维修暖洞 1208 个。2005 年，新修羊圈 223 座、暖洞 151 个；维修暖洞 1208 个、羊圈 1402 座。

2010 年，投资 451 万元，实施游牧民定居工程及三配套设施，新建 470 套棚圈、贮草棚，饮水井 34 眼，改善了牧业基础设施。

第三章　林业

札达县林业部门不断加强保护和合理开发森林、野生动植物资源，优化配置林业资源，促进林业可持续发展。2010 年，札达县公益林管护面积达 4336968 亩，管护人员增加到 1287 人。义务植树 4.8 万株，城镇周边造林 678 亩 7.5 万株，荒山造林 988 亩 11 万株。“十五”期间，共完成退耕还林 2200 亩。

第一节　机构

20 世纪 60 年代开始，札达县林业工作由农牧部门兼管。

1999 年，全区机构改革，札达县林业局正式成立，为副科级建制单位，但未配备专职的林业工作人员，与县农牧局合署办公，由县农牧局副局长分管林业工作。

2005 年，札达县林业局正式挂牌成立，为独立的正科级单位。为托林镇、萨让乡、曲松乡、底雅乡调配 8 名林业工作人员，罗布扎西兼任托林镇林业管理站站长，索朗达杰任林业干事；小巴桑兼任萨让乡林业管理站站长，白玛任林业干事；达瓦旺堆任底雅乡林业管理站站长，白玛占堆任林业干事；扎次兼任曲松乡林业管理站站长，次仁伦珠任林业干事。

2006 年，尼玛平措任林业局局长。

2007—2010 年，县林业局正式开展林政资源、造林绿化、陆生野生动植物保护等各项林业工作，核定编制 3 名。

2010年，札达县林业局从农牧局分设，科级建制，无内设机构，机关编制3名（行政2名，事业1名）。负责加强保护和合理开发森林、湿地、荒漠和陆生野生动植物资源，优化配置林业资源，促进林业可持续发展职责；加强全县湿地保护、荒漠化防治工作的组织、协调、指导和监督职责；加强组织指导林业改革和农村林业发展，依法维护农牧民经营林业合法权益的职责。

第二节　林业管理

札达县植被稀疏，林木种类少，2002年，第一次森林资源调查时，札达县林地面积289551公顷，其中有林地面积1597公顷，灌木林地面积287951公顷。森林蓄积量25430立方米。灌木林是札达地区主要的木本植物群落，集中分布在托林镇、底雅乡海拔3900米以下的沟谷坡地；主要树种有梧柳、沙棘、白柳等，覆盖率达60%—70%，不宜牧用，但能防风固沙，对保持水土维护生态平衡有很大作用，此外还可作薪柴；经济林主要有杏、苹果、桃、核桃等。随着科学发展观的贯彻落实，札达县的生态保护和建设力度全面加强。为切实保护林地，加强林地管理和合理利用林地资源，保障林业发展，改善生态环境，县林业部门坚持多措并举的原则，完善森林和野生动植物保护措施，全县农牧民的生态保护意识不断增强。

一、林地权属登记

2009年8月28日至9月13日，县林业局派工作人员进行集体林地资源实地调查和统计林权登记工作，对托林镇5个作业组和香孜乡13个作业组、达巴乡10个作业组、底雅乡10个作业组1亩以上经济林、人工林场、退耕还林等林地进行资源调查和填写林权登记申请表，共登记151.48亩个体林地资源和7745.48亩集体林地资源，106册林权登记申请表，确立了农牧民的林地经营权利，明晰了林地使用权和林木所有权，保障了农牧民群众的利益。

二、林木管护

1980年，根据阿里地委、地区公安处、地区农牧局下发的《关于加强树木保护管理的通知》，县委、县政府、县农牧局对托林、香孜、底雅一带的树木管理作出规定，提出奖惩措施，并设立兼职护林员。1985年，根据地区农牧局农林科下发《关于爱护树林、树苗的几条规定的通知》，对保护林木作出具体规定。

20世纪90年代，人工造林增多，但由于牲畜啃食、践踏，无专人管理，林木难以越冬，成活率较低。群众采取修建石头防护栏、用破布包裹枝条等方法保护林木。

2005年，根据《中央财政森林生态效益补偿基金管理办法》，正式启动森林生态效益补偿工作。为进一步规范和加强中央财政森林生态效益补偿基金管理，提高资金使用效益，确保森林生态效益补偿基金落到实处，县林业局通过与各乡（镇）、个人签订合同的形式，明确管护责任区、管护责任人，强化管理。初步确定管护人员142人（托林镇管护面积3075亩，管护人员2人；萨让乡管护面积22800亩，管护人员14人；底雅乡管护面积104720亩，管护人员54人；曲松乡管护面积2835亩，管护人员2人），全县管护面积133430亩，管护费39.93万元，每亩2.99元。

2006年，国家森林生态效益补偿基金39.93万元，管护面积133430亩，每亩2.99元，有护林员72人（托林镇管护面积3075亩，管护人员2人；萨让乡管护面积22800亩，管护人员14人；底雅乡管护面积104720亩，管护人员54人；曲松乡管护面积2835亩，管护人员2人）。

2007年，有护林员22人。其中，托林镇2人、萨让乡4人，底雅乡15人、曲松乡1人。

2008年，国家森林生态效益补偿金管护面积增加427032亩，共560462亩，管护人员增加到93人。其中，托林镇管护面积8417亩，萨让乡管护面积73655亩，底雅乡管护面积78478亩，曲松乡管护面积226312亩，达巴乡管护面积31196亩，香孜乡管护面积8974亩。

2009年，国家森林生态效益补偿基金管护面积由560462亩增加地方公益林3776508亩，共4336970亩，管护人员增加到1287人。其中，托林镇管护面积228395亩，萨让乡管护面积411378亩，底雅乡管护面积713695亩，曲松乡657745亩，达巴乡管护面积1582190亩，香孜乡管护面积743565亩。兑现2008年公益林管护费26.686万元。

2010年，全县有管护人员1293人。

2005—2010年，各乡（镇）通过发放国家森林生态效益补偿基金，规范和加强了对全县森林生态资源的管护，有效遏制了乱砍滥伐现象，森林资源总量得到提升。广大农牧民群众通过直接参与重点公益林的管理工作，极大地增强了对森林生态的保护意识，同时也提高了农牧民群众的现金收入。

2005—2010年札达县森林生态效益补偿基金发放情况表

表10－3－1

年份	管护面积(亩)	管护费(万元)	单价(元/亩)	管护人员(人)
2005	133430	39.93	2.99	142
2006	133430	39.93	2.99	72
2007	133430	39.93	2.99	22
2008	560462	167.58	2.99	93
2009	4336970	1301.09	2.99	1287
2010	4336970	1301.09	2.99	1293

2005—2010年札达县各乡镇护林面积和管护人员情况表

表10－3－2　单位：亩、人

年份	托林镇		底雅乡		萨让乡		曲松乡		达巴乡		香孜乡	
	面积	人员	面积	人员	面积	人员	面积	人员	面积	人员	面积	人员
2005	3075	2	104720	54	22800	14	2835	2				
2006	3075	2	104720	54	22800	14	2835	2				
2007	3075	2	104720	15	22800	4	2835	1				
2008	8417		78478		73655		226312		31196		8974	

续表

年份	托林镇		底雅乡		萨让乡		曲松乡		达巴乡		香孜乡	
	面积	人员	面积	人员	面积	人员	面积	人员	面积	人员	面积	人员
2009	228395		713695		411378		657745		1582190		743565	
2010	228395		713695		411378		657745		1582190		743565	

第三节　植树造林

札达县林地总面积为 1.2 万亩，占全县总面积的 0.03%。其中，一般林地面积 0.1 万亩，灌木林地面积 10971.8 亩。活立木总蓄量 5255 立方米，林业资源多属灌木林，底雅乡、萨让乡、曲松乡楚鲁松杰村有少量经济林分布，主要出产杏、苹果、桃子、核桃等果品。主要林型有沙棘林，成林树种为沙棘，分布于朗钦藏布流域；柏树林，呈散生状，垂直分布于海拔 2900—3500 米地带；杨树林，大部分为人工林，垂直分布于海拔 2900—3800 米地带，此外还有底雅乡西藏白皮松林、札达柳林，白皮松具有耐旱、耐寒、固沙、固土、萌蘖力强的特点，是西藏特有树种。珍希树种有红柳、沙棘、变色锦鸡儿等。

受高原寒冷、干旱气候等条件影响，札达县没有大面积的天然林，只有零星的小乔木林、灌木林以及人工林。县林业局深入贯彻《中共中央国务院关于加快林业发展的决定》《西藏自治区党委政府关于贯彻落实〈中共中央国务院关于加快林业发展的决定〉的意见》，紧抓国家西部大开发战略机遇，结合全县地域广阔、宜林荒滩荒地面积大等实际，树立和落实科学发展观，以科技为先导，深化改革、激活机制、强化管理，开展植树造林、封山育林、保护生态等生产活动。通过造林绿化，恢复和增加森林植被，有效治理风沙危害，减轻水土流失，改善札达县生态环境。

一、义务植树

县林业局进一步推动全社会办林业、全民搞绿化，规划建设各类义务植树基地，组织机关干部、群众、学生、社会团体、个体户以及驻地部队开展植树、绿化养护等活动，使全民义务植树活动向基地化、规模化方向发展。落实以资代劳措施，把组织专业队伍植树和发动全民参与植树结合起来，精心组织、提高质量，做到种植一片、成活一片、绿化一片。

1951 年后，主要在街道、房前屋后、庭院植树造林，造林规模和面积相对较小。

20 世纪 50 年代，根据中共中央《全国农业发展纲要（草案）》关于从 1956—1967 年集中力量绿化一切可能绿化的荒地、荒山及河滩的精神，机关单位职工和城镇居民在县城周围开展植树造林。

1960 年后，结合农牧业生产条件和“农、林、牧”三不误的生产原则，在重点开展农牧业生产的同时，兼顾林业生产，初步开展群众性全民造林活动，发动全县各生产互助组、合作社开展“植树造林、绿化祖国”活动。

20 世纪 70 年代末，加大林业生产，改变过去单一的植树方式，造林面积逐年增加，农牧民群众造林护林意识逐渐增强。

20 世纪 80 年代，根据“造林、护林并重”和“植树造林专款专用”的原则开展造林工作，林业工作取得新进展。

20 世纪 90 年代，掀起造林小高潮，成片造林 312. 04 亩 293021 株，零星植树 116650 株。1989—2000 年，投入植树造林专款 23. 7 万元。1993 年，全县植树 5. 6 万株，其中苹果 1843 株，桃树 20 株。1994 年，植树 52228 株（果树经济林 200 株）。1995 年，四旁植树 50294 株。1996 年，全县植树 16 亩 1. 6 万株，育苗 2 亩，成活率 90%，经济林 50. 75 亩。1997 年，全县干部职工及驻军官兵四旁植树 2. 24 万株，成活率达 65%，栽植苹果树 3978 株，产量达 4. 3 吨。1998 年上半年，完成四旁植树 5500 余株。1999 年，共植树 11123 株，成活率达 95%；底雅的 10 亩经济林产量 2. 8 吨。2000 年，共植树 3. 5 万株。

2001—2005 年，在全县气候条件较好、植树覆盖率极低的地区，组织全县干部及驻军部队植树造林，累计完成植树 22. 98 万株，经济林建设 60 亩，引进温室果树 0. 25 万株，完成零星植树 7. 5 万株，建设苗圃基地 21 亩，完成托林镇生态建设项目 350 亩。年均投入义务植树造林 2524 个工日，义务植树21万株。

2001年，零星四旁植树2.5万株，种植农田防护林3万株。2002年，坚持“造林、护林”并重的原则，全县干部职工及驻地部队植树300亩3.5万株。

2003年，县人大常委会决定，凡在札达县内有常住户口的公民和到札达投资经营1年以上，并取得临时户口的外地公民都有义务植树的责任。规定：宜植区农牧民、在校生每人每年植树不少于2棵，并确保成活；干部职工、教师、驻地部队每人每年植树不少于5棵，并确保成活；个体工商户每年每户植树不少于5棵，并确保成活。全县完成四旁零星植树3.5万株，21亩苗圃基地建设，完成退耕还林2200亩。

2004年，坚持造林、护林并重的原则，为农牧民无偿提供树苗，激发植树热情，组织完成四旁零星植树4万株，组织完成托林镇350亩生态建设项目，成活率85%以上。

2005年，实施《札达县生态公益林补偿基金项目实施方案》，与72名管护人员签订合同，完成60亩经济林建设整地、新修水渠等工作，组织全县干部群众和驻地部队义务植树5万余株。

2006年，组织全县干部群众和驻地部队义务植树4.5万余株，其中托林镇3万株，县城附近3000株，底雅、萨让各3000株，达巴、香孜、曲松各2000株。并在2005年基础上搞好全县2200亩退耕还林苗木的补植工作。

2007年，全县义务植树5.88万株，成活率80%以上。2008年，义务植树5.88万株。其中，县直机关种植1.061万株，托林镇种植2万株，达巴乡种植1.6万株，香孜乡种植0.3万株，底雅乡种植0.369万株，曲松乡种植0.13万株，萨让乡种植0.42万株。

2009年，义务植树49515株。2010年，义务植树4.8万株。

二、工程造林

札达县属于干旱半干旱气候区，风沙大，年均降雨量不足200毫米，蒸发量大于降雨量，植被稀少，是全区生态环境最为脆弱的地区之一，生态环境问题已成为制约札达县经济社会发展的瓶颈。通过启动城镇周边及公路沿线造林绿化工程建设项目，逐步改善城镇周边的生态和人居环境，为实现全县社会和经济可持续发展提供良好的环境条件。

1995 年，成片造林 40 亩，育苗 21 亩，新栽果树 1630 株。1997 年，全县成片造林 2.7 万株。1998 年，成片造林面积 52 亩，成活率 65% 以上，零星植树 1.2 万株。

2000 年，成片造林 3.18 亩，截至 2000 年底，成片造林 352.04 亩 343295 株，零星植树 131933 株。

2001—2005 年，完成成片造林 300 亩，工程造林 3012 亩。2001 年，成片造林 100 亩。2002 年成片造林 40 亩，建设苗圃 2 亩。

2002 年 5 月底，自治区林业厅厅长阿布率队确定了札达县退耕还林、荒山育林 4000 亩，经济林建设 65 亩，沙棘防护林 60 亩，苗圃 40 亩。2003 年，札达县鼓励个体大户承包“四荒”造林，支持和鼓励县内和外地大户承包“四荒”，实施大面积造林。

2005 年，完成荒山植树造林 2000 亩。

2006 年，实施由西藏自治区林业调查规划研究院设计的《城镇周边工程造林建设项目》，城镇周边造林工程划分为县城、托林居委会札布让组、波林村、象泉河河滩地、台阶地等 8 个作业区，分 4 年（2007 年、2008 年、2009 年、2010 年）完成，累计造林面积 4851 亩。

2007—2009 年，在城镇周边造林 5073 亩 56.3 万株，成活率 85% 以上。2007 年，完成城镇周边造林 1431 亩，并用铁丝网围栏，共种植 158841 株；在县城街道两旁绿化植树 1778 株，成活率 95% 以上；建设托林镇苗圃基地 80 亩，共育苗 60 多万株。2008 年，完成城镇周边造林 1488 亩，植树 165168 株，成活率达 85%。2009 年，完成城镇周边造林 2154 亩，共植树 239094 株；在县城街道两旁种植、补栽苗木 3933 株。在托林镇、香孜乡、达巴乡实施重点区域生态公益林建设项目共计 1500 亩，种植 16.65 万株。三乡镇各实施 500 亩，种植 5.55 万株。

2010 年，完成城镇周边造林 678 亩 7.5 万株；荒山造林 988 亩 11 万株。

2007—2010 年城镇周边工程造林建设项目苗木需求量情况表

表 10-3-3　　单位:株

年份	苗木量	新疆杨	竹柳
2007	190610	38122	152488
2008	198203	167993	30210
2009	167034	167034	12000
2010	90311	75685	14626
合计	646158	448834	197324

三、退耕还林

县林业部门严格按照《西藏自治区札达县退耕还林工程实施方案》《西藏自治区札达县退耕还林工程作业设计说明书》的要求，贯彻自治区退耕还林领导小组的有关文件，以及区、地林业工作会议和县委、县政府工作会议等精神，结合实际，进一步加强退耕还林项目的补植补造工作，退耕还林项目面积、覆盖率、成活率 3 项指标都按要求达标，圆满完成退耕还林任务。

（一）苗木种植

2001—2005 年，全县累计完成退耕还林 2200 亩 26.4 万株。其中，香孜乡 826 亩，底雅乡 723 亩，托林镇 252.8 亩，达巴乡 398.2 亩。

2004—2010 年，开展补植补造工作，累计补植补造 17.98 万株。

2004 年，主抓苗木调运和补植补造，完成 1181.14 亩 211945 株的补栽工作，确保退耕还林 2200 亩通过自治区初检。托林镇 4 个作业组共补植补造 1919 株。

2005 年，托林镇 4 个作业组共计补植补栽 2402 株。2006 年，托林镇补植补造 1668 株。2007 年，托林镇共计补植补造 3791 株，成活率达 90%以上。

2007 年，托林镇苗圃基地建设 80 亩，育苗 60 多万株，成活率达 95%以上。县城街道两旁绿化 1776 株，成活率达 85%以上，补植树木 10.14

万株。

2008 年，做好退耕还林苗木补植补栽工作，补植补栽 53724 株。其中，托林镇 8300 株、香孜乡 19559 株、达巴乡 11648 株、底雅乡 14217 株。托林镇苗圃基地育苗 3.4 万株，县城街道两旁绿化补植树木 386 株。2009 年，退耕还林补植补造 61191 株。2010 年，退耕还林补植补造 6.8 万株。

2004—2010 年札达县退耕还林补植补造情况表

表 10－3－4

年份	补植补造	年份	补植补造	年份	补植补造
2004	31332	2005	22251	2006	16848
2007	16912	2008	14247	2009	10304
2010	67900				

（二）退耕还林补助

2003 年，根据《西藏自治区退耕还林工程现金补助资金管理办法实施细则》和有关政策，严格按照“退一还二”的原则兑付补助。

2003—2004 年，全县退耕还林现金补助按 20 元/亩兑付，粮食补助为 150 千克/亩。其中，青稞 75 千克/亩、小麦 75 千克/亩，折算成面粉为 52.5 千克。2003 年，全县享受国家补助粮款的退耕还林工程共计 2200 亩，现金补助为 4.4 万元，补助粮食 28.05 万千克（其中青稞 16.5 万千克，面粉 11.55 万千克）。

2004 年，托林镇共兑现退耕还林补助 252.8 亩 5056 元，青稞 18960 千克，面粉 13272 千克。

2005 年，根据自治区和阿里地区退耕还林工作领导小组的有关文件精神，粮食补助统一折现标准为 210 元/亩。托林镇兑现 252.8 亩现金补助 5056 元，粮食补助兑现成现金共计 53088 元。

2007 年，退耕还林粮食补助折现共计 42.90 万元。

“十五”期间，共完成退耕还林 2200 亩（香孜乡 826 亩、底雅乡 723 亩、托林镇 252.8 亩、达巴乡 398.2 亩），涉及 4 个乡镇 11 个行政村退耕农户；通过与各乡镇人民政府签订合同，再由各乡镇同村、组，直到各退耕还林户（613户），均以签订合同的形式分解任务，建立退耕还林分户卡，明确责任，实施退耕还林措施，并严格按照“退一还二”的原则进行兑付退耕还林补助资金。

2003—2010年，累计粮食补助21.27万千克，现金补助513万元。

第四节　森林防护

县林业部门坚持预防和防治两手抓，以预防为主，加强对森林灾害的监测和管理工作，消灭火灾、病虫害隐患，全县未发生重大火灾、病虫灾害，森林资源安全，林区社会稳定。

一、森林防火

札达县强化森林防火工作措施，全面贯彻“预防为主、积极消灭”的工作方针，强化预防、严管火源，消除各种火灾隐患，保护森林资源，维护生态平衡，营造绿色环境。防火工作以落实防火责任、加大宣传力度、严控火源3个方面为切入点，提高防火意识，落实防火措施，确保森林不发生火灾，保障森林资源和人民群众的生命财产安全。

2001—2010年，围绕森林防火工作的新形势、新特点、新问题，创新森林防火措施，提高全民防火意识，开展以“森林防火常年抓、保护森林靠大家”“护林如爱家、防火靠大家”等为主题的宣传活动，采取悬挂横幅，发放印有防火标语的手提袋、围裙和森林防火手册等方式，把森林防火知识送到千家万户。帮助农牧民群众自觉移风易俗，培养文明用火习惯。组织干部职工学习《森林防火条例》，重点学习森林、林木、林地的经营单位和个人在森林防火工作中负有的重要责任，提高法制观念、明确法律责任，保障森林防火工作落到实处。

2002年4月初，札达县积极开展对各乡镇森林防火宣传教育活动。各乡镇护林员佩戴红袖章，把森林防火知识送到农牧民群众中，共发放宣传资料400多份，防火标语的手提袋400多个，受教育群众3000多人（次）。

2008年，根据森林防火工作新形势、新特点、新问题，围绕“搞好森林防火，维护生态安全”这一主题，提高全民防火意识和法制观念，在宣传形式、宣传内容上力求创新，使牧民群众在森林防火宣传教育中受到了警示、得到启示，不断增强全民的森林防火意识。

2009—2010年，组织干部职工学习《森林防火条例》，重点学习森林、林木、林地的经营单位和个人在森林防火工作中负有重要的责任。

二、病虫害防治

全县森林病虫害防治工作秉持“预防为主、科学防控、依法治理、促进健康”的方针，紧紧围绕新时期林业发展大局，主动学习森林病虫害的预防、治理方法，树立森林健康理念，科学经营，全面加强对林业有害生物的管理。

札达县森林病虫害发生率较低，主要是以预防为主、加强对病虫害的监测工作。对县城绿化带开展涂白刷漆、喷洒药物等防治工作，提前消灭寄生在树皮内部的害虫。2001年，全面加强林业有害生物调查监测、防治和检疫管理。

2002年，县农牧局组织技术人员下乡讲解、传授果树栽培技术和病虫害防治技术，推动防护林建设和对经济林的管理。

札达县域蝗虫灾害较为突出。2003年，底雅、萨让和楚鲁松杰三乡经济林果侵染病虫害（棉蚜、介壳虫、苹果大卷叶蛾），发放速扑杀EC、功夫EC、敌敌畏乳剂、乐斯本乳油、喹硫磷各8箱，有效防治了林果病虫害的扩散和蔓延。

2004年，由于去冬今春未降雨或降雪，导致全县大面积林地缺水，催生以杨树腐烂病为主的喜旱害虫，林业工作人员以物理治疗与化学治疗相结合的方法，相继开展170亩的林地病虫害防治工作。2005年，由于上一年度森林病虫害工作开展及时，有效控制了害虫的蔓延，全县范围内无大面积的病虫害灾情。

2006年，札达县发生大面积蝗虫灾害，农田、草场和灌木林地受灾面积达227万亩。对此，组织灭蝗技术人员、调运灭蝗药物，降低林业资源损失。8月11日，地区及自治区森防站紧急举办为期2天的“全地区蝗虫防治技术培训班”，内容包括蝗虫防治理论、蝗虫的生活习性与防治措施、草原蝗虫的检测技术、灭蝗药物的配制与喷洒技术以及各类灭蝗设备的使用与维修技术，以提高灭蝗效率。

2007年7月，为确保病虫害防治效果，先后邀请上级业务部门的技术人员到札达县实地指导喷施病虫害防治药物工作，开展确认病虫害类型，确定药物类别，讲解喷施注意事项等工作。

2008年，经县技术人员多次监测，全县受蝗虫灾害的草场总面积约9000亩。其中，香孜乡约4200亩（热布加林3000亩、香孜乡1200亩），底雅乡鲁巴2500亩，托林镇那嘎2300亩。虫口密度为30—40只/平方米，最高虫口密度为70只/平方米，严重危害面积2600亩，涉及3个乡镇4个村组。札达县及时组织出动灭蝗技术人员250人（次），车辆50台（次）、调集调运药品465箱，有效防治蝗虫9000亩。

2009—2010年，针对全县1—5月气候干旱的情况，每年3月，提前启动蝗虫监测工作，并及时维修打蝗器，并把地区配发的灭蝗药品分发到蝗虫重灾点，做好灭蝗准备。

第五节　野生动物保护

札达县狩猎历史悠久，考古工作者在札达县部分乡镇发现的动物骨头，以及广泛分布的岩画内容说明札达先民自远古起就豢养牲畜并以猎获动物为主要生活来源，过着原始氏族生活。

在苯教盛行的象雄文明时期，札达境域内便有“公鹿独角”（杀死上千只公鹿，以其血肉祭祀）的宗教仪式，野生动物资源破坏较为严重。

9世纪后，受藏传佛教不杀生宗教理念影响，严禁打猎活动，猎杀野生动物的现象减少。

17世纪后，大部分土地所有权由贵族领主掌握，未经过领主同意，在其领地上任何人不得从事打猎活动。

至20世纪50年代，狩猎一直是当地居民补充生产、生活资料的重要活动，狩猎活动自由。在未实行野生动物保护政策前，群众信守“野生无主，谁猎谁有”的古训。直至民主改革前，狩猎活动依然是境内无畜或少畜牧民养家糊口的主要手段。猎具及狩猎经验也由其家庭父亲传子不传女。

20世纪50年代，中国人民解放军和地方干部遵守边境、民族、宗教政策，规定不准随意捕杀野生动物。札达建县后，随着社会主义建设事业的不断发展，牧民的物质生活水平得到很大提高，狩猎不再成为其谋生手段。60年代初，狼等野生动物危害家畜，造成群众财产损失，农牧民要求政府消灭兽害。县、区两级党委、政府为干部配备枪支弹药消灭兽害，同时鼓励农牧民打猎。70年代，自治区革命委员会、西藏军区向全区发出《关于积极保护和合理利用野生动物、野生药用植物资源的通知》，要求全区对野生动物资源首先要做好保护工作，在保护的基础上合理利用；规定由人民公社、农牧林场以及当地驻军对所管辖范围内野生动物进行保护，并且严禁乱捕滥猎。狩猎活动有所遏制，但未完全杜绝。1970年，札达县民兵组织建立，并配发枪支，且没有制定保护野生动物的具体措施，造成打猎活动一度猖獗。

1978年，为除兽害保牲畜，札达县严格执行西藏自治区、阿里地区除兽害奖励办法，即打死1只大狼奖励人民币10元，打死1只豺狼或小狼奖励人民币5元，打死1只旱獭奖励人民币1元。

1989年，《中华人民共和国野生动物保护法》颁布实施后，札达县委、县政府和有关部门利用各种方式进行广泛宣传。同时，自治区农牧林业委员会等4个部门发出《关于坚决制止乱捕滥杀和倒卖走私珍稀野生动物的通知》，札达县野生动物保护工作逐步加强。

1992年，自治区五届人大常委会第十八次会议通过并公布《西藏自治区〈中华人民共和国野生动物保护法〉实施办法》，札达县对《实施办法》进行广泛宣传，并严格贯彻落实。

1992年后，札达县把常年配发给民兵的武器改为平时集中保管、训练时配发给个人，猎杀野生动物现象减少。

2000 年，全县被列为国家级重点保护的动物有 16 种。其中，国家Ⅰ级重点保护动物 6 种，Ⅱ级重点保护动物 10 种。主要有野牦牛、盘羊、旱獭、草原短尾鼠、野马、黄白鸭、野鹰、麻雀、狼等。札达县严格执行国家和自治区制定的有关野生动物保护的法律法规，境内滥杀野生动物的行为基本得到遏制。

2003 年，根据阿里地区《关于转发〈关于适应形势需求做好严禁违法猎捕和经营陆生野生工作的通知〉的通知》《关于开展〈严禁违法捕猎和经营野生动物〉专项整治工作的实施方案》要求，札达县采取有力措施，严厉打击违法捕猎和经营野生动物资源；加强宣传教育，提高人民群众保护野生动物的意识。采取多种形式宣传《野生动物保护法》和相关法律法规，使广大人民充分认识到保护野生动物的重要性；加强监督，严厉打击各种非法捕猎和经营野生动物的行为。组织相关部门，按照《野生动物保护法》和相关法律规定，依法强化猎捕管理，严格执法，坚决禁止以食用为目的的猎捕和经营野生动物行为。

2010 年 5 月 24 日，西藏自治区人民政府公布《西藏自治区陆生野生动物造成公民人身伤害或者财产损失补偿办法》，自 2010 年 7 月 1 日起实施。

2007—2010 年全县五乡一镇重点陆生野生动物造成财产损失补偿情况表

表 10－3－5　　　　单位:元

年份	财产损失	区级补偿		地级补偿		县级补偿	
		金额	比例	金额	比例	金额	比例
2007	263920	131960	50%	79176	30%	52784	20%
2008	165640	82820	50%	49692	30%	33128	20%
2009	126406	63203	50%	37921.8	30%	25281.2	20%
2010	253198.6	151919.1	60%	75959.6	30%	25319.9	10%

第四章　水利电力

札达县水利部门不断加强水资源的节约、保护、优化配置和高效利用。2002—2009 年，札达县共实施三期人畜安全饮水工程，解决了全县各乡镇农牧民的生产生活用水困难。为减轻雨季暴雨造成的损失，每年出动大量人力、物力对水利设施进行维修加固。20 世纪 90 年代末，国家开始投入人力、物力，开始修建水电站，解决了札达县有水无电的历史。

第一节　机构

1992 年，札达县水利局成立，为农牧局下设机构，副科级建制。

2001 年，县水利局与农牧局分别挂牌成立，水利局核定行政编制 5 名，其中科级领导职数 2 名，正科 1 名，副科 1 名。

2010 年，无内设机构，机关编制 4 名(行政编制 3 名,事业编制 1 名)，其中科级领导职数 3 名。机构改革时，增加指导水利工程移民管理职责；加强水资源的节约、保护、优化配置和高效利用，完善水资源统一管理体制；加强防汛抗旱工作，减轻水旱灾害损失；加强山洪、泥石流、冰湖灾害防御体系和防汛抗旱应急机制建设；加强水利工程运行和安全生产管理，提高水利工程质量和完善水利执法监督体制；加强水能资源管理，按照全县水资源综合规划要求，加强水能资源调查评价、组织编制水能资源开发利用规划；加强水土保持工作，统筹兼顾，保障生活、生产经营和生态环境用水。

1999—2010 年札达县水利局领导任职一览表

表 10－4－1

机构名称	职务	姓名	性别	民族	任职时间
札达县水利局	局长	旦增罗布	男	藏	2002. 09—
	副局长	旦增罗布	男	藏	1999. 10—2002. 09
		普布次仁	男	藏	2002. 06—2007. 01
		罗觉	男	藏	2005. 09—2006. 10

第二节　水利工程

札达县在水利工程建设中，以解决人畜饮水为重点，新建、修复人畜饮水工程多处，解决全县人畜饮水困难问题。

一、引水工程

引水最直接的方法就是开凿沟渠，让水自动从高处流向低处。

（一）古格南水北调渠

11 世纪中叶，为解决古格王宫、寺庙等用水，修建古格南水北调渠（当地人称“觉卧达波”）。渠首位于达尔龙沟上游仲尼山口以北，距古格城堡约 50 千米处，经热麦如沟、龙塘、格如沟、茨吾塘（即铜镜塘）、森格扎（即狮子石山）、白玛山（即莲花山）引至古格城堡山脚下，并在白玛山下修建 1 座蓄水池，称色曲塘水池，容量约 2000 立方米，主要供古格王夏季在色曲塘搭建“千人帐篷”举行赛马、比武时用。后该渠用于农田灌溉和饮用。同时，为灌溉札布让村擦尔岗农田，修建古格暗渠。该渠位于札布让村对面、象泉河北岸的嘎如至果茹之间，渠长 1. 9 千米，落差 9 米，设有洞口 17 个，用于采光、通气、清淤。

（二）当巴水渠

位于萨让乡境内，取水源头为古沟。1971 年初，在中国人民解放军的帮助下，当地农牧民群众依靠人工在悬崖峭壁上施工修建。工程于 1973 年

2月28日建成。水渠长4.45千米，呈环山状，宽70—80厘米，深50—60厘米，总灌溉面积为450亩。当巴水渠是当时阿里最长的一条水渠，该工程当时被阿里地区树为高原“农业学大寨”的一面红旗。2007年，当巴水渠维修工程总投资18万元（使农牧民群众创收达15万元），完成硬化2.5千米，土渠扩建约1.5千米，新增灌溉面积20亩，改善灌溉面积223亩。

（三）札达调水工程

位于托林境内，工程引用水源为玛朗河和多香河。1993年动工，1994年9月建成并交付使用。该工程总投资159.36万元，在玛朗河和多香河两河汇合处建坝取水，渠长13.6千米。工程包括块卵石、防洪、渡槽、水闸、涵管等13座渠系建筑物，解决了当地群众人畜饮水，并灌溉部分草场。由于该工程由南向北引水，当地群众称为“南水北调”工程。

（四）拉嘎水渠

位于札达西北部，引水水源为拉嘎河。1999年，阿里地区水利局水利水电勘察设计所完成该项目的勘测设计工作，由地区扶贫办投资修建。引水干渠长4.6千米，包括进水闸、冲沙闸等建筑物，设计流量为1.5立方米/秒。工程总投资105.1万元，同年9月完工。拉嘎水渠建成后，保证了拉嘎村400亩农田和1000亩天然草场的灌溉，还为500亩新开垦土地、400亩人工种草地提供灌溉水源。

（五）香孜水渠

位于香孜乡。该水渠引用水源为香孜河，干渠总长6千米，包括进水闸等建筑物。工程由地区水利局水利水电勘察设计所勘测设计，于2000年开工，当年竣工通水。工程总投资63万元，引水流量为2立方米/秒，灌溉农田400亩。

2007年，香孜乡色嘎组水渠水毁较严重，县水利局了解情况后，派水利技术人员实地调查并撰写可行性报告上报地区水利局，最终批复项目建设资金9.2万元（让农牧民群众创收达3.2万元），解决了色嘎组600余亩农田无法正常灌溉的问题。

（六）热布加林水渠

位于热布加林村，取水水源为热布加林河。1999年，由地区水利局水利水电勘察设计所勘测设计。引水渠全长8千米，包括分水闸、进水闸等建筑物，引水流量2立方米/秒，工程总投资76万元。当年竣工通水，灌溉农田1000亩。

（七）苏康水渠

位于香孜乡，2008年苏康水渠工程总投资6万元，完成硬化2.5千米，土渠扩建约1.5千米，新增灌溉面积20亩，改善灌溉面积为223亩。

（八）通天水渠

位于托林镇札布让组，距县城15千米，渠道经札布让组、波林村、卡孜组，总长12.5千米，可以灌溉农田1042亩。2008年，投资70万元改道干渠1.5千米。2010年，投资32.9万元，对水渠塌方危险地段进行维修，硬化水渠350米，防洪坝20米，钢管渡槽1座。

（九）水渠维修

1963年，积极兴修水利，扩大灌溉面积，共修大小灌溉水渠58条，长约18000米，塘坝56个。1964年，截至春播前，共维修水渠219条，新修水渠6条。1965年，新修水渠6条，长6110米。

1990—1994年，共投资42万元，新修、维修水渠6条215千米，新修、维修水库1座。1994年，维修主干渠136千米，新修5个闸门。

1996—2004年，札达县修建主干渠总长为86千米，所修建的引水灌溉工程使395户1981人的群众、牲畜105142头（只、匹）受益，有效灌溉农田6800亩，草场111420亩、林地292亩。1997年，共维修水渠126条，总长17.4万米，维修水头78处，新修水渠3条，总长2200米，维修扩容水库6座；修建完成多乡村水渠3000米，同时解决了难度较大、跨度为54米的钢管渡槽1座；完成卡孜波林钢管渡槽2座，总长16米；对热布加林农业综合开发区水渠6856米、29处水头、渡槽、涵洞进行维修。1998年，围绕农牧业水利基础设施建设，大搞农田灌溉体系的整治、维修、扩容改造、防洪堤坝的建设，维修水渠132条，总长187.2千米。

1999年，着重建设长期不变、永久性的进水口3处，即夏朗、香孜、札布让，共挖土方量487立方米、石方量904立方米、混凝土方量80立方米。其中夏朗进水口，溢流坝长22米，石方量150立方米；护岸坝长50

米，石方量50立方米；水下开挖石方量60立方米、混凝土方量35立方米，并安装进水闸和冲砂闭起闸机1套，主干渠长3600米。香孜进水口，溢流坝长48.5米，副坝长55米，护岸坝总长120米，总石方量562立方米，挖土方量180立方米、混凝土方量35立方米、浆砌石方量42立方米，并安装进水闸和冲砂闭起闸机1套，主干渠长9500米。通天水渠过水口，新建进水口1座，丁字坝两处总长100米，护岸坝50米，共挖土方量180立方米、混凝土方量10立方米、浆砌石方量395立方米，并安装进水闸和启闭机，主干渠总长11.5千米。修建了永久、牢固耐用主干渠3条（夏朗、香孜、通天水渠），总长25千米，总计挖土方量5万立方米。

2000年，维修、新修水渠117条，长187.5千米，可供2000亩农田及2500亩草场灌溉。6月15日，开工扩建江当水渠，总长3.5千米，总投资17.27万元，可灌溉农田300亩，草场500亩。

2001年，维修水渠120条，长150千米，硬化通天水渠5.6千米，新建嘎如吊钢管（55米）引水工程400米，新建其里铺水利枢纽工程1座，新修水渠3.5千米，冲砂闸、进水闸一套，溢流坝90米，护岸坝225米。热布加林取水工程，修建两条坝总长30米（铅丝笼结构），一座进水口，维修引水渠总长1.5千米，可灌溉农田200亩，草场500亩，总投资2.17万元。

2002年，维修水渠130条，长155千米。2003年，投资14万元，在香孜乡江塘组扩建3.5千米水渠；6月，维修托林镇东嘎村被冲毁的农田水利设施。

2004年，新修水渠2条2300米，维修水渠135条161543米。2006年，维修水渠58条20千米、进水口13处；维修冲砂闸2座、溢流坝2处、总长27米；护坡坝4处，总长52米。此举有效保证了农田的正常灌溉，缓解了春季旱情。

2009年，向上级争取到阿里小农计划资金45.8万元，完成了西谢、鲁巴等7个作业组水渠改造工程。3—5月，县水利局组织水利技术人员对各乡镇的灌溉渠、取水口、水库、水塘等进行检查，维修水渠20多条，总长40.6千米，进水口3处，解决铁丝60捆、编织袋860多个，保证了这些水利设施作用的正常发挥。全年维修水渠 130 条 155 千米，硬化水渠 1000 米，维修防洪坝 15 座，新修防洪坝 6 座。

二、蓄水工程

（一）水池水塘

历史上，札达境域内只有农奴主修建的几个小水池，主要用于饮水。

20 世纪 60 年代后，开始兴建蓄水工程。1964 年，整修水池 58 个，新修水池 3 个。1965 年，新修水池 61 个。2000 年，先后在各乡镇修建水塘 26 个，解决了当地群众的人畜饮水问题。2002 年，托林镇皮央村民小组扩建水塘 8037 立方米，受益群众 14 户 80 人，牲畜 4051 头（只、匹），有效灌溉农田 235 亩、草场 567 亩、林地 40 亩；底雅乡鲁巴村扩建水塘 9860 立方米，受益群众 24 户 115 人，牲畜 2072 头（只、匹），灌溉农田 220 亩、草场 300 亩。

（二）水库

历史上，札达县未建水库。20 世纪 60 年代后期，在国家大力投入下开始修建水库。1986 年 9 月，建成札达县第一座水库——托林水库。位于札达县城，由托林沟引水，属小（二）型水库，水库面积为 0. 1505 平方千米，总库容 12 万立方米，有效库容 12 万立方米；最大坝高 13. 5 米，坝顶长度 82. 8 米；最大放水流量为 0. 12 立方米/秒，最大流量为 0. 5 立方米/秒。工程总投资 28 万元；灌溉农田面积为 500 亩，供水 18 万立方米。主要用于托林居委会居民的供水及周边大面积农田、树林、草场、菜地等灌溉。

1998 年，维修水头 78 处，维修水库 7 座，新修水库 2 座。

札达县部分乡村一直靠天吃饭，因缺乏资金来源，可修的水库始终无法开工修建。2001 年，县水利局向上级汇报修建水库工程项目，并编制项目建议书报地区水利局。对萨让村、白嘎村、曲色村、托林村水库进行清淤、加宽、加高。

2002 年，修建水库资金落实到位，县水利电力局实施水库工程新建、扩建、加固等建设项目。2004 年，加固托林水库，受益群众 506 户 1619 人，牲畜 3693 头（只、匹），有效灌溉农田 600 亩、草场 800 亩、林地

82亩。

（三）塘坝

塘坝是在山区或者丘陵地区修筑的中小型蓄水工程，用来积蓄附近的雨水和泉水，灌溉农田。20世纪90年代，札达县开始修建塘坝。2000年，建成当巴、白嘎、日巴、曲色、白东波、江塘、皮央·东嘎、鲁巴、萨让、角孜等10座塘坝。其中当巴塘坝位于萨让乡，库容量为3500立方米；白嘎塘坝位于县城，库容量为4300立方米；日巴塘坝位于萨让乡，库容量为2600立方米；曲色塘坝位于香孜乡，库容量为4300立方米；白东波塘坝位于托林，库容量为1700立方米；江塘塘坝位于香孜乡，库容量为3500立方米；皮央·东嘎塘坝位于托林镇，库容量为5800立方米；鲁巴塘坝位于底雅乡，库容量为3200立方米；萨让塘坝位于萨让乡，库容量为2300立方米；角孜塘坝位于香孜乡，库容量为1500立方米。

三、饮水工程

札达县境内饮水多使用河道内的水源，20世纪90年代，在国家大力扶持下，先后投入530万元修建饮水工程，以解决农牧民3990人、牲畜1.2万头（只、匹）的饮水困难。1997年，为解决草场灌溉及人畜饮水问题，对原修建的“南水北调”工程，渠道13.6千米、分水闸等设施进行全面维修，并对香孜、达巴、曲松等乡村草原灌溉、人畜饮水渠系和设施进行维修。至2010年，札达境内主要饮水工程为托林水库，库容量约占8000平方米，基本满足了县城居民及驻地部队的吃水问题。

（一）安全饮水工程

2006年，按照“高标准、高质量、高效益”原则，根据札达县安全饮水工程建设的需要，专门成立安全饮水工程领导小组。2—4月，县委、县政府下派县水利局技术人员深入农牧区对安全饮水工程项目中的太阳能采暖井、光伏井、自来水管道工程进行选点。县水利局技术人员累计下乡7次，历时18天，完成安全饮水工程选点10处，其中太阳能采暖井2眼、光伏井2眼、自来水管道工程6处，并编写项目实施方案上报自治区水利厅。

2007年，县水利局技术人员累计下乡12次，历时36天，完成安全饮水工程选点 8 处，其中乡镇供水工程 1 处、自来水管道工程 5 处、机井 2 处，并顺利进行施工。达巴乡供水工程总投资 39 万元，管道总长 200 米，供水点 9 处（建有蓄水池、保暖房），解决了 65 户 263 人、1344 头（只、匹）牲畜的饮水问题。4—6 月，组织水利技术人员对修建的人畜饮水工程进行调查，并对出现的问题进行及时维修整治。共维修太阳能采暖井 5 眼、光伏井 2 眼，自来水管道工程 4 处（总长 4100 米），供水点 17 处，蓄水池 4 座，采暖房 7 间，解决了当地农牧民的饮水问题。

县水利局领导与技术人员具体负责安全饮水工程项目自来水管道工程的选点。2009 年 3—5 月，局领导与技术人员深入农牧区下乡 7 次，历时 18 天，完成安全饮水工程选点工作。确定了自来水管道工程 9 处，包括江塘自来水管道工程、香孜自来水管道工程、底雅乡自来水管道工程和萨让乡 6 个作业组的饮水工程。安全饮水工程修建了 9 处，其中自来水工程 8 处，太阳能采暖井 1 处，总投资 183 万元，解决了 383 户 1020 人的饮水安全问题。5—6 月，县水利局组织水利技术人员对以往修建的人畜饮水工程和安全饮水工程进行检查，并对出现的问题进行维修与整治。上半年共维修太阳能采暖井 6 眼，光伏井 1 眼，自来水管道工程 3 处，总长 2100 米，供水点 6 处，蓄水池 3 座，采暖房 6 间。

2010 年 4—5 月，县水利局争取到 10. 8 万元资金，通过技术人员蹲点指导、农牧民群众投劳的方式，修建札达县托林镇托林居委会自来水入户工程。该工程管道总长 640 米，供水点 23 座，直接把自来水引进农牧民群众的家中，受益农牧民 22 户。

（二）人畜饮水工程

2002 年，是札达县人畜饮水工程建设的第一年，也是国家针对札达县人畜饮水工程项目投入资金最多的一年。按照“高质量、高标准、高效益”的原则，经县常委研究决定专门成立以常务副县长为组长，水利主管副县长为副组长以及有关部门负责领导、各乡镇主要领导与水利局负责人和技术人员组成的工程领导小组，完成人畜饮水工程选点。历时 15 天，最终确定 15 眼太阳能采暖井与地下管道饮水工程 1 处。

札达县第一期人畜饮水工程，于 2002 年 6 月开始建设，2003 年 10 月竣工并交付使用。共完成了49眼，其中太阳能采暖井46眼（托林镇完成16眼，香孜乡完成11眼，达巴乡完成4眼，曲松乡完成10眼，萨让乡完成2眼，底雅乡完成3眼），自来水管道工程3处（托林镇2处，达巴乡1处）。解决了全县3990人（其中香孜乡740人，托林镇1091人，达巴乡658人，曲松乡456人，萨让乡54人，底雅乡204人）和58800头（只、匹）牲畜的饮水问题，改善了农牧区农牧民群众的生产生活条件，提高了群众的生活质量。

第二期人畜饮水工程于2004年6月初开工建设，成立以副县长拉巴旺堆为组长，水利局局长旦增罗布为副组长以及各乡镇领导与水利局技术人员组成的工程领导小组，下乡5次，历时18天，选定第二期人畜饮水工程点9处，其中太阳能采暖井3眼、光伏井3眼、自来水管道3处。2006年2—4月，安全饮水工程选点8处（太阳能采暖井3眼、光伏井2眼、自来水管道工程3处）。5—6月，组织水利技术人员对上年修建的人畜饮水工程进行调查，并对出现的问题进行及时维修，共维修太阳能采暖井5眼、光伏井2眼、自来水管道4处（总长4100米）、供水点17处、蓄水池4座、采暖房7间。5月28日，第二期人畜饮水工程通过自治区终验，被自治区验收领导小组评为优秀（评分为93.8分）。

2006年6月，上报《札达县第三期安全饮水工程实施方案》，并根据地区发改委要求上报《札达县2006年安全饮水工程实施方案》。

2009年，在江塘、底雅、香孜完成3处饮水点建设，解决了700多人的饮水。

2010年上半年，县水利局组织技术人员对以往修建的人畜饮水工程和安全饮水工程进行检查，并对出现的问题进行及时维修与整治。上半年共维修自来水管道工程3处，总长2100米，蓄水池3座，维修县城自来水管道15次。

第二期人畜饮水管道工程具体情况表

表 10－4－2

地名	项目名称及情况	投资(万元)	效益
托林镇	白东波管道工程总长 670 米	14.83	解决 39 人 251 头(只、匹)牲畜安全饮水问题
香孜乡	角孜管道工程总长 800 米	17.71	解决 68 人 314 头(只、匹)牲畜安全饮水问题
萨让乡	白嘎管道工程总长 1500 米	33.20	解决 213 人 838 头(只、匹)牲畜安全饮水问题
萨让乡	当巴管道工程总长 750 米	16.60	解决 83 人 344 头(只、匹)牲畜安全饮水问题
底雅乡	久巴管道工程总长 2000 米	44.27	解决 41 人 301 头(只、匹)牲畜安全饮水问题

2007—2010 年札达县人畜饮水工程调查统计表

表 10－4－3

年份	投入资金(万元)	实施项目点(处)	户数、人数	牲畜头(只、匹)
2007	38.22	1	98 户 398 人	
2008	161.8531	8	130 户 530 人	4844
2009	70.3987	3	133 户 555 人	2869
2010	15.0387	1	22 户 89 人	

第三节　防洪防汛

札达县有以朗钦藏布为主的河流共有 14 条，水资源较为丰富，但遇到雨季，洪水较大，防洪、抗洪任务尤为重要。札达县防洪工程有堤防工程和疏浚工程，主要以堤防为主，主要保护城镇、文物保护单位（古迹、寺庙等）、农田、草场、树林、公路等。

历史上，札达境域内主要河流及湖泊基本没有防洪措施，容易引起洪灾。

20 世纪 60 年代后，由国家投资在境内相继修建一些防洪工程，虽规模很小，但对保护札达境内国家和人民生命财产的安全起到积极作用。

底雅防洪堤位于底雅乡底雅村所在的朗钦藏布和马阳沟右岸较低的阶地上。1993—1994 年，由政府投资 40 万元修建。坝体为铅丝笼坝。1996 年，铅丝笼坝被洪水冲毁。1998 年，在朗钦藏布右岸马阳沟交汇处的上游山岩与卵石层交接处修建一顺坝，坝长约 30 米，工程总投资为 87.83 万元。

1997 年，完成香孜区、札布让区（卡孜村、托林村、东嘎村）拦河坝 376 米，防洪冲沟堤坝 620 米，在原基础上扩宽 9 米，有效保护了 420 亩耕地、28 亩蔬菜地。

1999 年 7—8 月，江塘村与日孜角村洪水暴发，冲毁农田 20 亩。10 月，上级有关部门与县水利局技术人员实地勘测后整治河道 300 米，挖土方量 8250 立方米，新建防洪坝 10 处，总长 200 米，石方量 400 立方米，11 月底顺利完成防洪坝与河道整治。年底，为防止象泉河洪水对县城台地底部的冲刷，保证县内绿化林地用水，由地区水利局水利水电勘察设计所勘测设计，在该河左岸修建了浆砌石结构防洪坝。坝长 1.4 千米，高 3 米，断面呈梯形，上宽 1 米，底宽 1 米，地基深 1.4 米。工程当年建成。

到 2000 年底，全县已建成底雅、热嘎夏、夏朗、西谢、江塘、托林等防洪堤坝工程。其中较大的防洪工程为托林防洪堤和底雅防洪堤。托林防洪堤位于托林镇。2000 年，修筑底雅防洪堤，总投资 70 万元。2001 年，维修防洪坝 15 座、新修防洪坝 5 座。2002 年，维修防洪坝 15 座，新修防洪坝 6 座，硬化渠 1000 米。

2003 年，编制上报底雅乡鲁巴村防洪坝工程项目建议书，项目总长 400 米，建成后可保护农田 250 亩、草场 500 亩。建设象泉河防洪坝工程，建成后可保护札达县城、托林寺、完小等的安全，同时保护农田 120 亩、草场 1000 亩、树林 200 亩，总投资 2500 万元。

2004 年，采用由国家投资材料费、由群众投劳的方式，修建热布加林村热布加林河防洪坝 950 米，受益群众 85 户 413 人，牲畜 10132 头（只、匹），有效保护农田850亩，草场1780亩；修建县城象泉河防洪坝420米，受益群众506户1819人，牲畜4870头（只、匹），有效保护农田90亩，草场2500亩、林地53亩。

2006年，自进入7月中、下旬开始，受气候变化的影响，全县大部分地区持续降雨，局部地区还突降暴雨或冰雹，致使部分水渠、水塘、防洪坝等基础设施被洪水冲毁、淹没，大部分水利基础设施遭受不同程度的毁坏。县委、县政府立即下派工作组进行调查与抢修，经调查统计，全县被洪水冲毁水渠52624米，底雅乡管道工程水管24根，冲毁水头7处；皮央水塘与托林水库淤积严重，南水北调水渠与交叉建筑物工程被水冲毁，冲毁防洪坝1300米，冲毁溢流坝145米（其中决口15米）；共淹没农田1368.9亩、草场1742亩、羊圈120座、49座暖洞；造成危房146间，冲毁房屋2间，牧房倒塌19间；冲毁安居工程土坯约31.8万块，4套安居工程主体工程倒塌；共有509千米公路、7座桥梁、11处涵洞被冲毁。灾情发生后，札达县积极组织全县人力、物力、机械设备投入到防洪救灾工作中，共发放编织袋3521条，出动干部职工和驻地官兵，大力组织群众积极开展生产自救工作，尽力将灾害损失降到最低。

2007年7—8月，连续遭受强降雨袭击，在县委、县政府和地区、县防汛指挥部的领导和部署下战胜了洪灾。首先建立了有效的防汛抗旱责任监督机制；防汛物资储备采取县、乡两级同时储备的办法，按照上级要求，把防汛物资层层落实到各乡镇及指挥部成员单位，将铁丝140捆、编织袋2400只分别下发到西谢、其里普、皮央、多香、达巴等地，准备汽车12台、水泥15吨、砂石量0.1万方，并在水利局院内新建防汛物资仓库1座；为及时了解雨情、水情，科学调度提供准确依据，地区水文大队在札布让村修建水文观测站1个，将山洪灾害防御宣传海报、标语下发（贴）到各个乡镇的主要街道，从而进一步提高群众的水患防御意识；新组建成立札达县防汛应急抢险志愿队，由干部职工、驻地部队官兵、民兵、农牧民群众等人员组成，人数达500人。由县政府解决购买铁丝和石料运输费，群众投劳修建应急防洪坝500米。

2009年，建立系统的防汛责任制。年初，县水利局与各乡镇签订《防汛抗旱责任书》，制定《札达县水利局汛期值班制度》，实行每周二、五定期汇报的值班制度，及时向上级有关部门上报全县干旱灾害和洪涝灾害。为保护农田、草场、房屋等免受洪涝灾害的破坏，从地区民宗局争取到资金 20 万元，修建香孜乡热布加林村西谢组防洪坝 340 米；利用县防汛资金 10 万元，修建托林镇玛朗河防洪坝、达巴乡达巴三组防洪坝 60 米。完成《札达县香孜热布加林河防洪项目建议书》《札达县香孜乡香孜河洪坝工程项目建议书》等防洪项目建议书的编写工作。

2010 年，全县农作物受灾面积 2185. 5 亩（粮食作物受灾面积 2182. 5 亩，经济作物 3 亩），农作物绝收 1117. 5 亩（粮食作物绝收 1114. 5 亩，经济作物绝收 3 亩），粮食减产 391125 斤，造成直接经济损失 547575 元。牲畜死亡 187 头（只、匹），羊圈倒塌 77 座，受损 35 座；草棚倒塌 6 座，受损 32 座，冲毁 3 座，定居水井冲毁 2 眼，托林镇蔬菜基地 4 座高效温室严重受损，2 座蔬菜大棚绝收，30 座新建土木结构温室受到不同程度损毁。受灾人口达到 4995 人，遭雷击死亡 1 人，直接经济损失达 3313. 21 万元。共安排维修资金 167 万元，其中托林镇维修通天水渠 10 万元；维修 4 座水头，6 处钢管渡槽，4. 5 千米水渠，19 万元；蔬菜基地维修 3. 4 千米水渠、1 座渡槽、1 座水头，13 万元；香孜乡日孜角组、江塘组、夏益组、色嘎组、热嘎夏组、夏朗组、热布加林组、香巴组、香孜组、其里普组，共安排维修资金 84 万元；达巴乡嘎林组、东波村三组共安排维修资金 13 万元；底雅乡荣堆组、拉嘎组共安排维修资金 16 万元；托林电站维修 70 米土坝尾堰、10 米尾堰挡墙，11 万元；萨让乡道路平整项目 1 万元。

第四节　电力

札达县因受地理位置、交通等因素的影响，通电较晚。20 世纪 90 年代末，国家开始投入人力、物力，利用地势，开始修建水电站，解决了札达县有水无电的历史。

一、水电站

1994 年，札达县被水利部列为全国 10 个有水无电县，并由水利部长江水利委员会对口支援，开展水电站建设项目前期工作。1994—1995 年，乡村水电站开发进入高峰期。到 2000 年，先后开工建成 6 个水电站（底雅水电站、达巴水电站、香孜水电站、马阳水电站、什布奇水电站、热嘎夏水电站）。2000 年，新建热嘎夏水电站。2003 年 5 月，托林水电站投入运营。2008 年，修建萨让水电站。

（一）托林水电站

札达县是西藏自治区边境县之一，由于地理偏僻，交通十分不便，电力资源缺乏。2000 年开工建设托林电站，总投资 3292. 1 万元。2003 年 5 月 26 日竣工后正式投入运行，装机容量 800 千瓦，年均发电量为 566 万千瓦时。该电站为孤立电站，其供电范围为札达县城和一期农网、二期农网、三期农网。

托林电站主要建筑物由开敞式溢流坝、发电厂房和泄洪冲沙闸坝段、土石坝段组成。开敞式溢流坝位于右岸，上不设交通桥，溢流坝前沿长 35 米，溢流坝顶高程 3683. 63 米，设计单宽流量 4. 2 立方米每秒；末端设消力池，长 10 米、宽 20 米、池深 0. 5 米，为 C20 钢筋砼；溢洪道长 30 米，纵向布置成阶梯型，每级阶梯高 0. 7 米；溢流坝左端为厂房段，以隔墙连接并设永久缝。河床式厂房作为拦河坝的一部分，其前沿进水闸布置在坝轴线上；厂房冲沙闸连为一体，前沿总长 19. 57 米；主厂房内安装两台轴流定浆式水轮发电机组及其附属设备，主厂房下游侧尾水平台上布置副厂房（中控室、开关柜及主变室等），安装间在泄水冲沙闸顶上，进厂公路回车场亦在泄洪冲砂渠顶的盖板上；厂房两机组间中墩下部布置一冲砂底孔，断面尺寸 1. 2 × 2. 5 平方米。泄洪冲砂闸段与厂房段为一整体，其间用顺水流方向的隔墙连接，每闸孔尺寸为宽 × 高 =2. 5 ×3 米，共 2 孔，闸底板高程 3675 米，消力池深 1. 93 米，设计洪水时过流量 97. 8 立方米每秒。土坝位于左岸基岩埋深较大的河床上，坝顶高程 3686. 35 米，最大坝高 15. 35 米，上下游坡度分别为 1 ：2. 15 和 1 ：2，坝体采用沙壤土填筑。

2002年，设立札达县电管站，性质为企业化管理的副科级事业单位，编制17人，其中管理人员2人，职工15人（包括后勤人员），电管站配书记1名，由县水利局副局长兼任，不占电管站编制。电站工作人员实行四班三倒制，每班设班长1名，定编3人。

2006年，聘请1名检修工，对机组进行25天全面检查检修。

2007年，托林电站外线职工历时两个多月将电表集中箱安装到全县的个体户、干部职工、退休区及开关站职工住宿区等，共计完成121户，20个集中箱、11根电杆的安装与整改（其中11月实施的托林村安居工程线路改造38户、6个集中箱、4根电杆）。彻底改变了之前输电线路不规范、线路布局不合理、线路老化失修以及线路私接乱接与偷电等现象。

2009年11月10—15日，对托林电站的启闭机进行改造，对托林电站闸门进行改造，以保证冬季供电。托林电站发电量383.12万千瓦时，电费收入35万余元。

2010年上半年，托林电站运行正常，未发生重特大安全事故，发电量为73万千瓦时，保证了札达县城及附近村庄的用电安全。托林电站的建设对于提高札达县整体经济、巩固边防、保持社会稳定、改善当地人民的生活条件起到十分重要的意义。

（二）底雅村电站

底雅村电站建于1995年，总装机容量为10千瓦，有运行人员1名（农牧民群众），供电范围为底雅村、底雅乡政府、小学、农牧民群众25户。

（三）马阳电站

马阳水电站1992年开工建设，1993年竣工。该电站总装机容量10千瓦，但因年久失修，线路老化等原因无法正常运行。

（四）香孜乡香孜村电站

香孜乡香孜村电站建于1995年，该电站总装机容量为40千瓦，有两台机组，每台机组20千瓦。但因线路老化，电杆破坏，无法供电。

（五）达巴乡水电站

达巴乡水电站建于1995年，该电站总装机容量为40千瓦两台机组，但线路老化，电杆破坏，无法供电。

（六）萨让乡水电站

2002 年，萨让乡水电站被阿里地区水利局列为地区重点水利建设项目，并委托水利部天津水利水电勘测设计研究院进行设计。2004 年，自治区发改委下达了该电站的初步设计概算批复，并列入“十一五”（180 项目）中。2008 年 5 月，自治区发改委下达了《关于阿里地区札达县萨让水电站工程初步设计概算的批复》，对工程初步设计概算予以批复。

2008 年 9 月 23 日，札达县萨让乡水电站举行隆重的开工庆典仪式。地区水利局党组书记、萨让乡水电站法人代表、地区水利局副局长、地区水文站负责人、设计院等单位负责人参加。

该乡水电站离乡政府直线距离 2 千米，距离县城 180 千米，海拔 4200 米，该工程总投资为 1464.67 万元，装机容量为 200 千瓦，总库容 3430 立方米。施工期为一年，建成后独立运行，解决了萨让乡 162 户 828 人的日常生产生活用电需求。

2000 年札达县水电站统计情况表

表 10－4－4

名称	装机容量	水轮机型号	发电机型号	低压及线路长度	供电范围	年发电量	建站时间
底雅水电站	10 千瓦	SU－W－30\30	SFW10－6－368	220 伏 3.67 千米	底雅乡政府及底雅村	4000 千瓦/小时	1994
达巴水电站	2×20 千瓦	SU－W－30\30	SFW10－6－368	400 伏 3.5 千米	达巴乡政府及达巴村	8500 千瓦/小时	1995
香孜水电站	2×20 千瓦	SU－W－30\30	SFW10－6－368	400 伏 3.2 千米	香孜乡政府及香孜组	8500 千瓦/小时	1995
马阳水电站	10 千瓦	SU－W－30\30	SFW10－6－368	220 伏 2.1 千米	马阳组	4000 千瓦/小时	1993
什布奇水电站	1×10 千瓦	SU－W－30\30	SFW10－6－368	220 伏 1 千米	什布奇组	4000 千瓦/小时	1995
热嘎夏水电站	2×60 千瓦	SU－W－30\30	SFW10－6－368	400 伏 1.5 千米	热嘎夏组	8000 千瓦/小时	2000

二、其他电源

在札达县未修建水电站之前，境内的农牧民群众主要用煤油灯照明。

20 世纪 70 年代，随着社会经济的发展，发电机开始进入札达县，但是发电机只能解决局部地区的照明。20 世纪 90 年代末，国家加大对西部贫困地区的政策倾斜力度，开始投入资金，修建电站。

1974 年，国家给札达农场配备汽油发电机 1 台。1985 年，解放军支援底雅村 10 千瓦发电机 1 部，并为 21 户村民安装了电灯。1990 年，县政府购置柴油发电机 1 台。

1999 年，河北省对口援助札达县太阳能光电设备灯 200 套，县党政联席会议研究决定将其中 150 套分配给基层农牧区。同时在河北省的大力援助下，总投资 123 万元，修建香孜区夏益村、苏尔康村、底雅区鲁巴村、萨让区日巴村光伏电站，解决了部分农牧民的生活用电问题。

至 2000 年，札达农场和底雅村发电机因用时过久而报废，但是新建的 4 个乡村光伏电站基本能够运行。至年底，全县共有柴汽油发电机 3 台，分别为县政府、农行、电信局使用。

2001—2010 年间，札达县架设输电线路，并配置变压器和开关站，形成了简单的农村电网，其中 2008 年第三期农网主要面向种畜厂和东久蔬菜基地供电，主要规模包括 12128 米高压线路、1800 米低压线路，进户线路 42 户，输电量可达 10 千瓦。2010 年，札达县向上级争取能源建设资金 901 万元，分别在香孜乡、达巴乡、曲松乡、种畜场新建光伏电站 4 座。

第十一篇
工商粮贸

第一章　工业

西藏民族手工艺品地域特色突出，文化内涵丰富，是藏族传统文化延续和传播的重要载体。民族手工业作为西藏三大传统劳动密集型产业之一，在促进西藏经济社会发展等方面发挥着重要的作用。

象雄时期，札达境域内已有皮毛等畜产品加工。明清时期，卡垫、氆氇生产较兴盛。噶本时期，在达巴一带出现家庭手工作坊。截至2010年底，全县手工业生产主要有皮袍、卡垫、氆氇、服装、纺织、酿酒、金属及木器加工等。

第一节　民族手工业

一、皮毛与织品加工

（一）皮袍加工

皮革衣袍制作，一般取材于绵羊和山羊皮。首先把剥下的羊皮晾干（也称风干），涂上酸奶之类酸性物质的鞣料，在5℃以上温度下毛向外裹，至10小时左右，使原皮表层脱落；然后用片石刮净皮的表层；最后用带锯齿的木棒边揉搓，边蹬边拉数小时，直至把皮揉软、揉干为止。揉羔皮则完全靠手揉搓。一件男袍一般需8张皮，女袍需7张左右。其样式和长度同布衣袍或氆氇袍相同，男袍长度只到踝骨，女袍则同其身长。皮袍比氆氇袍或布袍宽大，白天作御寒外衣，夜晚当被盖。男袍一般用15—20厘米黑条绒、平绒或斜纹布镶边，女袍镶边宽度、布料、色彩搭配等各地不尽相同。

凡羔皮袍均用深色布料作面。幼羔皮袍较珍贵，一般当作礼服。从鞣制到用料，做工都比较讲究。其面料要选用绸缎或呢子。札达一带农区妇女不穿皮袍，而穿氆氇袍，冬天着披肩，披肩均用羔皮和呢子或绸缎面料。

（二）纺织

早在古象雄时期，札达一带就有民间手工纺织。随着时代的发展，民间手工毛织品主要有“囡氆”（即氆氇）和“杰热”（即帆布式）两种，囡氆均以绵羊毛为原料，杰热可用绵羊毛、牦牛绒或山羊毛做原料，其织品只做各种口袋等用具，不能做袍衣。男女均用“十”字架形或锥形木制纺织工具，根据需要捻成不同粗细的毛线，3或4根单线合股为纺线，主要工具有腰挂夹棍（称次巴）、筘刀（称大）、经线分杆（称纳拗）、分线板（称吾鲁）。

纺织时，首先在平地上钉4个（帆布式）或8个（斜纹式）细桩，在桩上按需要的长度编织经线，宽幅一般为30—40厘米；按一定的程序穿插上经线分杆1（帆布式）至2（斜纹式）和两个分线板，起到杼和轴的作用。无数个并列编排的经线直拉成长条，一头固定，另一头挂在织工的腰上，当中设一道高约60厘米的过线桥板；其次手动分线杆和分线板，把已成交叉的上下两层经线中横向穿插当梭用，用筘刀扣紧一次，周而复始。在帆布基础上附加栽绒工艺，可成为卡垫（又称藏式地毯）和藏被。卡垫正面以栽绒线条绘制红、绿、蓝三色或多色祥云图案，在视觉上给人以华丽舒展、温馨祥和的感觉，富有浓厚的民族特色。

（三）卡垫制作

卡垫，藏语小型藏毯的意思，是西藏家庭的床上用品。札达县民间卡垫编制和生产，虽然历史悠久，但未形成规模，处于少数农（牧）户分散和自产自用的状态。札达卡垫的制法、花色纹样和品种，与周边其他地区不同，主要以香孜、萨让、底雅卡垫制作独具特色。

（四）服装加工

由于气候寒冷，决定了藏族服饰多由保暖、厚实的材料制作而成。藏族服饰形制特点简洁、包裹严实、肥大宽厚，以便抵御严寒、抵挡风沙、保护身体。札达的服装风格更是独特。传统服装用料主要是氆氇和皮张，现代服装用料除氆氇和皮张外，还采用绫罗绸缎、毛绒哔叽等。藏式服装传统制作方式和技艺传承以专业匠人父子传承为主。在传统服装的制作中主要以女式鞋帽，缎子女式上衣，牛、羊毛上衣等品种为主。

（五）帐篷制作

在西藏，帐篷一般分为黑帐篷和白帐篷。黑帐篷是伴随着畜牧业的生产而出现的，是用粗长的牛毛和纤细的木头搭建的。白帐篷都是临时搭建的，一般供旅行或临时使用。札达县牧区帐篷一般用牦牛毛制作，冬暖夏凉，能防风雨、遮太阳。一般做成长方形或椭圆形，上尖下宽，大小规格不一，一般根据自己的使用情况而定。20 世纪 80 年代初，随着市场商品的不断丰富，除牧民和农牧区的牧业户仍在用牛毛编织帐篷外，其他需用帐篷的群众，均从市场上购买帆布或平布帐篷。

二、金属与木器加工

（一）兵器

古格时期，从贵族到百姓都精于兵器的制作与使用，主要在札布让、多香、达巴、曲龙和曲木底等地打制古格特有的兵器，主要有单刃长刀、双刃宝剑、长枪、弓箭等，特别擅长制造长矛、短矛、盾牌、铠甲、盔甲。

20 世纪 80 年代，考古学者在札达古格故城废墟中发现废弃兵器，另在个别山谷中随处可见铁、铜制箭头。在多香的几十种刀剑具有相当高的制造工艺。近代以后，在札达县香孜乡等手工业发达地区也开始生产藏式猎枪，但工艺极其简陋。

（二）生产、生活用具

在札达一带，传统加工制造的藏族日常生产、生活用具主要有木碗、氆氇、耙子、锄头等。1971 年，札达县首家民族工艺加工厂在香孜乡正式成立。有工人 4 名，在开设半年多时间里共生产镐头 212 把、铁耙 57 把、马鞍 37 套、马镫 10 付、生活用刀 55 把、铁皮炉 22 个、水磨 13 盘，并实现糌粑水磨化。藏式木制家具品种繁多，最具有特点的是藏桌和藏柜，不仅造型独特，实用型强，而且有雕刻或绘画作为装饰。一般在框架部位雕有玲珑精致的花卉、龙凤、虎、狮或图纹、竹节纹等图案。在平面部分则绘以花草、人物、禽兽，意为象征吉祥。截至 2000 年，一直有游走于札达境内的木匠艺人为农牧民打造各种木器。

三、酿酒

藏酒，是藏族地区生产的酒，不仅仅指青稞酒。藏白酒，藏语称“博让”，过去藏语称白酒为“阿让”，当外地各种品牌的白酒进入西藏后，开始用“博让”专称藏白酒。

札达一带有“一天不喝青稞酒，四肢不听使唤”之说，尤其是萨让、底雅、楚鲁松杰的农牧民，青稞酒是每日必备的饮品。多数农牧民家中备有大煮锅、酵缸和酒缸。酿酒是每个家庭主妇的主要任务之一，每隔几天酿一桶。在过往行人多的地方或在县城茶馆出售，每天出售几十斤或上百斤青稞酒和藏白酒。在牧区和半牧区，青稞酒是节日及亲朋好友聚会的必备饮品。

（一）青稞酒酿制

酿造青稞酒只需要锅、缸或口袋、桶即可。其原料为青稞和大麦，小麦也可作原料。札达县境内历史上没有建过专业酒厂，只有家庭自酿自用或家庭小作坊。主要工序是洗、煮、下曲、发酵、兑水五道。首先用清水冲洗青稞，把土、石子、麦麸等分离去掉，同时酿酒器物要洗干净，器物内不能沾有酸性或油性物质成分；然后在锅里用温火清煮至青稞粒开花为止；当煮烂的青稞温度降至微温时，把捣成粉的曲子放到熟青稞中拌匀；装入干净的缸或锅里发酵，其口须封严，温度保持在 10℃左右，发酵期短则两三天，长则一年半载；第五道工序是兑水，一般兑两道水。每次兑水量要适当，间隔时间约 8 小时，筛出来便是饮用的青稞酒。

（二）藏白酒酿制

藏白酒是以青稞、大麦、小麦、杏子等为原料的烧酒。在青稞酒的酿造工艺基础上增加蒸馏工艺，其蒸馏液为藏白酒。此外，用青稞酒曲可做米酒和糌粑酒，其工艺和青稞酒基本相同，不同的是饮用前只兑一次水，不筛酒，而是在打酥油茶的桶内搅拌成稀粥状。

第二节　乡镇企业

2002年，机构改革时成立乡镇企业管理局，属县农牧局内设副科级单位，编制1人。主要负责研究制定乡镇企业中长期规划、年度计划和经营管理的政策措施，参与乡镇企业工贸园区、小城镇建设；采取措施推进民族手工业发展，指导乡镇企业科技进步，引导乡镇企业提高产品质量和服务质量。

2003年，札达县受市场、资金、技术等因素限制，乡镇企业仍处于起步阶段，起点低、规模小、效益不高，产值仅20多万元。

2004年上半年，依法建立乡镇企业登记备案制度，鼓励农牧民及外来人员在县内创办企业和多种经营，同时做好乡镇企业的申报工作及贴息贷款工作。在继续巩固现有乡镇企业的基础上，加大调整力度，优胜劣汰，同时扶持一些规模小，具有广阔发展前景的乡镇企业。定期召开乡镇企业会议，总结经验教训，引导乡镇企业走上良性发展轨道。

2006年，根据札达县实际情况，想方设法发展乡镇企业，一方面针对游客增多的实际，进一步充实服务队伍，提供配套服务；另一方面组织农牧民群众编织卡垫、手套、小帐篷等具有札达特色的民族手工艺品到旅游景点进行物资交流，以增加农牧民现金收入。

2008年，为增加农牧民群众现金收入，加强对劳务输出工作的管理力度。建立健全县劳务协会机构和工作制度，强化职能，真正建立有组织、有规划、有目的的劳务输出创收长效机制。积极组建农牧民建筑工程队，组织承包简单工程。通过政策引导，鼓励农牧民群众搞运输、经商及开办茶馆等。通过交通、农牧、水利、扶贫、林业、农牧民安居工程等基础设施建设项目，全县劳务创收598.14万元。

由于特殊的优惠政策，重点扶持和一定的资金投入，激活了老企业，增加了新项目，经济效益和社会效益日益显著，充分显示了企业的巨大潜力和后劲，随着社会的进步，乡镇企业将成为当地国民经济的重要组成部分，为促进发展、保持稳定，发挥了重要作用。

香孜乡民族工艺加工厂，于1971年建厂，1976年破产，后因有关发展乡镇企业优惠政策不断出台，县委、县政府对发展乡镇企业给予重视，1992年由财政出资，重新组建。经过十几年的缓慢发展，截至2010年固定资产达8.5万元，从业人员8人，总产值13.15万元。

第二章　商贸

历史上，札达县与西藏其他地区一样，以物易物是其主要交易方式，尤其以食盐交换粮食为主。民主改革后，特别是1961年后，札达县贸易公司、供销社等国营集体商业出现。20世纪90年代初，境内部分农牧民群众开始兴办个体小卖店，饮食业、服务业、修理业随之兴起。对外贸易由单纯的边民互市发展为以边境小额贸易为主、传统互市贸易为补充的对外贸易方式。札达县商务局不断推进流通产业结构调整，指导流通企业改革、商贸服务业和社区商业发展，推动流通标准化和连锁经营、商业特许经营、物流配送、电子商务等现代流通方式的发展。积极推进“双百市场”“万村千乡市场工程”实施，组织实施农牧区现代流通网络工程，推进农牧区市场体系建设，负责推进商贸领域行政执法工作，促进全县流通业持续健康快速发展。

第一节　机构

民主改革前，札达境域内各宗本未设立专门的商务管理机构和官员。

1960年，札达县成立后，由县人民政府财贸经济工作部门负责全县的财政和商贸工作。1961年，成立札达县贸易公司，负责管理全县商业工作。

1969年，商业工作由县革委会生产指挥组统一负责管理。1975年10月，县革委会生产组撤销，成立商业局。1979年6月，撤销商业局，设商粮科，负责县内商业和粮油工作。1987年6月，在区组机构改革中，商粮科改名为商业局。

2000 年，商业局属发改委下设部门，由发改委主持安排全面工作，商业局无具体负责领导。

2010 年，根据《中共阿里地委办公室、阿里地区行署办公室关于印发〈阿里地区关于七县政府机构改革方案的指导意见〉的通知》《关于印发各县政府机构改革方案的通知》《中共札达县委办公室、札达县人民政府办公室关于印发〈札达县政府机构改革方案的实施意见〉的通知》精神，设立札达县商务局，为县政府工作部门。正科级建制，无内设机构，编制 3 名（行政编制 2 名，事业编制 1 名），其中科级领导职数 3 名。下设管理单位供销合作社事业编制 2 名。其中，科级领导职数 1 名。

札达县商务部门负责贯彻执行国家、自治区、地区有关发展国内外贸易、国际经济合作和外商投资的方针政策和法律法规；组织实施自治区制定的全区国内外贸易、国际经济合作发展规划。拟订全县贸易发展规划，承担促进城乡市场发展的责任。指导大宗产品批发市场规划和城市商业网点规划、商业体系建设工作。加强城镇商品示范店建设，承担牵头协调整顿和规范市场经济秩序工作的责任；执行规范市场运行、流通秩序的政策；推动商务领域信用建设，指导商业信用销售，建立市场诚信公共服务平台；按有关规定对流通进行监督管理。执行对外技术贸易、进出口管制以及鼓励技术和成套设备进出口的贸易政策，推进进出口贸易标准化工作；依法监督技术引进、设备进口、国家限制出口技术的工作。负责协调国内贸易领域的招商引资工作；牵头组织招商引资各类展会的相关工作。承担全县内外贸易和国际经济合作运行状况的统计、监测、分析、上报工作。组织落实与毗邻国家经贸发展规划、政策和措施；管理全县边境小额贸易、边民互市贸易；指导协调管理全县口岸工作，协调口岸通关中各部门的工作关系。负责全县盐业和储备盐的行政执法工作；负责全县成品油市场、酒类流通、再生资源回收等行业的监管工作，规范全县流通市场秩序。

札达县商业部门领导任职一览表

表 11－2－1

机构名称	职务	姓名	性别	民族	任职时间	备注
札达县贸易公司	经理	闵效骞	男	汉	1961.04—1963.01	
	副经理	姜学祯	男	汉	1961.11—1967.02	
札达县革命委员会生产指挥组商业组	组长	王天财	男	汉	1969.08—1970.11	
	副组长	袁述斌	男	汉	1970.11—1972.10	
		王永仁	男	汉	1973.08—1975.10	
札达县商业局	局长	周学勋	男	汉	1975.10—1979.06	
	副局长	洛珠	男	藏	1975.10—1979.06	
札达县商粮科	科长	周学勋	男	藏	1979.06—1980.09	
		洛珠	男	藏	1980.09—1983.11	
	副科长	洛珠	男	藏	1979.06—1980.09	
		其美	男	藏	1979.06—1987.07	
		高连忠	男	汉	1979.06—1980.09	
		金秀华	女	藏	1983.01—1987.07	
札达县商业局	局长	其美多吉	男	藏	1987.07—1994.05	1993.10 后兼贸易公司经理
	副局长	桑旦多吉	男	藏	1987.11—1990.12	
札达县贸易局	局长	群培	男	藏	1994.05—1996.06	

第二节　传统商贸

象雄部落联盟时期，札达境内百姓以黄金、矿石和畜产品等物资与周边各部族进行以物易物的交易，尤以食盐交换粮食为主。喜马拉雅山以南各部族用米、面、荞麦等粮食及各类干果与阿里江塘牧人进行食盐交换。

古格时期，随着农业、牧业和手工业不断发展和进步，上至官家、贵族，下至平民百姓，物质生活需求不断提升，众多的日常生活、生产用品通过不同类型的物物交换获得，从而形成市场。在交换过程中，札达境域群众利用独特的地理位置，对来往的部族商人予以友好相待，提供吃住、放牧等，灵活交易地点和交易方式，象征性地收取商人的过桥、放牧费用或以货物相抵，内商外商一视同仁，并在甲尼玛等交易点同意搭建帐篷居住，可随意购买当地牧民的奶制品和肉制品等办法，通过当地“丛夏”（藏语，“丛”意为经商，“夏”指朋友即商友）建立相互信任、相对稳定的商贸关系，形成相对较好的贸易环境，使周边各部族和江塘商人云集于甲尼玛等交易点，也从一定程度上促进了古格经济的繁荣与发展。主要的交换市场有甲尼玛、什布奇、曲木底等市场。其中以甲尼玛市场最为著名，它不仅是古格人重要的商贸集散地，也是各部落、各民族之间文化交流的场所。

明代至噶本时期，拉萨等前后藏的商人把砖茶等商品带入札达，成为噶本时期贸易交流的主要商品。同时，商人们还带来瓷器、藏帽、藏卡垫、围裙、发套和高质量的纯毛氆氇等牧民必需的商品和货物。

清光绪三十年至三十二年（1904—1906 年，藏历第十五饶迥木龙年至火马年），英国政府强迫清政府把阿里噶大克开辟为商埠，以不平等手段大肆掠夺札达境内的畜产品，并倾销其商品。如在札达牧区一带，外国商人以 3 盒火柴交换当地牧民 1 只山羊。境内的甲尼玛市场、什布奇等市场继续发挥作用，此类传统市场延续至民主改革时期。

第三节　商业形式

1961 年，札达县贸易公司成立后，作为札达唯一一家国营商业企业，既是商业经营机构，又履行商业行政管理职能。后为县商业局直接管理。供销合作社是集体所有制商业形式，全部位于各区公所所在地，行政上隶属于区公所管理，县贸易公司负责业务指导。随着改革开放的不断深入，境内部分农牧民群众通过自筹或贷款的方式兴办个体小卖店（商户），销售少量的烟、酒、糖和其他日用百货。

一、国营商业

1961 年，札达县贸易公司成立，成立时有经理 1 人、会计 1 人、保管员 1 人、售货员 1 人，主要经营与群众生产、生活相关的针织百货、五金交电化工、烟酒糖茶盐等工业品和藏犁、小尖锄等小型农机工具；同时，为各区供销社和乡供销点批发商品及收购各供销社的农畜土特产品。当年，县贸易公司购销贸易总额为 64327 元，经营商品共 1700 余件，收购土畜产品价值 10256 元。

20 世纪 70—90 年代，县贸易公司经营的主要商品有棉麻、糖和糕点类、民族陶瓷、砖茶、肉食蛋、酒类、文化用品、纺织品等。

1988 年，实行政企分开后，政府不再直接管理札达县贸易公司，公司实行自主经营、自负盈亏。由于在计划经济期间，为保证供给、统一分配，库存必须达到一定数量，公司曾购进大量商品。流通体制改革后，转轨市场经济，商品未能及时处理销售，变质的商品较多，加上政策性亏损、经营管理不善等多种原因，札达县贸易公司于 1998 年倒闭，库存物品移交给县工会。

2000 年 4 月 23 日，札达县召开党政联席会议，专门对该公司移交给工会的部分物品处理问题进行研究讨论，决定将剩余物品降价销售。

二、集体所有制商业

20 世纪 60 年代，供销合作社（以下简称供销社）作为集体所有制商业形式开始在札达出现。在组织形式上，各供销社没有严格按《供销信用合作社章程》办理，无监事会、理事会等机构，采取由区公所协调组织、县贸易公司指导的办法组建。设有主任 1 名兼商品采购及记账营业员 1—2 名，由群众推荐，区公所认定。多数供销社营业场所及启动资金由区公所或地、县商业部门垫支，群众入股资金作为流动资金使用。

1961 年后，对农畜产品实行统购、派购、议购政策，由县贸易公司和各供销社承担收购。县贸易公司将上级下达的收购任务根据各区、乡的实际情况，将各种农畜土特产品品种、数量等分配到供销社，由各供销社负责完成，并对超额完成收购任务的供销社根据超额的数量和各种情况，奖给数量不等的日用商品、生产工具或紧缺物资等。

1964 年秋，底雅区建立供销社，益底村群众自投股资 800 余元。1965 年 5 月 31 日，香孜区香孜乡建立供销社，入社 46 户 132 人 1394 股，收股金 584. 5 元。截至 1965 年 7 月，全县建有 5 个供销社，分别为香孜供销社、达巴供销社、曲松供销社、底雅供销社、萨让供销社。

1965 年 9 月 11 日，札达县贸易公司对全县 5 个供销社工作人员存在的账目混乱、家底不清等问题进行整顿。全县供销社建立健全后，主要负责农牧民日用工业品、民族特需品的采购、供应及畜产品的收购工作。

1968 年 8 月 24 日至 12 月 7 日，县财贸工作组先后到香孜区、萨让区、达巴区、底雅区、曲木底乡对财经、粮食、供销、信用社进行全面的检查清理。检查结果为：5 个供销社共有社员 1432 人，股金 11597 元，盈余 10820. 18 元，分红 2164. 03 元，除曲木底供销社亏损 50. 27 元外，其余均有盈余。

至 20 世纪 80 年代中期，供销社是札达农牧区唯一的商业经营网点，担负着农牧区商品流通的主渠道作用。所需商品货源由地、县贸易公司（批发站）提供，并在进货单上注明由地区商业物价部门制定的批发、零售价格和批零差率，对国家指令性商品实行全地区统一价格。主要经营的商品种类有民茶、糖果、布匹、鞋帽、烟酒、暖水瓶等日用百货。收购的畜产品上交地区外贸公司，收取 3% 的代购手续费作为供销社的经营收入。

20 世纪 80 年代末期，按照自治区商业厅统一安排，各供销社与县贸易公司共同组建联营公司，但终因农牧区个体商户的涌现，供销社在激烈的市场竞争中日渐式微。

1991 年 4 月，县政府发出《关于工业品销售任务的通知》，要求县贸易公司年内完成销售额 40 万元，香孜供销社年内完成销售额 10 万元，达巴供销社年内完成销售额 8 万元，萨让供销社年内完成销售额 7 万元，曲松供销社年内完成销售额 7 万元，底雅供销社年内完成销售额 4 万元，共计 76 万元。由于采取措施得当，县贸易公司和各供销社都如期完成销售任务。

截至 1996 年，札达县有供销社 5 个，全部处于政策性亏损状态。

三、私营商业

历史上，札达县无个体商户，只有境外商户到境内进行盐、茶等群众生活必需品和布匹、烟、酒、糖、油等日用百货的销售，并收购境内生产的羊毛、皮张等一些土特产品。同时，在每年深秋或初冬时节，周边牧民带着牛、羊、酥油、奶渣等畜产品到甲尼玛、什布奇等贸易点进行农畜产品交换（粮、油换畜产品）。各贸易点农畜产品交换一直断断续续。札达县土特产品主要有牛羊肉、牛羊皮、羊毛、牛绒、山羊绒。

20 世纪 60 年代至 80 年代末，由于时代所限，受陈旧思想和政治环境影响，境内除国营集体商业外，没有一家个体商户。

1982 年后，全县商品购销逐步转为市场调节。县商业主管部门只下达部分农畜土特产品的指导性计划。

20 世纪 90 年代初，随着改革开放的不断深化，境内部分农牧民群众通过自筹或贷款的方式兴办个体小卖店（商户），销售少量烟、酒、糖和其他日用百货。

至 2000 年底，全县有个体商户 13 户，从业人员 30 余人。2001 年，札达县实有个体工商户 69 户，从业人员 126 人。

2006 年，全县实有个体户 129 户，从业人员 236 人。其中，外地个体户 82 户，从业人员 161 人；本地个体户 47 户，从业人员 75 人。2007 年，全年个体工商户营业收入额为 646 万元，年产值 18 万元。2008 年，全县实有个体工商户 185 户，从业人员 314 人。新增个体工商户 27 户，从业人员 32 人。

2009 年，全县有个体工商户 200 户，从业人员 351 人。个体私营经济创产值 16 万元，营业收入 850 万元，社会商品零售额 480 万元。

2010 年，全县个体工商户发展到 229 户，从业人员 397 人，注册资金 521. 6 万元，同比分别增长 12. 8%、11. 8%、22. 4%。其中，农牧民个体工商户发展到 98 家，从业人员 136 人，注册资金 132. 5 万元，同比分别增长 10. 1%、8%、24. 1%，个体工商户年检率 91. 6%。

第四节　市场建设

札达县地广人稀，居住分散，市场建设条件欠缺，至1998年，除边贸市场外，札达没有其他集贸市场。仅县城及各乡镇设置的庙宇建筑是周围乡民交易的市场。

1998年7月，札达县财政局投资82万元修建札达县农贸市场，11月交付使用，建筑面积487.5平方米。该市场1999年上市商品品种892种，1999年成交额39万元，是札达县最大的集贸市场。

2000年，随着全县经济与社会事业的发展，商业取得较快发展。有个体商户13户，从业人员30余人，主要经营烟、酒、糖和日用百货。县城有1家汽车维修点，主要从事汽车、拖拉机的补胎、加气，部分零件的更换和小型维修业务。杂货店经营商品以日常生活用品为主，能满足人民群众的基本生活需求。

2005年，全县有农家店53家，县城有3家较大的百货超市，覆盖全县每个角落。乡（镇）政府所在地都有不同大小的商店，产品也比较全面。

2006年，札达县启动“万村千乡市场工程”，积极开拓市场，建设农家店，商品流通渠道进一步畅通。有“万村千乡”配送中心1家（先施配送中心），物流企业主要有中国邮政等快递服务点，邮政业务延伸到各乡镇。

2007年，为各乡镇配发商品流动车6辆，鼓励农牧民开办农家店。

2006—2010年，县“万村千乡农家店”共21家，保证每村至少1家农家店，日用消费品和农资配送率分别达50%和70%，便于当地群众就近购买生产、生活物品，基本上满足农牧民的生产生活需求，进一步引导当地群众消费，带动当地经济发展。

至2010年底，县内贸易流通产业拥有各种商业网点87家，综合农贸市场1个，综合大型超市2家，商贸流通从业人员194人。其中，中心城区有商业网点34个，注册资金1326.8万元，住宿和餐饮业22家。

第五节　商业发展

札达县商业主要从党的十一届三中全会召开后的改革开放时期兴起。物资运输基本靠公路运输。2000 年前，市面上流通的产品主要有牛羊、大米、面粉、手工艺品等，主要通过大车（东风 140）运输物资。邮寄信件、打卫星电话均需通过邮电局。2001—2010 年，县内各类经济实体不断增多，商品经济迅速发展，餐饮、旅店等服务业也得到较快发展，2010 年，社会消费品零售总额 2720 万元。

一、商品购销

商品购销是指商品供应商与经销商通过协商或签订合同对一些商品进行销售的过程。札达县历史上商品购销比较原始。

1994 年，商品零售总额 54 万元。1995 年，札达县制定政策，吸引县内外客商到札达创办各种经济实体，全县商业摊点发展到 26 个，商品零售总额达 157 万元。1998 年，县城商店、摊点及各类文化生活服务性设施增加到 58 个。1999 年，全县商业零售总额达 109.5 万元。2000 年，县城商店、摊点及各类文化生活服务性设施增加至 63 个。

2005 年，受多年不遇的雪灾、虫灾、旱灾、雨灾及国家宏观产业政策和投资方向调整的影响，札达县社会经济发展有所减缓。生产总值 3650 万元，比上年增长 -11.1%。其中，第一产业 999.07 万元，增长 -36.72%；第二产业 794.53 万元，增长 -20.07%；第三产业 1856.4 万元，增长 20.99%。三大产业占生产总值的比重分别为 27%、22% 和 51%。

截至 2010 年，全县内贸流通产业社会消费品零售总额 2720 万元。

2000—2010 年札达县社会消费品零售总额情况统计表

表 11－2－2

年份	零售总额(万元)	年份	零售总额(万元)
2000	120.5	2005	482
2001	222.9	2008	778.82
2002	322.42	2009	850
2003	353	2010	2720
2004	380		

二、服务业

2000 年后，县内个体私营经济得到新的发展，覆盖多个行业，主要集中在零售业、餐饮业、建筑业、社会服务业等。商品从销售少量的烟、酒、糖及部分日用品发展为包含日用百货、服饰鞋包、家用电器、个护化妆、电脑数码、户外运动等各个领域。

（一）餐饮业

1960 年 5 月，县委、县政府成立后，为方便工作，建立县机关干部职工食堂。主要服务对象为在县机关工作的干部职工及家属、子女，各区到县里开会、办事的干部职工，到札达检查工作的上级领导和工作组等。县机关食堂一般不对外营业，但对少数过往客人也会根据情况供应饭菜。

20 世纪 80 年代末，因食堂就餐人员少而撤销。1994 年，根据情况又恢复设立县机关食堂，成为全县接待工作组或召开大小型会议用餐的固定地点。

1997 年，县城内个体饮食业开始兴起。1999 年，经县人民政府研究，将县机关食堂承包给外来经商人员经营，但大型工作组的接待工作仍在县机关食堂进行。

20 世纪末到 21 世纪初，县城从事餐饮业的个体户有 7 家，主要以川菜、藏餐为主。县机关食堂继续交由外来商人承包经营，为全县接待工作或召开大小型会议主要用餐固定地点。2005 年，餐饮业零售额 122 万元。

2008 年，县城标准化农贸市场竣工并投入使用，农贸市场内部除蔬菜和肉类的销售以外，还销售当地的农畜产品牛羊肉、黄菇、野葱等。

2010 年，全县从事餐饮行业的商户增至 18 家。餐饮市场规模不断扩大，产业结构逐步优化，川菜、藏餐、火锅、烧烤等行业的从业人员不断增加，饮食服务业在扩大内需、繁荣市场、促进就业、提高人民生活水平等方面作出积极贡献，并成为重要的经济增长点。随着札达县经济社会快速发展，城镇一体化建设快速推进，城乡居民收入持续提高，旅游业迅速发展，对外交往日益密切，商业网点建设的数量和档次得到明显提高，有力地促进了全县餐饮业的较快发展。

（二）旅店

历史上，由于环境所限，札达境域没有一家旅店，过往行人只能借宿农家或自带帐篷住宿。

20 世纪 90 年代初，札达县只有 1 家餐饮、住宿一体的旅馆，但条件极其简陋。1996 年，在河北省大力支持下，建成首个招待所，建筑面积 395 平方米，有客房 16 间、床位 48 个。1998 年 5 月，筹资 107 万元新建招待所 1 个，共有房间 10 间、床位 28 个；招待所内的设备、条件有较大改善，基本能满足境内过往行人的住宿需求。

（三）机械修理业

20 世纪 60 年代末，随着汽车和农业机械在札达的出现，逐步有了修理业。除县拖拉机站、县农机站能开展一些简单的农机修理外，其他机械修理均不正规，也没有固定场所。至 2000 年初，札达县城有 1 家汽车维修店，主要从事汽车、拖拉机的补胎、加气、部分零件更换等小型维修业务。

第六节　边境贸易

一、边贸概况

札达县地处中印边境，边境贸易历史悠久。象雄部落时期，对外物物交换十分频繁，交易方式主要是以物易物。主要以黄金、矿石和畜产品等物资与印度、尼泊尔及波斯各国和周边各部族进行以物易物的交易，主要交换麝香、盐和粮食。

公元10世纪开始，古格一带的边民掌握了银器加工，铜器、铁器等铸造技术，还具备了较高的毛绒编织、皮张加工制作技术，交易方式主要还是以物易物。在古格都城附近出现手工业铸造者，绒琼（底雅）一带铸造的古格银眼、佛像，以其精湛的工艺享誉中外。札达一带形成了几十处边境小额贸易市场。其中姜叶马加尔果、什布奇、那木拉等边贸市场名扬中外。

分裂割据时期，大译师仁青桑布等古格学者带着大量的黄金，翻越喜马拉雅山脉，前往佛学圣地印度东北部地区拜师取经学法，与西域各部族之间开展文化、经济交流，交易方式主要是以物易物，以羊或盐作为计价依据。

噶本时期，边境贸易仍然十分活跃，结算方式也由单纯以物易物转变为现金交易和以物易物相结合的方式。来自拉达克的商人带来干果（干桃和干葡萄）、日用品、糖果、藏红花和各种药材，噶厦商人带来各种布料织品、糖果、烟酒、清油、煤油和熊胆等，从噶本属下的百姓处换取畜产品、牲畜（境外商人把不少的牲畜存放在百姓家中）、乳脂产品、盐巴和茶等。除盐粮交换外，还用食盐换回煤油、洋蜡、肥皂、白糖等生活用品。交易方式为两国边民自由交换。结算方式也由单纯以物易物转变为现金交易和以物易物相结合。普通商人收购羊毛，多用现金或以物易物；贵族商人采用赊销办法，在春天贷出茶叶、青稞或款项给牧民，秋天牧民按一定比价还贵族商人羊毛，使用该办法，贵族收购的羊毛比一般商人收购的价格低1/3。

二、传统贸易市场

（一）姜叶马加尔果市场

位于达巴乡曲龙村境内，在喜马拉雅山北麓，兴拉嘴山的东边，加尔果山西南脚下，市场的西部和南部为一片开阔的草原，到印度有100多千米，是阿里农牧商人和印度商人互市交易的传统市场之一（藏北羌塘一带，西北日土一带，东南仲巴、萨嘎一带的农牧民及宗政府或拉萨派出的官员和各区的头人与印度觉朗姆地区的商人在此地进行交易），交易量及上市人数较多。属季节性市场，藏历六月中旬至八月初为集市时间。

1952 年，姜叶马加尔果市场有 500 多顶帐篷、380 多家商户。1955 年该市场有 200 多顶帐篷，国内商人 70 多家，印度商人 167 家。后因在姜叶马加尔果西北面新开辟了扎仓、渠那沽两个市场（均以出售粮食、糖、布为主的临时性小市场），到 1955 年，市场上约有 200 顶帐篷。

虽规模有所减少，但姜叶马加尔果仍是阿里地区最大的市场之一，货物比较齐全。国内商人出售的货物有羊毛、酥油、牦牛尾巴、盐巴等，印度客商主要出卖粮食、糖、布、木碗、化妆品、表等日用品，日用商品除标有印度商标外，还可以看到美、英、日、德、瑞士等国的商标货物。当贸易期快结束或货物销售到 70%—80% 时，商人们带着剩余货物北上在噶大克设市，另一部分商人将剩下的货物存放在官员家或寺庙中，便取道加尔果山口或觉朗姆拉山口返回，以待来年销售。

交易方面，印度客商以出售布匹、粮食、日用品和收购羊毛为主要贸易内容。除牧民们牵羊到市场上出售和进行交换外，商人们还派专人到塔尔钦、门士、穹窿、达巴等地收购羊毛。收购羊毛的办法有两种，分别是不分羊羔大小为 1 个大洋和分羊羔大小以 3 个或 4 个卢比收购。若与商人交换货物时，值 1 个大洋的羊毛可换 1 个半大洋的货。上市交易的国外客商主要来自印度觉朗姆和加尔果两地，还有来自尼米、普兰江巴商人（在市场上，以出售木碗为主，不交税，均是住在尼米的藏族人，每年到此经商）。大商人主要有百家兴、公德兴、拉拉兴、公代兴、边木兴 5 家，其中以百家兴最大，有 900 多驮子（包括马、牛、骡子），驮粮食的羊就有三四百驮，市场上物价由大商户百家兴和边木兴召集会议决定，会议每晚都召开，以便控制第二天市场物价。

20 世纪 50 年代，该市场每年出口羊毛达 24 万千克左右。税收方面，姜叶马加尔果市场的外商每年集体向达巴宗交地皮税 80 或 100 碗儿糖（碗口大的红糖，外面用青叶包着）。区内牧民交易宗政府每 4 只羊就要收 1 个卢比的税费，最多的时候，每年可收 4000 章嘎（卢比与章嘎的比例规定为 4 个卢比换 5 个章嘎，实际上 1 个卢比换 2 个章嘎）。印商与牧民交易可以赊欠，但要比现钱贵一些，例如一般为 1 个卢比 1 方，而赊欠为 5 个卢比 4 方，只赊欠货物而不借钱，赊欠后写个字据即可。

（二）姜叶马查克拉市场

姜叶马查克拉市场，根据音译又称甲尼玛市场，曾有“那木嘎啦”之称，藏语意为“天空星星”，言该地商人帐篷像天上的星星一样多。位于喜马拉雅山北麓，加尔果市场东南部，与之相距 20 千米，这个市场规模比加尔果市场大六七倍，该市场由巴喀管理，人、马都由巴喀派，税官由普兰宗派，主要以销售碗儿糖为主。一般通称姜叶马市场是指姜叶马加尔果市场，但在 20 世纪以前，称谓恰恰相反，贸易范围也不分上下。1900 年 8 月 27 日，到阿里游历的日本和尚川口在其日记中记述：“姜叶马年中交易仅进行两个月，这就是说自 7 月 15 日至 9 月 15 日。商人们主要来自喜马拉雅山的那边到这来与他们的西藏顾客们碰头。我来得正是时候，看到买卖正活跃地进行着。我看到了 150 顶白色帐篷遮盖着硗瘠荒凉的山，我也看到了五六百人以他们自己的方式忙着交易。西藏在这里出售的货物有羊毛、酥油、牦牛尾巴，等等，而购买的货物则与我在记述孔雀河列举的货物同一范围。我住了一宿，次日一整天在市场上买了点小东西，下一天转到另一互换市场——姜叶马加尔果。姜叶马加尔果是我在西藏旅行所到达的最西北地点。我在姜叶马加尔果停了三四天。这里有 150 顶帐篷，贸易较之姜叶马来得更为活跃。姜叶马加尔果是一个一方面从西藏西北平原来的人们，另一方是来自住在喜马拉雅山那边的印度人得到西藏地方政府的准许，他们来此的贸易市场”①。1955 年，有帐篷 30 多顶，商人 81 人。

（三）那木拉市场

最初位于达巴宗（今札达县达巴乡）北面燕京山脚下，后（约 1910 年前后）迁至达巴宗东南 30 里的一个小山谷内营市，是西藏阿里对外开放的 10 个市场之一。该市场属季节性市场，每年从藏历五月初开市到八月中旬左右结束，来此的主要是印度尼堤商人。从尼堤山口进入阿里地区达巴宗只需 1 天时间，路经乌热、羌龙等地。那木拉市场归达巴宗管辖，上市商品有布匹、粮食和日用品，而国内商人或群众用羊毛交易，交易价控制在印商手中。阿里群众的沼盐、羊毛和手工毛线品等，到了市场就集中起来，由印商

① 引自川口《旅藏三年记》，第152—153 页。

各认主顾关系收购。例如：来的老百姓400人，印商有20人，则每一位印商按份额可以收买20人的羊毛和盐。

那木拉市场除粮食、米、面外，还有布匹和各色各样的日用品。但由于地处山边，受条件限制，以及需求量较小，形成了一个以交换粮食为主的小市场。沼盐和粮食的交换比例为20克沼盐可以换到大麦17.5藏克，青稞16.5藏克，白面10藏克，大米5藏克，杂粕12藏克。印商在该市场贸易，每年须统一交纳275个章嘎①的地皮税。该市场有印商30家，成交量有50多吨，进入那木拉市场的商品主要靠牲畜驮运，每年进入驮畜马200匹、骡子300匹，犁牛1000头，驮羊6000多只。如果附近的草被吃光，印商就雇当地老百姓放牧，以少量糌粑、粮食、酸奶、奶渣为赏赐，久而久之，那些放牧的老百姓就逐渐成了农奴。商人还以放高利贷的形式进行放债，使许多牧民因还不起债务而沦为印商的终身农奴。

（四）什布奇市场

什布奇村是位于边境最前沿的村庄，有茂密成林的美景，有着“世外桃源”的美称。该市场位于底雅乡，离札达县城270多千米，是阿里地区古老的主要通商渠道，多为印商和门巴商人进出口岸。1955年，大约有30户印商还会从此口岸进入阿里腹地经商。1962年，对印自卫反击战爆发，加之什布奇口岸地处偏僻，交流不便，该市场关闭。

三、市场演变

1951—1959年，札达境内有边贸市场8个，分别为姜叶马加尔果、查克拉、热姆惹、董布惹、波林三多、那木拉、什布奇、东巴拉市场。其中在1954年中国和印度签订的通商和交通协定中，札达指定开放的贸易市场主要为甲尼玛市场、那木拉市场、东巴拉市场。

1960年，札达县边贸市场依然活跃，县内有印商440人左右。1962年

① 1951年为1个卢币等于8个章嘎，1955年市场上的流通情况为3个卢比等于5个章嘎。印商要求按1951年折换率交税，宗政府奉噶本命令，主张按市场现有折换率征收，因此双方争执未决，地租年年拖延。

后，因中印爆发冲突，边境贸易停滞。1962年，中印边境发生武装冲突后，阿里海关札达支关被迫关闭。

1978年6月20日，根据阿里地区行政公署《关于阿里地区互市贸易暂行管理办法》的规定，札达县边民互市贸易在边境线本侧30千米范围以内或在地区行署指定的传统互市贸易市场进行；部分市场重新开放；札达边贸市场的交换比价，由双方自由协商议定。

党的十一届三中全会后，国家实行改革开放政策。1980年6月，中、印关系解冻后，4个边境市场逐渐恢复边贸往来。1991年8月24日，西藏自治区人民政府办公厅批转区公安厅《关于我区外国人管理工作中有关问题的请示》的通知，札达县为西藏自治区12个对外开放县之一，此政策对激活札达县边贸起到促进作用。

1993年，中华人民共和国与印度签订协议，确定开放札达县内什布奇、久巴市场和印度南加市场。至2000年底，札达境内保留的传统边贸市场仅有1个，为什布奇市场。

至2010年，札达县对外贸易交易形式已由单纯的边民互市贸易发展为以边境小额贸易为主、传统互市贸易为补充的对外贸易方式。

四、市场交易

札达县边境贸易出口产品主要为活畜（以山羊、绵羊为主）、畜产品（牛、羊绒、羊毛）、鞋类、服装等；进口产品主要为大米、面粉、卡垫、手表、收录机、藏红花、副食品、餐具等。

1994年，札达县委、县政府提出了“以边贸旅游为突破口，寻找新的经济增长点”的发展方针，县政府下发《搞活边境贸易，加强边贸管理》等有关文件，准许印尼商人到札达县经商，开厂办企业，并给予一定的优惠政策，进一步吸引外来商人前来经商。共有137人（次）到札达县经商，边境贸易额达3万元。

1997年，札达县入境印度商品总值48.8万元，出口活畜、国产商品等总价值97.4万元，边贸收入16万元。全年边境贸易额达141.7万元。1998年，尽管受雪灾影响，边境贸易额仍达92.15万元。2008年，边境贸易额

39.38 万元。

1995—2005 年札达县边境贸易交易额情况一览表

表 11 - 2 - 3

年份	贸易交易额(万元)	年份	贸易交易额(万元)
1995	96.4	2001	40.16
1996	115.97	2002	82.8
1997	141.7	2003	32.2
1998	92.15	2004	90
1999	42.28	2005	62.8
2000	69		

第三章　粮油

札达县粮食行政管理部门主动适应粮食工作的新形势，努力搞好粮食宏观调控、储备粮管理和行业指导，切实履行对全社会粮食流通监管职责，有效实行粮食行政执法、社会粮食流通统计等工作，拓宽工作领域，从过去主要依靠行政手段管理国有粮食行业，向依据《粮食流通管理条例》监管全社会粮食流通转变。

第一节　机构

1960 年，札达县粮食工作由县委财政经济工作部管理。1962 年，县委财政经济工作部划归县政府领导，并更名为县财粮科。

“文化大革命”期间，全县财粮工作由县革委会“四大组”中的生产指挥组代管。1975 年，撤销县革委会生产指挥组，正式成立县粮食局。

1976—1987 年，县粮食局与县商业局合并，组建为札达县商粮科。1987 年，机构改革，县商粮科分设为县粮食局和县商业局。1997 年 1 月，县粮食局更名为县粮食储备局。

至 2000 年底，县粮食储备局主要负责粮油购销计划调拨；对粮油市场进行宏观管理；办理粮油供应关系转移手续。

2010 年，札达县粮食局为副科级建制，由县发展和改革委员会（工业和信息化局、统计局）管理。

札达县粮食部门负责人任职一览表

表 11－3－1

机构名称	职务	姓名	性别	民族	任职时间	备注
札达县财粮科	科长	徐怀诚	男	汉	1962. 10—1967. 02	
札达县革委会生产指挥组	组长	王天财	男	汉	1969. 08—1970. 11	县革委会副主任
		袁述斌	男	汉	1970. 11—1972. 10	
		王永仁	男	汉	1973. 08—1975. 10	
札达县粮食局	局长	宋哲加措	男	藏	1975. 10—1978. 12	
	副局长	其美	男	藏	1975. 10—1979. 06	
札达县商粮科	科长	周学勋	男	汉	1979. 06—1980. 09	
		洛珠	男	藏	1980. 09—1983. 11	
	副科长	洛珠	男	藏	1979. 06—1980. 09	
		其美	男	藏	1979. 06—1897. 07	
		高连忠	男	汉	1979. 06—1980. 09	
		金秀华	女	藏	1983. 01—1987. 07	
札达县粮食局	局长	次仁多布杰	男	藏	1993. 10—1996. 12	
	副局长	次仁多布杰	男	藏	1987. 10—1993. 10	
		平措	男	藏	1993. 10—1996. 12	
札达县粮食管理局	局长	平措	男	藏	1997. 01—2000. 12	
		周军	男	汉	2002. 06—	发改委副主任
	副局长	周军	男	汉	1997. 11—2002. 06	

第二节　粮油流通体制改革

1961 年，札达县开始实行粮油统购统销政策。1989 年，开始实行粮食订购合同。1994 年，取消粮油供应制度。1998 年，实行流通体制改革，粮油购销实现市场化。

改革开放后，在国家和自治区宏观调控下，札达县粮油购销逐步实现市场化管理。粮油部门充分发挥市场机制在粮食资源配置中的基础性作用，实现粮食购销市场化和市场主体多元化；建立对种粮农民的直接补贴机制，切实保护农民利益和种粮积极性，加强粮食综合生产能力建设；深化国有粮食企业改革，转换企业经营机制，妥善解决“老人、老粮、老账”问题，加强粮食市场管理，维护粮食正常流通秩序；加强宏观调控，逐步建立适应札达县市场经济要求的粮食流通体制，确保札达县粮食安全。

开放粮食购销市场，取消政策性粮食供应。继续执行对札达县粮食主产区的粮食收购市场和收购价格及现行青稞最低保护价收购政策。继续发挥国有粮食购销企业主渠道作用，发展和规范多种市场主体从事粮食收购和经营活动。转移粮食价格形成机制，当粮食供求发生重大变化时，为保证市场供应、保护农民和消费者利益，必要时由自治区政府决定在粮食主产区对青稞实行最低收购价格。

建立直接补贴粮农机制，保护种粮农民利益。对种粮农民实施直接补贴，补贴品种为青稞和小麦，补贴标准为每亩 15 元。直接补贴种粮农民的资金，从粮食风险基金中优先安排。2005 年，札达县从包干的粮食风险基金中拿出 40% 用于种粮农民的直接补贴，随后逐年增加，2008 年达 50%。按照公开、公平、公正的原则，做好粮食直补工作，保证种粮农民得到实惠。补贴款的兑付采取向农民直接发放的方式，把对种粮农民直接补贴的计算依据、补贴标准、补贴金额逐级落实到每个农户，并张榜公布，接受农民监督。札达县政府加强对补贴资金的监管，把直接补贴资金真正补到种粮农户手中。

加快推进国有粮食企业改革。札达县粮食局面向市场，自主经营，充分利用和整合企业现有的粮食仓储、加工、运输、设施等资源，发展社会化粮食储运体系、粮食精深加工和粮食产业化经营。通过政府投资、招商引资等多种渠道、方式筹集资金，鼓励和引导多种所有制经济主体投资兴办各类粮食交易市场。严格市场准入制度，坚持多渠道经营，严格资质标准。强化粮食市场的管理。凡从事粮食批发和零售的企业和个体工商户都要承担保证市场供应、稳定市场粮价的义务，履行政策规定的责任。

由于粮油部门充分发挥市场机制在配置粮食资源中的基础性作用，实现粮食购销市场化和市场主体多元化，采取有效措施，札达县的粮油市场健康有序发展，基本满足了人民群众的需求。

第三节　粮油购销

一、粮油收购政策

（一）公粮征收

20 世纪 60 年代开始，根据中共西藏工委和阿里分工委的决定，札达县同全区一样，开始在全县范围内以税收的形式征收公粮，时称爱国公粮。爱国公粮的征收，以农户为单位，按农业人口每人平均全年农业收入金额累进计征，凡有农业收入的单位和个人除另有规定外，都是爱国公粮的交纳人，按照规定交纳爱国公粮。札达县遵照此规定开始征收爱国公粮。收购的粮油品种主要是青稞、小麦、油菜籽、酥油、豌豆 5 种。1980 年，随着国家对西藏农牧业税的免征，爱国公粮征收随之停止。

（二）计划统购

20 世纪 60 年代开始，党和政府为调剂解决县域内部分贫苦农牧民群众的生活困难，同时保障县直机关、企事业单位干部职工的生活，札达县粮食主管部门依据党和政府的粮油政策，在全县开展粮油收购工作。

从 1959 年开始，在征收爱国公粮的同时，为保证农牧民生活和国家建设所需粮油，稳定市场物价，制止用粮油进行投机，札达县按照“自由收购、自愿出售”的政策，鼓励生产粮食、油料的农民和生产酥油的牧民将余粮油卖给国家。

从 1961 年开始，根据各户农民的土地质量和自然条件，结合其经营条件评定单位面积，常年定产，对余粮户实行统购。统购余粮以户为单位，核定每户农牧民的粮油产量和自食用量，以粮油产量减去自用粮油量和缴纳公粮后，对余粮油户规定粮油交售任务，进行计划收购。核定粮油产量和计算用粮量，按照种植粮油面积、奶畜头数、常年在家人口和喂粮牲畜头数计算。食用油征收标准为农户所生产的油菜籽除留下实需种子外，其余向国家交售 40%—50%；对生产油菜籽较少的农户不分配交售任务。农户用粮包括种子、口粮、饲料用粮。种子标准：按实际需要每亩地全年留 14 千克。口粮标准：根据现有一般消费水平规定，每人每年为 154 千克。对于身强力壮的单身者和一家全系身强力壮的农户，每人每年可留口粮 180 千克。饲料用粮：按饲养习惯和一般消费水平规定，耕畜每头全年留口粮 35—40 千克，经区级以上人民政府鉴定专门用于配种的良种公畜，根据配种期需要，每头全年可在 100 千克的范围内酌留饲料，母猪全年留饲料 2.5 千克，其他牲畜原则上不留饲料。牧户的酥油标准：每人全年留 7.5—9 千克。半农半牧区和农牧交接地区的口粮标准：根据农村每人全年口粮 154 千克的标准和牧区 60 千克标准内，按照农业所占比重，结合当地吃粮情况，适当确定留口粮标准。国家对农牧户的余粮油分别依率计购，粮食收购 60% 或 70%，酥油收购 70% 左右；对农户所产的零星酥油，不计划收购。

农牧民在缴纳公粮和计划收购以后的粮油，可以自由储存和自由使用，可以交售给国家粮食部门，并可在农户间、牧户间、农牧户之间进行少量的互通交易，但必须按照国家的购销牌价进行交易，禁止任何人以粮油进行投机。

同年，中共西藏工委下发《关于抓紧酥油收购工作的通知》，要求加强粮油市场管理，宣布不准许私商作粮油生意，除确实是买少量酥油自食外，不准私商下乡采购酥油用于倒卖，不准私商抬高价格。札达县严格按照这项政策执行。

1973 年，札达县根据西藏自治区规定，对粮食收购开始实行“一定三年”政策。1976 年，开始实行“一定五年”政策。即在三年或五年之内，征购任务基数不变，超产部分按适应比例超购；减产适应减购，超购部分价格适当高于统购价格。实行该政策，不仅减轻了农民负担，调动了生产积极性，而且有利于统筹兼顾，搞好粮食综合平衡。

1979 年，国家对农民交售的“三超粮”加价幅度提高到 50%。从 1980 年起，在计划经济与市场调节相结合的方针指导下，“三超粮”自由上市。1984 年，取消粮食、酥油、肉类的计划收购或变相计划收购。

（三）合同订购

1989 年，根据西藏自治区有关规定，札达县开始实行粮食合同定购。粮食合同定购的品种是青稞，定购价格按照当时规定的价格和按质论价的原则，在合同履行期限内，如遇国家收购价格调整时，低于合同价格的按合同价格执行，高于合同价格的按调整后的价格执行。

1997 年，允许工商企业、个体工商户在农区收购（销售）青稞。

1998 年，根据国务院粮食流通体制改革要求，实行粮食主产区和粮食主销区政策。札达属粮食主销区，允许个体工商户到农区收购粮食。县政府为提高粮农种粮积极性，逐步实现粮食从半自给到自给的目标，每年都给粮食部门下达收购指标。但因为经济环境等因素的影响，至 2000 年，虽有一定的收购数量，但总指标每年都未能全部完成。

二、粮油收购

2000 年，因粮食收购价格按自治区统一价格执行（0.74 元/斤），价格较低，加之 7—8 月洪涝灾害造成粮食减产，收购 300 千克。

1961—2000 年部分年份札达县粮食收购数量情况统计表

表 11 –3 –2

年份	粮食(万千克)	年份	粮食(万千克)
1961	5.1	1991	4.8
1962	4.2	1992	3.7
1965	7.2	1993	2.8
1966	4.1	1994	3.9
1972	2.7	1995	4.76
1973	2.8	1996	0.89
1985	4.2	1997	2.05
1986	8.95	1998	3.8
1988	0.7	1999	8.96
1989	3.7	2000	0.03
1990	3.8		

2001—2010 年，札达县各级粮食部门按照“购得进、销得出”原则，坚持敞开收购农民余粮的政策，基本满足群众出售余粮的要求，有效地保护了农民的利益，调动了农民的种粮积极性，推动了粮食生产结构调整。每年将收购政策、价格政策和质量标准译成藏文，下发给各乡（镇）、村，做到粮食政策家喻户晓。通过增设临时收购网点，提供晒场、筛子，搭设露天货场，加强服务工作，满足农民群众的售粮要求。基层粮食收购没有出现过限收、停放、压级压价、打白条现象，保证农民出售的粮食能够100%收购入库。通过向群众宣传粮食收购政策，发布市场需求信息，引导农民以市场为导向安排生产。2002 年，札达县进一步落实党在农牧区的一系列支农、惠农、扶农政策，使化肥补贴、农作物良种补贴、粮油直补、农机补贴、畜禽良种补贴等政策性补贴资金总规模达 162. 89 万元。政策效应得到充分发挥，农牧民也得到更多的实惠，收入不断增加，生产经营积极性高涨。实际收购 6. 72 万千克。

三、粮油销售

（一）粮油价格监测

2000 年，札达县粮食、食用油、副食品价格有升有降。重点监测的 16 个品种价格“4 降 10 升 2 平”。其中，菜籽油、白糖、食盐、牛奶，月环比价格分别下降 1. 83%、2. 4%、3. 23%、0. 42%；标准粉、晚籼米、粳米、一二等糌粑、色拉油、花生油、一二三等酥油，月环比价格分别上涨 0. 45%、2. 75%、1. 39%、0. 73%、0. 93%、0. 1%、2. 5%、2. 89%、4. 73%、5. 12%；富强粉、边销茶价格持平。与上年同期比，晚籼米、粳米、二等糌粑、花生油、一二三等酥油、白糖、食盐、边销茶，价格分别上涨 3. 56%、3. 93%、0. 93%、2. 53%、3. 04%、4. 13%、7. 55%、0. 53%、3. 45%、9. 51%；标准粉、富强粉、色拉油、菜籽油、牛奶，价格分别下降 0. 88%、1. 23%、1. 29%、1. 83%、0. 78%；一等糌粑价格持平。

通过重点监测，蔬菜价格小幅上涨。重点监测的 8 个蔬菜品种价格均有不同程度的上涨。其中，青椒、黄瓜、西红柿、胡萝卜、茄子、土豆、莴笋、大白菜等蔬菜价格月环比分别上涨 4. 29%、4. 55%、7. 67%、4. 26%、

4.39%、0.32%、0.74%、6.12%。但与上年同期比大部分价格略有下降；青椒、黄瓜、西红柿、莴笋等蔬菜价格分别下降2.49%、5.41%、1.85%、11.26%；胡萝卜、茄子、土豆、大白菜价格分别上涨2.56%、5.82%、0.32%、9.24%。

肉禽蛋鱼类价格涨跌互现。肉禽蛋鱼类重点监测的11个品种价格“5升4降2平”。其中，鲜猪肉、猪排骨、鸡肉、鸭肉、带鱼，月环比价格分别上涨0.26%、0.87%、1.83%、1.68%、0.9%；牛肉、鸡蛋、草鱼、鲤鱼，月环比价格分别下降4.82%、0.95%、1.76%、0.59%；冻猪肉、羊肉价格持平。与去年同期比，冻猪肉、牛肉、羊肉，价格分别下降4.09%、2.04%、1.95%；鲜猪肉、猪排骨、鸡肉、鸭肉、鸡蛋、带鱼、草鱼、鲤鱼，价格分别上涨5.66%、6.04%、1.89%、4.19%、7.32%、10.87%、14.92%、1.74%。

2008年，销售大米品种有4种，其中黄河滩大米，每千克5.2元；长粒香米，每千克4.8元；华顺米，每千克4.2元；天山雪米，每千克4.75元。面粉有2个品种，其中喀春特一粉，每千克4.2元；爱勒邦贺提面粉，每千克4元。清油有2个品种，其中金龙鱼牌桶装油，每千克16元；棉花籽油，每千克14元。

（二）非农业人口粮油供应

1960年开始，札达县对非农业人口一律实行“以人定量”的供应制度，即按照居民的劳动工种、年龄和不同地区的消费水平，分等分类定量供应。粮油供应按国家规定的标准执行，纳入国家计划，统一经营，按月定额供应。即干部每人每月按国家标准进行供应，单位职工和城镇居民的粮油供应，用粮食部门发放的粮油购买证，按月凭证到县粮食局购买当月的标准粮油。

1963年，札达县执行西藏自治区筹备委员会粮食局《关于市镇粮油定量供应若干问题的调整和补充的通知》，对粮油的供应办法做出调整：粮食定量标准，市民、家属每人每月成品粮由12.5千克调整为13千克；牧区城镇市民由每人每月成品粮11.5千克调整为12.5千克（因牧民吃肉多）；小孩（包括市民的小孩），不满1周岁的从2.5千克增加至3千克，1周岁的从3.5千克增至4千克，2周岁还按原来的5千克，3周岁从5千克增至6千克，4周岁从6.5千克增至7千克，5周岁从7.5千克增至8千克；6周岁从8.5千克增至10千克，8周岁从10.5千克增至11千克，9周岁从11千克增至12千克。

1970—1979年，阿里地区属新疆维吾尔自治区代管期间，使用新疆粮票、西藏自治区粮票和全国通用粮票，札达县执行的是新疆维吾尔自治区城镇人员粮食供应政策。1980年，阿里地区重新划归西藏自治区管理后，札达县执行的是西藏自治区粮油供应供销政策。1984年后，国家对粮食流通逐步放开。

1991年，在原有粮油统销价格的基础上上调50%，同时给市镇居民适当的补贴。1992年，根据国家规定，逐步放开粮食价格，粮食销售价格依据其经营成本来确定。为保持边疆稳定，国家继续对“三包学生、僧尼、边民、城镇特困企业职工”粮食供应实行特殊政策，供应价格实行优惠价，其中非农业人口标准米价格每斤0.41元、标准面粉每斤0.43元，农牧区反销粮标准米每斤0.50元、标准面粉0.54元。

1994年，根据西藏自治区人民政府决定，札达县取消粮油供应制度，粮油票证随之停止使用。

20世纪末，札达县为保障城镇居民、县直机关、企事业单位职工的正常生活，按规定开展城镇粮油供应工作。粮油供应按国家规定的标准执行，纳入国家计划，统一经营。

2008年，全县有粮油销售户6户（粮油兼营1户），截至1月18日，大米库存1700千克，面粉库存2000千克，食用油库存275千克。

2010年，札达县销售粮食262.5吨。

（三）农业人口粮油供应

1965年，国家对粮食统销作出规定，为保证人民生活和国家建设所需的粮、油，稳定市场物价，制止粮油投机，札达县有计划、有步骤地执行自治区和阿里地区制定的供应办法，各项用粮标准是：种子标准，按实际需要每亩地全年留13—14千克；口粮标准，根据现有的一般消费水平规定，一般每人每月约留13千克，如果增产幅度较大，可稍提高，但不得超过13千克；饲料标准，耕畜按饲养习惯和一般消费水平规定，一般每头留 40 千克左右，最多不得超过 50 千克，如有养猪户全年可留饲料 2.5 千克，其他牲畜不留饲料。

1992 年后，国家逐步放开粮油价格，但是对牧区群众粮食供应仍实行购销同价的办法，由国家给予粮食部门政策性亏损补贴。

1962—2010 年部分年份札达县粮食销售情况统计表

表 11－3－3

年份	粮食(万千克)	年份	粮食(万千克)
1962	8	1996	21.4
1963	10.2	1997	16.9
1965	14.5	1998	27.9
1967	17.8	1999	14
1985	28.9	2000	23.1
1986	43.3	2001	23
1987	11.2	2002	24
1988	33.1	2003	25
1989	16.9	2004	25.5
1990	16.7	2005	25
1991	19.6	2006	26
1992	17.4	2007	28.3
1993	16.5	2008	27.7
1994	15.9	2009	29
1995	16.3	2010	29

第四节　仓储与调运

县粮食部门引导农户科学储粮，提高农户防治病虫鼠害技能。进行农村粮食产后安全保障工程试点，推广安全储粮技术，改善农户储粮条件，降低储粮损耗。制定政策措施，积极引导农户送粮到粮食购销企业代储、代加工，以减少农户储粮损失；鼓励粮食购销企业面向农户开展粮食代储代销代加工业务，提高粮食加工和转化利用率。

一、仓储保管

历史上，宗政府仅有少量简易房屋存放粮食。一般都在寺庙或临时设立的仓储点保存。但是这些存放点均为土木结构的平房，无任何防护设施，粮食容易受潮霉变。

到20世纪60年代，开始加强粮食仓储设施建设，全面改善国有粮食企业储粮条件，确保粮食储得好、供得上、调得动。1963年底，库存粮食10398.5千克，其中大米1658千克，面粉7322.5千克，挂面1378.5千克，绿豆66.5千克，黄豆64千克。

20世纪70年代末，县粮库机构成立，配备有固定的专职保管人员。在粮食保管过程中，一般采用水银温度计或酒精温度计检测室内和粮食湿度。用油蒸式水分测定器检测室内和粮油温度。若温度和湿度偏高时，多采用开窗通风加以调节，甚至晾晒，以防止粮油霉变腐烂，确保粮油安全存放。食油（菜籽油）存储采用袋装和散装方式，成品油多采用袋装，原油和油菜籽多采用散装，成品食油均采用桶装存储。

1991年，阿里地区粮食局在札达县城建成粮库2个，库房面积430平方米，可储存粮食30万千克，为土木结构。后因无防潮设施，被改作他用。

1995年6月20日，经西藏自治区人民政府批准，札达县粮库更名为自治区粮食储备库。

20世纪末，札达县粮食局根据粮食仓储设施布局现状、交通条件、粮食收购量及储存量和发展需求，合理确定项目规模，确保修建的粮库既满足群众需要，又降低运营成本，实现粮库的可持续经营发展。根据粮食仓储实际，针对粮食仓储最突出、最紧迫的困难和问题，优先修建涉及区域粮食安全的仓储设施，合理安排项目建设计划，加快粮食仓储设施项目建设。

县粮油库房建立后，配备有固定的人员保管。截至2000年底，札达县有粮油仓储1处，库房面积215平方米，可存储粮油约20吨。对库存粮油做到心中有数，把不同等级、不同品种、不同年限的粮油分别存放，将保管任务落实到人，经常对储存粮油进行检查，保证库存粮油的安全。

2000年，计划库存37.5万千克，实际完成32.78万千克。

2001年，大力推进粮食仓房维修改造，维修改造仓容约5万吨。确保仓房防潮防雨、保温隔热；配置必要的粮情检测、机械通风等储粮设施和装卸输送设备及仓库附属设施；推广低温储粮、气调储粮等绿色储粮新技术。完善粮食仓库维修机制，增强粮食安全储存能力，加强粮食仓房建设。新建、改扩建仓容约7万吨的平房仓，2个成品粮低温应急储备仓房，健全粮食应急供应网络，全面提升粮食应急保障能力，形成以札达县粮库为支撑的粮食仓储体系。计划库存33万千克，实际完成37万千克。2002年，计划库存50万千克，实际库存为33.41万千克。

2003年，在国家有关部委的大力支持和自治区党委、政府的高度重视下，札达县粮食仓储设施建设工作取得长足进步。其中，三期国债建设7个粮库。有效仓容达12.63万吨。计划库存33万千克，实际库存47万千克。

2005年，紧密结合新建仓储设施较多、粮油储存条件改善、粮油保管难度降低的实际，修订粮油保管损耗标准，减少保管环节粮油损耗。做好粮食仓储设施建设工作，完善粮食储存制度。库存粮食54万千克（含地方储备粮30万千克）。

2006年，充分利用低氧低温的自然条件，结合各地实际，选择适用的先进储粮技术，减缓粮油储存品质下降速度，避免库存粮油发生霉烂变质。在粮油储存环节的管理上，严格执行《粮油储藏技术规范》《西藏自治区储备粮仓储管理办法》等规章制度，巩固清仓查库成果，全面提升粮食仓储管理水平，通过抓调节、抓制度、抓检查，不断探索和创新粮食仓储管理的新模式，推进仓储管理制度化、规范化、精细化，减少粮油入库、出库、倒库、清库、保管等环节的损失。建立自治区储备粮轮换的长效机制，科学制定自治区储备粮的年度轮换计划，跟踪掌握储备粮轮换中出现的新情况和新问题，保障规范运行和储存安全，保证储备粮的数量真实、质量良好，降低储备粮的储存风险。粮食库存为44.15万千克。

2007年，加快粮食加工业的发展，增加对粮食加工业的投入，改造升级现有加工设备流程，淘汰落后的加工生产设施设备，提高粮油的加工生产能力。根据全县群众的饮食习惯，密切关注糌粑和菜籽油加工的技术研究，增加资金投入。

2008年，粮食库存47.82万千克（含自治区储备粮30万千克，地区储备粮4万千克，周转库存13.82万千克）。

二、调运

札达地域广阔，气候恶劣，自然灾害频发，人口居住分散，交通线长且路况差，粮食产量低，不能自给，长期处于粮食调入地区。历史上，境内群众所需粮食主要是通过与相邻的日喀则地区调运和边境贸易获得。随着经济的长足发展，粮食需求呈刚性增长，粮食供求仍长期处于紧平衡状态。

1962年，粮食调入由县财粮科编制计划上报阿里分工委审查批准后，内地粮食从新疆调入，本地粮食从日喀则调入，调入数量较少。

1963年，实际调入粮食17334.5千克，调入油2129.5千克，料13147.5千克。

1987—2000年，粮油供应主要依靠阿里地区粮食局从新疆叶城调入，其具体管理工作由地区粮食主管部门负责，札达县只负责粮油保管。2000年，计划调入内地粮10万千克，实际调入17.21万千克。

2001年，计划调入内地粮24万千克，实际完成10万千克。

2002年，计划调入粮食28万千克（其中当地粮23万千克，内地粮5万千克），实际完成21.52万千克（其中：当地粮调入13.95万千克，内地粮调入7.57万千克）。2005年上半年，调入内地粮食15.25万千克（其中：大米9.55万千克、面粉5.7万千克）。

2007年，严格执行粮食装卸作业标准，结合县公路等级提升、交通运输条件改善等实际，修改粮油公路运输合理损耗规定，降低粮油运输损耗率。减少中转环节和搬倒次数，缩短运输周期，提高县糌粑和菜籽油加工出品率，积极发展养殖业；提高糌粑和菜籽油副产品利用率。青稞酒加工和其他高附加值青稞产品生产厂家做好综合利用，减少粮食损耗。

1980—2010年札达县粮食调入统计情况

表11－3－4

年份	粮食(吨)	年份	粮食(吨)
1980	217	1996	60
1981	230	1997	60
1982	236	1998	69
1983	259	1999	77
1984	256	2000	172
1985	263	2001	23
1986	98	2002	24
1987	110	2003	25
1988	235	2004	25.5
1989	284	2005	25
1990	230	2006	26
1991	210	2007	28.3
1992	20	2008	27.7
1993	21	2009	29
1994	18	2010	29
1995	12		

第五节　粮油管理

一、财务管理体制

1960 年，根据财政分级管理的原则，粮油企业的行政支出（人员经费、部分行政支出经费、购置费）划归县委财政经济工作部管理，并列入县财政预算。凡属粮油业务支出、购置费、仓储建设费、流动资金和计划亏损等仍由上级粮食行政主管部门统一安排。

1964 年，县粮油企业实行“定额控制、分季下达”的财务管理体制。1965 年，开始实行运费定额包干。1967 年后，粮食财务管理权下放，粮油部门仍实行企业管理，有关预算拨款、财务计划、会计报表的审批和财务会计工作等问题，按地区粮食、财政部门的规定办理。

1977 年，根据阿里地区革委会粮食局的有关规定，县粮食局实行独立核算，并建立健全各项管理制度。1981 年，全区粮食系统财务体制调整后，县粮食局财务实行政策性亏损定额补贴，并实行总额控制、超亏不补的管理办法。

1984 年，自治区粮食财务体制下放到地、县，实行三级管理（自治区、地区、县）后，县粮食局的盈亏由县财政承担。

1985 年，县粮食局的政策性亏损，实行定额补贴包干的管理办法，超亏不补、利润（减亏）留成（80% 自留使用，20% 上交地区粮食局）。

1986—1989 年，县粮食局的财务由自治区一级管理，财务指标实行一年一定、超亏不补、节余不补、节余全留的管理办法。

1990 年，根据自治区粮食局的要求，札达县粮食局实行“定销售、定收购、定调拨、定库存、定补贴”的包干责任制。粮食体制由自治区管理后，县粮食局的固定资本、流动资产按规定划转，政策性补贴等与财政挂勾，定额包干、节支分成、超支不补。

1994 年，全区粮食财务管理体制改革后，县粮食局参与市场竞争，实行独立核算、自负盈亏、分级管理、分级核算的财务管理办法。

1999 年，国务院出台“按保护价收购余粮、实行顺价销售、收购资金封闭运行，加快粮食企业自身改革”的政策后，县粮食储备局按照国家的财经制度、会计准则和自治区、阿里地区粮食行政主管部门的有关规定及要求，加强企业财务管理、增收节支、努力提高企业经济效益。

2006 年 1 月，札达县粮食行政主管部门对从事粮食工作的人员做了明确分工。2007 年 3 月，札达县储备粮实行“政府委托、部门监管、分级负责、企业代储”的管理体制。

2010 年 9 月中旬至 10 月初，札达县组织 2 个调研组，开展粮改专项调研、青稞专项调研，为解决西藏自治区青稞区域性供求矛盾奠定基础，为自治区政府提供决策依据。

二、票证管理

1961 年末，札达县实行粮油票证制度。在札达县流通的粮票有全国通用粮票、西藏地方粮票和新疆维吾尔自治区地方粮票 3 种。全国通用粮票的面额有肆市两、伍市两（或半市斤）、壹市斤、叁市斤、伍市斤 5 种。全国通用粮票可在全国范围内流通或使用；西藏自治区地方粮票和新疆维吾尔自治区地方粮票只能在西藏境内和新疆流通及使用。3 种粮票的面额均为成品粮。粮票制度的实行，主要是在高度计划经济管理体制下，为机关干部职工因公外出、学习、休假、治病等提供方便。

除实行粮票制度外，县粮食主管部门自 1961 年开始，按照国家和自治区有关规定，对在札达县国家机关、企事业单位工作的干部职工及家属子女（含凡属国家正式城镇户口的居民）的口粮供应，均实行粮油供应证制度。

20 世纪 70 年代，阿里地区划归新疆维吾尔自治区代管期间，札达县执行的是新疆维吾尔自治区城镇人员粮食供应政策。1980 年后，阿里地区重新划归西藏自治区管理后，札达县执行的是西藏自治区粮油供应供销政策。

在计划经济管理时期，粮油票据是属于国家严格控制和管理的重要票据之一，严禁涂改、邮寄、买卖等，遗失不补。在实行粮油票证的各个历史时期，札达县粮食部门严格执行国家和上级的有关规定，严格粮食票证发放范围和程序，设专人、专账、专库加强管理，并做到日清月结和账表、账实、账账、账据的四账相符。

1994 年，札达县取消粮油票证。

第十二篇

交通　邮电
城建　环保

第一章　交通

札达县地域广、面积大，人烟稀少，交通不便制约着经济、社会各方面的发展。古格时期，象泉河上架设有铁索桥、木桥，为南北盐粮交换提供了方便。

民主改革后，境内交通开始发展。札达县公路交通始于20世纪60年代。1965年，随着札达到狮泉河公路的建成，汽车运输开始出现。至2000年，共修建县道2条、乡村公路10条，县内经营货运业务的车辆有25辆。截至2010年底，县域内有公路（县、乡、村道）20条。其中，县道5条、乡村道路15条，公路通车里程共计2685.21千米，基本形成以巴札、那什、札山公路为主，各乡、村公路为辅的札达县公路网，方便了群众的出行和各类物资的运送，促进了札达县经济社会的快速发展。

第一节　机构

1996年以前，札达县交通建设及运输管理由阿里地区交通局负责管理。

1997年，县交通局成立，但未配备工作人员，由县计委代管。

1999年，县交通局正式挂牌，为正科级建制，编制5人，主要负责乡村公路建设和维护，设备有自治区交通厅援赠的北京吉普车1辆和养护机械拖拉机1台。领导职数1—3名。其中，局长1名，副局长1—2名。

至2000年底，县交通局设副局长（未设局长）1人，有工作人员4人，主要负责乡村公路的建设和维护。

2010年，机构改革后，重新设立县交通运输局，为县政府工作部门，无内设机构，机关编制3名（行政编制2名，事业编制1名），其中科级领导职数3名。增加指导城市客运职责；增加水路运输市场监管、规范水上运输安全职责；增加公路、水路行业环境保护和节能减排职责；加强涉及综合运输体系的规划协调职责，优化交通运输布局，促进各种运输方式相衔接，逐步形成便捷、顺畅、安全的综合运输体系；加强统筹发展区域和城乡交通运输协调发展职责，优先发展公共交通，大力发展农牧区交通，加快推进区域和城乡交通运输一体化；加强综合规划、行业安全生产监督和应急管理职能，完善运行机制。

2002—2010年札达县交通局领导任职一览表

表12-1-1

机构名称	职务	姓名	性别	民族	任职时间
札达县交通局	局长	达次	男	藏	2002.09—
	副局长	旺堆	男	藏	1999.07—2002.06
		樊华	男	汉	2002.06—2009.03
		蒋权	男	汉	2008.07—

第二节　交通线路

一、古道

历史上，朗钦藏布一带的河谷地区一直是札达乃至阿里通往南亚各国和地区（印度及克什米尔、拉达克等）的交通要道。

噶本时期，卫藏至托林寺交通要道共有35个驿站，分别为聂唐、曲水、巴策、巴帝、那泽、热龙、江孜宗朵喀、江孜宗觉巴、江孜宗巴措、白朗宗东那、白朗宗那本、白朗怒、白朗、日喀则戛、日喀则宗加日、龙喜、平措林、拉孜孜萨、拉孜、昂仁、桑桑、杰多、色库、萨嘎、牛库、扎敦、楚松、萨枪、图钦、巴卡、门侧、琼隆、达巴、芒囊、托林寺。驿站是古代主要供传递军事情报的官员途中食宿、换马的场所。这35个驿站是卫藏通往托林寺的必经之道。官府人员及僧人每到一站均在驿站休息一天，第二天启程到下一站。

西藏地方政府在札布让宗和达巴宗专门设置有沿大路的驿站。从札布让前往卫藏地区，至帕尔卡之间有驿站7处，分别为札布让、芒囊（玛朗）、达巴宗、冬波日玛、邦查、琼隆、顿曲（门士）。官员外出或办事人员住在门士；寺庙外出人员则在顿曲或顿曲寺歇息。从卫藏返回时，同样经过这些驿站。

札布让宗和达巴宗两宗前往印度、拉达克等地的商道约有14个山口，即乌第拉、索波拉、仲尼拉、葱萨绒拉、达拉、切莫库拉、松囊拉、色布盖拉、措多拉、香囊拉、别普拉、皮仲拉、伊麦拉、勇图布拉。

二、县道

（一）那托公路

那托公路亦称札达老路。1963年动工，因目测有误，所修路段汽车无法通行而停建。1965年重建通车。北起国道219线噶尔县昆莎乡那木如村，南至札达县城所在地托林。境内全长164千米，至狮泉河全长279千米，沙石路面。1966年，那托公路札达县境内2条延伸路，一段从托林向西至巴布热（今属波林村）段68千米建成通车，一段从托林向西北至曲松区（现曲松乡）的山岗延伸段134千米建成通车。

（二）札达新路

1984年，新疆军区在阿里实施边防一线“三年大建设”工程，由解放军某部修建219国道噶尔县巴尔兵站经地区种畜场至札达县城公路，全长247千米，成为札达又一条主要通外公路。

三、乡道

（一）札萨公路

1996年，由地方政府投资建设。起于札达县城，途经波林边防站、札布让牧场、多香牧场，止于萨让乡政府驻地，公路全长 174 千米，道路等级为四级。

（二）托相公路

1965 年建成。全长 68 千米，东北起自托林镇托林村，西南至波林村相热，简易公路，沙石路面，是札达县西南部经济建设和边防重要交通运输线。属等外级公路。

四、主要村道

（一）曲楚公路

1998 年建成通车。起自曲松乡政府，止于玛嘎岔路（底雅与楚鲁松杰村岔路口），全长 50 千米，宽 3.5 米。

（二）萨当公路

1998 年建成通车。起于萨让乡，止于萨让乡当巴村，全长 13 千米，宽 3.5 米。

（三）香普公路

1973 年建成通车。起自香巴村，止于普兰县城，宽 3.5 米，穿越札达县南北、普兰县西部山岭重丘区，砂砾石路面，属等外级公路。

（四）巴萨公路

1988 年建成通车。起于噶尔县门士乡索多村（巴尔兵站），止于萨让乡政府驻地，全长 288.5 千米，宽 3.5 米。1997 年进行过一次维修。

（五）札香公路

1984 年建成通车。起自县城，止于香孜三岔路口，全长 50 千米，宽 3.5 米。

第三节　公路建设

札达是阿里地区公路建设起步最晚的县。1957 年，全地区各县公路建设基本完成并通车，只有札达县没有通汽车的公路。

1963年，札达县第一条公路——那托公路动工。当年，国家下拨部分简易工具和群众误工补助费，县政府组织200余名农牧民群众自南向北开始修建。因目测有误，拉吾切拉（老孜达坂）所修路段汽车无法通行而停建。

1965年2月23日，新疆维吾尔自治区交通厅决定把国家拨给新藏干线公路的改建工程款160万元，全部用于阿里地区内公路建设，其中一部分资金用于那托公路及其延伸至札达县境内的巴布热和山岗（三岗）公路。由新疆南疆308养路总段负责，重新勘测施工。10月，建成札达县象泉河公路钢架桥。11月，那托公路建成通车，虽然每年冬季有3—4个月大雪封路，但从此开启了札达公路运输的新时代，对沟通边境地区之间的联系、发展经济、保卫边防等都起到了重要作用。在那托公路建成的同时，踏勘那托公路札达县境内2条延伸路，一段为从托林向西至巴布热（今属波林村）段，一段为从托林向西北至曲松区（现曲松乡）的山岗延伸段。

从1966年6月起，由308养路总段负责，分别向西位于朗钦藏布南部的巴布热、向西北位于朗钦藏布西北部的山岗施工。1966年秋，托林至巴布热68千米公路通车。香孜段玛当（现属香孜村）至曲松区所在地山岗134千米公路通车。同年，香孜区组织当地群众投入劳动力修建玛曲沟上游经香巴、夏益2个村至香孜区所在地香孜村的汽车便道，并通车到其尼普、拉嘎、加德农场、色尔嘎、西谢、热嘎夏6个村场。

20世纪八九十年代，在国家和解放军部队的大力支持下，札达县公路建设迅速发展，各乡（镇）驻地都有了通往县城的公路。特别是札达新路的建成通车，成为札达又一条通往域外的经济动脉。1994年，投资21万元新修3条乡村公路，总长143千米，新修、维修骡马驿道4条，新建桥梁1座。

1996—1997年，争取资金400多万元，初步修通了楚鲁松杰公路，萨让公路修至萨让河边，还整修了札达至狮泉河公路。

1999年，争取到200万元（其中曲龙到东波段，投资180万元，由国家修建），对3条被洪水冲毁的公路进行维修和整修，并新建公路3条。

2000年，投资200万元，进行曲松乡楚鲁松杰改道工程；投资100万元修建萨让当巴路段；投资200万元在达巴乡东波曲龙修建了3座交通桥和

180千米道路，维修加固了县城至狮泉河的拉吾切拉、拉龙古杂（小孜达坂）路段。

经过近20年的建设，到2000年，基本形成以2条县道为主、10条乡（村）道相互交织的公路交通网络，全县公路里程达1220千米。

2001—2010年，札达县新建乡村公路主要有札达县X705至东嘎村公路工程，札达县接X704至波林公路工程，札达县底雅乡林西塘至石磨高公路工程，札达县苏康至江塘公路工程，札达县达巴至曲龙村公路工程。2008年，阿里地区交通局批复札达县X705至东嘎村公路新建工程，总投资3356.45万元；批复札达县苏康至江塘公路新建工程，总投资63.3万元。2009年，阿里地区交通局批复札达县接X704至波林公路新建工程，总投资12.61万元；批复底雅乡林西塘至石磨高公路新建工程，总投资11.78万元。

2001年，完成萨让乡公路改建、扩建工作，修通当巴作业组公路，维修札达至狮泉河公路（老路）及札达至托林镇公路。

2002年5月，开工建设鲁巴公路。投资10万元，对札达至古格王国遗址道路进行维修，由地区交通局总体负责，札达县交通局配合地区交通局进行管理。7月，开工建设曲龙村公路，总投资38.4万元，为四级砂石路面，工期4个月，由当地农牧民群众进行修建，县交通局负责管理及技术指导，地区交通局验收。投资10万元，完成古格道路18千米的维修；投资300万元，完成札达县主街市政道路建设。

2003年，针对札达老路改道情况，对实地路线进行拍照及初步路线定位，定于2004年实施，批准490万元，建设105千米，相对老路缩短里程87千米。地区交通局安排札达县农牧民创收公路工程上半年为94.72万元，建设项目主要有：新建底雅乡至努巴组、古木组四级公路20千米；维修底加木至萨让乡公路70千米；维修萨让乡至当巴组公路20千米；维修札达县至东嘎公路50千米。

2004年，总投资2925.66万元，进行象泉河大桥、楚鲁松杰至卡热巴角、嘎布热至日巴等道路建设。上半年，地区交通局安排札达县农牧民创收公路工程188万元，建设项目主要有：札达多香平滩至多香简易二级公路新改建20千米；底加木至日底岗新改建简易二级公路12千米；香孜至苏康至西谢改建简易二级公路40千米；维修札达至香孜道路70千米。

曲松乡楚鲁松杰村是札达县进行民主改革最晚的乡村之一，也是2007年前尚未通公路的村庄，属札达县重点贫困区域“一乡三村”之一，距县城375千米。2007年6月，县交通局对楚鲁松杰村实施通路工程，并顺利通车。

2008年，巴札公路项目，总投资5.05亿元，起于噶尔县巴尔兵站，止于札达县古格都城遗址，路线全长134.06千米，公路等级为四级沥青公路。全县通车里程达1900千米，通路作业组51个，全年通车作业组32个，底雅乡、曲松乡、萨让乡因冬季冰雪，夏季洪水不能通车。

2009年，那什公路项目开工，总投资4.9亿元，起于噶尔县昆莎乡那木如村，止于札达县底雅乡什布齐村，路线全长292.54千米，公路等级为四级砂石公路；札山公路项目开工，总投资3.8亿元，起于札达县，止于札达县曲松乡山岗，路线全长201.22千米，公路等级为四级砂石公路。

2010年，投资14.8万元完成托林镇东嘎村村道建设；投资25万元建设底雅乡鲁巴村岗芝牧道25千米；投资22.7万元完成达巴乡嘎林公路8.1千米的整治工作。

截至2010年底，札达县境内有公路（县、乡、村道）20条。其中，县道5条、乡村道路15条，公路通车里程共计2685.21千米。新建公路8条，里程871.71千米。乡镇公路通达率100%，行政村公路通达率86%。基本形成以巴札、那什、札山公路为主，各乡、村公路为辅的札达县公路网。

第四节　桥梁涵洞

一、桥梁

（一）古桥

1. 铁索桥

托林铁索桥，位于托林以东象泉河上，为阿里地区最早建造的桥梁，是自古以来通过象泉河谷北部进入托林的交通要道。建造年代不详，1946年前后曾由宗政府组织人力进行过加固维修。另外，还有达巴区的达巴铁索桥、什布奇铁索桥。

2. 木桥

象泉河木桥，位于县城西侧5千米处象泉河上。两桥台各自用圆木分6层向河心处悬达6米，每层密铺6根圆木，层与层之间铺垫横向圆木架空。中间纵梁跨度为8米，密铺6根圆木与两端桥台伸臂搭接。桥面宽1.7米，跨度20米，桥台上建门洞，将伸臂镇压坚实。石木结构，修建年代不详。据传为唐东杰布修建的100多座桥之一，只容行人和家畜通行。

古格时期，修建有琼隆桥、赤力桥、昂图桥、塔洛桥、古格桥、通森普桥、擦鲁桥、色布盖大桥等，是通往印度及昆仑、拉达克、噶尔等地的商道，同时也是连接南热、热派马波、比林等市场的主要通道。

（二）现代桥梁

至2000年底，全县建有石拱、钢筋混凝结构的中小桥梁21座，铁桥（驿道桥）1座，总长416.65米，较大公路桥梁中有玛朗桥、比尼桥、象泉河桥等。

2002年，协助自治区交通厅设计院工作组进行象泉河谷道路桥梁新建勘察设计，做好前期工作。

2008年，札达县上报地区急需解决的桥梁工程有：曲松乡曲木底村桥梁建设项目，国家投资30万元，群众投劳5万元，修建长5米、宽2米的钢架桥一座；新建达巴乡曲龙村朗钦藏布桥项目，国家投资164.55万元，修建钢筋砼桥18米；香孜乡角孜桥，国家投资42万元，群众投劳3万元，新建长6米桥梁一座；香孜乡香巴桥项目，国家投资108.61万元，修建钢筋砼桥10米；香孜乡夏益桥项目，国家投资108.61万元，修建钢筋砼桥10米；香孜乡西谢桥建设项目，国家投资129.95万元，修建钢筋砼桥13米。

2010年，札布让组河对岸有400亩地，其中蔬菜种植320亩，植树80亩，能放养牲畜600头（只、匹）。为加快当地经济发展，完成噶如大桥勘察设计，估算投资900万元。

2000年札达县部分桥梁基本情况表

表12－1－2　　　　　　　　　　　　　　　　单位：米、个

名称	位置	结构	长	高	宽	净空	孔数	孔长	跨度	修建时间
象泉河桥	县城东北3km＋60m处	钢筋混凝土结构，板式桥	42.2	15.6	4.55	15	5	7.24	36.2	1965
托林桥	县城西南90m	上部沙石下部块石	10	3.15	5.71	2.56	1		5.6	1965
多吉东桥	札达至达巴公路20km＋90m处	钢筋混凝土结构，板式桥	7.95	1.92	5.8				7.48	1965
扎热桥	巴外公路146km＋20m处	混凝土拱式桥	14.4	29	4.5				7.4	1965
加卧桥	巴什公路151km＋15m处	拱式桥	14.85	2.66	4.55				7.95	1965
凯来桥	巴什公路168km＋30m处	板式桥	8	1	4.35				0.6	
斜杂拉桥	巴什公路190km＋15m处	板式桥	9.2	1.8	7.1				5.2	1965
南木乃桥	巴什公路181km＋20m处	板式桥	10	1.8	5.3				5	1965
吉珠桥	巴什公路191km＋50m处	板式桥	22.55	2.7	4.15				14.4	1965
洛容坚桥	巴什公路166km＋35m处	拱式桥	19.8	0.95	5.8				4.5	1965
玛朗桥	札达至达巴公路49km＋3m处	钢筋混凝土结构，板式桥	118	3.49	4.15	2.97	3	3.2		1984
巴入桥	札达至达巴公路75km＋78m处	钢筋混凝土结构，板式桥	13	1.95	3.9	14	2	5.4	11.5	
边卧桥	巴香公路33km＋20m处	钢筋混凝土结构，板式桥	8.8	2.5	6.1	2			6.1	1984
比尼桥	巴香公路119km＋30m处	钢筋混凝土结构，板式桥	12	13.74	3.65	3			18.4	1984
芒果则桥	巴香公路109km＋37m处	钢筋混凝土结构，板式桥	15.1	3.72	3.7	3			12.3	1984
偏误桥	巴香公路75km＋60m处	木板钢架钢筋水泥结构，板式桥	18	3.7	5.55	3.2			15.2	1984

续表

名称	位置	结构	长	高	宽	净空	孔数	孔长	跨度	修建时间
加峥桥	巴香公路 86km+20m 处	钢筋混凝土结构	21.2		4					1984
宋木其桥	巴香公路 99km+85m 处	钢筋混凝土结构,板式桥	8.3	2.6	4	2			6.8	1984
郎卧其桥	巴香公路 102km+70m 处	钢筋混凝土结构,板式桥	8	2.9	6	2.4			5.9	1984
打昌桥	香巴公路 51km+10m 处	木板钢架混凝土结构,板式桥	15.2	5.7	5.8	5.1			13.2	1984
卡站桥	巴香公路 61km+200m 处	钢筋混凝土结构,板式桥	13		6.08	2.75	2	5	10.4	1984

2008—2009 年桥梁建设情况表

表 12-1-3

桥梁名称	所属路段	延米	管养单位	修建时间
康热桥	巴札公路	12	札达县公路筹备组	2008
K28+100 小桥	巴札公路	12	札达县公路筹备组	2008
宁日桥	巴札公路	12	札达县公路筹备组	2008
K29+900 小桥	巴札公路	12	札达县公路筹备组	2008
K38+810 小桥	巴札公路	12	札达县公路筹备组	2008
下猪隆 1 号桥	巴札公路	12	札达县公路筹备组	2008
下猪隆 2 号桥	巴札公路	12	札达县公路筹备组	2008
上猪隆桥	巴札公路	15	札达县公路筹备组	2008
拉孜波昂桥	巴札公路	16	札达县公路筹备组	2008
打昌桥	巴札公路	12	札达县公路筹备组	2008
卡站 1 号桥	巴札公路	12	札达县公路筹备组	2008
卡站 2 号桥	巴札公路	12	札达县公路筹备组	2008
卡站 3 号桥	巴札公路	12	札达县公路筹备组	2008

续表 1

桥梁名称	所属路段	延米	管养单位	修建时间
卡站 4 号桥	巴札公路	12	札达县公路筹备组	2008
K73 +700 小桥	巴札公路	15	札达县公路筹备组	2008
偏吴桥	巴札公路	24	札达县公路筹备组	2008
加站桥	巴札公路	24	札达县公路筹备组	2008
K108 +500	巴札公路	12	札达县公路筹备组	2008
毛刺沟 2 号桥	巴札公路	16	札达县公路筹备组	2008
毛刺沟 1 号桥	巴札公路	12	札达县公路筹备组	2008
象泉河 1 号桥	巴札公路	24	札达县公路筹备组	2008
象泉河大桥	巴札公路	102	札达县公路筹备组	2008
雪嘎桥	巴札公路	12	札达县公路筹备组	2008
岗桑沟 1 号桥	巴札公路	12	札达县公路筹备组	2008
岗桑沟 2 号桥	巴札公路	16	札达县公路筹备组	2008
则嘞沟桥	巴札公路	12	札达县公路筹备组	2008
丁字那桥	巴札公路	16	札达县公路筹备组	2008
普龙桥	巴札公路	12	札达县公路筹备组	2008
夏赢河桥	那什公路	16	札达县公路筹备组	2009
香孜河西桥	那什公路	16	札达县公路筹备组	2009
尼奥所那桥	那什公路	18	札达县公路筹备组	2009
桑东沟桥	那什公路	24	札达县公路筹备组	2009
帕吴沟桥	那什公路	24	札达县公路筹备组	2009
松那桥	那什公路	12	札达县公路筹备组	2009
加松桥	那什公路	16	札达县公路筹备组	2009
马阳河桥 1 号	那什公路	12	札达县公路筹备组	2009
马阳河桥 2 号	那什公路	12	札达县公路筹备组	2009

续表2

桥梁名称	所属路段	延米	管养单位	修建时间
马阳河桥3号	那什公路	12	札达县公路筹备组	2009
马阳河桥4号	那什公路	12	札达县公路筹备组	2009
马阳河桥5号	那什公路	12	札达县公路筹备组	2009
马阳河桥6号	那什公路	12	札达县公路筹备组	2009
底雅东桥	那什公路	24	札达县公路筹备组	2009
古让桥	那什公路	24	札达县公路筹备组	2009
什布奇桥	那什公路	12	札达县公路筹备组	2009
吴藏桥	札山路	12	札达县交通运输局	2009
交桥	札山路	12	札达县交通运输局	2009
凯拉桥	札山路	12	札达县交通运输局	2009
郎尼桥	札山路	12	札达县交通运输局	2009
桑拉桥	札山路	12	札达县交通运输局	2009
吓桥	札山路	12	札达县交通运输局	2009
集中桥	札山路	12	札达县交通运输局	2009
欧多桥	札山路	12	札达县交通运输局	2009
江布寺入桥	札山路	24	札达县交通运输局	2009
加底桥	札山路	12	札达县交通运输局	2009
东岗桥	札山路	24	札达县交通运输局	2009
札达县X705至东嘎村公路	地吴桥	12	札达县交通运输局	2009
札达县X706至东嘎村公路	东嘎桥	12	札达县交通运输局	2009
札达县接X704至波林公路	多香河桥	24	札达县交通运输局	2009

二、涵洞

在札达县境内，20世纪60年代出现公路以后，才有了现代意义上的涵洞。至2000年底，县交通局管养的拱涵、厢涵共98道，均为1995年10月修建，分别为查普线（查巴至普兰）216 米 36 道、金巴线（金果至巴淌）228 米 38 道、巴札线（巴尔至札达萨让）144 米 24 道。

第五节　交通运输

随着全县社会经济的发展，札达县交通运输方式从原始的人背畜驮逐渐发展为现代化的机械运输，运输力得到极大提升，对全县与外界的联系、经济发展起到了非常重要的作用。

一、人力运输

1965 年前，札达境内交通和运输方式非常落后，人力运输为重要的运输方式之一。有一批专门以出卖劳动力、从事交通运输的职业劳动者，通常将其称为“脚夫”或“背夫”。使用的工具是一种用藤条编制的大小不一的背筐。背夫每人可背 30—35 千克货物，劳动强度非常大。至 2000 年底，偏远多山地区仍有人从事“背夫”工作。

二、畜力运输

在古时，除了人力运输，札达县境内牲畜作为运输工具被广泛使用，主要有牦牛、羊、马、驴、犏牛等。

牦牛亦称“高原之舟”，一般一头牦牛驮载能力为 30—40 千克，日行 3—5 小时，行程 15—20 千米。由于牦牛自身特性所定，长期以来本地人民内部交往及与其他民族之间的交换、交往，主要依靠牦牛进行。

在“盐粮交换”时代，牧民们也以羊作为驮畜。绵羊可驮载 10—20 千克，日行程 15—20 千米。与绵羊一起驮运的还有阉公山羊，每只羊可驮载 10 千克左右，日行程 15—26 千米，耐力与绵羊等同。

马一般可驮载 80—100 千克，每小时速度 5—6 千米，日行程 40—50 千米，可连续驮运 30 天左右。除驮运物资外，还可用于骑乘。

本地的驴仅分布在札达县的萨让乡等海拔较低的个别地区，一般用于驮运、推磨和农事活动。

犏牛为黄牛和母牦牛杂交后的改良品种，具有耐劳耐饥、善走山路的特点，公犏牛可驮载60千克左右的货物，日行程40多千米。

三、车辆运输

1968年，札达拥有了第一台汽车，车型为嘎斯69，开创了札达县交通运输一个新的历史时期。

1973年，由周恩来总理亲自批示，中央政府调拨给阿里地区解放牌军用汽车50辆，分配给札达县2辆。截至1982年，札达县有汽车22辆，其中大型货车12辆、各类小汽车10辆。

1983年，札达县汽车队成立，有汽车5辆，主要承担本县粮、油、百货等物资运输工作。1987年解散。

截至1990年，全县有民用汽车33辆，拖拉机14辆。1994年，国家投资52万元，购买了7辆东风牌货车，组建了县车队，基本上解决了运输难的问题。

至2000年底，札达县无专门客运部门，乘客均搭乘货车或邮车出行。县内经营货运业务的车辆有25辆，其中香孜乡14辆、札布让9辆、达巴乡1辆、曲松乡1辆。政府各部门办公用车12辆。运输线路除县内短途转运外，长途运输主要线路为新疆叶城—狮泉河—札达。

2002年，全县公路货运总量5438吨，客运总量6816人（次）。

2004年，札达开通第一条农村客运班线（札达至师泉河）后，逐渐改善了全县客运条件，有客运汽车1辆。当年公路货运量完成6005吨，客运量完成8075人（次）。2007年，增加1辆客运汽车，共2辆客运汽车。每2天往返一次，主要为夏季运营和冬季阶段性运营。2008年，货运量完成7800吨，客运量完成8500人（次）。

截至2010年底，札达县无车管所，车辆登记均在地区车管所。因此，车辆数量无法准确统计，无正规货运公司。货主如有需要，直接向货车驾驶员联系并支付一定费用。

第六节　公路养护

至2005年年底，札达县境内公路全部为砂石路面。由于自然环境恶劣和地质条件复杂、沙壤性强，一些路段形成搓板路。每年雨季（8—9月中旬）和部分年份冬春大雪季节，容易发生泥石流、洪水冲刷、冰冻等灾害，给公路畅通带来较大困难。各乡（镇）到各村的公路一直未纳入地区交通部门的统一管理和养护之中，亦没有专门的公路养护机构。农村公路管养方式为：县道县来养、乡道乡来养、村道村来养。按照上级要求，实行“谁受益、谁养护”原则后，由各乡村组织群众义务投工投劳进行临时性养护。必要时由县人民政府采取以工代赈或是由县财政给予适当补贴办法，组织公路所在地农牧民群众进行临时性养护，以确保公路畅通。采取日常养护与集中养护相结合的方式，在日常养护的基础上加强对雨（雪）季的公路养护和保通工作。

一、农村公路养护

2002年，总结以往公路养护经验，坚持以提高养护质量，保证公路完好畅通为中心，抓好公路的科学养护和全面养护，使路况得到较大幅度的改善。投资6.5万元，维修保养巴尔至札达公路50千米。

2005年，养护项目投资136.79万元，养护里程1364.5千米。

2006年，上级下拨农村公路养护资金至县交通局，开始进行有偿养护。2006—2010年，上级下拨札达县农村公路养护资金累计1154.1万元。2006年，县交通局与各乡镇人民政府签订《农村公路养护合同》13份，合同总价147.96万元，养护农村公路13条，实际支付养护资金147.96万元。

2007年，上级下拨农村公路养护资金311.13万元，与各乡镇签订农村公路养护合同36份，养护资金实际支付309.74万元，当年养护资金余额1.39万元。11月21日，县长办公会议共批准道路养护资金184万元，其中：达巴乡至玛朗桥道路养护资金25万元，达巴乡至曲龙村道路养护资金

10万元，县城至古格公路养护资金5万元，自来沟至玛朗公路养护资金1万元，香孜乡欧多牧场—嘎公坚—热那沟公路养护资金10万元，楚鲁松杰“村村通”公路养护4万元，巴尔兵站至桑达沟公路养护24万元，交通设备更新15万元，备料、备油等保通经费40万元，萨让公路养护40万元，香孜乡境内以桥引通为主公路养护10万元。

2008年，地区交通运输局下拨农村公路养护资金134万元，与各乡镇签订农村公路养护合同17份，合同资金121万元，养护资金实际支付121.23万元，当年养护资金余额12.78万元。

2009年，地区交通运输局下拨农村公路养护资金238.11万元，与各乡镇签订农村公路养护及水毁合同54份，养护资金实际支付238.11万元。

2010年，地区交通运输局下拨农村公路养护资金322.9万元，水毁专项资金为17.5万元，共计下拨资金340.4万元。农村公路养护使用资金为221.86万元，水毁使用资金112万元。全年农村公路养护及水毁资金使用333.86万元，结余6.54万元。县交通局管养的农村公路养护路线有15条，其中县道3条、乡道9条、村道3条；养护里程为1033.46千米，养护公路里程占全县通车里程的65%。

二、抢险保通

由于札达县特殊的地理位置，降雨较多，加之全县农村公路道路等级低、抗灾害能力差。每当汛期来临，全县公路水毁较为严重，影响交通运输的正常运行。

1999年，争取资金200万元，对3条被洪水冲毁的公路进行维修，并新建公路3条。

2000年，投资6万元，对水毁路段进行整修。

2001年，桑塔尔沟被水冲毁，县交通局立即上报地区交通局，并组织人员对桑塔尔沟公路进行整治和改道（新路）。托林桥遭水毁严重，且因汽车长期超载行驶，该桥面临塌垮风险，针对此问题，上报地区交通局申请重建。

2002年冬春之际，全县普降大雪，为做好公路保通工作，积极配合政府，安排专人参与全县抗灾保通工作。

2005 年，县交通局制定了《札达县乡村公路抢险保通工作预案》。

2006 年，雨水较多，公路水毁情况比较严重，水毁修复工程较多，抢修公路 495 千米，总投资 74.25 万元。自治区公路局技术人员深入萨让、香孜、曲松、底雅等乡实地查勘水毁公路情况。

2007 年底，根据以往灾情进行分析，重点抓好县城至地区公路（巴尔至札达 130 千米），县城至曲松乡主要路段 240 千米，县城至萨让乡 190 千米，县城至底雅乡 385 千米公路的预防和抢险工作。

2008 年开始，每年对全县农村公路水毁修复情况进行统计。2008 年 6 月至 2010 年 9 月，暴雨导致河流水位上涨，造成多座桥梁、多条道路受损，水毁修复共花费 595.62 万元。修复桥梁 7 座，投资 164.32 万元；道路修复 508 千米，投资 261.84 万元。

2008 年底至 2009 年 3 月底，全县雪毁公路里程为 456 千米，完全阻断道路里程 403 千米，小型车辆可通过里程为 53 千米。投入保通资金 169.46 万元。

2009 年 5 月，玛朗河水位急剧上涨，淹没玛朗桥南侧公路，并危及桥梁，为确保通往达巴乡道路不被阻断，保证玛朗组人畜安全，县交通局及时安排托林镇政府组织实施“玛朗桥引道加固及引道维修工程”，共投入劳动力 1672 人（次），翻斗车 3 辆、装载机 2 台、拖拉机 5 台，经过 50 多天，修建河流调治构造物长 476 米，河道清理 400 米，路基填方 1 千米，顺利完成玛朗桥及引道抢险保通工程。

第二章 邮电

札达县地理位置偏僻，交通不便，经济发展缓慢，邮电行业底子薄、基础差。随着全县经济的不断发展，邮电分营后，邮政和通信行业得到快速发展，与外界的沟通与交流加强，为全县社会、政治、经济、文化建设做出了积极的贡献。

第一节 机构

一、邮电局

（一）机构设置

1961 年，札达县邮电所成立。1966 年，札达县邮电所升格为县邮电局。1969 年 12 月，邮政电信分开，分设县邮政局、电信局，实行合署办公，独立经营。

1973 年 9 月，县邮政局、电信局合并，设立县邮电局。1998 年 11 月，因改革和业务快速发展的需要，实行“政企分开、邮电分营”方针，县邮电局再次分设为县邮政局和县电信局，科级建制。

1961—1998 年札达县邮电局领导任职一览表

表 12－2－1

机构名称	职务	姓名	性别	民族	任职时间
札达县邮电局（所）	局长（所长）	李树山	男	汉	1961. 05—1973. 10
		陈怀国	男	汉	1973. 10—1975. 11
		次仁多吉	男	藏	1975. 11—1987. 11
		贡布	男	藏	1987. 02—1991. 11
		王礼平	男	藏	1991. 12—1995. 01
		崔成员	男	藏	1995. 01—1996. 10
		曲桑	男	藏	1996. 10—1998. 08

（二）邮电管理

根据安全标准要求，县邮电局在办理包裹或其他业务时，设有 2 人以上的查验和监督体制，阿里地区邮电局经常派工作组到札达县对各种业务的准确性、安全性进行查验、评比，确保各种业务的规范和安全。对机房和线路的维护，执行地区邮电局制定的值班制度、维护制度等工作制度，建立日常维护记录，并实行机务员 24 小时轮流值班，切实保证通信的畅通和机组的安全运行。

1961—1979 年，县邮电局实行财务报账制，县邮电局收入上交地区邮电局财务科，职工工资及奖惩由地区邮电局计财科以报账形式兑付，局内没有专门的财务管理人员，一切往来通过县财政局上报地区邮电局。

1979 年后，开始设企业会计人员，进行收入汇总和报账任务。1998 年分营后，固定资产的核算由地区电信局和邮政局分别计提，营业收入和人员工资仍实行报账和下拨制。

二、邮政局

札达县邮政局为满足业务发展的需求，先后完成两网互通工程、汇兑大集中系统上线、差错管理系统上线等通信建设，专人负责保障系统的正常运行和网络的畅通。1998 年，投资 64 万元在县城新建一座邮政综合大楼及宿舍区。1998—2010 年，邮政事业得到飞速发展。

1998—2010 年札达县邮政局领导任职一览表

表 12 - 2 - 2

机构名称	职务	姓名	性别	民族	任职时间
札达县邮政局	局长	土邓朗杰	男	藏	1998. 08—2000. 02
		其美才旺	男	藏	2000. 03—2003. 02
		格桑次仁	男	藏	2003. 03—2007. 04
		美拉扎西	男	藏	2007. 05—2009. 02
		格桑罗布	男	藏	2009. 03—

三、电信局

札达县通信事业底子薄、基础差，加之交通不便等因素，长期以来发展缓慢。1998 年，邮政、电信分营，正式成立札达县电信局。20 世纪 90 年代末，电报、电话得到快速发展。电报通信由人工到电传，由电传发展到自动传报，结束了电报人工逐级接传的历史，加快了传输速度，提高了电报通信的质量。

2005 年，札达县移动公司成立，隶属于中国移动通信集团西藏有限公司阿里分公司，公司内部编制包括县经理、渠道经理、客户经理、全业务技术支撑和综合事务 5 个岗位。所有服务站营业员和农村代办员为编制外员工。

1998—2010 年札达县电信局负责人任职一览表

表 12 - 2 - 3

机构名称	职务	姓名	性别	民族	任职时间
札达县电信局	局长	黄金勇	男	汉	1998. 12—2000. 12
		贡觉加参	男	藏	2001. 01—2002. 09
		索朗扎西	男	藏	2002. 09—

续表

机构名称	职务	姓名	性别	民族	任职时间
札达县电信局	副局长	索朗扎西	男	藏	2001.01—2002.09
		旦增	男	藏	2002.09—

第二节　邮政

札达县邮政分公司坚持“通信质量第一、政治服务第一、社会效益第一”的指导思想，进一步加强机要通信的制度和能力建设，加大监督检查力度，加强基础管理工作，切实规范基础资料管理，严格执行安全携带及交接签收制度，始终把机要工作当作一项重要的政治任务来抓，确保机要通信工作万无一失。与保密局协调下发《关于加强国家秘密载体寄递管理的通知》，在机要邮件收寄场所张贴相关通知和资费标准，严格执行携带和交接签收制度，确保国家秘密载体的保密安全、准确传递。

一、邮路

噶本时期，卫藏至托林寺为重要的交通通道，共有 35 个驿站。西藏地方政府在札布让宗和达巴宗没有专门设置沿大路的驿站。从札布让前往卫藏地区之间有 7 处，从噶本时期托林村民负担的阿仲差（一种供养政府信使邮差的差税）来看，那时已有专职政府邮差。此类交通驿站亦是邮路。

札达县现代邮政运输始于 1961 年，先为畜力传递，后由汽车投送，干线邮路为札达至狮泉河，单程为 279 千米。自 1982 年起，每月一班，时间自定。自 1987 年起，每周一班，时间自定。自 1993 年起，每周一班不变，每周五上午封班，下午 4 点装车，星期六发班，往返时间 3 天。

2005 年，全县乡村邮路贯通，主要有托林—香孜（单程 76 千米）、托林—曲松（单程 240 千米）、托林—底雅（单程 356 千米）、托林—达巴（单程 96 千米）、托林—萨让（单程 198 千米）。乡村邮路粗简，投递不便，邮件多由政府工作组代交。

二、邮政业务

(一) 函件

函件业务是邮政的基础业务，也是标志性业务。把函件业务做大做强，是中国邮政调整业务结构的战略选择，也是一个国家邮政发展水平的综合体现。

札达邮政分公司按照“以市场为导向、以客户为中心、以效益为目标”的工作思路，狠抓“一把手”工程，扎实开展各种竞赛活动，认真加强服务管理，切实提高企业经济运行质量和效率。始终坚持将发展作为第一要务，锐意创新，强化管理。

1961—1970 年，出口函件只有 4850 件，月平均 40.4 件；进口函件 3456 件，月平均仅 28.8 件。航空信件于 1996 年 8 月取消。

1998 年，邮电分营后，随着全县经济的不断发展和对外交流的加强，邮政函件业务也不断增多，至 2000 年底，年进口函件 12850 件，月平均 1070.8 件，出口函件 5876 件，月平均 489.6 件。2005 年，函件业务收入完成 300 元。

2006 年，中国邮政进入改革时期，突出发展函件业务，加大企业广告明信片、企业商业信函的开发力度。4 月，全区组织开展以“母亲节邮政为你传真情”专题营销活动。县邮政局以客户为中心，主动走进部队、学校进行现场宣传，实行内外结合方式，扩大社会知名度，销售贺卡 30 枚，实现函件收入 390 元。以用户的需求为出发点，在市场中寻求生存之道，函件业务收入完成 430 元。

2007 年，在“有奖明信片”专题营销活动中，营销员发挥主观能动性，积极宣传、推介邮政贺卡的意义，先后与 5 家单位签订制作协议，完成收入 400 元。函件业务累计完成 650 元。

2008 年，成立函件业务发展领导小组，统一开展函件业务经营工作。制定具体发展目标，以促使函件业务更快发展。明确经营重点，大力实施“门票重点开发、商函上台阶、账单扩规模、贺卡跃新高”工程，继续将景点明信片式门票作为开发重点。与电信公司、旅游公司、外贸公司达成业务合作协议，确定将定制型贺卡作为函件业务发展的重点，将行政机关及各类企事业单位作为贺卡营销的重点对象。一系列的营销活动拉动函件业务快速发展，函件业务收入完成 1.2 万元。

2009 年，札达分公司在市场开发的基础上做好贺卡客户调查工作，了解客户使用邮政贺卡的年限、贺卡的种类及贺卡制作上的要求等。开发制作有本地特色图片且价格适中的邮政贺卡，并积极进行推广。与县政府达成札达县“全境游”景点门票设计制作协议。函件业务收入 1.2 万元。

2010 年，重点做好定制型贺卡开发工作；积极开发 DM 广告市场；紧紧抓住各类庆典活动，推介邮政产品；做好旅游景点门票开发工作。函件业务收入 1.25 万元，成为函件业务发展的重点。

（二）包件

包件是邮政一项具有运输性质的业务，邮政包件主要以邮寄民用物品为主，也可寄递较小的工农业生产物资和各类适于邮寄的商品。札达县受区域特色及流动人口因素的影响，包件业务发展呈现明显的季节性特征。邮政局加强市场营销力度，结合全县实际，因地制宜发展包件业务。

1961—1970 年，共计出口包裹 486 件，月均 4.05 件；进口包裹 570 件，月均 4.75 件。1998 年邮电分营后，包裹业务迅速发展，仅 2000 年，进口包裹就达 1357 件，月均 113.08 件，出口包裹达 357 件，月均 29.7 件。

2001 年，邮政速递业务在阿里开办，适当放开札达的收寄范围。包件业务占总业务的比重，从 2002 年的 5.7% 增长到 2003 年的 10.6%，包件业务正逐步成为邮政主要业务。2005 年，包件业务收入完成 2.4 万元，较上年同期增长 21.8%。2006 年，由于地区投资项目不多，流动人口少于往年，包件业务市场有所萎缩。包件业务收入 2.4 万元，基本上与 2005 年同期持平。

2007 年，在札达县施工项目较多、流动人口总量增多的大背景下，邮政分公司认真抓好前台服务、创收工作；做好军营、民工包裹的流动上门揽收工作，加强军营大宗包裹的市场开发，包件业务收入 2.55 万元。

2008 年，札达县邮政局出台《家乡包裹专项营销方案》《军营包裹专项营销方案》，对各网点城区范围内的包裹实行投递到户服务，拉动包件业务的快速发展，收入2.67万元。

2009年，通过营业人员“多说一句话”的方式重点加强快包业务发展，同时，继续做好“学生包裹”“家乡包裹”“军营包裹”等业务。按照阿里地区邮政局的统一部署，切实做好“爱心包裹”项目。实现包件业务收入3.2万元。

2010年，札达县邮政分公司要求各网点继续宣传快包业务，从而使快包业务呈良性发展态势。为抓住军营包裹业务旺季到来的有利时机，根据《军包营销方案》，积极开展营销活动，各经营单位主动与驻地部队取得联系，上门服务，为完成全年包裹收入打下坚实基础。加强业务宣传的同时，邮政局不断规范经营秩序，严把收寄关，改善收寄服务，促进窗口包裹业务的健康快速发展，未发生违规收寄行为。普包业务收入完成4万元。

（三）汇兑

汇兑是汇款人委托邮电局或者银行将自己的款项支付给收款人的结算方式。汇兑分为电汇和信汇两种。

1961—1970年，出口普汇876笔，月均7.3笔；电汇5356张，月均44.63笔；进口汇票1879笔，月均15.65笔。2000年，全年进口汇票205张，月均17.08张；出口2880笔，月均240笔，其中普汇于2000年1月取消，同时开办电子汇兑业务，札达县属于手工非联网点。

（四）报刊

邮政投递的主要任务是邮递员把寄递、报刊准确、完整地投交指定的收件人手中。札达县邮政局不断改善订阅服务质量，通过多种营销方式提高订阅能力，用足、用好中宣部关于党政军、企事业单位订阅党报党刊的有关政策，业务部门定期跟踪监督检查，杜绝“短报少刊”现象。继续实行报刊业务发展奖励办法，通过激励机制，调动全局职工发展业务的积极性。

建局之初，报刊订阅量只有17份，至1978年共计87份。

1999年，个人征订报刊12人，征订金额为2377.6元；单位和乡镇、县直各单位、中直单位及驻地部队共45份，征订金额为51636.5元。补订全县征订的报纸有8种，杂志17种，征订金额4516.3元。从地区采购一定数量的零售杂志进行出售，金额2463.74元。

2000 年，各种期刊、报刊订阅份数达 437 份。

2005 年，报刊业务大飞跃，实现收入 2.5 万元。

2006 年，在一次性报刊大收订开展之前，完成报刊业务新系统的成功上线，实现各营业网点的电子化联网运作。报刊业务收入完成 3.5 万元，超额完成年度计划，同年计划的 109.3%。

2008 年，报刊发行业务收入直线上升，完成 4.2 万元，同比增长 15.4%，完成年计划的 105.36%。邮政局制定了 2009 年度报刊大收订营销方案和考核办法，调动了职工报刊营销工作积极性；各报刊营销小组积极开展上门宣传预订工作，稳定公费订阅客户，大力开发个人订阅市场。

2009 年，在“世界邮政日”期间，邮政局采取流动宣传与定点宣传相结合的方式进行报刊征订宣传工作，与县委组织部、宣传部联合下发关于党报党刊征订的文件，并及时召开党报党刊征订工作电视电话会，推动全县报刊征订工作顺利开展。报刊大收订流转额完成 11 万元。报刊收入完成 4.9 万元，完成区公司预算目标的 100%。

2010 年，努力抓好报刊大收订工作。各经营部门还积极做好报刊日常收订工作，对报刊日常收订制定具体的目标，提出具体的工作措施和要求，使日常收订工作有效开展。报刊业务收入完成 5.2 万元，完成预算目标的 106.8%。

（五）集邮

集邮是以邮票及其他邮品为主要对象的收集、鉴赏与研究的活动。集邮是一种兴趣，也是一种学问，同时也是一种投资。札达县邮政集邮业务发展较晚，1999 年，集邮年册和邮票销售金额为 3350 元。2000 年成立集邮协会，成员 13 名。

2005 年，县邮政局大力发展带有浓郁地方特色的个性化邮票，积极挖掘旅游市场，多方面、多渠道地借助旅游景点造势。县邮政局与教育局协商开发一套反映教育题材的邮品，为下一步形成规模经营打下基础；充分利用个性化邮票为载体，拓宽本地邮品的发行范围，推出《阿里风光》个性化邮票专题开发计划，作为集邮公司的一项重点工程、邮政局的“一把手工程”来抓。完成著名旅游景点门票型邮资明信片的开发工作，并与相关部门多次协商，签订为期10年的合作协议，为这项业务的长足发展奠定了基础。

截至2005年底，旅游景点门票型邮资明信片进入后期制作阶段，为下一步开发具有地域性的特色邮品积累经验。集邮业务首次出现增长趋势，实现收入2000元，较上年同期增长8.8%。

2007年，得益于开展全员劳动竞赛和《魅力西藏》《奥运福娃》《八一建军节》等专题邮品的成功营销，集邮业务收入1.55万元。

2008年，北京奥运特许商品公司与札达签订奥运特许商品的独家经销合同，通过宣传预定、窗口销售、上门营销等方式进行推销，奥运题材集邮品销售拉动集邮收入增长。集邮业务收入完成1.5万元，完成年计划的95.2%。

2009年，县邮政局利用中华人民共和国成立60周年、西藏民主改革50周年等节日，采取悬挂横幅及利用区公司制作的DM单和手机短信相结合的方式进行大力宣传；营销人员还采取电话预约和上门服务的方式，向集邮爱好者推荐《西藏民主改革50年》《西藏邮票大全》等具有西藏特色的集邮品。

2010年，抢抓机遇，采取悬挂横幅、电话预约、上门收订等方式积极营销奥运邮票大全邮册、西藏邮票大全邮册等邮品。集邮业务完成收入1.84万元。

二、乡邮工作

2004年，札达县邮政局乡邮工作完成五乡一镇摸底调查工作，掌握公路沿线乡村的基本情况，为全面铺开乡邮工作打下基础。2005年5月，完成各乡镇邮政网点的选址和乡邮人员的招聘、培训工作,硬件设施基本到位。

2006年，在认真履行普遍服务义务的基础上，邮政局以全面、稳步、有序地开展“优+服务”活动为契机，以改进前台服务质量、落实投递服务时限为重点，多次举办规范服务培训班，树立职业操守，培养服务理念，网点的整体服务水平得到明显改进。进一步规范服务规章制度，加强监督检查力度。先后对各乡镇网点巡检3次，不定期检查，检查中发现的问题，给予及时稳妥地解决；充分发挥社会监督职能，将邮政服务工作置于社会监督范围之内。通过发放100份用户征询意见函，认真听取客户对邮政服务的意见和要求，着力解决社会关注的热点、难点问题，减少和有力杜绝客户申告现象，服务工作的社会满意率得到进一步提高。

2007—2010年，切实提高乡邮工作的政治使命感和责任感，继续扎实推进乡邮的规范化、制度化进程。对乡邮工作进行检查，针对存在的问题及时提出整改意见，要求限期整改。乡邮操作流程、台账填报、档案装订等工作得到规范。

第三节　通信

在古代，人们传递信息主要是通过驿站、飞鸽传书、烽火报警、符号、身体语言、眼神、碰触等方式进行。在现代，相继出现了固定电话、无线电话、移动电话、互联网等各种通信方式，深刻地改变了人类的生活方式和社会面貌。

札达电信围绕“用户至上，用心服务”的服务理念，提高服务质量，加快通信建设，逐渐发展成为一个具有数据专线、宽带、视频、3G手机、国内和国际业务等多种通信技术的通信中心。

一、通信建设

札达县位于狮泉河西南部，占地面积2.75万平方千米，平均海拔4500米，交通不便、信息闭塞等因素长期以来制约着各项事业的发展。20世纪90代末，在相关部门的大力支持下，县内电报、电话得到快速发展。电报通信由人工到电传，由电传发展到自动传报，结束了电报人工逐级接传的历史，加快传输速度，提高电报通信质量。市内电话由“摇把子”到自动电话再到程控电话。

1997年，邮电卫星线路增加至8条。1998年，进行交换机改型扩容，引进中兴J10程控交换设备，交换机容量由最初的100门扩到520门。卫星通信线路由4路增加至8路，通信能力增强几倍。2000年，电信局完成卫星地面站 TS 的扩容，长途线路由原来的 8 条增加到 14 条。并开通国际长途电话和传真、程控等业务。

2003 年，投资 3800 万元，铺设从狮泉河至札达的光缆，进行沿路中继站的设备安装和调测。10 月，正式开通札达县光纤业务，开通 S1240 程控交换设备，及“好易通”手机业务。全县有 3 个乡政府、多个行政村及自然村每年 11 月至次年 6 月积雪封山，导致乡村无法与县城取得联系，给农牧民的生产生活造成很大困难。“十五”卫星通信工程正式启动后，总投资 980 万元，为 5 个乡政府、15 个行政村、2 个自然村、5 个驻地部队顺利开通“十五”卫星电话。开通 2 个乡政府“好易通”无线接入网，缩短地域和时空的限制，极大地方便了农牧民及边防官兵对外的沟通和联系。

2004 年，札达县开通宽带及数字业务，陆续对部分单位开通专线业务。“好易通”基站覆盖 6 个乡镇级部分行政村。

2007 年，开通 CDMA 手机业务，C 网基站覆盖札达县城及各乡镇，满足用户的通信需求，用户随时随地可以享受信息时代带来的方便。札达一号站建立 2G 基站 34 个，3G 基站 27 个，4G 基站 25 个。传输光缆达 600 千米。五乡一镇所在地均有移动信号覆盖，村组所在地部分信号覆盖。

2007—2010 年，阿里电信分公司投资 3 亿多元，对札达县电信局综合机房进行升级和改造，购置烽火、IPRAN 等国际先进的通信设备及相应的电源设备。巴尔至札达县沿路及 6 个乡镇全部覆盖 3G 网络，实现县城千兆、乡镇百兆、村 50 兆的宽带接入能力，实现乡乡通光缆、乡乡通宽带、乡乡通 3G 网络、乡乡通电视电话视频会议，城乡数字鸿沟进一步缩小。15 个行政村通光缆、通 3G 网络。绝大部分自然村覆盖 3G 网络。全县电信网络信号覆盖率达 90% 以上。

二、电信业务

（一）电报

电报是 19 世纪 30 年代在英国和美国发展起来的一种通过专用交换线路以电信号的方式发送出来的通信方式，后来在全世界风靡一时。现在，随着时代发展，电报已很少使用了。

1961 年，札达县开通一条无线电报电路，有 1 部 15 瓦再生式收发电机。当年电报去报 4800 份。

1962—1967 年，年均电报去报 5000 份；1967—1969 年，年均去报 6700 份；1969—1973 年，年均去报 7200 份；1973—1998 年，年均去报 1.7 万份。

1980 年，开办传真真迹电报，配中英文打字机 1 部。电报开通后，实行全国统一资费，每字按 0.03 元人民币收费。自 1983 年 12 月 1 日起，资费调整为每字 0.07 元，加急加倍。电报业务种类包括公益电报、政务电报、新闻电报、传真电报、普通电报、汇款电报、公共电报、礼仪电报、贺唁电报。按用户需要的特别业务种类有特急、加急、邮送、分送、专送、电报挂号等。

1998—2000 年，年均电报去报 2.5 万份。

（二）电话

1993 年，开设市内电话。1994 年初，200 门程控电话和 VSA 小口径语音卫星通信地球站开通，实现长市（话）合一。开通札达县至狮泉河长话电路 4 条，采用卫星传输方式，有电话用户 14 户。1996 年增至 6 条，2000 年底增至 14 条。

1995 年，县城电话装机达到 61 部，初步改善了邮电通信条件。

1997 年，市话装机 78 部。1998 年，普通电话装机量达到 93 部。1999 年，市话（包括长途）装机 47 部。

截至 2000 年底，开办的电话业务主要有：市内电话、国内长途电话、国际电话。其中国际电话和国内长途电话限于以下几类：国内长途电话包括代号电话、特种电话、政务电话、普通电话、公共业务电话等，国际电话包括遇险电话、政务电话、普通电话、业务电话。全县各类电话用户容量达到 170 余部。

2002 年，长途直播、普通电话用户容量达 340 部。2004 年上半年，新增“好易通”用户 380 部、磁卡电话 8 个。2008 年，国内国际长途、市话入户 2700 部（其中“好易通”用户 1500 部），互联网用户 150 户。

截至 2010 年底，全县移动用户数有 2578 户。其中，2003 年“好易通”

用户数218户，2004年654户，2005年679户。2007年移动用户583户，2008年867户，2009年1491户。

2004—2010年固话业务用户人数

表12-2-4

年份	用户数(户)	年份	用户数(户)
2004	189	2008	598
2005	286	2009	678
2006	367	2010	896
2007	489		

(三) 宽带业务

宽带业务是通信公司为用户提供的高速访问互联网的接入业务，用户可以通过ADSL或光纤接入宽带网，实现高速上网冲浪。2004年，札达县开通了宽带及数字业务，陆续对部分单位开通专线业务。2010年，全县实现县城千兆、乡镇百兆，村50兆的宽带接入能力，实现了乡乡通宽带。宽带上网用户不断增加。

2004—2010年宽带业务用户人数

表12-2-5

年份	用户数(户)	年份	用户数(户)
2004	88	2008	401
2005	225	2009	465
2006	315	2010	571
2007	398		

(四) 增值业务

增值电信业务是指电信运营商利用公共网络基础设施提供附加的电信与

信息服务业务，有时也称之为增强型业务。其实现的价值使原有基础网络的经济效益或功能价值增高。从业务分类上，它对应于基础电信业务。增值电信业务的主要特征是面向社会提供信息服务。

2007—2010 年，札达县此项业务累计完成增值业务收入 251 万元。其中，2007 年 25 万元，2008 年 38 万元，2009 年 75 万元，2010 年 113 万元。

（五）业务收入

随着全县社会经济的发展，通信基础设施的不断完善，县电信分公司的用户不断增加，营业收入也不断增加。

2001—2010 年札达县电信营业收入情况

表 12-2-6

年份	营业收入(万元)	年份	营业收入(万元)
2001	52	2006	176
2002	102	2007	189
2003	122	2008	312
2004	125	2009	356
2005	148	2010	402

2010 年 5 月新入网用户资费收取标准

表 12-2-7

<table>
<tr><td colspan="2">业务类别</td><td>流量版</td><td>时长版</td></tr>
<tr><td colspan="2">固定电话</td><td colspan="2">市话按标准资费,区间和国内长话 0.20 元/分钟,免月租</td></tr>
<tr><td colspan="2">宽带业务</td><td colspan="2">按时长计,0.05 元/分钟,300 元封顶,免月租</td></tr>
<tr><td colspan="2">“好易通”</td><td colspan="2">国内语音 0.2 元/分钟,免月租</td></tr>
<tr><td rowspan="2">移动业务</td><td>主叫</td><td>国内长市漫同价 0.25 元/分钟</td><td></td></tr>
<tr><td>被叫</td><td>全网接听免费</td><td></td></tr>
</table>

续表

<table>
<tr><th colspan="2">业务类别</th><th>流量版</th><th>时长版</th></tr>
<tr><td rowspan="3">移动业务</td><td>月租</td><td>免费</td><td></td></tr>
<tr><td>上网</td><td>赠送 EVDO 流量 30MB，超出部分 0.01 元/100kB，封顶值为 500 元</td><td>赠送无线宽带时长 1.5 小时，超出部分 0.03 元/分钟，封顶值为 1000 元</td></tr>
<tr><td>增值</td><td colspan="2">来电显示 5 元、七彩铃音 6 元、天翼快讯信息费 2 元、天翼视讯信息费 5 元、个人通信助理 5 元全部赠送</td></tr>
</table>

备注：以上未列业务资费，在过渡期内按标准资费执行。

三、移动业务

2005 年，札达县移动分公司成立。建有移动办公楼一座，位于象雄路工商局对面，一楼为营业厅，二楼为办公室，三楼为员工住宿，水电设施齐全。每季度培训 2—3 次，每年培训 8—12 次，地区公司和区公司每年组织培训 4 次。

札达县移动公司在发展移动客户时，终端建设和推广也一直未落下。截至 2010 年，移动座机基本用于个人用户，数量达 234 户；铁通座机基本用于集团客户，数量达 325 户。移动公司业务收入完成 311. 15 万元，较 2005 年的 164. 2 万元，增长了 89. 5%。

2005—2010 札达县移动公司增值业务收入

表 12－2－8

年份	增值业务收入(万元)	年份	增值业务收入(万元)
2005	164. 2	2008	240. 96
2006	186. 6	2009	273. 81
2007	212. 04	2010	311. 15

第三章 城乡建设

札达县计划部门从促进全县经济社会发展大局出发，根据国家资金投向、市场需求和产业发展的需要，积极申报项目，争取国家、自治区投资，加大项目建设实施力度，全县基础设施不断改善。在农牧区根据实际情况，实施安居工程，不断改善村居环境。

第一节 机构

20 世纪 60—70 年代中期，札达县城乡基本建设由县政府负责管理。

1976 年 10 月，撤销县革委会“四大组”后，设立县计划财政局，城乡基本建设归县计划财政局负责，并由阿里地区业务部门指导。

20 世纪 80 年代至 2000 年，县域内城乡建设基建项目逐渐增多，县计划财政局、县计经委由专人专门负责基建项目，并配备工作人员进行基建管理。其主要工作职能是：负责制定全县城乡建设、环境保护发展战略和有关实施办法；负责全县环境保护的监督、管理工作；管理城镇公用事业建设；负责供水、公共交通、环境卫生工作，参与城市防洪涝工作；负责管理房地产行业；负责指导全县生态农牧业建设工作；完成政府交办的其他事项。

2000—2010 年，札达县城乡建设局挂靠县发改委，无三定方案、无具体人员、无办公经费，属两块牌子一套人员。

2010 年，设立札达县住房和城乡建设局，无内设机构，机关编制 3 名

（行政编制2名，事业编制1名），其中科级领导职数3名。增加房屋建筑和市政工程开工许可证审核上报职责；增加承担城市管理的具体职责；加快建立完善全县住房保障体系，完善廉租房、周转房、经济适用房等保障性住房制度，着力解决低收入家庭住房困难问题；加强城乡规划管理，推进建筑节能，改善人居生态环境，促进城镇化健康发展。

第二节　城镇建设

一、项目申报、立项

项目一直是拉动经济发展的主动力，在全国控制固定资产过快增长政策的影响下，札达县努力加强项目前期的筹措，看准国家投资方向，优先考虑急需建设的项目和对全县发展有利的重点项目，积极申报。

2002年，申报的76个项目工程通过有关部门审查和认可，被列入阿里地区“十五”重点项目规划，总投资额达4.9亿元。

2003年，立项项目有农贸市场二期工程、市政道路建设、中小学扩建搬迁、县法院办公楼、财政自身建设、象泉河防洪坝建设、基层政权建设等，投资近4000万元。

2004年，札达县项目库基本形成，入库的大、中、小型项目达100多个。县发改委进一步充实项目库，主要以农牧业基础建设、市政建设、交通水利建设为重点。全年申报2005年项目53个，包括象泉河防洪坝、县城给排水工程、提灌站建设、通县油路及乡村公路等重点项目。

2006年，在已建成项目库的基础上进一步充实，抽调2名专业人员整理项目、编制项目、收集项目等。项目入库量达200多个，项目编制的质量上也有质的变化。

2008年，入库的大、中、小型项目达294个。县发改委进一步充实项目库，主要以农牧业基础建设、城镇建设、交通水利建设为重点。向上级申报项目48个。其中农牧业项目9个，民政项目4个，交通项目9个，教育项目4个，卫生项目3个，扶贫项目4个，能源项目5个，水利项目4个，基政建设项目4个，市政建设项目2个。

二、项目建设

随着全县经济的发展和项目申报力度的加强，札达县固定资产投资继续保持良好增长势头，新建、续建、改扩建项目相继竣工验收。

1963年，建房76间，面积922平方米。其中县级36间432平方米；区级40间，480平方米，解决了县、区职工住房困难。1964年，投资51690.77元，完成建筑面积930平方米。1965年，县基础设施建设562平方米，其中公安队161平方米。除香孜区外，其他区均进行了房屋维修，支出维修费24600元。

20世纪七八十年代，县城和各乡驻地相继修建机关办公用房和干部职工住房、学校、医院等建筑，建筑结构逐步向砖混、砖石混方向发展。

1991年，投资413万元（包括地区专项拨款），修建了3521.96平方米的干部职工宿舍和两座库房。其中，粮食局投资68万元修建700平方米的办公室和宿舍；银行投资145万元修建了1171.96平方米的办公楼和宿舍。

1992年，国家下拨札达县基本建设资金160万元。其中，投资60万元，改建札布让区公所，并于当年交付使用；投资60万元，改造县城职工住房；投资40万元，修建札布让希望小学，当年交付使用。下拨基础设施建设资金320万元。其中，投资120万元，对达巴、底雅区公所进行改建，并于当年交付使用；投资46万元，建成邮电通讯楼。

1994年，投资150万元，对底雅、札布让、达巴三区进行改造，建新房总面积1200平方米；投资250万元，新建县直机关单位干部职工宿舍1600平方米。

札达县大规模建设始于1995年河北援藏以后，主要有县完全小学教职工宿舍、县直机关干部职工住宅房、县政府招待所、县农贸市场、县综合楼等，均为砖混结构。1997年，札达县第八届人代会批准《札达县城镇总体规划》，标志着城镇建设从无序进入到规划建设的新阶段。截至2000年，全县主要建筑有县委县政府、邮政电信、农业银行、电视台、医院、学校、各驻军的生活办公用房等。

2002—2006 年，开工项目 104 个，总投资 22886.49 万元，完成投资 19427.49 万元（其中河北省援建项目 16 个，总投资 2452.39 万元）。主要建设项目有札达县公安大楼建设、托林广场建设、河北路水泥路面建设、中学改扩建、小学搬迁工程、电信光缆工程、交通局乡村公路建设、广电中心建设、县城防洪堤坝建设、安居工程等。

2002 年，建设完成县委综合办公楼、小商品市场等城镇建设项目；完成县城主街道路面硬化、托林广场建设等工程建设。投资 200 万元，建成电信大楼。县城电话装机近 300 部，新增电话线路 8 条，完成扩容 40 部。

2003 年，动工实施法院办公楼、公安局住宿房、幼儿园、计委办公楼、农贸市场、粮食储备库、移动机站、公安局商品房、托林镇围墙、水利局附属工程、自来水续建工程等。协助完成投资 1700 万元的光缆铺设工程；完成投资 250 万元的二期农网改造。

2004 年，争取国家投资 5427.36 万元，完成投资 4917.36 万元。市政基础设施建设项目 5 个，总投资 734 万元。其中，交通局办公楼建设项目投资 320 万元；粮食商品房建设投资 70 万元；农牧局商品房建设投资 57 万元；公安看守所建设投资 130 万元；财政办公楼建设投资 157 万元。卫生建设项目 2 个，总投资 114 万元。其中，卫生局疾病控制中心建设投资 88 万元；达巴乡卫生院建设项目投资 26 万元。水利建设项目农村饮水工程 3 个，总投资 154.5 万元。其中，乡村自来水管道工程投资 108 万元；农牧区光伏井建设投资 24 万元；农牧区太阳能采暖井建设投资 22.5 万元，解决了农牧民 299 户 1064 人的吃水难问题，及 1.3 万头（只、匹）牲畜的饮水难问题。交通建设项目 22 个，总投资 2925.66 万元。其中，农牧民创收项目 10 个，投资 458.66 万元；嘎布热至日巴公路投资 175 万元；波林沟公路建设本年增加投资 75 万元；香孜公路建设本年增加投资 85 万元；西大桥桥头进县水泥路面 140 万元；底加木至日底岗公路投资 100 万元；札达至底雅公路建设 195 万元；象泉河大桥投资 1287 万元；札达水库桥投资 80 万元；贡赤至楚鲁松杰公路建设 20 万元；楚鲁至卡热、巴角公路建设 230 万元；夏益至噶尔贡间公路建设 80 万元。进一步完善了札达县公路交通网络，基本上达到了“村村通”公路，为全县经济、社会的发展奠定了基础。文化教育建设项目4个，总投资1190万元。其中，中学扩建项目投资650万元；达巴乡曲龙小学投资120万元；香孜小学建设项目投资210万元；图书馆建设项目投资210万元。农牧建设项目5个，总投资309.2万元。其中，“112”草原建设工程，投资160万元，草场围栏6500亩、人工种草1950亩，建暖棚圈342套2.2万平方米；香孜乡运肥道建设投资20万元；札布让旅游扶贫开发点项目投资50万元；扶贫经济林开发点项目投资47万元；曲松乡楚鲁松杰扶贫点建设项目投资32.2万元。

2005年，争取到国家投资2707.5万元。其中，乡镇基础设施建设项目7个，总投资375.5万元；卫生建设项目3个，总投资435万元；水利建设项目农村饮水工程1个，投资800万元；交通建设项目2个，总投资203万元；文化教育项目2个，总投资506万元；农牧建设项目8个，总投资388万元。自治区政府主席向巴平措到札达县调研时，现场办公为札达县落实1800多万元的项目资金。

2006年，争取到项目16个，总投资3467.39万元。

2007年，新开工项目26个，总投资2763.51万元，主要包括农行办公楼改扩建、札达县乡镇移动机站建设、消防大队营房建设、人民医院住院部建设、札达县土林石碑及路标牌建设、札达县县乡周转房建设等项目；续建项目开工6个，总投资3053.89万元，主要包括安居工程、检察院三房建设、政府职工周转房建设、二期给水工程建设等项目。

2008年，全年开工建设项目26个，总投资4384.55万元，包括：托林镇东嘎村自来水管道建设（12.6万元）；托林镇藏药基地建设（8.1万元）；托林镇卡孜波林草场配套建设（32.2万元）；札布让通天水渠维修（65万元）；曲松乡安全饮水工程（65万元）；曲松乡短期育肥基地工程（32万元）；香孜乡热布加林村村级活动场所建设（50.01万元）；香孜乡绵羊短期育肥基地建设（210万元）；香孜乡角孜组自来水管道工程建设（14.5万元）；农牧高效温室建设（89.1万元）；扶贫蔬菜大棚工程（30万元）；萨让乡水电站建设（960.2万元）；萨让乡移动机站建设（100万元）；达巴乡边防派出所建设（307万元）；达巴乡至曲龙村公路改扩建（353.54万元）；

底雅乡什布奇公路维修（20 万元）；底雅至久巴公路维修（102 万元）；底雅乡久巴组自来水管道建设（50 万元）；札达县市政道路建设（646 万元）；地质公园基础设施建设（92 万元）；林业局办公楼建设（70 万元）；中学实验楼（135.9 万元）；河北宾馆主体工程建设（500 万元）；札达县至达巴乡光缆建设（198 万元）；札达县至香孜乡光缆建设（231 万元）；托林镇札布让组 8 座沼气池建设（10.4 万元）。当年未完工待次年续建项目 15 个，主要是萨让水电站建设、河北宾馆项目建设、中学实验楼等。

2009 年，市政基础设施建设投资 2587 万元，包括垃圾填埋场建设、廉租房建设、县城排水工程、干部职工周转房建设、敬老院建设、税务局周转房建设、札达县公安边防大队综合整治工程建设、札达县武警中队综合整治工程建设、札达县工会职工之家建设、札达县城镇“三清三化一提高”等项目建设。

2010 年，投资 1500 多万元，完成县乡职工周转房建设；投资 240 万元，完成职工食堂建设；投资 224 万元，完成物价局办公楼建设；投资 930 万元，完成卫生局综合楼改扩建工程；投资 126 万元，完成民宗、统战业务用房建设；投资 901 万元，完成县三乡一点光伏电站建设；投资 71 万元，完成萨让乡文化站建设；投资 198 万元，完成乡镇卫生院住院部建设；投资 879 万元，完成人居环境改造工程建设。

2000—2007 年札达县开工项目

表 12－3－1

项目名称	建设年限	建设性质	总投资（万元）	完成情况（万元）	资金来源	备注
综合办公楼	2000—2001	续建	237	237		
托林镇办公楼、住宿楼	2001	新建	188	188		完成全部投资 215 万元，超资 27 万元
周转房	2001	新建	117	50		
县级干部周转房	2001	新建	164	63		
干部职工住宿楼	2001	新建	35	35		
底雅乡办公楼	2001	新建	195	80		

续表 1

项目名称	建设年限	建设性质	总投资（万元）	完成情况（万元）	资金来源	备注
人民医院办公楼	2001	新建	108	108		完成全部投资 115 万元,超资 7 万元
农城网改造	2001	续建	255	170		
底雅乡防洪坝	2001	新建	160	160		
托林电站	1999—2003	续建	4550	4550		
中学餐厅	2001	新建	16	16		
小学宿舍	2000—2001	续建	33	33		
底雅乡小学	2000—2001	续建	35	35		
公安大楼建设	2002	新建	325	325		
小商品市场建设	2002	新建	20	20	河北	
人民政府购车	2002	单位购置	92	92	河北	援建 80 万
达巴乡营业所	2002	新建	25	25		
电信大楼建设	2002	新建	120	120		
文化活动中心	2002	新建	95	95		
达巴至曲龙道路维修项目	2002	新建	40	40		
札达县至古格王国遗址道路维修	2002	改建	10	10		
商品楼建设	2002	新建	186	186		
水利局办公楼及职工宿舍建设	2002	新建	203	203		
托林广场建设	2002	新建	500	115	河北	
达巴乡卫生院建设	2002	新建	23	23		
税务大楼建设	2002	新建	107	107		
农城网改造	2001	改建	255	255		
自来水工程	2002	新建	120	120		
购置办公桌	2002	单位购置	32	32		
通信线路改造工程	2002	扩建	180	180		
底雅乡政府用房建设	2002	新建	195	195		
香孜乡政府用房建设	2002	新建	200	200		

续表 2

项目名称	建设年限	建设性质	总投资（万元）	完成情况（万元）	资金来源	备注
人畜饮水工程	2002	新建	119	119		
中学改造工程	2002	改建	42	42		
香孜乡小学改造	2002	改建	20	20		
政府大院改造工程	2002	改建	19.8	19.8		
公安局职工宿舍楼	2003	新建	160	160		
人畜饮水工程	2003	新建	176	176		
乡村公路建设	2003	扩建	160	160		
粮食储备库	2003	新建	375	375		
移动通信房	2003	新建	20	20		
计委办公楼	2003	新建	47	47		
幼儿园	2003	新建	150	150	河北	
法院综合办公楼	2003	新建	168	168		
中学改扩建、小学搬迁工程	2003	扩建	900	900		
托林镇围墙建设	2003	新建	31	31		
札达县客运站	2003	新建	150	150	河北	
电信光缆工程	2003	新建	1700	1700		
人民政府农贸市场	2003	新建	300	300		
农发局网围栏	2003	新建	160	160		
达巴乡小学	2003	新建	141	141		
楚鲁松杰小学	2003	新建	84	84		
公安局商品房	2003	新建	20	20		
妇联母亲水窖	2003	新建	10	10		
水利局三期农网	2003	新建	196	196		
电信局乡镇农话	2003	新建	210	210		
曲松乡政府用房	2003	新建	210	210		
萨让乡政府用房	2003	新建	205	205		
公安局购车	2004	单位购置	63	63		

续表 3

项目名称	建设年限	建设性质	总投资(万元)	完成情况(万元)	资金来源	备注
农牧局扶贫建设	2004	新建	149.2	149.2		
农牧局 112 草原建设	2004	新建	160	160		
教育局乡村小学建设	2004	扩建	330	330		
教育局中学扩建项目	2004	扩建	650	650		
交通局水库桥建设	2004	新建	80	80		
象泉河大桥建设	2004	新建	1287	1287		
交通局乡村公路建设	2004	新建	1558.6	1558.6		
农牧区光伏井、太阳能、采暖井建设	2004	新建	46.5	46.5		
乡村自来水管道建设	2004	新建	108	108		
达巴乡卫生院建设	2004	新建	26	26		
疾病预防控制中心建设	2004	新建	114	114		
财政局办公楼建设	2004	新建	157	157		
看守所建设	2004	新建	130	130		
农牧局商品房建设	2004	新建	57	57		
粮食局商品房建设	2004	新建	70	70		
交通局办公楼建设	2004	新建	320	320		
札达县传染病区建设	2005	新建	32	32		
萨让乡、底雅乡、香孜乡卫生院建设	2005	新建	153	153		
札达县小康村建设	2005	新建	100	100		
县医院住院部及配套工程建设	2005	新建	250	250		
香孜乡护林地坝建设	2005	新建	36	36		
东波村人畜吊桥建设	2005	新建	159	159		
底雅乡拉嘎桥建设	2005	新建	67	67		
札达县光电中心建设	2005	新建	500	300	河北	2006 年投资 200 万元
札达县科技推广站	2005	新建	100	100	河北	
札达县道路维修	2005	新建	136	136		
札达县购车	2005	单位购置	220	220		

续表4

项目名称	建设年限	建设性质	总投资（万元）	完成情况（万元）	资金来源	备注
达巴乡配套工程建设	2005	新建	14.5	14.5		
托林镇家庭旅游开发配套建设	2005	新建	10	10		
香孜乡配套工程建设	2005	新建	15	15		
小康示范村特困补助	2005	新建	33	33		
县城防洪堤坝建设	2005	新建	800	390		剩余2006年建设
养鸡场建设项目	2005	新建	17	17		
灾民搬迁项目	2005	迁建	5	5		
曲松乡曲木底村草场建设	2005	新建	65	65		
香孜乡运肥道建设项目	2005	新建	36	36		
香孜乡电视收转站配套建设	2005	新建	6	6		
边境村活动室建设项目	2005	新建	200	200		
札达县防洪坝续建工程	2005—2006	续建	800	410	河北	
河北图书馆建设	2005—2006	续建	210	40	河北	
札达县广电中心建设	2005—2006	续建	500	200	河北	
萨让乡1+1铁塔建设	2006	新建	5	5		
卡孜1+1铁塔扩建	2006	新建	5	5		
东嘎4+3新建工程	2006	新建	10	10		
达巴乡4+3扩建工程	2006	新建	5	5		
底雅乡4+3新建工程	2006	新建	10	10		
种畜场4+3新建工程	2006	新建	10	10		
“村村通”工程续建	2006	续建	24	24		
托林寺红殿屋顶维修	2006	新建	50	50		
县政府购车	2006	单位购置	80	80		
安居工程	2006—2007	新建	2320	1070		
农牧职工周转房建设	2006	新建	54	54		
西大桥维修	2006	维修	280	280		
检察院三房建设	2006—2007	新建	159	80		

续表 5

项目名称	建设年限	建设性质	总投资（万元）	完成情况（万元）	资金来源	备注
达巴乡小灵通接收站建设	2006	新建	130	130		
中学维修	2006	维修	22	22		
香孜乡小学基础设施建设	2006	新建	78	78		
中学厕所建设	2006	新建	9	9		
人行道亮化工程	2006	新建	87.886	87.886	河北	
水泥路面建设	2006	新建	52.5	52.5	河北	
县城环卫配套	2006—2007	新建	50	35		
札达县二期给水工程	2006—2007	新建	180	70		
札达县干部职工周转房建设	2006—2007	新建	200	50		
办公设备购置	2006	单位购置	67.5	67.5		
萨让运肥道路建设	2006	新建	30	30		
安居工程	2006—2007	续建	3892	205		
检察院三房建设	2006—2007	续建	236	143		
县城环卫配套	2006—2007	续建	50	15		
札达县二期给水工程	2006—2007	续建	180	100		
札达县干部职工周转房建设	2006—2007	续建	180	140		
城市美化	2006—2007	续建	87.886	5.8		
卡孜波林奶牛养殖示范户	2007	新建	86.88	86.88		
蔬菜基地建设	2007	新建	100	40		
农村安全饮水工程	2007	新建				
底雅乡至香孜乡公路建设	2007	新建	380	320		
札达县粮食局招待所建设	2007	新建	6	6		
消防大队三房建设	2007	新建	135	20		
边防派出所建设	2007	新建				
购置办公用车	2007	新建	72	72		
洒水车购置	2007	新建	24	24		
县人民医院住院部建设	2007	新建	130	90		

续表 6

项目名称	建设年限	建设性质	总投资（万元）	完成情况（万元）	资金来源	备注
办公楼用房改扩建	2007	新建	200	35		
县完小围墙建设	2007	新建				
邮政局办公房装饰建设	2007	新建	11	11		
2007 年度人行道亮化工程	2007	新建	10	10		
札达县土林石碑及路标牌建设	2007	新建	150	120		
札达县至地区老路维修	2007	新建				
电视接收站移迁	2007	新建	6.5	6.5		
二期周转房	2007	新建	347	15		
札布让移动机站	2007	新建	100	100		
达巴乡移动机站	2007	新建	100	100		
底雅乡移动机站	2007	新建	100	40		
底雅乡什布奇村移动机站	2007	新建	100	40		
司法局办公楼建设	2007	新建	30	15		
四村村委会建设	2007	新建	164.16	66		
县城防洪坝维修	2007	新建	25	7		
乡镇周转房	2007	新建	259.97	30		
河北省援助香孜乡香孜村小康村建设	2007	新建	100	100	河北	

三、项目监管

札达县在基本建设项目上，严格执行规定，加强监管力度。从工程发包到施工质量的控制及竣工验收，均制定具体的监管办法，确保工程质量。专门成立札达县基本建设领导小组，并下设质量检查组监理负责工程进度的控制。工程施工开始前先与政府签订施工合同，明确规定施工期限，再由分管领导、建设单位、监理对施工设计进行审核，审核通过后方可施工。

狠抓项目实施。强化调度，合理安排工期，加快建设进度，严格工程监管，注重工程质量，强化项目资金使用管理，确保项目工程质量和资金规范使用。并要求项目监理每月上报监理月报于县发改委，月报中要报告工程质量、进度等情况，对工程进度滞后的，要求施工单位针对滞后原因做出整改措施，整改后工程进度要明显加快，否则根据合同要求更换施工单位。对无监理的建设项目，工程进度由建设单位和县发改委根据上述要求进行控制。

狠抓质量技术管理，成立安全、质量检查小组，随时检查工程安全、质量，由施工单位编制施工组织设计、施工方案，交建设单位审核，小组及时检查，协调处理施工中出现的安全、质量问题，狠抓现场具体工作的落实。

第三节　住房制度改革

我国的住房制度，经历了4个阶段。新中国成立初期到1978年，长期实行低租金的福利分房制度。1978—1993年，国家积极探索住房实物分配制度改革。1994—1998年逐步实现住房分配货币化。1999—2004年全面推行住房市场化。

札达县在已有房改的基础上，进一步加强对私人建房、单位建房优惠政策的制定和宣传力度。住房公积金和房租收缴工作步入规范化、制度化，对各乡（镇）公积金收缴问题进行规范，确保乡（镇）职工利益。

1999年，批建私房23户5904平方米，理顺公积金和房租收缴关系，制定出台公房出租方案。

在上年房改的基础上，2000年，加大私人建房和有关优惠政策的宣传力度，私人建房46户，累计划出地皮10968.5平方米，住房公积金和房租收缴工作步入规范化、制度化。2001年，私人建房达48户。

2002年，开始对全县第一批（离退休干部）住房补贴进行登记、核算、汇总、上报工作，私人建房达51户，建房贷款近129.5万元，累计划出地皮12008.7平方米。2003年，第一批（离退休干部）住房补贴兑现完成。

2004年，完成了札达县第二批住房补贴的核算、汇总、上报工作，收缴公积金200万元。

2005年，第二批（在职职工）住房补贴兑现完成，核算、汇总、上报第三批住房补贴工作。完成全县办公用房、周转房调查工作，并根据全县实际情况编制上报札达县办公用房、周转房建设计划项目。申报资金 2734 万元，相继完成札达县公安局职工宿舍楼建设、安居工程建设、农牧职工周转房建设、札达县干部职工周转房建设等职工住房建设。并在对全县周转房使用进行详细调查的基础上，出台《札达县周转房管理规定》。填写和推算第三批住房制度改革人员 1998 年至 2003 年工资变动情况和工资审批表，为 202 名干部职工住房补贴待遇的落实贡献了力量。

2006 年，完成第三批在职部分职工购房资金补贴兑现和退伍军人的住房补贴申报工作，为在职干部职工申领并兑现住房补贴 129 万元。上半年，为 74 名在职干部职工申领并兑现住房补贴 1288437 元，收缴房租 56845 元。2008 年，完成对全县党政机关、企事业单位和分流人员的住房补贴兑现工作。

第四节　民居

历史上，札达境域农牧民住房多为平房和少量二层楼，皆为土木、土木石结构。此外，在靠近山崖的地方建有窑洞和房窑结合的民居。窑洞平面有方、圆、长方形等形状，以 4 米×4 米形窑洞为多。窑洞高 2—2.2 米左右。平顶拱窑洞民居是西藏高原上比较少见的一种民居种类。窑洞分为三种：第一种是岩浆砂山中的窑洞，每个窑洞的建筑面积为 25 平方米左右（4×6 米），空间一般为 60 立方米左右，窑洞顶成弧形，绝大部分窑洞室内无装饰，外门高 1.8 米，宽 70 厘米。第二种是土层山中的窑洞，各方面与岩浆砂山中的窑洞大致相同，不同之处是用泥浆在洞内抹了一层装饰面，以防泥土掉落。第三种是农奴主的窑洞，面积较大一些，室内泥浆抹面，有壁画装饰。

札达牧区群众居住主要以帐篷为主。夏季是白色单帐篷，一般由棉布或土白布制成，顶部留一孔做换气通风及烟囱出口之用；冬季是牛毛帐篷，先用牛毛线织成氆氇，再用针线将其缝合成帐篷，一般分为圆形和方形两种。帐篷内除进门方向外其余几方用粮食、被褥等对其底部加以覆盖，以起到挡风保暖的作用。中部支一炉具，用于取暖及炊事，家人及来客围绕炉具四周席地而坐；半农半牧区群众在农业点有简易的土木结构的住房，房屋低矮且狭小，采光度差。

20世纪八九十年代，由国家投资，开始实施游牧定居工程，主要是在冬季草场，为农牧民修建土木结构定居点，使部分牧民实现定居。1991—1995年，为农牧民群众改造房屋92间1656平方米。

20世纪90年代后期，为改善偏远、交通不便和存在严重地方病群众的生产、生活条件，由国家投资，在全县范围内实施扶贫搬迁工程，建造了面积在40—80平方米的土木结构、砖木结构和石木结构的住房，极大地改善了农牧区群众的居住条件。

富裕起来的农牧民也将其住房的修建和改善作为家庭主要投资。针对传统民居窗小、室内灰暗的缺点，引进现代建筑的大窗设计，改善了传统住宅的采光问题，出现水泥地面及墙面。到2000年，札达新建牧民半定居点80户。

2006—2009年，札达县把农牧民安居工程同村镇规划、建设小康社会、庭院改造、道路“村村通”工程、防病改水工程、广播电视“村村通”工程及村庄环境整治等结合起来，坚持“统一规划、合理布局、统筹安排、集中建设”原则，把小的村庄相对集中，分散的居民相对集中到村庄，坚持“三区”分离原则，积极引导农牧民在新建住房时把生活区、草场养殖区、农田种植区明确分开，以方便生活、改善环境。根据县内实际情况，原则上根据国家投资40%，群众自筹和银行贷款40%，群众劳务投入20%的方式筹措资金，可以社会捐款。

2006年，札达县成立农牧民安居工程建设领导小组，县委书记郭文良任组长，县委副书记、县长索巴多吉任常务副组长，各乡镇及相关单位负责人为成员。共建设464户农牧民安居工程。其中，萨让乡62户，底雅乡62户，曲松乡54户，香孜乡105户，达巴乡98户，托林镇83户，建设面积共26743平方米。全年参加安居工程建设的农牧民群众达到21126人（次），创收109.97万元。

2007年，建设172户农牧民安居工程。其中，萨让乡69户（地方病搬迁28户），曲松乡23户，香孜乡60户，托林镇20户。同时香孜乡援藏投资建设安居房38户，建设面积21762.3平方米，参加安居工程建设的农牧民共5175人（次），创收25.88万元。同时完成行政村村级组织活动场所和农牧民安居点所涉及的基础设施配套项目建设。

2007年，按照西藏自治区监察厅、财政厅、审计厅、国土资源厅、建设厅、农牧厅《关于在全区开展农牧民安居工程建设项目专项检查的通知》文件精神及阿里地区监察局、财政局、国土资源局、建设局、农牧局《关于在全地区开展农牧民安居工程建设项目专项检查的通知》要求，札达县采取乡镇自查与县上抽查相结合方式，开展农牧民安居工程专项检查。11月15—24日，为乡镇自查阶段，全面掌握本乡镇安居工程项目总数和投资总数；深入到安居工程所在村、组施工现场及安居群众家中调查研究，了解安居工程项目建设和资金管理使用等情况；了解项目工程质量、竣工验收等情况，自查面达100%。12月1—15日，自治区检查组进行抽查。

第四章　环境保护

2000年前，札达县城镇化水平低，产业结构单一，第二产业在国民经济中所占比重小，基本无工业废水、废气和废渣等污染。除托林镇外，机动车数量少，噪音及废气排放量低。随着全县经济的快速发展，出现矿产资源开发秩序混乱、监管工作不到位等现象，造成草地资源破坏，植被难以恢复，水土流失严重。托林镇城市规模不断扩大，城镇规划工作和城镇基础设施建设滞后，造成城市污水和生活垃圾乱倾乱倒现象严重，生态环境遭到破坏。

第一节　机构

2007年，成立札达县环境保护局，张琳任局长。

2010年，机构改革时，县环境保护局从国土局分设，无内设机构，机关编制3名（行政编制2名，事业编制1名），其中科级领导职数3名。增加水环境治理质量监测和水污染防治职责；加强环境政策、规划和重大环境问题的统筹协调职责；加强环境治理和对生态保护的指导、协调、监督职责；加强落实污染减排目标、环境监管职责。

第二节　环保宣传

札达县环境保护部门广泛开展环保宣传教育，制定实施计划，把环保宣传教育、经济建设和社会发展作为统一的工作，同部署、同落实、同投入、同考核，保证环保宣传教育收到实效。

落实环保宣传教育的责任，将环保宣传纳入各级领导班子的考核内容，明确责任，狠抓落实。加大环保投资和惩戒力度，在主要街道醒目位置设立一批环保宣传栏，设置垃圾箱。广泛开展形式多样的环保宣传活动，配以通俗易懂的宣传画面，编写各种环境污染危害的资料。发挥各类新闻媒体的环保宣传功能，以环保宣传教育为契机，确定新闻宣传计划，开设环保专栏和公益广告，使人们树立发展循环经济，建设资源节约型社会和资源有偿、有序、有限的新观念，自觉贯彻落实环境保护和节约资源基本国策。

2007 年 5 月 8 日，县人大常委会牵头组织县委宣传部、发改委、水利局、环保局、农牧局等相关单位，开展札达县“保护水环境、确保饮水安全、促进人与自然和谐”宣传活动，主要宣传《西藏自治区饮用水源环境保护管理办法》《中华人民共和国环境保护法》《中华人民共和国水法》《中华人民共和国防沙治沙法》《取水许可和水资源费征收管理条例》《中华人民共和国水污染防治法》《国务院关于进一步加强防沙治沙工作的决定》《林业法律实用手册》《林业法规汇编》《森林卫士》《国家禁止建设的“十五小”和“新五小”企业》等相关法律法规材料 430 余份，悬挂横幅 2 条，张贴标语 20 余份。

2008 年，加强对农牧区环境保护的宣传，通过贴近实际、贴近生活、贴近群众的宣传方式，普及环保法规和科学知识，弘扬环境文化，倡导生态文明，增强全社会的环境意识，营造建设环境友好型社会的良好氛围。

2009—2010 年，定期在全县范围内宣传节能减排，科学发展，倡导绿色生活，通过“6·5 世界环境日”等宣传活动，进一步增强农牧民群众的环保意识。

第三节　环保措施

札达县不断加大对环保工作的投入力度，加强人员配备和培训。树立以人为本，全面、协调、可持续的科学发展观，深刻理解科学发展观的内涵，转变粗放型经济增长方式，采取与环境友好的生产、生活方式，努力建设“环境友好型社会”，实现保护环境与可持续发展相辅相成的目标。把环境保护纳入区域发展总体规划，统筹区域协调发展。

一、环境治理

2001—2010 年，札达县环保部门加大对旅游景区和重大建设项目的环境监管力度，开展矿产资源勘查阶段的环境保护，采取有效措施保护生态环境。进行大力整顿，规范采砂点，严禁乱采乱挖，加强生态保护。以构建草、矿二位一体的人工生态系统为目标，科学实施矿山生态环境综合治理工作。

二、排污费征收

札达县环保部门按照温家宝总理提出的环保部门执法要“像钢铁一样坚硬，而不是像豆腐一样软弱”的要求，对于那些拖欠、拒缴排污费的单位或个体，采取分工负责，上门催缴、限期交付等方法，取得良好效果。2001—2010 年，县环境保护局主抓排污费征收工作，扩大征收面，提高排污费的征收额。开征污水排污费、噪音费等。严格执行环境监理政务公开制度，公开排污费收费标准、计算方法等。对排污单位不明白、不理解的问题，工作人员耐心解释、宣传教育，做到使缴费人心中有数，明明白白缴费。对存在排污单位拖欠、拒缴的情况，采取分工负责、上门催缴、限期交付、行政处罚、事先告知等方法，保证排污费征收工作的顺利完成。

三、垃圾处理与人居环境综合整治

2007 年，出台《札达县城环境综合整治工作方案》，以解决县城环境“脏、乱、差”问题为目标，对县城环境进行综合整治，对各主次干道、广场、各部门、办公室卫生进行详细分工，定时、包干清扫。每周五下午为各支部（部门）固定卫生清扫时间。垃圾管理实行两日一清、一周一埋，大力治理居民、个体工商户乱倒脏水、乱扔垃圾的现象。

2009 年，建设县城垃圾填埋场，完善县城垃圾集中处理工作。

2010 年，札达县共投入 879.2 万元，在全县 8 个行政村实施人居环境综合整治工程，改善了农牧区群众的居住条件。

四、污染源普查

2007 年 10 月，为切实加强对污染源普查工作的组织领导，确保札达县第一次污染源普查工作顺利开展，成立札达县第一次污染源普查领导小组。副县长任万阁任组长，县国土资源局副局长、环保局局长张琳任副组长，县发改委、财政局、农牧局、工商局负责人为成员。领导小组办公室设在县环保局。

第四节　环境执法

1989 年 12 月 26 日，全国人民代表大会常务委员会通过了《中华人民共和国环境保护法》，使环境保护工作上升到法律的层面。

2001—2010 年，札达县不断加大环境监督检查和污染控制力度，正确履行职责，加大监督检查。根据确定的管辖权限和范围，采取定期或不定期检查相结合的方式，实施现场监察，促进限期治理项目按期完成。

环境评估制度是落实重大项目建设环境保护工作的有效途径之一，也是现阶段全国项目开工建设必须落实的一项制度。札达县加强项目规划、建设、管理的环境跟踪式监管，有效杜绝建设项目对环境的破坏，真正做到统筹经济建设和环境保护的有机统一，保护札达脆弱的自然环境，建设环境友好型社会。严格落实重大建设项目环境评估制度，加大项目环境保护监管。严格执行《阿里地区建设项目环境保护管理暂行规定》和“三同时”制度，切实落实好建设项目“环保第一审批权”，努力从源头上控制污染。县环保部门注意听取群众的反映，深入现场，着力督查，依法打击环境违法行为。

2009 年，积极开展管理监督工作，对项目建设工地的生活垃圾、砂石场、采石场、预制场等选点位置进行实地调研，加强对保护环境及国家地质公园相关规定的监督检查。与各乡镇签订采砂金矿责任书，督促各乡镇加大生态环境保护力度。

2010 年，根据札达县实际情况，在大力调研的基础上，对托林镇东嘎村、波林村，香孜乡香孜村、热布加林村，曲松乡曲木底村，底雅乡底雅村，达巴乡达巴村、东波村 8 个行政村开展人居环境建设和环境综合整治试点工作，重点放在“两线一区”，即交通主干线、边境沿线、旅游景区，试点村无地质灾害或潜在地质灾害威胁。主要围绕公共设施和基础设施、人居环境建设的薄弱环节，重点实施农家书屋建设工程、综合文化体育设施建设工程、村级广播文化信息资源共享工程、流动电影服务工程、村医疗设备完善工程、太阳能公共照明工程、村庄道路建设工程、农村垃圾污水整治工程、万村千乡市场工程、村庄绿化美化工程。

第十三篇

财税金融

第一章 财政

1960—1975 年，札达县级财政收入薄弱，大部分靠国家补助维持。实行全额预算支出报销制，处于吃“大锅饭”的状态。从 20 世纪 80 年代中期开始，札达县陆续征收企业所得税和资源税、建筑税等其他税种，税收收入进一步增加，保持其本级财政收入的主导地位。截至 2010 年，县级财政收入完成 372 万元，上级补助收入 9982 万元。札达县不断加大财政对农牧业生产投资、交通建设支出、水利建设支出和文化、教育、卫生、社会保障资金支出力度，2010 年，财政支出 10351. 21 万元。

第一节 机构

1956 年 9 月，阿里专区基巧办事处根据发展需要，在札达设立财政办事处，但由于条件不成熟，于 1957 年 2 月撤销。

1960 年 5 月，札达县成立后，因财政工作的需要，县委下设财政经济工作部。1962 年 10 月，县委财政经济工作部划属县政府领导，并更名为县财粮科。1969 年 8 月，全县财粮工作由县革委会“四大组”中的生产指挥组代管。

1975 年 10 月，撤销县革委会生产指挥组，恢复设立县财粮科。1976 年，更名为县计划财政局。1979 年 6 月，更名为县计划财政科。1981 年 12 月，再次更名为县计划财政局。1997 年 7 月，县财政工作从县计划财政局中分设出来，单独设立县财政局。

2004 年，增加国有资产监督管理职能，不设内设机构，行政编制 5 名，其中设局长 1 名、副局长 2 名。2005 年 8 月，成立札达县会计核算中心，为全额拨款事业单位，有事业编制 8 名，其中主任 1 名（由财政局副局长兼任），副主任 2 名。

2010 年，设立札达县财政局（县政府国有资产监督管理委员会），无内设机构，机关编制 5 名（行政编制 4 名，事业编制 1 名），其中科级领导职数 4 名。截至年底，县财政局下设局长办、副局长办、国库办、总专办、审核办、核算中心办、工资办、专户办。

1961—2010 年札达县财政管理机构领导任职一览表

表 13－1－1

机构名称	职务	姓名	性别	民族	任职时间
县委财政经济工作部	副部长	徐怀诚	男	汉	1961. 04—1962. 10
县财粮科	科长	徐怀诚	男	汉	1962. 10—1967. 02
县计划财政局(科)	副局(科)长	黄银道	男	汉	1975. 10—1979. 05
		杨一明	男	汉	1979. 06—1980. 09
		胥树清	男	汉	1980. 09—1987. 07
		仁青	男	藏	1987. 07—1994. 10
		尼玛次仁	男	藏	1987. 07—1994. 10
		阿旺央加	男	藏	1994. 10—1997. 10
		胥洪武	男	汉	1994. 07—1995. 07
		税国芳	女	汉	1994. 10—1997. 10
县财政局	局长	阿旺央加	男	藏	1997. 10—2000. 12
		卓玛次仁	女	藏	2002. 10—2007. 09
		杨建民	男	汉	2009. 03—

续表

机构名称	职务	姓名	性别	民族	任职时间
县财政局	副局长	达次	男	藏	1997. 11—2002. 09
		卓玛次仁	女	藏	1998. 10—2002. 10
		钱志斌	男	汉	2002. 06—2005. 06
		确列	男	藏	2002. 06—2009. 03
		达琼	男	藏	2004. 06—2006. 09
		李广亮	男	汉	2006. 11—

第二节　财政收入

一、本级财政收入

1951年西藏和平解放后，按照《十七条协议》规定，札达维持原有社会制度不变，税收掌握在“三大领主”手中。当时财政工作的总体方针是积极组织货源，及时申报资金，保证中心工作顺利进行。财政实行供给制，由于札达距离新疆较近，每年所需的主副食和生活物资由阿里分工委供给科根据县财政上报的数字向南疆军区后勤部报计划，统一安排供应。

1960年札达县成立后，随着社会主义制度的逐步建立，先后开征农业税（爱国公粮）、牧业税、工商业税及工商统一税等，开始拥有税收收入。虽然是本级财政收入的主要组成部分，但是数量微小，在财政总收入中所占比例几乎可以忽略不计。1963年，财政收入完成2. 6万元，其中，工商税完成4792. 48元，其他收入完成17201. 73元，农牧业税完成4321. 56元。

1980年，札达县工商税收入仅1. 4万元，占财政总收入的0. 8%。农牧业税虽开征时间早，但札达县地处边境，群众生产、生活水平低下，政策性减免范围广，所以征收数额很小，当年农业税收入仅1. 1万元，牧业税收入0. 4万元。

1981年开始，为贯彻中央第一次西藏工作座谈会精神，札达县执行自治区关于减免税收政策规定，免征农牧业税。1984年和1985年，依据自治区第一步和第二步国有企业利改税试行办法，县贸易公司等国有企业开始实行利改税，县财政出现少量企业税收。

随着札达县逐步推行对内对外开放政策，个体工商户数量逐年增长，经营额也不断提高，工商税收入成为税收收入及本级财政收入的主流。从20世纪80年代中期开始，札达县陆续征收企业所得税和资源税、建筑税等其他税种，税收收入进一步增加，保持其本级财政收入的主导地位。1993—1997年，工商税收入85万元，国营企业所得税收入1万元。1998年，工商税收入39万元，国营企业所得税收入2万元。

1999年，本级财政收入65万元，其中税收收入56万元。2000年，全县税收收入达72万元。

2001—2010年，因全县基础设施建设加快，工程项目资金大，再加上古格王国遗址门票收入和项目、招待所收入较好，财政收入不断增加。

2001年，县级财政收入95万元。其中，增值税收入2万元，营业税收入55万元，企业所得税收入1万元，个人所得税收入14万元，罚没收入1万元，其他收入22万元。

2004年，县财政局积极配合税务部门，依法治税，依率计征，应收尽收，清缴欠税，坚决打击偷、骗税行为，在税收收入及时足额入库的同时，加强对房屋租赁收入、政府招待所住宿收入、古格王国遗址门票收入及电费收入等非税性财政收入的征管力度。本级财政收入达148万元，完成了地区下达的收入任务，尤其是营业税、个人所得税、国营资产经营收益完成良好。

2010年，本级财政收入完成372万元，其中税收收入353万元。

1979—2010 年札达县本级财政收入情况统计表

表 13－1－2　　单位:万元

年份	本级财政收入	年份	本级财政收入
1979	3	1995	29
1980	4	1996	36
1981	3	1997	46
1982	3	1998	59
1983	5	1999	65
1984	6	2000	73
1985	6	2001	95
1986	5	2002	105
1987	11	2003	126
1988	24	2004	148
1989	11	2005	178
1990	19	2006	206
1991	20	2007	242
1992	21	2008	281
1993	16	2009	326
1994	12	2010	372

二、上级补助收入

20 世纪 60 年代开始，为发展札达县经济和各项社会事业，维持党政行政支出，国家、自治区、阿里地区采取定额补助方式，实行长期政策扶持，并依据经济社会发展需求，逐年加大补助数额。

20 世纪八九十年代，国家重点扶持全县经济和社会事业的发展，在定额补助的基础上，增加专项补助，主要用于支持重大建设项目及临时性增资。20 世纪 90 年代后，中央新增体制外补助。

1994 年，中央第三次西藏工作座谈会后，国家、自治区、阿里地区除通过财政预算渠道给予补助外，各上级业务部门还通过事业费和补助等方式，给予札达大量的资金扶持。

2001 年，原体制补助 446 万元，用于政府、卫生、农牧部门人员经费和正常工作的开支；专项拨款补助 299 万元，用于购买乡镇车辆及卫生防治防疫经费等。

2002 年，税收返还补助 4 万元，原体制补助 493 万元，专项拨款补助 357 万元，过渡期转移支付补助 228 万元，艰苦边远地区津贴补贴 687 万元。

2004 年，上级补助收入中，县人民医院财政补助收入达 270.9 万元，比上年度增加 21.1 万元；卫生事业补助收入 36.18 万元，比上年度减少 0.91 万元；农牧水利经费补助 184.6 万元。

2005 年后，县财政部门依据上级政策和核定的事业费支出等编报预算，逐级上报，最后由阿里地区财政分期拨付。上级补助资金重点用于扶持基础设施建设、社会事业发展及救济补助等支出，并随着国家财力的增强而逐年增加。

2009 年，完成上级补助收入 8392 万元，其中税收返还收入 29 万元，一般性转移支付 6184 万元（体制补助 508 万元，均衡性转移支付补助 3368 万元，调整工资转移支付补助 635 万元，农村税费改革补助 92 万元，公共安全转移支付 45 万元，教育转移支付 311 万元，其他一般转移支付补助 1225 万元），专项转移支付 2352 万元，上年结余 1225 万元。

2010 年，上级补助收入 9982 万元。

1979—2010 年札达县财政上级补助收入情况表

表 13-1-3　　　　单位:万元

年份	上级补助收入	年份	上级补助收入
1979	150	1981	154
1980	148	1982	160

续表

年份	上级补助收入	年份	上级补助收入
1983	139	1997	796
1984	157	1998	1010
1985	180	1999	963
1986	293	2000	1102
1987	170	2001	1439
1988	195	2002	1804
1989	192	2003	2139
1990	251	2004	2334
1991	320	2005	3143
1992	243	2006	3832
1993	354	2007	4833
1994	570	2008	5952
1995	721	2009	8392
1996	1002	2010	9982

第三节　财政支出

札达县地处边陲，自然条件恶劣，经济欠发达，县级财政基础薄弱，财政发展支撑力弱。20 世纪 60 年代后，札达县财政支出项目主要为经济建设、社会文教科学、行政管理费和其他支出四大类。其中经济建设包括农牧业生产投资、交通建设支出、水利建设支出等；社会文教科学类支出包括文化、教育、卫生、抚恤救济支出等。

1963 年，牧业支出 10713. 29 元，水利支出 528. 71 元，支援人民公社 1000 元，交通支出 922. 59 元，文化支出 163. 8 元，干部培训支出 21. 6 元，教育支出 970. 11 元，社会救济支出 1635. 13 元，卫生支出 6185. 24 元，行政支出 148766. 02 元（其中基建支出 27317. 97 元），其他支出 10124. 92 元，补偿支出 1306. 88 元，上解 26315. 49 元。

1978 年，基本建设类支出 13. 62 万元，支援农村支出 20. 04 万元，文教科学卫生事业费 16. 27 万元，抚恤和社会救济费 1. 03 万元，行政管理费支出 35. 39 万元，其他支出 5. 45 万元。

1985 年，基本建设支出 4. 3 万元，简易建筑支出 14. 9 万元，农村水利气象等部门使用费支出 22. 9 万元，支援农村生产支出 6. 9 万元，工业交通等部门事业费支出 0. 57 万元，城市维护费支出 76. 7 万元，文教科学卫生事业费支出 56. 9 万元，其他部门事业费支出 4. 1 万元，抚恤社会救济福利费 4. 1 万元。

1987 年，支援农村生产支出 33. 1 万元，农村水利气象等部门使用费支出 16 万元，工业交通等部门事业费支出 0. 5 万元，文教科学卫生事业费支出 66. 3 万元，抚恤社会救济支出 8. 2 万元，行政管理费支出 88 万元，财政补贴支出 3. 22 万元，其他支出 13 万元。

1993—1997 年，基本建设支出 129 万元，支援农村生产支出 117 万元，农村水气部门事业费支出 181 万元，文教卫生事业费总支出 855 万元，其他部门事业费支出 58 万元，抚恤和社会福利救济支出 99 万元，行政管理费总支出 1378 万元，公检法部门支出 206 万元，其他支出总计 181 万元。

2001 年，随着全县职工特殊津贴、专项资金增加，政府部门重点开支和车辆及发电室油料和维修费较大，县财政支出不断增加。为解决札达县经济缺口和各项事业的经费需求，地委、行署和上级财政部门下达采取“转移支付实施办法”，以提供强大的财力支撑。其中，过渡期转移支付 239 万元，用于政府部门重点工作和其他资金缺口上；艰苦边远地区津贴补贴 458 万元，用于干部职工工资津贴。财政支出总计 1523 万元。其中，支援农村生产支出 5 万元，农林水气等部门事业费 47 万元，文体广播事业费 42 万元，教育事业费 260 万元，卫生经费 154 万元，税务等部门事业费 12 万元，抚恤和社会福利救灾救济费 51 万元，行政事业单位离退休经费 163 万元，社会保障补助支出 23 万元，行政管理费 626 万元，公检法司支出 93 万元，政策性补贴支出 1 万元，其他支出 46 万元。

2002 年，财政支出 1870 万元，其中农林水气事业费支出 136 万元，文体广播事业费 51 万元，教育事业费支出 322 万元，卫生事业费支出 188 万元，其他部门支出 7 万元，抚恤和社会救济支出 100 万元，国防支出 2 万元，行政管理费支出 902 万元，公检法司支出 128 万元，政策性补贴支出 1 万元，其他支出 33 万元。

2003 年，财政扶贫资金支出 278 万元。其中，扶贫搬迁资金支出 65 万元，解决了底雅乡什布奇村（50 户）和鲁巴村（10 户）农牧民群众搬迁困难的问题；以工代赈资金支出 185 万元；少数民族发展资金支出 25 万元；项目管理费支出 2 万元；农牧培训费支出 1 万元；农业综合开发资金支出 202.3 万元，解决了香孜乡香巴村中低产田 50 亩改造问题，扩大了农业种植面，并解决了底雅乡鲁巴村 2.5 万亩土地灌溉的问题，确保农田给水；支农专项资金支出 24.4 万元。其中，退耕还林支出 4.4 万元，植树造林支出 20 万元。

2004 年，全年县财政开支总额 1324.63 万元。其中，农牧、水利方面支出 184.6 万元，教育经费支出 337.98 万元，文化经费支出 100.6 万元，县医院经费支出 294.03 万元。农牧、水利方面，农牧支出 70.61 万元，公用支出 11.26 万元，对个人和家庭补助支出 31.72 万元；水利支出 55.87 万元，公用支出 15.13 万元；人员工资总额达 126.48 万元（农牧基本工资 18.12 万元，津贴 39.22 万元，奖金 6.35 万元，社保费 3.47 万元，其他 3.44 万元；水利基本工资 13.59 万元，津贴 33.74 万元，奖金 4.85 万元，其他 3.68 万元）；农牧局工作人员退休工资总额为 31.72 万元。教育方面，由于新增人员的工资及公用支出和车辆维修经费，单位缴纳养老金和失业保险部分的增加，全年支出较上年度增加 10 万余元，增加部分经费占教育经费总支出的 5%。医疗方面，由于县医院医护人员增加，人员工资及各种公用经费、社会保障经费的增加。文化方面，由于新增人员的人头经费和公用经费及社会保障经费的增加，总支出比上年度增加 32.35 万元。其中，人员经费总支出 80.89 万元，占总支出的 80%；公用经费总支出 12.89 万元，占总支出的 13%；个人和家庭补助支出 6.81 万元，占总支出的 7%。截至年底县财政供养 800 人。其中，国家在职 370 人，退休 98 人，财政间接供养

290 人，临时工 48 人。

2005 年，为促进札达县社会经济发展，缩小与其他县的差距，加大在经济建设方面的财政支出力度。其中，基础设施建设支出 639. 44 万元，社会发展资金支出 2. 95 万元，项目管理费支出 1 万元。

2006 年，县财政支出 3655 万元。其中，一般公共服务支出 1645 万元，公共安全支出 192 万元，教育支出 415 万元，文化体育与传媒支出 56 万元，社会保障和就业支出 118 万元，医疗卫生支出 259 万元，农林水事务支出 271 万元，其他支出 699 万元。

2007 年，札达县财政性资金投资基本建设项目 4 个，投资总额为 166. 6 万元。其中，安全饮水工程款 51. 6 万元，中学规范化建设资金 60 万元，检察院购置设备资金 9 万元，司法局办公楼建设资金 46 万元。

2009 年，财政支出 10202 万元，其中，公共安全支出 806 万元（公安支出 468 万元、检察支出 107 万元、法院支出 211 万元、司法支出 18 万元、其他公共安全支出 2 万元），粮油物资储备管理等事务支出 21 万元。

2010 年，财政支出 10351. 21 万元。其中，人大支出 88. 3 万元，政协支出 120. 9 万元，政府支出 4256. 7 万元，发展和改革支出 108. 7 万元，统计信息事务支出 4 万元，财政支出 142. 7 万元，纪检监察支出 50 万元，人口与计划生育支出 15. 8 万元，国土资源支出 35. 4 万元，民族宗教支出 25. 7 万元，共产党支出 671. 3 万元，群众团体支出 123. 6 万元，国防支出 2 万元，公共安全支出 925 万元，教育支出 1143 万元，其他科学技术支出 20 万元，文化体育与传媒支出 196. 2 万元，社会保障和就业支出 495. 7 万元，医疗卫生支出 650. 61 万元，农林水支出 543. 8 万元，交通运输支出 51. 6 万元，商业服务等事务支出 86. 6 万元，公积金支出 237. 2 万元，其他支出 356. 4 万元。

1980—2006 年札达县财政支出情况统计表

表 13－1－4　　单位:万元

年份	支援农村生产支出	农林水部分支出	文体广播经费支出	教育经费支出	卫生经费支出	其他部门事业费	抚恤社会救济支出	行政经费支出	公检法支出	城市维护支出	政策性补贴支出	支援不发达地区支出	其他支出	支出合计
1980		61	1	12	8	1	1	48	4				20	164
1981		10	1	11	8	1	2	48	3				7	91
1982		21	2	13	11		3	50					36	136
1983	6	19	4	19	13	1	3	52	3				10	130
1984	10	22	3	38	15		7	85	4				45	229
1985	7	23	4	32	21	1	4	81	5	8	3		42	231
1986	4	20	23	36	20		9	86	11	10	4		56	279
1987	33	16	6	6	24		8. 2	88	8		3. 22		13	238
1988	10	20	10	4	19		1	76	12		3	6	23	184
1989	15	14	3	4	21	1	13	98	19		2	6	14	210
1990	35	32	6	26	27	1	5	128	22		1	9	56	326
1991	31	19	9	14	7	6	12	116	18		2	7	100	353
1992	30	16	4	88	33	3	5	114	24		5	1	64	313
1993	23	25	14	82	24	3	9	192	26		2		56	462
1994	38	28	16	107	71	1	39	237	39		7		68	626
1995	34	44	15	143	82	4	11	273	43		1		85	699
1996	51	55	23	135	104	24	20	565	63			15	70	1133
1997	17	53	26	142	102	2	42	385	62		1		38	863
1998	15	47	25	170	110		129	410	50				128	1056
1999	13	25	33	183	106	4	5	510	52		1		35	954
2000	2	17	28		129	3	29	564	59	2	1	11	20	1152
2001		7	42	260	154	12	51	163	93		1	2	46	1523
2003		142	60	331	169		46	1003	114		1		22	1890
2004		26. 39		337. 98										1325
2006		271	56	415									699	3655

2008—2010 年札达县财政支出情况统计表

表 13－1－5　　　　单位:万元

年份	人大支出	政协支出	政府支出	发展改革支出	财政支出	纪检监察支出	计生支出	国土资源支出	民族宗教支出	群团支出	公积金支出	国防支出
2008	63. 8	103	1718	56. 2	82. 4	2. 6		22	26. 6	68. 6	153. 6	3. 7
2009	81	143	2519	71	160	32	1	22	30	77	230	
2010	88. 3	120. 9	4256. 7	108. 7		142. 7	50	15. 8	35. 4	671. 3	237. 2	2
年份	公共安全支出	教育支出	科技支出	文体支出	社保、就业支出	卫生支出	农林水支出	交通运输支出	商业支出	其他支出	支出合计	
2008	691. 5	738. 3		222. 1	403. 8	454. 9	429. 4	32. 6		621	6175	
2009	806	1302		593			553	49		2313	10202	
2010	925	1143	20	196. 2	495. 7	650. 61	543. 8	51. 6	86. 6	356	10351	

第四节　财政预算

1962 年，阿里地区建立总预算后，县预算确定补贴或上缴数后，阿里地区财政每年给县财政下达收支考核指标，建立会计月报制度。

20 世纪 80 年代，实行“划分收支、分级包干”的财政体制，县级财政有了自主权。阿里地区财政局每年核定各县收支基数确定补贴或上缴后，对县财政下达收支考核指标。

20 世纪 90 年代，县财政预算按照国务院发布的《国家预算管理条例》执行。1993 年，本级财政收入安排 17. 2 万元，财政支出安排 276. 2 万元，主要包括支援农村生产安排 12 万元，农林水气事业费安排 24. 2 万元，工业交通等部门事业费安排 0. 5 万元，文教卫生事业费安排 89. 8 万元，其他部门事业费安排 5 万元，抚恤和社会福利救济费安排 6 万元，行政管理支出安排 95. 2 万元，公检法支出安排 18. 5 万元，价格补贴支出安排 10 万元，总预备费 8 万元。

1994 年，国家发布《中华人民共和国预算法》，此后，预算管理纳入法制轨道。每年预算安排必须由县人民政府提交县人民代表大会批准后，由县人民政府执行。每年财政预算按照“量入为出”的原则编制，严禁“赤字预算”。

随着全县经济的不断发展，特别是西部大开发工作的全面实施，县域基建项目逐渐增多，税收收入主要来源为基建项目。1998—2001 年，财政预算总支出 4902 万元，其中基本建设支出安排 163 万元，农林水气部门事业费支出安排 210 万元，工业交通部门事业费支出安排 4 万元，文教卫生事业费支出安排 1378 万元，抚恤和社会福利救济费支出安排 154 万元，行政管理部门支出安排 2368 万元，公检法部门支出安排 345 万元，其他支出总计安排 280 万元。

1999 年，财政预算按照“适度从紧”的原则，把有限的财力、物力用于发展设施建设上，以农牧为主体，加大农牧业基础设施投资，增强经济增长后劲。财政预算收入 50 万元，财政预算支出 593 万元，支农生产支出安排 25 万元，农林水气部门事业费安排 26 万元，文化广播电视事业费 23 万元，教育事业费安排 114 万元，抚恤和社会救济费安排 29 万元，行政管理费安排 214 万元，公检法部门支出安排 64 万元，卫生事业费支出安排 90 万元，其他支出 8 万元。

2001 年，全县财政预算收入 90 万元，财政预算支出总计 1893 万元。其中，支援农村生产支出 5 万元，农林水利气象等部门事业费 65 万元，文体广播事业费 46 万元，教育事业费 257 万元，卫生经费 139 万元，税务等部门事业费 8 万元，抚恤和社会福利救灾救济费 69 万元，行政事业单位离退休经费 201 万元，社会保障补助支出 43 万元，行政管理费 903 万元，公检法司支出 111 万元，其他支出 46 万元。

2002 年，财政预算收入 100 万元，财政经费预算支出 1150 万元。其中，支援农村生产支出 10 万元，农林水利气象等部门事业费 48 万元，文体广播事业费 35 万元，教育事业费 193 万元，卫生经费 121 万元，税务等部门事业费 1 万元，抚恤和社会福利救灾救济费 29 万元，行政事业单位离退休经费 144 万元，社会保障补助支出 12 万元，行政管理费 429 万元，公检法司支出 65 万元，政策性补贴支出 1 万元，其他支出 62 万元。

2003 年，预算执行工作坚持“保重点、照顾一般”的原则，首先保证人员经费和党政机关重点运转，同时加大对农业、卫生教育的基础设施建设投资力度，并把公检法部门业务经费提高到规定的标准，加大对“人、车、会、话”和其他消费性支出的控制力度。

2005 年，开展全面摸底调查，推进部门预算改革。以零基准预算为基础，以综合财政预算为内容，坚持“支持重点、压缩一般”的原则，对预算定额标准进行细化，改革预算编制方法，对全县各单位及乡镇的公用经费业务和车辆经费等公用支出实行包干。在预算执行中始终坚持“保重点，照顾一般”的原则，在保证人员经费的前提下，对各单位下达单位公用经费核定标准，实行“超支不补，结余留用”的原则，对接待物品实行政府统一采购制，车辆在定点修理处进行修理。在保证人员经费和党政机关正常运转的同时，节省大量财政资金，减轻财政负担，为卫生、文化、教育事业的发展投入更多资金，为巩固政权和社会局势稳定提供了财力支持。

2006—2010 年，贯彻《财政部关于加强政府非税收入管理的通知》《西藏自治区财政厅关于加强政府非税收入管理通知》精神，按照“收支两条线”管理要求，将各项非税收入均纳入预算管理，所收全额上缴国库，实行罚缴分离和票款分离，严禁坐收挪用，严防财政资金在体外循环。严格管理财政预算，要求各乡镇、单位执行年初预算，各项支出均按预算安排和进度执行。加强对预算外资金的管理，预算外资金须与单位经费统筹安排结合使用，严禁将人员经费、机关运转经费使用在基本建设和超标准设备（包括交通工具）购置上。2006 年财政预算支出 4038.21 万元；2007 年财政预算支出 6041.61 万元；2008 年财政预算支出 7509 万元；2009 年财政预算支出 10209 万元；2010 年财政预算支出 10361 万元。

第五节　财政体制改革

和平解放初期，札达财政实行供给制。财政工作总方针是积极组织货源，及时申报资金，保证中心工作顺利完成。1960 年，札达县政府成立后，县财政局主要是为全县政权建设、恢复和发展经济及各项事业服务。1965

年，实行“统收统支、计划安排、余额调剂”的财政体制。1966 年，实行“定收定支、总额分成、定额补助”的办法。20 世纪六七十年代，实行“核定收支、差额补贴、结余留用、一年一变”的财政体制。

1977 年后，县财政实行“定收定支、收支挂钩、增收分成、下年管用”的办法。1978 年后，县财政开始推行“划分收支、分级包干”的财政管理体制。通过全县财政体制的改革和转换，驾驭对财政的监督和管理，减少不合理的经费支出，达到合理、高效使用资金的目的。1985 年后，全县实行“固定基数、稳定收支、定额补贴、分级包干”的财政管理体制，进一步建立健全和完善财政管理制度。

20 世纪 90 年代后，主要实行“定额补贴、增收自用”的财政体制，进一步规范财政管理，使全县的财政管理日趋规范化、科学化。1997 年，根据阿里地区转移支付办法，札达县财政局制定相应的财政支付暂行办法，并建立机制，落实政府责任，进一步完善全县财政管理体制，推行准零基预算。

2001 年，为加快转变经济发展方式、促进经济社会持续稳定健康发展，按照十六届三中全会“分步实施税收制度改革”的要求，以“简税制、宽税基、低税率、严征管”为原则，进行一次大规模的税制调整与改革，进一步完善分税制财政体制，调整政府间的分配关系。2002 年，实施所得税收入分享改革，将按企业隶属关系划分中央与地方所得税收入的办法，改为中央与地方按统一比例分享。2003 年，按照《中华人民共和国政府采购法》要求，札达县全面推行财政统一采购制度。2004 年，全面取消除烟叶以外的农业特产税，并推进减征、免征农业税改革试点。

2005 年，针对全县经济运行中出现的突出问题，进一步加强宏观调控工作，顺应宏观经济形势的要求，适时转换为稳健的财政政策。资金主要用于农村、社会事业、西部开发、生态建设和环境保护等方面。有保有控，在总量适度控制下进行结构性调整。2006 年，按照财政部发布的《进一步推进乡财县管工作的通知》要求，加强乡镇财政管理，规范乡镇收支行为，防范和化解乡镇债务风险。实行账户统设、集中收付、采购统办、票据统管、县乡联网。

2007—2010 年，为规范转移支付制度，协调区域发展，不断完善转移支付管理和分配办法，在财力性转移支付方面，不断改进标准财政收入、标准财政支出、标准财政供养人员数等测算方法；规范了相关财政资金的拨付渠道和管理程序；逐步提高地方预算编报的完整性；推进专项转移支付项目整合，提高转移支付资金规模效益。

第六节　财政管理

札达县财政管理主要包括财政预决算管理、财政收支管理、票据管理、现金管理、财产物资管理、专项资金管理等。

一、财政管理制度

1960—1975 年，札达县财政无收入来源，靠国家补助维持。实行全额预算支出报销制，处于吃“大锅饭”的状态。

1978—1989 年，对财政实行“总额控制、基本平衡”的办法，在县预算核定后一般不予增加预算，县自行增加的支出由县预算总额内自行调剂解决，遇有特殊原因收入完不成任务而影响县预算支出时，由国家拨款补助。教育系统实行全额预算管理，卫生事业单位试行“预算包干”方法，节余留用、增收归己。行政和其他事业单位均实行定额包干方法，即人头经费按上年末人数核定预算，年终结算，增人不增经费。公用经费实行定额包干、超支不补、节余留用。

1990—1995 年，针对财政“吃大锅饭”造成的资金浪费、增收节支积极性不高等现象，进行财政管理体制大改革，实行“划分收支、分级包干、超收留用、短收不补”的体制，对行政事业单位财务实行“核定收支、超支自负、超收分成”的管理办法，调动各行政事业单位当家理财，发展生产的积极性，把经济建设当作县级财力的重要来源进行培植。1994 年，实行“分税制”财政体制改革后，因财政收入无固定来源，自身创收能力差，而支出逐年上升，累计赤字达 271. 8 万元，也是发生赤字最大的一年。

1997 年后，县财政开始实行“责任目标”制，调动了增收节支的积极性，财政收入实现稳步增长，对消减历年赤字、缓解财政困难起到了财力支撑。同时，行政事业单位采取“公用经费包干，超支不补，节余留用”的办法，财政整体工作保持“收支平衡、略有结余”的状态，基本上维持了全县各单位的经费开支。

2004—2010 年，县财政局按照《西藏自治区人民政府关于改革和完善财政管理体制若干规定的通知》，坚持财力与事权相匹配的原则，进一步明晰县财政事权和支出责任，重点解决基本公共服务领域事权划分不清、支出责任不明的突出问题。

二、财政预决算管理

1962 年，县人民政府财粮科开始承办预决算业务，建立预决算报告制度，严格审批程序，监督资金合理使用。预算编报程序是各单位根据国家政策规定和自身业务性质、收支范围、财务管理方式等编制年度预算。主管部门进行审查，然后交财政部门审核批准。财政部门根据单位预算进行汇总，按照财政政策，结合县内实际情况进行审查、测算，在确保当年收支平衡的前提下，编制全县财政预算，并报阿里专署批准。年底，县财政部门根据年终预算执行情况，编制总决算。每年县财政预决算执行结果均由县财政部门向县人民代表大会报告，接受县人民代表大会监督、审查和批准。

20 世纪 80 年代至 2010 年，县财政局实行总预算会计管理，建立健全财务制度，县财政对全县各财务机关工作采取定期或不定期地检查，凡是属于财政性资金的，统一纳入预算专户管理，严格按“收支两条线”管理要求办事。行政事业机关经费，各级党组织机构、公检法司、工青妇等所需经费实行定员定额，年初预算，由财政局核定后按支出拨给。差旅费、会议费、冬季取暖费等都有明确规定。文教事业经费，由地区教育局核定下达指标，县财政局监督执行。卫生事业经费，2000 年前实行定员定额管理，人头经费由县财政预算开支，业务费自行解决。

1994—2000 年，按照国家发布的《中华人民共和国预算法》，预算管理纳入法制轨道。县级财政除保证县委、县政府支出外，对全县各单位有调控责任。每年财政预算必须由县人民政府提交县人民代表大会批准后，由县人民政府执行。每年财政预算按照“量入为出”的原则编制，严禁“赤字预算”。

1996年后，全面实施财政包干制度，严格按照确定的基数核拨各单位经费，控制预算支出，进一步完善“准零基预算管理”办法，努力做好增收节支。加强对《预算法》《会计法》的宣传。

2000—2010年，根据中央对西藏的特殊政策，对卫生事业实行全额预算管理办法。农口系统，主要针对县拖拉机站，实行定员定额管理，人头经费由县财政预算开支，业务费自行解决。其他农牧事业单位实行全额预算管理。其他行政单位经费，除招待所实行差额管理外，均实行全额管理。截至2000年前，全县行政事业单位采用收付记账法。2000—2010年，均改为借贷记账法。

三、财政收支管理

札达县财政局按照“统收统支、收支两条线”的管理模式，加强财政收支管理。对部分预算内的基本建设投资试行贷款办法；改革事业费管理制度，全面实行行政、事业经费预算包干；试行事业单位企业化管理；设置文教卫生科学事业周转金；建立财政支农周转金；建立预算外资金管理制度；开辟利用外资和发行国债筹集财政资金的渠道。

（一）收入管理

县财政严格按照国家有关法律、法规和政策规定，及时足额组织各项收入。各项收入均按规定纳入县财务核算中心进行统一管理，统一核算。按照国家政策规定筹集的，用于本县经济建设、事业发展、公共福利等方面的资金，以县政府名义获得的各种捐款，特定用途的资金，以及县各部门和单位经批准收取的行政事业收费等各项收入，都必须及时、足额缴存县财政专户，并使用统一的财政收款凭证。

（二）支出管理

县政府所有发生的预算内外支出、各项专款支出必须执行县长“一支笔”审批管理制度，并且所发生的各项支出必须做到“三有”，即有合法的原始凭据，有合理的支出项目，有经办人、证明人、分管领导和县长签字，并用文字注明支出理由。如手续不全或开支不符合财务制度的，财务核算中心应拒绝支付。

重大财政事项和大额资金支出，必须在党委领导集体研究决定或经“县财政管理例会”讨论决定后方可支出。县干部职工一般不得向财政借款，如确需借款的，借款必须经分管领导、县长签字，同时注明借款事由和还款日期。

各项支出凭证必须是经国家财税部门批准，统一发行的有效报销发票，自制凭证和商店购买的三联单一律视为无效凭证。往来款划拨必须附财务部门统一登记编号的收款收据。

各单位需购置大额办公用品，需向县采购办提出申请，申请内容为所购置商品的型号及价格，并向分管领导请示同意后报采购办。采购办工作人员进行审价通过后申请原件留采购办留底。所需商品根据本单位资金进行购买。如需招投标的项目，采购办应向项目单位提供招投标公司供项目单位参考使用。

2005 年，县财政加强支出管理，优化支出结构，要求各乡镇、单位严格执行各项财政、财务制度及财经纪律，严把财政支出和经费开支关。按照建设节约型社会和优化财政支出结构的要求，坚持“保重点、控一般”的原则，重点保证“三农”、教育、科技、文化、卫生、社会保障等方面的投入，压缩一般性开支，加大对人、车、会议、接待等重点控制支出的监管力度，确保法定支出和重点支出的需要，确保全年财政收支的平衡。

2008—2010 年，在确保教育、“三农”、卫生等重点支出的基础上，压缩一般性开支，特别是对“人、车、会”的开支予以控制。加大财政对“三农”及科技的投入力度，实施“科技兴县”，提高农牧业科技含量；按照提高公共财政覆盖面的要求，增加教育、民生、社保的投入。

四、票据管理

札达县财政部门不断加强财政票据的管理，各类收入必须使用财政部门监制的票据，不得自行印制或自购收据。应税收入不得使用财政票据，按税收规定使用税务票据。建立健全票据购领、使用和保管制度，实行专人、专账、专管制度，同时做到收入款项及时入账，杜绝“坐收坐支”。

五、现金管理

县财政局要求中心出纳和其他人员收付现金时，必须做到手续清楚，账款相符。收入现金应给交款人正式收款收据，付出现金在取得合法凭证的同时，要在付款凭证上加盖“付讫”印戳，不准私自动用现金，各单位和个人在收款时发生的现金一律不得坐支，以便资金的正常运行。中心出纳一律拒绝支付未经审批的个人和单位的借款，更不得将未经审批的“白条”抵库。

六、国有资产管理

札达县财政局建立专人、专账、专管制度，防止国有资产流失。严格执行固定资产新增政府采购管理制度，规范固定资产的购置渠道。加强固定资产和其他资产的核算管理，建立健全固定资产备查账，对固定资产进行登记造册，实行账、实统一管理。对于调拨、捐赠等增、减的固定资产，应按照购入的固定资产进行核算管理。对于使用寿命到期的固定资产，经请示主要领导后由采购办按规定进行公开处理，并将财产物资的变卖、拍卖收入纳入县财政专户统一管理。

20 世纪 90 年代，札达县从维护国家和人民的利益出发，严格按照有关规章制度做好行政事业单位的产权登记工作，严防国有资产流失，并促使其保值增值。按照国有资产管理局《关于国有资产处置管理实施办法》和自治区财政厅《行政事业单位国有资产管理办法》，对行政事业单位国有资产的登记、财务及报废处理等方面加强管理力度。

七、专项资金管理

札达县财政局根据《中华人民共和国预算法》《中华人民共和国会计法》等法律法规规定，根据年度财力情况和项目排序，会同业务部门提出专项资金初步审核安排意见，列入年度预算草案，报政府审定、通过。对专项资金的分配、使用和管理坚持公开、公正、科学、高效；集中管理，突出重点；专款专用，独立核算；统一支付，严格把关；跟踪问效，责任追究的原则。

第二章　税务

历史上，札达境内赋税、劳役大约有110种，差民按从属关系分别缴纳不同的甲差。1959年，开征农业税，1980年后免征。截至2010年，除按国家和自治区规定征收的税种外，对土地增值税、耕地占用税、车辆牌照税、屠宰税、消费税尚未征收。2010年，全县税收收入353万元。

第一节　机构

清康熙二十五年（1686年，藏历第十一饶迥火虎年），西藏地方政府在阿里建立噶本地方政权机构，随后达巴宗、札布让宗按照西藏地方政府的命令在进出境关口隘处设立“守山人”，对外商收取进出口商品税，达巴宗本、札布让宗本、托林寺及各马本（军事头领）、各部落头人也在其管辖属地派人征收各种差税。

中华民国三十六年（1947年，藏历第十六饶迥火猪年），西藏地方政府在阿里地区设立征盐所，命达巴宗、札布让宗派出税官在各盐粮交换地进行巡查，设税卡征收盐税。

1960年札达县委成立后，由县委下设的财粮工作部负责征收爱国公粮。至20世纪90年代初，税收工作由县财政部门代行。

1994年税制改革以前，税收业务属于财政局的工作范围之一，由县财政局确定1名财会人员开办税收业务，没有成立专门的税务专管员。1994

年，县财税业务由阿里地区国家税务局垂直领导，地区国税局派1名税务专管员独立开展税收征管工作，与县财政局合署办公。

1997年，西藏阿里地区札达县国家税务局（以下简称札达县国税局）正式挂牌成立，为正科级单位。2001年，有局长1名。随着机构改革的不断深入，税务队伍不断发展壮大。2010年，有在职税务干部3名，均为大专以上文化程度，平均年龄不足32岁。税务干部文化水平不断提高，队伍逐步年轻化。

县国税局担负着国税、地税双重职能，主要负责宣传、贯彻执行国家制定颁发的各项税收政策和上级有关部门的决策；负责札达县范围内的所有个体工商户和在县局注册企业的税收管理工作。

2001—2010年札达县国税局领导任职一览表

表13－2－1

机构名称	职务	姓名	性别	民族	任职时间
西藏阿里地区札达县国家税务局	局长	达瓦加布	男	藏	1998.07—2000.03
		索南群培	男	藏	2004.08—2010.09
	副局长	达瓦加布	男	藏	1996.12—1998.07
		索南群培	男	藏	2000.03—2004.08
		阿旺多吉	男	藏	2010.09—

第二节　税种

一、差税

历史上，札达境内所有赋税、劳役同西藏其他地区一样，称为“差乌拉”①，种类大约有110种，其中乌拉（劳役）有60多种，单独称“甲”或“税”，或叫“甲差”。甲差包括徭役、赋税和地租等。甲差按支付方式分为“岗珠”（意为“用腿走路的差”）和“拉墩”（意为“用手拿出去的差”）两大类。支“岗珠”差的差目有马仆、羊仆、牛仆、伙仆和传递信息等约10种，以乌拉差役为主，包括人、驮牛、马驴所支应的劳役，即劳役差。支“拉墩”差包括实物和货币两项，以收取实物为主，差目有酥油差、金差、绒差、酒差、肉差、青稞差和铁差等约30种。

按支差范围又可分为“内差”和“外差”两种类型。“内差”是指差民向各自领主交纳的实物税和地租，如各宗范围内交付的各种税。“外差”是政府的主要经济来源，采取包税的办法由阿里噶本将任务分解给达巴宗、札布让宗、马本及部落头人，征收时根据地方政府下达的《差税清册》进行摊派。至1959年前，由于土地、牲畜等生产资料归属官家、寺庙、部落头人等不同的统治阶级，差民按从属关系分别缴纳不同的甲差。不同区域、不同统治者，差民支应的甲差种类及数量、办法不尽相同。

（一）差税区域

1. 地方政府税区

噶厦每年派遣“擦肖”（盐税官）前往札达征收食盐出口税；派遣“色本”（金税官）在札达各采金矿点征收黄金税。

噶本每年以甲尼玛为中心，向达巴、札布让2个宗税区专派征税官征税。各宗和寺庙税区为外差税役区。

达巴宗税区，总称“达巴恰晓”（意为达巴宗辖属民），除曲龙（又称琼隆）卡本所属少数差民外，其余曲龙措吉（意为部落）、东坡措吉、达雪禹吉（意为行政村，指嘎林和东萨2个自然村）、达喀尔禹吉（今达巴村）、玛朗雄久（玛朗政府差民）、日巴和苏尔康（今萨让乡日巴村和香孜乡的苏康村部分）为一个禹吉。税、役征收由达喀尔和达雪禹吉头人会同其他4个税区头人负责。

① 乌拉原是突厥语，是元朝为经驿站来往官员、马匹、传递文书、担负运输所征派的一种差役，以后成为西藏地方政府及“三大领主”征派的一切劳役的总称。

札布让宗税区：曲木底措（即曲木底本领地，今曲松乡）、卡堆强俄措（今托林镇东嘎、皮央、东波 3 个自然村，香孜乡 10 个自然村，又称古格措）、林措（今托林镇托林、札布让、卡孜、波林、多香 5 个自然村）、洛麦措（包括原萨让如本驻地萨让村及其领地当巴村在内的今萨让乡 6 个自然村）、绒琼措（今底雅乡底雅村、什布奇村）。托林寺所属吉拉郭尔巴（郭尔巴，指寺庙牧场，今种畜场）、鲁卓郭尔巴（今底雅乡鲁巴村、今香孜乡西谢村、今萨让乡日底岗村）、热布加林寺属部分差户为外差税区。

2. 寺庙差税区

寺庙内差依据惯例和需要而定。寺庙税役区既有集中连片的税役区，也有分散户式的差户。设有拉让机构的托林拉让，由以恰佐为首的拉让机构负责征派内差税役。不设拉让机构的各小寺，由寺庙住持负责，通过当地基层行政负责人征派内差税役。

3. 贵族领地内差税区

阿里四宗六本建立后，札达各自然村分别归属阿里各“本”贵族领土，其中今香孜乡夏益村（民主改革前称热喀）的 4 户牧民、底雅乡底雅村数户牧民；今曲松乡的曲木底、松杰、楚鲁、曼扎、香孜乡的角孜和底雅乡的绒堆等 6 个自然村归属曲木底本领地。上述贵族设噶伦、果巴（即头人）负责征收税役。萨让如本领地较小，仅辖一个自然村或几户，由其自行负责征收。

（二）税目

1. 噶厦直收税役

噶厦设官员在札达曲龙的甲尼玛设点征收食盐交易和市场税。色本（官名）从札达砂金产地的百姓和“绰巴”（即采金户）中征收金税。

噶厦直接安排在札达的劳役主要有负责噶厦派往札达的擦肖（官名）及仆从各十余人，经由札达时的房屋或帐篷、全套家具、床被、柴火和接待人员的安排。擦肖在札达境内工作期间，所到之处税区由百姓无偿提供马匹、安排食宿和伙夫、驮牛、驮夫等。同时，根据 1683 年拉藏停战协议，每年库奴地区（今印度北方邦西北端同札达县相邻地区）需向西藏地方政府和达赖喇嘛进贡。年贡主要有“喀切夏甘”（藏红花）、布匹、沉香等，在经由札达时，需由札达百姓提供坐骑和驮马。

2. 噶本税目

噶本每年从达巴宗属差民中征收“折拉曲恰”（噶本骡马饲料费）100章嘎。驿站劳役：噶本不定期巡视中印边境时，全村要为官员提供马夫和牲畜，届时宗本随行。札达境内百姓需无偿承担每3年2个宗换届各15—20人、卡尔本（管理今札达县曲龙村的官员）及仆从多人，每6年托林寺的拉恰换届，各20多人沿途所需食宿、驮畜、驮夫、马夫等。萨让、底雅、香孜等地百姓承担从札达各地征收的“奇齐”运至噶尔昆萨的任务，需无偿征派200—300只驮羊和20—30个劳力。

3. 达巴宗差税役

实物税，称“夺拉差莫切”（即大乌拉差役），主要实物税有金税、大米税、红糖税、酥油税、青稞和糌粑税（数额不详）；从曲龙征收精选的60只绵羊称“醒差”（即农业税）；牛羊粪和薪柴等燃料税、木炭税；红土和白土（每年修饰宗衙建筑的用料）；尼底（现属印度北方邦西北部边民区）商人每户征收1羊袋青稞，7个村征收7羊袋大米。

货币税，从下辖6个税区中统一征收现款税、军差、“直乌密佳”（即骡马铁掌）税、“喇瓦齐”（即氆氇）税、“衮萨咂仁”（即冬季草场费）税、“绑玛”（即酒糟）税、“把奔”（即胶泥）税，还从它瓦康巴征收人头税。税区百姓每年承担由2名色杰和4名守山人组成的守护中印边界商道山口的守护队在守山期间（每年5个月）的折银伙食费；每年向门士驿站缴纳夺拉（同郭绷）700藏币；向噶本缴纳“折拉曲恰”（即骡马饲养费）折银费。

劳役税，从达巴税区（即宗府附近的3个自然村）征派马夫、伙夫以及在宗辖内传递公文或信件若干人，为每年宗府请扎什伦布寺僧众举行驱魔禳灾放食子仪式活动，征派打柴、打水、烧茶做饭、捏揉“措”（会供贡品）等各种杂役2人10天；为换经幡杆和树新经幡征派2人4天；为宗衙建筑上红、白涂料5人10天；管护人工林地、养鸡全年各1人；为宗本每年到甲尼玛市场参加交易和征税等活动征派1名佣人10天；每年宗政府1000只驮羊到北部运盐至印度尼底等地区，征派十余人往返约2个半月；

日常饲养管理宗政府骡马全年征派 2 人；放牧管理宗政府自营牛羊十余户；达巴税区两名小头人任职期内不能离村，随时听候宗府调遣差役；为守护领土和以包税形式征收乌热拉（即乌热山口）、各则拉（即古真山口）等主要商道，每年征派 6 名守山人 5 个月；每年征派 2 人 50 只驮羊到尼底地区通报人畜疫情（称色杰，尼底地区每年藏历五月派使者向西藏通报疫情，是自印度沦为英国殖民地后，英国人设立的规矩）；每年选派 2 名骑手、2 匹马、3 头驮牛、2 名佣人到噶尔雅萨参加噶尔恰青；2 户百姓耕收管理宗府自营地（数量不详）全年提供人畜劳役；为“醒涅”（即宗府自营地管理员）征派乘骑和马夫；为曲龙卡本（由噶厦委任，归达巴宗管理的流官，常住曲龙），有几户农奴专为其提供食宿和人畜劳役。

达巴宗辖政教差民，共同无偿承担噶厦擦肖、噶本、托林寺、印度商务代表（当地人称尕夏本波，下同）的乌拉。

向札达擦肖官仆十多人在甲尼玛 3 个月征税期间提供全部食宿（包括照明用的 40 把洋蜡）；向边境山口巡视的官仆提供几个月的全部食宿；向发放萨曲绷巴的官仆多人提供在该宗期间的全部食宿；为拉达克王向达赖喇嘛敬献礼品的官仆多人提供全部食宿；向噶厦益吉阿仲和欧达阿仲往返于达巴宗境内时提供全部食宿；向雄丛派出的收债人员提供全部食宿；向征收定日（今定日县）军费的官仆提供食宿；向门士协俄官仆多人在达巴宗辖区征收驿站运费期间的全部食宿；向噶本派出的甲尼玛市场和达巴税区征税的官仆多人提供全部食宿；向尼底地区派出的色杰提供口粮、肉食、酥油和茶；向托林寺从甲尼玛市场驮运茶叶的驮队经过达巴宗辖时要提供全部食宿，向托林寺札仓僧人往返路经达巴宗辖时提供全部食宿；每年向尕夏本波提供 60 捆柴、5 只肉食羊、羊奶 20 谢尔（印度量器，1 个谢尔即 1 千克）。

差民需共同无偿承担名目繁多的人畜劳役。即给噶厦直派的札达擦肖征派 3 个月的驮夫、伙夫若干人，回拉萨时征派 4 匹差马、1 名马夫、12 头驮牛、2 名驮夫；驮运萨曲绷巴征派 2 匹差马、6 头驮牛、2 名驮夫（无定期）；驮运兴多帕珠 2 匹差马、6 头驮牛、2 名驮夫；给征收定日军费的官仆往返各征派 2 匹差马、2 头驮畜、1 名驮夫；给阿仲随时征派 1—2 匹差马和回赶马匹 1 人；给雄丛征派 15 匹差马、200 头驮牛、20 多名驮夫（无牌票)；给噶本所属的门士驿站征派20头驮牛和5名驮夫；驿站协俄前来征税时征派3匹差马、5头驮牛、2名驮夫，回去时要征派40头驮牛、十多名驮夫；给征收骡马饲料的官仆征派1人1匹马。上述人畜劳役均从玛朗经甲尼玛至门士或从甲尼玛至门士。

4. 札布让宗差税役

实物税有酥油、黄金、山羊绒、酒、肉、“嘎尔珠”（即库粮)、“醒珠”(即放贷粮)、“夺乃”（供仆人食用粮)、“喜乃”（供官员食用粮)、木炭、羊粪粒、牛粪、木柴、骡马铁掌、铁、牛鞍、手摇糌粑磨石、奶类、木勺、木盆、木碗、拴畜木桩、木锹、马拉犁、牛拉犁、锹把、镐把、旗杆、活羊、毛织羊袋、毛织口袋、牛毛绳、油菜、圆根（此处泛指蔬菜)、芒硝等35个手拿税，其中多数税为折银或准折银税。此外，每3年新任正副（即1僧1俗）宗本到职时，所属政教5个税区百姓共同分摊“桃萨尔”(即立新灶之意）之名目，购置卡垫、藏桌、炊具、门帘、窗帘、屏风等全套家具费用，同时向所属百姓高价强销砖茶、藏香、哈达、各种马具、酒曲、藏靴、头饰等商品。

差民租用寺院土地，每3藏克土地交1藏克租。萨决崩巴，即村民要为寺院宗教节日活动提供粮食。约需要12头（只）驮畜将所收集的粮食运送到宗政府，然后分配给各寺院。

阿仲差是一种供养政府信使邮差的差税。托林村民负责定期为政府的邮差人员提供马匹和所需干粮。当这种差税额提高时，全村的佃户要共同分摊。加普巴，为宗本的薪水。即差民必须为宗本提供很多必需的物品，并用自己的驮畜把这些物品运送到宗政府，同时还要为押送物品的人提供食宿条件。

玛则由达巴宗和札布让宗共同承担。由达巴宗征集酥油和粮食，并将这些物品运送至札布让宗，以供一年一度的传召大法会使用。薪本，即札布让宗差民每年为寺院拾柴火，并用驮畜或其他运输工具将柴火运到寺院。

货币税，擦肖每9羊袋征收价值1只羊的现金，每15只驮羊收2个章嘎，出口活羊每只征收1章嘎；征收达赖喇嘛“丝赤阿索”（即亲政典礼费）现金；征收阿仲的“罗纳晓欧”（指阿仲的差旅费)；征收定日军费现金；每年征收夺拉费约 200 章嘎；噶本每年征收“直乌要拉”（即骡马饲养费）和“大恰曲杜”（即骡马饲料费）现金。察雪即盐贸易税，差民要将卖盐所得的十分之一交给宗政府。

劳役税，有管放宗府自营的马、骡、驴、牦牛、500 只驮羊、犏牛的牧奴 20 余人，除驮羊外，其他大畜死亡或遇兽害，要照价赔偿。此外还征派伙夫、送信人等杂役十余人；自备小农具从事生产宗府自营地的农奴约 50 人，其中 15 人一夏天在宗府自营地从事浇水、田间管理等劳役；从喀堆强俄税区征用 500—600 只羊和 2 名放羊人在宗府自营地上积肥 2 个月；每年秋季征派十余人和若干驮畜采运、粉刷在札布让的宗衙建筑（宗府冬季驻地）和在香孜的宗衙建筑（宗府夏秋驻地）；宗府每年邀请托林寺僧人念经活动期间，征派十多人在宗府打柴、送水、做饭等。

札布让宗辖政府、贵族和寺庙差民需共同无偿承担的主要税役有：噶厦直派擦肖在该宗工作期间，要提供全部食宿；为噶厦直派的阿仲提供全部食宿；为雄丛官仆 15 人提供全部食宿；为征收定日军差的官仆提供全部食宿；为发放萨曲绷巴的官仆提供全部食宿。每年给噶本缴纳 1600 克齐珠，并为征收齐珠的官仆提供全部食宿；为噶本派出的其他办事的官仆提供全部食宿。每届新任噶本（僧俗各 1 人）到职后，向所属各宗、各本以税区为单位高价强销砖茶、沱茶、藏香、藏毛呢氆氇等。噶厦雄丛也照噶本的办法，在阿里各地强销砖茶、沱茶约 550 箱和其他十多种商品，其中在札布让宗每年要承担 25 箱强销任务，每箱 600 个“果尔”（货币单位，可能指藏币），共收取 1.5 万个果尔。

擦肖在辖区工作期间征派若干乘骑和几十头驮牛、2 名驮夫；每年向阿仲提供若干次乘骑和回赶马匹 1 人；向定日征收军费官仆提供若干乘骑、驮畜和驮夫。

差民为寺院放牧和自营地（即由寺院直接控制的土地）劳动，包括参加播种、收获、施肥和灌水等农活。每年，札布让村民被迫为寺院服劳役 20 天。服劳役数日可以得到一些食物（诸如茶、汤、一顿饭等），服役长达 1 个月，则可获得 15 升粮食（约合 10 千克）。

雄冲是一种劳役差，提供从托林至现狮泉河镇的运输，大约有 5 个驿站，需要5天时间，每个驿站牦牛往返需要1天时间，缺少驮畜的农户要向寺院租借。萨差果差是由4个“措”共同分担的主要劳役之一，各个措本指派各自的差民提供马匹、驮畜和马夫等。薪托帕竹是噶本或宗本指派差民提供驮畜和人力，将产于拉达克的杏子等干果从拉达克送往拉萨或甲尼玛市场。

在札布让宗的托林寺等大寺院，每年藏历一月四日至十五日都要举行传召法会，差民要承担部分差税。每年藏历四月，噶本要召集本境域内所有僧侣利用1个月的时间念诵《甘珠尔》。念经期间每一个差民要承担一定的念经费，同时还要派2个伙夫和送柴火的人员。

二、农牧业税

1959年，根据中共西藏工委指示，在札达境域内开征爱国公粮，也就是农业税。农村征收爱国公粮的原则是少征少收，人均年产粮在100千克以下者免征。同年，阿里地区第一次三级干部会议通过《阿里地区征收畜牧业税的意见》规定：关于在牧区征收牧业税，以少征一些、手续简便、以产定税、产啥收啥的原则进行征收。一般每户人均30只羊、4头牛以下者免征，以上者每只羊征羊毛0.02千克、每头奶牛征酥油0.75千克。

1961年，中共札达县委根据自治区筹委会颁布的《西藏自治区爱国公粮征收办法》及其《实施细则》，实行“增产不增税”政策，调整爱国公粮征收的起征点，制定减免政策。当年征收公粮1.2万千克（每千克约0.4元），价值4800元。

1964年7月，开始在东波乡试征爱国牧业税。全乡有牲畜者38户，共有牦牛1073头，山羊5511只，绵羊8394只，马162匹，合计15140头（只、匹）。除马免征税和牛羊中的免征收（牛免征513头、山羊1545只、绵羊2038只）外，应征牦牛560头、山羊3966只、绵羊6356只。按规定，每头牦牛折6只绵羊，2只山羊折1只绵羊。

1965年，农业税征收（粮）17519斤，牧业税（毛）2480.4斤。

20世纪60年代末，开始全面征收牧业税，底雅、楚鲁松杰、什布奇等3个未改乡不在征收之列。

1973 年，人民公社以生产队为计征单位，首先划分出各队牧业人口，然后以 1972 年实有牲畜为准进行计征。计征时，将各种牲畜统一折合成绵羊，折合比例为：2 只山羊折 1 只绵羊，1 头母黄牛折 4 只绵羊，1 头牦牛或犏牛折 5 只绵羊。再依据牧业人口每人可留 18 只绵羊的标准后，每只绵羊征 32 克羊毛。在保证完成畜产品收购任务的前提下，经地区革委会批准，牧业税可折收代金（折收代金标准按中等羊毛每市斤 0.7 元计算）。

1976 年，西藏自治区革委会批转《关于改进农牧业税征收办法的意见》，规定仍以 1972 年核定的应征数为基准，到 1980 年不变，并从当年起 5 年内给予减征 5% 的照顾。

1979 年，根据自治区人民政府批转区财政厅的《关于减轻农牧区税收负担问题的报告》和地区行署下发的《关于减轻农牧区税收负担的通知》精神，札达县对底雅、达巴、曲松、萨让等边境区口粮在 189 千克以下者免征农业税。

1980 年，根据中央、自治区文件精神，在两年内免征农业税。后根据中央精神，继续免征农牧业税至 2000 年底。2006 年 1 月 1 日起，完全取消了农业四税（农业税、屠宰税、牧业税、农林特产税）。

三、工商业税

（一）城镇工商业税

1962 年，阿里地区开始征收工商税，札达属边境县未列入征收范围。1965 年，征收工商税（外商）843.89 元。1968 年，根据供销社实际销售额，征收税款 3518.23 元，征收外商税款 673.25 元。

1974 年，本着更好地支持工农业生产，保护社会主义经济，兼顾国家、集体、个人三者利益，实行从轻从简、合理负担和统一与因地制宜相结合的原则进行第二次税制改革，札达县开征城镇工商税和工商所得税。

1980 年，中央第一次西藏工作座谈会召开后，对城乡个体手工业、小商小贩免征工商业税 2 年；对供销社、合作商店（组）免征工商业税和所得税 2 年；对集体、个体工商户继续延长免税期限，免征工商业税 3 年，至 1983 年 6 月。同年，全县在城镇开始征收工商税，截至年底共征收 1.4

万元。

1984 年 7 月，自治区对 1983 年的《西藏自治区工商业税试行办法》中的一些政策进行调整：对从区外运进的粮、油、肉、盐、边茶等商品的销售收入免征工商业税。对区内生产的盐免征盐税，对集体建筑业免征所得税；降低部分经营行业、产品的适用税率。青稞酒的税率由 40% 调减为 25%，临时经营的税率由 7% 调减为 5%；提高集体和个体工商业户应纳所得税的起征点。集体企业所得税的起征点由 2000 元提高至 4000 元，个体工商业户所得税的起征点由 240 元提高至 480 元。

1990 年 7 月，根据自治区政府决定，阿里行署对全地区从事经营的建筑安装企业承包建筑安装、修缮业务及其他工程作业所取得的收入，一律按规定征收工商业税，札达照此执行。1994 年，自治区政府批转自治区税务局《关于工商税制改革的实施方案》，取消工商税，流转税由增值税、消费税、营业税组成。

（二）农牧区工商业税

1970 年 1 月，札达县开始征收农牧区工商业税。按照自治区人民政府 1966 年 4 月发布的规定，对以盈利为目的全年销售收入不足 100 元的各种临时经商者（包括屠宰商）免征工商业税；100—1500 元以上，按 10%—21% 的不同税率分别计征工商业税。1974 年，进行工商税制改革，但农牧区工商业税仍按《农村、牧区私营商业征收工商业税试行办法》执行。

1975 年 1 月，根据自治区革委会“税负从轻，手续从简”的原则和《西藏自治区工商业税条例》，合并税种，简化征收办法。把工商营业税、车辆使用牌照税、盐税合并为工商业税。对国营企业只征收工商业税；对集体所有制企业和经营工商业征收工商税和所得税。同时，调整个别纳税规定，放宽减征范围。对上调、出口和供应生产单位的土畜产品不再征税，对羊毛、羊绒在收购环节按 10% 的税率计征。

1980 年以后，农牧区工商业税除对商业经营继续征收外，对人民公社集体所有的马车、水磨、油坊的收入从 1980 年 1 月 1 日起停征。对社办企业的产品销售和加工、服务收入继续免征工商业税。1994 年，停止征收农牧区工商业税。

四、其他税

（一）增值税

1994 年 5 月，札达县按照国家和自治区税制改革的要求，在全县范围内开征增值税。其标准为小规模纳税人销售货物或应税劳务收入的 5%，在城镇销售青稞酒的应税征收率 17%，不享受征点照顾；对农牧区、农村供销社在农牧区销售货物或应税劳务收入，销售蔬菜、水果、肉禽蛋及粮食（含酥油）、民茶的收入免征增值税。增值税的起征点为：销售货物的，为月销售额达 1000 元；销售应税劳务的，为月销售额达 500 元；按次纳税的，为每次（日）销售额达 80 元。

2001 年，征收标准为小规模纳税人销售货物或应税劳务收入的税率为 17%、13% 和零税率；征收率为 6% 或 4%；增值税的起征点为月销售额 1000 元，销售应税劳务起征点为 500 元，按次纳税的为每次（日）销售额 50 元（以上均含本数）。对纳税人销售额超过本数的，应按全额计算征收增值税税款。

（二）营业税

1994 年 5 月，根据西藏自治区人民政府《关于贯彻〈中华人民共和国营业税暂行条例〉的通知》精神，决定在全县范围内开征营业税。征收范围是从事畜产品、林产品、药材等农林产品采购的单位和个人，税率为 5%—20%；经营娱乐业的，暂按 10% 的税率征收。营业税的起征点为：按期纳税者，月营业额达 1000 元；按次纳税者，每次（日）营业额达 50 元。对城镇和区外纳税人到农牧区直接为群众和农牧业生产提供科技等有偿综合服务的收入，免征营业税。

（三）所得税

1987 年 4 月 1 日，札达县开征个人收入调节税。1994 年 1 月 1 日，实施新税制后，停止征收个人收入调节税，统一按照个人所得税法执行。1999 年 11 月 1 日，札达县开征储蓄存款利息个人所得税，税率 20%。2006 年，开始执行新的个人所得税扣除标准。

1994 年 1 月 1 日，按照国家税制改革要求，合并国营企业所得税、集体企业所得税和私营企业所得税，不论其所有制性质和组织形式，一律执行统一的企业所得税。札达县企业所得税税率按30%执行，并对利润较低的企业实行两档过渡性优惠税率：对年应纳税所得额在5万元（含5万元）以下的企业适用15%的税率，对年应纳税所得额在5万元至15万元（含15万元）的企业适用24%的税率。2001—2010年，企业所得税按照西部大开发税收优惠政策，西藏统一执行15%的税率征收企业所得税。

（四）资源税

历史上，农牧民群众把挖来的盐用驮畜运到印度和尼泊尔边境，与外商换取粮食，然后向政府缴纳一定数额的实物或现金。

1961年，中共阿里分工委财经部规定，外国边民来中国境内挖盐出口，可暂按过去习惯征收盐税，外国商人不得在中国境内挖盐，但对来札达县换盐出口的外商一律免征盐税。

1972年后，盐税并入工商税，同工商税一起征收。1981年，盐税作为一个独立的税种被重新划分出来。1994年，根据《西藏自治区资源税试行办法》，札达县停止征收盐税。

1994年1月，根据《西藏自治区资源税暂行办法》，开始征收资源税，并规定其收入作为地区财政和上级财政分成收入，征税范围为砂金矿、盐等。2001—2010年，札达县国家税务局征收砂石料资源税。

（五）建筑税

1985年10月1日，札达县开征建筑税。建筑税除执行国家统一规定外，对农田草场基本建设及其配套工程的投资；县以下（含县）国家机关、团体、企事业单位的自筹投资；所有集体企业、个体工商户的自筹投资；用于发展旅游事业的自筹投资；经自治区政府批准免征建筑税的投资均给予免税。

1991年4月16日，国务院颁布《中华人民共和国固定资产投资方向调节税暂行条例》，自1991年起施行，同时停止征收建筑税。根据西藏自治区有关规定，继续征收建筑税，1995年7月1日停征。

随着西部大开发的不断深入，县内建筑行业发展较快，建筑营业税相当可观，2002年1—6月，建筑营业税收入合计170572元。

（六）城市维护建设税

城市建设维护费是以实际缴纳的增值税、消费税的税额为计税依据，依法计征的一种税。1985 年 10 月 1 日，札达县开征城市维护建设税，仅限于在县城所在地征收，对纳税人不在县城所在地的，免予征收城市维护建设税，税率 5%。征收方式为按照纳税人实际缴纳增值税、营业税作为计税依据按照 5% 税率征收城市维护建设税。

征收对象为在托林交纳工商税的单位和个人，并以其实际交纳的工商税额为计税依据，与工商税同时征收。自 1994 年 4 月 1 日起，将该税按工商税额附加征收，改为以纳税人实际交纳的增值税、营业税为计税依据，与增值税、营业税同时征收。

（七）印花税

印花税对经济活动和经济交往中订立、领受具有法律效力的凭证行为所征收的一种税。因采用在应税凭证上粘贴印花税票作为完税的标志而得名。

1988 年 10 月 16 日起，札达县开征印花税。印花税率有 1‰、5‰、3‰、0. 5‰和 0. 3‰定额处记载资金以外的其他营业账簿，以及各种权利证照均按件贴花 5 元。

（八）奖金税

1985 年起，开征国营企业奖金税，次年开征事业单位奖金税，税率以 120 元为月标准工资。奖金税实行超额累进税率，按年计征。全年发放奖金总额人均不超过 4 个月标准工资的免税；超过 4 个月至 5 个月的税率为 30%；超过 5 个月至 6 个月的税率为 100%；超过 6 个月以上为 300%。1987 年 4 月，降低奖金税率。1994 年，取消奖金税。

（九）教育附加费

教育附加税费是对缴纳增值税、消费税、营业税的单位和个人征收的一种附加费。1998 年 1 月 1 日起，在全县范围内开征教育附加费，征收率为 3%，与增值税、营业税同时交纳。教育附加费由各县级税务机关负责征收，用于改善基础教育设施和基层办学条件。

1994—2010 年札达县税收收入情况表

表 13－2－2　　单位:万元

年份	收入	年份	收入
1994	9	2003	128
1995	25	2004	140
1996	36	2005	151
1997	41	2006	165
1998	44	2007	208
1999	56	2008	229
2000	64	2009	301
2001	83	2010	353
2002	102		

备注：参考阿里地区税务局收入核算科（计统科）会统报表和西藏自治区税务统计书本。

五、减免税管理

札达县国税局把落实各项税收优惠政策作为税务部门服务经济发展的重要工作，通过转变作风，严格执法，强化监督，不断提高服务水平，确保各项税收优惠政策落到实处。通过加强组织领导、强化税法宣传、健全政策落实监督机制等方式，努力做好减免税各项工作。为加强管理，县国税局结合实际制定《减免税管理工作办法》，进一步规范了减免税工作，从而保证纳税人的知情权，同时也提高了受理、批准部门的办事效率和质量。为加强减免税跟踪管理工作，对减免税台账进行科学分类，为后期检查、调阅资料、数据采集工作提供了依据。在减免税管理中，积极推行“一窗式”服务，减免税资料电子化存储及“免填单”服务。进一步优化办税流程、简化审批手续，减少办税环节，缩短办税时间，切实减轻纳税人负担，提高工作效率。按照《税收减免管理办法》文件规定审批、备案各类减免税，健全减免税管理台账，按时公开各类减免税审批事项，加大对减免税纳税人的后续跟踪检查，及时装订减免税审批资料。

为提高税收优惠政策的透明度，不断加大税法宣传力度，实现税收政策宣传常态化。通过开展“税收政策法规培训、纳税人之家、税企座谈会”等活动，开展形式多样的税法宣传，借助协税护税联络员普及税法知识，把税法及各项优惠政策送到基层、送到纳税人中，使纳税人及时了解国家税收优惠政策、运用税收优惠政策、享受税收优惠政策。

2001 年起，为鼓励投资、活跃经济、促进社会弱势群体发展，以贯彻执行招商引资优惠政策为主线，认真落实一系列税收优惠政策。为配合国家西部大开发战略实施，将企业所得税税率调整为 15%，并落实查账征收企业所得税地方分享部分减免的优惠，促进企业的自我发展，扩大招商引资政策效应；为促进市场经济健康发展，对粮油征收增值税执行税收优惠政策；降低商业小规模纳税人征收率，提高增值税、营业税起征点，全县 50% 以上个体经营户享受免税政策；落实“非典”优惠政策，帮扶全县餐饮、旅店、客运等服务业；积极落实促进下岗失业人员再就业、西部大开发、鼓励高新技术产业发展等税收优惠政策。

截至 2010 年，札达县国税局适用的减免税优惠政策主要有 14 个方面，分别为：2000 年起开始促进农牧区发展、促进基础设施建设、促进中心企业发展、促进国有企业改革、促进非公有制经济发展、促进就业与再就业、支持文化教育产业发展。2002 年起支持残疾人事业，扶持高新技术企业，壮大第三产业及旅游业。2006 年起实行对个人的税收优惠政策以及其他税收优惠政策。2009 年，促进藏医药产业发展，支持公益事业及环保事业。

减免税政策为促进农牧民增产增收、促进基础设施建设、中小企业发展提供了更大动力，在加快国有企业改革，加快非公有制经济发展，促进未就业失业人员更好地就业与再就业，促进文化教育产业发展，支持残疾人更便捷更优惠的干事创收，加快高新技术企业成长，壮大第三产业及旅游业的规模，促进当地特有的藏医药产业发展，公益事业及环保事业的迅速扩大等方面做出了很大的贡献。

第三节　税收征管

札达县国税部门以深入推进征管改革、全面落实税收管理员制度、切实做好纳税评估、强化税源监控、以税源分析和收入预测为切入点，积极探索和建立科学规范的税收征管体系，推动全县税收征管工作不断迈上新台阶。

1997年，札达县国家税务局成立后，加强了税收管理，建立健全了税收工作和征收管理制度。税收管理制度包括税务登记、纳税鉴定、纳税辅导、纳税申报、税务违章处理等制度。管理形式分经济性质管理、“征、管、查”三分离管理以及纳税人自行申报型管理。全县实行阿里地区统一发票和普通发票。

2001年，按照“集中征收、分类管理、一般稽查”的改革思路，县国税局统一征管业务规程，开展标准化县局建设工作，不断推进征管改革。

2002年，根据国家税务总局和自治区国税局加速税收征管改革信息化建设的要求，札达县以征管信息化为改革切入点，按照“巩固、提高、规范和完善”原则，在加速信息化建设基础上推进税收专业化管理，完成城域网建设，实现征管数据大集中工程，建立了内外网站，开展多元化申报试点，进一步深化税收征管改革。以自治区统一征管软件系统数据综合处理平台为基础，构建起“信息集中共享、优化管理服务、强化执法监督”的税务管理信息系统，初步建立了基于信息化技术支撑和专业化管理的新征管模式，进一步深化征管改革。

2005年后，逐步完善了税收管理员制度，落实了管理责任。加强宏观税负分析和预测，有针对性地加强管理。积极推进税控收款机工作，加强小规模纳税人、商业零售环节及服务业的税收管理。突出做好以票控税工作，认真落实增值税“一四六小”管理要求。深入实施增值税申报纳税“一窗式”管理，推行纳税人信息资料“一户式”储存，促进各系统的工作联系与信息共享。

2006年，结合全国调整个人所得税工资薪金扣除费用标准，1月1日起执行新的个人所得税费用和扣除标准；执行资源税改革的新政策、企业所得税计税工资税前扣除标准的新政策和制定房屋租赁业营业税起征点新政策；完成了税务登记证换发工作、清理漏管户和清理垃圾数据工作，摸清底数，为推动征管向数字化、精细化、集约化转变奠定了基础；修改完善了税收征管业务流程，积极落实税收管理员制度，制定了税收管理员责任追究办法，完善了征管质量考评体系，开展征管质量专项清理工作，在建章立制、构建平台等方面取得初步成效。

2008 年，按照“一根本、四必须”要求，因地制宜，积极稳妥地推进税收制度改革，不断完善税收政策。根据内外资企业所得税合并方案，认真落实两税合并政策的宣传和衔接等准备工作；严格执行房地产交易最低计税价格体系标准，执行全区核定征收企业所得税应税所得率等；认真落实国家出口退税调整政策。深入实施增值税申报纳税“一窗式”管理，加强审核比对，堵塞征管漏洞。加强货物运输、农副产品等发票抵扣管理，防止骗抵税款。强化代扣代缴工作，加强对高收入行业和人员的个人所得税征管。

2009 年，针对全县社会经济形势发展变化，认真贯彻执行新的企业所得税优惠政策实施办法，进一步规范个人所得税费用扣除标准。按照精简、效能、规范、统一的要求，对征管业务流程进行梳理，出台税收征管涉税业务操作规范。

2010 年，加强纳税评估工作。把纳税评估工作作为落实“四位一体”新机制的核心内容来抓，制定企业类纳税人增值税、营业税税负及预警标准。创新评估工作方式，提高评估成效。调整完善农林牧采购环节营业税政策。按规定取消绵羊毛等 22 种农林牧采购环节营业税。

通过十年的征管改革实践与发展，札达县基本建立起适应社会主义市场经济体制要求的较为科学严密的税收征管体系。在征管手段上，实现了由行政主导型向法治主导型的转变；在征管机构上，实现了由综合性、全功能设置基层机构向征、管、查专业化分工型的转变；在管理方式上，实现了由“管户制”向“管事制”的转变。形成了“以申报纳税和优化服务为基础，以计算机网络为依托，集中征收，重点稽查，强化管理”的税收征管模式。征管质量明显提高，税收信息化进程不断加快，纳税服务水平不断提高。

第四节　纳税服务

札达县国税局正确处理管理与服务的关系，在强化管理中提高服务水平，在优化服务中加强税收管理。建立健全包括宣传咨询、申报纳税等内容的纳税服务体系，加强办税服务大厅建设，积极推行上门服务、电话服务等多种申报方式，实行申报纳税“一窗式”管理和涉税事项“一站式”服务，逐步推进全县征收、管理、服务等涉税事项的“三统一”。

2005 年，县国税局推行全功能“一窗式”服务，除发票销售窗设置专窗外，申报征收、发票验旧、代开发票、税务登记等实行全功能一窗式管理，采取“一个窗口受理，内部协调运转，全程限时办结”，缩短纳税人在办税大厅停留的时间，疏通办税大厅的人流量，提高办事效率。对办税服务厅硬件进行改造，营造良好办税环境。合理设置办税大厅，做到办税标志鲜明醒目，对外办公时间在办税大厅入门显著位置标明。保持办税大厅环境整洁、空气流通，根据需要放置绿色植物或花卉。合理设置办税窗口，将办税大厅办税窗口由原来高柜台设置为低柜台，让纳税人与税务工作者面对面进行办税，拉近税企距离，并在各个窗口张贴明显、统一的标志，方便纳税人识别。

2006 年，按照“最大限度便利纳税人、最大限度规范税务人”的工作要求和“便民办税春风行动”的统一部署，县国税局实行首问负责制，办税服务大厅第一个受理纳税人办税事宜的工作人员负责为纳税人解答或提供指引，不属自己职权范围的事，由其负责向承办人转交，不以任何借口推诿或敷衍。实行办税服务厅负责人值班制度。由征收组长担任值班长，负责整个办税服务厅内的统一指挥和综合协调，及时解决纳税人在办理涉税事项中产生的问题。在办税服务大厅公开文明办税“八公开”内容、服务项目、工作流程、工作规范、权利和义务、税务违法违章处罚标准、监督电话、服务承诺等有关内容，接受纳税人监督。

为提高办税服务厅窗口和服务人员的整体素质，树立县国税局良好形象，2007 年，县国税局制定《札达县国税局评选“文明服务之星”试行办法》，开展每季度一次的“文明服务之星”评选活动。由每位前来办税服务厅办事的纳税人在办结事项后，对提供纳税服务的税务人员进行评议，再根据《文明办税评议表》进行统计，评选出“文明服务之星”。在办税服务大厅公开投诉部门和电话，如 12366 热线、征管科电话、监察室电话，被纳税人投诉的，按时进行处理，经调查属实，对被投诉人进行教育，并根据情况换岗处理。

2010 年，县国税局申报方式为：纳税人按照规定纳税期，自行主动到办税大厅申报缴税。

第三章 金融

旧时，札达有实物货币、金属货币和纸币分别在各个时期流通。1958年，第二套人民币开始在札达使用。至2010年底，先后有第二、三、四、五套（部分）人民币在札达县发行，等值流通。存款类型有农牧区存款、企业存款、财政性存款，贷款主要有农牧业贷款和消费贷款。

第一节 机构

一、银行小组

1960年7月，成立札达县银行小组，归中国人民银行阿里专区中心支行直接领导，有工作人员1名。1973年，人行札达县支行成立后，银行小组撤销。

二、人行札达县支行

1973年8月，根据人行西藏自治区分行精神，成立中国人民银行札达县支行。

1981年，经人民银行西藏自治区分行批准同意，人行札达县支行更名为中国人民银行西藏自治区阿里地区中心支行札达县支行。1995年3月底，撤销人行阿里地区札达县支行。

人行札达县支行负责人任职一览表

表 13－3－1

机构名称	职务	姓名	性别	民族	任职时间
人行札达县支行	行长	旺久多吉	男	藏	1982.03—1983.10
	副行长	卢宝山	男	汉	1975.10—1980.09
		高登云	男	汉	1979.06—1980.09
		旺久多吉	男	藏	1980.10—1982.03
		白玛曲珍	女	藏	1982.06—1985.10
		嘎珠	男	藏	1982.06—1984.08
		久美	男	藏	1984.08—1987.10
		胡少华	男	汉	1985.10—1986.09

三、农行札达县支行

1995 年 10 月，根据人行西藏自治区分行《关于〈成立农业银行阿里地区 7 县支行的报告〉的批复》精神，设立中国农业银行札达县支行，受中国农业银行阿里地区中心支行领导。

1997 年 3 月 26 日，根据人行阿里地区分行《关于对札达县支行种畜场代办所保留的批复》，农行阿里地区中心支行继续保留札达县支行种畜场代办所。同年底，根据人行西藏自治区分行《关于设立发行基金保管库的批复》，人行阿里分行在农行札达县支行设立保管库。

截至 2000 年底，农行札达县支行有 5 个营业所，有工作人员 25 人。2001—2010 年，中国农业银行西藏阿里地区札达县支行下设 3 个部门，即综合办公室、客户部、会计部。

1996—2010 年农行札达县支行领导任职一览表

表 13 -3 -2

<table>
<tr><th>机构名称</th><th>职务</th><th>姓名</th><th>性别</th><th>民族</th><th>任职时间</th><th>备注</th></tr>
<tr><td rowspan="7">中国农业银行西藏阿里地区札达县支行</td><td rowspan="5">行长</td><td>久美</td><td>男</td><td>藏</td><td>1995. 05—1998. 07</td><td></td></tr>
<tr><td>才旦卓玛</td><td>女</td><td>藏</td><td>1998. 07—2004. 10</td><td></td></tr>
<tr><td colspan="5">2004. 11—2007. 04　未配正职</td></tr>
<tr><td rowspan="2">旦增</td><td rowspan="2">男</td><td rowspan="2">藏</td><td>2007. 05—2008. 12</td><td></td></tr>
<tr><td>2008. 12—</td><td>党支部书记</td></tr>
<tr><td rowspan="2">副行长</td><td>才旦卓玛</td><td>女</td><td>藏</td><td>1995. 05—1998. 07</td><td></td></tr>
<tr><td>巴桑次仁</td><td>男</td><td>藏</td><td>1996. 06—2007. 04</td><td></td></tr>
</table>

四、农村信用社

农村信用社是经中国人民银行批准设立、由社员入股组成、实行民主管理、主要为社员提供金融服务的农村合作金融机构。

1964 年 12 月，人行阿里地区分行在底雅区试办第一个农村信用社，成为札达县第一个基层农村信用社。至 1966 年，相继成立香孜、达巴、曲松、萨让、底雅 5 个区信用社。1973 年，人行札达县支行成立后，农村信用社划归县支行管理。

1995 年 3 月，撤销人行札达县支行，成立农行札达县支行，将人行札达县支行信用社改制为阿里农行基层信用社。

第二节　货币

一、地方币

（一）实物币

从象雄时期起，无论是地租、赋税，还是一般的商品流通，都以实物形式进行交换。实物主要是活畜、食盐、畜产品、农产品、贝壳等。此类实物在各个历史时期都曾充当过实物货币，在札达的一些地方实物货币一直使用到20世纪80年代。

（二）金属币

7世纪中期，黄金（主要是砂金）在札达作为货币进入流通领域。

16世纪中叶，尼泊尔为西藏地方政府铸造的银币（称代铸币）开始在札达流通。此后，白银长期成为札达的主要流通货币。

18世纪晚期，在清朝中央政府支持下，西藏地方政府开始铸造银币，“乾隆宝藏”“嘉庆宝藏”“道光宝藏”“甘丹颇章”等银币及“嘎钦”“卡冈”“雪阿”等铜币在札达流通。其中，银币“甘丹颇章”“久果”“秀恶果木”和铜币“嘎钦”“七杰”“秀冈”“秀松”“秀恶”一直使用到民主改革时期。

札达县流通过的藏银币情况统计表

表13－3－3

名称	正面图案	背面图案	币重（克）	直径（毫米）	厚度（毫米）
甘丹颇章	藏文“甘丹颇章、却来朗杰”，中间是梅花图	有8个吉祥图，中间是日、月宝花	9.8	28.4	1.85
秀恶果木	藏文“甘丹颇章、却来朗杰”，中间有狮子和太阳等	有8个吉祥图，内有十五甲子四十八年的藏文和花纹等	10.1	29.1	1.60
久果	三峰雪山、狮子、绣球、日、月、海潮，莲花瓣中有藏文“甘丹颇章、却来朗杰”，莲花与其他图案间隔有星星等	中有聚宝盆、幢形图案、2个黄鼠狼倾吐如意宝，在外圈有政教合一的十六甲子二十二年及十两字样等	16.4	32.5	2.25
久果	有三峰雪山、狮子、绣球、日、月、海潮，藏文是“甘丹颇章、却来朗杰”等	藏文“都果德吉、堆吉齐瓦”，内圈有十六甲子二十四年和十两字样等	16.6	32.5	2.25
嘎钦（嘎阿）	藏文“甘丹颇章、却来朗杰”，狮子和花枝	十五甲子四十三年和五分，中间是火宝花	7.8	26	1.9
七杰	藏文“甘丹颇章、却来朗杰”，中间有狮子	十五甲子五十六年和七分五厘	3.8	凸径23 凹径21	1.4
秀冈	藏文“甘丹颇章、却来朗杰”，中间有狮子和日、月、星	十五甲子六年和一	4.8	24	1.55
秀松	藏文“甘丹颇章、却来朗杰”，中间有狮子、三峰雪山、日、月、云、海潮等	十六甲子二十年吉祥图和三钱	7	28.3	1.55
秀恶	日、月、云、三峰雪山、狮子、绣球和海潮	藏文“甘丹颇章、却来朗杰”，中间十六甲子二十五年和五钱	8.6	29.4	1.9

（三）纸币（藏钞）

20 世纪初至 1951 年，西藏地方政府用木刻印模手工印刷和机器印刷的 10 种纸币在札达流通。由于藏钞无准备金制度，也无足够物资保证，札达老百姓很少使用，总量也十分有限。

二、中央币

（一）袁头银元

民国时期，“孙币”（铸有孙中山头像的中华民国开国纪念币）、“袁币”（袁世凯头像银元，简称袁头银元）等中央发行的货币在札达流通，其中以袁头银元流通最为广泛。

西藏和平解放后，中共西南局根据西藏使用银元习惯，决定在西藏暂不发行人民币，继续以袁头银元为本位币在市场流通。袁头银元在札达的广泛使用，最初是由部队指战员进藏时随身携带。1959 年 7 月 15 日，自治区筹委会关于《全区普遍发行使用人民币的布告》发布后，确定以人民币为法定本位币，但袁头银元仍继续流通。

1962 年 5 月 10 日，自治区筹委会发布《西藏自治区金银管理和禁止外币、银元流通暂行办法》后，袁头银元逐步退出货币流通领域。

（二）人民币

由于受当地习惯影响，第一套人民币未在札达县发行。1958 年，第二套人民币开始在札达的机关和部队内部使用，但流通量甚少。

1962 年 4 月，中国人民银行陆续发行第三套人民币。1964 年 2 月起，札达县开始公开收兑回收苏联代印的 1953 年版 3 元、5 元、10 元共 3 种人民币（第二套）。5 月 15 日起，第二套人民币停止流通。

由于收回苏联代印的 3 种票券后，市场上无 10 元券流通。为方便人民群众生产生活，便利市场，1966 年 1 月 10 日，发行中国人民银行自制的新版人民币黑色 10 元券和深棕色 1 角券（1962 年版）。12 月 17 日，人行西藏自治区分行将票样寄人行札达中心支行，但未在札达正式发行，只是市场上有流通。

因 1962 年版深棕色 1 角券背面颜色与 1962 年版 2 角券近似，群众容易误用，1967 年 12 月 15 日，中国人民银行将 1 角券背面颜色进行改变，发行改色 1 角券。同时棕色 1 角券（1953 年版）只收不付。当月，人行西藏自治区分行向阿里邮寄改色 1 角券票样 7 张。因阿里交通不便，冬季大雪封山，新票运不进。人行西藏自治区分行请示人行总行从新疆分行另行调运，阿里发行时间推迟至 1968 年夏季，随后，札达县也开始发行。

1969 年 10 月 20 日，发行中国人民银行自制新版人民币 5 元券。1971 年 11 月 20 日，枣红色 1 角券（1960 年版）只收不付。

1980 年 4 月 15 日，中国人民银行发行 1 角、2 角、5 角、1 元 4 种面额的金属人民币。

1987 年起，札达分四批发行第四套人民币。1996 年 3 月 1 日，为实现第四套人民币的单一流通，对第三套人民币所有券别实行只收不付。

1999 年 11 月，第五套人民币开始在札达地区发行。当年发行的是 100 元券。2000 年 10 月 16 日，第五套人民币 20 元券（纸币）、1 元券和 1 角券（均为硬币）开始在全国发行，因札达地区路途遥远、交通不便，当年未能调拨发行，但有少量新币通过经商、休假、旅游等各种途径携带至札达县流通。

根据中国人民银行总行通知，2000 年 1 月 1 日起，开始收兑第三套人民币，按规定 7 月 1 日起第三套人民币停止流通。但在札达，第三套人民币兑付时间延长至 2000 年 12 月 31 日。

截至 2010 年，先后有第二、三、四、五套（部分）人民币在札达县发行，等值流通。

（三）国库券

国库券是国家财政部门为国库弥补收支不平衡而发行的一种政府债券。我国政府从 1981—1997 年期间发现了多种国库券。

1985 年，札达县开始发行国库券，发行对象为地方政府国营所有制企业职工、国家机关和事业单位个人。上级分配的认购总数为 2.5 万元，计划购买 1.023 万元，实际认购 1.815 万元，超额 78%。

1986 年 5 月，县计财科、县人行联合下发《关于国库券任务分配》方案，全县国库券发行任务为 2.3 万元，其发行对象仍是地方政府国营所有制企业职工、国家机关和事业单位个人。札达县国库券发行任务分配为县政府认购数1万元，由计财科一次全部认购，个人认购数1.3万元，按人均数50元的标准认购。札达县当年按计划完成了任务。

此后国库券在札达再无发行。

三、人民币管理

（一）人民币发行基金管理

1997年底，人行阿里地区中心支行按照《关于设立发行基金保管库的批复》，在札达县设立发行基金保管库。8月17日，人行西藏自治区分行印发《关于专业银行发行基金保管库暂行管理办法和存取现金的暂行规定》，札达县照此执行。人行阿里地区中心支行每年都要对札达县发行基金保管库进行一次全面检查，重点了解保管点的库款管理、各项制度执行情况。

（二）残损人民币管理

20世纪60年代中期，随着人民币流通范围的逐步扩大，札达县银行小组按照人行总行1965年9月公布的残缺人民币兑换标准，无偿为公众兑换残缺、污损的人民币。早期，对损伤、收回、停用券的销毁一般在本地进行，由人行西藏自治区分行、人行札达支行、札达县公安局等部门共同组成工作小组，严格按照销毁程序，在经过复点、抽查后，在严密的保卫措施下，用火烧方式全部销毁。凡上交分行的损伤、收回、停用券，一律经过复点，并在小把纸条的侧面盖上点钞人印章；封捆的封签上要填（盖）姓名、填写日期、盖上封捆人印章。

1971年，按照人行总行损伤人民币的挑剔标准，损伤人民币原则上都不再投放到市场上流通使用。20世纪80年代，加大残损币的兑付、挑剔、销毁工作和宣传爱护人民币、反假币工作。

从2000年起，农行札达支行积极推进流通人民币“七成新”工作。

四、反洗钱工作

2001—2010年，札达县支行不断强化内控制度，建立反洗钱奖惩激励机制。农行札达县支行按照反洗钱方面有关法律、法规，联系实际建立反洗钱考核、奖惩激励约束机制，将反洗钱工作同绩效挂钩，将反洗钱处罚同管理层、直接责任人薪金收入挂钩，调动反洗钱工作的积极性，充分发挥员工自身的潜能。农行札达县支行制定出台反洗钱工作考核办法，进一步明确自身职责，确保季度信息补正和预警处理率达 100%。严格考核，奖优罚劣，以制度约束行为，切实增强履职的刚性要求，防范各类风险隐患发生的制度保证和有效措施。县支行参照上级行反洗钱考核办法，制定相应的考核实施细则，明确责任人和处罚奖励标准，向制度要质量，杜绝责任事故和案件的发生。

加强反洗钱法规、政策和技能培训工作。中国农业银行札达县支行将反洗钱业务培训作为法律法规学习的一项重要内容，并纳入全员业务培训计划中，由反洗钱工作领导小组统一部署、分级落实，并继续针对不同岗位、不同业务，组织开展多层次、多渠道、多种形式的反洗钱业务培训，形成全辖区联动开展反洗钱工作、对外联动宣传洗钱的社会危害。在每年 6 月召开农行札达县支行反洗钱工作会议暨业务培训。会议内容主要是总结、研究、交流反洗钱工作情况、学习当前国内反洗钱形势和任务及反洗钱工作的操作技术和方法，并从理论上讲解反洗钱工作的必要性，明确洗钱风险的控制和预防风险管理的重要内容。保证参加培训人员深刻领会反洗钱的重要性，并将培训内容、操作技术和方法传授给其他职工，共同提高、掌握反洗钱基础知识和基本技能，提高识别可疑交易的能力，履行好这一项重要职责。农行札达县支行为了全面推进反洗钱工作，打击一切涉及毒品、走私、贪污贿赂等犯罪活动和非法转移资金活动，纯洁社会风气，确保中国农业银行札达县支行信用支付的稳定。

切实做好反洗钱宣传工作。农行札达县支行每年 6 月和 8 月统一悬挂反洗钱横幅和张贴宣传标语或通过 LED 屏主题宣传反洗钱宣传标语，并做好发放宣传资料工作和向社会宣传反洗钱工作，柜台一线人员发放宣传资料，各营业所每年流动服务的同时宣传反洗钱工作，使全县广大群众认识到洗钱对社会的危害性，自觉遵守和配合金融机构的反洗钱工作。

开展定期或不定期、现场或非现场的检查。加强检查，将反洗钱工作纳入日常检查范围，为反洗钱工作保驾护航。农行札达县支行每年对本营业机构及各营业所反洗钱工作情况进行一次检查，对以前检查中存在问题整改情况进行跟踪；每年 8—10 月期间对本行进行一次反洗钱工作专项检查，特别是将账户管理、现金支付和票据业务结合起来，对临柜人员操作反洗钱业务程序进行认真检查，发现问题及时查处，防止洗钱犯罪活动的发生，履行好反洗钱的法定义务，维护札达县的经济持续稳定发展。

第三节　存款

1995—2010 年，农行札达县支行实施“存款兴行”战略，树立“以市场为导向、以客户为中心、以效益为目标”的经营思想，采取多种形式开展揽存活动，利用各种宣传时期，宣传国家金融政策。札达县存款业务主要以农牧区存款、企业存款、财政存款为主，财政存款占比最大。截至 2010 年底，存款余额达 18799 万元，较 2000 年的 1983 万元，增长了 848%，较 1995 年的 1067 万元，增长了 1662%。

一、储蓄存款

1964 年 10 月，人行阿里支行对札达县银行小组职工进行业务辅导，帮助其健全账目，活期存款、定期存款业务及农牧区存款业务全面铺开。1972 年 7 月，在农牧区实行“存款自愿、取款自由、存款有息”的储蓄政策，农牧区存款大幅度上升。当年，农牧区存款额达 3.2 万元。

1980 年，中央第一次西藏工作座谈会召开后，札达县对农村信贷试行“存贷挂钩、差额包干”的办法，多存可以多贷。1981 年 11 月，人行西藏自治区分行发出《对信用社吸收定期储蓄存款的利差补贴通知》，札达县照此执行。1984 年 5 月，人行札达县支行对信用社采取每增加 1000 元存款提取 2 元，用于信用社干部奖励的办法，进一步调动信用社员工开展存款工作的积极性。

20 世纪 80 年代后期，农牧区存款成为储蓄存款迅速增长的主体。1989 年，农牧区储蓄存款占农牧区各项存款的 79%。

1990 年后，农牧区经济日益繁荣，城乡物资交流进一步活跃，带动了农牧区存款的增长。1991 年，共吸收存款 437 万元。1993—1996 年，农村储蓄存款翻两番。1996 年，农行札达县支行开始与基层营业所签订《经营管理目标责任书》，把存款作为重要的考核指标。

20 世纪 90 年代后期，由于畜产品价格波动较大，农牧民收入不稳定。加之受 1998 年特大雪灾造成羊绒羊毛价格持续下降和存款利率 5 次下调影响，农牧区储蓄存款额有所减少。1993 年，吸收存款 189 万元。

截至 2000 年末，札达县农村储蓄存款余额 497 万元，占全县金融机构各项存款的 25%，其中香孜营业所 226 万元、达巴营业所 55 万元、曲松营业所 65 万元、底雅营业所 68 万元、萨让营业所 83 万元。2005 年，农牧民存款 531 万元。

2001—2010 年，城乡居民储蓄存款累计达 17581. 6 万元。其中 2001 年 286 万元，2002 年 312 万元，2003 年 346 万元，2005 年 557 万元，2006 年 627 万元，2007 年 1026 万元，2008 年 4237 万元，2009 年 4350 万元，2010 年 5447. 6 万元。

二、企业存款

20 世纪 60 年代初，札达县国营企业有札达县贸易公司和加德国营农场，均在县银行小组开户。20 世纪 60 年代末，札达县逐渐建立供销社，商业也有所发展，企业存款逐年增长。

改革开放后，县域内个体工商户逐年增多，企业存款种类和数量随之增加。至 2000 年底，札达县企业存款 29 万元。2005 年，个体工商户存款 125 万元。

三、对公存款

1960 年，县银行小组专设财政存款科目，预算内资金与预算外资金通过银行划拨到各级财政，银行实行存不计息、汇不收费。

20 世纪 80 年代，由于财政部门对各单位实行行政经费包干办法，有力控制开支，财政性存款基本稳定。20 世纪 90 年代初，财政部门将部分财政性存款用于资金拆借，加上对企业的政策性亏损进行补贴，财政性存款出现大幅度下降。

1995 年 3 月，为进一步理顺财政、税务、国库三者关系，成立地方财政支库，上级拨款及时，各项存款有所增加。

截至 2000 年底，札达县财政性存款 368 万元，比札达金融业诞生初期增加 91 倍。

2010 年，农行札达县支行大力推广储蓄、贷款等多种功能汇聚的惠农卡“一卡通工程”，并对惠农卡年费、工本费予以减免，将各类财政直补资金通过惠农卡发放到百姓手中。2001—2010 年对公存款累计 40152 万元。其中，2001 年 1162 万元，2002 年 1210 万元，2003 年 1169 万元，2004 年 1132 万元，2005 年 2379 万元，2006 年 3233 万元，2007 年 3428 万元，2008 年 2442 万元，2009 年 10645 万元，2010 年 13352 万元。

1990—2010 年农行札达县支行存款变化情况表

表 13－3－4　　　　单位:万元

年份	存款总数	年份	存款总数
1990	598	2002	2524
1994	980	2003	2544
1995	1067	2004	2733
1996	1362	2005	2936
1997	1528	2006	3860
1998	1752	2007	5238
1999	1947	2008	6679
2000	1983	2009	14995
2001	2501	2010	18799

第四节　贷款

一、民间借贷

历史上，札达境内民间借贷主要是贵族、寺庙、境外商人发放给农奴的货币或实物贷款，一般年利大多在10%以上。农区民间借贷以青稞为主，一般春借秋还；牧区以牲畜贷放（租赁）为主，一般由牧主把牲畜贷给牧民租放，这种借贷形式为“不生不死”，即无论多少年，牧民每年均以最初牧主租给的牲畜数量作为缴租的标准，不因时间长短、天灾人祸导致牲畜减少或死亡而改变。同时，以印度商人为主的部分外商也通过不等价的物物交换和赊销办法进行盘剥。

20世纪50年代初，进驻札达的中国人民解放军在农牧区发放无息农贷，缓解了部分农牧民受“三大领主”的高利贷剥削，但由于业务范围覆盖不全面，民间借贷依然存在。1954年3月，中共阿里分工委决定，向农牧区藏族群众发放无息贷款，采取以实物发放形式，解决群众春播的青稞种子问题。并由分工委组成工作组，赴札达县开展发放工作。这是阿里分工委首次向札达县发放贷款。

20世纪60年代后，国家实行打击高利贷、鼓励民间正常借贷往来的信贷政策。县银行小组和各区信用社开始给广大农牧民提供低息或无息贷款，民间借贷逐渐减少。

二、涉农贷款

札达县农牧业发展基本靠传统的放牧和耕作模式，农牧民群众市场意识淡薄，金融扶持和培育农户创业能人的力度和深度不理想，偏远乡村金融服务辐射能力受到极大制约。2001—2010年，农行札达县支行坚持以服务“三农”、支持实体经济和民生领域为重点，加大有效信贷投入，优化信贷结构，不断深化农牧区金融改革创新，严防风险和案件，完善金融服务功能，加强基础金融服务，为札达农牧业增产增效、农牧民增收致富、农牧区经济社会跨越式发展和长治久安提供全方位的金融服务。全面加强农牧区流动服务特别是空白网点乡的流动服务力度，加快推进农牧区电子支付终端的布放力度，切实惠及农牧民群众。通过物理网点、流动服务、电子支付终端等全方位提升农牧区金融辐射能力，继续做大做强小额贷款，利用财政担保基金、抵押和个人担保等方式重点支持和培育一批典型创业带头农户。支持农牧民发展家庭旅馆、建筑施工、搞汽车货运、添置农机、添置牲畜、盖房、买房、经营日用百货等各个领域。

截至2010年，农行札达县支行涉农组织类贷款累计发放1135万元，涉农贷款725万元。其中，发放涉农中、小微企业贷款1000万元以上，涉农法人贷款42万元，农牧户贷款683万元。《农牧户贷款证》发证覆盖面和使用率均稳定在98%以上。

（一）农牧业贷款

1962年，贯彻中央“调整、稳定、充实、提高”的经济工作方针，各区、乡经营管理体制由“一大二公”转为“队为基础、两级所有”后，农牧业贷款额大幅增加。4月5日，为四区农牧民分配生产贷款3900元（香孜区1000元、达巴区800元、底雅区1100元、萨让区1000元），主要用于解决贫困户的生产、生活问题。

1963年，发放生产农贷种子26324.5斤，其中青稞12788斤，大麦13365.5斤，小麦171斤，解决了303户缺种户的困难；发放生活贷款138户，1077.38元，其中购置耕马1匹，大小母牦牛5头，母羊43只。长期无息牲畜贷款18户1285元，其中耕马8匹，牦牛4头，黄牛5头。工具贷1254.56元，短期贷款303户8563.31元，贷款购置农具300件1254.56元。

1964年，全县发放农业生产贷款1.1万元，有400多户农牧民得到政府贷给的耕畜、种子、犁铧和其他农业生产工具。长期贷款3670元，购马11匹，耕牛和驮牛8头，解决了贫困户18户90人的困难。短期贷款9309.86元，贷种子13134千克，价值6456.56元；口粮5140千克，价值2566.72元；农具18件，价值143.58元；现金143元，解决了470户贫困户和31户中等户的困难。

1965 年，全县发放农牧业生产长期贷款 5955 元，其中萨让区 13 户 2615 元，鲁巴乡 4 户 900 元，达巴区 19 户 2440 元；短期贷款 4096. 68 元，其中萨让区 63 户 492. 7 元，鲁巴乡 26 户 901. 18 元，达巴区 101 户 2702. 8 元。采购种子 22067 斤，口粮 9076 斤。生活贷款 2153. 12 元，其中萨让区 47 户 616. 22 元，鲁巴乡 22 户 520. 3 元，达巴区 43 户 1016. 6 元。

1966 年 1 月 1 日起，金融机构将长期、短期无息贷款指标合并使用，统称农牧业贷款，开始计收利息（实行低息或微息），利率定为月息 1‰。农牧业贷款受到一定影响，由 1965 年的 109 户 28526. 81 元下降到 1975 年的 64 户 1981. 47 元。1971 年 1 月，金融机构发放贷款月息 1‰，信用社发放贷款月息 6‰，利息按月计算，不足 1 个月者免收。

20 世纪 80 年代，随着全县农业机械化和农田水利建设步伐的加快，农牧业贷款额迅速增加。重点是支持农田水利基本建设、农牧区集体经商和个体经商，搞活农牧区商品市场和流通环节，小水电、灾区口粮等贷款的发放。1983—2000 年，农牧业贷款种类增加、范围扩大，银行对农牧区从事商贩、加工、技术、修理、旅游、运输等行业均给予大力支持。

2001—2010 年，县农行和营业所充分利用《农牧户贷款证》“钻、金、银、铜”四卡系列特色产品，积极支持农牧民发展农牧业生产、从事建筑建材业、小型农机具维修服务、旅游服务业、农家乐、藏家乐、休闲林卡，打造观光休闲旅游手工艺为一体的特色主题旅游产业发展，支持农牧民依托当地旅游资源“吃旅游饭、受旅游益”，以离土不离乡的方式就地发家致富。依托农村个人生产经营贷款、小企业“简式快速贷”等产品，立足有经济发展潜力、有产业支撑、特色农牧业较突出的重点区域，创造性地加强与专业合作社、专业大户、新型农场、龙头企业、农业经纪人等主体的深度合作，因地制宜采取“公司 + 农牧户”“合作社 + 农牧户”“信用乡（镇）村 + 农牧户”等合作方式，做好“双联户”家庭农场、农牧民合作组织等合格新型农业经营承贷主体金融服务。支持以农牧户家庭经营为基础、合作与联合为纽带、社会化服务为支撑的立体式复合型现代农业经营体系形成，逐步推动农牧户贷款向集约化、专业化经营转型，向价值创造、效益提升转型，逐步构筑农业现代化发展新路径。

2002 年，继续拓展农牧区信贷业务，延伸支农领域，支持农牧民住房、教育、农用运输车、农机具、生活消费等方面的贷款需求。

2003—2004 年，对农牧民发展家庭旅馆、建筑施工、汽车货运、添置农机、添置牲畜、盖房、买房、经营日用百货等方面给予信贷资金支持。在原有小额信贷产品“金、银、铜”三卡基础上，开办大额信用贷款产品“钻石卡”，形成完备的“四卡”产品体系；同时，与妇联、团委合作，完善“城乡妇女创业小额担保贴息贷款”“农村青年创业贷款”“风险基金项下农牧户担保贷款”等贷款业务。《农牧户贷款证》发证覆盖面和使用率均达 75%。

2005—2009 年，为满足农牧户在新经营业态下的融资需求，根据札达县实际情况改变“三农”服务方式和手段，在实行“农牧民持卡贷款”业务的同时，推广农牧民卡外“担保”贷款业务。2005 年，农牧民贷款 537 万元。

2010 年，加强对建设农牧业、当地特色经济和产业、政府重点项目的支持力度，重点扶持山羊和牦牛优势产业。开办并推广惠农信用卡业务，新发行惠农卡 2000 张，总数达 3835 张。截至年底，累计发放涉农贷款 725 万元，其中农户贷款 683 万元，涉农法人贷款 42 万元。农牧户贷款证发证面和使用率均稳定在 98% 以上。

2001—2010 年，全面加强信用县、乡（镇）、村三级信用环境建设，评定信用乡镇 5 个，信用村 12 个。加强和防范内部操作风险，增强合规意识，涉农贷款不良率持续控制在 1%。农牧民贷款总计 7730.83 万元（其中 2001 年 85 万元，2002 年 189 万元，2003 年 642.88 万元，2004 年 723.72 万元，2005 年 981.12 万元，2006 年 978.13 万元，2007 年 991.12 万元，2008 年 975.48 万元，2009 年 988.67 万元，2010 年 1175.71 万元）。累计发放安居工程贷款 2100 多万元。

（二）信贷扶贫

20 世纪 60 年代，政府对缺乏生产资料的赤贫户发放无偿投资，对鳏、寡、孤、独及特别困难户实行救济。1963 年，发放无偿投资 1 户 1000 元，购置马 1 匹，大小母牦牛 5 头，母羊 43 只。救济 185 户次 562 人（次）

1581.44 元，其中粮食 5160 斤、衣服 86 件、皮大衣 3 件、鞋 12 双、布 32 尺。解决了农牧民生产生活中存在的具体困难，有力支援了农牧业生产和发展。

1964 年，发放无偿贷款 10700 元，购牛 65 头、马 1 匹、羊 931 只，解决了 4 个乡 16 户 65 人的实际困难；给 3 户添置生产资料，1 匹马、1 头牛、36 只羊；救济 69 户 233 人，提供救济物资 2030 斤粮食、23.5 斤茶叶、33 件衣服、9 双鞋、其他物品 8 件，价值 824.21 元。1965 年，共提供救济粮食 4269 斤和其他衣服、茶叶等价值 1855.65 元。1966 年，为 677 户贫农、58 个互助组贷种子 58602 斤。

1991 年，向农牧民群众发放低息贷款 13.6 万元。

1994—1997 年，农行阿里地区中心支行对口帮扶香孜区，共投放各类扶贫款项 67.01 万元，无偿提供资金 3.06 万元，在苏尔康、角孜平整土地 140 多亩；为香孜村新建草库伦、色嘎村新修便桥无偿投资 6000 元，为苏尔康等 4 个村组新修引水渠、干渠，投入低息贷款 15 万元，扶持香孜民族手工业联社发展生产投入 2000 元，给香孜乡扶贫门市部添置柜台等经营设备。

截至 1997 年 11 月 3 日，农行札达县支行共发放扶贫低息贷款 292 万元，主要用于创办乡镇扶贫经济实体 17 个，并实施各类生产、科技扶贫项目 60 余个。

1999 年，发放扶贫贷款 3 万元，累计扶贫贷款达 23 万元。

2001—2010 年，根据农业银行总行和西藏自治区分行关于加强集中连片特困地区金融服务工作的相关要求，按照区分行《中国农业银行西藏自治区分行扶贫贴息贷款发放与管理实施细则》提出力争减少贫困人口 12.8 万人和巩固扶贫成果的要求，农行札达县支行全面落实新的信贷扶贫政策，对农牧民的各类贷款予以支持；对纳入扶贫贴息贷款发放范围的专业组织、龙头企业、社会事业项目经营主体坚持“放得出、收得回、有效益和风险可控”的原则，加强与当地党政及农口相关部门的沟通汇报，建立畅通的信息沟通机制，对扶贫对象准入、资金用途、项目可行性共同审查认定，确保政策受益面直接落地，切实使扶贫贷款成为农牧民脱贫致富的“金钥匙”。

2002 年，发放扶贫贷款 95 万元。

2004 年，建立畅通的信息沟通机制，加强与当地党政及农口相关部门的沟通汇报。向农牧民发放各类扶贫贷款，扶贫贷款净增 2.5 亿元。上半年，发放扶贫贷款 141 万元，住房贷款 161 万元。

2005—2009 年，在发放农牧户扶贫贷款的基础上，推进农牧业产业化经营，支持农牧民发展生产、增加收入。

2010 年，与县政府签订 300 万元的农牧户担保基金协议，对符合扶贫贷款利率政策的经营主体给予支持；持续加强扶贫贷款投放力度，农牧户扶贫贷款余额 673 万元，涉农组织类扶贫贷款达 42 万元。覆盖农牧户经商、购车、支付子女学杂费、购置家具、添置牲畜、购买农机等日常信贷需求，间接带动农牧户年均增收 2000 多元。

三、企业贷款

1990—2010 年，札达县企业贷款发放按照“区别对待、择优扶持”的原则，对不同的资金占用实行差别利率，充分发挥利率的杠杆作用。随着改革开放的逐步深入和市场机制的转换，加上政策的支持，全县各类企业不断增多，企业贷款也逐年增加。

1994 年，将地区下拨给札达县 8 万元乡镇企业贴息贷款分别转贷给有一定基础的香孜区民族手工业联社 5 万元，札布让区卡孜波林乡、托林乡发展多种经营创建乡镇企业 3 万元。

2001—2010 年，农行札达县支行围绕服务“三农”、服务县域经济发展，继续做大做强小额贷款，以改革和创新的思路支持和培育一批典型创业带头农户，带动更多农户脱离传统的生产生活模式，推动全县农牧业产业转移升级，确保全县社会经济跨越式发展。对纳入扶贫贴息贷款发放范围的专业组织、龙头企业、社会事业项目经营主体坚持“放得出、收得回、有效益和风险可控”的原则，加强与当地党政及农口相关部门的沟通汇报，建立畅通的信息沟通机制。重点扶持农业产业经营龙头企业及培育对象。县农行结合札达县重点发展特色农业，充分发挥当地气候优势，加大推广蔬菜、西瓜等高附加值温室作物种植面积，提高农作物种植技术水平，以特色产品优势带动农牧民增收；继续抓好苹果种植、养殖业、卡垫制作等特色产品的开发，依托加德农业综合开发，实现区域化布局、规模化种植、专业化生产，推动当地经济快速发展。

2002 年，对有发展前途、符合地区产业政策的乡镇企业，农行主动介入，帮助整章建制，规范财务管理，提高经营能力，符合条件的，积极发放贷款，支持其健康发展。

2003 年，依托农村个人生产经营贷款、小企业“简式快速贷”等产品，立足有经济发展潜力、有产业支撑、特色农牧业较突出的重点区域，创造性地加强与专业合作社、专业大户、新型农场、龙头企业、农业经纪人等主体的深度合作，因地制宜采取“公司 + 农牧户”“合作社 + 农牧户”“信用乡（镇）村 + 农牧户”等合作方式，做好“双联户”家庭农场、农牧民合作组织等合格新型农业经营承贷主体金融服务。

2005—2010 年，积极支持全县小微企业和集体经济组织，培育一批具有一定竞争优势的集体企业。2005 年，个体工商户贷款 52 万元。截至 2010 年底，发放涉农中小微企业贷款 1000 万元以上，小微企业客户达到 10 家。

四、信贷管理

2001—2010 年，农行札达县支行认真落实信贷政策，规范操作行为，把好每一笔新增贷款的质量关，严格按照有关信贷政策的规定，谨慎仔细，认真调查、审查和审批每一笔贷款。加强贷后管理工作，保证每笔贷款放得出，收得回。发扬“走村串户，背包下乡”的优良传统，持续做好“三农”服务工作，保障农牧民持卡贷款，推广农牧民卡外“担保”贷款，加大宣传力度，提高各类贷款产品的知名度，加大内控制度的执行力度，努力提高整体经营水准，加大流动服务频次，努力改变“三农”服务方式。

对扶贫资金对象准入、资金用途、项目可行性共同审查认定，确保政策受益面直接落地，切实使扶贫贷款成为农牧民脱贫致富的“金钥匙”，使中央优惠政策不折不扣地落实到实际工作中。

1995—2010 年农行札达县支行贷款统计情况表

表 13-3-5　　单位:万元

年份	贷款总数	年份	贷款总数
1995	317	2003	845
1996	153	2004	951
1997	383	2005	1310
1998	129	2006	1662
1999	223	2007	1770
2000	266	2008	1636
2001	500	2009	1544
2002	750	2010	1763

第十四篇

教育　体育　卫生

第一章　教育

札达县小学教育起步较晚，发展缓慢。1961 年，札达县创办第一所小学——托林小学，有学生 15 名、教师 1 名。2000 年 11 月，通过阿里地区“普六”验收。2006 年 10 月，顺利通过自治区“普九”验收。截至 2010 年，全县有小学 5 所，在校生 732 名；中学 1 所，在校生 232 人。学生人数基本呈现稳步增长。

第一节　机构

1960 年 5 月，札达县民教科成立，由县委组织部直接领导，各区委书记主管各区、乡公（民）办小学。1964 年 8 月，成立札达县文教卫生科。

1975 年 12 月，成立札达县文教卫生局。1987 年 10 月，单独设立县文教局。1997 年 6 月，在县文教局基础上，成立札达县教（体）局。

由于札达县地广人稀、生源较少，教育工作发展较慢。2001—2010 年，教育（体育）局没有设立单独科室。由局长统一分配工作任务，工作人员往往身兼数职。

2010 年，设立札达县教育局（体育局），无内设机构，核定机关编制 5 名（行政编制 4 名，事业编制 1 名），其中科级领导 4 名。主要负责宣传贯彻《教育法》《义务教育法》并制定实施意见；实施全县教育事业发展规划及学校的基本建设；负责全县学前教育、义务教育、职业教育工作；主管县中学、县小学、保育院，并对全县公办、民办小学进行全面管理；负责师资培训管理工作；管理教育系统财务；负责抓好教育基金会工作。

1964—2010 年札达县教育部门领导任职一览表

表 14－1－1

机构名称	职务	姓名	性别	民族	任职时间
札达县文教卫生科	副科长	侯封东	男	汉	1964.08—1966.05
		王桂香	女	藏	1966.05—1967.02
札达县文教卫生局	局长	强巴楚成	男	藏	1975.12—1981.12
		才旦卓玛	女	藏	1984.01—1987.04
	副局长	郭洪昌	男	汉	1976.04—1976.10
		王英才	男	汉	1976.06—1980.09
		才旦卓玛	女	藏	1980.09—1984.01
		格巨坚赞	男	藏	1984.12—1987.04
		南嘎多吉	男	藏	1987.07—1987.10
札达县文教局	局长	南嘎多吉	男	藏	1989.09—1992.07
		央加	男	藏	1992.07—1997.05
札达县教体局	局长	土旦次仁	男	藏	1997.06—2002.09
		仁青巴桑	男	藏	2002.09—2007.09
		白玛桑珠	男	藏	2009.03—
	副局长	仁青巴桑	男	藏	1997.11—2002.09
		韩俊宝	男	汉	2002.06—2004.06
		尼玛西洛	男	藏	2006.11—2009.03
		白玛桑珠	男	藏	2004.06—2009.03
		尼玛次仁	男	藏	2008.07—

第二节　基础教育

历史上，札达境域内无正规学校，宗教教育和家庭教育是主要教育方式。1961年，全县创办第一所民办小学——托林小学。1995年，札达县建立阿里地区第一所县级中学。至2010年，札达县有学校及教学点9所。其中中学1所，小学5所，教学点3个。有在校生964名，其中，中学生232人，小学生732人。学龄儿童入学率98.57%。

一、学前教育

1996年，县幼儿园从县完小独立出来，位于托林寺对面的平房内。当时从事幼教的教师只有1名，开设课程主要有体育（包括日常生活、生活习惯、幼儿体操、游戏、舞蹈）、语言（说话、故事、歌谣、谜语）、音乐、计算、图画、手工（纸工、泥工）、常识、思想品德、美术等。

随着广大人民群众对学前教育的需求日益提高，2005年，县政府投资50万元，新建独立的县幼儿园，位于县城主干道河北路南段，占地面积1737.51平方米，建筑面积263.44平方米。2007年，有1个班级，1名教师，在园学生25名。随着教育的不断发展，县幼儿园逐渐成熟和完善。

二、小学教育

（一）办学

由于交通不便，札达县小学教育起步较晚，发展缓慢。1961年，札达县创办第一所小学——托林小学，有学生15名、教师1名。1962年，成立香孜乡戴帽小学，后更名为札达县完全小学。1963年，托林小学有学生4名，因生源较少，开办6个月后停办；同年，创办达巴区小学，有学生10名、教师1名。

1964年，创办鲁巴小学，有学生16名、教师1名，1965年搬至今达巴乡政府所在地。1964年11月5日，创立民办底雅乡小学，1965年10月改为公办。截至1966年，有在校生45名，其中男生29名，女生16名。1964年11月10日，创办香孜乡公办小学，截至1966年，有在校生30名，其中男生24名，女生6名。

1966年，创办萨让区民办小学，1969年改为公办小学。1971年，创办曲松区小学，有学生29名。

1974年，创办种畜场民办小学，有学生23名、教师1名，1978年转为公办小学。1988年，撤销种畜场民办小学。1991年，恢复设立种畜场民办小学。截至1998年，有学生24名、教师2名。

1975年，创办皮央·东嘎小学，1984年停办。1977年，创办札布让小学，1993年更名为港心希望小学。

1986年，全县招生136名适龄儿童入学，在校生313人，占全县学龄儿童的40%。

1985—1995年，札达县按照上级指示精神，采取“就近办学、方便群众”的教育方针，学校数量急剧增长。至1988年，全县有8所公办小学、4所民办小学，教师45名；在校生377名，适龄儿童入学率47%。1993年，全县小学增加至15所，其中县完小1所、区公办小学6所、乡办小学2所、民办小学6所，有的学校只有5或6名学生，师生比例严重失调。1995年，全县小学数量达到16所，适龄儿童入学率达78%。

1989年，县完小从各初小招收一年级学生29名、二年级学生28名。五年级毕业生有22名，其中内地班录取12名，狮泉河中学录取9名，升学率95%。

1991年，全县有在校生416名，适龄儿童入学率达45.1%。县完小招收新生37名，有毕业生41名，升学率87.8%。

1994年，共招收学龄儿童140名，从各区（乡）小学升入县完小五年级54名，毕业生35名，其中19名考入内地班，15名考入地区中学，升学率达97.4%。全县有在校生636名。

1999年，共招收适龄儿童125名，各乡村初小升入县完小及香孜小学四年级77名，县完小毕业生79名，其中17名考入内地西藏班（校），8名学生因身体原因未去，实际送往内地西藏班（校）9名，升入县中学40名。

截至年底，共有完全小学2所，乡办小学11所，村办小学5所，联校1所，小学在校生632名，适龄儿童入学率达86.8%。

随着经济的发展及县委、县政府对教育事业的重视，全县办学结构趋于合理，到2000年，小学合并至12所。其中，完小2所，教学点5个，乡办小学5所；在校生641名，适龄儿童入学率96%；正式教师38名。

2001—2002年，全县投入校舍等硬件改善资金1040万元，翻新校舍743平方米。有在校生943人，入学率达96.2%，巩固率达98%。

2003年，根据阿里地区教育工作会议、札达县教育工作会议和《札达县教育事业“十五”发展规划》，为进一步合理调整全县学校布局，扩大办学规模，提高办学效益，有效使用教育资源，札达县委、县政府决定将札布让小学合并至县完小，东波小学（教学点）合并至达巴乡小学，鲁巴小学（教学点）合并至底雅小学和香孜乡完小。

2004年，全县8—13周岁适龄儿童总数为713名，8—13周岁在校生686名，小学在校生总数736名，中学在校生92名，适龄儿童入学率达96.2%，巩固率98.2%，小学辍学率1.8%，升学率为95.1%。

2007年7月，全县有六年级毕业生100名，其中，内地西藏班23名，县中学75名，1人病故，1人转学。

2009—2010学年第一学期，全县有小学适龄儿童848名，有小学在校生775名（不含在外借读生）。其中，县完小336名，香孜完小282名，达巴小学28名，萨让小学20名，底雅小学20名，曲龙教学点27名，楚鲁松杰教学点42名。

截至2010年，全县有小学5所，在校生732名。学生人数基本呈现稳步增长，根据当年全县适龄儿童实际情况略有波动，2008年达到峰值944名，适龄儿童入学率达99%。2009—2010学年小学毕业班学生155名，毕业155名，毕业率100%。

1988—2010 年札达县小学发展情况表

表 14 - 1 - 2

年代	学校数(所)	教师数(人)	学生数(人)	入学率(%)
1988	12	45	377	47
1989	12	52	424	—
1990	12	—	408	—
1991	12	42	416	47
1993	15	—	—	—
1994	15	—	636	63
1995	16	45	662	68. 7
1996	12	44	696	69. 1
1997	12	45	694	85
1998	13	36	619	85. 3
1999	12	38	836	86. 8
2000	12	39	641	96. 16
2001	7	33	677	96. 4
2002	11	37	790	96. 7
2003	6	46	756	97
2004	6	40	756	92
2005	6	38	775	97. 7
2006	6	41	773	98. 53
2007	6	48	755	99. 03
2008	6	52	944	99
2009	6	54	775	99
2010	5	63	732	98. 57

（二）学制与课程

1966年前，全县所有小学无统一学制要求和课程设置，教学工作处于盲目、无序状态。20世纪70年代，根据“学制要缩短、教育要革命”的指示，各小学学制改为3—5年不等。1980—1983年，札达县开始执行“小学五年制、六年制并存”政策。1988年11月至2010年底，全县各小学均实行“六年制”教学。

1966年前，全县各学校均按力所能及的范围设置课程，如托林小学设有藏文、算术、汉语拼音、歌曲等。“文化大革命”开始后，生产劳动列入课程表，体育改为学军课，算术改为数学，劳动课和政法课成为主课。1976年后，学校的教学秩序逐步恢复正常。

1981年，各公办、民办小学根据教育部公布的《全日制五年制小学计划》（修订稿）设置课程。1988年11月，西藏自治区教育科技委员会颁发《西藏自治区全日制公办中小学教育计划》，规定小学开设11门课，包括思想品德、藏语文、汉语文、数学、常识、地理、历史、体育、美术、游戏、劳动技术。同时规定1年学52周，寒暑假12周（含农忙假），教学时间42周，其中上课36周，劳动技术课2周，复习考试2周，小学每周23—31节课，并开科目6—10门，每节课时45分钟，全县各公办、民办小学照此执行。

1998年9月，西藏自治区教育委员会决定将常识、地理和历史合并为一门课，即社会课，并使用教材。

2001—2010年，各学校认真执行自治区义务教育教学计划，各教学点、完全小学一年级开设了汉语课，完小三年级开设了英语课，部分四年级新开设了信息技术课；各学校都开设了劳动课，中学开设了劳动技术课。各学校建立了德育室，强化德育教育。各学校重视对学生的爱国主义教育和反分裂教育。15周岁以下少年儿童中无僧尼。各学校开齐了体育、音乐、美术、卫生课程，体育、艺术工作正常开展。各学校均建有勤工俭学基地，每周开设两节劳动技能课。

1988 年调整前的札达县小学课程设置情况表

表 14－1－3

课目 \ 周课时		一年级	二年级	三年级	四年级	五年级	六年级	总课时
思想品德		1	1	1	1	1	1	216
藏语文		13	13	12	8	7	7	2160
汉语文		—	—	12	6	6	6	1080
数学		7	7	8	6	6	7	1548
自然常识		—	—	—	2	2	2	216
地理		—	—	—	2	—	—	72
历史		—	—	—	—	—	2	72
体育		2	2	2	2	2	2	432
音乐		2	2	2	1	1	1	324
美术		2	2	2	1	1	1	324
劳动技术					1	1	1	108
并开科目		6	6	6	9	10	10	
活动	班队会	1	1	1	11	1	1	216
	体育活动	2	2	2	2	2	2	432

1998 年调整后的札达县小学课程设置情况表

表 14－1－4

课目 \ 周课时	一年级	二年级	三年级	四年级	五年级	六年级	总课时
思想品德	1	1	1	1	1	1	204
汉语文	—	—	6	6	5	5	748
藏语文	11	11	7	6	6	6	1598
数学	5	5	5	5	5	5	1020
社会	—	—	—	2	2	2	272

续表

课目＼周课时	一年级	二年级	三年级	四年级	五年级	六年级	总课时
自然	1	1	1	1	2	2	272
体育	2	2	2	2	2	2	408
音乐	2	2	22	2	2	2	408
美术	2	2	2	2	2	2	408
劳动	—	—	1	1	1	1	136
周学总课时	24	24	27	28	28	28	5406

三、中学教育

（一）办学

札达县受制于自然条件，交通不便，人口少，农牧民群众受教育意识不强，文化水平较低，县中学教育起步晚，中学教育发展较迟缓。1972 年 12 月，札达县创办香孜戴帽中学，并招收第一批初中一年级学生 28 名，但中学有名无实，仍教小学内容。1984 年，撤销香孜戴帽中学，并入札达县完小。

1995 年，札达县中学建立，这是中央第三次西藏工作会议确定的援助西藏六十二项工程中的最后一项，也是阿里地区第一个县级中学。截至 2000 年，县中学占地面积 1.5 万平方米，建筑面积 1537 平方米。有教室 4 间，面积 237 平方米；学生宿舍 24 间，面积 556 平方米；教职工宿舍 2 栋，5 间套房、8 间单间，面积 637 平方米；教职工办公室 5 间，面积 71 平方米；伙食房及餐厅 4 间，面积 36 平方米。配齐国家三级教学器材，但无实验室及运动场地。

2009—2010 学年第一学期，全县有中学适龄儿童 341 人，初中在校生 210 人（不含内地西藏班、在外就读生）。

2010 年，札达县中学在校生 232 人。2000—2010 年，札达县通过公开招聘、人才引进等多种渠道引进区外优秀人才充实当地教育事业，教师人数明显增加。在校生人数翻了一番，县中学教育水平有所提升，学生素质明显提高。2009—2010 学年，初中毕业班学生 113 人，毕业生 113 人，毕业率100%。

1995—2010 年札达县中学教师及学生情况统计表

表 14－1－5　　　　单位：人

年代	教师数	学生数	年代	教师数	学生数
1995	3	28	2003	12	75
1996	4	69	2004	14	101
1997	4	69	2005	13	121
1998	6	104	2006	18	254
1999	11	113	2007	25	212
2000	11	122	2008	28	227
2001	13	147	2009	24	209
2002	16	124	2010	28	232

（二）学制及课程

2001—2010 年，初中学制为三年制，即七年级、八年级、九年级，课程统一按照西藏自治区一类课程标准执行，课程设为，七年级：汉语文、藏语文、数学、英语、思想品德、地理、历史、生物、音乐、体育、美术、信息技术，共12门课程；八年级：汉语文、藏语文、数学、英语、思想品德、物理、地理、历史、生物、音乐、体育、美术共12门课；九年级：汉语文、藏语文、数学、英语、思想品德、物理、化学、体育，共9门课程。开齐开足所规定的全部课程并且保障各学科总课时数，顺利完成各学科的教学任务。

第三节　职业教育

由于札达县受制于早期教育不发达等原因，群众受教育程度较低，职业教育长期处于空白状态，群众文化水平较低，不易接受技术难度大的就业培训，长期以产品的初步制作和技能的初步操作作为谋生手段。2005 年，根据国家出台的《国务院关于大力发展职业教育的决定》精神，札达县出台《关于创办县中学职业技能培训班的办班计划》，积极开展农牧民群众职业教育培训。

2006—2007 年，札达县组织开展两届农牧民职业教育培训。针对县内生产特点和农牧民群众需求，职业培训内容包括藏式木工、家具制作、藏毯编织、医疗护理、房屋建造、藏装裁缝等，共培训农牧民群众近 100 人。

为促进文化教育和职业技能培训的有机结合，2006 年 4 月，创办职业技能培训班，面向全县 14—18 周岁人口招生，共招生 97 人。开设课程分文化课和技能课，文化课开设了思想品德、社会实践、藏语文、汉语文、数学、体育等，技能课开设了村保健医生、木工（绘画）、纺织和裁缝等培训。

2007 年，阿里地区成立了专门的职业技术学校，由于札达县培训的农牧民数量少，达不到国家和自治区要求，札达县农牧民群众选送到地区职校进行职业培训，札达县不再开办职业教育培训班。

第四节　品德教育

1994 年第一学期开始，对全县各区（乡）小学增设思想品德课。要求提高教师自身的思想政治觉悟，认清当前形势，认清达赖集团的真面目，坚决在政治上同达赖集团划清界限，并要求全体教师立场坚定、旗帜鲜明、针锋相对地反对一切破坏祖国统一和民族团结的活动。要求全体教师在讲授书本内容的同时，主要对学生进行爱国主义、社会主义、集体主义、民族团结、反对分裂等教育。

1999年，多次组织教师学习马列主义、毛泽东思想、邓小平理论、党的方针政策，学习有关教育的法律法规、《中小学教师道德行为规范》及教师职业道德。在学生中根据学校德育工作要求，因地制宜地以《中小学生守则》《中小学生行为规范》为准则，以精神文明建设和“五爱”为基本内容，扎实有效地开展德育工作，有条件的学校坚持每周一升国旗，在国旗下宣誓、唱国歌，要求学生尊重国旗、认识国旗、会唱国歌。各校根据思想品德教材和文明习惯，进一步加强对德育工作的组织领导，要求各校指定专人负责学校德育工作。

2001—2010年，各校均建立了德育室，强化德育工作。重视对学生的爱国主义教育和反分裂教育，坚持升国旗唱国歌。15周岁以下少年儿童中无僧尼。中小学必须把德育工作放在重要位置。在中小学教育中，德育即思想品德政治教育，对坚持学校的社会主义性质，促进学生德、智、体、美、劳全面发展，具有重要作用。做到以理服人、以情感人、入耳入脑。倡导学生自己管理自己，培养学生的自主精神和独立思考、自我教育的能力。领导干部深入中小学，及时解决学校德育工作中的问题，组织教育部门、宣传部门、共青团、工会等单位定期研讨学校德育工作，加大对学校德育工作的检查督促和评估。中、小学校长对德育工作负有重要责任，在德育工作中，从学校的实际出发，从青少年儿童的实际出发，认真贯彻落实中共中央关于《改革和加强中小学德育工作》《中小学德育工作规程》的通知，及《中小学日常行为规范》等必要的基本知识。深入开展“文明学校”“文明班级”“文明教师”“文明学生”活动，推动学校精神文明建设。围绕学校德育工作计划，积极开展班级活动及少先队活动。严禁小学生和少年儿童进入“五室一厅”，严禁将子女送入境外“藏独”分裂势力开办的学校。建立学校、家长、社会“三位一体”的格局。中小学校要建立家长委员会，通过召开家长会、上门访问等方式收集家长的意见和要求，帮助家长树立正确的教育思想，在广大家长中大力宣传《教育行为规范》。强化校园环境建设，靠师生的双手美化、绿化、净化校园环境，重点加强对学生食堂、宿舍、厕所等重点部位的卫生整治。培养学生卫生习惯，确保学生身心健康，树立每所学校“洁净、和谐、整齐、规范、务实、创新”的六大形象，促进校园精神文明建设。

第五节　教师队伍

随着全县经济的发展，札达县不断加强对教育的重视。为解决教师匮乏，缓解教师紧缺现状，全县各中小学加大教育人才引进力度，从区外引进大中专毕业生到县任教，争取河北等省、市援藏教师到县中学任教。针对全县教师实际情况，加大教师培训力度，不断提高师资水平。

一、师资力量

札达县受制于自然条件的不便，教育事业发展缓慢，专职教师数量较少。

1981 年，根据阿里地区《关于我区第一批民办转公办教师的批复及第二批民办转公办教师有关问题的通知》，同意达巴区民办教师米玛次仁，托林小学民办教师欧珠次仁，札布让区民办教师格巨坚赞、益西旺姆，萨让区民办教师群宗多吉、阿旺巴旦、洛桑扎西转为公办教师，一律定为小教八级，月标准工资 41.5 元。

2001 年，札达县有小学教职工 43 人，其中专任教师 33 人，代课教师 6 人，工勤人员 4 人；中学教职工 13 人，其中，专职教师 12 人，工勤人员 1 人。教职工共计 56 人。

2010 年，全县有教职工 104 人。

2001—2010 年间，札达县通过公开招聘、人才引进等多种渠道引进区外优秀教育人才充实当地教育事业，教职工人数增加了 2 倍多，教师数量的增加促进了全县教育事业的发展。

2000—2010 年札达县教职工情况表

表 14－1－6

年份	小学教职工	专任教师	代课教师	工勤人员	中学教职工	专职教师	代课教师	工勤人员
2000	46	39	4	3	11	11	1	2
2001	43	33	6	4	13	12		1
2002	59	37	6	16	16	13	1	2
2003	49	46	6	3	12	9		3
2004	52	40	5	7	14	10		4
2005	70	38	7	25	13	13		
2006	60	41	4	15	18	12		6
2007	67	48	4	15	25	19		6
2008	71	52	4	15	28	21	1	6
2009	74	54	4	16	24	20		4
2010	104	63	3	35	28	24		4

二、师资水平

随着全县教育事业的不断发展，札达县狠抓教师队伍管理，强化师德师风建设，突出重点，兼顾全面，坚持服务于教育教学、服务于广大教职工的理念，持续优化师资结构，师资水平不断提升。

1994 年，全县有公办教师 43 名、民办教师 8 名，均有高小以上文化程度。其中，大专以上毕业生 31 名，高级教师 5 名，一级教师 14 名，二级教师 6 名，三级教师 3 名。

2001—2006 年，全县补充小学专任教师 12 名，其中大专 8 名，中专 4 名，学历合格率 100%。补充初中教师 6 名，其中，本科 4 名，大专 2 名，学历合格率 100%。

2004 年，全县教师中本科学历 5 名，大专学历 13 名，中专 26 名，高中以下学历 5 名。

2006年，全县有小学教师45名，小学专任教师41名，其中：大专17名，中专20名，合格学历教师37名，小学专任教师学历合格率90.24%；代课教师4名，占小学教师总数的8.9%；有中学专任教师14名，其中，本科学历7名，大专学历6名，合格学历教师13名，初中专任教师学历合格率92.9%。

截至2010年，全县有小学专任教师63名，其中：本科学历1名，大专学历53名，中专学历7名，初中学历2名，具有合格学历教师61名，从事教学工作20年以上1名，小学专任教师学历合格率96.83%；有初中专任教师24名，其中，本科学历20名，大专学历4名，具有合格学历教师24名，初中专任教师学历合格率100%。

三、教师培训

札达县针对全县教师没有受过系统专业师资培训、无系统的教学常识、教学只能单线突击、所有老师只有高小文化，有的甚至更低等实际情况，20世纪60年代，开始将聘用教师选派到专署培训。

为解决师资紧缺矛盾，教师培训采取就地取材、自力更生的办法，20世纪70年代，开展本校培训，并利用寒暑假，从教师中选出文化水平较高的老师进行师资培训。依托阿里地区培训班，从札达县小学教师中抽出2—3名教师和师训班学生同上文化课，学期4个月。此间，地区中学师训班为底雅乡、曲松乡及楚鲁松杰村培训5名小学教师。

20世纪80年代，利用寒暑假时间培训教师30多期，参加培训人员70多人（次）。培训采取“学什么、教什么，缺什么、补什么”的办法，主要培训小学藏文、数学、语文3门主课。

1985年，根据阿里地区通知精神，札达县选派5名教师赴河南开封第一师范学校（3人）和日喀则师范学校（2人）进行为期2年的培训深造，主要培训写作、文学、文法、正字、教学方法等藏语文基础课和教育学、心理学等课程。

20世纪90年代至2010年，根据自治区统一要求，安排教师赴区内其他地市及区外培训，培训内容包括管理岗位培训和业务技能培训，培训科目主要涉及语文、藏文、数学等。此外，札达县还积极鼓励教师参加函授教育、成人高考和自学考试，不断提升自身的文化水平和学历层次。

1991—1994 年，进行集中培训 4 期，16 名骨干教师先后到外地学习。1996—2000 年，先后选派 38 名教师到西藏民族学院，山南、日喀则、阿里地区中学进行培训，举办 3 期乡村教师培训班，并邀请县中学教师利用课余时间对完小教师进行在岗培训，提高教师专业知识水平和教学能力。

1999 年，县教体局坚持鼓励“自学自修”，实行在岗培训和脱岗进修的办法，以培养为原则，暑假期间按照地区教体委统一安排，选派 4 名骨干教师到山南等地接受培训。同时，对县完小教师每周二、四晚上进行业务培训，要求每名教师至少参加两门主课的培训。

2000—2005 年，每年平均有 3 人参加区内、区外短期培训。2006 年，全县中小学校长有 4 人，参加岗位培训 4 人，持证上岗率 100%。安排 18 名教师到拉萨参加函授学习。2007—2010 年，每年平均有 5 人参加区内区外短期培训。

第六节　“两基”攻坚

“两基”① 攻坚是新时期教育事业最突出、挑战最严峻的历史任务，札达县始终将教育摆在优先发展的战略地位，采取措施，确保全县“两基”攻坚任务顺利完成。截至 2000 年底，札达县扫盲覆盖率达 50.4%，顺利通过自治区扫盲验收。2006 年，顺利通过自治区“两基”评估验收第二组对全县“普九”工作的评估验收。

一、攻坚举措

札达县教育发展基础极其薄弱，与全区及西部地区比较差距很大，面对国家提出的西部地区“两基”攻坚任务，札达县“两基”攻坚的任务重、

① 基本实施九年义务教育、基本扫除青壮年文盲。

难度大。据2002年底统计，全县人均受教育年限仅为4.5年，比全国人均受教育年限8年低3.5年，比西部地区人均受教育年限6.7年低2.2年；整个西藏自治区适龄儿童入学率为88.29%，比全国适龄儿童入学率98.62%低10.33%，比西部地区适龄儿童入学率96.60%低8.31%；全县15—50周岁非文盲率为66%，比全国青壮年非文盲率93.28%低27.28%，比西部地区青壮年非文盲率90.98%低24.98%；全区“普九”人口覆盖率仅为16.55%，比全国“普九”人口覆盖率92%低75.45%，比西部地区“普九”人口覆盖率78%低61.45%。西藏自治区又是国家认定的集中成片贫困地区，贫困面积大、贫困程度深，农牧民群众的收入仅为全国农民收入平均水平的60%左右，脱贫致富是农牧民的首要任务，适龄青少年入学面临更大困难。

2001年，札达县通过“普六”达标验收。

2003年，札达县按照国家西部地区“两基”攻坚要求，成立“两基”攻坚领导小组，适时调整“两基”目标，加强对“两基”攻坚工作的组织领导，把“两基”攻坚纳入当地经济社会发展的整体规划，纳入年度工作计划、纳入年度财政预算，纳入目标管理责任制，纳入党政领导干部政绩考核。定期召开专题会议，及时听取“两基”攻坚进展情况汇报，认真研究解决“两基”攻坚过程中出现的各种问题和困难，把“两基”攻坚作为下乡调研、检查工作的首要内容。

2005年，援藏资金投入20万元用于补充电教设备和改善学生生活条件。经费投入力度的加大，为巩固“普六”（普及6年教育）成果，顺利开展“普九”（普及9年教育）工作奠定了坚实的基础。2007—2009年，每年从援藏资金中抽出20万元投入教育系统。

二、“普九”达标情况

2000年11月10—13日，阿里地委副书记洛桑久美带队对札达县“普六”情况进行评估验收。全县有初级中学1所，完小2所，乡初级小学5所，村办教学点5个，幼儿园1所。初中在校生104人（初一68人，初三36人）；小学在校生836人（一年级76人，二年级164人，三年级88人，四年级88人，五年级76人，六年级43人）；幼儿园26人。有中学专任教师11人，小学教师37人。适龄儿童入学率为96.16%。小学毕业升入初中升学率为95.71%。小学占地总面积106681平方米，生均127.6平方米；小学建筑面积7724平方米，生均7.69平方米，基本消除危房，达到了较规模化的要求。

2006年，札达县按照自治区下发的《关于建立对县级人民政府教育工作进行督导评估制度的意见》，加强对县政府和主要责任人教育工作的检查、评估。自治区“两基”评估验收第二组，对全县“普九”工作进行评估验收。区、地相关领导随同参加“普九”评估验收工作，抽查率达60%；深入县九年一贯制学校、县中学职教中心和2所乡镇中心小学检查学校的办学条件、“三包”经费管理和教育教学工作等情况；召开学生、家长和教师座谈会，经评估组集体讨论，形成札达县“普九”工作评估验收报告。10月，顺利通过自治区“普九”验收。

2005—2006学年初，全县小学在校生830人，学年末小学在校生819人，辍学11名，辍学率为1.33%。2005—2006学年，小学毕业班学生有105人（含在外借读21人），毕业105人，毕业率100%。2006—2007学年初，全县小学适龄儿童823人，其中残疾4人，小学在校生868人，适龄儿童在校生807人。全县小学适龄儿童入学率达98.53%，小学辍学率1.33%。

2005—2006学年初，全县初中在校生310人，学年末初中在校生305人，辍学5人，辍学率1.61%。2005—2006学年，初中毕业班学生30人（含在外借读2人），毕业28人，毕业率93.3%。2006—2007学年初，全县适龄少年386人，其中残疾6人，初中在校生343人，初中入学率90.26%。17周岁人口119人，其中残疾1人，完成初中教育49人，完成率41.53%；初中辍学率1.61%，初中毕业率达到100%。

2007年5月18日，自治区教育督导评估组对札达县“普九”巩固工作进行验收，全县小学适龄儿童入学率为98.53%，巩固率达98.67%，15周岁人口小学教育完成率为93.4%，小学毕业率达100%；初中入学率为95.16%，巩固率达98.39%，初中毕业率达100%。

三、扫盲目标完成情况

随着社会经济的发展，人民群众的文化诉求日益凸显，扫除文盲、学习文化逐渐变成广大群众的要求和行动。大规模群众性的扫盲运动是在农业合作化高潮的推动下形成的。1960 年，札达县成立后，开始开展群众文化扫盲活动。1965 年，托林乡开办成人夜校（包括识字班）3 所，入校学员 64 人，主要学习内容有藏文字母、汉语拼音、基本算术常识、国家政策。

1978 年后，各类文化夜校逐步恢复，扫盲工作逐步走上正轨。

20 世纪 70 年代末至 80 年代中期，札达县创办以扫除党员、基层干部中的文盲为主要目的的职工业余文化识字班。

20 世纪 90 年代末，成立县、乡两级扫盲工作领导小组，实行各乡镇扫盲领导小组分村包干和村干部分班包干负责制。在学习、生产两不误的原则下，制定考试验收制度，考试合格者发给脱盲证书。截至 2000 年底，札达县扫盲覆盖率达 50.4%，顺利通过自治区扫盲验收。

2000 年，15 周岁人口有 88 人（女性 45 人），无残疾，其中完成小学三年级以上教育 88 人（女性 45 人），无文盲；15—50 周岁人口数 4042 人（女性 1957 人），其中残疾 42 人（女性 21 人），非文盲人口 3947 人（女性 1898 人），其中完成小学三年级以上教育 2253 人（女性 998 人），脱盲 1694 人（女性 900 人），剩余文盲 53 人（女性 37 人），文盲率 1.31%，女性文盲率 1.89%。

2004 年，进一步加强对扫盲教育的指导，采取多种方法办好扫盲夜校和季节性扫盲班、流动性扫盲点，努力完成脱盲工作。在农牧区实行农区组有扫盲班，牧区组有扫盲点，扫盲师资采取“以民教民，能者为师”的方针。全县五乡一镇 58 个村民小组共有扫盲班和教学点 58 个，扫盲教师 58 名，县政府为 58 个扫盲点全部配备了太阳能照明设备，并解决了黑板等硬件设施。全县 15—50 周岁人口有 3118 人，截至年底，文盲人数降至 155 人，脱盲率达 95%。地区教育局下拨扫盲经费 2 万元。2004 年，札达县通过扫盲验收。

2005 年 5 月 1—20 日，对县内 0—50 岁人口进行再次登记造册，特别是对15—50岁人口进行分类造册，和上年数据进行核对比较，查缺补漏，进一步掌握县内群众的受教育状况和文化水平状况。利用6月、7月两个月时间对15—50岁青壮年文盲进行基础知识培训，集中扫盲。

2006年10月，“普九”验收时，全县有15周岁人口108人，其中残疾2人，完成小学三年以上教育1010人，脱盲3人，现有文盲2人，文盲率1.89%；15—50周岁人口3757人，其中残疾34人，完成小学三年以上教育1756人，脱盲1884人，非文盲人口3640人，现有文盲83人，文盲率2.23%。

2007年5月，“普九”复验时，15周岁人口文盲率为1.89%，15—50周岁人口文盲率为2.23%。

2010年，15周岁人口108人，其中残疾2人，完成小学教育99人，完成率93.4%。完成小学三年以上教育101人，脱盲3人，剩余文盲2人，文盲率1.89%；15—50周岁人口3757人，其中残疾34人，完成小学三年级以上教育1756人，脱盲1884人，非文盲人口3640人，剩余文盲83人，文盲率2.23%。

第七节　教育经费

阿里解放初期，中共西藏工委对阿里分工委《关于阿里办学校问题》作出批复指示：“经向噶厦商谈同意由噶厦电告阿里总管尽力协办，学校经费由中央补助，并按以下原则编制概算报表。一是视阿里情况，暂按三十所和二至三间办公室计算；二是桌椅按藏式风俗设置；三是一般暂不收寄宿生；四是助学金面不宜过宽，以不超过总人口的5%为宜，也可视情况定为全补助、半补助和月份补助三等。”

20世纪80年代后，札达县通过增加财政投入，优先发展教育事业，教育公平取得明显进步。全县教育经费来源主要是国家拨款，其次为札达县财政收入和社会各界人士捐款。不断加大对农牧民子女“三包”（包吃、包住、包学费）经费的管理和使用力度，确保中央财政给的每一分钱都能花在学生身上。

一、经费投入

1983 年 3 月 1 日，根据西藏自治区有关文件规定，对县完全小学农牧民子女全部实行“大包干”，每人每月发 27 元的生活费。

1985—2000 年，按照西藏自治区政策，在公办重点中小学实行“三包”经费政策，为小学生每月发放生活费 21 元、生活零用 1 元，每年服装费 54 元；中学生每月发放生活费 26 元、生活零用 1 元，每年服装费 60 元。

1988 年，全县教育经费 39.4 万元。国家拨款 70 万元，建成县完小教学楼。1989 年，全县教育事业经费总标准 47.62 万元，其中专项拨款 5 万元，经费总支出 47.52 万元。

20 世纪 90 年代，国家明确提出了与国情和教育事业改革发展基本适应的教育指标，即国家财政性教育经费支出占国内生产总值的比例达到 4% 的目标，在一定程度上保证了国家财政是教育经费支出的主渠道。1990 年，全县教育经费预算支出为 48.85 万元。

1994 年，由于教育系统师生人员大幅增加，物价上涨，粮价放开，学生口粮价格猛增，津贴、补发工资等支出增加，年初教育经费预算 52 万元，实际支出 89.6 万元。全年县内教育基建总投资 80 万元。1995 年，河北援藏资金为札达县中学投资 70 万元，用于修建教室等。1996 年，全县教育投入 7 万元，占县财政收入的 18%。1997 年，全县教育投入 11.4 万元，占财政收入的 22%。

1998 年，札达县委、县政府决定从每年财政收入中拿出至少 15% 的资金用于改善办学条件，并从 1999 年起，每年递增 1 个百分点，直至达到 20%；县直干部职工从每月工资中提出 0.5%，作为全县教育基金；全县农牧民群众每人每年劳务投入不少于 10 天，以改善办学条件。从 1999 年 1 月起，设立全县教育财务室，并由县财政局一名副局长分管。1998 年，全县教育投入 11.5 万元，占全县财政收入的 24%。1999 年，全县教育投入 16 万元，占全县财政收入的 25%。2000 年，全县教育事业投入经费 20 余万元。

2001—2002 年，县财政对教育的投入分别为 19 万元、21 万元，小学年生均教育事业费分别为 2505 元、3368 元。

2003—2005 年，全县财政收入分别为 120 万元、138 万元和 178 万元。财政对教育的投入分别是 24 万元、27.6 万元和 35.5 万元，均占当年财政收入的 20%。小学教育事业费分别为 245 万元、263 万元、313 万元，小学在校生分别为 778 人、755 人、750 人，小学年生均教育事业费分别是 3149 元、3483 元、4173 元。初中教育事业费分别是 32 万元、38 万元、45 万元，初中在校生分别为 80 人、93 人、112 人，中学年生均教育事业费分别是 4000 元、4086 元、4018 元；小学公用经费分别为 3.1 万元、3.1 万元、4.5 万元，小学在校生生均公用经费分别为 40 元、40 元、60 元；初中公用经费分别为 0.8 万元、0.9 万元、1.2 万元，初中在校生生均公用经费分别为 100 元、100 元、110 元。

2008—2010 年，全县财政收入分别为 282 万元、326 万元和 371 万元，财政对教育事业的投入分别为 56.4 万元、65.2 万元和 74.2 万元，均占当年财政收入的 20%。2008—2010 年小学教育事业费分别为 591 万元、620 万元和 762 万元，小学在校生分别为 820 人、744 人和 719 人，小学年生均教育事业费为 7207 元、8335 元和 10593 元。中学教育事业费分别为 178 万元、426 万元和 325 万元，初中在校生分别为 226 人、232 人和 234 人，初中年生均教育事业费分别为 7876 元、18362 元和 13888 元。小学公用经费分别为 12.3 万元、22.3 万元和 28.76 万元，小学在校生分别为 820 人、744 人和 719 人，生均公用经费分别为 150 元、300 元和 400 元。中学年公用经费分别为 5.6 万元、11.6 万元和 14.04 万元，初中在校生分别为 226 人、232 人和 234 人，初中生均公用经费分别为 250 元、500 元和 600 元。

二、“三包”经费管理

“三包”政策是党中央对西藏人民的巨大关怀，是保证教育质量，实施“科教兴藏”，促进西藏教育发展的重大民生政策。从 1984 年提出至 2010 年，国家不断完善政策法规，不断扩大享受“三包”范围，不断提高“三包”经费标准。自 2001 年起，“三包”政策，以专项经费形式保障落实。

2009 年底，“三包”经费标准为小学生每生每年 1800 元，初中生每生每年 1900 元。

为确保“三包”经费发挥其真正的功能和效益，2001 年，札达县严格按照自治区人民政府下发的《关于我区中小学实施“三包”政策和助学金制度的规定》《西藏自治区中小学“三包”经费、助学金、奖学金管理办法》文件精神，加强对“三包”经费的管理，严格把关经费的使用对象、标准和开支范围，加强对资金的监督检查与奖惩。

各学校均成立了“三包”经费管理领导小组，由专门的会计和出纳进行管理，基本建立健全了“三包”经费总账、多栏式明细账、出纳流水账、现金日记账、伙食账、出入库日记账等“六账”。部分学校实行了“三包”经费公示制度，“三包”经费报销签字制度较完善，保证“三包”经费由专人管理、专款专用，按时足额用在学生生活上。主管校领导根据“三包”经费管理原则和开支范围，根据校“三包”领导小组的集体意见，负责“三包”经费的批准使用；会计负责“三包”经费账和物资出入账，规范建立经费总账和分类明细账，物资总账和分类明细账；出纳人员负责现金管理，设立现金、银行存款日记账，并与总账核对一致；保管员登记物资出入库日记账，定期盘点物资，与日记账核对一致，与会计总账核对一致。确保做到“批、账、钱、物”分开专人管理，做到日清月结。

1986 年，全县有 4 所“三包”学校，共有“三包”学生 228 人，占在校生的 73%。

2001 年，根据《西藏自治区人民政府转发自治区教育厅财政厅关于我区中小学校实施“三包”政策和助学金制度规定的通知》精神，小学生每生每学年“三包”经费 600 元，其中伙食费 500 元，服装费、装备费、学习用品费 100 元；初中生每生每学年“三包”经费 800 元，其中伙食费 650 元，服装费、装备费、学习用品费 150 元。边境中学、边境乡小学的农牧民子女住校生，“三包”费用标准在上述基础上人均再增加 50 元。

2003 年，“三包”经费使用 48.46 万元，2004 年为 49.2 万元。

2005 年，小学生每生每学年“三包”经费由原来的 600 元提高到 1000 元，其中伙食费 850 元，服装费、装备费、学习用品费等 150 元；初中生每生每学年“三包”经费由原来的800元提高到1150元，其中伙食费950元，服装费、装备费、学习用品费等200元。边境县、乡小学生每生每学年“三包”经费达1100元，初中生每生每学年达到1250元。

2006年，小学生每生每学年“三包”经费由原来的1000元提高到1100元，其中伙食费950元，服装费、装备费、学习用品费等150元；初中生每生每学年“三包”经费由原来的1150元提高到1250元，其中伙食费1050元，服装费、装备费、学习用品费等200元。边境县、乡小学生每生每学年“三包”经费达1200元，初中生每生每学年达到1350元。

2007年，小学生每生每学年“三包”经费由原来的1100元提高到1200元，其中伙食费1050元，服装费、装备费、学习用品费等150元；初中生每生每学年“三包”经费由原来的1250元提高到1350元，其中伙食费1150元，服装费、装备费、学习用品费等200元。边境县、乡小学生每生每学年“三包”经费达1300元，初中生每生每学年达到1450元。

2008年，“三包”支出为59.61万元。

2009年，小学生每生每学年“三包”经费由原来的1200元提高到1300元，其中伙食费1150元，服装费、装备费、学习用品费等150元；初中生每生每学年“三包”经费由原来的1350元提高到1450元，其中伙食费1250元，服装费、装备费、学习用品费等200元。由于札达县为边境县，按照自治区统一规定，边境县、乡小学生每生每学年“三包”经费达1400元，初中生每生每学年达到1550元。从11月1日起，小学生每生每学年“三包”经费由原来的1300元提高到1750元，其中伙食费1600元，服装费、装备费、学习用品费等200元；初中生每生每学年“三包”经费由原来的1450元提高到1850元，其中伙食费1650元，服装费、装备费、学习用品费等200元。边境县乡小学生每生每学年“三包”经费达1850元，初中生每生每学年达1950元。

2010年，“三包”支出87.74万元。对于“三包”经费的管理，严格把关经费的使用对象、标准和开支范围，深入贯彻执行“三包”日常管理，加强对资金的监督检查与奖惩。建立“三包”经费专用账户，由专门的会计和出纳进行管理，确保“三包”经费专款专用。各学校还成立了“三包”

经费管理领导小组，县中学、县小学有主管后勤的副校长1名，各乡镇教学点负责人1名，教职工代表1名，学生代表2名，共同负责管好和用好“三包”经费。

三、教育资助

1992年10月，香港华润采购有限公司捐款40万元援建的札达县港心希望小学在札布让村开工，建筑面积960平方米，当年竣工。

2001—2010年，札达县根据《西藏自治区人民政府转发自治区教育厅财政厅关于我区中小学校实施“三包”政策和助学金制度规定的通知》，规定县内教育系统能够享受助学金的对象是初中、小学（包括教学点）的农牧民子女走读生，小学每生每学年50元，初中每生每学年100元。

从2003年开始，北京苹果慈善基金会对达巴乡小学、楚鲁松杰小学进行教育援助，学校名称也改为达巴乡苹果小学和楚鲁松杰苹果小学。北京苹果慈善基金会每年定期为学校学生发放维生素、营养品、衣物和学习用品等。

从2003年开始，县直干部职工从每月工资中提取0.1%作为全县教育基金，并由各财务室负责从每年元月份工资中扣出全年的教育基金后，一次性结账给县教育局。2003—2010年，全县干部职工捐款和社会各界捐资助学达289.8万元，援藏资金每年投入教育达20万元。

县政府每年从本级财政收入中拿出20%，用于改善办学条件，县教育局把资金使用情况以书面形式汇报给县政府。2003年，投入900万元进行教育建设（其中，北京金典集团援助226万元，维修达巴乡苹果小学、楚鲁松杰苹果小学），改善办学条件。

2006—2009年，社会捐资助学266.1万元，农牧民群众投工投劳价值18万元，全县干部职工捐资5.7万元。

第八节　学校

历史上，札达境域内无正规学校，宗教教育和家庭教育是主要教育方式。1961 年，全县创办第一所民办小学——托林小学。1995 年，札达县建立阿里地区第一所县级中学。至 2010 年，札达县还没有一所高级中学。

2010 年，札达县有 9 所中小学校，覆盖全部人口，布局合理，基本满足教育教学需要。小学建筑面积 9448. 5 平方米，生均校舍面积 14. 25 平方米；中学建筑面积 3330. 5 平方米，生均校舍面积 10. 88 平方米。各小学有图书 1. 75 万册，生均 26 册；初中有图书 11867 册，生均 39 册；常规教学仪器配备达标率为 85%。全县主要有九年一贯制学校、香孜乡小学、底雅乡小学、达巴乡小学、楚鲁松杰小学、曲松乡小学、鲁巴小学、札布让小学和萨让乡教学点 9 所学校。其中，达巴乡小学和楚鲁松杰小学为苹果基金会援建。各学校均实现了班班有教室、人人有课桌凳、住校生人人有床铺、寄宿学校有食堂、学校操场、围墙、大门、厕所等附属设施齐全。

一、札达县九年一贯制学校

札达县九年一贯制学校是由原来的县中学和完全小学合并而成。县中学占地面积 1. 5 万平方米，建筑面积 1537 平方米，有教室 4 间，面积 237 平方米；学生宿舍 24 间，面积 556 平方米；教职工宿舍 2 栋，套房 5 间，单间 8 间，面积 637 平方米；办公室 5 间，面积 71 平方米；伙食房及餐厅 4 间，面积 36 平方米。

县完全小学前身是札达县香孜乡戴帽小学，占地面积 14586. 76 平方米，总体划分为“五个区”（教学区、学生生活区、教职工生活区、运动区、绿化区），总建筑面积 1753. 46 平方米。学校建有 200 米环形跑道运动场、篮球场 1 个、体操室 1 个、德育室 1 个、教研室 5 个、学生食堂及学生宿舍等，教学器材基本齐全。1994 年，投资 8 万元，建设县完小教职工住房，面积 3520 平方米。两校于 2003 年合并为札达县九年一贯制学校，位于札达县城西郊1000米处，学校占地面积29674平方米，建筑面积9980平方米。

2003年后，县教育局积极争取资金，科学谋划布局，不断增加对九一校的建设力度，并逐年加大。2004年，投资29.73万元，新建九年一贯制学校车库和门卫房。截至2005年，总占地面积36655平方米，其中县中学使用面积1573平方米，校舍面积236平方米，教师办公面积71平方米，生活用房1266平方米。县完小校舍面积2858平方米，教室面积1708平方米，生活用房1150平方米。2006年，投资13万元，新建1所学生厕所；2008年，投资135.96万元，新建九年一贯制学校中学部实验楼，建筑面积715.87平方米；2009年，投资99.44万元，新建1栋学生宿舍，总建筑面积694.55平方米。

二、香孜乡小学

香孜乡小学是一所服务于札达县3个乡（香孜乡、底雅乡、曲松乡）的完全小学，始建于1965年。前身是香孜中学、香孜区小学、1999年贫困地区义务教育工程项目的实施地。1998—1999年，总投资165万元（中央专项补助147万元，地区财政拨款9万元，县财政配套9万元），将香孜乡小学改建成香孜乡完全小学（总建筑面积1081.18平方米）。

距离札达县政府所在地78千米，完全小学成立之初，有1栋学生宿舍、1栋教工周转房、1栋教学楼。其中学生宿舍和教工周转房建成于1993年，分别投入64万元和52万元。教学楼建成于1998年，建筑面积687.3平方米，总投资123.71万元。2001年，正式成为六年制完全小学。

经过多年的发展，到2010年，学校占地总面积达到3万平方米，建筑总面积20080平方米，其中：1999年投资48.65万元，新建1栋教工周转房，建筑面积270平方米；2002年投入36万元，建成1栋办公楼；2006—2007年，分别投资57.31万元和30万元，建成2栋教工周转房，总建筑面积259.7平方米。

三、底雅乡小学

底雅乡小学创办于1984年，占地面积1200平方米，建筑面积342.5平方米，有教室112.5平方米，学生宿舍83平方米，教工宿舍80平方米，食堂及仓库67平方米，课桌椅及课本基本齐全。

在县财政资金及援藏资金的支持下，学校规模进一步扩大。2010年，总占地面积达1760平方米、建筑面积440平方米，有教工宿舍1栋、学生宿舍1栋，教学楼1栋及食堂、菜窖、厕所各1个。有学生8名，一年级学生4名，二年级学生4名，教职工4名，其中专任教师2名，学历为大专，学历合格率为100%。工勤人员2名。

四、达巴乡苹果小学

达巴乡小学建于1967年，后由苹果基金会援建，改称达巴乡苹果小学。学校总占地面积6484平方米，总建筑面积846平方米。其中学生宿舍1栋、教师宿舍1栋、学生食堂1个、新旧教室各1栋及澡堂、库房、厕所各1个，校内有水井，能够解决学校用水问题。学校附设学前班，2010年有学前班学生3名、一年级学生2名，二年级学生因家庭等原因全部在县九年一贯制学校就读，教职工5名，其中专任教师3名，学历为大专，学历合格率100%；工勤人员2名。

五、楚鲁松杰教学点

楚鲁松杰教学点原为楚鲁松杰苹果小学，是苹果基金会援建的一所乡镇小学。1985年建校。楚鲁松杰教学点（含附设学前班），位于札达县西北部，东为曲松乡曲木底村，南接底雅乡，北与印控克什米尔地区接壤，平均海拔4100米。学校占地面积3190平方米，建筑面积518平方米，共有教室、学生食堂、教职工周转房、学生厕所各1栋。

六、曲松乡教学点

曲松乡教学点（含附设学前班），1971年建校，总占地面积4898平方米、建筑面积322平方米，其中建有1栋教室、1栋学生食堂、1栋教工周转房、1栋学生宿舍、1个厕所。

七、萨让乡教学点

萨让乡教学点（含附设学前班），1965 年建校，总占地面积 628 平方米，建筑面积 368 平方米，建有 1 栋教室、1 栋学生宿舍、1 栋教工宿舍、1 个食堂、1 个厕所。

第二章 体育

第一节 传统体育

札达境域内的传统体育源远流长，有赛马、摔跤、掷骰子等项目。古格王国遗址壁画中有身着铠甲、左手持兵器的武士练武图，托林寺的壁画中有伸腿舒臂、盘膝打坐运气吐纳画面，东嘎遗址壁画中有马术比赛等描绘。

一、马术

赛马与马术是札达的传统竞技项目，也是群众喜闻乐见的体育项目。赛马有长短跑、穿越障碍跑、马上技巧比赛和走马等种类。

（一）夺旗

赛程内每隔2—8米树立数面旗帜，以骑手纵马拔旗多少来定胜负。

（二）跑马拾物

在地上放哈达、银圆等物，以骑手捡拾起地面物品数量决定胜负。

（三）马上射击

在射程内树立靶子，骑手在马背上用枪或箭连射，以射中率决定名次。

（四）走马

骑手驱赶马匹走动，要求马的四蹄不能腾空，保持步伐平稳、匀称，又有速度。

二、甩“古尔多”

用牦牛鞭子甩石子，以甩得最远且最准者为胜。

三、掷骰子

骰子，即色子，用象牙、骨头或塑料做的小四方块，每面刻有点数，一到六，常用一对做各种游戏或赌博。先摇动骰子，然后抛掷，使两个骰子均随意停止在一平面上。

掷骰子最初用于占卦。六七世纪吐蕃时期开始作为体育游戏盛行，后传入札达。

四、摔跤

在西藏，摔跤作为一种角力运动很受群众的喜爱，不仅在节日、集会或收获后的庆祝活动上被列为必有的项目，在日常劳动间隙也随处可见，儿童更以摔跤作为日常功课。在藏族女子中也十分普及。

《中国民俗大系·西藏民俗》一书中对藏式摔跤也有记载。藏族民间摔跤要唱着摔跤歌并做大雁飞翔的舞蹈动作上场，唱毕，以相互致敬的藏礼相迎，然后开始比赛。比赛一般在直径10米的圆形摔跤垫、草地或沙地上进行，以个人为单位，不受年龄和体重的限制，但必须赤脚上阵。

五、抱石头

抱石头是藏族一种举石头较量臂力的运动。比赛方法为参加者用双手先将石头抱至胸前，然后将石从腋下移放背上，能背石绕规定范围走一圈而石不落下者为胜。亦有将石抱起后向前或从肩部向后抛者，以投掷出的距离远近决定胜负。

六、踢毽子

毽子的基本踢法，主要有“盘、拐、绷、蹬”四种。用脚内侧踢为

“盘”，用脚外侧踢为“拐”，用脚面踢为“绷”，用脚掌踢为“蹬”，用脚趾踢为“挑”，用脚后跟踢为“磕”，踢法多种多样。既可以比次数，也可以比连踢的时间，还可以比踢的花样等。

七、掰手劲

掰手劲是藏族民间一种角力活动，无论男女老幼，都喜欢在闲暇之时，三三两两凑在一起进行掰手劲比赛。比赛由两人进行，常有许多人在旁助威叫好。比赛方法有二：一种是像汉族常见的左右用力掰手劲的方法；另一种是上下掰法，即一人握拳，拳心向上，横放桌面，另一人以其手掰之，由直掰曲（要求达九十度）。比赛一般采取三战两胜或五战三胜制。

八、跳方桌

在札达县农牧区，青年喜欢跳方桌游戏，以手撑越过方桌，或二人相互追逐。

九、玩羊髌骨

玩羊髌骨藏语称“龙马尔”，是由羊膝盖髌骨做成的。

骨头有上下正反4个面，竖起叫马，翻过叫驴，俯着叫绵羊，仰着叫山羊。凡参加掷次者，每个持两枚，用手掷出，同时出现2个马时，叫“达呢”，为头家（第一个掷）；一驴一马叫“厥达”，为二家；一马叫“达娃”，为三家；一驴叫“厥娃”，为四家。

投掷次数确定后，把所有参赛者的两枚羊髌骨交给投家，由投家掷散开。而后，马对驴、驴对驴、绵羊对山羊，用手指弹出，弹中者胜。如弹过几次后有一对未弹中，即交给下一参赛者弹，以此类推、周而复始，以骨头多者为胜。

或者把许多羊骨排队立在一墙角下，距十余米处用一羊骨像打靶一样，轮流打立在墙角的羊骨，只要骨头批出所画的区域，获得此羊骨，最后获得此羊骨最多者即为得胜。

十、丢窝窝

丢窝窝是藏族的一种特殊娱乐，在民国时期流行，为儿童所喜爱的一项运动。赛法如下：在室外空地上挖一小窝，三五成群，立于距离小窝一丈之外，划一端线，在端线上以银元、核桃之类的小东西向窝内投之，中者即可归自己，中者多即为胜。

十一、跳拱

跳拱，实际上是一种藏族民间传统活动，主要在少年儿童中流行，以后逐渐发展成为中小学生普遍喜欢的一种游戏活动。玩法是：一人弯腰，双手压膝，成为“拱”，参加活动人数不限，其余的人排成单列，依次作分腿腾跃动作“跳拱”。跳完一轮，渐次升拱（减少一定屈膝度）。跳者过拱失败，则替换做拱之人，活动重新开始。

十二、王棋

王棋是一种藏族群众比较喜欢的棋艺娱乐活动，藏语称“杰达热”。

人们只要用尖石子在地面上画出具有 25 个点的格子作为棋盘，并以小石子作为棋子即可。

棋盘约有两种，一种是画纵横线各 5 条，斜线 6 条，在中轴线顶端画一内有十字的倒三角形作为“达仓”；第二种是在四边中线外侧各设一兵宫，共 4 个。

棋的下法是，均由“兵”去围住“王”，在广大农牧区一般称为“羊群斗虎”，就是用“羊”去围住“虎”。如果王（虎）将兵（羊）吃净或使剩下的兵（羊）无力堵王（虎）时，王（虎）即胜利；反之，兵（羊）将王（虎）逼近“杰”，兵（羊）即胜利。

十三、藏牌

藏语称“巴钦”，在札达藏族日常生活中作为一种娱乐活动普遍流行，尤其在牧区非常流行。札达的普通男子、贵族家庭、商人和社会流动人员，把打藏牌作为首选娱乐方式。藏牌字纹与一般长扑克相似，其图案都是圆形点，涂以红、黑、白等颜色。大小与麻将相同，用木、骨、象牙等材料制作。共64张，分甲与索两种，甲牌共有44张，索牌共有20张。

藏牌将21种牌分为两类。第一类称“甲”，有11种，每种4张，共44张。其称呼：2点叫“迪”；4点有两种形式，分别称“瓦”和“觉孜（卓巴）”；6点有两种，分别称“久（棍子的意思）”和“齐（狗的意思）”；7点叫“帕（猪的意思）”；8点叫“美（火的意思）”；10点叫“就（藏语十的叫法）”；11点叫“拖”；12点叫“天”或“查”。

第二类称“索”，索牌分5种，共20张。其称呼九、八、七、六、五、三6种。

打法是索甲要分开，甲不能打索，索也不能打甲。打牌时必须要四人对打，每人16张，全部取完。

取牌时掷骰子确定谁先取。用掷骰子的办法定每一局牌中的“竟”（相当于牌），即两颗骰子上的点数与牌上的点数图案相同时，那四张牌就成为“竟”。三和六配在一起，成为天然的母子近，成为王牌，是无敌的大牌。天牌大小顺序从小到大是拖、帕、七、果玛同一个等级，觉则、久巴就是同一个等级；瓦、迪、天是同一个等级。索牌中九、八、七、六（母）与三（子）中各两张，共十张，是同一个等级，以自身的点数决定大小。相互可以组成将，在四人对局时，出牌比大小。出牌必须依次轮位，可以出单张、双张、三张、四张。主要根据自己手中的牌势而定。

十四、大象拔河

大象拔河在札达一带口语称“吉布鲁孜（意思是“脖套绳子拔河”）”，是模仿大象的动作。

选手把两头打结、中间系着红布标记的绳带套在脖子和肩膀上，各自相背，使绳子经过腹部从裆下穿过，两手双膝着地，模拟大象，用颈部、腿部及全身的力量拉绳子向前爬行，将绳子的红布标记越过河界为胜。

第二节　学校体育

1979 年，札达县体育课开始加入学校教育课程中。至 2010 年，学校体育授课内容有跑步、足球、篮球、仰卧起坐、引体向上、广播体操、跳高、跳远、铅球、标枪等。

一、体育课

从 1961 年创立第一所小学到 20 世纪 70 年代末，由于历史原因和条件局限，县内师资和体育器材严重缺乏，各校基本未开设体育课。

1979 年 5 月，西藏自治区教委颁布《关于加强学校体育工作的意见》。县文教卫生局及时予以贯彻执行，各公办、民办小学课表每周安排有 2 节体育课。

至 2000 年底，各学校的体育课授课内容有跑步、体操、篮球、足球、仰卧起坐、引体向上等。

2001—2010 年，学校体育课授课内容有跑步、足球、篮球、仰卧起坐、引体向上、广播体操、跳高、跳远、铅球、标枪等。全县体育教师每年对学生进行体质监测、体育成绩达标，并汇总、评估学生健康状况；协助地区教育局推进业余体校招生工作，积极发掘三年级、四年级学生体育方面的特长生，鼓励他们进入地区业余体校，接受专业训练，进一步激发潜能，发挥特长。

二、体育设施

2000 年前，由于资金短缺，各学校坚持自力更生、勤俭节约办体育的原则，发动广大教职工自己动手，整治操场，捡小石子修跑道。修旧利废，土洋结合，自制简易体育器材，解决体育场地和体育器材严重不足的问题。各教学点没有正式运动场所及体育设施。

2000 年底，县完小自修 200 米环形跑道运动场 1 个、体操室 1 间、水泥地面篮球场1个。县中学和其他各小学无正式运动场所。

2010年底，县九年一贯制学校、香孜乡小学两所学校体育设施还处于短缺阶段，学校操场没有塑胶跑道，仅有一条自修环形跑道，篮球场为自修水泥篮球场。

三、体育竞技

1984年，札达县完小建立后，每年六一儿童节举行学校运动会，时间1—5天不等。体育竞赛项目有100米短跑、接力赛、体操赛、拉力赛、歌唱赛、跳舞比赛，优胜学生或团队可以获得奖品和奖状。

1995年，县中学成立后，每年5月举行学校运动会，体育竞赛项目有800米、1000米中长跑赛，篮球比赛、足球比赛、歌唱比赛、拉力赛等，比赛中的优胜学生或团队可以获得奖品和奖状。

2001—2010年，县九年一贯制学校、香孜乡小学每年举行两届运动会，时间1—4天不等，运动会项目为短跑、长跑、接力跑、跳远、跳高、跳绳、仰卧起坐、足球、篮球、乒乓球比赛等，优胜学生或团队可以获得奖品和奖状。坚持每天阳光体育一小时活动和每年一次U13足球比赛（13岁以下学生）。按照素质教育要求，学校低年级保证一周4节体育课、高年级保证一周3节体育课时。九年一贯制学校传承1998年以来的做法，每年举行冬季运动会，主要项目是长跑，参赛学生围绕县城进行长跑比赛。

2001年，全县各级各类学校举行夏、冬两季运动会，参与师生人数达880人。当时能够举行两季运动会的学校有札达县中学、札达县完全小学和香孜乡完全小学。札达县完全小学和香孜乡完全小学分为高年级组与低年级组学生进行比赛。夏季运动会项目包括长跑、短跑、接力赛跑、拔河、仰卧起坐等，运动会时间按具体情况1—3天不等；冬季运动会项目主要是长跑，时间1—2天不等。其中楚鲁松杰乡、底雅乡、萨让乡等边境乡镇自然条件较差，冬季漫长而寒冷，故没有举行冬季运动会。

2002年，夏季运动会增加跳高、跳远比赛项目。

2003、2004年全县各级各类学校举行夏、冬两季运动会，参与师生人数分别为892人、923人。夏季运动会增加篮球、足球、乒乓球比赛项目；

冬季运动会项目以长跑为主，还有藏式舞蹈等项目的比赛。其中 2003 年，札达县完全小学与札达县中学合并为札达县九年一贯制学校，运动会分为初中组、小学高年级组和小学低年级组进行。

2005 年，全县各级各类学校举行夏、冬两季运动会，参赛对象包括学校教师和学生，教师组与学生组比赛分开进行。教师比赛项目为团体接力赛跑，学生比赛项目增添了广播体操、铅球、标枪等项目。县九年一贯制学校和香孜乡小学冬季运动会，除长跑项目外，增设短跑、乒乓球等比赛，一直延续至今。

2006、2007、2008 年，全县各级各类学校举行夏、冬两季运动会，参与师生人数分别为 1115 人、1152 人、1270 人。教师比赛项目为个人跑步比赛、团体接力赛跑以及乒乓球比赛；学生分为初中组和小学组进行，学生比赛项目与 2005 年相比没有变化。

2009 年，全县各级各类学校举行夏、冬两季运动会，参与师生达 1058 人。教师比赛分男女组进行，两组比赛项目相同，分为跑步项目、球类项目及跳高、跳远项目等；学生比赛延续之前做法。

2010 年，全县各级各类学校举行夏、冬两季运动会，参与师生达 1068 人。夏季运动会时间由 2 天改为 3 天，冬季运动会由 1 天改为 2 天。

四、体育教师

2001—2010 年，札达县九年一贯制学校和香孜乡小学体育教师数量保持在 1—2 名，各教学点无专任体育教师，由其他学科教师兼任。札达县教体局积极选派体育教师参加自治区和地区的体育培训，以促进体育课教学能够有质的飞跃。全县体育教师每年对学生进行体质监测、体育成绩达标，并汇总、评估学生健康状况。协助地区教育局推进业余体校招生工作，积极发掘三年级、四年级学生体育方面的特长生，鼓励他们进入地区业余体校，接受专业训练，进一步激发潜能，发挥特长。

第三章　卫生

20 世纪 90 年代后，国家不断加大对公共卫生体系建设的投入，全县医疗设施不断完善，卫生体制和城乡医疗制度改革得到全面推进。2010 年，诊疗人数达 29648 人（次）。参与合作医疗的农牧民有 5716 人，合作医疗覆盖率达 100%。各类地方病及传染病的发病率逐年下降。不断加大以食品、化妆品、一次性医疗用品和医疗秩序为重点的市场经济秩序整顿整治力度。

第一节　机构

一、县卫生局

历史上，札达境域内，医疗卫生工作一直是由民间藏医采用传统手段为群众治疗疾病，未设立专门的、固定的医疗场所。札达县建立后，随着全县卫生工作的需要，1964 年 8 月成立札达县文教卫生科。

1975 年 12 月，成立县文教卫生局。1987 年 7 月，卫生工作从县文教卫生局分离出来，成立札达县卫生局。

1994 年，县卫生局有管理人员 3 名，其中局长 1 名、会计 1 名、出纳 1 名。2000 年底，县卫生局实有工作人员 4 名。

札达县受制于交通不便，经济发展缓慢，卫生系统人员少。2001—2009年县卫生局未单独设立科室。

2004年，增加人口和计划生育工作的综合协调和管理等职能，无内设机构，行政编制4名，其中设局长1名、副局长1名。

2010年，根据《中共阿里地委办公室、阿里地区行署办公室关于印发〈阿里地区关于七县政府机构改革方案的指导意见〉的通知》《关于印发各县政府机构改革方案的通知》《中共札达县委办公室、札达县人民政府办公室关于印发〈札达县政府机构改革方案的实施意见〉的通知》精神，设立札达县卫生局（人口与计划生育委员会），无内设机构，机关编制3名（行政编制2名，事业编制1名），其中科级领导职数3名。深化医药卫生体制改革，坚持公共医疗卫生的公益性质，坚持以预防为主、以农牧区为重点、中西医并重的方针，加强对全县人口发展战略的研究，加强流动性人口计划生育管理和服务。

1964—2010年札达县卫生局领导任职一览表

表14－3－1

机构名称	职务	姓名	性别	民族	任职时间
札达县文教卫生科	副科长	侯封东	男	汉	1964.08—1966.05
		王桂香	女	藏	1966.05—1967.02
札达县文教卫生局	局长	强巴楚成	男	藏	1975.12—1981.12
		才旦卓玛	女	藏	1984.01—1987.04
	副局长	郭洪昌	男	汉	1976.04—1976.10
		王英杰	男	汉	1979.06—1984.01
		才旦卓玛	女	藏	1980.09—1984.01
		格巨坚赞	男	藏	1984.12—1987.04
		南嘎多吉	男	藏	1987.07—1987.10

续表

机构名称	职务	姓名	性别	民族	任职时间
札达县卫生局	局长	1987.07—1990.08　未配无正职			
		班旦益西	男	藏	1990.08—1991.05
		巴桑石确	男	藏	1991.05—1996.06
		贡觉次旦	男	藏	1996.06—2002.09
		次仁扎西	男	藏	2002.09—
	副局长	金宗	女	藏	1987.07—1989.06
		巴桑平措	男	藏	1989.07—1996.06
		巴桑石确	男	藏	1990.08—1991.05
		贡觉次旦	男	藏	1991.06—1996.06
		次仁多吉	男	藏	1996.06—2002.06
		普布顿珠	男	藏	1996.06—1997.11
		罗建斌	男	汉	2002.06—2004.09
		米玛仓觉	男	藏	2002.06—2004.09
		白钢	男	汉	2004.09—2009.03
		杨秀峰	男	汉	2008.07—

二、县爱国卫生运动委员会

20世纪50年代，为加快卫生事业的快速发展，秉承着除四害（苍蝇、蚊子、老鼠、蟑螂）、讲卫生、消灭疾病的宗旨，爱国卫生运动在全国上下蓬勃发展。1985年1月，札达县成立爱国卫生领导委员会（简称爱委会），由才旦卓玛担任主任，随后，各区公所也相应成立爱委会。1992年5月5日，札达县爱国卫生领导委员会更名为爱国卫生运动委员会，由副县长任主任，卫生局局长任副主任，成员由相关单位人员组成，办公室设在卫生局。

1999年，调整札达县爱委会领导小组，副县长胥洪武任组长，县人大副主任巴旦益西、县人武部部长张秀福、卫生局局长贡觉次旦任副组长。同年，调整县爱委会领导小组，副县长胥洪武任组长，卫生局局长贡觉次旦、工商局局长多吉、县卫生防疫站白钢任副组长。

截至2000年，县爱委会在县城划分卫生区域，由县直各部门、部队、学校等单位分片包干，定期打扫。同时修建垃圾点、厕所等各种公共卫生设施，并在机关干部和农牧民群众中广泛宣传各种疾病防治方法，普及公共卫生常识。

2006年，副县长白玛莎珍任爱委会领导小组组长，县政府办主任、宣传部部长、边防大队队长、人武部副部长、公安局局长、卫生局局长、工商局负责人任副组长。卫生局局长次仁扎西兼任办公室主任，工商局局长多吉、公安局局长明琼多吉兼任副主任。爱委会按规定收取卫生管理费，统一管理县城卫生，并经常对县城环境卫生进行督促检查。

三、县人民医院

（一）机构设置

札达县由于交通不便，医疗卫生工作起步晚，发展缓慢。1960年，修建县卫生院。1961年5月，县卫生院更名为县卫生所。1966年，根据中共阿里分工委指示，在县卫生所基础上成立县人民医院，分设2个科室，即西医科和藏医科。

随着全县医疗设施的不断完善、医疗技术的不断发展，结合县医疗卫生工作实际需求，科室设置也更加专业化。1969年，县人民医院在托林镇建立简易家庭病床，开展手术。1976年，内设科室有内科、外科、妇产科、藏医科、放射科。1994年，县人民医院下设内科、外科、儿科、妇产科、藏医科、放射科、检验科7个门诊科室及1个住院部。

截至2000年，县人民医院增设儿科、五官科、计生办、注射室、药房等科室，有病床15张。

2002年，县人民医院并入县卫生服务中心。

札达县人民医院领导任职一览表

表 14－3－2

机构名称	职务	姓名	性别	民族	任职时间
札达县人民医院	院长	金宗	女	藏	1987.07—1989.06
		巴桑平措	男	藏	1989.06—1993.10
		巴桑石确	男	藏	1993.10—1997.11
		普布顿珠	男	藏	1997.11—2001.06
		次仁多吉	男	藏	2001.06—2002.06
	副院长	班旦益西	男	藏	1988.05—1990.08
		贡觉次旦	男	藏	1991.06—1996.06
		普布顿珠	男	藏	1996.06—1997.11
		次仁多吉	男	藏	1997.11—2002.06
		洛桑达娃	男	藏	2002.07—2006.10

（二）人员编制

随着全县经济的不断发展，县人民医院不断从外地引入先进医学技术和人才，以满足全县人民医疗需求。1960 年，县卫生院成立之初，仅有医务人员 1 名。1962 年，因实际业务发展需要，阿里地区调派 2 名医护人员到县卫生所开展工作。1966 年，县人民医院成立后，共有西医、藏医医护人员 10 名。1976 年，县人民医院有西医医护人员 11 名、藏医医护人员 1 名。1994 年，共有干部职工 25 名，其中正副院长各 1 名（正院长由卫生局局长兼任），有卫生技术人员 19 名，其中主治医师 7 名，医师 7 名，医士 1 名，藏医医师 2 名，医士 3 名，工勤人员 5 名。2000 年，县人民医院有医护人员 22 人，具有中级以上技术职称人员 2 名。其中本科 3 人、大专 4 人、中专 12 人、无学历 2 人，合同制工人 1 人。2002 年，并入县卫生服务中心后，医疗技术人员进一步增加。

（三）医疗培训

20 世纪六七十年代，札达县境内农牧区医疗卫生工作主要由未经正式医疗训练、仍持农业户口、半农半医的“赤脚医生”进行，由于自身医疗水平有限，有时很难满足群众医疗需求。1969 年冬，札达县举办赤脚医生培训班，有 50 多人参加。1977 年 10 月 11 日至 11 月 11 日，举办赤脚医生训练班，参训人员 17 人。通过培训，参训医生学会了 20 多种常见病的诊治方法和 30 个针灸穴位、30 多种常用药以及肌肉注射等技术，医疗技术得到有效提高。

20 世纪 70 年代初至 80 年代中期，随着现代医学技术的不断传入及群众医疗需求的增长，各乡村选出一批热爱医学的人员到县人民医院进行临床实习。每年县人民医院选派有上进心、热爱医务工作的人员前往内地进修深造。1972 年，县人民医院举办第二期医疗培训班，30 人参加。全县各村均有 1—2 名赤脚医生，受到农牧民群众的欢迎。

1990—2010 年，根据乡村组医务人员极其缺乏、医技水平低等情况，札达县政府逐年增加培训资金，集中各乡村组的医务工作者前往县人民医院培训，派业务能力较强的临床医生专门为其授课，并带其临床实验，从而提高基层医疗队伍的整体素质。随着基层医疗队伍的不断壮大，初步形成县、乡、村三级医疗网。

（四）基础设施建设

县人民医院建立时面积小，容纳量较少，随着医院业务的拓展、医护人员的增加，原有的面积无法满足群众需求，1988 年，在托林镇新建札达县人民医院，占地面积 600 平方米，1989 年投入使用。

1994 年，县人民医院占地面积 3415 平方米，房屋面积 1306 平方米，其中工作用房 906 平方米，职工住房 400 平方米。

2000 年，国家投资 136 万元修建门诊大楼，方便了农牧民就医。

四、县卫生防疫站

1993 年，根据全县传染病、地方病等各类疾病的预防、治疗情况，成立札达县卫生防疫站，与县人民医院合署办公，由县医院副院长负责防疫站工作，有工作人员 1 名。县卫生防疫站建立后，主要开展传染病、流行病、地方病普查、治疗、预防工作和食品卫生、学校卫生检查、宣传、监测、监督等工作，同时开展全县卫生防疫、健康教育等技术指导和服务工作。1998年，争取资金16万元，新建卫生防疫站116平方米。

截至2000年，县卫生防疫站有工作人员3名，为股级建制单位，设站长1名。2002年，县卫生防疫站工作并入县卫生服务中心。2005年12月，根据地区机构编制委员会印发的《关于重新核定县乡（镇）两级卫生事业编制和县级人民医院更名为县卫生服务中心及县疾病预防控制机构设置的通知》，将札达县卫生防疫站更名为札达县疾病预防控制中心。

札达县卫生防疫站领导任职一览表

表14－3－3

机构名称	职务	姓名	性别	民族	任职时间
札达县卫生防疫站	站长	罗建斌	男	汉	2000.05—2002.06
		白钢	男	汉	2002.06—2004.09

五、县卫生服务中心

札达县卫生服务中心是全县唯一一所集西医、藏医、防疫、妇幼保健、计划生育等功能为一体的医疗单位。下设藏医科、内科、外科、儿科、妇产科、检验科、五官科以及疾病控制中心。藏医科开展外治、内治、藏医保健、藏医理疗等项目；内科、儿科主要诊治常见病及多发病；外科开展部分常见病及多发病的诊疗，例如阑尾手术及清创缝合；妇产科开展有关妇科常见病及多发病的诊治；五官科因缺乏专业人员，其多发病和常见病由其他科室医务人员诊治。

（一）机构设置

2002年，根据自治区卫生工作会议精神，将原来的札达县人民医院、计生委、防疫站合并为札达县卫生服务中心。

截至2010年，县卫生服务中心内设3个管理机构和1个专业科室，核定事业编制52名。其中，科级领导职数5名。经费来源为财政全额拨款，收支两条线。

（二）人员编制

县卫生服务中心成立后，随着群众医疗需求的不断增长，县卫生服务中心专业技术人员也不断增加。2007 年，县卫生服务中心有医护人员 24 人，其中执业医师 7 人、执业助理医师 2 人、注册护士 2 人、影像师 1 人、检验师 2 人；2008 年，有医护人员 21 人，其中执业医师 7 人、检验技师 1 人、影像师 2 人。2009 年，有医护人员 19 人，其中执业医师 7 人、检验技师 1 人、影像师 1 人、执业助理医师 2 人、注册护士 1 人。2010 年底，有医护人员 23 人，其中执业助理医师 4 人、注册护士 3 人、药师 1 人、检验师 2 人、影像师 1 人。

2002—2010 年札达县卫生服务中心领导任职一览表

表 14－3－4

机构名称	职务	姓名	性别	民族	任职时间	备注
札达县卫生服务中心	主任	洛桑达瓦	男	藏	2004. 10—	
	副主任	刘晓峰	男	汉	2004. 07—2007. 06	河北援藏
		黄俊敏	女	满	2007. 07—2010. 07	河北援藏
		张海丰	男	汉	2010. 07—	河北援藏

（三）基础设施建设

随着全县医疗水平的不断提高，相应的基础配套设施也不断完善。2002 年，投资 171 万元，建成县卫生服务中心。2004 年，投资 88 万元，新建疾病预防控制中心，建筑面积 439 平方米。2005 年，投资 36 万元，新建传染病科，建筑面积 144 平方米。2007 年，投资 150 万元，新建住院部，建筑面积 810 平方米。2009 年，利用援藏资金 42. 5 万元，购置彩色超声诊断仪。2010 年，投资 930 万元，新建综合门诊楼，建筑面积 1403. 34 平方米。

六、乡、村卫生院

札达县地形复杂，山高谷深，农牧民居住分散，乡村医务人员十分紧缺，为方便农牧民就医，县卫生局建立乡卫生院，每年组织村组医务人员利用农闲时间培养一批医务人员。

（一）人员编制

1973年4月，成立穹隆公社卫生室，由2名赤脚医生组成（不脱产，县医院轮换培训1年），具体人员由达巴区委决定。药物由达巴区按比例发给25种以上药品，简单器械由地区卫生组和县卫生所配备。

1989年，札达县共有6个区卫生所，每个卫生所配藏西医各1名；有15个乡卫生室，乡医生15名；有村卫生点23个，村卫生员23名；县完小卫生室1个，医务人员1名（医师）。2000年，有5所乡卫生院，乡医生10名，15名村卫生员。

2007年，全县各乡卫生院有医护人员19名，其中执业医师4名、执业助理医师1名、村卫生员15名、组医务人员58名；2008年，有医护人员21名，其中执业医师2名、执业助理医师3名、村卫生员15名、组医务人员58名；2009年，医护人员22名，其中执业医师2名、执业助理医师3名、村卫生员15名、组医务人员58名。

截至2010年底，全县有乡卫生院6所，医务人员26名。各乡卫生院有编制医务人员5名，承担各自辖区内公共卫生安全、预防接种、妇幼、合作医疗等工作。

（二）基础设施建设

1994年，香孜、达巴、底雅、札布让4个区每区平均有40平方米的卫生所用房，曲松区、萨让区有30平方米的卫生所用房，但属危房。乡卫生室有房屋的有3个乡，分别为底雅乡40平方米、楚鲁松杰乡50平方米、日巴乡40平方米。村卫生点除札布让村有群众投劳盖的12平方米的房屋外，其余村卫生点均无工作用房。

2000年，香孜乡、达巴乡、底雅乡、曲松乡、萨让乡，每乡卫生院投资17万元，新建乡卫生院，面积60平方米。在人口较多的达巴乡、香孜乡设立了中心卫生院。至年底，有乡卫生院5所，医务人员10名；村卫生室15所，村卫生员15名；组卫生点58个，组医务人员58名。2002年，投资23万元，新建达巴乡卫生院，建筑面积80平方米。2003年，新建曲松乡卫生院。

2004 年，投资 36 万元，新建曲松乡卫生院，建筑面积 180 平方米；投资 32 万元，扩建达巴乡卫生院，建筑面积 106 平方米；投资 35 万元，新建香孜乡卫生院，建筑面积 212 平方米；投资 37 万元，新建底雅乡卫生院，建筑面积 176 平方米；投资 20 万元，扩建萨让乡卫生院，建筑面积 118 平方米。2005 年，新建底雅乡卫生院、香孜乡卫生院。

（三）医务培训

1988—1999 年，每年冬季，对全县村组医务人员进行为期 1—2 个月时间医疗卫生理论培训。2000 年，东波、皮央 2 村村医在县人民医院进行为期 2 个月的业务实践技能培训。2001—2005 年，轮流对各乡镇村组医务人员进行理论知识和实际操作培训村医培训，组医参训 274 人次，村医 117 人次。

2003 年，县卫生局牵头举办乡、村（组）医务人员培训班，共对 38 名医务人员进行了为期 52 天的培训，培训内容包括内科、外科、妇产科、儿科、计生、预防、藏医（包括把脉、针灸、藏药学等）、护理学基础知识非典防治等。

2006 年 10 月 8 日至 12 月 8 日，对香孜乡、达巴乡、托林镇 40 名村组医务人员进行为期 60 天的培训。11 月 21 日至 12 月 4 日，聘请地区妇幼保健院能力较强的医务人员，对各乡 1 名及县卫生服务中心 2 名，共 7 名医务人员进行妇幼保健培训。

2007 年 7 月 25 日至 8 月 26 日，对萨让、底雅、曲松 3 个乡 13 名村组医务人员进行为期 1 个月的培训。2008—2010 年，轮流对全县所有村医进行为期 1 个月的培训，参加培训 30 人次。

（四）村医补贴

按照自治区财政厅、卫生厅《关于完善乡村医生补贴制度，规范乡村卫生服务范围的通知》规定，从 2010 年 1 月起，自治区为每个行政村核定 2 名乡村医生，通过专项转移支付，将乡村医生基本报酬由过去的农区每月 35 元、牧区每月 45 元，提高到每月 200 元。

第二节　藏医藏药

藏医藏药历史悠久，是一种独特的医药体系。藏医药是青藏高原颇具特色的保养身体、抗拒病毒和治疗疾病的方法。札达县域内有植物藏药材320余种，多生长于底雅乡，每年9—10月，均组织藏医前往底雅乡一带进行采摘并加工成药。

一、藏医

象雄时期，苯教祖师辛饶米沃且的长子介普赤西在札达一带广泛传播《医疗四部论》，救治广大百姓，并编著藏医学论著《治毒坚固聚》。

北宋大中祥符元年（1008年，藏历土猴年），大译师仁青桑布将印度《医法八支·注释词意月光论》译成藏文，马鸣论师所著《八支集要》及迦湿弥罗（今克什米尔）学者所著《集要广注·司义月光》等医学典籍，盛传于整个藏族地区，并在札达当地培养多名医生，被称为札达的藏医先师。

噶本时期，分散在札达一带的民间藏医和寺院中的少数喇嘛藏医，采用望、闻、触、诊、尿检等传统手段，用自己配制的草药或火灸，配合放血、药浴、火罐等方法治疗疾病和预防常见传染病，此方法延续至今。

1960年，札达县人民医院建立后，开设藏医科，使其规范管理，改变以往的流动式诊治。

1989年，藏医科门诊诊治病人3413人（次）。

1997年，县人民医院藏医门诊诊治病人3616人（次）。1999年，藏医门诊诊治病人6100人（次）。2000年，藏医门诊诊治病人6154人（次）。

2001年，藏医科初具规模，配有藏医6名，其中副高级职称1人、中级职称1人、初级职称2人、员级2人。年门诊人数2500余人（次）。门诊主要开展藏医特色疗法、火灸、针灸、涂擦藏萝卜治疗、藏药浴疗法等业务。

2002—2005年，县卫生服务中心藏医科有藏医7名。年门诊诊治人数达 3050 多人（次）。

2006—2010 年，县卫生服务中心藏医科增加 1 名藏医，共有 8 名，其中新增加中级职称 2 人。年门诊诊治人数达 4900 人（次），藏医药外治诊疗达 200 人（次）。同时，因藏医科规模的扩大和业务的需要，又内设藏医内科、藏医外科、理疗科、藏医药浴、藏医药技室、藏医药房。

二、藏药

（一）采药

札达县盛产生物药材，传统边贸市场有矿石类药物交换。县域内有植物藏药材 320 余种，多分布在底雅乡一带的悬崖峭壁上。由于受各种条件的限制，每年仅有少数藏医在 9—10 月前往此处进行采摘。1984 年，采集藏药草 200 多千克。1999 年，采集药材 46 种。至 2000 年，采集药材品种达 300 余种。2001—2005 年，藏药加工厂组织人员采集药材 46 种，主要有玛卡、贝母、藏红花、手掌参、龙胆花、雪莲花等。2007 年，藏药加工厂采集药材 46 种。

（二）制药

传统藏药制作程序是选材、配料、粉碎、灭菌、总混、制剂、包装。加工手段有炮制和剂制两种。炮制分为煅、烫、炒、灸、熬膏、洗、淘、淬、煮、蒸等。煅即将药物置于火上或置于耐火非铁容器中火煅；烫即将药物埋于沙中，加热炒烫；炒即将药物置于锅中翻炒；灸即将药物与液体辅料共同加热至干，使辅料灸入药物中；熬膏与中药熬膏方式相同，将所用药物破碎后加水或其他水样溶剂煎煮，待药物溶化后收集液体，加温后不断搅拌，待药物成膏状即可；洗即用干净的水除去附于药物的杂质；淘即药物除去杂质的一种方法，将药物浸于水中，取所需的沉淀或上浮物；淬即将药物烧至需要的温度后，投入水中的一种处理药物方法；煮即将所需药物置于陶器中煮；蒸即将药物置于蒸笼中蒸。剂制主要分汤剂（将药物制成液体状，显效迅速，排泄亦快，治病首选）、散剂（将药物配制成干粉状，药性强、性烈）、丸剂（将药物粉碎后加工成丸状，药性强烈）、糊剂（将药物配制成干粉状，加水、蜂蜜或蔗糖调制成糊状）、灰剂（将药物置于陶器中密封火煅至灰而成）、酒剂（将药物置于酒中密封数日而成）。

截至1982年，札达县藏药制作均由藏医自制完成，无规模性药厂或作坊。1983年，县卫生局派藏医班旦益西到自治区药厂学习技术。

20世纪90年代后期，班旦益西即能自制藏药，每年在生物药材成熟时节深入底雅乡一带采集，然后带回县城，自制藏药，大多是手工制成药粉使用。

经过多年临床实验，在国家、自治区、地区的大力支持下，1999年，札达县开设了县内第一家藏药加工厂，自制藏药18种；2001年，自制藏药25种。截至2005年，藏药厂自制藏药达30种。2007年，藏药加工厂采集药材46种，自制藏药18种。

第三节　西医

西医传至札达县的历史较短。20世纪80年代中期以前，诊疗设备除有听诊器和血压器及清创缝合的少许器械外，其他医疗器械基本空白。2000年后，随着各种医疗设备的引进，全县医疗技术水平不断提高，能为札达境域的农牧民群众进行了一些常见疾病的诊治，西医逐渐走进农牧民心中。

一、设备及器械

1988年，县人民医院从内地购置首批诊断仪器心电图，由于无人懂操作技术，此仪器处于闲置状态。1992年，医院选派专人前往拉萨等地学习后，才逐渐在临床上使用。此外，为适应全县医疗卫生事业的发展，1989年，札达县人民医院购置500MA的小型放射诊断仪器，1993年又购置超声波诊断仪器（B超机）1台，但由于缺乏医疗技术人员，直到1994年才逐步用于临床。

1994年，有日本进口心电图机1台，高倍显微镜2台，1台200毫安X光机，但由于电力不足，不能发挥正常的效能。

2000年，县人民医院有黑白台式B超机1台、心电图机1台、一代X

光机1台、产床1张、消毒锅1个、手术床1台、医用冰箱3台、免疫计划专用车1辆，可以做心电图、超声波等检查。

截至2010年底，有双目显微镜、X光机、B超机、尿八项、心电图、半自动生化分析仪、血液分析仪、心电监护仪、心肺复苏仪、洗胃机等辅助诊断设备，可以开展多项检查及常见手术。

二、诊断治疗

历史上，藏医主要采用望、闻、触、诊、尿检等传统手段，用自己配制的草药或火灸，配合放血、药浴、火罐等方法治疗疾病和预防常见传染病。1961年，西医进入札达后，可以治疗简单的常见病。

1969年，由内地援藏医生主刀，为20多名白内障患者进行白内障手术，使患者重见光明，开创了白内障在札达县诊治的历史。

20世纪70年代末，医疗工作恢复正常，对一些轻微疾病、高原适应不全症等疾病的治疗有一定突破。

20世纪80年代以后，县医院可以治疗消化不良、急慢性肠炎、蛔虫、伤寒、肺炎、痢疾、贫血、常见的中毒症、风湿关节腰腿痛、风疹、麻疹、水痘、皮肤病等常见疾病。1984年，西医门诊达3626人（次），住院61人（次），抢救病人17人（次）。

1989年，门诊总量为15964人（次），急诊抢救危重病人10人（次），健康检查36人（次）。总收治住院病人210人，实际开放病床12张。

20世纪90年代后期至2000年，县域内多发病、常见病治愈率平均达91.24%。同时，对高原性脑水肿、高原性肺水肿等病症能做初步诊断，诊断率和准确率有所提高。1991年，县医院住院54例，治愈病人43例，治愈率86%；门诊看病990人（次），下乡看病18人（次），诊治病人500例。1992年，住院治疗87例，转院治疗4例，门诊治疗1540人（次），下乡治疗651人（次），诊治病人共5990人（次）。

1993年，共接收住院病人108例，下乡治疗869人（次），诊治病人总计8944人（次）。1994年，县人民医院接收各类病人13974例，门诊治疗11422人（次）。1995年，全县7所医院、卫生所，共接收各类病人10378

例，门诊治疗6124例，平均治愈率达71.2%，儿童计划免疫率达89%。

1997年，县人民医院总诊治病人18306人（次），其中门诊诊治7350人（次），住院治疗108人（次），出院治愈率71.2%，实用病床20张。门诊收入11810元，住院收入49709.4元，挂号收入13271元。1998年，全县9所医院、卫生院共接受治疗人数18644人（次），门诊7528例。

1999年，全县门诊人数12824人（次），其中西医诊治病人6724人（次），住院病人154人（次），实用病床14张。门诊收入20249元，住院收入52782元，挂号收入10828元，其他收入4571元。"五乡一镇"卫生院共诊治病人14818人（次），其中住院治疗82人（次）。

2000年，全县门诊总量为12984人（次），其中西医门诊诊治6790人（次），实用病床18张。

2001年，县医院、防疫站接诊15420人（次）。2002年，到县医院就诊人数达17415人（次）。2003年，全县各级医疗机构共收治就诊人员16562人（次）。2004年，各级医疗机构共收治就诊人员18750人（次）。

随着县卫生服务中心医疗技术水平的不断提升和免费巡回医疗的宣传，加大了农牧民对西医的信任度，诊疗人数逐年增加。2006年，门诊量达29450人（次），住院治疗230人（次）。2007年，运用先进仪器为农牧民诊疗各种疑难杂病27501人（次）；全年门诊量25830人次，住院治疗115人次。2008年，各级医疗机构共收治就诊人员25830人（次）。2009年，诊疗27840人（次）；2010年，诊疗人数达29648人（次）。

三、巡回医疗

1989年，县人民医院先后派16名医务人员到香孜、札布让、达巴、底雅、曲松等区进行巡回医疗，共接诊825人（次），包括抢救危重病人4人（次）。

1995年，县人民医院医务人员下乡巡回诊治病人1132人（次）。1997年，医务人员下乡巡回诊治318人（次）。1999年，医务人员下乡巡回诊治病人964人（次），各乡镇医务人员下乡巡回诊治18246人（次）。2000年，共派巡回医疗工作组4组12人（次），行程约2984千米，发放各类药品价值3000元。

2001—2005年，县人民医院组织下乡巡回医疗共79次219人（次），共诊治28475人（次），发放免费药品价值9.4万元。

2006年，县卫生服务中心下派巡回医疗组120多人（次），诊治4800多人（次），发放免费药品价值35320元。2007年，下派巡回医疗工作组120人次，共诊治4800多人次，发放免费药品价值35320元。2008年，组织巡回医疗工作组120人（次），发放免费药品价值3.5万元，诊治病人5180人（次）。2009年，下派巡回医疗组诊治病人9642人（次），发放药品价值4.6万元。

2010年，县卫生服务中心下派巡回医疗工作组10次36人（次），行程达21030余千米，诊治群众13140人（次），发放免费药品价值52800元，为一些经济条件差，交通不便的农牧民家庭解决了看病难、看病贵的现实问题。

第四节　医疗制度

1951年，中国人民解放军进入札达后为农牧民提供免费医疗服务，开始实行公费医疗与免费医疗相结合制度。公费医疗对象是干部、职工，免费医疗对象是农牧民群众。卫生机构建立后，即开展巡回医疗活动。2000年后，在全县范围内全面开展农牧区合作医疗制度，实行每年定期或不定期巡回医疗，为农牧民送医送药。

一、公费医疗

公费医疗是在中华人民共和国成立初期，国家为保障国家工作人员而实行的、通过医疗卫生部门按规定向享受人员提供免费医疗及预防服务的一项社会保障制度。到2010年，全国医疗改革全面施行基本医疗保险，不再实行公费医疗制度。

札达县为保障公职人员权益，通过医疗卫生部门按规定向享受人员提供免费医疗及预防服务。1962年起，开始实行公费医疗，范围包括机关干部、职工，对医疗机构实行全额管理、差额补助的办法，对因病前往兰州、成都、西安治病的人员，由病员所在单位主管部门出具介绍信，各办事处予以接待、导医。病员因医疗条件限制或特殊情况需要转院治疗时，各办事处可代其主管单位办理转院手续。1966年，公费医疗制度逐步完善，各单位干部职工按实有人数由文教卫生科、组织部门等单位核实发放“公费医疗证”，到指定医院治疗。

20世纪70年代，对医疗机构实行全额管理、定额补助、结余留用的办法。1974年，在公费医疗项目中，逐步将贵重药品和营养滋补品列为自费药品，医疗费和卫生事业费由财政统一管理。1978年，根据地区有关部门指示，将人参、鹿茸、卵磷脂糖浆等7类约50种药品列入自费药品。当年，全县享受公费医疗人数达386人。

1985年，实行公费医疗改革，享受公费医疗的单位实行“经费包干使用、结余留用、超额不补”办法，公费医疗经费为每人每年65元。

1989年，结合札达县实际情况，对公费医疗实行门诊收费制度，取消原来只收挂号费的办法，把国家用于公费医疗专款的40%下发给个人，60%作为住院保留，按有关规定报销享受公费医疗者的住院费用。

1992年，全县统一换发“公费医疗证”。

1993—2000年，公费医疗经费定额标准为每人每年500元。由财政统一管理，集中使用，享受公费医疗人员实行定点医疗，凭医疗机构正式就医票据在财政部门统一报销。住院费用按工龄长短实行不同的报销比例。享受公费医疗人员在门诊看病费用自理，门诊费实行包干。

在公费医疗时代，承担的病人越多意味着医院亏损越严重。享受公费医疗的患者，住院部分费用超过包干费后，由医院承担20%，财政承担80%，造成了财政负担过重。针对此现象，2010年进行公费医疗改革，以“改革实施后现有待遇不降低”为原则，公费医疗改为城镇职工基本医疗保险后，所享待遇包括基本医疗、公费医疗补助两部分。

二、免费医疗

1951年，札达县驻地部队开始为农牧民免费看病。20世纪60年代后，随着卫生机构的逐步建立和发展，免费医疗形成一种制度。不仅保证基本医疗，而且特殊医疗也是免费。但服务水平不高，服务范围规模小，经费来源、渠道和标准不明确。

1974年，免费医疗服务逐步开始将贵重药品和营养品列为自费药品。1978年，在规定人参、鹿茸等贵重药品为自费药品的基础上，对农牧民家庭就医确有困难的，可经县级以上机关证明，从社会救济费内的医药减负项目中解决。1980年4月，根据《中央西藏工作座谈会纪要》精神及自治区安排，札达县继续实行免费医疗制度。

1983年，改革免费医疗制度，实行医疗成本核算。县人民医院开始适当收取操作费。地区财政局为县人民医院划拨一定的免费医疗经费，用于患急危重病的农牧民免费医疗救助。1985年，规定城镇居民免费医疗经费每人每年6元。

1989年，根据札达县实际情况，对免费医疗实行收费20%、国家免费80%的制度。

1993年11月，按照《西藏自治区免费医疗管理办法》《西藏免费医疗基本用药品种目录》规定，免费医疗本着“谁受益、谁负担一点”的原则，为免费医疗对象中的贫困户、救济户、五保户、无业残疾人员发放红色“免费医疗证”，对其他享受免费医疗农牧民核发蓝色“免费医疗证”，持证就医。持红色“免费医疗证”人员到各级医疗机构就医时，全免医疗费用，持蓝色“免费医疗证”人员则半免医疗费。1997—2000年，免费医疗经费为人均15元。

2001—2010年，札达县不断深化基层医疗卫生机构分配制度改革，转变基层医疗机构运行机制。县卫生服务中心成立后，实行每年定期或不定期巡回医疗，免费为农牧民治疗、发放药品。

三、农村合作医疗

2000年前，札达县境内农牧民健康投资观念、风险观念淡薄。农牧区医疗卫生设施、提供的服务与农牧民日益增长的卫生需求之间的矛盾、农牧民的文化素质、家庭经济状况、家庭结构等各方面都对参合意愿有一定影响。在农牧区经济条件还不宽裕的地区，对医疗消费存在着侥幸心理，与吃饭、穿衣、孩子上学等刚性支出相比，看病花钱是次要的、随机的，对潜在的医疗风险缺乏足够认识，并逐渐形成了“小病扛、大病养、重病躺”的做法。

2000年底，为减轻农牧民医疗费用的负担，全县农牧区合作医疗全面铺开。卫生部门大力宣传农村新型合作医疗的重大意义，积极引导群众转变思想观念，新型合作医疗制度深入人心，不断为农牧民群众所理解和接受，从而自觉参与。

2001年，根据国家、自治区、地区农村合作医疗制度试点的实施要求，开展农村合作医疗试点工作。2002年，参加农牧区合作医疗的人数达5517人，占全县农牧区总人口的99.6%，被评为推行农村合作医疗先进县。2003年，大病统筹基金为80%，风险基金为10%，防保基金为3%，储备基金为3%。2004年，参加合作医疗的农牧民群众达5108人，以村为单位的合作医疗覆盖率达100%。

2006年上半年，参加合作医疗农牧民5450人，全县以村为单位新型农牧区医疗制度覆盖面达100%。对农牧区医疗基金进行独立核算，并做到分开做账、按类结算，建立会计档案，规范财务会计工作，确保各级免费医疗费及时、足额到位。

2007年，开始执行合作医疗报销制度和农牧民门诊就诊及药品核销制度。根据要求，住院治疗报销制度以大病统筹33%、医疗风险2%、医疗救助5%、家庭账户60%的比例进行报销。参加合作医疗农牧民5450人，合作医疗资金按照人口基数平均递增12‰的标准，下拨54.05万元，县级财政配套资金1.1万元，共计55.15万元。全年累计核销6.31万元，住院报销10.16万元。

2009 年，参与农牧区合作医疗的农牧民有 5684 人，参与率 100%。各级财政补助标准为每人 170 元，共筹集合作医疗基金 96.7 万元。全年住院补偿 18.91 万元，门诊报销 28.3 万元。

随着县卫生部门对农村合作医疗的大力宣传，农牧民对新型农村合作医疗有了更深入的了解，消除了思想疑虑，能够积极参与合作医疗。2010 年，全县参与合作医疗的农牧民有 5716 人，以组为单位合作医疗覆盖率达 100%。各级财政补助标准为每人 170 元，实际筹集合作医疗基金 97.16 万元。全年住院补偿 32.66 万元，门诊报销 33.57 万元。

四、国家基本药物制度

建立国家基本药物制度是为维护人民健康、保障公众基本用药权益实施的一项惠民工程，对改革医疗机构“以药补医”机制，减轻群众基本用药负担具有重要意义，是医药卫生体制改革的重点难点，也是社会关注的焦点热点，更是一个复杂的系统工程，需要政府大量资金投入。

按照阿里地区卫生局《关于开展基层医疗卫生机构基本药物制度实施情况专项检查工作的通知》，2010 年 12 月 1 日起，在全县各乡卫生院和村卫生室实施国家基本药物制度。札达县卫生服务中心、乡卫生院及村卫生室按规定配备使用基本药物，按规定执行基本药物零差率销售。推进基本药物临床应用指南。全面落实国家基本药物医疗报销政策，其基本药物全部纳入农牧区医疗报销范围，报销比例高于非基本药物。

第五节　卫生防疫

札达县境内常见的传染病及地方病有肺结核、乙型肝炎、甲状腺肿大、大骨节病等。改革开放后，国家加大对公共卫生体系建设的投入，全县医疗设施不断完善，各类地方病及传染病的发病率逐年下降。2002 年县疾病预防控制中心（以下简称疾控中心）成立后，有效控制了地方病及传染病的蔓延。札达县卫生部门始终坚持“预防为主、防治结合”的方针，把传染病及地方病的防治工作作为全县卫生工作重点任务来抓，每年对县城茶馆、饭店、宾馆、个体工商户、朗玛厅、歌舞厅等娱乐场所从业人员抽血体检1次，对肺结核体征疑似者做痰涂片70人（次），较好地控制了县域内常见传染病的传播与流行。

一、传染病防治

（一）麻疹

1966年，流行麻疹在全县境内蔓延。疫情发生后，札达县立即组织防疫队伍前往疫区开展防治工作，采取服用由蒲公英等中药熬制的“防麻汤”等方法预防，后逐渐对易感人群进行麻疹减毒活疫苗接种。对一般并发症患者加强护理，保持室内空气清新，给予充分体液和适当营养。1967年2月疫情被扑灭。

1988年底，曲松区楚鲁松杰乡暴发流行麻疹。全乡347人中，40岁以下有277人感染，发病率高达80%；死亡45人，病死率17%。当时正值大雪封山，交通中断，又无通信设施，新疆军区派出直升机赴灾区送医送药，疫情得到控制。

为有效控制麻疹发病率，实现消除麻疹的目标，2009年5月27—30日，札达县根据国家免疫规划及西藏自治区卫生厅要求，结合实际，对全县8月龄至6岁儿童进行麻疹强化免疫活动，接种率达95%以上。据麻疹强化免疫接种报表统计，全县五乡一镇15个行政村摸底339人，外出儿童4人，应接种儿童339人，实种儿童335人，接种率98.8%。县城内应种46人，实种46人，接种率为100%；达巴乡应种41人，实种41人，接种率100%；香孜乡应种113人，实种111人，接种率98.2%；萨让乡应种53人，实种52人，接种率98.1%；底雅乡应种54人，实种53人，接种率98.1%；曲松乡应种32人，实种32人，接种率100%。

（二）艾滋病、性病

随着人们生活水平的不断提高及县域的开放，性病也开始进入札达，且有年年增多的趋势。1999年，发现性病8人，其中淋病5人，梅毒3人。

为了全县人民的生命安全，从2001年开始，每年县防疫站均对县城内的餐馆、茶馆、舞厅、酒吧、理发屋等娱乐场所，进行乙肝、淋病、梅毒等传染性病检查。凡是检查结果为阳性的，在其治疗前必须离开服务范围，在札达县能治疗的就地治疗，由于条件所限在县内无法治疗的转到上级医院治疗，如治疗后结果转阴性，可以从事各种经营服务。2003 年，检查结果显示，全县各娱乐场所各类性病阳性人数高达 23 人，乙肝表面抗体阳性 7 人。

为认真落实《艾滋病防治条例》，使广大群众进一步了解关于艾滋病的基本知识和预防措施，2009 年 7 月 7 日，县卫生局、文化局、县卫生服务中心等部门协同举办艾滋病知识宣传活动，共发放宣传资料 900 份，其中藏文材料 500 份、汉文材料 400 份，发放避孕药品 80 盒，安全套 120 盒；为村民量血压 60 人，宣传咨询人数达 120 人。采取干预措施，在县城娱乐场所开展艾滋病知识调查问卷。共调查 80 人，从业人员艾滋病健康调查免费采集血清标本 67 人。经检测均未发现 HIV 感染者。

为加强基层艾滋病的防治工作，2010 年，札达县举办 2 期村级医生艾滋病培训，共 40 人参加培训；发放藏汉双语培训资料 80 份，发放安全套 150 个。利用“12·1 世界艾滋病日”，开展集中宣传 2 次，展示宣传展板 2 块，印发艾滋病防治知识宣传（单、画、册）2600 份。开展巡回宣传 1 次。艾滋病知识自愿咨询共接待咨询人员 126 人，发放安全套 460 余个。

（三）结核病

结核病是国家重点防控的四大主要传染病之一，也是全县疾控工作的重中之重。改革开放前，札达县有“阿里结核病开发区”之称。1996 年，阿里地区防疫站同札达县防疫站在香孜区经过详细问诊、放射、疫检，确诊肺结核病 9 例，其中活动性肺结核 1 例。1997 年，全县检验出活动性肺结核 12 例，痰涂片阳性 1 例。1999 年，发现结核病患者 6 例，其中男 4 人，女 2 人。县防疫站采取跟踪治疗和主动医治相结合的办法，对结核病人进行监控，使其蔓延趋势得到有效控制。

2000 年 8 月 2—16 日，在萨让乡和托林镇进行结核病线索调查，共查 312 人，对可疑病人进行三痰收集痰检，均为阴性。

2001—2010 年，县疾控部门在积极开展业务培训，增强基层医务人员专业素质的同时，重点就宣传教育、督导与访视、病人的发现与收治等方面做了大量工作，取得了明显成效。加大对乡镇的督导力度，增加督导频次，对每个乡（镇）年均督导2次以上。

2006年，对肺结核体征疑似者做痰涂片81人（次）。2007年，对肺结核体征疑似者做痰涂片70人（次）。

2010年，在“3·24世界结核病宣传日”期间，县疾控部门积极开展结核病防治知识集中宣传活动，展示宣传板5块、横幅1条、电视节目播放7天，印发宣传资料（宣传单、画、册等）1500份，出动车辆1辆、宣传人员7人（次）。为准确掌握病人服药与治疗情况，重点对服药后有药物副反应或依从性较差的病人进行督导，全年访视治疗中病人7人（次）。HRZE方案共领取420板、领取次数5次，发放330板，剩余90板。HR－方案共领取840板，领取次数6次，发放765板，剩余75板。HRE－方案共领取270板，领取次数4次，发放225板，剩余45板。

截至2010年底，县卫生服务中心结防科初诊病人18例，结核病人7例；其中结核性胸膜炎2例、肺结核3例、肺外结核2例，痰涂片检查18人、总玻片53张，其中阳性玻片9张、阴性玻片44张。

（四）流行性感冒（简称流感）

流感是由流感病毒引起的急性、发热性呼吸道传染病，经飞沫传播，临床典型表现为突起畏寒、高热、头痛、全身酸痛、疲弱乏力等全身中毒症状，而呼吸道症状较轻。流感治疗主要以一般性治疗和抗病毒治疗为主，预防以隔离、药物预防、接种疫苗为主。

札达县由于交通不便，医疗技术水平较低，应对突发性传染病的能力欠缺。紧急性流感爆发时，难以迅速控制。1964年7月，札达县萨让区热底岗村流感爆发。全村14户42人，患病40人，其中病死8人。专区人民医院会同县人民医院组织专业技术人员赴疫区开展工作，通过治疗、隔离、预防等措施，疫情得到控制。

1965年春节，底雅区发生流感，70多人患病，经过紧急治疗，全部治愈。

1970年2月，香孜区有150多人患流感，由于医疗人员抓紧治疗，所有病人全部治愈。

20世纪80年代后，随着全县经济的发展，交通条件的便利，医疗技术不断改进，对突发性流感的治愈能力也逐渐加强。

（五）脊髓灰质炎

脊髓灰质炎是由脊髓灰质炎病毒引起的严重危害儿童健康的急性传染病，脊髓灰质炎病毒为嗜神经病毒，主要侵犯中枢神经系统的运动神经细胞，以脊髓前角运动神经元损害为主。患者多为1—6岁儿童，主要症状是发热，全身不适，严重时肢体疼痛，发生分布不规则和轻重不等的弛缓性瘫痪，俗称小儿麻痹症。

为全面消灭脊髓灰质炎，减少儿童骨骼畸形发生率，2000年3—4月，在全县范围内开展脊髓灰质炎“扫荡式”免疫行动。县城居民在县医院定点接种，各乡（镇）采取入户方式接种，覆盖全县所有0—9岁儿童。至2000年底，境内无报告病例。

（六）鼠疫

1994年，经阿里地区防疫站调查，札达县被列为鼠疫血凝阳性县，并要求加强监测防治。1995年和1997年7—9月，在全县范围内开展灭獭活动，灭獭面积达0.4万平方千米，投堵堵洞2000余个。1996年8月2日，达巴区东波村发生鼠疫。地区防疫站同札达县防治人员赶至疫区开展工作，有效控制了疫情。

截至2000年，札达县鼠疫主要防治措施是加强对群众鼠疫防治知识的宣传教育，在群众中推行鼠疫防治“三报”“三不”制度，即报自毙旱獭和其他原因不明的病死动物，报原因不明的高烧腺肿和高烧咳血病人，报鼠疫病人及原因不明的急死病人。教育群众不剥食旱獭，特别是不在病旱獭洞及周围坐卧休息等。鼠疫的治疗，首选链霉素，成人日用量为2—3克肌注，首次加倍，以后每4—6小时注射0.5克，其他广谱抗生素或磺胺类药物也可同时使用。

2008年5月24—27日，札达县疾控中心对达巴乡曲龙村进行鼠疫疫情主动监测，共采集64份狗血清。根据地区疾病预防控制中心的检验结果，其中19份狗血清为阳性，阳性率达29.69%。通过主动监测，系统收集人和动物间鼠疫的相关信息，尽早发现疫情，及时采取控制措施，防止疫情的蔓延与流行，掌握疫情动态和趋势，为鼠疫的预测预警和制定防治对策提供科学依据。9月15日，根据《阿里地区2008年秋季重点鼠疫疫源地保护性灭獭工作实施方案》文件精神，县疾控中心把秋季保护性灭獭提上议事日程，严格按照灭獭方案，进行为期6天的灭獭工作。灭獭前，对香孜乡灭獭的重点范围（物仓至拉吾切拉28千米的交通沿线直径0.5千米的1400公顷面积）进行旱獭密度调查。范围内平均旱獭密度为5.25只/公顷，其中拉吾切拉至冬夏大坂5千米交通沿线250公顷内的旱獭密度为6.42只/公顷；冬夏达坂至上组龙4千米交通沿线200公顷内的旱獭密度为9.58只/公顷；上组龙至公安卡子4千米交通沿线200公顷内旱獭密度为11.6只/公顷；公安卡子至物仓15千米交通沿线750公顷内旱獭密度为2只/公顷。灭獭工作采取县乡结合方式，共投堵918个旱獭洞，平均每天153个旱獭洞，平均每人每天投堵25.5个洞。灭獭后密度调查时基本上没有发现旱獭。

2010年7月，工作人员深入到达巴乡曲龙村放牧点进行鼠疫防控流动监测及宣传教育工作，张贴宣传图片20余张、发放宣传资料430余份，采集狗血清4份，活动中群众咨询人数达190余人。

（七）病毒性肝炎

病毒性肝炎治疗方法主要是采取管理传染源、切断传播途径，预防母婴传播；主动免疫，接种减毒活疫苗；被动免疫，注射丙种球蛋白和胎盘蛋白。

1995年，阿里地区防疫站协同札达县防疫站对县城所辖国营、集体单位和个体从事餐饮服务行业人员进行乙型肝炎表面抗原（HbsAg）调查，共检测312人，HbsAg阳性17人，占5.44%，其中藏族阳性率9.8%，汉族8.1%。

（八）伤寒

伤寒预防接种对易感人群能够起一定的保护作用。1962年5—7月，县卫生所在全县范围内实施伤寒混合疫苗注射工作，使札达县机关干部、农牧民群众伤寒霍乱及痢疾发病率明显下降。

（九）麻风病

麻风病是由麻风杆菌引起的一种慢性传染病，主要病变在皮肤和周围神经。临床表现为麻木性皮肤损害，神经粗大，严重者甚至肢端残废。需隔离，早期、及时、足量、足程、规则治疗，可使健康恢复较快，减少畸形残废及出现复发。

19 世纪 90 年代至 20 世纪初，底雅区发现四肢、颜面等处出现结节性红斑、爪形指、全身脱毛等类似麻风病症状者，死亡 7 人。

1954 年，东嘎、皮央东部地方麻风病爆发。由于医疗水平有限，只能对患病者进行隔离，隔离期 119 天，死亡人数达 30 人，死者尸体全部被掩埋，在地、县防疫站的共同努力下，最终病情得到控制。

1964 年 10 月 17 日，曲木底乡首次发现麻风病，一家 5 口均患病，确诊为瘤型麻风病。通过家中隔离治疗，无一人死亡。

（十）非典型肺炎

2002 年 11 月 11 日至 2003 年 3 月，全国发生大范围的非典型肺炎疫情。鉴于时至春末夏初，到县旅游、经商和务工的人员增多，非典型肺炎传入县内的潜在危险因素增强。为了切实加强领导，成立由县党政主要领导为组长的协调领导小组，卫生局成立紧急疫情处理协调领导小组和应急处理技术组。把非典型肺炎的防治工作作为大事来抓，认真负责，要求各部门必须清醒地认识做好非典型肺炎防治工作的重要性，统一认识，密切协作，坚决预防和控制疫情发生蔓延。动员全县干部职工、驻地部队及个体工商户，加强县城内的环境卫生及公共卫生，对学校卫生采取消毒预防措施。根据现有条件，卫生局每天对各学校教室、宿舍、食堂、厕所消毒次数不少于 1 次。预防主要是防止各种感冒，采取藏西药结合。派专人到学校进行消毒及预防，药物和器具等根据实际情况从地区购置。对各宾馆、招待所、饭馆、茶馆、舞厅、商店等食品卫生进行大检查及突击检查，对食物制品及食用器具进行监测。

二、疫情监测

为及时准确反映疫情，保证疫情报告工作质量，全面实行传染病网络直报，加大对医疗机构传染病监测报告工作的主动监测力度，2010 年，成立札达县人感染 H7N9 禽流感卫生应急防控工作领导小组、临床救治小组、预防控制专家组。积极开展急性弛缓性麻痹（AFP）病例监测工作，成立监测工作领导小组，制定工作方案，查阅门诊病历390个，查阅住院病历27个。调查来自新疆的务工人员5人，AFP病历报告1例，采集标本样品2份，均已排除AFP病例的可能。全年全县传染病疫情报告次数为353天，其中零报告351次、细菌性痢疾报告2次，共报告5例病人。鼠疫疫情报告次数为52次，均为零报告。

三、地方病防治

（一）碘缺乏病

1959年，底雅区出现大脖子病（地方性甲状腺肿大）。为防止病情进一步蔓延，当地民间藏医采取多种方法，为当地群众采药治病，病情得到控制，无一人死亡。1997年，阿里地区防疫站会同札达县防疫站，对县域内儿童性甲状腺肿大做抽样调查。

1999年，派专人下乡搞碘缺乏病宣传调查及给患者服用碘油胶丸，共892人（次）。

2009年，根据卫生部2009年中央补助公共卫生项目计划书及项目管理方案要求，结合上年全县碘盐覆盖情况，按照“先易后难、分别指导”的原则，县疾控中心结合阿里地区疾控中心工作要求，对全县进行碘盐缺乏高危检测。按照方案要求，以随机抽样方法，抽检托林镇、香孜乡和底雅乡301份盐。其中碘盐229份，非碘盐72份，碘盐平均使用率76.1%。其中托林镇132份（碘盐129份），碘盐使用率达97.7%；香孜乡91份（碘盐90份），碘盐使用率98.9%；底雅乡78份（碘盐10份），碘盐使用率仅12.8%。

在全县小学生中采集8—10岁儿童尿样210份，其中100份属于高危县指标尿样。札达县完小抽检8—10岁儿童48人，香孜乡完小抽检73人，萨让乡教学点抽检18人，达巴乡教学点抽检28人，曲松乡教学点抽检20人，底雅乡教学点抽检23人，均属0度。

全县各乡镇碘盐由县政府统一配送，按每人每年5.5千克计算，全县有5606人，共配送碘盐30833千克，价值15416元。其中，托林镇有919人，共配送5054.5千克，合计2527.25元；香孜乡有1193人，配送碘盐6561.5千克，合计3280.75元；底雅乡有756人，配送碘盐4158千克，合计2079元；曲松乡有967人，配送碘盐5318.5千克，合计2659.25元；萨让乡有614人，配送碘盐3377千克，合计1688.5元；达巴乡有1157人，配送6363.5千克，合计15416.5元。全县15—45岁育龄妇女应补碘2062人，实补2045人，平均补碘覆盖率99.2%。其中，托林镇应补348人，实补348人，覆盖率100%；香孜乡应补537人，实补535人，覆盖率99.6%；底雅乡应补220人，实补217人，覆盖率98.6%；曲松乡应补332人，实补327人，覆盖率98.5%；萨让乡应补131人，实补129人，覆盖率98.4%；达巴乡应补494人，实补489人，覆盖率99%。

2010年，"5·15防治碘缺乏病日"宣传活动，共发放宣传单500份，布置展牌2块，悬挂横幅1条，电视节目播放7天，受益群众达460余人（次），托林镇札布让村及卡孜波林村成人大骨节病调查人数340人，治疗人数44人，免费发放六合维生素、天然胡萝卜素等治疗药品和辅助药品。开展300户食盐碘盐监测工作，其中食用碘盐户为294户，食用非碘盐户为6户。五年级学生地方病防治知识问卷49人，知晓率达60%；家庭主妇调查问卷20人，知晓率达100%。0—2岁儿童服用碘油丸306人，15—49岁妇女服用碘油丸2177人。

（二）大骨节病

大骨节病是指一种地方性、变形性骨关节病，国内又叫矮人病、算盘珠病。1999年9月11—20日，札达县组织人员对各乡（镇）部分村大骨节病线索进行抽样调查，发现大骨节病患者4例，患病率0.8%。

2010年9月29日，自治区疾控中心地病所工作组及地区疾控中心地病科大骨节病专家和工作人员，在全县大骨节病区札布让组、卡孜组、波林组农牧民群众中开展大骨节病现场检查并发放药品，共检查44人，其中Ⅰ度29人、Ⅱ度15人，同时给予治疗药品。根据地区疾控中心地病科的要求，在大骨节病病区及学校发放碘硒盐。

2010 年札达县大骨节病碘硒盐供应明细表

表 14－3－6

病区所在地	病区性质	2010 年病区人口数	供应量	备注
香孜乡完小		300	3000	供 2 年
底雅乡教学点		20	200	供 2 年
曲松乡教学点		20	200	供 2 年
曲松乡楚鲁松杰教学点		20	200	供 2 年
达巴乡教学点		30	300	供 2 年
达巴乡曲龙村教学点		30	300	供 2 年
萨让乡教学点		20	200	供 2 年
九年一贯制学校		500	5000	供 2 年
托林镇札布让	中	143	3575	供 5 年
托林镇卡孜	中	117	2925	供 5 年
托林镇波林	中	84	2100	供 5 年
合计		1284	18000	

（三）布鲁氏杆菌病

布鲁氏杆菌病的主要传染源是已被感染的牲畜，防治对策采取以畜间免疫为主的综合性措施，县卫生部门加强布鲁氏杆菌病预防和现症病人的治疗，最大限度地控制布鲁氏杆菌病的发生。

布鲁氏杆菌病的治疗方法归纳起来主要有抗菌疗法和中藏药疗法。用藏药无琼 18 味、桑登 25 味、阿嘎 20 味等治疗布鲁氏杆菌病效果良好。1981 年后，札达县重点加强牲畜检疫、隔离和畜间免疫，普及布鲁氏杆菌病疫苗的接种，当年全县接种 104M 活疫苗 6000 余人（次），提高了机体免疫水平，增强了抗病能力。

四、疫苗接种

札达县地处边境，交通不便，疫病防治处于缓慢发展状态。20 世纪 70

年代，全县儿童“四苗”接种率仅63%。自1999年开始，以乡为单位实现了“四苗”全程免疫接种率达90%的目标。2003年，县疾病预防控制中心成立后，儿童“四苗”计划免疫接种率有了大幅度提高，县疾控中心全面组织实施阿里地区扩大国家免疫规划，继续保持无脊灰状态，努力消除麻疹，控制乙肝，进一步降低疫苗可预防传染病的发病率。截至2010年，全县适龄儿童的乙肝疫苗、卡介苗、脊髓灰质炎糖丸、百白破疫苗、麻疹疫苗（包括含麻疹成分的疫苗、麻疹、腮腺炎、风疹疫苗）的接种率以乡为单位达到90%以上，普及全县适龄儿童的流脑疫苗（包括A群流脑疫苗和A+C群流脑疫苗）、甲肝疫苗接种。在发生炭疽流行时，目标人群的接种率达到70%以上。

（一）流脑疫苗

1989年，流脑疫苗应种243人，实种224人，接种率为92.98%。

A+C（流脑）疫苗是2009年西藏自治区安排的农牧民小学生普种疫苗。6月22日，对全县小学在校生开展A+C疫苗接种工作，全县农牧民小学生实际在校人数为789人，教育部门提供农牧民小学生人数为737人，应种737人，实种789人，接种率107.06%。其中县完小应种354人，实种354人，接种率100%；达巴乡小学应种37人，实种37人，接种率100%；曲龙村教学点应种28人，实种28人，接种率100%；香孜乡小学应种279人，实种279人，接种率100%；萨让乡小学应种24人，实种24人，接种率100%；底雅乡小学应种19人，实种19人，接种率100%；曲松乡小学应种28人，实种28人，接种率100%；楚鲁松杰教学点应种20人，实种20人，接种率100%。

（二）甲肝疫苗

甲肝疫苗是西藏自治区安排的农牧民小学生普种疫苗。2008年10月16日，县完小发现3例甲肝患者，县疾控中心立即向上级卫生部门进行了详细的汇报，争取到450人（份）的甲肝疫苗。通过对病人的早发现、早报告、早诊断、早隔离和对高危人群的预防接种，以及对广大干部职工和群众的预防宣传等工作，使全县甲肝疫情得到了很好的控制。

2009年5月22日，对全县小学在校生开展甲肝疫苗接种工作，实种

789 人，接种率 107.06%，其中县完小 354 人，达巴乡小学 37 人，曲龙村教学点 28 人，香孜乡小学 279 人，萨让乡小学 24 人，底雅乡小学 19 人，曲松乡小学 28 人，楚鲁松杰教学点 20 人。

（三）麻疹、风疹疫苗

风疹是风疹病毒引起的急性呼吸道传染病，多发于青少年，儿童普遍易感染，患者常出现发热、皮疹、睑结膜充血、皮肤瘙痒及其他并发症，临床上风疹易与轻型麻疹混淆。

1989 年，麻疹疫苗应种 203 人，实种 190 人，接种率为 93.59%。

2009 年 5 月 27—30 日，在全县范围内对所有 8 月龄至 6 岁的所有儿童开展麻疹强化免疫活动。应接种儿童 339 人，实种 335 人（外出 4 人）。2010 年 9 月 19 日进行麻疹查漏补种工作。应种儿童 364 人，实种 359 人（外出 3 人）。

根据《阿里地区 2010 年风疹疫苗普种和麻疹疫苗查漏补种工作实施细则》，结合全县实际情况，2010 年 9 月 19—23 日，在全县开展风疹普种活动，成立风疹普种工作领导小组，负责全县境内 8 月龄至 15 岁儿童（含流动儿童）风疹疫苗普种工作的组织、领导、协调和督导工作。

全县五乡一镇 15 个行政村，摸底 1418 人，外出儿童 3 人，接种时感冒发烧 7 人，接种前 1—2 周内接种过其他疫苗、未满间隔时间 12 人。应接种儿童 1418 人，实种儿童 1396 人，接种率 98.4%。其中，县城内应种 657 人，实种 654 人，接种率为 99.5%；达巴乡应种 202 人，实种 201 人，接种率 99.5%；香孜乡应种 376 人，实种 360 人，接种率 95.7%；萨让乡应种 51 人，实种 51 人，接种率 100%；底雅乡应种 86 人，实种 86 人，接种率 100%；曲松乡应种 46 人，实种 44 人，接种率 95.7%。

（四）强化免疫

1989 年，卡介苗应种 256 人，实种 202 人；百白破疫苗应种 237 人，实种 165 人，接种率为 70.88%；脊髓灰质炎糖丸应服 241 人，实服 200 人，接种率 82.98%。

1997 年，计划免疫四苗接种率分别达：麻疹 100%、百白破 97%、卡介苗 98%、脊髓灰质炎糖丸服用率 97%。

1999年，县防疫站定时、定量对全县各个年龄段儿童开展计划免疫工作，卡介苗接种162人，百白破接种721人，麻疹接种346人。为了达到“2000年消灭脊髓灰质炎”目标，共投服脊灰糖丸777人。接种乙肝疫苗460人。

2000年，卡介苗接种99%、麻疹疫苗接种98%、百白破疫苗接种98%、糖丸服用率100%、乙肝疫苗接种460人（次）。

2006年，对全县范围内8月龄至14周岁儿童进行麻疹强化免疫接种。四种疫苗接种率分别为卡介苗98%、脊髓灰质炎疫苗98.5%、百白破疫苗98.9%、麻疹疫苗98.5%。

为进一步保障人民群众的健康，自2008年10月1日起，在全县范围内实施扩大儿童免疫规划。札达县内儿童，无论其住址是否为户籍所在地，以及非札达县户籍儿童，在县境内暂住地居住3个月的，按国家疫苗免疫程序，达到应种月（年）龄的儿童，均为接种对象。新纳入国家免疫规划的疫苗，其接种对象为规定实施时间起达到免疫程序规定各剂次月（年）龄的儿童。已超过各剂次应种月（年）龄的儿童，不作为接种对象。强化免疫的接种对象按照强化免疫实施方案确定。炭疽疫苗接种对象为炭疽病例或病畜的间接接触者及疫点周边高危人群。

全年强化免疫接种应种人数为610人，实种592人，接种率达97.05%。其中包括流动儿童的接种情况。当年全县有27个流动儿童，接种疫苗时期部分人群不在服务区内，因此强化免疫未能达到100%接种率，将其作为重点接种对象，不定期进行补种。

2001—2010年札达县疫苗接种情况表

表14－3－7　　单位:%

年份	四苗	脊髓灰质炎疫苗	百白破疫苗	麻疹疫苗
2001	95.2	96.4	95	96.7
2002	96.2	98.4	95.2	98.7
2003	95.2	97.4	94.9	96.7

续表

年份	四苗	脊髓灰质炎疫苗	百白破疫苗	麻疹疫苗
2004	95.2	97.4	96.2	97.9
2005	97.2	98.6	98.2	98.8
2006	98	98.5	98.9	98.5
2007	98.8	98.1	97.9	97.5
2008		95.9	95.2	96.8
2009		96.5	96.8	95.6
2010		97.2	97.8	96.9

2008—2010 年札达县卡介苗、乙肝疫苗接种情况表

表 14－3－8　　单位:%

年份	卡介苗	乙肝疫苗
2008	95.4	95.6
2009	96.5	96.2
2010	97.2	96.8

第六节　卫生执法

札达县卫生局紧紧抓住关系农牧民切身利益的热点和难点问题，进一步加强对食品等健康相关产品的监督管理工作。市场经济秩序整顿工作以食品、化妆品、一次性医疗用品和医疗秩序为重点，加大整治力度。每年定期或不定期对食品等进行检查，年均进行 10 次以上大检查和 20 次以上突击性检查，对 40 多种食物制品及食用器具进行检测。

一、监督检查

1989 年，县卫生局对属札达县管辖的国营、集体及个体商贩进行卫生检查。

1993 年，札达县防疫站建立后，防疫站同工商部门每季度对县城的商店、菜市场、饭馆等进行食品卫生检查，没收、销毁不合格、过期和变质食品，并给予相应的经济处罚。

1997 年，查出并销毁过期变质食品 37 种，价值 4460 元；被罚餐馆、茶馆共 5 家 120 元。1999 年，县防疫站会同县卫生局进行 4 次卫生大检查，共销毁过期、变质食品 414 件，处罚 12 户。

2000 年，经防疫站检查合格后，为经营食品、饮料（茶饮）、饭馆、酒店的 17 家商户发放卫生许可证。不定期监督检查 300 余户（次），没收销毁过期变质食品总价达 1.42 万元。

2001—2010 年，札达县切实加大食品安全监督检查力度，进一步规范行业经营行为，全面落实食品安全防范措施，不断提高饮食行业从业人员的法律意识、卫生安全意识、责任意识，努力控制或减少食源性疾病的发生，切实维护广大消费者的饮食安全。

按照属地管理原则，在摸清小餐饮底数的基础上，分步骤对占道经营的小餐饮，以及利用违法建筑或者违规出租房屋、反复整改仍不符合审批条件的小餐饮进行查处和联合取缔。禁止小餐饮出店经营、占道经营，依法对沿街流动摊贩、乱搭盖餐饮摊点进行取缔，严格治理露天排档、烧烤摊点和熟食甜品车等违章占道行为。改善小餐饮卫生环境，敦促其配备必备的设施设备，加强对污水无序排放、油烟扰民、破坏绿化等问题的整改。

合理规划示范街或小摊点食品集中经营场所，积极鼓励、帮助、引导占道经营、出店经营小餐饮入室合法经营。对持证小餐饮全面开展餐饮服务食品安全量化分级管理，并将评定结果向社会公示，实行动态管理，利于群众放心消费和促进小餐饮业良性发展。严厉打击非法添加非食用物质和滥用食品添加剂的违法行为，落实食品购进验收和索证索票制度，餐具、饮具消毒制度，完善防腐、防尘、防蝇、防虫、防鼠设施设备。全面实行小餐饮从业人员健康体检和培训上岗。

2001 年，出动卫生执法人员 12 人（次），没收过期变质食品 86 千克。2002 年，出动卫生执法人员 20 人（次），没收过期变质食品 236 千克。

2003年，出动卫生执法人员24人（次），没收过期变质食品312千克。2004年，出动卫生执法人员18人（次），没收过期变质食品314千克。2005年，出动卫生执法人员24人（次），没收过期变质食品312千克。

2006年，成立卫生监督领导小组，共进行6次以上大检查和8次以上突击性检查，对43种食物制品及食用器具进行检测；责令并没收销毁过期、变质、“三无”食品达1045千克，价值3200元。

2007年，加大市场经济秩序整顿工作，以食品、化妆品、一次性医疗用品和医疗秩序为重点，加大整治力度。共进行8次大检查和12次突击检查，对40多种食物制品及食用器具进行检测；责令并没收销毁过期、变质、“三无”食品达1245千克，价值2300元。

2009年上半年，在重大节日期间进行市场检查，没收“三无”产品4种19517千克。

二、卫生许可证发放

1989年，对国营、集体及个体商贩颁发卫生许可证，对20余名食品从业人员进行健康检查，并给15人发健康证；对不符合健康标准的人员，建议调离食品行业。

为了进一步规范市场秩序，根据2005年12月卫生部印发的《食品卫生许可证管理办法》规定：“任何单位和个人从事食品生产经营活动，应当向卫生行政部门申报，并按照规定办理卫生许可证申请手续；经卫生行政部门审查批准后方可从事食品生产经营活动，并承担食品生产经营的食品卫生责任”。

2001—2005年，发放健康证分别为22本、42本、40本、36本、48本；办理卫生许可证分别为12张、18张、21张、17张、25张。

2006年，办理食品、公共卫生许可证37张。五乡一镇学校食堂办理食品、公共卫生许可证5张，总计42张。

2010年，办理卫生许可证23张，办理发放健康证218人（次）。

第七节 妇幼保健

札达县始终把妇幼保健工作作为卫生工作的突出任务来抓，改变了札达历史上高生育率、高死亡率的传统生育模式，实现低生育率、低死亡率的良性循环。坚持妇幼保健工作方针，提高妇幼保健水平，母婴安全得到保障。

一、新法接生

历史上，由于受传统陋习的影响，札达境域妇女生孩子被视为“污秽”行为，只能躲在牛棚、羊圈里，哪怕是狂风、大雪、暴雨倾盆也不能进到房屋或者帐篷内分娩，致使很多产妇死于胎盘滞留、产褥热，因难产造成母婴双亡的事件时有发生。妇女分娩由产妇自行处理，常用普通剪刀割断脐带，用羊毛线捆扎。由于生活条件恶劣和习俗落后、接产方式原始，新生儿死亡率达 151.3‰，婴儿死亡率达 299‰以上。

和平解放后，特别是 20 世纪 60 年代札达县成立后，全县医疗卫生机构随之建立，县人民医院妇产人员在农牧区广泛宣传、推广新法接生。

20 世纪七八十年代，为普及新法接生，每个乡均配备有乡村医生和接生员，自治区卫生厅配发新法接生包。县人民医院妇产科也对乡村医生和接生员进行不定期业务培训。

20 世纪 90 年代，新法接生在札达县全面普及。截至 2000 年，采用新法接生婴儿人数达 1579 人（次），占 70% 左右，年均新生儿死亡率由 20 世纪 80 年代的 5‰降低到 1.6‰。

2000 年，顺利完成中国、联合国儿童基金会 1999—2000 年初级卫生保健/妇幼卫生合作项目验收工作，明显降低了孕产妇死亡率，提高了孕产妇住院率。

由于受传统习惯的影响，县域农牧民群众医疗卫生知识淡薄、认识不到位，一个时期以来，孕产妇住院分娩率低，且死亡率较高，因此提高农牧民孕产妇住院率困难大，任务重。2001—2010 年，全县统一实施“降消项目”

（提高孕产妇住院分娩率、降低孕产妇死亡率和消除新生儿破伤风项目），通过一系列特殊优惠政策，全县医疗卫生宣传力度不断加大，进一步推动了农牧民孕产妇住院分娩工作的开展，降低了孕产妇死亡率和婴儿死亡率。

为有效预防胎儿神经管缺陷，降低婴儿发生先天性疾病的概率，预防出生缺陷，预防孕妇贫血，2010 年，札达县开展农牧区生育妇女免费补服叶酸项目，向全县 65 名生育妇女发放叶酸。

二、妇女病防治

20 世纪 60 年代后，札达县开始进行妇女疾病的普查普治。20 世纪七八十年代，开展一般性妇女病防治及卫生常识宣传。1991 年，经调查，发现妇科多发病为慢性宫颈炎、慢性盆腔炎、滴虫性阴道炎、月经失调、不孕症及肿瘤等，遂针对此类疾病进行有效治疗。截至 2000 年，再未发现新的妇女病，其他妇女病种也得到有效控制和治疗。

2001—2010 年，札达县严格按照各项妇幼保健工作规范和制度要求，结合实际，加强全县妇幼卫生业务管理工作。以妇幼卫生项目为重点，加强全县孕产妇系统管理和儿童系统管理，提高住院分娩率，坚持以保健为中心，以保障生殖健康为目的，实行保健与临床相结合，面向基层，面向群体。

第十五篇

文化　广播　影视

第一章　文化管理

随着全县经济的不断发展，人民群众的精神文化需求也日益增长，县域内娱乐场所不断增加。为规范娱乐场所秩序，县文化部门每年均调动业务骨干人员在县城内各个娱乐场所进行不定期检查。群众文化活动形式主要有节庆文艺演出、广场文化活动、参加上级组织的文艺汇演、比赛等。

第一节　机构

1960 年 5 月，札达县人民政府成立后，未设立专门的文化行政管理部门，全县文化工作归县委组宣部管理。1964 年，设立县文教卫生科，负责全县文化工作。

1969—1975 年，“文化大革命”期间，县文化工作由“四大组”中的县革委会办事组负责。1975 年 10 月，撤销县革委会办事组，设立县文教卫生局。

1987 年，全县机构改革，县文教工作从县文教卫生局中独立出来，正式组建县文教局。1997 年，根据地区机构改革工作统一安排，文化工作从县文教局中独立出来，单独成立札达县文化局。

2001 年，成立札达县文化广播电影电视局（以下简称县文广局）。从业人员 9 名。其中行政编制 5 名，事业编制 4 名。科级干部 2 名，电视台 3 人，电影队 1 人。

2007 年 3 月，札达县文广局在原有职能上增加了旅游局（副科级），增加旅游接待及发展规划职能。县文广局有从业人员 15 名。其中行政编制 7 名，事业编制 8 名，科级干部 3 名，电视台 6 人，电影队 2 人。

2009 年 4 月，旅游局从文广局中分设，正科级部门，文广局不再承担旅游发展规划及旅游接待工作。

2010 年，设立札达县文化广播电影电视局（县新闻出版局），无内设机构，机关编制 5 名（行政编制 4 名，事业编制 1 名），其中科级领导职数 3 名，县文物局科级领导职数 1 名。至年底，县文广局从业人员有 13 名。其中行政编制 5 名，事业编制 8 名，科级干部 2 名，电视台 6 人，电影队 2 人。内设文化、广电、文物、调频广播站、电视台等部门。

札达县文化部门领导任职一览表

表 15－1－1

机构名称	职务	姓名	性别	民族	任职时间
县文教卫生科	副科长	侯封东	男	汉	1964.08—1966.05
		王桂香	女	藏	1966.05—1967.02
县革委会办事组	组长	谢勤科	男	汉	1969.08—1970.11
		李作风	男	汉	1970.11—1974.05
	副科长	任志洪	男	汉	1971.02—1973.06
县文教卫生局	局长	强巴楚成	男	藏	1975.12—1976.10
	副局长	郭洪昌	男	汉	1976.04—1976.10
县文教卫生局（科）	局(科)长	强巴楚成	男	藏	1976.10—1981.12
		才旦卓玛	女	藏	1984.01—1987.04
	副局(科)长	王英杰	女	汉	1979.06—1980.09
		才旦卓玛	女	藏	1980.09—1984.01
		格巨坚赞	男	藏	1984.12—1987.04
		南嘎多吉	男	藏	1987.07—1987.10

续表

机构名称	职务	姓名	性别	民族	任职时间
县文教局	局长	南嘎多吉	男	藏	1989. 09—1992. 07
		阿旺央加	男	藏	1992. 07—1997. 05
	副局长	南嘎多吉	男	藏	1987. 11—1989. 09
		土旦次仁	男	藏	1994. 12—1997. 06
县文化局	局长	尼玛次仁	男	藏	1997. 11—2000. 12
	副局长	达娃卓玛	女	藏	1997. 05—2001. 05
县文化广播电影电视局	局长	达娃卓玛	女	藏	2001. 05—
	副局长	张琳	男	汉	1999. 07—2004. 09
		占堆罗布	男	藏	2002. 06—2009. 03
		晋美旺久	男	藏	2006. 11—2009. 03
		李华霜	男	汉	2008. 07—
	电视台台长	金巴	男	藏	1991. 03—2002. 06
		李华霜	男	汉	2002. 06—2008. 07

第二节　文化设施

1997 年，投资 54 万元，建设文化长廊，建筑面积 302. 4 平方米。投资 86 万元，建立县文化馆，建筑面积有 523. 9 平方米，解决了县文化局办公地点紧张的问题，并办起文化长廊舞厅和职工活动中心。1998 年 4 月，图书馆对外开放，全年借阅 300 余人（次），共借阅 2000 余册。

2000 年，利用援藏资金 10. 2 万元，修建文化局篮球场、文化长廊。至年底，全县有娱乐场所 5 个（其中 2 个为单位所办承包给个人、3 个为个人所办）、录像放映点 3 个（全部为个体所办）、茶馆 8 家（全部为个人所办），文化市场初具规模。

2002 年，建成县综合文化活动中心。总建筑面积 524 平方米，用于文化活动的面积393平方米，内设有台球、卡朗球、藏骰子、健身馆，充分发挥其职能，丰富了全县干部群众的业余文化生活。

2005年，建成10个边境村活动室（萨让乡日巴村、萨让村，达巴乡曲龙村、达巴村、东波村，托林镇托林居委会、波林村，曲松乡楚鲁松杰村，底雅乡底雅村、什布奇村），总投资200万元。

2006年10月，建成县图书馆，总面积569.8平方米，用于文化活动的面积为284.9平方米，援藏投资210万元。设有图书阅览室、电子阅览室、信息资源共享工程室等，均对外免费开放。

由于条件所限，2001—2006年，县文广局和电视台分别在两个不同地点办公。文广局在县文化综合活动中心办公；电视台拥有3间房子，分别为广播机房、电视机房、值班室，带有院子。

2006年10月，由河北第四批援藏投资500万元，新建1100多平方米的县广电中心大楼竣工，县文广局和电视台实现一起办公，成为当时县城地标性建筑。

2007年，建成曲木底村、鲁巴村、东嘎村、香孜村活动室，总投资164.16万元。

2009年，建成香孜乡文化站、托林镇文化站，满足了当地农牧民群众的文化需求。投资33万元，为15个行政村购置书籍及相关设备，完成第一批“农家书屋”工程。

2010年5月，建立札达县文化信息资源共享工程，服务器内装有各种文化共享电影及电子图书，共计2.6TB。如：爱国主义教育电影、科普知识、农业养殖等。图书包括各种杂志及小说等。共享工程开放时间为每日上午10：00—13：00，下午16：00—22：00。组织当地农牧民群众、干部职工、学生等观看爱国主义教育影片、农业科普知识影片等40余次，受到了广大干部群众的一致好评。共享工程既让他们增强了爱国主义意识，又学习到了农牧业方面的科学知识，特别是在畜牧养殖和蔬菜种植方面，既增加了对牛羊的各种病理了解，又学到了蔬菜种植的各种技术，使全县种植的蔬菜在整个阿里地区都受到热烈的欢迎，提高了县域农牧民群众的收入。

第三节　群众性文化活动

随着经济的发展，各级党委政府及社会各界对文化的认识不断提高，办文化事业的热情日益高涨，以节日文化活动为主线的群众文化活动开展得红红火火。群众文化活动形式主要有节庆文艺演出、广场文化活动、参加上级组织的文艺汇演、比赛等。以传统的五一、七一、国庆、元旦、藏历新年等节日为主，以主题性的专题宣传活动为辅，每年由文化宣传部门组织主办。如藏历新年文艺演出，已成为全县人民藏历春节期间必备的文化大餐。县域广场文化活动，主要以跳“宣”舞和各种锅庄形式开展，已成为全县主要的文艺活动形式之一。

2001—2008 年，每年各乡镇均开展藏历春节文艺演出，县文化局在政府大院内开展藏历春节文化活动。每年 8 月，萨让乡萨让村开展传统民间节日“嘎益节”，吸引广大农牧民积极参与。

2007 年，达巴乡达巴村开展首届七一群众文化活动，活动包括赛马、抱石头，丰富了群众的业余文化生活。此后每年都举行七一群众文化活动，深受群众欢迎。

2009 年 1 月 19 日，西藏自治区九届人大二次会议决定，将每年 3 月 28 日设为西藏百万农奴解放纪念日后，札达县文化局及各乡镇开展了声势浩大的“3・28”百万农奴解放纪念日活动。

2010 年，开展广场文化活动 7 场（次），以跳“宣”舞和各种锅庄为主。在达巴乡达巴村开展七一群众文化活动，包括赛马、抱石头等。8 月，萨让乡萨让村当巴组举行传统民间节日——嘎益节。

第四节 文化市场管理

一、管理机制

2001—2010 年，全县文化市场处于初级发展阶段，尚无专设的管理机构，主要由县文广局进行管理。

在管理方面，各种娱乐场所须经县文广局批准并发经营许可证，方可营业。县文广局经由自治区考核批准，给局内 3 人发放文化市场稽查证，由此 3 人定期或不定期对文化市场进行检查，并对各个娱乐场所从业人员、法人代表、经营范围进行登记。按照相关条例，禁止在娱乐场所内从事违法活动，对危害国家统一、主权或者领土完整，危害国家安全、利益或者社会稳定，违背社会公德或者诽谤、侮辱他人，宣扬淫秽、色情、迷信或者渲染暴力者予以坚决查处。

同时规定，娱乐场所不得在可能干扰学校、医院、机关正常学习和工作秩序的地点设立。违规情节严重的，由文化行政主管部门责令停业整顿，没收违法所得和从事违法经营所用的器材设备等，并处 4000 元以上罚款，情节严重的由工商行政管理部门吊销营业执照，构成犯罪的依法追究刑事责任。

为规范娱乐场所秩序，县文化局除调动业务骨干人员在县城内各个娱乐场所进行不定期检查外，还在娱乐场所内张贴有关管理条例，并和经营单位负责人签订责任书，以保证全县文化娱乐场所健康有序发展。

二、市场概况

随着全县经济的不断发展，人民群众的精神文化需求也日益增长，县域内娱乐场所不断增加。2001 年，札达县有 3 家娱乐场所，一家在老法院（当时称之为法院舞厅），一家为工会舞厅，一家为欢聚朗玛厅，另有一家录像馆。

2002 年，新增一家古格象雄朗玛厅，2003 年更名为象雄朗玛厅。

2005 年，新增一家心连心朗玛厅，2007 年转让后更名为高原朗玛厅。2010 年转让，更名为茶马古道演艺厅。

2006 年，新增一家打字复印店——未来装饰部。2007 年，新增 2 家娱乐场所：一家糖果动感迪吧，一家邮政朗玛厅（2008 年邮政朗玛转让）。一家音像店——湘发音像店。

三、市场监管

2001—2004 年，由于文化市场监管刚刚起步，对市场的监管存在诸多漏洞。2005 年，按照上级文件要求，逐步形成市场监管规模，并对县城唯一一家录像馆碟片进行检查，查处和销毁了 50 多张涉黄碟片。

2006 年，按照上级部门要求，针对全县娱乐场所现状，进行全面检查，并办理了娱乐场所许可证、音像制品店经营许可证。2007 年，对县内娱乐场所进行全面检查，收缴各类非法音像制品 5 张，并及时销毁。

2008—2010 年，联合公安、消防、安监等单位，共进行 46 次检查，未发现违规违纪行为。

第二章　文学艺术

文学艺术是指借助语言、表演、造型等手段，塑造典型形象反映社会生活的意识形式，属于社会意识形态的范畴。它包括语言艺术（诗歌、散文、小说、戏剧文学）、表演艺术（绘画、书法、雕塑、舞蹈）和综合艺术（戏剧、曲艺、电影）等。

第一节　神话传说

札达神话故事源远流长、内容丰富，大多反映高原民族的启蒙。象雄时期，随着苯教的兴盛，产生出许多以传说形式诠释大自然的故事，如《光明之神辛饶米沃且》《天界和苯教的神灵家族》《苯教仪轨中的神话世界》等。7 世纪吐蕃征服象雄后，随着藏传佛教的传入，出现了佛教的传说故事，如《七尼姑的故事》等。以“去毒”仪式中的一段神话故事为例：在“耶”国和“岸”国的分界线上，生长着一棵树。它长着丝绸一样的树叶，结着纯金的果子，果汁是甘露，树皮是布，荆棘是武器。它的花朵十分奇特，可是从来没有人注意到它。“……有一天，恰沃央噶神骑着一头羊，手持一支带有白色羽毛的神箭登上了现实世界的德喀山山顶。他一遍又一遍观看那棵树，最终意识到这是‘耶’国和‘岸’国即将开战的预兆，这场战争是现实世界与虚幻世界之战，‘耶’国最终将获胜。于是他在世界之巅宣布了他的预言。果然，战争后来爆发……”

第二节　歌谣

札达歌谣的内容、表达形式千姿百态，按其内容大致可分为山歌、劳动歌、生活歌、仪式歌、情歌、酒歌、婚歌等。按其形式又可分为“鲁体”民歌、“谐体”民歌和自由体民歌。

一、山歌

札达的山歌在独特的地理和人文环境下，具有鲜明的西藏西部风格与魅力。多数是一人独唱或二人对唱。无论何种形式起头都要唱“我要打开那歌的门”歌词。人们习惯骑马在大草原或山上放牧，徒步行走时，用高亢爽朗的声音歌唱，歌词内容大部分是情歌，也有赞美家乡和与之朝夕相伴的马、牛、羊等内容的山歌。札达一带俗语说：“农牧民的山歌箩筐装，牧场、田间、地头都是山歌。”

二、酒歌

酒歌在札达广泛流行。每逢节日喜庆聚会时，不论男女老少，都能唱出优美动听的酒歌。演唱时，一般几个男女青年在一起，一人手持酒壶，一人手捧酒碗，根据饮酒人的年龄、身份、社会地位即兴编唱。一般对老人多唱祝愿的赞词，对年轻人多唱爱情和期望之类的词。酒歌的调子流畅自由，无特定规律。其常见内容有贺吉祥、贺丰收、祝长寿安康、歌颂自然风光、歌唱对乡土和祖国的怀念等，有的类似“果谐”和锅庄舞的唱词，除个别的曲调外，每一首歌为4段，以六音节、七音节、九音节为主。此种酒歌的曲调与卫藏地区相比，较少高音，节奏略缓，满含古意。例如《酿酒能手阿妈》前两段：

浓茶香飘四方，美酒味道更香；

酿酒能手阿妈，祝您吉祥如意；酿酒能手阿妈，愿您长寿健康。

精美诱人壶中，斟来可口香茶；

打茶好手阿妈，祝您吉祥如意；打茶好手阿妈，愿您美满幸福。

湛蓝无边的天空，日月交互生辉。如此日光月华，祝福吉祥如意，祝福迎来福气。

不只酒器有名，好酒更加美味。甜甜的酒曲啊，祝福吉祥如意，祝愿迎来福气。

在某些较为庄重的场合，人们还会唱起赞歌。赞歌的内容比酒歌更为丰富，有的赞美日月山川，有的赞扬佛法神灵。以下这首名为《底雅的吉祥》:

底雅村庄前，流过象泉河。这儿草茵茵，全因有此河。

底雅树木多，全因有此河。村头山沟中，流出青溪水。

这儿花开盛，全因有此水。底雅草茂盛，全因有此水。

村边山野旁，流出冰雪水。这儿五谷丰，全因有此水。

底雅粮食足，全因有此水。家园房门里，青稞堆满地。

享用青稞酒，青稞永不尽。熟透的青稞，满载好福气。

有时人们会唱起《东方的云彩》。

顶礼东方的云彩，顶礼云彩中的白云。

戴在女儿头上的珠冠，原是朗萨头上的珠冠。

不因姑娘美丽而娇，是因父母功德无量。

装扮姑娘的一生，祝愿转世到油灯师的尊前。

歌词从第二段开始分别讲述女儿脖子、胸背、脚上的装饰，本来全部属于仙女朗萨，现父母以功德之心为她购置，只盼来世转为男子。这些歌词内容反映了荣琼一带妇女的地位卑下。人们倾其所有取悦菩萨，惟愿今生的“她”转而成为来世的“他”。

帐篷一般的圆房子，蕴藏着无数的灵验。我甘愿顶礼每一个灵验。

雪鸡一般的什布奇上区；玉鸟盘旋似的什布奇中区；

马鞍一样的什布奇下区。大姑娘正是由此消失。

“久巴”即将投入冰峰，“色尔空”挤在山谷之中，“古让”如同号子吹响，

“底雅”端坐于三河近旁，“芒阳”悬垂在山坡之上。

巍然耸立的“西让拉姆”，乃是二姑娘出走的地方。

独自一人没有拐杖，身上只有杏子油的芬芳。

黄黄的酥油留在北方，山羊油在深涧遗忘，希望寄托在香灯师身上。

这首歌曲描述了一个至今还在流传的故事：有三位空行姆化身为三个姑娘，来到了什布奇一带。她们各显神勇，大姑娘在什布奇各区出没，二姑娘在“西让拉姆”山修得正果，三姑娘则得到了香灯师的帮助。

三、情歌

札达情歌是民歌中动人心神的作品，往往是艺术造诣极高的上乘之作，它真实地反映了札达一带人民传统的恋爱婚姻观念，描写了青年男女对纯真爱情的追求和坚贞的情操，强烈地表达了男女双方互相倾慕、思恋的真挚的情怀，唱出了劳动人民寻伴、交友、选择情侣的原则和标准。在封建农奴制社会中，自由恋爱与等级婚制，真挚爱情与强娶豪夺，构成了在爱情婚姻上的尖锐矛盾冲突，不少情歌倾诉了他们恋爱、婚姻的不幸遭遇，对旧婚俗表达深沉的不满与愤慨。

情歌大体可分为寻伴、试探、初恋、热恋、相思、愿望、姻缘、讽喻、对答，等等。男女主人公在恋爱过程中，根据不同的恋爱程度和情况，以不同内容的歌词来抒发感情。曲调相对固定，也可随时填词歌唱，要求押韵，两句对仗，运用排比方式，节奏起伏，唱之顺口，听之易懂，形成强烈的音乐感。如《一旦变心悔不及》唱道：

新驹奔跑莫慌张，若遇惊吓悔不及；

狗崽莫要狂吼叫，绳索套颈悔不及；

初恋莫要去强求，一旦变心悔不及。

除在谈情说爱、传递情书时以歌声抒发情感外，青年男女聚会时也用情

歌占卜预测每个人的终身大事或隐秘的心思。以情歌占卜时，在座的每个人都拿出一件物品，如戒指、手镯等，交给称为“夏惊瓦”的人，“夏惊瓦”把这些物品混在一起，每拿出一件握在手心里时，就唱出不同内容的一首歌，以歌词占卜该物主人的爱情命运。

四、劳动歌

札达劳动歌丰富多彩，各地虽曲调不一，种类繁多。农业生产中开荒、耕地、播种、修水渠、浇灌、施肥、拔草、收割、打场、粮食入库及牧业生产中放牧、接羔、挤奶、剪毛、提炼酥油等都有不同种类的歌，其他劳动歌谣有建筑、纺织、揉皮、工矿、狩猎、打铁，等等。各种劳动歌都与劳动节奏相吻合，具有鲜明节奏感，起到鼓舞生产、协调动作、缓解疲劳、传播劳动技能知识的作用。如在耕地时唱道：

耕呀！今天是吉日，耕呀！今天是吉日，
备足饲料和清水，喂养好青灰色马，
播种的时间长了，你可不要觉得早。

在众多的农业劳动歌中，为减轻拾麦穗时的疲劳，通常将一些较长、动听的故事以歌声形式表达。

五、婚礼歌

札达藏族婚礼仪式歌独具特色，并跳锅庄、堆谐等予以烘托。如：婚礼仪式时，由一位长者，按规定以吉祥的言辞和美好的祝福，对结婚时所目睹的一切即兴说唱，使婚礼呈现出隆重欢乐而祥和的气氛。从进入新娘家大门到屋顶都有赞词，包括出嫁、酥油歌、备马歌、送行歌、门歌、卡垫歌等，仪式热闹、程序繁多，使人眼花缭乱，目不暇接。如出嫁时唱的出嫁歌：

初明初现之时，野公鸡在鸣叫，我亲爱的人儿，要起府嫁人了；
中明相现之时，山孔雀在开屏，我亲爱的人儿，要起府嫁人了；
后明相现之时，七仙女在唱歌，我亲爱的人儿，要起府嫁人了。

第三节　音乐舞蹈戏曲

札达素有“音乐歌舞的海洋”之美誉，尤以底雅“宣舞”最具民族特色，久负盛名。

一、音乐

札达人民在与各种复杂恶劣的自然环境和不合理的农奴制社会现象斗争中，在生产、生活及社会活动中所产生的悲欢离合、喜怒哀乐，在音乐歌舞中均有所反映。

（一）朗玛

朗玛是由早期的民间音乐发展而成，是融民间乐曲和宫廷歌舞乐为一体的综合艺术形式，其中的器乐部分独立程度较高，可单独演奏。早期的朗玛音乐只有歌，无乐器伴奏和舞，后将扎年琴作为朗玛的伴奏器乐，一般在宫廷、地方政府官员和贵族的宅院及举行大型的宗教活动时演出。

20世纪50年代后，伴奏器乐由扎年琴增加到扬琴、横笛、京胡、特琴、串铃等。朗玛音乐的歌曲部分为唱词、没有舞蹈；舞曲部分以舞蹈为主，没有歌曲。在表演过程中始终伴随器乐演奏。

（二）民间卡尔乐

民间卡尔乐在农牧区一带较为流行。其乐曲具有套曲性，乐曲的先后演奏和衔接相对固定，曲体结构程序化，基本结构由前奏、卡尔鲁（卡尔歌）、卡尔舞组成。卡尔鲁和卡尔舞交替进行，舞时用卡尔乐器演奏而无歌，歌时无器乐演奏和舞蹈。卡尔乐舞是大型歌舞乐艺术，卡尔由男子跳，女子跳“弦”（是札达一带最古老的歌舞），有男卡尔、女弦之说。民间卡尔的曲目种类繁多。卡尔乐舞曲和器乐曲的演奏一般由同一个艺人担任。

历史上，卡尔乐演奏艺人多从事打铁职业，处于社会的底层。艺人通过长辈口授心传传承。卡尔乐曲的数量较多，在札达民间有卡尔18首、13道，并保存有部分卡尔器乐曲。

（三）仁青桑布古鲁

“古鲁”即偈言或道歌。洛钦·仁青桑布（958—1055年）系古格王国德高望重的大译师。据记载，仁青桑布出生于古格（今札达县底雅乡热尼村，户名热尼卡娃，根据洛钦·仁青桑布古鲁歌词得知其母亲名西吉·巴桑布赤），13岁出家。先后三次出外留学，师从75位班智达学习佛法，第一次是到克什米尔学习显密经论7年。据说在他的主持下翻译了317部经、33部论、108部密宗经书。传说仁青桑布在古格、普兰、芒域（阿里三围）总共建了108个寺庙。仁青桑布创立了具有藏传佛教特点的“新密咒”系统。

达玛乌东赞灭佛后的百年，西藏佛教处于“黑暗时代”，古格点燃的这盏明灯，终于照亮了雪域大地，也从此确立了托林寺在西藏“后弘期”佛教史上的神圣地位。后世将阿底峡的进藏与托林寺为旨在纪念阿底峡尊者的逝世而举办的火龙年大法会的召开，作为西藏佛教“后弘期”复兴，并从阿里进入到卫藏的重要标志，称之为“上路弘法”。

洛钦·仁青桑布古鲁由他本人创造，距今已传承千年。今底雅乡热尼村的其美卓玛（洛钦·仁青桑布的后代）、德庆曲珍等村民都能将这首歌完整地唱下来。这首歌其曲子悦耳动听，歌词内容丰富，为我们研究古格历史以及洛钦·仁青桑布本人提供了可贵的史料。

二、舞蹈

（一）民间舞蹈

“宣”舞　古格时期，“宣”舞表演变为宗教礼仪舞在特定的时间（每年的宗教集会）、特定的地点（托林寺）、特定的演员（从民间挑选的专职女演员）、特定的服饰（“宣”舞服）进行表演。“十三‘宣’舞”不得在民间表演。

民间“宣”舞盛行地，均处在中印边境一线的峡谷地带，这些地带人们统称为“容穷”，其意为峡谷地带。至2000年，流行的民间“宣”舞基本表演形式是表演者身穿当地特色服饰，女舞者双臂相连（人数可多可少），有一名男舞者手持皮鼓伴奏，以“宣”舞舞步边唱边跳，以“龙体”线条和变幻队列快慢，先后的舞蹈节奏进行表演。“宣”舞有“前宣”“后宣”“抢宣”“嘎宣”“嘎玛宣”等多种跳法。民间“宣”舞乐器主要有：“阿玲”，一种打击乐器；“毕旺琴”，一种演奏乐器；“果吾琴”，现称扎年琴。在底雅一带等地演奏极具特色，单调的滑音和装饰音较多，旋律进行具有直线上下和三四度跳跃特点，演奏采用三连音形式。2008 年 2 月被列入自治区级非物质文化遗产名录，同年 6 月被列入国家级非物质文化遗产名录。

果谐 意为圆圈舞，广泛流传于境内广大农牧区，是一种规模较大的野外圆圈舞的形式。其人数不限，多时可达上百人，舞时不论性别手拉手围成圆圈，初始以较慢的节奏边唱边舞，后节奏逐步加快，歌唱时采用叙述或对歌形式。歌词内容多为赞美自然风光。“果谐”唱跳不受时间和季节限制，除逢年过节或重大祭祀活动外，平常空闲时只要人群聚集便随时可跳。“果谐”无需伴奏，其节奏快慢随唱词轻重或高低而变化。对歌时，对歌双方越唱越激烈，互不相让，通宵达旦，甚至连续唱跳 2—3 天；为赢得对歌的胜利，有时从邻近村寨请歌师对唱。“果谐”舞蹈常伴以饮酒，在场地正中央摆放酒缸，男女各占一边围着酒缸拉圈起舞，分班歌唱，从左向右沿圈踏步走动。当唱词告一段落之后，由“谐本”（歌舞的组织者），带头发出“休休休”或“曲曲曲”的叫声，和着节奏跳踏步开始舞蹈，这种节奏性舞步叫“谐个”（歌头）。跳完“谐个”后又快速进入集体歌舞。舞时也有男女双方各跳一节相互竞赛的场面。跳完数遍之后，又由“谐本”带头呼喊“休休休”或说一段快板词，边说边跳，统一步伐，再共同双脚踩地表示结束。这种和着快板说词的跳法叫“谐体”（尾声）。“果谐”的跳法是以四分之二拍节拍度，重拍起舞，顿地为节，跳时膝盖到脚掌硬直踏地，结实稳扎，节奏鲜明。

果卓 即锅庄，是由多人围成圆圈进行弦歌的舞蹈，流行于纯牧区和半农半牧区。其舞蹈形式分两种，一种是腰间系小鼓，边舞边击鼓；另一种与“果谐”相似，但曲调和脚步节奏不同。唱词大部分以赞歌为主，此舞一般也在野外进行。“果卓”的舞姿矫健奔放，男性着肥大的筒裤，舞姿多模拟禽兽，特别是大鹰的形态动作。如鹰展翅、鹰跳、鹰盘旋，等等。女性动作优美开放，重姿态和情绪表现。歌词中有“雪山啊、快闪开，我们要展翅飞翔。江河哟，快让路，我们要迈开舞步……”等豪言壮语，是藏族人民剽悍气质在舞蹈中的形体表现。牧区“果卓”叫牧民歌舞，它的表现层次和形式与农区果卓大体相似。唯慢板歌唱近似“鲁”，快板歌舞的动作与农区“果卓”差异颇大，多胸前双手晃动、踏步跳跃，前顿步接左右翻身，并伴有“甩袖花”等动作。

堆谐 “堆”字在藏文中意为“上部”，“堆谐”在札达一带较为流行。形式是手持六弦琴，边唱边跳踢踏舞，歌词内容多为赞颂爱情、祈福祝愿等。此舞在任何场合均能跳，人数不限，节奏快，跳时上身不晃动为最好的舞姿。有的头上放一个盛满酒的大碗，边唱、边弹、边跳。

（二）宗教舞蹈——“羌姆”

“羌姆”为“跳”和“舞”之意，由苯教的巫术和图腾舞演变而成。象雄时期，“羌姆”作为苯教的祀神舞蹈，主祀“独达”（骷髅神）和“牦牛神”。在祭祀骷髅神时，表演者头戴骷髅面具，身着红底白色骸骨架鬼衣；在祭祀牦牛神时，表演者头戴纸制泥胎牦牛头面具，身着有牦牛尾状的黑褐色服装，表演动作粗犷奔放，并有激烈的下蹲动作，在跑步时，双手置于头顶横放，双脚左右旋转，以逆时针方向进行。“羌姆”后来成为藏传佛教僧众在本寺院范围内表演的一种集诵经、音乐、舞蹈为一体的大型宗教舞蹈艺术，为宗教舞蹈的代名词。

“羌姆”以伴奏乐器的不同而分为“阿羌姆”和“铜羌姆”。“阿羌姆”以鼓乐伴奏、“铜羌姆”以铜管乐伴奏；前者表演动作缓慢而稳健，后者动作激昂而有力。其内容多数为反映驱邪、迎亲、辞旧岁等，通常有特定的表演时间。在不同寺院，其表演形式又有所差异。

托林寺每年藏历正月十八至十九日进行“羌姆”表演。表演者及羌姆唐布 16 人、阿杂热 4 人、土追 4 人、夏亚（鹿和野牛）2 人、羌姆 10 人、霞纳 16 人；基本形式是圆圈或半圆圈向顺时针方向移动，两排来回交叉等。基本动作是胯腿旋转、胯腿跳跃、双摆手、双托掌。伴奏乐器有大鼓 8 个、钹 8 个、林管乐器 2 个、大长号 2 个、短号 2 个。庄重威严，缓慢稳健。

三、乐器

（一）民间乐器

扎年琴　亦称扎木年琴，发源于包括札达在内的阿里地区，后流传到卫藏地区，其前身是果吾琴（今仍在札达的底雅、萨让等地流行），艺术手法丰富。乐曲具有浓厚的札达地方音乐特点，音调的滑音和装饰音较多，旋律进行具有直线上下和三四度跳跃特点，演奏采用三连音形式。扎年琴共有6根弦，横竖兼用，分别发出粗音、细音、粗细合一的中音等几种不同的音调。按照音符规律及节奏轻轻弹奏，能发出美妙动听的旋律。在札达一带农牧区，弹奏琴弦的艺术手法及琴弦多少各有差异，但大多数使用6根弦，对音的方法也各有不同。弦池大小及形状有的为长方形，大池头、小底宽；有的是大小池子均为圆形，还有的是大池子为圆形、小池子为三角形，大池子圆形时不凹陷而直接由粗变细。琴的间色基本相同。扎年琴装弦螺丝钉以上琴头部位总称“马头”，而实际在制作时有雕马头状的，也有雕大鳖头和狮子头状的。

毕旺琴　“毕旺”是古格王国时期传统的宫廷乐器，古格王国灭亡后流传到民间。如今在古格壁画中也能看到它的样子：尺寸60厘米，有两个穿连的共鸣箱，三弦乐器，其造型独特，演奏技巧复杂，大量使用三连音、装饰音，音色细腻委婉。自古流传的三弦定音为阿拉伯数字音乐简谱“6”“2”“5”，“6”和“5”为低音，“2”为中音，传统演奏方法为上下拨弦，多为三连音和装饰音。附点音符及切分音符非常独特，右手一拨，左手弹出三个音，属于一拨三响的一种乐器，是独具特色的传统乐器。

“毕旺”是由男领舞者演奏或由全体男舞者齐奏，边拉琴边跳舞唱歌，无论男女谁歌谁舞，演奏始终不断。毕旺琴演奏优美，富有律动感，在国内外有一定的影响，是比较典型的民间器乐形式。

“毕旺”主要为家族世代传承和琴师自己制作，在阿里地区只有札达县底雅乡个别琴师才能制作，制作琴壳选用底雅野生白杨木，琴面为黄羊皮，琴弦均用羊肠制作。选用一块上等白杨木，整体雕刻出琴壳，琴首分别雕刻有马首、象首、虎首、龙首、凤首，五种琴音不同，其大小音色也有区别，以串联式双共鸣箱，主共鸣箱蒙黄羊皮，副共鸣箱外露。“毕旺”为三弦，弓用马尾制作，与琴分离。它的调式音方法非常独特。

“毕旺”是古格时期的文化产物，流传至今已有千年的历史，它的音律、演奏方法、造型等特点成为阿里传统文化得以保持和延续的重要因素，为丰富民族民间歌舞和优秀传统文化具有重要的历史意义和不可替代的独具特色的研究价值和现实利用价值。目前会制作“毕旺”的寥寥无几，制造技艺和演奏方法、相关器具等逐渐消逝，所以抢救和保护已迫在眉睫。

“果吾” 阿里古代普遍使用的民间流传的一种弹拨乐器，主要流行于象泉河流域。“果吾”最早出现于象雄时期，在古格遗存的壁画中有多处表现，在喜庆节日，邀请贵宾、婚礼等活动中作为歌舞的普遍伴奏乐器。“果吾”为现代“扎年”的前身，六弦三组传统调音为三种音色，“果吾”弹奏法复杂，普遍使用三连音、附点音、装饰音等，区域特色明显。当地家族世代传承和琴师自己制作，调试音方法独特。目前会制作该琴的人寥寥无几，许多弹奏方法都已失传。“果吾”琴师多为家族传承，能够弹奏和制作的只有几位高龄的长者，少有的几位琴师分布于札达县底雅、萨让、曲松一带。

霍尔琴 是堆谐的伴奏乐器，或同扎年琴一起伴奏堆谐，或单独伴奏堆谐歌舞，伴奏形式基本与扎年琴伴奏堆谐相同。霍尔琴是胡琴的谐音，是蒙古族和汉族地区传至札达的乐器。演奏三弦霍尔琴时，演奏外弦时为同度音，演奏里弦时为形成五度音程关系。霍尔琴乐曲风格独特，具有明显的堆地音乐的特点。

竖笛 一般使用鹰翅骨制作，藏语称之为“归林”（鹰骨笛），现在一般称鹰笛。民间竖笛单独演奏，曲目丰富，并有竖笛专门演奏的乐曲。

除上述乐器外，口弦、海螺号、陶笛、笛子也早在札达一带流行，其表现手法各不相同。

（二）宗教乐器

苯教最早的乐器是石头琴（夺丁）。合奏乐曲有铜号鼓钹乐、铜钦甲林乐等。独奏乐曲有甲林曲、铜钦曲、横笛曲、夺丁曲等。

柄鼓是苯教实施法术时的重要法器。铃（尺布）是苯教供养乐器，后成为佛教密宗的密乘法器。

古格王国时期，绛曲沃为欢迎阿底峡的到来，专门制作出过去从未见过的黄铜号——即大法号铜钦（古格都城遗址壁画中有展现，有吹奏此乐器庆祝王宫宫殿落成时的情景描绘）。

宗教舞蹈——“羌姆”的伴奏乐器分为“喜瓦”和“扎布”两种，“喜瓦”为温和或柔和之意，表示演奏时节奏缓慢、音色优美而柔和；“扎布”指威猛雄武之意，表演时节奏较快、音色粗犷而威武。喜瓦可分加林（一种高音钹）、铜钦（大号）、普（钹）、拉阿（卡烟鼓）4 种；扎布有嘎尔林（短号）。演奏时根据内容，喜瓦和扎布可分开演奏，也可混合演奏。混合演奏主要是在“土达”和“护法神”出场时，不但所有乐器混合演奏而且观众在吼叫吹哨等，场面非常庄重而恐怖；多数是喜瓦中“铜钦”“拉阿”“普”合作演奏。个别寺庙的“羌姆”（一种舞蹈）中把民间乐器“林古”（竹笛），加进“羌姆”中做伴奏乐器。

法器中的“号”一般是金属制成。

（三）宫廷专用乐器

11 世纪，唢呐已是重大活动的专用乐器，一直流传至今。唢呐口大嘴小，唢呐口一般用铜器制作。古格王宫壁画有吹奏唢呐的场景，为古格宫廷的专用乐器。

四、戏曲

“折嘎”意为“驱除魔鬼”。是西藏最古老的曲种之一，产生于吐蕃时期，由卫藏传入阿里，进而传入札达。最初是在新年佳节和喜庆盛会之时，民间艺人上门祝福唱赞颂词，代表作是《吉祥的祝词》。

“折”，藏语意为果实，“嘎”，藏语意为洁白。“折嘎”，可译为“洁白的果实”或者“吉祥的果实”。演折嘎，有送吉祥、传好运的意思。这种说唱形式广泛流传于西藏及青海、四川等省区的藏族聚居地区。过去折嘎的说唱者，大都是流浪艺人，或者是乞丐。他们手拿木棍、怀揣木碗、肩披山羊皮做的假面，用吉祥的祝词，风趣幽默的表演，求得施舍。每逢藏族传统节日，城乡集市贸易盛会，或者喜庆欢乐的场所，一般都有折嘎艺人演唱。藏历正月初一，按照传统风俗，折嘎艺人在启明星升起时，到各家各户门前高呼“拉吉啰”（神胜利了），然后说唱折嘎，而主人则高高兴兴地打开大门，开始庆祝新年。

折嘎分说和唱两个部分，一般是先说后唱，其间穿插一些简单的舞蹈。传统的折嘎唱词，开始都是祝福吉祥和丰收，接着述说自己从哪里来，到何处去，随后用夸张的语言赞颂自己的木棍、木碗、羊皮假面和自己的身体、饰品及主人的茶好酒香、食物丰盛等。根据时间、地点、对象的不同，唱词也因之而异。大致包括述说折嘎形成的历史、山川寺庙特色、各地风俗习惯，或对长官财主进行讽刺挖苦等。这些唱词有相当多的即兴成分。演唱者不仅要吐词清楚，口齿伶俐，而且要掌握丰富多彩的语言艺术，有一定的创作才能。西藏民主改革以后，折嘎艺术登上舞台。演唱形式有单人折嘎、双人折嘎、三人折嘎和折嘎小戏，演唱赞颂新人新事新风尚的新唱词。

表演折嘎的主要道具是折嘎面具，使用的面具高 6 厘米、宽 24 厘米，据说此物为格萨尔王无穷智慧照耀四洲的象征。有了这种面具，艺人演唱时，灵感倍增，无所不知。面具两眉间写有藏文元音“阿”字，是为弘扬佛法、祝愿三界众神和万物生灵吉祥的福语；右耳根系有一颗松耳石，象征女性，艺人说唱到女性时，夸其如松耳石一样美丽；后脑处系有红、黄、蓝、绿、白五种彩带，是为述说天神、厉神、战神、龙神和世界形成历史及其五色粮食相联系的象征。

由两人或者两个人以上演唱，主演戴面具不演说，其余扮演者手持乐器和道具表演，有诵唱、合唱，独舞、群舞，并以歌舞交替轮流，但舞蹈动作幅度不大。面具所富含的元素在传统的唱词中有固定的程序，艺人演唱时将其内容从上到下、从小到大、从左到右进行表述，一般可以缩减，但不得遗漏；之后，艺人根据叙述内容和具体任务对象进入演唱正题，施展自己的语言和表演才能。说唱周围环境、自然风物时，全靠语言和面部表情；说唱动物、植物及其他物品时，将其人格化；而说到男女老少时，则按人物的不同身份来模仿其语言和动作，表演自如。

折嘎戏除上述五色粮食和面具外，还有木棒、牛角胡、泥塑人道具。木棒为心之如意宝贝，约 2 尺长，呈四方形状；上端涂有白色，指上方印度佛法地；中间涂有蓝色，指西藏；下端涂有黑色，指法王居住的地方。在蓝黑两色相接的位置，还有象征雪域大地的四海和象征吉祥的莲花灯 4 种花卉图案。牛角胡为“妙音四溢，宣泄不尽”的“宝琴”。泥塑人是在琴弦钮上用细绳吊个小铁环，系着泥塑、穿着布艺的五男五女，为“折嘎，如意宝童”。演唱时，艺人将系有塑像的线绳系在手指，随着音乐和唱词的变化，使这些泥塑来回变化，表达内容。

折嘎演唱曲调单一，有两个乐句或者四个乐句的快慢板两种，表现种类不多，一般为 2/4 或者 4/4 拍，较为抒情。和平解放后，演唱折嘎不再是艺人谋生的手段，而成为欢乐聚会、喜庆节日时表示祝贺、歌唱新人新事的一项活动，在内容的表述以及道具的运用方面出现了改革。

近几十年来，藏族文艺工作者运用折嘎的艺术形式，将社会主义的崭新的内容融入其中，使得折嘎这一古老曲艺焕发出新的异彩。例如：扎朋错写的《翻身农牧唱家史》（《光明日报》1964. 12. 8），巴扎的《吉祥幸福的日子》（《青海群众艺术》1981. 12），索朗次仁的《贺喜》（《西藏群众文艺》1982. 1），《祝福吉祥的哈达》（《西藏群众文艺》1985. 4），桑杰多杰的《向西藏人民问好》（《西藏群众文艺》1984. 4），拉乃·索朗多杰的《由穷变富赞》（《西藏群众文艺》1984. 2），等等，都是反映藏族社会现实生活的折嘎新词。

和平解放以前，表演折嘎的民间艺人主要是生活困苦的穷人，把演唱折嘎作为一种谋生手段。一般是在藏历新年期间，走门串户，利用折嘎献吉利词，以求主人的一点施舍。在传统的折嘎唱词中，基本上是宣传历史知识、人生哲理、赞美生活等内容。其中也有个别的阿谀奉承之词或者低级趣味的语言。

传统的折嘎唱词，既有精华，又有糟粕，要科学加以分析。新中国成立以后，特别是西藏民主改革以后，演唱折嘎不再是以唱换吃的谋生手段，而是吉庆日、欢乐聚会时表达祝贺心意、歌颂新事物的一项文艺活动。今天的折嘎演唱，不仅唱词内容焕然一新，而且表演形式也有所改变。

折嘎，如今已经变为一种民间表演艺术。在藏历新年时的街巷中，在夏日林卡游园的人潮中，或者是新婚庆典时，都有折嘎艺人出现。折嘎艺人走到哪里，都为节日增添几分欢乐的气氛。

第四节 工艺美术

一、雕塑

公元7世纪，随着阿里佛教雕塑艺术的兴起，札达境内的宗教雕塑也随之兴起，并随着佛教的普及进入殿堂。噶本时期，随着藏传佛教寺院的维修、扩建和美化，创作出众多的雕塑艺术品。其间，在继承、发扬传统艺术风格的基础上，又与藏传佛教格鲁派的兴盛和权势的巩固相结合，雕塑艺术趋向细腻、绚丽，更富有理性和浪漫，同时也更倾向世俗化。

二、工艺

（一）布绢工艺

1. 经幡

经幡又名风幡或神幡，藏语为“塔俏”，意为不停地飘动。把质地稀疏的白布分别染成蓝、白、红、黄、绿五种颜色，印上经文或神像图案，用绳子连在一起，悬挂于关隘、山顶要道或湖畔期望消灾求福、福运亨通。经幡插挂的方式一般为横挂，也有竖挂。每逢藏历新年初三上午，人们穿上新衣，举行挂幡仪式，不仅求福，也增添了节日气氛。

相传经幡是由古印度女子身穿的纱衣演变而来。丈夫远出家门时，妻子扯下衣角挂在门口或树上为丈夫送行。天长日久，布的颜色褪了，年复一年，布丝带着对远方亲人的思念被风吹到丈夫身边，丈夫就会回家。随着佛教的兴盛，被印上经文和神像，成为今日的经幡。札达自古以来就有悬挂经幡的习俗，山顶、要道、桥头均可看到五色彩幡，迎风飘扬。

2. 唐卡

札达民间自古就有制作唐卡的习惯。藏语称绘画唐卡“止唐”，一般是在白色的布上作画，也有在绢上作画的。以颜色区分有彩色唐卡、黑色唐卡、红唐卡，金唐卡；以制作材料划分有堆秀唐卡、织锦唐卡、缂丝唐卡、刺绣唐卡、皮革唐卡，也有用珍珠串缀而成的唐卡；从内容上划分有佛、菩萨类，佛教或佛本生故事、密宗本尊各神、观音度母类，护法神、明王类，上师高僧、大成就者类，藏族历史及历史人物类，坛城佛塔类，还有其他如宇宙日月天体运行图、香巴拉图、须弥山图、生死轮回图等。唐卡是信徒崇拜的象征物，通过崇拜，取得善业功德。

绘制唐卡前，首先请活佛占卦，活佛根据生辰八字卦出应供奉的神、佛、菩萨和本尊，作为主尊以及天界地界应供奉的其他佛、菩萨。请画师绘制，除要求僧人和俗人画师对绘画技法、画理纯熟外，还要举行各种宗教仪式，诵念经文，奉献供品或发放布施，画师还通过观修祈请神灵——“智慧之神”文殊菩萨进入画师的身体之后，才能进行绘制。如果画的是密宗本尊或护法神，还要根据所画的本尊或护法神进行密宗仪式、观修等。对画师的衣食住行也有严格的要求：在绘制期间，严禁吃肉、饮酒、吃葱蒜，禁女色，并要沐浴净身。绘制唐卡时，根据画面大小，将白布用绳子绷紧在特制的木框上，涂上一层胶水，然后用胶水和黏土混合成糊状涂在布的两面。待干后，一边用布头沾水涂在布面，一边用光滑的卵石打磨，使布面平整光滑，等干后就可以起稿。起稿时依照严格的尺度，即“提康”，意思是“线房”。如果不按尺度，就不能成其为佛像，就不能开光。一般用柳木炭木，后用浅黑线勾画定稿、着色、分染、勾色线，最后描金。然后请高僧装裱，写上梵文明咒，送寺院请高僧诵经进行开光仪式，使本尊、佛和菩萨附于画面上，使之有灵气，成为圣物。至此，唐卡制作完成。

（二）金银玉器

札达一带藏族擅长制作金银玉器。金银玉器大体分为3类：

第一类是宗教器物和寺院建筑物，如金刚杵、金刚、手铃、手鼓、法号、“曼陀罗”、金壶、金瓶、玉碗、神灯、香炉等，并用纯金、纯银、玛瑙、松石、翡翠和珍珠等精心雕镂镶嵌。其造型，凡属壶、瓶、碗、灯、炉等，腹部多采用圆形或球体，质拙敦厚，却又有一种旋转感，体现“圆通无碍”的宗教观念。器托、器柄、器颈、顶盖等附属部分，多用直线和抛物曲线，紧束收拢，不仅典雅高洁、超凡脱俗，而且有很强的流动感，似飞天舞云，空灵飘荡。色彩以黄金为主调，配以红、白、绿、蓝的珠玉，流光溢彩，斑驳陆离。器物多用莲座，器体用龙、凤或缠枝莲、八宝纹装饰，以象征一尘不染和吉祥如意。铃、金刚杵或金刚等法器，均有锋利的尖头，通体呈流线形和圆锥形，握柄饰以怖畏金刚的铸像。造型风格神秘恐怖。寺院建筑饰物主要有镏金的经幢、八宝牌、宝轮、吻兽等，金光闪烁、光耀夺目，造成佛土极乐的胜境。

第二类是日用生活器具，如酒壶、酒杯、勺、筷、碗、盘等，有的是纯金、纯银，有的是以金、银、玉石镶嵌或包裹。铜制器具主要是火炉、锅、瓢、盆、缸、鞍饰、桶箍等。在这些日用器具上，有的还雕刻有吉祥纹饰。

第三类是装饰品，如镯子、戒指、项链、头饰、胸饰和鼻烟壶上的装饰等。

1997 年夏，在东嘎·皮央遗址杜康大殿的考古发掘中，出土了被称为“古格银眼”的铜佛像。该佛像头戴佛宝冠，四臂各执法器，结跏趺坐于兽座莲台上，头生三眼，其中额上正中为纵目。三只眼的眼球都以镶银的技法作成，在金黄色的铜像背衬之下银光闪闪、晶莹锃亮。“古格银眼”相传只有札布让北的鲁巴（藏语“鲁巴”意为“冶炼人”）人才能制作。他们铸造的佛像用金、银、铜等不同原料合炼而成，工艺精湛，通体无接缝如自然形成。由此可见，古格王国时期金属铸造业和雕塑造像技艺已达到相当高的水平。

(三) 木器工艺

1. 藏式桌柜

藏式木制家具品种繁多，最有特点的是藏桌和藏柜，不仅造型独特，实用性强，而且有雕刻或绘画作为装饰。一般在框架部位雕有玲珑精致的花卉、龙凤、虎、狮或图纹、竹节纹等图案。在平面部分则绘以花草、人物、禽兽，象征吉祥。

藏桌一般置于卡垫之前，呈正方形。桌柜三面封严，一面或两面有六扇，内部用于放置杯盘碗或果品等物，桌面无伸展的外檐，四只立柱和四个立面的横竖木骨突出显露，屏板内凹，多数在屏板上还镶嵌正方形木格，组成一幅幅棋格画屏，以朱红色和金黄色涂漆木骨和方格，黑、白两色勾边，金粉勾线。画屏以蓝色为背景主调，然后绘画图案装饰。绘画图案纹饰多用红、黄、青（蓝）三原色，调以绿、紫等间色。在技法上采用骨法用笔，单线平涂，对称布局，形象变形，追求象征意味，富有装饰性。图案纹饰的内容，在桌面和柜面上多绘金纹桃、佛手、石榴、缠枝并莲和龙凤等。

藏桌藏柜与藏族民居建筑在风格上有一致性。多数藏柜的底部有如同建筑一样的基围，其上部的立面和平面的衔接处有如同建筑一样的来顶线，有的藏柜在正面基图的上部加构廊围。

2. 酥油桶

酥油茶桶是藏族不可缺少的日用器物，以木质制成，用带有花饰的黄铜皮箍紧上下两端，并带铜环，挂上皮带，既可手抓脚踩，也可将桶背负。桶身再箍紧四至五圈刻有凹凸花纹的铜圈，似金带缠身。桶盖中有一孔，可穿过木托连杆，均用黄铜皮包饰。酥油桶分两种：一种是用于从奶中提取酥油的桶，称“雪冻莫”，桶身较大，高约 1 米，口径近 30 厘米，是牧区常见的生产性酥油桶。一种是家庭用的酥油茶桶，藏语叫“加（茶）冻莫”。这种桶小些，高约 1 米，直径在 15—20 厘米。也有的酥油茶桶很小，只有 40 厘米高，便于携带。

3. 木碗

木碗质地结实，不易破裂，具有光滑、美观、实用、不烫嘴、不变味、携带方便等特点。有的还配有银盖，或在碗口、碗底包上带有花纹的银子。

（四）编织工艺

藏被是用羊毛制作的被子，是藏族人民生活中不可缺少的就寝用品。藏被一般分为 4 种规格，即双股线、三股线、四股线织就的和高级藏被。重量一般在 5—10 千克，最普通的也能使用 8 年左右，好的能用三四十年。高级藏被有用纯羊毛制成的，特别柔软；也有用全羊绒制成的，保温性很强。藏被中长羊毛编制的藏语称为“祖珠”；牛毛、羊毛、山羊毛编制而成的称为“溜”。一般来说，藏被因其独特的纺织方法，具有细洁、平整柔软、密度紧、使用时间长等特点。

氆氇是用羊毛制成的呢子，毕机织呢子粗糙，做藏装较为优美。另一种是毛哔叽，是做服装、鞋帽的主要材料。织好的氆氇是白色，宽约 20 厘米左右，一般都要染成黑色，也有染成咖啡色和红、绿色等，黑色用于做衣服和鞋帽。男士藏装不染色。红色一般做僧人袈裟，彩色氆氇作装饰。氆氇结实耐用，保暖性能好，深受群众喜爱。

垫子是藏族家庭生活中不可缺少的用品，既是凳椅，也是现代“藏式沙发”，还可当床使用。一般每块长50厘米左右，厚10厘米。两块连在一起，既可铺平，又能折叠。也有4块连在一起的。为了防潮，用时在底下放木架或其他东西支离地面。“卡垫”用羊毛制成，色泽艳丽、图案多样。若垫子上再铺上华贵的卡垫，则显得家庭更富有，更整洁美观、华丽，坐卧更舒服。

帐篷既是牧民的住宿用具，也是编织品。按其制作材料的不同分为牦牛毛帐篷、帆布帐篷、平布小帐篷。牦牛毛帐篷结实、不漏雨，是牧民的必需用品；帆布帐篷，顶部绘以花卉、花纹、人物、禽兽和吉祥图案或雍仲等，外出劳动使用；平布小帐篷，是逛林卡或夏秋民俗节日的必需品，外形美观，造型别致。

（五）陶器

札达陶器肚大口小，选料精、做工细、品种多、应用广。用以装水、装茶、装酒，也可以用来煮饭、种花等。常见的有各式缸、罐、锅、炉、壶、盆等。

（六）装饰工艺

按其造型分为七大类：几何纹、植物纹、动物纹、文字纹、人物及器物纹、曼陀罗纹、佛塔纹。始于象雄时期，伴随着佛教的传入，带来了一整套的教理、教义、教法，以及与之相关的知识学问，而且随之带来业已成型的一系列佛教艺术形式与符号，并程式化地沿袭下来。托林寺、东嘎·皮央遗址的莲纹、象纹、佛像、佛塔、曼陀罗等均属此类。其中由天花顶板的各种彩绘图案所形成的古格彩绘风格，是西藏西部佛教艺术中颇有特色的部分。在每一块天花板上，均绘有各种图案组成的纹样。纹样中所使用的单元图案达100多种，内容包括人物、动物、法器、吉祥物、梵文艺术体、几何图形，而且基本上无一重复，显示出当时的艺师工匠们极为高超精湛的装饰艺术水平。自唐以后，大多带有汉民族心理印迹的缠枝牡丹、长城纹、龙凤纹、八卦图及寿字等纹饰图案，逐渐进入到当地藏族的文化视野中，成为藏族日常工艺文化生活中的一个重要组成部分。随着时代的发展，札达一带装饰工艺也不断变化，并与现代接轨，显得更加丰富多彩。进入20世纪90年代后，藏居房屋的装饰，藏柜、藏桌的装饰等，均体现了传统工艺与现代装饰的完美统一。

（七）石器泥塑工艺

1. “嘛呢石”与佛教石刻

“嘛呢石”的原料为卵石，起初是苯教的巫术道具，成堆放置为嘛呢堆，后逐步用于藏传佛教。信徒们认为嘛呢石是人世与天地神祇的界线、交会和连接点，祈愿战胜恶魔，永保平安。在卵石和石片上凿刻佛教造像或六字真言，供奉在山顶、要道、寺院附近。

2. 泥塑工艺

“擦擦”是梵语的藏语译音，意为“真相”或“复制”，指一种小型的脱模泥塑。《元史·八思巴传》记：“尝以泥作浮屠，或十万或三十万，名为‘擦擦’”。11世纪，阿底峡应邀到古格时，由印度传入。早期的擦擦模具粗糙，图案以天降塔、门塔和菩提塔较多，所有的擦擦几乎都有《般若波罗蜜多经》的经咒，后来由六字真言代替。擦擦主要用掺有高僧大德骨灰舍利、名贵香料的胶泥，用金属制模具挤压而成。信徒制作的目的是为积攒善业功德，多装藏于佛塔内、寺院屋顶、山顶嘛呢堆或修行岩窟内。

三、壁画

（一）东嘎·皮央石窟壁画

石窟遗址壁画产生于11世纪以后的二三百年间。题材有：佛、菩萨、各类女尊、高僧与祖师、护法神与力士、供养人、佛传故事、说法图与礼佛图、密教曼陀罗及各种装饰图案纹样等。壁画供养人形象十分引人注目。供养人出资开凿石窟、供养佛像，同时也想为自己留记功德。这些供养人所穿的服装具有非常明显的特点，无论男女，均穿三角形大翻领、袖长过手，衣领及衣边、袖边上镶有图案的长袍，男子头上戴宽檐帽或扎头巾，女子多梳发辫，分数股盘绕在头顶，再配以头饰。在各类佛教题材中，除表情庄严的佛像外，出现最多的是各类菩萨像。菩萨的服饰特点基本一致，束高髻，头戴三花、五花宝冠，耳饰大环，佩项饰或有缨珞，上体赤裸，佩有臂钏、手镯等，结跏趺坐于莲台之上，两手持物和结印，身后有头光、背光环绕，菩萨像多作立姿，在艺术表现形式上富于变化。各类女尊像造型生动，变化丰富，尤其是供养天女、供香天女、供花天女、散花天女、吟歌天女、善舞天女等，是西藏西部石窟壁画中最为精美的部分，表现出很高的艺术水准，与古丝绸之路上的敦煌、新疆及印度佛教石窟艺术一脉相承。

（二）古格壁画

古格壁画主要分布在古格故城宫殿和佛殿。开始于14世纪，繁荣于15世纪。这一时期的绘画艺术受克什米尔和印度喜马偕尔邦艺术的影响，佛像肩宽腰细，突出体积感的肌肉表现，充满了内在的生命力，服饰简约紧凑，面部短圆，眉弯眼大，嘴角的微笑与硬挺的肌肉构成一种力量感。女性神祇的表现尤具丰采，佛母、度母、天女等女尊类造型，身材修长、婀娜多姿，多用晕染法突出女性特征，被认为是“西藏佛教壁画中最优美的人体像”。

15世纪下半叶至17世纪初，古格壁画在艺术上进入了灿烂辉煌的复兴时代，各遗址中存留的大部分作品均为此时期作品，壁画和唐卡在风格样式上显示多样化特点，与雕塑风格一致，各种外来风格图案被有机地融合成一种新的古格样式。古格壁画内容非常丰富，天花板上的花卉、动物（如怒吼的雄狮、展翅飞翔的鸟）构图自由，想象丰富，具有无穷的艺术魅力。

（三）托林寺壁画

托林寺壁画绘制于大小佛堂四壁。产生于10—12世纪，其风格与古格王国遗址壁画相同。人像乳房丰满，腰肢纤细，胯部倾斜，肚脐显露。所用线条均为蜿蜒流畅、粗细考究的游丝描，设色轻淡柔和，若隐若现。用这种技法绘画的人物壁画，在西藏乃至全国亦少见。托林寺壁画无论人物、动物，甚至一草一木、一山一水，都渐渐从“寓形寄意”的阶段，向“形神兼备”“气韵生动”的阶段发展。其画技明显受尼泊尔、克什米尔、印度等画风影响，是藏族匠师以当地的现实生活为源，以传统的艺术技巧为流，又汇采了若干外来的支流而形成的一条艺术长河。

第五节　文艺创作

1991 年，西藏自治区文物管理委员会编著《古格故城》，由文物出版社出版。

1996 年 12 月，张建林著《西藏古格王国故城探察记 · 荒原古堡》，由四川教育出版社出版。

2000 年，札达县委书记郭玉普（河北第二批援藏干部）著《西藏有约》，由中国戏剧出版社出版。书中详细记述了拉萨通往阿里路上的所见所闻，及其在札达县援藏期间所经历的人、事、物及心路历程。

2001 年，郭玉普著《相遇古格》，由民族出版社出版，共分 11 章。该书站在历史与现实的角度，详细介绍了古格王国的初创，兴盛时期佛教、基督教与世俗政权的相辅相成、权势较量，以及古格最终走向灭亡的过程。

2004 年，王殿忠出版《岁月无痕》一书。

2006 年，杨年华著《古格天梦》，由西藏人民出版社出版。小说以历史事实为线索，采用演义手法主要描述了古格王国与阿里三围的诞生过程，古格王国时期佛教的兴盛，以及僧侣叛乱以致王国的灭亡过程。

2008 年，杨年华出版《阿里文化探源》一书，书中对象雄、古格王国的历史有较详细的描述。

2009 年 7 月，袁莎编著《西藏古格王国探秘》，由宗教文化出版社出版。

第三章 非物质文化遗产

截至2010年底，札达县已申报并获批的非物质文化遗产有“宣”舞、底雅杏子酒、曲木底硆面及酥油花会。

第一节 “宣”舞

一、“宣”舞历史

“宣”舞最早可追溯到古象雄时期。“宣”是象雄语，古象雄雍仲苯教最早使用的名字是“玄”舞，“玄”有着更加深奥的玄妙寓意，“宣”是汉语翻译时的音译，“玄”“宣”“鲜”都有人用过，都表示歌舞之意。“宣”舞与在阿里流传至今的“卡尔”和“卓”（卓包括锅庄）是具有浓郁象雄文化特色的两大系列歌舞。“宣”舞是一种极富古韵风情且雍容华贵的以说、唱、跳相结合的抒情歌舞。

据藏文史料记载，古象雄时期每当迎、送苯教祖师敦巴·辛绕时都要跳“宣”舞，舞者人数少则20人，多则100人。舞者穿着具有鲜明特色的民族服饰，以珍珠、玛瑙、象牙、琥珀等装饰。当领舞者手持白色牦牛尾巴（其把子用白银制成）挥舞，舞者双臂交叉相连，以大鼓、小鼓、大法号、唢呐、铜锣、钹等伴奏，边唱边舞。

二、古格“宣”舞

“宣”舞在古格遗址红庙和白庙大殿壁画中有清楚的描绘。壁画记载了

1042 年，阿底峡大师被古格王国迎请传教，“宣”舞作为礼仪舞在欢迎阿底峡大师的仪式上表演。古格“宣”舞有“十三宣舞”之说。古格时期，“宣”舞表演变为宗教礼仪舞，在特定的时间（每年的宗教集会）、特定的地点（托林寺），有特定的演员（从民间挑选的专职女演员）、穿特定的服饰（“宣”舞服）进行表演。“十三宣舞”不得在民间表演。

古格“宣”舞，曲调或委婉清秀，或庄严肃穆，优美动听，高亢激昂，刚柔相济，雅俗共赏，优美的表演令观众叹服。至今，札达县可以找到的古格“宣”舞表演的后代只有两人，即格鲁和她的女儿桑杰卓玛。

三、民间“宣”舞

除了古格“十三宣舞”外，还有民间各种“宣”舞，主要在今札达县底雅乡、楚鲁松杰、萨让乡等地盛行，表演形式、特点、人数、服饰等各具特色。民间“宣”舞的歌词内容非常丰富深奥、节奏流畅明快，仪式感很强。内容大多是关于世界形成、物种起源、歌颂神山圣湖等，表达了藏族与大自然和谐共处的大智慧和原始的自然崇拜。

民间卡尔玛“宣”舞盛行地，均处在中印边境一线的峡谷地带，这些地带人们统称为“容穷”，其意为峡谷地带。边民对卡尔玛“宣”舞有一种特殊的感情和喜爱，每逢节庆或有贵客到来之时，他们总会献上“宣”舞，而且一跳就跳到天明。民间“宣”舞没有特殊的服饰，但每当要跳“宣”舞时边民总会穿上艳丽的服装，戴上最宝贵的首饰。据民间传说，卡尔玛“宣”舞属古格宫廷礼仪舞十三宣之一，卡尔玛宣与“前宣“后宣”“抢宣”“嘎宣”的跳法有所不同，其歌词内容、音调、舞步等均有差异。卡尔玛“宣”舞和“顿巴热鼓”是古格时期遗留下来的宫廷礼仪舞，也是阿里独具特色的一种舞蹈，更是古象雄文明的产物。卡尔玛宣继承了“卡尔”的旋律，“宣”的舞姿和“顿巴热鼓”的音乐，是阿里三围广为流传具有较高欣赏性的一种民间舞蹈，具有极高的研究、发掘、保护和利用、创新、发展的价值。

四、"宣"舞传承

底雅"宣"舞流传至今，在表达的内容上不仅继承和保留了古时赞颂君王神灵和佛祖的内容，还增添了赞颂共产党的英明领导，如跳舞时"宣果"（即带领人）站在最前列，边听音乐边跳舞，沿着顺时针方向移动，节奏由慢逐渐变快。"底雅宣"分为"顿宣"和"边布宣"两种，前者是向前拉手舞，后者是腰后搭手舞，人数不限，共有13种曲目。

底雅"宣"舞，以其神龙摆尾的优美舞姿，浓厚的文化底蕴，展现出古格文化、象雄文化的风姿。如全部演出共需十天十夜。"宣"舞表演时间是每年藏历一月至五月，每月选一个吉日，举行民间祭祀活动时表演。到了藏历新年时，人们身着盛装通宵达旦表演，以示吉祥和幸福。值得一提的是，"宣果"并非如其他舞蹈中的领舞人，可由大家选举或任命，"宣果"的身份是世袭的，必须是世世代代担任"宣果"的家族后代才有资格领舞，这在西藏种类繁多的舞蹈中实属罕见。由于底雅"宣"舞表演者除"宣果"外无特殊要求，因此表演底雅"宣"舞的队伍具有全民性和自发性的特点。当盛大的民间和宗教节日来临时，广大农牧民就自发身着"宣"舞盛装，有的以村为单位，有的采取自由组合的方法，在具体表演者数量上一般由6—7人为一组，但数量也可增至20—30人，主要根据场地大小和节日隆重程度而定，通常情况下男女两支队伍各排一行成为一列。如阿里其他地方有特殊节日或活动需表演底雅"宣"舞，只要提前数天通知底雅乡人民政府，即可在最短时间内组织好一支底雅"宣"舞演出队。由于底雅"宣"舞具有坚实的群众基础，因此除演出用的必要经费外，无需为这支庞大的"演出队"支付额外的费用。群众一有闲暇就在田间地头，自家（大院）跳起底雅"宣"舞，进行排练，可以说从未间断过，且底雅"宣"舞的伴奏乐器很简便，只需一面鼓，视场面、隆重程度而有大小之分。

2006年10月，"宣"舞受中央电视台、中国舞蹈家协会、中国音乐家协会邀请在中央电视台演艺中心上演，并获得最古老舞蹈奖。2008年2月列入自治区级非物质文化遗产名录，同年6月7日，经国务院批准，"宣"舞被列入第二批国家级非物质文化遗产名录。在2010年阿里地区举办的第四届象雄文化艺术节上，“宣”舞荣获金奖。

2010年，其美卓嘎（女，藏族，时年78岁）被认定为“宣”舞传承人。阿里地区文化局联合札达县文广局对古格“宣”舞开展抢救性搜集、拍摄、整理工作。同时，在札达县成立“宣”舞传习所和以“宣”舞表演为主题的民间艺术团，并培养了2名自治区级“宣”舞传承人。

第二节　底雅杏子酒

杏子酒是一种以杏子为原料而酿制的酒，酿制杏子酒首先要有足够的杏子原料，札达县底雅乡什布奇村、古浪村、底雅村自古以来就生长杏子树。过去杏子产量很有限，现在杏子树已得到扩种，产量也明显增加，当地所产的杏子新鲜时很好吃，晒干后其颜色发黑，颗粒较小，但也有一种特殊的口感。

底雅区域酿制杏子酒的习俗很早，但因原料不足，产量极其有限。当地人将杏子酒作为上等饮品敬献给尊贵的客人或自家饮用，市场上很难见到。

杏子酒酿制过程：采摘，晒干，清洗；加适量水煮熟，加酒曲，发酵3个月或更长时间后放入特制的锅中蒸制。

杏子酒作为底雅地区的特色饮品，口感香甜，酒精含量中等，深受人们喜爱，同时也有相当好的保健作用。

底雅杏子酒酿制是一种独特的民间技艺和民族民间饮食文化。保护杏子酿制技艺，既有利于民族民间文化保护，也有利于当地特色产业发展。2009年，底雅杏子酒被纳入第二批县级非物质文化遗产名录。

第三节　曲木底揪面

曲木底砦面是在札达农业经济的基础上产生、发展、创造出来的具有地域性特征的家常食品。札达自古以来是农耕文化与游牧文化并存的特殊地区，食用农作物以青稞与麦类为主，人们的家常食物主要是由这两类作物磨制的面粉制作的。曲木底咎面经过长期制作经验的积累，制作方式和技艺的不断提高、改进和创新，并与副食品、调味品相搭配，形成了今天美味可口、营养丰富的面食，并通过民间家庭式传承一辈一辈延续下来。

咎面在选择原料上有相当的讲究，肉以羊肉为主，其中以羊腩肉软糯不柴、肥而不腻的特点成为首选。首先将肉切成丁放入锅中，再切点羊油备用。锅中不能放太多的水，过肉面就行，加上盐巴和干野葱大火煮沸。在面粉里分次加水，搅成絮状，和成较硬的面团。将面揉成细长条，等汤煮沸后把面扯成疙瘩状或揪成豆子般大小块，在手心上搓捻成“辗疙瘩”入锅，因个人的口味和爱好将适量的羊油放入其中，用温火一起煮开，现在也有放土豆丁和萝卜丁作为辅料。2008 年，曲木底咎面被纳入第一批县级非物质文化遗产名录。

第四节 酥油花会

酥油花是用酥油塑制而成。酥油晶莹洁白，松软细腻，容易调和各种颜料，塑成各种珍奇的花朵。托林寺酥油花集雕塑艺术之大成，不仅具有很高的艺术水平，而且规模宏大，内容丰富多彩。每年藏历正月十五日，是托林寺一年一度的酥油花灯会。届时，僧人们将精心制作的酥油花摆到杜康殿内，让广大农牧民群众观赏。酥油花的制作繁琐。首先是“扎骨架”，根据所表现的内容，用加工的柔软草束、麻绳、棍子等物扎成大大小小不同形态的“骨架”，即塑像的基本模型。其次是“做胚胎”，塑造的第一道原料是用上年拆下的陈旧酥油花掺和上草木灰反复捶打，制成韧性好、弹性强的黑色塑造油泥。然后将其裹在骨架上完成粗糙标准的一个个造型，其手法近捏面塑或泥塑。再次是“敷塑”。塑造的第二道原料是在加工成膏状的乳白色酥油中揉进各色矿物质颜料，调和成五颜六色的油塑原料，仔细地涂塑在做好的模型上，有的还要用金、银粉勾勒，完成各色形象的塑造。如果是塑造红花绿叶，或是玲珑剔透的玉石宝玩，则直接用彩色油料一次塑成。为了防止塑制中因手的温度而使酥油胚料融化变形，艺僧们需在室温为零度的作坊里制作，整个过程十分艰辛，艺僧们的手很容易生出冻疮。最后一道工序是“组装贴饰”。将塑好的酥油花按设计总图，用铁丝一一安装到位，固定在几块大木板上或特制的盆内，高低错落有致，件件立体悬空，俗称“酥油花架”。展出时，“酥油花架”会用长杆立起，仰视观看，更觉佛法庄严，宝像生辉。一座大的花架上，往往要塑造几十个人物组成的故事画面。其中强巴佛端坐安详，花鸟虫鱼栩栩如生，人物神形兼备，亭台楼阁金碧辉煌，整个画面繁而不乱，绚丽多姿，令人叹为观止。2008 年，酥油花会被纳入第一批县级非物质文化遗产名录。

第四章 广播影视

至2010年底，全县建成（4+3）广播电视一体化广播电视收转站5座，（2+1）广播电视单收站53座，覆盖全县五乡一镇58个自然村，广播电视“村村通”覆盖率达90%以上，县城内广播电视覆盖率达98%，播出模拟信号有线电视48套节目，全年安全播出电视节目8000小时以上。平均每月每村放映电影1.6场，全年观众达18352人（次）。

第一节 广播电视

1982年，札达县成立广播站，有高音喇叭1对、盘式录音机2部、扩音机1部，每天播出6个小时。1994年，为满足群众需要，建设100W的中波转播台，共有5台支放机，其中1台为备用，可以转播4个频率，有中央人民广播电台一套和二套、西藏人民广播电台一套和二套，因电力原因，不能正常运行。1997年，根据香孜、达巴实际情况，在两乡建立调频广播站，有5W发射机1台。

1986年10月，札达县电视转播台正式成立，有50W电视发射机和地面卫星单收站1台，录像机1套，可以转播中央电视台一套节目和录制的连续剧，每天播放3—4小时。1991年，在县内6个区安装地面卫星单收站。1992年，自治区和阿里地区对边境县的电视、电影工作高度重视，更新了一些设备，札达县增加30W的电视发射机2台，增加中央电视台二套和西藏电视台一套节目。广播电视在宣传党的方针政策，传送国内外重要新闻、先进经验以及丰富职工群众文化生活方面，起到了传播媒介的重要作用。

1994年，县中波转播站和香孜区调频转播站相继建成并投入使用，全县已建立广播电视地面接收站23个，覆盖6个区、15个乡3个村，覆盖率达50%。

1995年，县城及香孜中波站正常运行，县电视台每天适时转播3套节目2—3小时，转播完好率达95%以上。

1996年，为正常转播电视节目，县委、县政府多方筹集资金，购买30W发射机3台，作为备用设备。

1997年，为县电视台和达巴区安装电视转播塔。

为解决边远乡村听广播、看电视难的问题，1998年初，广电部启动了广播电视“村村通”工程。1999年，札达县广播电视“村村通”工程建设正式开展。在“村村通”建设中，阿里地区与各县签订《广播电视“村村通”工程建设责任书》，层层落实责任制，明确任务和要求。县政府和县文广局将“村村通”工作纳入重要议事日程，纳入财政预算。

2000年，在县城内建设调频广播站，有100W发射机3台。投资24万元购置乡村电视接收装置。截至年底，全县有电视台1座，能接收15个电视频道，有基层电视单收站5座。

2001年，筹资10万元建成县城有线电视。

2003年，完成23座“村村通”广播电视接收站调试。随着托林电站的建成供电，县城有线电视供应时间也有所增加。

2004年，新安装“村村通”广播电视接收站4座，县城有线电视播放时长达18小时。各乡（镇）、村基本都装设了电视接收装置，开通了调频广播。

2006年，完成了乡（镇）、行政村和部分自然村的建设任务。按照国家发改委对广播电视“村村通”“2+1”的基本建设标准，2001—2006年，各村组“村村通”工程只能收看中央电视台第1套和西藏电视台第1套节目、收听中央人民广播电台第1套节目。

随着全县经济社会的不断发展，广大群众收听收看广播电视的需求也不断增加，因此必须提高广播电视水平，扩大覆盖范围，增加节目套数，提高收听收视质量。2006年后，通过国家政策的进一步扶持，逐步扩大“村村通”工程覆盖范围，采取混合覆盖方式，逐步解决边远山区收看电视问题，“大锅”改为“小锅”后，农村地面卫星接收设施呈快速发展趋势，全县“村村通”建设标准提高到“4+3”，即能收看中央电视台第1套、第7套和西藏第1、2套电视节目，收听到中央人民广播电台第1套、西藏人民广播电台汉语频道和西藏人民广播电台藏语广播节目。2006年底，河北省援藏投资500多万元，建成札达县广播电视中心，县城内有线电视节目由15套增加到48套，极大地满足了县城两千多名干部职工群众收听收看电视节目的需求。

截至2008年底，全县建成广播电视“村村通”（4+3）一体化广播电视收转站5座，（2+1）广播电视单收站53座，解决了全县7000多名农牧民收听收看广播、电视难的问题。全县五乡一镇“村村通”广播电视覆盖率达90%以上，其中各乡镇能够收到3套左右短波广播和3—4套中央和西藏台电视节目。当年，完成乡村广播电视收转站及单收站80座转型工作，其中：6个电视单收站扩建为电视收转站，县城内的开路电视由2个频道扩建为3个频道。调频广播站1座，有线电视45个频道正常运行，运行率达到98%，实现全天24小时播放。

2009年，检修“村村通”基站9座，新安装广播电视收转站3座，新配“户户通”设备1100户，广播电视覆盖率达95.7%。

至2010年底，全县建成（4+3）广播电视一体化广播电视收转站5座，（2+1）广播电视单收站53座，覆盖全县五乡一镇58个自然村，广播电视“村村通”覆盖率达90%以上，县城内广播电视覆盖率达98%，播出模拟信号有线电视48套节目，其中中央台13套，各省自治区卫星电视节目35套，全年安全播出电视节目8000小时以上。广播电视“村村通”的建设向广大农牧民群众宣传了党的路线、方针、政策，传播了科学文化知识和市场信息，提供了丰富多彩的娱乐节目，丰富了农牧民的精神文化生活，让先进文化占领农牧区阵地，提高了农牧民思想道德水平和科学文化素质，促进了农牧区经济全面发展和社会稳定。

由于札达县交通不便，技术条件落后，县广播电视部门对卫星地面接收设施实行归口管理。审批卫星地面接收设施的设置，经常性对卫星地面接收设施的生产、销售、使用情况进行检查；县城和农牧区使用的卫星电视设备，均是通过国家广电总局和西藏自治区广电局严格审批，西藏地区专供，由于该设备分为卫星电视信号接收天线、接收机、蓄电池、逆变器等设备，体积大，机身笨重，因此很少有个人安装。各乡镇、村组一般都是依靠“村村通”广播电视集中收看点来收听、收看广播电视节目。

第二节　电影放映

1965 年，札达县成立县电影放映队，机构编制 2 名。有 16 毫米放映机 1 套、110 发电机 1 套，没有固定的放映场所，均为流动放映。首次下乡即为群众放映 30 余场，观看群众达 1500 人（次）。1971 年，电影队给萨让区和底雅 2 个边境区乡各发 8.7 毫米放映机 1 套和脚踏发电机 1 套。

1975 年，阿里地区给札达县捐赠 16 毫米放映机 2 套、75 型发电机 3 台、甘光 35 毫米放映机 1 台、长江 35 毫米放映机 1 台等电影设备。1978 年，县人民政府多方筹资，购买 103 型、104 型放映机各 1 台、110 发电机 3 台。

1983 年 5 月 5 日，阿里行署决定在札达县香孜、萨让、达巴区建立电影放映队。1984 年，阿里地区给萨让区和香孜区各发放 16 毫米放映机 1 套和 75 型发电机 1 台。当年下乡放映 157 场，观众达 37980 人（次）。

因札达县遭遇连年旱灾及严重雪灾，1994 年恢复生产、春播、秋收等工作时，均抽调县电影队工作人员下乡，县电影队只完成电影放映场次的 5.6%，即全年放映 14 场次，观众累计 300 人（次）。

1995 年，县、区放映队共放映电影 512 场次，观众达 2486 人（次）。

1997 年，县、区电影队组织放映以《鸦片战争》为主的爱国主义电影 40 场次，全年放映电影 352 场，观众达 2.8 万多人（次）。

1998 年上半年，县、区电影放映队共放映电影 35 场次。1999 年，放映电影100场次，观众近3万人（次）。

至2000年底，全县有电影放映队6个，电影放映工作人员12人，农区每年放映250场，牧区每年180场，县城内300—400场，大都为流动露天放映。

2001年，《自治区人民政府转发区广电局等部门关于加强我区电影工作若干意见的通知》《自治区人民政府关于贯彻落实国务院支持文化事业发展若干经济政策的实施意见》，对电影事业发展的几个重大问题，包括体制、性质、待遇、经费标准、基础设施、人才培训等方面提出了明确的要求，进一步明确了农村电影放映的公益性质，电影放映机构建设得到加强，放映条件有了一定的改善。随着国家“西新工程”“农村电影放映工程”等惠民工程的实施，特别是2001年国家开始启动农村电影“2131工程”以来，全县电影事业得到了稳步发展。

2001—2007年，札达县五乡一镇共有6个放映员。除县城内托林镇使用的放映设备为两台井冈山103型号、井冈山104型号的35毫米双机放映机和山东生产的110发电机外，其余乡镇都是使用16毫米放映机和75型号发电机，由于机体笨重，常需两人以上搬运。巡回放映，无固定落脚点，往来奔波，十分不便。

电影放映所需的胶片，均由县文广局每年分三次（一般在每年的4月、6月、11月）到地区电影公司领取，一次一般领取40—50部电影胶片，影片包括《南征北战》《渡江侦察记》《红色娘子军》《董存瑞》《党的女儿》《英雄儿女》等革命故事片，及《农奴》《格桑花》《地道战》《上甘岭》等少量藏语译制片，一般每场可以达到20人左右，平均每年在农牧区放映532场，观众8953人（次）。

2007年底，国家正式开始实施“2131”农村公益电影放映工程，农村电影放映创造了新的辉煌。全年农牧区放映电影1221场，五乡一镇均实现了“2131”目标。全县各行政村平均每月看电影的次数从1998年的0.98场提高到了1.64场，电影覆盖到了98%的行政村，实施“2131工程”后，实现了一村一月一场电影的目标。

2007年至2010年2月，全县订购影片532部、3118场，其中农村专用片 135 部、353 场，公益片 397 部、292 场。农牧区放映方式为“数胶结合”，全县 6 个放映队、16 个放映点年放映场次总数达 1080 场，从过去的每月每村 0.9 场电影上升到每月每村 1.6 场，全年观众达 18352 人（次），实现了“2131 工程”的放映目标。

随着全区经济社会的跨越式发展，广大人民群众对精神文化的需求日益增加，电影市场的前景也越来越广阔。实现影片数字化技术后，2010 年，阿里地区建立数字电影地面卫星接收站，加快了农牧区数字电影节目的更新速度，大大减少了各类开支，彻底告别了到地区领取电影胶片的历史，全面提升了农村电影放映整体水平。五乡一镇的放映设备均由胶片放映机升级为数字电影放映设备，电影场次补助从原先的每场 40 元逐步提升到了每场 120 元。

第三节　新闻宣传报道

1992 年，成立县委通讯报道组，投稿 8 篇，采用 4 篇。

2001—2006 年，由于设备、电力、人员等各方面条件的制约，札达县电视台不具备新闻宣传报道的能力，仅能保障县城内 12 个电视频道的转播。在冬季电力紧缺季节，只能保障晚上 3—4 个小时的电视转播。札达县内的新闻报道，是文广局通过县财政购买的佳能 X12 摄像机，在县城进行简单的新闻采访后，累计制作 3—4 篇新闻，然后将稿件和新闻视频磁带托人带往阿里地区电视台进行播出报道。由于设备和磁带等条件的制约，每年报送阿里地区电视台播出札达县相关新闻 20—30 条。

2006 年，随着札达县广播电视中心的竣工，各类设备有了质的提升，在新闻宣传方面也有了很大变化，第一次有了采编播设备，第一次可以把札达新闻通过电视信号传播到县城百姓家中，第一次使用广播电视摄像机，电视节目从 15 套增加到 48 套，节目转播时长每天达 14—24 小时。

2006 年 11 月，札达县广播电视工作健康发展。县电视台配备了两台摄像机，即索尼 250 摄像机、索尼 190 摄像机，并从托林镇、香孜乡选调了 2

名广播电视和藏语新闻专业人员，专职负责县新闻宣传工作，首次播放《札达新闻》。

2007年开始，札达县新闻信息工作主抓重头新闻、重要新闻、系列报道、民生报道的采写，基本保障了3天一条新闻的要求，围绕县委、县政府重要工作部署，及时准确开展各类新闻宣传工作。

2007—2010年，县电视台根据全县中心工作要求，开辟了“安排采访报道、加大宣传力度、提高宣传质量、增强宣传效果”为主线的宣传报道方向，把做好城镇化、农牧业现代化、重大项目建设、基础设施建设、旅游文化、社会管理创新、医疗卫生、教育科技、社保就业、社会治安、安全生产、精神文明建设及党风廉政建设等工作作为主要的宣传内容，每年报道札达新闻100余篇。

同时，做好县委、人大、政府、政协召开的重大会议的宣传报道，刊登县委工作报告、人大工作报告、政府工作报告、政协工作报告及有关重要通告、公告，连续跟踪报道全县贯彻落实会议精神的相关情况，进行代表、委员专访，每年报道新闻20余篇。

在日常报道方面，以关注民生、服务百姓为宗旨，开辟专栏，就教育、养老、医疗、低保、就业及城市建设、保障房建设、道路交通改造、环境保护等广大人民群众关心的热点、焦点问题和各部门在贯彻“旅游兴县、开放富民”重要部署方面所做的工作进行了大量宣传报道，报道民生类新闻每年30余篇。

截至2010年，县电视台每年向阿里地区报送120条以上新闻，年均阿里地区电视台采纳播出80条左右，在县内平均播出新闻130条以上。新闻宣传工作，紧扣县委、县政府的中心工作，加大对经济建设、社会建设、法制建设、文化建设、改善民生等方面的报道力度，让农牧民群众能在第一时间比较全面地了解到札达县的发展与进步。

第五章　藏语言文字

藏语文是西藏自治区及其他藏族聚居区藏族群众使用的语言文字。藏语属于藏汉语系藏缅语族藏语支。藏语分三大方言区：卫藏方言、康巴方言和安多方言。札达县方言属于阿里方言，接近于卫藏方言。

第一节　机构

2010年前，札达县编译局属于县政府办公室内设科室，主要负责县委、县政府、人大、政协及各单位、部门的文件和各种会议材料及报告、政策等的翻译；检查门牌、广告牌藏汉双语的错拼、错译、掉字、漏字等情况。

1993—2010年札达县编译办公室领导任职一览表

表 15－5－1

机构名称	职务	姓名	性别	民族	任职时间
札达县人民政府编译室	主任	普布索南	男	藏	1993.10—1997.11
		次仁扎西	男	藏	1998.09—1999.07
	副主任	拉巴旦增	男	藏	1997.11—2005.12
		旺久	男	藏	2006.11—2010.07
		普琼	男	藏	2010.07—

第二节　汉藏翻译

札达县藏语委办（翻译室）主要承接县委、县政府的翻译工作，及时完成各项翻译任务。2001—2010 年，认真翻译了县委、县政府召开的重大会议材料和重要领导讲话、人大工作报告、政府工作报告、县财政局工作报告、藏历新年主持词、政府防灾减灾工作、扶贫办发言稿和古格王国遗址的简介、风景名胜区条例、关于萨让乡边防派出所的章程、关于“两会”期间农牧民群众代表提出的意见反馈等。

2002 年，翻译了扶贫办宣传标语、政协提案答复、底雅乡 2002 年工作总结和 2003 年工作部署、个体工商户的搬迁通知、医务材料管理制度、曲木底村和香孜乡热布加林村农牧民宣传手册、自治区草原监督人员的管理制度、电器设备消防安全管理等相关制度、消防安全责任人等各项职责以及问卷调查等。

2003 年，翻译了札达县工商局提案答复、社区矫正宣传制度、札达县交通安全劝导站、札布让组基本情况和“三会一课”制度、全县庆祝“七一”大会主持词、土地权益、托林镇党风廉政建设和反腐败监督目标责任书、制止私搭乱建责任书。

2004 年，翻译了合同协议书、香孜乡香孜村其里普组农牧民养殖场合作章程、食品（化妆）安全责任书、餐饮服务安全责任书、村（居）换届选举法、中华人民共和国村民委员会组织法、环境保护实施方案等，对推动各方面工作发挥了积极作用。

2005 年，翻译了新年主持词、问卷调查、办理边境证、民主测评、规范车辆停放的通知、政协报告、政府报告、人大报告、模范寺庙暨僧尼表彰大会上的讲话、财政报告等，使党和政府的各方面政策及时传播到广大人民群众之中。

2006 年，开展札达县“两会”报告翻译工作，主要翻译了萨让乡工作总结、目标责任书，以及诸多的横幅、宣传标语、印章文字。加快公路交通运输发展优惠政策及上级交办的群众来信，使两种文字转换起到无障碍交流。

2007 年，主要翻译了天然资源保护工程区生态补偿脱贫护林员管理办法、制止私搭乱建责任书、老年人及残疾人两项补贴政策、古格王国遗址、风景名胜区条例等内容。

2008 年，主要翻译了政府、人大、政协工作报告、村（居）换届宣传手册、宣传材料、宣传横幅、宣传方案、托林镇蔬菜基地规章制度、香孜乡选举章程及诸多横幅、宣传标语、印章文字等。

2009 年，翻译了发改委“十二五”期间的工作情况报告材料、妇女权益、儿童保护法、《党章》第一章、十一届全国人大二次会议的纲要、札达县人民代表大会委员提案答复。

2010 年，翻译札达县创建争优活动方案、名单，创建争优活动宣传提纲、创建争优活动内容。

第三节　国家通用语言文字推广使用

札达县藏语委以“弘扬藏族文化、推广藏语文”为工作目标，及时完成相关政策法律法规，县委、县政府中心工作的翻译任务，并清理整顿社会用字，在全县范围内开展藏语文社会用字检查整改工作，建立健全藏语言文字工作制度，促进民族文化的繁荣发展。

一、社会用字检查整改

在摸底调查全县藏语文社会用字基本情况的基础上，由县编译室牵头，联合旅游、交通、国土局等相关部门，在全县范围内开展藏语文社会用字检查；根据各自职能，层层细化工作任务。重点检查使用单独文字（没有使用藏语文或者汉文），藏文存在错字、错拼、漏字、掉字和翻译不完整等问题。

2001 年，组织干部职工到皮央·东嘎和香孜乡路段检查使用藏汉双语的牌子，其中，无藏文的有15个，错译的有12个，掉字的2个。2002年，到达巴乡的3个村进行检查，有无藏文、有无翻译错的、有无漏字及不准确的门牌、路标、横幅等，其中4个牌子没藏文，3个藏汉比例失调，1个汉字漏掉。2003年，从札达县城到桑达沟检查牌子、横幅、路标等共12次，其中无藏文的路标1个，未使用双语的1个，掉字的一个。

2004年，从县城到与噶尔县交界处，检查4次，检查各类牌子50多个，其中：错译的路牌9个（古格路段、各乡村组路段、巴尔兵站路段等），藏文错字十多个。

2005年，到札布让检查3次，发现横幅错译3个。

2006年，共检查县城门牌、路标5次。

2007年，在县城内检查新建的商铺和新挂的横幅4次，整改4个；各商铺不按程序办事，翻译横幅中存在一定的问题，横幅原文与译文想表达的内容与译文的内容完全不符。

2008年，检查38家个体工商户，发现广告牌藏文翻译不准确的有7个，没有使用两种文字的店牌、广告标识者5个（只有汉文标识），藏文错字2个。

2009年，从县城到噶尔县交界、到古格王国遗址路段，共检查十余次，整改问题12个。

2010年，县藏语委办（编译室）加强沟通和协调，每年与五乡一镇和各装饰部门签订《札达县关于加强藏语言文字工作目标管理责任书》，目的是要求商家在制作横幅、商户牌名、路标、广告标语、标识提示时必须按照《西藏自治区学习、使用和发展藏语文规范》的要求，且必须要有藏汉双语，若没有在藏语委办（编译局）统一规范翻译或者是未经过藏语委办（编译局）核实的翻译内容，在制作的内容中出现了新词、不规范字、错字、错拼、掉字、漏字、错译、藏汉比例不规范等问题，影响藏语文社会用字整改效率，有损全县品位及形象的，一切由各装修部重新整改，且整改费用由各装修部自行承担。全年整改各类牌子15个，整改率达到95%以上。

二、规范用字宣传

藏语委办与政府办大力宣传党和国家的政策法规，并切实开展好藏汉双语规范工作，使农牧民群众享受党和国家的好政策，读懂、弄清优惠政策。

2001 年 6 月，主要宣传《宪法》《民族区域自治法》《国家通用语言文字法》《西藏自治区学习、使用、发展藏语文的规定》《廉洁自律政策》。

2002 年 6 月，制定新词术语宣传手册 150 本，宣传《关于藏汉双语规范管理规定》《常用的新词术语》。

2003 年 6 月，举办藏汉双语培训班，并自行编写常用的藏汉双语学习材料和藏汉双语惠民政策。在全县开展宣传活动，使农牧民群众知晓党和国家的好政策，受到了农牧民群众的好评，提高汉族干部使用藏语言文字、服务农牧民群众的能力，进一步密切了党群、干群关系，加强了团结，提高了工作实效。

2004 年，主要宣传《藏汉双语的使用守则》《妇女儿童权益法则》《交通安全守则》等共 10 本。

2005 年 6 月，主要宣传《西藏“两重天”》《民族区域自治制度》《使用藏语言规范制度》《藏汉英 100 字》。

2006 年 6 月，札达县文广局开展藏汉双语培训，并下发《双语使用手册》《双语一本通》《藏语辅音字母 30 个和元音字母 4 个》。

2007 年 6 月，与县委宣传部一起开展以支部为小组参赛的藏汉单字听写大赛，收集了 1000 多个藏文常用单字，强化了藏汉干部之间的团结协作意识，提高了机关干部的藏汉双语水平和实际运用能力。

2008 年 6 月，主要宣传《地震的预防措施》《雨季安全教育》《坚决抵御腐败　提倡廉洁》《远离毒品的知识》等书籍。

2009 年 6 月，为切实开展工作，增强干部职工的服务能力和业务水平，县编译室自行编写常用藏汉双语词汇 100 份和考试题库 30 份，发放给各支部，鼓励大家自行学习双语，提高了汉族职工、干部学习藏语的积极性。

第四节　方言

藏语大致有三大方言，即卫藏方言、安多方言、康区方言。阿里方言大多属于卫藏方言，阿里方言又叫“堆巴”方言。历史上有许多农牧民从安多地区和康区迁移到阿里，因此，除了阿里本地方言外还夹杂有其他方言。

但是，札达境内大多数农牧民讲的都是阿里本地的牧区方言。例如：阿里方言里管“糌粑”叫“配”，把“爷爷”说成“免”，把“奶奶”说成“诶比”，把“男青年”说成“却懂”，把“女青年”说成“那穷”，把“阿妈”说成“盎”，把“牛奶”说成“沃盎”，等等。

札达又称“绒巴”，讲的方言也是“绒巴语”。他们问“是不是”会说“怡马怡”，问“喝不”会说“同给内”，“下午”会说“皮戳”，“好的”会说“哦噶”，“不得了”说成“果曲捏民札”，“在干什么”会说“基期哟柔”，“水渠”说成“沃热”，“黄牛”说成“爬郎”，“会议”说成“搓巴”，“早上”说成“啊柔”等等。

第十六篇

文物　旅游

第一章　文物

文物是人类在社会活动中遗留下来的具有历史、艺术、科学价值的遗物和遗迹，它是人类宝贵的历史文化遗产。札达县历史遗物、遗迹众多，具有很高的考古和科学研究价值。

第一节　文物管理

札达县既是象雄文化的核心区，也是古格王国所在地，又是藏传佛教“后弘期”上路弘法复兴运动的中心。星罗棋布的遗址、遗迹遍布县域，悠久的历史衍生了丰富的文化遗存，全县境内有众多古寺庙、石器地点、岩画、墓葬、寺庙和石窟等，具有极其独特的地方艺术风格和鲜明的时代特征。

一、管理机构

1998 年，成立札达县文物局，为县文化局下属单位，局长由县文化局副局长兼任，有工作人员 1 名。

2000 年，县文物局从文化局独立出来，单独设立，为副科级单位。2010 年，机构改革时，重新设立札达县文物局，副科级建制，由县文化广播电影电视局（县新闻出版局）管理，无内设机构，科级领导职数 1 名。

将原县文化广播电影电视局承担的文物管理职责划入县文物局；增加推动文物和博物馆公共服务体系建设和公共资源共享职责；增加推动文物和博物馆事业科技化、信息化、标准化建设工作职责；加强文物行政执法督察职责。

札达县文物局领导任职一览表

表 16－1－1

机构名称	职务	姓名	性别	民族	任职时间
札达县文物局	局长	达娃卓玛	女	藏	2001. 05—2002. 06
		王新雄	男	汉	2004. 11—2006. 05
	副局长	韩俊宝	男	汉	1999. 07—2002. 06

二、文物调查与发掘

1912 年，英国人麦克沃斯·扬抵达印度，从印度沿象泉河进入札达县，对古格都城遗址、托林寺进行考察，并撰有《到西藏西部的托林和札布让的旅行》一文。

1928—1948 年，意大利藏学家 G·图齐先后 8 次在古格都城遗址进行考察，并对建筑遗址、壁画、门框木雕等拍摄照片。

1952 年，中央新闻电影制片厂摄影师在古格都城遗址拍摄纪录片，并形成部分影像资料。

1981 年 9 月，西藏工业建筑勘测设计院组织专业人员对古格都城遗址进行测绘、考察，形成《古格王国建筑遗址》一书。1981 年，发表《阿里地区古格王国调查记》①。

1985 年 5 月，根据西藏自治区文物普查领导小组的安排，西藏自治区文物管理委员会组成考察队，赴札达开展文物普查工作，前后历时 4 个月。考察队在札达县境内登记的文物遗存包括房屋、洞窟、碉堡、暗道、佛塔等。并采集、清理、出土大批生活用具、生产用具、兵器和佛教艺术品，拍摄、录制遗址的所有壁画、天花彩绘、重要建筑、道路、外景。经过 4 年的

① 发表于《文物》1981 年第 11 期。

整理，编写成一部上下卷的考古报告——《古格故城》，1991 年由文物出版社出版。

1986—1987 年，西藏自治区文物普查队组成普查组，在札达进行文物普查和重点文物调查及遗址、墓葬试掘工作。

1992 年 5 月，西藏自治区文物管理委员会与四川大学考古专业学员联合组成文物普查队，在阿里全面开展文物普查工作，历时 4 个月，新发现东嘎·皮央遗址及其石窟群中的礼佛窟。

1994 年 5 月，西藏自治区文物管理委员会、四川大学、陕西考古研究所联合组成考古调查队，在札达县进行田野考古工作，发现东嘎色日宁沟岩画，同年 7 月发现札布让察岗岩画；并对东嘎·皮央石窟遗址进行复查、编号、抄录、整理石窟壁画中有关藏文题记，踏查了札布让附近的洞窟遗址，获取一批重要的新资料。

1996 年 6 月，由西藏自治区文物局和四川大学考古专业组成的联合考古队对皮央遗址再次进行考古调查与发掘，对群众从杜康大殿中挖掘出的铜佛像和新发掘清理出的铜佛像进行调查记录。

1999 年 7—8 月，经国家文物局批准，四川大学中国藏学研究所、四川大学历史文化学院考古系与西藏自治区文物管理局组成的联合考古队在札达县进行考古发掘，对东嘎佛寺 4 座殿堂遗址进行发掘清理。清理出大量遗物，包括泥塑佛像残件、骨雕残件、铜佛像和铜器残片、小泥像铜模具、木器铁甲片、经卷残片等。此次调查发掘对东嘎遗址中现存地面佛寺建筑各殿堂遗址的情况有了较全面的了解，对遗址性质、遗址中各类佛教遗迹的年代及相互联系等问题，做了进一步判断。同时，考古队在札达县托林镇托林居委会发现格布赛鲁墓地，并采集到石器、陶器、铜器等标本。

2009 年，在修建巴札公路时在 D 标段札达县城至古格遗址的曲踏发现两座古墓，根据墓地出土的器物和碳 14 测年数据判断，这批墓葬距今约 1800 年。这是札达县首次在基本建设过程中实施抢救性发掘的洞式墓群，层位清楚、形制完整，未经盗扰。墓室的形制很有可能是模仿当时的洞穴居址修建的，墓室内还根据活人的生活需要进行功能分区，这种墓室结构与古格时期普遍流行的穴居遗迹非常接近。墓室内发现了大量青稞种子和动物骨骼，呈现出当时象泉河流域半农半牧的生活方式以及经济上的繁荣。

2009 年 7 月 2 日，根据阿里地区文物普查办的统一安排，札达县第三次全国文物普查工作正式启动，最终发现并登录不可移动文物点 189 处，新发现文物点 148 处，其中古遗址 93 处、古墓葬 18 处、古建筑 31 处、石窟寺及石刻 41 处、近现代重要史迹及代表性建筑 6 处。

三、文物保护

1987 年，西藏自治区文物管理委员会阿旺洛珠率队赴札达，对古格都城遗址的夏宫和部分墙体进行维修，设置排水设施。同年底，西藏自治区文物管理委员会同阿里地区文教局对维修工程进行验收。

1990 年 6 月，札达县进行寺庙维修。

1992 年 3 月 18 日，阿里地区行署对达巴区境内扎西伦布寺和底雅区布尼寺庙进行维修，并修建防洪设施。

1996 年，西藏自治区人民政府和国家文物局决定将抢救、保护阿里地区文物作为自治区文物保护的重点工作，也作为国家文物局的一项重点工作和援藏项目，并派出考察组对阿里文物古迹进行考察。11 月 15 日，国家文物局在北京召开西藏阿里地区文物保护工作座谈会，成立阿里地区文物抢救维修领导小组及其办公室，明确次年工作重点。

1997 年 3 月 20 日，形成《西藏阿里地区文物抢救领导小组扩大会议纪要》。随后分别在当年 4、5、6 月派 3 批由文物专家和施工人员组成的抢救队伍奔赴阿里，完成了古格遗址管理用房、抢险加固项目、遗址测绘、规划设计、东嘎·皮央遗址调查、托林寺迦萨殿清理及部分项目的考古发掘工作。4 月 25 日，阿里地区文物抢救办公室维修组负责人昂旺洛珠带领阿里地区文物抢救办 4 人、拉萨古建公司 29 人、自治区测绘局 6 人组成的第一批古格都城遗址和皮央遗址等重点国家级文物维修工作队，在县城召开第一次古格都城遗址等重点文物抢救现场会，标志着札达县境内古格都城遗址等重点文物抢救开始进入实施阶段。9 月，在遗址现场工作的专家及其他人员撤回拉萨及内地，其中，古建筑维修组在河北清西陵进行阿里文物资料整理至 11 月底，并在北京召开阿里地区文物抢救保护工程设计方案专家论证会。

12 月 20 日，西藏自治区文物局、阿里文物抢救办公室向国家文物局提交《西藏阿里地区文物抢救保护总体规划》《古格王国都城遗址抢险加固与排水整治方案》等勘察设计文件。

1998 年 3 月，抢救保护工作队伍陆续开赴阿里工作。

1998 年，美国友人托马斯个人投资 100 万元人民币，对东嘎壁画洞窟进行维修，由四川大学霍巍、李永宪教授在现场具体负责指导。修复朗巴朗则拉康 2000 余平方米，清理修复殿堂、洞窟十余间，壁画表层加固 1000 余平方米，考古发掘出土文物和采集标本 673 件。

1999 年 6 月 15 日，阿里文物抢救保护工程各抢救保护点完工，并由国家文物局组织的国家文物局西藏阿里文物抢救保护工程验收组对所有完工项目进行检查验收。2000 年，筹资 10 万元修建札达县文物展厅，为县文物局配备办公设备，对古格遗址、托林寺和皮央・东嘎进行修缮。

2003 年，实行文物保护分级管理、分级负责制度。县文化局、文物局作为县政府文物保护的职能部门，负责对全县文物保护工作的组织、协调和领导，负责制定全县文物保护的措施、办法和目标责任，并重点保护好古格王国、托林寺 2 个国家级文物保护单位。建立全县文物保护网络，在札达县城成立文物保护工作领导小组，凡有文物的各乡（镇）、村均成立相应的组织，加强对文物保护工作的组织和领导。

2005 年，经自治区涉外项目领导小组和国家文物局同意，由瑞士贝奇基金会援助，中国文物研究所和敦煌研究院先后 5 次进藏对托林寺白殿、红殿的屋面及壁画实施维修保护工作。5 月 2 日，瑞士的贝奇先生第一次率领壁画维修专家团队抵达札达县，对托林寺白殿屋面和壁画开展试验性局部清理保护工作。2006 年 5 月 22 日，第二次率维修团队抵札达县，对托林寺红殿屋面开展排水整治及维修工作。2007 年 7 月 16 日和 8 月 30 日，贝奇先生先后两次共率 6 名壁画维修专家和 4 名敦煌研究院技术员抵达札达县，对托林寺白殿壁画开展清理保护工作。2008 年 7 月 15 日，贝奇先生率 6 名壁画维修专家抵达札达县，对托林寺白殿壁画继续开展清理保护工作。2009 年 8 月 11 日，贝奇先生率 2 名壁画维修专家到札达县，对托林寺白殿壁画再次细化地开展清理保护工作。

2006年9月，自治区文物局邀请文物专家到札达县进行考察。9月27日，札达县召开座谈会，与自治区文物局工作组就保护、维修古格王国遗址和托林寺等文物单位交换意见和建议。

2009年，香孜乡聘请6名文保员，并为他们办理看护员证，由看护员协助文物主管部门开展保护、监管工作。

四、文物保护单位

截至2010年底，札达县共有全国重点文物保护单位2处，自治区级文物保护单位10处，县级文物保护单位99处。截至2017年底，札达县共有全国重点文物保护单位3处、自治区级文物保护单位23处、县级文物保护单位99处。

札达县文物保护单位一览表（县级文物保护单位略）

表16－1－2

名称	年代	级别	地点	公布日期
古格王国遗址	11—17世纪	全国重点文物保护单位	托林镇	1961.03.04
托林寺	996年	全国重点文物保护单位	托林镇	1996.11.20
皮央·东嘎遗址	宋至明	全国重点文物保护单位	托林镇	2013.05.03
多香城堡遗址	11世纪	西藏自治区文物保护单位	托林镇	2007.05.22
玛那寺及玛那遗址	11世纪	西藏自治区文物保护单位	托林镇	2007.05.22
香孜遗址	11世纪	西藏自治区文物保护单位	香孜乡	2007.05.22
东嘎·扎西曲林寺遗址	15世纪	西藏自治区文物保护单位	托林镇	2007.05.22
达巴遗址	11世纪	西藏自治区文物保护单位	达巴乡	2007.05.22
益日寺	11世纪	西藏自治区文物保护单位	香孜乡	2007.05.22
热布加林寺	14世纪	西藏自治区文物保护单位	香孜乡	2009.11
卡孜寺	11世纪	西藏自治区文物保护单位	托林镇	2009.11
普日寺	11世纪	西藏自治区文物保护单位	底雅乡	2009.11
曲龙遗址	宋—清	西藏自治区文物保护单位	达巴乡	2013.12.02
热尼拉康	宋	西藏自治区文物保护单位	底雅乡	2013.12.02

续表

名称	年代	级别	地点	公布日期
日巴寺（洛杂瓦拉康嘎布）	宋	西藏自治区文物保护单位	萨让乡	2013. 12. 02
酿洞窟	宋	西藏自治区文物保护单位	托林镇	2013. 12. 02
札达烈士陵园	1980 年代	西藏自治区文物保护单位	托林镇	2013. 12. 02
度日坚岩画	秦—汉	西藏自治区文物保护单位	托林镇	2013. 12. 02
萨岗寺遗址	11—13 世纪	西藏自治区文物保护单位	托林镇	2017. 11
麦龙沟佛寺遗址	11—13 世纪	西藏自治区文物保护单位	托林镇	2017. 11
尼旺佛塔遗迹	11—17 世纪	西藏自治区文物保护单位	底雅乡	2017. 11
曲踏墓地	秦—汉—晋	西藏自治区文物保护单位	托林镇	2017. 11
托林铁索桥	14 世纪	西藏自治区文物保护单位	托林镇	2017. 11
平措热旦林寺	11 世纪	西藏自治区文物保护单位	楚鲁松杰乡	2017. 11
喜尔洞窟	14 世纪	西藏自治区文物保护单位	达巴乡	2017. 11
萨让当巴水渠遗址	1951 年	西藏自治区文物保护单位	萨让乡	2017. 11

第二节　文物遗存

札达县域内不可移动文物有古遗址、古墓葬、古建筑、石窟寺及石刻、近现代重要史迹及代表性建筑五大类。

一、古遗址

（一）古格王国遗址

位于托林镇札布让村 2 千米外的一座土山上，山前有条山沟直通朗钦藏布。遗址东西宽约 600 米，南北长约 1200 米，占地总面积约 72 万平方米。大部分建筑物集中在山的东面，依山叠砌，层层而上，房屋洞窟星罗棋布，计有庙堂房屋 400 余座和窟洞 879 孔及碉楼 58 座、暗道 4 条、各类佛塔 28 座、大小粮仓 11 座和其他一些附属建筑。遗址内保存的古建筑主要有红殿、白殿、古格王住宅和集会议事大厅等。王宫位于遗址顶部，仅存残墙断壁。

1961 年被国务院公布为全国重点文物保护单位。

（二）皮央和东嘎遗址

位于托林镇东嘎村和皮央村，坐落在一干涸的河岸台地山丘上，呈鱼脊状东西横列。遗存建筑以洞窟和窑洞为主，建筑遗址主要分布在山脚、山腰及山顶的南、北两侧，总面积逾万平方米。通过考古调查，遗址存有佛殿、窑洞、佛塔、石窟等各类建筑。佛殿现存贡康（护法神殿）、杜康（集会殿），殿内残存壁画；洞群数量约 2000 座；现存石窟 2 座，窟内绘有壁画，保存完好、清晰。

（三）多香城堡遗址

位于托林镇波林村的多香河谷，坐落于多香河东岸台地一个独立土山上，主要分布在山顶及西侧、南侧的山腰和山脚下。遗址总面积约 1.2 万平方米，有房屋遗迹（包括佛殿）73 座、碉堡 16 座、塔 15 座、窑洞 176 孔、防卫墙 2 道。其余建筑仅存残墙。佛殿中杜康（集会殿）和贡康（依怙殿）保存稍好。

（四）东嘎·扎西曲林寺遗址

位于托林镇东嘎村的北面山顶上，由窑洞群和寺庙建筑组成，总面积约 1.2 万平方米，总数近千座。红庙附近的山体遍凿窑洞，遗有居住痕迹。1992 年，从遗址中采集到十余片铁制铠甲。遗址废弃墙由石砌基础，土坯砌筑，墙体刷有红色颜料，现屋顶、梁柱、门窗皆已不存，仅存墙体，残高 6—8 米。

（五）曲龙遗址

位于达巴乡曲龙村一组西北面约 3 千米处的象泉河北岸。由寺院建筑、洞窟、嘛呢墙、佛塔等佛教遗迹组成，遗址基本分布于一条呈南北向的山沟内，以最北端的山崖部为其最高点，在其上残存有城堡一类的建筑墙体遗迹，墙体残高约 14 米，石砌基础高约 7 米，在石砌基础上以土砖垒砌墙体。遗址北面山体周围分布有石窟 28 座，其中一座窟内遗有近代苯教信徒修行的痕迹。洞窟由三个空间组成，平面呈横长方形，门朝北面，其中一侧室内的北壁上残存有壁画遗迹，因烟炱污染严重已无法识别其内容，山谷西面一带主要分布有石窟 24 窟；山谷东面一带分布有石窟约 53 窟外，均为生活窟；在山腰分布有房屋建筑一处，残高8—14米，墙体以土砖建成，从建筑布局上观察当系寺院遗址。另在山谷南北一线还分布有数座石砌墙体的建筑遗址，由于倒塌破坏严重，已无法辨识其原来建筑式样和格局，其中有的墙体依山势走向而建，可能为具有防卫性质的建筑遗迹。在山谷的入口处以及沿河谷东西一线，分布有嘛呢石墙5道，佛塔15座。其中保存较好的有4座佛塔，用土坯砖、石片以及泥土混合砌建，塔瓶之上的塔刹等已毁不存。该点复查点，原名为琼隆石窟，根据复查发现，此处为一处集洞窟、建筑遗址、嘛呢墙等为一体的遗址，根据普查定名原则，更名为曲龙遗址。

（六）萨岗寺遗址

位于托林镇托林村古格王国遗址斜对面象泉河西北岸，门朝东，占地面积达1094平方米。整体结构基本保留原貌，主要由1座主殿和53座佛塔、围墙等组成。

主殿遗址由正中央方形及四面方形小殿构成，南北通长14.4米，东西通长14.8米，残存墙体最高处7.8米。佛塔共有53座，其中围墙外有大小不同的22座，内有23座。

据研究，寺院建筑的时代应约为11至13世纪。

（七）麦龙沟佛寺遗址

位于托林镇托林村玛那组北5千米处县城至玛那村公路南侧，地处麦龙沟东口平地。遗址东西长100米、南北宽80米，分布面积约8000平方米。现存遗迹包括一座佛殿、4列塔墙、4座角塔及独立塔等。

佛殿四角外侧角塔共4座，形制较大，分别建于佛殿四角外侧10米至数十米不等。东北角角塔距佛殿最近，位于殿门北侧仅3米。塔身残高约6米，塔基为边长3.2米的正方形，塔基以上依次为塔室、塔瓶、塔尖（相轮“十三天”）。塔基自地面约1.5米起以上为中空的塔室，室门向东，室内南、北两壁原绘有壁画，可辨识者为化佛度母小像；西壁仅存尊像的圆形背光，背光直径1.12米，其上遗有一字排列的圆孔4个，应为原有泥塑支木插孔。根据现存遗迹判断其始建年代约为11—13世纪。

佛殿南、北、西侧塔墙共有4列，均为东西向。西面一列为6塔成排；北面偏南一列为5塔成排；偏北一列残存70余塔成排；南面一列数量最多，计有100余座小塔，排塔均为方形塔基，残高1.5米，其上塔瓶残高0.8—1米，估计原为108座小塔的定数。

中心佛殿（遗址中部）平面呈“亚”字形，坐西朝东，建筑面积约80平方米，仅存墙体，墙基用块石砌建，其上墙体用土坯砌建，墙厚约1米，残高4—7米。殿内西壁（后壁）及南、北壁下原有泥塑佛像，西壁正中为“五佛”，南、北各有两尊塑像，现皆仅存须弥座式像座，座高1.8米，宽1.3米，其上泥塑皆不存，殿堂南北两侧各设一侧室，室内无任何遗迹。

（八）尼旺佛塔遗迹

位于底雅乡鲁巴村鲁巴组南约2.5千米的尼旺地方一处呈东西走向的冲沟南边二级台地上，该二级台地广阔而平坦，塔群主要集中在台地的西北区。塔群分为两部分，该区域西北部分由6座一排的塔，东边部分由7座一排的塔及该排塔前仅存底座的两座小塔组成。西北部分塔均矮小，风化严重。东边部分塔排中东起的塔2、塔3、塔4、塔7基本无存，塔5、塔6残存高约1米。塔1保存较完整，形体较大，塔基形状呈方形，宝瓶部分被风化成尖锥形，塔基高4.5米，宽5.17米，宝瓶残高1.73米，塔尖无存。塔1塔基西南角已被挖取中空，外漏有擦擦及土。该佛塔遗迹年代及历史沿革不详。

二、古墓葬

（一）曲踏墓地

位于札达县托林镇，地处象泉河左岸缓坡地。分为I区和II区。I区位于札达县城西侧1.5千米处，II区位于札达县城西侧的象泉河南岸。

2013—2015年，西藏自治区文物保护研究所与中国社会科学院考古研究所业务人员组成联合考古队对曲踏墓地进行了为期3个年度的考古发掘，共发掘墓葬16座、房址2处。形制有井墓道洞式墓和方形石室墓两类，葬具为长方形箱式木棺，为多人合葬墓，侧身屈肢葬式。出土有马、羊等动物骨骼以及陶器、带柄铜镜、木柄铁器、木器、草编器、玻璃珠、贝壳、蚀花玛瑙珠、料珠等。方形石室墓长宽在1米左右，深度不超过半米，应为地表挖浅坑，在坑内砌筑方形墓室，用石板封顶。墓室内人骨发现较少，出土器物有陶器、贝壳、蚀花玛瑙珠等。

测年数据表明，曲踏墓地的年代约为距今2200年。

三、古建筑

（一）托林寺

位于托林镇托林居委会，地处象泉河南岸台地上。996年由益希沃创建，曾因印度高僧阿底峡在此驻锡及“火龙年大法会”的召开，成为西藏西部名寺。现有迦萨殿、拉康嘎波、杜康和玛尼拉康、吐及拉康、乃举拉康、强巴拉康、贡康、僧舍、经堂、大小佛塔、塔墙等建筑，保存较好者主要是迦萨殿、白殿、杜康、贡康和3座佛塔。

迦萨殿在现存的建筑中年代最早，形制最奇特。整个殿堂的顶部毁后维修，塑像、壁画已不可识，殿堂平面成“亚”字形，东西长53.5米、南北宽48.5米，其形实为一座大型的曼陀罗样式。殿门东北向，由朗巴朗则拉康、多吉生巴拉康、仁钦久乃拉康、堆友主巴拉康、朗堆太一拉康等24间小殿组成。中心组的殿堂与周围殿堂之间形成一个大的转经复道，外围的南、北、西三大殿内亦各有转经复道环绕一周，是典型的吐蕃时期佛殿结构。

杜康位于朗巴朗则拉康南60米处。门向东，由门廊和殿堂两部分组成。殿堂内望板遍绘飞天、动物、花草云团等图案，四壁壁画以各类佛、菩萨、佛母、度母、金刚、高僧大像为主体，西壁东侧下有一组古格王室成员及高僧、来宾等人物群构成的礼佛图。

白殿位于集会殿东北125米处，门向南，殿内平面略呈长方形，北壁正中略向后凸一部分为塑像座。门廊两侧有坯砌泥塑的瓶状莲台蜀柱装饰。殿内共立42根木柱，南北7排、东西6排，望板彩绘莲花、卷草、缠枝花、如意云等，主供释迦牟尼佛（已残），殿内四壁遍绘壁画。

托林寺周围现存各种大小佛塔87座、塔墙2道，大部分集中在托林寺西北侧的平地上，从形制上看大部分是按八相塔形式建造的，由于土塔易受风雨破坏，现存佛塔中保存较好的有经过维修的天降塔、曲登查沃、桑吉东丹和内四塔。

1996 年，由国务院公布为全国重点文物保护单位。

（二）益日寺

位于底雅乡鲁巴村拉嘎组赤旺牧场西北约 13 千米处，象泉河支流底雅河沟谷，由于寺庙居于沟谷北侧山脚下，十分隐蔽而得此名。13 世纪由不丹噶举派创始人之一的衮仓喇嘛的弟子曲吉桑巴桑布所建，寺庙东西向分布在沟谷北侧，门朝东。主要建筑由杜康殿、十三灵塔殿、赞木林坚拉康、护法殿组成。

杜康殿门向东，为土木结构的单层藏式平顶屋，平面略呈方形，殿内置 6 根柱，辟天窗一个，现存印度大成就者迪洛巴和无量寿佛以及曲杰桑布等的泥塑像。西墙南侧开有一门道通向十三灵塔殿和赞木林坚拉康，两殿的外周有一道转经匝道，颇具早期殿堂的特点。

十三灵塔殿坐西朝东，殿内存有形制别致、装饰精巧的 13 座佛塔，还有西藏比较罕见的衮仓喇嘛大师的泥塑像及其他大师的等身泥塑像。

赞木林拉康门朝南，平面呈方形，殿内四周均绘有壁画，其主要内容为释迦牟尼、金刚勇识、十一面观音、玛尔巴、古仓巴等。

护法殿位于寺庙的东面，门朝西，殿内四周均绘有壁画，其内容为六臂依怙、乌鸦面依怙、金刚密集诸神等。

（三）热布加林寺

位于香孜乡热布加林村热布加林河背面的山脊上。始建年代不详，创建人为沃尔钦·衮嘎桑布，为萨迦派支系沃尔鲁的寺庙。主要建筑有朗扎拉康、贡康、杜康、嘎珠尔拉康、5 座佛塔、6 处僧舍。

朗扎拉康位于山顶处，仅存墙体，门朝南。由正殿和门廊、门厅组成，墙体均为土坯砖砌建，墙体表面未发现壁画痕迹，只有一层厚约 2 毫米的细腻泥层，估计原有壁画、门廊已不存，门厅右侧设有一门道，通向贡康。

（四）卡孜寺

位于托林镇波林村卡孜组帕尔牧场以西 5 千米处的一座土山的中腰部上，山坡的最高处与寺庙所在的山崖崖面几乎呈垂直相接。卡孜寺是大译师仁青桑布在 11 世纪为他已故的父亲所建，14 世纪萨迦派势力在古格兴起后祖殿不断扩建并改宗为萨迦派。由主殿和 13 个修行洞组成。主殿在沃嘎洞中，为近方形的单室平顶窟，窟门向东，窟内四壁抹草拌泥，其上刷白灰后再绘壁画，壁画内容主要有十一面观音、四大天王及高僧等像。其内用土坯砖砌建四面墙为主殿，门向东，平面呈方形，主供为由西达噶热瓦玛开光的一尊极为精致的错金银铜的释迦牟尼等身立像。在沃嘎洞和主殿之间形成转经道。在崖脚沿着崖面有一条阶梯与崖面内的暗道相连接，暗道在崖面内呈不规则的“S”形向上盘旋上升，暗道的出入口与开凿在崖面的沃嘎洞可相衔接，开凿在山体的石窟大体环绕山腰分布，窟前均有道路可以相通，但由于年久失修，随着山体的不断坍塌而断绝。

（五）普日寺

位于底雅乡底雅村古让组，象泉河北面的普日山上，距底雅乡约 15 千米。普日意为“飞到山中”。据传，曲杰甲当巴看到普日山上翠松遍野、柏树成荫、溪流碧绿清澈，有宁静、飘逸之感，飞到此处常年修炼，故得此名。周边有几座佛塔遗迹，均为菩提塔，有木棚保护。

护法殿位于山坡最南，为土坯砖墙砌筑的一层建筑，平面呈方形，门朝东南方向，用两柱三间，地上平铺木板，四壁绘有壁画，其主要内容为释迦牟尼、千手千眼观音、猛面金刚持、密集百圣和密乘佛母等。

11 世纪由大译师仁青桑布创建，由曲杰拉康、护法殿、大经堂和僧舍等组成。曲杰拉康坐西朝东，其内有曲杰甲当巴、金刚持和部分噶举派高僧的泥塑像，殿内四周均有壁画，其主要内容为释迦牟尼、密集百圣、宗喀巴师徒、灌顶坛城、佛界坛城、三界时轮等。该殿发现有不同时期的壁画重叠现象，初步推断原层为仁青桑布时期的壁画，现层基本为不丹噶举派时期和格鲁派时期的壁画。大经堂坐北朝南，其内有一尊非常精美的十一面观世音的泥塑像和藏有广中略般若经和整套的《甘珠尔》和《丹珠尔》经籍。

（六）热尼拉康

位于底雅乡什布奇村热尼组南约 20 米处，地处热尼组南边耕地边缘，南邻热尼山。由拉康和石砌佛塔组成。拉康坐西向东，东面开有两扇门，进入左门为杂物房，虽与整体上相连，但从该拉康形状看更像后面扩建房屋。右门可通绘有壁画的主体建筑，进门为门廊，门廊内门即绘有壁画的正门为雕刻精美的木门，其雕刻类似于古格红殿木雕门，进正门为长 2.2 米、宽

1.8 米的廊道，廊道东、南、北三面绘有壁画，且在南面较窄而长的台面上立有泥塑马头明王，内室面阔两柱三间、进深两柱三间，西壁向东西稍有收分。四壁也皆绘壁画，而东墙西半边壁画、南墙壁画、西墙壁画与北墙壁画、东墙北半边壁画使用颜料及风格完全不同且内容也不相统一，前者主要为佛像及僧像，后者主要为曼陀罗，另在西北墙角脱落的壁画下又露出有另外一种风格的壁画。西壁底部土筑台上供有多个泥塑佛像，另在墙体上也贴有泥塑。内室地上铺有木板，在四柱内呈“凹”字形土台上筑有较小的八大类佛塔，“凹”字缺口对门。房顶中央开有采光天窗。

佛塔位于拉康北边 2 米处，为土石砌佛塔，塔由四个逐渐向内缩分的正方形立体构成，由于年久失修，塔向东面倾斜，当地居民用木柱托着作为保护。

（七）日巴寺（洛杂瓦拉康嘎布）

洛杂瓦拉康嘎布又名大译师白殿，位于萨让乡日巴村南坡地上。创建人为古格时期的大译师仁青桑布，建造时期不详，由平面呈方形的正殿和长方形的前厅组成。为单层平顶土木结构的藏式建筑。正殿坐西向东，正殿的门楣、门框均雕有装饰图案和力士像。西墙及殿门两侧和上侧共设须弥座 8 座，殿顶望板绘有各种精美的图案。四壁均有壁画，主要内容有千佛、十方佛、大译师仁青桑布、拉喇嘛·益西沃、小译师列巴西绕以及佛传故事、印度大成就者、僧臣礼佛等，其壁画像下多有藏文题名。大殿南侧后建有玛尼拉康 1 座。东、南、西三面有玛尼墙围砌，大多刻以六字真言，部分石块上刻有佛、菩萨等。

（八）托林铁索桥

又名达果桥，位于札达县城沿象泉河往东北约 3 千米处。是象泉河上原有 5 座古桥中仅存的一座古铁桥，也是阿里地区现有的唯一一座古铁桥。据当地村民介绍，这座桥是西藏造桥大师汤东杰布的弟子在古格王国鼎盛时期所建。整座桥长 32.4 米，两边的桥墩由石块砌建，高约 4.6 米，宽为 2.7 米。

（九）平措热旦林寺

位于楚鲁松杰村巴角组驻地。据第司桑杰嘉措《格鲁派教法史·黄琉璃宝鉴》记载，该寺由拉旺罗追主持创建，始建年代不详，信奉格鲁派，为托林二十五子寺之一。原建筑在1975年的一次地震中倒塌，1976年组织村民在原来的基础上利用原木构件重新修建。寺院由一座主殿和嘛呢拉康组成。

主殿为二层藏式土木石结构，坐北朝南。主殿一层大部分墙体为原残存墙体，其门的木构件均为原件，但其原壁画因在倒塌后的一年期间没有得到及时保护，已被冲刷。杜康面阔9米，两柱三间，进深12米，三柱四间。杜康北壁中间设有佛龛，上供有宗喀巴师徒三尊。杜康北边东西两侧各为护法殿和强巴殿，均残存部分壁画。护法殿内壁画主要为马头明王会众佛，另有一尊泥塑马头明王；西边强巴殿内为一尊原寺残存依座强巴佛，该佛在地震中头部掉落，后被安上。其底座高约1.3米，宽4.08米，颈部到腰高1.75米，头部高0.9米。另内残存原壁画，但经雨水冲刷较为模糊。杜康中间四柱顶为天井，直通二层，二层目前为空。

玛尼拉康位于主殿东边，内有大型嘛呢转经筒，残存部分原壁画。

四、石窟寺及石刻

（一）酿洞窟

位于托林镇波林村卡孜组冬季放牧点——酿地方沟北面，由一眼绘有壁画的洞窟、一座佛殿遗址及佛塔遗迹组成。

洞窟西南约50米处为佛殿遗址，四面墙体皆存，无屋顶，墙体高约5.52米，坐西向东，四壁面上悬挂有泥塑像，现多数已经无存或受损严重，杜康西壁南北两角各有一小间。洞窟东南约50米处有四座残存的佛塔遗迹。

洞窟位于沟西北面一座小山丘，洞窟于2007年进行维修，修筑护墙并安装防盗门，原为卡孜组牧民的羊圈。该洞窟有内外两门，外门朝北，内门朝东，其南壁为洞外砌筑的墙体。窟内呈长方形，长约6米，宽约3.5米，洞高约3.2米，顶部呈平顶。窟内四壁皆绘壁画，顶部已经脱落，四壁多处壁画已受损。北壁壁画为释迦说法图，其他三面均为菩萨。

（二）度日坚岩画

位于托林镇东嘎村白东波村北面3.5千米处的度日坚沟北侧。岩画刻在大小不一的岩块上，画面面积为1—7平方米，共发现有48组画面。所有图像均用敲凿法完成，造型方式有两种，其一是用尖利的工具在岩石上敲凿出若干小麻点，由这些麻点构成线条，用线条勾画图像轮廓和形态；其二是凿刻法，此方法多用于线条造型。在度日坚岩画点中前者较为多见，部分画面上出现重叠、打破关系。而岩画内容是阿里较为丰富的地点之一，单个形象中动物占多数，此外还有人物、器物、符号和佛塔以及藏文等。动物种类有牦牛、鹿、岩羊、羚羊、狐狸、马、琼鸟等；人物中有猎人、武士、牧人、舞者等；出现的器物有弓箭、长矛、刀剑、马车等；符号有雍仲、圈内十字、方形内画对角线等。藏文中还出现“古格”的缩写和六字真言等。

（三）喜尔洞窟

位于达巴乡达巴村三组冬季放牧点一处称为喜尔的地方，洞窟群分布在河流西面崖面上，高出河面约30米，呈东北向西南分布，共约20眼洞窟。

其中靠中间一处洞窟内绘有壁画，将其编号为1号窟，该窟坐西向东，洞窟平面呈方形，顶为平顶。洞窟入门南残存约1米的墙体，四壁均绘壁画，顶部已全部脱落。西壁分三部分，左右两边上部主要绘有上师像，下部主要绘有完整的佛传故事图，共有37幅画面，3幅画面已经被切割盗取。中央设有一佛龛，残存三尊佛像的背光，中间最大，应为中间坐姿佛像，两边为立像，佛龛已被毁，不完整，其中残存较大的佛像，头部已被切掉，手臂无存。南北两壁绘有坛城。四壁近顶绘有连续水鸟纹与兽面悬铃垂幔纹样一周作为装饰带。窟内西北角残存土坯砖墙砌筑的佛塔底座。

五、近现代重要史迹及代表性建筑

（一）札达烈士陵园

位于托林镇托林村驻地，20世纪80年代修建，由札达县民政局管理。

烈士陵园外为水泥砖墙，平面呈长方形，坐西向东，目前烈士陵园内有10座墓，有烈士墓，也有普通的墓，墓葬以南北走向排列。墓中央为烈士碑，为钢筋水泥修筑，上面刻有“革命烈士永垂不朽”字样。

（二）萨让当巴水渠

位于萨让乡萨让村当巴作业组西面。和平解放前的当巴村主要是靠天吃饭、靠天种地、蓄水灌溉，生产生活水平极其低下。

水渠总长约15千米，水渠最宽处1.2米，最窄处0.6米。解放初期由当地60多名群众和边防连共同修建。主要水源为高山积雪融水和降水。水源到水闸约有5000米的自然水渠，从水闸到2500米左右的水渠几乎在高山悬崖上。水渠解决了66户138人和2000多头牲畜的饮水困难及二百多亩农田、草场、经济林的灌溉。

第二章　旅游

札达是西藏西部重要的历史文化发祥地，城堡、遗址众多，古建筑风格独特，壁画艺术源远流长。由于札达县地处边境地区，自然环境恶劣，交通不发达，丰富的旅游资源还未能转化为旅游产品，还不能吸引众多游客前来游览并产生较大经济效益，旅游的发展潜力有待进一步开发。

第一节　机构

2009 年 7 月前，札达县旅游局一直挂靠在县文广局下，为文广局下属机构，副科级单位，未配备专门的旅游管理人员。

2009 年 7 月，根据札达县党政联席会议精神，将县旅游局从县文广局中分离出来，单独挂牌成立，属于县政府管辖的正科级编制单位。晋美旺久任局长。

2010 年，无内设机构，机关编制 4 名（行政编制 3 名，事业编制 1 名），其中科级领导职数 3 名。

第二节　旅游资源

代表性旅游景点有土林国家地质公园、古格都城遗址、托林寺等。

一、自然景观

札达县自然景观最具代表性的是札达土林。

札达土林位于县境内，平均海拔4000米，地势南高北低，从西北到东南绵延175千米、宽达45千米，是第三纪、第四纪时期沉积于札达盆地中的札达群，沉积厚度达数千米，貌似北方黄土高原雅丹地貌群。该土林是随着青藏高原的隆起而形成的，特殊的地理位置和气候条件及独有的地质背景与地形分割条件在西藏是独一无二的，其规模之大、形态之完美，世界少有。整座土林沟壑纵横交错，被剥离的土体形成孤立的土柱、土塔，柱、塔丛生，形态怪异的土体造型坐落在崖壁的土林上，拟人拟物或拟兽。远远望去，整个土林像是一座壁垒森严的古堡，因此又称古堡式残丘。札达土林作为喀斯特典型地貌，堪称大自然鬼斧神工的杰作，被誉为“中国的唯一、世界的典型”。以象泉河两岸最为经典，核心区800多平方千米。札达沟、桑达沟两处有排列最为壮观的土林群。

札达土林地质遗迹集典型性、自然性、稀有性、系统性、优美性与科学研究价值于一体，是中国乃至世界范围内发现的类似地质景观中的稀少者和佼佼者。札达土林国家地质公园内更兼具两处国家级重点文物保护单位——古格王国遗址和托林寺。大自然的神奇力量铸就札达土林的奇观和美景，勤劳善良的西藏人民创造了辉煌灿烂的民族文化及人文景观，神奇的土林与古老的象雄文化、丰富多彩的古格文化、宗教文化等交相辉映、相得益彰。

二、人文景观

（一）古遗址

1. 古格王国遗址

位于札达县城以西18千米的朗钦藏布南岸托林镇札布让组境内的一座高300多米的黄土山上。1961年，被国务院公布为全国重点文物保护单位。遗址总面积约72万平方米。遗址山脚下有一处干尸洞，分为主室洞和左右两侧室洞。洞室里面堆放着40厘米厚的散骨骼、破布、绳子等物。骨骼非常杂乱，同一个人体的骨骼已无法辨认。洞内大约有30具尸骨。

2. 皮央·东嘎遗址

札达县散落着许多洞窟壁画遗址，其中最著名的当属皮央·东嘎洞窟遗址，位于托林镇以北62千米处东嘎村东嘎组和皮央组，是西藏迄今发现的洞体规模最大的佛教古窟遗址，素有中国“第二敦煌”的美称。遗存建筑以洞窟和窑洞为主，总面积逾万平方米。洞窟内壁画保存较为完整，与古格、托林的壁画风格迥异，具有很高的审美价值和艺术价值。题材主要为佛教典故、密宗曼陀罗、佛祖菩萨像等。

3. 香孜古堡遗址

香孜古堡遗址位于札达县以北70余千米的香孜乡，“香孜”意为北方高地。土地肥沃，水草肥美。每逢夏季，古格王臣均在此理政。遗址已有700余年历史，现留残存建筑、洞穴遗迹及部分精美壁画。

山脊顶部一线为碉楼及防护墙，采用土坯砖和石块混合砌建，现存墙体高度约3—7米。在山脊的南坡，分别建有强巴佛殿和护法神殿等寺庙殿堂。强巴佛殿由大殿和大侧室组成。大殿门朝西，门廊已毁，殿堂平面形状呈“凸”字形，进深约5米，面阔约4.5米，北壁设有门道，与一面积约8平方米的小室相通，小室东、西两侧各带一耳室。值得注意的是在此殿的后部，还有一在山崖上凿出的洞窟，洞窟进深7.5米，面阔5.2米，高2.4米，窟内尚存有壁画，洞口两侧分别绘有六臂及四臂依怙神，东西两壁绘制八大药师佛，每佛左右均有二菩萨为胁侍，佛座均绘有狮子座，图案精美生动。北壁破损较严重，壁画可识辨者似有宗喀巴及两弟子像。护法神殿共2座，一座供奉“红面护法神”，原高二层，现仅余墙体，顶部已塌毁；另一座位于强巴佛殿西南约70米处山坡上，面积4柱，仅一层，仅余墙壁，高4—6米。遗址窑洞数量很大，初步统计可达700余座，在山腰及山顶均有开窟，洞室有单室、双室和多室之分，多遗有烟炱等生活痕迹。

4. 达巴遗址

位于古格王国遗址南面约90千米处的达巴乡境内。遗址主要分布在两座山脊之上，其间有山谷相隔。山脊相对高度约100米，主脊海拔高度约3800米。

遗址总面积约1.5万平方米，以山谷为界划分为A、B两区。其中A区包括佛殿、房屋（民居）遗迹、碉堡、窑洞及防卫墙等。B 区主要是建筑遗迹和生活洞窟，其余主要分布于山腰及山脚下的窑洞群。

5. 玛朗寺及玛朗遗址

位于托林居委会玛朗组，在古格王国遗址东南约 17 千米的山道中，山道呈东西向，南北两侧为陡峭的断崖，宽约 1.5 千米。玛朗寺建于平坦的地面上，在山道北侧断崖上开凿有窑洞。玛朗寺和玛朗遗址现能辨识的有殿堂、房屋建筑 13 座。其中，强巴佛殿较完整，其余仅存残墙断壁。佛塔 33 座，仅有 6 座能看出形制，其余仅残存塔座或塔基。能辨识的窑洞 74 孔，均有不同程度的残损。殿堂和佛塔周围，残存玛尼墙 11 段，各种玛尼石雕刻约 400 块。

6. 江塘遗址及桑丹达吉林寺

位于香孜乡的江塘组，在村庄东面的山包上，散布着百多口窑洞。距离江塘组以北约 5000 米处，有一条名为桑丹达吉林的山沟，寺庙建在距沟约 0.5 千米的山梁半腰，因沟名而得名。这两处遗址有着较密切的关系，江塘遗址主要为生活起居聚居点，而当地的居民进行宗教活动，则前往山沟内的桑丹达吉林寺。该寺为一窑洞式殿堂，海拔 4150 米，开凿在胶结状的黄色土层中。洞口至洞底进深 7 米，面阔 7.4 米，洞高 2 米，洞内周壁均有壁画，现存壁画大部分保存完好。

7. 卡尔普遗址

位于古格王国遗址东侧约 4000 米的小山包上，与古格王国遗址遥相观望，小山包与古格王国遗址所处的山包基本相似。遗址的窑洞主要分布在小山包的东、西、北侧断崖上，有一部分窑洞分布在溪流经过的西北侧沟断崖面上，沟西北低、东南高，距小山包约 300 米。

遗址共残存窑洞 76 孔，暗道 1 条，残塔 2 座，残墙 12 米。遗址的窑洞，按其自然分布，可分为三组。第一组主要分布于整个遗址北端山头的东西两断崖上，共 17 孔；第二组主要分布于整个遗址南段的东西断崖上，共 35 孔；第三组分布在遗址小山包西北侧的沟断崖上，绵延约 230 米，共 24 孔。遗址暗道仅一条，位于第一组，两座佛塔分布于遗址西侧平地上，距小山包约 80 米。残存的一道 12 米长的墙，位于第二组的东坡上。暗室因断崖塌方，暴露在断崖上，这是两条暗道的暗室，两条暗道均接于此暗室上，一条向西另一条向北，暗室呈不规则的刀把形，面积9.1平方米。两座佛塔均被雨水冲蚀，其中东侧一塔，塔层阶已成斜坡，没有棱角，也不规则，无法辨认其形制，但这个塔比较特殊的一点是塔基和塔座比一般所见的塔要高得多。在塔内发现模制小泥像，有各种金刚、度母、塔和藏文、梵文的经咒等模制浮雕图案。

（二）古寺景观

1. 托林寺

位于札达县城。托林寺意为悬空寺或盘旋于空中的寺庙，是阿里地区第一座佛教寺院，也是藏传佛教后弘期上路弘法之发源地。

10世纪末，古格王松额为征服并惩治异教势力，弘扬佛法，更好地稳定百姓，出家为僧，取法名为拉喇嘛·益西沃，并创建了阿里历史上第一座佛教寺院。这座寺庙的出现对藏传佛教后弘期上路弘法的形成与发展起到了巨大的作用。现存集会殿、迦萨殿、白殿、色康殿。

2. 普日寺

位于底雅乡古让村，矗立在象泉河北边形似度母端坐的山坡上，离底雅乡约有15千米的路程。主体建筑由曲杰拉康殿、大经堂、护法和僧舍等组成。

3. 益日寺

位于底雅乡鲁巴村。“益日”意为隐秘的区域，因为寺庙位于沟谷里山脚下，交通不便，十分隐蔽而得此美名。寺庙周围，陡山环抱，群峰峙立，岩山如壁。后面的小岩山形似心脏状，令人不寒而栗。对面的山像叠砌的莲花，舒展怒放。沟头洁白的山岩好似直立的水晶宝塔格外壮观，沟尾的山好似一道天然屏障。寺庙南边潺潺东流的河，像一道蜿蜒游动的银蛇，柔和动人。

益日寺坐北朝南。寺内保存着诸多古老的唐卡、历史悠久的壁画、噶举派诸高僧大德们的塑像，其工艺和质地独具特色，在西藏其他地方已经很难看到。另外还存有具历史和文物价值的众多手抄本经籍。

在寺庙上方的岩山半崖，有曲杰日巴的修行洞，在洞内也有很多古老的壁画和经籍。由于多年的雨水冲刷，山崖多处塌方。在寺庙的外围还有玛尼堆，笔调庄重、刻工流畅、比例和谐。在玛尼堆首尾左右有很多座形式独具特色的佛塔，古朴苍劲，挺拔峻峭。

第三节　旅游开发

札达县受制于自然条件，交通不便，旅游业发展缓慢，截至2000年底，旅游接待定点宾馆2家。2000—2010年，随着全县经济的发展、旅游设施的修建，交通更加便利，旅游产品知名度不断提升，全县旅游业收入不断增加。2010年，共接待2.2万余人（次），旅游总收入974.5万元。

一、旅游线路

札达县对外开放的旅游景点共有9个，即：托林寺、札布让（古格遗址）、达巴寺（新建）、皮央·东嘎壁画、曲龙遗址（温泉）、香孜遗址、热加林寺、玛朗寺、东波寺。

旅游线路主要有3条：线路一（老路）：香孜寺——热加林寺——皮央·东嘎壁画——托林寺——古格王国遗址——玛朗寺——达巴寺（新建）——东波寺——曲龙遗址；线路二（新路）：皮央·东嘎壁画——香孜寺——热加林寺——托林寺——古格王国遗址——玛朗寺——达巴寺（新建）——东波寺——曲龙遗址；线路三：曲龙遗址——东波寺——达巴寺（新建）——玛朗寺——古格王国遗址——托林寺——皮央·东嘎壁画——香孜寺——热加林寺。2009年，利用援藏资金65万元，邀请清华大学设计研究院完成札达县旅游发展总体规划。

二、旅游设施

2000年底，札达县城内共有旅游接待定点宾馆2家，即河北宾馆和古格招待所。

河北宾馆于1996年开工建设，于1998年5月投入使用，总建筑面积约

405 平方米，共投入资金 107 万元。共有 10 间客房，28 张床位。

古格招待所位于札达县河北路西侧，1996 年由河北省政府投资援建，总建筑面积为 395 平方米，总投资约 47 万元。有客房 16 间，床位 48 张。

除此，托林镇及札布让组设有家庭旅馆可供游客住宿。

2001 年，全县有 3 家宾馆，即古格宾馆、水利宾馆、电信宾馆，旅游从业人数 20 名。2002 年，宾馆发展到 6 家，旅游从业人员 38 名。旅游部门逐步完善旅游硬件设施，订做纪念章，印制旅游图书、画册，发行古象雄文化明信片，开设旅游纪念品商店，设置通往古格、东嘎旅游景点的道路路标，设定旅游路线标志灯。

2004 年，宾馆发展到 10 家，旅游从业人员 52 名。2005 年，宾馆、餐饮、茶馆发展到 22 家，旅游从业人员 55 名。2006 年，宾馆、餐饮、茶馆发展到 34 家，旅游从业人员 78 名。

2007 年，宾馆、餐饮、茶馆发展到 38 家，旅游从业人员 85 名。2008 年，宾馆、餐饮、茶馆发展到 60 家，旅游从业人员 94 名。2009 年，宾馆、餐饮、茶馆发展到 85 家，旅游从业人员 120 名。投入援藏资金 625 万元，完成旅游宾馆主体工程建设。在札布让村发展家庭旅馆 16 家，有床位 137 张。

截至 2010 年，全县宾馆、餐饮、茶馆发展到 114 家，新增家庭旅馆 9 家，旅游从业人员 145 名。主要旅游景点均有公路与主干道相连，景区内各景点之间无旅游交通车辆。除部分自驾车旅游外，皆采用组团方式，由旅行社统一提供车辆、统一安排行程。各景区均无餐饮服务，游客须在县城就餐。旅游产品较少，有待进一步开发利用。

三、旅游收入

札达县接待游客以游客、朝圣人员、各类工作组为主，随着全县经济的发展、旅游设施的修建、道路交通的便捷、旅游产品知名度的不断提升，全县旅游业收入逐年增加，对经济发展起到了带动作用。

1994 年，到古格王国遗址参观旅游的外国人共 312 人（次），国内游客 176 人（次），收入 4.52 万元。1995 年，札达县旅游收入 3.78 万元。

1997年，到札达县旅游观光的国内外游客涉及20多个国家613人（次），旅游收入达8.76万元。1998年，到札达县旅游的国内外旅客有13个国家（地区）635人（次），旅游收入10.2万元。

1999年，全县接待国外游客1301人（次），旅游收入达11.7万元。2000年，到札达旅游观光的国内外旅客有来自24个国家（地区）的2063人（次）。旅游收入13.9万元。

2002年，成功举办“古象雄文化节”。上半年到札达旅游的国内外游客达1033人（次）（外宾295人），创收8.1万元。

2010年，共接待2.2万人（次），旅游总收入974.5万元。其中，门票收入164万元。

2001—2010年札达县旅游创收情况

表16－2－1　　单位：人(次)、万元

年份	旅游、朝圣人员	国内外游客	各类工作组	总收入	门票收入
2001	2400	3000	1200	300	35
2002	500	4200	1780	287	46
2003	3500	4854	2100	420	52
2004	4200	4989	2435	464	74
2005	4400	5236	2541	464	83
2006	4627	6124	3074	464	105
2007	4876	6326	3283	464	130
2008	5067	7894	4315	756	135
2009	6825	8032	4315	963	147
2010	7453	8300	6300	974.5	164

四、旅游纪念品

札达县旅游纪念品主要有卷轴画、藏被、氆氇、释迦牟尼佛像唐卡、油画、酥油桶、木碗、卡垫等。

卷轴画内容是古格全景。藏被是由羊毛制作的被子，是札达县旅游购物首选产品。氆氇是由羊毛制成的呢子，结实耐用、保暖性能好，深受群众喜爱。

释迦摩尼佛像唐卡，作者是古格管理员巴桑次仁，作品所用的颜料以矿物质为主，画风为古格艺术风格，广受游人的喜爱。

油画《牧民女孩》，作者是普布，作品展示了一个放牧的姑娘对美好生活的憧憬与向往，富有民族特色。《康巴汉子》，作者是普布，作品展示出康巴汉子的热情与豪爽，深受欢迎。

“卡垫”是用羊毛制成，色泽艳丽，图案多样。

第十七篇

人口　民族
宗教　民俗

第一章　人口

至2010年底，全县总人口7179人。其中，城镇人口1554人、农牧业总人口5625人；男性3533人，女性3646人；藏族人口6219人。

第一节　人口构成

人口构成是指按人口的自然、社会经济和生理等特征划分后的各组成部分所占的比重。根据人口构成因素的特点和作用的分类方式，可划分为各种人口构成，常见的有人口自然构成、人口地域构成、人口社会构成。札达县人口构成主要包含人口的性别、年龄、职业、城乡分布、民族等内容。

一、职业构成

历史上，札达境域内人口职业构成较单一，除少数贵族、头人、僧人、手工业艺人和季节性商户外，绝大多数为农牧民。

1960年，札达县成立后，陆续新增商业、科技、教育、医疗卫生、公安及党政机关工作人员，职业构成多样化。全县总人口3442人，其中农牧民人口3374人，非农业人口68人（全部为干部职工）。

1971年，全县总人口3827人，其中农牧民人口3718人，非农业人口109人，全部为干部职工。

1990 年，第四次人口普查资料表明，全县基层单位从业人员 474 人，占全县总人口的 9.23%。基层单位从业人员中，国家机关从业人员比重最大，为 41.98%；其次是事业单位工作人员，为 19.62%。从业人员中，各类专业技术人员 20 人，占从业总人数的 0.4%。文化教育事业单位从业人员 50 人，医疗事业单位 40 人，其他从业人员 182 人。文化层次为：大学 20 人，中专 87 人，高中 17 人，初中及以下 350 人。

至 2000 年末，全县总人口 6113 人。其中，基层单位从业人员 762 人，占总人口的 12.5%。基层单位从业人员中，国家机关从业人员 602 人，占全县从业人员的 79%；企业单位 10 人，占全县从业人员的 1.3%；事业单位 134 人，占全县从业人员的 17.6%。国家机关从业人员中，干部 154 人，工人 33 人，合同制职工 11 人，临时工 17 人，其他从业人员 387 人。事业单位从业人员中，干部 83 人，固定工 12 人，临时工 3 人。企业单位从业人员中，干部 5 人，固定工 1 人，合同制职工 1 人，临时工 3 人。

随着社会经济的发展，城镇人口逐年增多，但占总人口的比例仍然较低。截至 2010 年底，全县总人口 7179 人。其中，城镇人口 1554 人，占总人口的 22%，较 2000 年城镇人口增加 64.6%；农牧业总人口 5625 人，占总人口的 78%。

1960—2010 年札达县人口情况统计表

表 17-1-1　　单位：户、人

年份	总人口	农业人口	非农业人口	年份	总人口	农业人口	非农业人口
1960	3442	3374	68	1967	3736	3650	86
1961	3583	3509	74	1968	4265	4179	86
1962	3752	3678	74	1969	3822	3752	70
1963	3849	3784	65	1970	3743	3649	94
1964	3867	3788	79	1971	3827	3718	109
1965	4043	3959	84	1972	4004	3894	110
1966	4143	4057	86	1973	4134	3998	145

续表

年份	总人口	农业人口	非农业人口	年份	总人口	农业人口	非农业人口
1974	4121	3946	175	1993	4597	4032	565
1975	4232	4036	196	1994	4656	4096	560
1976	3685	3449	236	1995	5546	4825	721
1977	3625	3355	270	1996	5592	4958	634
1978	3678	3472	296	1997	5552	4955	597
1979	4413	4068	345	1998	6021	5100	921
1980	3250	2865	385	1999	6069	5154	725
1981	4348	3937	411	2000	6113	5169	944
1982	4460	3825	635	2001	6290	5223	1067
1983	4336	3898	438	2002	6509	5258	1251
1984	4585	4069	516	2003	7096	5266	1830
1985	4453	3877	576	2004	7134	5299	1835
1986	4208	3627	581	2005	7195	5320	1875
1987	4258	3655	603	2006	7030	5407	1623
1988	4317	3704	613	2007	7045	5449	1596
1989	4325	3727	598	2008	7081	5518	1563
1990	4437	3732	605	2009	7132	5606	1526
1991	4425	3844	581	2010	7179	5625	1554
1992	4459	3889	570				

二、性别构成

1960 年，全县总人口 3442 人，其中男性 1651 人、女性 1791 人，男比女少 140 人，性别比为 92∶100。1982 年，全县总人口 4460 人，其中男性 2185 人、女性 2275 人，性别比为 96∶100。

1990 年，全县总人口 5134 人，其中男性 2491 人、女性 2643 人，性别比为94：100。农村人口共计5084人，其中男2449人、女2635人，性别比为92：100。

2000年，全县总人口6113人，其中男性2960人、女性3173人，性别比为78：100。干部职工中男性274人，女性74人，性别比为370：100；农村人口中，男性2387人、女性2782人，性别比为86：100。

截至2010年底，全县总人口7179人。其中，男性3533人，女性3646人，男女性别比为96：100。男女性别比例不平衡，全县总人口中女性一直占多数，干部职工中，男性数量占据绝大部分，农牧业生产中女性较多。

2001—2010年札达县男女性别比例

表17-1-2

人口 / 年份	总人口	其中		女性占比(%)
		男	女	
2001	6290	2989	3301	53
2002	6509	3344	3204	49
2003	7096	3428	3668	52
2004	7134	3468	3666	52
2005	7195	3447	3748	52
2006	7030	3282	3748	54
2007	7045	3331	3714	53
2008	7081	3269	3812	54
2009	7132	3341	3791	54
2010	7179	3533	3646	51

三、年龄构成

1964年，全县0—14岁少年儿童1250人，占总人口的32.32%；15—64岁成年人口2157人，占总人口55.78%；65岁以上老年人口460人，占总人口的11.90%。年龄中位数为31.18岁。

1982年，全县0—14岁人口1327人，占总人口35.25%；15—64岁

1817 人，占总人口 48. 26%；65 岁以上人口 621 人，占总人口 16. 49%。年龄中位数为 34. 66 岁。

1990 年，全县 0—14 岁人口 1924 人，占总人口 37. 47%；15—64 岁人口 2932 人，占总人口 57. 11%；65 岁以上人口 278 人，占总人口 5. 42%。年龄中位数为 20. 32 岁。女性寿命较男性长，至 1998 年，全县百岁老人 2 名，其中 1 男 1 女。男：旺堆，托林镇札布让村人，104 岁。女：德吉，托林镇东嘎村人，108 岁。这两位百岁老人均生活在农村，且长期坚持干力所能及的体力活。

2000 年，全县 0—14 岁人口 1936 人，占全县总人口 30. 2%；15—64 岁人口 3862 人，占全县总人口的 64. 8%；65 岁以上老年人口 315 人，占全县总人口的 4. 9%。年龄中位数为 26. 47 岁。

四、民族构成

札达县境内有藏族、汉族、回族、维吾尔族、壮族、土家族、满族、彝族、苗族等 9 个民族。1990 年，第四次人口普查时，全县总人口 5134 人。其中，藏族 5087 人，汉族 44 人，回族 3 人。

2001 年，全县总人口 6656 人。境内有藏族、汉族、回族、维吾尔族、壮族、满族等 6 个民族。其中，藏族人口 6052 人，占总人口的 90. 93%。

根据 1% 人口抽样调查资料计算，2006 年末，札达县总人口为 7030 人，其中藏族人口占总人口的 76% 以上。

随着全县经济发展及国家、自治区的政策支持，县内迁入民族及人口不断增多，截至 2010 年底，札达县境内有藏族、汉族、回族、维吾尔族、壮族、满族、土族、彝族、苗族共 9 个民族。全县总人口 7179 人。其中，藏族人口 6219 人，占总人口的 86. 63%。

第二节　人口变动及分布

一、人口变动

象雄时期，札达境内的朗钦藏布流域是象雄人集中居住地区，人们在此从事以原始农牧业为主的生产活动。9 世纪后，西藏进入分裂割据时期，札布让一带成为西藏西部主要人口聚集区。据史料推断，古格王国鼎盛时期，约有 10 万人口。古格灭亡后至噶本时期，由于天灾频繁，疫病不断，医疗条件差，加之占人口相当比例的僧尼不从事人口生产，札达县的人口长期处于负增长，甚至持续锐减。

1951—1959 年，由于受反动头人及个别分裂主义分子煽动和蛊惑，札达出现人口外流现象，部分乡村群众外逃至印度。至 1959 年，札布让宗、达巴宗共有人口 3228 人。其中，札布让村仅有 9 户人家，均为外地迁来。针对人口长期外流的现象，国家和中共西藏工委实施了一系列优惠政策，吸引了大部分外流人口陆续返回原籍定居，共有 560 人。

1960 年，札达县建立之初，因医疗条件和环境条件较差，人口出生率偏低，死亡率较高，人口自然增长缓慢，部分年份出现负增长现象。1960 年，全县总人口为 3442 人。1965 年，全县人口首次突破 4000 人，达到 4043 人。1980 年，死亡人数增加，出生率下降，境内人口减少，总人口为 3250 人，人口呈负增长。

随着改革开放的逐步深入，县域人民生活水平不断提高，医疗卫生条件有了明显改善，婴幼儿成活率提高，人口死亡率下降，人均寿命延长。1995 年，全县总人口突破 5000 人，达到 5546 人。

1998 年，全县总人口突破 6000 人，达到 6021 人。县内经济文化相对发达的托林镇和香孜乡、达巴乡等地人口增长较快，底雅乡、萨让乡、曲松乡人口发展相对缓慢。

2001 年，全县总人口为 6290 人，新出生 55 人，人口出生率 11‰，全年死亡人口 15 人，死亡率 3‰，人口自然增长率 8‰。

截至 2010 年，全县总人口达 7179 人，较 2001 年增长了 14%。新出生 73 人，出生率较 2001 年增长了 1‰。当年死亡 17 人，人口死亡率较 2001 年增长了 3‰。人口自然增长率较 2010 年降低了 2‰。

1960—2010 年札达县人口情况统计表

表 17－1－3　　　　单位：户、人

年份	户数	人口	年份	户数	人口
1960	819	3442	1986	811	4208
1961	833	3583	1987	826	4258
1962	837	3752	1988	837	4317
1963	842	3849	1989	850	4325
1964	845	3867	1990	861	4437
1965	846	4043	1991	865	4425
1966	913	4143	1992	873	4459
1967	913	3736	1993	884	4597
1968	921	4265	1994	892	4656
1969	813	3822	1995	949	5546
1970	761	3743	1996	986	5592
1971	765	3827	1997	1019	5552
1972	760	4004	1998	1047	6021
1973	951	4134	1999	1156	6069
1974	969	4121	2000	1344	6113
1975	970	4232	2001	1374	6290
1976	887	3685	2002	1488	6509
1977	843	3625	2003	1765	7096
1978	839	3678	2004	1723	7134
1979	672	4413	2005	1773	7195
1980	754	3250	2006	1751	7030
1981	853	4348	2007	1785	7045
1982	817	4460	2008	1854	7081
1983	804	4336	2009	1936	7132
1984	893	4585	2010	2290	7179
1985	851	4453			

2001—2010 年札达县人口自然变动情况

表 17－1－4

年份	总人口	出生人口		死亡人口		自然增长	
		人数	出生率‰	人数	死亡率‰	人数	自然增率‰
2001	6290	55	8.7	15	2.4	40	6.4
2002	6509	50	7.7	9	1.4	41	6.3
2003	7096	49	6.9	28	3.9	21	3
2004	7134	30	4.2	17	2.4	13	1.8
2005	7195	44	6.1	18	2.5	26	3.6
2006	7030	46	6.5	24	3.4	22	3.1
2007	7045	62	8.8	21	3	41	5.8
2008	7081	64	9	19	1	45	6.4
2009	7132	70	9.8	16	2.2	54	7.6
2010	7179	73	10.2	17	2.4	56	7.8

二、人口分布

札达县地处西藏自治区西部，北、西、南与印度相邻，东连噶尔县，东南连普兰县。属高原地带，平均海拔 4000 米，地势南低北高，高差 1500 米，人口分布受地形影响较大，地广人稀，人口居住分散，分布不均。

1960 年 5 月，札达县建立后，全县总人口 3442 人，人口密度为每平方千米 0.125 人；1974 年，全县总人口 3977 人，人口密度为每平方千米 0.14 人，分布在 12 个公社、45 个生产队，乡村人口比例大，城镇人口比例小，乡村人口占全县总人口的 80% 以上。1984 年，全县总人口 4585 人，人口密度每平方千米 0.16 人，分布在 6 个区 15 个乡。

2000 年，全县总人口 6113 人。其中，城镇人口 944 人，占全县总人口的 15.4%；农牧业人口 5169 人，占全县总人口的 84.6%。农牧民人口分布在 48 个村民小组，全县人口密度为每平方千米 0.22 人。托林镇人口 1766 人，占全县总人口的 28.9%；达巴乡 1012 人，占全县总人口的 16.6%；香孜乡1049人，占全县总人口的17.2%；曲松乡883人，占全县总人口的14.4%；底雅乡679人，占全县总人口的11.4%；萨让乡730人，占全县总人口的11.9%。

随着全县社会经济的发展，城镇人口逐年增多，但占总人口的比例仍然较低。2010年，全县总人口7179人，平均人口密度为每平方千米0.29人。其中，城镇人口1554人，占总人口的22%，较2000年城镇人口增加64.6%；农牧业总人口5625人，占总人口的78%，较2000年增加8.8%。托林镇总人口2487人，较2000年增加40.8%；达巴乡总人口1187人，较2000年增加17.3%；香孜乡总人口1206人，较2000年增加15%；曲松乡总人口966人；底雅乡总人口753人，人口密度为每平方千米0.3人；萨让乡总人口580人，人口密度每平方千米0.18人。

2001—2010年札达县人口分布情况表

表17－1－5

年份＼人口分布	总人口	城镇人口	乡村人口	占总人口比例%	
				城镇人口	乡村人口
2001	6290	1067	5223	17	83
2002	6470	1212	5258	19	81
2003	7096	1830	5266	26	74
2004	7134	1835	5299	25	75
2005	7195	1875	5320	26	74
2006	7030	1623	5407	24	76
2007	7045	1596	5449	24	76
2008	7081	1563	5518	23	77
2009	7132	1526	5606	23	77
2010	7179	1554	5625	22	78

2001—2010 年札达县各乡镇人口分布情况表

表 17－1－6　　单位:人

乡/镇 年份	总人口	托林镇	达巴乡	香孜乡	底雅乡	萨让乡	曲松乡
2001	6290	1762	1037	1115	797	758	821
2002	6509	1819	1052	1126	817	756	939
2003	7096	2159	1176	1156	820	787	998
2004	7134	2184	1185	1156	820	787	1002
2005	7195	2200	1196	1161	831	785	1022
2006	7030	2017	1123	1182	830	733	1036
2007	7045	2241	1175	1191	765	685	988
2008	7081	2229	1192	1261	783	691	976
2009	7132	2445	1157	1193	756	614	967
2010	7179	2487	1187	1206	753	580	966

第三节　人口普查

人口普查是指在国家统一规定的时间内，按照统一的方法、统一的项目、统一的调查表和统一的标准时点，对全国人口普遍地逐户逐人地进行的一次性调查登记。札达县第一次人口普查在 1982 年，即全国第三次人口普查。截至 2010 年，札达县共进行了 4 次人口普查。

一、第三次人口普查

普查的标准时间为：1982 年 7 月 1 日零时，是札达县第一次人口普查。按照阿里地区人口普查办公室统一要求，与整顿城镇户口、建立农牧区户口制度相结合，开展人口普查工作，但仅包括与户口登记有关的 7 项内容，即姓名、性别、年龄、出生地、民族、文化程度与职业。

因为地域辽阔，交通不便，按照阿里地区人口普查办公室要求，1982年5月中旬，札达县人口普查工作人员即开始深入各个家庭户进行调查、登记，到7月上旬，整个普查工作结束。结果显示：札达县总人口817户4460人，其中男性2185人，女性2275人，性别比为96：104。

二、第四次人口普查

普查的标准时间为：1990年7月1日零时。

调查项目除第三次人口普查内容外，增加了婚姻、妇女生育状况和出生死亡人数等指标。受地形、交通等因素影响，阿里地区人口普查办公室统一要求普查登记时间提前到6月1日进行。札达县调查登记于7月上旬完成，交由地区人口普查办公室审核、录入、汇总。结果显示：札达县总人口为5134人，其中男性2491人，女性2643人。

札达县第四次人口普查情况统计表

表17－1－7　　单位：户、人

名称	总户数	总人口	男	女	藏族
合计	1008	5134	2491	2643	5087
底雅乡	45	213	108	105	213
什布奇乡	33	131	56	75	131
鲁巴乡	61	288	124	164	288
波林乡	39	217	113	104	217
托林乡	157	842	467	375	795
东嘎乡	34	193	92	101	193
萨让乡	83	453	215	238	453
日巴乡	48	260	132	128	260
达巴乡	56	324	164	160	324
东波乡	41	225	104	121	225
曲龙乡	55	298	140	158	298

续表

名称	总户数	总人口	男	女	藏族
香孜乡	92	481	217	264	481
热布加林乡	99	461	190	271	461
曲松乡	82	404	196	208	404
楚鲁松杰乡	83	344	173	171	344

三、第五次人口普查

普查的标准时间为2000年11月1日零时。

1998年6月17日，国务院发出《关于进行第五次全国人口普查的通知》，2000年7月上旬，札达县派员参加阿里地区人口普查业务骨干培训班，并成立人口普查办公室。通过张贴标语和宣传画、发放宣传品等多种形式开展宣传活动，达到了让全社会支持、配合、参与人口普查的目的。

在普查登记前，阿里地区公安处和阿里地区人口普查办公室统一部署，对札达县各个普查小区内的常住人口、暂住人口、户口待定人口和人户分离情况逐户逐项进行调查核对，力求达到户主姓名底册人数、《居民户口簿》人数与居民实际人数“三个一致”，做到村不漏户、户不漏人、人不漏项。

结果显示：札达县总人口6133人，男2960人，女3173人，性别比为92∶166。干部职工中男274人，女74人，性别比为7∶3；农村人口中，男2387人，女2782人，性别比为85∶108。

四、第六次人口普查

普查的标准时点是2010年11月1日零时。

2009年5月6日，中国政府网公布了《国务院关于开展第六次全国人口普查的通知》。普查结果显示，2010年，全县总人口7179人。其中，城镇人口1554人，占总人口的22%；农牧业总人口5625人，占总人口的78%，较2000年增加8.8%。托林镇总人口2487人，较2000年增加40.8%；达巴乡总人口1187人，较2000年增加17.3%；香孜乡总人口

1206 人，较 2000 年增加 15%；曲松乡总人口 966 人；底雅乡总人口 753 人；萨让乡总人口 580 人。

2010 年札达县各村组人口户数情况

表 17－1－8

乡村名称		户数	人口	女	乡村名称		户数	人口	女
达巴乡		291	1187	589	曲松乡		202	966	491
达巴村		116	424	202	曲木底村		97	456	227
其中	一组	40	145	70	其中	丁布组	22	107	56
	二组	38	154	71		嘎尔共坚组	24	120	66
	三组	38	125	61		那措组	22	115	47
东波村		78	308	149		江布寺入组	29	114	58
其中	托洛组	36	126	60	楚鲁松杰村		105	510	264
	乌优组	18	80	39	其中	卡热组	15	75	36
	乌丁组	24	102	50		巴角组	26	109	56
曲龙村		97	455	238		松杰组	39	189	96
其中	一组	24	113	53		楚鲁组	25	137	76
	二组	25	114	64	底雅乡		185	753	401
	三组	23	111	60	鲁巴村		78	332	177
	四组	25	117	61	其中	努巴组	21	82	47
香孜乡		297	1206	629		鲁巴组	29	114	65
香孜村		150	597	315		益日组	28	136	65
其中	其里普组	23	93	48	底雅村		64	244	127
	香孜组	42	183	98	其中	古让组	11	33	16
	夏益组	23	80	39		马阳组	18	75	42
	乡巴组	30	122	61		底雅组	17	66	30
	苏康组	32	119	69		荣堆组	18	70	39

续表

乡村名称		户数	人口	女	乡村名称		户数	人口	女
热布加林村		147	609	314	什布奇村		43	177	97
其中	西谢组	17	68	40	其中	什布奇组	14	66	40
	色嘎组	27	91	45		热尼组	7	15	7
	热嘎夏组	27	117	55		色尔贡组	13	56	29
	角孜组	14	63	36		久巴组	9	40	21
	热布加林组	9	37	21	托林镇		235	933	482
	夏朗组	14	74	40	托林居委会		114	417	218
	日孜组	21	83	38	其中	托林组	45	165	91
	江塘组	18	76	39		札布让组	43	146	77
		167				玛朗组	26	106	50
萨让乡		167	580	221	波林村		64	279	146
日巴村		89	266	54	其中	卡孜组	28	116	60
其中	日地岗组	14	43	20		波林组	18	77	41
	嘎布热组	12	40	20		多香组	18	86	45
	曲色组	21	35	14	东嘎村		57	237	118
	日巴组	42	148	79	其中	培养组	23	95	45
萨让村		78	314	167		东嘎组	19	77	38
其中	萨让组	12	41	22		白东组	15	65	35
	当巴组	30	127	68					
	白嘎组	36	146	77					

五、人口变动情况抽样调查

2005 年 11 月 1 日零时，全国进行 1% 人口抽样调查，是 2000 年人口普查之后进行的一次简易调查。调查结果显示：2005 年全县总人口 7195 人。其中，男性 3447 人，女性 3748 人。达巴乡 1084 人，香孜乡 1065 人，萨让乡 675 人，曲松乡 905 人，底雅乡 718 人，托林镇 873 人。

2005 年札达县各村组人口情况统计表

表 17－1－9

乡村名称		人口	户数	乡村名称		人口	户数
达巴乡		1084	230	曲松乡		905	194
达巴村		386	97	曲木底村		480	93
其中	一组	127	32	其中	丁布组	106	24
	二组	139	35		嘎尔共组	111	21
	三组	121	30		那措组	92	20
东波村		274	56		江布寺入组	113	28
其中	托洛组	119	26	楚鲁松杰村		425	101
	乌优组	70	15	其中	卡热组	69	17
	乌丁组	85	15		巴角组	104	24
曲龙村		424	77		松杰组	184	36
其中	一组	103	20		楚鲁组	140	24
	二组	104	20	底雅乡		718	176
	三组	107	18	鲁巴村		311	62
	四组	111	19	其中	努巴组	83	21
香孜乡		1065	258		鲁巴组	107	25
香孜村		510	133		益日组	130	26
其中	其里普组	84	17	底雅村		237	72
	香孜组	140	36	其中	古让组	35	11
	夏益组	67	21		马阳组	78	19
	乡巴组	97	28		底雅组	70	15
	苏康组	120	31		荣堆组	64	17
热布加林村		555	125	什布奇村		170	42

续表

乡村名称		人口	户数
其中	西谢组	63	16
	色嘎组	80	17
	热嘎夏组	101	23
	角孜组	63	12
	热布加林组	28	8
	夏朗组	71	14
	日孜组	73	17
	江塘组	68	17
萨让乡		675	138
日巴村		295	57
其中	日地岗组	45	9
	嘎布热组	33	5
	曲色组	41	11
	日巴组	155	32
萨让村		380	81
其中	萨让组	62	14
	当巴组	151	33
	白嘎组	155	34
其中	什布奇组	59	12
	热尼组	24	9
	色尔贡组	47	11
	久巴组	41	10
托林镇		873	178
托林居委会		380	87
其中	托林组	148	35
	札布让组	149	32
	玛朗组	87	20
波林村		230	45
其中	卡孜组	107	18
	波林组	76	12
	多香组	81	16
东嘎村		263	46
其中	培养组	97	18
	东嘎组	77	14
	白东组	58	14

2000—2006 年札达县人口变动情况统计表(一)

表 17－1－10

年份	总人口			城镇人口			年城镇出生人口			出生率‰	城镇死亡人口			死亡率‰
	合计	男	女	合计	男	女	合计	男	女		合计	男	女	
2000	6113	2971	3142	944	584	360	13	6	7	14	2	1	1	2
2001	6290	2989	3301	1067	540	527	8	5	3	7	6	3	3	10

续表

年份	总人口			城镇人口			年城镇出生人口			出生率‰	城镇死亡人口			死亡率‰
	合计	男	女	合计	男	女	合计	男	女		合计	男	女	
2002	6509	3344	3165	1251	880	371	15	6	9	12	11	6	5	9
2003	7096	3428	3668	1830	911	919	3	1	2	2	3	3	0	2
2004	7134	3468	3666	1835	922	913	3	2	1	2	3	2	1	2
2005	7195	3447	3748	1875	954	921	4	2	2	2	6	3	3	3
2006	7030	3282	3748	1623	745	878	4	1	3	2. 5	11	4	7	6

2000—2006 年札达县人口变动情况统计表(二)

续表 17 - 1 - 11

年份	农牧民人口			农牧民出生数			出生率‰	农牧民死亡人口			死亡率‰	自然增长率	迁入	迁出
	合计	男	女	合计	男	女		合计	男	女				
2000	5169	2387	2782	37	0	37	7	13	12	1	3	4	32	23
2001	5223	2449	2774	55	29	26	11	15	8	7	3	8	45	23
2002	5258	2464	2794	50	27	23	10	9	4	5	2	8	33	30
2003	5266	2517	2749	49	28	21	9	28	20	8	5	4	682	95
2004	5299	2546	2753	30	17	13	6	17	9	8	3	3	57	32
2005	5320	3493	2827	40	20	20	8	13	4	9	2	6	107	71
2006	5407	2528	2879	42	17	25	8	13	5	8	2. 4	5. 6	58	245

第四节　人口密度

西藏是中国人口最少、密度最小的省区，人口密度为每平方千米 2. 26 人，只有全国人口密度的六十分之一。阿里地区是世界上人口密度最小的地方。其中，札达县人口密度仅为约每 3. 44 平方千米 1 人。

7—18 世纪，天灾频繁、疫病不断、医疗条件差、占人口比例较大的僧尼不从事人口生产，导致札达县的人口长期处于负增长，甚至持续锐减。

18—20 世纪中叶，因农奴主等三大领主的剥削压迫，西藏地区人口骤降。

1951 年，西藏和平解放后，札达县人口，尤其是藏族人口进入有史以来增长最快的时期。1956 年，西藏人口出生率、自然增长率均高于全国平均水平。截至 2000 年,全县总人口 6133 人,人均占有面积为 4. 55 平方千米。

2006 年末，札达县总人口 7030 人，藏族人口占总人口的 76% 以上，人口出生率为 17. 4‰，死亡率为 5. 7‰，自然增长率为 11. 7‰，人口持续增加。人口平均寿命从 35. 5 岁提高到 67 岁。

托林镇、达巴乡、香孜乡人口稳步增长，人均占有面积逐年减少。托林镇人均占有 1. 47 平方千米；达巴乡人均占有 5. 81 平方千米；香孜乡人均占有 2. 46 平方千米；而曲松乡人口呈波动增长趋势，2006 年人均占有面积最少，为 5. 19 平方千米，2010 年 5. 57 平方千米；萨让乡和底雅乡人口呈现逐年减少情况，截至 2010 年底，萨让乡人均占有 5. 67 平方千米，底雅乡人均占有 3. 36 平方千米。

截至 2010 年底，全县面积 24683. 56 平方千米，总人口 7179 人，人均占有面积为 3. 44 平方千米。

2001—2010 年札达县人口密度情况表

表 17 - 1 - 12

年份	人口	面积(平方千米)	平均密度(平方千米/每人)
2001	6290	24683. 56	3. 93
2002	6470	24683. 56	3. 8
2003	7096	24683. 56	3. 48
2004	7134	24683. 56	3. 46
2005	7195	24683. 56	3. 43
2006	7030	24683. 56	3. 52
2007	7045	24683. 56	3. 51
2008	7081	24683. 56	3. 49
2009	7132	24683. 56	3. 46
2010	7179	24683. 56	3. 44

2001—2010 年札达县各乡镇人口密度情况

表 17 - 1 - 13

乡镇	年份	人口	面积(平方千米)	平均密度(平方千米/每人)
托林镇	2001	1762	3641.64	2.07
	2002	1819	3641.64	2.01
	2003	2159	3641.64	1.69
	2004	2184	3641.64	1.67
	2005	2200	3641.64	1.66
	2006	2224	3641.64	1.64
	2007	2217	3641.64	1.64
	2008	2229	3641.64	1.63
	2009	2445	3641.64	1.49
	2010	2487	3641.64	1.47
达巴乡	2001	1037	6888.66	6.65
	2002	1052	6888.66	6.55
	2003	1176	6888.66	5.86
	2004	1185	6888.66	5.82
	2005	1196	6888.66	5.76
	2006	1123	6888.66	6.14
	2007	1158	6888.66	5.95
	2008	1192	6888.66	5.78
	2009	1157	6888.66	5.96
	2010	1187	6888.66	5.81
香孜乡	2001	1115	2967.63	2.67
	2002	1126	2967.63	2.64
	2003	1156	2967.63	2.57

续表1

乡镇	年份	人口	面积(平方千米)	平均密度(平方千米/每人)
香孜乡	2004	1156	2967.63	2.57
	2005	1161	2967.63	2.56
	2006	1182	2967.63	2.51
	2007	1232	2967.63	2.41
	2008	1261	2967.63	2.36
	2009	1193	2967.63	2.49
	2010	1206	2967.63	2.46
曲松乡	2001	821	5372.56	6.55
	2002	939	5372.56	5.73
	2003	998	5372.56	5.39
	2004	1002	5372.56	5.37
	2005	1022	5372.56	5.26
	2006	1036	5372.56	5.19
	2007	988	5372.56	5.44
	2008	976	5372.56	5.51
	2009	967	5372.56	5.56
	2010	966	5372.56	5.57
萨让乡	2001	758	3288.6	4.34
	2002	756	3288.6	4.35
	2003	787	3288.6	4.18
	2004	787	3288.6	4.18
	2005	785	3288.6	4.19
	2006	733	3288.6	4.49
	2007	685	3288.6	4.8

续表 2

乡镇	年份	人口	面积(平方千米)	平均密度(平方千米/每人)
萨让乡	2008	691	3288.6	4.76
	2009	614	3288.6	5.36
	2010	580	3288.6	5.67
底雅乡	2001	797	2524.45	3.17
	2002	817	2524.45	3.09
	2003	820	2524.45	3.08
	2004	820	2524.45	3.08
	2005	831	2524.45	3.04
	2006	830	2524.45	3.05
	2007	765	2524.45	3.3
	2008	783	2524.45	3.23
	2009	756	2524.45	3.34
	2010	753	2524.45	3.36

第五节 优生优育

计划生育是我国的一项基本国策。控制人口增长、提高人口素质、改善人民群众生活条件是一项长期而艰巨的任务。针对札达县人口增长过快、社会经济落后、发展缓慢的客观现象，全县卫生工作人员积极狠抓计生工作，计划生育工作取得了一定成效。

一、机构

20 世纪 80 年代，札达县成立计划生育领导小组。1999 年，在全地区机构改革时，建立札达县计划生育办公室，编制 2 人，与县卫生局合署办公，但未配备领导，由县卫生局 1 名副局长兼任。

2000—2010 年，札达县把人口和计划生育工作纳入全县经济和社会发展的总体规划，并组织实施，做到创建计划生育先进县与经济社会发展同研究、同部署、同检查、同奖惩。定期召开人口和计划生育专题会议，听取计生工作情况汇报，协调解决工作中的实际困难和问题，促进计划生育工作有序、高效开展。县卫生局与乡镇卫生院签订了《人口和计划生育目标管理责任书》，明确各级计生责任，做到一级抓一级，层层抓落实。

二、计生服务

札达县坚持把宣传教育放在计划生育工作的突出位置，采取多种形式，形成县、乡、村三级宣传教育网络。以群众的需求为出发点，把计生政策、关爱女孩、计生知识作为宣传的重点，开展计生咨询服务。提倡少生优育，优生优教，为创建计划生育优质服务先进县活动创造良好的舆论氛围。坚持把宣传教育作为促进群众婚育观念转变、努力实现人口和计划生育良性循环的重要任务来抓，以创建新型生育文化镇为契机，广泛宣传科学、文明、进步的婚育观念和生殖健康科学知识，积极传播社会主义新型生育文化。

20 世纪 80 年代，札达县主要在县、区机关干部职工中宣传“晚婚晚育、优生优育”政策。1980 年，根据阿里地区行署在全地区《关于认真开展计划生育工作的意见》，要求凡在札达县工作的干部职工生育者一律发放《准生证》。同年底，札达县开始在全县干部职工中发放《准生证》。1984 年后，札达县开始在干部职工中办理《独生子女证》。

1985 年底，逐步在全县藏族干部及其他民族干部中推进“二胎制”计划生育政策，对农牧民实行“三为主”政策，即坚持实行以宣传教育为主、坚持自愿为主、坚持经常性技术服务为主。

20 世纪 90 年代初，县计划生育领导小组在县、区机关干部职工中落实国家计划生育政策，在农牧区群众中宣传“晚婚晚育”政策，提倡和鼓励“优生优育”。

1992 年，札达县开始执行《西藏自治区计划生育暂行管理办法》，对办理独生子女的干部职工，发放一定的奖励。

对地处边境、交通不便、部分村组无法通车的农牧民，采取每年定期或不定期地下乡进行免费服务，把优质的计划生育服务送到每家每户。1998—2005 年，宣传计划生育各种政策 145 场次，发放宣传册近万册（张），受宣人数达 23110 余人（次）。

2000 年，在全县城镇汉族干部、职工中实行“一胎制”计划生育政策，办理独生子女证 9 个、《准生证》173 个，对藏族等少数民族干部、职工提倡“二胎制”计划生育政策。

2002 年 9 月 1 日，正式实施《中华人民共和国人口与计划生育法》。

2007—2010 年，计生服务下乡达 36 次，行驶 3720 千米，骑马 500 多千米，步行 160 多千米，深入农牧民村组，宣传优生优育保健知识，共宣传 72 次，发放宣传册 9631 本（张），宣传人数达 13247 人次。

三、降消项目

为鼓励农牧民孕产妇住院分娩，进一步降低孕产妇死亡率，减少新生儿脊髓灰质炎，国家大力投资并启动降消项目（降低孕产妇死亡率，消除新生儿破伤风）。随着降消项目的实施，全县医疗卫生技术的不断提高，札达县孕产妇住院分娩率明显提高，产妇、新生儿死亡率明显下降。降消项目规定：为贫困农牧民住院分娩平产扶助 300 元，难产及剖腹产扶助 500 元；生活条件较好的普通农牧民平产扶助 100 元，难产及剖腹产扶助 300 元。

四、特殊家庭扶助

（一）“一孩双女”困难家庭

“一孩双女”（即一个家庭只有 1 个男孩或 2 个女孩）家庭扶助制度是国家对农牧民的一项惠民政策。农牧区“一孩双女”困难家庭进行扶助制度，即对只有 1 个男孩或 2 个女孩，且年龄 55 周岁及以上的农牧民以个人为单位发放扶助金，每人每年补助 720 元。札达县结合公安、文化、民政等部门进行详细的筛选工作，每年派专人检查，并及时上报增减情况，严格执行扶助金的发放工作。

2008 年，根据札达县农牧民群众居住较分散，部分乡镇有近半年封山的情况，联系札达县农业银行，为“一孩双女”家庭建立所在乡镇营业所存折，通过银行渠道，发放扶助金。此举措不仅使扶助金的管理有了很好保障，还为农牧民群众带来了方便。

（二）独生子女伤残家庭

认真贯彻落实独生子女伤残扶助制度，对独生子女死亡，或伤、病残后未再生育，或收养子女的家庭进行扶助。全县符合特扶人数 10 人，扶助金额为每人每年 960 元，共扶助 9600 元。

五、医务人员培训

为提高全县医务和计生人员的整体素质，县卫生部门每年借村组医生培训机会，组织培训班，提高医务人员理论知识水平。2007—2010 年间，乡、村两级计生技术服务人员先后开展 6 次集中培训，参训人员达 63 人。

2007 年 7 月 20 日至 9 月 5 日，底雅乡、萨让乡、曲松乡的楚鲁松杰村和达巴乡曲龙村共 33 名村组医务人员进行了为期 45 天的培训，主要内容包括计生技术基础理论与基本知识、计生手术操作技能、避孕节育、优生优育、生殖保健咨询指导技能等。培训以理论学习和实际操作为基础，制定学习计划，安排学习时间，确保完成各项学习任务，进一步加强医务人员的计划生育服务能力，努力为广大农牧民群众创造良好、方便、优质的计划生育服务。10 月 8 日至 11 月 23 日，分别对香孜乡、达巴乡、托林镇、曲松乡曲木底村 40 名村医进行为期 45 天的培训。

随着全县医疗技术水平的不断提高，新生儿出生率提高，死亡率下降，境内藏族人口呈现稳步增长趋势。截至 2010 年年底，全县境内藏族人口有 6219 人，占总人口的 86.63%。

第二章　民族　宗教

札达县认真贯彻落实宗教信仰自由政策，截至2010年底，全县有39座寺庙，其中噶举派寺庙2座、格鲁派寺庙30座、萨迦派寺庙5座、宁玛派寺庙2座（荣堆寺和拉巴寺）。

第一节　民族

据考古调查，在距今1—2万年以前，象泉河流域已有远古世居人类存在。象雄时期，居住在象泉河流域的人自称为“门人”，在今札达境内普遍发现有象雄时期的农田、石器、城堡、墓葬等。7世纪时，吐蕃征服象雄部落后，部分象雄人被杀或南逃，剩余部分归顺吐蕃。

20世纪50年代，国家进行民族认定时，将门人、从外迁徙而来的藏族统一划分为藏族。截至2000年底，札达县藏族人口5960人，占全县总人口的97.5%。

2007年，全县辖一镇五乡，15个行政村，58个村民小组，居住有藏、汉、回、满、维吾尔等多个民族，总人口1751户7030人，其中藏族6381人，占总人口的90.7%。

2001—2010 年札达县藏族人口及占比情况

表 17－2－1

年份	总人口	藏族人口	藏族人口占比(%)
2001	6656	6052	90. 93
2002	6490	5971	92
2003	7096	6032	86. 93
2004	7134	6087	85. 97
2005	7195	6113	84. 96
2006	7030	6187	88
2007	7045	6201	88. 01
2008	7081	6213	87. 74
2009	7132	6235	87. 43
2010	7179	6219	86. 63

1951 年 9 月，新疆军区独立骑兵师后续部队派工作队进驻香孜、托林等地开展社会调查，汉族和其他民族首次进入札达境内。此后，随着社会主义建设的需要，汉族及其他民族进入札达的人数逐年增多。

至 2001 年底，札达县境域内有多个民族成分，即藏族、汉族、回族、维吾尔族、壮族、满族等 6 个民族。

随着全县经济发展及国家、自治区的政策支持，县内迁入民族及人口不断增多，截至 2010 年底，札达县境内有藏族、汉族、回族、维吾尔族、壮族、满族、土族、彝族、苗族共 9 个民族。

第二节　宗教派别

一、苯教

苯教，分为原始苯教和雍仲苯教。约公元前 1000 年前后，出现原始苯教。

约公元前5世纪，出生在魏摩隆仁地方（今冈仁波齐峰附近）的古象雄王子辛饶米沃且，以原始苯教的占卜休咎、祈福禳灾、治病送死、驱鬼降魔等为基础，又融合周边部落和地区的宗教文化，创立雍仲苯教。苯教教徒尊称辛饶米沃且为“敦巴·辛饶”（意为开创者）。

7世纪前，苯教是札达境内奉行的主要宗教。自9世纪松额创立古格王系以后，认为苯教仪轨严重制约其治国方略的实现，随着佛教的逐步传入，苯教在札达境内逐步退出。至2000年底，札达县已无苯教信徒和苯教活动场所。

二、藏传佛教

8世纪，印度著名佛教大师佛密不远千里来到神山冈仁波齐朝圣，并广传佛法，修炼密宗，此为藏传佛教在阿里包括札达传播的开端。

北宋乾德四年（966），松额被其父扎西衮派往札布让地区，建立古格政权。松额笃信佛教，将王位让与其兄普兰王阔日，并出家为僧，取法名拉喇嘛·益西沃。松额出家后，致力于佛教的传播，来往于古格、普兰两地讲经传教，佛教在西藏西部逐步取代了苯教地位。

北宋开宝八年（975），仁青桑布等21名童子受拉喇嘛·益西沃的派遣到克什米尔学经取法，先后师从克什米尔博学大师那米扎、印度北部著名密宗大师西达噶热瓦玛等，游学印度北部及东部，将经藏、律藏、论藏、般若经等整理和翻译成藏文。此间，北宋至道二年（996），拉喇嘛·益西沃在札达托林建立集王权和教权于一体的托林寺。采取强硬措施，甚至不惜采取激进的血腥政策打击苯教势力。同时，废止与苯教相关的土葬、放置陪葬品以及宰杀动物作祭品的劣习，在古格地域弘扬佛法。其二子一女全都出家为僧为尼，二子主要活动在托林寺和玛朗寺，成为古格一带颇有影响的佛教高僧。其女拉益美朵在古格北部一带传法，并长期寡居在东嘎萨廓三石窟殿。

北宋至道三年（997），在拉喇嘛·益西沃主持下，托林寺分别从古格招收100名、普兰招收40名、桑噶招收30名聪慧睿智童子出家修行。为学到佛法真谛，拉喇嘛·益西沃从东印度迎请通晓五明的达玛巴拉（护法）

到古格，为托林寺僧众传授戒律和修炼法。随后达玛巴拉的名徒 3 个拉巴（护法）也被请到古格，由此奠定了藏传佛教后弘期上路弘法的基础。

仁青桑布从印度学法取经返回古格后，在古格、普兰等地传教，被普兰王拉德尊为上师。仁青桑布在札达境内昌建多处寺院，并与克什米尔大师们编译、厘定众多显密经籍，共译显教经典 17 部、33 部论，密教经典译过 108 部怛特罗。藏传佛教后弘期上路弘法开始形成。仁青桑布把密宗提高到与佛教理论相结合的高度，故称他及以后其他译师所译密籍为“新密咒”，称以前包括吐蕃时期所译密籍为“旧密咒”。

北宋景德元年（1004 年，藏历木龙年），拉喇嘛·益西沃在托林寺坛城大殿主持举行隆重开光仪轨，托林寺成为西藏最有影响的传经弘法中心，并用金汁书写《甘珠尔》3 套和用银汁书写《丹珠尔》2 套，书写《般若波罗蜜多经》多套。此间，噶逻禄和古格之间正在进行一场战争，拉喇嘛·益西沃为捍卫古格政权和佛教尊严，自任将官，亲自率兵远征噶逻禄。其侄绛曲沃依照拉喇嘛·益西沃嘱托前往印度，领取曾寄存在恩师西达噶热瓦玛处的大量经籍，并为已故恩师铸造紫金质释迦牟尼佛像一尊，用木轮车运回古格，后供于卡泽一座洞窟内。

北宋景佑四年（1037 年，藏历第一饶迥火牛年），古格王绛曲沃派嘉尊追森格携重金去印度迎请阿底峡。北宋庆历二年（1042 年，藏历第一饶迥水马年），阿底峡一行经“神山”“圣湖”、琼隆和达巴抵达玛朗寺和托林寺翻译经典。阿底峡在托林寺时著有《密宗道次第解说》《菩提道灯论》《入二谛论》《中观教授论》《摄菩萨行炬论》《发菩提新论》等。两年后，当阿底峡准备返回印度时，仲敦巴从前藏赶来会见，并请其到前藏传法。

北宋熙宁九年（1076 年，藏历第一饶迥火龙年），古格王拉德为纪念阿底峡，在托林寺举行法会，前后藏甚至康区等地诸高僧也都前往参加，成为藏传佛教后弘期一件盛事，史称“火龙年大法会”。在此期间，绛曲沃之弟子松德（又称拉尊·悉瓦沃）、仁青桑布弟子嘉尊追森格、仁青桑布，堂兄勒必喜绕，嘉尊追森格弟子纳措楚臣达瓦等都受绛曲沃、仁青桑布等的影响，致力于佛教的传播和佛经的翻译。特别是拉尊·悉瓦沃在世期间，翻译诸印度佛经名著，仅《丹珠尔》中提到的就有数十种，后成为托林寺住持。

他严肃教轨，弘扬佛法，使托林寺成为古格宗教中心。不仅巩固了托林寺，还在朗钦藏布流域建立众多的寺宇、石窟殿和修行堂。勒必喜绕翻译印度佛学著作多部，收集在《丹珠尔》里，为藏传佛教上路弘法的形成和发展做出重要贡献。

14 世纪以后，第十五代古格王扎巴德继任王位后，在大肆扩充领地的同时，大兴佛法，收服人心，向在其领地内的各大小寺庙供奉大量布施，塑制佛像、佛塔，用金汁印制经籍等，受到拥戴。第一次与直贡噶举派创始者杰丹贡布的第六位继任者古如达玛热扎建立供施关系，并派 100 名亲信携带黄金、黄铜和药品等送给直贡噶举在神山冈仁波齐的传法基地。扎巴德和王妃桑珠杰莫亲自到普兰迦帝卡城堡拜直贡派喇嘛为师，并把普兰上下塘雅等众多地盘作为福田供奉给直贡噶举派古格境内势力。为了显示古格的实力和不忘先辈的功德，扎巴德把颇为丰厚的供物献给拉萨大昭寺，用于修缮。邀请诸佛学大师在古格故地建立和完善般若学经制度，大力传播三藏经，给众多僧人创造学经和传经的有利条件。至第十七代古格王平措德时期，邀请出生于古格西北部东嘎地方（今札达县托林镇东嘎村）的著名佛学家阿旺扎巴返回古格讲经传法。阿旺扎巴到东嘎，在修复东嘎寺的同时广收徒弟，讲授显密精要，颇受当地信徒的尊崇。后在札布让受到平措德接见。平措德在了解了前后藏格鲁派势力和佛学大师宗喀巴等情况后，极力帮助阿旺扎巴在古格地区推广格鲁派，“古格王用发髻擦拭阿旺扎巴的僧靴，把价值连城的发髻装饰品、农田、牧场以及 7 户人家赠与阿旺扎巴，以解决僧人生活来源。古格王每次见到阿旺扎巴时，都双膝着地进行跪拜。古格王经常前往托林寺，置身于台下的百姓中聆听阿旺扎巴大师讲经说法，格鲁派势力深入到王室成员和平民百姓中。古格王还把阿旺扎巴推上托林寺仁青桑布大译师的宝座，使托林寺成为西藏西部颇具影响的格鲁派寺庙。阿旺扎巴在托林寺建立严格的格鲁派戒律制度，培养一批有影响、有真才实学的僧人队伍，改变了原来寺庙里不僧不俗、戒律松弛局面”。15—16 世纪晚期，出生于阿里古格西北部东嘎萨廓一户娘氏人家的江央辛・洛追坚赞就任托林寺住持，讲经弘法弘扬善业，受到古格王杰丹旺久拜嘎德接见，获诸优待，创建达巴扎西伦布寺。

古格第二十二代王杰丹旺久在位期间，极力支持格鲁派在其境域内的兴盛，大力修复托林寺，在古格都城修建大威德殿和红殿，建立阿里扎仓（仅山南乃东县境内），派人带着丰盛的供奉到哲蚌寺拜见第二世达赖喇嘛根敦嘉措，将宗喀巴名徒阿旺扎巴请到托林寺。杰丹旺久与普兰头人索朗绕丹一道，支持直贡噶举派显密大师朵增贡噶扎巴（时住江扎寺），与之建立供施关系，并拜朵增贡噶扎巴为师，把曾被竹巴噶举派占去的寺庙庄园和草场归还直贡噶举派。

至第二十七代古格王时期，备加重视格鲁派在古格的发展，与出家的叔父拉尊洛桑益西维一道从扎什伦布寺邀请第四世班禅大师罗桑曲坚到古格故城和托林寺、多香木卡寺、玛朗江久林寺、香孜绕丹强巴贡寺和达巴扎什伦布寺等地传法，使格鲁派在古格的势力发展到顶峰。由于格鲁派的影响在古格与日俱增，引起西部信奉竹巴噶举派的拉达克王的极大不满。明崇祯三年（1630 年，藏历第十一饶迥金马年），拉达克利用古格内部耶稣教与藏传佛教格鲁派之间的尖锐矛盾，派兵增援古格内部格鲁派势力，引发古格与拉达克之战，导致古格政权灭亡。

清光绪十九年（1893 年，藏历第十五饶迥水蛇年），西藏地方政府在阿里设立噶本地方行政管理机构，并由甘丹才旺任第一任阿里噶本。由于甘丹才旺信奉藏传佛教格鲁派，在札达等地大力推崇格鲁派。许多宁玛派和噶举派寺庙、拉康纷纷改宗格鲁派，藏传佛教格鲁派成为札达占主导地位的派别。

（二）主要教派

1. 宁玛派

宁玛意为“古、旧”。是藏传佛教主要宗派之一，其教派传承于“前弘期”（8 世纪），后人称“旧派”，以区别于“后弘期”形成的“新派”。宁玛派内部有远传经典、近传伏藏和甚深净相三大法脉传承体系。宁玛派比较全面地继承了吐蕃时期传播下来的教法仪轨，并且将这一教法仪轨不断充实和完善，最终形成一个极其庞杂而又分门别类的教派体系，在藏传佛教诸多教派中独具一格。12 世纪初，受托林寺住持拉喇嘛·益西沃的邀请，东印度佛教大师班智达塔玛巴拉（法神）在古格传承宁玛派，宁玛派从此传入札达，并由此成为札达早期较兴盛的藏传佛教派别。

2. 萨迦派

“萨迦”意为“灰白土”，因该派祖寺萨迦寺所建地方土色呈灰白，故名。该派创立于10世纪，创始人为昆·贡却杰布。其后，法王由昆氏家族世代相传。

15世纪初，萨迦派支系欧尔派创始人贡噶桑布先后3次到朗钦藏布流域广收门徒，讲授“道果教授”和“喜金刚修法”等。一时萨迦派密法和密咒传统在古格十分盛行，并在其影响下在古格建立了皮央和热布加林寺。贡噶桑布的弟子和再传弟子传遍古格。明弘治五年（1492年，藏历第八饶迥水鼠年），俄旺曲德寺（属今日喀则市）建立后，皮央寺成为俄旺曲德寺的属寺。此后，萨迦欧尔派在札达广为传承，并有一定影响。

3. 噶举派

“噶举”意为“语传”，即口耳相传的教派。藏传佛教噶举派初始有两大传承体系，即琼布朗觉创立的香巴噶举派和玛尔巴创立的塔波噶举派。

宋元祐八年（1093年，藏历第二饶迥水鸡年），塔波噶举派在前后藏形成后，大师米拉日巴依师玛尔巴早年嘱托，传教至神山冈仁波齐。该派支系众多。12世纪末，为了扩大竹巴噶举派的影响，派其得意弟子藏巴加热·益西多吉到神山冈仁波齐，盛传竹巴噶举派。随后，噶举派在托林寺等寺庙广为传承。此后，该派势力遍布札达。

4. 格鲁派

“格鲁”意为“善律”，称善律派或善规派。因该派倡导僧人应严守戒律而得名。又因主张显乘、密宗讲修结合，故名。又因该派是在噶当派基础上创建的，故又称新噶当派。明永乐七年（1409年，藏历第七饶迥土牛年），宗喀巴大师创建甘丹寺，以后不断发展壮大，渐渐与西藏地方政治势力相结合，形成势力较大、影响最深的大教派。

15世纪，阿旺扎巴到前后藏，并拜宗喀巴为师，钻研显密诸经，成为宗喀巴大师的名徒。学成后返回古格，在古格传播格鲁派，该派势力遂向古格境域不断发展。初始仅在朗钦藏布北岸的东嘎寺传教，后到离古格王国不远的托林寺传授，随之托林寺成为格鲁派传教中心。在古格王的扶持下，阿旺扎巴成为托林寺第一位住持，随后有曲杰楚臣等几十任住持。明万历四十六年（1618 年，藏历第十饶迥土马年），拉尊阿旺罗桑丹贝尼玛继任第十三任住持期间，应末代古格王扎巴扎西之邀，第四世班禅大师罗桑曲杰坚赞到托林寺。此后托林寺作为格鲁派在西藏西部的重要寺庙，地位显著提高，名扬境内外。

三、基督教

明天启四年七月（1624 年 8 月，藏历第十饶迥木鼠年六月），葡萄牙传教士安东尼奥德·安夺德神父为首的耶稣教会一行 4 人，经克什米尔、德里到达古格的札布让。1624 年 11 月 8 日，安夺德在古格停留半个月后，回到印度北部阿格拉，向果阿省耶稣会会长安德雷·帕尔梅罗神父写信提出在古格建立信教会的请求，得到果阿省耶稣会的同意，并决定加派 3 个神父进藏。明天启五年（1625 年 6 月 17 日，藏历第十饶迥木牛年），由马科斯修士率领新增派的 3 个神父从印度出发，明天启六年（1626 年 4 月，藏历第十饶迥火虎年）抵达古格札布让。

明天启六年（1626 年，藏历第十饶迥火虎年闰三月五日）帮助建立基督教堂。当年 4 月 11 日，在王宫广场竖起木头十字架，4 月 12 日，即西方复活节这一天，举行隆重的奠基式。明崇祯三年（1630 年，藏历第十一饶迥铁马年），拉达克王率领军队抵达古格札布让，古格政权灭亡。安夺德及传教士也全被押往列城，后被释放。明崇祯四年（1631 年，藏历第十一饶迥铁羊年）2 月 14 日，作为耶稣会果阿省会长的安夺德再次派 3 个神父前往札布让。明崇祯七年（1634 年，藏历第十一饶迥木狗年）3 月 19 日，安夺德中毒身亡。明崇祯八年（1635 年，藏历第十一饶迥木猪年），印度果阿主教派出 7 人奔赴札布让，其中 2 人在途中丧生，3 人重病，仅科勒斯玛和柯利亚成功抵达。同年 12 月 11 日，科勒斯玛和马科斯离开札布让返回印度。

此后，果阿传教会又多次尝试重返札布让，却屡遭失败，基督教传教活动基本终止。

第三节　宗教活动与场所

一、宗教活动

札达民众信仰当地的天神、山神、水神、土地神、灶神等，并保留了一些自然崇拜的习俗，经常在宗教活动日举行宗教仪式。主要有藏历十五的交朋友活动（托林寺）；请喇嘛到家里诵经，祈祷避邪；遇到家人生病，举行辟邪消灾仪式；遇到家人亡故，举行隆重的亡灵超度仪式；每天在自家经堂内进行敬圣水、烧香、点酥油灯、煨桑等简单的供养佛事活动。

此外，民间还存有“拉巴”或“阿巴”，假借神魂附体，专职从事预言、打卦、辟邪等活动。民间宗教活动主要有诵经、转经、磕长头等。

至2010年，县域主要佛事活动为托林寺的藏历十五佛事活动、藏传佛教萨嘎达瓦节、燃灯节等。

（一）诵经

信徒每时每刻有意无意地默念经文祈祷，尤其是“六字真言”。此外，藏人们日常还诵《度母经》《赎罪经》《祈祷经》等经文。

（二）朝佛转经

是指信徒手拿佛珠和转经筒围绕寺院、佛塔及嘛呢堆进行转经活动，谓积累“功德”。

（三）磕长头

是指信徒沿着寺院、神山、圣湖周围路线磕头叩拜，意为赎回躯体所造的罪孽，表达虔诚的信念和顽强的毅力。

（四）印经、刻经

是指信徒在经幡上刻印经文，插在神山、屋顶、帐篷周围让风吹动。在岩石、石板上刻画六字真言、《度母经》等经文，祈求风调雨顺、平安顺遂。此外，在插有经幡的山顶、隘口及堆放嘛呢堆之地，口中呼“索索索”，并向空中抛撒隆达（风马旗），向嘛呢堆添放石子等。

（五）放生

是指信徒以普度众生的佛教理念，通过家畜、禽鸟、鱼类的放生来达到不杀生的目的，减轻死亡恐惧，积累“功德”。

（六）“十五法会”和“天降节”

札达县宗教活动主要以托林寺藏历十五佛事活动（十五法会）和卡孜寺“天降节”最为隆重。“十五法会”参与人数平均在150—200人之间，“天降节”参与人数均在50—60人之间。托林寺是藏传佛教后弘期发源之地，是全县最大的格鲁派寺庙，1996年被列为全国重点文物保护单位。托林寺一年一度传统“藏历十五”宗教活动距今已有600多年的历史，宗教活动有拜酥油花、晒佛仪式、迎请强巴佛仪式、交法友活动，为期两天，每年参加活动的信教群众约250人。

托林镇卡孜寺是大译师仁青桑布在11世纪为他已故的父亲所建，14世纪萨迦派势力在古格兴起后祖殿不断扩建并改宗为萨迦派，卡孜寺文物和壁画属于自治区级文保单位。“天降节”在札达县城的卡孜寺殿堂内举行，为期两天。活动主要内容有玛尼东珠、拜净息观世音等。整个活动人数在30—60人，均为札达县境内的信教群众。

二、主要宗教节日

札达的节日，与西藏其他地区一样，一般都有浓厚的民族宗教特色。主要节日有藏历元月十五日的大法会活动、藏历四月十五日的萨嘎达瓦节、藏历六月四日的竹巴次西节、藏历七月的拉素节、藏历九月二十九日的拉波堆庆、藏历十月二十五日的燃灯节（甘丹安曲）、藏历十一月三日至八日的罗桑节、藏历十二月十日的次修节。

三、寺庙分布

截至2010年底，全县分布有寺庙、拉康48座。札达县寺庙（拉康）分布情况见表17-2-2。

札达县寺庙(拉康)分布情况表

表 17－2－2

序号	寺庙(拉康)名称	所在地	所属教派	创建时间	创建人
1	托林寺	托林镇	格鲁	11 世纪初	拉喇嘛·益西沃
2	罗当寺	托林镇	格鲁	15 世纪	哈斯帕巴益西尊珠
3	古格王宫四座寺庙	托林镇	教派不限	16 世纪	
4	多香寺	托林镇	格鲁		
5	卡孜寺	托林镇	萨迦		
6	玛朗寺	托林镇	宁玛改格鲁	11 世纪初	拉喇嘛·绛曲沃
7	达巴寺	达巴乡	格鲁	1500 年	阿旺扎巴
8	东嘎寺	托林镇	格鲁	11 世纪初	达尔布
9	曲龙寺	达巴乡	宁玛改格鲁		
10	皮央寺	托林镇	萨迦	900 年	拉喇嘛·益西沃
11	东嘎寺	托林镇	宁玛改格鲁		
12	白东布寺	托林镇	格鲁		江央辛帝·洛追坚赞
13	章木拉康和瓦钦普	达巴乡	宁玛改格鲁		
14	香孜寺	香孜乡	格鲁	800 年	
15	热布加林寺	香孜乡	萨迦	11 世纪初	
16	嘎色寺	香孜乡	噶举		
17	西谢寺	香孜乡	格鲁	不详	
18	拉巴寺	底雅乡	宁玛		
19	玉贡巴	底雅乡	萨迦		
20	苏摩如寺	曲松乡	噶举		
21	贡布拉康	底雅乡	噶举	1800 年	阿旺南杰
22	努巴寺	底雅乡	宁玛	11 世纪初	仁青桑布
23	尼旺普巴	底雅乡	各教派		
24	鲁巴寺	底雅乡	格鲁		

续表 2

序号	寺庙(拉康)名称	所在地	所属教派	创建时间	创建人
25	益日寺	底雅乡	噶举	11 世纪初	果仓巴
26	色底寺	曲松乡	格鲁		
27	蔓扎拉康	曲松乡	噶举改格鲁	1600 年	达巴永玛
28	强久林寺	曲松乡	噶举改格鲁	1600 年	
29	楚鲁拉康	曲松乡	噶举改格鲁	1500 年	古格阿旺扎巴
30	巴久寺	曲松乡	噶举改格鲁	不详	
31	卡热寺	曲松乡	格鲁		
32	玛央拉康	底雅乡	噶举	1800 年	喇嘛仁钦
33	底雅拉康	底雅乡	噶举	11 世纪初	仁青桑布
34	热尼拉康	底雅乡	格鲁	11 世纪初	仁青桑布
35	久巴拉康	底雅乡	噶举		
36	什布奇拉康	底雅乡	噶举改格鲁	1800 年	15 世噶玛巴活佛
37	普日寺	底雅乡	宁玛改噶举	11 世纪初	仁青桑布
38	日底岗寺	底雅乡	宁玛改格鲁		
39	色贡寺	底雅乡	宁玛	11 世纪初	仁青桑布
40	荣堆拉康	底雅乡	噶举	11 世纪初	仁青桑布
41	日巴拉康嘎波	萨让乡	宁玛	996 年	仁青桑布
42	日巴寺	萨让乡	宁玛改格鲁		
43	日巴玛尼拉康	萨让乡	噶举		
44	曲色寺	萨让乡	宁玛改格鲁	996 年	索巴坚参
45	当巴寺	萨让乡	宁玛改格鲁		南布巴扎西
46	萨让寺	萨让乡	格鲁	990 年	
47	杰嘎寺	萨让乡	噶举改格鲁	996 年	
48	杰嘎拉玉寺	萨让乡	噶举		

四、各教派主要寺庙

（一）噶举派寺庙

1. 益日寺

位于底雅乡鲁巴村，因寺庙位于沟谷里的山脚下，交通不便，隐蔽而得名“益日”，意为“隐蔽的区域”。13世纪初，由上竹巴噶举派的创立人果仓巴·贡布多杰的徒孙确结康珠修建。据传，曲杰日巴依照恩师古巴的预示，离开神山冈仁波齐，徒步到阿里西部深山峡谷地带。途经苏木如寺一带时，由一老妇人指点来到此地修行、传法。后曲杰日巴将自己渊博的知识和修道成果传授给弟子康珠，康珠遂在此修建寺庙。13世纪中叶，竹巴噶举派在阿里扩张时期，该寺较为兴盛，有僧尼40余人。后僧尼数目逐渐减少，最终成为着僧装之俗人管理的寺庙。

20世纪时，由南竹巴派（不丹噶举）管理。在寺庙上方岩山半崖，有曲杰日巴的修行洞。寺庙的外围有嘛呢堆、佛塔。主要宗教活动有藏历四月举行的噶举派大法会等，属自治区文物保护单位。

2. 普日寺

位于底雅乡古让村朗钦藏布北边形似度母端坐的山脊上。11世纪，由大师仁青桑布修建一间殿堂，由于久经风雨，多有损坏，后屡经修缮。13世纪，古仓巴·贡布多杰的八大名徒之一的曲杰迦当巴新修大经堂等其他建筑物，遂成为阿里竹巴噶举派的主要寺庙，并以此为中心，在古格境内发展诸寺。17世纪，普日寺改宗格鲁派，并成为托林寺属寺之一。托林寺第五任住持堪布赤江·阿旺曲丹特下文告，赋予普日寺种种特权，曾有13名僧人。

节日祭祀活动主要有楚古坡莫节（藏历六月十五日的男女童子节）、阿曲（十月二十五日的燃灯节）、珠曲（密乘为本尊而进行修习、供奉和颂赞的仪轨）、门朗（祈祷法会）、堆曲（定期法会和定时祭祀的仪轨）、真曲（各类纪念会、藏历四月八日是曲杰迦当巴圆寂的日子），遂聂木（化缘时节）等。

3. 嘎孜寺

又名嘎色桑丹塔杰林寺，该处位置隐秘，曾是隐居者的乐土，土林色泽淡黄，故名。位于江孜乡江当村，距县城约 125 千米。曾为苏摩如寺属寺，寺庙主殿为集会殿，四墙绘有丰富多彩的壁画，寺内主供莲花生大师像。

4. 拉玉寺

“拉玉”意为“仙界”。该寺坐落于人间仙境般的隐秘之处，故名。距县城约 200 千米。约 11 世纪，由论布次旺贡布所创建，信奉噶举派，寺庙主供六臂依怙。

5. 什布奇拉康

“什布”意为阴面，“奇”意为生长。虽地处阴面，但植被长势良好，故名。位于底雅乡什布村，距县城约 282 千米。该寺昌建者和时间不详，受噶举派影响，可能系噶举派喇嘛所建。主供十一面观音像。

6. 贡普寺

寺庙原址是座洞窟，“贡”意为“黑天怙主”，“普”意为“窑洞”。因洞内主供大黑天像，后在此基础上修建经堂，故名。位于底雅乡贡普村，距县城约 175 千米。该寺庙创建人和时间均不详。信奉竹巴噶举派，主供大黑天像、无量光佛像和释迦牟尼像等。

7. 马阳珠康

“马”意为“下方”，“阳”意为“悬崖”，因位于悬崖谷底，故名。位于底雅乡马阳村旁，距县城约 282 千米。由喇嘛丹增白桑布创建，具体创建时间不详。信奉竹巴噶举教派。

8. 荣堆拉康

位于底雅乡荣堆村，距县城约 248 千米。11 世纪时由大译师仁青桑布创建。13 世纪时，果仓喇嘛的弟子普日瓦钦布传承噶举教派。

（二）格鲁派寺庙

1. 托林寺

位于朗钦藏布南岸阶地上的札达县城旁。全称为托林康玛拜贝美伦吉竹由寺，意为“托林超凡任运成就红寺”，简称托林寺，是藏传佛教后弘期兴建的寺庙。属国家级文物保护单位。

北宋天圣六年（1028 年，藏历第一饶迴土龙年），由古格王松额始建。北宋万历二年（1042 年，藏历第一饶迴水马年），绛曲沃派人从东印度迎请高僧阿底峡进藏抵达古格后，在此弘法两年，著《菩提道炬论》等著作。

北宋熙宁九年（1076 年，藏历第一饶迴火龙年），在古格王泽德支持下，托林寺召开法轮大会，卫、藏、康等地区诸高僧前往参加，史称“火龙年大法会”，使托林寺蜚声西藏。

清初，随着格鲁派势力在阿里的发展，至清康熙二十二年（1683 年，藏历第十一饶迴水猪年）时，托林寺由原来信奉宁玛派改宗格鲁派，并成为色拉寺属寺，托林寺堪布由色拉寺巴扎仓派出，并逐步形成一套选拔与任用制度。

托林寺依地势而建，东西长，南北窄，呈条形分布，由萨迦殿、白殿、佛塔、罗汉殿、弥勒佛殿、护法殿、集会殿、色康殿、阿底峡传经殿及转经筒房、拉让、僧舍、塔林等组成。大部分建筑均围绕萨迦殿和集会殿，平行排列在东西向的中轴线两侧。萨迦殿和集会殿右侧有高大的菩萨塔，塔基甚大，由石块砌成，外壁上抹有红泥。萨迦殿、集会殿与菩萨塔之间有个较大的广场，专供讲经、辩经和跳神等。大殿内供有主体坛城和如来佛，外围四角建有四塔，塔高 13 米，形制别致，以红砖砌成，塔基、塔身、塔刹各占三分之一。集会殿或称祖拉康大殿，位于寺东南端，由诵经堂、护法殿、护法鹿角神殿、僧舍、库房、厨房等建筑构成。该殿东宽西窄，呈“凸”字形，护法殿面宽 6 间，进深 4 间，共 20 间；经堂面宽 7 间，进深 4 间，共 28 间，殿堂布满壁画和彩绘。白殿又称尼姑殿，位于集会殿东北，坐北朝南，平面为正方形，背面中间突出一小佛殿，为“凸”字形，是典型的藏地佛寺建筑。殿内有粗大的主柱 42 根，布局整齐，大殿绘满精致壁画。

僧舍位于殿堂群南北两侧，东侧建有色康，传为阿底峡和仁青桑布大译师的住处。沿河修建塔林，从西往东分两组，每组 3 座长塔，每座长塔由数十个或上百个小塔串连而成，长达百米，蔚为壮观。长塔之间建有托林寺历辈高僧的墓塔。现保存较好的尚有三大殿和一座佛塔。

主要宗教活动有藏历四月举行的格鲁派大法会。托林寺一年一度传统“藏历十五”宗教活动距今有 600 多年的历史，其活动内容有拜酥油花、晒佛仪式、迎请强巴佛仪式、交法友等，为期两天。

2. 玛朗寺

全名玛朗强久林寺。据传，拉喇嘛·益西沃为道场选址，将檀板抛向空中，檀板飘到古格上南部，未找到风水宝地，又返回玛朗上空，自言不是吗(玛朗)？准备落地时又飞往朗钦藏布下南部,故名。约11世纪,由拉喇嘛·绛曲沃所创。17世纪之后从宁玛派改宗格鲁派。据记载，自15—17世纪末，共有20位住持。寺庙主供弥勒佛。

3. 达巴寺

全名达巴扎西伦布寺。“达巴”意为“落箭”。据传，因格萨尔射的箭落到该处，故名。距札达县城80多千米。约13世纪末，由日喀则扎什伦布寺始建者杰·格顿珠巴的第七任传承人江央辛帝·洛追坚赞所创。后遭破坏，只剩下寺庙的残垣断壁。1992年迁到旧寺址东侧的平地上重建，寺内主供弥勒佛。

4. 东波寺

全名东波热丹卡尔寺。据说此地牦牛等家畜大多前额上有白点，当地称作“东波”，寓意吉兆，故名。距县城约140千米。最初是在大译师仁青桑布时期建造，寺名为东波寺。约13世纪时，江央辛帝·洛追坚赞来到此地，并将旧寺迁到山顶，新建东波寺。2006年，对寺院及僧舍进行维修。寺内主供宗喀巴大师。

5. 曲龙寺

全称琼隆嘎丹拉孜寺。“琼”为琼鸟，“隆”意为“沟”。据说此地为琼鸟栖息地，故名。距县城约28千米。11世纪，大译师仁青桑布时期创建。15世纪，江央辛帝·洛追坚赞住在此地，进行过一次规模较大的扩建。1984年迁移到曲龙村上方，寺内主供无量光佛。

6. 香孜寺

位于江孜乡江孜村，原寺旧址位于香孜城堡下方，系古格历任王和托林寺堪布的夏宫。距县城约70千米。古格王朝时期，由弥芝巴王子在此修建名为朗嘎的小庙。后迁到城堡附近，并修建大经堂，取名饶旦强巴林，广传佛法，信奉格鲁派，是托林寺25座属寺之一。1992年新迁到江孜乡东侧，主供弥勒佛像。

7. 强久林寺

位于楚鲁松杰村，如雪藏布河畔，距县城约 318 千米。约 13 世纪，由喇嘛姜龙创建。16 世纪时作为托林寺 25 个属寺之一，信仰格鲁派。17 世纪末有 46 名僧人，寺中主供文殊菩萨、释迦牟尼、观世音。

8. 杰嘎寺

全名杰嘎南加拉孜寺。“杰嘎”意为“白沙”。此地处处能见到白色沙子，故名。位于萨让乡杰嘎村，距县城约 193 千米。建寺时间无法考证，据说在告示中记载，是由次旺衮布等四位古格大臣建造的四座佛殿之一。《黄琉璃宝签》记载，由珠钦旺久班丹所创。最初信仰噶举派。15 世纪末，由阿旺扎巴的弟子扎巴桑布大师改宗格鲁派。1983 年，该寺移建到现址，主供强巴佛、释迦牟尼等。寺院附近有十余座佛塔及嘛呢堆。

9. 当巴寺

全名当帕巴通瓦敦旦寺，位于萨让乡当巴村，坐落于村旁岩山顶上，距县城约 200 千米。寺内主供圣观音一见事成像，故名。大译师仁青桑布时期创建，由南卡扎西大师扩建。18 世纪时，成为托林寺 25 个属寺之一，信奉格鲁派。1987 年，在原寺址上新建，主供圣观音。寺周围有许多自成海螺、曼扎等形象。

10. 日巴寺

全名日巴扎西曲林寺，位于萨让乡日巴村旁，距札达县城约 197 千米。据说由桑嘎喇嘛创建，具体创建时间不详。最初信奉宁玛派，约在 18 世纪成为托林寺 25 个子寺之一，改宗格鲁派。寺内主供莲花生大师等像。

11. 底雅拉康

位于底雅乡政府附近，距县城约 262 千米。该寺创建时间及创建人均不详。信奉格鲁派，主供文殊菩萨、释迦摩尼、观世音三尊像。

12. 拉巴寺

位于底雅乡拉巴村境内，距县城约 184 千米。该寺在大译师仁青桑布时期创建，之后由喇嘛益西班旦扩建。信奉格鲁派，主供莲花生大师像。

13. 努巴寺

全名努扎西曲林寺。“努巴”意为“西侧”。位于底雅乡努巴村，距县城约 175 千米。该寺在大译师仁青桑布时期创建，最初信奉宁玛派，17 世纪时改宗格鲁派，主供宗喀巴师徒三尊像等。

14. 多香寺

全名多香牟卡尔寺。“多香”意为“山下石头”，“牟”意为“鸽子”，“卡尔”意为“城堡”。此地为土林，山上缺少石块，只在谷地河床内见到石块，建城堡极其困难。拉达克战役时此城堡曾被鸽子围绕，没被拉达克士兵发现，故名。位于托林镇多香村旁，距县城约 63 千米。15 世纪由珠钦贡确白贡所创，信奉格鲁派，是托林寺 25 座子寺之一。主供六臂依怙主像、马头明王尊像等。寺旁曾有美观大方的大型佛塔，现部分已修复。

15. 白东波寺

距县城约 55 千米。12 世纪，由江央辛帝・洛追坚赞创建。信奉格鲁派。1987 年，在白东波村东侧重建，主供释迦牟尼像等。

16. 久巴拉康

“久巴”意为“呕吐”，据说从前此地有许多猕猴偷吃苹果，当地人驱赶猕猴，老猴因翻越多条山沟而呕吐不止，故名。位于底雅乡久巴村，距县城约 273 千米。11 世纪，大译师仁青桑布时期创建，13 世纪盛行竹巴噶举派，16 世纪改宗格鲁派，主供千手观音像，其壁画精彩，具竹巴噶举派艺术风格。

17. 西谢寺

位于江孜乡西谢村，距县城约 91 千米。约在 12 世纪建成，创建人不详，寺庙主供释迦牟尼像。

18. 曲色寺

“曲”意为“水”，“色”意为“金子”。此寺位于山坡上，河谷深切，饮用水比金子还要珍贵，故名。位于萨让乡曲色村，距县城约 166 千米。11 世纪，大译师仁青桑布时期修建，并由仁青桑布亲自加持。17 世纪，由喇嘛索巴坚才扩建，并改宗格鲁教。1993 年，在原寺基础上重建，主供师徒三尊像。

19. 日底岗寺

“日”意为“山”，“底”意为“肚脐”，“岗”意为“上”。位于萨让乡日底岗村旁，距县城约147千米。位于该山的中心位置上，故名。该寺庙创建时间及创建人均不详。最初信奉宁玛派，后成为日巴扎西曲委寺的子寺，改宗格鲁派。寺庙主供千手十一面观音像等。

20. 楚鲁拉康

“楚”意为“村庄”，“鲁”意为“集聚”。该村坐落在峡谷内，面积小，民宅村庄集聚在一起，显得非常狭窄，故名。该寺位于楚鲁松杰乡楚鲁村，距县城约322千米。在14世纪由噶举派喇嘛强巴索南创建。18世纪后，因与曲松强久林寺有着密切的关系，改宗为格鲁派。寺庙主供莲花生大师像、观音像等。

21. 卡热拉康

“卡”意为“城堡”，“热”意为“近处”。因拉康位于城堡遗址附近，故名。位于楚鲁松杰乡卡热村，距县城约380千米。13世纪初，由噶举派果仓喇嘛的弟子江龙喇嘛创建。最初信奉噶举派，后改宗格鲁派，主供宗喀巴像等。

22. 曼扎拉康

“曼扎”意为“坛城”。因位于坛城状的山岗上，故名。位于曲松乡，距县城约310千米。13世纪初，由噶举派果仓喇嘛的弟子江龙喇嘛创建。最初信奉噶举派，约17世纪改宗格鲁派，主供三怙主像等。

23. 巴角寺

全名巴角平措热布丹林寺，位于楚鲁松杰乡巴角村，距县城约有346千米。13世纪初，由噶举派果仓喇嘛的弟子江龙喇嘛所建。最初信奉噶举派。15世纪，由该寺住持勒毕扩建，并改宗格鲁派。17世纪约有70名僧人。寺庙主供释迦牟尼像及师徒三尊等。

24. 色底寺

全名色底唐曲林寺。“色”意为“金子”，“底”为象雄语，意为“水”域。此处东北面一座山流淌着一条金色的泉水，泉水中含金子，故名。该寺庙创建时间和创建人均不详。17世纪，该寺成为托林寺属寺之一，信奉格鲁派，主供弥勒佛像等。附近有嘛呢堆及若干佛塔。

（二）萨迦派寺庙

1. 东嘎寺

全名东嘎扎西确林寺。“东嘎”意为“白海螺”。该寺坐落于白螺一般的山顶上，故名。位于托林镇东嘎村旁，距县城约50千米。10世纪，拉喇嘛·益西沃时期所创。15世纪阿旺扎巴住此寺，改宗格鲁派。1987年，在东嘎村南侧的山坡上重建，主供释迦牟尼尊像等。

2. 卡孜寺

又名卡孜觉沃沃嘎洞寺。“卡孜”意为“山顶上的大城堡”，“觉沃”意为“师尊”，“沃嘎”意为“山猫”。寓意为山猫栖息的洞内藏有观音像。位于托林镇卡孜村境内，距县城约130千米。11世纪由大译师仁青桑布为纪念其父所创。约14世纪，改宗为萨迦派，主供仁青桑布大师所塑很特别的释迦牟尼像等。

3. 皮央寺

“皮央”意为“被外人掌管”。17世纪被拉达克统治，故名。位于托林镇皮央村旁，距县城约60千米。11世纪，由萨迦派高僧所创，信奉萨迦派。吉德尼玛衮时期成为古格第二个中心地区，建有城堡、大型佛塔等，尤其在第十七位古格王赤朗卡旺布平措时扩建诸寺庙、塑佛像、广传佛法、僧尼众多。现在原寺残基上修建了红殿，主供依怙、吉祥天母、四臂狮头依怙等像。护法殿内壁画保存完整。

4. 热布加林寺

位于香孜乡热布加林村，距县城约95千米。由俄尔钦·贡嘎桑布创建，信奉萨迦派，曾为阿里财力雄厚的一座寺院。“文化大革命”后在原集会殿的殿基上新建规模较小的殿堂，殿内主供释迦牟尼像、文殊菩萨等。

（四）宁玛派寺庙

1. 色贡拉康

位于底雅乡色贡村内，距县城约275千米。11世纪，由大译师仁青桑布创建。13世纪，果仓喇嘛的弟子普日瓦钦布传承噶举派。该寺规模较小，寺内壁画保存完整。

2. 热尼拉康

又名热尼白玛美炯祖拉康。“热尼”意为“两只羊”。据说，此地峡谷十分狭窄，在朗钦藏布沿岸仅有两只山羊并行大小的小径，故名。位于底雅乡热尼村境内，距县城约260千米。11世纪由大译师仁青桑布创建，最初信奉宁玛派，约13世纪时果仓喇嘛的弟子普日瓦钦布传承噶举派。主供密宗本尊马头明王像，寺内壁画等保留完整。

3. 萨让寺

全名萨让扎西曲林寺，位于萨让乡，距县城约175千米。该寺庙始建人和时间均不详，曾信仰格鲁派，后改宗宁玛派。寺庙主供六臂依怙、吉祥天母等。

第四节　民族、宗教事务管理

1959年民主改革后，札达县委、县政府认真贯彻党的民族宗教工作方针、政策，贯彻执行民族区域自治法及有关法律法规，不断加大民族干部的培养力度，通过实施“兴边富民”等行动，促进全县各民族团结一致，共同致富。

一、机构

1996年，按照西藏自治区党委统一部署，在县委统战部设立札达县寺庙爱国主义教育办公室。1999年7月，札达县民族宗教事务局成立，负责全县民族和宗教事务工作，与县委统战部合署办公，实行两块牌子、一套人马。机关编制7名（行政编制6名、事业编制1名），科级领导职数3名。

2006年，统战民宗部门有3名工作人员（1名部长、1名局长、1名干事）。

2010年，设立札达县民族宗教事务局，无内设机构，机关编制4名（行政编制3名，事业编制1名），其中科级领导职数3名。将与县委原统一战线工作部（民宗局）合署办公的民族宗教事务局职责划入县民族宗教事务局，原寺庙爱国主义教育领导小组办公室职责划入县民族宗教事务局；增加和促进建立和完善少数民族事业发展综合评价监测体系，推进实施民族事务服务体系和民族事务和管理信息化建设的职责；增加负责宗教方面的外事归口管理职责；加强协调推动有关部门履行民族工作职责；加强民族法律法规、民族政策和少数民族发展相关规划执行督促检查职责。

1999—2010 年札达县民族宗教事务局领导任职一览表

表 17－2－3

机构名称	职务	姓名	性别	民族	任职时间
札达县民族宗教事务局	局长	普琼	男	藏	1999.10—
	副局长	扎西顿珠	男	藏	1997.11—1998.09

二、民族团结

札达县民族政策的宣传工作，主要通过“三下乡”“五下乡”等活动，下基层深入各乡镇、村组宣传党的宗教信仰自由政策、民族区域自治制度、少数民族干部政策，各民族不分大小，一律平等；各民族在一切权利上完全平等；帮助一切民族实现民族平等权利，对弱小民族的平等权利给予更多保护；各民族履行相应的义务。

县有关部门以宣传为导向，推进民族团结进步工作。始终坚持“三个离不开”方针和五湖四海原则，广泛宣传新民族区域自治法和新时期党的民族宗教政策；以表彰为机制，努力营造民族团结进步氛围，努力培育更加和谐的社会环境，努力推进全县民族团结进步事业不断向前发展。广泛开展民族团结月活动，营造民族团结进步的浓厚氛围。每年 9 月，开展民族团结进步宣传月活动，与县委宣传部、党校联合组建“民族团结月”宣讲团。

进入 21 世纪后，县民族宗教事务局按照新时期民族工作的中心任务，结合全县“三个文明建设”，加强民族团结工作。用政策讲团结，正确贯彻执行党的民族宗教政策，使全县干部群众发自内心地维护党的政策，拥护民族团结；用事实讲团结，强化各民族干部群众在全县社会主义现代化建设事业中的贡献和作用；用行动讲团结，结合在全县范围内开展的精神文明创建活动，树立社会主义新风尚，营造社会主义大家庭氛围；用发展讲团结，力促全县社会经济快速向前发展；用宣传讲团结，使“三个离不开”的思想深入人心；用教育讲团结，着力树立全县干部群众维护民族团结，维护稳定、拥护祖国统一的意识，使民族团结不断增强，有力地保证了全县社会局势稳定。

札达县将促进民族团结作为实现全县各项事业顺利发展的重要保障，营造浓厚的民族团结氛围。长期以来，县委书记、县长带头讲团结、促团结，各民族、各界自觉维护团结已形成了光荣传统，并不断发扬光大。

河北省第四批援藏干部、札达县委书记郭文良提出“援藏干部要与在藏干部讲团结、藏族干部要与各民族干部讲团结、领导班子要与一般干部讲团结、一般干部要与群众讲团结、群众之间要讲团结”的要求。经过多年的发展，札达形成了“不利于团结的话坚决不说，不利于团结的事坚决不做”，并把这些理论运用在实际工作中，促进了札达县的民族团结进步。

县委、县政府领导坚持经常性深入农牧区基层，密切联系群众，想群众之所想，急群众之所急，做群众的贴心人、知情人，与全县农牧民群众结下了深厚的感情。全县干部深入实践“三个代表”重要思想，一级做给一级看，人人争做讲团结的模范，形成了团结、务实的工作作风，扎扎实实为群众办实事，办好事，干部与农牧民群众拉近了距离，增进了感情，增强了团结。真正唱响了“团结、务实、正气、创新”的札达精神，全县领导干部在讲正气的前提下讲团结，以良好的人格魅力和务实的工作作风团结一般干部和群众；一般干部在讲贡献、讲成绩的前提下讲团结，以全心全意为人民服务的行动团结群众；群众在拥护党和政府、热爱社会主义大家庭的感情中讲团结，积极生产，发展经济。

札达县各级干部用改革的眼光、开放的意识，促进民族团结谋发展。将促进民族团结进步纳入“农牧富民、旅游大县，边贸活县，水利为本、草业先行”发展战略的实施工作中，积极谋求民族团结局面。以改革的眼光，提出“投资札达县，困难政府办”，“你投资、我服务，你赚钱、我发展”的口号，努力创优投资软硬件环境，吸引县外客商投资做生意，并大力宣传动员，教育全县干部群众用团结的态度，积极接纳外来人员参与本县建设；

同时，以开放的意识，大力宣传得天独厚的文化旅游资源，发展旅游特色支柱产业，用好客、团结的整体形象，迎接国内外游客前来旅游观光，增创收入；在农牧业生产中，强化团结产生力量，针对自然条件较差、灾害频繁的实际，组织促进农牧民群众进行联户生产，增强群众与灾害抗争、发展生产的能力，节约劳动力，力促农牧传统产业不断发展壮大，从而使民族团结在实现全县各项建设事业快速发展中发挥了积极的作用。

2004年，札达县被授予区级“民族团结进步先进县”荣誉称号。

2010年，县民族宗教事务局深入各寺庙开展民族团结进步活动的宣讲，并发放了土丹才旺2010年3月10日在哲蚌寺所作讲话和《团结—致、维护稳定》《党的民族宣传政策提纲》等材料到各乡镇、寺庙、行政村，共发放材料153份，宣传、学习面达到100%。通过广泛开展民族团结月活动，营造了浓厚的民族团结进步创建氛围。严格按照“三项活动”（效能建设年活动、创先争优活动和民族团结进步创建活动）的内容开展，并结合工作实际，与相关部门争取资金，解决寺庙的实际困难，全面落实关于寺庙“五保”“五通”工作。多次深入各寺庙（拉康），全面了解僧尼的生活状况。

三、民族干部培养

1987年机构改革时，按照干部“四化”方针，坚持以民族干部为主和“两个离不开”原则，调整配备好县直机关领导班子。调整充实区级干部33名，其中藏族31名，汉族2名。

2001年，藏族及其他少数民族在札达县担任县级领导的达到12名，占县级领导总数的60.57%，除托林镇党委书记外，其余5个乡镇党委书记、乡镇长均为藏族。2006年，乡镇党委换届后，乡镇领导班子中有少数民族干部18名，汉族干部12名。

截至2010年底，6个乡镇党委书记中底雅乡、达巴乡、托林镇党委书记为藏族，除底雅乡长外，其余乡镇长均为藏族。

2001年，藏族和其他少数民族党员占全县党员总数的93.56%，藏族党员成为札达县党员队伍的主体。2006年，各少数民族党员所占比例稍有下降，占全县党员总数的88.49%。截至2010年底，少数民族党员占全县党员人数的 89.77%。全县各族共产党员，都能在各条战线上发挥先锋模范作用。

四、兴边富民

1999 年，中央民族工作会议作出了实施兴边富民行动的战略决策。到 2010 年，经过 10 年实践，兴边富民行动推动了全县经济社会的快速发展，极大地改善了全县群众的生产生活条件。

2004 年，札达县被确定为国家实施“兴边富民”行动重点县，为切实把全面推进“兴边富民”行动与全面建设小康社会紧密结合起来，县领导深入调研，从整乡整村推进入手，设计编制了 28 个项目并向上级申报，当年，通过上级审批同意建设的项目有 11 个，总投资 228 万元，由于资金到位晚，当年只完成 4 个项目。2005 年，经过审批，确定项目 12 个，总投资 392.8 万元。2006 年，通过上级审批，确定项目 12 个，总投资 394 万元，完成曲龙村和东波村的民房改造项目。

2007—2010 年，全县“兴边富民”行动项目有：曲木底村，3 个“兴边富民”项目，共投资 43.5 万元；什布奇村，3 个“兴边富民”项目，共投资 35 万元；鲁巴村，2 个“兴边富民”项目，共投资 25 万元。其中 2007 年确定的项目有角孜组和其里普组、日孜角组建设会议室项目以及热布加林村中低产田改造项目，总投资 22.9 万元。

2009 年，底雅乡、曲松乡被认定为属于边境一线的乡，另外，属于距离边境 25 千米内的村有底雅村、什布奇村、曲木底村及楚鲁松杰村。

2010 年，认真开展“十一五”“兴边富民”规划和项目申报工作。根据国家“兴边富民”投资政策，结合全县实际，制定了全县“十一五”“兴边富民”规划项目，每年以 1000 万元短平快的项目进行规划，共 5000 多万元，同时着手开展项目具体内容的可行性申报工作。当年上报项目有什布奇修建通往色尔贡组的乡村道路项目，投资 70 万元；修建色尔贡组防洪坝项目，投资 50 万元；底雅乡水电站改造项目，投资 50 万元；底雅组草场围栏建设项目，投资 40 万元；曲木底草场围栏建设项目，投资 90 万元；曲木底村三组修建人畜过往钢架桥一座，投资 50 万元。楚鲁松杰村松杰组、巴角组草场围栏建设项目，投资30万元；卡热组修建一座吊桥项目，投资50万元。

五、宗教事务管理

1984年，中共阿里地委统战部为札达县拨付第一批寺庙维修资金4.5万元，札达县组织人员对部分损坏寺庙进行维修。

1993年7—8月，阿里地区民宗局对札达县17座寺庙进行了一次较详细地普查，将各寺庙文物、经书等进行登记造册，并对各寺庙僧尼定编情况进行了检查。鼓励寺庙开展自养工作，积极引导寺庙僧尼参加生产劳动自养，给予一定的优惠政策支持他们办一些生产、服务和社会公益事业，逐步增强以寺养寺的能力。

1996年，根据阿里地区寺庙爱国主义教育和清理整顿领导小组安排，县委统战部开展寺庙整顿工作，摸清全县各寺庙（拉康）的僧尼人数及其管理状况。在托林寺清理整顿试点工作基础上，完成17座寺庙的清理整顿工作和12名僧尼爱国主义教育工作，每个寺庙（拉康）均配备寺管会和寺管小组，使寺庙的领导权掌握在爱国爱教的僧尼手中，得到自治区检查验收考评工作组的高度赞扬。同年，札达县寺庙爱国主义教育办公室成立。为做好寺庙的清理整顿和爱国主义教育工作，札达县成立爱国主义教育试点工作组，在托林寺开展试点工作。

1996年10月21日至1997年1月28日，札达县寺庙组成爱国主义工作组，对托林寺进行爱国主义教育和清理整顿工作。通过正确执行党的宗教信仰自由政策，教育引导农牧民群众、寺庙僧尼彻底认清达赖集团分裂祖国的反动本质，澄清了模糊意识和模糊观念，使其立场坚定、旗帜鲜明地反对分裂，维护祖国统一。在地区文化局补助1500元，地区政协支援维修材料的基础上，群众自愿劳动600天，维修皮央寺庙。

1999年7月，札达县民族宗教事务局成立，负责全县民族和宗教事务工作，与县委统战部合署办公，实行两块牌子、一套人马。

2000年，札达县组织6个工作组共18人次深入基层，历时175天，先后对达巴乡3座寺庙、底雅乡12座寺庙（拉康）、曲松乡6座寺庙（拉康）

等开展复查整治工作，帮助解决寺庙和僧尼的实际困难，充分发挥宗教界人士的作用，进一步巩固寺庙爱国主义教育成果。

2001 年，境域内主要寺庙均得到修复，并对外开放。托林寺藏历十五佛事活动、藏传佛教的萨嘎达瓦节、燃灯节等宗教活动得到恢复。

2004 年，县民宗局从教育和管理入手，集中打击利用宗教的非法活动，整顿宗教活动无秩序的状况，解决宗教工作责任不明确、管理不到位的问题，做好宗教工作的目标复查和整治工作，推进僧尼员额试点工作，依法管理流散僧尼，引导和教育寺庙以寺养寺。

2006 年，在寺庙爱国主义教育基础上，进一步巩固和完善各寺庙的规章制度，制定了《寺管会规章制度》《民管会规章制度》，并配备了管理人员，层层签订责任书，强化对寺庙的领导和管理，统计全县寺庙僧尼实有数，为全县僧尼建立了档案。认真贯彻落实“四个对待”政策要求，坚持把寺庙作为社会基层单位来对待，把寺庙民管会作为一级基层组织对待，把民管会成员作为负有特殊使命的非党基层干部对待，把寺庙的广大爱国僧尼作为普通公民对待。

2007 年，全县有寺庙民管会组织和寺管小组 39 个，寺管会成员 130 人。县委统战部、民宗局下乡工作组达 28 次 36 人次，召开会议 50 次，学习宣传面达 98% 以上。

2008—2010 年，根据上级部门要求，结合本县寺庙、僧尼实际，增加法律宣传内容，每年出台和完善法治宣传工作实施方案，加强组织领导，明确目标任务，采取集中教育和常态化管理教育相结合，建立考核验收、评优表彰机制，制定“巩固寺庙爱国主义、法治宣传教育活动测试卷”，自 2008 年开始实行测试评优表彰机制。

第三章 民俗

民主改革前，札达境域内饮食主要以糌粑、牛羊肉、酥油茶为主；传统服饰基本特点是长礼袖、宽腰、搭襟、肥大，直线宽边，色彩对比强烈。牧业生产习俗有剪毛、抓绒、挤奶、提炼酥油等。农业生产习俗按照一定的宗教仪式进行耕种、管理、收获。札达建县后，尤其是20世纪80年代后，随着社会经济的发展进步，婚丧嫁娶、饮食、服饰、节庆等生活、生产方式在保留传统习惯的基础上增加了新的内容。

第一节 生活习俗

一、饮食

历史上，札达境域农牧区饮食主要有糌粑、酥油、奶渣、牛奶、酥油茶、清茶、藏酒、青稞酒等。糌粑视青稞、豌豆的质量，加工程序不同，分优、中、差三个等级。酥油、奶渣从牛奶中提炼出来。酥油茶、清茶、藏酒、青稞酒是藏族生活中的必备茶酒，是过年、过节、婚嫁时用来招待客人的必备茶酒。牛肉和羊肉也是农牧区的主要传统饮食。一般情况下，农区以粮食及粮食制品与牧区产品进行交换食用。

1960年，札达县成立后，特别是改革开放以后，随着外来流动人口的增加，札达饮食呈多元化，烟、酒、米饭、面条等逐渐进入百姓生活。糌粑、肉类是札达境域藏族群众的主要饮食。饮品有酥油茶和青稞酒。

（一）糌粑、土巴

糌粑是藏族的主要食品。糌粑分青稞糌粑（乃沛）、豌豆糌粑（森沛）和荞麦糌粑（扎沛）。采用青稞、豌豆或荞麦为原料，炒熟后磨成粉。

食用方法有两种，一是糌粑团。根据食用量，取少许盛于小皮口袋（藏语叫“唐古”）或木碗中，加入酥油茶、清茶、青稞酒、酸奶汁或酥油以及白砂糖、奶渣粉等。先用大拇指拌和，称鸡啄寻找食物，然后用大拇指以外的四指搅拌，称老母鸡拍打翅膀。拌和均匀后用手捏成团状，送入口中嚼食。另一种为糌粑糊糊（藏语名“哈穆土”）。以糌粑为主料，以酥油茶或青稞酒拌和成糊状食用，一般不用勺子。

“土巴”藏语意为面粥或米粥。“土巴”种类较多，较好的是由水、小面团、萝卜丝、肉、羊肚油、野人参果和奶渣等煮成的，称“巴土”，还有用米、肉、羊肚油、野人参果和奶渣做成的，称“哲土”，由糌粑粉、肉和奶渣做成的，称“糌土”等。

1960 年札达县成立后，随着蔬菜和其他粮食作物等的引进，不仅食物品种丰富多样，营养结构也更趋合理。札达县农牧民群众的生活条件有所改善，食品种类有所增加，由原来比较单一的饮食转变为花色多样的饮食。如大米、各类蔬菜及猪、鸡等肉类也进入百姓生活，成为日常生活的一部分。饮食生活发生巨大变化。早餐常吃糌粑、喝酥油茶；午餐除保留至今的风干肉外还时有炒菜、烧菜或煮菜；晚餐则是“土巴”；分为疙瘩面、藏面、糌粑面、挂面等。札达境域内的藏族主食为糌粑、牛羊肉和奶制品。

（二）肉类

风干牛肉 是藏族的重要食物。在札达一般有两种做法：一种是一般在每年 11 月中旬开始，将牛、羊屠宰处理后，将腿部筋肉切成条状，然后挂在铁丝、绳子或木条上挂在阴凉处自然风干，次年三四月后即可食用。另一种是将牛、羊屠宰后，切成条状，将食用盐、少量的辣椒面撒在上面，然后进行风干，即可食用。札达县的曲松乡和达巴乡因气候寒冷、空气干燥，出产的风干肉最为出名。

手抓肉 是将牛羊肉切大块置于锅内加水和盐，煮五六分熟后即食，鲜嫩可口。吃时一手抓肉，一手持刀割肉，故谓之“手抓”。有条件的家庭，将鲜肉切成薄片置于盘中，撒上佐料，在火炉上烤几分钟后便可食用。

嘎口肉 产于札达县曲松乡，其制作习俗很早形成，可以说自古就有。因为它的历史久远、制作方式独特、肉质肉味特殊，形成了一种具有特殊民间风情的传统食品，深受民众喜爱，是曲松乡具有代表性的土特产之一。曲松乡在札达县属海拔较高区域，草场面积大，牲畜存栏量多，因而形成以牧业为主的生活、生产方式。历史上，这里的交通不便，村民们已经有一套特殊的生活方式，牲畜宰杀后保质储存的过程中留下了一套特殊的制作技艺——嘎口肉制作技艺。具体方法是，初冬将羊屠宰后从胸口到羊脯的肉连皮一并取出，有时也把胸骨一块儿取出，待其稍凉后，撒入食盐等佐料轻轻搓揉，然后将其开口缝合，置阴凉干燥处晾干。次年春暖花开时，其皮上的部分羊毛自然脱落即可食用，拔掉或用火烧净羊毛后开锅煮熟，胸骨一并取出的嘎口肉称为“长隆”，其肉色透明，色鲜味香，风味独特，是曲松乡待客及家用的上等佳肴。

灌肠 牛羊宰杀死后在胸叉口下方开口，割断血管，让血流入胸腔内。再剥皮开腹，取出血液，置容器中放点盐，放适当佐料搅匀，灌入洗干净的羊肠内，称血肠，有补血之功能。用牛、羊里脊肉、颈肉、羊肚和肝等剁碎后，放入佐料灌肠，称肉肠；以糌粑和血混合灌肠，称面肠。

（三）饮品

酥油茶 除进餐时饮用外，也是平时不可缺少的主要饮料。酥油茶制作方法是，把砖茶熬成较浓的茶汁，倒入酥油桶内，加入酥油和食盐搅拌，交融即可。上等酥油茶还添加核桃、鸡蛋等。打好后，倒入陶质、铜质或铝质的壶内，置于温火上，不能煮沸，即饮即倒。

青稞酒 藏语叫“羌”，制作方法是先将青稞粒煮熟，然后倒入干净的布内冷却，加入酒曲，拌匀后倒入陶缸内，用棉布等加以保温，待发酵后（一般为1—2周），即可取汁加水饮用。所取第一道汁加水后为一等酒，浓香醇厚，具有一定的营养价值，以此类推为第二、三、四等酒。至第四等时，已经不含多少酒精，味淡如水。

此外，在煮熟的青稞上放入酒曲发酵后，将其原汁放入酥油和蜂蜜后煮食，藏语称“宁库”，意为甘露精华之饮料。

杏子酒　以杏子为原料，是底雅乡的特色饮品，酿制过程繁琐，不添加任何防腐剂，长期饮用具有开胃、健脾、养颜美容之功效。

（四）酥油

酥油是藏族的主要食品，藏语称为“玛”（音译），在札达县多数人家中都可以见到，是藏族人家每日不可缺少的食用油。

酥油从牛、羊奶中提炼而成。提取方法是，将牛、羊奶加温，然后倒入大桶里，或是放入皮制的容器中，用力上下搅动，来回要数百次，直至搅到油水分离，上面便浮出一层黄色的脂肪质，然后舀起，捏成团状或装进羊皮或牛皮制作的皮口袋中，凝固后便成为酥油，具有很高的营养价值。

札达县以底雅乡马阳村的酥油最为出名，其制作方法与上面介绍的大致相同，但其原料不同。夏季，农牧民将羊放养到夏季牧场，此时正是虫草生长的时段，牛羊在吃草时，将其一起吃进，便形成较为丰富的物质，如此挤出来的牛、羊奶具有更高的营养价值。马阳酥油年产量不足2000千克，当地农牧民一半用作自留，另一半则拿出来销售。

（五）其他风味食物

“米根昂饺”，意为老人耳朵，是阿里特有的佳肴。其做法是，先将羊肉切成块儿放入锅中加水烧开，把和好的面做成耳朵形入锅，有时放些萝卜块儿，与肉一起炖少许时间，即可捞起和汤一起倒入碗内食用，其面片内渗入肉质，味道鲜美。

“煺”，是在盘子里放上适量酥油、碎奶渣及碎红糖，搅拌揉和制成糕状。此食品也是食用糌粑的最好拌料。因工艺相对复杂，多在藏历新年等重大节庆日制作，显得更加珍贵。

“帕查麻枯”，将面捏成面疙瘩，投入沸水锅内，煮熟后，滤干待用。再用一锅酥油，炼好后倒入煮熟的面疙瘩中，加适量的红糖、碎奶渣搅拌，即可食用。其味酸甜可口，深受欢迎。

奶制品有酸奶、奶渣和奶茶等。其中，“酸奶”是鲜牛奶煮熟倒入容器，温度适中时加酸奶“酵子”后搅匀，保暖几小时后饮用。酸奶清凉可口，有解渴、消热、助消化和催眠之效；“奶茶”是在茶水中加入牛奶，再加少许盐，主要给小孩饮用。“如甲”即骨头汤中加少许浓茶和盐，用酥油桶搅拌即可，主要给婴幼儿和老年人饮用。20世纪80年代后，拉萨等地甜茶传入札达境域内，在札达县城及各乡镇政府所在地及交通沿线开设的茶馆中均可见到。

甜茶的做法：第一步，先把纯净水倒入锅中（少许即可），把适量红茶倒入纱布袋子中（是为了过滤茶中的碎渣），水开后把红茶放入水中煮5分钟左右。煮的过程中，用手提着纱布袋在水中搅拌，时间差不多后，把纱布袋拿出来挤干里面的水，把残渣倒掉。第二步，把奶粉搅拌均匀，加入刚刚煮好的红茶水（不要太烫了），搅拌均匀。第三步，把纯净水倒入锅中（全部），加入刚刚搅拌好的奶粉。刚开始会有好多泡沫，需要用勺子不断搅拌，泡沫就会慢慢减少。第四步，加入白糖，搅拌均匀。加入奶粉和白糖之后一定要煮开，否则喝了会肚子痛。第五步，再把剩下的红茶倒入纱布袋中，在锅中煮5分钟左右，方法和第一步一样。最后把做好的甜茶倒入暖瓶中保温，随时饮用。

二、服饰

历史上，札达境域宗、本的官员服饰有严格的等级界限，服装样式或特色显示地位、等级。

僧人一律着紫红色长袍，长至脚面，上身内穿背心，外披长约身体两倍的紫红色披单，脚穿僧靴。气候寒冷地带的僧人穿山羊或绵羊皮做成的袍子，上镶红色布边；寺院的堪布等有地位、有学问的高僧穿氆氇或绒毛哔叽僧衣。

普通民众服饰在札达一带的农区、牧区有较大差别。农区男子一般穿大领开右襟的氆氇长袍，年轻人或中年人着黑色，老年人着白色。穿时将左手置入袖中，衣领顶于头上，系完腰带，伸出头部后，腰部自然形成一个囊袋，札达藏语称“昂木扎”，可以放进随身携带的物品，诸如木碗、烟袋等。腰系一条丝织或毛织的腰带，一般是红色，垂下去的部分使其略过膝盖或更短一些。内上衣穿白色蚕丝衬衣由锦缎镶边（年纪大者多穿黄色，一般不镶边)。脚穿黑色的平底皮靴，札达人称“纳布朵”。底子和鞋帮由公牦牛头皮鞣后做成，鞋筒由氆氇编织而成，札达人习惯称“郭拉模”，而且鞋鼻往上翘。牧区男子有留发辫习俗，将头发梳理成两条辫子，在额头处留一撮头发；穿两个耳朵眼，在左耳戴一个大耳环，一般由金子或银子制作而成，并镶嵌松玉石或珊瑚，大小不一，形状基本相似，札达藏语称“阿隆”；右耳上戴小巧玲珑的绿松石或红珊瑚等，紧贴耳根部。

妇女腰前系有各种彩色横条的围裙，藏语称“帮典”。农区妇女围裙朴素大方，颜色淡雅，牧区妇女则颜色艳丽。在传统习惯中，未成家的女孩子一般不系围裙。在头顶上供挂“拜热”，拜热是一种形状各异的头饰，其上缀以珊瑚、松玉石、珍珠和金银条等珍贵的宝石。胸前戴“噶乌”，即宝盒，是一种用珠宝嵌成匣状的装饰品，又分为下宝盒和腰系宝盒等。双耳上嵌绿松玉石，戴金银耳环或耳坠。右手腕上戴金质、银质或海螺等各种镯子。年轻人戴多串玻璃制品镯子，年长者戴羊脂玉等珍贵镯子。脚穿牛皮底子的氆氇筒靴，藏语称“松巴拉母”，少女所穿颜色华丽，老年人所穿朴素大方。

牧区因地域不同，男女间服装也有一定区别。

除短暂的夏季外，在一年中的大部分时间里，男女都穿绵羊或山羊皮鞣制后做成的长袍，男装囊袋大，袍长达膝盖；袍边镶有黑白两道布。经济条件好的家庭，男的穿羔羊皮袍，外包绸缎或紫色、暗黄色、蓝色的哔叽。女装长而瘦，束腰带后，袍长至脚；镶红、黑、蓝、绿和黄色的袍边，颜色多则 7 种，少则 3 种；腰前的囊袋比男装小，但仍可装随身物品，甚至常把婴儿放入囊袋内。无论年长或年幼妇女均习惯将头发梳成很多小辫，然后缀以叫做“齐卡”的银子，披于背后，并戴镶珊瑚、贝壳和琥珀等的饰物。男女均喜好戴佛盒，称“噶乌”，为金、银制作，内装小佛像或活佛高僧加持过的物品，以护身、辟邪或作为装饰品。成年男子必须随身佩戴火镰、锥子（主要用于修补牛皮鞋底等）和刀子。若缺少一种，便认为失去男人的尊严，会受到众人的责骂和歧视，无颜在众人面前出现。

妇女头戴圆形羔羊皮帽，男子则戴方形。

和平解放后，特别是 20 世纪 80 年代后，札达境域内的服饰多样化，除了老年人尤其是妇女喜欢穿藏装外，其余均穿汉式服装，起初各家自己缝制，后全部从市场购买，其款式与西藏其他地方一致。但是盛大节日都穿传统札达藏装。2001 年后，除青年男女穿西服汉装有所增加外，老年人一直是以传统藏装为主，服饰基本无任何变化。

三、房屋

藏族农牧民住房主要有土木二层楼、土石结构的平房及自有帐篷等。

札达县农牧民房屋与前后藏农区的房屋相似，均为平顶立体，房顶女儿墙放置柴火，现以涂黑颜料代替柴火。门框周边和窗户框四周也涂黑颜料，以利房间采暖。采用石块或土砖砌墙，墙厚、窗口小，具有夏凉冬暖的特点。屋内支以柱子。房顶以圆木为椽，在其上面重排一层细树枝，并铺垫草料砂石，加盖黏性很强的红土夯实即成。建筑结构为二层楼房，一层饲养牲畜，放置饲料、农具和马具等；二层住人，一般有 5 间房，中间大的为客厅，两边为卧室，1 间为佛殿，1 间为仓库。屋内家具有雕刻精致的藏式木柜、藏桌、藏佛龛，佛龛内供放金银制佛像，在佛龛前摆放金银铜制的供圣水碗（一般为 7 个）及各种宝器、酥油灯等。墙上挂有锦缎装裱的“唐卡”(一种卷轴画)。床垫上铺毛毡或卡垫。

牧民住用黑色的牦牛长毛编制的帐篷，具有防风、防雨和防尘作用。依据风向，一般背向西，面向东，前后由 2 个白色竖条编织而成（牧民认为鬼最怕白色，所以进门的地方和背面中央都放一条白色的竖条)。据传，帐篷原形是一头卧着的花牦牛，背面的白色是尾巴，前面的白色是面额上的白色，里面的四根柱子是四条腿，门前拴着的两条狗是两个肾脏，心脏部位是父辈住的地方，肺脏部位是母辈住的地方，中间是烧火放炉灶的地方。右边称红边，用于放置肉类（肉、骨头、血和皮张）食品，属男人们的领地；左边称白边，用于放置奶制品（酥油、奶酪、酸奶)，属女人们的领地。冬季居住的帐篷内部设置与夏季略有区别，冬季帐篷中部用于存放火灰，左前方易照到阳光之处用于存放柴火，保持柴火干燥；左后方无阳光照射处用于存放肉食，保持肉类冰冻，存放冰块。

民主改革后，特别是从 20 世纪 80 年代起，开始用钢筋、水泥、预制砖、玻璃等材料建房。

四、交通工具

札达县传统交通工具主要有马、驴和骡等大牲畜，贵族和大差巴户养有十几匹为一帮的骡帮，担任运输任务，代步由马匹来承担；穷苦百姓的运输工具就是人力。

20 世纪 60 年代以后，札达县开始修建公路，马、骡等牲畜逐步退出运输行业，人们开始乘坐汽车、拖拉机等运输工具。至 2010 年，农牧区一些地方仍用马作交通工具。

第二节　生产习俗

牧业生产习俗有剪毛与抓绒、挤奶、提炼酥油等。农业生产习俗是按照一定的宗教仪式进行耕种、管理、收获。

一、剪毛与抓绒

札达县是一个以牧业为主的半农半牧县，草场肥沃，主要饲养绵羊、山羊、牦牛和马，剪毛、抓绒是牧民的重要生产活动。

剪绵羊毛的时间约为每年藏历六月，1 只绵羊平均产毛 0.5—0.75 千克。剪毛前先举行隆重的供奉地方神仪式，以求获得羊毛丰收。剪毛者一般是男子，先剪羊腹部的柔软毛，然后把羊的四肢捆绑在一起，开始从下身剪至上身，意为丰收节节高。剪完后将毛编成条状，堆积在阴凉防潮处。最好的毛位于绵羊脖颈位置，用于编制高档氆氇；上身毛次之；下身毛较粗糙。特别是公绵羊后腿部毛质粗糙坚硬，用于制绳。夏末或秋初剪当年出生的小羊羔毛，此毛质量最好，用于编制各种高档毛织品。

抓山羊绒的时间为每年藏历五月初。由于山羊喜吃带刺植被，错过此时节，绒易黏附在植被上，影响收绒数量。每只山羊从两岁开始抓绒，平均产绒 0.4—0.5 千克。抓绒时，将山羊四肢捆绑，用森梳（藏语叫做“遮”）

或铁梳以适度的手劲和速度将绒梳理出，否则山羊会疼痛难忍，甚至伤及皮肤，引发腐烂蠕虫，危及羊的生命。

抓牦牛绒的时间为每年藏历六月。小牛犊出生后第三年开始抓绒，平均每头牛产绒约1千克。牛绒具有较好的保暖性，主要用于编织各类毛毯或制毡，抓牛绒时，将牛的四肢和头部牛角捆绑在一起，用手抓绒，同时剪腹下毵毛。

二、挤奶

绵羊、山羊和牦牛挤奶的时间各不相同。

母绵羊藏历十二月产下羊羔后开始有奶，但用于哺乳羔羊。进入夏季后开始挤奶，并从奶中提炼酥油。

母山羊藏历二月产羔，产羔当天即可挤奶，头道奶挤出后，既浓又黏，可口香甜，营养价值高，藏语称“柿”，为老年人和少儿的高级补品。若无特殊情况，母山羊挤奶可持续到秋季配种期。

母牦牛在藏历四月产下牛犊，当天即可挤奶，至牛犊两岁为止。母牦牛奶是牧民奶制品的主要来源。夏季牦牛吃绿草期间，从牛奶中提炼出的酥油颜色呈赤黄色，营养价值高，甚过其他时节提炼出的酥油。

绵羊、山羊、牦牛挤奶方式相同。挤奶时可先在左右手的拇指和食指上涂奶，增加润滑度。挤牦牛奶时可将牛犊拴系在母牦牛身边，先让幼犊吮吸少量奶，当奶流出后再挤，或在挤奶过程中，用拳头轻轻敲打母畜乳头，均可提高产奶量；对生育头胎的牦牛挤奶时，要将腿拴起来，老牦牛则随时随地可挤奶。对绵羊和山羊挤奶时，用绳将其系起排成长龙，选择一只高大、强壮的领头羊，使队形井然有序，方便挤奶。对绵羊或山羊通常在羊屁股后挤奶更方便、容易。

三、提炼酥油

札达一带牧民提炼酥油主要使用皮囊（四肢腹背均未割破但从口部剥下的完整山羊皮）。提炼酥油时先将酸奶倒入皮囊内，然后吹满气，使皮囊鼓胀，把皮囊置于人的怀中盘腿而坐，一手握皮囊的后部，一手抓紧皮囊口部，前后晃荡，约半小时后奶与油脂可分离，然后松开皮囊口部，将奶汁从口缝中倒入器皿内，剩余油脂从皮口中挤出，放入凉水中冷却并凝固成团，通过挤、捏、攥、拍打等办法除去水分，即为酥油。为防止变质，一般将酥油挤成坨状，用绵羊皮或羊肚包缝好后保存。20 世纪 70 年代后，开始使用机械提炼机提炼酥油。

将提炼酥油后的奶汁倒入锅中，用温火熬煮，凝固形成奶酪倒入纱布囊袋中，放置较重的石块把奶酪汁液挤压干净，分摊在布块上晒干，即成奶渣。

四、农业生产习俗

札达素有阿里“小江南”的美称，气候温和，适宜各种农作物生长。主要播种青稞、豌豆、玉米、冬小麦、荞麦和油菜等农作物。农田灌溉采取秋收后灌一次水，稍干后，犁地，临近冬季时再灌一次水，用耙翻犁，冬季再灌一次水，保墒。来年春天的藏历年前后，用木榔头密打一遍，藏历年后施以土、牛羊粪、禾秸等混合肥。采用传统的点播、撒播和点撒混合的播种法。

春播季节，首先请觉巴（专职藏历历算者）计算好开播的良辰吉日。开播当日，每家每户依照自己的实际条件举行播种青稞的仪式。由家中年长者（一般为男子）身穿绸缎黄袍，头戴黄色博朵（无檐圆帽），脚穿黑色靴子，来到农田中央，煨桑烟（熏香），并大声诵念扎什泽巴经（吉祥如意经），如果无人会念经，就请专人念经，此时，儿媳身着盛装，手捧青稞酒、酥油茶，向长者敬献，后由儿子牵引一对犏牛（耳佩红缨，用以吓唬昆虫，让其躲开）拉着犁进行播种，经 3 个来回后，在田地的中央放置白色石块，两个角落各放一块红色石块，开垦仪轨结束。

播种时需 5 个人，1 名为牵犏牛者，1 名为推犁者，1 名为播撒种子者，还有 2 名培土者。修渠和播种完毕后，平日犁沟、灌溉和除杂草者一般为妇女。

进入豌豆、青稞开花季节，举行“曲蚌库”（意为背经籍转田埂）。每户至少有 1 人参加。人们聚集在殿堂门口，由香灯师负责分经籍，然后由僧人们吹号、敲锣打鼓带队，4 名俗人（必须是父母俱在者或非残疾者）抬着度母像紧跟其后，率领着节日盛装的男女老少，边行走边口诵六字真言或吉祥经、度母经等，先转三圈寺庙后转田埂。此间，打两次尖，吃饭喝酒，甚至跳舞摔跤等。待太阳落山前返回寺庙，把经籍放回原处。当晚，做祝福禳灾仪轨，跳舞欢庆通宵。

收割时，先由觉巴算好吉日。吉日当天，由寺庙派僧人到田地割麦秆，百姓也把自己田埂里的青稞、豌豆等作为献新供奉给寺庙，以求来年获得丰收。

五、狩猎

札达县野生动物种类繁多，狩猎历史悠久。根据考古工作者在札达县部分乡镇发现的动物骨骼，以及广泛分布的岩画内容可知，札达先民自远古起就豢养牲畜并以猎获为主要生活来源，过着原始氏族公有制生活。捕猎工具简单，狩猎方式灵活多样。

至 20 世纪 50 年代，狩猎一直是当地居民补充生产、生活资料的重要活动，狩猎活动自由。在未实行野生动物保护政策前，群众信守“野生无主，谁猎谁有”的古训。直至民主改革前，狩猎活动依然是境内无畜或少畜牧民养家糊口的主要手段。猎具及狩猎经验也由其家庭父亲传子不传女。

历史上，札达境内主要有野牦牛、藏野驴、岩羊、盘羊、藏原羚等食草野生动物，为主要狩猎对象。此外，还有狼、狐狸等野生动物也是狩猎的目标，因其对家畜及群众住房造成破坏，对其进行狩猎，但不食用。

第三节　人生礼仪

一、结婚

（一）婚龄

农奴制时期，札达县男性婚育时间一般在 20 多岁，女性一般在 13 岁出嫁或者准备出嫁。1960 年民主改革以后，随着《婚姻法》的宣传贯彻，城镇婚育年龄一般在20岁以后。但是在札达区、乡中仍然存在早婚现象。

（二）择偶条件

传统婚姻由父母包办，解决子女婚姻问题是父母一生中的主要责任。父母按照自己的生活经验，经过长时间广泛了解对方的经济状况和生活情况，观察其对待邻里的态度，将对方与自己子女的智商、人品和习性等相比较后，为子女选择最好的女婿或儿媳妇。

在婚配过程中注重门当户对，若对方家庭与屠夫、铁匠等职业有关，绝对禁止婚配。严禁与父系和母系有相近血统之间的人恋爱和婚配，违者将受到舆论的谴责和惩罚；近亲婚配会被视为低贱行为（札达藏语叫做“迈伯”），依照传统习俗，会将新郎和新娘用生牛皮包裹后，扔入河里。

婚姻形式以一夫一妻制为主，为了集中财富，不使财富和劳动力分散，也有一妻多夫和一夫多妻现象，后两种婚姻形式主要流行于头人、富商和贵族等上层家庭。20世纪80年代后，一妻多夫和一夫多妻现象基本消失。

在婚姻程序上，待有意中人时，先了解家庭情况，卜合属相，认为相配，带着哈达和茶到对方家中求婚，得到许可后，宴请对方家庭成员和亲属，举行订婚宴。宴请时求婚者向对方每位家庭成员和亲戚朋友献上哈达，向对方母亲送“奶钱”（藏语称沃仁）及一块“帮典”（藏语音译，意为藏族妇女的毛织围裙，深受藏族妇女喜欢）。

（三）迎新仪式

札达一带藏族婚礼仪式最长持续一周，短则3天。结婚仪式第一天，男方派数十人到女方家迎娶新娘；迎娶新娘的马打扮考究，其颜色需与新娘属相相吻合，而且必须是怀孕的母马，以预祝新娘早日怀孕，早得贵子。在进入新娘家以前，男女双方都派出机智、灵活、能歌善唱、嗓音高亢洪亮的人进行斗唱，以增加迎亲的气氛。

迎亲时，热闹的迎新队伍来到女方家门口停下后，等候女方派人出来迎接。进入女方家的几道门均须出题对歌，若答不上，不得进门，若对歌成功，可顺利进入大门内。以此类推三关后，方可顺利进入女方家。如果出题较难，迎亲人不能对答，则另出题目，再对答不上使迎亲人尴尬。通过斗唱为婚礼增添喜庆气氛，也是对新郎的机灵和应变能力的测试。三关过后，大门开启，男女双方迎、送亲队伍在门口各堆放9堆石头，各派出代表领头斗唱，获胜者可推倒1堆石头；待9堆石头推倒完，对唱结束。对唱内容广泛，多为爱情类曲调。男方斗唱赢上百首歌、过80道关卡才能最终进入新娘家门，男方随之将整套漂亮的服装（从帽子到鞋子，到含锦缎的羔羊皮披风）以及装饰品（拜热、甘琼、巴达、吉库、纳玉、卧勒塔、噶乌、色杰还有琥珀项链、珊瑚项链、珍珠项链等）送给新娘。待新娘换上新装，佩戴完装饰品离开娘家时，新娘家要举行招财进宝仪式，由法师手持彩箭（婚礼活动中习惯使用的系有五彩哈达、小铜镜、璁玉、绿松石、贝壳、珊瑚珠等，顶部锐利的一支小铁箭），新娘父亲手拿羊前腿，高声喊道“招财呔！招宝呔！请不要带走我家的财气和福分！”反复多次，直到新娘远离。

（四）婚礼

迎亲队伍返程时，根据当地习俗，要求有一名属相好、父母在世、相貌堂堂、能歌善唱的人领队，身穿紫红袍、骑紫红马，依次是迎亲代表、新娘和女伴、随同前来的亲朋好友。迎亲队伍在途中如遇背水、背柴火等情景被视为吉利的象征，应立即下马敬献哈达；若遇抬病人、倒垃圾或背空筐者会被视为不吉利，结婚后需请喇嘛念经消灾。迎亲队伍到达新郎家后，新娘下马时要脚踏用青稞粒摆成的顺时针方向的“卍”字（意为永恒）符号的装满谷物的袋子。随后，新郎母亲拿着盛满牛奶的小木桶请新娘洗手后，方能进入新郎家。进门时也需过几道关卡，每个关卡唱一首歌。新娘入门后，坐在新郎下首，迎亲和送亲的队伍在大厅中依次坐定，男士坐在左排，女士坐在右排，坐定后不能随意走动，不能大声喧闹，新郎家的长辈即刻把彩箭插在新娘的背上，表示新娘从此属于新郎家人，然后将一块宝石放在新娘的头顶，意喻新娘已经属于新郎家所在的本地地方神祇，并由本地地方神祇来保佑其终生。唱歌的姑娘边唱歌边敬酒，唱什么歌行什么事，诸如，唱入座歌，大家立即入座，唱歇息歌，大家歇息不能走动，唱饮酒歌大家按规定把酒喝完，夜晚唱睡觉歌大家马上睡觉，早晨唱睡醒歌大家立刻起床，唱早餐歌大家食用早餐等，活动持续数日。其间，所有参加婚礼的人都要奉献礼品，献礼品时由新郎家指定一人高声朗诵礼品清单，礼品清点完毕，便将清单放入高脚盘内，置于新郎新娘面前，大家唱彩鼓掌。

（五）移风易俗

在札达县萨让区日巴乡和其他极个别的边远农区，一直以来还存在一种特殊的旧婚姻习俗，其婚姻方式是：男女双方在确立婚姻关系后，仍住在各自家中，子女由女方扶养。子女成人后经两家协商，男方可领走商定好的子女。男方在过年、过节和农忙时来女方家，平时很少来往，夫妻不能朝夕相伴。此种世代延续的旧婚俗使妇女无法摆脱沉重的家庭负担，子女不能受到正常的家庭教育，夫妻感情得不到加深，无法感受到生活所带来的幸福感。

改革开放以后，随着社会经济的发展，已有不少长期分居的夫妻主动打破旧的婚姻习俗，男方把妻子娶进门或男方进女方家门，盖新房单独成立家庭，过新的家庭生活。

二、生育

（一）出生

札达藏族妇女怀孕后，前三四个月与平常一样劳动，至五六个月时，逐渐减轻劳动量，到临产前除做一点零星杂事外，有较多休息时间，并提倡多走路活动。孕妇在怀孕六七个月内食物与常人无差别，至临产前一两个月需食肉沫汤、新鲜牛奶和鲜酥油糌粑糊等一些营养丰富而又清淡的食物。

在札达牧区，一般无专门接生人员，由孕妇母亲负责接生。接生时用柔和的绵羊毛扎紧脐带，并用刀割断，经一周左右的时间，脐带自然脱落。如难产，则让产妇喝从玛旁雍错拣拾的干鱼熬成的汤。

产妇和婴儿用新鲜酥油融化的油去除污垢。一般产妇休息 3—5 天后，即开始做家务，十余天后参加适当的生产劳动，多食肉类和奶制品等食物。婴儿除用母乳喂养外，还长期喂养新鲜酥油和糌粑糊及适量的肉汤。

婴儿与母亲同睡至 3 岁左右。多数母亲喜欢将婴儿赤裸放入藏袍囊袋内，保温并方便喂奶。婴儿离开母亲后常用柔软的羊羔皮包裹。至 8 岁，开始放牧牛羊并逐步长大成人。

20 世纪 90 年代后，新法接生在札达县全面普及，原始的接生方式逐渐被淘汰。

（二）起名

婴儿满一周后，选择吉利日子，带婴儿第一次出门。出门前，在婴儿鼻尖上擦锅底下的黑灰（意在使婴儿出门时不被魔鬼发觉）。先到寺庙朝佛，拜见高僧，请求给婴儿取名，获取圣物或灵物（被高僧加持过的小袋子里面装有舍利子或佛像等圣物）后，再转到亲朋好友家中短暂串门。

札达藏族无姓有名，多取吉利名字，一般为2个字和4个字，如表示对宗教虔诚的“丹增”（持佛者），表示良好祝愿或给予颂扬的“扎西”（吉祥）、“旺扎”（有权有名者）、“次仁”（长寿）、“洛桑”（智者）、“索朗”（福气）、“平措”（圆满）等。父母、长辈也有按照婴儿生辰日期或纪念日取名的，有“达瓦”（星期一）、“米玛”（星期二）、“觉昂”（十五日）、“次杰”（八日）、“朗嘎”（三十日）；以佛和菩萨命名的“释迦”“江央”（文殊菩萨）；借喻大自然的“嘉措”（大海）；以家庭成员意愿取名，如“罗布”（宝贝）、“卓玛”（度母）、“才丹”（长寿）、“喜绕”（智慧）、“央宗”（聚宝）等。

（三）生辰

札达一带藏族婴儿生下后的第三天或一周内，亲朋好友带着哈达等礼品前来祝贺，称“傍桑”（“傍”意污浊，“桑”意清除，即清除晦气）。礼品为哈达、酥油茶、青稞酒、婴儿衣帽等。来客进屋后，先向佛龛献哈达，接着给襁褓中的婴儿和产妇献哈达，与主人寒暄后给婴儿熬新鲜酥油糌粑糊，并立即要求喂给婴儿，用大拇指和食指捏一点糌粑，放在婴儿额头，随之表达吉利、祝福的语言。此外，来客给产妇敬茶并为其制作“玛森”（用新鲜肉汁倒入糌粑里揉和后制成碗状，接着倒入融化的酥油、细奶渣粉和红糖）。

三、丧葬习俗

札达一带藏族葬法有塔葬、火葬、天葬、水葬和土葬5种。

天葬是札达一带农牧区比较普遍的一种葬法，水葬是夏季的主要葬法。活佛及达官显贵实行火葬，火化后将骨灰带到高山之巅顺风撒播，或者撒到大江大河之中。土葬是从象雄时期流传下来的一种古老的丧葬形式。有名望的活佛圆寂后，实行塔葬，灵塔的种类很多，有金灵塔，即外包金箔的灵塔，有银灵塔、铜灵塔、木灵塔、泥灵塔。

四、其他礼仪

（一）献哈达

献哈达是札达藏族最普遍的一种礼节，婚丧节庆、拜会尊长、觐见佛像、送别远行等都有献哈达的习惯。献哈达是表示纯洁、诚心和忠诚。

札达藏族认为白色象征纯洁、吉利。所以，哈达一般是白色的，当然，也有五彩哈达，其颜色为蓝、白、黄、绿和红。蓝色表示蓝天，白色表示白云，绿色是江河，红色是熊熊燃烧的护法神火焰，黄色象征大地。五彩哈达用于献给菩萨和结婚时编织彩简，为最隆重的礼物。

（二）磕头

磕头是札达藏族常见的礼节，一般在朝觐佛像、佛塔、活佛或面见长者时施礼。分为磕长头、磕短头和磕响头三种。

磕长头时两手合掌高举过头，自顶到额至胸，匍匐在地，双手伸直平放在地，划地为号，然后，再起立，如此反复。

磕短头的两手合掌高举过头，自顶到额至胸部，共揖三次，再弯腿，双膝着地，双手掌向下，额着地，依次做三下。

磕响头时不论男女老少，先合掌连拱三揖，然后拱腰到佛像脚下，用头轻轻一顶，表示诚心忏悔之意和自内心深处的深深祈祷。

（三）鞠躬

历史上，札达境域内百姓凡是遇见长官、头人或上师等受尊敬的人，要脱帽，弯腰四十五度，手持帽接近地面。

对于一般人或平辈，鞠躬时帽子置于前胸，头略低即可。

对于敬仰者合掌高举过头，弯腰点头，回礼动作也相同。

札达一带农牧民见面时一般不互相握手，而是互相合掌鞠躬或做碰额头礼。合掌鞠躬礼用于任何人（含生人或熟人），盛行于牧区。碰额礼为最亲近的家庭成员之间，如父母与子女，兄弟姐妹之间。

（四）敬茶酒

主妇或女儿向客人敬献酥油茶是札达基本礼仪。来客一般需喝两碗，表示吉利。喝时先轻吹覆盖在茶面上的酥油，然后不出任何声音地抿着嘴喝，以表示对主人的尊重。当主人敬献青稞酒时，无论地位高低，客人用左手持碗，用右手的无名指点酒三下，再喝一小口，由主人将酒斟满，然后再喝两次，再斟满两次，最后干杯，称三口一杯，为约定俗成。

第四节　节庆与禁忌

一、传统节日

（一）藏历新年

札达藏族民众每月都有节日，其中藏历新年是札达一年中最为隆重的节日。从藏历十二月初开始准备各种年货。中旬开始，每户准备酥油和面粉，制作“卡赛”（各种油炸食品）和“鲁果”（彩色酥油花塑的羊头或真羊头，意为新年新收成），并在陶罐中浸泡青稞种子，培育青苗（藏语称落菩余）。藏历初一，将长出1—2寸的青苗，供于佛龛前，预祝新年粮食丰收。藏历十二月二十九日晚，用小面团熬制粥，小面团内包石子、煤、辣椒、羊毛等物。藏历除夕，家家户户在打扫干净的厨房正中墙上，用干面粉撒上“八大吉祥徽”，用石灰粉在房门上画象征吉祥和永恒的“卍”字符号，在房梁上画众多的白粉点，表示人寿粮丰。藏历初一拂晓时，家庭主妇将煮好的“羌乖”（青稞酒粥）送至家庭成员床前趁热喝完，随后打上新一年的第一桶水。待家人起床后，按辈分排位坐定，长辈端来五谷斗，由每人抓上几粒，向天上撒去，表示祭神，然后依次少量送入口中，互相祝“扎西德勒”（吉祥如意）。

大年初一一般闭门欢聚，互不走访；初二开始，亲戚好友们互相拜年，持续3—5天；藏历初三，更换房顶或帐篷顶上的经幡。

（二）望果节

藏历八月中旬是札达农区“望果节”，人们穿着节日盛装，身背佛经，围着农田绕圈；同时，带着酥油茶、青稞酒及各种食品到田地野炊，载歌载舞，并举行赛马、赛牛、射箭、投石、摔跤等活动。

（三）噶尔恰钦盛会

清康熙二十二年（1683 年，藏历第十一饶迥水猪年），为纪念驱逐拉达克战争中蒙古族军人及藏军取得的重大胜利，赞美大将甘丹才旺的功绩，在噶尔雅萨的平措央泽（吉祥如意之广阔平坦地）举行庆祝活动。后形成惯例至 1959 年。

最初，噶尔恰钦盛会在每年藏历七月十二日举行，活动内容主要是赛马和射击等军事演习。随着参会人数的逐步增多，为方便在盛会期间进行广泛的经商活动和征收赋税，后时间改为藏历八月九日，1959 年，开幕日改为每年藏历八月十日至十五日。

按惯例，每年藏历七月初一，噶本向各宗本、各本头人发出做好盛会前各类准备工作的通知，诸如挑选骑手、训练马匹、准备马术表演。在大会期间举行赛马、马术表演、射击、歌舞表演和物资交易，阿里各级官员均参加盛会的各种活动，参加盛会的观众达上万人。

二、国家法定节日

20 世纪 50 年代起，札达县在机关单位和城镇中开始过元旦、五一劳动节、五四青年节、六一儿童节、七一建党节、八一建军节、十一国庆节等国家法定节日及农历春节、端午节、中秋节等节日。

三、禁忌

在封建农奴制社会，札达县生活中忌讳事项很多，如藏历新年初一不能扫地，怕扫去福气。

在众多的禁忌中，最大的禁忌是杀生。受戒教徒在这方面尤其严格，虽吃牛、羊肉，但不能亲手宰杀。百姓也不轻易伤害生灵，对有些野生动物及禽兽也不得伤害，猎具不能借给他人使用。

遇到寺院、嘛呢堆、宝塔等宗教设施，必须从左往右绕行，若是走反了，不仅没有功德还有罪过。

在本人的凶日，一切事都不能做，只能在家念经或外出朝佛。

翻越山顶时，禁止发声，否则会被认为是招致风雪冰雹。

家中有病人时，忌人来访。藏历的每一个地支终了、第二个地支开始是凶年，如每个人的13岁、25岁、37岁、49岁（依次类推），需特别小心，且要多行善事，多放布施，才能避免灾祸。

第十八篇
军　事

第一章　驻军

第一节　中央驻军

1951 年 8 月，中国人民解放军进驻阿里。同年 9 月，阿里骑兵支队派工作队进驻香孜、托林等地区开展社会调查等工作。

1954 年 6 月，阿里骑兵支队同中共阿里分工委联合派工作队进驻香孜、托林等地一带，一边驻守边防，定期、不定期地开展巡逻任务，开始履行卫国戍边职责；一边做社会调查，开展统战工作。1956 年 11 月，中共札达宗委员会成立后，阿里骑兵支队经常派部队协助宗党委开展统战和影响群众工作，建立地方军事组织。

1959 年 3 月，阿里平叛开始后，南疆军区派 1 个连的兵力组成工作队进驻札达固守边防，戍边卫国。1960 年 5 月，在中共札达县委领导下，驻守在札达的部队积极参加地方民主改革，帮助地方建立社会主义制度。

1962 年，在新疆军区、阿里骑兵支队统一指挥下，取得中印边境自卫反击战的完全胜利，保卫了祖国领土的完整。此后，阿里骑兵支队在札达境内设立边防站。

第二节　地方驻军

一、札达县人民武装部

1968 年 10 月 30 日，根据中国人民解放军总参谋部指示精神，正式组建札达县人民武装部，驻札达县城。县人民武装部既是札达县党委的军事机构，又是札达县人民政府的兵役机关，受军队和地方双重领导。

县人民武装部成立后，因当时条件所限及其他原因，一直未能配备领导人，1970 年 5 月开始配备领导人。1972 年 10 月，成立札达县人民武装部党委，党委班子由县委书记、县人民武装部领导和机关科室领导及边防营营长、教导员组成，县委书记兼任县人民武装部党委第一书记，县人民武装部政治委员任书记，武装部长任副书记；部领导由部长、政治委员、副部长、副政治委员组成，下设军事、政工、后勤保障 3 个科。

根据 1978 年下发的《关于恢复中央军委和地方党委、人民武装委员会的通知》精神，札达县成立人民武装委员会（简称武委会），武委会主任由县委书记担任，县长和县武装部长、政委为副主任，成员由县委、县政府、人武部机关、公安、法院、检察院、工会、共青团、妇联等有关部门主要负责人组成，是领导民兵工作的协调机构。

札达县人民武装部领导任职一览表

表 18－1－1

机构名称	职务	姓名	性别	民族	任职时间	备注
札达县人民武装部	部长	王茂立	男	汉	1972. 10—1978. 07	1973. 07 后为县委副书记、县革委会副主任
		次仁	男	藏	1979. 03—1981. 04	
		边巴	男	藏	1983. 03—1986. 12	

续表

机构名称	职务	姓名	性别	民族	任职时间	备注
札达县人民武装部	部长	次多	男	藏	1986. 12—1990. 03	
		桑珠	男	藏	1990. 05—1992. 03	
		蔡宪枝	男	汉	1993. 03—1995. 03	
		张秀福	男	汉	1996. 03—2000. 12	
		邵剑锋	男	汉	2002. 08—2004. 03	
		盖立明	男	汉	2004. 04—2006. 03	
		王进海	男	汉	2006. 03—2008. 01	
		张承东	男	汉	2008. 02—	
	政治委员	雷遵生	男	汉	1972. 10—1975. 03	
		李厚群	男	汉	1976. 10—1980. 07	
		陶林	男	汉	1981. 10—1983. 08	
		丁德福	男	汉	1984. 09—1987. 10	
		田民发	男	汉	1987. 10—1993. 01	
		穆小世	男	汉	1993. 03—1995. 03	
		杨明春	男	汉	1995. 04—2002. 05	
		马文彦	男	汉	2002. 08—2004. 03	
		谢秀山	男	汉	2004. 04—2006. 03	
		章爱新	男	汉	2006. 04—2010. 03	
	副部长	冬木旦	男	汉	1996. 9—1999. 05	
	副政委	杨仲义	男	汉	2008. 06—2010. 03	

二、武警札达县中队

1964 年 4 月，中国人民公安部队西藏总队阿里公安大队札达县中队成立，驻地托林。1966 年 10 月底，改设为中国人民解放军阿里专区分队札达县中队，属南疆军区领导。1968 年，划归阿里军分区领导。

1980年3月底，更名为中国人民武装警察部队阿里地区人民武装警察大队札达县中队，受阿里地区人民武装警察大队和札达县公安局的双重领导。1983年8月，更名为阿里地区人民边防武装警察支队札达县中队，为正营职单位，隶属阿里地区人民边防武装警察支队和札达县公安局双重领导。

1984年8月1日，更名为中国人民武装警察部队西藏自治区总队阿里地区支队札达县中队（简称武警札达县中队），是札达县的主要武装力量之一，主要担负维护地方治安、维护社会秩序的重任，受武警阿里地区支队和县委政法委的双重领导。武警札达县中队建立后，积极组织全队官兵认真学习《宪法》《刑法》《兵役法》等法律法规，组织全队官兵进行队列训练，拳术、射击、战术、“处置突发事件”预演等多种科目的系统训练，加强警政警民建设和后勤管理工作，执行各项重大任务和抗洪抢险等工作。1985年，武警中队撤销边防股。

1989年春夏之交，札达县武警中队全体官兵认真开展教育整顿工作，学习邓小平讲话，提高思想觉悟和政治觉悟，做到思想上、政治上、行动上同党中央保持高度一致。

1990年，中国人民武装警察部队三大条令、条例颁布实施后，县中队及时组织干部战士学习，贯彻落实到战备、训练、工作和生活中去。1992年8月，县中队按照上级《关于作风、组织纪律教育整顿的通知》要求，开展教育整顿，做到时间、内容、人员、效果的“四落实”，收到显著效果。

1995年，武警阿里支队札达县中队被西藏自治区党委、人民政府授予“民族团结进步模范集体”称号。1996年8月，武警阿里支队札达县中队被西藏自治区人民政府、西藏军区授予“双拥先进集体”称号。

武警札达县中队负责人任职一览表

表 18－1－2

机构名称	职务	姓名	性别	民族	任职时间
札达县公安中队	书记	车进寿	男	汉	1964. 11—1968. 04
	副书记	虞武怀	男	汉	1964. 11—1968. 04
	队长	车进寿	男	汉	1966. 05—1967. 07
		王文山	男	汉	1967. 07—1968. 10
	政治指导员	虞武怀	男	汉	1966. 05—1967. 07
		张孝忠	男	汉	1967. 07—1968. 10
阿里军分区札达县中队	队长	米吉提·沙吾木	男	维吾尔	1968. 10—1970. 04
		张忠民	男	汉	1970. 04—1972. 12
		米提	男	维吾尔	1972. 02—1973. 03
		贾瑞生	男	汉	1973. 10—1976. 01
	政治指导员	艾买提·克里木	男	维吾尔	1968. 10—1970. 01
		周凤强	男	汉	1970. 01—1970. 04
		王效贤	男	汉	1970. 04—1971. 02
		马福祥	男	汉	1973. 10—1974. 06
		任福才	男	汉	1975. 01—1976. 01
地区公安处札达县中队	队长	贾瑞生	男	汉	1976. 01—1976. 10
	政治指导员	任福才	男	汉	1976. 01—1976. 10
武警札达县中队	队长	贾瑞生	男	汉	1976. 10—1978. 04
		丁发豪	男	汉	1978. 04—1979. 04
		刘思寿	男	汉	1984. 08—1986. 08
		童华俊	男	汉	1991. 12—1993. 08
		达平	男	藏	1995. 07—1995. 12
		尹启明	男	汉	2000. 09—2003. 08

续表

机构名称	职务	姓名	性别	民族	任职时间
武警札达县中队	队长	李建军	男	汉	2003.08—2004.01
		边巴	男	藏	2004.01—2007.12
		欧阳永丰	男	汉	2007.12—2009.01
		江村罗布	男	藏	2009.01—
	政治指导员	马德祥	男	汉	1976.10—1978.04
		赵殿成	男	汉	1978.04—1980.04
		王炳道	男	汉	1980.04—1985.08
		王保辰	男	汉	1985.08—1987.10
		梁永林	男	汉	1988.06—1990.10
		黄育明	男	汉	1994.07—1994.07
		杨庆林	男	汉	1994.08—1994.12
		秦安培	男	汉	1995.12—1997.12
		梅勇	男	汉	1998.06—1999.12
		加措	男	藏	2000.01—2000.12
		刘五锁	男	汉	2000.12—2003.12
		袁德龙	男	汉	2003.12—2006.12
		刘浩	男	汉	2006.12—
	副队长	丁发豪	男	汉	1976.10—1978.04
		永忠	男	藏	1979.04—1980.09
		刘振桥	男	汉	1980.03—1982.06
		刘思寿	男	汉	1982.11—1984.08
		苏明忠	男	汉	1986.08—1987.10
	副政治指导员	王录印	男	汉	1976.10—1979.04
		冉崇福	男	汉	1979.09—1980.06
		王保成	男	汉	1983.03—1987.10

注:1987年后不再设立副政治指导员。

三、札达县边防大队

2000年3月，札达县边防大队始建，驻地在托林镇，由田云志担任大队长，未任命政治委员（教导员）。主要担负打击边境辖区偷渡、走私、贩毒等违法犯罪活动，维护辖区治安秩序，维护国家边防安全的职能；对发生在边境辖区的组织他人偷越国（边）境案、运送他人偷越国（边）境案、偷越国（边）境案和破坏界碑、界桩案，以及走私、贩卖、运输毒品和走私制毒物品等三类六种案件拥有刑事侦查权。2010年4月，达巴边防派出所成立，由札达县边防大队管辖。

札达县边防大队领导任职一览表

表 18－1－3

机构名称	职务	姓名	性别	民族	任职时间
札达县边防大队	政委	王胜	男	汉	2003—2006
		伍海如	男	汉	2006—2008
		刁向阳	男	汉	2008—2010
	大队长	田云志	男	汉	2000.03—2003
		毛时青	男	汉	2003—2006
		荣卫东	男	汉	2006—2008
		黄科建	男	汉	2008—2010

建队工作完成后，开展官兵政治思想教育，积极学习党的理论、条令条例、公安部五条禁令及西藏边防总队各项规章制度，达到统一思想，提高认识，强化官兵服从命令、听从指挥的意识，在西藏公安边防总队及阿里边防支队党委的领导下，在驻地党委、政府、公安机关的统一领导部署下，积极开展各辖区安全保卫工作。以确保边境地区和部队内部绝对安全稳定为目标，扎实开展各类主题教育活动，狠抓部队建设，深入开展群众工作，不断

提高服务社会、服务群众的能力。严密一线管控，强化二线查缉，着力加强重点山口、通道的管控，突出网格化管理，加强社会面管控，盯死看牢重点人员、重点部位，坚持维稳控边主业，确保边境辖区和谐稳定。充分发挥护边员和辖区群众及其他可利用的情报力量，围绕边境寺庙、复杂地段、重点场所等开展情报搜集工作，掌握工作主动权。圆满完成了各项边境维稳任务，实现了辖区保安全、促稳定的工作目标。

以军事训练为有力推手，促进官兵军事素质和纪律作风的全面养成，为处置辖区各种突发性事件打下坚实的基础；树立官兵“立警为公、执法为民”的理念，加强执法制度建设，强化执法监督、端正执法思想、改进执法作风、规范执法办案程序，严抓执法实践，努力提高官兵执法水平，确保严格公正、文明执法，塑造部队执法队伍良好形象，提高执法公信力和群众满意度。2001—2010 年，札达县边防大队先后完成三月敏感期保卫、2008 年北京奥运会、塔尔钦佛事活动期间边防保卫任务，有效维护了边境辖区的安全稳定。

四、札达县公安消防大队

2005 年 5 月，札达县公安消防大队挂牌成立。2006 年成立了札达县消防大队党支部。2007 年 7 月营房修建并落成，主要担负札达县消防规划、消防监督、审核验收、消防法制建设、消防部队管理教育、执勤灭火、抢险救援等任务。

2005—2010 年札达县公安消防大队领导任职一览表

表 18－1－4

机构名称	职务	姓名	性别	民族	任职时间
札达县公安消防大队	副大队长	刘义林	男	汉	2005. 05—2009. 12
		邱国涛	男	汉	2010. 02—

消防大队官兵始终把思想政治教育放在首位，狠抓官兵思想教育，不断

提高官兵素质，确保官兵在政治上、思想上、行动上与党中央保持高度一致。大队每周都利用一定的时间进行学习，并要求官兵认真做好笔记。党支部还定时、不定时地对每名官兵进行交心谈心活动，及时纠正官兵的错误思想，帮助官兵树立正确的世界观、人生观和价值观。大队还利用墙报、看先进、学先进等多种学习形式提高官兵的理论素质和思想素质。通过学习，使大队官兵的理论水平和思想素质有了明显提高，确保了官兵思想的先进性和纯洁性。

消防大队官兵坚持严格执法，每年利用元旦、春节、五一、国庆等重大节日组织相关部门组成消防安全检查组，对县城内的宾馆、饭店、易燃易爆场所、个体工商户、县消防安全重点单位、文物古建筑进行专项消防检查，而且还不间断地进行消防抽查，全力以赴做好防火工作。2005—2010 年，开展消防安全宣传培训 50 余次，发放宣传资料 1800 余份，受教育群众达 3000 余人；紧扣文物古建筑火灾隐患整改，深入文物古建筑单位开展消防安全检查 60 余次，各文物单位消防安全状况得到明显改善，火灾隐患明显减少，有效净化了札达县消防安全环境。

2005 年，为迎接五一，县消防部门成立消防安全检查指导小组，从 4 月 23 日至 28 日，共检查国家级文物保护单位 2 家，易燃易爆场所 2 家，宾馆、招待所 5 家，饭店 10 家，商店 5 家，县级消防安全重点单位 4 家，舞厅、朗玛厅 3 家，农贸市场 1 处。当场整改火灾隐患 10 处，下发限期整改通知书 2 份，当场向群众宣讲消防知识 40 余人（次）。检查组还深入札布让村和波林村进行消防知识宣传，对群众宣讲消防知识 200 余人（次），发放消防宣传单（画）300 余张。此次检查，共出动 30 人（次），出动车辆 12 台（次），一定程度上消除了火灾隐患，提高了群众的消防安全意识。

2009 年，新建县城防空警报系统，加大消防工作经费投入，配置了消防专用车辆。

2010 年，全县发生火灾 3 起，无人员伤亡。县消防部门确定了县委办公楼等 29 家县级消防安全重点单位。县城有饭店 17 家，商店 26 家，茶馆 20 家，汽修厂 4 家，宾馆 4 家，招待所 1 家，舞厅、朗玛厅 5 家，加油站 1 家，加汽站 1 家，网吧 1 家。全县有文物古建筑单位 39 处，其中有国家级文物保护单位2处，自治区级文物保护单位8处。对于上述消防重点单位，县消防大队采取分类指导、重点督查的方式，确保消防安全各项措施落实到位，保障了人民生命财产安全。

第二章　兵役

兵役制度是国家的一项重要的军事制度。兵役是指国家关于公民参加武装组织或者在武装组织之外承担军事任务、接受军事训练的制度。

第一节　古近代兵役制度

一、吐蕃兵役

吐蕃时期，实行军政合一体制，战时兵员的征调均由茹和千户负责。千户和部落既是地方行政机构，又是军事组织。吐蕃实行“出则为兵，入则为农”的兵役制度。如遇战事，即以部落为单位，男子群体出征，或从部落中抽调军户，拉家带口迁驻新的占领区。实行农牧民每户“三丁抽一、五丁抽二、七丁抽三”、僧人免征制。吐蕃统一象雄后，亦行此制。

二、元、明兵役

元、明时期，札达的西藏地方割据政权仍然承袭吐蕃时期的军事及兵役制度。主要是以地方势力为单位，组成不脱离生产的骑兵和步兵。平时耕种放牧，战时按差征调兵马，士兵自带武器食粮，组成临时军队。在以部落为单位的牧区实行按户征集、部落整体出兵的征兵制度。大的寺院领主，则有自己组织的僧人武装，用以保护寺庙。古格地方势力仍保留相对独立的自治权。

三、清代、民国藏军兵役

清代组建藏军后，先后实行按马岗地（兵差）征集、“十八、六十征兵制”等征兵制度，但仅限于前后藏地区，未在县域地区实行。札达噶本自清代建立直至1949年前，指定青壮年农牧民充当其武装力量，平时在家放牧务农，战时由政府召集起来赋予一定任务。没有统一的兵役制度。

第二节 中国人民解放军兵役

一、兵役制度

20世纪60年代前，札达境内部队实行义务兵役制度（只有进藏部队，未在本地征集兵员）。1968年，随着札达县人民武装部的成立，自1969年开始在全县范围内征集兵员，实行义务兵役制度，服役期为3年。

1978年3月，根据第五届全国人民代表大会常务委员会通过的《关于兵役制问题的决定》，实行义务兵与志愿兵相结合的制度，札达县遵照执行。1985年，阿里军分区进行志愿兵选改工作。按照部队需求和本人意愿，陆续将部分服役期满的义务兵改为志愿兵，继续留在部队进行一定时间的服役。义务兵改为志愿兵，必须由本人申请，经师级以上机关批准。基本条件是：思想上进步，有一定的技术，身体健康，本人自愿在军队长期服役。志愿兵的服役期限，从改志愿兵之日起，至少8年，一般不超过12年，年龄不能超过35周岁。部队如有特殊需要，根据本人自愿，经军级以上机关审批，可适当延长兵役期。

1999年12月，兵役制度改革，将义务兵服役期限改为2年，志愿兵改称士官，实行分期服役制度，服现役的期限从改士官之日起计算，至少3年，一般不超过30年，年龄不超过55周岁。

二、征兵

1969年开始，在札达县全县范围内开始征集兵员工作。在征兵宣传教育工作中，征兵工作人员和各区、乡（公社）干部一起采取召开群众大会、广播、板报、张贴标语等各种形式进行宣传动员，并深入农村、牧区，走访结合，层层动员，发动群众，力求做到家喻户晓，人人皆知。通过宣传动员，大大提升了翻身农牧民的政治觉悟，增强了广大农牧区适龄青年志愿报名参军的自觉性，出现了人人奔走相告，个个争先恐后，父母送子、妻送郎、姊妹送弟兄的感人场面。报名应征青年是征集任务额的几倍、十几倍，甚至是几十倍。札达县首次征兵对象是出身贫苦农牧民的藏族男性青年，征兵任务圆满完成。

一直到1976年前，在征兵工作中，对文化程度的要求并不是太高。从1976年开始，对文化程度的要求略有提高，开始征集具有初中以上文化程度的青年入伍。1978年以后，重点看个人的现实表现，非劳动阶级出身的青年表现比较突出的也可征集。

1980年开始，征兵条件按公安部、总参谋部、总政治部颁发的《关于征集兵员政治条件的规定》执行。

1982年，对征兵工作的文化程度又作出新规定，要求农牧区少数民族青年具有小学文化程度，汉族青年要求具有初中以上文化程度。

1990—2010年，在全县范围内开始征集城镇女青年入伍，要求是应届高中毕业生，非农业户口青年，同时要具备初中以上文化程度，并优先征集高中以上文化程度的企事业单位职工青年。1996—2001年，共征集兵员45人。

为把好新兵质量关口，札达县征兵办公室设立体检组、政审组和后勤保障组，总结出一套在民族地区征兵的有效办法，即公安、教育、监察等部门在政审中采取区域交叉联审的方法。走村串乡，访问群众，到学校查表现，找派出所核行为，严把政治关。兵役登记的年龄区分是男性青年18—20周岁，女青年17—20周岁；文化程度上男性青年应具有小学文化程度，女性青年应具备高中以上文化程度。

1996年，成立由县委副书记王秀成、副县长于景欣、人武部副政委及县政府办公室、公安、民政、财政、卫生等部门负责人组成的征兵领导小组。在征兵中主要把好“三关”：一是把好政审关，把那些拥护中国共产党、热爱社会主义祖国，在分裂与反分裂斗争中，旗帜鲜明、有较强的劳动纪律观念、讲究职业道德的适龄青年作为应征对象；二是把好体检关，按照国防部颁发的《应征青年体格条件》中对陆勤兵员的标准，在全面衡量的基础上择优录取；三是把好定兵关，以目测、体检、政审等情况全面分析择优录取，共应征5名适龄青年。

1997年，地区分配札达县征兵名额3名，其中非农业户口1名，农业户口2名，从10月22日至10月31日，在各区开始征集，要求入伍青年必须年满18周岁，凡征集农牧区户口青年必须达到初中文化程度，城镇非农业户口青年必须达到高中文化程度。

截至2000年底，共征集新兵113人。

2010年11月1日至30日，在札达县征集新兵3名，其中非农业户口青年1名，农业户口青年2名。男青年为2010年年满18—20周岁，高中毕业以上文化程度青年可放宽至21岁，大专毕业以上文化程度可放宽至22岁。

第三章　民兵

民兵分为基干民兵和普通民兵，编为步兵连、排、民兵应急分队和专业技术分队。主要任务是协助边防连队开展边境巡逻，同时承担境内抢险救灾等应急任务。

第一节　民兵组织

和平解放前，札达县无专门的民兵组织机构，一般是抽调身强力壮的青壮年，与境内各宗本一同参加各种战斗。

1963 年，为发动群众参加清剿叛乱武装分子，保田保畜，维护社会治安，在县委领导下，在一些自然村逐步建立群众武装组织——保畜队，亦称联防队、武工队。

1968 年 10 月，开始建立民兵组织，从县、区、机关到农牧区分片成立民兵营、连、排，凡是 16—45 周岁的男性公民，只要政治合格、身体状况良好都被编入其中，并在县城成立女子民兵排，年龄在 16—35 岁之间。民兵总数达 600 余人，主要任务就是协助边防连队担负边境巡逻任务。

党的十一届三中全会以后，札达县民兵组织有了很大发展。1981 年，中共中央、国务院、中央军委批转总参、总政《关于调整民兵组织问题的报告》，调查了民兵年龄结构，明确了基干民兵为一类预备役、普通民兵为二类预备役的制度。县武装部根据文件精神，对民兵组织进行整改，年龄在

18—28 岁的男性公民编为基干民兵，共 300 人；普通民兵年龄在 28—35 岁之间，共 340 人。

1985 年 11 月，党中央根据国内外形势，提出“减少数量、提高质量、抓好重点、打好基础”的十六字方针，为民兵工作指明了方向。县武装部又对民兵组织进行调整，减少了基干民兵数量，并在武装基干民兵中组建高机、通信、防化等专业技术分队，通过调整改革，使札达县民兵建设更加适合本县实际情况和战略工作的需要。全县有基干民兵 250 名。

1986 年，札达县坚持“民兵组织与生产形势相适应，便于生产、便于管理、便于活动”的原则和因地制宜、合理编组的要求，将全县民兵组织编为 1 个基干民兵连下编 6 个基干民兵排（包括持枪民兵）。基干民兵数量缩减至 140 名，其中萨让区 30 名（含持枪基干民兵 20 名），札布让区 30 名，达巴区 30 名，香孜区 20 名，曲松区 15 名，底雅区 15 名。基干民兵和持枪基干民兵必须符合男性 18—30 岁、女性 18—25 岁的条件，由退伍军人和经过军事训练的人员组成，并要挑选有文化基础和有一定专业特长的青年公民参加民兵组织。根据札达县实际情况，民兵连以上的干部年龄可放宽到 40 岁左右。在各区进行二类预备役登记，包括 18—30 岁的女性公民和 18—35 岁的男性公民。

20 世纪 90 年代，县武装部在上级党委领导下，积极加强民兵组织建设，由数量型向质量型转变，把提高民兵队伍素质作为民兵工作的首要任务来抓。

1995 年，按照组织落实、军事落实和召之即来、来之能战的要求，札达县进一步加强民兵队伍建设，组织民兵参加战备执勤、维护社会治安，把民兵队伍建设成为反渗透、反分裂、反和平演变的中坚力量。其次，吸收新民兵必须把好“三关”（政治关、体格关、年龄关），要求深入群众做好摸底调查，征求基层组织意见，在摸底排队的基础上坚持民兵组织和生产形势相结合，防止走过场或流于形式。

截至 2010 年底，札达县民兵主要负责维护各乡村的治安问题。县武装部还按照规定在全县成立 5 个基层武装部，分别设在曲松、底雅、香孜、达巴、萨让五乡。在专职武装干部的配备上，县武装部按照规定在边防一线、有放牧斗争的通外山口及军事要点地区，各基层武装部配备3—4名专职武装干部，设正副部长各1人，干事1—2人，并且要求是通晓藏族语言的藏族干部。

第二节　民兵教育

民兵组织成立初期，针对境内形势，结合平叛剿匪，主要进行人民战争思想、民兵战略地位和作用、民兵性质和任务以及热爱祖国、保卫边疆等内容的教育。

1971年后，根据各种会议、学习班、宣传文件等要求，组织民兵学习毛泽东著作，批判林彪反革命集团罪行、印度扩张主义及达赖叛国集团行径。1976年，粉碎“四人帮”后，组织民兵认真学习中央有关文件，深入开展揭批林彪、“四人帮”反党活动。

1979年，组织全县民兵集中学习党的十一届三中全会精神，进行坚持四项基本原则和党的工作重点转移的宣传教育，结合中越边境自卫反击战的胜利在全县民兵当中开展英雄主义和爱国主义教育。

1980年，中国人民解放军总政治部出台《关于加强民兵思想政治教育的意见》后，组织民兵学习贯彻《意见》精神，县、区、乡三级单位民兵组织，坚持每月一堂课。在开展“五讲四美”（即讲文明、讲礼貌、讲卫生、讲秩序、讲道德和心灵美、语言美、行为美、环境美），“四有三讲两不怕”（即有理想、有道德、有知识、有体力，讲军容、讲礼貌、讲纪律，不怕艰难困苦、不怕流血牺牲）活动中，针对青年民兵的特点，采取理论联系实际、疏通引导，今昔对比，把教育效果落实到积极参加生产和军事训练、树立社会主义新风尚上来。

20世纪80年代后，为满足广大民兵学习党的政策、增长知识的愿望，采取上政治课的形式对民兵进行政治教育，对青年进行社会主义教育，通过县人武部、民兵个人集资，购买图书、文体器材，建立“民兵之家”或文化活动室，组织民兵学习政治、科学文化、军事和开展健康的文体活动。并且，在各乡坚持“五小”（小课堂、小教员、小题目、小辅导、小安排）教育，拓宽了民兵教育路子，增强了教育效果。

1987年，民兵政治教育内容为学习《兵役法》《法律常识》和形势战备教育，进一步增强民兵的国防观念，提高民兵履行义务的自觉性，增强对突发事件的防备能力。

1988年，以拉萨发生的骚乱事件为例，对民兵进行爱国主义和反分裂教育，组织民兵学习阿里军分区下发的《维护祖国统一，反对分裂行径》的宣传提纲等。

1992年，在全县民兵中集中学习《民兵工作条例》，并将其作为今后民兵教育的基本内容。1992—1994年，组织全县民兵学习邓小平南方谈话精神，不断开展坚持党对人民武装的绝对领导、坚持社会主义信念和坚持民族团结、反对分裂的教育，澄清部分民兵的模糊认识。

1995年，主要进行《新的民兵工作条例》《兵役法》和以中央第三次西藏工作座谈会精神为重点，继续做好法制、纪律、道德等再教育；进行以讲清军事训练意义和要求，坚持劳武结合、平战结合，保证完成1995年军训任务；对民兵进行经常性的战备和形势教育，严防敌对势力的渗透和破坏活动，防止发生突发事件，并要求掌握本防区的敌边社情况，如有情况立即上报。

1997年，根据有关文件精神，在全县民兵中开展“维护社会稳定、反对民族分裂”的教育。

1998—2010年，对全县民兵进行法制教育和民族政策、宗教政策教育，采取请进来、走出去的教育方法，收到良好效果。对应急分队进行国防意识教育，包括《新的民兵工作条例》和军事训练教育等。进行战备执勤的重要意义和要求的教育，防止敌对势力的渗透和突发事件发生。

第三节　军事训练

一、训练内容与制度

民兵组建之初，对训练的要求只是“会打枪、会投弹”，训练形式简单，主要以小型、就地、分散方式进行，并且训练对象是单一的步兵，内容以射击、投弹为主。

1973 年，中国人民解放军总参谋部为统一训练内容，下达民兵军事训练纲要，在此基础上，中央军委又于 1977 年批转了总参谋部《1977—1980 年民兵军事训练纲要》，通过两次训练纲要的颁布，札达县的民兵训练从单一的步兵向高机、防化、通信、工兵、侦察等专业技术兵方面发展，丰富了训练内容。但札达县地处边境，牧区范围大，人口难以集中，训练形式还是以小型、就地、分散方式训练为主。

1982 年，中国人民解放军总参谋部颁布《民兵军事训练大纲》，使民兵训练更加完善系统化。训练形式从小型、就地、分散转向以区为单位集中训练。

1985 年后，札达县人武部结合实际、认真研究，总结训练中存在的各种问题，最后采取分片设点的方式进行民兵训练，由过去的游击状态转到科学规范上，训练对象也由过去以步兵为主转到训练专业技术兵、民兵应急分队和干部为主，并形成一套科学的训练体系。

20 世纪 80 年代中期后，在训练时间安排上，札达县民兵机构结合本单位实际及农牧业生产规律，合理安排时间，忙时少训或不训，闲时多训，主要集中在农闲季节，做到既不影响民兵训练，又不影响正常生产，时间为每年 15—20 天，参训人员近 60 人（次）。在训练方式上，县城附近民兵集中训练，农牧区派干部到各乡村集中分片设点，统一进行训练。训练内容多以执勤巡逻、射击、防暴等课目为主，有教案、有示范、有考核，收到了较好的效果。训练时，严格执行各种训练制度。实行档案制度，即对所学课目、参训人员、训练成绩、合格情况、存在问题等整理归类存档，并填写基干民兵卡片，存入人武部资料室，作为了解储备兵员质量的依据。实行安全制度，对训练武器弹药，实行专人看护保管、专人收发，剩余弹药如数收回。在训练过程中，无可靠安全措施和无防护措施不实施，保证安全训练。坚持领导跟班制度。及时掌握训练进程、授课效果及受训人员的情况，加强训练指导。实行操课讲评制度，肯定成绩，指出问题，表扬先进，激发练兵热情。在使用武器方面，严格遵守操作要领和各项规定，防止发生事故。射击、投掷的未爆弹药，必须及时组织力量就地销毁，严禁遗弃和玩弄，不准带故障操作，训练中尽可能使用代用器材，开展无杂声操作，以延长武器的使用寿命。严格执行民兵武器不得随便挪作他用的规定。

1987 年 6 月 15 日至 7 月 25 日，主要对民兵班长、排长及新入伍的基干民兵进行军事训练。在民兵中开展争当军事训练标兵活动，结合各训练点开展评比竞赛活动，对成绩优异者给予必要鼓励。各点训练结束后，整理好《训练总结》《民兵军事训练成绩表》报人武部，人武部综合整理上报地区和分区。

1991 年，县武装部组织民兵训练 2 次。

1995 年，重点完成萨让区和底雅区的民兵整组和训练任务。原则上定为 5—7 月完成训练和整组任务，具体由人武部与两区协商决定，集中训练时间不少于 15 天，整组不少于 5 天。重点进行基础知识的训练。1998 年 6 月 20—29 日，对新老民兵进行军事训练，重点进行基础训练，提高全县边防执勤能力、快速反应能力和自卫作战能力，以适应应急分队担任战备执勤、内卫任务的需要。

截至 2000 年，全县民兵训练成绩良好的达到 70%。

2007—2008 年，根据维稳工作需要，县人武部从县直各单位抽调 20 名在职干部，组成札达县民兵快反分队，为迅速解决参训人员到位不齐，切实保障快反分队的日常训练，县委、县政府主要领导及时指示县直各单位，要识大体、顾大局，并要求被抽调的干部要认真对待，服从指挥，积极参与。获得兰州军区“先进边防民兵连”荣誉称号。

2007 年，札达县成立民兵训练领导小组，县长尼玛次仁、人武部部长盖立民任组长，副县长扎西次仁、宣传部部长边巴罗布、武装部副部长李玉忠任副组长，政府办、财政局及各乡（镇）长为成员。

二、支援部队

1993 年，出动 25 匹马、35 头牛、10 名民工，配合部队完成巡逻任务。

1994 年，达巴区出动 40 匹马、8 名民工，协助驻地部队完成乌热、楚鲁松杰等边境地带的巡逻任务。各区为本地所驻边防连提供马草、饲料，并提供肉食羊、牛 160 头（只、匹）。

三、民兵武器

（一）武器保养

在武器的保养上，持枪民兵要管好手中武器，做到会使用、会保养、会检查、会排除一般故障。爱护武器装备，做到无丢失、无损坏、无锈蚀、无霉烂变质，严格遵守纪律，不乱丢武器。严格发放手续，经常检查。切实做好防潮、防火、防盗、防风沙等工作。

（二）武器管理制度

按规定建账，民兵装备实力统计和弹药三件统计每年逐级上报一次。做到装备有物有账，账物相符。

常用武器平时 7—10 天擦拭一次，阴雨、风沙季节经常擦拭涂油，训练执勤后立即擦拭。

负责管理人员在武器调动时，应切实办理交接手续，达到账目相符，列出交接清单，并将移交情况报上一级备案。

严格执行日常的事故零报告制度，做到有事报事、无事报平安。

在武器的回收上，做好严格的登记制度。由专人登记后，由武器持有人填写武器回收清单后方可入库。

（三）武器维修

阿里军分区修理所负责县武装部武器的维修工作，培训维修骨干，进行技术指导。武器报废从严掌握，需报废的武器提出技术状况检查报告，向分区上报审批。

（四）武器配备

20 世纪 60 年代中期，为打击叛匪回窜，清剿叛乱分子，为人民联防队和武工队人员配备武器，主要是不同类型的旧步枪和当地的土枪、藏刀。

20 世纪 70 年代初期，为适应边防斗争的需要，将武器发给民兵个人管理使用。建立定人、定枪、定弹，分散保管、个人负责的保管制度。

1984 年 4 月 6 日，根据阿里地区行署、军分区《关于对民兵武器弹药进行技术普查的联合通知》精神，对民兵武器进行收缴封存。

1991 年，阿里军分区下发《关于加强军械装备管理工作的通知》，在全地区开展民兵武器库达标活动，县武装部被评为达标先进单位。

1995 年，根据上级有关指示，对民兵武器库进行新建和完善。札达县武装部新建武器库房一处，占地面积 120 平方米，同时落实武器库看守人员编制，强化对看管人员的管理教育。继续做好爱护武器装备教育和遵守武器管理规定及规程，防止发生事故、确保安全。截至 2000 年年底，全县武器装备连续 39 年安全无事故，得到阿里军分区的表彰。

第四章　军事工作

20 世纪 60 年代开始，中国人民解放军各边防部队在边境地带建立哨所，并在边境线开展巡逻，发现并拆除印军摆设标记，驱逐非法越境人员。边防公路建成后，部队所需物资主要依靠新疆军区汽车运输团运输补给。

第一节　后勤保障

20 世纪 50 年代，驻札达县部队主要是靠藏北运输指挥所来承担物资的运输工作，藏北运输指挥所将札达县驻地部队所需物资运至噶尔县昆莎，再由骑兵支队和阿里分工委组织驮队转送至札达。

1958 年，藏北运输指挥所撤销，代之以在新疆叶城建立的基地兵站，以保障汽车运输兵的食宿问题。先由汽车将物资运到噶尔县昆莎，后由阿里分工委组织驮队将物资运到札达。

1965 年，那托公路修通，驻地部队开始采用汽车运输物资，但运至各边防连队（站）仍需靠人畜运输。什布奇边防连至噶尔县昆莎相距 500 多千米，部队所需物资全靠牦牛驮运，往返一趟需要一个月时间。除外界补给物资外，部队自己动手，开始开荒种地，解决粮食、蔬菜供给不足的问题。1965 年，阿里军分区农场建立，主要种植青稞、豌豆和少量的油菜，同时种植少量白菜、菠菜、土豆、萝卜等蔬菜供夏秋食用，在收获量大的年份，也储藏一些蔬菜做冬贮。

20世纪70年代末至80年代，境内各边防公路修通，各连队主要依靠新疆军区汽车运输团运输主副食，基本保障了对部队的运输补给。结束了畜力运输的时代。

20世纪90年代，各连队、札达农场开始建立小规模的大棚温室，种植蔬菜等作物，并修建棚圈，开始养猪、养鸡，解决部队官兵的肉食供应问题。

到2010年，札达各部队自建的蔬菜大棚温室基本能解决部队官兵春夏两季吃菜自给问题。

第二节　边防保卫

1951年8月，新疆军区独立骑兵师二团副团长安志明带领2个加强连进驻噶大克后，于8月中旬首次派小分队到札布让宗一带守防和巡逻。

1952年4月3日，阿里骑兵支队派工作队进驻札达县侦察，并在牧区进行政策宣传。

1954年6月29日，印军33人侵入乌热一带，中国驻印大使馆为此曾两次向印度外交部交涉。阿里骑兵支队留下的人组成巡逻队，紧急行军前往乌热。但当时已到冬季，在乌热一带无法久留，后退驻达巴。

1954年7月25日，印军侵入什布奇山口以西领土6.5千米，并在马拉山口刻上英文“印度斯坦——西藏”字样，当即被什布奇一带愤怒的群众捣毁。印军的入侵行动引起中央的高度重视，同年9月14日，根据西藏工委转发中央《关于阿里社会部和边防站组织机构、编制问题的请示》的批复，设什布奇山口边防检查站，这是札达和平解放以来设立的第一个边防检查站。

1955年2月，为加强指挥，便于沟通联系，在什布奇边防站设立电台。4月，阿里骑兵支队先后多次进入乌热一带巡逻，并设置检查站，开始执行检查任务。

1964年，阿里骑兵支队派出巡逻队前往底雅、萨让等边境一线地区执行巡逻任务。此后，中国人民解放军进驻阿里部队在札达边境一线实行定期或不定期巡逻办法，采取徒步与骑马相结合的方式前往巡逻点。主要任务是巡查边界，熟悉边境走向和辖区地形，保护国界标志，掌握人员、车辆、牲畜等在边境地区的活动情况，及时制止违反政策的行为，防止涉外事件发生，同时与敌对分子潜入潜出等活动做斗争，与相邻边防分队互通情报，向边境农牧民宣传党的边防政策及边境管理等方面的有关规定。

1965 年，楚鲁松杰武工队在该地开展群众工作，并积极配合军队进行武装侦察。1968 年，解放军六师十七团一营选派 3 个连队进驻札达县，在边境一线巡逻。

1987 年 8 月 2 日，根据中央军委、国务院指示，为在乌热地区逐步形成“双方控制局面”，阿里军分区先后派政委袁国祥、副司令员江央次仁和副参谋长丹增带领指挥组赴达巴边防一线，组织由军队和牧民组成的巡逻队，先后两次进入乌热放牧，与印哨所进行周旋，并取得重大胜利。9 月，阿里军分区副政委肖旺堆带领 15 人的巡逻宣传队，从山岗进入无军队守防的楚鲁松杰地区 15 个村庄，进行 24 天巡逻宣传。当地群众以毛毡铺地，敬酒敬茶，欢迎解放军，感谢党中央。楚鲁松杰一带村民控诉印军入侵罪行，要求解放军长驻此地，以保护中国领土和广大群众。

1988 年，肖旺堆副政委再次带队进入楚鲁松杰进行慰问、巡逻，并帮助群众发展生产，受到当地群众的欢迎。5 月 28 日，阿里军分区完成乌热军事巡逻“881”行动任务。

1989 年 8 月 21 日，阿里军分区组成 18 人武装小分队，在参谋长王发虎带领下，前往乌热争议区实施首次军事巡逻。

1990 年 7 月 26、28 日，阿里军分区巡逻队在军分区副司令员江央次仁带领下，两次进入乌热地区进行军事巡逻。

1991 年，札达县出动马匹 43 匹、牦牛 43 头、民工 11 名，协助部队完成边防巡逻任务。县机关成立了军事设施保护委员会，并根据上级指示精神，及时成立了边防领导小组，各边境区、乡政府认真履行边境管理职责，对出境人员进行检查。年底，阿里军分区在某边防连修建 1 个直升机停机坪。

1992 年 7 月 15 日，阿里军分区什布奇边防连向萨让派出季节性哨所，7 月 25 日，阿里军分区又派出 27 人的执勤分队进入楚鲁松杰的曼扎，在上一年的基础上继续建立季节性哨所。同年 8 月 7—16 日，阿里军分区乌热执勤分队在副参谋长班觉带领下，在达巴东径拉山口进行侦察，并下到乌热进行常规的军事巡逻。8 月 8 日，曼扎哨所 12 人巡逻队连续巡逻几个山口要道。于 9 月 10 日撤回山岗边防连。

1993 年 8 月 9 日，达巴边防连巡逻队在尼提山口巡逻时，发现印方在尼提山口靠近中国领土用石头摆了长宽高各 1.5 米的英文“印度”字样，在靠近中国领土处还摆了长宽各 0.5 米的汉字“中国”字样，以上私设界标被巡逻队伍当即拆除。8 月下旬，达巴边防连巡逻队在乌热地区巡逻时，在东径拉山口也发现过同样情况，当即予以拆除。

1994 年 8 月 8 日，阿里军分区派执勤分队进入楚鲁松杰地区，用 37 天时间实施边境巡逻任务，并开展了群众工作。8 月 14 日，达巴边防连巡逻队接到群众报告，有 2 名印度商人非法进入中国境内做生意。根据该情况，边防连巡逻队追上 2 名印度商人，从其身上搜索出一微型照相机和胶卷，当即予以没收，并将 2 名非法越境人员送离。9 月 8 日，阿里军分区副参谋长梁建国带领巡逻队 21 人再次到乌热执行巡逻任务。

1995 年 7 月 9 日和 8 月 6 日，阿里军分区巡逻队 2 次进入札达进行例行侦察。

1996 年，为搞好边境地区治安防范，确定防范区域和重点部位，部分区、乡、村成立了民兵应急分队，进一步加强对边境地区的治安巡逻。同时，由县公安局、武警中队负责，在边境贸易活跃的什布奇乡设立临时公安武警边防检查站，设卡蹲点执勤，对到边境地区的印度商人进行严格检查，并规定其在指定区域内进行边贸活动。为彻底粉碎达赖“和平挺进”阴谋，边境地区军民紧密团结，组织联防巡逻和演习，采取相应的防范措施，有效地保证了边境地区的安全，实现了边防巩固。

1997 年，有 15 个国家和地区的 702 名游客到札达旅游，采取“指定食宿、统一行动”的管理方法。全年发生涉外案 1 起 14 人，涉及 3 个国家，属非法旅游行为。6—9 月，有 8 名尼泊尔籍经商人员非法入境（达巴区、香孜区一带），被群众当场扣留，经审查后顺原路遣返。

1998年，外国旅客有53个团队424人（次）。1999年1—8月，底雅乡什布奇口岸有2次9人非法入境。2000年夏，阿里军分区巡逻队同武警中队、边防大队在桥头设卡3个月，对过往车辆进行检查。9月初，派2名干警到边境一线的什布奇村和楚鲁松杰村进行为期1个月的边境调研整治。

截至2000年，阿里军分区巡逻队和札达当地边防守军在边境巡逻常态化。

2001年初，在曲松进行1个多月的蹲点设卡堵截，严防非法出入境。

2003年，依靠基层公安特派员、各边境区委和治保组织的力量，对非法出入境人员做到“发现得了、控制得住”。截至6月初，发生非法入境案件3起，非法入境4人。另有1起企图非法出境案件，涉案3人，均已送往地区公安处。

第五章 重要战事

札达县建县前，境内发生的比较大的战争有拉达克战争、抗击森巴人入侵。拉达克战争中，古格战败，札达境域被拉达克统治半个世纪。抗击森巴人入侵，维护了祖国领土的完整。

第一节 古格与拉达克之战

13 世纪开始，竹巴噶举派在阿里得到迅速传播和发展，建立了苏莫如、益日、噶色、普日和曼扎等大寺院，其势力逐步渗透到古格的大部分地区，甚至在其腹心地带，诸如荣琼、香孜和楚鲁松杰等地也建有影响较大的寺院，严重威胁到了古格的生存和发展。古格王以支持直贡噶举派和格鲁派来与之抗衡。15 世纪后，格鲁派和直贡噶举派的势力不断增强，竹巴噶举派势力逐渐萎缩，引起拉达克王的极大不满。

另一方面，17 世纪初，古格寺院的力量，特别是格鲁派寺院的力量已经相当强大。古格王扎巴扎西德的叔祖、叔父、弟弟都成为格鲁派寺院集团的领袖人物，广收僧侣，扩建寺院，拥有雄厚的政治与经济实力。古格人口稀少、土地贫瘠，大量招收僧侣，直接影响农牧业生产，也影响王室对外战争兵员的补充。因此，王室与高级僧侣之间的矛盾日益公开化和白热化，多次发生过寺院僧人反对古格王室的斗争。扎巴扎西德试图借助西方传教士来强化自己的统治，更加深了与僧侣集团之间的矛盾。

据西方传教士记载：1612 年，因古格王子精神失常，经过两年努力医治仍然无效，古格王决定迎娶拉达克王的妹妹为新王后。当新王后距离札布让两天路程时，古格王突然禁止她前进，并命令她返回拉达克。古格王的背信弃义激怒了拉达克，从而引发战争。战争时断时续地持续了18年之久，大大消耗了古格的国力，连年频繁用兵，社会生产力遭到很大破坏。

明万历四十六年（1618年，藏历第十饶迥土马年），扎巴扎西德的叔祖、叔父、弟弟邀请四世班禅到古格传法。班禅大师于当年7月7日抵达古格，在托林寺受到隆重接待，并参观了古格地区许多寺庙，10月2日离开古格。作为回报，四世班禅大师封古格王的叔父为“法王驾尊”，承认其为该地区的“精神领袖”。

1630年，古格发生僧人、平民暴动，拉达克王接受古格僧人邀请，亲率一支精良部队，抵达古格城下，与当地僧人联合形成包围之势，古格王国危在旦夕。

拉达克军队到达札布让时，古格王已经被暴动的起义军围困。守卫国王的军队凭借储备充足的粮食和武器以及易守难攻的防守堡垒保卫王宫，与拉达克军队相持一个月之久。在无计可施的情况下，拉达克人企图修一座高台，与王宫守军在同一高度上作战，以便从碉台上攻入山顶王宫。于是，拉达克军队强迫掳获的古格百姓夜以继日从象泉河北岸背运石头，到半山腰垒碉砌墙。被奴役的百姓在皮鞭棍棒下肩背磨破、血流不止，叫哭不绝。王弟也趁机向古格王劝降。古格王扎巴扎西德身患重病，在山顶看到渐渐增高的碉台，感到大势已去，更不堪目睹受苦筑墙的民众之苦，便主动提出议和，表示只要围军撤离，停止筑墙攻垒，愿意称臣纳贡。然而，其弟和拉达克王却设下圈套，要古格王走出城堡，像属臣一样当着拉达克王的面亲自交贡品，以表真心。当古格王按照要求走出城堡，即被抓获押运到拉达克首府列城投入监狱。后死于狱中。

拉达克人占领都城札布让后，开始疯狂掠夺。王宫所有珍宝被洗劫一空，西方传教士在古格修建的教堂也未能幸免。据后来在传教士的书信中写道：拉达克人“抢走了教堂所有珍贵物品，圣爵、烛台、披带等等……还将神父们的东西任意送人”。滞留古格的西方传教士，被一并押到列城。后来，辗转到了印度。

战争结束后，统治日土地区的古格王亲属逃到后藏日喀则，托林寺也被拉达克军队占领。之后，拉达克占领古格全境。拉达克王森格朗杰委派其子英达博蒂朗杰统治古格。

第二节 抗击森巴入侵

森巴，是清代西藏对居住于今印度西北部克什米尔地区诸部族的称谓。原来属印度锡克王国属部①。1839 年，道格拉统治者古拉伯·辛格乘锡克首领兰吉特·辛格死后锡克王国崩溃之机控制了克什米尔、拉达克及巴尔蒂斯坦（又称小西藏）等地，森巴人进而转投道格拉部，因此又称森巴道格拉人。

1834 年，森巴道格拉首领查谟总督古拉伯·辛格派兵占领了拉达克首府列城，并趁机占据拉达克，吞并了附近的彭热森、新哈尔等大小 12 个部落。古拉伯·辛格垂涎西藏西部的羊毛及阿里地区的金矿、寺院财物，并企图吞并中国西藏、新疆叶尔羌等地，建立一个独立的王国。

清道光二十一年（1841 年，藏历第十四饶迥金牛年）初，古拉伯·辛格命俄拉瓦为主帅，率由克什米尔、查漠士兵和拉达克、司丕提人组成的三路大军侵入阿里，右路由塔那达月率领的 700 多人沿着朗钦藏布于同年藏历三月十九日突然攻占曲缔（今札达县曲木底村），并扬言要攻占芒玉纳山以西之地。由于事发突然，加之达巴、札布让两宗设防官兵少，达巴宗、札布让宗各头人征集众多民兵积极抵御，同时阿里噶本从仲巴、普兰、霍尔等地征集 300 多民兵赶赴札布让宗拦截敌军，札布让宗本、达巴宗本组织的民兵及百姓于拉姜拉山脚下，监视敌人，待命御敌。但是，敌军随后突然发动进攻，双方在阵前展开厮杀，由于武器低劣且准备不足，敌方占据上风。在杀

① 18 世纪 60 年代，克什米尔西南部印度旁遮普邦锡克族从莫卧儿帝国的统治下获得独立。1819 年，锡克族统治者兰吉特·辛格发动战争从阿富汗杜兰尼族的统治下夺取了克什米尔等地。当时克什米尔南部查谟地区的道格拉人首领古拉伯·辛格因帮助锡克人的征服战争，而成为查谟土邦的世袭君王。

敌 58 人、牺牲 30 余人的情况下，守军被迫撤至噶尔雅萨驻守。随后札布让宗的香孜、热嘎夏等 9 个战略要地陆续失陷。森巴军所到之处，烧杀抢掠，无恶不作。森巴军在攻占达巴、札布让两宗后，在香孜留下 500 余人后，率军进占噶尔等地。战争伊始，阿里噶本通过派出侦探获知情况后，于 3 月 21 日将森巴入侵阿里的情况上报驻藏大臣和西藏地方政府。4 月 3 日，两宗陷落。

4 月 13 日，西藏地方政府获悉阿里噶本的信件后，驻藏大臣孟保、海朴与策墨林二世等一方面上报清朝中央政府，一方面指示阿里噶本："寇贼盗匪，无理取闹，事已至此，切莫恐慌，入我寸土，以眼还眼，以牙还牙，以暴易暴。"并派出代本笔喜率藏军开赴阿里。沿途在仲巴、霍尔征集民兵，并驻扎在普兰巴噶区，拟备待援军到后，发动进攻。

札布让宗本木吉拉在达巴宗、札布让宗沦陷后，率征集的民兵退至普兰，与普兰宗的军民汇合。7 月 8 日晚，侵略军突袭普兰宗，札布让宗本、普兰宗本及家眷未及转移，被敌军俘获。

普兰宗失陷后，面对阿里严重的御敌形势，清朝驻藏大臣和西藏地方政府先后两度从前后藏派援军增援阿里，在经过普兰噶尔东、多玉等战役后收复普兰，从札达入侵阿里的敌右路军首领塔那达月逃至拉达克首府列城。收复普兰宗后，藏军及阿里军民在噶伦才旦多吉、久美才旺班觉及代本比喜率领下，乘胜追击，收复噶尔等地，在噶尔昆萨驻扎设营，并派噶本措果巴进军札布让宗、达巴宗。抵达那木如时，得知札布让宗、达巴宗军民在歼敌 148 名后收复两宗，余敌被从曲木底驱逐出境。为防止逃走的敌军卷土重来，藏军在札布让宗留守 200 名士兵。

清道光二十二年（1842 年，藏历第十四饶迥水虎年）仲夏，森巴军队再次沿狮泉河谷入侵阿里，在到札达前即被消灭。藏军随后进攻拉达克列城，在久攻不下的情况下，与森巴头目倭色尔热顿签订协议：双方停战，各自承认双方旧有的边界，而不用武力改变这条边界；双方按以前的办法进行贸易；克什米尔一方"将不会阻止从拉达克往拉萨的贡使"等。拉达克照旧向西藏地方政府献年贡，拉达克与西藏之间的从属关系基本得到恢复。

至此，抗击森巴人入侵取得了完全胜利。

第六章 双拥共建

解放军进驻札达后，开展了拥政爱民、军民共建边防和支援地方建设等活动，并在屡次抢险救灾中发挥了主力军作用。

第一节 拥政爱民

1951年，新疆独立骑兵师2个连队在副团长安志明率领下进驻阿里。解放阿里后，派小分队到札布让一带守防或巡逻。9月，中国人民解放军后续部队进入香孜、托林等地进行社会调查。广大官兵坚决执行毛泽东关于“进军西藏不吃地方”的指示精神，严格遵守各项纪律。骑兵小分队在进驻札达后，在供给十分紧张的情况下，向驻地群众分送大米、面粉、茶、糖等物品，帮助群众放羊、打柴、收割等，并形成传统。尊重藏族的风俗习惯和宗教信仰，密切与人民群众的联系。

民主改革开始后，驻地解放军部队积极参与平定叛乱，建立军管会，帮助建立人民政府。平叛结束后，人民解放军部分干部留在札达参加社会主义建设。“文化大革命”期间，驻札达县人民解放军部队继续维护社会稳定工作。

武警札达县中队成立后，在节假日和重要活动期间，自觉做好全县的治安工作和卫生清扫工作。

20世纪80年代后期，驻地部队主要是协助地方做好封边控边工作，坚决反对达赖集团的分裂、渗透活动。同时，积极支援札达地方建设和改革开放。积极参加植树造林活动，并分片包干到人、到单位，以便确保树木的成活率，改变了县城面貌。

解放军一直坚持为群众免费医疗。特别是20世纪80年代以后，在每年11月至次年5月大雪封山期间，坚持为驻地农牧民群众治病送药，解除痛苦，受到群众称赞。

在札达县通信还不发达、交通不便的情况下，县、乡（区）所在的连队为地方提供通信方便，使上情能下达，下情能上报。同时，主动为电视台、电影队等单位提供电源，帮助驻地干部群众义务维修电器30多台（件），赢得了全县人民的一致称赞。

1995年后，每年汛期，武警中队都出动兵力，在县城水库、托林寺内开展汛期来临前的治安工作。

截至1996年年底，全县9个驻军单位与24个县直单位及区、乡、村确立了共建关系，共建人数达1265人，军地共建双方均被评为县、区级以上精神文明先进单位，札达县无骚乱闹事事件、无重大刑事政治案件，无打架斗殴、赌博偷盗、嫖娼卖淫等社会丑恶现象发生，优化了社会环境。县武警中队在与县邮电局开展共建活动中，主动派出官兵63人次，协助架设邮电线路、搬运、安装通信设备，使该工程提前20天竣工。机线连在与县完全小学共建活动中，1995—1996年，共派出校外辅导员8人次，为学生讲故事、上法制课3场次。达巴边防连腾出最好的营房给达巴小学师生上课。

1997年，鉴于札达县没有理发店的实际，武警札达县中队成立理发小组，深入群众、学校义务帮助理发。春节前夕，2名战士到小学义务理发，由于时间太长，手打起了水泡，他们咬牙坚持，圆满完成为全校师生理发任务。托林村3位孤寡老人是武警中队义务照顾的对象，官兵始终坚持替他们打扫卫生、挑水、买面粉，帮助他们改善生活。

从1998年开始，武警札达县中队与托林村农牧民建立了对口帮扶关系。每年均组织部队官兵到托林组帮助农牧民群众春播、秋收。每逢节日为1名孤寡老人送上大米、清油、罐头，并为其送水、洗衣，受到当地农牧民群众的好评。

1995—1999年，共有26家单位与驻地部队结成共建对子，确定每年7月为双拥模范月。札达县连续5年被自治区、地区评为“双拥先进集体”。

2000年，札达县因降雨量过大，县城内唯一饮用水源点受到冲击，造成正常饮用水困难。县武警中队及时组织全体官兵到达现场，采取有力措施，将灾害降到最低。驻地部队一直坚持为群众免费医疗的做法。至2000年，为群众诊治1000多人次。

2001—2010年，驻地官兵深入开展大走访活动，筑牢群众基础，增强警民、军民血肉联系，全面推进爱民固边战略。

2001年，边防连与札布让港心希望小学建成共建单位，为小学贫困学生提供无私援助，并在农忙季节，帮助波林村民收割青稞。

2004—2006年，某边防连主动帮助当地农牧民收青稞、围羊圈等，出动400余人次，并赠送大米、面粉、清油、蔬菜、罐头等生活物资及资助贫困学生和困难群众价值8000元。边防连战士利用巡逻执勤机会，经常给沿途贫困牧民送去生活物资，定期组织官兵帮助当地农牧民清理水渠。边防连战士每年配合当地政府，对附近道路、桥梁定期进行维修，并积极参加塌方、泥石流、山体滑坡等抢险任务，每年出动约400人，车辆10台（次），每年资助贫困学生、农牧民各类物资、捐款约4000元。坚持定期深入驻地为当地群众义务巡诊50余次。

2007年，县边防大队、消防大队共走访慰问贫困户48户，为群众做好事80余件，并为贫困户送去面粉、清油、砖茶等物品，价值9000元。其次，组织官兵参加各类捐款5次，共捐款13681元。积极参加综合卫生整治工作，打扫县城街道和广场卫生。边防大队、消防大队实行贫困生资助制度，为县完小贫困学生捐献书包、文具、作业本等物品价值950元，使18名贫困学生渡过难关。

第二节 军警民共建

一、拥军助军

各边防连所在乡村始终如一地将支持部队建设和共同保卫边疆当作重要任务，积极配合驻地边防连队巡逻执勤。1980—2010 年，共为边防连队提供巡逻马匹 1500 余次，派出执勤民兵 1800 人次。

从 1995 年起，札达县将每年 7 月定为“双拥模范月”，把札达县唯一一条大街（南北向，长 1 千米）命名为“军警民共建文明路”。每年“八一”前后，由工青妇牵头，积极组织团员青年、妇女、学生深入军营、警营帮助其拆洗衣物、打扫卫生等。全县有 24 家单位和驻地部队结成共建对子，开展了丰富多彩的军警民共建活动，参加人数达 3175 人次，军地双方办好事 455 件，增强了军政、军民团结。

1995—1996 年，地方共为部队官兵办好事、实事 50 多件。

截至 1996 年，札达县为解决官兵吃菜难的问题，先后为部队划拨蔬菜基地 368 亩，每年提供粗肥 410 立方米，协助建造日光温室 10 个，并无偿提供浇水和技术指导，全年生产蔬菜达 4.6 万千克，使各部队基本做到蔬菜自给自足。为改善武警中队的办公、住宿条件，1995—1996 年，札达县拨款 1.73 万元，购置床、桌、椅等办公用具 18 套，并对部分营房进行维修。为部队扩建营房解决用地 15 亩，为边防连提供巡逻牲畜 108 头（只、匹），派出执勤民兵 102 人次，解决军畜用草 1.1 万千克，官兵食用牛、羊 360 头（只）。

1997—2000 年，县人武部组织民兵配合连队参加对楚鲁松杰、乌热、萨让等 3 个季节性执勤巡逻点位武装巡逻 24 次，累计达 124 人次，加强了对边境的有力控制，维护了边境的安定与社会的稳定。

札达县站在讲政治的高度，把双拥工作列入重要议事日程，“本着有事无事常来往，大事小事勤商量”的做法，加强组织领导，强化双拥制度建设，鼎力支持部队建设，党政军民空前团结。县城自来水工程实施前，县城驻军、单位、干部群众用水都是肩挑车拉。为解决中队官兵的吃水问题，县委从援藏资金中拿出2000多元，为中队购置了一辆三轮车。

2006年8月，担任札达通信光缆铺设工作的部分官兵被暴雨困在札达沟。半夜一点钟，县领导接到汇报后，立即组织人员，冒雨带领装载机等机械前往营救。地方人员和部队官兵一道，从夜里两点多一直奋战到早上6点多，将车队全部救出危险地段，谱写了一曲军民团结一家亲的壮丽诗篇。

2007年“三大节日”期间，札达县慰问驻札部队及退伍军人，慰问金22500元。庆祝“八一”建军节期间，县委、县政府主要领导分别深入11个驻札部队进行慰问，发放慰问金13500元。为部队划拨菜地、草场100多亩，解决了部队冬季吃菜难和牲畜饲料缺乏的问题。各乡镇无条件为边防连官兵巡逻提供200多匹（头）牲畜。

2008年，为确保双拥工作的有序开展，札达县先后制定出台了《札达县双拥工作规划实施意见》《党政军联席会议制度》《共建单位联系制度》等，保障双拥工作逐步走上制度化、规范化轨道。

二、发挥民兵作用

札达县边界线长，通外山口多，边防连士兵巡逻固边任务重，民兵在维护边境安全方面起到了非常重要的作用。1994年，按照“便于集结、便于机动、便于训练、便于执行任务”的原则，在县城成立了民兵应急分队，定期开展活动。主要肩负着配合公安部门维护社会治安，打击严重刑事犯罪活动的重要任务。在重大节日和敏感时期，县人武部组织民兵应急分队对县城重要目标、重要点位进行昼夜巡逻，确保安全稳定。

2001—2010年，当地民兵围绕边境寺庙、复杂地段、重点场所等开展情报搜集工作，掌握工作主动权。共计上报各类情报信息108份。

2008年，县委、县政府主动与县人武部联系，相继出台有关边控文件，组织乡镇民兵进行协勤联防，动员边民无偿提供马匹驮运物资，在边控重点时期与边防部队一起到重点地段巡逻执勤。

三、军民团结

1990—2010 年，每年“八一”或春节、藏历年等节日期间，札达县均举办打靶、棋类、球类、歌咏比赛等，活跃了军民业余生活，加深了军地友谊。

第三节　支援地方建设

札达县驻地部队不断强化宗旨意识和群众观念，积极参加和支援地方经济社会建设，以实际行动为人民群众服务。

1967 年，驻札部队帮助札达县修建了水库，在马路两旁栽了树木。

1994 年 10 月，当某边防连得知驻地修建水电站时，连队找区委把最艰巨的 200 米引水渠工程揽了下来，全连官兵苦战 7 天，按时保质保量完成施工任务。

至 1996 年年底，札达县驻地部队为地方办好事 500 多件，累计出动人力 3000 多人次，出动车辆 100 台（次），整修道路 480 千米，维修水渠 2000 多米，平整土地 100 多亩，义务植树 3000 多株，帮助驻地政府维修发电机 30 多台。

为了改善生态环境，驻军官兵积极开展植树造林活动，把札达当作自己的第二故乡来建设。2005 年 6 月 21 日，到达巴乡的马兰桥被洪水冲断，人武部主动带领官兵 70 余人对马兰桥道路进行修护，确保了道路畅通。月底，又出动官兵 30 余人次灭蝗虫。各边防连队积极为驻地学校、幼儿园整修教室，捐款捐物。

2006 年，边防连战士向达巴乡小学送菜 800 多斤，图书 300 余册。“六一”期间，人武部 4 名首长分别资助了县完小 4 名贫困学生各 500 元现金，并将其一直资助到大学毕业，部首长因工作原因调动的，由下一任继续资助，确保此项活动的连续性。

札达县党政军民融洽相处、亲如一家、共谋发展的事迹，得到上级党委的高度评价，驻札部队多次被总政治部和自治区授予“拥军爱民模范县”称号。札达县以扎实有效的工作，实现了双拥工作的制度化、正规化、经常化、社会化，在全县形成了“人民以厚爱拥军，部队以热情爱民”的良好局面，促进了军政、军民团结。

2004—2006年，某边防连修建了1条从驻地至乡政府的“共建连心路”，每年主动对道路进行维护。修建了面积约600平方米，植树1500多棵的“军民共建林”，每年出动官兵和民兵45人左右参加植树活动。

2006—2007年，札达县武警中队、边防大队、消防大队帮助农牧民义务卸安居工程建材，共投入劳动力96人次。为托林镇孤寡老人及贫困家庭进行免费拆迁房屋、维修水渠，帮助贫困家庭种植青稞20余亩，收割青稞30多亩。2007年，驻札部队植树23000余株，美化了周边环境。

第四节　抢险救灾

由于札达县自然条件恶劣，各种自然灾害频发，帮助当地人民群众抗击自然灾害，成为当地驻军义不容辞的责任。当地方发生自然灾害时，驻军部队派出大量人力、车辆，帮助驻地群众恢复生产，受到当地人民群众的广泛称赞。

一、抗雪救灾

1994年，札达县部分地区发生雪灾，县武装部官兵全力投入到抗雪救灾之中。在连续奋战十多天后，将狮泉河至札达县城的老路全部打通，保障了全县农牧民群众、干部职工的生活。

1995—1996年，边防营所属各连队和县武警中队为当地政府抢修大雪封山道路6次，出动官兵470人次，为当地群众抢种、抢收庄稼242亩，就医看病410人次，理发620人次，为地方解决照明53户200多人，为教育基金会和受灾群众捐款6560元，帮助五保户建房2间，扶持救济五保户、特困户15户50多人，使多名失学儿童重返校园。

1997—2000年，驻地部队为当地政府抢修被大雪封堵道路十多次，出动官兵600多人次，为当地群众抢种、抢收庄稼300多亩，同时为60户家庭解决供电照明。部队农场官兵积极帮助附近农牧民群众运送肥料，指导种菜、修复羊圈等。

1998年，札达县遭受历史上特大雪灾，县武装部积极组织人员、车辆抢救灾民及牲畜，组织驻地官兵为灾民捐款、捐物价值1.75万元。

1999年冬，札达县遭遇雪灾，驻地部队出动兵力300人次，车辆十余台（次），疏通札达县至狮泉河公路100多千米，打通通往各乡镇的道路，同时，驻地官兵积极为灾区农牧民群众捐款、捐物，为农牧民群众送医送药、保人保畜。

2000年冬，巴尔兵站一辆运输车在前往札达途中，被大雪所困，驾驶员和几名在札达县做生意的老板面临生命危险。接到求助电话后，县武装部立即组织人员，开牵引车前往营救，通过近30个小时的奋战，终于将被困人员和车辆救出。

二、抗洪救灾

1985年，札达县发生特大洪灾，县城驻地官兵经过36个小时的奋战，确保了县城的安全，避免了重大经济损失。

1994年，什布奇乡色尔贡村坝被一场暴雨冲毁，附近农作物、农牧民住房均受到不同程度的损坏，当地驻军闻讯后，立即组织全连官兵前往救灾，经过四天四夜的奋战，及时修复了防护坝，并帮助农牧民群众维修房屋，确保了农牧民的生命和财产安全。

1994年，札达县遭受特大暴雨袭击，县城附近水库被洪水冲开20多米宽的口子，县城驻地官兵接到通知后，立即组织官兵和当地农牧民群众、干部职工堵住决口，消除了水库大坝隐患，确保了全县干部职工、驻地部队及周边农牧民群众的安全。

1996年6月，因天气变暖冰山融化造成象泉河水暴涨，直接威胁到托林村大片菜地和草场的安全。县人武部、边防营、武警中队、部队农场、机线二连等驻军接到群众告急后，组织官兵赶赴抢险第一线，采取多种应急措施，大大减少了地方损失。

1998年8月，札达县遭受特大洪灾，县城附近水库被洪水冲毁，为保障干部群众的生命财产安全，县城驻地官兵出动兵力500余人次，经过一个星期的奋战，终于将水库决堤口堵上，保卫了县城的安全，同时确保了县城内干部职工及周边农牧民群众饮水安全。

2004—2006年，驻札达县城部队连续3年参加象泉河发电站拦水坝工程抢险、水库抗洪抢险、助民劳动、美化县城环境等工作，共出动官兵700余人次，民兵230余人次，筑拦水坝长约300米。为困难群众捐款捐物、资助贫困学生价值1.4万余元。

三、其他灾害救助

2005年，县内各乡镇发生严重蝗灾，驻札部队出动30余人次帮助灭蝗。

2006—2007年，洪水冲毁玛朗桥道路，人武部主动带领官兵共70余人，当地边防官兵出动20余人对玛朗桥两边进行抢修，确保县城到达巴连道路畅通。

2007年，全县3个乡镇发生小反刍疫情，武警中队、边防大队选派官兵深入各乡镇设卡对出行车辆、人员、马匹进行消毒，控制疫情的传播。全年驻军部队派出抢险兵力、警力120余人次，出动车辆15台（次）。

人　物

一、传

拉喇嘛·益西沃（947—1036）　原名松额，又称赤德松祖赞。北宋乾德四年（966），在札布让地区建立古格地方政权并称王。北宋至道二年（996），松额出家为僧，取法名“拉喇嘛·益西沃”。他将政权事务委托其兄普兰王阔日管理，王位由阔日子孙传承。建立托林寺。北宋天圣八年（1030年，藏历第一饶迥铁马年），拉喇嘛·益西沃在托林寺修建色康大殿供仁青桑布驻锡，并赐予其庄园，作为供养，形成西藏历史上最早的“谿卡”庄园制度。北宋景祐三年（1036年，藏历第一饶迥火鼠年）在托林寺圆寂。

仁青桑布（958—1055）　958年诞生于绒琼，幼名仁钦旺久，由于相貌独特，长有鹰钩鼻梁，故有“鹰面”之称。13岁时，出家为僧，师从堪布勅巴桑布，取法名为仁青桑布。自幼聪慧过人。17岁时，离开父母，与阿布扎史则莫一起前往克什米尔学经取法。跟随克什米尔博学大师古那扎学习声明和因明等初级知识，不久由达玛贤帝大师授比丘戒，开始接受金刚佛界内容，并游学印度北方的诸多地方，拜谒各大佛学家。后到达玛拉欣帝热，师从印度北部著名的密教大师西达噶热瓦玛。在两年时间里，他专心致志、刻苦钻研，精修瑜伽部、总摄论和密乘生起次第修学法等。又从纳巴大师处学习了胜乐和修道诸法。随后，仁青桑布到印度东部，拜紫纳弥扎巴那和西林扎泊帝等为师，把经藏、律藏、论藏、别解脱、般若经、般若八千颂、陀罗尼集等厘定、整理和翻译成藏文。仁青桑布在印度东部和克什米尔等地共待了十余年。

仁青桑布回到古格托林寺后，依照拉喇嘛·益西沃的嘱托，前往印度，领取曾寄存在恩师西达噶热瓦玛处的大量经籍，并为已故的恩师铸造了一尊紫金质释迦牟尼像，用木轮车运回古格，后供于卡泽的一座窑洞内。

在托林寺，仁青桑布与拉喇嘛·益西沃一起扩建托林寺，并与迎请来的克什米尔大师们，编译、厘定众多的显密经籍，藏传佛教后弘期上路弘法开始形成。拉喇嘛·益西沃圆寂时，仁青桑布亲自为他处理后事。萨迦派势力在卡泽兴起后，在祖殿郭喀殿堂的南边修建斡噶普寺。此后，仁青桑布回到绒穷，在绒穷建筑一座独特的坛城庙堂，即惹尼白玛迈迥祖拉康。

仁青桑布一生巡游西藏西部的主要寺庙和各个地方，修建100余座殿堂和寺庙（据传是108座）、300余座佛塔，为后人留下灿烂的佛教文明。87岁时，在芒囊寺与印度著名的佛学大师阿底峡见面，并把阿底峡迎请到自己的供养地——吉热林。晚年在普兰和古格两地度过，最后在卡泽去世。

颇章·绛曲沃 古格王拉德次子，著名佛教弘传家和僧人，983年出生，俗名扎西维。14岁时出家为僧，取法名绛曲沃。后半生不遗余力弘扬佛教，在古格西南部地区的芒囊修建著名的芒囊江久林寺，同时扩建托林寺，增设诸多的供品。建立寺院税收制度。1037年（藏历第一饶迥火牛年），绛曲沃依照叔祖父嘱托，派译师携带重金去印度邀请阿底峡大师到古格讲经传法。绛曲沃打着宝伞、宝幢，带领300名着白袍的弟子，骑鹅白色马，吹着长、短号等宗教乐器，隆重迎接阿底峡大师。阿底峡到古格后，依照绛曲沃的请求用梵文撰写《菩提道炬论》。绛曲沃帮助诸多僧人翻译印度佛学典籍，为藏传佛教后弘期上路弘法的发展起到了关键作用。

扎巴德（1349—1397） 古格第十五代王，著名佛教传播家、法王。成年即位后，兴修佛寺，钻研佛法，颇有成就，被世人称为拉钦（法王）扎巴德。在位期间，由大臣雅噶功朵大力协助，不断扩张领地，并首次收复东边的普兰和南边的亚泽。后来，还征服西南边的甲诺木、尼帝、仲尼、尚朗、俄如等部族，征纳税收，使古格王国的势力达到顶峰。与此同时，大兴佛法，收服人心，向在其领地内的各大小寺庙供举大量布施，塑制佛像、佛塔，用金汁印制经籍等，受到人们的拥戴。首次与直贡噶举创始人杰丹贡布的第六任继任者古如达玛热扎建立供施关系，派100名亲信携带黄金、金刚和药品等送给直贡噶举在冈仁波齐的传法基地，扎巴德和王妃桑珠杰莫亲自来到普兰的迦帝卡城堡拜直贡派喇嘛为师，并把普兰的上下塘雅等众多地方作为福田供奉给古格境内的直贡噶举派。

古格·阿旺扎巴　古格中期著名佛学家，约14世纪诞生在古格西北部的东嘎（今札达县托林镇东嘎村）。少年时在前后藏地区学习佛法，并跟随佛学大师学习，尤其是师从格鲁派创始人宗喀巴学习显密经籍，成为宗喀巴六大弟子之一。阿旺扎巴在前后藏影响颇大，有众多的追随者和徒弟。古格王请其返回古格讲经传法，在修复东嘎寺的同时讲授显密精要。古格王极力帮助阿旺扎巴在古格地区推广格鲁派。据阿旺扎巴所撰《阿里王统记》载，古格王用发簪擦拭阿旺扎巴的僧靴，把价值连城的发簪装饰品、农田、牧场及7户人家赠与阿旺扎巴，以解决僧人生活上的后顾之忧。古格王经常前往托林寺，与百姓一同坐在台下，聆听阿旺扎巴大师讲经说法。随着阿旺扎巴声名远播，格鲁派势力也深入到上至王室成员，下至平民百姓之中。古格王还把阿旺扎巴推上托林寺仁青桑布大译师的宝座，使托林寺成为西藏西部第一座有影响的格鲁派寺庙。阿旺扎巴在托林寺建立了非常严格的格鲁派戒律制度，有一批有真才实学的僧众，改变了原来寺庙里不僧不俗、戒律松弛的局面。阿旺扎巴晚年著书立说，并著有个人全集，其中《阿里王统记》《修辞学原意例句》等非常著名。

江央辛帝·洛追坚赞（1487—1567）　扎什伦布寺堪布，托林寺住持。出生于东嘎，取名为噶林巴。11岁时，凯珠当巴仁钦拜桑为其传授居士戒，取法名洛追坚赞。15岁时，洛追坚赞到扎什伦布寺，时任堪布班禅益西泽莫和格如热布嘉木为其授沙弥戒。由于他刻苦钻研，孜孜以求，在辩经等方面崭露头角，显示出非凡的才华，成为扎什伦布寺宝座的第十七任继承者，获得欣第巴钦波荣称。1513 年（藏历水鸡年）11 月 8 日，二世达赖喇嘛根敦嘉措大师为其授比丘戒。童年起，在扎什伦布寺吉康扎仓任 21 年堪布，并成为根敦珠巴大师的继承者。多年后，洛追坚赞让位于推林热布江巴。随后返回阿里，就任托林寺住持，并在此讲经传法、弘扬善业。洛追坚赞在达巴创建达巴扎西伦布寺，在离寺不远的一座似矛尖竖立的山丘上修建拉章。晚年来往于达巴、董布、东嘎和托林寺之间。1567 年 5 月 25 日，在托林寺故去，享年 81 岁。

阿底峡（982—1054） 出生于东印度（现孟加拉）萨霍尔王室，原系超岩寺上座。本名达娃宗波（意为日藏），法名迪班噶罗保利扎那（意为吉祥燃灯智）。“阿底峡”为梵文，意为殊胜，是阿里小王加封给他的尊称，藏文史料一般又称他为“觉卧杰”或“觉卧钦波”（意为大尊者）。后被迎请至古格传法，阿底峡在托林寺时著有《密宗道次第解说》，解答绛曲沃等人对密宗教法的疑惑。又著《菩提道灯论》共 70 颂，讲说从学法到成佛的修习内容和阶段。首先将人分为下士（不求解脱，只求今世利乐的人天乘），中士（追求个人解脱轮回之苦，无意普度众生的小乘），上士（自求解脱并愿意普度一切众生的大乘）和戒、定、慧三学，以及修习三学的阶位次第，如五道十地等。在概述显宗内容后，又申述密宗优胜于显宗的理由，并分别等次划分密宗为四部。在藏传佛教后弘期还处于分散杂乱的时期，此书提出了一个对整个佛教的系统看法，为噶当派的形成奠定了思想基础。后来还著有《入二谛论》《中观教授论》《摄菩萨行炬论》《发菩提新论》等，对藏传佛教理论的发展起到重要作用。1076 年，阿里王拉德为纪念阿底峡，在托林寺举行法会，史称“火龙年法会”。

张光明（1921—1967） 男，汉族，甘肃省华池县人，中共党员。

1947 年 2 月参加革命工作。1961 年 10 月至 1965 年 4 月，任札达县人民政府副县长，1965 年 6 月至 1967 年 4 月任札达县人民委员会副县长。1967 年 4 月 23 日，张光明副县长带领工作组深入萨让乡开展群众工作。当时为了能更好地了解农牧民群众的思想，从县城派到基层的工作组住在萨让乡老乡家。当晚3点左右，叛匪包围萨让区公所，用机枪射击，并包围县城驻村工作组，叛乱分子冲进驻村工作组房间，打死张光明副县长，劫走手枪和文件。5月3日，张光明副县长被西藏自治区追认为革命烈士。

郑切然（—1967）　男，汉族。

1967年4月23日，札达县副县长张光明带领工作组深入萨让区开展工作。当晚3点左右，叛匪袭击县委驻村工作组。干事郑切然牺牲。5月3日，郑切然被西藏自治区追认为革命烈士。

彭措（1932—1974）　男，藏族，中共党员，革命烈士，札达县底雅乡人。

1932年出生于底雅。和平解放后，接受初级文化教育，在党的培养下，成为一名基层领导干部。1961年，在民主改革运动中担任底雅区鲁巴乡乡长，率先在鲁巴村办起“穷棒子”互助组，并不断扩大规模，使全村14户贫下中农（牧）全部加入互助组。1968年任底雅区长期间，多次在紧要关头救人于危难之中，他本人却多次流血负伤。1974年5月“农业学大寨”运动中，彭措亲自指挥底雅乡拉嘎水渠改造工程建设。24日下午在工地实施爆破，其中一包引爆后未能爆炸，彭措命令身边人“离远点!”自己去冒险排除险情。刚到炮点，只听一声巨响，哑炮突然爆炸，彭措光荣牺牲，年仅42岁。

洛桑顿珠（1934—2010）　男，藏族，札达县人。

1947—1958年在达巴寺当喇嘛，1960年6月参加工作，任政协阿里地区委员会委员，1978年当选为政协新疆维吾尔自治区常务委员会委员。1981年9月至1998年8月任政协阿里地区第三、四、五届委员会副主席，政协西藏自治区第三、四、五、六届委员会委员、常委会委员，1998年8月退休。2010年1月24日，在札达县达巴乡曲龙村去世，享年76岁。

二、简介

王竣 男，汉族，山西省襄垣人。

1960年5月至1961年7月任札达县委副书记，1961年7月至1965年10月任札达县第一任县委书记。20世纪60年代初，王竣带领30多人，有的骑马、有的步行，翻越6000多米的阿依拉大雪山，走了三天三夜到达县城驻地托林，正式成立札达县委、县政府，组建工作机构。他们住在破败的寺庙里，过着艰苦的生活。在开展工作初期，由于语言不通，交通不便，调查了解困难重重。札达县下设4个区，山高路远，交通不便，只能靠马匹和牦牛。有的地区骑马要走七八天时间。在边境，土匪活动极其频繁。王竣担子重，任务多，但他身先士卒、坚韧不拔、顽强拼搏，从建县到展开工作，完成了民主改革的光荣任务。

次仁顿珠 男，藏族，1930年5月生，札达县人。

在担任香孜区香孜村支部书记期间，村里贫困户比较多。为了尽快帮助大家摆脱贫困，次仁顿珠费尽心血。他给贫困户捐羊捐牛，并送去农牧业工具。他多次向区委、区公所反映该村实际情况，并积极联系对口帮扶香孜村的阿里地区农行，从地区农行争取到资金帮贫困户盖起了房子。

针对该村地少人多、草场纠纷较多的情况，他经常奔走于田间地头、农牧民家中，了解农牧民的所思所想，为农牧民排忧解难，经他之手，圆满解决了6个作业组的草场纠纷。在处理村事务方面，能够坚持大公无私、公道正派、实事求是，经他处理的事情，大家无不由衷佩服。

1989 年 9 月，次仁顿珠被国务院授予全国劳动模范称号。

班旦益西　男，藏族，1936 年 5 月生，札达县底雅乡人，藏医。

1975 年，班旦益西正式成为藏医。每年 7—9 月，他都深入底雅乡、萨让乡采集草药，再带回县城加工成藏药，到 1995 年，他自制的藏药达到 23 个品种，主要治疗风湿、关节和胃病。

1991 年，他被札达县人民医院聘为藏医科副主任医师。1993 年 10 月开始享受国务院政府特殊津贴。2004 年，班旦益西从底雅乡和拉萨市达孜县采购藏药种子，种植 20 多种藏药。从医几十年间，每年经他医治的病人达 2000—3000 人（次），为藏医药的发展进步作出了贡献。

小次仁　男，藏族，札达县人。

早年在札达县萨让区担任区公所会计。1971 年 8 月至 1974 年 9 月，任萨让区革命委员会副主任。1974 年 9 月至 1977 年 5 月，任札达县革命委员会副主任。1985 年 3 月至 1986 年 9 月担任普兰县县长，后任阿里地区行署副专员。

刘继华　男，汉族，上海人。

1978 年 12 月至 1983 年 8 月，任中共札达县委副书记。1983 年 8 月至 1987 年，任中共札达县委书记。在香孜区，深入基层调查研究，找到香孜区发展农业的优势。在他的带领下，香孜区成为全县重要产粮区。担任札达县委书记以来，为了札达的发展，他不辞劳苦，呕心沥血，访农牧户，下牧业点，寻求札达的发展之路。找到制约札达发展的症结，即交通落后。他从自己多年的积蓄中拿出 6000 元购置一套公路测量仪器及有关公路建设的书籍和资料，边学边干，带领群众开山筑路。不久，4 条共计 200 多千米长的乡村公路修通了，札达县群众欣喜地称之为通向幸福的“哈达”“彩虹”。在札达工作期间，他与各族群众同甘共苦、共患难，带领群众勘查线路、修建公路，鼓励群众治穷致富，在札达县各族干部、农牧民群众心中有很高的威望。被评为“全国民族团结进步模范个人”。

洛桑 男，藏族，1944年2月14日出生，札达县人。

1973年11月至1987年，任萨让区公安特派员。1987年至1995年，任札达县公安局副局长、局长。1995年至1996年1月，任札达县人大常委会副主任，1996年1月至2000年7月，任札达县人大常委会主任，2000年7月至2004年8月，任札达县委常委、政协主席，因工作需要留用一年至2005年8月退休。1978年12月，获新疆维吾尔自治区公安战线先进工作者和治安保卫积极分子称号。1989年12月，荣获公安部三等功嘉奖。1994年，获西藏自治区社会治安综合治理先进个人称号。2002年2月，获阿里地区“三五”普法先进个人称号，12月，获阿里地区第三次全国民族团结进步模范个人称号。

格桑旺久 男，藏族，1951年生，札达县萨让区萨让乡当巴村人。

1972年在门士煤矿参加工作，1974年加入中国共产党，1978—1980年先后任门士煤矿采掘队副班长、班长、支部书记，1980—1987年先后任门士煤矿生产科副科长、科长，1988—1989年任该矿工会主席，1989—1994年任底雅区区委书记，1995—1996年任札达县纪委书记，1996年10月任札达县政协主席。

阿旺次仁 男，藏族，1955年6月生。

1982年至1999年，任札布让区托林乡会计，1982年至1991年，任札布让区托林乡乡长，1992年至2000年，任札布让区托林乡乡长兼会计。他坚持党和人民的利益高于一切，个人利益服从党和人民的利益，吃苦在前，多做贡献。在生产、工作和生活中，带动群众为札布让区经济发展与社会进步艰苦奋斗，起到了很好的模范带头作用。其次，带头执行党的决定，充分发挥自身工作主动性、积极性，增加产量，提高质量，降低成本，不断提高劳动生产率，积极完成党组织交代的任务。1992年，在西藏自治区社会主义劳动竞赛中，取得优异成绩，被中共西藏自治区委员会、西藏自治区人民政府评为劳动模范。

仓珍 女，藏族，1957 年 3 月生，札达县人，中央党校大专学历。

1975 年 10 月，毕业于阿里地区狮泉河中学。1975 年至 1979 年 7 月，任改则县农牧中学教师。1979 年 7 月至 1982 年 6 月，任改则县康托区小学教师。1982 年 6 月至 1986 年 2 月，任改则县完全小学副校长（1985 年 3 月至 1986 年 1 月在西藏民族学院干训部教育行政班学习）。1986 年 2 月至 1987 年 6 月，任改则县文教科副科长，1986 年 5 月加入中国共产党。1987 年 6 月至 1990 年 5 月，任改则县文教局局长。1990 年 5 月至 1993 年 7 月，任改则县副县长（1991 年 9 月至 1992 年 7 月在中央党校培训部第七期西藏民族干部培训班学习）。1993 年 7 月至 1997 年 10 月，任改则县委副书记、县长。1997 年 10 月至 1998 年 7 月，任阿里地区卫生局党组副书记、局长。1998 年 7 月至 2000 年 4 月，任阿里地区行署副专员。2000 年 4 月至 2008 年 1 月，任山南地区行署副专员（2002 年 9 月至 2003 年 1 月在中央党校培训部西部班学习；2003 年 8 月至 2006 年 6 月在中央党校函授学院大专班法律专业学习）。

2008 年 1 月至 2020 年 4 月任西藏自治区科协党组副书记、主席，2020 年 4 月退休。

杨明春 男，汉族，1959 年生，甘肃省庆阳市环县人。

1995 年任札达县人武部政委，大部分军旅生涯都是在平均海拔 4500 米的藏北高原度过。在任人武部政委期间，经常利用下工作组检查指导工作的机会，和战士们一起顶烈日、冒酷暑、战严寒，爬雪山、趟冰河，在札达县所有巡逻点位、通道山口都留下了他的足迹，为札达边防和社会稳定作出了很大贡献。有一年冬天，杨明春在休假期间，得知札达县遭遇大雪灾，便把手术后尚未痊愈的妻子托付给上初中的女儿，毅然返回札达，参加抢险救灾。他先后 5 次放弃到低海拔地区工作的机会。杨明春表示：“阿里的氧气虽然很少，但我熟悉阿里，适应阿里，在阿里为党工作有更大的优势。”他用热血和忠诚书写了爱国戍边的动人篇章。

杨永山 男，汉族，1958年6月生，河北迁安人。

1995年5月，作为河北省首批援藏干部到阿里地区，担任札达县委书记；1998—2001年，继续援藏，任阿里地委副书记；2006年9月，任唐山市委副书记；2009年，任河北省委宣传部常务副部长。任札达县委书记期间，认真分析县情，确定“开放搞活、旅游兴县、结构优化、农牧富民”的发展战略，制定经济发展规划，从资金、技术、人才等方面争取援助。1995—1998年，札达县国民经济发展平均增速达14.1%，农牧民人均收入逐年增加。

阿旺群培 男，藏族，1960年生，札达县人，在札达县行医45年。

1971年，经过选拔推荐，阿旺群培成为波林村的第一位村医。当时年仅11岁的他喜出望外，一句“恩奇群培”竟让他兴奋异常。做一名驱除病魔、解除痛苦的医生是他的心愿。他曾跟随著名藏医班旦益西学习藏医诊疗技术及藏药加工等。1973年，到札达县人民医院学习藏西医结合临床知识和实践操作。1993年7月，阿旺群培加入中国共产党。在他行医的岁月里，始终做到“共产党员是块砖，哪里需要哪里搬”，他的行医足迹遍布札达县境。他曾先后被评为札达县优秀共产党员、优秀工作者、先进个人。2008年，荣获卫生部授予的“全国优秀乡村医生”荣誉称号。

冬木丹 男，藏族，1961年9月生，札达县香孜乡人。

1978年3月参军，在阿里军分区独立连服役；1980年12月提干，先后在人武部任翻译、参谋、科长等职；1982年2月加入中国共产党；1986—1988年就读于西藏民族学院；1995—1996年就读于南京陆军指挥学院；1996年9月任札达县人武部部长；1999年任措勤县人武部部长；1999—2000年任新疆军区步兵某师政治部副主任；2000年10月任阿里军分区政治部副主任；2002年9月至2004年9月任阿里军分区副司令员；2004年9月至2010年12月任阿里军分区副政治委员。在工作中表现突出，曾先后荣立三等功4次，2000年被南疆军区评为“喀喇昆仑卫士”，授予“喀喇昆仑卫士”奖章。

罗觉 男，藏族，曾用名努尔觉、努觉、隆觉、诺觉，1962 年 12 月生，西藏札达县人。

1978 年 7 月至 1982 年 10 月在阿里军分区服役。1992 年任札达县札布让区托林乡乡长，9 月入党。1999 年任托林镇托林居委会主任，2004 年 11 月任托林镇副镇长，2006 年 6 月任达巴乡乡长，后调入县水利局和托林镇工作。

1997 年，札达县发生特大雪灾，他积极成立抗灾救灾突击队，带领灾区群众抗灾救灾，经过多方努力，托林乡无一人因雪灾冻死饿死。2004 年，带领札布让组进行小康示范村建设，使该村 34 户农牧民住进了宽敞明亮的新居。带领农牧民群众积极创收、脱贫致富，在他的引导帮助下，有 5 户农户开起了商店、茶馆，有 3 户搞起了具有札达特色的手工编织卡垫的手工业。2001 年 5 月，被中共西藏自治区党委、西藏自治区人民政府授予西藏自治区劳动模范称号；同年 7 月，被中共西藏自治区委员会授予优秀共产党员称号；2002 年 8 月，被西藏自治区农牧厅评为发展农区畜牧业工作先进个人；2003 年 7 月，被中共西藏自治区委员会组织部授予基层干部标兵称号；2004 年 9 月，被西藏自治区社会治安见义勇为奖励基金会授予西藏自治区社会治安见义勇为先进分子称号；2006 年 5 月，被中华全国总工会授予全国五一劳动奖章。

央培 男，藏族，1963 年 11 月 3 日生，札达县托林镇人。

1980 年 10 月至 1981 年 5 月，在阿里军分区独立连服役；1981 年 5 月至 1985 年 1 月，在普兰边防连工作；1985 年 1 月至 1986 年 5 月，任普兰边防连指导员；1986 年 5 月至 1991 年 5 月，任达巴边防连翻译；1991 年 5 月至 1993 年 5 月，任札达县军事科参谋；1993 年 5 月至 1996 年 5 月，任阿里军分区战备科参谋；1996 年 5 月至 1998 年 5 月，任噶尔县军事科科长；1998 年 5 月至 1999 年 5 月，任措勤县人武部副部长；1999 年 5 月至 2004 年 5 月，任狮泉河某站站长；2004 年 5 月至 2009 年 5 月，任阿里军分区副参谋长；2009 年 5 月至 2010 年 12 月，任阿里军分区副司令员。

扎西多布杰 男，藏族，1970 年 10 月生，札达县人。

2005 年 5 月至 2008 年 6 月，任托林镇托林居委会托林组治保委员。2008 年 6 月至 2010 年 12 月，担任托林居委会托林组组长。任组长后，利用科技特派员学习机会，在阿里地区筹集到 20 万元和村民集资的 8 万元，建起了养猪场，开办了次热农家乐。安排组里家庭比较困难的党员去农家乐当服务员，并鼓励他们："要带好头，发挥不怕苦不怕累的精神，一定要打破组里贫困的局面"。同时，创新管理机制，建立奖惩制度，发展壮大农家乐，带动了更多困难群众脱贫致富。2009 年 10 月，被评为西藏自治区劳动模范。2010 年 3 月，学习实践科学发展观活动中被评为先进个人。同年 5 月，被评为阿里地区第七届十大优秀青年。同年 10 月，被评为阿里地区"双带、三培养"先进个人。

三、录

（一）2010 年前国家机关因公牺牲工作人员统计表

姓名	所在单位	职务	牺牲时间	牺牲原因	认定单位	认定时间	文件
边巴罗布	札达县委宣传部	部长	2010. 02. 25	车祸	阿里地区行署	2010. 12. 01	行署专员办公会议纪要〔2010〕6 号

（二）2010 年前享受定期抚恤金人员统计表

姓名	民族	出生年月	参加工作（入伍）时间	负伤时单位或部队番号	何时因何原因致何伤	因战因公	原伤残等级	原发证部门	原证件发证时间	退伍（转业、退休）时间	户籍地
军事系统工作人员											
邢春庆	汉	1972. 10	1990. 12	阿里军分区札达边防营部	2004 年 8 月 20 日，在 219 国道黑卡大坂遇车祸，致腰椎体压缩性骨折	因公	九级	兰州军区联勤部卫生部	2006. 8	2013	阿里地区噶尔县

四、表

（一）荣获国家级荣誉称号人物表

姓名	工作单位及职务	表彰名称	表彰单位	表彰时间
次仁顿珠	香孜乡党支部书记	全国劳动模范	国务院	1989. 09
班旦益西	县人民医院	政府特殊津贴	国务院	1993. 10
罗觉	札达县托林镇托林居委会主任	全国五一劳动奖章	中华全国总工会	2006. 05

（二）荣获自治区、省、部级荣誉称号人物表

姓名	工作单位及职务	表彰名称	表彰单位	表彰时间
格桑旺久	门士煤矿	“工业学大庆”先进个人	新疆维吾尔自治区	1975
洛桑	萨让区公安特派员	公安战线先进工作者和治安保卫积极分子	新疆维吾尔自治区	1978. 12
扎西	札达县完小	全国优秀教师	人事部、国家教委	1989. 09
洛桑	县公安局	三等功	公安部	1989. 12
罗布	托林镇	民族团结先进个人	西藏自治区党委、政府	1990. 08
米玛卓玛	萨让乡	优秀党员	西藏自治区党委	1991. 06
洛桑群培	县人民政府	优秀党务工作者	西藏自治区党委	1991. 06
金忠	县人民医院	五好家庭	西藏自治区人民政府	1992. 05

续表

姓名	工作单位及职务	表彰名称	表彰单位	表彰时间
阿旺次仁	托林乡牧民	劳动模范	西藏自治区人民政府	1992.05
洛桑	县公安局	优秀人民警察	公安部	1993.08
旺久	县人民政府办公室	优秀党员	西藏自治区党委	1994.01
洛桑	县公安局	社会治安综合治理先进个人	西藏自治区党委	1994.11
格桑	县委统战部	优秀寺管人员	西藏自治区人民政府	1994.11
土登	县政协	优秀寺管人员	西藏自治区人民政府	1994.11
班旦益西	县人民医院	藏医药先进工作者	西藏自治区人民政府	1996.10
税国芳	县计委	先进个人	全国第五次农业普查办 国家统计局	1998.12
罗觉	托林镇札布让村	劳动模范	西藏自治区党委、政府	2001.05
罗觉	托林镇札布让村	优秀共产党员	西藏自治区党委	2001.10
帕巴坚参	札达县曲松乡党委书记	优秀党务工作者	西藏自治区党委	2001.10
拉巴旺堆	札达县副县长	全区勘界工作先进个人	西藏自治区政府	2001.11
索南	札达县曲松乡党委书记	全区民族团结进步模范个人	西藏自治区党委、政府	2004.09
次仁旺杰	札达县完小政教处主任	优秀教师	西藏自治区人民政府	2004.09
明琼多吉	札达县公安局局长	全区社会治安综合治理 先进个人	西藏自治区党委、政府	2005.05
郭文良	札达县委书记	优秀党务工作者	西藏自治区党委	2006.06
玉珍	札达县委政法委	2001—2005年全国法制宣传 教育先进个人	中共中央宣传部、 司法部	2006
王国刚	札达县农牧局副局长	全区定点扶贫工作先进个人	西藏自治区党委、政府	2007.01
索朗龙白	札达县扶贫办副主任	全区定点扶贫工作先进个人	西藏自治区党委、政府	2007.01
张琳	札达县环境保护局局长	全区环境保护先进个人	西藏自治区党委、政府	2007.09
明琼多吉	札达县委政法委	自治区先进综治工作者	西藏自治区党委、政府	2007
阿旺群培	札达县卫生服务中心 藏医	全国优秀乡村医生	卫生部	2008.12
扎西多布杰	札达县托林镇托林 居委会农民	西藏自治区第三届劳动模范	西藏自治区党委、政府	2009.10
措姆	托林镇托林居委会村医	全国优秀乡村医生	卫生部	2010.12

(三)荣获厅级荣誉称号人物表

姓名	工作单位及职务	表彰名称	表彰单位	表彰时间
洛桑	县公安局	公安战线	新疆维吾尔自治区公安厅	1975
扎西旺久	县公安局	全区公安战线先进工作者	西藏自治区公安厅	1983.04
拉姆	门士煤矿	先进个人	西藏自治区妇联	1987
税国芳	县计财局	先进个人	西藏自治区第四次全国人口普查办公室	1991.01
扎西旺久	县人民法院	先进个人	西藏自治区综治委	1992.08
米玛次仁	县完小	全区优秀教师	西藏自治区教委	1992.09
达娃卓玛	县文化局	先进个人	西藏自治区广电厅	1993.09
拉姆	县人民医院	“巾帼建功”标兵	西藏自治区妇联	1994.03
普布曲扎	县完小	优秀教师	西藏自治区教委	1995.09
达玛卓玛	县文化局	先进工作者	西藏自治区广电厅	1996.03
普布曲扎	县完小	先进工作者	西藏自治区教育工会	1996.09
卫东	县检察院	全区社会治安综合治理先进个人	西藏自治区综治委	1999
石确旺扎	札达县检察院	人民满意的检察干警	西藏自治区检察院	2000.07
玉珍	札达县委政法委	政法系统先进个人	中共西藏自治区委员会政法委	2000
罗觉	托林镇托林居委会主任	2002年度全区农牧区青年牧业致富带头人	西藏自治区团委	2002
次仁平措	香孜乡香孜村村民	2002年度全区农牧区青年乡村小康行动先进个人	西藏自治区团委	2002
罗觉	托林镇托林居委会主任	社会治安见义勇为先进分子	西藏自治区社会治安见义勇为奖励基金会	2005.09
才旺多布杰	札达县检察院检察长	2001—2005年全区法制宣传教育先进个人	西藏自治区法制宣传教育工作领导小组	2006.09
次仁尼玛	札达县检察院副检察长	2006年度全区检察机关先进个人	西藏自治区人民检察院	2007.01
江村罗布	札达县法院	行政审判工作先进个人	西藏自治区高级人民法院	2007.07

续表

姓名	工作单位及职务	表彰名称	表彰单位	表彰时间
扎西	札达县完小	自治区中小学骨干教师	西藏自治区教育厅、中共西藏自治区教育工作委员会	2007.09
徐路平	县委办副主任	2007年度全区密码工作先进个人	中共西藏自治区委员会办公厅	2008.06
扎西旺久	札达县公安局	个人三等功	西藏自治区公安厅	2008.12
扎西顿珠	札达县检察院	2008年度全区检察机关先进个人	西藏自治区人民检察院	2009.01
江村罗布	札达县法院	2008年维护稳定工作成绩突出奖	西藏自治区高级人民法院	2009.01
扛嘎卓玛	札达县疾病预防控制中心负责人	“三八红旗手”	西藏自治区妇联	2009.03
才旺多布杰	札达县检察院检察长	2008年度先进个人	西藏自治区人民检察院	2009.09
张红	札达县妇联副主席	西藏自治区“双学双比”女能手	西藏自治区妇联	2009

(四)荣获阿里地区荣誉称号人物表

姓名	工作单位及职务	表彰名称	表彰单位	表彰时间
措姆	托林镇托林居委会村医	“三八红旗手”	阿里地区妇联	1984.09
李志友	达巴边防连指导员	双拥工作先进个人	阿里地区双拥工作领导小组	1992.07
肖兴利	札达机线连	双拥工作先进个人	阿里地区双拥工作领导小组	1992.07
缪明亮	札达人武部	双拥工作先进个人	阿里地区双拥工作领导小组	1992.07
符宝礼	武警阿里支队札达中队副班长	双拥工作先进个人	阿里地区双拥工作领导小组	1992.07
其美多吉	札达县政协副主席	民族团结先进个人	阿里地委、行署	1997.07
塔巴多吉	萨让乡	第五次人口普查地区级先进个人	阿里地区统计局	2001.11
拉巴	托林镇			
罗建斌	香孜乡			

续表 1

姓名	工作单位及职务	表彰名称	表彰单位	表彰时间
洛桑	札达县委常委、政协主席	“三五”普法先进个人	阿里地委、行署	2002. 02
罗觉	札达县托林镇托林居委会	自力更生、治穷致富先进个人	阿里地委、行署	2002. 03
其美多吉	札达县政协副主席	2002 年全地区抗救灾先进个人	阿里地委、行署	2002. 04
米玛次仁	达巴乡副书记、乡长	2002 年全地区抗救灾先进个人	阿里地委、行署	2002. 04
次仁扎西	香孜乡	“千名干部进牧区,理思路、促发展”活动先进个人	阿里地委、行署	2002. 08
拉巴	托林镇			
蒲新	札达县委副书记			
洛桑	札达县委常委、政协主席	第三次民族团结进步先进个人	阿里地委、行署	2002. 12
江村罗布	札达县法院	2002 年度法院先进工作者	阿里地区中级人民法院	2003. 02
扛嘎卓玛	札达县疾控中心负责人	“非典”防治工作先进个人	阿里地委、行署	2003. 11
其美罗布	底雅乡什布奇村村民	见义勇为	阿里地区政法委	2003
加央次仁	札达县委宣传部	宣传思想先进个人	阿里地委	2004. 03
索朗	曲松乡党委书记	第四次民族团结先进个人	阿里行署	2004. 07
边旦扎巴	札达县公安局	三等功	阿里地区公安处	2005. 02
江村罗布	札达县法院	2004 年度法院先进工作者	阿里地区中级人民法院	2005. 03
晋美旺久	札达县文化局	2004 年度宣传思想工作先进个人	阿里地委、行署	2005. 03
江村罗布	札达县法院	2005 年度法院先进工作者	阿里地区中级人民法院	2006. 02
米玛	札达县公安局	2005 年度破案有功先进个人	阿里地区公安处	2006. 02
扛嘎卓玛	札达县疾控中心负责人	安全生产知识竞赛第一名	阿里地区安全生产委员会	2006. 04
嘎绕	札达县工会主席	优秀工会工作者	阿里地委、行署	2006. 05
唐永平	札达县发改委主任	优秀共产党员	阿里地委、行署	2006. 06
仓决	札达县札布让村	优秀共产党员	阿里地委、行署	2006. 06
明琼多吉	札达县公安局局长	优秀共产党员	阿里地委、行署	2006. 06
郭文良	札达县委书记	优秀党务工作者	阿里地委、行署	2006. 06
加央次仁	札达县委宣传部副部长	优秀党务工作者	阿里地委、行署	2006. 06

续表 2

姓名	工作单位及职务	表彰名称	表彰单位	表彰时间
索南	札达县曲松乡党委书记	优秀党务工作者	阿里地委、行署	2006.06
米玛次仁	札达县民政局局长	“十五”期间民政工作先进工作者	阿里地委、行署	2007.06
洛桑益西	札达县曲松乡楚鲁松杰村教学点	优秀教师	阿里地委、行署	2007.09
索南次仁	札达县中学	优秀班主任	阿里地委、行署	2007.09
央金卓嘎	札达县完小	优秀班主任	阿里地委、行署	2007.09
白玛次仁	札达县中学	先进教育工作者	阿里地委、行署	2007.09
巴桑	札达县法院	2007 年度法院先进工作者	阿里地区中级人民法院	2008.02
米玛次仁	札达县民政局局长	2007 年度民政工作先进个人	阿里地区民政局	2008.05
王伟	札达县达巴乡党委书记、人大主席团主席	“反对分裂、维护稳定、加强团结、促进发展”先进个人	阿里行署	2008.07
洛桑	札达县退休干部	“反对分裂、维护稳定、加强团结、促进发展”先进个人	阿里行署	2008.07
洛桑	札达县退休干部	“反对分裂、维护稳定、加强团结、促进发展”优秀共产党员	阿里地委	2008.07
陈诚	札达县公安局副局长	个人三等功	阿里地区公安处	2008.10
巴桑	札达县法院	2008 年度法院先进工作者	阿里地区中级人民法院	2009.02
拉巴	札达县政府办公室主任	优秀共产党员	中共阿里地区委员会	2009.07
拉巴旦增	札达县托林镇党委书记	优秀共产党员	中共阿里地区委员会	2009.07
路遇	札达县委书记（河北省援藏干部）	优秀党务工作者	中共阿里地区委员会	2009.07
扎西次仁	札达县科技局技术员	2008—2009 年度阿里地区先进科技工作者	阿里地委、行署	2010.03
马占军	札达县老干部局局长	老干部工作先进个人	阿里地委	2010.04
罗桑次珠	札达县公安局科员	个人三等功	阿里地区公安处	2010.04
陈诚	札达县公安局副局长	个人三等功	阿里地区公安处	2010.04
普琼	札达县民族宗教事务局局长	阿里地区第五届民族团结进步先进个人	阿里地委、行署	2010
仓觉	札达县托林镇札布让组组长	阿里地区第五届民族团结进步先进个人	阿里地委、行署	2010

续表 3

姓名	工作单位及职务	表彰名称	表彰单位	表彰时间
王国刚	札达县委办公室主任	阿里地区第五届民族团结进步先进个人	阿里地委、行署	2010
普布次仁	札达县贡布寺民管会副主任	阿里地区第五届民族团结进步先进个人	阿里地委、行署	2010
扎西多布杰	托林镇托林居委会村民	2010 年度阿里地区优秀青年奖	阿里地区团委	2010

（五）荣获军事系统荣誉称号人物表

姓名	工作单位及职务	表彰名称	表彰单位	表彰时间
刘长峰 2002.03 牺牲	阿里军分区 什布奇边防连连长	雪域高原模范连长	兰州军区	2003.08
杨明春	县人武部	优秀党务工作者	新疆军区	1998.06
		优秀党委书记	南疆军区	1996.07
		廉洁奉公领导干部		1997.07
		一对好主管		1998.01
		优秀党务工作者		1998.06
张秀福	县人武部	一对好主管	南疆军区	1998.01
噶尔玛加措	县人武部	昆仑卫士	南疆军区	2000.08
刘长峰	阿里军分区 什布奇边防连连长	一等功	南疆军区	2002.11
杨家富	武警札达中队	先进个人	武警西藏总队	1985.12
黄育明	武警札达中队	优秀基层干部	西藏武警总队	1992.12
荣卫东	阿里边防支队 札达大队政委	个人三等功	武警西藏边防总队	2008.03

（六）荣获地区级以上荣誉称号单位表

单位及办公室	奖项名称	表彰单位	表彰时间
札达县农业普查办公室	第一次全国农业普查先进集体	全国农业普查办公室、国家统计局	1998.12

续表 1

单位及办公室	奖项名称	表彰单位	表彰时间
“土林—古格”	国家自然遗产	国家住房和城乡建设部	2009.09
札达县民政局	全国贯彻落实居民委员会组织法先进单位	民政部	2009.12
武警札达县中队	先进中队	武警西藏总队	1984
东波乡	拥军优属先进单位	西藏自治区人民政府	1988.12
札达县人民政府、武警札达县中队	双拥先进集体	西藏自治区人民政府	1996.08
札达县	双拥模范县	西藏自治区人民政府、西藏军区	2001.04
札达县	双拥模范县	西藏自治区人民政府、西藏军区	2004.07
托林镇札布让组党支部	全区先进基层党组织奖	西藏自治区党委	2006.06
札达县	双拥模范县	西藏自治区人民政府、西藏军区	2007.07
札达县人民政府	全区民族团结进步模范集体	西藏自治区党委、政府	2008.10
托林镇托林居委会	第三批学习实践活动中开展创先争优先进集体	西藏自治区党委	2010.03
札达县农牧局	农业先进单位	西藏自治区农牧厅	2001.01
札达县人民检察院	2000 年检察机关基层建设五好检察院	西藏自治区人民检察院	2001.01
札达县达巴乡曲龙村	2002 年度全区农牧区青年乡村小康行动先进集体	西藏自治区团委	2002
札达县委宣传部	2004 年度全区宣传文化系统先进县委宣传部	中共西藏自治区委员会宣传部	2005.01
札达县民政局	全区第五届村(居)民委员会换届选举工作先进集体	西藏自治区民政厅	2006.07
札达县委宣传部	自治区文明单位	西藏自治区精神文明建设指导委员会	2007.01
札达县人民检察院	2008 年全区检察机关先进集体	西藏自治区人民检察院	2009.01
札达县达巴乡	自治区文明乡(镇)	西藏自治区精神文明建设指导委员会	2009.10
中国农业银行札达县支行	先进基层党组织	中国农业银行西藏分行	2010
中国人民银行札达县支行	阿里地区金融系统第四届业务技能第三名	中国人民银行阿里中心支行	1991
札达县人民政府	双拥先进集体	阿里地区双拥工作领导小组	1992.07

续表2

单位及办公室	奖项名称	表彰单位	表彰时间
中国农业银行札达县支行	支教先进单位	阿里地委、行署	1996
中国农业银行札达县支行	阿里地区扶贫工作先进单位	阿里地委、行署	1996
中国农业银行札达县支行	“三防一保”工作先进集体	中国农业银行阿里分行	1997
中国农业银行札达县支行	信贷资产质量先进单位	中国农业银行阿里分行	1997
札达县人口普查办公室	第五次全国人口普查国家级先进集体	西藏自治区人口普查领导小组	2001.10
札达县计委	2000年统计报表综合评比一等奖	阿里地区统计局	2001.11
札达县	“千名干部进牧区,理思路、促发展”活动先进集体	阿里地委、行署	2002.08
达巴乡曲龙村党支部			
托林镇党委、政府			
达巴乡工作组			
热布加林工作组			
卡孜波林村工作组			
中共札达县委宣传部	全地区宣传思想工作先进集体	阿里地委	2004.03
札达县委、县政府	第四次民族团结模范集体	阿里行署	2004.07
札达县统计局	2003年综合统计报表二等奖	阿里地区统计局	2004.12
曲松乡党委	先进基层党组织	阿里地委	2006.06
中国农业银行札达县支行	2006年度业务经营第一名	中国农业银行阿里分行	2006
札达县国家税务局	2006年度税政考评第一名	阿里地区国家税务局	2007.04
札达县农牧局	2006年牧业生产管理工作先进单位	阿里地区农牧局	2007.04
札达县农牧局	2006年重大动物疫病防控工作先进单位	阿里地区重大动物疫病防控指挥部	2007.04
札达县民政局	“支教”先进集体	阿里地委、行署	2007.09
札达县国家税务局	2007年度税政考评第二名	阿里地区国家税务局	2008.01
札达县国家税务局	2007年度经费工作考评第二名	阿里地区国家税务局	2008.01
札达县民政局	2007年度民政工作先进集体	阿里地区民政局	2008.05
札达县法院	2008年度两级法院优秀法院	阿里地区中级人民法院	2009.02
札达县民政局	2008年度县界联检先进单位	阿里地委民政局	2009.04

续表3

单位及办公室	奖项名称	表彰单位	表彰时间
曲松乡曲木底村党支部	先进基层党组织	阿里地委、行署	2009.07
达巴乡	创建平安建设先进单位	阿里地委、行署	2009.10
札布让组			
香孜乡完全小学			
札达县卫生服务中心			
县检察院			
托林寺			
托林镇无公害蔬菜基地	2008—2009年度科技成果和科技工作先进集体	阿里地委、行署	2010.03
札达县法院	2009年度工作目标管理责任制第三名	阿里地区中级人民法院	2010.05
札达县工商行政管理局	服务新农村建设先进集体	阿里地区工商行政管理局	2010
中国农业银行札达县支行	2010年优秀代保管库	中国人民银行阿里中心支行	2010

大 事 记

大事记

约3500年前后—公元2世纪

据最新的考古发现，在朗钦藏布流域的格布赛鲁、曲踏分别发掘的墓葬遗存出土了数量丰富的随葬品。测年数据表明，格布赛鲁墓地最早的年代是距今约3500年前后的商前期，曲踏墓地的年代为公元前2世纪至公元2世纪的两汉时期。

唐　代

贞观十八年（644年）

吐蕃征服象雄后，古格属吐蕃在象雄设立的10个东岱之一。

开元十二年（724年）

吐蕃王朝大臣达古日在巴农的曲贡（今札达县曲松乡）举行会议，对象雄一带进行视察。

乾宁二年（895年）

吐蕃末代赞普朗达玛孙子（即维松的儿子）贝阔赞被起义军所杀，其子吉德尼玛衮为起义军所逼，率领亲随及百余骑士向西逃往布让（今普兰境内），与当地头人扎西赞的女儿结合，开始统治阿里三围。

宋 代

建隆元年（960年）

阿里王先后将其长子日巴衮、次子扎西衮、幼子德祖衮分封至玛尔玉、布让和桑噶三地，史称“上部三衮占三围”。

乾德四年（966年）

普兰王扎西衮次子松额（后出家，取法名为拉喇嘛·益西沃）建立古格王国，治所在今札布让。

至道二年（996年）

古格王室在札布让建托林寺。

松额出家为僧，取法名拉喇嘛·益西沃，为弘扬佛法，在朗钦藏布南岸建造托林寺迦萨殿。

至道三年（997年）

在拉喇嘛·益西沃主持下，托林寺从古格招收100名、普兰招收40名、桑噶招收30名聪慧睿智童子出家修行。为学到佛法真谛，益西沃从东印度迎请通晓五明的达玛巴拉（护法）到古格，为托林寺僧众传授戒律和修炼法。随后达玛巴拉的名徒三个拉巴（护法）也被请到古格，奠定了藏传佛教后弘期上路弘法的基础。

景德元年（1004 年，藏历木龙年）

拉喇嘛·益西沃在托林寺坛城大殿主持举行隆重开光仪轨。此后，产生名扬雪域的仁青桑布、勒必喜饶等大小译师，托林寺成为西藏最有影响的传经弘法中心。

天圣八年（1030 年，藏历第一饶迴铁马年）

古格王绛曲沃在托林寺修建色康大殿供仁青桑布驻锡。

宝元元年（1038 年，藏历第一饶迴土虎年）

应古格王绛曲沃的邀请，阿底峡从印度北札马拉希拉寺出发，于北宋庆历二年（1042 年，藏历第一饶迴水马年），抵达托林寺进行传教。

熙宁九年（1076 年，藏历第一饶迴火龙年）

在古格王孜德的大力支持下，在托林寺为纪念阿底峡去世 22 周年举行盛大的纪念法会，这一年正好是藏历火龙年，故称这次大会为“火龙年大法会”。这是藏传佛教复兴运动开始后，西藏各地佛教徒的第一次大型集合法会。朵唐和卫藏地区的众多佛教徒参加了这次法会。

元 代

元世祖至元二十九年（1292 年，藏历第五饶迴水龙年）

元朝中央政府设纳里速古鲁孙元帅府，札达为其辖地。

元惠宗至元三年（1337年，藏历第六饶迥火牛年）

印度穆斯林首领穆罕默德·土格鲁克的军队入侵古格，遭到歼灭性打击。

14世纪中叶

第十五代古格王扎巴德先后兼并普兰、亚泽等地方政权，实现阿里“三围”的统一。

明　代

洪武八年（1375年，藏历第六饶迥木兔年）

明恢复帕木竹巴万户府、俄力思军民元帅府，元在西藏包括阿里在内的地方全部臣服于明，札达为其属地。

公元15世纪中叶

法王毕达巴利、罗桑绕登，资助宗喀巴弟子古格·昂旺扎巴重建托林寺。

万历四十六年（1618年，藏历第十饶迥土马年）

在古格王叔祖拉尊·洛桑益希欧等人的邀请下，第四世班禅洛桑·曲吉坚赞到达托林寺讲经说法。班禅尊称古格王叔祖拉尊·洛桑益希欧为“法王尊驾”。在古格王父亲、叔父和叔祖的陪同下，巡访若干寺院，当年10月2日，班禅离开古格。

天启四年（1624 年，藏历第十饶迥木鼠年）

葡萄牙天主教传教士安多德和马科斯自阿里南端抵达札布让，拜见古格王，安多德向古格王奉献了一个小十字架、一个圣物盒和一幅圣母小肖像，9 月从札布让启程返回。

10 月底，安多德到亚格拉，写了一份报告。该报告最终成了一本小书，并由耶稣会士们从果阿寄往欧洲，以《大契丹或吐蕃王国的新发现》标题而出版。5 年以后，又分别用西班牙文、意大利文、法文、德文、波兰文、拉丁文和佛拉芒文 7 种文字出版，并把札布让小城标在了世界地图上。

天启五年（1625 年，藏历第十饶迥木牛年）

8 月 28 日，安多德和德 · 苏扎从阿格拉动身，第二次到札布让地区。古格王公迎接并在城堡中召见。

9 月初，苏扎从札布让返回印度。

9 月 10 日，安多德从札布让写信谈第二次赴藏之行。

天启六年（1626 年，藏历第十饶迥火虎年）

4 月初，耶稣会果阿省会长奥利维拉、安鸠斯、艾迪尼翁等神父，以马科斯为向导抵达札布让。

4 月 12 日，古格王履行他的诺言，在扎布朗（今札布让）拆除民房，改修道路，为安多德建立西藏第一座天主教堂并举行隆重的奠基式，献给希望之圣母。

8 月，札布让教堂竣工，用从欧洲寄来的绘画和雕刻作品装饰一新。并在陡峭的山壁间竖起一个宽大的十字架。

同年，古格王为了发展基督教，通过没收寺庙收入的办法限制喇嘛的活动，并强制僧人还俗，用强迫等手段开始对藏传佛教及佛教徒进行迫害。

天启七年（1627 年，藏历第十一饶迥火兔年）

札布让教会建立。

5 月，艾迪尼翁从札布让启程抵克什米尔。

8 月 29 日，安多德、奥利维拉和安鸠斯等神父就古格王信仰基督教而对当地佛教喇嘛进行迫害一事致函天主教。

11 月 10 日，安鸠斯把在札布让宣扬基督教的工作情况致函果阿省会长卡尔瓦洛。佩里伊拉和奥利维拉在札布让分别于 12 日、16 日将此项工作致函会长。

崇祯三年（1630 年，藏历第十一饶迥铁马年）

古格喇嘛、平民发生暴动，在拉达克王的帮助下，攻克札布让，推翻了古格王统治。古格王在拉达克被囚禁，耶稣教被驱逐。此后 50 余年，古格地区被拉达克统治。

崇祯十三年（1640 年，藏历第十一饶迥铁龙年）

葡萄牙果阿主教再次派以马科斯为向导的 4 名神父潜入古格，但刚到玛拉山口，其中 2 人就被当地百姓扣留，另 2 人逃走。至此，耶稣会在阿里地区的传教活动宣告结束。

清 代

康熙二十年（1681 年，藏历第十一饶迥铁鸡年）

五世达赖喇嘛派蒙古将领甘丹才旺率领蒙藏联军出兵阿里驱逐拉达克，经过三年战争，收复古格等地，并交由噶厦直接管辖，恢复了原来的边界，双方官商、民商恢复往来。

康熙二十一年（1682 年，藏历第十一饶迥水狗年）

古格部分地区被加丹泽当桑布征服。

康熙二十二年（1683 年，藏历第十一饶迥水猪年）

噶厦与拉达克王签订协议，原古格王国辖区完全纳入西藏地方政府管辖，拉达克仍归拉达王管辖，为西藏地方政府藩属，并交纳年供。

随着格鲁派势力向阿里地区的发展，托林寺由原来信奉宁玛派改为信奉格鲁派，并成为西藏三大寺之一色拉寺的属寺。此后，托林寺的堪布由色拉寺杰巴扎仓派出，并逐步形成了一套完整的选拔任用制度。

康熙二十五年（1686 年，藏历第十一饶迥火虎年）

西藏地方政权整顿阿里原有的行政机构，在阿里地区正式设置 2 个基巧（总管），4 个宗（县府），即普兰宗、日土宗、达巴宗、札布让宗，6 个本（相当于县府），即萨让如本、曲木底如本、那木如本。

康熙四十七年（1708 年，藏历第十二饶迥土鼠年）

12 月 15 日，果阿省耶稣会长致函罗马耶稣会总会长，报告已任命约翰·长尔瓦罗和彼德·德·托勒斯神父赴札布让，后因故未成行。

康熙五十年（1711 年，藏历第十二饶迥铁兔年）

赤钦·阿旺巧丹奉命担任托林寺堪布（在位 7 年），向该地区僧俗众人广传佛法，并对大译师仁青桑布时期修建的诸多佛塔进行维修。

道光二十一年（1841年，藏历第十四饶迥铁牛年）

7月6—7日，查谟克什米尔首领倭色尔率军入侵阿里，连续攻占达巴、札布让、普兰三宗，驻藏大臣孟保派噶伦策垫夺结、究美策旺班觉二人率江孜、日喀则官兵前后共2900人前往阿里。

9月26日，藏军和森巴军队开战，毙敌200余人，捕获拉达克间谍古朗堪。

10月29日，藏军和森巴军第二次大战，倭色尔被击毙，余部投降。二噶伦乘胜追击，进军噶尔，并派代本比喜等分头进攻达巴。

11月9日，以森巴大将热益森为首的836名敌军向藏军投降，将所有武器弹药交给了藏军。

12月底，藏军收复全部失地，把森巴军人和协从的拉达克人赶出了阿里。

道光二十二年（1842年，藏历第十四饶迥水虎年）

7月22日，森巴大头目德恩赫热金带领众多贼兵与藏军对阵，藏军奋起反击，斩毙敌人两名大将，杀死敌人230余名，最终以藏军完全胜利、敌军彻底失败而告终。

咸丰五年（1855年，藏历第十四饶迥木兔年）

欧洲人阿道夫·斯拉金特维抵达札布让访古探幽，他记述当时此地仅存15到16户人家。

光绪年间（1899—1908年，藏历第十五饶迥土猪年至土猴年）

瑞典探险家斯文·赫定先后多次进入阿里和其他地区，进行地理、地质调查，获取了大量煤炭、盐湖、矿产等资料。

宣统元年（1909 年，藏历第十五饶迥土鸡年）

弗兰克派遣一位藏族人到札布让寻找耶稣会遗物。

中华民国

民国元年（1912 年，藏历第十五饶迥水鼠年）

英国人麦克沃斯·扬受霍斯坦委托，从印度沿象泉河溯水而上到札布让，对古格进行考察。

民国二十二年（1933 年，藏历第十六饶迥水鸡年）

古瑟普·图齐科学考察团到札布让研究宗教遗迹。

民国二十四年（1935 年，藏历第十六饶迥木猪年）

图齐在达巴寺庙发现古格王国最后一位国王的塑像。

民国三十五年（1936 年，藏历第十六饶迥火鼠年）

意大利皇家学会出版描绘札布让艺术文物的《印藏文物》第三卷（第二部分）。

中华人民共和国

1951 年

8 月 3 日，新疆独立骑兵师派小分队到札布让宗一带防守和巡逻。

9 月，中国人民解放军驻阿里后续部队派工作队进入香孜、托林等地区进行社会调查。

1952 年

5 月 17 日，中国人民解放军阿里骑兵支队派 6 人赴托林、底雅等地，考察了解边境对敌斗争情况，宣传党的民族宗教政策，开展统战和联系群众工作。

同年，中央新闻电影制片厂摄影师在古格遗址拍摄纪录片，并形成部分影像资料。

1953 年

印军在葱莎（今达巴乡境内）设学校 1 所，强迫当地儿童学习印度文、印度经文，并经常在桑觉拉、波林三多、诺买拉一带进行巡逻。

1954 年

2 月 1 日，中共阿里分工委向札布让宗和达巴宗发放一笔农业贷款。

2 月 26 日，国务院总理周恩来批示，向印度开放姜叶马加尔果（甲尼玛）、姜叶马查查拉、那木垃、波林三多、热姆惹、东坡工巴 6 个边境贸易点。

6 月，阿里分工委、阿里骑兵支队联合派出工作队进驻香孜一带，调查了解边境情况和社会情况。

7月25日，印军侵入什布奇山口以西我国领土6.5千米，并在马容拉山口刻上了英文“印度斯坦—西藏”字样，当即被当地愤怒的群众捣毁。两年后，印军30余人又一次侵入这里，并设立据点，侵占了我国50平方千米的领土。

7月28日，西藏工委外事处派以袁文为首的边境工作队深入古格王国遗址、托林寺、玛朗、达巴、曲龙、东波等地，对通印山口、道路及行政管理等方面，作全面详细的社会调查。

9月14日，中共西藏工委转发中共中央《关于阿里社会部和边防站组织机构、编制问题的请示》的批复。批复同意设什布奇山口边防检查站。这是札达和平解放以来设立的第一个边防检查站。

同年，札达地方财政实行供给制，其财政开支全部由西藏工委解决。

1955年

2月1日，西藏工委决定为阿里地区札布让宗和达巴宗发放农业贷款。西藏工委指出，要注意团结上层，结合统战政策做好农贷发放工作。

4月，中国人民解放军进入已被印军侵占的波林三多及桑·葱莎地区巡逻。

1956年

6月初，西藏工委社会部派出调查组，对什布奇、姜叶马、乌热三个传统边贸市场进行调查。

11月6日，经西藏自治区筹委会批准，札布让宗和达巴宗合并成立中共札达宗委员会。任命高德捷为副书记，未配备书记，宗党委未设工作机构。札达宗办事处及宗党委设于香孜，并在香孜成立阿里基巧办事处。

1957年

8月15日，阿里分工委决定撤销札达宗办事处及宗党委，其工作采取派驻工作组的办法进行。

10月20日，八一电影制片厂派导演白辛，带摄影队前往阿里拍摄部队守卫边防的生活及古格王国遗址纪录片。

1958年

6月14日，印度政府派军队117人，越过噶拉底洒和桑三桑巴，深入札达县境20余千米。侵占了巨哇、曲惹两地，面积约450平方千米，居民29户100人，耕地354亩，牲畜422头（只、匹）。

6月，印军占领札达境内的乌热（含香札、拉不底、然冲）800平方千米，波林三多（含桑·葱莎）1400平方千米，什布奇山口以西的活布桑50平方千米和巨哇、曲惹400平方千米，共约2650平方千米的土地。

7月11—14日，达巴宗头人丹增旺堆和群众代表联合向中共阿里分工委驻札达乌热工作队提出进行民主改革的强烈愿望。

8月7日，西藏工委统战部转发《噶厦地方政权给阿里税官的指示》。批示说："据闻，达巴宗原19户百姓需要负担已逃走百姓的各种差务，这样该6户百姓因需承担5000余印度卢布的各种差务而非常困难，如此继续下去是不行的。阿里税官应向达巴宗进行询查，对其百姓在生活上给予照应，建议立即向其宗本发出命令。"

9月3日，西藏工委复电阿里分工委，废除牧民在札达经商时羊群交纳草山费的旧例。

10月25日，新疆军区向阿里增援一个骑兵连。骑兵连除给普兰、日土各派出一个班外，其余全部驻达巴，并在达巴成立工作队。

10月29日，西藏工委对札达边防进行调查，杨仁山任札达宗边境工作队副队长。工作队代表西藏工委对阿里地区修筑从雅莎至达巴公路的意见表示赞同。

年底，第三套人民币开始在札达县机关流通。

1959 年

3 月 22 日，西藏工委和西藏军区紧急致电阿里分工委和解放军阿里骑兵支队，命令迅速收缴阿里噶本和所有宗本的枪支弹药。当日，完成对达巴、札布让、曲木底所有宗本、马本枪支弹药的收缴工作。

4 月 6 日，阿里分工委派出以土化瑛和扎西为组长的工作组前往札达，收缴札布让、达巴两宗的印章，宣布解散两宗政府，并宣布取消各“本”的一切特权。工作组在托林、玛朗等地召开地方头人座谈会，进一步宣传平叛政策，指导群众春播生产工作。

6 月 7 日，阿里分工委召开扩大会议，研究部署平叛、民主改革工作。封存了达巴宗和札布让宗政府财产，阿旺却达、丹增才旺两宗本集中在噶尔昆莎管训。

1960 年

3 月，在阿里地区政协第一届一次会议上，达巴头人丹增旺堆当选为阿里地区政协第一届委员会副主席。

5 月 5 日，经阿里分工委批准，中共札达县委员会成立，王竣任副书记（未配备书记）；并开始组建县人民政府，葛尔劳任县长，吴世明任副县长。

5 月 26 日，组建中共札达县委工作机构，下设办公室、组宣部、统战部、监察委员会、农牧工作部、财政经济工作部 6 个部门。

5 月，县委领导开展了民主改革运动，进行划分阶级成分、分配土地和牛羊等工作。

6 月 6 日，为支援平叛，在民工和畜力动员方面作出安排（主要是围歼叛乱分子、彻底消灭叛乱股匪、基本肃清残匪），动员民工 40 人，动用牦牛 300 头。

7 月 7 日，札达县召开喇嘛会议，学习党对宗教的有关政策。

8 月 5 日，西藏地质局张明亮带领工作组一行抵达札达县，开始对波林地区群众上报储煤点进行调查。调查结论显示，本区内炭质层岩较多，未见有任何煤层出现。

8 月 16 日，据统计，在札达县的印商有 440 人左右。

10 月 25 日，札达县第一批干部前往阿里专区接受干部培训工作。

10 月，全县开展民主改革运动，建立人民政权，实行农民土地所有制，广大农牧民翻身做主分得了耕地、牲畜等生产资料。

11 月 15 日，卫生部西藏药材工作组抵达阿里专区，赴札达县进行调查，初步了解到札达境内有药材 13 种。

11 月底，萨让、日巴、波林、托林、鲁巴、热布加林、香孜 7 个乡以及部分寺庙开展了第一批民主改革运动。

12 月 22—25 日，首届中共札达县委扩大会议在香孜召开。

12 月 24 日，阿里分工委决定为札达县运送粮食 1.35 万千克，茶叶 1500 千克，以解决外逃群众归来后的生产生活问题。

12 月底至 1961 年初，札达县开始开展反叛乱、反特权、反奴役，牧工、牧主两利运动。

1961 年

1—10 月，在民主改革运动中，建立香孜、热布加林、鲁巴、萨让、日巴、波林、达巴、东波、曲龙、托林 10 个乡人民政府。

1 月 14 日，海关总署对阿里海关《关于设立海关分关的报告》作出批复：阿里海关总关设在中共阿里分工委所在地昆萨，普兰县设分关，日土县、札达县设支关。

2 月，阿里地区政协第一届常委会第三次会议决定，推选札达县曲松乡多坮杰、鲁巴乡石确、底雅乡让觉为自治区政协委员。

2 月 23 日，札达县委开始宣传贯彻党的各项方针政策，开始执行党的双减（减租、减息）和两利（牧工、牧主两利）政策。

3 月 15 日，札达县委、县政府制定《札达县一九六一年农牧业生产计划（草案）》。

3 月 25 日，从雅安医师学校毕业的藏族医士到札达开展卫生医疗工作。

4 月，古格王国遗址被列为全国重点文物保护单位。

4 月 5 日，札达县妇女联合会成立，王桂香任副主任（无正职）。

同日，共青团札达县委成立，阎家懿任副书记（无正职）。

4 月 10—15 日，札达县分别成立 4 个区委和区公所，即香孜（苏绍东任书记，次仁旺堆任区长）、底雅（林荣任书记，绕布且任区长）、萨让（周承银任书记，王万钧任区长）、达巴（姜和清任书记，多吉任区长）。

4 月 14—15 日，东波乡召开牧民代表大会，成立札达县第一个牧民协会。

4 月 18 日，札达县推选松扎甲措（县机关干部）出席全国第一次先进民兵代表大会，中央军委授予其“五六式”半自动步枪 1 支。

同月，札达县贸易公司成立。

5 月 30 日，设立县人民政府参事室，葛尔劳兼任主任。

6 月 1 日至 7 月 10 日，在全县干部队伍中开展“三反运动”，即以反官僚主义、反违反政策纪律、反贪污浪费为中心的“整风运动”。

8 月 5 日，札达县委制定《关于宣传贯彻党在牧区 30 条政策的安排意见》，要求全体党、团干部必须认真学习。

8 月 14—15 日，达巴区农业现场会议在托林村召开。

10 月 17—27 日，中共札达县委扩大会议召开，参会 26 人，会议传达了第二次牧区工作会议和分工委第四次县委书记会议精神。

10 月 28 日，成立札达县人民政府党组，由葛尔劳任党组书记。

12 月 16 日，根据县委关于边防工作的指示精神，在全县干部群众中进行了一次提高警惕、防止印度扩张主义破坏与袭击的教育。

同年，札达县贸易公司购销总额为 64327 元，经营商品共 1700 余件，收购土畜产品共 10256 元。

1962 年

1 月 2 日，达巴乡第一次牧民代表会议召开。到会代表 27 人，会议主要是在进一步交待政策的基础上，进行以回忆对比为中心的阶级教育，有意识地引导大家诉旧制度和三大领主的苦，解决敌我矛盾，化解人民内部纠纷。此次会议，基本上达到了提高到会代表阶级觉悟的目的。

3月，在民主改革中，札布让村发展了第一批农牧民党员3名（预备期），分别是旺堆、央加、桑姆，入党介绍人为张光明、王幕如。

4月5日，札达县为四区农牧民分配生产贷款3900元，具体分配指标为香孜区1000元，达巴区800元，底雅区1100元，萨让区1000元，主要解决贫困户的生活、生产困难问题。

5—7月，县卫生所在全县范围内实施伤寒混合疫苗注射工作，使全县伤寒霍乱及痢疾发病率明显下降。

5月7—11日，札达县召开县参事室会议，参会者14人。会议主要讲解了目前的国际国内形势，特别是以中印边境形势为主，结合实际，传达贯彻党的宗教信仰自由政策。

5月14日，札达县香孜乡司尔底地区发生7名叛乱分子窜扰抢劫事件。判乱分子抢走该地4户群众60头牛、25匹马和其他钱财。15日，司尔底群众自发组织32名青壮年追捕叛乱分子，至16日中午赶上叛乱分子并展开搏斗，群众用石头打死打伤两名叛乱分子，并从叛乱分子手中夺回60头牛、2匹马和一部分财物。

6月5日，阿里专员公署下发《关于1962年社会救济工作的安排意见》，按照救济款指标，分配给札达县社会救济款3500元。

6月25日，札达县成立驻托林乡扎点工作组。在宣传贯彻党的各项方针政策的同时深入发动群众，大力发展农牧业，整顿和健全基层组织，确定党员发展对象。经过70多天扎点工作，掀起了新的生产高潮。

7月11—15日，达巴区托林乡第一次农民代表会召开。到会代表14人（之前通过会议选举产生了代表16人），会议解决了代表提出的群众生产、生活等问题。

7月14日，札达县成立驻托林乡第二批工作组。工作组全面贯彻执行党的各项政策，进一步树立以贫苦农民为核心的劳动人民的政治优势；狠抓政策兑现，彻底处理本乡遗留问题，认真抓好生产，安排好群众生活；物色、培养和考察党、团员对象。

7月28日，札达县公安局下发了《关于武器管理的几项规定》。

8月10日，中国、尼泊尔勘界工作正式展开。联合第一竖桩队全面开展工作，在应竖桩的17棵永久性界桩中竖立14棵，只余柏林奇马拉、拉则拉山口的3棵界桩未立。14日，双方队长在竖桩计划书上签字，基本上完成了中尼勘界任务。

8月18日，香孜区发现两起印商携带大量人民币入境。第一起为印商1人带1万多元，第二起为印商4人带1761元。随后，政府工作组将其所带的人民币全部收回。

10月，县委所属的财政经济工作部和农牧工作部归县人民政府领导，并改名为财粮科和农牧科。

同年，札达县第一所公办小学——香孜小学成立，共有学生18名。

同年，萨让乡当巴村旺堆、札布让村旺堆等人大代表，代表百万翻身农奴到祖国首都北京，受到毛泽东主席等党和国家领导人的接见。

1963年

1月5日，萨让区开展基础设施建设活动，修复水渠62条，水池16个，修补冬季棚圈77个，新建棚圈7个。

2月15日，札达县推选托林乡副乡长、治保主任央加参加全国人民代表大会。

3月，札达邮电所成立。

5月7日，追击回窜叛乱分子取得胜利。曲木底方向历年是叛乱分子回窜骚扰、抢劫、破坏的主要地区之一。4月底又有叛乱分子结伙十多人回窜抢劫。县委接到报告后，派工作组赶到曲木底，此时，叛乱分子已抢劫十多户，打伤多人，抢走牛100多头、马百匹、羊千余只，并挟持3名群众逃遁。工作组查明情况后，一面安排抢救受伤群众，一面组织群众追击。经过一天多追击，追回叛乱分子所抢全部牛羊和大部分马匹，解救了3名群众，重伤叛乱分子2名（1人死于境外），缴获叛乱分子物资一批。此次追击战斗有力地打击了敌人的气焰。

6月，在札达县民主改革基本完成的基础上，由张光明、王幕如介绍，托林乡在发展3名党员（即札布让旺堆、托林村的央加和桑姆）的基础上，建立了第一个农牧区党的支部委员会——托林乡党支部，衣振才兼任支部书记。

9月14日，阿里专区分配札达县粮食征购任务：征购公粮1.5万斤，征购余粮4000斤。27日，札达县征购粮食工作全面展开，10月29日，完成征购工作。

9月17日，札达县县长葛尔劳前往阿里专区参加第一次县长会议，并代表札达县汇报工作。

12月9日，互助组整顿后，全县共有56个组，入组户244户，人数935人，劳动力520人，土地600亩。

同年，那木如至札达公路修通，全长164千米。

同年，完成了波林、东波两乡的政策扎点，处理了遗留问题，做到了政策兑现，共退赔9起，付款66620元；补办赎买手续7起，付赎买金2260元；整顿建设了基层组织。

同年，县委、县政府发放各种贷款7431元，其中农牧业生产贷款6826元，供应群众生产工具320件，铁587斤。

同年，建立托林小学，当时在校学生4人。托林小学开办6个月后因各种原因停办。

1964年

年初，札达县开展“五反”（反官僚主义、反分散主义、反铺张浪费、反投机倒把、反贪污盗窃）运动。

2月15日，札达县委工作组、达巴区委、达巴区公所上报《札达县达巴区东波乡毛、盐、粮交换情况调查报告》。指出当地群众每年到印度和尼泊尔边民处用毛、盐换进粮食约450克（每克重34斤计），约合15380斤，粮食品种有青稞、荞麦、小麦、豌豆等。

2月22日，专署贸易公司（即专署工商局）召集普兰、札达、日土三县贸易公司，召开了各行业具有代表性的手工业会议，会议着重进行阶级教育和政策教育，讨论了手工业发展方向及其前途等问题。

3月2—7日，萨让乡、日巴乡农牧民代表会议召开，会议主要了解了农牧业生产，农牧民生活及思想情况，向代表作了形势教育，并宣传贯彻了党的宗教信仰自由政策，指出要搞好农牧业生产及群众生活，到会代表

30人。

同月，组建阿里公安大队札达县中队，驻地在托林，车进寿任队长。

5月18日，札达县推选央加（农牧民代表）出席了西藏自治区人民代表大会。

7月22日，开始在东波乡试征爱国牧业税。

7月，萨让区日底岗村流感爆发，全村患病率达95%，全村14户42人中死亡8人。专区人民医院组织专业人员赶到疫区，积极治疗、隔离、预防，疫情很快得到控制。

8月1日，地区农牧业工作会议召开。会议传达了自治区农牧工作会议精神，结合阿里实际研究了互助组、扶贫和农牧业生产有关问题，初步摸清了生产上存在的主要问题，同时对札达国营牧场拟转为种畜场作了研究。

同年秋，底雅区建立供销、信用合作社时，益底村群众自投股资800余元。

10月17日，曲木底乡首次发现麻风病，5人患病，患者为一家人。专区人民医院组织医务人员到现场调查，发现该病为瘤型麻风，无一人死亡。对5名患者给予隔离治疗，效果良好。

11月12日，共青团札达县委对具有代表性的重点乡——达巴区托林乡14岁以上25岁以下的青年进行了一次调查，该乡3个村共有青年25人，男12人，女13人。

12月30日，托林至香孜公路修通，全长85千米。

同年，叛乱分子在札达县无中国人民解放军驻防的楚鲁松杰地区猖狂活动，抢夺粮食和牲畜。

同年，在鲁巴村成立底雅小学（1985年迁移到今底雅乡所在地）。

同年，建立札达县种畜场。

1965年

年初，全县开展以“三清四查”（清财务账目、清物资仓库、清机关生产和生活；查阶级立场、查革命意志、查贯彻执行党的方针政策、查建藏思想）为内容的“五反”复查补课活动。

2月6日至3月2日，第一次札达县三级（县、区、乡）干部会议召开，会议介绍了当前的国内外形势和西藏的任务。使到会人员进一步明确了工作方向，鼓舞了革命斗志。到会代表99人。

4—6月，札达县开展乡级选举工作，在3个乡（托林、热布加林、鲁巴）实行普选。召开乡人民代表大会，建立乡人民委员会。7个乡召开各界人民代表会议，成立乡人民政府。

5月31日，香孜乡入社46户132人1394股，收股金584.50元。

6月10—20日，札达县第一届人民代表大会召开，与会代表42人。大会选举产生了札达县人民委员会县长1人（杨炳南），副县长1人（张光明），委员13人。

6月19日，楚鲁松杰、曲木底的民主改革正式开展。

7月1日，由15人组成的楚松武工队正式成立。武工队先在曲木底集训10天，学习了党的政策，进行了军事训练和物资准备，7月12日开赴楚鲁松杰。

7月8日，由新疆公路修建指挥部承建的托林象泉河钢架桥破土动工，10月28日竣工，并通过验收。钢架桥全长4.1米。

7月17日，曲木底开展“三反两利”运动。运动的主要任务是发动群众提高阶级觉悟，揭开阶级斗争盖子，摧毁封建剥削制度，废除三大领主在牧区的一切封建特权，处理历史遗留问题。

7月30日，札达县农牧民代表前往北京参加国庆观礼。

7—9月，楚松武工队救济78户356人（次），发放青稞1460斤，砖茶141块，圆茶70块，布20米，羊皮14张，解决了部分群众的生活困难，此外，帮助群众劳动117人（次），治病223人（次），医治病畜426头（只、匹）。

8月14—15日，萨让、达巴、香孜3个区发生严重影响农作物成熟的霜冻灾害，受灾面积达663亩，灾民381人。灾情发生后，专署和县委派出联合工作组，给灾区群众发放救济款1万元，救济粮5万斤。

8月20日，底雅区将相距百里以上的鲁巴、依底和果巴三村的31户合并成立一个大互助组。

10月23日，中央代表团第五分团抵达札达县进行慰问演出。

同月，成立曲木底乡人民政府，白玛多吉任乡长。

10月27日，外逃群众6户32人回归当巴村。次日，区委领导赴该村了解情况后，对遗留财产进行清理，并归还原主。

11月4日，县委抽调23名干部组成工作组，分赴各区传达和贯彻县委《今冬明春的工作安排和抓好冬季生产》精神，并开展检查、督促与指导工作。

11月6日，第一批三级干部毛主席著作学习班正式开学。

11月，阿里专区医院开设初级护理人员培训班，札达选派人员前往专区参加培训。

12月15日，中共札达县委制定了《札达县国民经济第三个五年计划发展纲要》。

12月20日，印度特务次仁从夏日拉山口潜入底雅区，在札达县境内搜集情报时被发现并被捕获，当场从他身上搜出地图、望远镜和指南针等特务活动工具。

同年，札达至狮泉河镇的第一条公路修通，全长279千米。

同年，建立札达县电影队。电影队首次下乡即为群众放映电影30余场，观看群众达1500人（次）。

同年，托林乡开办成人夜校（包括识字班）3所，入校学员64人。

同年，全县开展以中央“二十三条”为指导，以阶级斗争、两条道路斗争为纲，以“四清”（清政治、清经济、清组织、清思想）为内容的社会主义教育运动。

同年，建立县农场，配有小学、卫生所、代销店和4个生产队1个牧业组，入户47户162人，耕地面积1400亩，房屋仓库1200平方米，牲畜1300头（只、匹）。

同年，古格王国遗址被国务院列为第一批公布的全国重点文物保护单位。

1966年

1月23日，县委贯彻执行自治区党委和阿里地委《关于做好防灾抗灾工作紧急通知的安排意见》，全面教育干部队伍，提高思想，树立坚决搞好防灾工作的信心和决心。在检查总结前段防灾抗灾工作的同时，积极发动群众进行草场建设等工作。

2月22日，香孜区为了抓好以互助合作为中心的社会主义生产运动，大力发展生产，把社会主义萌芽的互助组大大向前推进，为实现人民公社化创造条件，对江塘村互助组进行整顿。

2月24日，札达县防疫指挥部成立，贾振英、苏绍东、杨炳南、陈重福、罗中规5人任指挥部成员，指挥部设在县政府办公室。

3月3日，札达县已在11个乡（香孜、热布加林、曲木底、鲁巴、萨让、日巴、波林、达巴、东波、曲龙、托林）建立妇联组织，当选为各级人民代表的妇女有39人。

3月12日，阿里地区推选杨炳南（县长）出席中共西南局县以上干部学习毛主席著作积极分子会议。

4月7日，达巴区积极开展抗灾救灾工作。据达巴区《抗灾、救灾物资落实情况》统计，全区共发放粮食24619斤，衣物43件（双），羊皮140张，柴2586斤，茶叶25块（斤）。

4月25日，县委根据自治区党委1966年工作要点，下发《关于加强宣传“一切为了准备打仗”的通知》。随后，全县境内全面开展备战教育。

5月4日，阿里专区公安处获知札达县益底村“西藏自由同盟”反革命组织一案后，进行调查并向上级汇报。事实证明，本案为假案。

7月23日，县政府出台了《征收牧业费开支的几项规定》，规定了各项畜产品的收购价格：纯白绵羊毛每斤0.61元，纯黑绵羊毛每斤0.52元，混合绵羊毛每斤0.56元。

9月9日，札达县组织文艺队，参加阿里专区召开的首届群众业余文艺汇演大会。

9月11日，县贸易公司对全县5个供销社（香孜、达巴、曲松、底雅、萨让）存在的账目混乱、家底不清等问题进行整顿。通过整顿，改正了以前的埋头工作、不问政治的倾向，纠正阶级路线不明确、立场不稳的错误，牢固树立起为广大农牧民服务的无产阶级立场。

11月15日，县委选派嘎珠（日巴）、次仁拉姆（萨让）、拉巴卓玛

（热布加林）、巴桑石达（香孜）4 人到拉萨出席学习毛主席著作积极分子代表会议。

12 月，以“文化革命”为中心的“三大教育”运动，在 4 个区（香孜、底雅、萨让、达巴）全面开展，参加干部 108 人，其中党员 73 人，团员 61 人。通过教育，提高了广大干部群众的社会主义觉悟，认识到资本主义和残余封建势力的危害性以及小农经济产生两极分化的不稳定性，进一步明确了社会主义方向，坚定走社会主义道路的信心。

同年，全县有干部职工 103 名，其中汉族 47 名，藏族 56 名，分布在县直机关 61 名，区级机关 42 名；有党员 45 名，其中汉族党员 29 名，藏族党员 16 名。

同年，札达县曲木底乡、达巴乡、东波乡、曲龙乡开始征收爱国牧业税。4 乡共有牲畜 47987 头（只、匹），其中征收牧业税牲畜 34356 头（只、匹）。

1967 年

1 月 9 日，根据自治区党委指示，阿里地委决定正式撤销札达“三教”工作团。

3 月 7 日，根据西藏军区党委《关于边境暂不开展“四大”的指示》，中共阿里地委发出紧急通知，决定札达县委、政府机关和农牧区“四大”活动立即停止，进行正面教育，健全县领导班子，暂不组织革命委员会。

3 月 25 日，中国人民解放军奉命介入札达县“文化大革命”运动，全县实行军管，县人民委员会停止行使职权。

4 月 23 日，札达县副县长张光明带领由地、县干部组成的工作组，深入到萨让区开展工作。当晚，流窜境外的叛乱分子十余人回窜至萨让，袭击县委驻村工作组。副县长张光明、干事郑切然牺牲，是为震惊西藏的“萨让事件”。

5 月 3 日，西藏自治区批复阿里专署，同意追认张光明、郑切然二同志为烈士。

5 月，东嘎乡人民政府成立，曲尼多吉任乡长。

5月底至6月初，札达县召开狠抓革命促生产第一线指挥部扩大会议。

8月8日，中国人民解放军南疆军区副司令在札达县视察指导工作。主要检查了“政治边防”的落实情况，以防止内外敌人煽动群众外逃。

11月11—25日，札达县召开学习毛主席著作积极分子代表大会。会上，对全县农牧民群众一年来活学活用毛主席著作的经验进行了广泛的交流和总结。

1968年

2月，经阿里地区军事管制委员会批准，正式成立札达县党的核心领导小组，徐振兴任组长。

2月28日，札达县党的核心领导小组发出《关于当前阶级斗争分析的通报》。随后，各区、乡进行了认真的研究和部署，狠抓措施落实，进一步加强阶级斗争，大力开办毛泽东思想学习班。

3月17—24日，第一期毛泽东思想学习班在香孜区曲木底乡开班。

8月24日至12月7日，县财贸工作组先后到香孜区、萨让区、达巴区、底雅区、曲木底乡，对财经、粮食、供销、信用社进行全面检查清理。根据供销社实际销售额，征收税款3518.23元，征收外商税款673.25元。5个供销社共有社员1432人，股金11597.00元，盈余10820.18元，亏损50.27元，分红2164.03元。除曲木底供销社亏损外，其余均有盈余。

10月26日，县军管组、县党的核心领导小组召开各区书记会议，研究安排社会主义改造。次年底，全县已改革的12个乡（香孜、热布加林、东嘎、鲁巴、萨让、日巴、波林、达巴、东波、曲龙、托林、曲木底）实现了人民公社化，成立了区、乡级革命委员会。

10月30日，札达县人民武装部成立，雷遵生任政委，王茂立任部长。

同月，底雅区发生民主改革以来第一次五号病（口蹄疫），患病牲畜1028头（只、匹），死亡513头（只、匹）。

11月23日，县军管小组、札达县抓革命促生产委员会为各区分配社会救济款1万元，救济粮14万斤。

同年，县银行小组投放人民币382606.92元，收回409513.96元，其中内部收入6.5万元，实际回笼26907.04元。

1969年

2月10日，全县第一个人民公社——红卫人民公社（今托林）成立。

2月14日，香孜区毛泽东思想工作队制定了红旗公社（今热布加林）农牧区社会主义改造问题的宣传工作条例30条。

7月8—14日，东方红、红旗、红卫三个公社开展毛泽东思想宣传活动，组宣部全体干部举办了毛泽东思想学习班，学员19人。

8月8日，札达县召开第一届人民代表大会，大会选举产生了由干部代表、群众代表、军队代表参加的县革委会委员11人，常委9人，主任1人（由沙保林担任），副主任4人（即杨炳南、谢勤科、王天财、罗柏华），札达县革委会正式成立，原县党的核心领导小组改为县革委会党的核心领导小组。同日，成立札达县革委会工作机构四大组，即办事组（杨炳南任组长）、政治工作组（谢勤科任组长）、生产指挥组（王天财任组长）、人民保卫组（罗柏华任组长）。随后，各区、乡都成立了革委会组织。

10月27日，札达县革委会设立由5人组成的清理阶级队伍小组，负责办理内查外调，核审材料，组织指导县、区清理阶级队伍的具体工作。

1970年

1月1日，中共中央下发了《关于对西藏阿里地区工作的指示》。为了加强阿里地区的交通运输、改善物资供应，为适应战备和革命的要求，中央决定阿里党、政、军全部正式划归新疆维吾尔自治区革委会和新疆军区负责领导。

1月，前进人民公社（原鲁巴乡）成立。

2月14日，中共曲松区委成立，王燮理任书记。

2月25日，札达县革命委员会下发《给全县贫下中农、社员群众、革命干部的一封信》。信中要求在全县范围内进一步掀起活学活用毛泽东思想群众运动的新高潮。

4月至次年3月31日，札达县供应农牧民群众的粮食指标总数为19万斤。其中：青稞17万斤，大米5000斤，面粉1.5万斤。

10月8日，全县第二届活学活用毛泽东思想积极分子代表会议在托林开幕。

11月11日，萨让区前哨人民公社（原萨让乡）柏嘎生产队民兵排被评为阿里地区“加强民兵建设、巩固祖国边防”先进集体。

1971年

1月8日，在札达县革委会、人武部、札达县解放军驻军的安排下，对全县民兵骨干进行思想、政治、军事培训。

1月14日，札达县革委会为了加强枪支、弹药管理，对所有枪支、弹药进行登记，组织干部学习毛主席有关战备和阶级斗争等著作，提高了干部爱护枪支、弹药的自觉性。

1月底，新疆喀什运输公司战备军管会文艺宣传队到札达县进行慰问演出，受到当地军民的热烈欢迎。

7月4—12日，县革委会人保组召开全县公安会议，传达了新疆维吾尔自治区第十一次公安会议精神，部署开展革命大批判，参会人员25人。

7月16日，阿里地委批复决定原国营札达牧场下放札达县管理。

8月21—24日，中共札达县第一次代表大会召开，到会代表77人。大会选举产生了中共札达县第一届委员会委员18人，一届一次全委会议选出常委7人，书记1人（陈亚伯），副书记3人（郭珉、洛桑、王茂立）。

10月25日，中共札达县第一届委员会成立，讨论通过了《关于贯彻执行阿里地委〈进一步加强学习的决定〉的决定》。

11月4日，县革委会选送10名农牧民子女到西藏民族学院学习。

11月18日，札达县机关业余政治文化学校正式改为县机关业余学校，张崭任校长。

11月20日，达巴区成立机关党支部，王永仁任支部书记。

同年，札达县首家民族工艺加工厂在香孜乡正式成立，有工人4名。在开设后半年多的时间里，共生产镐头212把、铁耙57把、马鞍37副、马蹬

10副、生活用刀55把、铁皮炉22个、水磨13盘，并实现了糌粑水磨化。

1972年

2月25日至3月30日，为实现全县粮食自给、牧业有较大发展、祖国边防巩固的战斗任务，县委根据自治区党委和地委工作会议精神，在全县范围内开展人民公社整顿工作。

3月4日，札达县召开四级干部会议，检讨整社扩大化错误。与会代表81人。会上对扩大化的错误作了检查。

12月，建立札达县香孜中学，招收第一批学生28名，教师3名。

同年，开办当巴小学。

同年，由陈德昌领队的第二批北京医疗队赶赴札达县开展卫生援助工作。

1973年

2月28日，在中国人民解放军的帮助下，经过两年多的奋战，在萨让乡当巴村的悬崖峭壁上，人工开凿建成当巴水渠，该渠长4450米，宽75厘米，深55厘米，从此解决了当地农牧民人畜饮水和土地灌溉问题，当巴村从此由缺粮村变成余粮村。当巴水渠被阿里地区称为“农业学大寨”示范工程。

7月4日，县畜牧兽医站抽调兽防员到萨让、底雅、曲松三区采集中草药。

7月19日，根据中共中央文件精神和新疆军区“三支两军”工作座谈会精神，阿里地区党委常委和分区党委常委研究决定：各县机关“三支两军”人员全部撤回，人武部留两名领导仍整合在县革委会。札达县人武部雷遵生（政委）为札达县委常委，参加地方工作；王茂立（人武部部长）为县革委会副主任、县委副书记。

8月3日，县委批转县人武部党委《关于民兵做好爱护武器和严防事故发生的通知》。

8月10—15日，共青团札达县委第一次代表大会召开，出席代表63人，选举次仁多吉任副书记（无正职）。札达县第一届妇女代表大会召开，选举产生札达县首届妇女联合会，昌菊卓玛任主任。

同月，成立中国人民银行札达县支行。卢宝山任副行长（无正职）。

10月20日，阿里地区首届妇女代表大会召开，札达县选派代表（包括农场、种畜场）15名出席会议。

10月22日，札达县首届民兵座谈会召开。

同月，成立札达县邮电局，陈怀词任副局长（无正职）。

12月6日，县委批转《团县委建立健全各级共青团组织的报告》，凡有3名团员以上的生产队均可建立团支部，公社（农、牧场）建立团总支委员会，区建立团委员会，随后，12个公社和45个生产队基本上建有团组织。

同年，萨让公社粮食播种面积747亩，粮食总产量达34万斤，平均亩产455斤，创历史最高水平，成为全县第一个超过农业发展《纲要》的人民公社。

1974年

1月15日至3月28日，曲松区举办整社补课学习班。

2月20日，县委追认彭措为中共党员和革命烈士。

5—6月，札达县农牧区普遍开展了“批林批孔”和农牧业学大寨的群众运动。

6月6日，札达县召开首届贫下中农牧民代表大会，组织学习马列主义、毛泽东思想，传达党中央对“批林批孔”运动的重要指示，推动全县“批林批孔”运动和农业学大寨运动深入开展，加速札达县社会主义建设步伐，巩固无产阶级专政。

7月23日—8月15日，札达县平反工作组分赴萨让公社、日巴公社开展平反工作。工作组向社干部说明来意，传达地、县有关平反工作的指示精神，公开向扩大化中受害群众道歉，当众焚烧了在扩大化中形成的有关文件材料，分头对受害者进行了慰问。

8月10日，阿里地委决定札达县种畜场收归地区管理，并改名为“阿里地区札达种畜场”。

9 月 26 日至 10 月 4 日，县委工作会议召开，到会代表 21 人。会上组织学习了中央（1974）21 号文件和新疆维吾尔自治区、阿里地区关于“抓革命、促生产”的有关文件精神。

11 月 27 日，底雅区马雅山发现民国时期宣传品共 7 种 8000 余张，蒋介石像章 170 余枚，县公安局予以收缴。

12 月，香孜区建立县拖拉机站，配备 75 型拖拉机 3 台，55 型拖拉机 2 台，60 型推土机 1 台，24 行播种机 2 台，5 号拖犁 3 部，拖车 2 辆。房屋 8 间。

12 月 7 日 11—12 时，楚鲁松杰发生强烈地震，受灾严重的巴角村，原 21 户 71 人，死亡 24 人，村内 200 余间房屋、8 幢窑洞全部倒塌，死亡牛 15 头、马 5 匹、羊 150 余只。在地震发生的同时，该区江巴、贡则萨堡、曼扎等几个村均有轻微震感，贡则一带房屋倒塌 2 间，江巴一带多数墙裂缝 4 厘米，人畜无伤亡。另据群众反映，中印争议区的巨哇、曲惹两地也发生了强烈地震，巨哇村死亡 3 人，曲惹村死亡 7 人，两村房屋全部倒塌。

同年，据统计，全县农业机械拥有量 392 部（台、辆），其中耕作机械 17 台，运输机械 105 辆，植物保护机械 40 部，半机械化农具 230 部。当年机械播种面积达 1374 亩，占总播种面积的 18%。

同年，阿里地区分配给札达县内调粮 35.8 万斤，其中口粮 14.8 万斤，饲料 21 万斤。

同年，札达县结合“一批双打”运动，进行了一次财经大检查，纠正了基础设施建设方面的不正之风。

同年，重建托林小学。

1974 年底至 1975 年初，札达县遭受历史上罕见的特大雪灾，降雪 20 余次，持续 3 个月，曲木底、萨让、日巴、鲁巴、东波等地平均厚达 3 米，牲畜死亡 40%，达 3.1 万头（只、匹），给农牧民生产和生活带来极大困难。

1975年

1月18日，曲松区楚鲁松杰乡巴角村发生6.9级地震，波及整个楚鲁松杰和底雅区，倒塌房屋200余间，死亡24人，重伤26人，牲畜死亡140头（只、匹）。灾情发生后，阿里地委和军分区组织45人慰问团赴灾区帮助救灾，同时发放价值1.5万元的救灾物资。

1月19日16时，山岗边防站驻地发生7—8级地震，持续5分钟之久，住房倒塌，炊事班住房倾斜5厘米，其他无损失。

2月24日，成立民兵工作领导小组，县委书记郭珉任组长。同日，县农业技术推广站成立。

5月27日，新疆维吾尔自治区革委会批复同意《阿里地区革委会关于札达县所属达巴区托林公社、萨让区波林公社、香孜区东嘎公社划出，新建立札布让区》。

8月20日，组建札布让区。

10月，成立中共札布让区委，原达巴区委下属的托林公社党支部、萨让区委下属的波林公社党支部、香孜区委下属的东嘎公社党支部正式划归札布让区领导。3个公社共有9个生产队、114户483人，耕地面积1092亩，牲畜1.7万多头（只、匹）。

10月1日，根据阿里地委有关文件精神，撤销“四大组”，恢复成立各局（计划财政局、农牧局、商业局、粮食局、文教卫生局、公安局）。

11月4日，札达县首届民兵代表大会在托林乡召开，到会代表13人。会议传达了南疆军区民兵工作座谈会精神，明确了当前民兵工作的任务。

12月7日，札达县公安局发出《关于清查枪支、弹药的通知》。

1976年

7月2日，卫生部副部长姜惠莲在新疆维吾尔自治区卫生局副局长茶汗的陪同下，到札达县检查指导医疗卫生工作。由于天降大雪，被困托林3天。

7 月 15—26 日，札达县委召开扩大会议，传达了毛主席的讲话精神，重申了农牧区党的基本路线，解答了教育运动中群众提出的一些问题。参会人员 29 人。

8 月 4 日，地质考察队对达巴的含铁沙岩进行调查，并向地委、行署做了汇报。

9 月 15—30 日，札达县第二次教育工作会议召开。传达了地区第二次教育工作会议精神，分析了札达县教育战线上的阶级斗争形势，端正了教育工作的思想政治路线，解决了教育事业发展的方向道路问题，并对如何完成地区提出的“苦干三四年普及小学五年教育”的任务作了研究。加强会议决定教育事业的一元化领导，建立健全教师队伍，制定札达县普及小学五年制教育发展规划。

10 月 10 日，在香巴开办了为期一个月的赤脚医生训练班。

同年，全县 12 个乡（公社）的党支部委员会组织全部成立，共有党员 196 人。

同年，达巴、曲松两区发生虫、风、冻、旱自然灾害，受灾面积达 653 亩，其中达巴区 600 亩，曲松区 53 亩。

1977 年

4 月 11 日，札达县选派巴桑昌菊、侯封东、边穷、曲色等 10 人到山西省昔阳县大寨大队等地参观学习。

5 月 14—28 日，县公安局在重点地区开展首次清查流窜犯和闲散人员的行动。此次清查，查出了虽系正式农工但无手续的 7 人，其中札达县 2 人，外县 5 人；长期居住县、区机关无证件的 7 人，其中外县 5 人，属投亲戚者 2 人。

6 月 16 日，根据地区计委通知精神，县革委会研究决定，将达巴、萨让物资运输需驮畜 1750 头（次）的任务，分配给香孜区 300 头（次）、曲松区 200 头（次）、札布让区 150 头（次）、底雅区 100 头（次）、萨让区 50 头（次）、种畜场 150 头（次）、达巴区 800 头（次）。同日，根据阿里地委的有关会议精神，分配给札达县 2 万元公路救济资金，用于整修狮泉河至札达公路。

10月2日，国家给阿里地区调拨解放牌卡车50辆，分配给札达县2辆。

10月11日至11月11日，札达县举办赤脚医生训练班，参训人员17名。

同年，札达县开展农牧业学大寨活动。动员全县农牧民开荒1790亩，平整土地1438亩；新修水渠30条，总长36925米；维修旧水渠135条，总长125310米；平整维修饲草基地212亩、草库17个，饲料基地493亩；新修标准棚圈46个，维修123个；新建草房23间；新建林卡39个；育苗31亩，植树91900株（其中果树348株），整修林木2129株。农牧业基本建设超过以往，创历史最高纪录。

同年，县拖拉机站积极支援农业学大寨群众运动，当年全县机耕面积达2065亩，创历史最高。

同年，通过采取送学习材料、宣传品和保送去内地学习的方式，在3个未改乡培养并推选出席自治区人代会的代表各1名。

1978年

6月20日，县革委会批复文教局《关于札布让小学改为公办小学》的报告，同意札布让小学改为公办小学。

8月，萨让区遭受严重的冰雹灾害。据统计，萨让区200余亩青稞、小麦遭遇冰雹，颗粒无收；30余亩草场被洪水淹没；393棵成材杨柳树被洪水冲倒。

9月29日，札达县3个未改地区（什布奇、底雅、楚鲁松杰）约3600平方千米，24个村，168户801人，牲畜4328头（只、匹），以农牧业为主。边境线长168千米，通外山口40余处，印军在这3个地区设边卡11所。

10月20日，根据阿里地委《关于整党整风的试行意见》精神，在全县开展整党整风运动。

12月11—17日，中共札达县第二次代表大会召开，与会代表68人。

会议传达学习了党的十一大报告及党章，选举产生了中共札达县第二届委员会委员17人。二届一次全委会议选举常委8人，书记1人（尼丁莫），副书记2人（刘继华、次仁旺堆）。

12月，全县开展揭批“四人帮”运动。

同年，全县总人口3678人。农作物播种面积9000亩，单产400斤，总产量360万斤，比上年增加43.2%。年末牲畜存栏数1.2万头（只、匹），比上年增加22.6%。

1979年

1月7—14日，香孜区召开三级（即区、社、队）干部会议，参加人员54人。

4月30日，札达县革委会批转县文卫局、计财局《关于小学助学金补助问题执行意见的补充报告》的通知。

5月29日，阿里地区行署批转地区农牧局《关于建立札达香孜商品粮生产基地的报告》，决定开垦荒地6000亩。为此成立生产基地领导小组，组长由孙加炼担任，副组长由刘继华、董永赤担任。

6月，西藏自治区文物管理委员会和新疆维吾尔自治区文物管理委员会组队前往札布让考察，并对遗址的地理环境、建筑遗存、壁画和雕塑以及遗物作了初步观察和记录，绘制了部分建筑的简图。

同月，县革委会工作机构各局均改为科，商业局同粮食局合并成立商粮科。

同月，县委组宣部分为组织部（魏文清任副部长，无正职）、宣传部（刘海祥任副部长，无正职）。

7月5日，县委出台《关于农牧区经济政策若干问题的规定》。

7月21日，县纪律检查委员会成立，书记由褚明海兼任。

8月16日，阿里地区行政公署决定将札达县香孜农场、县农机站和拖拉机站移交香孜商品粮生产基地。

9月30日，札达县召开国庆三十周年庆祝大会，县委书记尼丁莫在庆祝大会上讲话。

同年，札达县对农牧业生产开始进行计划管理。

1980 年

3 月，中国人民武装警察部队阿里地区人民武装警察大队札达县中队组建。

10 月，根据中共阿里地委《关于妥善解决冤假错案工作的意见》，阿里地区在萨让区萨让村召开“萨让事件”平反大会，对嘎珠次仁、多尔吉、曲姆、嘎珠、尼玛加布、益西、央吉、巴桑、阿多等受害人公开平反，并发放抚恤金、财产退赔金和生活补贴，共计 2.6 万元。

11 月 20 日，中共阿里地委、阿里地区行署决定撤销札达农场。

同年，地委、行署先后派慰问团对楚鲁松杰乡、底雅区和什布奇区进行慰问，并组织各村负责人和选派代表到拉萨等地参观学习。

同年，县畜牧场经过 10 年的绵羊改良工作，通过育种杂交，共培育产羔母羊 2238 只，产羔 1941 只，繁殖率为 87%，至 6 月底成活 1621 只，成活率为 84%。

同年，在党的十一届三中全会精神指引下，全县认真落实干部政策和经济政策，调动一切积极因素，工作重点由“以阶级斗争为纲”逐步转到以经济建设为中心的轨道上来。

1981 年

5 月，全县范围内隆重举行《中央人民政府和西藏地方政府关于和平解放西藏办法的协议》签订 30 周年纪念活动。

9 月 16—19 日，以西藏自治区党委第一书记阴法唐、书记杨岭多吉为代表的自治区党委、人民政府工作组到札达县检查指导工作，并肯定了札达县解放 30 年来取得的成绩。

9 月，西藏工业建筑勘测设计院组织专业人员对古格都城进行测绘、考察，对札达县境内的其他古建筑进行了考察，并于 1988 年出版了《古格王国建筑遗址》一书。

12 月 27—31 日，札达县第三届人民代表大会在县城召开，与会代表 69 人。大会根据第五届全国人大二次会议通过的《中华人民共和国地方各级人民代表大会和地方各级人民政府组织法》规定，撤销札达县革委会，成立县人民政府，设立县人民代表大会常务委员会和县人民检察院。大会选出县人大常委会常务委员 10 人，主任 1 人（尼丁莫），副主任 1 人（索南坚参）；县长 1 人（阿旺仁增当选，未到职），副县长 2 人（洛桑群培、强巴楚成）。

12 月，札达县第三次人口普查领导小组成立，开展第三次人口普查工作。

同年，全县自留地由原来的 137.2 亩增加到 357 亩，占总耕地面积 9875 亩的 3.6%；自留畜由原来的 3419 头（只、匹），增加到 10928 头（只、匹），占总牲畜的 8.8%。

同年，曲松区曲木底乡出现马腺疫病，60 匹马发病，11 匹马死亡。

1981 年 12 月 30 日至 1982 年 1 月 4 日，县委召开扩大会议。会议认真贯彻党的十一届三中全会、六中全会精神和中央对西藏工作的指示，对在“文化大革命”期间受审查处理的各类案件作了复查处理。对长期劳动守法的领、代、牧等共 63 户 252 人摘了帽子，改变了成分。其中属于错划错戴的 158 人，并对 28 户领、代、牧主和 25 户错划富农作了退赔和补偿，共约 14 万元。

1982 年

2 月 3 日，县人民政府决定撤销县农机站，并将 5 名正式职工和 6 名临时职工安排在县区机关工作，机器、工具交由铁工组使用。

2 月中旬至 3 月上旬，对全县机关和各区干部职工进行思想作风整顿，主要整顿干部的思想作风、工作作风和领导作风。

4 月 5—7 日，县委召开扩大会议，参会人数 22 人。会议由县委第一书记尼丁莫主持。会议传达了 3 月地委扩大会议和地区计划会议精神，同各区之间沟通了情况，交流了看法，研究了当年的工作，制定了完成任务的具体措施和计划。

4 月 27 日，阿里地区商业局下发《关于印发札达县商业科对商业企业进行整顿的情况汇报》的通知。

6 月 5 日，玛郎至达巴公路破土动工，总投资 25 万元，全长 45 千米，年底建成通车。

7 月 29 日，札达县人大常委会党组成立，尼丁莫任书记，索南坚参任副书记；成立县人民政府党组，阿旺仁增任书记，强巴楚成、洛桑群培任副书记。

8 月 9 日，县委、县政府根据国务院通知精神，在全县开展严厉打击制毒、贩毒犯罪活动。

11 月，西藏自治区党委书记热地带领工作组，到札达县宣传贯彻党的十二大文件精神，并分别到干部职工家中走访，到社员家中谈心，对广大干部、职工表示慰问。

截至年底，全县有交通运输车 22 辆，其中大型货车 12 辆，各类小汽车 8 辆。有手表 393 块，收音机 280 部，缝纫机 195 台，花垫子 597 条。

同年，札达县开始执行“以牧为主、农牧结合、多种经营、全面发展”的生产政策。

同年，札达县遭受洪涝灾害，水土流失严重，粮食播种面积仅有 8414 亩，比上年减少 682 亩。全年粮食总产量为 2114974 斤，比上年减少 15.5 万斤，减产 6.7%；年末牲畜存栏 108250 头（只、匹），比上年减少 23375 头（只、匹），减少了 7.6%。

1983 年

1 月 1 日，县委、县政府决定将已撤销的原国营札达农场所有土地划归曲松区所有。

1 月 17—19 日，札达县人大三届二次全体扩大会议召开，参会代表 15 人，列席代表 4 人。与会代表认真学习了党的十二大文件，选举出人大代表土旦、群宗出席西藏自治区四届人大会议。

春季，札达县遭受严重的雪灾，成畜死亡 2 万多头（只、匹）。灾情发生后，县委、县政府积极组织抗灾保畜和生产自救工作。

3 月 1 日，根据自治区指示精神，对县完全小学农牧民子女全部实行“大包干”，并维持原定标准，每人每月发放生活费 27 元。

5 月 5 日，阿里行署决定在札达县香孜、萨让、达巴区建立电影放映队。

截至 6 月，札达县共有人民公社 12 个。其中农业社 2 个、牧业社 3 个、半农半牧社 7 个，有生产队 51 个。

7 月，西藏自治区党委任命白玛欧珠为札达县人民政府代理县长。

7 月 11 日，札达县成立基础设施建设领导小组，刘继华任组长。

8 月，阿里地委组织慰问团 22 人携带价值 45 万元的生产、生活用品到楚鲁松杰乡、底雅区和什布奇乡进行慰问。慰问团在 14 个村逐户走访，了解群众思想状况和生产生活需求，发放 1900 多元的救济款，并给强久林寺、巴角寺拨款 1 万元进行维修。鉴于当地文教卫生条件落后，交通不便，生产方式原始，群众生活穷困，经研究决定由地、县、区三级组成未改区经济建设领导小组。组长由副专员洛桑朗吉担任，成员由地、县、区领导共同担任，由札达县抽出 3—5 名工作人员具体负责。

9 月 3 日，成立由副县长强巴楚成任组长的县技术职称评定领导小组，对全县社会科学工作者的技术职称进行评定。

10 月 20 日，为进一步全面开展争取达赖集团和接待安置好国外藏胞的工作，县委遵照上级指示，成立“争归领导小组”和“国外藏胞接待、安置领导小组”，由县委书记刘继华和统战部副部长格桑江参分别担任组长。

10 月，农业生产责任制在全县逐步实行。

1984 年

4 月 6 日，根据阿里地区行署、军分区《关于对民兵武器弹药进行技术普查的联合通知》精神，札达县对民兵武器（56 式半自动步枪 102 支、56 式冲锋枪 6 支、56 式班用机枪 1 支）进行收缴封存。

5 月 4 日，阿里地区商业局决定将革吉县的 10 万斤食盐销往札达。

7 月 30 日，阿里地委第一书记曲加在札达县县直机关科级以上干部座谈会上讲话，对地区两个工作组分赴札达县基层调查了解的情况进行通报，对县工作和中央六号文件精神的贯彻问题谈了几点看法和认识。

9 月 30 日，札达县政协一届一次会议召开，参加会议的委员共 19 人，大会选举产生了札达县政协第一届委员会主席（刘继华），副主席（旦增旺堆、才旺顿珠、索南旺堆）和常务委员 9 人。

10 月，全县开展“撤社建乡”工作，恢复成立乡人民政府，结束了人民公社的历史使命。

截至年底，札达县至狮泉河的第二条公路全部贯通。

同年，中国人民解放军在什布奇新修营房，重建了边防站。

同年，札达县香孜中学迁到托林，并与托林小学合并成立县完全小学。

同年，县电影站下乡放映电影 157 场，观众达 37980 人（次）。

同年，县人民医院西医门诊达 3626 人（次），藏医就诊 871 人（次），住院 61 人（次），抢救病人 17 人（次），下乡巡回医疗 2931 人（次），采集藏医药草 400 多斤。

同年，农奴出身的群宗和统战人士土旦被选为西藏自治区第四届人民代表大会代表，并出席会议。

1985 年

1 月 22 日，札达县成立计划生育领导小组，副县长洛桑群培任组长。同日，成立札达县爱国卫生运动委员会，主任委员由县文教卫生局局长才旦卓玛担任。随后，各区公所也相应成立“爱委会”。

2 月 1—9 日，札达县召开首届文书档案工作会议，传达学习《全区档案工作条例》《西藏自治区县档案管理工作暂行办法》等文件。根据文件精神，会议着重讲解学习了文书工作、档案工作的基本知识，并回顾了近几年来全县文书档案工作的情况，提出了今后文书档案工作的基本任务和要求。同时，对县人大常委会 1984 年文件进行了现场分类、组卷、归档。会议还讨论制定了文书档案干部岗位责任制。参加会议的有各区文书和县直各单位文书档案工作人员共 19 人。

2 月 13 日，札达县保密工作委员会成立，县委副书记白玛欧珠任主任。随后，保密委员会在全县干部职工中开展保密教育，处理有关丢失文件的遗留问题。

3月底，根据农牧业发展的实际需要，设立香孜、札布让2个农机点。为促进农机专业户的产生和发展，在县政府的大力支持下，县拖拉机站开办了为期一年的拖拉机驾驶培训班。参加人员10人，分别是札布让区3人、香孜区3人、达巴区2人、曲松区2人。

4月1—5日，县委召开区委书记会议，传达贯彻自治区勤劳致富先进个人、先进集体经验交流大会精神和地区计划会议精神。

6月10—12日，札达县召开首届勤劳致富先进个人、先进集体表彰大会。大会总结交流勤劳致富的经验，畅谈札达县经济建设的大好形势，表彰了勤劳致富的9个万元户。

6月13日，古格王国遗址对外开放。

8月9日，以行署专员达瓦噶巴为组长的地、县、区三级联合建乡工作组赴底雅、什布奇、楚鲁松杰3个未改乡进行建乡工作。工作组先后进行了人口调查、选民登记，成立了村民委员会，选出了第一届乡人民代表，并成立乡人民政府。

8月，县烈士陵园开建，11月竣工，占地面积560平方米。

9月1日，底雅村群众和解放军边防建设部队共同集会，欢庆“幸福路”通向什布奇，并为“爱民桥”举行剪彩仪式。

9月，据统计，原未改乡的底雅、什布奇、楚鲁松杰3个乡共有14个自然村，143户701人，外流233户1082人；有耕地1396亩，人均占有耕地1.99亩，牲畜6345头（只、匹），人均9头（只、匹）。

10月，县组织史资料编撰领导小组成立，县委书记刘继华任组长。

11月16日，县抗灾防灾领导小组成立，白玛欧珠（县长）任组长。

11月18日，县举办区以上领导干部参加的中央“三会”学习班，会期7天。会上传达了中央文件，学习了胡耀邦、邓小平、陈云、李先念、薄一波等中央领导同志在中央三个会议上的重要讲话和《中共中央关于制定国民经济和社会发展第七个五年计划的建议》。

12月31日，县工交局提交关于解放军某团修筑公路和军民共建的情况报告。某团指战员架起了一座长36米的爱民桥，盖了两座水磨房以及卫生所、招待所，总面积194平方米；为底雅村分配10千瓦发电机一部，并为

21户村民安装了电灯，给当地群众看病574人（次），销售各类物品300余种（类），计价2万元；开办学校1所；军民共建用工2250人/日，出动各种机械312次。

同年，札达县开展了县、区机关整党工作。通过整党，广大党员受到了一次全面、系统的党性、党风、党纪和实事求是思想路线的教育。

同年，到札达县承包基建的工程队有8个、837人（包括部队基建民工），前往札达的流动人员88人，外国游客44人，共969人。

同年，西藏自治区文物管理委员会等单位组织了一支文物普查队，对古格王国遗址进行了历时4个月的调查，获得了大量资料。

同年，全县乡、村普遍进行土地调整，按注册人口平均承包土地。

同年，全县农牧业总产值达200万元，农牧民实际收入达188万元，人均收入达470元，实现历史新高。

1986年

1月10日，阿里地区行署决定对地处边防前沿的札达“一区三乡”实行11项优惠政策。为该区群众提供产前、产后、科技、供销、资金贷款等服务；对该区所有入校学生实行“三包”政策，对该区内每个教师浮动一级工资；对该区群众采矿给予无息贷款。

1月22日，县人民政府转发阿里地区《关于妥善解决寺管人员生活问题的批复》的通知，通知内容包括严格控制寺管人员的数额，各寺庙不论大小，管理人员最多不得超过2名；坚决贯彻“以寺养寺”的原则，坚决防止向信教群众强行摊派，同时要尽量减轻国家财政负担。

4月20日，西藏自治区人民政府主席多吉才让率领自治区及地区工作组一行15人，对札达县的生产、生活情况及今后的建设规划作了为期2天的调查。工作组在札达县期间，对札达县的部分乡、村进行了实地考察，走访了部分农牧民家庭，并于4月21日晚召开县领导会议，会上多吉才让就札达县今后的工作做了讲话。

4月25—30日，札达县文卫科召开教育工作会议。参加会议的有全体教师和各学校领导。会议传达了《中共中央关于教育体制改革的决定》，学习了地区教育局制定的教职工岗位责任制和县小学岗位责任制，酝酿讨论了各区小学岗位责任制；研究确定了札达县教育体制改革方案、试点及步骤，汇报了各区小学基本情况及今后设想。

11 月 25 日，县人民政府、县人民武装部对全县基干民兵组织进行调整。调整后，札达县民兵统称为基干民兵和持枪基干民兵二类。

12 月 12 日，札达县在农牧区开展创建双文明村（户）活动。

12 月 16 日，县委书记刘继华在札达县区委书记会议上作题为《总结工作、统一认识、明确任务，进一步开展札达县社会主义物质文明和精神文明建设》的报告。

12 月，札达县建立电视卫星地面接收站。

同年，托林寺民主管理委员会成立。委员会由 13 人组成，强巴群培任主任。

同年，香孜区香孜乡发生牛气肿疽病，患病牛 67 头，全部死亡。

1987 年

1 月 5—15 日，县举办学习党的十三大文件骨干短训班。

4 月，因阿里地区机构改革，札达县政协机构撤销，机构职能并入县参事室。

5 月 31 日至 6 月 3 日，中共札达县召开第三次代表大会，到会代表 43 人。大会审议通过了县长白玛欧珠所作的题为《团结起来，为夺取札达县社会主义现代化建设的新胜利而奋斗》的工作报告和县纪律检查委员会工作报告，选举产生了中共札达县第三届委员会领导机构及县纪律检查委员会组成人员。三届一次全委会议选举产生了县委委员 15 人、常委 5 人，书记 1 人（朗杰平措），副书记 1 人（白玛欧珠）。

6 月 20 日，阿里地区行政公署发布《关于阿里地区互市贸易暂行管理办法》，规定札达县边民互市贸易在边境线本侧 30 千米范围以内或在地区行署指定的传统互市贸易市场进行。札达边贸市场的交换比价，由双方自由协商议定。

7 月，在县直机关内进行改革，县人民政府的工作机构各科改为局。工作机构有办公室、计划财政局、农牧局、文教局、卫生局、商业局、民政局、公安局、参事室、邮电局、中国人民银行札达县支行、粮食局等机构。

8月28—31日，札达县召开机构改革和区级新老班子交接工作会议。会上县委副书记、县长白玛欧珠作题为《承前启后，振奋精神，开拓前进》的讲话。

9月，阿里军分区副政委旺堆带领巡逻宣传队一行15人，从山岗进入楚鲁松杰地区9个村庄，进行了为期24天的巡逻宣传，受到群众的热烈欢迎。

11月25—28日，札达县召开五届人大一次会议，与会代表53人。会议分别审议通过了县人大常委会、县人民政府、县人民法院和人民检察院的工作报告。大会选举产生了札达县五届人大常委会委员7人，主任1人（朗杰平措），副主任1人（洛桑群培）；选举产生了县长1人（白玛欧珠），副县长2人（赵秀臣、多吉扎巴）。

同年，全县遭受旱、虫、涝、霜灾害，农作物受灾面积达880亩，占耕地总面积的13%。与上年相比减产50%—80%的面积占10%。灾害除对农业生产造成严重影响外，还对公路、桥梁以及水库等农田水利设施造成严重危害，全县直接经济损失50万元以上。灾情发生后，县委、县政府积极动员广大干部和农牧民群众抗灾救灾。县机关除下乡工作组人员长期在抗灾救灾第一线外，还专门组织20人前往灾区，历时7天，帮助受灾乡、村进行抗灾救灾工作，同时发放5万元的救灾资金。

同年，香孜区香孜村发生黄牛气肿疽病，患病牛17头，死亡10头。曲松区曲木底发生羊口疮（羊传染性口膜炎），患病羊400多只，死亡120多只。

1988年

4月16日，阿里地区行署专员拉巴次仁主持召开了专员办公会议，原则同意劳动服务公司《关于在札达县试办农牧副业基地的报告》，同意组建劳动服务公司。

6月4日，县委工作组赴札布让区托林乡开展农牧区基层党组织建设试点工作。该乡共有10名党员，因事请假2名，8名党员参加了此次基层党组织的建设工作。会上，党员集中学习了社会主义初级阶段基本路线，总结安排支部工作，健全组织，制定制度，评选表彰优秀党员，按照党章规定发展新党员。

6月6日，阿里地区行署副专员赤列主持召开了专员办公会议。会议决定，札达种畜场是国营科研单位，科研任务繁重。札达县政府要负责做好良种场周围群众的工作，避免侵占良种场草场事件的发生。

6月，札达县曲松区楚鲁松杰乡发生麻疹，新疆军区派出“黑鹰”直升机飞赴楚鲁松杰乡，为疫区运送医疗队员及药品。

8月6日，县委、县政府批转县文教局《关于札达县教育管理体制改革的几点意见》。意见规定：县文教局对学校进行集中统一管理并直接管理县完小。各区、乡政府对本区（乡）的教育工作全面负责、监督、检查、指导。大力推行校长负责制的同时，建立校长基金制。

11月至1989年3月，曲松区楚鲁松杰乡组织55名群众到曲松区购买物品时被传染麻疹，全乡347人中，40岁以下有277人被感染，发病率高达80%，死亡45人，病死率17%。当时正值大雪封山，交通中断，又无通信设施，新疆军区派出直升机赴灾区送医送药，疫情得到控制。

同年，全县粮食产量创历史最高水平，总产量达2847400斤。

同年，全县遭受雪灾，死亡牲畜达2500头（只、匹），灾民101户420人，直接经济损失达21万元，灾情发生后，地区民政局发放45万元救济款，各区、乡普遍开展救灾工作。

据统计，札达县年末拥有农业机械总动力146.81万瓦特。其中，耕地机械21台、84.95万瓦特，大中型农用拖拉机3台、2.5万瓦特，农用载重汽车7辆、59.21万瓦特。

同年，鉴于县域遗址建筑物多已破败不堪，上级有关部门拨出专款，由自治区文管会组织古建维修队，对一些主要建筑进行了较大规模的抢救性修缮，重点维修了庄严殿、度母殿、杰吉拉康（大威德殿）、坛城殿、白殿、红殿、议事厅7处，使一些面临倒塌的重要建筑及壁画得到了保护。

1989年

4月14日，阿里地区行署召开专员办公会议，对札达县一区三乡作出以下决定：同意向一区三乡群众每人每月供应细粮15斤，参照自治区牧民口粮供应价执行。乡干部参照国家正式干部标准，按照成本价每人每月供应细粮30斤。地区商业局为一区三乡供应的茶叶、食盐等日用品的运输补贴总计每年按19516.76元计算，连续3年由地区财政局从民政扶贫款中支出。今后3年，地区畜牧局每年为一区三乡提供7.5万元的农田建设和保畜基地及林业发展资金。有关修建楚鲁松杰乡卡拉桥、底雅乡爱民桥的经费问题，由地区经委从1989年乡道资金中安排14万元；1989年地区教委拨出教育专款5万元，札达县拨出3万元，共计8万元，由一区三乡领导小组具体分配给教育部门使用，同时要求札达县将1988年地区民宗局拨给一区三乡的教育专款6万元退还教育部门。关于楚鲁松杰乡配备一名西医、底雅乡配备一名藏医的问题，由当地乡负责考察推荐。两名医生的培训费、生活费、生活补贴等由地区卫生局负责支出。

5月22日，阿里地区财政局、阿里地区科委下发《关于下达1989年科技三项费用和“星火计划”预算指标的通知》，规定札达县曲松区引进印度果树，经费投入3万元，当年开始实施。

5月25日至6月1日，阿里地区在地区党校举办第一期区（科）级干部培训班，札达县有5名干部参加培训。

7月18日，阿里地委副书记塔尔青主持地委行署、自治区工商局工作组联席会议。会议决定：札达县目前成立工商行政管理局条件尚不成熟，暂不考虑成立县工商局，札达县工商行政管理工作由地区工商局负责。

7月27日，阿里军分区派出以殷荣福为队长、次仁多吉为政委的23人组成的小分队，进入楚鲁松杰地区设立临时哨卡，执行巡逻宣传任务，组建楚鲁松杰民兵队伍。

8月29日，阿里地区行署专员拉巴次仁主持召开专员办公会议，会议指出，对噶尔县、札达县种畜场草场纠纷问题，要本着既讲历史，又讲现实，又有利于团结、有利于发展生产的原则解决。需要双方互谅互让。在划分草场界线时，应以山梁、河沟以及有明显特征的标志为界线。地区工作组应当与县、区、乡、村领导一起，深入现场解决草场纠纷。行署同意地区工作组汇报的划分噶尔县、札达县种畜场草场界线的处罚条例。要求噶尔、札达两县人民政府做好群众的思想工作，种畜场做好本场职工的工作，按照规定签订协议，并保证协议的执行。

11 月 24 日，县委书记朗杰平措主持召开县委、县政府联席会议。会议传达了党的四中全会、自治区党委常委扩大会议、地区教育会议的主要精神；听取各区和县直农牧、计财、文教、政法、商粮、组宣部单位工作汇报。

11 月，根据中央、西藏自治区党建会议精神，札达县全面开展加强党的建设工作。全县已建立基层党组织 24 个，党员 239 人。其中农牧区基层党组织 13 个，党员 127 人，妇女党员占全县党员总数的 22.5%，平均年龄为 37.8 岁。“文化大革命”前入党 5 人，“文化大革命”中入党 159 人，“文化大革命”后入党 75 人。

同年，札达县发展新团员 18 名，评选优秀团员 9 名。县直机关 10 名女性被札达县评为“先进妇女工作者”。

同年，日巴村至底雅区的真桑沟便道修通。

同年，香孜区夏益村发生羊传染口膜炎（羊口疮），患病 50 多只，死亡 20 多只。

1990 年

1 月 2 日，札达县成立春节、藏历年拥军优属慰问团，由索南坚参任团长，赴驻地部队进行慰问。

3 月 26 日，札达县制定《札达县经济和社会发展第八个五年计划》。“八五”期间的主要奋斗目标是：到 1995 年，全县国民生产总值达到 372 万元，比 1990 年增长 21.6%，平均每年递增 4%。其中农牧业总产值达到 304 万元以上，比 1990 年增长 15.9%，平均每年递增 3%。按当时农村人口 4575 人计算，人均收入达到 800 元，比 1990 年增长 17.7%，平均每年递增 3.3%。

7月，东波乡发生五号病，感染牲畜达3000头（只、匹）。其中绵羊和山羊2200只，未见死亡；牦牛800头，死亡24头。随后，阿里地区防治五号病指挥部及兽医总站立即组织工作组于8月3日抵达疫区现场，经过20天（8月3—22日）紧张的防治工作，整个疫情全部控制在疫区范围内。

7月3—5日，中共札达县第四次代表大会召开。到会代表55人，列席会议的有15人。会议选举产生了县委委员16人、常委7人，县委书记1人（朗杰平措），副书记2人（洛桑群培、邵传银），纪委书记1人（扎西旺久）。与会代表认真听取了朗杰平措代表县委所作的题为《加强党的领导，提高党的战斗力，为实现札达县局势的进一步稳定和经济建设的稳步发展而奋斗》的报告。

10月29日，达巴区东波村被阿里地区授予综合治理工作先进集体荣誉称号。同日，县公安局教导员洛桑、县武警中队战士李家奉、县爱国人士土旦、县政府办公室工人平措多吉4人被阿里地区评为稳定局势、综合治理工作和塔尔钦佛事活动中作出贡献的先进个人。

11月1—5日，札达县第六届人民代表大会召开（应到会代表65人，实到会代表45人）。大会分别审议通过了县人大常委会、县人民政府、县人民法院、县人民检察院和县财政局预算的工作报告。大会选举产生了札达县第六届人民代表大会常务委员会委员7人，主任1人（索南坚参）；县长1人（白玛欧珠），副县长3人（洛桑群培、次珠、蒲国满）；人民法院院长1人（扎西旺久）、人民检察院副检察长1人（巴桑）。

12月，札达县人民政府党组成立，洛桑群培任书记。

同年，县人民法院审判刑事案件4起，判处各类犯罪分子6人，结案率达100%，挽回经济损失2918.60元。

1991年

4月2日，县政府发出《关于工业品销售任务的通知》，要求：县贸易公司年内完成销售额40万元，香孜供销社年内完成销售额10万元，达巴供销社年内完成销售额8万元，萨让供销社年内完成销售额7万元，曲松供销社年内完成销售额7万元，底雅供销社年内完成销售额4万元，共计76

万元。

5 月 28 日，县综合治理领导小组成立。随后，在全县范围内开展普法教育和多种形式的法制宣传，进一步提高公民的法律意识；同时，工青妇等社会团体积极配合公安、学校和学生家长，加强对青少年的法制教育工作。

6 月 7 日，县扶贫低息贷款领导小组成立，人大常委会主任索南坚赞任组长，人行札达县支行副行长群培任副组长。当月，中国人民银行阿里地区中心支行分配给札达县扶贫低息贷款 10 万元。

6 月 12 日，自治区人民政府批复同意在札达县设立公安边防大队。

7 月 2 日，自治区党委、区人民政府召开第 17 次联席会议，听取阿里地委、行署的工作汇报，并同意将札达县的“一区三乡”列为自治区民政厅的重点扶贫对象。

7 月 27 日至 8 月 18 日，自治区农牧林委员会和计经委组成工作组，会同阿里地区行署、地区畜牧局有关领导，针对阿里地区“八五”发展计划的牧、林、水等多个项目考察，草拟了《关于阿里地区农、牧、林、水等多个项目的考察报告》。工作组考察了札达县“一河两沟”农业综合开发项目，决定将开发重点放在“两沟”（香孜沟、热布加林沟）。对于“两沟”的开发，原则上按照适度规模、宜农则农、宜林则林进行，先搞一些投资少、见效快的项目，突出重点，逐步开发建设。

8 月 24 日，自治区人民政府办公厅下发批转自治区公安厅《关于我区外国人管理工作中有关问题的请示》的通知，札达县为西藏自治区 12 个对外国开放县之一。

10 月 20 日（凌晨 5 时 27 分），札达县东部种畜场和绵羊改良点发生 7 级左右地震，61 间房屋遭到破坏，直接经济损失达 73 万元。震情发生后，该场立即采取紧急措施，腾出危房，补架柱子，职工暂时挤住在安全房里。

10 月，《古格故城》由文物出版社出版。

11 月 15 日，札达县第二届政治协商会议召开。二届一次会议选举政协第二届委员会副主席（旦增才旺），主席一职暂缺。

1991—1995 年，札达县共投入扶贫资金 217 万元，兴建农牧业基础建设项目 7 个（包括水电站），为农牧民群众改造房屋 95 间 1700 平方米，购买牲畜 600 头（只、匹），解决口粮 7.5 万千克。其中为“一区三乡”解决扶贫资金26.5万元，新修、维修农牧民住房92间1656平方米，解决口粮5万斤。

1991年底，阿里军分区在山岗边防连修建直升机停机坪一座。

1992年

3月1日，札达县社会主义思想教育工作队（简称社教队）正式成立，县委书记朗杰平措任队长。

3月17日，萨让公路开始采取以工代赈的形式进行维修。

3月18日，阿里地委、行署下发批转地委统战部和民宗局《关于阿里地区各寺的定编定员和以寺养寺具体方案意见的报告》的通知，确定札达县以寺养寺的寺庙有：托林寺、卡孜寺、白噶尔寺、当巴寺、底雅拉康、普日寺、热布加林寺、东波寺、曲龙寺、达巴寺、强久林寺、封措绕布旦寺、仁尼拉康、益底寺、白东波寺、东噶尔寺。

4月5日，阿里地区财政局、教体委、民宗局联合为札达县曲松区楚鲁松杰乡小学下发维修校舍补助资金4万元，并同意解决札达县萨让区当巴村维修水渠补助款3万元。

5月，西藏自治区文物管理委员会与四川大学考古专业学员联合组成文物普查队，在阿里全面开展文物普查工作，历时4个月，新发现东嘎·皮央遗址及其石窟群中的礼佛窟。

7月7日，阿里地区农牧局分配札达县各种农药21.4吨，其中：乐果3吨，敌敌畏5吨，萎锈灵10吨，2.4－DJ酯除草剂1吨。

8月19日，自治区广播电视厅副厅长、自治区社教队队长、札达县社教队副队长带领2个队员，率先进入波林乡卡孜、波林村新农业点开展工作。他们向农牧民群众宣传社教文件和邓小平南方谈话精神；结合本地实际情况，为群众办实事办好事，制定发展规划；建立各乡电视单收站。随后，社教分队队员全部开赴县内各区全面开展社教工作。

9月6—13日，全县范围内连降大雨和大雪，加上虫灾的影响，农牧业生产受损严重。因雨水浸湿霉烂、变黑青稞18万斤。洪灾面积达1270亩，占总面积的15.7%，11亩青稞被洪水冲走，损失青稞20.7万斤，700余间房屋被雨水冲毁，100 千米的乡村公路被洪水冲垮。虫灾面积 56 亩，大雪覆盖青稞 82 亩。因雪灾死亡牲畜 5000 头（只、匹）。

9 月 7 日，阿里地区农牧区《社会主义思想教育简报》第 6 期刊登《札达县农牧业生产及教育卫生事业的发展途径》一文。

9 月 28 日，自治区党委组织部任命，康志宏为札达县科技副县长，任期 5 年。

9 月，札达县汽车运输队成立，承办货运业务。

10 月 12 日，札达县举办毛泽东诞生 100 周年纪念活动。

10 月，香港华润采购有限公司捐款 40 万元援建的札达县港心希望小学在札布让村开工，建筑面积 960 平方米。

11 月 11 日，阿里地区农牧局研究决定，给托林村、马郎村解决平整土地补助款 4 万元，其中托林村 3 万元，玛朗村 1 万元。

11 月 13 日，札达县选派两名人大代表出席西藏自治区第六届人民代表大会。

同年，全县农业总收入 68.3 万元，粮食总产量 120.4 万千克，牲畜存栏数 15.06 万头（只、匹），县级财政收入 17 万元，县支行吸收存款 470 万元，信贷投放 10 万元。

同年，国家对札达县基础设施建设投入资金 320 万元。其中，投资 120 万元，对达巴、底雅 2 个区公所进行改建，并于当年交付使用；投资 140 万元，修筑 1175 米的县城防洪堤坝；投资 46 万元，建成邮电通讯大楼；投资 14 万元，修通友尼至鲁巴简易公路 64 千米。

同年，县计财局拨出 1.3 万元，对达巴区境内扎西伦布寺和底雅区境内布尼寺进行维修，并修建防洪设施。

同年，国家下拨札达县基本建设投资 160 万元，其中投资 60 万元对札布让区公所进行改建，并于当年交付使用；投资 60 万元，改造县城职工住房；投资 40 万元，修建札布让希望小学，当年交付使用。

1993 年

4 月，札达县举办民兵军事训练班，参加训练的民兵 15 人，其中干部民兵3人。

5月7日，阿里地区民政局、民宗局为萨让区萨让村开发新草场（社教园地林）资助资金2.5万元。

6月29日，开通VSAT卫星通信地面站。

8月4日，经阿里地委研究，报自治区党委批准，扎西旺久为札达县人大常委会主任人选。

8月31日，以县委副书记蒲国满为组长的札达县党纪党规宣传教育领导小组成立，同时在全县党员中集中开展“党纪党规宣传教育”活动。

1994年

3月19日，札达县首家民族经济实业总公司成立。该公司具有独立法人资格，自主经营、独立核算。该公司主要从事交通运输业、饮食服务业、种养植业等多种经济活动和营业性文化娱乐活动，为县财政提供财源。4月1日，正式挂牌。

5月1日，县直机关青年团员举办爱国主义知识竞赛，主要内容有西藏历史、时事政治、中国近代史。

5月，西藏自治区文物管理委员会、四川大学、陕西考古研究所联合组成考古调查队，在札达县进行田野考古工作，发现东嘎色日宁沟岩画，同年7月发现札布让察岗岩画，并对东嘎·皮央石窟遗址进行复查、编号、抄录，整理石窟壁画中有关藏文题记，踏查了札布让附近的洞窟遗址，获取一批重要的新资料。

7月9日，托林乡南部草场区“南水北调，人畜饮水灌溉”工程破土动工。该工程由当地群众和四川工程队承建，主干渠全长13.6千米，总投资100万元。该水渠的修建，解决了人、畜饮水和无水草场的灌溉，使当地群众的生产生活基础条件得到进一步改善。

7月22—26日，阿里地区召开党建工作会议，札达县委书记洛桑群培、纪委书记旺久、组织部张文涛、宣传部刘京府，以及各区委书记、优秀党员和党务工作者代表共14人参加会议。

7月25日，香孜区热布加林乡党支部被中共阿里地委评为先进党组织，洛桑群培（县委书记）、旺久（县纪检委书记）分别荣获阿里地区优秀党务工作者和优秀纪检干部称号；拉姆、旺久、普布顿珠、次仁索南、旦增旺堆、索南旺扎等7人荣获阿里地区优秀共产党员称号。

8月12日，县中波站成立，并开始转播中央人民广播电台的一、二套节目和西藏人民广播电台的藏语节目。

8月22—23日，由札达县人武部长加木措带领的阿里军分区巡逻队两次进入乌热地区进行侦察巡逻，宣示了我国对乌热地区的主权。

8月28日，县农牧局购买的一辆东风牌货车从狮泉河镇返回札达县，行驶至距县城30千米处的札达沟时，遭特大洪水冲击，车体报废，直接经济损失达8.7万元。

10月29日，由香港化润采购有限公司捐建的札达县港心希望小学在古格遗址脚下的札布让村落成。学校的配套设施完备，成为札达县条件最好的一所小学。

10月，阿里地区防疫站对札达县一号病进行调查，札达县被列为鼠疫血凝阳性县。

11月初，中共阿里地委书记、人大阿里地工委主任孔繁森到札达县视察农牧业生产工作。

11月，札达县第七届人民代表大会召开。与会代表57人，列席代表18人。大会分别审议通过了札达县人大常委会、县人民政府、县人民法院、县人民检察院、县财政预算执行情况的报告。大会选举产生了札达县第七届人民代表大会常务委员会委员7人，主任1人（洛桑），副主任2人（扎西桑珠、班旦益西）；选举产生县长1人（其美），副县长4人（欧珠次仁、曲尼贡布、康志宏、夏克番）；人民法院院长1人（顿吉），人民检察院检察长1人（石确旺扎）。

12月18日，地区公安处、噶尔县、札达县公安局联合破获一起价值70万元的走私案和文物盗窃案。

12月底，札达县被水利部列为全国10个有水无电县，并由水利部黄河水利委员会对口支援，开展项目前期工作。

同年，札达县6个区、15个乡均建有卫星电视接收站，电视台转播3套电视节目，中波站转播3套广播节目。

1995 年

4 月 3 日晚，以贡某为首的 4 名犯罪嫌疑人潜入东嘎·皮央寺庙，盗走价值 650 万元的文物。案发后，县公安局组成追查组展开侦查，在日喀则地区拉孜县将 4 名犯罪嫌疑人抓获，并追回被盗文物。

4 月 10 日，县机关各部门对农牧区的扶贫联系点正式建立。

5 月，第一批河北援藏干部到达札达县。3 人分别担任札达县委书记（杨永山）、副书记（王秀成）、县人民政府常务副县长（于景欣），开展为期 3 年的援藏工作。

6 月 20 日，经西藏自治区人民政府批准命名，札达县粮库更名为自治区粮食储备库。

7 月 11 日，《西藏日报》刊登《札达县公安局严厉打击各种违法犯罪分子，确保社会局势稳定》，对县境内所有餐饮、娱乐等公共场所、邮电局、机房、仓库等重点要害单位、部门及外来人员住地共 30 多处 200 多人实施了突击性重点检查。对 12 名轻微违法违纪人员，当面进行了批评教育，完善了各重点要害单位的值班制度，有效杜绝了治安隐患，堵塞了管理漏洞，并派出工作组与区、乡、村干部分工负责，周密细致地做好边民思想稳定工作，稳定了边境局势。

7 月，在西藏自治区成立 30 周年之际，阿里地区札达县首次举办 30 周年成就展。

8 月，香孜水电站改造工程正式交付使用。该工程总投资 43 万元，引水渠 3.2 千米，安装两台 20 千瓦机组。

11 月，札达县中学新建工程全部结束，并招收了第一批初中生 40 名。学校占地面积 1.5 万平方米，建筑面积 943 平方米。

同年，札达县在年度阿里地区七县精神文明建设考评中荣获第一名，并获本年度综合治理先进县荣誉称号，分别获 6590 元、1070 元奖金。

同年，投资 80 万元对萨让公路进行维修续建。

同年，阿里地区农牧局投资 12.3 万元，在象泉河谷地、县城西侧划拨土地 30 亩，建设札达县蔬菜基地。

同年，札达县驻军各部队共为地方办好事 275 件，累计出动 1910 人（次），平均每人参加义务劳动达 11.2 天，出动运输车辆 66 台（次），整修乡村道路 16 条 210 千米，维修水渠 7 条 1445 米，平整土地 101 亩，义务植树 2058 株，抢修大雪封山道路 6 次，为群众抢种、抢收庄稼 242 亩，为群众看病 410 人（次），为地方解决供电照明达 53 户 200 多人，为教育基金会和受灾群众捐款 6560 元。

1996 年

1 月 12 日，札达县托林寺举行建寺 1000 周年纪念活动，阿里地委、行署主要负责人，阿里地区政协主要领导，阿里地区民宗委、地区统战部、各兄弟县政协统战部的主要负责人，应邀参加了庆典活动。

6 月，由西藏自治区文物局和四川大学考古专业组成的联合考古队对皮央遗址再次进行考古调查与发掘，对群众从杜康大殿中挖掘出的铜佛像和新发掘清理出的铜佛像进行调查记录。

7 月 13 日，在札达县香孜区热布加林沟施工现场，举行札达县“一河两沟”农业综合开发区热布加林沟开发项目开工典礼。工程总投资 150 万元，计划投入劳务 2000 多个，新修主干渠 6856 米，修建水坝（水头）、桥涵、渡槽等 29 处，开垦平整土地 200 多亩。

8—9 月，楚鲁松杰乡、底雅区、什布奇乡 22 名中共预备党员转为中共正式党员，并成立了乡党支部，结束了未改乡无党员、无党组织的历史。

9 月 22 日，阿里地委、地区行署决定表彰近年来在扶贫工作中成绩突出的先进集体和先进个人。札达县人民法院被评为先进集体，县法院院长才旺罗杰、县农行行长久美、香孜区区长索南多吉等人受到表彰。

9 月 25 日，常务副县长于景欣主持召开了札达县党政军联席会议，就贯彻《中共阿里地委、行署关于彻底粉碎达赖集团再次实施“和平挺进”活动图谋的通知》做出专门部署。

10 月 30 日，札达县转发《中共阿里地委宣传部、阿里地区教育委员会、农行阿里地区中心支行关于阿里地区开展“希望工程爱心储蓄”的意见》。

11 月 20 日，托林寺被国务院列为国家级重点文物保护单位。

11 月 30 日，札布让区卡孜村一村民伙同一商人，从卡孜寺江塘古洞盗走唐卡 30 幅，价值人民币 3100 万元。案发后，县公安局立即展开侦查，缴回被偷窃的 30 幅唐卡。

年底，东嘎·皮央遗址被列为西藏自治区文物保护单位。

同年，札达县开展寺庙整顿工作，全面摸清了全县 39 座寺庙（拉康）的僧尼人数及其管理现状。在托林寺清理整顿试点工作的基础上，较好地完成了 17 座寺庙的清理整顿工作和 12 名僧尼的爱国主义教育工作。同时，建立了 26 个寺管会、7 个寺管小组，共有 179 人，每个寺庙（拉康）均配备寺管会和寺管小组。

1997 年

1 月 16 日，县委常委、副县长格桑朗杰主持召开了县委常委扩大会议，听取并通过了副县长次仁巴关于两大节日期间各项活动的安排。

2 月 26 日，县委、县政府召开会议，研究决定成立县扶贫领导小组，组长由县长达尔布担任。

4 月 25 日，由阿里地区文物抢救办公室维修组负责人昂旺洛珠带队的阿里地区文物抢救办 4 人、拉萨古建公司 29 人、自治区测绘局 6 人，共计 39 人组成的第一批古格都城遗址和皮央遗址等国家级重点文物维修工作队，由拉萨出发，顺利到达札达县城，并在县城召开了第一次古格都城遗址等重点遗址抢救现场会。

6 月 10—27 日，县委宣传部在全县范围内开展一次图书捐献活动，共获捐图书 3930 册，其中县纪委书记次仁扎西捐 457 本，被评为“有益图书捐献活动”先进个人，石确旺扎检察长捐 188 本，被评为先进个人。

6 月 20 日，县委对“讲政治”演讲比赛中荣获一等奖的班旦益西、玉珍和精神文明建设知识竞赛中荣获一等奖的拉姆、普布顿珠、扎西措姆 5 人给予表彰。

6 月 30 日，县直机关干部职工和驻县城军警部队共产党员在县委大会议室举行“庆七一、迎回归”纪念大会。会议由常务副县长于景欣主持。

7 月初，西藏自治区政协副主席金珠·坚参平措工作组一行到札达县视察调研，地区政协主席次仁、秘书长扎巴陪同。

7 月 16 日，全县开展军地绿化、净化、美化文明大院竞赛活动。机务连大院和农行大院分别荣获部队和地方赛区第一名。

7 月 20 日，阿里军分区楚鲁松杰执勤分队 15 人在札达县人武部军事科长王继华带领下，展开了为期一个月的巡逻执勤，行程 350 千米。

9 月 27 日，县委宣传部、团县委、教育局、农行在全县开展“希望工程爱心储蓄”捐资活动。

10 月 3 日，在县委副书记、县委政法委第一书记王秀成主持下，县委就进一步做好当前稳定局势工作召开党政军警联席会议。会议要求采取措施，切实加强县城流动人员及外来经商人员的管理，进一步加强各边境区出入人员的管理。

10 月 18 日，札达县人大常委会批复《关于杨永山（县委书记）、王秀成（副书记）、于景欣（常务副县长）等 73 人为县八届人大代表的请示》。同日，政协札达县委员会批准西绕加措等 31 人为政协札达县第四届委员会委员。

10 月 28 日，县政府向农牧民群众发放河北秦皇岛援助札达县的 252 盏太阳能灯，价值 20 多万元。

11 月 5 日，政协札达县委员会公布常务委员会组成人员名单，并下发《政协札达县委员会关于政治协商、民主监督的暂行规定的通知》。同日，政协札达县委员会印发《政协札达县委员会提案工作条例》《政协札达县委员会常务委员会工作规则》。

11 月 8 日，县委聘请部分县人大代表和政协委员为县委督查信息联络员，其中人大代表 10 人，政协委员 10 人。同日，县人大常委会建立各区人大代表联络组 5 个（札布让组、达巴区组、底雅区组、曲松区组、香孜区组）。

11 月 17 日，县直属机关总支部委员会作出表彰本年度优秀党员的决定，对 5 个先进支部（党群支部、文教支部、卫生支部、财贸支部、政法支部）和益西、桑姆次仁、康志宏、石昆山等 23 名优秀党员进行表彰。

年底，札达县文化长廊建成并投入使用。该文化长廊总投资 54 万元，占地面积302.4平方米。

同年，县人民法院共受理各类案件14起，审结13起，结案率93.75%。

同年，县民政局给41户165名缺粮贫困群众发放了21390元的购粮专款。为各区缺粮户解决专款共计3000元。

同年，县计委从县财政局独立出来，札达县计划经济委员会正式成立。

同年，札达县入境印度商品总价值达48.8万元，出口活畜、国产商品等总价值97.4万元，边贸收入达16万元，组织劳务、运输等各项收入27.3万元，全县总收入305.8万元，扣除各项生产费用11.7万元，人均实际收入680元。

1998年

1997年12月2日、9日、12日，全县范围内连续降雪3次，平均厚度达25厘米，其中曲松降雪厚度达62厘米，达巴区曲龙乡55厘米，底雅区鲁巴乡50厘米。此后，同月28日、30日，1998年1月9日，全县境内又降中小雪3次。香孜、达巴、曲松、萨让、底雅，持续阴天18—25天之久，降雪次数达11次之多，全县因雪灾死亡牲畜99635头（只、匹），占1997年末牲畜存栏总数135511头（只、匹）的73.5%。死亡牲畜按市场价计算（绵羊300元/只、山羊200元/只，大牲畜按6只绵羊单位计算）高达2712.1万元。灾情发生后，县领导带领工作组分赴各灾区第一线，发放抗灾资金76890元，粮食21390斤，解决了灾区人民的生产生活困难。

2月28日，成立以县长达尔布为组长的“抗灾救灾、恢复生产、重建家园”领导小组，争取各级救灾资金113.9万元，价值213万元的药品27件、汽油15吨，接受社会团体捐款3.2万元，衣物1.9万件（套），茶叶1000条。自治区红十字会给灾区群众捐赠的6625千克面粉、6875千克糌粑、1350千克青稞、1600千克饲料、1000千克大米、5箱罐头、1573件（双）衣物鞋类；欧共体国际人道主义办公室为札达县灾区援助资金购买11万千克青稞、3000多头（只、匹）牲畜，积极开展救灾工作。

5月，河北省第一批对口支援札达县工作结束。3年援建项目共13个，其中河北省专款援建项目7个（萨让沟防洪坝、达巴乡小学改造、县完小教研室、札达县行政事业单位集体职工宿舍建设、县完小教职工宿舍、县中学餐厅建设），共投入资金232万元。集资援建项目6个（县藏药加工厂、县政府招待所、县文化馆、县蔬菜基地建设、县政府大院水泥硬化），共投入资金126万元。札达县先后选派4批8人（次）前往河北省对口支援单位考察学习，选派了南木色、次仁巴、扎西措姆3名干部分别到抚宁县、武安市等地挂职锻炼。

5月底，河北省第二批援藏干部到札达县，冯满担任县委副书记，王辉云担任常务副县长，郭玉普担任副县长，任期3年。

7月9日，县科技副县长康志宏被评为西藏自治区先进工作者。

7月20日，札达县热布加林农业综合开发水利项目建设正式开工。工程项目建设包括修建大坝3座，长151米，进水闸、排沙闸6座，钢管渡槽12座（其中渡洪槽2座），公路桥5座，水渠总长12200米，总投资139万元。

8月6日，中国人民银行西藏自治区分行、中国农业银行西藏自治区分行，联合为札达县受灾群众下拨250万元的扶贫贷款，用于“恢复生产、重建家园”工作。

8月23日，以西藏自治区常务副主席杨传堂为组长的区党委、政府工作组赴札达县，对札达县受灾群众“恢复生产、重建家园”工作进行全面的检查和指导。

11月30日，由自治区民政厅分配的34710千克救济粮分发给札达县各区受灾群众。同日，自治区计划委员会为札达县下拨农网改造前期经费10万元。

同年，札达县波林乡卡孜村粮食获得大丰收。据统计，粮食总产量达2.8万千克，平均亩产量150千克以上，人均占有量达500千克，创札达县有史以来粮食亩产量和人均粮食占有量的最高纪录。

同年，札达县荣获自治区“珠峰杯”农田水利建设一等奖；全县生产总值达1687.2万元，比上年增长15.76%。农牧民人均收入达1075.20元，比上年增长2.2%。

1999 年

1 月 19 日，西藏自治区人民政府、西藏军区分别授予札达县人民医院主治医师拉姆先进个人荣誉称号、双拥先进个人荣誉称号。

3 月 31 日，西藏自治区财政厅下发《关于下达“农业综合开发专项资金”预算指标的通知》，决定从 1999 年地方财政配套农发资金中，下达本年度第一批农业综合开发资金 420 万元，其中，阿里地区札达县开发区 60 万元。

5 月 12 日，由拉萨海关、民航西藏自治区管理局、西藏自治区商检局、金珠集团联合组成扶贫工作组在白玛次仁的带领下赴札达县。14 日，县委、县政府召集领导班子成员及有关部门领导与工作组全体成员就此次扶贫工作的目标、任务和工作方式进行了讨论，并将札达县的基本情况向工作组作了介绍，县长达尔布主持会议。随后，工作组赴达巴、札布让、香孜、萨让、曲松、底雅 6 个区进行了调查摸底。同年，全县共脱贫 43 户 216 人。

6 月 8 日，西藏自治区农牧开发建设办公室下发《关于札达县热布加林沟农业综合开发区本年度建设项目及投资概算的批复》。批复内容：改造农田和草原建设两个项目总投资 44 万元。

6 月 10 日，国家文物局副局长张柏带领工作组一行 58 人抵达札达县，在地区行署专员多吉泽仁和县委、县政府领导陪同下，分别于 11 日、12 日、13 日对东嘎·皮央遗址、古格王国遗址、托林寺文物抢救维修工程进行了验收。

6 月 22 日，自治区妇联副主席次仁吉到札达县视察，对札布让乡、波林村等地妇女儿童基本情况进行了深入调查，听取了札达县妇联工作情况汇报，并提出许多合理化建议，特别是根据县妇联机构、编制人员和妇女儿童工作委员会及制定妇女发展规划的实施办法和妇女规划的达标等问题与县委、县政府交换意见。

6 月，总投资 103 万元的香孜区夏竹龙草库伦工程交付使用。此项目的建设解决了香孜区 8 个村冬春季牧草紧缺的问题，成为具有一定规模的抗灾保畜牧草基地。

7月27日至8月4日，札达县连降暴雨，全县境内遭受严重洪灾。7月28日，暴雨中有两辆东风牌货车在札达沟被冲走报废。

7月30日，托林水库决口达20米，堤坝两处被溢出的库水冲出两条深沟，泥石流堵塞了下水口和管道，导致县城饮用水被迫中断。

8月3日，县政府一辆丰田业务用车被泥石流淹没报废。托林寺和古格王国遗址多处漏雨，部分墙壁出现裂痕，托林寺壁画受损严重。全县农田受灾面积达2643亩（其中农作物绝收127亩，庄稼倒伏1878亩，洪水淹没638亩），冲垮蓄水池11座、防洪坝16座，总长度1200米，房屋倒塌38间，危房231间，冲断通往各乡镇的公路90.1千米，冲毁大小桥梁15座、水渠42200米。泥石流淹没草场4565亩，林木127亩；冲垮羊圈、牛棚488座。灾民236户，1414人陷入困境，直接经济损失133.5万元。灾情发生后，县委、县政府组织抗灾工作组深入灾区进行调研293人（次），向灾区群众发放救灾口粮和优惠粮19.296万斤，筹集抗灾资金23.02万元，发放农药250千克、化肥5吨，组织带领群众维修公路74千米，维修水渠131条155161米，新修水渠6条4500米，排涝灌溉农田1050亩。

7—8月，经国家文物局批准，四川大学中国藏学研究所、四川大学历史文化学院考古系与西藏自治区文物管理局组成的联合考古队在札达县进行考古发掘，对东嘎佛寺4座殿堂遗址进行发掘清理。清理出大量遗物，包括泥塑佛像残件、骨雕残件、铜佛像和铜器残片、小泥像铜模具、木器铁甲片、经卷残片等。此次调查发掘对东嘎遗址中现存地面佛寺建筑各殿堂遗址的情况有了较全面的了解，对遗址性质、遗址中各类佛教遗迹的年代及相互联系等问题，做了进一步判断。同时，考古队在札达县托林镇托林居委会发现格布赛鲁墓地，并采集到石器、陶器、铜器等标本。

7月28日至8月底，札达县各乡（镇）进行撤区并乡和人大换届选举工作。全县由原来的6个区（札布让、香孜、曲松、底雅、达巴、萨让）15个乡58个行政村，调整为“五乡一镇”（即香孜乡、曲松乡、底雅乡、达巴乡、萨让乡及托林镇），14个村委会，1个居委会（托林居委会），58个作业组（村民小组）。经过法定程序选举出乡级人大代表218名（其中男168名，女50名），同时，选举出乡（镇）长6名，副乡（镇）长12名，乡（镇）人大主席6名（兼职）。索南多吉、帕巴坚参、次仁多吉、欧珠多吉、索南、李平6人分别担任“五乡一镇”党委书记兼人大主席。索南、米玛、塔巴多吉、米玛次仁、次仁扎西、多吉等6人分别担任“五乡一镇”的乡（镇）长。并对作业组的组长、副组长也进行了选举和调整充实。

8月28日，开展“庆国庆，迎回归”活动，并举办歌咏、篮球、拔河等比赛。

10月15—21日，札达县连降大雪七昼夜，全县境内遭受了不同程度的雪灾，平均雪厚66.6厘米，牲畜死亡583头（只、匹），人员冻伤9人，房屋倒塌54间，棚圈倒塌99间，公路中断322千米。

11月2日，阿里地区电力工业局一名工作人员赴什布奇开展扶贫工作，并对什布奇水电站进行实地调查。

同年，获自治区有关部门的批准，札达县投资435万元，在“一河两沟”农业综合开发项目中，新修水渠3条，长2500米，新修永久性水头3处，完成钢管渡槽29处、混凝土渡槽21处，安装单双向分水闸53处、进水闸与冲沙启闭机5套，开垦荒地500亩，改造中低产田1500亩，草场围栏70亩，增加旱涝保收耕地2000亩。

同年，接待国外游客共1301人/次，旅游收入达11.7万元；投资170万元的河北援助项目河北宾馆竣工，并于次年交付使用。

同年，在河北省的大力援助下，总投资123万元，建立香孜区夏益村、苏康和底雅区努巴、萨让区日巴村光伏电站，解决了部分农牧民的生活用电问题。

同年，全县生产总值达到2097.8万元，比上年增长24.34%；农牧民人均纯收入达到1094.53元，比上年增长1.8%；县级财政收入达到60.3万元，比上年增长28.3%。

同年，札达县被自治区授予双拥工作模范县荣誉称号。

1999—2000年度，札达县被阿里地区评为目标管理先进县。

2000年

1月12日，阿里地区文工团前往札达县和各边防连进行“春天在这里悄悄降临”为主题的慰问演出。

1 月 17 日，札达县寺教办开始对寺庙进行复查与重点整治工作，对 39 座寺庙（拉康）进行爱国主义教育并清理整顿建立健全寺管会组织，为通过教育的僧尼发放证书。

4 月 3 日，札达县委办公室、县人民政府办公室转发《中共阿里地委、阿里地区行署关于参与西部大开发的实施意见》的通知，积极参与全国西部大开发。

4 月 4 日，中国人民解放军札达县人武部任命拉巴等 6 名副乡（镇）长为各乡镇基层武装部部长，负责基层民兵的日常工作。

4 月 17 日，拉萨海关、民航管理局、商检局、金珠集团 4 家单位联合对口扶贫札达县。

5 月 4 日，县中学首届田径运动会在县完全小学院内举行。

5 月 12 日，阿里地委下发《地委宣传部关于确立科加村等 10 个外宣参观采访点请示的批复》。札达县托林寺、古格王国遗址，皮央洞窟等 3 个文物点名列其中。

5 月 18 日，县领导班子和县级党员干部讲学习、讲政治、讲正气“三讲”教育开始。6 月 19 日，西藏自治区“三讲”教育巡视组人员赴札达县对县“三讲”教育工作开展情况进行全面检查和指导。“三讲”教育活动于 6 月 26 日结束，12 月 2 日，县下发“三讲”教育“回头看”活动实施方案。

5 月 25 日，西藏自治区农牧开发建设办公室印发《关于札达县农业综合开发区 2000 年土地治理项目投资概算的批复》。

7 月 12 日，总投资 3300 多万元的札达县托林水电站在县城以东 3 千米处的象泉河畔正式开工。

2001 年

3 月 22 日，县政府办公室组织环保局、工商局、卫生局、交通局、住建局工作人员，对各商店店外乱摆乱放、占道经营等影响街容街貌行为进行整治，对违规占道经营的商户进行教育并限期整改。共通知教育店外乱摆乱放、占道经营个体工商户 20 余家，限期 2 天清理干净。

4月初，县法院院长带头到札达县人口较多的香孜乡和达巴乡进行就地办案、以案讲法，宣传《行政法》《民法通则》《婚姻法》等有关法律、法规，宣传面达400余人（次）。

4月16日，札达托林水电站四方会议在札达县委会议室召开，会议由托林电站监理部主持，施工项目部汇报当年的工作计划和安排，监理部、设代站和业主对当年工作提出各项要求。

6月，河北省第三批援藏干部到达札达县。

6月7日，札达县政府召开全体会议，决定成立札达县劳务输出管理中心和产品统一收购领导小组，加强对劳务输出的科学管理，更好地扩大劳务输出量。

7月17日，县长索巴多吉主持召开政府会议，介绍新到任的援藏干部，县委书记曹金华代表援藏干部发言，并听取全县下半年工作安排意见。

8月，自治区人民政府主席向巴平措一行赴古格王国遗址景区调研旅游资源开发及保护情况。

9月15日，为全面提高农牧业生产中的科技含量，聘请自治区农科院的畜牧（草原）、兽医、农业植保专家到札达开展农业技术培训工作。

10月，为加强对“四五”普法工作的领导，成立以县委、县政府、人大主要领导任正、副组长的札达县“四五”普法领导小组，并设立办公室负责日常工作。“四五”普法期间，先后两次对领导小组组成人员进行调整充实。

同年，札达县人民法院在阿里地区7县法院院长目标管理责任制评比中荣获第一。

2002年

5月8日，中共札达县委召开“千名干部进牧区，理思路、促发展”活动动员大会。

7月18日，札达县托林水电站首台机组（2#）发电并供县城用电。

8月13日，为拓宽农牧民创收渠道，增加农牧民劳务收入，加强对农牧民劳务活动的管理，保障劳动者权益，县农牧局研究拟建群体性服务组织札达县劳务者协会。协会设县协会和乡（镇）分会。

10 月 29 日至 11 月 1 日，政协札达县五届一次会议召开，听取并审议政协副主席扎西桑珠代表政协札达县第四届常务委员会所作的《政协常务委员会工作报告》《政协四届一次会议以来的提案工作报告》；听取县人民政府工作报告、县人民法院和人民检察院的工作报告以及国民经济和社会发展计划及财政预算报告。会议选举产生政协札达县第五届委员会主席 1 人(洛桑)、副主席 4 人（土旦、扎西桑珠、曲色、顿吉)、常务委员 10 人(洛桑、土旦、扎西桑珠、确色、顿吉、加央次仁、唐永平、普琼、索南多吉、强巴群培)，委员 32 人。

10 月 30 日至 11 月 1 日，札达县第九届人民代表大会第一次会议召开。会议听取并审议通过《札达县人大常委会工作报告》《县人民政府工作报告的决议》《关于札达县 2002 年国民经济和社会发展计划执行情况与 2003 年国民经济和社会发展计划的决议》《关于札达县 2002 年财政预算执行情况和 2003 年财政预算编制的决议》《县人民法院工作报告决议》《县人民检察院工作报告决议》；听取大会议案审查委员会《关于札达县第九届人民代表大会第一次会议议案审查情况的报告》。

11 月，河北省援建的札达县公检法办公大楼竣工。该工程于 2000 年 5 月开工建设，总面积 1365 平方米，投入援藏资金 280 万元。

同年，县委组织部、县委宣传部和县普法办在地区各县中率先组织公务员依法参加行政法律知识考试，县直机关 110 名公务员参加考试，合格率 100%。

同年，制定《札达县事业单位试行聘用（任）制暂行办法》，明确规定县内事业单位推行全员聘用制，在“合理定编、科学设岗、明确定责”的基础上，坚持公开、平等、竞争、择优的原则，经过考试、考核，实行竞聘上岗，签订合同，建立新的人事关系。

同年，参加农牧区合作医疗的人数达 5517 人，占全县农牧区总人口的 99.6%。户数 1213 户，占全县总户数的 99.72%。

2003年

1月9日，札达县召开四大班子会议，听取托林水电站围堰事故发生经过，分析事故原因，形成报告上报上级主管部门。

2月24日，札达县召开相关部门协调会议，安排物资，成立打通札狮公路突击队，前往札狮公路进行挖雪，历时五天五夜打通了县城通往狮泉河的道路。

2月26日，全县开展“送温暖、献爱心”活动，县直单位干部职工为灾区群众捐款捐物，共计1.2万元。

3月6日，全县党政联席会议召开，安排部署救援组前往札狮公路救援被大雪封困的7名工商个体人员。在救援组的努力下，7名被困人员全部获救。

3月26日，自治区农牧厅、民政厅、财政厅、交通厅联合工作组在札达县检查受灾情况，县委副书记、县长索巴多吉向工作组汇报全县受灾情况。

4月5—15日，县农牧工作人员参加阿里地区农牧科研与技术推广中心举办的农牧业科技培训，培训内容为畜牧、兽医、草原、农科、动检等实用技术。

4月25日，县卫生局、防疫站组织医护人员在县城公共场所进行消毒，标志着札达县防“非典”工作全面展开。

4月30日，县委书记曹金华召集四大班子领导、县委办、政府办、卫生、防疫、公检法、宣传、文化、教育、边防大队、武警中队召开防“非典”汇报会。在听取完汇报会后，作三点重要指示：一是要认清形势，高度重视；二是要强化措施，认真落实；三是要加强领导，明确责任。

5月6日，县委、县政府召开党政联席会，研究县委常委分工、县长分工，各乡（镇）配备政法队伍，县级干部包乡（镇）事宜，并提出全年工作思路：以党的十六大精神为指针，全面贯彻“三个代表”重要思想，唱响札达精神（团结、稳定、正气、创新），突出发展主体，实施两大战略（打造优势，旅游兴县；培育特色，农牧富民），把握三项重点（转变作风深化年，重点项目建设年，教育质量管理年），实现四大目标（经济增长，农牧增收，社会稳定，边防巩固），力促经济社会同步发展。会议由县委书记曹金华主持，县委副书记、县长索巴多吉，县委副书记王殿忠、蒲新，县委常委、常务副县长戴贵明，人大常委会副主任石确旺扎，副县长程建华、次仁巴、罗布、拉巴旺堆，政协主席洛桑、副主席扎西桑珠、曲色等参加会议。

5 月 12 日，县政府办和环保局在县城古格路、托林寺路口查处工程运输车辆违规行为，对违规机动车驾驶员进行批评教育，同时对违规的机动三轮车进行登记。

5 月 13 日，县委副书记蒲新召集县委办、政府办、公检法、文化、组织、工青妇召开协调会，安排“文化、卫生、科技、政策、法律”五下乡活动。同日，副县长程建华召开有县直单位、中直单位、人武部、边防大队、武警中队负责人参加的方志编纂调度会，通报目前县志编纂情况及存在的问题，要求各部门负责人要负起责任，按时保质完成任务。

5 月 16 日，县委书记曹金华主持召开用电管理调度会，县直、中直各单位、县电管站工作人员参加会议。曹金华首先听取有关部门关于用电管理规定的落实情况汇报及存在的问题和解决方案，要求在保证工程质量的基础上，加快进度，遵循“用电服从安全，发电服从质量”的原则，确保托林电站顺利完工、送电，确保全县干部、职工、群众安全用电。

6 月 2 日，县委书记曹金华主持召开下半年工作安排会议，四大班子领导及县直各单位负责人参加了会议。会议提出下半年工作要抓好以下几个方面：一是把学习贯彻十六大精神作为头等大事抓好；二是以稳农、强牧、深加工、扩销为思路，加强产业结构调整；三是组织好劳务输出，切实增加群众收入；四是制定旅游规划，认真组织实施，大力培植旅游产业；五是加强党的建设，转变干部作风；六是加强军政、军民团结，确保社会稳定和边防巩固。

8 月 18 日，札达县召开扶贫交流会议，札达对口扶贫单位地区经贸委主任根据扶贫调研所掌握的农牧民生产生活情况与县领导交流扶贫工作措施。

8 月 25 日，县委召开党务工作分析会，听取县委组织部、宣传部工作汇报。

10月17日，县人大代表、列席代表，县政协委员，分成四个组对《政府工作报告》《关于札达县2003年国民经济和社会发展计划执行情况与2004年国民经济和社会发展计划草案的报告》《关于札达县2003年财政预算执行情况及2004年财政预算草案的报告》进行讨论，并提出了农牧生产、经济发展等方面的建议和意见。

10月19日，县公安局召开文物退赃大会，退还的文物为自1997年以来侦破的文物盗窃案中追回的文物，共80件。按照归属权，在现场拍照、登记、签字后，都归还原主。

10月，札达县第一期人畜饮水工程竣工交付使用。2002年6月开始建设，共完成了49处，其中太阳能采暖井46眼（其中托林镇完成16眼，香孜乡完成11眼，达巴乡完成4眼，曲松乡完成10眼，萨让乡完成2眼，底雅乡完成3眼），自来水管道工程3处（其中托林镇2处，达巴乡1处）。解决了全县3990人和58800头（只、匹）牲畜的饮水问题。其中，香孜乡740人，3960头（只、匹）；托林镇1091人，6196头（只、匹）；达巴乡658人，1300头（只、匹）；曲松乡456人，8906头（只、匹）；萨让乡54人，570头（只、匹）；底雅乡204人，4891头（只、匹）。

11月17日，县委书记曹金华召集有关部门负责人，就《社会治安综合治理目标责任书》执行情况的年终自查工作进行安排，要求有关部门认真自查，查缺补漏，确保高标准地完成工作。同时要在认真总结经验的基础上，安排部署好下一步工作。

12月14日凌晨4时左右，有小偷翻墙撬门进入古格王国遗址的白殿内行窃，殿内的一座小型泥胎彩塑佛像被盗。案发后，县委、县政府有关领导高度重视，紧急召开会议，成立专案小组，根据案情和掌握的情况，部署追查工作。

12月16日，经党政联席会议研究，决定成立由县委、县政府主要领导和有关职能部门负责人组成的札达县预防、侦破文物盗窃专案领导小组。

同年，萨让乡在札达县农牧局技术员的指导下，调整优化农作物种植结构。耕地面积有813亩，基本农田面积580.6亩，实际播种面积450.6亩。其中青稞239.05亩、小麦65亩、蔬菜25.01亩、土豆80.83亩、萝卜

40.31 亩。全年粮食总产量为 10 万斤，其中：青稞年产 6 万斤、小麦 2.26 万斤、土豆 6300 斤、蔬菜 5600 斤、萝卜 5500 斤。

同年冬天，由于县域普降中到大雪，局部出现 30 年未见的降雪天气，造成牲畜大批冻死、饿死，母畜流产严重，新生仔畜因缺奶、低温、羔羊痢等死亡较多。

2004 年

4 月 27 日，根据阿里地区国土资源局统一安排部署，在全县开展基本农田保护调整划定工作，划定保护耕地面积 10905.2 亩，基本农田面积 8020.2 亩，并与各乡（镇）签订了基本农田保护目标责任书。

8 月，首届“象雄文化艺术节”在札达县举行。

8 月 16 日，自治区水利厅和地区水利局工作组一行 9 人在札达县检查县城段防洪坝建设。17 日，工作组奔赴防洪抗灾第一线——楚鲁松杰，对灾区所形成的库区地质、水文等资料进行收集，帮助解决灾区困难，帮助灾民早日度过灾期，为日后恢复生产、重建家园做好准备。

同年，全县 274 名县处级以下公务员（工作人员）分两次参加阿里地区依法行政法律知识考试，占应参考人数的 96.5%，考试合格率达 100%。

同年，札达开通第一条农村客运班线（札达至狮泉河）。

同年，投资 36 万元，新建曲松乡卫生院 180 平方米；投资 32 万元，扩建达巴乡卫生院 106 平方米；投资 35 万元，新建香孜乡卫生院 212 平方米；投资 37 万元，新建底雅乡卫生院 176 平方米；投资 20 万元，扩建萨让乡卫生院 118 平方米。至此，全县 5 个乡都建有卫生院。

2005 年

2—5 月，札达县组织水利技术人员对各乡镇的灌溉渠、取水口、水库、水塘等进行检查，并组织群众对毁坏的水利工程进行整治、维修、清淤、加固。地区水利局和县水利局共同出资，按照政府投资、群众投劳的原则，共维修水渠 58 条 15 千米，进水口 3 处；维修冲沙闸 2 座，溢流坝 2 座，总长

27 米，护岸坝 4 处，总长 52 米，保证了农田的正常灌溉，缓解了旱情。

3 月 1 日，札达县召开保持共产党员先进性教育活动工作会议和第一批保持共产党员先进性教育活动动员大会。县委副书记郝德华主持。县委书记郭文良对开展好札达县保持共产党员先进性教育活动进行了总动员和部署，分析了当前全县各级党组织和党员干部中存在的问题。地委督导组组长旦曲对督导组的职责、任务和开展工作的方法进行了介绍。县委副书记浦新、县委组织部部长段群法分别宣读了《全县开展以实践“三个代表”重要思想为主要内容的保持共产党员先进性教育活动的实施方案》《开展第一批保持共产党员先进性教育活动的实施计划》。

4 月，在札达县集中开展了一次关于人民陪审员的选任、培训、考核等为主题的活动。此次活动发放资料 100 多份，以最高人民法院、司法部下发的《关于人民陪审员的选任、培训、考核工作的实施意见》为主，接待报名人员 4 人。

5 月 2 日，瑞士的贝奇先生首次率领壁画维修专家团队抵达札达县，对托林寺白殿屋面和壁画进行试验性局部清理保护工作。

7 月，县安全生产监督管理局派人参加国家安监总局在拉萨举办的安全生产监察员执法培训。经考核，成绩优良者获得《安全生产监察员证》。

8 月，国土资源部批准建立札达土林国家地质公园。

同年，完成了《札达县生态公益林补偿基金项目实施方案》和在托林镇、底雅乡、曲松乡、萨让乡 4 个乡镇的公益林管护区设立永久性标示牌立牌工作，与 72 名管护人员签订了合同并发放证书，以规范管理程序，落实管理责任制。

同年，托林居委会札布让组成为全国小康示范村。

同年，河北省援建的香孜乡集贸市场竣工，该市场面积 500 平方米，投入资金 100 万元。

同年，在县人民法院大法庭分别公开审理洛某、次某和西某文物盗窃案，在县内外引起强烈反响。

同年，投入资金 20 万元，用于购置学校的电教设备和改善学生生活条件。

同年，札达县正式采用国家森林生态效益补偿基金制度。根据实际情况，初步确定管护人员：全县管护面积 133430 亩，管护费 39. 93114 万元，每亩 2. 99 元/亩，管护人员 142 人。划分草场和承包给各户 1864112 亩，留有防抗灾等的草场 973409 亩。其中：托林镇东嘎村完成规划草场 454713 亩，承包给户 271768 亩，留有防抗灾草场 182945 亩；达巴乡达巴村（包括夏季草场）划分草场 2282808 亩，承包给联户 1592344 亩，留有防抗灾草场 690464 亩。

2006 年

3 月，县政法委、县人民法院、公安局、检察院等单位利用综治宣传日在县内进行一次综合性法制宣传。宣传活动主要以现场宣讲、播放录音资料、印发相关宣传材料等形式展开，发放藏汉文宣传材料 300 多份，宣传面达 500 多人（次）。

4 月，札达县公开招录首批景区讲解员。

8 月 11—12 日，县农牧局工作人员参加了阿里地区农牧局紧急举办全地区蝗虫防治技术短期培训班。

9 月 1 日，在《法律援助条例》颁布日，悬挂横幅、开办宣传栏，给过往群众发放宣传资料 300 余份，为 11 人提供法律咨询，同时利用“四下乡”时机给 4 个乡 300 余名群众开办了《法律援助条例》讲座，发放宣传资料 200 多份。

10 月 13—20 日，札达县科技部门工作人员深入底雅乡的林果基地、托林镇蔬菜与沙棘种植园、香孜乡粮食种植户进行调研，与县、乡、镇领导就今后科技示范工作交换意见。

11 月 15—18 日，县安全生产监督管理局在全县开展冬季安全生产大检查。重点检查邮政、电信、菜市场、舞厅、宾馆、饭店等人员密集场所以及超市、居委会、退休基地、加油站、液化气站等场所。对检查中发现的安全隐患，要求有关部门限期整改，逾期未整改的，责令其停产、停业。

同年，完成了第三批在职职工购房资金补贴兑现和退伍军人住房补贴申报工作，为在职干部职工申领并兑现住房补贴 129 万元。

同年，开工建设 464 户农牧民安居工程。其中萨让乡 62 户，底雅乡 62

户，曲松乡54户，香孜乡105户，达巴乡98户，托林镇83户，建设面积共26743平方米。全年参加安居工程建设的农牧民群众达21126人（次），创收109.97万元。

同年，札达县有学校及教学点9所，其中中学1所，小学6所，教学点2个。在校生1027名，其中中学254人，小学773人，学龄儿童入学率98.53%。

2007年

2—4月，县水利局对上年水毁工程进行调查，并对急需修建的工程统计后上报地区水利局。地区水利局批复20万元水毁资金，其中9.2万元用于修建香孜乡色嘎组取水口，修建护岸坝总长105米，修建土坝总长95米，维修水渠52米，浆砌石挡水墙一处；修建香孜乡其里普组防洪坝50米；修建达巴乡防洪坝90米；修建底雅乡拉嘎防洪坝60米；修建托林镇皮央组防洪坝70米；修建香孜乡夏郎组防洪坝80米；修建香孜乡热布加林组防洪坝20米；修建托林镇多乡组防洪坝40米；县城修建一座15平方米的防汛仓库，共发放铁丝140捆、编织袋900条。

3月15日，县工商局开展以“消费和谐”为主题的国际消费者权益日活动。设立咨询点1个，发放各类法律法规宣传材料200余份，张贴宣传标语20张，悬挂宣传横幅1条。

5月22日，根据《西藏自治区人民政府关于同意公布拉萨关帝庙等64处为第四批自治区级文物保护单位的批复》以及《西藏自治区文物局关于公布第四批自治区级文物保护单位名单的通知》等文件，将札达县托林镇东嘎村东嘎扎西曲林寺确定为公元11世纪的古文化遗址，并依照《中华人民共和国文物保护法》和《国务院关于加强文化遗产保护的通知》等法律法规和文件规定和要求加以保护。

7月20日至9月5日，对底雅乡、萨让乡、曲松乡的楚鲁松杰村和达巴乡曲龙村共33名村组医务人员进行为期45天的培训。培训内容包括计生技术基础理论与基本知识、计生手术操作技能、避孕节育、优生优育、生殖保健咨询指导等。

7月28日至8月7日，由地区动物检疫技术人员会同县兽医人员组成的联合工作组赴托林镇卡孜波林村、东嘎村和萨让乡萨让村、日巴村以及香孜乡热布加林村实地调查疫情，发现发病牲畜（成年山羊及羊羔）835只，死亡山羊及羊羔703只（其中萨让乡发病山羊及羊羔360只，死亡山羊及羊羔316只；托林镇发病山羊及羊羔445只，死亡成年山羊及山羊羊羔366只；香孜乡发病山羊及羊羔30只，死亡山羊及羊羔21只），不含牛及马属动物。

9月21—22日，在札达县举行土林国家地质公园揭牌开园仪式及地质遗迹保护（第一期）工程现场验收会。

10月，政协札达县六届一次会议召开，审议通过《政协札达县第五届委员会常务委员会工作报告》《政协五届一次会议以来的提案工作报告》；选举产生政协札达县第六届委员会主席1人、副主席4人。

10月26—28日，札达县第十届人民代表大会第一次会议召开，听取并审议通过《县人大常委会工作报告》《县人民政府工作报告》《札达县2007年国民经济和社会发展计划执行情况与2008年国民经济和社会发展计划报告》《札达县2007年财政预算执行情况和2008年财政预算的报告》《县人民法院工作报告》。

同年，县人民法院干警利用下乡办案之机，在达巴乡曲龙村等地开展“以案讲法”“严打”整治斗争的法律法规宣传教育活动，巡回宣传《民事调解书》《农牧民学法维权法律知识与案例评析》等有关法律法规，发放宣传资料120多份。

同年，县人民法院召开刑释解教安置帮教工作专题会议，政法委书记明琼多吉主持会议。

同年，开工建设172户农牧民安居工程。其中，萨让乡69户，曲松乡23户，香孜乡60户，托林镇20户。同时香孜乡投入援藏资金建设安居房38户，建筑面积21762.3平方米；参加安居工程建设的农牧民共5175人（次），创收25.88万元。

同年，县财政性资金投资基本建设4个项目，投资总额为166.6万元，其中安全饮水工程51.6万元、中学规范化建设60万元、检察院购置设备9万元、司法局办公楼建设46万元。

同年，全县正式开通12315投诉举报电话，设立举报箱2个，在两乡一镇一村配备联络员4名。

2008年

1月6日，县委召开小反刍兽疫疫情联合审验会议。中央、自治区、地区联合工作组听取札达县小反刍兽疫防控工作开展情况汇报，并进行审验。

2月26日，中共札达县委召开常委（扩大）会议。会议传达学习地区工作会议、综治工作会议、环境保护工作会议、国企改革工作会议4个重要会议精神；研究《札达县万村千乡市场工程实施方案》，研究制定了小反刍兽疫疫情恢复生产资金补偿办法及标准；研究确定上报的札达县生活困难的宗教教职人员名单20人。

5月24—27日，札达县疾控中心对达巴乡曲龙村进行鼠疫疫情主动监测，共采集64份狗血清。根据地区疾病预防控制中心的检验结果，其中19份狗血清为阳性，阳性率达29.69%。

6月，县水利局派技术人员前往拉萨编制《札达县农田草场工程建设规划报告》，并顺利通过了自治区水利厅的审查。

7月7日，在阿里地委副书记、纪委书记次顿的陪同下，由自治区纪委常委、监察厅副厅长杨宏勇带队的工作组从阿里地区出发后直接到札达县底雅乡检查指导工作。

9月15日，根据《阿里地区2008年秋季重点鼠疫疫源地保护性灭獭工作实施方案》，县疾控中心把秋季保护性灭獭作为重要工作进行安排，严格按照灭獭方案，进行了为期6天的灭獭工作。

9月20日，地区政协主席加措带领寺教验收组对札达县寺教工作进行验收。工作组对托林寺法制教育活动各项工作开展情况进行了详细调研。

10月16日，县完小发现3例甲肝患者，县疾控中心立即向上级卫生部门进行了详细的汇报，申领到450份的甲肝疫苗。

同年，交通部批复巴札公路项目，总投资505655669元。巴札公路起于噶尔县巴尔兵站，止于札达县古格王国遗址，路线全长134.06千米，公路等级为四级沥青公路；阿里地区交通局批复札达县X705至东嘎村公路新建工程，总投资 3356.45 万元；批复札达县苏康至江塘公路新建工程，总投资 63.30 万元。

同年，在上级部门的支持下，县劳动部门组织 67 名群众到地区培训。其中保安餐饮服务 20 人，培训 2 个月，结业 12 人，安排工作 12 人；重点公益林管护人员 22 人，培训 7 天；乡村兽医 10 人，培训 7 天；蔬菜种植 2 人，培训 10 天；农机具维修 10 人，培训 7 天；驾驶员 3 人，培训 1 个月。

同年，遭受蝗虫灾害的草场总面积约 9000 亩，虫口密度为 30—40 只/平方米，最高虫口密度为 70 只/平方米，严重危害面积 200 亩，涉及 3 个乡镇 4 个村组。其中香孜乡约 4200 亩（热布加林村 3000 亩，香孜村 1200 亩），底雅乡鲁巴 2500 亩，托林镇那嘎 2300 亩。针对蝗灾，县领导高度重视，及时组织出动灭蝗技术人员 250 人（次）、车辆 50 台（次），调运药品 240 箱，有效制止了蝗灾的蔓延。

2009 年

1 月 19 日，西藏自治区九届人大二次会议决定，将每年 3 月 28 日设为西藏百万农奴解放纪念日。全县各乡镇及县文化局共开展 3·28 百万农奴解放纪念日活动 7 场（次），观众达 1200 多人（次）。

5 月 18 日，中共札达县委召开常委（扩大）会议，研究讨论札达县“十二五”规划项目。会议决定，“十一五”规划实施的后两年，要针对札达县经济社会发展的薄弱环节，采取措施抓好各项工作，确保“十一五”规划各项目标任务全面实现。

5 月 22 日，对全县小学在校生开展甲肝疫苗接种工作。

5 月 27—30 日，在全县范围内对 8 个月至 6 岁的所有儿童进行麻疹强化免疫活动，接种率达 95% 以上。

6 月 22 日，对全县小学在校生开展 A + C 疫苗接种工作。

7 月 2 日，根据阿里地区文物普查办的统一安排，札达县第三次全国文物普查工作正式启动，最终发现并登录不可移动文物点 189 处，新发现文物点 148 处，其中古遗址 93 处、古墓葬 18 处、古建筑 31 处、石窟寺及石刻 41 处、近现代重要史迹及代表性建筑 6 处。

7月7日，县卫生局、文化局、卫生服务中心等部门协同举办艾滋病知识宣传，下发宣传资料900份，其中藏文材料500份、汉文材料400份；发放避孕药品80盒，安全套120盒，为农牧民量血压60人，宣传咨询人数达120人。

9月，土林—古格风景名胜区被评为国家级自然遗产。

同年，县司法局设立执行案件救助专项基金，启动资金2万元，为下一步执行工作提供有力机制保障。全年，司法局多次对农牧民群众进行法制宣传，对在校学生进行专题法制讲座2次，对寺庙僧侣进行专题爱国主义教育2次。

同年，县人民法院为曲松乡低保户子女去内地上学解决路费500元，为托林居委会贫困户扎西卓玛解决子女去内地上学费用600元。

同年，阿里地区交通局批复札达县接X704至波林公路新建工程，总投资12.61万元；批复底雅乡林西塘至石磨高公路新建工程，总投资11.78万元。

同年，按照方案要求，以随机抽样方法，抽检托林镇、香孜乡和底雅乡301份盐。其中碘盐229份，非碘盐72份，碘盐平均使用率76.1%。其中托林镇132份（碘盐129份），碘盐使用率达97.7%；香孜乡91份（碘盐90份），碘盐使用率98.9%；底雅乡78份（碘盐10份），碘盐使用率仅12.8%。

同年，札达县设立五保集中供养中心。

同年，在修建巴札公路时，在D标段札达县城至古格遗址的曲踏发现两座古墓，根据墓地出土的器物和碳14测年数据判断，这批墓葬距今约1800年。这是札达县首次在基本建设过程中实施抢救性发掘的洞式墓群，层位清楚、形制完整，未经盗扰。墓室的形制很有可能是模仿当时的洞穴居址修建的，墓室内还根据活人的生活需要进行功能分区，这种墓室结构与古格时期普遍流行的穴居遗迹非常接近。墓室内发现了大量青稞种子和动物骨骼，反映了当时象泉河流域半农半牧的生活方式以及经济上的繁荣。

2010 年

1 月起，西藏自治区为每个行政村核定 2 名乡村医生，自治区财政通过专项转移支付，将乡村医生的基本报酬由过去的农区每月 35 元、牧区每月 45 元，提高到每月 200 元，全年 2400 元。

1 月 24 日，由暂住在札达县的多某、次某、白某、空某、汪某等 5 人共同预谋，由索某带路，于当日 23 时许，从札达县城乘车至札达县托林镇东嘎村，用钢钎、十字镐等工具挖掘佛塔，盗窃国家文物。6 人在作案过程中，被公安机关抓获，当场从汽车上搜出 6 人盗窃的千手千眼观音泥制佛像一尊、装藏咒符 4 张、唐卡残片 4 幅、彩绘经书残片一块、铁质剑柄一把及作案工具。经西藏自治区文物部门鉴定，千手千眼观音泥制佛像为国家二级文物，其余为一般文物。被告对挖掘佛塔盗窃国家文物的犯罪事实供认不讳。

3 月，“3・24 世界结核病宣传日”期间，札达县卫生部门积极开展结核病防治知识集中宣传活动，摆放宣传展板 5 块，悬挂横幅 1 条，播放电视节目 7 天，印发宣传资料（宣传单、画、册等）1500 份，出动车辆 1 辆、宣传人员 7 人（次）。

6 月 13 日，由县安委会办公室牵头，组织县建设局、劳动和社会保障局、国土资源局、交通运输局、安监局、质监局、气象局、交警支队、消防支队、电力公司、电信公司等单位，在县农行门口集中开展安全生产咨询、安全生产事故图片展、安全生产法律法规宣传活动。活动期间发放宣传资料 12 种，共 120 余份，组织移动公司、电信公司围绕“安全发展、预防为主”这一主题发送了安全短信息。

7 月，县卫生服务中心工作人员深入达巴乡曲龙村放牧点进行鼠疫防控流动监测及宣传教育，张贴宣传图片 20 余张，发放宣传资料 43 份，采集狗血情 4 份，活动中群众咨询人数达 190 余人。

9 月 7—15 日，县安监局积极配合地区安监局督察组，检查各乡镇“百日行动”“打非专项行动”开展情况。

9 月中旬至 10 月初，札达县组织 2 个调研组，开展粮改专项调研、青稞专项调研，为解决西藏自治区青稞区域性供求矛盾奠定了基础，为自治区政府提供决策依据。

9 月 29 日，自治区疾控中心地病所工作组和地区疾控中心地病科专家到札达县札布让组、卡孜组、波林组的农牧民群众中开展大骨节病现场检查，并发放药品。共检查 44 人，其中Ⅰ度 29 人、Ⅱ度 15 人。

11 月，萨让水电站竣工。该电站为引水式电站，设计装机容量 200 千瓦。2008 年 9 月 24 日开工建设，总投资 1400 万元，电站建成后可供萨让乡 6 个组 139 户 607 人及乡政府的生产生活用电。

同年，县卫生服务中心下派巡回医疗工作组 10 次 36 人（次），行程 21030 余千米，诊治群众 13140 人（次），发放药品价值 52800 元。

附　　录

一、古今地名汉藏对照表

旧名		1989 年更名		今名	
汉文	藏文	汉文	藏文	汉文	藏文
札达	རྫ་མདའ།	札达县	རྫ་མདའ་རྫོང་།	未变	རྫ་མདའ་རྫོང་།
托林	མཐོ་ལྡིང་།	托顶乡	མཐོ་ལྡིང་།	托林镇	མཐོ་ལྡིང་།
托林	མཐོ་ལྡིང་།	托顶村	མཐོ་ལྡིང་།	托林村	མཐོ་ལྡིང་།
门坎	ཐེམ་པ།	天巴村	ཐེམ་པ།	未变	ཐེམ་པ།
丁丁卡	ཏིང་ཏིང་ལྷས།	丁丁勒村	ཏིང་ཏིང་ལྷས།	未变	ཏིང་ཏིང་ལྷས།
爱南、玛那	མ་ནམ་གྲོང་ཚོ།	玛朗仲措村	མ་ནམ་གྲོང་ཚོ།	玛朗村	མ་ནམ་གྲོང་ཚོ།
博依	ཐུད།	博村	ཐུད།	未变	ཐུད།
古格札什伦布、古格札什鲁木则城	གུ་གེ་རྫ་རེང་ལྷུན་པོ།	扎生仲措村	རྫ་རེང་གྲོང་ཚོ།	札布让	རྫ་རེང་གྲོང་ཚོ།
托林贡巴	མཐོ་ལྡིང་དགོན་པ།	托顶贡巴寺	མཐོ་ལྡིང་དགོན་པ།	托林寺	མཐོ་ལྡིང་དགོན་པ།
依比康麦	ཨ་པི་གངས་སྨན།	阿比岗门(山)	ཨ་པི་གངས་སྨན།	未变	ཨ་པི་གངས་སྨན།
帮郎子	པང་ལྷུངས་རྩེ།	帮郎孜(山)	པང་ལྷུངས་རྩེ།	未变	པང་ལྷུངས་རྩེ།
多吉山	རྡོ་རྗེ་རི།	多吉日(山)	རྡོ་རྗེ་རི།	未变	རྡོ་རྗེ་རི།
打巴子	ཧྲ་སྤག་རྩེ།	达巴孜(山)	ཧྲ་སྤག་རྩེ།	未变	ཧྲ་སྤག་རྩེ།
嘎耳姐	སྒ་རུ།	格如(山)	སྒ་རུ།	未变	སྒ་རུ།
嘎如山	དཀར་རུ་ལྷས།	嘎如勒(山)	དཀར་རུ་ལྷས།	未变	དཀར་རུ་ལ།
公共山	ཀོང་ཀོང་རྩེ།	公公孜(山)	ཀོང་ཀོང་རྩེ།	未变	ཀོང་ཀོང་རྩེ།
嘎姐	དཀར་སྐྱི།	嘎吉(山)	དཀར་སྐྱི།	未变	དཀར་སྐྱི།
拉热	ལྷ་རི།	拉日(山)	ལྷ་རི།	未变	ལྷ་རི།

续表 1

旧名		1989 年更名		今名	
汉文	藏文	汉文	藏文	汉文	藏文
勿龙	སྨད་ལུང་།	麦隆(山)	སྨད་ལུང་།	未变	སྨད་ལུང་།
孟家札马多日	མོན་བྱ།	门家(山)	མོན་བྱ།	未变	མོན་བྱ།
布巴岗日	ཕུ་ལྷས་གངས་རི།	普勒岗日(山)	ཕུ་ལྷས་གངས་རི།	未变	ཕུ་ལྷས་གངས་རི།
丕儿日拉	རི་ནག	日那(山)	རི་ནག	未变	རི་ནག
沙嘎门字	ས་དཀར་སྨད་རྩེ།	莎嘎麦孜(山)	ས་དཀར་སྨད་རྩེ།	未变	ས་དཀར་སྨད་རྩེ།
西帮路躺日	ཤི་སྤང་ལྷོ་ཐང་རི།	希邦罗塘日(山)	ཤི་སྤང་ལྷོ་ཐང་རི།	未变	ཤི་སྤང་ལྷོ་ཐང་རི།
下五责	ཤའུ་རྩེ།	下吾孜(山)	ཤའུ་རྩེ།	未变	ཤའུ་རྩེ།
西帮东嘎日	ཤི་སྤང་གདོང་དཀར་རི།	希邦东嘎日(山)	ཤི་སྤང་གདོང་དཀར་རི།	未变	ཤི་སྤང་གདོང་དཀར་རི།
端真龙日曲	སྟོད་རྩེ་ནར་ལང་ཆུ།	堆孜那郎曲	སྟོད་རྩེ་ནར་ལང་ཆུ།	未变	སྟོད་རྩེ་ནར་ལང་ཆུ།
多壤沟	རྡོ་ར་ལུང་།	多热隆河	རྡོ་ར་ལུང་།	未变	རྡོ་ར་ལུང་།
狼楚河、莎特里日季河	གླང་ཆེན་གཙང་པོ།	朗钦藏布	གླང་ཆེན་གཙང་པོ།	未变	གླང་ཆེན་གཙང་པོ།
玛那冰川	སྨད་སྣ་འཁྱག་རོམ།	麦那恰荣冰川	སྨད་སྣ་འཁྱག་རོམ།	未变	སྨད་སྣ་འཁྱག་རོམ།
萨让、莎浪、杂容	ཛ་རོང་།	杂绒村	ཛ་རོང་།	萨让	ཛ་རོང་།
当巴	སྡིང་པ།	丁巴村	སྡིང་པ།	当巴	སྡིང་པ།
甲诏	རྒྱ་ཐང་།	甲塘村	རྒྱ་ཐང་།	未变	རྒྱ་ཐང་།
柏嘎	བྱེ་དཀར་གྲོང་ཚོ།	切嘎仲措村	བྱེ་དཀར་གྲོང་ཚོ།	白嘎	བྱེ་དཀར་གྲོང་ཚོ།
波如果	པ་རི་མགོ།	巴日果(山)	པ་རི་མགོ།	未变	པ་རི་མགོ།
都吉拉牙	རྡོ་རྗེ་ལའི་གཡའ།	多吉拉牙(山)	རྡོ་རྗེ་ལའི་གཡའ།	未变	རྡོ་རྗེ་ལའི་གཡའ།
甲唐山	རྒྱ་ཐང་རི།	甲塘日(山)	རྒྱ་ཐང་རི།	未变	རྒྱ་ཐང་རི།
加朗拉	ལྕགས་རང་ལ།	加让拉(山)	ལྕགས་རང་ལ།	未变	ལྕགས་རང་ལ།
马久作莎	ལ་ལུང་གདོང་།	拉隆冬(山)	ལ་ལུང་གདོང་།	未变	ལ་ལུང་གདོང་།
拉玛小沙	ལྷ་མ་བཞུགས་ས།	拉玛休萨(山)	ལྷ་མ་བཞུགས་ས།	未变	ལྷ་མ་བཞུགས་ས།
蒙波了果	མ་མོ་ལ།	玛木拉(山)	མ་མོ་ལ།	未变	མ་མོ་ལ།
嘎拉则	མིག་དཀར།	米嘎尔(山)	མིག་དཀར།	未变	མིག་དཀར།
纳郎山	ནམ་ལངས་རི།	纳郎日(山)	ནམ་ལངས་རི།	未变	ནམ་ལངས་རི།
普俄	ཕུ་ཧོ།	普沃(山)	ཕུ་ཧོ།	未变	ཕུ་ཧོ།

续表 2

旧名		1989 年更名		今名	
汉文	藏文	汉文	藏文	汉文	藏文
拉折足	བ་གླང་ལ།	巴郎拉(山)	བ་གླང་ལ།	未变	བ་གླང་ལ།
切米松拉	ཆུ་མིག་གསུམ་ལ།	曲米松拉(山)	ཆུ་མིག་གསུམ་ལ།	未变	ཆུ་མིག་གསུམ་ལ།
仁贡	རི་གོང་།	日贡(山)	རི་གོང་།	未变	རི་གོང་།
长蒙果	ཟེ་མོ་ཆེ།	四木切(山)	ཟེ་མོ་ཆེ།	未变	ཟེ་མོ་ཆེ།
仙卡我洋	གཤན་མཁར།	献喀尔(山)	གཤན་མཁར།	未变	གཤན་མཁར།
勇拉	གཡུའུ་ལ།	玉吾拉(山)	གཡུའུ་ལ།	未变	གཡུའུ་ལ།
亚拉	དབྱར་ལ།	亚尔拉(山)	དབྱར་ལ།	未变	དབྱར་ལ།
张松日	བཙན་གསུམ་རི།	赞松日(山)	བཙན་གསུམ་རི།	未变	བཙན་གསུམ་རི།
札郎拉	རྫ་རང་ལ།	扎让拉(山)	རྫ་རང་ལ།	未变	རྫ་རང་ལ།
祝巴拉	ལ་སྟག	拉达山口	ལ་སྟག	未变	ལ་སྟག
兵拉	སངས་ལ།	桑拉山口	སངས་ལ།	未变	སངས་ལ།
札壤札	རྫ་རོང་རྫ།	扎绒扎山口	ཛ་རོང་རྫ།	未变	ཛ་རོང་རྫ།
索木多河	ཛ་རོང་གཙང་པོ།	杂绒藏布河	ཛ་རོང་གཙང་པོ།	未变	ཛ་རོང་གཙང་པོ།
嘎不拉	བཀབ་ཕག	嘎布帕村	བཀབ་ཕག	未变	བཀབ་ཕག
巴丁	སྤལ་རྟེན།	白丁(山)	སྤལ་རྟེན།	未变	སྤལ་རྟེན།
岗嘎里	གངས་དཀར་གླིང་།	岗嘎林(山)	གངས་དཀར་གླིང་།	未变	གངས་དཀར་གླིང་།
塔加拉	གངས་དཀར་རི།	岗嘎如(山)	གངས་དཀར་རི།	未变	གངས་དཀར་རི།
罗哥拉牙	ལོག་ཁ་ལྷས་གཡའ།	罗嘎勒牙(山)	ལོག་ཁ་ལྷས་གཡའ།	未变	ལོག་ཁ་ལྷས་གཡའ།
腰干	འོག་ཁང་།	沃康(山)	འོག་ཁང་།	未变	འོག་ཁང་།
五金势	དབུ་ཅན་རི།	五金日(山)	དབུ་ཅན་རི།	未变	དབུ་ཅན་རི།
牙生果	གཡག་རན་མགོ།	牙然果(山)	གཡག་རན་མགོ།	未变	གཡག་རན་མགོ།
各剥古都	དཀར་པོ་མགོ་ཐུག	嘎布果突山口	དཀར་པོ་མགོ་ཐུག	未变	དཀར་པོ་མགོ་ཐུག
塔加山口	གངས་དཀར་པོ་ལ།	岗嘎布拉山口	གངས་དཀར་པོ་ལ།	未变	གངས་དཀར་པོ་ལ།
苏姆拉	སུམ་ལ།	松姆拉山口	སུམ་ལ།	未变	སུམ་ལ།
康娥布曲	གངས་དཀར་པོ་ཆུ།	岗嘎布曲	གངས་དཀར་པོ་ཆུ།	未变	གངས་དཀར་པོ་ཆུ།
马玉河	སྨད་འོབས་ཆུ།	麦奥曲	སྨད་འོབས་ཆུ།	未变	སྨད་འོབས་ཆུ།
荣马杰嘎德河	རོང་མོ་ཆེ་ཆུ།	荣木切曲	རོང་མོ་ཆེ་ཆུ།	未变	རོང་མོ་ཆེ་ཆུ།

续表 3

旧名		1989 年更名		今名	
汉文	藏文	汉文	藏文	汉文	藏文
贡布	དགོན་ཕུག	贡普村	དགོན་ཕུག	未变	དགོན་ཕུག
易里棍巴	ཡིབ་རིག	依日村	ཡིབ་རིག	益日	ཡིབ་རི།
阿生热拉	ཨ་བཙན་རི།	阿赞日(山)	ཨ་བཙན་རི།	未变	ཨ་བཙན་རི།
搬家拉	འབབ་ཆར་ལ།	波恰尔拉(山)	འབབ་ཆར་ལ།	未变	འབབ་ཆར་ལ།
柏子	དཔལ་རྩེ།	白孜(山)	དཔལ་རྩེ།	未变	དཔལ་རྩེ།
搬各	སྤང་གོང་།	帮尔共(山)	སྤང་གོང་།	未变	སྤང་གོང་།
搬检儿廓	འབབ་ཆར་འགོ	波恰郭(山)	འབབ་ཆར་འགོ	未变	འབབ་ཆར་འགོ
查嘎	ཚྭ་ཁ།	擦嘎(山)	ཚྭ་ཁ།	未变	ཚྭ་ཁ།
打仁古	དྲིལ་གདོང་སྒོ།	指东果(山)	དྲིལ་གདོང་སྒོ།	未变	དྲིལ་གདོང་སྒོ།
次村果	མཆེའུ་ནུབ་མགོ།	次乌奴果(山)	མཆེའུ་ནུབ་མགོ།	未变	མཆེའུ་ནུབ་མགོ།
卓单龙呀	ཚོ་ཚོ་ལུང་།	措措隆(山)	ཚོ་ཚོ་ལུང་།	未变	ཚོ་ཚོ་ལུང་།
拉布嘎	མདའ་སྒྲོ་མགོ།	达卓果(山)	མདའ་སྒྲོ་མགོ།	未变	མདའ་སྒྲོ་མགོ།
当嘎拉	སྙིང་ཁ་ལ།	定嘎拉(山)	སྙིང་ཁ་ལ།	未变	སྙིང་ཁ་ལ།
共足拉	གུང་རྒྱུད་ལ།	共局拉(山)	གུང་རྒྱུད་ལ།	未变	གུང་རྒྱུད་ལ།
康碾札	གངས་གཞན་ར།	岗捏热(山)	གངས་གཞན་ར།	未变	གངས་གཞན་ར།
拉不札	ལ་ཚོད།	拉才(山)	ལ་ཚོད།	未变	ལ་ཚོད།
门果	སྨན་འགོ།	漫果(山)	སྨན་འགོ།	未变	སྨན་འགོ།
罗东	ནུ་མ་གདོང་།	奴玛东(山)	ནུ་མ་གདོང་།	未变	ནུ་མ་གདོང་།
巴札春果	པ་ཚ་ལུང་མགོ།	巴擦隆果(山)	པ་ཚ་ལུང་མགོ།	未变	པ་ཚ་ལུང་མགོ།
普色拉	ཕུ་རྩྭ་ལ།	普子拉(山)	ཕུ་རྩྭ་ལ།	未变	ཕུ་རྩྭ་ལ།
甲凤	བྱ་རོག	甲若(山)	བྱ་རོག	未变	བྱ་རོག
缺不让	རྫོ་རང་།	觉让(山)	རྫོ་རང་།	未变	རྫོ་རང་།
确郎拉	མཆོད་རང་ལ།	确让拉(山)	མཆོད་རང་ལ།	未变	མཆོད་རང་ལ།
曲子普	ཆུན་རྩྭའི་ཕུ།	群札普(山)	ཆུན་རྩྭའི་ཕུ།	未变	ཆུན་རྩྭའི་ཕུ།
索林果	སོད་ལྷས་མགོ།	索勒果(山)	སོད་ལྷས་མགོ།	未变	སོད་ལྷས་མགོ།
勒子热	སོ་གསང་ལ།	索桑拉(山)	སོ་གསང་ལ།	未变	སོ་གསང་ལ།
桑桥	ཟམ་པ་ཁྱུ།	桑木巴秋(山)	ཟམ་པ་ཁྱུ།	未变	ཟམ་པ་ཁྱུ།

续表 4

旧名		1989 年更名		今名	
汉文	藏文	汉文	藏文	汉文	藏文
沙咀	ས་གསལ།	萨赛(山)	ས་གསལ།	未变	ས་གསལ།
俄布	ཝ་ཕུག	瓦普(山)	ཝ་ཕུག	未变	ཝ་ཕུག
项日	གཞོངས་རི།	雄日(山)	གཞོངས་རི།	未变	གཞོངས་རི།
穴火热	ཞེ་ཀོ།	斜果(山)	ཞེ་ཀོ།	未变	ཞེ་ཀོ།
则尔多	རྩེར་རྡོ།	孜尔多	རྩེར་རྡོ།	未变	རྩེར་རྡོ།
波拉	སྤོ་བོ་ཆེ་ལ།	波吾切拉山口	སྤོ་བོ་ཆེ་ལ།	未变	སྤོ་བོ་ཆེ་ལ།
札日哪雅	གྲྭ་ལྷས་གཡའ།	扎勒雅山口	གྲྭ་ལྷས་གཡའ།	未变	གྲྭ་ལྷས་གཡའ།
创巴拉	ཁྲིམ་པ་ལ།	春巴拉山口	ཁྲིམ་པ་ལ།	未变	ཁྲིམ་པ་ལ།
查嘎	ཚྭ་ཁ།	擦咔山口	ཚྭ་ཁ།	未变	ཚྭ་ཁ།
卡龙拉	ཁ་རུམ་ལ།	咔绒木拉山口	ཁ་རུམ་ལ།	未变	ཁ་རུམ་ལ།
目地昂	མར་གཏེར་དབང་།	马尔地旺山口	མར་གཏེར་དབང་།	未变	མར་གཏེར་དབང་།
尤东拉	ཉུང་ཐུང་ལ།	扭通拉山口	ཉུང་ཐུང་ལ།	未变	ཉུང་ཐུང་ལ།
包扎张	བེའུ་ལ།	比吾拉山口	བེའུ་ལ།	未变	བེའུ་ལ།
仁姆拉	རང་མིག་ལ།	让米拉山口	རང་མིག་ལ།	未变	རང་མིག་ལ།
聋巴	ལུང་པ།	隆巴河	ལུང་པ།	未变	ལུང་པ།
狼果曲	ལ་སྒོ་ཆུ།	拉果曲	ལ་སྒོ་ཆུ།	未变	ལ་སྒོ་ཆུ།
鄂博曲	བེའུ་གཙང་པོ།	比吾藏布	བེའུ་གཙང་པོ།	未变	བེའུ་གཙང་པོ།
征陇龙巴	འགྲངས་ལུང་ལུང་པ།	征隆隆巴河	འགྲངས་ལུང་ལུང་པ།	未变	འགྲངས་ལུང་ལུང་པ།
地牙	ཏི་ཡག	底雅乡	ཏི་ཡག	未变	བསྟི་ཡག་ཤང་།
地牙	ཏི་ཡག	底雅村	ཏི་ཡག	未变	བསྟི་ཡག་གྲོང་ཚོ།
布力	སྤོས་རི།	布日村	སྤོས་རི།	未变	སྤོས་རི།
查鲁	ཚྭ་དཀར།	查嘎村	ཚྭ་དཀར།	未变	ཚྭ་དཀར།
古琅	སྒྲུ་རང་།	古让村	སྒྲུ་རང་།	未变	སྒྲུ་རང་།
长当	བྲག་སྟེང་།	扎丁(山)	བྲག་སྟེང་།	未变	བྲག་སྟེང་།
果张	བྲག་མགོ།	扎果(山)	བྲག་མགོ།	未变	བྲག་མགོ།
多罗吉退拉	རྡོ་རྗེ་གོང་ཆུང་།	多吉共琼(山)	རྡོ་རྗེ་གོང་ཆུང་།	未变	རྡོ་རྗེ་གོང་ཆུང་།
得札嘎	ལྟེ་རྩྭ།	底札(山)	ལྟེ་རྩྭ།	未变	ལྟེ་རྩྭ།

续表 5

旧名		1989 年更名		今名	
汉文	藏文	汉文	藏文	汉文	藏文
龙虾拉壤	མདའ་ས།	达莎(山)	མདའ་ས།	未变	མདའ་ས།
久型	སྐྱ་བ་རི།	觉娃日(山)	སྐྱ་བ་རི།	未变	སྐྱ་བ་རི།
日翁拉	རི་བོང་ལ།	日朋拉(山)	རི་བོང་ལ།	未变	རི་བོང་ལ།
郎木齐结岗	རམ་ཆེན་གྱིན་མགོ།	让木庆坚果(山)	རམ་ཆེན་གྱིན་མགོ།	未变	རམ་ཆེན་གྱིན་མགོ།
沙耳陇	ཟ་ལུང་།	沙隆(山)	ཟ་ལུང་།	未变	ཟ་ལུང་།
杀果	སག་མགོ།	莎果(山)	སག་མགོ།	未变	སག་མགོ།
塔耳叫堂嘎	དར་ལྩོག་ཐང་ཁ།	塔觉塘咔(山)	དར་ལྩོག་ཐང་ཁ།	未变	དར་ལྩོག་ཐང་ཁ།
萨拉	སེར་ལ།	色拉山口	སེར་ལ།	未变	སེར་ལ།
泽东拉	རྫེ་ཏུང་ལ།	孜栋拉山口	རྫེ་ཏུང་ལ།	未变	རྫེ་ཏུང་ལ།
什普奇	སྲིབ་སྐྱིད།	斯布吉乡	སྲིབ་སྐྱིད།	什布奇村	སྲིབ་སྐྱིད།
丘	ཀྱུག་པ།	久巴村	ཀྱུག་པ།	未变	ཀྱུག་པ།
什普奇、什布奇	སྲིབ་སྐྱིད།	斯布吉村	སྲིབ་སྐྱིད།	什布奇	སྲིབ་སྐྱིད།
色尔贡	སར་ཁྲུང་།	萨尔孔村	སར་ཁྲུང་།	色贡	སེར་ཁྲུང་།
布尼	བུ་རི།	布日寺	བུ་རི།	未变	བུ་རི།
蚌拉	སྤང་ལ།	帮拉(山)	སྤང་ལ།	未变	སྤང་ལ།
杜尔斜	རྡོར་ཤི།	多西(山)	རྡོར་ཤི།	未变	རྡོར་ཤི།
古拉日里	མགོ་ལ་རི།	果拉日(山)	མགོ་ལ་རི།	未变	མགོ་ལ་རི།
麦多巨沙	མེ་རྡོ་ཁྲུད་ས།	麦多巨萨(山)	མེ་རྡོ་ཁྲུད་ས།	未变	མེ་རྡོ་ཁྲུད་ས།
姜在这	བྱང་ལྷ།	强达(山)	བྱང་ལྷ།	未变	བྱང་ལྷ།
姜达拉	བྱང་བལྷ་ལ།	强达拉(山)	བྱང་བལྷ་ལ།	未变	བྱང་བལྷ་ལ།
杜尔斜	ར་ཤི་གངས་སྟེང་།	热西岗丹(山)	ར་ཤི་གངས་སྟེང་།	未变	ར་ཤི་གངས་སྟེང་།
里布	རི་བོ།	日吾(山)	རི་བོ།	未变	རི་བོ།
蚌拉格果	སྤང་ལ་སྐྱེ།	帮拉格(山)	སྤང་ལ་སྐྱེ།	未变	སྤང་ལ་སྐྱེ།
角拉木热	མཛོ་ལམ་རི།	佐拉木日(山)	མཛོ་ལམ་རི།	未变	མཛོ་ལམ་རི།
培杨	ཕི་(ཕྱི)དབང་།	培旺村	ཕི་(ཕྱི)དབང་།	未变	ཕི་(ཕྱི)དབང་།
扎巴其	བྲག་པོ་ཆེ།	扎波其(山)	བྲག་པོ་ཆེ།	未变	བྲག་པོ་ཆེ།
洞找峨	གདོང་ཧ་རྫོག	东达沃(山)	གདོང་ཧ་རྫོག	未变	གདོང་ཧ་རྫོག

续表 6

旧名		1989 年更名		今名	
汉文	藏文	汉文	藏文	汉文	藏文
嘎赠	དཀར་རྫོ།	嘎尔多(山)	དཀར་རྫོ།	未变	དཀར་རྫོ།
贡松拉过	གོམ་སྤུལ་ལ་མགོ།	贡岁拉果(山)	གོམ་སྤུལ་ལ་མགོ།	未变	གོམ་སྤུལ་ལ་མགོ།
幕霞	སྨན་ཤག	门霞(山)	སྨན་ཤག	未变	སྨན་ཤག
蒙久	སྨན་ཆུང་།	门琼(山)	སྨན་ཆུང་།	未变	སྨན་ཆུང་།
普康	ཕུ་སྐང་།	普岗(山)	ཕུ་སྐང་།	未变	ཕུ་སྐང་།
将啊嘎	ཇོ་ཀྱང་ཨ།	觉将啊(山)	ཇོ་ཀྱང་ཨ།	未变	ཇོ་ཀྱང་ཨ།
脚热	ཇོ་རི།	觉日(山)	ཇོ་རི།	未变	ཇོ་རི།
强脊岗路	ཤར་ཆེན་གངས་ལ།	夏钦岗拉(山)	ཤར་ཆེན་གངས་ལ།	未变	ཤར་ཆེན་གངས་ལ།
刹若	ཛ་རོག	杂若(山)	ཛ་རོག	未变	ཛ་རོག
札不拉	དགྲ་ལྷ།	扎拉(山)	དགྲ་ལྷ།	未变	དགྲ་ལྷ།
坡林	སྤུ་གླིང་།	波林乡	སྤུ་གླིང་།	波林村	སྤུ་གླིང་།
多乡	རྡོ་གཤམ།	多香村	རྡོ་གཤམ།	未变	རྡོ་གཤམ།
卡则	མཁར་རྩེ།	咔孜村	མཁར་རྩེ།	卡孜	མཁར་རྩེ།
祝	གྲོ།	卓牧点	གྲོ།	未变	གྲོ།
多乡木嘎贡布	སྨུག་མཁར་དགོན་པ།	木咔尔贡巴寺	སྨུག་མཁར་དགོན་པ།	未变	སྨུག་མཁར་དགོན་པ།
竹子	གྲུ་རྩེ།	珠孜(山)	གྲུ་རྩེ།	未变	གྲུ་རྩེ།
粗拉	ཁྲུ་པར།	出巴日(山)	ཁྲུ་པར།	未变	ཁྲུ་པར།
札龙巩嘎	བྲག་ལུང་གོང་ཁ།	扎隆巩咔(山)	བྲག་ལུང་གོང་ཁ།	未变	བྲག་ལུང་གོང་ཁ།
东则	མདུང་རྩེ།	栋孜(山)	མདུང་རྩེ།	未变	མདུང་རྩེ།
丁东	གཏིང་ཐུང་།	丁通(山)	གཏིང་ཐུང་།	未变	གཏིང་ཐུང་།
达拉山	མདའ་ལ་རི།	达拉日(山)	མདའ་ལ་རི།	未变	མདའ་ལ་རི།
贾贡嘎	ལྕགས་གོང་ཁ།	加贡咔(山)	ལྕགས་གོང་ཁ།	未变	ལྕགས་གོང་ཁ།
卡穷	ཁལ་ཆུང་།	凯琼(山)	ཁལ་ཆུང་།	未变	ཁལ་ཆུང་།
普拉拉雅	བུ་ལྷས་ལ་གཡའ།	布拉拉雅(山)	བུ་ལྷས་ལ་གཡའ།	未变	བུ་ལྷས་ལ་གཡའ།
任拉	ར་ལམ།	热拉木(山)	ར་ལམ།	未变	ར་ལམ།
桑觉瓣	ཟགས་སྐྱོགས་ལ།	桑久拉(山)	ཟགས་སྐྱོགས་ལ།	未变	ཟགས་སྐྱོགས་ལ།
索囊山	བསོད་ནམས་རི།	索囊日(山)	བསོད་ནམས་རི།	未变	བསོད་ནམས་རི།

续表 7

旧名		1989 年更名		今名	
汉文	藏文	汉文	藏文	汉文	藏文
新东巩嘎	ཤིང་སྟོང་གོང་ཁ།	新东巩咔(山)	ཤིང་སྟོང་གོང་ཁ།	未变	ཤིང་སྟོང་གོང་ཁ།
多乡南	རྫ་མ་ལུང་བསྟན།	杂玛隆旦(山)	རྫ་མ་ལུང་བསྟན།	未变	རྫ་མ་ལུང་བསྟན།
祝吉通沙	ཀྲུ་ལ།	楚拉山口	ཀྲུ་ལ།	未变	ཀྲུ་ལ།
倾斯诺	སྦྲང་སྣ་ལ།	加拿拉山口	སྦྲང་སྣ་ལ།	未变	སྦྲང་སྣ་ལ།
莫林拉	མུར་ལིང་ལ།	莫岭拉山口	མུར་ལིང་ལ།	未变	མུར་ལིང་ལ།
普拉拉	བུ་ལྷས་ལ།	布勒拉山口	བུ་ལྷས་ལ།	未变	བུ་ལྷས་ལ།
强子刚	ཕྱག་འཚལ་སྒང་།	恰彩岗山口	ཕྱག་འཚལ་སྒང་།	未变	ཕྱག་འཚལ་སྒང་།
藏交拉山口	ཟགས་སྐྱོགས་ལ།	桑久拉山口	ཟགས་སྐྱོགས་ལ།	未变	ཟགས་སྐྱོགས་ལ།
芒清藏布	མང་སྐྱིས་གཙང་པོ།	芒吉藏布	མང་སྐྱིས་གཙང་པོ།	未变	མང་སྐྱིས་གཙང་པོ།
玛那河	སྨད་སྣ་ཆུ།	麦那曲	སྨད་སྣ་ཆུ།	未变	སྨད་སྣ་ཆུ།
巴尔曲	པར་ཆུ།	帕曲	པར་ཆུ།	未变	པར་ཆུ།
巴拉	ཤ་བ་རག་ཆུ།	夏瓦热曲	ཤ་བ་རག་ཆུ།	未变	ཤ་བ་རག་ཆུ།
相孜	བྱང་རྩེ།	香孜乡	བྱང་རྩེ།	香孜村	བྱང་རྩེ།
尚格齐、相孜	བྱང་རྩེ།	香孜村	བྱང་རྩེ།	未变	བྱང་རྩེ།
七里铺	ཁྱི་ཉལ་ཕུག	其尼普村	ཁྱི་ཉལ་ཕུག	奇里普	ཁྱི་སྣ་ཕུག
索尔康、苏尔康	ཟུར་སྒང་།	索尔岗村	ཟུར་སྒང་།	未变	ཟུར་སྒང་།
夏诊	ཞ་ཡེ།	夏也村	ཞ་ཡེ།	夏益	ཞ་ཡེ།
布龙	སྤུ་ལུང་།	布隆牧点	སྤུ་ལུང་།	未变	སྤུ་ལུང་།
错登	མཚོ་སྟེངས།	错顶(山)	མཚོ་སྟེངས།	未变	མཚོ་སྟེངས།
尖热色尖	སྤྱན་རས་གྱེན།	坚惹坚(山)	སྤྱན་རས་གྱེན།	未变	སྤྱན་རས་གྱེན།
贡热	གུང་རི།	贡日(山)	གུང་རི།	未变	གུང་རི།
军切	ཁྱུང་ཆེན།	琼钦(山)	ཁྱུང་ཆེན།	未变	ཁྱུང་ཆེན།
烂山	ལན་ཧྲན།	蓝山(山)	ལན་ཧྲན།	未变	ལན་ཧྲན།
浪备章	གནམ་པི་ཀྲང་།	那木备章(山)	གནམ་པི་ཀྲང་།	未变	གནམ་པི་ཀྲང་།
那不列日	གནམ་པོ་ལྷ་རི།	那波拉日(山)	གནམ་པོ་ལྷ་རི།	未变	གནམ་པོ་ལྷ་རི།
比热拉木	བྱེ་རི་ནར་མོ།	切日那木(山)	བྱེ་རི་ནར་མོ།	未变	བྱེ་རི་ནར་མོ།
昌吉土布	ཕྱག་འཚལ་སྒང་།	恰才岗(山)	ཕྱག་འཚལ་སྒང་།	未变	ཕྱག་འཚལ་སྒང་།

续表 8

旧名		1989 年更名		今名	
汉文	藏文	汉文	藏文	汉文	藏文
学朗	དལ་ལྷེབས།	逮德布（山）	དལ་ལྷེབས།	未变	དལ་ལྷེབས།
学郎	གཡས་ལྷེབས།	叶德布（山）	གཡས་ལྷེབས།	未变	གཡས་ལྷེབས།
拉吾且拉	ལ་འུ་ཆེ་ལ།	拉吾切拉山口	ལ་འུ་ཆེ་ལ།	未变	ལ་འུ་ཆེ་ལ།
加布桑曲	རྟ་གླིང་ཆུ།	达林曲	རྟ་གླིང་ཆུ།	未变	རྟ་གླིང་ཆུ།
弄穷错	ནང་ཆུང་མཚོ།	朗穷错	ནང་ཆུང་མཚོ།	未变	ནང་ཆུང་མཚོ།
绕结林、热加林、热布加林	རབ་རྒྱས་གླིང་།	绕杰林乡	རབ་རྒྱས་གླིང་།	热布加林	རབ་རྒྱས་གླིང་།
绕结林、热加林、热布加林	རབ་རྒྱས་གླིང་།	绕杰林村	རབ་རྒྱས་གླིང་།	热布加林村	རབ་རྒྱས་གླིང་གྲོང་ཚོ།
焦支	ཅོག་ཙེ།	角孜村	ཅོག་ཙེ།	未变	ཅོག་ཙེ།
江当	བྱང་སྟེང་།	强丁村	བྱང་སྟེང་།	未变	བྱང་སྟེང་།
日孜交	རི་རྫེ་སྐྱོག	日孜角村	རི་རྫེ་སྐྱོག	未变	རི་རྫེ་སྐྱོག
大桩	མདའ་སྒྲོ།	达卓（山）	མདའ་སྒྲོ།	未变	མདའ་སྒྲོ།
度积拉嘎	སྟོད་ཀྱི་ལྷས་ཁ།	多积拉嘎（山）	སྟོད་ཀྱི་ལྷས་ཁ།	未变	སྟོད་ཀྱི་ལྷས་ཁ།
德龙	བརྡེབས་ལུང་།	德隆（山）	བརྡེབས་ལུང་།	未变	བརྡེབས་ལུང་།
九洞	བཅར་རྟུམ།	加尔都木（山）	བཅར་རྟུམ།	未变	བཅར་རྟུམ།
按增岗	རྫེ་བཙུན་སྒང་།	吉尊岗（山）	རྫེ་བཙུན་སྒང་།	未变	རྫེ་བཙུན་སྒང་།
白云波	གམས་དཀྱུན་ས།	康巴滚萨（山）	གམས་དཀྱུན་ས།	未变	གམས་དཀྱུན་ས།
杠日那	གངས་ར།	岗热（山）	གངས་ར།	未变	གངས་ར།
拉玛尔加母岗	ལྷས་དམར་གྲམ།	勒玛札木（山）	ལྷས་དམར་གྲམ།	未变	ལྷས་དམར་གྲམ།
罗布拉	ལྷ་བུ་ལ།	拉布拉（山）	ལྷ་བུ་ལ།	未变	ལྷ་བུ་ལ།
布增	བུད་ཟིང་།	布曾（山）	བུད་ཟིང་།	未变	བུད་ཟིང་།
白如	བྱེ་རི།	切日（山）	བྱེ་རི།	未变	བྱེ་རི།
曲登嘎尔穷	མཚོད་རྟེན་དཀར་ཆུང་།	曲登嘎琼（山）	མཚོད་རྟེན་དཀར་ཆུང་།	未变	མཚོད་རྟེན་དཀར་ཆུང་།
且其让	ཆ་ཆེ་གླིང་།	恰其林（山）	ཆ་ཆེ་གླིང་།	未变	ཆ་ཆེ་གླིང་།
长宝	ཕྱུག་མཛོད།	强佐（山）	ཕྱུག་མཛོད།	未变	ཕྱུག་མཛོད།
热拉	རལ་ལ་རི།	热拉日（山）	རལ་ལ་རི།	未变	རལ་ལ་རི།
热加拉姆	རི་བརྒྱ་ལྷ་མོ།	日加拉姆（山）	རི་བརྒྱ་ལྷ་མོ།	未变	རི་བརྒྱ་ལྷ་མོ།

续表 9

旧名		1989 年更名		今名	
汉文	藏文	汉文	藏文	汉文	藏文
加不塞呀	སེར་ཡུལ།	色隅(山)	སེར་ཡུལ།	未变	སེར་ཡུལ།
什散	སྲིབ་ས།	思布萨(山)	སྲིབ་ས།	未变	སྲིབ་ས།
沙拉布	གསའ་བླ་བོ།	沙拉吾(山)	གསའ་བླ་བོ།	未变	གསའ་བླ་བོ།
西古热	ཤིང་རང་།	兴让(山)	ཤིང་རང་།	未变	ཤིང་རང་།
依不自	ཡིབ་སྤྱུག་རྩེ།	依布孜(山)	ཡིབ་སྤྱུག་རྩེ།	未变	ཡིབ་སྤྱུག་རྩེ།
江门解	བཀྲ་ཤིས་ལུང་པ།	扎西隆巴(山)	བཀྲ་ཤིས་ལུང་པ།	未变	བཀྲ་ཤིས་ལུང་པ།
平尖	རྫིང་ཆེན།	僧庆(山)	རྫིང་ཆེན།	未变	རྫིང་ཆེན།
沟沟共嘎	ཀུར་ཀུར་སྒོང་ཁ།	沟沟共咔山口	ཀུར་ཀུར་སྒོང་ཁ།	未变	ཀུར་ཀུར་སྒོང་ཁ།
藏子冻嘎曲	བྲང་རྩེ་གདོང་དཀར་ཆུ།	掌孜栋嘎曲	བྲང་རྩེ་གདོང་དཀར་ཆུ།	未变	བྲང་རྩེ་གདོང་དཀར་ཆུ།
起布让曲	ཆིབས་རྭ་ཆུ།	奇布热曲	ཆིབས་རྭ་ཆུ།	未变	ཆིབས་རྭ་ཆུ།
热布加林曲	རབ་རྒྱས་གླིང་ཆུ།	绕杰林曲	རབ་རྒྱས་གླིང་ཆུ།	未变	རབ་རྒྱས་གླིང་ཆུ།
协不洗浦	ཤབ་ཤིབ་ཆུ།	夏西曲	ཤབ་ཤིབ་ཆུ།	未变	ཤབ་ཤིབ་ཆུ།
达卡、达噶尔谷	མདའ་འབབ།	达巴乡	མདའ་འབབ།	达巴乡	མདའ་འབབ།
达卡、大巴	མདའ་འབབ་གྲོང་ཚོ།	达巴仲错村	མདའ་འབབ་གྲོང་ཚོ།	达巴村	མདའ་འབབ་གྲོང་ཚོ།
衬	རྡིན།	枕村	རྡིན།	未变	རྡིན།
格伦	བཀའ་གླིང་གྲོང་ཚོ།	嘎林仲措	བཀའ་གླིང་གྲོང་ཚོ།	未变	བཀའ་གླིང་གྲོང་ཚོ།
东沙	དུང་ས།	东萨村	དུང་ས།	未变	དུང་ས།
阿邦	ཨབ་བང་རྒྱུད།	阿邦居(山)	ཨབ་བང་རྒྱུད།	未变	ཨབ་བང་རྒྱུད།
查嘎布	བྲག་དཀར་པོ།	扎嘎布(山)	བྲག་དཀར་པོ།	未变	བྲག་དཀར་པོ།
归来	ཀུ་ལ།	古拉(山)	ཀུ་ལ།	未变	ཀུ་ལ།
姜果日	སྤྱང་ཀི་རིག	江格日(山)	སྤྱང་ཀི་རིག	未变	སྤྱང་ཀི་རིག
角鲁	སླུ་རི།	鲁日(山)	སླུ་རི།	未变	སླུ་རི།
卡尔贝西亚	ཁལ་པ་ཤར།	凯巴夏尔(山)	ཁལ་པ་ཤར།	未变	ཁལ་པ་ཤར།
勒模拉日	ལ་མོ་ལ་རི།	勒模勒日(山)	ལ་མོ་ལ་རི།	未变	ལ་མོ་ལ་རི།
基皮查嘎	དམར་རྩོག་ལ།	玛尔左拉(山)	དམར་རྩོག་ལ།	未变	དམར་རྩོག་ལ།
把官	བྲག་(བག)ཁུང་།	巴孔(山)	བྲག་(བག)ཁུང་།	未变	བྲག་(བག)ཁུང་།
乌热拉	ཨུར་རི་ལ།	乌日拉山口	ཨུར་རི་ལ།	未变	ཨུར་རི་ལ།

续表 10

旧名		1989 年更名		今名	
汉文	藏文	汉文	藏文	汉文	藏文
马尔乔克山口	མར་སྒྲོགས་ཁ་ལ།	马尔乔咔拉山口	མར་སྒྲོགས་ཁ་ལ།	未变	མར་སྒྲོགས་ཁ་ལ།
大巴曲	མདའ་འབབ་ཆུ།	达巴曲	མདའ་འབབ་ཆུ།	未变	མདའ་འབབ་ཆུ།
芒朗曲	མ་ནམ་ཆུ།	玛那曲	མ་ནམ་ཆུ།	未变	མ་ནམ་ཆུ།
东坡	གདོང་པོ།	东波乡	གདོང་པོ།	东波村	གདོང་པོ།
果木则	ཀོབ་རྗེ།	果孜村	ཀོབ་རྗེ།	未变	ཀོབ་རྗེ།
日果	རི་སྒོ།	热格村	རི་སྒོ།	未变	རི་སྒོ།
彭巴日	འཕང་བ་རི།	彭娃日（山）	འཕང་བ་རི།	未变	འཕང་བ་རི།
查普日	ཁྲ་བོ་རི།	查吾日（山）	ཁྲ་བོ་རི།	未变	ཁྲ་བོ་རི།
查桑郎杰	ཁྲ་ཚང་གདོང་ནག	叉仓东那（山）	ཁྲ་ཚང་གདོང་ནག	未变	ཁྲ་ཚང་གདོང་ནག
东马仁波	གདོང་པོ་རི་དམར།	东波日马尔（山）	གདོང་པོ་རི་དམར།	未变	གདོང་པོ་རི་དམར།
乱石山	མདུང་མགོ།	东果（山）	མདུང་མགོ།	未变	མདུང་མགོ།
觉莎嘎札日	ཀྱུག་ས་ཁ།	觉莎嘎（山）	ཀྱུག་ས་ཁ།	未变	ཀྱུག་ས་ཁ།
嘎文	ག་སྡོན།	嘎沃（山）	ག་སྡོན།	未变	ག་སྡོན།
贡本来	གོམས་པན་ལྷས།	贡盘勒（山）	གོམས་པན་ལྷས།	未变	གོམས་པན་ལྷས།
卡嘎索	མཁར་ཁ་སོ།	咔尔咔索（山）	མཁར་ཁ་སོ།	未变	མཁར་ཁ་སོ།
则嘎波	གངས་དཀར་པོ།	岗嘎波（山）	གངས་དཀར་པོ།	未变	གངས་དཀར་པོ།
拉札若布	ལ་བཙས་རིང་པོ།	拉栽仁波（山）	ལ་བཙས་རིང་པོ།	未变	ལ་བཙས་རིང་པོ།
郎木咔	ལུང་མོ་བཞའ།	龙木吓（山）	ལུང་མོ་བཞའ།	未变	ལུང་མོ་བཞའ།
拉拢	ལ་ལུང་།	拉隆（山）	ལ་ལུང་།	未变	ལ་ལུང་།
朗宗	ནག་རྫོག	那宗（山）	ནག་རྫོག	未变	ནག་རྫོག
穷孔日	ཆུང་གུང་རི།	穷共日（山）	ཆུང་གུང་རི།	未变	ཆུང་གུང་རི།
撒普岗	སག་ཕུ་རྗེ།	沙普岗（山）	སག་ཕུ་རྗེ།	未变	སག་ཕུ་རྗེ།
乌吉	དབུས་རི།	乌日（山）	དབུས་རི།	未变	དབུས་རི།
学耳结吓	ཞོར་བྱུང་ཤ།	学耳穷吓（山）	ཞོར་བྱུང་ཤ།	未变	ཞོར་བྱུང་ཤ།
喜恰	ཤིག་གྱུག	西加（山）	ཤིག་གྱུག	未变	ཤིག་གྱུག
总龙	འཛོམས་ལུང་།	宗隆（山）	འཛོམས་ལུང་།	未变	འཛོམས་ལུང་།
彻退拉	ཚ་འདུ་ལ།	擦堵拉（山）	口ཚ་འདུ་ལ།	未变	ཚ་འདུ་ལ།

续表 11

旧名		1989 年更名		今名	
汉文	藏文	汉文	藏文	汉文	藏文
恩德土伯山口（吉乌讷姆勒）	སྐྱོ་ནམ་ལ།	觉那木拉山口	སྐྱོ་ནམ་ལ།	未变	སྐྱོ་ནམ་ལ།
巴则拉	བར་རྩེ་ལ།	巴孜拉山口	བར་རྩེ་ལ།	未变	བར་རྩེ་ལ།
撒拉	སག་ལ།	沙拉山口	སག་ལ།	未变	སག་ལ།
下金拉	བཞའ་ཆེན་ལ།	协庆拉山口	བཞའ་ཆེན་ལ།	未变	བཞའ་ཆེན་ལ།
查嘎坡	ཚྭ་ཁ་ཕུ།	擦咔普河	ཚྭ་ཁ་ཕུ།	未变	ཚྭ་ཁ་ཕུ།
道果、多布	སྟོགས་ལ།	多拉河	སྟོགས་ལ།	未变	སྟོགས་ལ།
松曲	ཐེ་ཁ་སུམ་ཆུ།	德松曲	ཐེ་ཁ་སུམ་ཆུ།	未变	ཐེ་ཁ་སུམ་ཆུ།
吉尔迪河	དཀྱིལ་ལྡེ་ཆུ།	吉迪曲	དཀྱིལ་ལྡེ་ཆུ།	未变	དཀྱིལ་ལྡེ་ཆུ།
吉活嘎德	སྐྱིད་འོབ་དཀར་མདའ།	吉沃嘎达河	སྐྱིད་འོབ་དཀར་མདའ།	未变	སྐྱིད་འོབ་དཀར་མདའ།
曲隆、曲龙	ཁྱུང་ལུང་།	炯隆乡	ཁྱུང་ལུང་།	曲龙村	ཁྱུང་ལུང་།
穷隆、冲龙	ཁྱུང་ལུང་གྲོང་ཚོ།	炯隆仲措村	ཁྱུང་ལུང་གྲོང་ཚོ།	曲龙村	ཁྱུང་ལུང་གྲོང་ཚོ།
多角寺	མདུན་ཆུ་དགོན་པ།	顿曲贡巴寺	མདུན་ཆུ་དགོན་པ།	未变	མདུན་ཆུ་དགོན་པ།
且札	འཕྲེད་ཁྲ།	尺查（山）	འཕྲེད་ཁྲ།	未变	འཕྲེད་ཁྲ།
叉桑冲日	ཁྲ་ཚང་ཚོང་ར།	叉仓葱热（山）	ཁྲ་ཚང་ཚོང་ར།	未变	ཁྲ་ཚང་ཚོང་ར།
札嘎	བྲག་ཁམ་པེལ།	扎嘎达索（山）	བྲག་ཁམ་པེལ།	未变	བྲག་ཁམ་པེལ།
查尔果	ཁྲ་མགོ།	查果（山）	ཁྲ་མགོ།	未变	ཁྲ་མགོ།
吉里	ཏི་ལི་དཀར་རུ།	地里嘎如（山）	ཏི་ལི་དཀར་རུ།	未变	ཏི་ལི་དཀར་རུ།
足曲那	རྒྱུགས་ཆུ་སྣ།	久曲那（山）	རྒྱུགས་ཆུ་སྣ།	未变	རྒྱུགས་ཆུ་སྣ།
昂日	གུག་ཙེ་རི།	古字日（山）	གུག་ཙེ་རི།	未变	གུག་ཙེ་རི།
嘎尔嘎札	གར་དཀར་རྩེ།	各嘎孜（山）	གར་དཀར་རྩེ།	未变	གར་དཀར་རྩེ།
郎龙	ལམ་ལུང་།	拉木隆（山）	ལམ་ལུང་།	未变	ལམ་ལུང་།
拉依不札	ལ་འཇིབ་ཁྲ།	拉吉不查（山）	ལ་འཇིབ་ཁྲ།	未变	ལ་འཇིབ་ཁྲ།
普萨日	ཕུ་སི་རི།	普斯日（山）	ཕུ་སི་རི།	未变	ཕུ་སི་རི།
颇尼阿昂	ཕོ་ཉ་དབང་།	颇娘旺（山）	ཕོ་ཉ་དབང་།	未变	ཕོ་ཉ་དབང་།
穷午日章	ཇོ་རི་གྲམ།	觉日章（山）	ཇོ་རི་གྲམ།	未变	ཇོ་རི་གྲམ།
柏亚拉穷拉	ཁྱེ་ཡ་ལ་ཆུང་ལ།	切亚拉穷拉（山）	ཁྱེ་ཡ་ལ་ཆུང་ལ།	未变	ཁྱེ་ཡ་ལ་ཆུང་ལ།
松门龙	སོ་སྨད་ལུང་།	索麦隆（山）	སོ་སྨད་ལུང་།	未变	སོ་སྨད་ལུང་།

续表 12

旧名		1989 年更名		今名	
汉文	藏文	汉文	藏文	汉文	藏文
沙地普	བསག་གཉིགས།	沙地(山)	བསག་གཉིགས།	未变	བསག་གཉིགས།
塘嘎布客	ཐང་དཀར་འབབ་ཡུལ།	塘嘎帕尤(山)	ཐང་དཀར་འབབ་ཡུལ།	未变	ཐང་དཀར་འབབ་ཡུལ།
地嘎日	དེའུ་དཀར་རི།	迪吾嘎日(山)	དེའུ་དཀར་རི།	未变	དེའུ་དཀར་རི།
松卡	ཤར་རི།	夏日(山)	ཤར་རི།	未变	ཤར་རི།
杰古拉	རྒྱལ་སྒོ་ལ།	杰果拉山口	རྒྱལ་སྒོ་ལ།	未变	རྒྱལ་སྒོ་ལ།
贡格山口	དབུ་སྒྲ་ལ།	吾札拉山口	དབུ་སྒྲ་ལ།	未变	དབུ་སྒྲ་ལ།
杰英迪山口	ཛ་དེའུ་ལ།	杂底拉山口	ཛ་དེའུ་ལ།	未变	ཛ་དེའུ་ལ།
曲那坡	ཆུ་ནག་པོ།	曲那波河	ཆུ་ནག་པོ།	未变	ཆུ་ནག་པོ།
姑拉曲	བྱེ་མ་ལྷས་ཆུང་ཆུ།	切玛勒琼曲	བྱེ་མ་ལྷས་ཆུང་ཆུ།	未变	བྱེ་མ་ལྷས་ཆུང་ཆུ།
曲明中	ཆུ་མིང་ཆེན།	曲明钦河	ཆུ་མིང་ཆེན།	未变	ཆུ་མིང་ཆེན།
明真	ཆུ་མིང་ཆུང་།	曲明琼河	ཆུ་མིང་ཆུང་།	未变	ཆུ་མིང་ཆུང་།
甲布友	གཞིབས་ཆུ།	夏久河	གཞིབས་ཆུ།	未变	གཞིབས་ཆུ།
充过错	མཚོ་སྐམ།	错嘎木湖	མཚོ་སྐམ།	未变	མཚོ་སྐམ།
嘎果错	མཚོ་མགོ།	错果湖	མཚོ་མགོ།	未变	མཚོ་མགོ།
曲木地、楚木尔地、曲木底	ཆུ་སྨུ་དི།	曲莫滴乡	ཆུ་སྨུ་དི།	曲木底村	ཆུ་སྨུ་དི།
格公间	སྐེའུ་ཁུང་ཅན།	格吾扎间村	སྐེའུ་ཁུང་ཅན།	未变	སྐེའུ་ཁུང་ཅན།
丁部	སྡིང་འབྲུལ།	丁拜村	སྡིང་འབྲུལ།	未变	སྡིང་འབྲུལ།
科炸	ཁ་ཙམ།	咔藏木村	ཁ་ཙམ།	未变	ཁ་ཙམ།
那早	ནག་ཚོག	那佐村	ནག་ཚོག	未变	ནག་ཚོག
色尔底	གསེར་སྡིངས།	色尔顶村	གསེར་སྡིངས།	未变	གསེར་སྡིངས།
信语	ཤིང་ཡུལ།	兴隅村	ཤིང་ཡུལ།	未变	ཤིང་ཡུལ།
哦依摆	ཨ་གཡུ་དཔལ།	阿宇拜(山)	ཨ་གཡུ་དཔལ།	未变	ཨ་གཡུ་དཔལ།
邦均	སྤང་ཆེན།	邦庆(山)	སྤང་ཆེན།	未变	སྤང་ཆེན།
邦中	སྤང་ཆུང་།	邦琼(山)	སྤང་ཆུང་།	未变	སྤང་ཆུང་།
邦超	སྤང་ཁྲའུ།	邦查吾(山)	སྤང་ཁྲའུ།	未变	སྤང་ཁྲའུ།
八安哥	སྤང་ཁ།	邦喀(山)	སྤང་ཁ།	未变	སྤང་ཁ།
邦超嘎	སྤང་ཁྲ་དཀར།	邦查嘎(山)	སྤང་ཁྲ་དཀར།	未变	སྤང་ཁྲ་དཀར།

续表 13

旧名		1989 年更名		今名	
汉文	藏文	汉文	藏文	汉文	藏文
邦金钟嘎	སྤང་དཀྱིལ་གོང་ཁ།	邦吉贡嘎(山)	སྤང་དཀྱིལ་གོང་ཁ།	未变	སྤང་དཀྱིལ་གོང་ཁ།
茶仓	ཁྲ་ཚང་།	查仓(山)	ཁྲ་ཚང་།	未变	ཁྲ་ཚང་།
东哪木吉	གདོང་སྣ་བཅད།	东纳杰(山)	གདོང་སྣ་བཅད།	未变	གདོང་སྣ་བཅད།
西隆	གདིང་ལུང་།	顶隆(山)	གདིང་ལུང་།	未变	གདིང་ལུང་།
格沙洞	མདའ་ས་གདོང་།	达萨冬(山)	མདའ་ས་གདོང་།	未变	མདའ་ས་གདོང་།
节不予尖	རྒྱབ་ཡོལ་ཅན།	甲俞尖(山)	རྒྱབ་ཡོལ་ཅན།	未变	རྒྱབ་ཡོལ་ཅན།
哥鲁	སྒ་ཉུ་ནག་རྫོང་།	哥如那宗(山)	སྒ་ཉུ་ནག་རྫོང་།	未变	སྒ་ཉུ་ནག་རྫོང་།
光光纳光播	ཀོང་ཀོང་ལྷས།	贡贡勒(山)	ཀོང་ཀོང་ལྷས།	未变	ཀོང་ཀོང་ལྷས།
光亚门	གོང་གཡའ་མེ།	贡亚门(山)	གོང་གཡའ་མེ།	未变	གོང་གཡའ་མེ།
强珠拉	གྱམ་ཆུང་ལྷས།	加木琼勒(山)	གྱམ་ཆུང་ལྷས།	未变	གྱམ་ཆུང་ལྷས།
卡拉果	ཁག་ལྷས་མགོ།	喀勒果(山)	ཁག་ལྷས་མགོ།	未变	ཁག་ལྷས་མགོ།
古尔木切	གུར་མོ་ཆེ།	古尔姆且(山)	གུར་མོ་ཆེ།	未变	གུར་མོ་ཆེ།
工日布	གུང་རི།	贡日(山)	གུང་རི།	未变	གུང་རི།
哥安切	གོང་སྟོན་ཅན།	贡温尖(山)	གོང་སྟོན་ཅན།	未变	གོང་སྟོན་ཅན།
龙觉	ལུང་ཀྱོག	隆觉(山)	ལུང་ཀྱོག	未变	ལུང་ཀྱོག
龙仁日	ལུང་རིང་ར།	隆仁日(山)	ལུང་རིང་ར།	未变	ལུང་རིང་ར།
郎门尼	ལ་སྨད་ཉི།	拉麦尼(山)	ལ་སྨད་ཉི།	未变	ལ་སྨད་ཉི།
敏仁拉龙	མི་རྗེད་ལ་ལུང་།	敏生拉隆(山)	མི་རྗེད་ལ་ལུང་།	未变	མི་རྗེད་ལ་ལུང་།
忙泽日	དམའ་རྩེ་ནག་རྫོང་།	玛孜拿宗(山)	དམའ་རྩེ་ནག་རྫོང་།	未变	དམའ་རྩེ་ནག་རྫོང་།
拉谷尼	ལ་མགོ་གཉིས།	拉果尼(山)	ལ་མགོ་གཉིས།	未变	ལ་མགོ་གཉིས།
那早丢	ནག་ཙོག་དེའུ།	拿佐迪吾(山)	ནག་ཙོག་དེའུ།	未变	ནག་ཙོག་དེའུ།
裂郎姆	གནས་ལྷ་མོ།	乃拉姆(山)	གནས་ལྷ་མོ།	未变	གནས་ལྷ་མོ།
背工拉	བྲག་(བག)ཁྱུང་ལ།	扒孔拉(山)	བྲག་(བག)ཁྱུང་ལ།	未变	བྲག་(བག)ཁྱུང་ལ།
邦尔交马尔布	བང་མ་འདྲེ་འཁྱེར།	邦玛之其尔(山)	བང་མ་འདྲེ་འཁྱེར།	未变	བང་མ་འདྲེ་འཁྱེར།
布拉	སྤུ་ལ།	普拉(山)	སྤུ་ལ།	未变	སྤུ་ལ།
北尔冬松拉	བྱེ་གདོང་གསུམ་ལ།	切冬松拉(山)	བྱེ་གདོང་གསུམ་ལ།	未变	བྱེ་གདོང་གསུམ་ལ།
角张	རྗོ་གྲེང་།	角陈(山)	རྗོ་གྲེང་།	未变	རྗོ་གྲེང་།

续表 14

旧名		1989 年更名		今名	
汉文	藏文	汉文	藏文	汉文	藏文
卡昂玛	བྱ་ངང་མ།	恰昂玛（山）	བྱ་ངང་མ།	未变	བྱ་ངང་མ།
仁隆	རོང་ལུང་།	荣隆（山）	རོང་ལུང་།	未变	རོང་ལུང་།
松子拉	གསུམ་རྩེ་ལ།	松孜拉（山）	གསུམ་རྩེ་ལ།	未变	གསུམ་རྩེ་ལ།
速能	སོག་ཆུང་།	索琼（山）	སོག་ཆུང་།	未变	སོག་ཆུང་།
索线	སོ་ཤིན།	索辛（山）	སོ་ཤིན།	未变	སོ་ཤིན།
速现	སོག་ཆེན།	索庆（山）	སོག་ཆེན།	未变	སོག་ཆེན།
丢玛宗日	དེའུ་དམར་རྫོང་།	丢玛宗（山）	དེའུ་དམར་རྫོང་།	未变	དེའུ་དམར་རྫོང་།
碟坡齐	དེའུ་ཆེ།	底吾其（山）	དེའུ་ཆེ།	未变	དེའུ་ཆེ།
吓龙觉	ཤ་ནག་རྫོང་།	夏那宗（山）	ཤ་ནག་རྫོང་།	未变	ཤ་ནག་རྫོང་།
雅都吉	གཡག་སྟོད་ཅན།	雅堆坚（山）	གཡག་སྟོད་ཅན།	未变	གཡག་སྟོད་ཅན།
弄脱	སྣུང་སྟོད།	扭堆（山）	སྣུང་སྟོད།	未变	སྣུང་སྟོད།
直松木多	སྤྲེའུ་སུམ་མདོ།	直吾松多（山）	སྤྲེའུ་སུམ་མདོ།	未变	སྤྲེའུ་སུམ་མདོ།
札玛切日	རྫ་དམར་ཅན།	杂玛尖（山）	རྫ་དམར་ཅན།	未变	རྫ་དམར་ཅན།
的觉拉	འདམ་ཚོག་ལ།	当乔拉	འདམ་ཚོག་ལ།	未变	འདམ་ཚོག་ལ།
龙虾拉	གདོང་དམར་ལ།	冬玛拉	གདོང་དམར་ལ།	未变	གདོང་དམར་ལ།
农恩拉	ལུང་སྔོན་ལ།	隆温拉	ལུང་སྔོན་ལ།	未变	ལུང་སྔོན་ལ།
波博山口	བུད་བུད་ལ།	培培拉	བུད་བུད་ལ།	未变	བུད་བུད་ལ།
门多丁拉	མེ་ཏོག་སྡིངས་ལ།	美朵顶拉	མེ་ཏོག་སྡིངས་ལ།	未变	མེ་ཏོག་སྡིངས་ལ།
帕萨足札	བར་ཚད།	帕尔莱山口	བར་ཚད།	未变	བར་ཚད།
冬拉山口	དུང་ལ།	冬拉山口	དུང་ལ།	未变	དུང་ལ།
伊米斯山口	ཡིན་མིན་ལ།	尹明拉山口	ཡིན་མིན་ལ།	未变	ཡིན་མིན་ལ།
大腊	ཏ་ར།	达热河	ཏ་ར།	未变	ཏ་ར།
隆莫其	ལྷུང་མོ་ཆེ།	姜姆且河	ལྷུང་མོ་ཆེ།	未变	ལྷུང་མོ་ཆེ།
拉俄隆	ལ་ལྔ་ལུང་།	拉阿隆河	ལ་ལྔ་ལུང་།	未变	ལ་ལྔ་ལུང་།
南巴	ནེའུ་འབོག	乃吾包河	ནེའུ་འབོག	未变	ནེའུ་འབོག
罗波	གནའ་ཕུག་ཆུ།	那普曲河	གནའ་ཕུག་ཆུ།	未变	གནའ་ཕུག་ཆུ།
尼哪木稀札	ཉི་མ་ནམ་ཤར།	尼哪木夏尔河	ཉི་མ་ནམ་ཤར།	未变	ཉི་མ་ནམ་ཤར།

续表 15

旧名		1989 年更名		今名	
汉文	藏文	汉文	藏文	汉文	藏文
北尔冬松多	བྱེ་གདོང་གསུམ་མདོ།	切冬松多河	བྱེ་གདོང་གསུམ་མདོ།	未变	བྱེ་གདོང་གསུམ་མདོ།
切密过玛	ཆུ་མིག་གོང་མ།	曲米贡玛河	ཆུ་མིག་གོང་མ།	未变	ཆུ་མིག་གོང་མ།
泽林所	ས་ལེབ་དབྱག	萨列惹河	ས་ལེབ་དབྱག	未变	ས་ལེབ་དབྱག
色尔底曲	གསེར་སྡིངས་ཆུ།	色尔顶曲	གསེར་སྡིངས་ཆུ།	未变	གསེར་སྡིངས་ཆུ།
勇登	གཞུང་སྡིངས།	雄顶河	གཞུང་སྡིངས།	未变	གཞུང་སྡིངས།
次旦错	མཚོ་སྡིངས་མཚོ།	错顶错	མཚོ་སྡིངས་མཚོ།	未变	མཚོ་སྡིངས་མཚོ།
塞拉隆错	སེར་ར་ལུང་མཚོ།	塞热隆错	སེར་ར་ལུང་མཚོ།	未变	སེར་ར་ལུང་མཚོ།
楚鲁松杰	ཚོ་སྤྱིལ་གསུམ་དཀྱིལ།	措丝松有	མཚོ་སྤྱིལ་གསུམ་དཀྱིལ།	楚鲁松杰	མཚོ་སྤྱིལ་གསུམ་དཀྱིལ།
楚鲁普、楚鲁	མཚོ་སྤྱིལ།	措丝村	མཚོ་སྤྱིལ།	楚松村	མཚོ་སྤྱིལ།
屯姆	གདོང་སྨུར།	东姆村	གདོང་སྨུར།	未变	གདོང་སྨུར།
登登	མདུན་འདུས།	顿堆村	མདུན་འདུས།	未变	མདུན་འདུས།
强巴贡赤	དགོན་འཁྲི།	贡赤村	དགོན་འཁྲི།	未变	དགོན་འཁྲི།
曲惹	ཁྱུ་རིག	曲日村	ཁྱུ་རིག	未变	ཁྱུ་རིག
卡拉	ཁ་དེག	喀已村	ཁ་དེག	未变	ཁ་དེག
莫札	མོན་རྫོ།	门札村	མོན་རྫོ།	未变	མོན་རྫོ།
巴尔角	བར་ཇོག	巴尔觉村	བར་ཇོག	八角	བར་ཇོག
西札马	ཞེལ་འབྱིང་མ།	西札玛村	ཞེལ་འབྱིང་མ།	未变	ཞེལ་འབྱིང་མ།
班恩郭	སྤང་མགོ།	帮郭(山)	སྤང་མགོ།	未变	སྤང་མགོ།
宜郎	སྙིང་ལམ།	丁拉木(山)	སྙིང་ལམ།	未变	སྙིང་ལམ།
角热热	ཀྱག་རི།	角日(山)	ཀྱག་རི།	未变	ཀྱག་རི།
乌岭	ཧོར་གླིང་།	霍岭(山)	ཧོར་གླིང་།	未变	ཧོར་གླིང་།
相木喜	སྦྱང་མོ་ཤེ།	江木喜(山)	སྦྱང་མོ་ཤེ།	未变	སྦྱང་མོ་ཤེ།
康麦龙	གངས་མེད་ལུང་།	岗麦隆(山)	གངས་མེད་ལུང་།	未变	གངས་མེད་ལུང་།
卡斯卡尔	ཁ་སའི་མཁར།	咔赛咔尔(山)	ཁ་སའི་མཁར།	未变	ཁ་སའི་མཁར།
卡蓝格山	ཁ་ལངས་དཀར་རི།	咔朗嘎日(山)	ཁ་ལངས་དཀར་རི།	未变	ཁ་ལངས་དཀར་རི།
卡拉克日	ཁ་རེག་ཁའི་རི།	卡日克日(山)	ཁ་རེག་ཁའི་རི།	未变	ཁ་རེག་ཁའི་རི།
苦穷果	འཁོར་ཆུང་སྒོ།	括穷果(山)	འཁོར་ཆུང་སྒོ།	未变	འཁོར་ཆུང་སྒོ།

续表 16

旧名		1989 年更名		今名	
汉文	藏文	汉文	藏文	汉文	藏文
开德格波加山	ཁ་བཏགས་དཀར་པོ།	咔达嘎布山	ཁ་བཏགས་དཀར་པོ།	未变	ཁ་བཏགས་དཀར་པོ།
卡拉布	ཁ་ལ་སྤུ།	咔拉普(山)	ཁ་ལ་སྤུ།	未变	ཁ་ལ་སྤུ།
甲热的	གྱང་རིང་བ།	甲热瓦(山)	གྱང་རིང་བ།	未变	གྱང་རིང་བ།
甲热的	རྒྱབ་ལུང་།	甲不隆(山)	རྒྱབ་ལུང་།	未变	རྒྱབ་ལུང་།
卡拉	ཁ་ལ།	喀拉(山)	ཁ་ལ།	未变	ཁ་ལ།
芒岗	མ་གངས།	玛岗(山)	མ་གངས།	未变	མ་གངས།
芒朵	མོན་རྡོ།	门朵(山)	མོན་རྡོ།	未变	མོན་རྡོ།
穷苦果	ཆུ་ཁུ་མགོ།	曲苦果(山)	ཆུ་ཁུ་མགོ།	未变	ཆུ་ཁུ་མགོ།
缩色尤巴	ཟུར་སའི་འོག་མ།	苏色沃巴(山)	ཟུར་སའི་འོག་མ།	未变	ཟུར་སའི་འོག་མ།
香樟	ཤིང་ཕྲེང་།	兴生(山)	ཤིང་ཕྲེང་།	未变	ཤིང་ཕྲེང་།
则郎	རྫེ་ལངས།	孜郎(山)	རྫེ་ལངས།	未变	རྫེ་ལངས།
宜郎拉	སྡིང་ལམ་ལ།	丁拉木拉山口	སྡིང་ལམ་ལ།	未变	སྡིང་ལམ་ལ།
克勇星山口	ཁ་ཡོམ་ཤིང་ལ།	咔勇星拉山口	ཁ་ཡོམ་ཤིང་ལ།	未变	ཁ་ཡོམ་ཤིང་ལ།
玛果多拉山口	ནག་པོ་རྡོ་ལ།	那布多拉山口	ནག་པོ་རྡོ་ལ།	未变	ནག་པོ་རྡོ་ལ།
穷冬拉	ཆུ་མཐོང་ལ།	曲通拉山口	ཆུ་མཐོང་ལ།	未变	ཆུ་མཐོང་ལ།
得历拉	ཐ་ལི་ལ།	塔历拉山口	ཐ་ལི་ལ།	未变	ཐ་ལི་ལ།
下隆拉山口	ཤར་ལུང་ལ།	下隆拉山口	ཤར་ལུང་ལ།	未变	ཤར་ལུང་ལ།
巴拉	དཔའ་ལ་ཆུ།	巴拉曲	དཔའ་ལ་ཆུ།	未变	དཔའ་ལ་ཆུ།
巴郎曲	སྤང་སྣ་ཆུ།	邦那曲	སྤང་སྣ་ཆུ།	未变	སྤང་སྣ་ཆུ།
赤久	འཁྲི་ཆུ།	赤曲河	འཁྲི་ཆུ།	未变	འཁྲི་ཆུ།
宜郎	སྡིང་ལམ་ཆུ།	丁拉木曲	སྡིང་ལམ་ཆུ།	未变	སྡིང་ལམ་ཆུ།
倒邦那	རྟེའུ་སྤང་སྣ།	丢吾邦那河	རྟེའུ་སྤང་སྣ།	未变	རྟེའུ་སྤང་སྣ།
德共曲	ལྡག་གོང་ཆུ།	达其曲	ལྡག་གོང་ཆུ།	未变	ལྡག་གོང་ཆུ།
加拉卓坡曲	སྐྱེས་ལེགས་གྲོག་པོ་ཆུ།	吉来卓布曲	སྐྱེས་ལེགས་གྲོག་པོ་ཆུ།	未变	སྐྱེས་ལེགས་གྲོག་པོ་ཆུ།
角热卓浦	སྐྱུག་རི་གྲོག་པོ།	角日卓布河	སྐྱུག་རི་གྲོག་པོ།	未变	སྐྱུག་རི་གྲོག་པོ།
昆沙浦	དཀུན་ས་ཕུག་ཆུ།	棍萨普曲	དཀུན་ས་ཕུག་ཆུ།	未变	དཀུན་ས་ཕུག་ཆུ།
麦札工约浦打、帕里曲	མོན་བྲག་གོང་འོག་ཕུ་མདའ།	门札贡沃普达河	མོན་བྲག་གོང་འོག་ཕུ་མདའ།	未变	མོན་བྲག་གོང་འོག་ཕུ་མདའ།

续表 17

旧名		1989 年更名		今名	
汉文	藏文	汉文	藏文	汉文	藏文
彭弄	བང་ལུང་།	彭隆河	བང་ལུང་།	未变	བང་ལུང་།
潘格隆格曲	ཕར་ཀ་ལུང་པའི་ཆུ།	帕格隆拜曲	ཕར་ཀ་ལུང་པའི་ཆུ།	未变	ཕར་ཀ་ལུང་པའི་ཆུ།
桑波帕里河	བྱང་ཆུབ་གླིང་གཙང་པོ།	江秋林藏布	བྱང་ཆུབ་གླིང་གཙང་པོ།	未变	བྱང་ཆུབ་གླིང་གཙང་པོ།
上穷	སངས་ཆུང་།	桑穷	སངས་ཆུང་།	未变	སངས་ཆུང་།

二、文件　报告

慰问楚鲁松杰和底雅地区的总结报告

（一）

在毛主席、党中央和自治区党委、军区党委的亲切关怀下，我们带着全国各族人民深厚的阶级情谊于七月十七日至二十九日和八月四日至十三日，对赴楚鲁松杰和底雅地区遭受地震灾害的同胞分别进行了为期15天和10天的慰问活动。慰问团整个活动是在阿里地区党委、革委会、军分区的直接领导下进行的，两个受灾地区的同胞对我们的工作给予了大力配合。这两个地区位于我区的最西部，属中印边境中段的西段。底雅地区历史上分为底雅、什布奇两部分，共9个居民点，66户277人，有大小牲畜2550头（只），耕地面积402亩。楚鲁松杰地区自古以来就由楚鲁松杰、噶拉巴角巨哇、曲惹3个部落组成，18个居民点，87户326人，有大小牲畜1467头（只、匹），耕地面积1103亩。这两个地区分别坐落在象泉河及其支流的河谷地带，海拔较低，气候较湿润，水力丰富，草木繁茂，具有发展农、林、牧三产的良好条件。尤其在底雅地区的一些地方更是一年两热。慰问团是由地区、县、区三级地方机关11人、部队39人、民兵18人共68人组成的。同志们虽然来自不同的单位，但都一致深感此次任务的光荣和艰巨，能够参加这次活动是党对自己的信任。全体同志自觉地服从党的一元化领导，行前纷纷向慰问团党支部表决心，行动中要服从领导，遵守纪律，团结互助，克服困难，保证了任务的顺利完成。

在整个慰问中，首先我们转达了毛主席、党中央对灾区同胞的亲切关怀，积极开展了党的政策的宣传教育，同时还放映了17场电影，让边境同胞从银幕上看见了伟大领袖毛主席的光辉形象。同时医疗组为受灾同胞治病500余人（次），兽医医治牲畜50头（只、匹）。在慰问时，我们慰问活动工作组抽时间积极参加劳动，为当地群众修复了一条遭地震破坏长达1500米的水渠，收到了1000余斤的青稞，还参加了修新房子的工作。

这次慰问活动生动表明了毛主席、党中央对边境藏族同胞无微不至的关怀，显示了社会主义制度的无比优越，充分体现了祖国大家庭的温暖。广大受灾同胞深受教育和鼓舞，从心底感激毛主席，感激共产党。底雅地区马洋村在一次欢送慰问团的会上欢乐地唱道："一九七五年，毛主席派来慰问团，像那火红的太阳啊，党的恩情普照大地；像那暖和的春风啊，我们感到祖国的无比温暖。"

（二）

这次强烈地震发生在今年元月二十一日十二时五十分左右，在我国境内以楚鲁松杰地区巴角村为中心，涉及整个楚鲁松杰、底雅地区。底雅地区除什布奇村震倒房屋15间外，其余未造成明显的损失。地震给巴角村带来了严重损失，全村24个同胞被夺去了生命，占全村总人口的33%，36个同胞受伤，占49%；牲畜死亡达195头（只、匹），占全村总数的40%，损失粮食21900斤；住房除三幢外，包括一座寺庙和外流户房屋在内全部震塌，共657间。造成死绝户两户，另两户只留下一个孤儿。在楚鲁松杰和底雅共震毁房屋149间，下余房屋三分之二以上造成了程度不等的损失。

地震还带来了楚鲁松杰地区地形地物的改变，有的地方出现了新的泉眼，有的地方由水沟裂变加宽，流水量加大，一条大裂缝从地震区的叶措拉经过巴角延伸到噶拉地城的准桑，宽为0.5—2米，长达40千米左右。

在两个地区进行慰问的日子里，无论在哪个村庄，我们都受到当地同胞热情接待，他们以笑脸把我们迎进村里，流着泪和我们在村口告别。不少同胞向遇到久别的家人一样，一定要请我们到他们家喝上一杯酥油茶。有的同胞控制不住内心的喜悦，拉着我们的手热泪盈眶。嘎拉村次仁多吉大爷激动地说："旧社会我们这儿遭天花，一个村、一个村的人都死光了，谁来过问啊！今天是毛主席领导的社会主义国家，来了慰问团，带来了这么多东西，毛主席才是我们的大恩人啊。"慰问团根据这次任务时间短、任务紧、边境复杂的特点，依据不同的地域情况，分3个组由党支部成员分头负责进行活动。一共召开了6次慰问大会，4次组长会议，此外还召集了各种座谈会，进行了个别询问，对两地区阶级斗争和一些重大的社会情况作了一些调查分析。慰问中我们把爱国主义教育贯彻始终，着重宣传当前国内外大好形势，以及西藏、阿里新中国成立以来在革命和生产上所取得的伟大成就，反复讲解党的民族政策、宗教政策、统战政策和边境政策。这在一定程度上激发了他们的爱国主义思想，开阔了眼界，增进了对毛主席、共产党的热情。

根据重灾多给、轻灾少给、无灾稍给、对困难户特殊照顾的原则，我们在这次慰问大会上发放了价值近2万元的生产、生活用品（另外还有一批牲畜、物资发放），影响较大。来底雅的一位印度商人就说："还是上边（中国）好，下边（印度）不行。我们那儿也遭了地震灾害，印度政府才给一人一把米、一包糖，每户给一顶帐篷是临时借的，等修起房子后还要归还。"党的关怀犹如一股暖流激起了广大受灾同胞无限深厚的阶级情谊。铁匠出身的顿珠手拿着一件崭新的呢藏袍说："这衣服在旧时是领主才能穿的呀。我今年50多岁了，是毛主席给我穿上了。"

统战人士、江久寺庙中层喇嘛、楚鲁松杰地区负责人旦增才旺也深受感动，他对群众说："我们好坏要分清，毛主席派人来慰问我们，连头上戴的、脚上穿的都想到了，大家应好好想一想啊！"

这次地震灾害后又逢数十年不遇的特大雪灾，交通断绝，致使我们不能及时获取灾情，采取应急措施。直到六月二十一日，楚鲁松杰的3个同胞才冒着生命危险翻越帕尔拉雪山把消息带了过来。在那些艰难的日子里，受灾同胞在盼望祖国亲人支援的同时，又发扬了中华民族英勇顽强、不畏艰险的可贵精神，向困难进行了不屈不挠的斗争。在地震发生时，巴角村只有4名同胞未被倒塌的房屋埋没，他们不顾一切地冲进现场，用手扒、脚蹬，抢救出了30多人。50多岁的白吉大妈使出全身力气奋力救出了5名同胞。事后他们又克服了严寒、缺食、少工具的困难，抢种 78 克地的青稞。到目前为止，在 18 户人中已有 11 户基本建成或部分建成了新的住房，受灾同胞这种舍己为人、团结互助、自力更生、重建家园的可贵风格是值得我们学习的。

（三）

这两个地区的阶级斗争是相当尖锐、复杂的，以下几点调查材料仅供领导参考。

1. 这两个地区和印度反动派、国外叛匪整日对峙，印度反动派不仅非法侵占了我巨哇曲惹地区和什布奇部分地区，还利用各种手段派遣特务、收买内奸进行造谣破坏活动，企图制造民族分裂，破坏我国统一。据不完全统计，楚鲁松杰地区解放以来，被敌人利用民族、宗教、民政等问题进行欺骗、流外至今未归的同胞就有 39 户 335 人，带走牲畜 2395 头（只）。今春以来，印商在此地区大肆散布什么："我们也遇了地震灾害，印度政府派飞机送来了吃的、帐篷，还来了一个戴眼镜坐小车的大官……" 等等。

2. 由于这是未改地区，我们去得很少，影响也较大，所以党的政策不能贯彻落实，尤其是在处理外流户财产上更为突出。对楚鲁松杰外流户的财产，从土地、房屋和木板等方面进行按人"平分"；底雅外流户田园荒废，树木被滥伐，或因无人管理而枯死。这对争取外流户回归、进行边境斗争是不利的。

3. 新中国成立以来，这两个地区废除了乌拉差役，一些户生产有了一定发展，生活有了改善。但小生产发展的必然趋势是产生资本主义，是两极分化，这点在楚鲁松杰最明显。富裕户平均每人拥有 10 头（只）以上的牲畜，贫困户平均每人却不到 1 头（只），大约一半的户有耕地相应的工具，而一半的户就只能用 1—2 个以上人工获取一个畜工，从而承受剥削。

4. 伴随两极分化的产生就是社会阶级矛盾的激化。以大欺小、以强欺弱、以富压贫的现象层出不穷，加上外来户与当地户的矛盾，使得土地、房屋、草和其他财产为内容的民事纠纷时有发生，轻则口角，重则动武。

（四）

两地不断发展生产、繁荣经济、改善人民生活，有力地打击了境内外敌人的破坏活动，保卫了祖国的西南部边境。根据两个地区目前实际情况，我们提出几条建议，请上级考虑。

1. 立即修通山岗和古让的公路，并尽快考虑修筑至楚鲁松杰的公路。然后建设哨卡，底雅、曲松2个区委前移，有利于开展两个地区的社会主义革命和建设。

2. 比较起来，底雅地区（什布奇地域除外）群众阶级觉悟较高，毛泽东思想和党的政策被广大群众欢迎和接受，他们积极要求走社会主义道路，活动组在这里有七八年的历史了。不少群众不止一次地提出了进行民主改革和成立人民公社的要求。他们说：为什么我们这儿不进行民主改革，不办人民公社呢！没有人民公社，生产就不能发展。我们认为现在在此地进行民主改革、成立公社是可能和必要的。

3. 楚鲁松杰和底雅什布奇的群众认识水平和阶级觉悟都较低，在力所能及的前提下，札达县能否每年组织一支由干部、民兵组成的武工队，前往两地区活动2—3次，宣传党的政策，加强文化影响，打好群众基础。在条件成熟时首先成立常久性或季节性互助组。

4. 这两个地区均具有优越的自然条件，但由于生产规模小，生产工具又相当缺少和落后，致使生产水平一直不高。商品供应长期依靠印度，楚鲁松杰三分之二的生产、生活资源来自印度。为了抵消这种势力，发展生产，对楚鲁松杰地区每年组织50—60头牦牛运输物资，可基本满足需要，这两年内以生产资源为主，逐步提高生活水平。

5. 在加强毛泽东思想宣传、加强政治教育和依靠群众、重调查的基础上，物色好一些基层组织干部，逐步让主要领导岗位都掌握在我们的人手中。这点在楚鲁松杰地区尤为必要。

阿里军分区赴楚鲁松杰、底雅什布奇慰问团
一九七五年八月二十一日

政府工作报告

2010年10月15日在札达县第十届人民代表大会第四次会议上所作报告

次仁扎西

各位代表：

现在，我代表县人民政府，向大会作政府工作报告，请予审议，并请各位政协委员和列席会议的同志提出意见。

一、2010年工作回顾

2010年是“十一五”规划的收尾之年，也是“十二五”规划的谋划之年，更是转变发展方式，推动跨越发展的关键一年。一年来，全县上下在地委、行署和县委的坚强领导下，在河北省对口援藏市（县）和上级部门的大力支持下，县政府始终坚持以邓小平理论和“三个代表”重要思想为指导，全面贯彻落实科学发展观，深入学习贯彻中央第五次西藏工作座谈会精神，带领全县上下，紧紧围绕“以项目建设为支撑、农牧林果为两翼、旅游开发为突破口”的发展战略，开拓进取、化解矛盾，团结拼搏，加压奋进，采取各种强劲措施，着力推动发展，加强社会建设，狠抓社会稳定，强化各项基础建设，努力促进经济社会协调发展，全县经济社会发展逆势上扬，好于预期，圆满完成了各项工作任务。

（一）多措并举保增长，经济平稳较快发展

一年来，我们认真贯彻落实上级指示精神和县十届人大三次会议部署，努力消除各种不利因素，集中精力搞建设，满怀信心抓发展，经济社会保持了平稳较快的发展势头。

——综合经济实力再上新台阶。一年来，全县国民经济在逆势发展中继续保持了又好又快发展的良好态势。预计到年底，全县地方生产总值完成10315.62万元，比上年增长31.5%；县级财政收入完成368万元，同比增长13%；农牧民人均纯收入达到3200.5元，同比增长16%；税收收入完成

331 万元，同比增长 10%；各类储蓄存款达到 4557 万元，同比增长 17.48%；发放各类贷款 1839 万元，同比增长 15.09%。

——农、牧、林产业稳步提升。认真落实中央各项强农惠农政策，全年共兑现农机具补贴 30 万元，粮食直补 5.5 万元，从而调动了农牧民生产的积极性。农业方面。共播种农作物 7524.45 亩。其中粮食作物 5946 亩，经济作物 816.45 亩，种植饲草料 762 亩，粮经饲种植比例调整到 79：11：10；实施提高粮油单产行动，推广良种种植 2603 亩，主要农作物粮种普及率达 44%。由于受灾害的影响，预计今年粮食总产量同比减产 35.7%，达 693.38 吨。牧业方面，有效组织实施了防治牲畜“小反刍”“W 病”、禽流感等疫苗注射工作，免疫率达到 100%。预计到年底，全县牲畜存栏 13.2 万头（只、匹），牛、马、羊比例调整为 10：3：87。成畜死亡率控制在 2% 以内，牲畜出栏率预计达到 31.5%。全年完成山羊绒产量 10 吨，绵羊毛产量 60 吨。林业方面，积极实施造林绿化工程。完成城镇周边造林 678 亩，植树 7.5 万株，完成荒山造林 988 亩，植树 11 万株，完成退耕还林补植补造 6.8 万株，义务植树 4.8 万株，城镇绿化率提高到 15.4%。

——项目建设亮点纷呈。我们认真做好前期工作，积极创造条件，及时集中开工，重点项目建设进展顺利。今年我县开工建设项目 36 个，其中续建项目 6 个，分别为：巴札公路建设项目、山岗边防公路建设项目、那什边防公路等建设项目；新建项目有 30 个，分别为：县直和乡（镇）职工周转房、民宗统战业务用房、廉租房附属设施建设、国土局地质展览馆、物价局办公大楼、卫生服务中心综合楼、乡（镇）食堂等建设项目，共投入资金 7.5 亿元。目前，所有在建项目都已进入最后攻坚阶段。

1. 能源建设起色明显。2010 年，县政府积极向上争取能源建设资金 901 万元，分别在香孜乡、达巴乡、曲松乡、种畜场 4 个建设点新建光伏电站 4 座，现此项目正在抓紧实施。此项目的建成，基本可以解决 4 个建设点电力供应不足的问题，为加快农牧区基础设施建设起到积极的推动作用。另外，萨让电站主体工程已结束，在年内可完工，并投入使用。

2. 新农村建设逐步走向合理化。随着经济的快速增长和中央第五次西藏工作座谈会的召开，在国家实施第二轮西部大开发战略的大力推动下，我县新农村建设得到了较快发展。今年共投入879.2万元，在全县8个行政村开工实施了人居环境综合整治工程，该项目的实施，改善了农牧区群众的居住条件，提高了人居环境，丰富了农牧民业余生活，使农牧区建设逐步走向正规化、合理化。

3. 继续加强交通基础建设。针对薄弱环节，不断创新体制，进一步规范公路建设、养护工作。投入14.8万元，完成托林镇东嘎村村道的公路建设工程；投入25万元，完成底雅乡鲁巴村岗芝牧道25千米的新建公路；投入22.7万元完成达巴乡嘎林公路8.1千米的整治工作；投入资金210万元，完成公路养护点7处，养护里程达370千米。

4. 扶贫、农发两大开发项目得以全面实施。今年共投入731万元，实施扶贫开发项目9个。其中投资400多万元，完成香孜乡热嘎夏组4000多亩土地治理及主水渠硬化；投入200万元，建设蔬菜大棚40座。农业开发与土地治理工程全面加强。投入1920万元，完成加德农场农业综合开发土地治理及草籽繁育基地建设集中连片8000亩的人工种草、主水渠、支渠的硬化工程；投入164万元，新建短期育肥点19个，完成草地种植4824亩。

——第三产业焕发新生机。围绕“旅游兴县”发展战略，不断壮大旅游产业。截至目前，来县游客突破6600人次，其中接待国内外游客3500人次，接待各级工作组人员3100人次，实现门票收入60万元，旅游总收入达360万元，创历史新高。农村旅游快速发展，今年积极向上级争取资金90万元，完成札布让村集体藏式旅馆及室内附属设施建设和托林村民俗村接待点，从而拓宽了农牧民增收渠道。全县有20多户农牧民参与旅游接待服务，实现旅游收入30万元。旅游业的快速增长，有效地促进了相关行业的发展，为提高农牧民群众收入和壮大县域经济起到了积极的推动作用。

——切实增加群众收入。一是实施特色产业促增收。在转变发展方式、优化经济结构的同时，大力发展蔬菜、林果等特色农业，有效增加群众收入。通过引进种植能手搞示范，推广实用技术抓培训，已扶持蔬菜瓜果种植77户，户均增收2万元。二是大力发展劳务经济。坚持把劳务输出作为增加农牧民收入特别是现金收入的重要途径，除大力组织引导农牧民群众参与工程建设项目外，还因地制宜积极发展以旅游、餐饮、农产品交换为主要内容的第三产业，鼓励和引导群众开展多形式、多渠道的劳务输出。预计到年底，共组织劳务输出60417人（次），实现收入725万元。三是积极落实惠农政策。长期以来，我们始终将落实支农惠农政策作为促进农牧民增收的主要工作。今年，落实农牧区税费改革资金33.56万元，从而极大地调动了农牧民群众的生产积极性。

（二）统筹协调，加快推进各项社会事业规范发展

我们坚持以人为本，把改善民生作为改革发展稳定的重要结合点，着力解决人民群众最关心、最直接、最现实的利益问题，努力提高保障水平，不断提高公共服务能力，各族群众得到了更多的实惠。

——坚持把教育放在优先发展的重要位置来抓。深入开展“控辍保学”工作，切实加强“两基”攻坚巩固提高、做好迎“国检”工作，小学儿童和初中青少年入学率分别达到99%、96%。进一步加强对“三包”经费的管理，提高资金的使用效率。

——文化事业蓬勃发展。农牧区基层文化工作稳步推进。新建农家书屋5家，丰富了农牧民群众的业余生活。广播电视综合人口覆盖率达到78%，先后完成1382套直播卫星接收设备的系统升级工作。顺利完成全国第三次文物普查工作，从而摸清了我县文化遗产底数。另外“噶尔玛宣”“札达婚俗”已被列为自治区级非物质文化遗产。

——医疗卫生事业发展良好。通过改善医疗条件，提高诊疗水平，为人民群众生命健康安全撑起了一把“保护伞”，广泛开展“送药下乡”“巡回医疗”活动。全年共接诊各类病人38830人次，治愈率达96%。下乡巡回医疗120多人次，诊治病人4800多人次，免费发放药品折合人民币5.53万元。截至年底，全县参加新型医疗保险群众已达5617人，占农牧民总人口的100%。全年，共落实全县职工医疗保险金5.69万元和城镇居民医疗保险金5.27万元。

——社会保障水平不断增强。全年共向城乡低保户发放各类救助金53.72万元；为5名城乡特困群众救助医疗金2.47万元。优抚工作取得显著成效。向30名复原还乡军人发放生活补助金3万元；全年共兑现抚恤金及丧葬费56.94万元。双拥工作取得新成绩。深入开展双拥共建共保活动，

形成“军爱民、民拥军”的良好氛围，人民共享发展成果得到进一步体现。

——扶贫济困深入民心。全年共向社会困难群体发放各类救助金 7.92 万元，其中地方财政投入 4.92 万元，地区总工会配套 3 万元；资助考入区外大学家庭经济困难学生 1 人，发放救助金 0.5 万元。

——其他社会事业得到全面开展。群众性文化活动丰富多彩，全民健身活动蓬勃开展。开展了创先争优活动和效能建设年等活动，加大了行政审批改革力度，积极推进依法行政和政务公开，加强政府机关后勤管理工作，政府自身建设得到进一步加强。注重民主法制建设，自觉接受人大及其常委会的依法监督和县政协的民主监督。全年共办理人大代表意见、建议和政协委员会提案 82 件，办结率 100%。国土工作有序开展。强化农田基本保护，严保耕地面积，认真落实好对占地补偿相关政策的宣传，加大占地补偿工作的赔偿力度，全年共落实各类占地补偿款 523.68 万元。全年完成加碘盐配送 33.91 吨。全年邮政业务量达 30.23 万元、电信业务量达 190 万元、移动业务量达 350 万元。与此同时，第六次人口普查工作、“十二五”规划编制工作，其他各项事业取得了新的成绩，为跨越式发展作出了积极贡献。

（三）文明城镇建设初见成效

为改善城乡面貌，提升旅游城镇品位，打造边境旅游县城新形象，彻底解决县城“脏、乱、差”等现象。自 9 月份以来，在全县范围内开展环境卫生整治工作，组织全县干部职工、驻军部队官兵对县城各主干道、“死角”垃圾进行全部清理打扫，通过一系列强硬措施的实施，新型旅游城市品位得到全面提升，“脏、乱、差”现象得到明显改善。

（四）全力以赴维护社会稳定

今年以来，我县始终把保稳定作为第一责任，按照“下好先手棋、打好主动仗”的工作思路，狠抓工作落实，确保了春节、藏历年、“3·10”“3·14”、世博会等敏感日期间的稳定和社会长治久安。深入贯彻“点线面结合、党政军警民联防”的科学维稳观，进一步明确“着眼全局、突出重点，立足实际、长期应对，条块结合、联合行动、明确责任、快速反应”的维稳方针。经过全县上下同心同德，扎实工作，自始至终保持了社会局势稳定。全年累计安排维稳资金 95 万元，其中本级财政安排支出 20 万元，召开维稳例会 30 余次。

继续加大违法犯罪打击力度。今年，共受理刑事案件 7 起，立案 7 起，破获 6 起，抓获犯罪嫌疑人 15 人，侦破率为 86%。共受理治安案件 8 起，其中 3 起 3 人给予行政处罚，调解处理 5 起，查处率为 100%。加强安全生产管理工作。全年共印发各类安全生产宣传资料近 1200 份，顺利完成了安全生产百日活动大检查，开展各项安全大检查 20 余次，出动执法人员近百人（次），确保了全年安全生产形势平稳。开展了矛盾纠纷大排查活动。全年共排查草场、土地、债务等各类矛盾纠纷 45 起，按照“集中梳理、归口调处”的原则，成功调处 45 起，调解率达 100%。

各位代表，过去的一年，我们积极应对挑战，咬定发展目标，在探索中奋进，在求实中创新，取得了令人鼓舞的成绩。一年来，我县在经济社会发展方面呈现“六大特点”：经济快速发展，各项事业明显进步，社会和谐稳定，政通人和安祥，民众实惠最多，城乡面貌焕然一新。这些优异成绩的取得，是阿里地委、行署正确领导的结果，是县委坚强领导、把握大局、科学决策的结果，是县人大、政协监督支持的结果，是全县各族人民解放思想，统一认识，团结拼搏，务实创新，真抓实干，科学发展的结果。在此，我代表县人民政府，向全县七千多人民，向给予政府工作大力支持的人大代表、政协委员和社会各界人士，向驻县军警部队，向所有关心支持札达改革发展的同志们、朋友们表示衷心的感谢和崇高的敬意！

当前，札达总体上还处于“打基础、增后劲、谋跨越”的发展阶段，经济社会运行过程中还面临诸多矛盾和问题：县域经济总量偏小，自主创新能力不强；结构调整步伐不快，新的经济增长点还未凸显；农牧业生产效率较低，改造提升传统农牧业任重道远；基础设施建设滞后，难以满足跨越式发展需求；政府某些部门的工作作风尚待改进，行政效能有待提高；宏观环境复杂多变，不确定因素明显增多；达赖集团对我县的渗透活动从未停止，反分裂斗争形势依然严峻。对此，我们将予以高度重视，认真研究，采取切实有效的措施，努力加以解决。

各位代表！

面对困难，信心比黄金更宝贵。面对机遇，行动比创意更紧要。只要我们下定决心，坚定信心，不为任何风险所惧，不为任何干扰所惑，树立“弯道超越”意识，就一定能够在应对挑战中把握机遇，在战胜困难中赢得主动，在开拓进取中增创优势。

二、2011 年的工作目标和总体要求

2011 年是“十二五”规划的开局之年，同时也是实现加快发展、科学发展、和谐发展的关键之年。做好明年的工作，最关键的是态度，最重要的是信心，最有效的是举措，最需要的是和衷共济，锐意进取。中央第五次西藏工作座谈会的召开，为我县提供了难得的发展机遇。巴札油路建成，为我县的发展插上腾飞的翅膀。上级对我县工作的高度关注和全县干部群众共盼发展的迫切愿望，更加坚定了我们的信心。我们要直面困难，加压奋进，把握机遇，勇于创新，真抓实干，全力确保我县经济社会又好又快发展、群众生活水平不断提高、社会局势持续稳定。

2011 年政府工作的指导思想是：高举中国特色社会主义伟大旗帜，坚持以邓小平理论和“三个代表”重要思想为指导，认真贯彻落实科学发展观，以新时期西藏工作指导思想为方针，唱好“古格”戏，打好“土林”牌，强力实施“旅游兴县、开放富民”发展战略，紧紧抓住城镇建设、特色产业、改善民生、构建和谐四项重点，打基础、抓特色、增财力、建支柱，努力走出一条具有“中国特色，西藏特点，符合阿里实际、札达县情”的发展路子。

2011 年的主要预期目标是：到 2011 年，全县地方生产总值达到 11410 万元，农牧民人均纯收入达到 3700 元，县级财政收入达到 416 万元，分别比 2010 年增长 13%、16%、13%。人口自然增长率控制在 6‰以内。

围绕明年的工作思路和奋斗目标，我们将重点做好以下几个方面的工作：

（一）着力抓好经济工作，全面推进经济社会稳健发展

把保持经济平稳健康发展作为首要任务，把保增长作为重要目标，把扩大内需作为保增长的根本途径，把加快转变发展方式和结构调整作为保增长的主攻方向，把改善民生作为保增长的出发点和落脚点，切实抓好经济工

作，加快小康札达建设步伐。

——认真做好“三农”工作，扎实推进社会主义新农村建设

1. 加强农牧业基础设施建设，改善农牧民生产生活条件。2011 年我们将紧紧抓住第二轮西部大开发和中央第五次西藏工作座谈会的有利时机，以新农村建设为重点，大力推进以能源建设为重点的项目工作任务。积极争取项目资金，逐步解决我县各乡（镇）及附近农牧民群众的照明问题和薪柴替代工程建设。

2. 加大农牧业结构调整力度，增加粮种播种面积。在稳定粮食产量的基础上，积极发展蔬菜、油菜、青饲料等经济作物，力争将粮经饲种植比例调整为 76：13：11。大力调整畜种结构和畜群结构，将牛、马、羊比例调整为 10：1：89，积极引导群众转变“惜杀惜售”观念，力争牲畜出栏率达到 30% 以上。

3. 以农牧民增收为重点，大力实施特色富民战略。发展特色农牧业不仅是农牧区经济结构战略性调整的主攻方向，也是增加农牧民收入的主要途径和有效措施，更是落实科学发展观，建设社会主义新农牧区的重大举措。在抓好已建设项目后期管理工作的基础上，明年将投资 600 万元，在达巴乡实施农业综合开发土地治理 4000 多亩；投资 2397 万元，实施以游牧定居工程建设为主的 7 个农牧项目。

4. 切实加大特色农牧产业开发。要立足当前自然条件，在不断巩固农牧业基础地位的同时，进一步明晰思路，确定各乡（镇）主导产业，规划到村到组到户，建立县、乡、村、组、户紧密衔接的产业发展规划体系和完整齐备的产业发展档案，逐步形成“一乡一业、一村一品或数村一品”的特色产业发展格局，不断提升产业发展效益。进一步加大力度，继续狠抓四大特色产业基地建设。要继续重点抓好托林居委会蔬菜大棚、马阳酥油、曲龙绵羊、底雅果品等优势农畜产品和优势产区建设，依托特色农牧业资源优势，着力打造特色农畜产品知名品牌。

5. 发挥科技的引领和支撑作用。要多渠道、多层次、多形式地开展农牧民培训，通过开展培训活动，为特色农牧业发展培养一批有文化、懂技术、善经营、会管理的农牧民技术骨干、农牧民经纪人，有效提高农牧民的

科技素质，为发展特色农牧业注入新的活力。

用好用足中央和自治区各项支农惠农政策，推进“三农”工作再上新台阶。各乡（镇）要进一步加大对支农惠农政策的宣传力度，不折不扣加以落实，并设立资金使用、物资发放情况公示栏。继续加大专项资金投入“三农”工作力度，确保农牧业稳定发展、农牧民持续增收。

——加大投资建设力度，推动经济加快发展。坚定不移地实施项目带动，积极抢抓机遇，全力以赴上项目、增投入，以项目促投资增后劲，以项目保增长促发展。

1. 全力以赴引项目。紧紧抓住第二轮西部大开发和“十二五”开局之年的有利时机，紧扣中央投资政策，主动寻找上级政策与我县经济社会发展实际的结合点，围绕中央基建投资方向，着重在农牧区水利基础设施、农牧业产业化、林业生态工程、城镇基础设施、社会事业、交通、能源建设等7个方面，开发、包装、储备、申报项目，争取更多项目列入国家投资规划和自治区、地区投资计划。同时，认真抓好项目实施，确保项目建设取得明显成效。

2. 加大力度建项目。围绕意向项目抓跟进、签约项目抓推进、在建项目抓服务，促进项目早签约、早建设、早投产、早见效。

（二）加快旅游转型，壮大现代服务业

我县旅游资源丰富，是县域经济发展的重点。全县上下必须坚持把旅游业作为牵动经济社会发展的战略产业来推进，牢固树立抓旅游就是抓经济、就是抓发展、就是抓开放的意识，以超常规的思路和举措，加快旅游业发展。

——做强旅游产业。深入实施旅游业发展规划，突出旅游目的地环境、产品、服务、管理四大重点领域建设，进一步提升札达旅游档次。打造“札达是中象雄文明的发源地”“札达土林是中国的唯一、世界的典型”“古格都城遗址”等三大旅游品牌形象；破解建设资金瓶颈制约，采取政府导向性投资、适度争取银行信贷资金、承接上级资金支持、引进战略投资者等方式灵活破解。注重特色旅游产品开发，推进农特产品向旅游商品转化，进一步延长旅游产业链，推动札达旅游由门票经济向税源经济转变。

——完善旅游管理。适应市场需求，加强旅游信息化、支付便捷化建设，提升旅游服务功能。深化对旅游区的统一管理，进一步完善旅游经营体制，加快营造良好的旅游工作环境。继续加强旅游从业人员教育培训，强化旅游行业管理，进一步优化旅游经营秩序。

（三）更加注重民本民生，进一步促进社会和谐稳定

着眼于解决好群众最关心、最直接、最现实的利益问题，大力实施民生工程，建设生态文明，发展社会事业，保持社会稳定，促进社会和谐。

——扎实推进民生工程。突出民生工程的连续性，在巩固、完善、提高上下功夫，确保民生工程好事办实，实事办好。着力抓好以下几个方面工作。

1. 优先发展教育事业。进一步巩固“两基”攻坚成果，提高义务教育普及水平。认真落实农牧民子女义务教育阶段“三包”政策，加强经费管理。积极发展初中阶段教育，提高入学率。继续抓好内地西藏班招生教育工作，进一步提高办学层次，加强师资力量培训，大力加强师德师风建设，强化思想政治教育和德育工作。大力发展职业技术教育，提高中高等教育质量，完善家庭经济困难学生资助政策。

2. 加大文物保护力度。我县属文物大县，同时也是古象雄文化的发源地，前人留下了很多浓厚的历史文化、人文景观、民俗风情和丰富多彩的民间艺术。由于我县地处边境，边境线长，文物点分散，给文物保护工作带来了一定的难度。我们将加大对文物保护的力度，重点打击文物偷盗案件，上下联动，全民动员，发现一起，严惩一起，打击一起，切实净化社会风气。

3. 提高就业和社会保障服务水平。继续实施积极的就业政策，做好高校毕业生就业和转业退伍军人安置工作，加强公益性岗位工作人员的管理工作。严格执行《劳动合同法》，加强劳动关系利益协调、纠纷调处和监察执法机制建设，完善生活救助、医疗救助等社会救助体系。建立健全统筹城乡社会保障体系，加强“两保”工作人员的管理工作。加大扶贫开发力度，在三个易灾乡（镇）建立救灾仓库。积极发展妇女、儿童、老龄等事业。

4. 明确任务，强化措施，扎实推进全县农牧民灾后恢复生产生活工作。7 月份以来，长时间大范围降雨给我县农牧民生产生活造成了严重的影响，

受灾群众达4955人，直接经济损失达3490.97万元。截至目前，全县投入抗灾资金183.7万元。明年我们将加大灾后恢复生产生活建设力度，坚持农牧民自筹资金为主，政府帮助、河北省对口扶助为辅的方针，积极开展灾后恢复生产生活工作，确定规划先行，加大力度、加快速度、攻坚克难，重点实施好住房、交通、水利、畜牧等基础设施建设，保障农牧民群众的正常生产生活。

5. 加大全县环境卫生整治工作。2011年，我们将下大力气，狠抓全县的环境卫生整治工作，把我县打造成为一个高原旅游生态文明城市，着力整治当前我县环境卫生“脏、乱、差”等突出问题，逐步完善环境卫生管理长效机制，不断提高全民文明卫生观念，全面推进小康札达、和谐札达建设步伐。

6. 加强社会主义精神文明建设。大力推进社会主义核心价值体系建设，坚持用中国特色社会主义理论体系武装头脑、教育人民。不断深化社会主义荣辱观教育，大力加强公民道德建设和未成年人思想道德建设。大力加强爱国主义教育和民族团结教育，教育引导广大干部群众特别是青少年牢固树立马克思主义祖国观、民族观、宗教观、文化观。开展群众性精神文明创建活动，继续做好双拥和其他工作。

（四）抓好维护社会稳定工作

稳定是发展的基础。要继续坚持“点线面结合，党政军警民联防”的科学维稳观，完善各种预案和维稳措施，加强宗教工作领导，及时研究宗教工作中存在的困难和问题。加强边境管控，做好情况信息的搜集、研判，提高动态预警和有效预防能力。加强基层基础工作，筑牢反分裂斗争的第一道防线。深入开展矛盾排查调处工作，及时排查化解矛盾纠纷。认真开展安全生产大检查，重点抓好交通运输和工程建设领域安全生产工作。

三、全面加强政府自身建设

面对复杂多变的宏观经济形势，能否保持我县经济社会持续较快发展，这是对各级政府及政府各部门发展能力乃至执政能力的重大考验和现实检验。全县人民对政府寄予厚望，我们必须牢记重托，不辱使命，努力建设勤政廉洁、务实高效的人民政府。

（一）继续抓好中央第五次西藏工作座谈会精神和区党委会议精神的学习

紧紧抓住中央第五次西藏工作座谈会精神和区党委会议精神，以这一主线为指导，坚持把学习贯彻活动转化为促进开展工作的新理念、新思路、新举措，全力狠抓2011年县政府的各项工作任务，为实现札达跨越式发展提供强大动力。

（二）继续解放思想，推进科学发展

以科学发展观为指导，坚持一切从实际出发，加快思想观念转变，大力弘扬改革创新精神，以科学的态度和创新的精神应对危机、推动发展，切实增强政府工作的预见性、针对性、实效性和创造性。以敢为人先、勇于探索的精神，研究新问题，探索新规律，制定新举措，谋求新赶超。充分尊重基层和群众首创精神，只要是有利于科学发展、有利于人民群众的事情，看准了就大胆地试、大胆地干、大胆地闯，充分激发和保护广大干部群众推动科学发展的积极性、主动性和创造性，以新理念引领新发展，以新举措激发新动力。

（三）坚持求真务实，提高工作效能

巩固和扩大“机关效能年”活动的成果，进一步转变工作作风，提高工作效能。推行“一线工作法”，倡导领导干部继续带头深入一线、贴近基层，搞好调查研究，问政于民、问需于民、问计于民，解决实际问题，将问题和矛盾化解在基层。强化大局观念和协作意识，坚决破除部门主义和本位主义，大力整治行政不作为、工作不落实、配合不协调等问题，确保政令畅通。建立健全工作机制，狠抓工作落实，对政府各项主要工作，都要明确目标，落实责任，强化措施，加强督查与调度，盯紧抓实每个工程和项目，做到逐项抓落实，件件求实效。

（四）推进依法行政，完善决策体系

自觉接受人大法律监督和政协民主监督。健全行政执法体制，规范执法程序，严格按照法定程序和权限管理经济社会事务，畅通政府信息公开渠道，充分保障人民群众的知情权、参与权、表达权、监督权。加强制度建设，通过制度建设，增强决策的科学性、合理性和可行性，确保各项决策更加符合实际，更加符合人民群众的愿望。

（五）加强廉政建设，筑牢拒腐防线

认真落实党风廉政建设责任制，深入开展反腐败斗争，推进教育、制度、监督并重的惩治和预防腐败体系建设，致力于从源头上预防腐败。加强重点工程领域职务犯罪预防，规范建设工程招投标、财政转移支付、土地资源使用、政府采购、国有资产转让等公共资源管理权力运行，坚决纠正损害群众利益的不正之风。特别要把扩大内需的各项决策部署、各项惠民强农政策的贯彻落实情况作为重点，加强监督管理，严防腐败现象的发生，维护好人民群众的切身利益。切实加强对公务人员的教育、监督和管理，努力建设一支能干事、干成事、不出事的高素质公务员队伍。

各位代表，札达正处在加快发展、跨越赶超的重要历史时期，目标已然清晰，前景任重道远。让我们在县委的坚强领导下，同心同德、万众一心、开拓进取、攻坚克难，全面完成明年的各项目标任务，奋力开创札达跨越发展的新局面。

谢谢大家！

以科学发展观为统领
奋力争创全国“双拥”模范县

——札达县争创全国“双拥”模范县先进事迹

素有“阿里江南”之称的美丽札达，是一个有着优良双拥传统的县份。长期以来，全县党政军民同呼吸、共命运、心连心，齐心协力保边疆、建家园，谱写了一曲曲民拥军、军爱民的时代赞歌。特别是党的十七大以来，已5次获得过西藏自治区“双拥模范县”殊荣的札达，再次高举科学发展观的大旗，以更加饱满的热情、更加实干的态度，在新的历史起点上奋力争创全国“双拥”模范县，进一步开创了新时期军地双方互帮互助、亲如一家的新局面。

一、高度重视，狠抓落实，切实增强双拥工作合力

坚持把“双拥”工作纳入各级党委、政府和驻军领导机关“一把手”工程范畴，实行目标管理，分解具体任务，强化责任落实。各乡（镇）、县直部门和驻军单位各司其职、纵横联通、协调联动，极力推动“双拥”工作强势有序开展。

提高思想认识。札达南邻印度，西靠印控克什米尔地区，是西藏乃至全国反分裂斗争的最前沿阵地，地理、战略位置十分重要。针对特殊复杂环境，切实采取各种行之有效的教育和管理措施，积极引导干部群众和部队官兵持续深化对县情的认识，逐步把思想统一到开展“双拥”工作的重大意义上来，把行动统一到争创全国“双拥”模范县活动的部署要求上来，努力在维护社会稳定、加快经济发展、推进军队现代化建设过程中建功立业。

加强组织领导。根据人事变化和工作需要，迅速调整充实县乡两级“双拥”工作领导小组，由党委书记任组长，亲自组织、协调和指导辖区内“双拥”工作开展；领导小组下设办公室并实行军地合署办公制度，具体负责日常事宜。财政局每年按照预算足额拨付 13 万元的专项资金，组织部安排一定数量的专兼职“双拥”工作干部，为争创全国“双拥”模范县提供强力支持，做到了组织、人员、场地、经费、内容“五落实”。现军地共建有“双拥”机构 15 个，配备有 31 名专兼职干部，基本实现了有钱办事、有人管事的目标。

健全完善制度。先后制定出台了《札达县双拥工作规划实施意见》《札达县双拥工作领导小组职责》《先进边防连和争当优秀士兵活动计划》《优抚对象走访制度》《拥军单位共建活动制度》《退伍军人安置制度》《驻军单位与贫困群众帮扶制度》《共建单位联系制度》《札达县深化爱民固边战略实施方案》，坚持定期召开党委议军会议和军地联席会议，认真听取“双拥”汇报，科学研判新情况，及时解决重点难点问题，使“双拥”工作迈上了制度化、规范化、经常化轨道。

开展宣传教育。把县城主干道河北路作为军民共建街道，在显眼位置设置长期固定的“双拥”宣传标语。在每年 8 月“双拥模范月”期间，协调人武部、民政局、宣传部、教育局等部门，大张旗鼓宣传优抚政策、军民共建共保成果和先进单位及个人事迹等，3 年多来累计张贴标语 400 余份，悬挂横幅 27 条。同时，在清明节，开展集中扫墓祭奠活动；在建军节，开展专题国防教育活动；在中小学校，开展军训和军营一日活动。通过高密度的宣传教育，形成了“群众爱国拥军、官兵爱民奉献”的浓厚社会氛围。

二、开展拥军优属活动，鼎力支持驻军部队建设

按照“双拥无小事、事事总关情、贵在抓落实”的要求，县委、县政府忠实履行拥军优属职责，把支持国防和军队建设纳入“十一五”经济社会发展规划，高度重视，精心组织，坚决克服各种困难，尽心竭力为驻札部队排忧解难。

想方设法解难事。在自身财力不足、资源匮乏的情况下，3 年多来累计投入资金 360 多万元，为部队解决涉及交通（73 万元）、后勤保障（152 万元）、维护稳定（114 万元）和改善条件（28 万元）等四大类计大小困难 14 件。主要有：在县城周边无偿提供优质耕地、草场 142 亩，为边防巡逻提供 400 多头牦牛驮运军需物资，为边境管控购置 3 个夜视仪、20 部望远镜、10 台发电机以及帐篷、食物、炊具等急需物资，积极开展送医、送药、送歌声的走访慰问活动，提供各类书刊和境内著名景点门票以丰富部队官兵精神文化生活，为县边防大队营房改造提供临时驻地。另外，加强国防基础设施建设，2009 年争取国家投资 8.7 亿元，实施了山岗和那什两条 4 级砂石边防公路项目。

真心实意办好事。倾情推出拥军新举措，通过以援藏资金为主体、本级财政为补充、社会各界踊跃捐款的方式，设立了阿里地区首个驻军部队官兵困难家庭爱心救助基金。在“5 · 12”汶川地震中，对 14 名四川籍官兵家庭，区别受灾程度，分别给予 2000—6000 元不等的救助款，确保了关键时期驻札部队的军心稳定，为取得“3 · 14”事件后封边控边的最终胜利发挥了重要作用。《西藏日报》、西藏人民广播电台等区内重要媒体对此专门作

了宣传报道。3 年来对符合条件的困难官兵家庭共计发放救助款 28.7 万元，这一爱心做法真正赢得了广大指战员的衷心赞誉。

不折不扣做实事。认真贯彻执行优抚政策，切实解决优抚对象的实际困难。2007 年以来，共妥善安置退伍老兵 3 人，安置率为 100%；为 3 名随军家属办理了落户手续，临时安置随军家属 9 人（次），解决了 5 名军队干部子女入学问题。同时，为全县 27 名优抚对象发放生活和医疗补助金共计 14.1 万元，为 30 名还乡复员军人发放生活补助金共计 3 万元。

三、开展拥政爱民活动，全力支援驻地经济发展

驻札部队在圆满完成战备执勤、教育训练、后勤保障等任务的前提下，以大公无私的奉献精神和敢打硬仗的优良作风，积极投身驻地开展的“四个文明”建设，为各族干部群众所信任和拥戴，树立了“人民军队为人民”的良好形象。

坚决维护社会稳定。充分发挥作为专门力量在维护稳定中的“尖刀”作用，相互配合，密切协作，积极开展值勤、巡逻、设伏、堵截、追捕等管控训练和反恐演练，严密防范和严厉打击各种敌对势力内潜外逃活动，筑牢了札达千里边防的钢铁长城。主动协助地方加强社会综治，开展外来人口排查和人民内部矛盾纠纷调处等。全县共建有 3 个治保会、1 个军警民联防组织，发展联防队员 99 名。

奋勇参加抗险救灾。充分发挥驻军部队作为生力军和突击队作用，冲锋在前，吃苦在先，全力保护国家利益和群众生命财产安全，被誉为“人民的忠诚卫士”“人民的保护神”。2007 年以来，驻军部队累计出动官兵 2078 人（次）、车辆 237 台次，先后参加达巴乡玛朗桥抢修、托林水库筑堤防洪、小反刍兽疫疫情防控、蝗虫治理等抗险救灾 16 次，为驻地挽回直接经济损失 170 多万元。

全力实施扶贫济困。与孤寡老人、重点优抚对象、五保户、贫困学生等弱势群体结成“一助一”“手拉手”帮扶对子 354 个，3 年多来帮助完成耕地 6100 亩，收割青稞 4900 亩，修建房屋 271 间，捐款捐物共计 39 万元。发挥智力优势，向农牧民普及种田养畜等方面的实用技术，并走上街头、深

入牧区，为群众修理电器、清理垃圾、免费理发等。建立“便民诊所”“爱民病房”，成功救治危重病人 15 例，接生 8 例，义诊 377 人（次），体检 1400 人（次）。

积极开展助学兴教。主动与各中小学校结成共建对子，选派优秀军官兼任学校法制副校长，对中小学生进行军训和组织开展爱国主义及法制知识讲座。广泛资助品学兼优的困难学子，帮助他们顺利完成学业。同时，学校积极帮助部队官兵学习日常生活中常用的简单藏语进行互动，使部队官兵能够最大限度地逾越语言障碍，与藏族老乡进行沟通交流，融洽了军民鱼水关系。

军政军民是一家，家和万事兴。按照这样的思路，和驻军领导机关工作上互相支持，生活中互相关心，大事小事勤商量，有事无事常来往，感情得到日益巩固和加深。全体军民更加自觉地把促进军政军民团结作为一种文化来继承和发扬，作为一种能力来锻炼和提高，作为一条纪律来遵守和执行，军爱民、军拥军的热潮正在札达大地上涌动。

三、通讯报道

（一）一片爱心撒高原

——“札达县港心小学”小记

阿里地区札达县札布让村是1992年底才刚刚越过国家早些年划定的“贫困线”的一个穷村，作为象雄文化的发源地，这里的教育也是一块贫瘠的土地，文盲率达45%，适龄儿童入学率为47%。长期的教育落后，严重制约着社会经济的发展。

阿里高原发出了办学的呼喊，中国青少年发展基金会雪中送炭，香港华润有限公司捐款24万元拨到了札达。一所现代意义的“希望小学”终于在札布让村落成。

新学校的建成并不是件易事。条件好的地区建所小学也许算不了什么，可在这“世界屋脊的屋脊”上建学校，其难度就非同一般。水泥、木料，甚至沙石都要从遥远的地方搬运，因为那里实在没有就地可取之材。虽然成本高、造价高，但人们想的是对教育的投入，想的是用人们献爱心的钱，建好这所村民们期盼已久的学校。为了使教师和学生们享有完备的设施，学校除建有教室外，还建造了师生宿舍、伙房、仓库、围墙、厕所等；置办了桌椅、床铺、炊具、文体器材等等。在用好所拨资金的同时，县里还大力动员干部、职工、群众集资；老百姓们更是无偿地投入劳动，为这所学校的建成出一把力、献一份心。

欢欣的师生们在新建的校园里栽上了杨树，让他们的希望扎根高原，早成绿荫。

（二）札达县坚持不懈抓林业

西藏日报（1995年6月）讯

本报札达电　阿里地区札达县根据本地优势，始终坚持植树造林工作，在绿化环境、防沙固土及发展经济果树等方面取得了显著的成绩。去年，该县被自治区人民政府评为发展林业先进县。

札达是阿里地区林地分布面积最广的县，全县有23500亩林地，主要分布在象泉河流经的达巴、札布让区及支流的香孜沟、热布加林沟及底雅、萨让和曲松区楚鲁松杰乡。这些林带里有红柳、沙棘、刺梅等灌木林和杨树、松树、柏树等乔木林。从1984年以来，该县在底雅区楚鲁松杰乡培育了60多亩苹果、杏子、核桃等经济林，大部分不仅开花结果，并已进入市场销售。札达县植树造林之所以能取得这样好的成绩，其主要做法是：

——领导重视，工作扎实。每逢植树造林季节，各级领导亲自动员、研究、协调、部署、检查督促和动手解决植树造林中一些难度较大的问题。职能部门全力以赴，有关部门积极配合，做到年初有计划，有安排；年终有检查，有总结，抓落实，层层建立、健全、发展林业工作班子和工作责任制，做到种一棵，活一棵；造一批，成活成林一片。

——坚持全民义务植树造林。几年来，该县始终如一地开展全民义务植树活动，并规定农牧民每年每人义务植树15株，包植包活包管。去年，该县植树一个星期，累计有1000多人（次）参加，植树5万多株，连片开荒植树造林40亩，成活率达85%以上。该县萨让区还采取奖罚的办法，推动林业发展向规范化、制度化迈进，彻底改变了以往那种只重视种植，不重视管理的被动局面。

——推广林业科学技术，提高营林经济效益。县委、县政府认为，林业和农业一样，最终还得靠科学解决问题。实行科学营林，是林业生产发展的根本途径。该县由于运输线长，交通不便，树苗成为一大难题，为此，他们发扬自力更生精神，利用本地资源进行剪插。这不仅解决了苗种难，成活率低的问题，而且节约了不少开支。

札达县委、县政府近几年还在植树造林上建立多元化的投入新机制；加强林政管理，初步走上以法治林轨道；做好护林防火和森林病虫害工作等措施，为本县植树造林利在当代、功在千秋打下了坚实的基础。

（三）札达县农业生产发展迅速

西藏日报（1995年6月）讯

多年来，札达县始终重视发展农业，去年札达县在多种自然灾害的侵袭下，粮食生产仍有一定的提高。全县粮食总产量达216.7万斤，比1993年增加38.4万斤，平均亩产也比1993年增加了60斤。

札达县在多灾之年农业生产能取得好的成绩，是由于县委、县政府加强了对农业生产的领导。在抓农业生产的具体工作中，出现了三个转变，即：抓农业的目标更加明确，从只注重“抓当前、保质量、稳现状”转到同时注重“打基础、增后劲、上台阶”，把夺取农业当年丰收与提高农业综合生产能力紧密结合起来；走改革的路子更加切实，从大动作转到迈小步、不停顿，在推进农业生产经营体制和农业产品流通体制的改革上下功夫；农区工作的指导思想更加完善，从就经济抓经济、单项推进，转到综合配套、全面推进，以经济建设为中心，以思想建设为动力，以组织建设为保证，坚持三大建设一起抓。

札达县的这3个转变，在实际工作中发挥出了显著的效益，主要体现在抓紧抓实农田水利基本建设、增强抵抗自然灾害能力上。在兴修农田水利过程中，广大农民群众的积极性得到进一步提高，他们发扬自力更生、艰苦奋斗的精神，支持骨干工程，确保了重点工程的顺利实施。同时，该县以粮为主，积极发展多种经营，把单项开发逐步转为山、水、林、田、路综合治理，把粗开发转到了以提高效益为目标的深层次开发。其次就是县委、县政府依靠科学技术兴农。适时播种，将全县6个区、15个乡所属村落划分好最佳播种期，在最佳播种期内，集中所有劳力、畜力和机械突击抢播，并发展农业机械化，扩大机耕机播面积，科学施肥用药。对个别耕地被冲毁的村，按照群众的意愿，进行大稳定、小调整，对一些土地分得过细、过散、不便于经营管理的，作适当的调整。

索　引

附　表

索 引

A

B

C

D

F

G

H

J

K

L

M

N

P

Q

R

S

T

W

X

Y

Z

CONTENTS

Part One Natural Geography

Part Two Establishment of Administrative Region

Part Three Guge Kingdom

Part Four Local Organizations in Zanda County of the Communist Party of China

Part Five Regime and Government Administration

Part Six CPPCC Alliance

Part Seven Personnel, Labor, Civil Affairs

Part Eight Rule of Law

Part Nine Comprehensive Economic Management

Part Ten Agriculture, Animal Husbandry, Forestry and Water

Part Eleven Industry, Commerce and Food Trade

Part Twelve Transportation, Posts and Telecommunications, Urban Construction, Environmental Protection

Part Thirteen Financial Policy, Taxation and Finance

Part Fourteen Education, Physical Education, Health

Part Sixteen Cultural Relics Tourism

Part Seventeen Population, Ethnic Groups, Religion, Folklore

Part Eighteen Military Affairs

编后记

《札达县志》是札达县历史上第一部地方志书，属一、二轮合编志，上限尽量追溯事物发展的开端，下限止于2010年底。2000年1月，阿里地区召开首届地方志工作会议后，县政府调整充实札达县地方志编纂委员会，明确县长为编委第一责任人，一名副县长主抓。草拟《札达县志》（1960—2000年）篇目框架。至2010年，完成札达县志初审工作，并对《札达县志》初稿中的11篇42章173节及人物、大事记等30余万字内容进行了修改、校对及完善。

《札达县志》第二轮编修工作起于2017年10月。县委、县政府专门召开会议，确定县志编纂委员会组成人员。县委副书记、县长扎西次仁任主任，县委副书记王永、政府副县长拉巴次仁任副主任，各单位及各乡镇负责人为成员。

县方志办工作人员拟定《札达县志》合修篇目并报地方志编纂委员会审定后，下发给各相关单位，明确各单位职责与任务，确保保质保量完成资料收集上报工作，历时半年完成资料收集工作。

2018年下半年至2019年上半年，编辑人员秉承对历史负责、对后人负责的态度，认真收集汇总各单位、各乡镇提供的资料，严把政治关、保密关、史实关，按照篇目大纲，对收集的资料进行认真梳理，于2019年6月底完成初审稿，设16篇、68章、280节，近69万字。7月12日，《札达县志》顺利通过初审。

初审后，编辑人员根据领导、专家等有关人员提出的修改意见，进行了仔细修改，并根据志稿资料实际情况，认真编写各单位短缺资料明细，并组织专人到县档案馆、各单位档案室查找复印相关材料，约2300份，进一步丰富和完善了《札达县志》内容。

2019年10月，根据西藏自治区及阿里地区地方志工作会议精神，抽调在县内工作多年的干部，与地方志办公室人员一起组成工作专班，共同负责《札达县志》编修工作。专班人员创新管理体制，形成分工合作、互相协调的工作机制。《札达县志》复审稿重点突出札达县土林、文物古迹等方面特色以及经济发展方面取得的成就。2019年12月22日，《札达县志》顺利通过阿里地区地方志编纂委员会复审，共设18篇，68章，284节，95万余字。

2020年3—5月，特邀河北省方志专家从篇目设置、语句表述等各方面对《札达县志》进行全面修改。县方志办工作人员根据河北专家反馈意见，并结合札达县实际情况，对志稿进行了进一步的修改，于7月初，基本形成验收稿，设18篇、67章、276节，95万余字。8月7日，《札达县志》顺利通过自治区地方志编纂委员会验收。

8—9月，县方志办工作人员根据验收会上自治区方志办领导及各位专家提出的意见建议进行了仔细修改，对于自然地理、古格地方政权、宗教文化等方面把握不准的，特邀西藏大学其美多吉教授进行修改，于9月底完成总编稿。篇目设置更加合理，内容全面，记述准确，质量有明显提升。

2020年10月，交中国藏学出版社编辑出版。

该志全面系统地记述了2010年前札达县的地理、政治、经济、文化、社会等各个方面的历史与现状，展示了札达建县后在社会经济等方面取得的巨大成果，以及札达人民通过辛勤劳动走上致富道路的历程。

《札达县志》编纂期间，各级领导高度重视，各界人士大力支持，该志倾注了大量编纂人员的心血，各单位在提供资料方面积极配合，给志书编纂工作提供了许多帮助，在此谨致以真诚的谢意。

由于时间紧、任务重，编纂人员水平有限，加之年代久远，许多珍贵资料有所缺失，资料征集难度大，《札达县志》难免有遗漏和不足之处，敬请同行和广大读者提出宝贵意见。

札达县地方志办公室

2021 年 9 月

总后记

编修地方志是中华民族的优良传统，编修西藏社会主义新方志是一项重大的政治工程、战略工程、文化工程和固边工程。秉承中华民族修志之传统，在习近平新时代中国特色社会主义思想指导下，系统开展西藏社会主义新方志编纂出版工作，全面记载西藏悠久丰富的历史文化，客观反映西藏自古以来就是中国不可分割一部分、中华民族各成员在西藏地域交往交流交融的历史事实，如实记录西藏和平解放以来，中国共产党领导西藏人民开创西藏和平解放、民主改革、社会主义革命和建设、改革开放和贯彻党的民族宗教政策的光辉历程，在政治、经济、文化、社会、生态文明建设等各方面取得辉煌成就和西藏各族人民幸福安康的美好生活，对于传承西藏优秀文化，维护祖国统一、反对分裂，加强民族团结、建设美丽西藏，奋力推进西藏长治久安和高质量发展具有重要意义，功在当代，利在千秋！

编修西藏社会主义新方志始于1996年。按照中央的决策部署，自治区党委、政府及时研究地方志工作事项，于当年6月组建了以自治区党、政、军领导为主任、副主任和各有关部门、单位主要负责人为成员的西藏自治区地方志编纂委员会（自治区地方志工作委员会)，成立自治区地方志办公室，与自治区党委党史研究室合署办公，统筹指导推动全区地方志工作发展。各地市、县（区）和区志承编单位相继成立地方志编纂委员会（或领导小组）及地方志办公室（或编辑室），逐步形成了“党委领导、政府主持、地方志机构组织实施、社会各界力量广泛参与”的工作体制。自治区地方志编纂委员会成立后，先后五次召开专题会议，及时研究解决地方志工作中的具体困难和问题。2022 年 1 月，自治区地方志编纂委员会调整后，自治区党委书记王君正担任编委会总顾问，自治区主席严金海担任编委会主任，进一步强化了修志工作的组织领导。自治区党委、政府先后主持召开四次全区性地方志工作会议，安排部署地方志工作，特别是2016 年全区地方志工作会议，由自治区党委常务副书记吴英杰主持，自治区主席洛桑江村讲话，并代表自治区人民政府与各地市、区志承编单位签订了目标责任书；自治区党委常委、自治区常务副主席邓小刚，自治区党委常委、秘书长王瑞连等自治区领导出席。会议对“十三五”时期全区地方志工作进行了全面安排部署，为到2020 年全区如期圆满完成中央明确的地方志工作“两全目标”任务做好了顶层设计。同时，自治区人民政府颁布了《西藏自治区实施〈地方志工作条例〉办法》，自治区党委办公厅、自治区人民政府办公厅先后制定印发了《西藏自治区贯彻落实〈全国地方志事业发展规划纲要（2015—2020 年)〉的实施意见》《西藏自治区地方志督查考核办法（试行)》《西藏自治区党史、地方志专家库管理办法（试行)》；自治区地方志编纂委员会颁布实施了《西藏自治区志稿评审、志书出版的规定》《西藏自治区志稿质量标准》等文件，自治区志各分志实行“初审 + 复审 + 终审 + 总编

+出版”制度，市县级志书实行“初审+复审+终审+验收+总编+出版”制度，层层严格把关，进一步规范了全区地方志编纂出版工作，提高了地方志工作质量，西藏地方志工作走上了制度化、规范化、法治化的发展轨道。

在1996年12月印发的《〈西藏自治区志〉编纂大纲》中，全区共规划了150余部志书，其中含有《西藏自治区志》分志73部，地市志7部，县（区）志74部。经过不懈努力，2004年9月，西藏历史上第一部社会主义新方志——《江孜县志》出版发行，拉开了西藏社会主义新方志编纂出版的序幕。2015年8月国务院颁布《全国地方志事业发展规划纲要（2015—2020年）》后，自治区党委办公厅、政府办公厅印发《西藏自治区贯彻落实〈全国地方志事业发展规划纲要（2015—2020年）〉的实施意见》，结合全区机构部门变化的实际，将全区地方志书调整为140余部，其中《西藏自治区志》分志59部，地市志7部，县（区）志74部。截至2021年底，全区实现了自治区、市地、县（区）三级志书编纂出版全覆盖，开启了西藏修志事业发展新的里程碑。

西藏社会主义新方志编纂工作始终得到了党和国家领导人的重视和关心，得到了中国地方志指导小组及其办公室的具体指导，李铁映、胡春华、陈全国、张庆黎、热地、帕巴拉·格列朗杰、陈奎元等国家领导人先后作过重要指示；得到了自治区党委、政府的高度重视，王君正、严金海、吴英杰、洛桑江村、齐扎拉、丁业现、刘江等自治区领导对地方志工作先后作出重要指示或批示；得到了全区各级党委、政府、区（中）直单位、驻藏部队的积极配合，自治区经济、林业、地矿、历史、文物、语言、宗教等方面专家和全体修志人员辛勤笔耕，付出了辛苦与汗水。西藏的地方志工作也得到了向巴平措、阴法唐、江村罗布、列确、拉巴平措等老领导的关心，得到了全国兄弟省（区、市）方志系统，以及中国藏学研究中心、中国社会科学院等单位和专家学者的支援与帮助，得到了社会各族各界的广泛支持。特别是2018年9月，中国地方志指导小组印发《关于全国地方志系统支援西藏、新疆地方志工作的意见》，动员全国省（区、市）方志系统力量支援帮助西藏开展修志工作，极大地加快了西藏地方志事业发展进程。可以说，西藏社会主义新方志的编纂出版发行凝聚了社会各方力量，是集体智慧的结晶。

由于时间紧、任务重、人员少、资料缺乏、时限跨度大，且受修志经验不足等因素影响，加之编纂水平有限，编纂出版的西藏社会主义新方志难免有所疏漏，敬请广大读者和同仁见谅。

感谢全区各级各部门对地方志工作的高度重视和大力支持，感谢全区广大地方志工作者为修志事业付出的辛勤努力，感谢专家学者以及社会各界为修志事业提供的支持和帮助，是为记。

西藏自治区地方志办公室

2022年5月